管理教材译丛

FUNDAMENTALS OF FINANCIAL MANAGEMENT

16th Edition

财务管理

（原书第16版）

[美] 　尤金·F.布里格姆　　乔尔·F.休斯敦　　著
（Eugene F. Brigham）　（Joel F. Houston）

张敦力 麻靖涓 赵纯祥 杨怏 李银香　译

机械工业出版社
CHINA MACHINE PRESS

本书是全球财务管理领域的三大经典教科书之一，历经 40 余年的发展，不断更新和进步，始终保持着广泛的影响力。该书的主要特点如下：第一，主线清晰、结构合理。全书以价值为起点，从概念、影响因素到估值模型，由浅入深。在此基础上，进一步说明了具体财务管理活动如何影响企业价值，与实务工作密切结合。第二，资料丰富、关注前沿。书中分析了新技术、全球化等发展趋势，并提供了大量美国资本市场翔实的数据资料。第三，文字生动、易于理解。全书使用个人生活、企业实务中的事例进行讲解，读起来通俗易懂、生动活泼。

本书既适合作为财务管理、会计学等专业的本科生的核心教材，也适合作为非财务专业的本科生以及管理类专业硕士研究生的教材，还适合作为投资者、职业经理人以及相关财会从业人员的参考用书。

图书在版编目（CIP）数据

财务管理：原书第 16 版 /（美）尤金·F. 布里格姆（Eugene F. Brigham），（美）乔尔·F. 休斯敦（Joel F. Houston）著；张敦力等译 . —北京：机械工业出版社，2023.11
（管理教材译丛）
书名原文：Fundamentals of Financial Management, 16th Edition
ISBN 978-7-111-74191-6

Ⅰ.①财…　Ⅱ.①尤…②乔…③张…　Ⅲ.①财务管理–教材　Ⅳ.① F275

中国国家版本馆 CIP 数据核字（2023）第 232300 号

机械工业出版社（北京市百万庄大街 22 号　邮政编码 100037）
策划编辑：吴亚军　　　　　　　责任编辑：吴亚军
责任校对：张亚楠　　牟丽英　　责任印制：常天培
北京铭成印刷有限公司印刷
2024 年 3 月第 1 版第 1 次印刷
214mm×275mm·34.5 印张·1179 千字
标准书号：ISBN 978-7-111-74191-6
定价：139.00 元

电话服务　　　　　　　　网络服务
客服电话：010-88361066　机 工 官 网：www.cmpbook.com
　　　　　010-88379833　机 工 官 博：weibo.com/cmp1952
　　　　　010-68326294　金 书 网：www.golden-book.com
封底无防伪标均为盗版　机工教育服务网：www.cmpedu.com

早在 2017 年，我们有幸受到机械工业出版社的邀请，翻译了布里格姆教授和休斯敦教授共同编著的第 14 版《财务管理》，广受好评。近几年来，社会经济发生了重大变化，以大数据、人工智能、5G 移动、云计算、物联网和区块链等为代表的科学技术也日新月异。该书作者适时更新了相关内容，第 16 版很快于 2021 年问世。

第 16 版在章节安排上没有太大变化，但在相关问题阐述、部分典型现实案例选择、税法等相关法律和会计准则变化及其影响等方面均做了与时俱进的系统修订和更新，主要涉及第 1 章、第 3 章、第 4 章、第 6 章、第 9 章、第 12 章、第 13 章、第 14 章、第 15 章、第 17 章、第 18 章和第 20 章等章节中的相关内容，据不完全统计，修订更新多达 300 余处。

本翻译和审校团队在总结借鉴译校第 14 版成功经验的基础上，由从事财务管理教学研究和实务工作的教师、访问学者、博士和硕士研究生 30 余人组成，分为 5 个译校小组，组长分别由张敦力、麻靖涓、赵纯祥、杨快和李银香担任。5 个翻译小组并行翻译后的译稿分别交由其他小组进行交叉全面核校，有分歧的内容交由专家组审定，全书最后由张敦力、麻靖涓、赵纯祥、杨快和李银香审校。本译校团队成员（按拼音排序）完成的相关章节如下。

陈小鹏（桂林旅游学院教务处处长、副教授）：第 2～8 章；崔海红（河南牧业经济学院会计学院副院长、副教授、博士）：第 14～20 章；方芸（中南民族大学讲师、中南财经政法大学博士生）：第 15～21 章；冯雅婷（中南财经政法大学硕士研究生）：第 3～9 章、第 14～16 章；谷景瑶（中南财经政法大学拔尖创新班学生）：第 1～4 章；黄鸿燕（中南财经政法大学博士研究生）：第 10～14 章；霍霈云（中南财经政法大学博士研究生）：第 17～21 章；江新峰（华中农业大学经济管理学院副教授、博士）：第 15～21 章；蒋卫华（广西科技师范学院经济与管理学院副教授）：第 1～6 章；蒋扬（中南财经政法大学硕士研究生）：第 10～21 章；李保婵（广西财经学院会计与审计学院副教授）：第 5～10 章；李四海（中南财经政法大学会计学院副院长、教授、博士生导师）：第 6～12 章；李银香（湖北工业大学经济与管理学院教授、博士）：第 13～21 章；麻靖涓（中南财经政法大学博士研究生）：第 13～17 章；马德水（郑州航空工业管理学院讲师、博士）：第 5～11 章；石宗辉（安徽财经大学副教授、博士）：第 6～12 章；王力（中南财经政法大学博士研究生）：第 10 章和第 14 章；王沁文（中南财经政法大学博士研究生）：第 5 章和第 9 章；王秋霞（广西财经学院国际教育学院副院长、教授、博士）：第 6～13 章；王希瑞（中南财经政法大学硕士研究生）：第 1～9 章、第 18～21 章；王艳华（湖北工业大学经济与管理学院讲师、博士）：第 6～13 章；王子轩（中南财经政法大学硕士研究生）：第 1 章、第 4 章、第 10～13 章、第 18～21 章；向舒婷（中南财经政法大学硕士研究生）：第 5～17 章；杨柳（广西财经学院国际教育学院副教授、博士）：第 14～21 章；杨快（中南民族大学讲师、中南财经政法大学博士生）：第 1～11 章；郁英（中南财经政法大学博士研究生）：第 1～5 章；张东海（中国人民银行深圳分行会计师）：第 1～8 章；张敦力（中南财经政法大学会计学院院长、教授、博士生导师）：译者序、前言、第 1～13 章；张琴（九江学院讲师、博士）：第 6～14 章；张婷（南京审计大学讲师、博士）：第 10～15 章；张晚婷（悉尼大学硕士研究生）：第 1～6 章；赵纯祥（中南财经政法大学会计学院副教授）：第 11～21 章；赵丽娟（中南民族大学讲师、博士）：第 14～21 章。

本译著是财政部"会计名家培养工程"的中期成果。在此一并感谢财政部"会计名家培养工程"和机械工业出版社对本书译校、出版等工作的鼎力支持！

由于译者水平和时间所限，错谬之处恳请读者批评指正，以便再版时予以更正。

译者于文泉楼
2023 年建军节

前　言　Preface

在《财务管理》教材首版付梓之时，我们就希望提供一本让学生觉得既有趣又好懂的财务学入门教材。从那以后，该书随即成为一本处于领先水平的本科生财务学教科书，并一直保持着这一地位。我们的持续目标是提供一本树立新标杆的财务学教科书。

财务是一个令人兴奋和不断变化的领域。自上个版本以来，全球经济环境发生了巨大变化。置身于变化的环境之中，作为一名财务专业的学生，这肯定是个有趣的时代。在此最新版本中，我们从财务的角度突出并分析了导致这些变化的事件。尽管全球经济环境在不断变化，但本书在过去 40 年来一直强调的那些原则经受住了考验，将比以往更加重要。

全书框架

我们的目标读者是首次学习以及那些也许仅仅选修财务学课程的学生。学完本书之后，有些学生将决定主修财务专业，继续学习投资、货币与资本市场、高级公司财务等课程，有些学生会选择市场营销、管理或一些其他非财务的商科专业，还有一些学生虽然主修商科以外的专业，但会选修一些与财务和商科相关的课程来获取有助于他们在法律、房地产等其他行业发展的有关知识。

我们面临的挑战是提供一本书来满足上述所有读者的需要。考虑到这一点，本书将专注于财务管理的核心原理，包括货币时间价值、风险和定价等基础知识点。本书还从以下两个立场来阐明上述原理：①追求做出明智投资决策的投资者；②试图使公司股价最大化的职业经理人。不论作为投资者还是职业经理人，他们都需要了解同样的基础知识点，所以对于学生，无论他们学完课程后决定干什么，这些核心知识都是必须掌握的。

在设计本书结构时，我们首先列出了几乎对所有人都十分重要的核心财务主题，包括金融市场概览、与资产定价相关的现金流估计方法、货币时间价值、利率的决定因素、基本的风险分析以及基本的债券和股票估值流程。本书的前 9 章涵盖了这些知识点，随后由于大部分学生将来都很可能是进入公司工作，因此我们想向学生说明在实践中如何应用这些核心理念。接下来我们讨论资本成本、资本预算、资本结构、股利政策、营运资本管理、财务预测、风险管理、跨国营运、混合融资与并购等问题。

非财务专业的学生有时会纳闷为什么他们还需要学习财务知识，但按照我们设计好的本书结构，他们对需要了解货币时间价值、风险、市场和估值的原因将会豁然开朗。基本上所有参与基础课程学习的学生都期待在将来有钱用于投资，他们很快就会明白，第 1～9 章的知识会帮助他们做出更好的投资决策。此外，进入公司的学生会很快明白自身的成功是以公司成功经营为前提的，而第 10～21 章的知识会很有帮助。举个例子，良好的资本预算决策需要来自包括销售、营销、生产、人力资源和非财务人员的准确预测，所以非财务人员需要明白他们的行为如何影响公司的盈利和未来业绩。

章节构成：以估值为核心

正如我们在第 1 章所讲的，在如美国公司这样的公司系统中，财务管理的首要目标就是使企业价值最大化。同时，我们强调管理者不应不择手段地提高公司股价。管理者应该有职业道德，应在争取企业价值最大化的同时遵循一些限制，诸如不能污染环境、不能参与不公平的雇用行为、不能违背反垄断法等。第 1 章讨论估值的基本概念，解释了它如何依赖于未来现金流和风险，并说明为什么价值最大化通常对社会是有利的。估值这一主题将贯穿全书。

股票和债券的价值取决于金融市场，所以对于任何涉及财务的相关人士而言，了解这些市场至关重要。因此，第 2 章讲解金融市场的主要种类、投资者历史上从不同证券投资中赚取的投资收益率，以及这些证券的固有风险。这些知识对于从事财务工作的人员来说是重要的，对已拥有或期待持有金融资产的人士而言同样重要。在这一章中，我们还强调了经济环境在金融危机和新冠疫情之后发生了怎样的变化。

资产的定价最终取决于财务报表中列报的利润和现金流。因此，我们将在第 3 章中审读这些报表，在第 4 章中说明如何分析会计数据，衡量公司过去的业绩有多好和未来的业绩可能有多好。

第 5 章涵盖了货币时间价值，这可能是财务学里最基本的概念。将现金流、风险和利率联系在一起的基本估值模型就是以货币时间价值为基础的。这些概念将贯穿于本书剩余的部分，因此学生应该分配足够的时间学习第 5 章。

第 6 章涉及利率。它是资产定价的关键变量。我们探讨风险、通货膨胀、流动性、资本的需求与供给以及美联储采取的方针政策如何影响利率。有关利率的讨论与第 7 章的债券和第 8 章、第 9 章的股票直接相关。我们届时将说明这些证券和其他所有资本资产是如何运用基本的货币时间价值模型来定价的。

综上所述，第 1 ～ 9 章所提供的背景材料对投资者和管理层而言都必不可少。这些是财务问题，不是通常所讲的公司理财问题。因此第 1 ～ 9 章主要关注用来定价的概念和模型，而第 10 ～ 21 章关注公司管理者为追求企业价值最大化所采取的具体措施。

因为许多商科学生并不打算专修财务学，他们可能会认为公司理财章节并不特别相关。其实绝非如此，在之后的章节中我们将说明所有真正重要的商业决策都牵涉公司每个部门（市场部、财务部、生产部等）中的每个人。尽管如资本预算这样的章节可能被误认为仅仅与财务相关，但实际上却需要市场部的员工输入预期的销量和售价，也需要生产部的员工提供成本等诸如此类的信息。更为重要的是，资本预算决策会影响公司的规模、产品、利润和股价，以及那些影响到包括从公司总裁到邮件收发室员工在内的所有职员的因素。

第 16 版的创新

自本书第 15 版出版以后，资本市场和美国企业发生了很大变化。为了反映多变的经济环境，在第 16 版中，我们进行了如下重要变动：

（1）今天的学生将成为明天的商业、政治、非营利组织的领袖，所以他们必须了解财务的基本原理，以及金融市场和金融机构对经济的重要作用。自上一版以来，一些关键事件大大影响了资本市场和金融体系。最值得注意的是，新冠疫情极大地改变了世界经济格局，并对社会产生了重大影响。正如本书中所强调的那样，其中的许多变化对财务决策造成了诸多影响，而其中的一些变化可能持续很长一段时间。还有其他重大事件，包括 2016 年 11 月唐纳德·特朗普成功当选美国总统、2020 年大选的不确定性以及美国的内乱。毫无疑问，这些事件改变了商业决策和政府政策，并对金融市场产生了巨大影响。为了应对新冠疫情，美联储已将利率推至历史低位，并且这一低利率水平预计将继续保持，直到可以相信经济已经承受住了近期这些事件的考验。我们还目睹了股市的大幅波动。就在新冠疫情暴发之前，股市曾在五年半间大幅上涨，一度创历史新高。而在新冠疫情暴发初期，股价断崖式下跌，但市场又迅速反弹，并在 2020 年 10 月再次接近历史高位。在第 16 版中，我们讨论了这些事件及它们对金融市场和公司管理者的影响，并用这些例子来阐明基本原理中所涵盖的关键概念对投资者、公司、政府官员的重要性。

（2）2017 年 12 月，美国国会通过了《减税与就业法案》。我们描述了该法案的主要特点，并在书中强调了它的重要作用。更具体地来说，我们在第 3 章"财务报表、现金流和所得税"中，将该法案的影响纳入了新修订的说明性财务报表以及对个人与公司税率和税收规定的讨论中。在第 10 章"资本成本"中，我们讨论了公司的资本构成和新法案对公司的税后债务成本以及 WACC 的作用。在第 12 章"现金流估计与风险分析"中，我们论证了在一些新的和使用过的商业资产立即全部费用化以及较低公司税率的作用下，该法案对项目自由现金流的影响。在第 14 章"资本结构和杠杆"中，我们展示了较低的公司税率对公司最优资本结构的影响。在第 15 章"股东回报：股利和股票回购"中，我们讨论了公司股利免除百分比的变化。在第 17 章"财务计划和预测"中，我们验证了较低的公司税率对财务报表预测和相关预测比率的影响。在第 20 章"混合融资：优先股、租赁、认股权证和可转换债券"中，我们说明了加速折旧和较低的公司税率对租赁的影响。最后，考虑到该法案的影响，我们修改了相关的章末问题。

（3）在第 16 版中，我们将继续强调全球化和技术革新的重要影响。全球化和技术革新为个人和企业在创造新机会的同时，也带来了新的风险。值得注意的是，我们看到了 Meta、亚马逊、Netflix 和 Alphabet 的股价出现了惊人的上涨。我们还见证了 SNAP 和阿里巴巴的首次公开募股、Uber 和 Airbnb 的颠覆力量、比特币和其他加密货币的持续崛起以及几起引人注目的并购。

（4）不断有教师和学生告诉我们，生动有趣且与现实生活相关的例子十分重要。所以，我们在第 16 版中增加了许多新近发生的例子以帮助理解。我们增加了一些新的内容，例如第 3 章："2000 ～ 2019 年家庭和非营利组织的资产负债表""美国国会在 2017 年通过了《税收改革法案》""世界各地的公司税率"；第 6 章："利率降至历史低点""倒置收益率曲线是否预示着衰退即将到来"；第 8 章："最近的研究强调了多样化的重要性"；第 9 章："新冠疫情与股市"；第 15 章："对新冠疫情的担忧导致公司减少或者停止派息""股票回购正受到冲击"；第 18 章："特朗普征收新关税""去全球化的新时代？"；第 20 章："新租赁准则：ASC 842"；以及第 21 章的小插曲："迪士尼扩张其媒体帝国"。我们还扩展和更新了许多用于展示真实数据的图表，并更新了"深入探讨"专栏。

（5）行为金融学一直对学术界有重要影响并且改变了我们对金融市场和公司理财的看法。为了反映它与日俱增的重要性，在第 2 章中，我们对行为金融学及它对市场有效假说的影响独立成一节。此外，我们继续强调了资产证券化的重要性、衍生产品的作用，以及对冲基金、共同基金和私募股权公司的重要性。

（6）在第 1 章中，我们增加了边际定义术语，并讨论了环境、社会和治理措施。

（7）我们修正了存货周转率的定义，以反映现实世界的实践和财务出版物，它们使用销售商品成本而不是销售额来衡量存货周转率。因此，我们在计算时使用的是销售成本。我们更新了章节末的问题和计算机模型来反映这一变化。此外，我们还扩展了 EV/EBITDA 比率的讨论，以澄清其他财务债权的含义。

（8）在第 13 章中，我们对资本限额进行了更多的讨论，并强调了最佳项目选择应该是使 NPV 最大化的项目，但由于资本限额，因此无法达到真正的最优资本预算。我们在章节末尾添加了一个相关的问题。

（9）我们在第 18 章中更新了汇率数据，以反映当前世界正在发生的情况。所有的图表和文字讨论都相应更新了，包括"想吃麦当劳的巨无霸汉堡？去南非吧！""全球股票市场指数"和"海外投资"。

（10）在第 20 章中，我们精简和更新了租赁讨论，以反映新租赁指南 ASC 842 的实施情况。租赁分析反映了加速折旧和《减税与就业法案》降低企业税率的影响。另外，我们增加了保本租赁的分析和讨论。

在修订教材的过程中，我们永远高度仰赖审校团队，他们为增强教材的可读性和相关性提出建议。我们将在前言的后半部分对他们的贡献特别感谢，他们的评论和建议确实帮助我们完善了第 16 版教材。

致谢

本书反映了许多人的努力，包括过去从事基础知识和我们书籍相关工作的人，以及专门编写第 16 版的人。首先，我们要感谢 Dana Aberwald Clark，她在修订的每个阶段都与我们密切合作——她的帮助十分重要。

多年来，我们的同事 John Banko、Jim Keys、Andy Naranjo、M. Nimalendran、Jay Ritter、Mike Ryngaert、

Craig Tapley 和 Carolyn Takeda Brown 就本书包括综合性案例在内的许多部分及其辅助材料为我们提供了许多有用的建议。我们还从田纳西大学的 Mike Ehrhardt 和 Phillip Daves 的工作中受益，他们和我们一起编写了配套图书。

我们还要特别感谢爱达荷州立大学的 Shirley Love，他为本书撰写了许多有关小企业问题的材料；特别感谢来自西北大学的 Emery Trahan 和 Paul Bolster 的贡献；特别感谢来自弗吉尼亚理工大学的 Dilip Shome 对资本结构章节的贡献；特别感谢来自佛罗里达大学的 Dave Brown 和 Mike Ryngaert，他们帮助我们撰写了与破产相关的材料；特别感谢 Andy Naranjo 和 Subu Venkataraman，他们帮助我们撰写了国际视野相关材料；特别感谢来自东卡罗来纳大学的 Scott Below，他帮助我们建立了有关网页和参考资料的信息；特别感谢来自东卡罗来纳大学的 Laurie 和 Stan Eakins，他们在 Excel 建模上给予了我们重要的技术支持；特别感谢来自得克萨斯农工大学的 Larry Wolken，他为制作本书演示文稿的软件提供了宝贵的建议，也付出了实际努力；特别感谢 Christopher Buzzard，他为建立 Excel 模板、网页和 PPT 演示文稿提供了帮助；感谢 Chris Barry，他帮助我们撰写了以前版本的有关材料。

最后，感谢圣智学习的员工，特别是 Aaron Arnsparger、Chris Valentine、Ethan Crist、Nadia Saloom、Brandon Foltz、Mark Hopkinson、Nathan Anderson、Michelle Kunkler 和 Renee Schnee。他们在本书的编写和制作的各个阶段都付出了艰辛的劳动，并给予了大力的支持。

结论

财务确实是企业管理的重要支柱——良好的财务管理对于企业乃至国家和全球经济的健康运行都是非常重要的。正因为它如此重要，我们应该广泛了解并深刻掌握财务管理知识。但是，实际行动比口号要来得艰难许多。因为这个领域较为复杂且会随着经济环境的变化而不断变化。所以，财务管理在令人感到激动和兴奋的同时，也往往充满着挑战和困惑。我们衷心希望《财务管理》（第 16 版）能够更好地帮助读者理解我们的财务和金融系统。

尤金·F. 布里格姆　乔尔·F. 休斯敦
佛罗里达大学

作者简介　About the Authors

尤金·F. 布里格姆（Eugene F. Brigham），佛罗里达大学

尤金·F. 布里格姆，佛罗里达大学荣誉教授。自1971年以来，布里格姆一直就职于佛罗里达大学。布里格姆博士从加州大学伯克利分校获得MBA（工商管理）学位和博士学位，从北卡罗来纳大学获得学士学位。就职佛罗里达大学之前，布里格姆博士曾在康涅狄格大学、威斯康星大学和加州大学洛杉矶分校任教。布里格姆博士曾担任美国财务管理协会会长，在学术期刊上发表了多篇有关资本成本、资本结构及其他财务管理方面的论文。由布里格姆博士担任主编或与他人合编的10本财务管理学与管理经济学教材被美国1 000多所大学选用并被翻译成11种语言在世界广泛使用。布里格姆博士还以专家身份成为许多电力、燃气和电话收费议案的听证会见证人。布里格姆博士还是许多公司和政府机构的顾问，包括美国联邦储备委员会、联邦住房贷款银行委员会、美国电信政策办公室和兰德公司。布里格姆博士会把业余时间花在高尔夫球场上，与家人和狗共度时光，还从事户外探险活动，比如骑自行车穿越阿拉斯加州。

乔尔·F. 休斯敦（Joel F. Houston），佛罗里达大学

乔尔·F. 休斯敦，佛罗里达大学金融学专业以布里格姆命名的讲席教授。休斯敦教授在美国宾夕法尼亚大学沃顿商学院获得了硕士和博士学位，在富兰克林马歇尔学院获得了学士学位。在就职佛罗里达大学之前，休斯敦教授是费城联邦储备银行的经济学家。他的主要研究领域包括公司财务和金融机构，其学术论文发表于众多顶尖期刊上，如 *The Journal of Finance*，*Journal of Financial Economics*，*Journal of Business*，*Journal of Financial and Quantitative Analysis*，*Journal of Accounting Research* 和 *Financial Management*。休斯敦教授目前是 *The Journal of Financial Services Research* 和 *The Journal of Financial Economic Policy* 的副主编。自1987年就职佛罗里达大学以来，休斯敦教授已经获得25项教学奖励，并且积极参与本科生与研究生的教学工作。除了合作编写了优秀的财务管理教材之外，休斯敦教授还参与了公用事业管理委员会（PURC）/世界银行项目以及南方公司、艾克斯龙公司（Exelon Corporation）、美国量化服务公司（Volume Services America）的管理教学项目。除了专业活动之外，休斯敦教授喜欢打高尔夫球和健身，并与其妻子（Sherry）、儿子（Chris）、女儿（Meredith）和外孙（Teddy）共享天伦之乐。休斯敦教授是体育运动的一个粉丝，狂热地追随"佛罗里达鳄鱼队""匹兹堡钢人队""匹兹堡海盗队"和"匹兹堡企鹅队"。

Contents 目 录

PART
1

第 1 部分

财务管理简介

第1章

财务管理概述

获得最优的市场平衡点

1776 年，亚当·斯密描述了一只"看不见的手"（an invisible hand）如何引导企业追求利润，并引导企业做出有益于社会的决策。斯密的深刻见解使他做出了如下结论：利润最大化（profit maximization）是企业的正确目标，自由的企业制度对社会最为有利。然而，自 1776 年以来，世界已经发生很大变化。当前的企业更为庞大，它们跨国经营，拥有成千上万的员工，被数百万的股东所拥有。这让我们怀疑，"看不见的手"是否还能给我们提供可靠的指引，企业是否仍然应该努力实现利润最大化？还是应该从更广阔的视角，采取更平衡的行动，使客户、员工、供应商和社会整体受益？

现在，许多学者和财务（金融）专业人士都认同以下经修正的亚当·斯密的理论。

- 企业的首要财务目标是实现股东财富最大化，即股票价值最大化。
- 自由企业仍然是对整个社会最佳的经济系统。在自由企业体系框架下，企业开发出人们需要、社会受益的产品和服务。
- 然而，企业也需要一些约束：企业不得污染空气和水，不得从事不公平的雇用活动，不得通过垄断来盘剥消费者。

这些约束具有很多不同形式。第一类约束是企业从事有害社会行为将要付出的代价。第二类约束来自政治程序，社会强加了一系列旨在防止企业从事有害行为的规定。如果规定实施得当，这些成本就会公平地将价值转移给遭受损失的各方，并且有助于建立防止类似事件再次发生的激励措施。

2007 年和 2008 年的金融危机生动地说明了这一点，我们目睹了华尔街许多参与风险极高活动的企业将金融系统推向了崩溃的边缘。拯救金融系统需要向银行和其他金融企业提供紧急财政援助，这样一来就意味着要向纳税人增加巨额的税收，并进一步将经济推进衰退的深渊。除了向社会施加的压力以外，金融企业也付出了沉重的代价：许多优秀的金融机构股价暴跌，一些金融企业经营失败并破产，许多华尔街的高管失去了工作。

值得争论的是，这些前车之鉴并不足以防止另一场金融危机的发生。许多人坚持认为，一系列金融危机的事件说明，市场并不总是以它应有的方式运行，金融领域需要有更加强力的管制。例如，诺贝尔经济学奖得主约瑟夫·斯蒂格利茨在他的书中为强化管制提出了有力的论据。与此同时，其他有不同政治诉求的人继续表达对过度管制所需代价的担忧。

在金融危机之外，有一个更加宽泛的问题是关于法律法规是否足以迫使企业为社会的利益经营。越来越多的企业继续认可实现股东价值最大化是目标之一，但它们也不局限于此。谷歌著名的企业座右铭是"做正确的事——遵纪守法，诚实行事，互相尊重"。与此使命一致的是，该企业运用自己的内部基金助力于世界范围内的各类慈善基金。

微软是另一个因承担起社会责任而为公司赢得了良好声誉的公司。该公司最近发布了 2019 年企业社会责任报告。在随报告发布的致股东的一封信中，微软首席执行官萨提亚·纳德拉强调了要承担更多的社会责任义务：

> 我们的使命是让地球上的**每个人和每个组织都能取得更多成就**，这一点从未像现在这样重要。在许多人呼吁关注技术在社会中起到重要作用的同时，我们的使命依然不变。技术的进步将我们置身于巨大的机遇和责任之中，我们必须确保我们创造的技术能够造福地球上的每一个人，也包括地球本身。我们的平台和技术工具帮助小微企业提高生产力、跨国公司提高竞争力、非营利组织提升影响力以及帮助政府提高行政效率。平台和技术工具同时改善了医疗保健和教育成果，提升了人类创新与解决问题的能力，并使全世界的人们都能有更好的生活。

同样，由美国顶级公司的首席执行官组成的商业组织"商业圆桌会议"（Business Roundtable）在2019年发表了一份声明，该声明表明公司应该明确考虑到更广泛的利益相关者的利益，而不是只关注股东的权益。

虽然许多公司和个人已经采取了非常有意义的行动来践行他们担负起了社会责任的承诺，但公司的管理者很难做到很好的平衡。事实上，仍然有很多企业面临着不同利益相关者之间的矛盾。例如，一家企业可能通过解雇员工的方式来提高股东价值，或者一项政策变化可能会改善环境但将降低股东价值。我们也看到了Facebook⊖和谷歌等顶级科技公司因泄露和操纵用户隐私信息而受到各方责难的情况。在这些情况下，管理者不得不平衡这些互相制约的利益，不同的管理者必将做出不同的选择。最近几年，在新冠疫情大流行而造成的大规模个体的慌乱和经济混乱中，几乎每个政党在试图管理其不同的选区时都面临着巨大的压力。最终，所有的企业都在努力寻求正确的平衡点。睿智的管理者意识到生活虽然比金钱更重要，但行善却常常需要花钱。

资料来源："Microsoft 2019 Corporate Social Responsibility Report," microsoft.com/en-us/corporate-responsibility/reports-hub, October 16, 2019; "Microsoft 2019 Annual Report," microsoft.com/investor/reports/ar19/index.html, October 16, 2019; "Business Roundtable Redefines the Purpose of a Corporation to Promote 'An Economy That Serves All Americans, '" businessroundtable.org/businessroundtable-redefines-the-purpose-of-a-corporation-to-promote-an-economy-that-serves-all-americans, August 19, 2019; Kevin J. Delaney, "Google: From 'Don't Be Evil' to How to Do Good," *The Wall Street Journal*, January 18, 2008, pp. B1–B2; Joseph E. Stiglitz, *FreeFall: America, Free Markets, and the Sinking of the World Economy* (New York: W.W. Norton, 2010); and Joseph E. Stiglitz, *The Price of Inequality* (New York: W.W. Norton, 2012).

厘清头绪

本章将使你了解财务管理的全部相关内容。首先，本章描述财务与整个商业环境的关系，指出财务学是学生从事不同商业领域的工作的基础，并讨论不同形式的商业组织。对于企业，管理者的目标应当是实现股东财富最大化，也就是股票价值最大化。当我们说"股票价值最大化"时，我们指的是"真实的、远期的价值"，这可能与当前股价不同。在本章中，我们还将讨论企业如何为管理者关注远期价值最大化提供正确的激励。优秀的管理者理解道德的重要性，他们认识到远期价值最大化与承担社会责任是一致的。

当你学习完本章节后，你应该能够完成下列目标。
- 解释财务的地位和财务领域内不同类型的工作。
- 识别不同形式的商业组织的优点和缺点。
- 解释股价、内在价值、管理者报酬之间的联系。
- 识别企业股东与管理者之间、股东与债权人之间的潜在冲突，并讨论企业用于缓和这些潜在冲突的方法。
- 讨论商业道德的重要性和不道德行为的后果。

1.1 什么是财务

财务（finance）在韦伯词典中被定义为"包括货币流通、信贷发放、投资、提供银行业务的系统"。财务涉及很多方面，这使我们很难对其给予一个准确的定义。本节的讨论将让你了解财务专业人员是做什么的以及你在毕业后进入财务领域工作可能做什么。

⊖ 母公司使用 Meta 这个新名称，本书使用 Facebook。——译者注

1.1.1 财务有哪些领域

在大学里，财务学大致被分为三个领域讲授：①财务管理学；②资本市场学；③投资学。

财务管理学（financial management），也被称为公司财务（又译"公司金融学"），专注于与取得多少资产、哪种类型的资产，如何获得购买资产所需的资本以及如何经营企业以最大化企业价值相关的决策。这些原则同样适用于营利性组织和非营利性组织；如书名所示，本书的大部分内容与财务管理学相关。

资本市场学（capital market）与决定利率、股价和债券价格的市场相关。向企业提供资本的金融机构也属于资本市场学的内容。银行、投资银行、股票经纪人、共同基金[⊖]、保险公司等汇集了有钱投资的储蓄者、企业、个人和其他因各种目的需要资本的经济实体。政府性组织，如管理银行并控制货币供给的联邦储备系统（Federal Reserve System）以及管理在公开市场交易的股票和债券的证券交易委员会（Securities and Exchange Commission），也是资本市场学的内容。

投资学（investment）与股票、债券的决策相关，并且包括一些活动。①证券分析（security analysis）涉及寻找单个证券的合理价值（如股票和债券）。②投资组合理论（portfolio theory）涉及构建股票、债券组合投资的最佳方式。理性投资者期望持有分散的投资组合从而控制风险，因此选择一个适当平衡的投资组合对任何投资者都是一件重要的事。③市场分析（market analysis）涉及在任意给定时间，股票和债券市场是否"太高""太低"或"大致正确"。**行为金融学**（behavioral finance）被包含在市场分析学之内，它通过检验投资者心理，从而试图决定股价是否在投机泡沫中已经被抬高到不合理的高位，或者在非理性悲观中被打压到不合理的低位。

尽管我们将这三个领域分开，但它们彼此紧密相关。银行业务在资本市场部分学习，但银行信贷经理评估商业贷款申请必须理解公司财务从而做出正确决定。与此相似，如果企业财务主管希望以合理的条件获得贷款，那么与银行家谈判的财务主管必须了解银行业务。此外，试图计算一只股票真实价值的证券分析师必须了解公司财务和资本市场才能完成工作；再者，各类财务决策都依赖于利率水平，因此，在公司财务、投资、银行领域的人必须懂得利率以及利率是如何决定的。由于这些相互依赖的关系，因此本书将讨论这三个领域。

1.1.2 组织内部的财务管理

许多企业和非营利性组织具有与图 1-1 相似的组织结构。董事会（board of directors）是最高管理集体，董事会主席通常是最高决策者。紧随其后的是首席执行官（CEO），但注意，董事会主席常常也担任 CEO。

位居 CEO 之后的是首席运营官（COO），也就是常常被指定为企业的总经理的人。COO 指挥企业的运营，包括市场营销部、生产部以及其他运营部门。首席财务官（CFO）通常是高级副总经理，位列第三。CFO 负责会计、财务、信用政策，资产预算以及与投资者关系相关的决策，投资者关系包括与股东和媒体沟通。

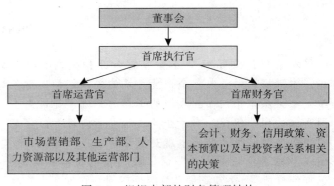

图 1-1 组织内部的财务管理结构

如果企业是上市公司，企业的 CEO 和 CFO 必须向证监会保证向股东发布的报告（特别是年度报告）是准确的。如果错误在报告发布后被发现，CEO 和 CFO 可能被处以罚金甚至坐牢。这个要求是 2002 年作为《萨班斯 – 奥克斯利法案》（Sarbanes–Oxley Act）的一部分被设立的。该法案于一系列企业丑闻被曝光后由美国国会通过，那些丑闻涉及现在已经倒闭的企业，如安然公司（Enron）和美国世通公司（WorldCom），这些企业的投资者、员工和供应商因为企业发布虚假信息而损失数十亿美元。

1.1.3 财务与经济、会计的异同

正如我们现在所知，财务源于经济学（economics）和会计学（accounting）。经济学家提出的概念是：一项

⊖ mutual fund，又译为互惠基金、互助基金。——译者注

资产的价值基于该项资产可以提供的未来现金流，同时会计师提供与那些现金流的大致规模相关的信息。在财务领域工作的人同时需要经济学与会计学知识。图 1-1 说明，在现在的企业，会计部是属于 CFO 管理的典型部门。这进一步说明了财务、经济学和会计学的联系。

自我测验

1. 本书涵盖财务的哪三个领域？这些领域是彼此独立的，还是相互关联的（在某一领域工作的人需要了解其他两个领域吗）？请解释。

2. 首席财务官是什么人？这个人在企业的组织结构中处于什么地位？他有哪些职责？

3. 非营利性组织如医院和高校设置首席财务官是否有意义？为什么？

4. 经济学、财务和会计学三者之间是什么关系？

1.2 与财务相关的职业

财务为学生寻找银行、投资、保险、企业以及政府部门的工作做好准备。会计专业学生需要了解市场营销、管理和人力资源，而这些专业的学生也需要理解财务，因为财务影响所有的那些领域。例如，市场营销人员提出广告计划，但那些计划将被财务人员检查以判断广告对企业利润的影响。因此，想要市场营销有效果，营销人员需要拥有基本的财务金融学知识。管理也是同样的道理，事实上，评估大多数重要的管理决定都是依据其对企业价值的影响。

同样值得指出的是，不论一个人从事什么工作，财务总是十分重要。多年前，大部分员工退休后从他们的雇主那里领取养老金，因此管理一个人的个人投资不是非常重要。现在情况不同了。大部分企业现在提供"固定缴款"（defined contribution）养老金计划，每年企业将规定数目的钱存入员工账户。员工必须自己决定如何投资那些钱，即投资于股票、债券或货币基金的比例，以及他们愿意为其股票和债券投资承担多大的风险。这些决定对人们的生活有重要影响，本书包含的概念能够提高相关的决策技巧。

1.3 企业组织形式

财务管理的基本原理对大大小小的所有企业都相同，不论它们是如何被组织起来的。尽管如此，我们必须意识到企业的法律结构会影响企业运营。企业有四种组织形式：①独资企业；②合伙企业；③公司制企业；④有限责任公司和有限责任合伙企业。从数量上看，大多数企业是独资企业。然而，基于销售金额，超过 80% 的交易是由公司制企业完成的。⊖因为公司制企业经营最多并且大部分成功的商业组织最终会转变为公司制企业，在本书中我们将注意力集中于它们。尽管如此，理解不同类型企业之间的法律区别仍然重要。

独资企业（proprietorship）是一种由单个自然人所有，没有独立法人地位的商业组织。以独资经营者的角色进入商业领域很容易——一个自然人单独开始商业经营。独资企业有三个优点：①设立条件与成本较低；②受到政府法规的限制很少；③相比公司制企业，所得税较低。然而，独资企业也有三个重要的缺点：①独资企业的所有人对企业的债务具有无限连带责任，因此他们的损失可能多于其对企业的投资，比如你可能投资 10 000 美元建起一个企业，但在经营期间，如果一个员工开车撞了某人，你可能被起诉要求赔偿 100 万美元；②企业的存续期间局限于企业创始人的有生之年，并且投资人需要改变企业的结构才能引入新的投资；③因为前两点，独资企业难以获得大量的资本，因此，独资企业主要是小型企业。然而，企业常常从独资企业开始，随后因发展导致独资企业组织形式的缺点超过优点，企业则由个人独资转变为公司制。

合伙企业（partnership）是在两个或两个以上决定共同经营的自然人之间缔结的约定。合伙企业与独资企

⊖ "SOI Tax Stats–Integrated Business Data: Table 1. Number of Returns, Total Receipts, Business Receipts, Net Income (less deficit), Net Income, and Deficit, by Form of Business, Tax Years 1980–2015," IRS, Statistics of Income Division, irs.gov/statistics/soi-tax-stats-integrated-business-data, February 2020.

业都能相对简单且以较低的成本设立，在这方面，它们是相似的。此外，企业的收入按照比例在合伙人之间分配，以合伙人的个人所得为基础计税。这使得这些公司免于承担企业所得税。然而，所有的合伙人都要承担无限连带责任。这意味着如果合伙企业破产，其中任何一个合伙人不能按比例承担公司的负债，其余的合伙人将对此负责。因此，一个得克萨斯合伙人可以使一个与导致合伙企业垮台的行为毫不相干的纽约百万富翁合伙人破产。无限连带责任使得合伙企业难以获得大量的资本。⊖

公司制企业（corporation）是由团体创立的法人实体，它与其所有者和经营者是分离的。这种分离使企业股东的损失仅限于他们投入企业中的资本——企业可以损失其本身所有的钱，但企业的所有者只会损失他们投入到企业的钱。公司制企业具有无限存续期间，并且转让公司制企业的股票份额比转让非公司制企业的权益容易。这些因素使得公司制企业更容易募集大型企业所需的资本。因此，像惠普、微软这样的企业一般从独资企业或者合伙企业开始，但在某一时刻，它们发现转变为公司制企业对企业更有利。

公司制企业的一个主要缺点在于税。大部分公司制企业的所得都需要被双重征税——企业需要缴纳所得税；随后当企业的税后所得作为股利被分配后，那些股利又作为股东的个人所得再次被征税。然而，为了帮助小型企业，美国国会创立了 S 型公司制企业（S corporation），它们在纳税时被视为独资企业或合伙企业，因此，它们免缴企业所得税。⊜拥有不超过 100 名股东的企业才具有成为 S 型公司制企业的资格，这使得 S 型公司制企业仅适用于相对规模小、私人所有的企业。大型企业则被称为 C 型公司制企业（C corporation）。绝大多数小型公司制企业选择获得 S 型公司制企业的身份，并保持该身份直到企业决定向公众发行股票，到那时，它们将转变成为 C 型公司制企业。

有限责任公司（limited liability company）是一类广泛存在的组织，它是合伙企业和公司制企业的混合体。**有限责任合伙企业**（limited liability partnership）与有限责任公司相似。有限责任合伙企业被应用于会计、法律、建筑行业的专业事务所，而有限责任公司被应用于其他行业。与公司制企业相似，有限责任公司和有限责任合伙企业股东承担有限责任，但是它们的税收却和合伙企业一致。此外，不像有限合伙企业的普通合伙人对企业拥有完全控制权，有限责任公司和有限责任合伙企业的投资者拥有与他们的所有权益份额相一致的投票权。有限责任公司和有限责任合伙企业近年来越来越受到欢迎，但大型企业仍然认为 C 型公司制企业对它们更有利，因为这种组织形式在募集资本以支持企业发展方面有优势。有限责任公司和有限责任合伙企业由律师设计而出，它们常常以非常复杂的方式组建，并且它们受到的法律保护常常在各州有所不同。因此，成立一个有限责任公司或有限责任合伙企业时，有必要雇用一位得力的律师。

当决定组织形式时，企业必须在组建公司制企业的优点与可能更高的税务负担两者之间权衡。然而，出于下列原因，除规模相对较小的企业外，任何企业如果以公司制企业的形式组织，其价值很有可能达到最大。

（1）有限责任降低了投资者承担的责任；其他条件保持不变时，企业的风险越低，价值越高。

（2）企业的价值依赖其成长机会，成长机会依赖企业吸引资本的能力。因为公司制企业能够比其他类型的企业更容易吸引资本，所以它们能够更好地利用成长机会。

（3）资产的价值依赖其流动性，也就是指企业以公允价值销售资产所耗费的时间和精力。因为公司制企业的股票比独资企业或合伙企业的权益更容易转让给潜在的购买者，也因为更多的投资者愿意投资股票而不是合伙企业（伴随潜在的无限责任），因此对公司制企业的投资相对流动性好。这也提高了公司制企业的价值。

⊖ 起初只有简单的合伙企业，但渐渐地，律师创造出许多不同的类型。"公司法"课程会详细讨论不同的类型，我们注意不同的类型通常是用于限制一些合伙人的责任。例如，有限合伙企业（limited partnership）有一个承担无限责任的普通合伙人和另一个或多个有限合伙人，他们的责任受限于他们的投资。这从有限责任的立场看非常好，但有限合伙人必须放弃单独控制权给普通合伙人，这意味着他们几乎在企业管理方面没有话语权。公司制企业的所有人（股东）承担有限责任，但他们也有权投票和在认为需要改变时改变管理。注意，本章后面讨论的有限责任公司和有限责任合伙企业正被更多使用以代替合伙企业。

⊜ 根据新税法，直到 2026 年 1 月 1 日，纳税中间实体（S 型公司制企业、合伙企业和独资企业）可以扣除其符合条件的营业收入（QBI）的 20%，这是与贸易或业务有关的收入、利得、减免和损失的净额。QBI 不包括投资相关的收益或损失。到 2020 年，从单一纳税人的 163 300 美元和夫妻共同申报的 326 600 美元开始，这项扣除将逐步取消。虽然 C 型公司制企业的税率从 35% 降至 21% 很有吸引力，但双重征税对它们来说仍然是个问题。因此，如果大部分利润从企业中取出并分配给所有者，而不是再投资于企业，那么纳税中间实体将是更好的选择。S 型公司制企业在许多情况下仍然是处于优势地位的。更多详情请参考 Nellie Akalp 的《新税法将如何影响你的 S 型有限公司客户》，《今日会计》（accountingtoday.com），2018 年 2 月 6 日。

自我测验

1. 独资企业、合伙企业、公司制企业的主要区别是什么?

2. 有限责任公司和有限责任合伙企业与其他企业组织有什么联系?

3. 什么是 S 型公司制企业,它比 C 型公司制企业有什么优势?为什么像 IBM、通用电气以及微软这样的企业选择 S 型公司制企业的身份?

4. 为什么说除规模相对较小的企业外,任何企业如果以公司制企业的形式组织,其价值很有可能达到最大?

5. 假设你相对富裕并且正在寻找潜在的投资目标,但你不打算参与到企业经营中。你会对投资合伙企业还是公司制企业更有兴趣?为什么?

1.4 主要财务目标:为投资者创造价值

在上市公司里,经理和职工代表为拥有该公司的股东工作,因此他们应当执行能够提升股东价值的政策。虽然许多企业专注于最大化多个财务目标,如规模增长、每股收益和市场份额等,但这些目标均不得优先于主要的财务目标,即为投资者创造价值。记住,企业的股东不只是一个抽象的群体——他们代表选择将他们辛苦赚来的金钱投入到企业,并且寻找投资回报,从而达到他们长期财务目标的个人和组织。那些财务目标可能是储蓄退休金、新房子,或者孩子的教育。除了财务目标,企业还有非财务目标,我们将在 1.7 节中进行讨论。

如果经理打算最大化股东财富,他必须懂得股东财富是如何决定的。通过这本书,我们会知道任何资产的价值都是该项资产长期提供给其所有者现金流的现值。我们将在第 9 章中深入讨论股票定价,股票价格基于未来的预计现金流,而不是现在的。因此,股票价格最大化要求我们以长远的眼光考虑企业运营。同时,影响企业价值的管理行为可能不会立即反映到企业的股价上。

1.4.1 价值的决定因素

图 1-2 说明了价值的决定因素。最上面的方框表明,管理行为结合经济环境、税务以及政治环境影响企业未来现金流的水平和风险,这些最终决定企业的股价。你可能已经预计到,投资者喜欢更多的预计现金流,但他们厌恶风险,因此预计现金流越大,投资者感受到的风险越低,股价越高。

第三行的方框将我们所谓的“真实的”预计现金流和“真实的”风险与“感受到的”现金流和“感受到的”风险区分开

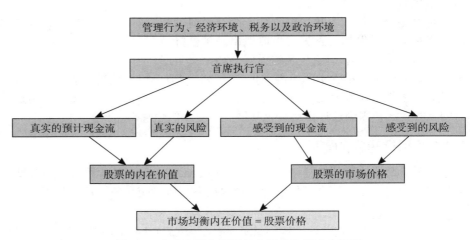

图 1-2 内在价值和股票的市场价格的决定因素

来。“真实的”是指假设投资者掌握与企业相关的全部现存信息时所预计的现金流和风险。“感受到的”是指假设投资者掌握有限信息时所预计的现金流和风险。例如,2001 年年初,投资者掌握的信息导致他们认为安然公司的利润高并且将在未来赚取高额、持续增长的利润。他们同时认为实际结果将与预计水平接近,因此安然公司的风险低。然而,只有安然公司的管理人员知道对安然公司利润的真实估计比投资者预计的低得多,并且安然公司的真实状况风险极高。

第四行方框表明,每只股票有其内在价值,即由一个有能力胜任、掌握可获得的最优数据的分析师计算得出的,对股票“真实”价值的估计。每只股票还有市场价格(market price),即实际市场价格,该价格基于边际投资者⊖（marginal investor）感受到的但可能错误的信息。不同投资者的预期不一致，因此实际价格最终由"边际"投资者决定。

如图 1-2 中的底层方框所示，当股票的实际市场价格等于其内在价值时，股票达到均衡（equilibrium）。当均衡存在时，股票价格没有发生变化的压力。股票的市场价格能够并且确实与内在价值不同，但最终，随着时间推进，这两种价值趋于一致。

1.4.2　内在价值

实际股价容易确定，它们可以在互联网上找到并且每天被发布在报纸上。然而内在价值是估计值，不同的分析师掌握不同的数据，对未来持不同的观点，因此他们会对股票的内在价值形成不同的估计。实际上，估计内在价值是证券分析的全部内容，同时将成功的投资者与不成功的投资者区分开来。如果知道所有股票的内在价值，投资将变得容易、有利可得并且完全没有风险，但显然我们并不知道。虽然能够估计内在价值，但我们不能确定自己一定是对的。企业的管理者掌握关于企业未来前景的最佳信息，因此管理者对内在价值的估计通常比外界投资者更准确。然而，即使是管理者也可能是错误的。

图 1-3 是一个虚构企业的长期实际股价与管理层估计的内在价值的曲线图。⊖由于企业每年将取得留存收益进行再投资，企业利润不断提高，所以内在价值也不断升高。在第 20 年，由于当时一项研发（R&G）取得突破，内在价值陡升，因此在投资者得知该消息前，管理层提高了对未来利润的预期。实际股价随着估计的内在价值上下波动，但投资者乐观或悲观，加上不完全了解股票的内在价值，导致实际价格与内在价值出现偏差。

内在价值是一个长期概念。管理层的目标应当是采取措施最大化企业的内在价值，而不是股票当前的市场价格。注意，尽管从长远看，最大化内在价值将使平均股价最大化，但不一定会及时地使当前价格最大化。例如，管理层可能做出一项会降低当年利润但提高未来预期利润的投资。如果投资者

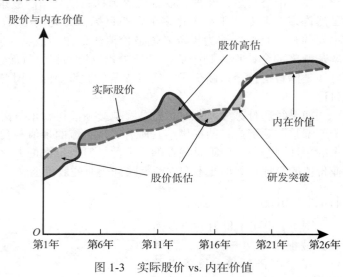

图 1-3　实际股价 vs. 内在价值

不了解真实情况，尽管实际上内在价值升高，但股价将会被当年的低利润拉低。管理层应当提供信息，帮助投资者对企业的内在价值做出更好的估计，这将使股价维持在其均衡水平附近。然而，有时候管理层不能泄露企业的真实情况，因为这样做会提供帮助竞争对手的信息。⊜

1.4.3　目标短视的影响

理想情况下，管理者坚持立足长远，但近年来有很多企业重心转向短期的例子。也许最值得关注的是，在最近的金融危机之前，许多华尔街高管因从事高风险交易赚取短期利润而得到巨额奖励。结果，这些交易的价

⊖　处于边际的投资者是那些实际上制定股价的人。一些股东认为当前股价较低，如果有钱他们将购买更多。其他投资者认为当前股价太高，除非大幅度降低，否则他们不会购买。还有另外一些人认为当前股价不高也不低，因此如果股价小幅降低，他们就会购买更多，股价小幅升高，他们就会出售股票，除非情况发生变化，否则持仓不变。这些人就是边际投资者，当前的股价是由他们的观点决定的。我们将在第 9 章深入讨论这一点以及证券市场。

⊜　值得注意的是，内在价值是一个估计值，而且不同的分析师对于同一个公司在不同特定时间会有不同的估计值。管理者也应当估计其公司的内在价值从而采取措施将其最大化。他们应通过提供公司财务状况及运作的正确信息帮助公司之外的证券分析师改进他们对公司内在价值的估计，但要避免发布有利于公司竞争者的信息。

⊜　如我们将在第 2 章中讨论的那样，许多学者认为股价反映了所有的公开信息。因此，股价通常合理接近其内在价值，从而处于或接近均衡状态。然而，几乎没有人怀疑，管理者比公众掌握更多的信息，有时股价与均衡状态时的价值不一致，因此股票可能暂时被低估或高估（如我们在图 1-3 中所揭示的那样）。

值暴跌，造成许多这类华尔街企业寻求大量的政府紧急财政援助。

除了华尔街最近的问题外，还有很多其他管理者专注于短期利润的例子，损害企业的长期价值。例如，富国银行（Wells Fargo）实施激励措施，奖励为客户注册新账户的员工。然而，为了获得奖金，一些员工创建了虚假账户或让客户签署未经授权的信用卡。这导致富国银行解雇了数千名员工、高级经理和其首席执行官，并被处以数百万美元的罚款。此外，美联储限制了富国银行的资产增长，因此在富国银行恢复其企业文化和整顿其行为之前，其总资产不会超过 2017 年年底的总资产。2020 年 2 月 21 日，富国银行同意支付 30 亿美元了结索赔问题，其中 5 亿美元将返还给投资者。富国银行取消了所有基于产品的销售目标，重组了薪酬体系，并加强了客户同意和监督体系。⊖考虑到这些问题，许多学者和业内人士强调，董事会和董事有必要建立有效的公司治理程序。这包括制定一套规则和做法，以确保管理者的行为符合股东的利益，同时平衡客户、员工和受影响的民众等其他关键利益群体的需求。拥有一个强大、独立的董事会被视为强有力的公司治理程序的一个重要组成部分。

有效的治理要求管理者对糟糕的业绩负责，并理解管理者薪酬在激励管理者专注于恰当的企业目标方面所扮演的重要角色。例如，如果管理者的奖金只与今年的利润挂钩，那么我们不会惊讶于发现管理者采取措施拉升本期利润，即使那些措施损害企业的长期价值。怀着这些担忧，越来越多的企业使用股票和股票期权作为管理者薪酬的重要组成部分。以这种方式构建薪酬，目的是让管理者更多地为股东考虑，并持续提高股东价值。

尽管用心良苦，基于股票的薪酬（stock-based compensation）并不总是如计划的那样有效。为了激励管理者专注于股价，股东（实际上是通过董事会）给予管理者能够在将来规定时间行权的股票期权（stock option）。管理者可以在规定的时间行权，获得股票，立刻出售获得的股票并赚取利润。利润基于行权日（option exercise date）当天的股价，这使得一些管理者努力最大化规定日期那一天的股价，而不是长期股价。这反过来造成了一些可怕的弊端：从长远角度看起来不错的项目被否决，因为它们对短期利润不利，并且因此降低了行权日当天的股价。更糟糕的是，一些管理者故意虚报利润，暂时提高股价，行使他们的期权，售出价格虚高的股票，并在真实情况暴露时让外界股东背黑锅。

自我测验

1. 股票的当前价格和它的内在价值的区别是什么？
2. 股票有确定的并且可证明的内在价值，还是不同人对内在价值有不同结论？请解释。
3. 管理者应当自己估计内在价值还是让外界证券分析师估计内在价值？请解释。
4. 如果企业能够最大化它的当前市场价格或者内在价值，股东（作为一个整体）希望管理者做哪一个？请解释。
5. 企业的管理者应当帮助投资者提高他们对企业内在价值估计的准确性吗？请解释。

1.5　股东和管理层的利益冲突⊖

关于管理者个人目标可能与股东财富最大化不一致，早已达成共识。比起最大化股东财富，管理者可能对最大化他们自己的财富更感兴趣。因此，管理者可能支付自己过高的薪酬。

有效的管理者薪酬计划（executive compensation plan）激励管理者为股东的最大利益工作。有用的激励工具包括：①合理的薪酬方案；②辞退表现不好的管理者；③敌意收购的威胁。

⊖ 参见 Paul Davidson and Jessica Menton, "Wells Fargo to Pay $3B Settlement for Violating Antifraud Rules, Resolving Fake Account Probes," *USA Today* (usatoday.com), February 22, 2020.

⊖ 本节讨论的股东与管理者之间的矛盾，与下一节讨论的股东与债权人之间的矛盾，即在财务文献中的"代理理论"研究。代理理论的经典论文是 Michael C. Jensen and William H. Meckling, "Theory of the Firm, Managerial Behavior, Agency Costs, and Ownership Structure," *Journal of Financial Economics*, vol. 3, no. 4 (October 1976), pp. 305–360.

1.5.1 高管薪酬

薪酬组合（compensation package）应当有足够的吸引力以留住能干的管理者，但不应超过所需。薪酬政策要长期保持一致。同时，薪酬应当是结构化的，使得管理者是基于长期股票业绩获得报酬，而不是行权日当天的股价。这意味着期权（或直接授予股票）应当在许多年里逐步被授予，从而使管理者有保持股票长期高价的动力。当内在价值能够以客观且可核实的方式衡量时，业绩薪酬能够基于内在价值的变化。然而，因为内在价值不可观测，薪酬必须基于股票的市场价格，但使用的价格应当是长期的平均价格而不是特定日期的价格。

CEO 们的报酬过高吗

《华尔街日报》定期评估大企业 CEO 的总薪酬。在最近的一份报告中，他们发现，在他们抽样的 143 位顶级 CEO 中，2019 年 CEO 总薪酬的中位数为 1 300 万美元（高于 2018 年的 1 120 万美元）。CEO 的总薪酬通常包括工资、奖金和股票期权等长期激励。随着 2019 年股市的强劲表现，其中许多股票期权变得非常有价值。

长期以来，这些公司一直面临舆论监督和投资者对过高薪酬的质疑。高层管理者的收入往往是普通职员的好几倍，这引发了对收入不平等的担忧。认识到这些担忧，新冠疫情促使许多公司调整薪酬方案。罗素 3000 指数中有近 600 家公司削减了高管薪酬，标准普尔 500 指数中有 102 家公司削减了 CEO 底薪。有些公司的减薪期是几个月，有些公司的减薪期是直到年底。然而，这些对高管现金薪酬的削减代表着经济从之前的衰退中走出。

撇开这些让步不谈，现在的平均薪酬水平比 10 年前高得多。CEO 薪酬随着时间发生巨大变化常常是因为股票期权的重要性更高。[⊖]股票期权有力地激励 CEO 提高公司的股价。事实上，大部分观察家相信 CEO 薪酬机制与股价表现有很强的因果关系。

其他评论家认为虽然业绩激励作为薪酬的一种方法是完全恰当的，但 CEO 薪酬的总体水平确实太高了。评论家提出这些问题：如果只给这些 CEO 一半数量的股票期权，他们会不愿意接受这份工作吗？

他们会懈怠以致公司股价不会升高得这么快吗？这很难说。

其他的评论家感叹行使股票期权不仅大幅度提高了优秀 CEO 的薪酬，而且也提高了一些表现平庸的 CEO 的薪酬。他们相当幸运，以至于即使在业绩糟糕的企业，股价也因被拉高的牛市而上升，从而得到高薪。此外，巨额 CEO 薪酬也正在扩大高管与中层管理者之间的薪酬差距，这不仅造成员工不满，而且降低了员工的士气和忠诚度。

股票收益和企业财务业绩只是影响 CEO 薪酬的其中两个因素。文章同时强调管理者薪酬与企业业绩不总是密切相关。其他影响 CEO 薪酬的因素是企业规模（大型企业支付给 CEO 更多）和行业的类型（能源行业企业支付给 CEO 更多）。

资料来源：Inti Pacheco, " Coronavirus Caps Years of Rich Pay for Many CEOs," *The Wall Street Journal* (wsj.com), March 23, 2020; Chip Cutter and Theo Francis, " Coronavirus Crisis Dents Salaries, Not Stock Awards, for Many CEOs," *The Wall Street Journal* (wsj.com), June 3, 2020; Louis Lavelle, Frederick F. Jespersen, and Michael Arndt, " Executive Pay," *BusinessWeek*, April 15, 2002, pp. 80–86; Jason Zweig, " A Chance to Veto a CEO's Bonus," *The Wall Street Journal* (wsj.com), January 29, 2011; and Emily Chasan, " Early Say-On-Pay results show Rising Support, Few Failures," *The Wall Street Journal* (wsj.com), April 2, 2014.

1.5.2 股东的直接干预

多年前大部分股票被个人持有。然而现在，大部分股票被机构投资者持有，如保险公司、养老基金、对冲基金和共同基金，私募股权集团乐意且有能力介入并且控制业绩不佳的企业。这些机构投资经理有能力对企业的运营施加可观的影响，考虑到他们的重要性，他们能够接触管理者并且对企业如何经营提出建议。实际上，诸如加拿大公务员退休基金（持有 3 300 亿美元资产）和美国教师退休基金（一位原私立高校的教授设立，现持

⊖ 在过去的几年里，有一小部分 CEO 宣布他们只接受 1 美元的现金薪酬，引起了人们的注意。最近几年的一项研究发现，这些公司的股东并没有因此获得特别好的收益，倒是 CEO 的总体薪酬并没有受到影响，因为他们是以股票和优先认股权的形式获得薪酬的。参见 Gilberto R. Loureiro, Anil K. Makhija, and Dan Zhang, " The Ruse of a One-Dollar CEO Salary," Charles A. Dice Center Working Paper No. 2011-7 and Fisher College of Business Working Paper No. 2011-03-007, January 10, 2014.

有超过 10 590 亿美元资产的退休基金）这样的机构投资者，为股东群体担任说客。当这样的大股东说话时，企业一定听话。例如，可口可乐公司听到来自其最大股东巴菲特的否定反馈意见后可能会修订其薪酬方案。[⊖]

同时，任何持有 2 000 美元股票达到一年的股东可以发起提议，即使管理层反对该提议，该提议仍然可能在股东大会上被投票表决。[⊜]尽管股东发起的提议并没有约束力，但最高管理层会听取这种投票表决的结果。

关于股东应当在委托代理过程中对公司施加多大影响的争论一直在持续。由于《多德－弗兰克法案》（Dodd-Frank Act）被通过，美国证券交易委员会被授权制定关于股东使用公司委托代理机制的规则。2010 年 8 月 25 日，美国证券交易委员会修改联邦公司治理规则，给予股东提名董事进入公司董事会的权利。《1934 年美国证券交易法》第 14a-11 条要求上市公司在代理材料里允许持有至少 3% 上市公司股票至少 3 年的股东参与提名董事。

多年前，大型企业的管理层被股东逐出的可能性很小，以至于对管理层产生不了任何威胁。大部分企业的股票都被分散了，CEO 对投票表决机制有如此强大的控制力，以至于实际上持有不同意见的股东不可能获得推翻管理团队所需的投票。但是这种情况已经发生改变。近几年，众创空间、安德玛、易趣、Juul、优步、美泰、花旗集团、可口可乐、IBM 和塔吉特等公司的高管都因公司业绩不佳而被迫离职。[⊜]

与此相关，《华尔街日报》2015 年的一篇文章也提到了股东维权人士日益增长的重要性。文章指出，在 2014 年发生的代理权争夺战中，维权人士成功获得了 73% 的董事会席位，从而创造了空前的影响力。同样，《经济学人》2015 年的一篇封面文章强调了维权人士在确保管理者为股东利益行事方面所扮演的重要角色，文章将这些维权人士称为"资本主义的不可能的英雄"。另一个引人注目的例子是，通用电气成为自愿让股东更易获得董事会席位的少数公司之一。通用电气的新方案是，持有 3% 以上通用电气股份的股东团体可以直接提名董事会候选人。[⊛]

《华尔街日报》2019 年的一篇文章强调，维权投资者越来越倾向于向企业施压，要求它们承担更多社会责任。文章的开头提到了一家激进的对冲基金，该基金向其投资的一家公司施压，要求其减少碳排放量。其他广为宣传的例子包括贝莱德（BlackRock）和先锋集团（Vanguard）等大型机构投资者利用所持股票来帮助企业实现各种社会目标。[⊝]

这些行动是 ESG 评级的一部分，该评级旨在通过一系列对环境、社会和治理措施（ESG）的表现来评估公司业绩。事实上，许多个人投资者正在寻找投资于具有社会责任感的公司或避开 ESG 评级较低的公司的方法。不足为奇的是，许多共同基金和交易型开放式指数基金现在也都把重点放在那些被认为更具有社会责任感的公司上。然而，正如你所想象的那样，对于一家公司是否有社会责任感，人们并不总是存在共识。例如，一些投资者可能非常关注碳排放和气候变化，这可能导致他们想要避免投资于传统能源公司，但这一限制是否也适用于那些"比行业平均水平更环保"但仍有大量碳排放的能源公司？其他的一些投资者可能更关注枪支制造商或员工多元化较低的公司。与此相关，彭博社 2019 年的一篇文章详细讨论了大量不同的可用的 ESG 评级，以及这些评级的差异是如何经常导致投资者对社会责任基金感到困惑的。[⊗]

⊖　Anupreeta Das, Mike Esterl, and Joann S. Lublin, "Buffett Pressures Coca-Cola over Executive Pay," *The Wall Street Journal* (wsj.com), April 30, 2014; and Mark Melin, "Coca-Cola Changes Pay Plan, Warren Buffett Influence Credited," *ValueWalk* (valuewalk.com), October 1, 2014.

⊜　在目前的规定里，股东提案仅限于公司管理问题。股东不允许直接对他们所认为是"运营问题"的项目投票。然而，美国证券交易委员会修改了规定（由于《多德－弗兰克法案》通过），要求股东对 CEO 薪酬至少每 3 年进行一次建议性的投票。

⊜　参见 Christine Lagorio-Chafkin, "7 High-Profile Departures That Defined the Great CEO Exodus of 2019," *Inc.* (inc.com), November 4, 2019.

⊛　参见 David Benoit, "Activists Are on a Roll, with More to Come," *The Wall Street Journal* (wsj.com), January 1, 2015; "Capitalism's Unlikely Heroes," *The Economist* (economist.com), February 7, 2015; and Ted Mann and Joann S. Lublin, "GE to Allow Proxy Access for Big Investors," *The Wall Street Journal* (wsj.com), February 11, 2015. For an interesting review of 2019 proxy battles, take a look at this post: Jackie Cheung and Victor Guo, "2019 Proxy Season Review: North America Activism," *Harvard Law School Forum on Corporate Governance* (corpgov.law.harvard.edu), September 28, 2019.

⊝　参见 Corrie Driebusch, "The Next Wave in Shareholder Activism: Socially Responsible Investing," *The Wall Street Journal* (wsj.com), March 8, 2020.

⊗　参见 Jacqueline Poh, "Conflicting ESG Ratings are Confusing Sustainable Investors," *Bloomberg* (bloomberg.com), December 11, 2019.

1.5.3　管理层的回应

如果企业的股票价值被低估，公司恶意收购者（raider）感觉有利可图，会企图在恶意收购（hostile takeover）中夺取企业。如果恶意收购成功，目标企业的管理者几乎肯定会被辞退。这种情况强烈威胁着管理者采取措施使股价最大化。用一位高管的话说："如果你想保住工作，永远不要让你的股票变成便宜货。"

注意，管理者为之努力的股价最大化的不是时点价格，而是长期平均价格，它将在管理层关注股票的内在价值时被最大化。然而，管理者必须与股东有效沟通（同时不泄露有助于竞争对手的信息），从而保持实际股价接近内在价值。内在价值高但实际价格低时对股东和管理者不利。在那种情况下，恶意收购者会堂而皇之地进入市场，以低廉的价格买下企业并解雇管理者。再次重复我们之前的话：

管理者必须努力最大化他们股票的内在价值并与股东有效沟通，那将使内在价值高并且实际股价长时间与内在价值保持相近。

因为观察不到内在价值，所以不可能知道内在价值是不是确实最大化了。我们将在第 9 章中讨论估计股票内在价值的方法。管理者可以用这些定价模型（valuation model）分析不同的行动方案，从而预计这些行动如何影响企业的价值。这种以价值为基础的管理并不精确，但它是管理企业最好的方法。

自我测验

1. 股东能够用来激励管理者股票最大化的长期价格的三种方法是什么？
2. 管理者应当直接注重股票的实际市场价格还是内在价值，或者两者同样重要？请解释。

1.6　股东和债权人的利益冲突

股东和债权人之间也会发生利益冲突。债权人包括企业的银行家和债券持有者，不论企业经营如何，他们通常获得固定的利息，而股东在企业经营更好的时候收益更多。这种情况导致这两个群体之间产生冲突，以至于股东通常更乐于投资风险高的项目。

为解释这个问题，请看表 1-1 里的例子。一家企业募集到 2 000 美元的资本，其中 1 000 美元来自债券持有者，1 000 美元来自股东。为简化问题，我们假设债券 1 年到期，年利率为 8%。企业目前的计划是将 2 000 美元投入到项目 L 中。项目 L 是一个相对风险较低的项目，预计 1 年后如果市场状况良好将收入 2 400 美元，如果市场状况不佳则收入 2 000 美元。市场状况良好和不佳的概率各是 50%。在这两种情况下，企业都有足够的现金偿还债券持有者本金加上承诺的 8% 的年利率。股东得到支付债权人本息后剩下的一切。如预计的那样，因为股东最后才取得利润，所以他们承担更多风险（他们的回报取决于市场），但他们也赚得更高的预期报酬。⊖

表 1-1　股东 – 债权人利益冲突举例　　　　　　　　　　（单位：美元）

项目 L：		1 年后市场状况			
	初始投资	良好	不佳	预计现金流	预计回报率
流入企业的现金流		2 400	2 000	2 200	
归于债券持有者的部分	1 000	1 080	1 080	1 080	8.00%
归于股东的部分	1 000	1 320	920	1 120	12.00%
项目 H：		1 年后市场状况			
	初始投资	良好	不佳	预计现金流	预计回报率
流入企业的现金流		4 400	0	2 200	
归于债券持有者的部分	1 000	1 080	0	540	− 46.00%
归于股东的部分	1 000	3 320	0	1 660	66.00%

⊖　我们这里假设管理者代表股东进行决策，因此称股东和债权人之间存在利益冲突和称管理者和债权人之间存在利益冲突是一样的。

假设企业发现另一个风险高得多的项目（项目 H）。项目 H 与项目 L 预计现金流相同，但如果市场状况良好将收入 4 400 美元，市场状况不佳则收入为 0。显然，债券持有者不会对项目 H 感兴趣，因为如果市场状况良好，他们并不会得到额外的收益；而如果市场状况不佳，他们将损失一切。注意，尽管如此，项目 H 仍然比项目 L 为股东提供更高的回报率，因为如果市场状况良好，他们将得到全部的额外收益。尽管项目 H 风险明显更高，但在某些情况下，代表股东的管理者可能认为更高的回报足以证明更大的风险是合理的，即使债券持有者强烈反对，他们仍将继续实施项目 H。

注意，精明的债券持有者明白管理者和股东可能有转向风险更高的项目的动机。认识到这种动机后，他们会认为债券的风险更高并要求更高的回报率。在某些情况下，他们感受到的风险如此之高，以至于他们不会投资该企业，除非管理者能够令债券持有者充分相信企业不会追求风险过高的项目。

另外一类股东与债权人之间的利益冲突产生于额外负债的使用。如我们在本书后面的内容中所看到的，资产一定的情况下，企业融资金额越高，风险越高。例如，如果某企业拥有 1 亿美元资产，以 500 万美元债券和 9 500 万美元普通股融得资金，在极其糟糕的情况下债券持有者才有可能遭受损失。如果企业以 9 500 万美元债券和 500 万美元普通股融得资金，只要资产价值下降一点点，债券持有者就会受到损失。

债券持有者通过在债券合同中设定契约限制企业追加额外负债和管理者的其他行为以保护自己。我们在本书后面的内容讨论这些问题，但每个人都应当意识到它们其实非常重要。

自我测验

1. 为什么股东和债权人之间可能产生利益冲突？
2. 如果股东投资高风险的项目，精明的债权人将如何应对？
3. 在管理者做出不利于债券持有者的行为时，债券持有者能够怎样保护他们自己？

1.7　平衡股东利益和社会利益

全书将注意力主要集中在上市公司上，因此，我们讲授的内容建立在假设管理者的主要财务目标是股东财富最大化（shareholder wealth maximization）的基础上。同时，管理者知道，这并不意味着不惜一切代价最大化股东价值。管理者有义务遵守职业道德，他们必须遵守法律和本章开篇简介中讨论的由社会施加的其他限制。

向社会责任基金投资

社会压力鼓励消费者购买他们认为具有社会责任感的企业的产品，同样的压力也导致一些投资者想办法只投资他们认为具有社会责任感的企业。实际上，现在有很多共同基金只投资达到既定社会目标的企业。每个这样具有社会责任感的基金实施不同的标准，但通常它们考虑的标准有企业的环境记录、对社会事业的承诺和雇员关系。许多这类基金避免投资涉足酒类、烟草、赌博以及核能的企业。不同基金的投资业绩每年各不相同。下面的图表比较了一家代表性的社会责任基金——多米尼社会权益基金近期业绩和过去 20 年里的标准普尔 500 指数。尽管大致形状相似，但过去 10 多年里，标准普尔 500 指数表现得比该基金出众。

《华尔街日报》2015 年的一篇文章援引了一项研究，该研究表明，投资者可能会通过购买其他投资者选择回避的股票而获利。伦敦商学院的埃尔罗伊·迪姆森（Elroy Dimson）、保罗·马什（Paul Marsh）和迈克·斯汤顿（Mike Staunton）教授进行的这项研究发现，在过去一个世纪里，美国烟草股的表现优于整体市场。作为一种可能的解释，本文引用其中一位作者的话：

马什教授说："虽然似乎是厌恶这些股票的人，在回避时压低了股价，但并没有摧毁这些行业。"因此，没有这种顾虑的投资者能够以更低的价格买入（这些股票）。⊖

⊖ 参见 Jason Zweig, "'Sin-Vestors' Can Reap Smoking-Hot Returns," *The Wall Street Journal* (wsj.com), February 13, 2015.

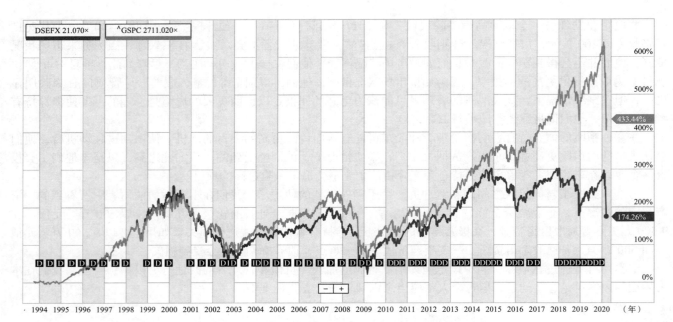

多米尼社会权益基金的近期业绩与标准普尔 500 指数对比

资料来源：finance.yahoo.com, March 25, 2020.

　　为了理解企业管理者是如何平衡社会与股东的利益的，首先让我们从一个独资经营者的角度来看待这些问题。例如，拉瑞·杰克森是一个本地体育用品商店的所有者，杰克森做生意是为了赚钱，但他喜欢周五抽空打高尔夫球。他也有一些员工的生产力已经不高了，但他仍然出于友谊和忠诚给他们发工资。杰克森用与他的个人目标一致的方式经营生意。他知道，如果不打高尔夫或者替换一些员工，他能赚得更多。但他对自己的选择感到满意，因为那是他自己的生意，所以他有权做那些决定。

　　作为对比，琳达·史密斯是一家大型企业的 CEO。史密斯管理企业，但大部分股票归股东所有，他们购买股票是为了贴补退休后的生活，送孩子上大学或是为一次期待已久的旅行买单等。股东们选举了董事会，然后董事会选举了史密斯管理企业。史密斯和企业的其他管理者代表股东工作，他们被雇来追求可以提高股东价值的政策。

　　大部分管理者理解最大化股东价值并不意味着他们可以任意忽略社会的更大利益。例如，如果史密斯狭隘地把重心全部放在创造股东价值上，她的公司在经营过程中对员工和客户没有回应，对当地社区充满敌意，并对其给环境造成的影响漠不关心，将会发生什么？很可能社会将让公司付出各种各样的代价。企业可能招不到顶尖员工，产品被抵制，面临额外的诉讼和管制，并且遭受负面宣传。这些代价最终将导致股东价值降低。因此，显然，当采取措施最大化股东价值时，开明的管理者需要同时牢记这些由社会施加的限制。⊖

　　从更广的角度看，企业有许多不同的部门，包括市场营销、会计、生产、人力资源和财务。财务部的主要任务是评估提出的决定，判断它们如何影响股价并因此影响股东财富。例如，假设生产部经理想用新的、可以减少人工成本的自动化设备换掉一些旧设备，财务部员工将评估这项提议并决定节省的费用是否值得。与此相似，如果市场营销部想花 1 000 万美元在超级碗橄榄球赛期间打广告，财务部员工将评估该提议，考虑可能带来的销售增长，得出支付的费用将带来更高股价的结论。大部分重要的决定都依据财务结果评估，但精明的管理者认识到他们也需要考虑这些决定如何影响社会。

　　有趣的是，一些企业采取了更明确的措施来认识到社会更广泛的需求。虽然现有数量不多，但越来越多的企业已被认证为 B 型企业或共益企业（benefit corporations）。这些企业仍然专注于盈利，但它们致力于将其他利益相关者如员工、客户和大众等与股东平等对待。为了获得 B 型企业的资格，该企业必须接受年度审计，接

⊖　一项研究强调，众多因素激励公司管理者做出具有社会责任感的投资。参见 Richard Borghesi, Joel F. Houston, and Andy Naranjo, "Corporate Socially Responsible Investments: CEO Altruism, Reputation, and Shareholder Interests," *Journal of Corporate Finance*, vol 26 (June 2014), pp. 164-181.

受对社会责任、公司治理和信息透明度方面的举措进行的审查。2015 年《时代》杂志的一篇文章指出，美国现在已有 26 个州为企业认证为 B 型企业提供了法律基础。这篇文章还估计，大约有 1 200 家企业（大部分是小企业）有资格成为 B 型企业。⊖

正如您所想象的那样，关于股东利益和其他社会利益相关者之间的适当平衡，存在着各种各样的意见和想法。例如，一位共同基金经理把股东财富最大化说成是"世界上最愚蠢的想法"，引起了人们的广泛关注。后来，《华尔街日报》一位知名专栏作家对这种观点提出了强烈的批评，并阐述了为什么股东价值最大化是恰当合理的目标。⊜同样，企业圆桌会议（Business Roundtable）在 2019 年的声明中，敦促企业应当更多地关注利益相关者的利益也引发了相当大的争议⊜。虽然这样的争议还会继续下去，但更广泛的共识是，股东价值最大化并不意味着企业管理者要忽视其他社会利益相关者的利益。事实上，我们本章的讨论旨在说明，努力提高股东价值的企业也必须时刻关注这些更广泛的利益。

自我测验

1. 最大化股东价值与具有社会责任感矛盾吗？请解释。
2. 当波音公司决定对一种新型喷气式客机投资 50 亿美元时，公司的管理者能够确定该项目对波音未来利润和股价的影响吗？请解释。

1.8 商业道德

由于过去 10 多年里发生的财务丑闻，公众强烈要求企业提高商业道德。这已经发生在很多方面：纽约州前检察长和前州长埃利奥特·斯皮策和其他控告企业存在不当行为的人采取的措施；美国国会通过 2002 年《萨班斯-奥克斯利法案》对在存在虚假信息的财务报表上签字的高管实施制裁；美国国会通过《多德-弗兰克法案》对美国金融监管体系展开全面检查，该系统旨在防范可能导致其他金融危机的鲁莽行为；商学院努力告诉学生正当的和不正当的商业行为。

如前面提到的，企业从良好的声誉中受益并因不良的声誉受到惩罚，对个人也是一样。声誉反映出企业和人的道德水平。道德在韦伯词典中被定义为"举止或精神行为的标准"。**商业道德**（business ethics）可以被理解为企业对员工、客户、社区和股东的态度和行为。企业对商业道德的承诺可以根据以下方面评价：员工自上而下遵守法律规范和与产品质量安全相关的道德准则的倾向、公平就业、公平营销和销售、使用保密信息获取个人利益、参与社区工作以及使用非法薪酬取得业务等。

总部位于美国亚利桑那州斯科茨代尔市的 Ethisphere 在过去的 14 年里一直致力于对企业的商业道德行为进行评价，并发表了"全球最具商业道德企业"的排行榜。它表彰那些在内部提升商业道德标准并进行实践的公司，使管理者和员工能够做出正确的选择，并通过示范最佳做法来形成行业标准。每年上榜的公司有：美国家庭人寿保险公司、艺康集团、福陆公司、国际纸业、日本花王公司、美利肯公司和百事公司。®

1.8.1 企业在行动

现在大多数企业有严格的书面道德行为准则，企业也对员工进行培训以确保他们理解在不同场合下的正当行为。当出现涉及利润与道德的矛盾时，出于道德的考虑有时特别重要，甚至比利润更重要。然而，在其他情况下，正确的选择并不明确。例如，假设诺福克南方铁路公司的管理者知道煤炭动力火车污染空气，但污染量

⊖ 参见 Bill Saporito, "Making Good, Plus a Profit: A New Type of Company Lures Activist Entrepreneurs," *Time*, March 23, 2015, p. 22.
⊜ 参见 Holman W. Jenkins, Jr., "Are Shareholders Obsolete?" *The Wall Street Journal* (wsj.com), January 2, 2015.
⊜ 参见 Richard J. Shinder, " The Business Roundtable's Recipe for Confusion," *The Wall Street Journal* (wsj.com), September 17, 2019; and Rick Wartzman and Kelly Tang, " The Business Roundtable's Model of Capitalism Does Pay Off," *The Wall Street Journal* (wsj.com), October 27, 2019.
® "The World's Most Ethical Companies 2020," ethisphere.com, February 25, 2020.

在法律允许范围内，进一步降低污染将会花费巨大成本，管理者在道德上必须降低污染吗？与之相似的是，几年前默克公司的研究发现其万络止疼药可能引起心脏病发作。然而，证据并不充分，并且该药物显然正在帮助一些患者。渐渐地，更多的测试提供了更充分的证据，证明万络止疼药的确会造成健康风险。默克应该怎么做，什么时候做？如果公司发布不利的但可能是错误的信息，该信息可能影响销售并妨碍一些患者从该药品中受益。如果默克延迟发布该额外信息，可能更多患者已经遭受了不可逆的伤害。默克应该在什么时候让大众知道这个潜在的问题？对于这些问题没有绝对正确的答案，但公司必须处理它们，不恰当地处理会带来严重的后果。

1.8.2　败德行为的结果

过去几年里，道德败坏已经导致一些企业破产。安然公司和世通公司以及安达信会计师事务所倒闭充分说明败德行为（unethical behavior）是如何导致企业迅速衰亡的。这三个例子里，高管都因财务造假行为导致利润虚高而受到抨击。安然公司和世通公司的高管在向员工和外部投资者推销股票的同时忙着出售自己持有的股票。这些高管在股票价格下跌前获利数百万美元，而让低级别员工和外部投资者遭受损失。这些高管中的一些人现在被关进了监狱，安然公司的 CEO 在被发现犯有共谋罪和诈骗罪后在等待判决时心脏病发作死亡。另外，美林证券和花旗集团被告为这些欺诈提供便利，受到数亿美元的罚款。

在其他案例中，企业虽然避免了破产，但声誉面临破坏性打击。安全问题破坏了丰田汽车质量可靠的制胜声誉。关于公司高管何时知道，以及他们是否进一步告知公众这些问题，关系到道德问题。与此类似，通用汽车同意支付 9 亿美元在解决点火开关缺陷问题上的拖延，该缺陷已经造成 57 人死亡和 260 万辆车被召回。

2010 年 4 月，美国证券交易委员会对高盛集团提起民事诉讼。美国证券交易委员会认为，高盛集团在构建和推销以次级抵押支持的证券时误导消费者。2010 年 7 月，高盛集团最终达成支付 5.5 亿美元的协议。尽管只有一个例子，但很多人相信太多华尔街高管近几年乐于在道德上做出妥协。2011 年 5 月，对冲基金帆船集团创始人拉杰·拉贾拉特南，在一起政府最大的内部交易案件中被控证券欺诈和共谋。拉贾拉特南凭借从技术公司知情人和在对冲基金业内的其他人那里得到的消息交易（价值约 6 380 万美元）。2011 年 10 月 13 日，他被判入狱 13 年。2014 年 3 月 14 日，联邦存款保险公司起诉 16 家大银行（包括美国银行、花旗集团和摩根大通）积极操纵伦敦银行间同业拆借利率（LIBOR）以取得额外利润。这尤其重要，因为伦敦银行间同业拆借利率用于在众多金融合同中设定条款。那些银行被控自 2007 年 8 月至 2011 年期间操纵伦敦银行间同业拆借利率。巴克莱银行（Barclays）、苏格兰皇家银行（RBS）、瑞士银行（UBS）、德意志银行（Deutsche Bank）和荷兰合作银行（Rabobank of Netherlands）这五家银行已经为解决指控和在符合某些条件的情况下避免受到刑事起诉共支付了 50 亿美元。值得注意的是，在这些丑闻之后，监管机构已敦促银行降低对伦敦银行间同业拆借利率的重视，并开始在 2021 年之前制定替代基准利率[⊖]。

制药公司迈兰（Mylan）因医疗补助计划中对过敏注射用肾上腺素注射器收费过高，同意向美国司法部支付 4.65 亿美元和解费。2018 年年初，Theranos 创始人伊丽莎白·霍姆斯（Elizabeth Holmes）在被控欺诈后同意与美国证券交易委员会达成和解。和解协议包括罚款、取消她对公司的投票控制权并在 10 年内禁止她担任上市公司的高管或董事。在另一起引人关注的案件中，富国银行因员工创建虚假账户，让客户注册未经授权的信用卡以达到销售奖金的指标而解雇了其首席执行官、其他高级经理和 5 000 名员工，并支付了 1.85 亿美元的政府罚款和客户退款。2020 年 2 月，富国银行同意额外支付 30 亿美元来解决索赔问题。美联储通过限制富国银行的资产增长对其施加了额外的惩罚。这些问题并不只是在美国的公司中出现。大众汽车公司（Volkswagen）承认，在其销售的汽车中安装了用于在排放测试中作弊的软件。全球约 1 100 万辆汽车安装了该软件，其中包括欧洲的 800 万辆。大众汽车公司已拨备 67 亿欧元（约合 76 亿美元）用于召回数百万辆汽车的成本，这导致该公司 15 年来首次出现季度亏损（2015 年第三季度）。由于这起丑闻，导致该公司首席执行官辞职，几名高管被解雇。在另一起丑闻中，加拿大制药商威朗（Valeant）被指控做假账和掠夺性的涨价以增加其利润。另外，威朗的子公司菲力多也有可能为了推销威朗的高价药品，改变了患者的处方。2016 年年底，菲力多的两名高管

⊖　参见 John Heltman, "Libor Is Going Dark in 2021, and Some Banks Aren't Ready," *American Banker* (americanbanker.com), December 30, 2018; and Trevor Hunnicutt and Huw Jones, "Regulators Call For Urgent Move Away From Libor," *Reuters* (reuters.com), July 15, 2019.

（其中一名曾是威朗的高管）被捕，并被指控犯有数百万美元的欺诈和回扣计划。

CEO 代表着企业的形象。当 CEO 被指控有非法行为时，董事会会进行独立调查，如果指控得到证实，董事会会采取纠偏措施。大多数情况下，CEO 会被解雇。如果 CEO 的行为有问题但又不是违法行为，董事会应该做些什么呢？当 CEO 被指控有不当行为时，董事必须调查情况，采取积极的措施以确保情况得到妥善处理。最重要的是，确保公司的声誉、企业文化和长期业绩不受损害。[⊖]

大量不正当行为已经造成许多投资者对美国商业失去信心并离开证券市场，这使得企业难以融到发展所需资金、创造就业或刺激经济。因此，败德行为带来的不利结果，其影响范围远超实施败德行为的企业。

所有的这一切引出一个问题：是企业败德，还是只是一些员工败德？在安达信案件中这一问题成为核心问题。安达信是审计安然公司、世通公司和其他一些进行会计欺诈的企业的会计师事务所。证据显示，安达信的个别会计师帮助实施了欺诈。其高管申辩称，虽然一些品行不端的员工干了坏事，但事务所 85 000 名员工中的绝大多数人和事务所本身是无辜的。但美国司法部并不这样认为，它认定事务所有罪，因为事务所营造了容许败德行为的氛围，并且安达信采用的激励机制使这种行为令败德者和事务所都获利。结果，安达信倒闭了，合伙人损失数百万美元，85 000 名员工失业。在多数其他案件里，是个人而不是事务所受到审判。尽管事务所能够幸存，但声誉受损，这极大地降低了它们未来盈利的潜能和价值。

1.8.3　员工如何应对败德行为

对股票期权、奖金和升职的渴望经常驱使管理者做出败德行为。例如，伪造账目使管理者部门的利润看上去更漂亮，隐瞒会导致销售下降的问题产品的相关信息，以及没有采取成本高但必要的措施保护环境。通常这些行为不会上升到安然公司或者世通公司事件这样的高度，但它们仍然是低劣的。如果可疑的事情仍在进行，谁应当采取措施？应当采取什么措施？显然，在如安然公司和世通公司类似的事件，舞弊由最高层或者接近最高层的管理者实施，高级经理知道这些违法活动。在一些其他情况下，问题是由中层管理者努力提高其部门的利润，进而提高他的奖金导致的。在所有的情况下，至少一些低级别的员工知道正在发生的事，他们甚至可能被命令实施欺诈行为。低级别的员工应当服从上司的命令，还是拒绝服从那些命令，或是向更高的上级如公司董事会、审计师或联邦法官报告情况呢？

可以想象，这些问题往往很棘手，我们需要判断在什么时候采取什么措施。如果低级别的员工认为产品应当停售，而领导不这么认为，员工该怎么办？如果员工决定报告该问题，无论事件有什么益处，麻烦都会紧随而至。如果警告是错误的，公司已经受害，什么都得不到。在这种情况下，员工很可能被解雇。即使员工是对的，他的职业道路可能还是毁了，因为许多公司（或者至少上司）不喜欢"不忠诚、爱找麻烦"的员工。

这样的情形常常发生，范围从会计欺诈到产品质量问题责任和环境案件。员工如果反对上司，他们的工作将岌岌可危。但是，如果保持沉默，他们可能遭受情绪问题并加剧企业衰落，随之而来的是失去工作和储蓄。此外，如果员工服从于他们已知的与违法活动相关的命令，他们可能最终坐牢。事实上，在大多数已经审讯的丑闻中，实际引发问题信息的低级别的员工可能比下达指令的上司被判处了更长时间的监禁。因此，员工左右为难，那就是，做他们应该做的可能会失去工作，而服从上司可能会坐牢。这部分讨论说明为什么道德在企业和商学院里如此重要，以及为什么在本书中我们如此关注道德。

自我测验

1. 你怎么定义商业道德？
2. 企业的管理者薪酬计划会诱发败德行为吗？请解释。
3. 败德行为通常由不道德的人实施。企业能做哪些事以确保员工行为符合道德？

⊖　David Larcker and Brian Tayan, "We Studied 38 Incidents of CEO Bad Behavior and Measured Their Consequences," *Harvard Business Review* (hbr.org), June 9, 2016.

本章小结

本章纵览财务管理。管理的主要目标应当是最大化股票的长期价值，即以股票长期价格衡量的内在价值。为最大化价值，企业必须开发消费者需要的产品，高效生产，以有竞争力的价格出售，并遵守与企业行为有关的法律。如果企业成功地最大化股票价值，它们也将为社会福利和公民安康做出贡献。

企业能够以独资企业、合伙企业、公司制企业、有限责任公司或有限责任合伙企业的方式组织。大部分企业是公司制企业，大部分成功的企业转变为公司制企业，这解释了为何本书主要讨论公司制企业。

首席财务官的主要任务是：①确保会计系统为内部决策和投资者提供有用的信息；②确保企业以恰当的方式融资；③评价运营单元以确保它们以最优方式运营；④评估所有提议的资本性支出以确保它们将提高企业价值。在本书其余部分，我们将讨论财务经理是如何完成这些任务的。

自测题

关键术语

定义下列术语：

a. 《萨班斯－奥克斯利法案》

b. 独资企业、合伙企业、公司制企业

c. S 型公司制企业、有限责任公司、有限责任合伙企业

d. 内在价值、市场价格

e. 边际投资者、均衡

f. 公司治理

g. 公司恶意收购者、恶意收购

h. 股东财富最大化

i. 商业道德

j. ESG 措施

简答题

1-1 企业的内在价值是什么？是它的当前股价吗？股票的"真实"长期价值与其内在价值还是当前价格更相关？

1-2 什么时候股票被称为处于均衡状态？为什么股票在任意时刻都可能不均衡？

1-3 假设三个诚实的人给出他们对 X 股票内在价值的估计。第一个人是你现在的室友；第二个人是一位华尔街著名的专业证券分析师，第三个人是 X 公司的 CFO。如果三个人的估计不同，你对谁的估计最有信心？为什么？

1-4 企业的股票市价低于、高于还是等于其内在价值更好？分别从一般的股东和一位即将行使 100 万美元股票期权然后退休的 CEO 的立场看，你的回答会相同吗？

1-5 如果企业的董事希望管理层最大化股东财富，CEO 的薪酬应当被设置为固定数量的美元，还是根据企业经营的情况而定？如果基于经营情况，业绩应当如何评价？以报告的利润增长率还是以股票内在价值增长率来评价业绩更容易？哪个是更好的业绩评价指标？为什么？

1-6 商业组织有哪些形式？每种形式的优点和缺点是什么？

1-7 股东财富最大化应当被认为是长期还是短期目标？例如，如果一项行动 6 个月后将使企业的股价从 20 美元提高到 25 美元，5 年后提高到 30 美元，但另一项行动几年内保持股价在 20 美元不动，5 年后提高到 40 美元，哪项行动更好？想出一些具体的、有这些倾向的企业行动。

1-8 股东能够采取哪些措施以确保管理层与股东的利益是一致的？

1-9 南方半导体公司的总裁在公司年报中表述："南方半导体的主要目标是提高普通股东权益的价值。"在报告后面部分，公司做出下列声明。

a. 公司向总部所在城市亚拉巴马州伯明翰市的交响乐团捐款 150 万美元。

b. 公司将投资 500 万美元在西班牙开设新厂并拓展业务。4 年内西班牙的业务不盈利，因此与决定不在西班牙拓展业务相比，这段时期利润将下降。

c. 公司一半的资产以美国国债的形式持有，公司保持这些资金在紧急情况下可变现。然而，将来南方半导体计划将紧急资金从国债形式变为普通股。讨论南方半导体公司的股东可能如何看待每项行动，以及这些行动可能如何影响股价。

1-10 投资者一般每持有一股可以投一票。美国教师退休基金是美国最大的机构股东，因此，它比任何其他组织拥有更多股票和投票。一般来说，该基金是一个被动的投资者，仅仅顺应管理层。然

而，1993 年它向 1 500 家自己所持有股票的企业寄去一个通知——今后如果它认为管理层表现不佳，它将主动干预企业管理。该基金的目的是提高企业业绩，从而提高其持有的股票的价格。它也希望鼓励公司董事会任命大部分独立（外部）董事，并且它声称，对于"没有独立、有效、能够挑战 CEO 的董事会"的企业，它将投票否决其董事。

过去，美国教师退休基金以"用脚投票"的方式回应不良业绩，即出售表现不佳的股票。然而，到 1993 年，这种状态因为两个原因难以维持。第一，该基金将大部分资产用于投资"指数基金"，指数基金根据每只股票在整个股票市场中的价值份额持有股票。第二，美国教师退休基金持有许多公司如此多的股票，以至于如果它抛售股票，股票的价格就会大大降低。因此，美国教师退休基金很大程度上被套牢了，这导致它决定变为一个主动的投资者。

a. 美国教师退休基金是普通股东吗？请解释。

b. 由于其资产规模庞大，因此美国教师退休基金持有许多公司的股票。基金管理层计划对那些股票进行表决。然而，美国教师退休基金由千千万万投资者所有。应当由基金经理对股票投票，还是将投票权按照比例交给其股东？请解释。

1-11 爱德蒙公司近期为技术升级投入大笔资金。尽管这些升级在短期对业绩没有太大影响，但预计将来它们能大大降低成本。这项投资对爱德蒙公司今年的每股盈余有什么影响？这项投资对爱德蒙公司的内在价值和股价有什么影响？

1-12 假设你是 X 公司董事会成员，也是公司薪酬委员会的主席。当设置 CEO 的薪酬时你的薪酬委员会应当考虑哪些因素？薪酬应当由工资构成，还是由随公司业绩而定的股票期权构成？抑或两者组合？如果要考虑"业绩"，应当怎么评价业绩？兼顾理论和实务中的问题（比如，评估的问题）。如果你也是 X 公司的副总裁，你的行为会与你作为别的公司的 CEO 时不同吗？

1-13 假设你是一家能源公司的董事，公司有三个业务部门：天然气、石油和零售（加油站）。这三个部门彼此独立运营，但三个部门经理都向公司 CEO 报告。如简答题 1-12，如果你是薪酬委员会的一员，你的委员会要为三个部门经理设置薪酬，你使用的标准会与为公司 CEO 设置薪酬时使用的一样吗？请解释原因。

1-14 Bedrock 公司有 7 000 万美元负债和 3 000 万美元所有者权益。负债利率 10%，一年后到期，因此公司承诺从现在起一年后向债权人偿还 7 700 万美元。

公司现考虑两个可能的投资项目，每个都需要 1 亿美元的初始成本，投资持续一年。每个投资项目的回报随整体经济情况而定。经济有 50% 的可能高涨，50% 的可能低迷。

下面是两个投资项目各自的预计回报。

	经济低迷情况下一年后回报/百万美元	经济高涨情况下一年后回报/百万美元	预计回报/百万美元
投资项目 L	90.00	130.00	110.00
投资项目 H	50.00	170.00	110.00

请注意这两个项目预计回报相同，但项目 H 风险更高。债权人总是优先获得偿付，股东享有偿付债权人后剩余的一切财富。

假设公司一年后没有足够的资金偿还债务人，那么 Bedrock 公司将宣布破产。如果宣布破产，债权人将得到所有可分配的资金，股东什么都得不到。

a. 假设公司选择项目 L。公司债权人的预计回报是多少？股东的预计回报是多少？

b. 假设公司选择项目 H。公司债权人的预计回报是多少？股东的预计回报是多少？

c. 债权人更希望公司管理者选择项目 L 还是项目 H？简要解释你的理由。

d. 解释为什么代表股东的公司管理者，即使风险更高也可能选择项目 H。

e. 债权人可以采取什么措施保护他们的利益？

第 2 章

金融市场与金融机构

经济繁荣发展需要强大的金融系统

历史证明，强有力的金融系统是经济繁荣发展的必要条件。公司为所需的资本支出筹集资金，投资者储蓄积累资金以备将来之需，这些都需要一个运作良好的金融市场和金融机构。

过去几十年里，持续进步的技术和不断改进的通信增加了跨境交易，扩大了全球金融体系的范围，也提高了其效率。企业通过全球金融市场为国际化投资项目筹资。同样，一个匹兹堡的个人投资者只需轻击鼠标就可以将资金存入欧洲的某家银行，或者购买投资中国证券的共同基金。

这些创新通过为全世界越来越多的个体提供资本，促进了全球经济增长。一路走来，金融业吸引了大量有才能的人，他们创造出大量的新的金融产品，推广并交易这些金融产品。然而，尽管这些创新金融产品益处多多，但其中的某些产品过度发展，最终导致了 2007 年和 2008 年的金融危机。这场危机再次证实了，金融资产价值的变化可以迅速溢出并影响经济的其他领域。例如，2014 年《华尔街日报》的一篇文章描述了许多领先的热门科技股（Facebook、King Digital Entertainment、Netflix、Yelp 和 Twitter）股价的大幅下跌，突然使得初创企业更难在首次公开募股（IPO）市场中融资。

在那之后的几年里，新技术催生了许多拥有使人为之振奋的产品和服务的企业，但同样也带来了更多的波动性和颠覆性。例如，2019 年，优步、Lyft、Slack 和 Beyond Meat 等许多知名企业上市，但在 IPO 后难以维持其过高的估值。2019 年 9 月，我们目睹了众创空间的估值戏剧性地下跌，并停止了计划中的 IPO。

虽然最近的这些事引发了很多关注，但重要的是要明白几乎所有的公司都受到了技术革新和全球化的影响。更广泛地说，金融危机充分地说明，财务经理和投资者不是在真空中运行——他们是在一个庞大而复杂的金融环境中做出各种决策。这种环境包括金融市场和金融机构、税务和监管政策以及经济运行状况。我们还在 2020 年见证了油价的剧烈波动和新冠疫情的爆发是如何极大地改变了经济和金融市场的。简而言之，企业所处的环境既决定了可用的财务备选方案，也影响了各种决策的结果。因此，投资者和财务经理对他们的经营环境有很好的理解至关重要。

资料来源：Dan Gallagher, "Tech IPOs Will Face a Much Higher Bar," *The Wall Street Journal* (wsj.com), January 6, 2020; Mike Isaac and Michael J. De La Merced, "Uber Closes $1.6 Billion in Financing," *The New York Times* (dealbook.nytimes.com), January 21, 2015; Scott Austin, Chris Canipe, and Sarah Slobin, "The Billion Dollar Startup Club," *The Wall Street Journal* (graphics.wsj.com/billion-dollar-club/), February 18, 2015; and Rolfe Winkler, Matt Jarzemsky, and Evelyn Rusli, "Drop in Tech Stocks Hits Startup Funding," *The Wall Street Journal* (wsj.com), April 16,2014.

厘清头绪

在第 1 章中，我们看到公司的主要财务目标是长期股东价值最大化。股东价值最终取决于金融市场，所以如果财务经理要做出好的决策，他们必须了解这些市场是如何运行的。此外，因为个人投资者也要做出个人投资决策，他们也需要了解金融市场和在这些市场上运行的金融机构。因此，在本章，我们将描述筹集资本、买卖证券、确定股票价格所在的金融市场，以及在这些市场中经营的金融机构。我们还将讨论市场有效性的概念，并说明有效的市场如何促进资本的有效配置。

近年来，金融市场上日益频繁且剧烈的价格波动导致许多人质疑市场是否总是有效的。这种情况也使得人们对行为金融理论越来越感兴趣。行为金融理论聚焦于心理因素如何影响个人决策（有时是以有悖常理的方式），以及这些决策对金融市场产生的影响。

学完本章后，你应该能够完成下列目标。

- 识别不同类型的金融市场和金融机构，以及解释这些市场和机构如何促进资本配置。
- 解释股票市场如何运行，并列出不同类型的股票市场之间的区别。
- 解析股票市场近年来的表现。
- 讨论市场有效性的重要性，并解释为什么一些市场比其他市场更有效。
- 对行为金融有一个简单的理解。

2.1 资本配置过程

一方面，企业、个人和政府都经常需要筹集资金。例如，卡罗来纳州电力公司（Carolina Power & Light Energy，CP&L）预测北卡罗来纳州和南卡罗来纳州的电力需求将增加，因此将建设一个新的电厂以满足这些需求。因为建造电厂需要大约 10 亿美元，而该公司并没有这么多资金，因此，该公司必须在金融市场筹集这笔资金。同样，旧金山某家五金店的老板也希望将销售的产品扩展到电器，他将在哪里筹集资金来购置电视机、洗衣机和冰柜的初始库存？或者，假设约翰逊家族想要购买一个价值 20 万美元的房子，但他们只有 5 万美元的储蓄，他们将在哪里获得额外的 15 万美元？纽约市需要 2 亿美元建造一座新的污水处理厂，从哪里可以获得这笔钱？最后，联邦政府需要的钱超过税收收入，额外的钱从哪里来？

另一方面，一些个人和公司的收入超过其目前的支出，在这种情况下，他们有可用于投资的资金。例如，Carol Hawk 的收入为 3.6 万美元，但她的支出只有 3 万美元，那么她就有 0.6 万美元可以用于投资。同样，微软累积了大约 1 342.53 亿美元的现金和有价证券，在业务暂不需要这笔钱的情况下，微软可以用这笔钱做什么呢？

拥有多余资金的个人和企业现在储蓄，以便积累资金供未来使用。家庭成员存钱以备将来的支出，如其小孩教育或退休，而一个企业可能通过储蓄为未来的投资提供资金。那些有多余资金的个人或企业希望在他们的投资上获得回报，而需要资本的个人和企业知道他们必须向那些提供资本的个人或企业支付利息。

在一个运作有序的经济中，资本从有多余资金一方有效地流向资本需求方。这种转移可以以图 2-1 所述的三种方式进行。

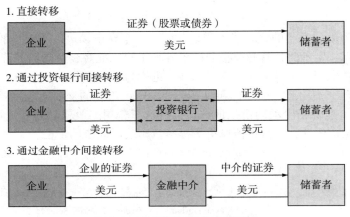

图 2-1　商业资本形成过程图解

（1）货币和证券的直接转移。如图 2-1 上面部分所示，企业不通过任何金融机构，直接将股票或债券卖给储蓄者。企业将证券给储蓄者，而储蓄者将货币交给企业。小公司主要使用这种直接转移方式，并且通过这种方式筹集的资本相对较少。

（2）如图 2-1 中间部分所示，储蓄者与企业之间通过投资银行（如摩根士丹利）完成资金和证券的转移。投资银行充当证券承销商，帮助企业发行证券。企业将发行的股票或债券卖给投资银行，然后，投资银行再将这些证券卖给储蓄者。这样，企业的证券和储蓄者的货币只是"通过"投资银行到达对方。但是，对投资银行而言，在某个时期内，它确实买入并持有证券，因此，面临着无法按买入价格将证券卖给储蓄者的风险。因为这是发行新证券，而且企业获得发售证券的收入，因此，称为一级市场交易。

（3）资本的转移还可以通过银行、保险公司或共同基金等金融中介完成。金融中介通过出售自己发行的证券获得储蓄者的资金，然后用这些资金购买并持有企业的证券，储蓄者持有中介的证券。例如，存款人将钱存入银行，获得银行的存款单，然后，银行通过抵押贷款的方式将钱借给企业。这样，金融中介机构创造了资本的新形式，在本例就是存款单。因为存款单比抵押贷款更具安全性和流动性，因此更好地为大多数储蓄者持有。金融中介的存在大大提高了货币市场和资本市场的效率。

需要资金的实体经常是企业（特别是公司）。实际上，不难发现资金需求者也可能是家庭购房者、小规模企业、政府机构等诸如此类的实体。例如，如果你的叔叔借给你钱帮助你创业，这就是资金的直接转移。或者，如果你想借钱购置一所房屋，你可以通过金融中介如当地的商业银行或抵押银行筹钱，那家银行可能把你的抵押贷款卖给一家投资银行，然后投资银行可能将其作为抵押品发行债券，再将债券卖给养老基金。

基于全球视野，经济的发展与金融市场和金融机构的发展水平和效率休戚相关。[⊖]如果没有一个运作有序的金融体系，要使社会经济发挥其全部潜能是相当困难的（如果不是完全不可能的话）。在像美国这样发达的经济体中，一系列市场和机构随着时间的推移而得到了改进，促进了资本的有效配置。为了有效地筹集资金，管理者必须了解这些市场和机构如何运转；并且，个人也需要知道市场和机构如何运转以使他们的储蓄获得高回报率。

自我测验

1. 指出储蓄者与借款人之间的三种资本转移方式。
2. 为什么有效的资本市场对经济增长是必要的？

2.2　金融市场

金融市场希望将借钱的个人和组织与拥有多余资金的个人和组织联系起来。在美国等发达国家，金融市场的种类繁多。我们简要描述各种类型的金融市场及其发展趋势。

2.2.1　市场的种类

不同类型的金融市场为不同类型的顾客或不同地区服务。金融市场也因所交易的证券的到期日和用于支持证券的资产类型而有所不同。鉴于此，有必要按照以下各种不同标准对金融市场进行分类。

（1）实物资产市场与金融资产市场。实物资产市场（也称为"有形"或"实物"型资产市场），其交易对象是实物资产，如小麦、汽车、不动产、计算机和机器。金融资产市场的交易对象主要是股票、债券、票据、按揭贷款和价值取决于其他资产价格变动的衍生证券。福特汽车公司的股票就是"纯粹的金融资产"，而购买福特汽车公司股票的期权则是衍生证券，其价值取决于福特汽车公司股票的价格。

（2）现货市场与期货市场。现货市场（spot market）是指买卖的资产"即期"交割（也就是在几天内交割）

⊖ 详细了解金融发展与经济增长之间关系的证据，参见 Ross Levine, "Finance and Growth: Theory and Evidence," Chapter 12 in *Handbook of Economic Growth*, edited by Philippe Aghion and Steven Durlauf (Amsterdam: Elsevier Science, 2005).

的市场。期货市场（futures market）是指交易者当天达成协议，约定在未来某一天买卖某项资产的市场。例如，农场主可能现在订立一份期货合约，同意 6 个月之后按每蒲式耳⊖8.792 5 美元的价格出售 5 000 蒲式耳的大豆。接上例，一个未来需要大豆的食品制造商，可能订立一份期货合约，同意 6 个月之后购入大豆。这样一笔交易能够降低，或者说是对冲农场主和食品制造商面临的风险。

（3）货币市场与资本市场。货币市场（money market）是指交易短期的、流动性很强的债务性证券的市场。纽约货币市场、伦敦货币市场和东京货币市场是世界范围内最大的货币市场。资本市场（capital market）是指中长期债务和股票的交易场所。纽约证券交易所汇集了美国最大公司的股票交易，它是资本市场的一个典范。这种分类没有非常绝对的标准，不过，如果谈及债务市场，"短期"通常指少于一年，"中期"指 1～10 年，"长期"指超过 10 年。

（4）一级市场与二级市场。一级市场（primary market）是指企业筹集新资本的市场。如果通用电气公司通过发行新股筹集资本，这就是一级市场的交易。通用电气通过一级市场交易出售新发行的股票，同时收取发行股票所得的资金。二级市场（secondary market）是指投资者之间买卖已经流通在外证券的市场。如果 Jane Doe 要购买 1 000 股通用电气公司的股票，这个交易将在二级市场发生。纽约证券交易所是一个二级市场，因为它交易的是流通在外的股票和债券而不是新发行的股票和债券。按揭贷款、各种其他类型的贷款和其他金融资产都有二级市场。如果企业发行的股票已经在二级市场交易，而企业并没有参与二级市场交易，那么企业就不会从这样的交易中获得资金。

（5）场外市场与公开市场。场外市场（private market）是指由双方直接交易的市场，而公开市场（public market）是指在有组织的交易所买卖标准化合约所形成的市场。银行贷款和与保险公司的私募债是场外市场交易的例子。这些交易是双方私下进行的，因此，可以按照双方的意愿确立交易的条款。相反，在公开市场交易的证券（如普通股和公司债券），由大量的个人投资者持有。这些证券必须具有相当标准化的合约特征，因为公众投资者通常没有时间和专业知识来商议独特的、非标准化的合约。因此，所有权分散和标准化导致公开交易的证券的流动性比量身定制的单独协商的证券的流动性更好。

当然，金融市场还可以有其他分类，不过，上述这些分类已经足以说明金融市场存在许多类型。此外，值得注意的是，不同类型的金融市场的区别通常很模糊，也不重要，只能作为一种参考。例如，企业借款的期限为 11 个月、12 个月或 13 个月，其差别并不大，因此，我们可以说做了一笔"货币"市场交易，也可以说做了一笔"资本"市场交易。你应该知道不同类型市场之间的显著差异，而不必在划分标准上过于较真。

健康发展的经济离不开资金有效地从储蓄者转移到需要资金的个人和企业。缺乏有效的资金转移，经济将无法运行：卡罗来纳州电力公司将无法筹集资本，这样，罗利市的居民就用不上电；约翰逊家也没有合适的住宅；Carol Hawk 的储蓄也没有地方投资，等等。显然，就业水平和生产力水平（即我们的生活水准）都要更低。因此，有效运作（即既快捷又低成本）的金融市场非常重要。

表 2-1 列出了各种金融市场最重要的交易工具。这些金融工具按照距离到期日的时间由短到长升序排列。当我们学习完本书，我们将更深刻地理解表 2-1 所列示的许多金融工具。例如，我们将看到各种各样的企业债券，从"一般的"债券到可以转换为普通股的债券，再到利率因通货膨胀而变的债券。此外，从表 2-1 中还可以了解到主要金融市场交易工具的特征和成本。

2.2.2　近期趋势

近些年，金融市场出现了许多变化。计算机和电信技术的发展以及银行业和商业的全球化，导致国家经济干预范围的缩小和全球竞争的加剧，因此形成了更有效、更国际化的金融市场，这些市场比前些年已有的市场要复杂得多。金融市场的这些发展带来了巨大的正面效应，同时也给政策制定者带来了各种新问题。伴随着这些问题，国会和监管者在金融危机后重新对部分金融领域进行了监管。随后题为"不断变化的科技改变了金融市场"部分用一些例子说明了近年来变化的技术是如何改变金融市场的。

⊖ 1 美式蒲式耳 = 35.238 千克，1 英式蒲式耳 = 36.368 千克。

表 2-1   主要市场工具、市场参与者和证券特征概要

工具 (1)	市场 (2)	主要参与者 (3)	证券特征		
			风险 (4)	原始期限 (5)	2020 年 3 月 24 日利率① (6)
美国国库券	货币	财政部发行，为联邦政府支出融资	无违约风险，接近零风险	91 天～1 年	0.01%
商业票据	货币	财力可靠企业向大型投资者发行	违约风险低	不超过 270 天	2.35%
可转让存单	货币	主要货币中心商业银行向大型投资者发行	违约风险取决于发行银行的实力	不超过 1 年	0.15%
货币市场共同基金	货币	由个人和企业持有，投资于国库券、可转让存单和商业票据	风险较低	没有具体到期日（可随时变现）	0.36%
消费贷款，包括信用卡贷款	货币	银行、信贷机构和财务公司向个人发行	风险是变化的	不确定	随时变化，平均年化收益率是 12.90%～25.49%
美国国库券和债券	资本	美国政府发行	没有违约风险，但是如果利率上升，债券价值会下降，因此有风险	2～30 年	2 年期债券的 0.336% 到 30 年期债券的 1.446%
按揭贷款	资本	向个人和企业提供的房地产贷款，由银行等机构购买	风险是变化的，次级贷款的情况下风险高	不超过 30 年	5 年期浮动利率是 3.55% 30 年期固定利率是 3.89%
州和地方政府债券	资本	州和地方政府发行，个人和机构投资者持有	比美国政府债券风险高，但不用缴税	不超过 30 年	20 年期 AAA 级至 A 级债券收益率为 2.977%～4.431%
企业债券	资本	公司发行，个人和机构投资者持有	比美国政府债券风险高，比优先股和普通股风险低，风险变动程度取决于发行人实力	不超过 40 年②	20 年期 AAA 级债券 3.111% 20 年期 A 级债券 4.937%
租赁	资本	与债务类似，因为企业可以租赁资产，而不是借款购买资产	风险类似于企业债券	通常是 3～20 年	类似于债券收益率
优先股	资本	公司发行给个人投资者和机构投资者	风险高于企业债券，低于普通股	没有到期日	5.75%～9.5%
普通股③	资本	公司发行给个人投资者和机构投资者	风险高于债券和优先股，具体风险根据企业不同而不同	没有到期日	不适用

© 2016 Cengage Learning®

① 上述收益率教学末自 2020 年 3 月 24 日的《华尔街日报》(online.wsj.com) 和美联储理事会的 "Selected Interest Rates (Daily)"，见网站 www.federalreserve.gov/releases/H15/update；"FDIC Weekly National Rates and Rate Caps," FDIC (fdic.gov/regulations/resources/rates/); "Tax-Free Municipal Bond Market Yields," GMS Group (gmsgroup.com/market-yield/); and "Average Credit Card Interest Rates: Week of March 25, 2020," creditcards.com/credit-card-news/rate-report.php. 货币市场利率限定 3 个月到期。

② 近来，有些企业发行了 100 年期的债券。不过，大多数企业债券的期限不超过 40 年。

③ 普通股不必支付利息，其期望"收益率"以股利和资本利得的形式表现出来。历史上股票年化收益率均在 9% 和 12% 之间，但在某一年度可能更高或者更低。当然，如果你购买股票，你的实际回报可能会高于或低于这些历史平均值。

不断变化的科技改变了金融市场

近年来，不断变化的技术创造了无数创新，并大大改变了金融市场的运行。这里列举一些有趣的例子：

- 不断变化的技术创造了一类公司，这类公司使用计算机算法买卖证券，速度往往不到一秒钟。现在这些高频交易（HFT）公司进行的交易占了某一天的总交易量的很大一部分。支持者认为，这些高频交易（HFT）公司产生流动性，有助于降低交易成本，并使其他投资者更容易进入和退出市场。批评人士认为，这些活动可能造成市场不稳定，高频交易（HFT）公司经常从事为自己利益服务的交易，而损害其他投资者。迈克尔·刘易斯出版的一本畅销书 *Flash Boys*，严重批判了高频交易（HFT）公司，受到了社会广泛关注。

- 不断变化的技术允许一些个人和公司绕过中介机构，直接从投资者那里为项目筹集资金。这种活动被称为众筹。这类众筹平台中比较领先的包括 Kickstarter 和 Indiegogo。⊖

- 许多金融公司创造出的"机器人顾问"可以利用算法技术，根据投资者的投资期限和风险承受能力等重要因素，为投资者创建相对低成本的最优投资组合。这些产品已经开始对许多往往更贵的人力顾问产生破坏性影响。与此同时，精明的财务顾问以对自己和客户都有利的方式结合技术，来继续寻找增加价值的方法。

- 不断变化的技术改变了许多人的交易支付方式。

我们很多人很少使用现金，而经常依靠借记卡和信用卡付款。另一些人则通常使用电子商务服务（例如 PayPal）进行在线支付。同样，大家都认为 Facebook 和谷歌等科技公司会对更多地参与银行和支付相关的活动感兴趣。最近，人们对比特币和其他不涉及中介、不收取费用的加密货币越来越感兴趣。⊜下面这张来自《华尔街日报》的图展示了近期比特币价值的剧烈波动。2017 年 3 月，比特币的交易价格略高于 1 000 美元。到 2017 年 12 月中旬，交易价格飙升至 19 783 美元。在随后的两年里，比特币贬值，到 2020 年 3 月底，比特币的交易价格仅略高于 6 500 美元。尽管这很激发人们的兴趣，但许多人担心，监管的缺失让比特币和其他加密货币成为了一种有吸引力的非法交易工具。⊜

- 虽然许多人对比特币的真正价值存在争议，但就连许多持怀疑态度的人都相信，其潜在的"区块链"技术具有变革的潜力。《经济学人》2015 年的一篇很优秀的文章对这项技术的前景进行了早期的总结。下面是这篇文章的相关引语："但最不公平的是，比特币的不良形象导致人们忽视了支撑比特币的"区块链"技术的非凡潜力。这一创新的意义远远超出了加密货币。'区块链'技术可以让彼此没有特别信任的人合作，而不必通过一个中立的中央权威机构进行合作。简单地说，它是一台创造信任的机器。"

⊖ 有关这些平台在资助过程中所起作用的讨论，请参见" Where Do Crowdfunding Platforms Fit in Venture Capital?" *The Wall Street Journal* (blogs.wsj.com), May 2, 2014.

⊜ 为简要回顾比特币，请参见 Tal Yellin, Dominic Aratari, and Jose Pagliery, "What Is Bitcoin?" *CNN Money* (money.cnn.com), January 2014.

⊜ 尽管存在这些担忧，但许多人相信比特币将成为全球经济的重要组成部分。请参见 Paul Vigna and Michael J. Casey," BitBeat: The Fed's Surprisingly Warm Take on Bitcoin," *The Wall Street Journal* (blogs.wsj.com), May 19, 2014.

纽约大学的 David Yermack 教授是"区块链"领域的权威学术专家，他认为这项技术将在未来几年对会计和金融系统产生深远的影响。如果你想了解更多信息，他的网站（stern.nyu.edu/faculty/bio/ david-yermack）是一个很好的资源。

资料来源："The Trust Machine : The Technology Behind Bitcoin Could Transform How the Economy Works," *The Economist* (economist. com), October 31, 2015；and Steven Johnson, "Beyond the Bitcoin Bubble," *The New York Times* (nytimes.com), January 16, 2018.

全球化突显了国际层面监管机构之间加强合作的必要性，但任务并不容易。导致协调复杂化的因素包括：①各个国家银行和证券行业结构的不同；②金融服务集团化的趋势，这模糊了各个细分市场的发展；③个别国家不愿放弃对自己国家货币政策的控制。尽管如此，监管机构一致认为需要缩小全球市场监管的差距。

近几年的另一个重要趋势是衍生产品的增加。衍生产品是指其价值由其他一些"基础性"资产的价格决定的一种证券。购买 IBM 股票的期权是衍生产品，6 个月后买入日元的合约也是衍生产品。IBM 股票期权价值取决于 IBM 股票的价格，而日元"未来"的价值取决于日元和美元之间的汇率。近年来，衍生产品市场比其他市场增长更快，这为投资者提供了新的机会，但也使他们面临新的风险。

为了说明衍生产品的日益重要性，请看信用违约互换（CDS）的案例。⊖信用违约互换是为特定证券违约提供保护的合约。假设银行想要保护自己免受其借款人违约的影响，银行可以进行信用违约互换交易，同意定期向另一个金融机构支付一定费用。作为回报，该金融机构同意承担在借款人违约时银行发生的损失。CDS 市场从 2001 年初的不足 1 万亿美元增长到 2007 年底 (金融危机之初) 的超过 60 万亿美元。10 年后，由于金融危机的影响，导致加强了对银行业的监管，市场规模仅为 3.5 万亿美元。然而，出于最近的市场波动，CDS 市场目前正在经历新的增长。⊖

衍生产品可以用来降低风险或用来投机。假设当小麦价格上涨时，小麦加工商的成本上升，其净收入下降。小麦加工商可以通过购买衍生品小麦期货来降低风险，小麦期货价格在小麦价格上涨时上涨。这是一种套期保值操作，其目的是减少风险敞口。另一方面，投机是希望获得高回报，但它增加了风险敞口。例如，几年前，宝洁公司披露，它的衍生产品投资损失了 1.5 亿美元。最近，抵押贷款相关衍生产品的损失加剧了 2008 年信贷崩溃。

如果一家银行或任何其他公司报告说它进行了衍生产品投资，那么如何判断这些衍生产品投资是针对类似小麦价格上涨的套期保值，还是为了赌小麦价格上涨的投机？答案是，很难说出衍生产品如何影响公司的风险状况。如果是金融机构，那么情况就更复杂了——衍生产品通常以利率、汇率或股票价格的变化为基准，一个大型国际银行可能有成千上万个单独的衍生产品合约。这些交易的规模和复杂性涉及监管机构、学术界和国会议员。前美联储主席格林斯潘指出，理论上，衍生产品应该使公司更好地管理风险，但不清楚最近的创新是否"增加或减少了金融体系的固有稳定性"。

. . . .

自我测验

1. 区分实物资产市场与金融资产市场。
2. 现货市场与期货市场有何不同？
3. 区分货币市场与资本市场。
4. 一级市场与二级市场有何不同？

⊖ 2010 年《纽约时报》(*The New York Times*) 的一篇报道称，该市场从 2000 年的 9 000 亿美元增长到 2008 年的 30 万亿美元。该文章还描述了信用违约互换如何帮助美国和欧洲的 2007 ~ 2008 年金融危机。请参阅 "Times Topics: Credit Default Swaps," *The New York Times* (topics.nytimes.com), March 10, 2010.

⊖ 参见 "Quarterly Report on Bank Trading and Derivatives Activities: Fourth Quarter 2019," *Office of the Comptroller of the Currency* (occ. treas.gov), March 2020; Chris White, "The Rise and Fall of the Hottest Financial Product in the World," *Business Insider* (businessinsider. com), August 15, 2016; and Philip Stafford and Joe Rennison, "Credit Default Swaps Activity Heats Up," *Financial Times*(ft.com), February 4, 2016.

5. 区分场外市场与公开市场。

6. 为什么说金融市场是经济健康发展的必备条件？

2.3　金融机构

　　个人和小规模企业之间，或者是在金融市场和金融机构不太发达的经济体中，直接转移资金的形式更普遍。但是，发达经济体中的大型企业普遍认为，在筹集资金时，利用金融机构的服务更有效率。

　　在美国和其他发达国家，已经形成了多家高效的金融中介机构。它们的原始角色通常相当具体，监管部门阻止它们多样化。然而，近年来，针对多元化的很多法规已经废除，今天机构之间的区别已经变得模糊。尽管如此，机构之间仍然存在一定程度的身份区别。因此，理解金融机构的主要类别是有用的。但是请记住，一家公司可以拥有一些从事不同功能的子公司，如下所述。

　　（1）**投资银行**（investment bank）通常帮助企业筹集资本。这些机构可以：①帮助企业设计当前最吸引投资者的证券；②买入企业发行的证券；③将证券出售给储蓄者。因为投资银行一般保证公司将筹集到所需资本，因此，投资银行家也称作承销商。信贷危机对投资银行业产生了巨大的影响。贝尔斯登破产，后来被摩根大通收购，雷曼兄弟破产，美林被迫卖给美国银行。两家"幸存"的主要投资银行（摩根士丹利和高盛）获得美国联邦储备委员会批准成为商业银行控股公司。

　　（2）**商业银行**（commercial bank），如美国银行（Bank of America）、花旗银行、富国银行和摩根大通银行（J. P. Morgan Chase）等都是传统的"金融百货公司"，它们为各种各样的储蓄者和借款人服务。历史上，商业银行曾经是经营支票账户的主要机构，美国联邦储备系统通过商业银行扩大或收紧货币供给。不过，现在许多其他机构也开始提供支票账户的服务，而且显著影响货币供给。还要注意，较大的银行通常是金融服务公司的一部分，正如下面所描述的。[⊖]

　　（3）**金融服务公司**（financial services corporation）是将多家不同的金融机构合并在一个企业的大型一体化企业。大多数金融服务公司刚开业时都仅在一个专门行业提供服务，后来才将业务扩展到多个金融领域。例如，花旗集团拥有花旗银行（一家商业银行）、一家投资银行、一个证券经纪组织、保险公司和租赁公司。

　　（4）**信贷联盟**（credit unions）是一个合作协会，其成员应该有一个共同的纽带，比如是同一家公司的员工。会员的储蓄只贷给其他会员，通常用于购买汽车、家庭住房改善贷款和住房抵押贷款。信贷联盟通常是个人借款者最便宜的资金来源。

　　（5）**养老基金**（pension funds）是由企业或政府机构为员工出资设立的退休计划，主要由商业银行信托部或人寿保险公司管理。养老基金主要投资于债券、股票、抵押贷款和房地产。

　　（6）**人寿保险公司**（life insurance company）以年金形式吸收储蓄，然后将资金投资于股票、债券、房地产和按揭贷款，最后向保险的受益人支付保险金。近年来，人寿保险公司也提供各种税收递延储蓄计划，使参加者在退休时可以受益。

　　（7）**共同基金**（mutual funds）向储蓄者吸收资金，然后用这些资金购买企业或政府部门发行的股票、长期债券或短期债务工具。这些共同基金汇集了储蓄者的资金，通过多元化投资降低风险，而且在证券分析、资产组合管理和证券买卖等方面都有规模经济效益。不同的共同基金可以满足不同类型储蓄者的目的。因此，债券基金主要吸引更注重投资安全性的人，而股票基金主要吸引愿意承受一定风险并期望获得较高收益率的投资者，还有**货币市场基金**（money market funds）用于带息支票账户。

　　积极管理型基金和指数基金存在一个重要区别。积极管理型基金试图超越市场业绩，而指数基金的目的只是简单地复制一个具体市场指数的表现。例如，一个积极管理股票基金的证券投资经理使用他的专长选择他认为将在一段时间内表现最好的股票。相比之下，一个追踪标准普尔 500 指数的指数基金只持有一篮子股票，这些股票是标准普尔 500 指数的成分股。这两类基金都为投资者提供了有价值的多样化，但积极管理型基金通常管理费更高，很大程度上是因为参与选择超越市场（希望是）的股票需要额外的成本。在任何给定的一年，最

　　⊖　另外两个在几年前很重要的机构是储蓄与贷款协会以及互助储蓄银行。这些组织大多已经合并到商业银行。

好的积极管理型基金将超越市场指数的表现，但许多会比整体市场表现更差——即使不考虑其更高的管理费。此外，预测哪个积极管理型基金将在某个年度击败市场是十分困难的。因此，许多学者和从业者鼓励投资者更多地依赖指数基金。⊖

目前存在着几十种不同目标的上千个共同基金。各种出版物如《价值线投资调查》（*Value Line Investment Survey*）和《启明星共同基金》（*Morningstar Mutual Funds*）都提供有关各种共同基金的目标和以往绩效的信息。大多数图书馆和互联网都可以找到这些刊物。

（8）**交易所交易基金**（exchange traded funds，ETFs）类似于普通的共同基金，经常由共同基金公司经营。ETF 基金购买特定类型的股票组合，例如，标准普尔 500 指数公司或媒体公司或中国公司，然后向公众出售自己的股份。ETFs 的股份一般在公开市场交易，所以投资者想投资某个特定市场（例如中国市场），可以购买持有那个特定市场股份的 ETFs。表 2-2 提供了 2020 年 3 月十大交易所交易基金。

表 2-2 2020 年 3 月十大交易所交易基金

股票代码	基金名称	管理资产额 / 10 亿美元	标的指数
SPY	SPDR S&P 500 ETF	226.14	S&P 500
IVV	iShares Core S&P 500 ETF	153.54	S&P 500
VOO	Vanguard S&P 500 ETF	110.73	S&P 500
VTI	Vanguard Total Stock Market ETF	109.98	CRSP U.S. Total Market
QQQ	Invesco QQQ	82.93	NASDAQ 100
AGG	ishares Core U.S. Aggregate Bond ETF	66.61	Barclays Capital U.S. Aggregate Bond
VEA	Vanguard FTSE Developed Markets ETF	57.66	MSCI EAFE
IEFA	iShares Core MSCI EAFE ETF	55.21	MSCI EAFE Investable Market Index
BND	Vanguard Total Bond Market ETF	49.51	Barclays Capital U.S. Aggregate Bond
GLD	SPDR Gold Trust	48.31	Gold Bullion

资料来源：etfdb.com/compare/market-cap/.

（9）**对冲基金**（hedge funds）也类似于共同基金，因为它们都从储蓄者那里吸纳资金，然后用这些资金购买各种证券，但两者存在重要的差异。共同基金（和 ETFs）需在美国证券交易委员会登记并接受其监管，对冲基金基本上不受管制。这种监管程度的差异源于共同基金主要面向小投资者，而对冲基金则主要面向大中型投资者（投资额经常超过 100 万美元），可以高效地向个人和金融机构以较高净值出售。之所以叫对冲基金，是因为，传统上个人投资者试图用它来规避风险。例如，一个对冲基金经理认为，企业债券与国债之间的利率差异过大，他可能在购入多家企业债券的同时出售部分国债。这种情况下，投资组合就规避了利率整体走势变动的风险，如果两种债券的利差变小，其效果就非常好。

然而，有些对冲基金的风险程度甚至高于个别股票或共同基金的平均水平。到目前为止，失败的 10 家对冲基金公司分别是伯纳德·麦道投资证券、SAC 资本、帆船集团、美国长期资本管理公司、Pequot 资本、Amaranth 资本、老虎基金、阿曼资本、马林资本和贝利·科茨·克伦威尔基金。伯纳德·麦道的对冲基金是庞氏骗局，SAC 资本、帆船集团、Pequot 资本等对冲基金因内幕交易而倒闭，其余基金则因其他原因而倒闭。美国长期资本管理公司利用市场行为的暂时变化来实施套利的策略。然而，它的高杠杆交易策略没有成功，这只基金在 1998 年差点让全球金融体系崩溃。美国联邦储备系统对其进行了救助，其债权人接管了该公司。Amaranth 资本采用可转换债券套利策略；2006 年，当该基金的一些衍生产品投资未能获得回报，损失超过 65亿美元时，该基金倒闭了。老虎基金也在 2000 年倒闭了，当时它做空了价格过高的科技股（卖出借来的股票，希望以后以更低的价格买进，把股票还给出借人，并从差价中获利），科技股在牛市中继续飙升，该基金因此遭受了巨大损失。2005 年，阿曼资本在信贷衍生产品的杠杆交易中失败，估计造成了数亿美元的损失。马林资本

⊖ 参见 Mark Hulbert, "The Index Funds Win Again," *The New York Times* (nytimes.com), February 21, 2009; and Rick Ferri, "Index Fund Portfolios Reign Superior," *Forbes* (forbes.com), August 20, 2012.

在 2005 年倒闭了，当时它利用信用套利和可转换债券套利对通用汽车公司进行了大笔押注。当通用汽车公司股价下跌、债券被降级为垃圾债券时，该基金遭到了重创。最后，2005 年，贝利·科茨·克伦威尔基金因在美国股市走势上押注失误和杠杆交易决策失误而破产。[⊖]

表 2-3 列出了 2019 年第二季度管理资产额最大的 10 家对冲基金。尽管对冲基金在过去 20 年里取得了巨大的发展，但近年来的道路却有些坎坷。金融危机后，对冲基金管理下的资产大幅缩水，直到 2013 年才再次达到危机前的水平。与此同时，许多对冲基金因其高昂的费用和欠佳的表现而受到抨击，它们还面临着来自其他产品和投资顾问的竞争。在这种充满挑战的环境中，一些对冲基金已经降低了费用和最低投资要求以作应对。

表 2-3　管理资产额最大的 10 家对冲基金（2019 年第二季度）

基金名	管理资产额 / 10 亿美元
Bridgewater Associates, LP	132.05
Renaissance Technologies	110.00
Man Group	62.00
AQR Capital Management	60.84
Two Sigma Investments	42.90
Millennium Management LLC	38.78
Elliott Management	37.77
BlackRock	32.91
Citadel Advisors LLC	32.24
Davidson Kempner Capital Management	30.88

资料来源："Largest Hedge Fund Firms," *Wikipedia* (en.wikipedia.org/wiki/List_of_hedge_funds), Second Quarter 2019.

较低的费用促使投资者转向指数基金

在本文中，我们指出，积极管理型基金和对冲基金的费用通常比包括指数基金和 ETF 在内的被动管理型投资产品高得多。被动管理型基金的成本通常较低，因为你不需要试图向一群昂贵的基金经理支付费用以跑赢市场——相反，被动管理型基金只是简单地利用技术复制给定的市场。如果说有什么不同的话，那就是日益激烈的竞争和不断改进的技术进一步加速了这种被动投资费用的下降。例如，《华尔街日报》2017 年的一篇文章引用晨星公司的数据报道称，积极管理型的美国股票基金每投资 1 万美元的平均年成本是 81 美元，比被动管理型的美国股票基金的平均年成本 14 美元高出 5 倍多。此外，100 多只被动管理型共同基金和交易所交易基金每投资 1 万美元，收费才不到 10 美元。

正如你所料，这种费用的差距导致许多投资者将资金转向被动型产品。晨星公司的年度资金流量表（见下文）展示了 2007 ~ 2018 年美国股票的积极管理型和被动管理型的资金流量。

历史证据进一步强化了被动型投资的理由，这些证据令人信服地表明，一般的积极管理型基金通常无法产生比相应的指数基金更高的回报。因此，积极管理型产品的投资者往往会为较差的相对表现支付较高的价格。不过，要记住，在任何一年，表现最好的积极管理型基金的表现都将超过相应的指数基金。现在的挑战是如何找到持续跑赢大盘的基金。

与此相关的是，沃伦·巴菲特（Warren Buffet）在 2007 年与资产管理公司（Protégé Partners）的联席经理泰德·赛德斯（Ted Seides）"押下了百万美元的赌注"，引起了很大的关注。双方都向慈善机构投入了 50 万美元，赌的是两项假设投资中哪一种会在接下来的 10 年里获得更高的业绩。巴菲特投资的是先锋集团管理的一只低成本标准普尔 500 指数基金。赛德斯选择投资 5 只对冲基金。2018 年 2 月，巴菲特在《2017 年致股东的信》中报告了最终业绩：该指数基金上涨了 125.8%，这意味着年均复合收益率为 8.5%。相比之下，这 5 只对冲基金在 10 年期间的收益率在 2.8% ~ 87.7%，年回报率在 0.3% ~ 6.5%。

⊖　参见 John Edwards, "The 10 Biggist Hedge Fund Failures," *Investopedia* (investopedia.com), February 27, 2020.

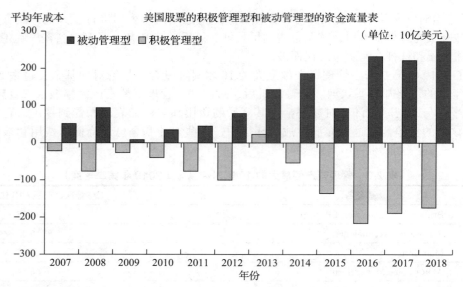

平均年成本

美国股票的积极管理型和被动管理型的资金流量表

（单位：10亿美元）

■ 被动管理型　　□ 积极管理型

年份

资料来源：Tom Lauricella and Gabrielle DiBenedetto, "A Look at the Road to Asset Parity Between Passive and Active U.S. Funds," *Morningstar* (morningstar.com), June 12, 2019; Bernice Napach, "Passive Investments Drive Record Fund Flows in 2017: Morningstar," *ThinkAdvisor* (thinkadvisor.com), January 29, 2018; Carol J. Loomis, "Warren Buffett Scorches the Hedge Funds," *Fortune* (fortune.com), February 25, 2017; Jason Zweig and Sarah Krouse, "Fees on Mutual Funds and ETFs Tumble Toward Zero," *The Wall Street Journal* (wsj.com), January 26, 2016; and Warren Buffett's Annual Letter to Berkshire Hathaway Shareholders (berkshirehathaway.com/letters/2017ltr.pdf), February 24, 2018.

（10）**私募股权公司**（private equity company）的运营与对冲基金很相似，但不是购买某家公司的股票，而是私募股权投资者购买并管理整个公司。大多数用来购买目标公司的钱是借来的。虽然私募股权投资活动在金融危机期间放缓，但在过去10年中，许多知名公司（包括亨氏、戴尔计算机、哈拉斯娱乐、艾柏森、内曼·马库斯、Clear Channel 和 Keurig Green Mountain）都已被私募股权公司收购。2017年9月，BDT Capital Partners 和 JAB Holding 以71.6亿美元收购了 Panera Bread 公司。此外，在2017年9月，Sycamore Partners 以69亿美元收购了史泰博公司。2018年5月，贝恩资本（Bain Capital）完成了以约180亿美元收购东芝（Toshiba）存储芯片部门的交易。贝恩资本与苹果、戴尔和SK海力士等公司合作，而东芝持有该公司40%的股份。2018年7月，由 JAB Holding 支持的 Keurig Green Mountain 以187亿美元收购了 Dr.Pepper Snapple 公司。其他领先的私募股权公司包括凯雷投资集团（Carlyle Group）、科尔伯格·克拉维斯·罗伯茨公司（KKR）、贝莱德集团（Blackstone Group）、阿波罗全球管理公司（Apollo Global Management）和 TGP。

除了对冲基金和私募股权公司，其他金融机构也受到监管，以确保金融机构的安全和保护投资者。历史上存在许多规定，包括禁止银行在全国范围内开分行，限制金融机构可以购买资产的类型，限制金融机构可以支付利率的上限，以及限制金融机构提供服务的类型。这些规定往往阻碍资本的自由流动，从而降低资本市场的效率。认识到这一事实后，决策制定者在20世纪80年代和20世纪90年代采取了几个措施以解除对金融服务公司的管制。例如，1999年取消了银行在全国范围内开分支机构的限制。

许多人认为，金融部门的过度放松管制和监管不足，应对2007—2008年的金融危机负部分责任。考虑到这些问题，美国国会通过了《多德－弗兰克法案》。该立法的主要目标是创建一个新的投资者保护机构，努力提高衍生产品交易的透明度，且迫使金融机构采取措施限制过度冒险，并持有更多资本。自《多德－弗兰克法案》颁布以来，其有效性一直备受争议。一些人认为，该法案有效地实现了其主要目标，而另一些人则认为，该法案给金融服务业带来了巨大的合规成本，并呼吁废除该法案。事实上，唐纳德·特朗普在2018年5月24日签署了一项法案，重写《多德－弗兰克法案》的部分内容。这项立法将减少对小型银行的监管审查，包括BB&T、太阳信托银行（Sun Trust Banks）、钥匙银行（Key Bank）和美国运通（American Express）等地区性银行，以及社区银行和信用合作社。⊖

⊖ 参见 Emily Stewart, "Congress Finally Found Something It can Agree On: Helping Banks," *Vox* (vox.com), May 24, 2018.

表 2-4 的 A 组列示了美国十大银行控股公司，B 组列示了世界领先的银行公司。在世界前十名的公司中，只有一家位于美国。虽然美国的银行出于最近的合并而大幅增长，但按全球标准衡量，它们仍然很小。表 2-4 的 C 组列示了 10 家全球领先的以美元计价的 IPO 承销商。

表 2-4　最大的银行和承销商

A 组：美国银行控股的金融公司①	B 组：全球领先的银行②	C 组：全球领先的 IPO 承销商③
摩根大通	中国工商银行	摩根士丹利
美国银行	中国建设银行	高盛集团
花旗集团	中国农业银行	美林银行
富国银行	中国银行	摩根大通
高盛集团	国家开发银行（中国）	花旗集团
摩根士丹利	法国巴黎银行	瑞士信贷银行
美国合众银行	摩根大通银行 美国银行家协会	德意志银行
PNC 金融服务集团	三菱日联银行（日本）	中国国际金融股份有限公司
TD 集团美国控股有限公司	日本邮政银行	瑞银集团
美国第一资本金融公司	法国农业信贷银行	野村

①按 2019 年 9 月 30 日的总资产排名。

资料来源：National Information Center ffiec.gov/npw/Institution/TopHoldings.

②按 2020 年 2 月 24 日可获得的资产负债表的总资产排名。

资料来源：accuity.com/resources/bank-rankings-top-banks-in-the-world/.

③按 2018 年新 IPO 发行证券筹集的美元金额排名。在这个排名中，整个发行金额计入主承销商（经理）。

资料来源：Thomson Reuters, "Global Equity Capital Markets Review: Managing Underwriters, Full Year 2018," February 20, 2019, p. 3.

资产证券化大大改变了银行业

以前，商业银行的业务比现在简单很多。典型的银行从存款人那里收到钱，并用它来贷款。在绝大多数情况下，银行家在其账簿上持有贷款，直至贷款到期。由于银行发放了贷款，并将其记在账上，因此一般银行都了解所涉及的风险。然而，由于银行往往资金有限，因此它们可以持有的贷款数量也存在上限。而且大部分贷款是针对当地市场的个人和企业，银行分散风险的空间有限。

为了解决这些问题，金融工程师想出了贷款证券化的想法。贷款证券化是这样一个过程：代理机构（例如投资银行）创建一个实体，由这个实体从各种银行购买大量贷款，然后发行由贷款支持的证券。证券化始于 20 世纪 70 年代，那时，政府支持的实体购买住房抵押贷款，然后发行由多元化抵押贷款组合产生的现金流支持的证券。在许多方面，证券化是一个巨大的创新。银行不再必须持有抵押贷款，因此它们可以迅速将原来的贷款转换为现金，使它们能够重新部署资本以提供其他贷款。与此同时，这种新创建的证券给投资者提供了投资机会，使其投资一个多元化的住房抵押贷款组合。此外，这些证券在公开市场上交易，因此，当投资者的情况及其对抵押贷款市场的看法随着时间的推移发生变化时，它们能够轻易地买进和卖出。

在过去的几十年中，该过程有所加速。银行家将不同类型的贷款证券化，由此产生各种类型的证券。一个值得注意的例子是抵押贷款支持证券（CDOs），它是经某个实体发行由贷款组合支持的几类证券。例如，一家投资银行在全国各银行和抵押贷款经纪商处购买 1 亿美元的抵押贷款。投资银行使用抵押品创造 1 亿美元的新证券，并将其分为三类（通常称为等级）。A 类债券对抵押贷款的现金流有优先受偿权。因为它们有优先受偿权，因此，A 类债券风险最小，并被评级机构评为 AAA 级。B 类债券在支付 A 类债券后得到偿付，但它们通常也会有较高的评级。C 类债券最后得到偿付。因为 C 类债券最后得到偿付，其风险最高，出售价格也最低。如果基本抵押贷款表现良好，C 类债券将得到最高的回报，但如果基本抵押贷款表现不佳，它们将遭受最大的损失。

由高风险（次级）抵押贷款池支持的抵押贷款支持证券在最近的金融危机中发挥了重要作用。在住房繁荣期间，金融机构和抵押贷款经纪人发放了大量新的抵押贷款，而渴望收费的投资银行家更乐意发行由这些次级抵押贷款支持的新的证券。这些次级抵押贷款支持的证券主要出售给其他商业银行和投资银行以及其他金融机构，如对冲基金、共同基金和养老基金。由于错误地认为住房价格永远不会下降，导致许多人认为这些证券是稳健的投资，并且因为这些债券被定为高评级水平，他们得到了额外的慰藉。

当住房市场崩溃时，这些证券的价值暴跌，使许多金融机构的资产负债表遭受重创。更糟糕的是，由于支持这些证券的抵押贷款如此庞大且多样化，所以难以评估这些证券的价值。许多机构都不知道它们账上持有的是什么，就试图同时出售这些证券，这些机构

"急于退出"，进一步导致价格下跌，加剧了恶性循环。

在危机之后，许多人都主张对证券化业务进行改革，而其他人则批评评级机构对事后发现是高风险的证券通常给出高信用评级。与此同时，《巴伦周刊》的一篇文章强调了证券化在资本市场中的重要作用，并引起人们担心经济在证券化业务复苏之前不会再次茁壮成长。

资料来源：David Adler, "A Flat Dow for 10 Years? Why It Could Happen," *Barron's* (online.barrons.com), December 28, 2009.

自我测验

1. 投资银行和商业银行之间有什么区别？
2. 列举金融机构的主要类别，并简述各种类型的主要作用。
3. 共同基金、ETFs 和对冲基金的主要区别是什么？有何相似之处？

2.4 证券市场

如前所述，二级市场是先前发行、已经流通在外的证券交易的市场。大约 75% 的美国股票被长期投资者持有，而只有 25% 的美国股票被短期投资者持有。⊖目前最活跃也是对财务经理最重要的二级市场是股票市场。股票的价格就是在股票市场形成的。因为财务经理的主要目标就是使企业股票价格最大化，因此，对每一个企业经理人而言，掌握股票市场知识非常重要。

全球有许多不同的股票市场。纽约证券交易所（NYSE）和纳斯达克（NASDAQ）市场是其中领先的两个股票交易市场。虽然股票交易使用各种市场程序进行，但是有两种基本类型：①有形的证券交易所，包括纽约证券交易所和多个区域性证券交易所；②基于电子交易商的市场，其中包括纳斯达克、不太正式的场外市场以及最近开发的电子通信网络（ECNs）（见"全球视角：纽约证券交易所和纳斯达克正在走向全球"）。由于有形的证券交易所更容易描述和理解，因此我们先讨论它们。

| 全球视角 | 纽约证券交易所和纳斯达克正在走向全球

推动金融服务业整合的计算机和电信的发展也促进了绕过传统交易所的在线交易系统的发展。这些称为电子通信网络（ECN）的系统使用电子技术将买方和卖方结合在一起。ECN 的进步加速了 24 小时交易的步伐。美国投资者想在美国市场关闭后进行交易，可以使用 ECN，从而绕过纽约证券交易所和纳斯达克。

纽约证券交易所和纳斯达克意识到新的威胁，并采取了行动。首先，两个交易所都上市，这使得它们可以使用它们的股票作为"货币"，购买 ECN 和全球范围内的其他交易所。例如，纳斯达克收购了费城证

券交易所、几个 ECN 和 15% 的伦敦证券交易所，并积极寻求与世界各地的其他交易所合并。另外，纳斯达克为了加强全球企业服务，收购了 Marketwired 公司。为了加强股票期权业务，收购了国际证券交易所（ISE）。纽约证券交易所也采取了类似的行动，包括与最大的欧洲交易所——泛欧交易所合并形成纽约泛欧交易所，然后收购了美国证券交易所（AMEX）。

2013 年 11 月 3 日，纽约泛欧交易所自身成为被收购目标，被洲际交易所（ICE）收购。这笔交易将 ICE 的期货、场外交易和衍生产品交易与纽约证券交

⊖ 参见 Rebecca Darr and Tim Koller, "How to Build an Alliance Against Corporate Short-Termism," McKinsey & Company (mckinsey.com), January 2017.

易所的证券交易结合起来。2014 年 6 月 24 日，洲际交易所剥离了泛欧交易所。2017 年 1 月 31 日，纽约证券交易所收购了美国国家证券交易所，这给了纽约证券交易所一个额外的美国交易的许可证。2018 年 4 月 9 日，纽约证券交易所允许所有美国股票和交易所交易基金在其交易大厅进行交易，结束了数十年来禁止在竞争对手交易所上市的股票在其交易大厅进行买卖的限制。美国大多数证券交易所已经允许交易任何证券，无论它在哪里上市。随着市场电子化，并在鼓励交易所之间更大竞争的监管规定的推动下，出现了许多相互竞争的交易平台，纽约证券交易所的限制变得不那么合理了。纽约证券交易所曾是唯一一家限制自己上市证券交易的交易所。

这些行动说明了全球交易，特别是电子交易日益重要。事实上，许多专家已经得出结论，在纽约证券交易所和其他实体交易所买卖股票的场内交易人很快就会成

为过去。无论这是否是真的，很明显，证券交易在未来几年都将继续经历戏剧性的变化。要查找有关纽约证券交易所和纳斯达克的大量最新信息，请用谷歌（或其他搜索引擎），搜索纽约证券交易所历史和纳斯达克历史。

资料来源：Alexander Osipovich, "NYSE Opens Doors to Stocks from Rival Exchanges, Ending Decades-Old Policy," *The Wall Street Journal* (wsj.com), April 9, 2018; John McCrank and Luke Jeffs, "ICE to Buy NYSE Euronext for $8.2 Billion," reuters.com, December 20, 2012; Inti Landauro, "ICE Plans Euronext IPO," *The Wall Street Journal* (wsj.com), May 27, 2014; Alex Gavrish, "Euronext NV: Recent Spin-Off Warrants Further Monitoring," *ValueWalk* (valuewalk. com), August 25, 2014; "Nasdaq Reaches 52-Week High on Compelling Acquisitions," nasdaq.com, March 14, 2016; "NYSE Agrees to Acquire National Stock Exchange," *Business Wire* (businesswire.com), December 14, 2016; and Alexander Osipovich, "NYSE to Open Floor Trading to Stocks Listed at Rival Exchanges," *The Wall Street Journal* (wsj.com), January 11, 2017.

2.4.1　有形的股票交易所

有形的交易所（physical location exchange）是一个有形的实体。每个大型交易所都有自己的大楼、数量有限的会员和选举出来的监察委员会。纽约证券交易所成员以前在交易所有"席位"，尽管每个人都站着。今天，这些席位已经换成了交易执照，由成员组织拍卖而得，成本大约每年 5 万美元。大多数大型投资银行运营经纪部门在交易所购买席位，并指定一名或多名高级职员作为会员。交易所在所有正常工作日开放，成员会面的大房间配备电话和其他电子设备，使每个成员能够与他的全国各地公司的办公室通信。

与其他市场一样，证券交易所促进了买方和卖方之间的沟通。例如，高盛（第二大的经纪公司）可能会收到想要购买通用电气公司股票的客户订单。与此同时，摩根士丹利（领头的经纪公司）可能会收到希望出售通用电气公司股票的客户的订单。每个经纪人都与纽约证券交易所的公司代表进行电子交流。全国的其他经纪人也与公司的驻交易所会员沟通。具有卖出订单的交易所成员提供要出售的股票，由具有买入订单的成员竞标。因此，交易所像拍卖市场一样运作。[⊖]

2.4.2　场外交易市场和纳斯达克证券市场

尽管多数大型企业的股票都在纽约证券交易所交易，但还有大量的股票在传统意义上的场外交易市场（over-the-counter market，OTC）交易。对"场外交易市场"这个术语的解释有助于理解该术语是如何产生的。如前所述，交易所像拍卖市场一样运作，即同时有买卖的指令，交易所的会员撮合这些指令。如果一种股票很少交易，也许是因为发行者是一个新设立企业或者是一个小规模企业，很少有买卖指令传入交易所，要在合理时间内撮合这些交易就相当困难。为了避免这个问题，有些经纪企业事先保留一定数量的该股票，然后为该股

⊖　实际上，纽约证券交易所是经过改良的拍卖市场，人们（通过经纪人）在交易所投标股票。起初（1792 年）经纪人必须在交易所内逐字喊："我有 100 股伊利（Erie）公司股票要卖，你们报价多少呢？"然后将股票卖给报价最高的人。如果经纪人有一个买入的指令，那么他会喊："我要买 100 股伊利公司股票，谁的卖价最低呢？"尽管现在交易所内有一些专业经纪人，他们通过存储一定数量的经过认真研究的股票以帮助促成交易，但上述场景仍然存在。如果某个时候，市场有买入指令而没有卖出指令，这时，专业经纪人就会卖出一些股票。同样，如果有卖出指令，那么，专业经纪人就会买入股票增加存量。专业经纪人确定了报价（买入股票的价格）与要价（卖出库存股票的价格）。报价与要价的确定将使股票存量保持平衡。如果股票走势强劲，从而出现许多买盘，或者出现不利消息，从而有许多卖盘，专业经纪人就会提高或降低股票价格以保持供给和需求的平衡。报价会略低于要价，其中的差值就是专业经纪人的利润。

许多专业机构帮助机构投资者，例如共同基金或养老基金，出售大量股票而不至于压低价格。其实，为了迎合机构投资者，经纪公司可能先买入大量股票（如 1 万股或者更多股），然后，卖给其他机构投资者和个人投资者。另外，如果企业要公布的重大消息可能造成股票价格剧烈波动，企业往往要求交易所暂停该种股票的交易，待消息公布并被投资者消化后，再恢复交易。

票做市。如果个人投资者要卖出股票，这些"做市商"就买入该股票。反之，个人投资者要买入股票，这些"做市商"就卖出该股票。储存的证券平时放在安全的地方，股票买卖时，只要在字面上记录所有者的变更。

现在，这些市场通常称为交易商市场（dealer market）。交易商市场包括完成证券交易所需要的各种设施和条件，但这些交易并不在有形的交易所进行。交易商市场系统包括：①相对较少的持有这些证券并为这些证券"做市"的交易商；②数千个经纪人充当代理者，将交易商与投资者联系起来；③为交易商和经纪人提供联系的计算机、终端设备和电子网络。做市的交易商同时报出某个股票的买入价（报价）和卖出价（要价）。各个交易商的报价随着供求状况的改变而改变，而且在世界各地的计算机屏幕上都可以看到。买入价与卖出价之间的差价就是交易商的利润。如果股票价格不稳定或者很少交易，交易商的风险就会提高。通常，我们预计价格不稳定或很少交易的证券有更大的买卖差价，以补偿交易商持有证券的风险。

参与场外交易市场的交易商和经纪人就是自律组织金融监管局（FINRA）的成员。这个组织发给经纪人许可证，并监管其交易活动。金融监管局运用的计算机网络就是众所周知的美国全国证券交易商协会自动报价系统（NASDAQ）。

纳斯达克原来只是一个报价系统，逐渐发展成为一个有组织的证券市场，并制定了上市条件。过去十年里，纽约证券交易所与纳斯达克市场之间的竞争越来越激烈。如前所述，纳斯达克已经在伦敦证券交易所和其他市场进行投资，而纽约证券交易所与泛欧交易所合并，并被洲际交易所收购，进一步增加了竞争。由于大多数大公司在纽约证券交易所交易，因此在纽约证券交易所交易股票的市值高于在纳斯达克交易股票的市值。截至 2019 年 5 月，纽约证券交易所上市公司的市值为 23.21 万亿美元，纳斯达克的市值为 11.22 万亿美元。[⊖]

有趣的是，许多高科技公司如微软、谷歌和英特尔的股票仍然在纳斯达克交易，即使它们符合纽约证券交易所的上市要求。然而，与此同时，其他高科技公司已离开纳斯达克，去了纽约证券交易所。尽管存在这些挫折，但纳斯达克在过去十年的增长仍然令人印象深刻。在未来几年，纳斯达克和纽约泛欧交易所之间将继续保持强劲的竞争。

自我测验

1. 有形的交易所与纳斯达克证券市场有何不同？
2. 何谓报价与要价的差价？

2.5 普通股股票市场

有些企业规模相当小，其普通股的交易并不活跃，通常只有企业管理者等少数人持有这些股票。这种企业称为私有公司或非公开持股公司（closely held corporation），其股票称为非公众持股股票。相反，许多大型企业的股票为数千投资者所持有，其中绝大部分投资者并不直接参与管理。这种企业称为公众持股公司（publicly owned corporation），其股票称为公众持股股票。

股票市场交易类型

我们可以将股票市场的交易分成三种不同的类型。

（1）已设立的公众持股公司的流通在外股票的交易：二级市场。联合食品公司（Allied Food Products，我们将在第 3 章和第 4 章进行分析），流通在外股票数量为 7 500 万股。如果某个持有 100 股股票的股东出售手头的股票，其交易就发生在二级市场。这样，流通在外股票或"已发行股票"的市场就是二级市场。二级市场发生的股票销售不会为企业带来新的资本。

（2）已设立的公开持股公司追加发行新股：一级市场。如果联合食品公司为了筹集新的权益资本，决定追加发行 100 万股股票，其交易就发生在一级市场。[⊜]

⊖ M.Szmigiera, "Largest Stock Exchange Operators Worldwide as of May 2019, by Market Capitalization of Listed Companies," Statista (statista.com), January 7, 2020.

⊜ 联合食品公司被授权发行 9 000 万股股票，但目前仅发行流通了 7 500 万股。因此，其有 1 500 万股经授权的尚未发行的股票。如果没有了经授权的尚未发行的股票，那么管理层可以通过获得股东的批准来增加授权股份。通常情况下，无须争论就可以得到批准。

（3）私有公司首次公开发行：IPO 市场。每当私有公司首次面向公众发行股份时，公司就被认为公开上市。正在向公众提供股票的市场称作首次公开发行（IPO）市场。2004 年夏天，谷歌首次以每股 85 美元的价格向公众出售股票。到 2020 年 3 月，其母公司（Alphabet Inc.）的股价超过了 1 160 美元。另一桩值得注意的交易是通用汽车（General Motors）在接受政府救助后，作为重组的一部分上市。近期其他备受瞩目的 IPO 包括 Lyft、优步、Peloton、Beyond Meat、Slack、领英公司、阿里巴巴、Facebook、Twitter、Snap（Snapchat 的母公司）和 Dropbox。

围绕 IPO 的最初的繁荣并不总是会转化为持久的成功

《财富》杂志最近的一篇文章警告 IPO 投资者："不要被 IPO 首日的戏剧性表现所愚弄。"这篇文章表明，市场对 IPO 的最初反应与该股票的长期表现之间并不总是存在很强的相关性。《财富》杂志举例比较了 Facebook 和 Twitter 上市后的表现。就像我们书中提到的，Facebook 的股价在首次公开募股后大幅下跌。

然而，自那以后，Facebook 的股价出现了令人印象深刻的反弹。相比之下，Twitter 的首次公开募股引发了大量的热议，但自那以后，Twitter 的股价就一直萎靡不振。2020 年 3 月底，其股价徘徊在 25 美元左右。下面的图展示了 Twitter 上市后的挣扎，并标注了公司在上市后面临的重大事件。

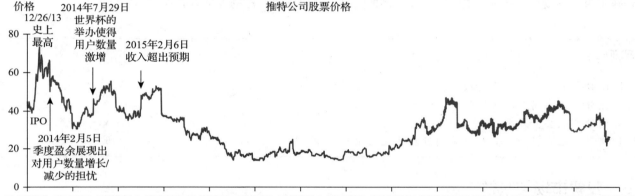

资料来源：Erin Griffith, " The Tale of Two IPOs: Facebook and Twitter," *Fortune* (fortune.com), February 19, 2015; and finance.yahoo.com for daily historical prices.

新 IPO 公司的数量随着股市上涨和下跌而变化。当市场表现强劲时，许多公司上市以引进新的资本，并给予创始人一个将他们持有的一些股票变现的机会。正如你所料，并不是所有的 IPO 都受欢迎。这其中最引人注目的例子是 Facebook，这是 2012 年规模最大，也最为高调的首次公开发行。在万众瞩目中，公司于 2012 年 5 月 18 日以每股 38 美元的价格上市。在 IPO 之后的两周内，股价已经跌至 28 美元以下，仅仅几个月后的 9 月，价格跌到了 17.55 美元的低点。到 2012 年年底，股票反弹至 26.62 美元，仍比首次发行价格低 30%。所以，虽然 Facebook 通过其首次公开发行（IPO）筹集了大量资金，但是初始投资者并没有很快实现许多人苦苦追寻的大额回报。然而，值得注意的是，尽管 Facebook 开局不稳，但继续持有其股票的投资者表现相当不错。相比之下，"围绕 IPO 的最初的繁荣并不总是会转化为持久的成功"显示了 Twitter 上市后令人失望的表现，尽管它首日回报率高得多。这些经历让许多分析师在 2017 年初 Snap 上市后提出了以下问题："Snap 会成为下一个 Facebook 还是下一个 Twitter？"[一]一张 Snap 自 IPO 以来股价表现的图显示，就目前而言，Snap 的经历更像是 Twitter，而不是 Facebook。

即使你能够识别"热门"的发行公司，通常也很难在该公司初始发行时买到其股票。这些交易通常是超额认购，也就是说，按照发行价格发行的股票需求量已经越过其发行量。这时，投资银行偏向于机构投资者（投资银行的最佳顾客），小投资者难以参与初始发行认购。小投资者可以在二级市场购买股票。但证据表明，如果小投资者无法参与初始发行认购，长期而言，首次公开发行的表现经常低于整个市场平均水平。[二]其他批评指

[一]　Mathew Ingram, " Is Snap the Next Facebook or the Next Twitter？" *Fortune* (fortune.com), February 2, 2017.

[二]　参见 Jay R. Ritter, " The Long-Run Performance of Initial Public Offerings," *Journal of Finance*, vol. 46, no. 1 (March 1991), pp. 3–27. Professor Ritter's summary of more recent IPO data is provided in the following article: Miriam Gottfried, " Reaping IPO Riches Isn't a Snap," *The Wall Street Journal*, March 9, 2017, p. B12.

出，当 IPO 的价格在交易的第一天急剧上升时，这意味着承销商将价格设置得太低，并且"抑价发行"未能最大化发行人的潜在收益。[一]

谷歌公司的首次公开发行由于其高度公开、庞大的规模（谷歌公司发行股票筹集了 16.7 亿美元）以及具体操作方式而备受关注。谷歌公司采取了荷兰式拍卖方式而非由投资银行设定发行价，个人投资者直接为股票出价。根据荷兰式拍卖，实际交易价格设定在所有本次股票都可以售出的最高价格水平（结算价格）。投资者按结算价格或高于结算价格出价的话，就可以按结算价格（最后是每股 85 美元）认购其申购数量的股票。尽管谷歌公司的首次公开发行已经在许多方面成为先例，但自那以后，很少公司公开上市愿意或能够使用荷兰式拍卖的方法公开配售它们的 IPO 股票。

重要的是要认识到，公司可以在不筹集任何额外资本的情况下公开上市。例如，福特汽车公司曾经是福特家族独有的企业。亨利·福特（Henry Ford）去世时，他将大量的股票留给了福特基金会。福特基金会后来将部分股票公开出售，尽管福特汽车公司本身在交易中并没有筹集任何资本，但是，福特汽车公司却由此上市了。

Spotify 于 2018 年 4 月 3 日上市，成为纽约证券交易所第一家直接上市的公司。直接上市与传统 IPO 的不同之处在于不发行新股，因此出售的股票全部来自现有股东。在这方面，Spotify 没有在交易中筹集任何资金，但它确实为一些股东"变现"提供了一个有用的工具，可以让更广泛的投资者获得它的股票。[二]

自我测验

1. 区分私有公司与公众持股公司。
2. 区分一级市场与二级市场。
3. 何谓首次公开发行？
4. 何谓荷兰式拍卖？为什么采用这种方法首次公开发行？

2.6 股票市场与收益

任何一个曾经在股票市场投资的人都知道，预期的价格和收益与实际的价格和收益通常会有很大差异。如图 2-2 所示，实际组合收益每年都在变化。从逻辑上讲（我们会在第 9 章论述），投资者总是预期股票收益为正，否则他就不会购买股票。但是图 2-2 告诉我们，有些年度实际的收益为负。

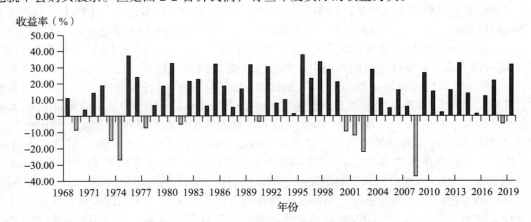

图 2-2　标准普尔 500 指数，总收益率：股息收益率＋资本利得或损失，1968 ～ 2019

资料来源：Data taken from various issues of *The Wall Street Journal* "Investment Scoreboard" section and "S&P 500 Annual Total Return Historical Data" (ycharts.com/indicators/sandp_500_total_return_annual), March 27, 2020.

[一] 参见 Hersh Shefrin, "Why Twitter's IPO Was Really a Failure," *Forbes* (forbes.com), November 8, 2013.

[二] Bob Pisani, "As Spotify Nears Its Direct Listing on NYSE, Traders Brace for Uncertainty," *CNBC* (cnbc.com), March 28, 2018.

2.6.1　证券市场报道

数年前，了解股票报价最好的渠道是日报（例如《华尔街日报》）的财经专栏。但报纸报道的是前一天的价格，而现在各种网络资源可以帮助人们全天获得股票报价。最好的资源之一是雅虎（finance.yahoo.com），图 2-3 显示了 2020 年 3 月 27 日 Twittter 股票的详细报价。Twitter 股票在纽约证券交易所上市交易，代码是 TWTR。公司名称和股票代码正下方的信息显示了 Twitter 股票美国东部时间上午 11:57 的实时报价是 24.98 美元，比前一天的收盘价下跌了 1.43 美元（或 -5.43%）。Twitter 股票于 2020 年 3 月 26 日（周四）以每股 26.41 美元收盘，并于 2020 年 3 月 27 日（周五）以每股 25.56 美元开盘交易。截至 2020 年 3 月 27 日中午，Twitter 股价从最低的 24.76 美元上涨到最高的 25.82 美元，过去 52 周的价格区间为 20.00 ～ 45.86 美元。

日价和年价区间以上的两条线给出了股票的报价（买）和要价（卖）区间，两者之间的差额代表交易商的差价或利润。在本例中，报价为 24.78 美元，要价是 24.84 美元。截至 2020 年 3 月 27 日中午，已有 8 790 844 股股票交易。Twitter 的日平均交易量（以最近 3 个月为基准）为 20 662 029 股，因此当天的交易量可能低于日均交易量。

Twitter 的总市值为 19 644 亿美元。它的贝塔（β）系数（衡量股票相对于市场的价格波动性）是 0.37。因此，Twitter 股价的波动性约为市场的 40%。Twitter 的市盈率（每股价格除以最近 12 个月的收益）是 13.41，最近 12 个月的每股收益是 1.87 美元。该公司将于 2020 年 4 月 30 日公布业绩。1 年目标估值代表了覆盖该股票的分析师预测的 1 年目标价格的中值，估计为 33.05 美元。Twitter 不支付股息，因此股息和收益率的信息显示为 N/A（不适用的）。

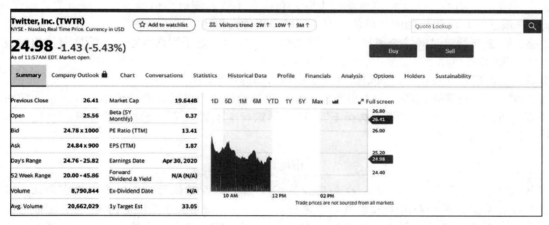

图 2-3　Twitter 公司股票的详细报价，2020 年 3 月 27 日

资料来源：Twitter, Inc.（TWTR），finance.yahoo.com.

在图 2-3 中，右边的图表绘制的仅是白天的股价，但是，图表下方的链接允许你选择不同的时间间隔绘制数据。如你所见，雅虎在其详细报价中提供了大量信息，并且在基本报价信息下方的屏幕页面上提供了更多详细信息。

2.6.2　证券市场收益率

我们将在第 8 章和第 9 章详细讨论如何计算股票收益率、风险与收益率之间的关系和分析师用于股票估价的方法。然而，此时如果你对近几年的股票表现有所理解，对你还是很有用的。图 2-2 描绘了过去几年美国大型企业的股票收益率波动情况，附属专栏"市场评估"提供了 20 世纪 90 年代中期美国主要股票市场指数和相关企业绩效的信息。

自 1968 年以来，市场的走势趋于上升，但不可能年复一年地上升。实际上，正如我们从图 2-2 中所看到的，52 年当中有 11 年，整体市场出现下跌，其中 2000—2002 年连续三年下跌。个别企业的股价则有涨有跌。⊖当然，即使在最糟糕的年份，有些企业的股票表现依然很理想，证券分析所谓的"最要紧的东西"就是选择优

⊖　如果我们像图 2-2 那样构建单个股票而不是指数的图表，则会显示出更大的波动性。此外，如果我们构建一个像图 2-2 那样的债券图表，也会有类似的上升和下降，但是柱线会小得多，这表明债券的利得和损失通常比股票的小。当利率下降时，债券的收益会高于平均债券收益水平，而当利率大幅上升时，债券会有损失，但是利息支付会平滑债券总收益。我们将在第 7 章中详细讨论债券。

胜者。财务经理竭力使其企业跻身于优胜者的行列，但并非总是如愿以偿。我们将在后面的章节讨论经理人如何做出决策，提升企业在市场中取胜的可能性。

自我测验

1. 你预期包含纽约证券交易所股票的投资组合的风险是高于还是低于包含纳斯达克股票的投资组合？
2. 如果我们为标准普尔 500 企业股票编制一个类似于图 2-2 的图像，你认为该图显示出来的波动性是更大还是更小？为什么？

2.7　证券市场有效性

要开始本节，请先看以下定义。

市场价格：股票的当前价格。例如，网上显示，有一天，Twitter 的股票以每股 24.98 美元成交。在同一天，买卖订单的市场价格在 24.76 美元到 25.82 美元之间变化。

内在价值：如果所有投资者都知道关于某股票的所有可知信息，股票卖出的价格就是该股票的内在价值。这个概念在第 1 章中讨论过，我们看到股票的内在价值基于其预期未来现金流及其风险。此外，市场价格往往在内在价值上下波动；随着公司新项目成功或失败，竞争对手进入或退出市场等，内在价值会随时间而变化。我们可以猜测（或估计）Twitter 的内在价值，但不同的分析师会得出不同的结论。

均衡价格：在任何给定时间综合衡量买卖订单的价格。当股票处于均衡状态时，价格保持相对稳定，直到出现导致价格变化的新信息。

有效市场：价格接近内在价值，股票似乎处于均衡状态的市场。

当市场有效时，投资者可以买入和卖出股票，并且相信他们正在获得有利的价格。当市场无效时，投资者可能害怕投资，可能把他们的钱"藏在枕头下"，这将导致资本配置效率低下和经济停滞。从经济角度看，市场有效是有益的。

市场评估

股票市场指数是为了反映股票市场的表现。然而，股票指数种类繁多，很难判断哪种指数能够更好地反映市场行情。有些指数反映整个股票市场，有些指数专门追踪特定行业部门的收益率，还有一些指数则分别追踪反映小盘股、中盘股、大盘股的收益率。此外，不同国家的指数也各不相同。下文讨论美国的三大股票指数。这些指数被用作比较个股与整体市场的基准、衡量股价随时间变化的趋势以及确定各种经济因素如何影响市场。

道琼斯工业平均指数

1896 年由查尔斯·亨利·道编制的道琼斯工业平均指数（the Dow Jones Industrial Average，DJIA）问世，它起初只涉及 12 只股票，到 1916 年扩展到 20 只股票，到 1928 年《华尔街日报》的编辑开始因股票拆股情况调整该指数并定期替换其成分股时，增加至 30 只股票。2015 年，由于认识到计算机技术和社交媒体公司的重要性，所以苹果公司取代了道琼斯工业平均指数中的美国电话电报公司。2018 年，由于认识到消费者和医疗保健行业在经济中的重要性，所以沃博联（Walgreens Boots Alliance）取代了通用电气在道琼斯工业平均指数中的地位。如今，道琼斯工业平均指数仍包括 30 家公司。它们的市场价值约占美国企业所有股票市场价值的五分之一，都是所在行业的领先公司，其股票被个人和机构投资者广泛持有。

标准普尔 500 指数

设立于 1926 年的标准普尔 500 指数（the S&P 500 Index）被普遍认为是衡量美国大盘股市场表现的标准。标准普尔指数委员会选择的标准普尔 500 企业的股票都是在主要行业处于主导地位的企业的股票。该指数以每只股票的市场价值为权重计算，因此，价值越大的企业，其对指数的影响越大。标准普尔 500 指数是美国股市最常用的基准指数之一。在过去 10 年中，旨在复制该指数表现的指数基金的数量和规模都有所增长。指数基金的数量在过去 10 年中增长了 2 倍以上，以美国为重点的指数股票基金占美国股市的比重从 2010 年的约 7% 上升到约 14%。⊖

⊖　参见 Dawn Lim, "Index Funds Are the New Kings of Wall Street," *The Wall Street Journal* (wsj.com), September 18, 2019.

纳斯达克综合指数

纳斯达克综合指数（the NASDAQ Composite Index）衡量所有在纳斯达克股票市场挂牌的股票的表现。目前，纳斯达克综合指数包括大约 3 300 家公司。由于许多科技型企业在以计算机为基础的纳斯达克市场进行交易，这个指数通常被视为高新技术产业的经济指标。苹果、微软、亚马逊、Facebook 和谷歌（现在被称为 Alphabet Inc.）占该指数市值的近 40%。鉴于此，如果这 5 家公司的股价呈同方向大幅度变动，将引起整个指数的变动。

近期行情表现

下图显示了如果投资者在 1995 年 1 月 1 日分别投资 1 美元于三种指数，到 2020 年 1 月 1 日其具有的价值。将三种指数的收益率与只投资一年期国库券的投资策略进行比较，在过去 25 年里，这些指数的平均年化收益率从标准普尔 500 指数的 8.11% 到纳斯达克指数的 10.51% 不等。（同期道琼斯工业平均指数的年化收益率为 8.32%）。

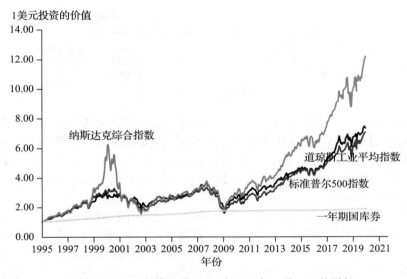

1995 年 1 月 1 日投资 1 美元，到 2020 年 1 月 1 日的增长

学者和金融专业人士广泛地研究了市场有效性的问题。[一]一般来说，有些人认为市场是高度有效的，有些人认为市场是高度无效的，而另一些人则认为这个问题非常复杂，没有一个简单的答案。有趣的是，三位杰出学者（尤金·法玛、拉尔斯·汉森和罗伯特·席勒）因"资产价格的实证分析"而在 2013 年被授予诺贝尔经济学奖。汉森教授因其开发的用于测试市场理性的统计模型方面的工作而受到表彰。同时，诺贝尔委员会承认此研究领域不同观点的合理性，将诺贝尔奖也颁给了法玛教授（有效市场理论的先驱）和席勒教授（著名的市场有效怀疑者）。

那些信奉有效市场假说的人指出，市场上活跃着 10 万名左右全职、训练有素的专业分析师和交易商。很多人除了具有金融高级学位以外，还是物理、化学和其他技术领域的博士。而主要股票却不足 3 000 只。因此，如果每个分析师都追踪分析 30 只股票（这是大体上正确的做法，因为分析师倾向于专注研究某个行业的某些股票），平均每只股票就有 1 000 名分析师追踪分析。还有，这些分析师通常为诸如高盛、JP 摩根大通、德意志银行工作，或者为沃伦·巴菲特和其他亿万富翁投资者工作。这些投资者拥有可以用于交易的资金高达数十亿美元。此外，美国证券交易委员会将电子信息网络与信息披露要求相联结，所有分析师都可以同时收到关于某只股票的最新信息并几乎同时评估这些新信息。所有这些因素有助于提高市场有效性，并使股票价格朝着其内在价值方向变化。

然而，其他人指出数据表明市场不是很高效。例如，2010 年 5 月 6 日，道琼斯工业平均指数下跌近 1 000 点，又在一天结束时迅速反弹。[二]2000 年，互联网股价上涨到惊人的高价，然后在第二年下降到零或接近零。

[一] 这些研究的一般名称是有效市场假说，即 EMH。过去这是一个假说，现在仍然是一个假说，需要用实证证明或证伪。在文献中，研究人员确定了三个有效水平：弱式有效，它认为关于过去股票价格变动的信息不能用于预测未来股票价格；半强式有效，它认为所有公开可用的信息会立即反映到股票价格中（即不能通过分析已发布的报告打败市场）；强式有效，它认为即使是拥有内幕信息的公司，内部人员也不能赚取异常的高回报。

[二] 监管机构正在调查这一急剧下降的原因，并特别关注计算机化交易所发挥的作用。参见 Tom Lauricella, Scott Patterson, and Carolyn Cui, "Computer Trading Is Eyed," *The Wall Street Journal* (online.wsj.com), May 8, 2010.

在没有宣布可能导致这些变化的真正重要的消息的情况下，如果市场有效，则很难看到这种剧烈的变化发生。导致人们怀疑市场有效的另一种情况是一些分析师表现出长期优于市场的显著能力。这时，我们想到了巴菲特，但还有其他人也如此。如果市场真正有效，那么每只股票的价格应该接近其内在价值。这将使任何分析师难以一贯地挑选到优于市场表现的股票。

下边的图概括了目前大多数观察者关于市场有效性水平的观点。存在一个"市场效率连续区间"，即对一些大公司的股票而言市场是高度有效的，而对其他一些小公司而言股票则高度无效。其中，关键因素就是公司的规模，公司规模越大，分析师越倾向于追踪它，因此，新信息被反映到股票价格的速度越快。此外，不同的公司与分析师和投资者有不同程度的沟通。沟通越充分，市场对该股票越有效。在一个低效的市场中，投资者很可能以较低的价格购买公司的股票，然后转手以较高的价格出售，从而获得利润。这种行为叫作**套利**（arbitrage）。

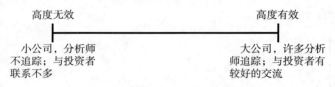

效率连续体

作为投资者，你是愿意购买价格在高效市场确定的股票，还是愿意购买价格在低效市场形成的股票？如果你认为你知道别人不知道的东西，你可能更喜欢低效的市场。但如果你认为那些管理巨额资金，并有机会与公司 CEO 接触的物理学博士可能比你更了解，你可能会更喜欢有效的市场，你付出的价格很可能是"正确"的价格。从经济学的角度讲，建立一个每个人都愿意参与的高效市场非常有用。因此，证券交易委员会和其他监管部门应尽其所能地提高市场有效性。

到目前为止，我们一直在讨论个股市场，但有效性的概念适用于所有资产的定价。例如，美国市场的房价剧烈上涨和随后的崩溃表明这些市场的有效性很低。同样重要的是要意识到，市场有效性的水平也随时间而变化。我们可以预期，较低的交易成本和越来越多的分析师会使市场随着时间的推移越来越高效。然而，最近的房地产泡沫和以前的互联网泡沫提供了一些相反的证据。事实上，最近这些事件已经使许多专家去寻找这种明显不合理行为的其他原因。许多研究基于心理学方面寻求解释，我们将在下一节讨论。

2.7.1　行为金融学理论

有效市场假说（the efficient markets hypothesis，EMH）是现代财务学理论的基础之一。根据该假说，平均而言，资产的交易价格应该等于其内在价值。有效市场假说所隐含的逻辑很直观。如果股票价格"过低"，理性交易者就会迅速利用这个机会收购该股票。而其行动很快将股票价格推高，恢复到均衡水平。同样，如果股票价格"过高"，理性交易者就会抛售股票，从而将股票价格降低并调整到均衡水平。EMH 的支持者认为，这些力量使价格不会出现系统性的错误。

虽然 EMH 理论背后的逻辑令人信服，但现实世界发生的许多事情似乎与该假说不一致，这激发了一个不断成长的领域，称为行为金融学。与假设投资者都是理性投资者不同，行为金融学理论家借助于心理学的观点，更好地理解非理性行为如何持续较长的时间。这一领域的领军人物包括心理学家丹尼尔·卡尼曼、阿莫斯·特沃斯基和理查德·泰勒。他们的工作鼓舞越来越多的学者从事这个颇有前景的研究领域。[○]

泰勒教授和他的同事尼古拉斯·巴伯瑞斯认为，行为金融学对 EMH 的批评基于两个关键点。一方面，交

○　对于对行为金融感兴趣的同学，推荐五篇有价值的文章：George Akerlof and Robert Shiller, *Animal Spirits: How Human Psychology Drives the Economy, and Why It Matters for Global Capitalism* (Princeton, NJ: Princeton University Press, 2009); Richard Thaler and Cass Sunstein, *Nudge: Improving Decisions about Health, Wealth, and Happiness* (New Haven, CT: Yale University Press, 2008); Richard H. Thaler, Editor, *Advances in Behavioral Finance* (New York: Russell Sage Foundation, 1993); Hersh Shefrin, "Behavioral Corporate Finance," *Journal of Applied Corporate Finance*, vol. 14, no. 3 (Fall 2001), pp. 113–125; and Nicholas Barberis and Richard Thaler, "A Survey of Behavioral Finance," Chapter 18 in *Handbook of the Economics of Finance, edited* by George Constantinides, Milt Harris, and René Stulz (New York: Elsevier/North-Holland, 2003). 对有效市场假说有兴趣并想进一步了解的学生，请阅读 Burton G. Malkiel, *A Random Walk Down Wall Street: The Time-Tested Strategy for Successful Investing*, 9th edition (New York: W.W. Norton & Company, 2007).

易者要从错误定价的资产中获益很困难，或者是有风险的。例如，即使你知道由于投资者对最近的一个不利消息反应过度导致股票价格过低，自身持有资本有限的投资者很可能担心导致股票价格下跌的同一个因素也可能使股票价格长时间内处于偏低状态而不愿购买股票。同样，最近的股票市场泡沫，许多（正确地）认为股票价格过高的投资者在泡沫早期就抛售了股票，蒙受大笔的资金损失，因为在股票价格最后暴跌之前，股价仍在攀升。因此，错误定价得以持续。

另一方面要考虑的则是理解为什么会发生错误定价的现象，这就需要借助心理学理论。例如，卡尼曼和特沃斯基认为，投资者对于潜在损失与利得的判断差异极大。如果你随机问一个人，他愿意毫无悬念地得到 500 美元，还是通过掷硬币的方法，正面朝上可得到 1 000 美元，反面朝上则一无所得，大多数人也许更倾向于选择稳妥安全的 500 美元。这反映出人们对风险的本能回避。但如果你问同一个人，要不必须支付 500 美元，要不在硬币正面朝上时支付 1 000 美元，反面朝上时无须付钱，大多数人会选择抛硬币来决定。其他研究表明，人们的冒险意愿取决于近期绩效。越早参与冒险的人，其面临的风险越大，跟随其后的人通常比较谨慎。

上述试验结果说明，投资者和经理人在市场走高或走低的情况下可能表现不同。这也解释了为什么在股票市场泡沫早期已经赚了钱的投资者在股票价格上涨时仍然持有这些股票。其他研究结论则表明，个人投资者总是高估其自身的能力。例如，绝大部分人（根据某些研究结论，超过 90%）认为自己拥有超过大多数人的驾驭能力，也具备超过大多数人与他人友好相处的能力。巴伯瑞斯和泰勒就此指出：

过度自信可能来源于两方面的偏见——自我归因偏见和后见之明偏见。自我归因偏见是指人们往往倾向于将其所取得的某项成就归因于其自身的才能，失败则归咎于运气不佳，而不是无能。不断地重复这种过程可能使人得出让人愉快的，但却是错误的结论：他们才华出众。例如，投资者在连续投资几个季度都盈利时就会变得过度自信 [Gervais and Odean (2001)]。后见之明偏见是指人们在某个事件已经发生之后，认定自己在其发生之前就已经预测该事件将发生。如果人们对自己预测过去事项能力的估计超过了其实际能力，就很可能会对自己预测未来事项能力的估计也超过了其实际能力。[⊖]

在公司融资和投资领域，也有关于行为金融学的研究。例如，马克·格林布拉特和马蒂·卡洛哈鲁最近进行的一项研究表明，被认为过度自信和倾向于"寻求感觉"的投资者交易更频繁。[⊜]同样，来自斯坦福研究生院的乌尔丽克·马尔门迪尔和来自沃顿商学院的杰弗里·泰特最近所做的研究结果表明，过度自信导致经理人高估其能力以及相关项目的盈利能力。[⊕]这也就解释了为什么许多企业的投资项目都无法达到预期目标。

2.7.2 资本市场有效性的结论

如前所述，如果证券市场有效，大多数人通过分析已发布的股票数据来寻求交易机会是浪费时间。这是因为，如果股票价格已经反映了所有公开可用的信息，那么股票定价就是公允的，一个人只有依靠运气或内部信息才能击败市场。因此，与其花费时间和金钱以试图找到被低估的股票，还不如买一个追踪整个市场的指数基金，如标准普尔 500 指数基金。但是，如果我们为一个有数十亿美元的机构工作，我们会努力找到被低估的股票或公司，因为当投资规模是数以百万计，而不是成千上万时，即使小的低估也相当于大量的钱。此外，市场对个别公司股票比对全体公司更有效。所以对于拥有足够资本的投资者来说，寻找可以被收购和改进的管理不善的公司是有意义的。注意，一些私募股权投资者正在这样做。因此，全体公司的市场可能很快与个别股票市场一样有效。

然而，即使市场有效，所有股票和公司定价公允，投资者在选择股票时仍应小心谨慎。最重要的是，投资组合应该多样化，包括来自各行业的股票以及一些债券和其他固定收益证券。我们将在第 8 章更详细地讨论多元化，但对于大多数个人投资者来说，这是一个重要的考虑因素。

⊖ 参见 Nicholas Barberis and Richard Thaler, "A Survey of Behavioral Finance," Chapter 18 in *Handbook of the Economics of Finance*, edited by George Constantinides, Milt Harris, and René Stulz (New York: Elsevier/North-Holland, 2003).

⊜ 参见 Mark Grinblatt and Matti Keloharju, "Sensation Seeking, Overconfidence, and Trading Activity," *The Journal of Finance*, vol. LXIV, no. 2 (April 2009), pp. 549–578.

⊕ 参见 Ulrike Malmendier and Geoffrey Tate, "CEO Overconfidence and Corporate Investment," *National Bureau of Economic Research*, NBER Working Paper No. 10807, October 2004.

自我测验

1. 市场有效意味着什么？
2. 市场对所有股票都同等有效吗？请解释。
3. 为什么资本市场有效对经济更有利？
4. 是否存在下述可能性：针对个别股票，市场是高效的，而对整体而言则相对无效？请解释。
5. 何谓行为金融学？行为金融学对市场有效性有何影响？

本章小结

在本章中，我们概述了资本如何分配，讨论了在分配过程中使用的金融市场、金融工具和金融机构。我们讨论了普通股的有形交易所和电子市场、证券市场报道和股票指数。我们论证了证券价格总是波动的。投资者期望赚钱，从长远来看，投资者可以赚钱，但在特定的期间也可能蒙受重大损失。最后，我们讨论了股票市场有效性和行为金融学的发展。通过本章的学习，你应该对企业和个人所处的金融环境有一个全面的理解，认识到实际收益率通常与期望收益率不同，并能够阅读来自报纸或各种互联网的证券市场报价。你还应该意识到金融市场理论还处于"不断发展之中"，还有大量的工作需要完成。

自测题

关键术语
定义下列术语：
a. 现货市场、期货市场
b. 货币市场、资本市场
c. 一级市场、二级市场
d. 场外市场、公开市场
e. 衍生证券
f. 投资银行、商业银行、金融服务公司
g. 共同基金、货币市场基金
h. 交易所交易基金、对冲基金、私募股权公司
i. 有形交易所、场外交易市场（OTC）、交易商市场
j. 私有公司、公众持股公司
k. 公开上市、首次公开发行（IPO）市场
l. 有效市场假说（EMH）、套利
m. 行为金融学

简答题

2-1 一个具备成本效益的资本市场如何有助于降低商品与服务的价格？
2-2 简述资本从资本供应者转移到资本需求者的不同方式。
2-3 首次公开发行属于一级市场交易还是二级市场交易？请解释。
2-4 判断以下金融工具属于货币市场交易还是资本市场交易：
   a. 美国国库券。
   b. 长期企业债券。
   c. 普通股。
   d. 优先股。
   e. 商业票据。
2-5 如果人们对金融机构的安全失去了信心，美国民众的生活标准将发生什么变化？为什么？
2-6 过去 20 年，金融市场发生了哪些变化？这些变化是正面的还是负面的？为什么？
2-7 区分交易商市场和有形的股票交易所。
2-8 指出并简单比较当今美国两大股票交易所。
2-9 简要解释术语"效率连续区间"的含义。
2-10 判断下列陈述正确还是错误，并解释。
   a. 衍生交易增强了风险，只有那些寻求高收益率的投机者才运用衍生交易。
   b. 对冲基金通常有最低投资要求，并向具有高净值的机构和个人销售。
   c. 对冲基金一直以来都受到严格的管制。
   d. 纽约证券交易所是有形的证券交易所的典型。
   e. 报价、要价之间的价差较大意味着交易商赚取较低的利润。

综合案例

Smyth Barry 公司

金融市场与金融机构 假设你刚取得了一个金融学的学位，在 Smyth Barry 公司旗下的一家经纪公司从事投资顾问工作。你的第一项工作是向一名刚从墨西哥来美国的专业网球运动员迈克·瓦格斯讲解美国的金融市场。瓦格斯是相当有名气的网球明星，希望通过 Smyth Barry 公司做一笔大额投资。她很精明，因此她想要弄明白她的资金大体的去向。你的老板列出了以下问题，用来向瓦格斯解释美国金融体系。

a. 分别描述资本从储蓄者向借款者转移的三种主要方式。

b. 何谓金融市场？区分以下不同类型的市场：实物资产市场与金融资产市场；现货市场与期货市场；货币市场与资本市场；一级市场与二级市场；公开市场与场外市场。

c. 为什么说金融市场对健康的经济体系和经济发展来说是必要的？

d. 何谓衍生证券？如何运用衍生证券降低风险？衍生证券能否用于增加风险？请解释。

e. 简述下列金融机构：投资银行、商业银行、金融服务公司、养老基金、共同基金、交易所交易基金、对冲基金、私募股权公司。

f. 两个主要股票市场是什么？简述这两个基本股票市场。

g. 如果苹果公司决定增发普通股，瓦格斯从承销商 Smyth Barry 公司购入了 100 股，这属于一级市场交易还是二级市场交易？如果瓦格斯从交易商市场购入苹果公司已经流通在外的股票，答案又有什么不同？为什么？

h. 何谓首次公开发行（IPO）？

i. 市场效率是什么意思？解释为什么一些股票价格可能比其他股票更有效。

j. 与瓦格斯交流后，她向你提出了两个可能的股票交易。

　1. 在你的办公室外等候时，她不经意间听到了电视财经频道有位分析师提到某家药品研究企业的一种产品刚刚获得了美国食品药品监督管理局（FDA）的核准。由于这个"热门"信息，瓦格斯决定大量购入该药品企业的股票。假设证券市场是高效的，你将向她提供什么建议？

　2. 她看了大量的新闻报道，知道一家大型科技企业正在实施大规模首次公开发行。她希望通过首次公开发行尽可能买入该企业的股票，甚至打算在股票发行之后马上在公开市场收购股票。你对此有何建议？

k. 行为金融学如何解释现实世界与有效市场假说（EMH）不一致？

PART

2

第 2 部分

财务管理基本概念

第 3 章

财务报表、现金流和所得税

提取财务报表中的重要信息

在第 1 章中，我们提到管理者应该做出提高长期股东价值的决策，他们应该较少关注短期会计指标如每股收益等。清楚了这一重要知识点后，你有理由想知道为什么我们现在要谈谈会计和财务报表。简单的答案是财务报表传递了大量有用的信息，可以帮助公司经理评估公司的优势和劣势并衡量各种提案的预期影响。好的经理必须对主要财务报表有扎实的了解。当外部人士决定是否想要购买公司的股票，是否借钱给公司，或是否与公司建立长期商业关系时，他们也特别依赖财务报表。

乍一看，财务报表令人无从下手，但如果我们知道我们要寻找什么，就能通过快速审查公司的财务报表快速学习到关于公司的很多信息。看看资产负债表，我们可以知道一家公司的规模大小，持有的资产类型，以及公司是如何为这些资产融资的。看看利润表，我们可以知道公司的销售是增长了还是下降了以及公司是否创造了利润。透过现金流量表，我们可以知道公司是否有新的投资，是否通过融资募集资金，是否回购债务或股权，是否支付股利。

例如，在 2020 年年初，麦当劳发布了其 2019 年第四季度的财务报表。该公司宣布了收入和每股收益高于预期的好消息。值得注意的是，尽管麦当劳第四季度的客户访问量下降了 1.9%，但美国同样店铺的销售额增长了 5.1%。销售额的增长反映了其菜单上一些关键项目的价格上涨，销售表现强劲。麦当劳 2019 年年度报告在其会计年度年末（2019 年 12 月 31 日）显示，其资产负债表上的总资产为 475 亿美元，总负债为 557.2 亿美元，表明公司权益的账面价值为负。最后，通过现金流量表，我们看到麦当劳从其经营活动中获得了 81.2 亿美元的收入，投资活动花费了 30 多亿美元，其中包括继续在商店建立自助服务机技术和购买新产品线所需的资源。该公司还使用了近 50 亿美元的现金来支持其融资活动，其中大部分资金被用来支付股息和回购一些普通股。由此可见，在 2019 年，该公司的总体现金增加了 3 250 万美元。

虽然我们可以从财务报表的快速阅览中了解到很多，但一个好的财务分析师不会仅接受这些以面值显示的数字。分析师深入了解是什么在真正驱动这些数字以及使用他的直觉和行业知识来帮助公司评估未来的方向。记住，一个公司报告的数字很大并不意味着你应该购买该股票。以麦当劳为例，它的股票价格在其宣布了第四季度的财务数据优于预期后确实上涨了。然而，分析师总是对股票的未来方向有着错综复杂的感觉。正是这种分歧类型的存在使财务变得有趣，以及时间总会告诉乐观主义者（牛市）或悲观主义者（熊市）谁是正确的。

资料来源：Heather Haddon and Micah Maidenberg, "McDonald's Global Sales Rise, but U.S. Guest Count Falls," *The Wall Street Journal* (wsj.com), January 29, 2020; Amelia Lucas, "McDonald's Earnings Beat Wall Street Estimates, Helped By Price Hikes as U.S. Foot Traffic Declined," *CNBC* (cnbc.com), January 29, 2020; and "McDonald's Reports Fourth Quarter and Full Year 2019 Results and Quarterly Cash Dividend," news.mcdonalds.com, January 29, 2020.

厘清头绪

经理的主要目标是最大化股东价值，这是基于公司的未来现金流而言的。但是管理者如何决定哪些行为最有可能增加这些现金流，以及投资者如何估计未来现金流？针对以上两个问题的答案在于对公开交易的公司必须向投资者提供财务报表的研究。这里的投资者包括机构（银行、保险公司、养老基金等）和像你一样的个人。

本章中的大部分信息都涉及你在基础会计课程中学到的概念。但是，这些信息足够重要从而值得你进行回顾。此外，在会计中，你可能更专注于如何编制会计报表，而这里的重点是投资者和经理如何解释和使用它们。会计是商业的基本语言，所以每个人从事商业都需要对其有一个良好的认知。它用于对业绩

"持续评分"，如果投资者和经理不知道业绩"评分"，他们就不知道他们的决策是否适当。如果你进行期中考试，但没有被告知你的分数，你很难知道你是否需要改进。这个道理同样适用于商业。如果公司的经理，不论他们在做营销、人力资源、生产还是财务工作，不理解财务报表，他们将无法判断其决策的影响，这将使公司难以生存，更不用说最大化股东价值。

学完本章后，你应该能够完成下列目标。

- 列出每个主要的财务报表，并确定它们提供给公司经理和投资者的信息类型。
- 估计企业的自由现金流，并解释自由现金流为什么对企业价值有如此重要的影响。
- 讨论联邦所得税体系的主要特点。

3.1　财务报表和报告

在公司向股东所出具的报告中，**年报**（annual report）是最重要的，它包含两种类型的信息。[⊖]首先，是文字部分，通常是来自董事会主席的一封信，描述公司在过去一年的经营情况，并讨论影响未来经营的发展计划。其次，报告提供了四种基本财务报表：

（1）**资产负债表**（balance sheet），显示公司在某一时点（如 2021 年 12 月 31 日）拥有的资产和这些资产的权利属于谁。

（2）**利润表**（income statement），显示公司在过去一段时间（如 2021 年）里的销售收入和成本，从而得出利润。

（3）**现金流量表**（Statement of cash flow），显示公司期初有多少现金，期末有多少现金，以及它做了什么来增加或减少现金。

（4）**所有者权益变动表**（Statement of stockholders' equity），显示年初股东权益数、股东权益增加或减少数以及年末的股东权益数。

这些报表彼此相关，它们结合在一起提供了一张关于公司经营情况和财务状况的会计图表。

定量和文字材料同样重要。公司的财务报表报告在过去几年资产、收益和股利真正发生了什么，而管理层的口头陈述试图解释为什么事情变成了现在这样，以及在未来可能会发生什么。

为了便于讨论，我们使用联合食品公司的数据来说明基本的财务报表，联合食品公司是各种各样的食品的生产商及分销商。联合食品公司成立于 1984 年，由几家地区性公司合并而成。它已实现稳步增长，同时赢得了在其行业是最好的公司之一的声誉。联合食品公司的收益从 2020 年的 1.523 亿美元下降到 2021 年的 1.463 亿美元。管理层报告称，此下降是由于干旱造成的损失以及罢工三个月而增加的成本。然而，管理层继续描绘了一个更乐观的未来蓝图，声称全部业务已经恢复，几个无利可图的企业已经被淘汰，2022 年的利润预计将急剧上升。当然，盈利能力不会增加，分析师应该将管理层的过去陈述与随后的结果进行比较。无论如何，年度报告中的信息可用于帮助预测未来盈利和股利。因此，投资者对报告非常感兴趣。

应该注意到，联合食品公司的财务报表相对简单直接，我们也省略了报表中经常列示的一些细节。联合食品公司主要通过债务和普通股融资——它没有优先股、可转换债券或复杂衍生证券。此外，该公司没有进行

⊖　公司也提供季度报告，但其综合性远不如年报。此外，有些大公司甚至向证券交易所（SEC）提交每个主要部门或子公司的更详细的报表。这些报表称为 10-K 报告，根据公司秘书的要求提供给股东。在本章，我们重点关注年度数据——年末的资产负债表和整年的利润表，而不是更短的时间。

任何导致必须在资产负债表上进行报告的商誉的收购。我们特意选择了这样一家公司，因为这是一本入门级教材。因此，我们想解释财务分析的基础知识，而不是徘徊在复杂的会计事务中，这些复杂的会计事务最好留给会计和证券分析课程。我们确实指出了在试图解释会计报表时可能会遇到的一些陷阱，但我们选择将其留给涵盖错综复杂的会计的高级课程。

| 全球视角 | 全球会计准则：可能实现吗

直到 2017 年，改善投资者和信息使用者使用的财务报告的会计准则似乎都是肯定的。2005 年，欧盟（EU）要求采用国际财务报告准则（IFRS），2007 年 SEC 废除了采用国际财务报告准则报告的公司需按美国一般公认会计原则（GAAP）调整其财务报表的要求。至今，120 个国家采用了国际财务报告准则。然而，在 2012 年 7 月 13 日，SEC 的工作人员发布了一份报告，不建议美国采用国际财务报告准则。最终的决定将由美国证券交易委员会做出。2014 年 12 月 6 日，在美国注册会计师协会（AICPA）的一次全国会议上，美国证券交易委员会当时的首席会计师 James Schnurr 表示，他愿意就实现高质量财务信息和可比性的最佳方案进行对话，但目前还没有迹象表明美国将会很快采用国际财务报告准则。

努力使会计准则国际化开始于 1973 年，同年国际会计准则委员会成立。然而，在 1998 年，显而易见的是，设立具有全球代表性的全职规则制定机构是必要的，因此国际会计准则理事会（IASB）建立。IASB 负责创建一套 IFRS。"融合"过程真正开始于 2002 年 9 月的"诺沃克协议"，其中美国会计准则委员会（FASB）和 IASB 开展了一个短期项目，以消除 FASB 的美国一般公认会计原则和国际财务报告准则之间的个人差异，并同意协调其活动。这个过程意在缩小这两个标准之间的差异，有意使公司过渡更简单，成本更低。目前已经取得了一些进展，但仍存在差异。

显然，会计准则的全球化需要巨大的努力——涉及 IASB 和 FASB 之间的妥协。然而，近年来这一目标背后的动力在减少。尽管是好的意图，但整合的进展受到 2007—2008 年的金融危机和由此产生的全球衰退的影响而变缓。显而易见的是，大大小小的公司

从 GAAP 转到 IFRS 的成本是巨大的。抵制趋同的另一个原因是，与基于规则的 GAAP 相比，采用基于原则的 IFRS 未能提供指导。此外，美国证券交易委员会被赋予了执行《Dodd-Frank 金融改革法》和《消费者保护法》的任务，这限制了其专注于采用全球会计准则的能力。最后，2017 年杰伊·克莱顿被任命为 SEC 主席，导致该项目停滞。克莱顿已经明确表示，这不是他的主要关注点。

美国是一个重要的经济体，没有它参与将很难真正产生全球会计准则。同时，评估不同国家业务的公司和分析师必须充分了解各种全球会计准则之间的主要差异对他们来说是非常重要的。虽然在可预见的未来似乎不会有一个放之四海而皆准的全球会计准则，但 FASB 和 IASB 继续合作可以确保财务报告指南尽可能具有可比性。

资料来源：Weaver Assurance, Tax & Advisory Firm, " Global Convergence Project: U.S. GAAP Is Alive and Well, " weaver.com/blog/global-convergence-project-us-gaap-alive-and-well, January 11, 2019; Nicolas Pologeorgis, " The Impact of Combining the U.S. GAAP and IFRS, " *Investopedia* (investopedia.com), March 12, 2018; David M. Katz " The Path to Global Standards?, " *CFO* (cfo.com), January 28, 2011; " Global Accounting Standards: Closing the GAAP, " *The Economist* (economist.com), vol. 404, July 21, 2012; Joe Adler, " Is Effort to Unify Accounting Regimes Falling Apart?, " *American Banker*, vol. 177, no. 145, July 30, 2012; Kathleen Hoffelder, " SEC Report Backs Away from Convergence, " *CFO* (cfo.com), September 1, 2012; Ken Tysiac, " Still in Flux: Future of IFRS in U.S. Remains Unclear after SEC Report, " *Journal of Accountancy* (journalofaccountancy.com), September 2012; and Tammy Whitehouse, " Ten Years on, Convergence Movement Starting to Wane, " *Compliance Week* (complianceweek.com), October 2, 2012.

自我测验

1. 什么是年度报告，它提供了哪两种类型的信息？
2. 年度报告中通常有哪四种财务报表？
3. 为什么投资者对年度报告很感兴趣？

3.2　资产负债表

资产负债表是企业在特定时点的财务状况的"快照"。图 3-1
显示了典型的资产负债表的布局。表的左侧显示公司拥有的资
产，右侧显示公司的负债和股东权益，这是对公司资产的要求
权。如图 3-1 所示，资产分为两大类：流动资产和长期（固定）
资产。流动资产包括企业可以在一年内变现的资产，包括现金
和现金等价物、应收账款和存货。⊖长期资产是指预期使用一
年以上的资产，它们除了工厂和设备外，还包括知识产权，如
专利和版权。工厂和设备一般列示扣除累计折旧后的净值。联
合食品公司的长期资产完全由厂房和设备的净值组成，我们经
常将它们称为"净固定资产"。

对资产的要求权有两种基本类型——负债（或公司欠他人
的货币）和股东权益。负债分为两大类：流动负债和长期负债。
流动负债包括必须在一年内偿还的债务，包括应付账款、应计
款项（应计工资和税收总额）以及在一年内到期的应付给银行
和其他短期贷款人的票据。长期负债包括一年以上到期的债券。

股东权益（Stockholders' equity）可以通过两种方式来衡
量。除了公司历年来留存的全部收益外⊜，还包括公司发行股票
进行的筹资，股东在购买股票时向公司支付的金额：

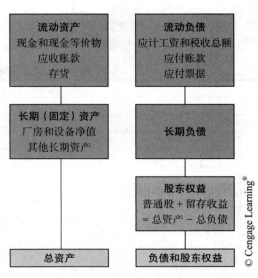

图 3-1　典型的资产负债表

注：这是一年期资产负债表的典型布局。当需要显示
两年或两年以上的资产负债表时，资产列在顶部；
负债和股东权益，列在底部。见表 3-1 的说明。

$$股东权益 = 实收资本 + 留存收益$$

留存收益不仅仅是最近一年保留的收益——它们是公司在其寿命期间已赚取及保留的全部收益的累计
总额。

股东权益也可以被认为是剩余权益：

$$股东权益 = 总资产 - 总负债$$

如果联合食品公司将剩余资金投资于次级抵押贷款支持的债券，债券价值低于其购买价格，即公司资产的
真实价值会下降。其负债额不会改变——公司仍然欠其承诺偿付债权人的金额。因此，普通股的报告价值必须
下降。会计师会做一系列的分录，结果是留存收益减少——因此普通股东权益减少。最后，资产将等于负债和
股东权益之和，资产负债表才会平衡。这个例子说明普通股为什么比债券更有风险——管理层做出的任何错误
决策都会对股东产生重大影响。当然，好的决策带来的收益也会由股东享有，所以风险与可能的收益并存。

资产负债表上的资产按照变现所需时间的长短进行列示（存货和应收账款）或由企业使用（固定资产）。同
样，负债按照必须支付的先后顺序列示：应付账款通常必须在几天内支付，应计款项也必须及时支付，应付给
银行的票据必须在一年内支付，等等，直到股东权益账户，代表所有权，永远不需要"偿还"。

联合食品公司的资产负债表

表 3-1 显示了联合食品公司 2020 年和 2021 年年末的资产负债表。从 2021 年年报中我们可以看出，联合食
品公司有 20 亿美元的资产——一半流动，一半长期。这些资产由 3.1 亿美元的流动负债、7.5 亿美元的长期负债
以及 9.4 亿美元的普通股提供资金。比较 2020 年和 2021 年的资产负债表，我们看到联合食品公司的资产增长了
3.2 亿美元，其负债和股东权益必然增加相同的金额。资产必须等于负债和股东权益，否则，资产负债表不能平衡。

资产负债表应注意的几点。

（1）现金与其他资产。虽然资产以美元报告，但只有现金和现金等价物账户代表实际可支出金额。应收账

⊖　联合食品公司和其他大多数公司除了银行支票账户外，还持有一些货币。它们也可能通过一通简单的电话持有可以出售并立即变现
的短期有息债券。这些证券被称为"现金等价物"，它们一般包括用于财务报告目的的支票账户余额。如果公司拥有股票或其他有价
证券作为短期投资，这些项目将在资产负债表上单独列示。联合食品公司不持有现金等价物以外的任何有价证券。

⊜　在联合食品公司的资产负债表上，当股东在购买普通股股票时我们只列示一个普通股线用来代表实收资本。

款账户代表尚未收取的赊销。存货显示原材料、在产品和产成品的成本。固定资产净值是指经营中使用的建筑物和设备的成本减去这些资产的折旧。截至 2021 年年底，联合食品公司有 1 000 万美元的现金，因此，它可以写支票合计金额。非现金资产在未来可以变现，但目前不能代表在手的现金。如果今天出售，会带来现金，价值可能高于或低于资产负债表上的账面价值。

表 3-1 联合食品公司：12 月 31 日的资产负债表　　　　（单位：百万美元）

	2021 年	2020 年		2021 年	2020 年
资产			负债和股东权益		
流动资产：			流动负债：		
现金和现金等价物	10	80	应付账款	60	30
应计款项	140	130	应收账款	375	315
存货	615	415	应付票据	110	60
流动资产合计	1 000	810	流动负债合计	310	220
固定资产净值：			长期债券	750	580
厂房和设备的净值（成本减去折旧）	1 000	870	负债总计	1 060	800
预期使用一年以上的其他资产	0	0	普通股权益：		
资产总计	2 000	1 680	普通股（75 000 000 股）	130	130
			留存收益	810	750
			普通股权益总额	940	880
			负债和股东权益总计	2 000	1 680

© Cengage Learning®

注：1. 存货可以有多种不同的计价方式，选择的方式将影响资产负债表的账面价值、销售商品成本，从而影响利润表中的净利润。同样，企业可以采用不同的折旧方法。折旧方法必须在资产负债表的附注中予以披露，证券分析师在比较不同公司时，如果他们觉得差异很大，可以做出调整。

2. 每股账面价值：普通股权益总额 / 流通股 = 940/75=12.53（美元）。

3. 相对较少的公司使用优先股，我们将在第 9 章进行讨论。优先股可采取几种不同的形式，但是通常像负债，因为它每年支付固定股利。然而，它又像普通股，因为未支付优先股股利并不使公司面临破产的风险。如果一个公司使用优先股，它在资产负债表上列示于负债和普通股之间。当计算财务比率时没有规定优先股该如何处理——它可被看作是负债或股东权益。债券持有人经常把它看作股东权益，然而股东把它看作负债，因为它是一项固定支出。事实上，优先股是负债和普通股的混合体。

（2）营运资本。流动资产通常被称为营运资本，因为这些资产"周转"。也就是说，它们在一年内被使用，然后被替换。当联合食品公司以赊购方式购买存货时，其供应商实际上相当于借钱给公司用于购买存货。联合食品公司可以向银行借款或出售股票获取资金，但它从供应商那儿筹集到了资金。这些贷款显示为应付账款，通常是"免费的"，因为它们不承担利息。同样，联合食品公司每两周支付工人工资，每季度缴纳税款，所以联合食品公司的劳工和税务当局向其提供与其应计工资和税款相等的贷款。除了这些"免费"的短期信贷来源外，联合食品公司可以向银行进行短期借款。这些银行贷款显示为应付票据。虽然应付账款和应计款项不承担利息，但是联合食品公司从银行获得资金时需要支付利息。应付账款总额、应计款项和应付票据在其资产负债表中代表流动负债。如果我们从流动资产中减去流动负债，差额称为净营运资本（net working capital）。

净营运资本 = 流动资产 − 流动负债

= 1 000−310=690（百万美元）

流动负债包括应付账款、应计款项和应付票据。财务分析师经常对净营运资本（NWC）和净经营营运资本（Net Operating Working Capital，NOWC）进行重要区分。NOWC 和 NWC 在两个重要方面有所不同。首先，NOWC 区分了用于经营目的的现金和为其他目的持有的"多余"现金。因此，在计算 NOWC 时，分析师会估算出"多余"的现金，并从公司的流动资产中减去该现金，得到的是公司的经营性流动资产。其次，当研究一家公司的流动负债时，分析师区分了"免费"负债（应计项目和应付账款）和有息应付票据。这些有息负债通常被视为融资成本，而不是经营成本，这解释了为什么它们没有被列示为公司经营性流动负债的一部分。鉴于这两项调整，NOWC 的计算方式如下。

$$净经营营运资本 = 流动资产 - (流动负债 - 应付票据)$$
$$= 1\,000 - (310 - 110) = 800 (百万美元)$$

请注意，由于联合食品公司在 2021 年的现金持有量相当小（1 000 万美元），因此我们假设它的所有现金都是为经营目的而持有的，并且它没有"多余"的现金。同时如果我们假设联合食品公司的 1 000 万美元现金全部用于非经营目的，那么这 1 000 万美元的"多余"现金将会从其流动资产中减去。其 NOWC 将被计算为 7.9 亿美元，而不是之前计算的 8 亿美元。虽然对联合食品公司而言差异相当小，但在分析拥有大量现金的公司时，关于"多余"现金水平的假设就变得非常重要了。比如说，在 2019 年 12 月 31 日，Alphabet 和苹果都有超过 1 000 亿美元的现金和短期投资。在这些情况下，现金被视为经营性现金还是"多余"现金非常重要。为了使事情简单化，当有相关关系时我们将指出哪部分现金被假设为"多余"现金。

┊ 提问 ┊

问题：

参考表 3-1 所示的联合食品公司的资产负债表，回答下列问题：

a. 2020 年 12 月 31 日联合食品公司的净营运资本是多少？

b. 2020 年 12 月 31 日联合食品公司的净经营营运资本是多少？

答案：

a. 2020 年的净营运资本
$$= 2020 年的流动资产 - 2020 年的流动负债$$
$$= 810 - 220 = 590 (百万美元)$$

b. 2020 年的净经营营运资本
$$= 2020 年的流动资产 -$$
$$(2020 年的流动负债 - 2020 年的应付票据)$$
$$= 810 - (220 - 60) = 650 (百万美元)$$

（3）总负债与总债务。一个公司的总债务包括短期及长期计息债务。负债总额等于债务总额加上公司的"免费"（非计息）负债。联合食品公司的短期债务列示为资产负债表上的应付票据。[一]

$$总债务 = 短期债务 + 长期债务$$
$$= 110 + 750 = 860 (百万美元)$$
$$总负债 = 总债务 + (应付账款 + 应计款项)$$
$$= 860 + (60 + 140) = 1\,060 (百万美元)$$

┊ 提问 ┊

问题：

参考表 3-1 所示的联合食品公司的资产负债表，2020 年 12 月 31 日联合食品公司的总债务是多少？

答案：

2020 年总债务 = 2020 年短期债务 + 2020 年长期债务
$$= 60 + 580 = 640 (百万美元)$$

（4）其他资金来源。大多数公司（包括联合食品公司）用短期负债、长期负债和普通股的组合来为资产融资。一些公司还使用"混合"证券，如优先股、可转换债券和长期租赁。优先股是普通股和负债两者的混合，而可转换债券是给予债券持有人选择以普通股股票交换债券的债务证券。在破产的情况下，首先偿还负债，然后优先股，最后为普通股，只有当偿还负债和优先股后还有剩余才会偿付普通股。[二]

（5）折旧。大多数公司准备两套财务报表—— 一套是基于美国国家税务局（IRS）规则，用于计算税收；另一套是基于美国一般公认会计原则，用于向投资者报告。公司在向股东报告时通常使用直线折旧法，因为在财务报表中采用直线折旧法向股东报告的收益会比采用加速折旧法的收益高。企业在纳税时使用规定的 IRS 折旧法。在《减税与就业法案》颁布之前，企业使用 MACRS 折旧法，即使用加速折旧法来计算折旧——这降低了应纳税所得额，减少了税收，并增加了现金流。然而根据美国国会在 2017 年通过的《减税与就业法案》，某

[一] 公司也将一部分即将到期的长期债务作为短期债务。

[二] 这些其他形式的融资在第 20 章中有更详细的讨论。"Hybrid Financing: Preferred Stock, Warrants, and Convertibles," from E. F. Brigham and P. R. Daves, *Intermediate Financial Management*, 14th edition (Mason, OH: Cengage Learning, 2022).

些新的和使用过的资产的 100% 的成本可以立即支出，这项规定有一个自动废止期。我们将在后面第 3 ～ 9 节讨论税收和本书后面章节讨论资本预算时更详细地讨论折旧。联合食品公司二者均采用加速折旧法。⊖

（6）市场价值与账面价值。公司一般使用美国一般公认会计原则来确定在资产负债表上报告的价值。大多数情况下，这些会计数字（或"账面价值"）与资产将出售的价值（或"市场价值"）不同。例如，联合食品公司在 1991 年购买其设在芝加哥的总部。根据美国一般公认会计原则，公司必须报告该资产的历史成本（在 1991 年最初支付的建筑物价值）减去累计折旧。鉴于芝加哥真实房地产价格在过去 23 年里的增长（甚至考虑到最近经济衰退对房地产价值的影响），建筑物的市场价值高于其账面价值。其他资产的市场价值也与它们的账面价值不同。

从表 3-1 可以看出，2021 年年底联合食品公司普通股的账面价值为 9.4 亿美元。因为有 7 500 万股流通股，每股的账面价值为 12.53（＝ 940/75）美元。不过，普通股的市场价值为 23.06 美元。在 2021 年大多数公司都是如此，股东愿意支付的价值超过了联合食品公司股票的账面价值。这之所以会发生，部分原因是通货膨胀增加了资产的价值，以及股东预期收益会增长。联合食品公司，像大多数其他公司，已经学会了如何投资来增加未来利润。

苹果公司提供了一个未来前景非常好的公司的例子。2020 年 3 月初，苹果股票市场价值是其账面价值的 14 倍以上。如果公司有问题，其股票的市场价值可能下降到低于其账面价值。例如，在这个相同的时间点上，Genworth Financial 是一家近年来一直在挣扎的保险公司，其股票在每股 4.5 美元左右交易，而其每股的账面价值接近于 26 美元。

（7）时间维度。资产负债表是公司在某一时点（例如，2021 年 12 月 31 日）财务状况的写照。因此，我们看到在 2020 年 12 月 31 日，联合食品公司有 8 000 万美元的现金，但是这个余额在 2021 年年末降到了 1 000 万美元。资产负债表因为存货的上升和下降、银行贷款增加或减少等逐日变化。公司如联合食品公司，其业务是季节性的，尤其经历资产负债表在一年内的大额变动。它的存货在收获季节来临之前很低，但在秋天庄稼收获加工后会很高。同样，大多数零售商在圣诞节前有大量库存，但在圣诞过后为低库存（和高应收账款）。在第 4 章中当我们比较不同公司的财务报表并评估其业绩时，我们将研究这些变化的影响。

2000—2019 年家庭和非营利组织的资产负债表

资产负债表不是公司特有的。每个实体——包括州和地方政府、非营利机构和个体家庭——都有资产负债表。

虽然没有按每户家庭水平细分，但美国联邦储备局的网站上有关于家庭总财务状况的最新信息。举例来说，美国联邦储备委员会（Federal Reserve）2019 年第三季度后公布的数字表明，美国家庭净资产自 2000 年底以来增加了 162%，自 2009 年底以来增加了 80% 以上。下图更详细地显示了 2004—2019 年的这些趋势。它将家庭资产、负债和净资产都绘制成总可支配收入总额的一部分。我们看到，2007 年和 2008 年的金融危机伴随着净资产的下降造成了家庭资产的

持续下降。从那时起，家庭净资产水平有所提高，因为在这一时期，美国某些地区的房屋价格激增，股票市场大幅上涨，因此家庭净资产水平有所提高。同时，非常重要的是要认识到这些净资产的总体改善并没有在各个家庭中得到平等对待。事实上，许多人担心，过去几十年来的收益主要是由那些已经相当富有的人获得的。根据皮尤研究中心的数据，2018 年，美国最富有的 20% 家庭的收入占总收入的 48% 且美国最富有的 20% 家庭拥有美国所有财富的 79%。⊜

因此，在评估美国家庭的现状时，既要考虑整体财富水平，又要考虑家庭财富的分布。

⊖ 如果有能力将一项资产 100% 的成本立即费用化，就会降低应纳税所得额，从而减少税收。由于金钱的时间价值，因此最好是递延纳税。加速折旧法或直线折旧法都可用于向股东报告。联合食品公司是一家相对保守的公司，因此它使用税收折旧法向股东报告。如果联合食品公司选择使用直线折旧法向股东报告，其 2021 年的折旧费用将减少 2 500 万美元，其资产负债表上列示的 10 亿美元的"净值"将增加 2 500 万美元，其报告的收入也将增加。

折旧在资本预算中也很重要，我们在资本预算中决定对固定资产进行新的投资。我们将在第 12 章中讨论资本预算时，对折旧有更多的介绍。

⊜ Pew Research article by Juliana Menasce Horowitz, Ruth Igielnik, and Rakesh Kochhar, "Trends in Income and Wealth Inequality," *Pew Research Center Social & Demographic Trends* (pewsocialtrends.org), January 9, 2020.

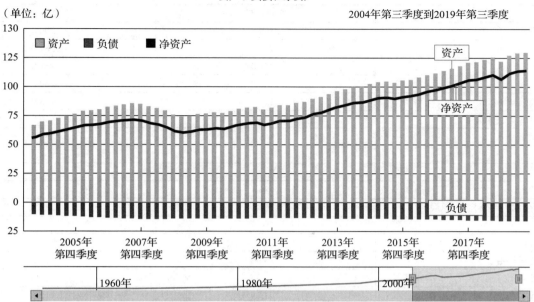

资产、负债和净资产

（单位：亿）
2004年第三季度到2019年第三季度

资料来源："Financial Accounts of the United States: Household Balance Sheet, Changes in Net Worth," *Federal Reserve Statistical Release* (federalreserve.gov/releases/z1/dataviz/z1/balance_sheet/chart/), December 12, 2019; "Financial Accounts of the United States: Flow of Funds, Balance Sheets, and Integrated Macroeconomic Accounts, Third Quarter 2019," *Federal Reserve Statistical Release* (federalreserve. gov/ releases/z1/20191212/z1.pdf), December 12, 2019; and Juliana Menasce Horowitz, Ruth Igielnik, and Rakesh Kochhar, "Trends in Income and Wealth Inequality," *Pew Research Center Social & Demographic Trends* (pewsocialtrends.org), January 9, 2020.

自我测验

1. 什么是资产负债表，它可以提供什么信息？
2. 如何确定项目在资产负债表上的列示顺序？
3. 说明净营运资本和净经营营运资本之间的差异。
4. 说明总债务和总负债之间的差异。
5. 联合食品公司 12 月 31 日资产负债表上的哪些项目可能会与 6 月 30 日的价值有所不同？如果联合食品公司是一家大杂货连锁店而不是食品加工商，这些差异会很大吗？请解释。

3.3　利润表

表 3-2 显示了联合食品公司 2020 年和 2021 年的利润表。净收入列示在报表的顶部，然后扣除营业成本、利息和税金得到归属于普通股股东的净利润。除了一些其他数据外，我们在表 3-2 的底部也列示了每股收益和每股股利。每股收益（EPS）通常被称为"底线"，代表利润表上的所有项目，每股收益对股东最重要。联合食品公司 2021 年每股收益为 1.95 美元，与 2020 年 2.03 美元相比有所下降。尽管收益下降，公司仍然增加股利 1.06 ～ 1.15 美元。

表 3-2　联合食品公司：截至 12 月 31 日的利润表（单位：百万美元，每股数据除外）

	2021 年	2020 年
净收入	3 000.0	2 850.0
除折旧和摊销外的营业成本[①]	2 622.0	2 497.0

（续）

	2021 年	2020 年
折旧和摊销	100.0	90.0
总营业成本	2 722.0	2 587.0
息税前利润（EBIT）	278.0	263.0
减去利息	83.0	60.0
税前收益（EBT）	195.8	203.0
所得税（25%）	48.8	50.8
净利润	146.3	152.3
相关的项目如下：		
总股利	86.3	79.5
留存收益＝净利润－总股利	60.0	72.8
每股数据：		
普通股价格	23.06	26.00
每股收益（EPS）②	1.95	2.03
每股股利（DPS）②	1.15	1.06
每股账面价值（BVPS）②	12.53	11.73

① 经营成本包括销货成本、经营费用和管理费用。联合食品公司的销售成本占销售额的 70%，即 21 亿美元。

② 联合食品公司有 7 500 万股流通普通股。注意每股收益是基于普通股股东可获得的净收入而言的。2021 年 EPS、DPS 和 BVPS 的计算如下。

　　每股收益＝EPS＝净利润 / 流通在外的普通股＝146 300 000/75 000 000＝1.95（美元）

　　每股股利＝DPS＝支付给普通股股东的股利 / 流通在外的普通股＝86 300 000/75 000 000＝1.15（美元）

　　每股账面价值＝BVPS＝普通股权益总额 / 流通在外的普通股＝940 000 000/75 000 000＝12.53（美元）

　　当一个公司有未清偿的期权或可转换债券或最近发行了新股时，则应当计算一个更加综合的每股收益，即"稀释每股收益"。它的计算有点复杂，但是你可以参考财务会计的章节进行讨论。

典型的股东专注于报告的每股收益，但专业的证券分析师和经理区分营业利润和非营业利润。营业利润来自公司的常规核心业务——在联合食品公司的案例中，营业利润来自生产和销售食品。此外，它在扣除利息费用和税费成本等非营业成本前计算。营业利润也称为息税前利润（EBIT），或利息和税收之前的收益。这是它的方程：

$$营业利润（或息税前利润）＝销售收入－营业成本$$
$$＝3 000－2 722.0$$
$$＝278.0（百万美元）$$

这个数字当然必须与利润表上报告的一致。

不同的公司有不同的债务额、不同的税收前溯和向后抵扣，以及不同数量的非经营性资产，如有价证券。这些差异可能导致两个具有相同经营的公司报告的净利润有很大的不同。例如，假设有两个公司具有相同的销售收入、营业成本和资产。但是，一家公司使用一些债务，另一家仅使用普通股。尽管它们的经营表现相同，但没有债务的公司（因此没有利息费用）将报告更高的净利润，因为没有从营业利润中扣除利息。因此，如果你想比较两家公司的经营表现，最好关注它们的营业利润。⊖

从联合食品公司的利润表中，我们看到其营业利润从 2020 年的 2.63 亿美元增加到 2021 年的 2.78 亿美元，

⊖　营业利润重要的几个原因。第一，管理者通常基于他们管理的单位的业绩而得到报酬。部门经理可以控制他的部门绩效，而不是企业的资本结构政策或其他公司决策。第二，如果一个公司正在考虑收购另一家公司，它将对目标公司的运营价值感兴趣，该价值由目标公司的营业利润决定。第三，营业利润通常比利润总额更稳定，因为利润总额可能受到通过次级抵押贷款支持的债券的注销等的严重影响。因此，分析师在估计公司的长期股票价值时更关注营业利润。

增加了 1 500 万美元。然而，其 2021 年的净利润却下降了。这种下降是因为它增加了 2021 年的债务以及增加的 2 300 万美元的利息降低了其净利润。

仔细看看利润表，我们看到折旧和摊销是营业成本的重要组成部分。回顾以往学过的会计知识，**折旧**（depreciation）是一项年度费用，它反映资本设备和其他在生产过程中耗尽的有形资产的美元成本。**摊销**（amortization）与折旧类似，除了它表示无形资产价值的下降，如专利权、版权、商标和商誉。由于折旧和摊销是如此相似，因此它们通常集中在一起用于利润表的财务分析及其他用途。它们都注销，或在资产的使用寿命内平均分配成本。

虽然折旧和摊销被报告为利润表中的成本，但它们不是现金支出——现金在过去被花费用来购买被注销的资产，但在计提折旧和摊销时没有支付现金。因此，经理、证券分析师和银行贷款人员，他们关注公司产生的现金数额，并经常计算息税折旧摊销前利润（EBITDA），EBITDA 是利息、税收、折旧和摊销前的利润的缩写。联合食品公司没有摊销费用，所以联合食品公司的折旧和摊销费用完全是折旧。在 2021 年，联合食品公司的 EBITDA 为 3.78 亿美元。

资产负债表表示某一时点的"快照"，而利润表表示一段时间内的经营情况。例如，在 2021 年，联合食品公司的销售额为 30 亿美元，净利润为 1.463 亿美元。利润表每月、每季度和每年编制一次。季度和年度报表用于向投资者报告，而月报表由管理者内部使用，用于规划和控制目的。

最后，注意，利润表通过资产负债表的留存收益账户与资产负债表联系在一起。利润表中的净利润减去支付的股利是该年度的留存收益（例如，2021 年）。这些留存收益将添加到以前年度的累计留存收益中，得到 2021 年年末的留存收益余额。年度留存收益也在所有者权益变动表中报告。所有年度报告中提供的四张报表是相互关联的。

自我测验

1. 为什么每股收益称为"底线"？什么是息税前利润，或营业利润？
2. 什么是 EBITDA？
3. 哪个更像是公司经营的"快照"——资产负债表或利润表？解释你的答案。

3.4　现金流量表

利润表上报告的净利润不是现金，在财务上，"现金为王"。管理的目标是最大化公司的内在价值，任何资产的价值，包括股票，都是基于资产预期产生的现金流。因此，经理们努力使投资者可获得的现金流最大化。现金流量表如表 3-3 所示，它是一份显示公司正在产生多少现金的会计报告。该报表分为四个部分，我们逐行解释它。[⊖]

下面是对表 3-3 所示语句的逐行解释。

a. 经营活动。本节涉及的项目是正常持续经营过程中的一部分。

b. 净利润。第一个经营活动是净利润，这是第一个现金来源。如果所有销售收入都是现金，如果所有成本需要立即用现金支付，如果企业处于静止状态，净利润将等于从经营中获得的现金。然而，这些条件并不成立，所以净利润不等于经营所获得的现金。必须在报表的其余部分做出调整。

c. 折旧和摊销。第一个调整的项目涉及折旧和摊销。当计算净利润时，联合食品公司的会计师减去了折旧（它没有摊销费用），因为这是一个非付现费用。也因此，当确定现金流时，折旧必须加回到净利润中。

d. 存货增加。要制造或购买存货，公司必须使用现金。它可能会收到一些这种现金，即从其供应商和工人（应付款项和应计项目）那儿获得贷款；但最终，存货的增加都需要现金。联合食品公司在 2021 年增加了 2 亿美元的存货。存货增加的金额列示在 d 行的括号中，因为它是负的（即使用现金）。如果联合食品公司存货减少

⊖ 联合食品公司的现金流量表相对简单一些，因为它是一个相对简单的公司。许多现金流量表更复杂，但是如果你理解了表 3-3，你应该能够理解更复杂的现金流量表。

了，它会产生正的现金流。

e. 应收账款增加。如果联合食品公司在销售时选择赊销，就不会立刻收到现金。如果没有选择赊销，它会立即收到这些现金。为了继续经营下去，它必须替换赊销的存货，但它还没有收到赊销的现金。所以，如果公司的应收账款增加了，这将相当于使用现金。联合食品公司公司2021 年应收账款增加了 6 000 万美元，现金使用情况列为 e 行上的负数。如果联合食品公司减少了应收款项，将显示为正的现金流（一旦收到销售的现金，相应的应收账款将被注销）。

f. 应付账款增加。应付账款是指从供应商取得的贷款。联合食品公司以赊账的方式购买商品，其 2021 年应付款增加了 3 000 万美元。这被认为是 f 行上的现金增加了 3 000 万美元。如果联合食品公司减少了其应付账款，这将需要或使用现金。注意随着联合食品公司的成长，它会购买更多的存货。这将产生额外的应付账款，从而减少为存货增长所提供的外部资金的金额。

g. 应计工资和税收增加。应计项目与应付账款的逻辑相同。联合食品公司的应计项目今年增加了 1 000 万美元，这意味着在 2021 年，它从其员工和税务当局那里再借了1 000 万美元。所以这代表了 1 000 万美元的现金流入。

h. 经营活动产生（使用）的现金流净额。所有以上项目是正常经营的一部分，它们由经营活动产生。当我们汇总它们，我们得到了经营活动产生的现金流净额。联合食品公司从净利润、折旧、应付账款和应计项目的增加获得正的现金流，但它使用现金来增加库存和应收款项。最终结果是经营活动导致了 2 630 万美元的净现金流出。

表 3-3　联合食品公司：2021 年的现金流量表

（单位：百万美元）

		2021 年
a.	I. 经营活动	
b.	净利润	146.3
c.	折旧和摊销	100.0
d.	存货增加	(200.0)
e.	应收账款增加	(60.0)
f.	应付账款增加	30.0
g.	应计工资和税收增加	10.0
h.	经营活动产生（使用）的现金流净额	(26.3)
i.	II. 投资活动	
j.	固定资产增加	(230.0)
k.	投资活动使用的现金流净额	(230.0)
l.	III. 融资活动	
m.	应付票据增加	50.0
n.	债券增加（长期债务）	170.0
o.	支付给股东的股利	(86.3)
p.	融资活动产生的现金流净额	133.8
q.	IV. 汇总	
r.	现金净减少（I、II、III 的现金流量净额汇总）	(70.0)
s.	年初现金和现金等价物余额	80.0
t.	年末现金和现金等价物余额	10.0

© Cengage Learning®

注：这里和整本书中，括号有时用来表示负数。

i. 投资活动。所有涉及长期资产的投资活动将在本节讲述。它包括短期投资的购买和销售（不是交易证券），以及应收票据的借出和收取。联合食品公司只有一个长期资产的投资活动——购置一些固定资产，如第 j 行所示。如果联合食品公司卖了一些固定资产，其会计师将在本节报告为正的金额（即作为现金流入）。

j. 固定资产增加。联合食品公司花了 2.3 亿美元购置固定资产，这是现金流出，因此，列示在括号里。如果联合食品公司出售了一些固定资产，这将是一个现金流入。[⊖]

k. 投资活动使用的现金流净额。由于联合食品公司只有一个投资活动，因此此行上的总计与上一行相同。

l. 融资活动。联合食品公司的融资活动在本节中列示。

m. 应付票据增加。联合食品公司 2021 年向银行再借了 5 000 万美元，这是一个现金流入。当联合食品公司偿还贷款时，这将是一个现金流出。

n. 债券增加（长期债务）。联合食品公司 2021 年向长期投资者再借了 1.7 亿美元，发行债券换取现金。这显示为现金流入。当债券几年后被公司偿还，这将是一个现金流出。

o. 支付给股东的股利。股利以现金支付，联合食品公司向股东支付的 8 630 万美元显示为负数。

p. 融资活动产生的现金流净额。三个融资项目的总和，是正的 1.338 亿美元。这些资金用来支付 2.3 亿美元的新厂房和设备，并帮助覆盖经营造成的赤字。

q. 汇总。本节汇总现金和现金等价物一年内的变化。

⊖ j 行上的数字是"总"投资或总支出。它也等于厂房和设备的净值（资产负债表）加上折旧，如 c 行所示："总"投资 = 净投资 + 折旧 = 130 + 100 = 230（百万美元）。

r. 现金净减少。经营活动、投资活动和这里列示的融资活动，这些活动 2021 年产生了 7 000 万美元的现金净减少，主要是用于新固定资产的支出。

s. 年初现金和现金等价物余额。联合食品公司年初有 8 000 万美元现金。

t. 年末现金和现金等价物余额。联合食品公司年底有 1 000 万美元现金，年初的 8 000 万美元减去这一年内发生的 7 000 万美元的净减少。显然，联合食品公司年末的现金状况比年初要差。

联合食品公司的现金流量表应该引起管理者和投资人的关注。该公司有少量的正的经营活动产生的现金流净额，并不能满足其固定资产投资需求。因此，该公司大量的固定资产投资是通过贷款和减少其现金和现金等价物的期初余额来支付的。然而，公司不能无限期地继续这样做。长期来看，第一部分需要显示正的经营活动产生的现金流净额。此外，我们希望第二部分显示固定资产的投资支出等于①折旧费用（以更换破旧的固定资产），以及②增加一些额外投资支出来维持增长。第三部分通常显示一些净融资以及"合理"的股利数额。⊖最后，第四部分应显示相对稳定的年度现金平衡。这些条件不适用于联合食品公司，因此应采取一些措施纠正这个情形。当在第 4 章分析公司的财务报表时，我们将考虑采取措施纠正。

自我测验

1. 什么是现金流量表，它回答了哪些问题？
2. 确定并简要说明现金流量表中列示的四个部分。
3. 如果在这一年公司有较高的经营现金流，这意味着其资产负债表上的年末现金将高于年初现金吗？请解释。

3.5　所有者权益变动表

所有者权益变动表报告会计期间内的股东权益的变动。表 3-4 显示联合食品公司在 2021 年期间赚了 1.463 亿美元，支付了 8 630 万美元的普通股利，把 6 000 万美元投入业务。因此，资产负债表中的"留存收益"从 2020 年年底的 7.5 亿美元增加到 2021 年年底的 8.1 亿美元⊜。

表 3-4　联合食品公司：2021 年 12 月 31 日的所有者权益变动表　　　（单位：百万美元）

	普通股		留存收益	股东权益合计
	股数（1 000 股）	金额		
2020 年 12 月 31 日的余额	75 000	130.0	750.0	880.0
2021 年净利润			146.3	
现金股利			(86.3)	
留存收益增加				60.0
2021 年 12 月 31 日的余额	75 000	130.0	810.0	940.0

请注意，"留存收益"代表股东对资产的要求权，但不是资产本身。股东允许管理层保留留存收益并将其再投资到业务中，用于购置工厂和设备，增加存货等。公司不只在银行账户中积累现金。因此，资产负债表上报告的留存收益不代表现金，也不可用于股利支付或任何其他。⊜

⊖　一般公司支付约三分之一的收益作为股利，但公司间有很大的差异，这取决于每个公司对用来支持公司增长的留存收益的需求。正如你所看到的，联合食品公司将很大一部分的收益作为股利。我们将在第 15 章详细讨论股利。

⊜　如果适用，列将用于显示额外的实收资本和库存股。此外，增加的行将包含关于诸如新发行股票、购买或重新发行库存股、执行股票期权和未实现的外汇损益等信息。

⊜　现金（截至资产负债表日）在现金账户（资产账户）中。留存收益账户中的正数仅仅表示该公司过去已获得收益，而没有全部作为股利支付出去。即使一家公司报告了创纪录的收益，并显示留存收益增加，但如果使用现有现金购买流动资产和固定资产的话，它也可能面临现金短缺。同样的情况适用于个人。你可能拥有一辆新的宝马（没有贷款）、许多衣服和昂贵的房子（因此，具有高的净资产），但如果你的口袋里只有 0.23 美元，你的支票账户里只有 5 美元，你仍然面临现金短缺。

自我测验

1. 所有者权益变动表提供哪些信息？
2. 为什么留存收益会发生变化？
3. 解释为什么以下语句为真：资产负债表上报告的留存收益账户不代表现金，也不可用于股利支付或任何其他。

3.6　财务报表的使用及其局限性

财务报表提供了大量有用的信息。你可以查看报表，然后回答一些重要的问题，诸如：公司有多大？它在增长吗？是赚钱还是亏本？它是通过经营产生现金，还是经营实际上会损失现金？

同时，投资者在审查财务报表时需谨慎。虽然公司被要求遵循 GAAP，但管理者仍然在决定如何和何时报告某些交易时有很多自由裁量权。

处于完全相同情况的两家公司可能通过财务报表传达出的财务状况不同。一些变化可能源于对正确记录交易方式的合理意见分歧。在其他情况下，经理可以选择能够帮助他们提供更高或更稳定的收入的方式来进行报告。只要他们遵循 GAAP，这些方式就是合法的，但这些差异使投资者难以比较公司并衡量它们的真实表现。特别是，注意高级经理是否基于短期收益而得到奖金或其他补偿，因为他们可能试图提高短期报告的收入来提高他们的奖金。

不幸的是，也有一些管理者存在不遵守 GAAP 并报告欺诈性的报表的情况。涉及欺诈的一个典型例子就是世通，其报告的资产价值比其真实价值高约 110 亿美元。这导致了成本的低估和相应地夸大利润。安然是另一个众所周知的例子。它夸大了某些资产的价值，将人为虚增的价值报告为利润，并转移对子公司的资产来隐藏事实。安然和世通的投资者最终了解发生了什么，于是公司被迫进入破产程序，它们的许多高管入狱；审计它们报表的会计师事务所被迫停止经营；投资者损失了数十亿美元。

在安然和世通丑闻后，2002 年美国国会通过了《萨班斯 – 奥克斯利法案》，要求公司改善其内部审计标准，并要求首席执行官和首席财务官证明财务报表已合理编制。《萨班斯 – 奥克斯利法案》还创建了一个新的监察机构，以帮助确保外部会计师事务所正确履职。

最后，请记住，即使投资者收到准确的会计数据，现金流仍是最重要的，而不是会计利润。同样，我们将在第 11 章和第 12 章看到，当经理做出是否接受项目的资本预算决策时，他们的重点应该是现金流。

自我测验

1. 投资者是否确信如果不同公司的财务报表都准确并遵循 GAAP，一家公司报告的数据与另一家公司提供的数据就具有可比性？
2. 为什么不同的公司可以采用不同的方法解释类似交易？

3.7　自由现金流

到目前为止，我们专注于财务报表，因为它们是会计师编制的。然而，会计报表的设计主要是为了债权人和税务部门，而不是经理和股票分析师。因此，公司的决策者和证券分析师经常修改会计数据来满足他们的需求。最重要的修改是**自由现金流**（free cash flow，FCF）的概念，其定义为"如果撤回，不会损害公司的经营状况和产生未来现金流的能力的现金流"。这是用于计算自由现金流的方程：

$$FCF = [EBIT(1-T) + 折旧和摊销] - [资本支出 + \Delta 净经营营运资本]$$

第一项表示公司当前经营产生的现金流。EBIT（1−T）通常被称为 NOPAT（税后经营净利润）。加上折旧和摊销，因为这些都是非付现支出，会减少息税前利润，但不减少公司可以支付给其投资者的现金数额。第二个括号里的项目表示该公司投资于其固定资产（资本支出）和净经营营运资本的现金数额，以维持持续经营。正的自由现金流表明企业正在产生足够多的资金用于支持固定资产和营运资本的当前投资。相反，负的自由现金流意味着公司没有足够的内部资金为固定资产和营运资本投资提供资金，并且必须在资本市场上筹集新的资金才能支持这些投资。

考虑家得宝的情况。上文方程中的第一个括号中的项目表示家得宝从现有商店中获得的现金数额。第二个括号中的项目表示公司在此期间建设新店支出的现金数额。当家得宝开设一家新店时，需要现金购买土地和建造厂房，这些都是资本支出，并相应增加公司资产负债表上的固定资产。但是，当它开设新店时，公司还需要增加净经营营运资本。特别是，公司需要存储新的存货。一部分存货可以通过应付账款进行融资——例如，供应商今天可能会运送一些手电筒给家得宝，并允许家得宝以后支付。在这种情况下，净经营营运资本不会增加，因为增加的流动资产恰好等于增加的流动负债。他们其他的存货可能没有相应的应付账款与其抵消，因此净经营营运资本将增加，公司必须拿出现金来支付增加的净经营营运资本。汇总一下，如果经营现有商店产生的现金超过建立新店需要的现金，公司作为一个整体将产生正的自由现金流。

看看联合食品公司的主要财务报表，我们可以从中收集需要计算自由现金流的数据。首先，我们可以从利润表中获得联合食品公司的息税前利润、折旧和摊销费用。从表 3-2 中我们看到，联合食品公司 2021 年的营业利润（EBIT）为 2.78 亿美元。因为联合食品公司的税率是 25%，所以它的 NOPAT = EBIT（1−T）= 278 ×（1−0.25）= 208.5 百万美元。我们还看到，联合食品公司 2021 年的折旧和摊销费用是 1 亿美元。

联合食品公司的资本支出（用于购买新固定资产的现金）可以在现金流量表上的投资活动中找到。从表 3-3 我们看到，联合食品公司在 2021 年的资本支出总计为 2.3 亿美元。⊖最后，我们需要计算净经营营运资本的变化。回想一下，净经营营运资本是流动资产减去非计息流动负债（非计息流动负债为流动负债减去应付票据）。我们之前计算了联合食品公司 2021 年的净经营营运资本：

$$2021 年的净经营营运资本 = 1\,000 − (310−110) = 800（百万美元）$$

同样，2020 年的净经营营运资本的计算如下：

$$2020 年的净经营营运资本 = 810 − (220−60) = 650（百万美元）$$

因此，联合食品公司的净经营营运资本变动（ΔNOWC）= 800−650 = 150（百万美元）。汇总一下，我们现在可以计算联合食品公司 2021 年的自由现金流：

$$FCF = [EBIT(1−T) + 折旧和摊销] − [资本支出 + \Delta\ 净经营营运资本]$$
$$2021 年的自由现金流 = (208.5+100) − (230+150)$$
$$= −71.5（百万美元）$$

联合食品公司的自由现金流为负，这并不好。注意，负的自由现金流主要是由于一个新建工厂支出了 2.3 亿美元。这家工厂足够大，可以满足几年的生产量，所以直到 2025 年前将不需要再建另一个新工厂。联合食品公司 2022 年和接下来几年的自由现金流应该会增加，这意味着联合食品公司的财务状况并不一定像负的自由现金流显示的那么糟糕。

大多数快速增长的公司都有负的自由现金流：支持企业快速增长所需的固定资产和营运资本通常超过现有经营产生的现金。如果一个公司的新投资最终有利可图，并有助于提高自由现金流，那么这就不是坏事。

许多分析师认为自由现金流是可以从会计报表中得到的唯一重要的数字，比净利润要重要得多。毕竟，自由现金流显示的是公司可以分配多少现金给投资者。我们将在第 9 章中再次讨论自由现金流，其中包括股票估值，在第 11 章至第 13 章，涉及资本预算。

提问

问题：

一家公司的息税前利润为 3 000 万美元，折旧为 500 万美元，税率为 25%。它需要花费 1 000 万美元用于购买新的固定资产和 1 500 万美元用于增加其流动

⊖ 或者，我们可以通过观察 2020 年至 2021 年的资产负债表上固定资产净值的变化来计算联合食品公司的资本支出，然后加上 2021 年的折旧和摊销。在这个例子中，联合食品公司的固定资产净值增加了 1.3 亿美元（从 2020 年的 8.7 亿美元增加到 2021 年的 10 亿美元），2021 年折旧和摊销总计为 1 亿美元。资本支出为 2.3（=1.3+1）亿美元。

资产。它预计应付账款增加 200 万美元，应计款项增加 300 万美元，应付票据增加 800 万美元。公司的流动负债只包括应付账款、应计款项和应付票据。它的自由现金流是多少？

答案：

首先，你需要确定净经营营运资本。

$$\Delta NOWC = \Delta \text{流动资产} - (\Delta \text{流动负债} - \Delta \text{应付票据})$$
$$= 15 - (13 - 8) = 10 \text{（百万美元）}$$
$$FCF = [EBIT(1-T) + \text{折旧和摊销}] - [\text{资本支出} + \Delta \text{净经营营运资本}]$$
$$= [30 \times (1 - 0.25) + 5] - (10 + 10)$$
$$= 7.5 \text{（百万美元）}$$

自由现金流对所有企业均至关重要

自由现金流对于像联合食品公司这样的大公司而言很重要。证券分析师使用自由现金流来估计股票的价值，联合食品公司的经理使用它来评估拟议资本预算项目和潜在兼并对象的价值。但是，请注意，这个概念也与小企业相关。

假设你的阿姨和叔叔拥有一个小的比萨店，并且他们的会计编制财务报表。利润表显示每年的会计利润。虽然他们对会计利润感兴趣，但他们可能更关心的是他们每年可以从经营中抽出多少资金来维持他们现有的生活水平。假设商店 2021 年的净利润为 7.5 万美元。然而，你的阿姨和叔叔不得不花 5 万美元翻新厨房和洗手间。

所以虽然业务产生了很多"利润"，但你的阿姨和叔叔不能取走太多的钱，因为他们必须把钱放回比萨店。换句话说，他们的自由现金流远远小于他们的净利润。所需的投资这样大，甚至超过了卖比萨的钱。在这种情况下，你阿姨和叔叔的自由现金流是负的。如果是这样，就意味着他们必须从其他来源募集资金以维持他们的比萨业务。

作为精明的企业所有者，你的阿姨和叔叔意识到他们的餐厅投资，如更新厨房和洗手间，不会再发生；如果没有意外发生，当自由现金流增加时，你的阿姨和叔叔应该能够在未来几年取出更多的现金。但有些企业似乎从来不为它们的所有者创造现金，它们不断产生正的净利润，但这个净利润必将被重新投入业务所需的现金所覆盖。因此，当谈到比萨店估价时（任何大企业或小企业），真正重要的是随着时间的推移，业务产生的自由现金流。

展望未来，你的阿姨和叔叔将面对来自正在进入该地区的全国连锁店的竞争。为了迎接竞争，你的阿姨和叔叔必须将餐厅现代化。这将再次从业务中抽走现金并减少其自由现金流，虽然希望这样做可以使销售额和自由现金流在未来几年增加。我们将在第 11 至 13 章中讨论资本预算，评估项目时我们应估计增加的未来自由现金流是否足以抵消初始项目成本。因此，计算自由现金流对企业的资本预算分析很重要。

自我测验

1. 什么是自由现金流（FCF）？
2. 为什么自由现金流是企业价值的重要决定因素？

3.8　市场附加值和经济增加值

财务报表上报告的项目反映的是历史的、过去的价值，而不是当前的市场价值，两者之间往往有实质性的差异。利率和通货膨胀的变化会影响公司资产和负债的市场价值，但往往对财务报表中列示的相应的账面价值没有影响。也许，更重要的是，市场对价值的评估考虑到了对当前业务和未来机会的持续评估。例如，微软花费很少的资金开发它的第一个运营系统，但该系统竟然价值数十亿美元，它们并没有在其资产负债表上列示。对于给定的债务水平，这些资产价值的增加也将相应导致股权市场价值的增加。

为了说明，考虑以下情况。一个公司最初拥有以账面价值（历史成本）计算的 100 万美元资产，其中 50 万美元由债券持有人提供，50 万美元由股东提供（5 万股，每股 10 美元）。这家公司非常成功，该公司股票的市场价值现在是 1 950 万美元，其现在的股票价格是 390（=1 950/5）美元 / 股。显然，公司的管理者为股东做了一件了不起的工作。

会计报表不反映市场价值，所以不足以评估管理人员的业绩。为了帮助填补这个空白，财务分析师已经开发了两个额外的业绩指标，其中之一是市场附加值。**市场附加值**（MVA）是指公司股权的市场价值（已发行股数乘以股价得到市场价值）和资产负债表上的账面价值之间的简单差额。对于我们的假设公司而言，MVA 是 1 950 万美元 −50 万美元 =1 900 万美元。

对于联合食品公司而言，其拥有 7 500 万股流通股，股票价格为每股 23.06 美元，股票的市场价值为 17.295 亿美元，而账面价值如表 3-1 中的资产负债表所示，为 9.4 亿美元。因此，联合食品公司的 MVA 是 7.895（=17.295−9.4）亿美元。这 7.895 亿美元代表联合食品公司的股东自公司成立以来投资的资金（包括留存收益）与如果出售业务可能收到的现金的差额。市场附加值越高，对公司股东来说业务管理得越好。董事会在决定公司经理应得的报酬时，经常会考虑 MVA。注意，正如水涨船高，大多数公司的股票价格在上涨的股市中上涨，因此正的市场附加值可能不完全归因于管理绩效。

一个相关的概念：经济增加值，有时被称为"经济利润"，与市场附加值密切相关：

$$EVA = 税后经营净利润（NOPAT）− 每年的美元资本成本$$
$$= EBIT (1−T)−（总投资资本 × 税后资本成本率）$$

如果公司投资获得的收益超过了募集必要资本的成本，那么公司就创造了价值（并实现正的经济增加值）。总投资资本代表该公司从债务、股本和任何其他资本来源（如优先股）筹集的金额。每年的美元资本成本是指总投资资本乘以税后资本成本率。例如，如果某公司筹集了 100 万美元的资本，并且税后资本成本率是 10%，那么每年的美元资本成本将是 10 万美元。从这些资本筹集而来的资金用于投资各种固定资产和净经营营运资本。在任何一年，税后经营净利润是指这些投资为公司投资者创造的支付了营业成本和所得税后的资金。从这个角度看，它代表资本投资的收益。

经济增加值（EVA）是对一个企业在给定年份的真实经济利润的估计，通常与会计净利润有很大的不同。这种差异的主要原因是会计净利润考虑了债务成本（公司利息费用），且并没有扣除股权资本成本。通过对比，经济增加值考虑了所有资本的成本，其中包括债务成本和股权资本成本。

如果经济增加值为正，说明税后经营净利润超过需要产生此经营利润的资本成本，管理层的行动在增加股东价值。每年正的经济增加值将有助于确保市场附加值也为正。注意，虽然市场附加值适用于整个公司，但经济增加值可以适用于部门，也可以适用于公司整体，所以它可以为分公司和高层经理的合理薪酬提供指导。

自我测验

1. 定义市场附加值（MVA）和经济增加值（EVA）。
2. 经济增加值与会计净利润有何不同？

3.9 所得税

个人和企业将其收入的很大一部分纳税，因此税收在个人和企业决策中都很重要。我们使用 2020 年的数据总结一下美国税制的关键方面，这一节讲述个人所得税，下一节讲述企业所得税。我们的税法细则经常变化，事实上，特朗普在 2017 年 12 月 22 日签署了《减税与就业法案》（TCJA）。该法律中的一些条款即将自动失效，并且本节所讨论的关键条款仍有可能随着时间的推移而改变。

 EVA 和 MVA 的概念是由 Joel Stern 和 Bennett Stewart 提出的，他们是咨询公司 Stern Stewart & Company 的共同创始人。MVA 和 EVA 属于 Stern Stewart 版权所有，其他咨询公司也给这些价值命名。但是，MVA 和 EVA 是实践中最常用的术语。有关 MVA 和 EVA 的更多信息，请参见 G. Bennett Stewart, *The Quest for Value* (New York: HarperCollins, 1991, 1999).

 另一个顶级咨询公司，麦肯锡公司，使用经济利润术语。其定义的经济利润 = 总投资资本 ×（投资资本回报率 − 资本成本率）。由于投资资本回报率是 [EBIT（1−T）] / 总投资资本，你可以用代数来证明 EVA 和经济利润是相同的。

 请注意，一些分析师在计算总投资资本时，会拿出"多余"的现金。但是，为使事情简单化，我们在本书中使用标准定义来计算总投资资本。有关进一步讨论，参见 news.morningstar.com/classroom2/course.asp?docid=145095&page=9.

美国国会在 2017 年通过了《税收改革法案》

2017 年 12 月，美国国会通过并由特朗普签署了《减税与就业法案》（TCJA），该法案对税法进行了自 1986 年以来最全面的改革。TCJA 对个人和公司都有影响。以下是对该法案关键条款的简要介绍。我们在本文末尾提供了资料来源，以便你可以更详细地阅读该法案的规定。

1. 个人税法的主要变化

首先，我们总结了该法案在个人税法方面的主要变化。重要的是要认识到，所有这里列出的个人条款都将在 2025 年年底自动废止。此外，未来的美国国会很有可能至少修改这些条款中的一部分。

该法案将个人所得税的最高税率从 39.6% 下调至 37%。

该法案取消了纳税人及其家属的个人免税额。

该法案大幅提高了所有单身个人和已婚夫妇的标准扣除额。标准扣除额是指纳税人可用于抵扣其应纳税所得额的金额。通常情况下，家庭有两个选择。他们可以按标准扣除，并提交一份不允许有其他扣除的非常简单的纳税申报单，或者他们可以选择在一份更复杂的纳税申报单中逐项扣除。大多数家庭按标准扣除，而逐项扣除者往往是那些有非常大的允许扣除额的人，如大额抵押贷款还款、慈善捐款和医疗费用等。在 2020 纳税年度，个人的标准扣除额为 12 400 美元，已婚夫妇共同申报的标准扣除额为 24 800 美元。

该法案限制了抵押贷款利息的扣除。纳税人最多只能扣除 750 000 美元本金的利息。此外，纳税人不能再扣除房屋净值贷款的利息。

该法案限制了州和地方税收的扣除。

该法案保留了个人最低替代税（AMT）。尽管 AMT 的免税额有所增加，但其继续与通货膨胀率挂钩。

该法案取消了杂项扣除。

该法案将遗产税免征额提高了一倍，达到了 1 000 万美元，而且这一数额将继续与通货膨胀率挂钩。

2. 个人税法变化的影响

大多数家庭缴纳的税款有所下降，要么是由于标准扣除额的增加，要么是由于边际税率的下降。分析师对增加的这部分税后收入将被消费或储蓄的问题存在分歧。答案将影响 TCJA 的整体经济效益，也影响了利率。

美国国会预算办公室报告表明，TCJA 将在一段时间内增加联邦赤字，这可能是导致利率进一步上升的压力。

标准扣除额的增加可能会导致许多纳税人停止逐项扣除，这将简化许多家庭纳税申报的手续。

TCJA 有可能导致生活在高税率州和地方的逐项扣除的家庭缴纳更多的税款，是因为在这些州和地方税收扣除的减少可能超过了标准扣除额的增加。一个可能的溢出效应是，生活在高税率州和地方的家庭将面临州和地方政府成本增加的问题，这可能会给这些州和地方政府带来削减开支和降低税率的压力。

可能会有大量的其他（在许多情况下是意外）的溢出效应。例如，由于税后收入的整体增加，因此慈善组织的捐赠也可能会增加。但与此同时，越来越少的家庭可能会选择逐项扣除，这导致他们的捐赠减少，因为他们不能再扣除他们的慈善费用（他们已经选择了标准扣除）。

3. 公司税法的主要变化

接下来，我们再总结一下该法案对公司税法的主要变化。正如我们接下来讨论的那样，虽然这些条款中的大多数不会随着时间的推移而自动失效，但有些条款会随着时间的推移而演变或被取消。同样，未来的美国国会也有可能随着时间的推移而修改这些条款。

该法案规定了统一的 21% 的公司税率。降低公司税率的动力是使美国公司更具竞争力，希望能够创造更多的就业机会。

该法案允许对在 2017 年 9 月 27 日之后、2023 年 1 月 1 日之前投入使用的某些新的和使用过的商业资产立即进行 100% 的费用化。这一"奖励"比例在 2023 年 1 月 1 日之后和 2027 年 1 月 1 日之前下降到 80%。这项规定在 2027 年 1 月 1 日失效。这项规定的主要目的是刺激对工厂和设备的新投资。

该法案废除了公司替代最小赋税（AMT）。

该法案取消了净经营亏损（NOL）的结转条款，并修改了结转条款，使 NOL 可以无限期结转。然而，任何一年的结转额都限于该年度的净营业亏损或该年度公司应纳税所得额的 80%，以两者中的较低者为准。

该法案将企业债务利息扣除额限制在收入的 30%（2018—2021 年以 EBITDA 衡量，此后以 EBIT 衡量）。这一规定的原因是不鼓励公司承担过多的债务。过去 3 年平均销售额在 2 500 万美元以下的公司可免于此条款的约束。

该法案将为那些有资金存放在海外的公司提供一次性的海外报税优惠。企业的现金和现金等价物将被征收 15.5% 的税，非现金和流动资产，如用海外利润购买的设备，将被征收 8% 的税。较低的税率旨在激励公司将现金带回美国并在美国境内使用。

该法案修改了公司股息豁免比例，对于持股比例低于 20% 的子公司，股息豁免比例从 70% 改为 50%，对于持股比例低于 80% 的子公司，股息豁免比例从

80% 改为 65%。

4. 公司税法变化的影响

较低的公司税率将使美国公司更具全球竞争力，也可能刺激一些公司将其收入带回美国。

较低的公司税率也降低了与债务融资相关的税收减免的价值。这种影响可能会降低债务融资的比例，并导致公司平均资本成本的增加。

较低的公司税率增加了大多数公司的税后自由现金流。

较高的税后自由现金流和企业资产的费用化相结合，意味着更多的项目具有正的净现值（NPV），这将鼓励更多的公司进行投资。

该法案取消了许多公司的扣除项目，但降低了税率，因此公司受到的影响不同。那些扣除额较少的公司比那些扣除额较多的公司更能受到新的较低公司税率的影响。

这只是对 TCJA 主要特点的一个总结。在第 12 章和第 14 章中，我们将更详细地考虑这些变化将如何影响企业的资本预算和资本结构决策。

资料来源："Analysis of the Final Tax Reform Bill,"(cooley.com), December 20, 2017; Phillip Daves, "Web Extension 1C: The 2017/18 Tax Reform and Its Impact on Corporate Finance," *Intermediate Financial Management*, 13th edition (Mason: OH, Cengage Learning, 2019); Kimberly Amadeo, "Trump's Tax Plan and How It Affects You," *The Balance* (thebalance.com), April 9, 2018; Wendy Connick, "What's in the Final Version of the Tax Cuts and Jobs Act," *The Motley Fool* (fool.com), January 3, 2018; and Ben Casselman, "Federal Tax Cuts Leave States in a Bind," *The New York Times* (nytimes. com), May 12, 2018. Refer to Congress.gov (congress.gov/bill/115th-Congress/house-bill/1) for the actual bill and all its provisions.

3.9.1 个人所得税

个人需要对工资和薪水、投资收入（股利、利息和出售证券的利润）以及基于所有权和合伙关系的利润分配缴税。税率是累进的——也就是说，收入越高，税率越高。表 3-5 提供了 2020 年纳税人将在 2021 年 4 月 15 日到期的纳税申报单上缴纳的税率。

表 3-5　2020 年个人所得税税率

单身人士			
如果你的应纳税所得额为 / 美元	你在此基础上支付此金额 / 美元	超过基础部分加上此税率（边际税率）/ %	最高税级的平均税率 / %
最高 9 875	0.00	10.0	10.0
9 875 ～ 40 125	987.50	12.0	11.5
40 125 ～ 85 525	4 617.50	22.0	17.1
85 525 ～ 163 300	14 605.50	24.0	20.4
163 300 ～ 207 350	33 271.50	32.0	22.8
207 350 ～ 518 400	47 367.50	35.0	30.1
大于 518 400	156 235.00	37.0	37.0
已婚夫妇联合申报			
如果你的应纳税所得额为 / 美元	你在此基础上支付此金额 / 美元	超过基础部分加上此税率（边际税率）/ %	最高税级的平均税率 / %
最高 19 750	0.00	10.0	10.0
19 750 ～ 80 250	1 975.00	12.0	11.5
80 250 ～ 171 050	9 235.00	22.0	17.1
171 050 ～ 326 600	29 211.00	24.0	20.4
326 600 ～ 414 700	66 543.00	32.0	22.8
414 700 ～ 622 050	94 735.00	35.0	26.9
大于 622 050	167 307.50	37.0	37.0

© Cengage Learning®

注：1. 这是 2020 年纳税人将在 2021 年 4 月 15 日到期的纳税申报单上缴纳的税率。每一个税率影响的收入范围都考虑了通货膨胀率，因此每年都会发生变化。

2. 平均税率总是低于边际税率，但是 2020 年最高税级的平均税率接近 37%，因为应纳税所得额无上限。

3. 2018 年，取消了纳税人和受抚养人的个人免税。由于州和地方财产税、所得税和销售税的扣除限制，以及工资税（社会保障和医疗保险税）的存在，因此 2020 年的实际税率将高于 37%。

　　应纳税所得额定义为"总收入减去一系列豁免和扣除额"。在 2021 年提交 2020 年年度纳税申报单时，纳税人不再获得每个受抚养人的豁免，包括纳税人，因为个人免税额随着《减税与就业法案》的通过而被取消。但某些费用仍然可以扣除，从而用于减少应纳税所得额——但有些费用已经减少或取消了。例如，对于 2017 年 12 月 31 日之后开始的抵押贷款，纳税人最多只能扣除 750 000 美元本金的利息，且房屋净值贷款的利息扣除已被取消。此外，TCJA 取消了大部分的逐项扣除。但是，对慈善捐款、退休储蓄和学生贷款利息的扣除仍然存在。纳税人现在只能对州和地方的财产税、所得税和销售税申请逐项扣除，最高为 10 000 美元（已婚并联合申报的纳税人）和 5 000 美元（单身纳税人）。最后，2020 年的标准扣除额（如果逐项扣除额低于这一数额，则采取逐项扣除额）单身纳税人为 12 400 美元，已婚并联合申报的纳税人为 24 800 美元。

　　边际税率（Marginal Tax Rate）定义为"对最后一美元收入的税率"。边际利率从 10% 开始，上升到 37%。注意，当考虑到逐步取消社会保障和医疗保险税、州和地方所得税的减免和扣除时，边际税率实际上可能超过 45%。平均税率可从表 3-5 中的数据计算得到。例如，一个人的应纳税所得额为 4.5 万美元，他的税单为 4 617.50 +（45 000−40 125）× 0.22 = 5 696.00 美元。其平均税率为 5 696.00/45 000 = 12.64%，而边际税率为 22%。如果他得到了 1 000 美元的加薪，他的收入将增加到 4.6 万美元，他将支付 220 美元作为税收，所以他的税后加薪是 780 美元。

　　还要注意，个人从公司证券收到的利息收入将加到其他收入里面，因此按联邦税率高达 37% 征税，加上州所得税。另外，资本利得和损失的处理方式不同。资产如股票、债券和房地产被定义为资本性资产。当你买一个资本性资产，然后以超过买价的价格再卖出，你赚的利润，称为资本利得；当你遭受损失，它被称为资本损失。如果你持有该资产一年或更短时间，你将有短期资本利得或损失，而如果你持有它一年以上，你将有长期资本利得或损失。因此，如果你买 100 股迪士尼股票，每股 100 美元，并以每股 110 美元卖出，你的资本利得为 100×10 美元，即 1 000 美元。但是，如果你卖的股票每股 90 美元，你将有 1 000 美元的资本损失。这取决于你持有股票多久，你将有短期或长期的资本利得或损失。如果你以每股 100 美元的价格卖出股票，你既不会获利也不会亏损，所以不需要缴税。

　　短期资本利得按照与普通利润相同的税率征税。然而，长期资本利得的征税方式不同。对于大多数纳税人，长期资本收益率只有 15%。因此，如果在 2020 年，你是一个收入为 300 000 美元的单身纳税人，你赚的任何短期资本利得都会按普通利润征税；但你的长期资本利得只会以 20% 的税率征税。然而，对于收入超过 441 450 美元的单身纳税人和收入超过 49 600 美元的已婚并联合申报的纳税人而言，长期资本利得的税率为 20%。此外，高收入的纳税人可能会产生 3.8% 的附加税，适用于他们的资本利得和其他净投资收益，即净投资所得税（NIIT）。因此，对按普通利润的税率征税的短期资本利得可能适用的最高税率是 40.8%，而长期资本利得的税率是 23.8%。但即使对于这些高税级的个人来说，长期资本利得的税率仍然远低于普通利润的税率。

　　从 2013 年开始，对于税级为 39.6% 的纳税人来说，符合条件的股利的最高税率增加至 20%。但是，对于大多数纳税人，符合条件的股利的最高税率为 15%。由于公司是从已缴税的收益中支付股利，因此出现了企业所得的双重征税：利润首先按公司税率征税，剩下的作为股利支付，再次征税。这种双重征税促使国会对股利的税率低于普通利润的税率。

　　股利和资本利得的税率随时间而变化，但它们一般低于普通利润的税率。美国国会想要经济增长，为了增长，我们需要投资生产性资产，低的资本利得和股利税率鼓励投资。有钱投资的个人要了解在新成立的公司进

⊖ 根据美国税法，大多数州和地方政府债券的利息不需缴纳联邦所得税。这对市政债券的价值和它们的回报率具有显著的影响。我们将在第 8 章讨论利率和回报。

⊜ 如果你有一年的净资本损失（你的资本损失超过你的资本利得），你可以根据你的其他收入（如工资、利息和股利）扣除高达 3 000 美元的损失。

⊜ 长期资本利得的税率为 0%、15% 和 20%。对于收入不超过 40 000 美元的单身纳税人和收入不超过 80 000 美元的已婚并联合申报的纳税人而言，长期资本利得的税率为 0%。对于收入在 40 000 美元至 441 450 美元之间的单身纳税人，以及收入在 80 000 美元至 496 600 美元之间的已婚并联合申报的纳税人而言，长期资本收益率为 15%。超过这些水平的收入，长期资本利得的税率为 20%。

⊘ 对于股利是"符合条件的"，投资者必须在除息日前 60 天开始累计 121 天期间持有该股票超过 60 天。我们将在第 15 章中讨论股利，现在需了解除息日是收取当前股利的权利与股票分离的日期。

⊙ 合格的股利税率为 0%、15% 和 20%，这些税率与以前规定的长期资本利得的收入水平和税率相对应。

行股权投资与购买债券相关的税收优惠，因为新的企业在这样的税制下更容易吸引资本。总之，降低资本利得和股利税率将刺激资本形成和投资。

正如你可能想象的那样，多年来，美国国会经常会调整个人所得税法以促进某些活动。例如，个人退休账户（IRA）鼓励个人为退休储蓄更多。有两种主要类型，**传统个人退休账户（Traditional IRAs）和罗斯个人退休账户（Roth IRAs）**。在每一种情况下，只要资金在他们的账户中持有到 59 岁半，投资者就会得到宝贵的税收优惠。对传统个人退休账户而言，附有条件的缴款可以减税，而且在 59 岁半之后，账户内的收入和投资收益在提取之前不需要纳税。罗斯个人退休账户的缴款不能扣税（它们来自税后价格），但从投资时点开始未来的收入和投资收益都不需要纳税。在这两种情况下，如果个人退休账户的投资者在 59 岁半之前提取资金则会面临罚款，除非有些特殊情况：比如，罗斯个人退休账户的投资者可以从他们的账户中提取最多 10 000 美元来帮助支付首次购房，而不会面临罚款。

作为一个非常粗略的经验法则，罗斯个人退休账户对那些认为他们的税率会随着时间的推移而增加的人更有吸引力，无论是他们认为他们的收入会随着年龄的增长而增加，还是他们认为美国国会在未来会提高整体税率。由于这个原因，许多年轻的投资者预期随着年龄的增长会有更高的薪酬（也会有更高的税率），因此他们倾向于选择罗斯个人退休账户。事实上，先锋集团的一位分析师在《华尔街日报》上发表的一篇文章中估计，30 岁以下的投资者可能将其个人退休账户中 92% 的资金分配到罗斯个人退休账户。但是，一刀切的做法并不适合所有人，在进行任何投资之前，审查具体的资格要求、潜在的罚款和分配的政策是很重要的。⊖幸运的是，有许多很棒的在线资源，总结了传统个人退休账户和罗斯个人退休账户的相对优点和缺点。

另一个应该解决的税收特征——最低替代税（AMT）。最低替代税创建于 1969 年，美国国会了解到 155 个高收入的百万富翁没有纳税，因为他们有很多避税手段，诸如房地产的折旧和城市债券利息。在最低替代税法下，人们必须根据"正常"制度计算他们的税收，然后根据 AMT 系统，许多扣除将被加回利润中，然后按特殊的 AMT 税率计税。多年来，AMT 不受通货膨胀影响，数百万纳税人发现自己受制于这种非常复杂的税收。⊜

收入超过 20 万美元的单身纳税人和收入超过 25 万美元的已婚并联合申报的纳税人的医疗保健税将额外发生 0.9% 的医疗保健税，以及对某些类型投资收入征收的 3.8% 的净投资所得税。这些税收最初是由《平价医疗法案》制定的，《减税与就业法案》没有涉及。

3.9.2　企业所得税

公司的税制结构很简单。新税法将公司税率降低到统一的 21% 的单一税率。由于州和地方税率的原因，在这本教科书中，我们将使用联邦加州 25% 的公司税率。举例来说，如果一家公司有 65 000 美元的应纳税所得额，它的应纳税额将是 16 250 美元。

$$应纳税额 = 65\ 000 \times 0.25$$
$$= 16\ 250（美元）$$

世界各地的公司税率

在文中，我们描述了 TCJA 的一些关键内容。通过这项立法的动力是降低个人和公司的税率，并以较低的公司税率刺激更多的就业机会。人们关注的是，美国公司支付的税率远远高于其全球竞争对手，在 TCJA 通过之前，它们确实如此。如下表所示，新的 21% 的较低的单一税率与世界上其他国家或地区的公司税率更加一致。这个表格显示了 2016—2019 年考虑到联邦、州和地方的有效公司税率的全部影响，这就是为什么美国的税率在 2018 年和 2019 年高于 21%。正如你所看到的，2017 年之后，美国公司的税率不再是最高的。

⊖　For additional information regarding IRAs refer to Laura Saunders, " Is a Roth Account Right for You?" *The Wall Street Journal* (wsj.com), December 19, 2014; and David Wolpe, "All about IRAs," *The Motley Fool* (g.foolcdn.com/money/allaboutiras/allaboutiras01.htm).

⊜　在 2013 年，AMT 豁免金额与通货膨胀挂钩。在 2020 年，单身纳税人的 AMT 豁免金额为 7.29 万美元，已婚并联合申报的纳税人的 AMT 豁免金额为 51.84 万美元，已婚但分别申报的纳税人的 AMT 豁免金额为 11.34 万美元。公司的 AMT 豁免是 4 万美元，替代性最低应税收入在 15 万美元到 31 万美元之间的豁免被取消。

国家 / 地区	2016 税率 / %	2017 税率 / %	2018 税率 / %	2019 税率 / %
澳大利亚	30.00	30.00	30.00	30.00
加拿大	26.50	26.50	26.50	26.50
丹麦	22.00	22.00	22.00	22.00
法国	33.30	33.33	33.00	31.00
德国	29.72	29.79	30.00	30.00
中国香港	16.50	16.50	16.50	16.50
冰岛	12.50	12.50	12.50	12.50
日本	30.86	30.86	30.86	30.62
墨西哥	30.00	30.00	30.00	30.00
俄罗斯	20.00	20.00	20.00	20.00
沙特阿拉伯	20.00	20.00	20.00	20.00
南非	28.00	28.00	28.00	28.00
西班牙	25.00	25.00	25.00	25.00
英国	20.00	19.00	19.00	19.00
美国	40.00	40.00	27.00	27.00

© Cengage Learning®

资料来源: " Corporate Tax Rates Table, " (home.kpmg.com/xx/en/home/services/tax/tax-tools-and-resources/tax-rates-online/corporate-tax-rates-table.html).

1. 公司收到的利息和股利

公司从经营中赚取大部分利润, 但也可能拥有证券 (股票和债券) 收到利息及股利收入。公司收到的利息收入作为一般收入按较低的企业所得税税率纳税。然而, 股利税更有利: 收到股利的 50% 从应纳税所得额中扣除, 而剩下的 50% 按普通税率纳税。⊖

因此, 一家公司通常只需支付股利收入的 12.5% (= 0.5 × 0.25) 作为税收。如果这家公司有 1 万美元的税前股利收入, 其税后股利收入将是 8 750 美元。

$$税后利润 = 税前利润 × (1 - 税率) = 10 000 × (1 - 0.125) = 8 750 (美元)$$

这种豁免背后的理由是, 公司获得股利, 然后将其税后利润作为股利支付给股东, 收到的股利受到三重征税: ①原公司被征税; ②第二个公司对其收到的股利征税; ③收到最后股利的个人再次被征税。这说明 50% 的公司间股利得到豁免。

假设一个公司有多余的经营需求以外的现金, 计划将现金投资于有价证券。税收因素有利于股票 (股票支付股利), 而不利于债券 (债券支付利息)。例如, 假设联合食品公司有 10 万美元可供投资, 它可以购买利率为 8% 的债券, 即每年 8 000 美元, 或支付 7% 股利的股票, 即每年 7 000 美元。联合食品公司在 25% 联邦加州税级上。因此, 如果联合食品公司购买债券并收到利息, 8 000 美元利息将缴 2 000 美元的税, 税后利润将是 6 000 美元。如果它买了股票, 它的税收将是 875 (= 7 000 × 0.125) 美元, 税后利润将是 6 125 美元。其他因素可能导致联合食品公司投资债券, 但当投资者为公司时, 税收因素对股票投资有利。

2. 公司支付的利息和股利

像联合食品公司这样的公司可以用债券或股票为经营融资。如果一个公司使用债券, 它必须支付利息, 而如果使用股票, 将会支付股利。支付的利息可以从营业利润中扣除得到应纳税所得额, 但从 2018 年到 2021 年, 扣除额限制在利息、税收和息税折旧摊销前利润 (EBITDA) 的 30% 内, 并且从 2022 年开始, 扣除额限制在利息和息税前利润 (EBIT) 的 30% 内。⊖前 3 年年平均总收入在 2 500 万美元以下的公司不受此限制。然而,

---

⊖ 豁免取决于支付公司的股票与接收公司拥有的股票的比率。如果它拥有 100% (因此, 付款人是子公司), 所有的股利将被豁免。它拥有不到 20%, 持有的股票只是一项投资的情况下, 70% 将被豁免。同时, 各州税收规则各不相同, 但在我们的例子中, 我们假设联合食品公司也有州所得税豁免。

⊖ 不允许扣除的利息可以无限期地结转。我们将在后面部分讨论结转问题。2020 年 3 月 27 日签署的《新冠病毒援助、救济与经济安全法案》(简称《CARES 法案》), 将从 2019 年和 2020 年开始的纳税年度的商业利息扣除限制从 30% 提高到 50%。对于合伙企业, 增加的 50% 的限制只适用于 2020 年。

支付的股利不能被扣除。因此，联合食品公司将需要 1 美元的税前利润来支付 1 美元的股利，但因为它是在 25% 的联邦加州税级上，它必须获得 1.33 美元的税前利润来支付 1 美元的股利。

$$支付 1 美元股利所需的税前利润 =1/（1-税率）= 1/0.75 = 1.33（美元）$$

向后推算，如果联合食品公司有 1.33 美元税前利润，就必须支付 0.33（= 0.25×1.33）美元税收。这使得它税后利润为 1 美元。

表 3-6 显示了一个公司的情况，它有 1 000 万美元资产、500 万美元销售收入和 150 万美元的息税前利润。该公司的年平均总收入低于 2 500 万美元，并且在之前的 3 年中也一直如此，因此该公司可以免于利息扣除的限制。如第 1 列所示，如果公司完全由债券融资，且需支付 150 万美元的利息，则其应纳税所得额为零；税收将为零，其投资者将获得整个 150 万美元（投资者包括股东和债券持有人）。然而，如第 2 列所示，如果该公司没有债务，完全由股票融资，所有的 150 万美元的息税前利润将是公司的应纳税所得额；所得税为 37.5（= 150×0.25）万美元，投资者将只得到 112.5 万美元，而通过债券融资可以获得 150 万美元。因此，当使用债务时投资者可以从 1 000 万美元投资中获得更高的投资收益率。

表 3-6　债券和股票融资下的投资者回报　（单位：美元）

	使用债券（1）	使用股票（2）
销售收入	5 000 000	5 000 000
营业成本	3 500 000	3 500 000
息税前利润（EBIT）	1 500 000	1 500 000
利息	1 500 000	0
应纳税所得额	0	1 500 000
联邦加州税率（25%）	0	375 000
税后收入	0	1 125 000
投资收益	1 500 000	1 125 000
1 000 万美元资产的投资收益率	15.0%	11.25%

© Cengage Learning®

当然，一般不太可能全部用债务融资，这样做的风险会抵消更高预期利润的收益。然而，利息是可扣除费用的事实却对企业的融资方式有着深远的影响——企业税收制度偏向债务融资而非股权融资。这一点将在第 10 章和第 14 章中更详细地讨论。○

3. 公司资本利得

在 1987 之前，公司长期资本利得按比公司普通利润低的税率缴税，因此公司和个人的情况相似。然而，目前，公司的资本利得被征以与营业利润统一的公司税率。

4. 公司损失向后抵扣

普通公司的经营亏损可以向后抵扣。向后抵扣的扣除额是净经营亏损总额和向后抵扣年度的应纳税所得额的 80% 两者中的较低者。○

为了说明问题，假设在 2021 年，X 公司损失了 1 200 万美元。同时，假设在 2022 年和 2023 年，X 公司是赢利的，每年有 1 000 万美元的应纳税所得额。（当然，我们不会提前知道这些信息，我们只是说明该公司在未来几年如何向后抵扣。）如表 3-7 所示，X 公司将在 2022 年使用抵扣特征来调整其利润并计算其调整后的应纳所得税额。2022 年可以向后抵扣的亏损是实际亏损（本例中为 1 200 万美元）和 2022 年应纳税所得额的 80% 两者中的较低者。因为 2022 年应纳税所得额的 80% 是 800 万美元，所以 X 公司可以抵扣 2021 年亏损的 800 万美元来调整

表 3-7　2021 年的 1 200 万美元亏损用于 2022 年和 2023 年的抵扣和结转的计算

（单位：美元）

	2022	2023
应纳税所得额	10 000 000	10 000 000
抵扣额	−8 000 000	−4 000 000
调整后的利润	2 000 000	6 000 000
应纳所得税额（25%）	500 000	1 500 000
2021 年亏损	12 000 000	12 000 000
抵扣的亏损	8 000 000	12 000 000
可用的抵扣亏损	4 000 000	0

© Cengage Learning®

○ 从理论上讲，一家公司可以不支付股利，以帮助避免其股东必须为收到的股利纳税。美国国税局有一个反对不当积累留存收益的规定。然而，在我们的经验中，公司很容易证明留存收益合理，我们从来没有见过公司有不当积累的问题。

○ 《CARES 法案》修改了与 2018 年、2019 年和 2020 年产生的净经营亏损（NOL）有关的规则。在 2017 年 12 月 31 日开始的纳税年度和在 2021 年 1 月 1 日之前产生的任何净经营亏损都可以结转到亏损年度之前的 5 个纳税年度。此外，《CARES 法案》暂时取消了 80% 的应纳税所得额限制，以允许净经营亏损完全抵消应纳税所得额。然而，80% 的应纳税所得额限制继续适用于 2020 年 12 月 31 日之后开始的任何纳税年度，以及 2017 年 12 月 31 日之后开始的纳税年度产生的净经营亏损，结转到这些纳税年度。

2022 年的利润。2022 年的应纳所得税额为 50（＝200 × 0.25）万美元。因为 2021 年的亏损并没有全部使用，X 公司可以将剩余的 400 万美元亏损在未来几年里抵扣。2023 年，该公司的应纳税所得额为 1 000 万美元，因此我们可以使用剩余的抵扣额来调整该公司 2023 年的利润。因为所有可用的抵扣额低于 2023 年应纳税所得额的 80%，X 公司的利润将减少 400 万美元，所以其调整后的 2023 年利润为 600 万美元，其应纳所得税额为 150 万美元。此时，整个 2021 年的亏损已被抵扣，所以在我们的例子中没有继续向后抵扣。然而，抵扣额度可以无限期延长，所以如果仍有数额，它将被应用于下一年，使用与我们在这里所做的相同的步骤来调整该公司的利润并降低其该年的应纳所得税额。允许这种亏损处理的目的是为了避免惩罚那些收入每年大幅波动的公司。

5. 合并企业所得税申报表

如果一个公司拥有 80% 或更多的其他公司的股票，它可以汇总利润并提交一份所得税申报表，允许用一家公司的损失来抵消另一家的利润（同样，一个部门的损失可以用来抵消另一部门的利润）。没有企业想蒙受损失，税收抵免使大型、多部门企业更有可能承担有风险的投资或企业在发展过程中遭受的损失。

6. 小企业的税收：S 公司

正如我们在第 1 章中提到的，税法允许满足某些特定条件的小企业设立为公司，从而获得公司组织形式的利益（特别是有限责任），但仍作为独资企业或合伙企业而非公司进行纳税。这些公司被称为 S 公司（普通公司被称为 C 公司）。公司决定成立一个 S 公司，其所有的利润将被报告为股东的个人利润，按比例征税，从而按股东的个人所得税率征税。因为所得税只征一次，这是对小公司的所有者的重要优惠。每年赚取的利润的全部或大部分将作为股利分配。情况类似于有限责任公司。

7. 折旧

折旧在所得税计算中占有重要地位——折旧越大，应纳税所得额越低，税收越低，从而有更高的经营现金流。根据《减税与就业法案》，如果某些新的和使用过的商业资产在 2017 年 9 月 27 日之后和 2023 年 1 月 1 日之前投入使用，那么其 100% 的成本可以立即费用化。对于 2023 年 1 月 1 日之后，但在 2027 年 1 月 1 日之前投入使用的资产，只有 80% 的资产成本可以立即费用化。2027 年 1 月 1 日之后，立即费用化的做法将被取消。这种"奖励"折旧通常适用于寿命小于 20 年的资产。不受"奖励"折旧限制的非住宅不动产属于替代性折旧制度，按 40 年直线法折旧。我们将在研究资本预算时更详细地讨论折旧以及折旧如何影响利润和现金流。

自我测验

1. 解释这句话：我们的税率是累进的。
2. 边际税率和平均税率的区别是什么？
3. AMT 是什么，它的目的是什么？
4. 什么是市政债券，以及如何对这些债券征税？
5. 什么是长期资本利得？它们像其他收入一样纳税吗？
6. 美国的税收制度如何影响企业的债务融资？
7. 税收亏损向后抵扣背后的逻辑是什么？
8. 区分 S 公司和 C 公司。

本章小结

本章的主要目的是描述基本财务报表，为现金流提供一些背景信息，明确净现金流和会计利润的差异，并简要介绍联邦所得税制度。在接下来的章节中，我们将根据这些信息来分析公司的财务报表，并确定其财务是否健康。

自测题

ST-1 关键术语

定义下列术语：

a. 年报、资产负债表、利润表、现金流量表、所有者权益变动表

b. 股东权益、留存收益、营运资本、净营运资本、净经营营运资本（NOWC）、总债务

c. 折旧、摊销、营业利润、息税折旧摊销前利润、自由现金流（FCF）

d. 税后经营净利润（NOPAT）

e. 市场附加值（MVA）、经济增加值（EVA）

f. 累进税、边际税率、平均税率

g. 税收亏损向后抵扣、最低替代税（AMT）

h. 传统个人退休账户；罗斯个人退休账户

i. 资本利得（损失）

j. S 公司

ST-2 净利润和现金流

去年 Rattner Robotics 有 500 万美元的营业利润。其折旧费用为 100 万美元，利息费用为 100 万美元，企业所得税税率为 25%。在年终时，它有 1 400 万美元的流动资产、300 万美元的应付账款、100 万美元的应计费用、200 万美元的应付票据和 1 500 万美元的厂房和设备净值。假设 Rattner 没有多余现金。Rattner 只使用债务和普通股为经营提供资金（换句话说，Rattner 资产负债表上没有优先股）。Rattner 没有其他流动负债。假设折旧是 Rattner 唯一的非现金项目。

a. 公司的净利润是多少？

b. 什么是净经营营运资本（NOWC）？

c. 什么是净营运资本（NWC）？

d. Rattner 前一年拥有 1 200 万美元的厂房和设备净值。其净经营营运资本随着时间的推移保持不变。公司刚结束的这一年的自由现金流（FCF）是多少？

e. Rattner 有 50 万股流通股，资产负债表上普通股的金额为 500 万美元。公司本年没有发行或回购普通股。去年的留存收益余额为 1 120 万美元，公司今年支付了 180 万美元的股利。编制 Rattner 的年末所有者权益变动表。

f. 如果公司年末的股票价格是 52 美元，那么该公司的市场附加值是多少？

g. 如果公司的税后资本成本率是 9%，公司年末的经济增加值是多少？

简答题

3-1 大多数年报中包含的四张财务报表是什么？

3-2 谁是财务报表的一些基本用户，以及他们如何使用财务报表？

3-3 如果一家"典型"的公司报告资产负债表上有 2 000 万美元的留存收益，那么董事会会会宣布 2 000 万美元的现金股利而没有任何顾虑他们在做什么吗？解释你的答案。

3-4 解释以下语句：资产负债表可以被认为是一个公司在某个时点的财务状况的"快照"，利润表则报告公司一段时间内的经营。

3-5 财务报表基于美国一般公认会计原则（GAAP）并由会计师事务所审计。投资者需要担心报表的有效性吗？解释你的答案。

3-6 当回答 a 和 b 部分的时候，参照题为"2000～2019 年家庭和非营利组织的资产负债表"的表。

　a. 自 2007 年和 2008 年的金融危机以来，净资产水平发生了什么变化？简要解释一下为什么会发生这种情况。

　b. 每户家庭是否平等地分享了净资产的总体改善？简要解释你的答案。

3-7 自由现金流是什么？如果你是投资者，你为什么会对自由现金流比对净利润更感兴趣？

3-8 一个公司报告了负的自由现金流但仍然受到投资者高度重视，这可能吗？即负的自由现金流可以被投资者乐观地看待吗？解释你的答案。

3-9 管理的行为如何体现在经济增加值和市场附加值上？经济增加值和市场附加值如何相互关联？

3-10 解释如下语句：我们的税率是累进的。

3-11 公司利润双重征税意味着什么？利润可能遭遇三重征税吗？解释你的答案。

3-12 付税公司扣除利息和红利如何影响融资选择（即债券与股权的使用）？

问答题

（3-1 ～ 3-8 为简单题）

3-1 资产负债表　Dallas & Associates 的资产包含流动资产及厂房与设备净值，公司没有多余的现金。该公司拥有 250 万美元的总资产和 200 万美元的厂房和设备净值。它的应付票据为 15 万美元，长期债务为 75 万美元，普通权益为 150 万美元。公司资产负债表上

有应付账款及应计费用。公司通过债务和普通股股权融资，所以资产负债表上没有优先股。

a. 公司的总债务是多少？

b. 公司资产负债表上的负债总额和权益总额是多少？

c. 公司资产负债表上流动资产的余额是多少？

d. 公司资产负债表上流动负债的余额是多少？

e. 资产负债表上的应付账款及应计费用的金额是多少（提示：这看作是公司资产负债表上的一个单一项目）？

f. 公司的净营运资本是多少？

g. 公司的净经营营运资本是多少？

h. 解释 f 和 g 部分的区别是什么。

3-2 利润表 Byron Books 公司最近报道有 1 500 万美元的净利润。息税前利润是 2 080 万美元，税率为 25%。它的利息费用是多少（提示：写出利润表的标题，并填写已知值。然后用 1 500 万美元的净利润除以（1−T）= 0.75 得到税前利润。息税前利润与应纳税所得额的差额是利息费用。使用相同的程序完成类似的问题）？

3-3 利润表 Pearson Brothers 最近公布了 750 万美元的息税折旧摊销前利润。净利润为 262.5 万美元，利息费用为 150 万美元，企业所得税税率为 25%。折旧和摊销的费用是多少？

3-4 所有者权益变动表 在最新的财务报表中，Newhouse 公司报告了 7 500 万美元的净利润和 8.25 亿美元的留存收益。之前的留存收益为 7.84 亿美元。今年分配了多少股利给股东？假设所有宣告的股利已实际支付。

3-5 市场附加值 Henderson Industries 资产负债表上有 9 亿美元的普通权益，股价是每股 80 美元，市场附加值是 0.5 亿美元。流通在外的普通股有多少？

3-6 市场附加值 多年来，McLaughlin 公司的股东在购买新发行的股票并允许管理层保留一些公司的收益时提供了 3 400 万美元的资本。公司现在有 200 万股流通在外的普通股，每股以 28 美元的价格出售。多年来 McLaughlin 的管理层为股东创造了多少财富，即 McLaughlin 的市场附加值为多少？

3-7 经济增加值 Britton Industries 今年的营业收入为 350 万美元，税率为 25%。总投资资本为 2 000 万美元，税后资本成本率为 8%。公司的经济增加值是多少？

3-8 个人所得税 Susan 和 Stan Britton 是一对已婚夫妇，他们共同提交纳税申报表，其中税率基于本章的税务表。假设他们今年的应纳税所得额为 37.5 万美元。

a. 他们的联邦纳税义务是多少？

b. 他们的边际税率是多少？

c. 他们的平均税率是多少？

（3-9 ~ 3-14 为中等难度题）

3-9 资产负债表 下列哪些行为最有可能直接增加资产负债表上所列示的现金？解释并陈述你的答案所依据的假设。

a. 它新发行了 400 万美元普通股。

b. 它花了 300 万美元购买新的厂房和设备。

c. 它报告了今年的大额亏损。

d. 它增加了普通股分配的股利。

3-10 所有者权益变动表 Computer World 公司支付了 2 240 万美元总股利，报告年末有 1.447 亿美元留存收益。前一年的留存收益为 0.955 亿美元。净利润是多少？假设宣布的所有股利实际上已支付。

3-11 经济增加值 2021 年 Gourmet Kitchen 报告有 2 200 万美元的销售收入和 1 900 万美元营业成本（包括折旧）。公司有 1 500 万美元的总投资资本。税后资本成本率为 10%，联邦所得税税率为 25%。公司的经济附加值是多少，即管理层在 2021 年为股东创造了多少价值？

3-12 现金流量表 Hampton 在 2020 年年末有 3.9 亿美元的现金，在 2021 年年末有 1.1 亿美元的现金。这家公司投资房地产、厂房和设备共计 21 亿美元。融资活动的现金流总额为 12 亿美元。

a. 经营活动的现金流是多少？

b. 如果预计费用增加 1.5 亿美元，应收账款和存货增加 5 亿美元，折旧和摊销总额为 2.5 亿美元，公司的净利润是多少？

3-13 现金流量表 你刚刚被聘为巴塞尔公司的财务分析师。不幸的是，公司总部（所有的公司记录保存地）被火烧毁。所以，你的第一份工作就是重新编制公司今年的现金流量表。公司在上一年年底时有 10 万美元银行存款，营业资本账户除现金外保持不变。年内净利润为 500 万美元，但向普通股股东支付了 80 万美元的股利。全年，该公司购买了 550 万美元的机器，大多数的使用寿命超过 20 年，属于替代性折旧制度。你刚刚和公司的会计师谈话并了解到，每年折旧费用为 45 万美元，然而，购买机器的价格代表物业、厂房及设备计提折旧前的增值。最后，你确定了公司唯一的融资方式是以 6% 的利率发行 100 万美元长期债务。公司年末现金余额为多少？重新编制公司的现金流量表来得出你的答案。

3-14 自由现金流 Arlington Corporation 的财务报表如下所示（美元和股数以百万为单位）。

12 月 31 日的资产负债表

	2021 年	2020 年
资产		
现金和现金等价物	15 000	14 000
应收账款	35 000	30 000
存货	33 320	27 000
流动资产合计	83 320	7 100
厂房和设备净值	48 000	46 000
资产总计	131 320	117 000

（续）

	2021 年	2020 年
负债和股东权益		
应付账款	10 100	9 000
应计款项	8 000	6 000
应付票据	7 000	5 050
流动负债合计	25 100	20 050
长期债券	20 000	20 000
负债总计	45 100	40 050
普通股（4 000 股）	40 000	40 000
留存收益	46 220	36 950
普通股权益	86 220	76 950
负债和股东权益总计	131 320	117 000

截至 2021 年 12 月 31 日的利润表

销售收入	210 000
营业成本不包括折旧和摊销	160 000
息税折旧摊销前利润	50 000
折旧和摊销	6 000
息税前利润	44 000
利息	5 350
税前利润	38 650
所得税（25%）	9 663
净利润	28 988
支付的股利	19 718

a. 2020 年和 2021 年的净营运资本是多少？假设所有现金都是"多余"的现金，也就是说，这些现金不需要用于经营目的。

b. Arlington 2021 年的自由现金流是多少？

c. 编制 Arlington 2021 年的所有者权益变动表。

d. Arlington 2021 年经济增加值是多少？假设其税后资本成本率为 10%。

e. Arlington 2021 年年末的市场附加值是多少？假设其股票价格在 2021 年 12 月 31 日是 25 美元。

（3-15 ~ 3-18 为具有挑战性的难题）

3-15 利润表 Hermann Industries 预测以下利润表。

（单位：美元）

销售收入	10 000 000
营业成本不包括折旧和摊销	5 500 000
息税折旧摊销前利润	4 500 000
折旧和摊销	1 200 000
息税前利润	3 300 000
利息	500 000
税前利润	2 800 000
所得税（25%）	700 000
净利润	2 100 000

首席执行官希望看到更高的销售收入并预期净利润为 330 万美元。假设经营成本（不包括折旧和摊销）是销售收入的 55%，折旧摊销及利息费用将增加 6%。税率为 25%，保持不变（请注意，尽管税率不变，但所得税将变化）。销售收入为多少时将产生 300 万美元的净利润？

3-16 财务报表 Davidson 公司的资产负债表和利润表如下所示。

Davidson 公司：2021 年 12 月 31 日的资产负债表

（百万美元）

资产		负债和股东权益	
现金和现金等价物	15	应付账款	120
应收账款	515	应计款项	280
存货	880	应付票据	220
流动资产合计	1 410	流动负债合计	620
厂房和设备净值	2 590	长期债券	1 520
		负债总计	2 140
		普通股（1 亿股）	260
		留存收益	1 600
		普通股权益	1 860
资产总计	4 000	负债和股东权益总计	4 000

Davidson 公司：截至 2021 年 12 月 31 日的利润表

（单位：百万美元）

销售收入	6 250
营业成本不包括折旧和摊销	5 230
息税折旧摊销前利润	1 020
折旧和摊销	220
息税前利润	800
利息	180
税前利润	620
所得税（25%）	155
净利润	465
支付的股利	183
每股收益	4.65

a. 编制 2021 年 12 月 31 日的所有者权益变动表。2021 年未发行普通股。

b. 历年来共多少资金再投资于该公司？

c. 目前该公司可以开的支票上限是多少？

d. 在未来的一年里必须支付多少钱给当前的债权人？

3-17 自由现金流 Powell Panther 公司的财务信息如下所示。

Powell Panther 公司：截至 12 月 31 日的利润表

（单位：百万美元）

	2021 年	2020 年
销售收入	1 200.0	1 000.0
营业成本不包括折旧和摊销	1 020.0	850.0

（续）

	2021 年	2020 年
息税折旧摊销前利润	180.0	150.0
折旧和摊销	30.0	25.0
息税前利润	150.0	125.0
利息	21.7	20.2
税前利润	128.3	104.8
所得税（25%）	32.1	26.2
净利润	96.2	78.6
普通股股利	79.7	61.3

Powell Panther 公司：12 月 31 日的资产负债表

（单位：百万美元）

	2021 年	2020 年
资产		
现金和现金等价物	12.0	10.0
应收账款	180.0	150.0
存货	180.0	200.0
流动资产合计	372.0	360.0
厂房和设备净值	300.0	250.0
资产总计	672.0	610.0
负债和股东权益		
应付账款	108.0	90.0
应计款项	72.0	60.0
应付票据	67.0	51.5
流动负债合计	247.0	201.5
长期债券	150.0	150.0
负债总计	397.0	351.5

（续）

	2021 年	2020 年
普通股（5 000 万股）	50.0	50.0
留存收益	225.0	208.5
普通股权益合计	275.0	258.5
负债和股东权益总计	672.0	610.0

a. 2020 年和 2021 年的净营运资本是多少？假设企业没有"多余"的现金。

b. 2021 年的自由现金流是多少？

c. 你如何解释 2021 年股利的大幅增长？

3-18 个人所得税 Mary Jarvis 是单身个人，她正在提交上一年的纳税申报表。她已经整理了以下相关信息：

- 她收到了 8.2 万美元的工资。
- 她获得了 1.2 万美元的股利收入。
- 她收到了 5 000 美元家得宝债券的利息收入。
- 她 2 年前购买迪士尼股票花了 9 000 美元，现以 2.2 万美元的价格出售。
- 她 6 个月前购买谷歌股票花了 7 500 美元，现以 1 万美元的价格出售。
- 玛丽收到一项减免（7 500 美元），她有可抵扣的分项扣除项目 12 400 美元。这些金额将从她的总收入中扣除，以确定她的应纳税所得额。

假设她的税率是基于本章中所列的税务表。

a. 玛丽的联邦纳税义务是多少？

b. 她的边际税率是多少？

c. 她的平均税率是多少？

综合/电子表格问题

财务报表、现金流和所得税 Laiho 2020 年和 2021 年的资产负债表如下所示（以千美元为单位）。

	2021 年	2020 年
资产		
现金和现金等价物	102 850	89 725
应收账款	103 365	85 527
存货	38 444	34 982
流动资产合计	244 659	210 234
固定资产净值	67 165	42 436
资产总计	311 824	252 670
负债和股东权益		
应付账款	30 761	23 109
应计款项	30 477	22 656
应付票据	16 717	14 217
流动负债合计	77 955	59 982
长期债券	76 264	63 914

（续）

	2021 年	2020 年
负债总计	154 219	123 896
普通股	100 000	90 000
留存收益	57 605	38 774
普通股权益合计	157 605	128 774
负债和股东权益总计	311 824	252 670

a. 2021 年的销售收入为 45 515 万美元，EBIT 为销售收入的 15%。此外，折旧和摊销为固定资产净值的 18%，利息为 858.3 万美元，企业所得税税率为 25%，Laiho 支付 47.25% 的净利润作为股利。基于此信息，编制公司 2021 年的利润表。

b. 编制截至 2021 年 12 月 31 日的所有者权益变动表和 2021 年的现金流量表。

c. 计算 2020 年和 2021 年的净经营营运资本和 2021 年的自由现金流。

d. 如果 Laiho 提高股利支付率，这对企业所得税有何影响？这对公司股东缴纳的税款会产生什么影响？

e. 假设公司的税后资本成本率为 10.5%，公司 2021 年的经济增加值是多少？

f. 假设公司的股票价格是每股 22 美元，2021 年年末公司拥有 1 000 万股流通股。公司 2021 年年末的市场附加值是多少？

综合案例

D'Leon Inc.，第 1 部分

资产负债表和所得税　Donna Jamison，2016 年毕业于佛罗里达大学，具有 4 年银行从业经验，最近被任命为 D'Leon 公司的董事会主席助理。D'Leon 公司是佛罗里达州北部一家小的食品生产商，专门经营在零食市场上出售的优质山核桃等坚果产品。D'Leon 公司的董事长 Al Watkins，决定在 2020 年进行重大扩张并向全国发展，与菲多利、鹰和其他主要的休闲食品公司展开竞争。Watkins 相信，D'Leon 公司的产品比竞争对手的产品质量高，质量差异将使它收取溢价，并最终促进销售、利润及股价的大幅增长。

　　该公司将工厂产能翻了一番，且在国内外开设了新的销售办事处，并花大价钱进行了广告宣传。婉转地说，D'Leon 公司的结果并不令人满意。当董事们了解到扩张是如何进行的时候，董事会，包括董事长、副董事长和大股东（他们都是当地的商人）感到很不安。不高兴的供应商被延迟付款；银行抱怨形势恶化，并威胁要切断信贷。因此，Watkins 被告知必须尽快做出改变，否则他将被解雇。另外，在董事会的坚持下，Donna Jamison 被招入当 Fred Campo 的助理，他是一个退休的银行家，也是 D'Leon 公司的主席和最大股东。Campo 同意放弃他的一些高尔夫日，与 Jamison 一起来帮助公司恢复健康。

　　Jamison 开始收集财务报表和表 IC3-1、IC3-2、IC3-3 和 IC3-4 给出的其他数据。假设你是 Jamison 的助手。你必须帮助她回答 Campo 的下列问题（注：我们将在第 4 章继续讲到这个例子，有了这里的分析你会觉得更舒坦。回答这些问题将有助于你预习第 4 章）。

a. 扩张对销售收入、税后营业利润、净营运资本、净利润有什么影响？

b. 公司扩张对自由现金流有什么影响？

c. D'Leon 公司购买材料有 30 天的付款期，这意味着它应该在收到材料后的 30 天内付款。从 2021 年的资产负债表来看，你认为 D'Leon 公司及时支付给供应商了吗？如果供应商没有及时收到款项，可能会出现什么问题？

d. D'Leon 公司花钱请人工、购买材料、购买固定资产（折旧）来生产产品并花更多的钱来销售这些产品。然后，公司销售发生应收账款，最终导致现金流入。

D'Leon 公司的售价超过每单位销售成本吗？这如何影响现金余额？

e. 假设 D'Leon 公司的销售经理告诉销售人员开始提供 60 天的信用期而不是现在的 30 天。D'Leon 公司的竞争对手的反应是通过提供类似的条款，因此销售保持不变。这对现金账户会有什么影响？如果销售由于信贷政策的变化翻倍，现金账户会受到怎样的影响？

f. 你能想象单价超过生产和销售一个单位的产品的成本，但销量急剧增加导致现金余额下降的情形吗？试解释。

g. D'Leon 公司通过内部资金（留存收益的增加加折旧）还是外部资本来为扩张提供融资？融资的选择如何影响公司的财力？

h. 参考表 IC3-2 和 IC3-4。假设 D'Leon 公司 2021 年实现盈亏平衡，即销售收入等于总运营成本加上利息费用。资产扩张是否会导致公司经历现金短缺，需要筹集外部资金？试解释。

i. 《减税与就业法案》要求对某些合格的企业资产立即费用化，而不是在较长的时间内折旧，会影响①资产的实物库存，②资产负债表中固定资产账户，③本公司报告的净利润，④公司的现金状况吗？假定股东采用相同的折旧方法用于向股东报告和税务计算，会计变更对资产的物理寿命没有影响。

j. 解释每股收益、每股股利和每股账面价值的计算方法以及它们的意思。为什么每股市价不等于每股账面价值？

k. 简要解释①支付的利息及股利，②已获利息及收到股利，③资本利得，④税项亏损向后抵扣的税务处理。这些项目如何影响 D'Leon 公司的所得税？

表 IC　3-1　　　　　（单位：美元）

	2021 年	2020 年
资产		
现金和现金等价物	7 282	57 600
应收账款	632 160	351 200
存货	1 287 360	715 200
流动资产合计	1 926 802	1 124 000
固定资产总值	1 202 950	491 000

（续）

	2021 年	2020 年
减累计折旧	263 160	146 200
固定资产净值	939 790	344 800
资产总计	2 866 592	1 468 800
负债和权益		
应付账款	524 160	145 600
应计	489 600	136 000
应付票据	636 808	200 000
流动负债合计	1 650 568	481 600
长期债券	723 432	323 432
普通股（100 000 股）	460 000	460 000
留存收益	32 592	203 768
股东权益合计	492 592	663 768
负债和股东权益总计	2 866 592	1 468 800

© Cengage Learning®

表 IC 3-2 （单位：美元）

	2021 年	2020 年
销售收入	6 126 796	3 432 000
销货成本	5 528 000	2 864 000
其他费用	519 988	358 672
总营业成本不含折旧和摊销	6 047 988	3 222 672
折旧和摊销	116 960	18 900
息税前利润	（38 152）	190 428
利息费用	122 024	43 828
税前利润	（160 176）	146 600
所得税（25%）	（0）	36 650
净利润	（160 176）	109 950
每股收益	（1.602）	1.100
每股股利	0.110	0.275
每股账面价值	4.926	6.638
股价	2.25	8.50
流通股	100 000	100 000
税率	25.00%	25.00%
支付的租金	40 000	40 000
支付的偿债基金	0	0

© Cengage Learning®

表 IC 3-3 （单位：美元）

	普通股		留存收益	股东权益合计
	股数	金额		
2020 年 12 月 31 日余额	100 000	460 000	203 768	66 3768
2021 年净收益			（160 176）	
现金股利			（11 000）	
留存收益增加（减少）	——	——	——	（171 176）
2021 年 12 月 31 日余额	100 000	460 000	32 592	492 592

© Cengage Learning®

表 IC 3-4 （单位：美元）

经营活动	
净利润	（160 176）
折旧和摊销	116 960
应付账款增加	378 560
应计增加数	353 600
应收账款增加	（280 960）
存货增加	（572 160）
经营活动产生的现金流净额	（164 176）
长期投资活动	
机器、厂房、设备增加	（711 950）
投资活动产生的现金流净额	（711 950）
融资活动	
应付票据增加	436 808
长期负债增加	400 000
现金股利支付	（11 000）
融资活动产生的现金流净额	825 808
汇总	
现金净减少	（50 318）
期初现金余额	57 600
期末现金余额	7 282

© Cengage Learning®

深入探讨

使用在线资源（例如，雅虎财经、谷歌财经等）来解决本章的问题。请注意网站信息会随时间变化，这些变化可能影响你对这些问题的回答。

分析 Dunkin's Brands Group 的财务报表

Dunkin' Brands Group 在全球范围内以 Dunkin' Donuts 和 Baskin-Robbins 两个品牌运营，拥有 Dunkin' Donuts 餐厅 13 000 多家和 Baskin-Robbins 餐厅 8 100 多家。

使用 finance.yahoo.com 和 money.msn.com 等财务网站，你可以获得 Dunkin' Brands Group 等公司的大量财务信息。通过输入该公司的股票代码 DNKN，你将能够获得大量有用的信息，包括 Dunkin' Brands Group

的工作概要（简介），其最近的股票价格图表（交互式图表）、EPS 估计（分析）、最近的新闻报道（摘要），以及关键财务数据和比率列表（统计）。

在研究一家公司的经营业绩时，一个好的开始是最近的股票价格表现。从交互式图表中，你可以获得该公司的股票价格表现图表，并将其与 2011—2020 年期间的整体市场（以标准普尔 500 指数衡量）进行比较。正如你所看到的，Dunkin' Brands Group 的股票价格有起有落。但在过去 5 年中，该公司的整体表现一直很强劲，紧紧跟随市场趋势，而在过去 2 年左右的时间里，其表现优于市场。

你也可以找到 Dunkin' Brands Group 最近的财务报表。通常情况下，你可以找到 4 年的年度资产负债表、利润表和现金流量表。季度信息也可以找到。

讨论问题

1. 看看最近的一年，Dunkin's Brand Group 资产负债表上的总资产是多少？固定资产占比多少，如厂房和设备？流动资产占比多少？公司多年来成长如何？

2. Dunkin's Brand Group 有很多长期债务吗？Dunkin's Brand Group 为资产提供融资的主要方式是什么？

3. 看看现金流量表，什么因素可以解释公司现金状况最近几年的变化？

4. 看看利润表，公司最近的销售收入和净利润是多少？在过去几年里，销售增长率是多少？净利润的增长率是多少？

5. 在过去几年里，股票价格表现与报告的收益之间存在很强的相关性吗（提示：更改交互式图表，使其与财务报表显示的年份相对应）？

第4章

财务报表分析

你可以通过分析股票来赚钱吗

很多年来，关于这个问题的争议一直存在。有些人认为股市高度有效，关于股票的所有可用信息都已经反映在股价上。有效市场提倡者认为社会中有着成千上万受过良好训练的聪明分析师为机构投资者管理高达几十亿美元的基金。这些分析师能够接触到最新消息，并根据公司释放出的对未来利润有影响的信息采取买进或卖出的行为。有效市场提倡者也指出，很少有雇用较高素质的分析师管理的共同基金能够获取超过市场平均水平的回报。如果这些专家都只能获取平均回报，那么其他人怎么可能超过市场平均回报呢？

有些人不同意这种观点，认为这些分析师有助于赚取高水平的回报。他们指出，有些基金经理每年都能够超过市场平均业绩。同样，他们也指出一些积极投资者会谨慎分析公司情况，识别那些可以纠正的竞争劣势，并说服经理采取措施以提升公司业绩。

可以说，世界上最为出名的投资者是沃伦·巴菲特。通过他的伯克希尔－哈撒韦公司，巴菲特对包括GEICO、Fruit of the Loom、Duracell 和 Dairy Queen 在内的许多美国知名企业做了重要的投资。伯克希尔－哈撒韦公司还大量持有许多其他公司的股份，包括苹果、可口可乐、达美航空和富国银行。巴菲特对待事物有着长远的眼光。他的价值投资法借鉴了本杰明·格雷厄姆的理论，即寻找股价低于其内在价值的股票。价值投资很大程度上依赖于本章节所讲述的评价公司优势和劣势以及获取内在价值评估所需关键信息的分析方法。

在巴菲特的管理下，伯克希尔－哈撒韦公司的表现可谓惊人。从 1965 年到 2019 年，伯克希尔－哈撒韦公司为其投资者提供了 2 744 062% 的惊人的总回报率，这相当于 20.3% 的复合年回报率。

尽管有这样令人难以置信的长期表现，但没有哪只股票或基金的回报率可以期望每年都能持续战胜市场的平均回报。事实上，伯克希尔－哈撒韦公司在 2019 年的表现明显低于整体股市：其股票上涨 11%，而标准普尔 500 指数上涨 31.5%。许多分析师认为，最近 1 年的表现不佳只是小插曲，但其他分析师已经开始提出担忧。一些人希望从阿吉特·贾因和格雷格·阿贝尔那里听到更多的消息。贾因和阿贝尔是该公司的两位高级副主席，他们被广泛认为很可能接替巴菲特成为伯克希尔－哈撒韦公司的掌门人。2020 年 2 月巴菲特在给股东的信中明确表示，贾因和阿贝尔将在随后 5 月的股东大会上出席并回答问题。

其他分析师则推动该公司将其持有的大量现金更多地返还给股东，这些现金最近已经超过了 1 200 亿美元。同时，为了持续跑赢市场，巴菲特一直希望将现金投入到新的商业机会中。例如，在 2013 年 6 月与私募股权公司 3G 资本合作，并以 280 亿美元收购了亨氏。一年后的 2014 年 11 月，巴菲特看到了他认为的另一个好机会。在那次交易中，伯克希尔－哈撒韦从宝洁公司手中购买了金霸王电池部门。2015 年 3

月，他再次与 3G 资本联手，为亨氏与卡夫食品的合并提供资金。在每个案例中，巴菲特都购买了一个成熟的品牌，他认为这些品牌有更大的发展潜力。更值得一提的是，伯克希尔 – 哈撒韦公司在 2016 年第四季度及时地对苹果公司进行了大额押注，从而吸引了媒体的关注成为头条新闻。而且，2017 年 10 月，伯克希尔 – 哈撒韦公司购买了全美领先的旅行中心运营商之一 Pilot Flying J 38.6% 的合作权益。最近，该公司继续进行数据分析，但它很难找到价格优惠的重大投资。

虽然很多人认为财务报表"只是会计"，但事实是报表不仅仅如此。你会在本章中看到，财务报表中的数据能够为经理、投资者、贷款人、客户、供应商等提供丰富的信息，用于各种各样的目的。财务报表还可以凸显公司的优势和劣势，从而帮助管理者更好地提升业绩和预测结果。

资料来源：Nicole Friedman, "Warren Buffett's Berkshire Hathaway Stock Underperforms the Most Since 2009," *The Wall Street Journal* (wsj.com), February 22, 2020; "Berkshire's Performance vs. the S&P 500," Warren Buffett's 2019 Annual Letter to Shareholders (berkshirehathaway.com/letters/2019ltr.pdf), February 22, 2020; Ed Hammond and Noah Buhayar, "Buffett's Berkshire Hathaway Buys Stake in Pilot Flying J," *Bloomberg* (bloomberg.com/news), October 3, 2017; Jonathan Stempel and Devika Krishna Kumar, "Buffett's Berkshire Hathaway Buys P&G's Duracell," *Reuters* (reuters.com), November 13, 2014; and Lauren Gensler, "Warren Buffett Nearly Quadruples Stake in Apple," *Forbes* (forbes.com), February 14, 2017.

厘清头绪

财务管理的首要目标是股东财富最大化，而不是某种会计指标如净利润或每股收益（EPS）的增长。然而，会计数据的确会影响到公司的股票价格，这些数据可以用来了解公司的业绩表现和发展方向。第 3 章讲述了基本的财务报表，并说明了这些报表如何随着公司经营的变化而变化。在第 4 章中，我们将介绍公司经理如何运用财务报表来提高公司的股票价格，贷款人如何运用财务报表来评估借款人偿还贷款本金和利息的可能性，证券分析师如何运用财务报表来预测公司的收益、股息和股票价格。

如果管理层的目标是公司价值最大化，那么就必须充分利用公司的优势，并尽力弥补公司的劣势。财务分析涉及：①比较本公司的业绩与同行业其他公司的业绩；②评估公司财务状况的未来趋势。这些研究有助于管理层发现公司经营中存在的问题并采取整改措施。在本章中，我们着重关注管理层和投资者如何评估企业目前的财务状况。接着，在后面的章节中，我们还会考察管理层将采取哪些行动以改善公司未来的业绩，从而提高公司股票的价格。

学完这一章，你应该能够完成下列目标。
- 解释比率分析是什么。
- 列出五组比率，并识别、计算和解释每组的关键比率。
- 讨论每个比率与资产负债表和利润表的关系。
- 讨论为什么净资产收益率（ROE）是管理层控制的关键比率，以及其他比率如何影响 ROE，并解释如何使用杜邦等式提高 ROE。
- 比较一个公司的比率与其他公司的比率（基准），并进行给定比率的趋势分析。
- 讨论比率随时间波动的趋势，并解释它们如何受到会计实务或其他因素的影响以及为什么必须谨慎使用这些比率。

4.1　比率分析

比率分析能够帮助我们评估财务报表。例如，在 2021 年年底，联合食品公司（Allied Food Products）有 8.60 亿美元的有息债务和 8 300 万美元的利息，而中西部产品（Midwest Products）有 5 200 万美元的有息债务和 400 万美元的利息。哪一家公司的经营状况更好？这些债务负担的压力及公司的偿债能力可以通过比较两家公司的债务与其资产的对比关系，以及比较两家公司的利息与其可用于支付利息的收入和现金流的对比关系进行评估。这些比较就是通过比率分析实现的。我们使用表 3-1 的资产负债表数据和表 3-2 的利润表数据来计算 2021 年联合食品公司的财务比率，还将结合行业平均值来评估该公司有关的财务比率。在这些比率计算中，所采用的货币金额单位均为百万美元。[⊖]正如下文将看到的，我们可以计算许多不同的比率，并用不同的比率来检查公司运营的不同方面。你会通过名称了解一些比率，但最好是理解它们的设计用途，而不是记住名称和公式。

我们将比率分为五类：

（1）**流动性比率**（liquidity ratios），它反映了公司短期债务的偿还能力。

（2）**资产管理比率**（asset management ratios），它反映了公司运用资产的效率。

（3）**债务管理比率**（debt management ratios），它反映了该公司如何融资形成资产，以及该公司偿还长期债务的能力。

（4）**盈利能力比率**（profitability ratios），它反映了公司经营及其运用资产盈利的能力。

（5）**市场价值比率**（market value ratios），它反映了投资者对公司及其未来前景的看法。

如果公司要持续经营，适当的流动性比率是必要的。良好的资产管理比率能够帮助公司保持低成本并实现高利润。债务管理比率能够表明公司面临的风险形势及其营业利润的多少是必须支付给债券持有人的而不是股东的。盈利能力比率结合资产管理比率和债务管理比率，共同对 ROE 发挥着影响。最后，市场价值比率告诉我们投资者对公司及其未来前景持有何种看法。

所有的比率都是重要的，但不同的比率对于不同的公司重要性不同。例如，如果一家公司过去借款太多，它的债务现在有可能使其破产，此时债务管理比率是至关重要的。同样，如果一家公司扩张太快，有过剩的存货和生产能力，此时资产管理比率处于中心地位。ROE 总是重要的，但是高 ROE 取决于公司能否保持流动性、实现有效的资产管理以及适当地使用债务。管理者极其关注股价，但管理者对股票市场的表现没有直接的控制权，而其有实际控制权的是公司的 ROE。因此，ROE 往往是主要焦点。

4.2　流动性比率

流动性比率有助于回答这个问题：公司能否偿还到期债务，从而仍然是一个可行的组织？如果答案是否定的，流动性问题必须得到解决。流动资产是在活跃市场中交易的，是可以按照现行的市场价格快速转化为现金的资产。如第 3 章表 3-1 所示，联合食品公司有 3.1 亿美元的流动负债，必须在未来的一年内予以偿还。公司履行此义务是否有困难？全面的流动性分析需要使用现金预算，这将在第 16 章中讨论。然而，通过将现金和其他流动资产与流动负债相联系，比率分析提供了快速和易于使用的流动性测量方式。两个最常用的流动性比率如下。

4.2.1　流动比率

基本的流动性比率是流动比率，**流动比率**（current ratio）是通过流动资产除以流动负债计算而来。

$$流动比率 = 流动资产 / 流动负债 = 1\,000/310$$
$$= 3.2$$
$$行业平均水平 = 4.2$$

流动资产包括现金、有价证券、应收账款和存货。联合食品公司的流动负债包括应付账款、应付薪酬、应交税费、短期应付票据等，这些都是在一年内到期的。

如果公司出现财务困难，它通常偿还应付账款的速度会越来越缓慢，并不断地增加银行借款，这两种行为增加了流动负债。如果流动负债的增长速度超过流动资产，流动比率将下降，这是企业财务状况恶化的一种表现。联合食品公司的当前流动比率为 3.2，远低于行业平均水平 4.2，因此，其流动性相对较弱，但不是很糟糕。[⊖]

⊖ 大多数上市公司的财务报表数据可以从互联网获得。提供此信息的免费网站是雅虎财经（finance.yahoo.com）。这个网站提供财务报表，可以将其复制到 Excel 文件并用于创建自己的比率，网站还提供计算的比率。除了本章讨论的比率，财务分析师通常采用一种称为通用格式分析的工具。要形成一个通用格式资产负债表，只需将每个资产、负债和权益项目除以总资产，然后将结果表示为百分比即可。要制定一个通用格式的利润表，将每个利润表项目除以销售额。结果百分比报表可以与较大或较小的公司或同一公司的报表进行比较。通常从一个来源（如雅虎财经）获取基本语句，并将其复制到 Excel，因此构造通用格式语句非常容易。还要注意，行业平均数据通常以百分比形式给出，这使得它们易于与公司自己的通用格式报表进行比较。

⊖ 由于流动资产在一年内可以转换为现金，因此可能会在接近其所述价值的情况下清算。以 3.2 的流动比率，联合食品公司可以仅以流动资产账面价值的 31% 清算，并仍然全部偿还目前的债权人：1 / 3.2 = 0.31 或 31%。还要注意，0.31 × 1 000 = 310（百万美元），即流动负债余额。

行业平均水平将在后文详细讨论，这里需要强调的是，行业平均水平并不是所有企业都必须达到的一个指标。事实上，一些经营良好的公司可能高于行业平均水平，而另一些公司会低于行业平均水平。但是，如果一个公司的比率严重偏离行业平均水平，分析师应注意为什么会出现这种情况。因此，偏离行业平均水平这一迹象是向分析师（或管理者）发出的信号，促使他们做出进一步的分析。还要注意，高流动比率通常表示非常强的、安全的流动性状态，也可能表明公司有太多必须被注销的旧库存或可能发生坏账的应收账款，或者可能表明该公司有相当多的现金、应收账款和存货，在这种情况下，这些资产没有得到有效管理。因此，在形成对企业业绩的判断之前，往往需要综合考虑完整的财务比率。

互联网上的财务报表分析

大量有价值的财务信息可以在互联网上搜索到。只需几次点击，投资者就可以找到大多数公开交易的公司的主要财务报表。假设你正在考虑买一些迪士尼的股票，并且想要分析其最近的业绩表现。以下是可以访问的部分网站列表。

- 来源之一是雅虎财经（finance.yahoo.com）。这里你将找到最新的市场信息以及各种研究网站的链接。输入股票代码，你会看到股票的当前价格以及最近关于该公司的消息。点击"主要统计数据"可以查找公司主要财务比率报告，还可以链接到公司的财务报表（包括资产负债表、利润表和现金流量表）。雅虎财经也有内部人员交易信息（可在"持有者"栏目下找到），告诉你公司的 CEO 和其他主要内部人员是否在买入或卖出公司的股票。此外，该网站有一个留言板（可在"对话"栏目下找到），用于分享投资者对公司的看法。还要注意，大多数情况下，更完整的 SEC 文件列表可以在 SEC 网站（sec.gov）找到。
- 另外两个具有相似信息的网站是谷歌财经（google.com/finance）和 MSN Money（msn.com/en-us/money/markets.）。在输入公司的股票代码后，你会查看到当前股价和最近的新闻报道列表。在 MSN Money 网站，你会发现公司财务报表和关键财务比率的链接，以及包括分析师评级、历史图表、收益估计和内幕交易摘要等在内的其他信息。
- 其他最新市场信息的来源包括 CNNMoney（money.cnn.com）、Zacks 投资研究（zacks.com）和 MarketWatch（marketwatch.com）、《华尔街日报》数字网络（*The Wall Street Journal* Digital Network）等。在这些网站上，你还可以获取股票价格、财务报表、华尔街研究和 SEC 文件的链接、公司简介和公司股票价格的时间趋势图表。
- CNBC（cnbc.com）是另一个较好的财务信息来源。在这里，你输入公司的股票代码来获取公司的股票价格和基本数据，如市场上限、β 和股息收益率。你还可以绘制公司的股价图表，并获得关于公司历史收益和估计收益的信息、同行业比较的信息、季度和年度财务信息以及所有者概述。
- Seekingalpha.com 提供股票价格、每股收益（EPS）、市盈率（P／E）和股息收益率的基本数据以及股价图表。此外，你还可以获取在投资组合中列出的任何股票或任何想要关注的股票的重大新闻信息。
- 如果你正在寻找债券收益率的数据、关键利率或货币汇率，Bloomberg（Bloomberg.com）是这种类型信息的有效来源。
- 另一个好的信息来源是路透社（reuters.com）。在这里，你可以找到关键发展因素、股票价格图表、财务报表和关键指标等。
- 来自 Value Line Investment（valueline.com）的一个有价值的用户调查网站，能够提供特定行业和企业详细的利润表数据、资本结构数据、收益数据、每股收益、每股账面价值、每股现金流以及其他投资数据。
- 如果你想要了解个股的内在价值，你会发现 ValuePro（valuepro.net）是一个不错的网站。它会识别出可用于价值评估的关键财务数据，同时也允许用户调整数据并能够观察出这种调整对股票价值的影响。
- 收集所有这些信息后，你可能想要看看为整个市场和特定股票波动方向提供意见的网站。两个流行网站是 The Motley Fool（fool.com）和 The Street（thestreet.com）。
- 一个流行的来源是《华尔街日报》网站（online.wsj.com）。这是一个非常棒的资源，但你必须订阅以访问全系列的资料。

当使用不同来源的信息分析财务比率时，你需要明白每个来源如何计算出特定的比率。来源之间的差异可以归因于时间差异（使用平均数或者最近的 12 个月数据）或定义差异。如果你要测算特定公司的同一财务比率，你可能会看到不同来源的相同比率数值不同。你可以在特定网站经常点击"帮助"选项去搜索网站的特定财务词汇表，以确定该网站如何定义比率。在进行财务比率分析时需要记住这一点。

这个列表只是在线可用信息的一小部分，你可以在本章结束时在互联网上练习。网站会随着时间的推移不断改变内容。此外，更多有趣的网站将会被添加到互联网中。

4.2.2 速动比率或酸性测试比率

第二个流动性比率是**速动比率或酸性测试比率**（quick, or acid test ratio），是通过减去存货之后的流动资产除以流动负债计算获得的。

$$速动比率或酸性测试比率 = （流动资产 - 存货）/ 流动负债 = 385/310$$
$$= 1.2$$
$$行业平均水平 = 2.2$$

存货通常是企业流动资产中流动性最差的项目。如果销售缓慢，它们可能不会像预期的那样快速转换为现金。⊖另外，一旦发生清算，存货是最有可能发生损失的资产。因此，该指标在衡量公司偿付短期负债的能力时不考虑存货，这一点非常重要。

行业平均水平是2.2，联合食品公司的速动比率为1.2，相对较低。不过如果公司可以收回应收账款，仍然无须变现存货就能偿还流动负债。

自我测验

1. 流动资产有什么特点？举例说明一些流动资产。
2. 公司流动资产中哪一项资产的流动性最差？
3. A公司的流动负债为5亿美元，流动比率为2.0。其流动资产总额是多少（10亿美元）？如果这家公司的速动比率是1.6，它有多少存货（2亿美元）？提示：为了回答这个问题和本章中的一些其他问题，写出问题中的比率公式，插入给定的数据，并计算缺失的值。

例如：

流动比率 = 2.0 = 流动资产 / 流动负债 = 流动资产 / 500百万美元，因此，流动资产 = 2.0×500百万美元 = 1 000百万美元。

速动比率 = 1.6 =（流动资产 - 存货）/ 流动负债 =（1 000百万美元 - 存货）/ 500百万美元，因此，1 000百万美元 - 存货 = 1.6×500百万美元，存货 = 1 000-800 = 200（百万美元）。

4.3 资产管理比率

第二组比率，资产管理比率，用于衡量公司运用资产的效率。这组比率回答了如下问题：每种类型的资产数额是否合理？与当前或预期的销售水平相比，是否过高或过低？这些比率很重要，因为当联合食品公司和其他公司购置资产时，必须从银行或其他来源获得资金，而资产成本是昂贵的。如果联合食品公司有太多的资产，它的资本成本就会太高，这将降低其利润。此外，如果其资产数额太低，就会失去有利可图的销售机会。因此，联合食品公司必须在过多和过少的资产之间取得平衡，资产管理比率将有助于实现这种适当的平衡。

4.3.1 存货周转率

"周转率"是将销售收入除以某项资产得到的，即销售收入 / 某项资产。正如名称所示，这些比率表示特定

⊖ 一些公司还在其资产负债表上报告"其他流动资产"。对速动比率的定义将隐含地假定这些其他流动资产很容易转换为现金。作为一种替代措施，一些分析人员将速动比率定义为：

$$（现金及等价物 + 应收账款）/ 流动负债$$

这种替代措施假设其他流动资产不能轻易转换为现金。以联合食品公司为例，因为它没有其他流动资产，这两种方法将产生相同的数值。

资产在一年内周转的次数。然而，存货周转率的计算方法是不同的，因为销售收入是按"市场"价格列出的，而存货是按成本计价的。如果在计算存货周转率时使用销售收入，计算结果就会高估真正的存货周转率，因此我们采用销售成本。联合食品公司的销售成本是销售收入的 70%，等于 21 亿美元（如第 3 章表 3-2 所示）。本部分所述的是存货周转率（inventory turnover ratio）：

$$存货周转率 = 销售成本 / 存货 = 2\,100/615$$
$$= 3.4$$
$$行业平均水平 = 7.6$$

大体上来看，联合食品公司的每项存货每年被售出并重新补充 3.4 次，或者说周转了 3.4 次，联合食品公司的存货周转率为 3.4，远低于行业平均水平 7.6。这表明它持有太多的存货。过剩的存货无法产生收益，代表一个低投资收益或为零投资收益率。联合食品公司的低存货周转率也使我们质疑其流动比率。由于周转率低，因此公司可能持有大量低于账面价值的过时贬值货物。⊖

请注意，销售成本是全年所发生的金额，而存货是一个时间点数据。因此，存货最好能够采用全年平均的数值。⊜如果公司的业务有很强的季节性或如果在本年度中出现了较强的上升或下降的销售趋势，就更需要做出这样的调整。联合食品公司的销售额增长并不快，为了与行业平均水平保持可比性，我们在此使用年末而不是平均存货数值。

4.3.2 应收账款周转天数

应收账款周转天数（day sales outstanding，DSO ratio），也称为**平均收账期**（ACP），用来评价应收账款，等于应收账款除以日平均销售额，以观察销售收入有多少天被占用在应收账款上。⊛因此，应收账款周转天数表示公司在实现销售之后、取得现金之前必须等待的平均时间长度。联合食品公司应收账款周转天数大约为 46 天，高于行业平均水平的 36 天。

$$应收账款周转天数 = 应收账款 / 日平均销售额 = 应收账款 / （年销售额 /365）$$

$$= \frac{375}{3\,000\,/\,365} = \frac{375}{8.219\,2} = 45.625\ 天 \approx 46\ 天$$

$$行业平均水平 = 36\ 天$$

应收账款周转天数可以与行业平均水平进行比较，也可以与联合食品公司的信用条件相比较进行评估。联合食品公司的信用政策为要求客户在 30 天内付款。而事实上销售收入要等待 46 天才能收到货款，而不是 30 天，表明整体而言联合食品公司的客户没有按时支付货款。这就占用了公司的资金，而这些资金本来可以用于减少银行贷款或者其他成本高昂的资本。此外，高水平应收账款周转天数表明如果一些客户按时付款，那么就有相当多的客户付款期很长。逾期付款的客户常常会违约，因此其应收账款可能最终作为坏账处理，永远不能收回。⊛还要注意过去几年应收账款周转天数一直呈现上升的趋势，但信用政策却没有改变。这提醒我们联合食品公司的信用经理应采取措施加快应收账款的回收。

4.3.3 固定资产周转率

固定资产周转率（fixed assets turnover ratio）是销售收入与固定资产净额的比率，可以衡量企业使用其厂房

⊖ 在以前的版本中，我们用销售收入 / 存货来衡量存货周转率。然而，在越来越多的财务出版物 [如 Value Line (valueline.com) 和 Morningstar (morningstar.com)] 中，存货周转率是以销售成本为分子来衡量的。因此，在公式的分子中使用代替销售收入的销售成本可能更合适。在评估和比较各种来源的财务比率时，了解这些来源如何具体计算财务比率很重要。

⊜ 平均存货数值应当通过将一年中的每月数据加总并除以 12 来计算。如果每月数据不可用，则可以加总期初和期末数据，然后除以 2。两种方法适用于销售增长情形，但是均不适合季节性销售。

⊛ 我们可以使用应收账款周转率来评估应收账款。然而，应收账款周转天数更容易解释和判断。联合食品公司的应收账款周转天数为 3 000/375=8。

⊛ 例如，如果根据本书第 6 部分"营运资本管理和财务预测"建议的方式进行进一步分析，表明 85% 的客户在 30 天内支付，DSO 平均为 46 天，剩余的 15% 必须平均在 136.67 天内支付。逾期付款表明财务困难。46 天的应收账款周转天数会提醒一个好的分析师要进行深入挖掘。

和设备的效率。

$$固定资产周转率 = 销售收入 / 固定资产净额 = 3\,000/1\,000$$
$$= 3$$
$$行业平均水平 = 2.8$$

联合食品公司的固定资产周转率是 3.0，略高于行业平均水平 2.8，表明公司对固定资产的使用至少与行业中其他公司类似。因此，联合食品公司持有的固定资产与其销售规模基本匹配。

在解释固定资产周转率时可能有一个潜在问题。我们知道，固定资产以历史成本减去折旧后的数值列示在资产负债表中。通货膨胀导致许多以前购置的资产的价值被严重低估。因此，比较固定资产已经贬值的老公司和最近购入固定资产的新公司时，会发现老公司的固定资产周转率更高。但是这更多地反映出资产购买时间的问题，而不是新公司在固定资产管理方面的效率低的问题。会计领域的专家正在努力制定新的财务报表编制程序，以反映资产的当前价值而不是历史价值，这将有助于我们做出更合理的对比。但是，至今为止，这个问题仍然没有得到解决。所以，分析师必须认识到这个问题，并通过专业判断加以解决。在联合食品公司的例子中，这个问题不严重，因为行业的所有公司都以大致相同的速率扩张。因此，这些公司的资产负债表是有可比性的。[⊖]

4.3.4 总资产周转率

最后一个资产管理比率是**总资产周转率**（total assets turnover ratio），衡量公司所有资产的周转率，它是通过销售收入除以总资产计算而来的。

$$总资产周转率 = 销售收入 / 总资产 = 3\,000 / 2\,000$$
$$= 1.5$$
$$行业平均水平 = 1.8$$

联合食品公司的总资产周转率略低于行业平均水平，表明在既定的总资产水平下企业没有产生足够的销售收入。正如上文所示，联合食品公司的固定资产周转率符合行业平均水平。那么，问题就是用它的流动资产、存货和应收账款计算的比率低于行业标准。可见，公司应减少存货，或者加快应收账款的收回，这将改善企业运营。

自我测验

1. 写出四个用于衡量公司如何有效地管理其资产的比率公式。
2. 如果一家公司快速地增长，而另一家公司较慢地增长，那么这种情况如何影响其存货周转率的比较？
3. 如果你想评价一家公司的应收账款周转天数，你能与什么进行比较？
4. 公司成立时间的差异如何影响其固定资产周转率的比较？
5. 一家公司年销售收入为 1 亿美元，销售成本为 8 000 万美元，并有着 2 000 万美元的存货以及 3 000 万美元的应收账款。其存货周转率是多少？应收账款周转天数是多少？

4.4 债务管理比率

如果企业的净资产收益率高于债务利率，那么企业将增加债务，"提高杠杆"，从而提高企业的净资产收益率。然而，与仅通过股权融资相比，债务使企业面临更多的风险。本节将讨论债务管理比率。

表 4-1 说明了与债务相关的潜在收益和风险。[⊖]在这里，我们分析除融资之外大致相同的两个企业。U 公司（无杠杆）没有债务。因此，它使用 100% 的股权融资。L 公司（有杠杆）以 10% 的利率获得其 50% 的资本作为债务。我们还将假设 L 公司符合美国国家税务局的要求，可以免于利息扣除的限制。两家公司都有 100 美

⊖ 有关通货膨胀对财务报表影响的讨论，请参阅 Accounting Standards Codification Topic 255 Changing Prices。ASC 255 参考了 1986 年 12 月发布的 FAS 89，Financial Reporting and Changing Prices。

⊖ 我们在本章后面将更深入地讨论净资产收益率，而在第 14 章中详细讨论杠杆的影响。第 7 章讨论了各种债务管理比率和债券评级之间的关系。

元的资产，预期它们的销售收入随着业务条件变化在 75 ～ 150 美元区间内波动。它们的一些运营成本（租金、总经理薪酬等）是固定的，不随销售规模的变化而变化。而其他成本（人工成本、材料成本）等则随着销售收入的变化而变化。[⊖]

注意，表中的无杠杆公司和有杠杆公司除了经营收入，其余都是一样的。因此，两家公司的息税前利润（EBIT）是相同的。但是，情况从这里开始发生变化。U 公司没有债务，无须支付利息，其应纳税所得额与其营业利润相同，它支付 25% 的联邦和州政府所得税后得到其净利润，其净利润随着经济状况的不同在 0 ～ 33.75 美元的区间内变化。用净利润除以净资产，可以得到 ROE 最低为 0，最高为 33.75%。

L 公司在每个经济状态下具有与 U 公司相同的息税前利润，但 L 公司以 10% 的利率使用了 50 美元的债务，无论何种经济状态下都有 5 美元的利息费用。EBIT 减去利息费用得到应纳税所得额，然后减去税款得到净利润。L 公司的净利润根据经济状况不同处在 −5 ～ 30 美元之间。[⊜]起初，看起来好像 U 公司在所有条件下都更好，但这是不正确的，还需要考虑两家公司的股东投资额。L 公司股权融资占比 50%，所以用净利润除以股东投资额后，我们将看到其净资产收益率在良好经济条件下为 60%（而 U 公司为 33.75%），在期望条件下为 15%（而 U 公司为 11.25%）。在不良经济条件下，L 公司的净资产收益率将下降到 −10%。这意味着如果经济持续低迷，L 公司将面临破产。

表 4-1　财务杠杆效应　　　　　　　　　　（金额单位：美元）

U 公司——无杠杆（无负债）

流动资产	50	负债	0
固定资产	50	普通股权益	100
总资产	100	总负债和权益	100

		经济状态	
	好	期望	差
销售收入	150.0	100.0	75.0
营业成本　固定成本	45.0	45.0	45.0
变动成本	60.0	40.0	30.0
总营业成本	105.0	85.0	75.0
息税前利润（EBIT）	45.0	15.0	0.0
利息（利率 =10%）	0.0	0.0	0.0
税前利润（EBT）	45.0	15.0	0.0
利息（税率 =25%）	11.25	3.75	0.0
净利润	33.75	11.25	0.0
ROE$_U$	33.75%	11.25%	0.0

L 公司——有杠杆（有负债）

流动资产	50	负债	50
固定资产	50	普通股权益	50
总资产	100	总负债和权益	100

		经济状态	
	好	期望	差
销售收入	150.0	100.0	75.0
营业成本　固定成本	45.0	45.0	45.0
变动成本	60.0	40.0	30.0

⊖　财务报表没有显示固定成本和变动成本之间的区分，但公司可以对二者进行区分，并用于内部管理决策。当然，区分并不总是清楚的，因为在很短的时间内固定成本可能在较长的时间范围内变成变动成本。有趣的是，公司正在努力使更多的成本可变，使用诸如增加奖金而不是基本工资，转向利润分享计划而不是固定的养老金计划，以及外包各业务等。

⊜　正如我们在上一章所讨论的，企业可以无期限地抵扣亏损。假设公司在未来几年有应纳税所得额，净营业亏损将被用来减少应纳税所得额，从而减少未来几年的税收。第 3 章中展示了一个亏损抵扣的例子。

（续）

	L 公司——有杠杆（有负债）		
	经济状态		
	好	期望	差
总营业成本	105.0	85.0	75.0
息税前利润（EBIT）	45.0	15.0	0.0
利息（利率 =10%）	5.0	5.0	5.0
税前利润（EBT）	40.0	10.0	−5.0
利息（税率 =25%）	10.0	2.50	0.0
净利润	30.0	7.50	−5.0
ROE$_L$	60.0%	15.0%	−10.0%

© Cengage Learning®

因此，在经济状况好的情况下，债务比率较高的公司通常有更高的预期收益，但一旦经济衰退，收益率会降低，严重的甚至将走向破产。因此，在做出利用负债的决策时，公司需要在更高的期望收益率和增加的风险之间进行权衡。确定最佳债务金额是一个复杂的过程，我们直到第 14 章都在讨论这一问题。现在，我们只简单提及分析师常用来检查公司债务的两个步骤：①检查资产负债表，确定总资金中债务所占比例；②检查利润表，分析利润中营业利润的覆盖率。

4.4.1　总负债与总资本比率

总负债与总资本比率（total debt to total capital）衡量公司总资金中债权人提供的有息债务所占份额。

$$总负债与总资本比率 = 总有息负债 / 总资本 = \frac{总有息负债}{总有息负债 + 权益} = （110+750）/1\ 800$$

$$= 47.8\%$$

$$行业平均水平 = 36.4\%$$

回顾第 3 章，总负债包括所有短期和长期有息债务，但不包括应付账款和应计项目等经营项目。联合食品公司的总负债为 8.6 亿美元，其中包括 1.1 亿美元短期应付票据和 7.5 亿美元长期债券。它的总资本是 18 亿美元，包括 8.60 亿美元的债务加上 9.4 亿美元的总股本。为了简单起见，除非另有说明，一般将总负债与总资本比率叫作公司的负债率。$^{\ominus}$债权人偏好低负债率，因为负债率越低，对债权人清算损失的缓冲就越大。另一方面，股东可能需要更多的杠杆以放大预期收益，如在表 4-1 中看到的。

联合食品公司的负债率为 47 .8%，这意味着其债权人资本约占总资金的一半。正如将在第 14 章中讨论的那样，众多因素会影响公司的最佳负债率。然而，联合食品公司负债率大幅超过行业平均水平这一事实较为突出。这将使其在不先筹集更多股本的情况下借入额外资金成本相对更高。如果公司仍谋求更大数量的债务资金，债权人将不愿意向公司提供更多借款，则管理者很可能使公司陷入破产危机。

4.4.2　利息保障倍数

利息保障倍数（times-interest-earned ratio，TIE ratio），是指企业生产经营所获得的息税前利润（见表 3-2）与利息费用的比率。

$$利息保障倍数 = EBIT / 利息费用 = 278/83$$

$$= 3.3$$

$$行业平均水平 = 6.0$$

利息保障倍数衡量了营业利润下降到什么程度时，公司将无法偿付年度利息费用。不支付利息将会导致公

$\ominus$　在财务分析中经常使用另外两种负债率。

1. 一些分析师偏好广义的负债率，所有负债（包括应付账款和应计项目）除以总资产。对于联合食品公司，资产负债率为 53%（10.6 亿美元除以 20 亿美元），而行业平均水平为 40%。

2. 另一种衡量方法是，权益负债率等于总负债除以总权益。联合食品公司的权益负债率为 8.6 亿美元 / 9.4 亿美元 = 91.5%。

司债权人采取法律行动，其结果很可能是公司破产。因为利息在税前支付，公司支付当前利息的能力不受税收影响，所以我们使用息税前利润而不是净利润来计算这一指标。

联合食品公司的利息保障倍数是 3.3，而行业平均水平是 6。因此，联合食品公司是以比行业平均水平低得多的安全边际来保障利息费用。这样，利息保障倍数加强了从负债率分析得出的初步判断，即如果联合食品公司试图筹集更多的资金，可能会导致企业面临财务困难。[⊖]

自我测验

1. 财务杠杆的使用如何影响股东的控制地位？
2. 美国税制结构如何影响企业的债务融资意愿？
3. 如何权衡使用债务决策涉及的风险与收益？
4. 解释以下声明：分析人员在评估公司的财务状况时须查看资产负债表和利润表比率。
5. 命名两个比率，用于衡量财务杠杆并写出它们的公式。

4.5　盈利能力比率

会计报表反映过去发生的事件，但它也能够给我们提供非常重要的线索，比如说，未来可能发生什么。前面部分所说的流动性比率、资产管理比率和债务管理比率有助于了解公司的政策和运营。现在，我们开始分析盈利能力比率，这反映了公司所有财务政策和经营决策的运行结果。

4.5.1　销售毛利率

销售毛利率（operating margin），按息税前利润除以销售收入计算，反映了每 1 美元销售收入所包含的利润。

$$销售毛利率 = EBIT / 销售收入 = 278/3\ 000$$
$$= 9.3\%$$
$$行业平均水平 = 10.0\%$$

联合食品公司 9.5% 的销售毛利率低于行业平均水平 10.0%。这个分析结果表明联合食品公司的运营成本过高。这和上文计算的低存货周转率和高应收账款周转天数的结论是一致的。

4.5.2　销售净利率

销售利润率（profit margin），有时也称为**销售净利率**（net profit margin），通过净利润除以销售收入计算而来。

$$销售利润率 = 净利润 / 销售收入 =146.3/3\ 000$$
$$= 4.9\%$$
$$行业平均水平 = 6.0\%$$

联合食品公司 4.9% 的净利率低于行业平均水平 6.0%，这种结果的发生有两个原因。第一，联合食品公司的销售毛利率低于行业平均水平，因为该公司的运营成本过高。第二，销售利润率受到联合食品公司大量使用债务的负面影响。对于第二点，要认识到净利润是扣除利息之后的利润。假设两家公司的经营情况完全相同，意味着其销售收入、运营成本和营业收入是相同的。但其中一家公司使用更多的债务，那么它将承担更高的利息费用，这些利息费用会降低净利润。联合食品公司的低运营效率和高债务比率，两者导致其销售净利率低于行业平均水平。也就是说，当两家公司有同样的销售毛利率但不同的债务比率时，可以预期有更高债务比率的公司有较低的净利率。

⊖ 另一个常用的债务管理比率为 EBITDA 覆盖率，其涉及息税折旧摊销前利润（EBITDA），计算方法如下：
$$EBITDA 覆盖率 = （EBITDA + 租赁费用）/ （利息费用 + 债务本金 + 租赁费用）$$
这一比率比利息保障倍数更加全面。它认识到折旧和摊销费用不是现金支出，因此可用于偿还债务，租赁费用和债务本金偿还是固定费用。关于这个比率的更多信息，参见 E. F. Brigham and P. R. Daves, *Intermediate Financial Management*, 14th edition (Mason, OH: Cengage Learning, 2022), Chapter 7.

当其他情况不变时，销售净利率高是好事，但其他情况很可能发生变化，我们必须关注周转率。如果一家公司产品定价过高，它可能在每单位产品的销售上获得高收益，但是销售量不会太大。这虽然可能会带来较高的销售净利率，但由于总销售收入偏低，因此整体将并不理想。通过分析杜邦等式，我们将会看到销售净利率、债务的使用和周转率如何相互作用来影响全体股东的收益。

4.5.3 资产收益率

净利润除以总资产，即**资产收益率**（return on total assets，ROA）。

$$资产收益率 = 净利润 / 总资产 =146.3/2\,000$$
$$= 7.3\%$$
$$行业平均水平 = 10.8\%$$

联合食品公司 7.3% 的资产收益率远低于行业平均水平 10.8%。这不是好的现象，显然资产收益率越高越好。需要注意的是，较低的资产收益率可能是主动大量使用债务的结果。这种情况下，高利息费用将导致净利润相对较低。这可能是联合食品公司的总资产收益率低的原因之一。请时刻牢记，必须观察大量指标反映出来的信息，并在评价公司业绩时考虑整体情况，找到改进的方法。

4.5.4 净资产收益率

另一个重要的会计指标是**净资产收益率**（return on common equity，ROE），计算公式如下：

$$净资产收益率 = 净利润 / 所有者权益 = 146.3/940$$
$$= 15.6\%$$
$$行业平均水平 = 18.7\%$$

股东希望他们的投资能够获得回报，该指标从会计上说明了结果如何。联合食品公司 15.6% 的净资产收益率低于行业平均水平 18.7%，但偏低的幅度小于资产收益率。正如上文所讨论的，有效使用债务能够改善企业的净资产收益率。

4.5.5 投资资本收益率

投资资本收益率（return on invested capital，ROIC）衡量的是企业投资者的整体收益水平。

$$投资资本收益率 =[\,EBIT（1-T）]/ 资本总额$$
$$=[\,EBIT（1-T）]/（负债 + 所有者权益）$$
$$= 208.5/1\,800$$
$$= 11.6\%$$
$$行业平均水平 = 13.2\%$$

投资资本收益率与资产收益率有两点不同。第一，它的收益是基于资本总额而不是总资产。第二，在分子中它使用税后利润（NOPAT），而不是净利润。关键区别是净利润减去公司的税后利息费用，代表的是股东可获得的总收入，而税后利润是可用于支付股东和债权人的资金数额。

┆ 提问 ┆

问题：

一家公司的销售收入为 200 亿美元，净利润为 10 亿美元，其总资产为 100 亿美元。公司总资产等于总资本，其资本构成为一半债务和一半普通股权益。公司的利率为 5%，税率为 25%。

a. 销售净利率是多少？

b. 资产收益率是多少？

c. 净资产收益率是多少？

d. 投资资本收益率是多少？

e. 如果财务杠杆降低，企业的资产收益率会不会提高（公司规模保持不变）？

答案：

a. 销售净利率 = 净利润 / 销售收入 =1/20=5%

b. 资产收益率 = 净利润 / 总资产 =1/10=10%

c. 净资产收益率 = 净利润 / 所有者权益 =1/5=20%

d. 首先，我们需要通过编制该公司的利润表来计算它的息税前利润：

		（单位：美元）
息税前利润（EBIT）	1 583 333 333	税前收益＋利息
利息	250 000 000	0.05×0.5×10 000 000 000
税前收益（EBT）	1 333 333 333	1 000 000 000/(1−0.25)
所得税（25%）	333 333 333	EBT×0.25
净利润	1 000 000 000	

$$投资资本收益率 = \frac{EBIT(1-T)}{资本总额}$$

$$= \frac{1 583 333 333 \times 0.75}{10 000 000 000} = 11.9\%$$

e. 如果公司减少债务，利息费用会减少，净利润就会增加。而总资产保持不变，资产收益率就会增加。

4.5.6　基本盈利能力比率

基本盈利能力比率（basic earning power ratio，BEP）是通过息税前利润除以总资产计算得到的。

$$基本盈利能力比率 = EBIT / 总资产 = 278/2 000$$
$$= 13.9\%$$
$$行业平均水平 = 18.0\%$$

这个比率反映了公司资产的基本盈利能力，没有考虑税收和财务杠杆的影响，因而便于比较处于不同的税收环境及采用不同财务杠杆的公司。由于联合食品公司较低的资产周转率和销售净利率，因此其基本盈利能力比率低于食品加工行业平均水平。

自我测验

1. 确定 6 个反映公司盈利能力的比率，并写出其公式。
2. 为什么使用债务会降低销售净利率和总资产收益率？
3. 使用更多的债务会降低净利润，从而降低总资产收益率。为什么债务不会对总资产收益率产生相同的负面影响？
4. 某公司的 ROA 是 10%。假设公司的总资产等于总投资资本，并且该公司没有债务，因此其总投资资本等于总股本。公司的 ROE 和 ROIC 分别是多少？（10%，10%。）

4.6　市场价值比率

从会计角度看，净资产收益率反映了所有其他指标的影响，是最好的评价业绩的单一指标。投资者显然喜欢高净资产收益率，因为高净资产收益率通常和高股价相挂钩。但是，其他情况也在发挥作用。例如，财务杠杆通常会提高净资产收益率，但也会增加企业的风险。因此，如果通过使用大量债务实现高净资产收益率，股票价格可能最终仍会出现低于企业使用较少的债务和较低的净资产收益率的情形。现在，讨论最后一组指标——市场价值比率，该类指标将公司的股票价格与收益、每股净资产联系在一起。如果流动性比率、资产管理比率、债务管理比率和盈利能力比率都很好，而且一直保持稳定，那么市场价值比率会非常好，股价也会上涨到预期的水平。这说明管理层的工作是卓有成效的。

市场价值比率主要用于以下三种方式：①投资者决定买入或卖出股票；②投资银行家设定一个新股票发行（IPO）的股价；③公司在并购时设定合并成本。

4.6.1　市盈率

市盈率（price/earnings ratio，P/E）反映了投资者为每 1 美元的利润愿意支付的价格。联合食品公司的股票价格为 23.06 美元，每股收益为 1.95 美元，所以它的市盈率为 11.8。

$$市盈率 = 每股价格 / 每股收益 = 23.06/1.95$$
$$= 11.8$$
$$行业平均水平 = 13.6$$

正如将在第 9 章中看到的，在其他条件相同的情况下，有良好发展前景和较低风险的企业，市盈率相对较高，反之，市盈率则较低。联合食品公司的市盈率低于其行业平均水平，这表明投资者认为公司的风险比其他公司高，或者发展前景比其他公司差，或两者兼而有之。[一]

市盈率随时间和公司经营状况的变化而显著变化。[二]在 2020 年 3 月中旬，标准普尔 500 的市盈率为 18.90。在同一时间点，苹果公司的市盈率为 22.073，而全球收入最高的在线零售商亚马逊的市盈率为 77.573。此外，AFLAC 是一家补充性的健康和人寿保险公司，也是一家稳定的公司，在这个行业中受到《平价医疗法案》和相关不确定因素的影响，其市盈率为 7.833。

4.6.2 市净率

股票的市场价格与账面价值的比率反映了投资者是如何评价企业的。受投资者青睐的公司往往是低风险和高增长的企业，也就是具有较高的**市净率**（market/book ratio, M/B）。对于联合食品公司，首先我们计算其每股净资产。

$$每股净资产 = 普通股权益 / 发行在外的股数 = 940/75 = 12.53$$

然后，将每股市场价格除以每股净资产，得出市净率。联合食品公司的市净率是 1.8。

$$市净率 = M/B = 每股价格 / 每股净资产 = 23.06/12.53 = 1.8$$
$$行业平均水平 = 2.6$$

由此可见，相对于食品加工行业的其他企业，投资者为联合食品公司的每 1 美元的账面价值愿意支付的价格更少。这与我们的其他发现一致。市盈率通常大于 1，这意味着投资者愿意以高于账面价值的价格购买股票。这种情况发生主要是因为会计师在公司资产负债表上报告的资产价值没有反映通货膨胀或商誉的影响。因此，几年前可能以较低价格购置的公司资产，经过几年的通货膨胀的影响，相应资产的实际价值可能已经大幅上升，而成功持续经营的资产价值往往都远超过其历史成本，而不成功企业的市净率较低。[三]这一点被 Alphabet Inc.（现在是谷歌的母公司）和大都会人寿保险公司所证实。2020 年 3 月中旬，Alphabet 的市盈率为 4.503，而大都会人寿保险公司的市盈率只有 0.563。Alphabet 的股东现在每 1 美元的股权拥有 4.5 美元的市场价值，而大都会人寿的股东每投资 1 美元只拥有 0.56 美元的市场价值。

4.6.3 企业价值倍数

近年来，很多分析人士开始密切关注另一个关键比率，即**企业价值倍数**（enterprise value/EBITDA, EV/EBITDA）。与市盈率和市净率不同，这两个比率都关注公司股权的相对市场价值，而企业价值倍数则关注公司所有关键财务要求的相对市场价值。这种方法的一个好处是，与市盈率不同，企业价值倍数不会受到公司债务和税收情况的严重影响。[四]对于联合食品公司，我们首先计算其企业价值（以百万美元计）。

$$2021 年企业价值 = 股权的市场价值 + 总负债的市场价值 + 其他财务债权的市场价值 - 现金及现金等价物$$
$$= (23.06 \times 75) + (110+750) + 0 - 10 = 1\ 729.5 + 860 + 0 - 10 = 2\ 579.5$$

在这种计算中，股权的市场价值是公司普通股的价值（即股份总数乘以当前股票价格）。总负债包括长期和短期有息债务。为了简单起见，我们做了一个常见的假设，即假设联合食品公司的债务是按票面价值定价的，所以其债务的市场价值等于其账面价值。企业价值的衡量标准还包括"其他财务债权的市场价值"。这个项目包括除债务或普通股以外的任何对公司资产有要求的证券。一个常见的例子是优先股。我们假设联合食品公司的这些其他财务债权的市场价值为 0。

这种衡量企业价值的方法剔除了公司的现金持有量。这种调整使我们更容易比较现金水平差异很大的公司。例如，如果我们不做这个假设，一个持有大量现金但运营效率低下的公司会错误地表现得比一个运营效率

[一] 证券分析师也关注了股价—自由现金流的比率。此外，分析师考虑了 PEG（P/E 与预测增长率之比）。证券分析师预测联合食品公司在未来 5 年的增长率为 6.0%，因此其 PEG = 11.8 / 6.0 ≈ 2.0。该比率越低越好，大多数企业的比率在 1.0 ~ 2.0 的范围内。然而，注意到，由于盈利和预测的增长率波动，因此市盈率逐年变化。像其他比率一样，PEG 比值是有趣的，但必须谨慎判断。

[二] 在罗伯特·席勒（Robert Shiller）教授的网站（www.econ.yale.edu/~shiller/data.htm），他报告了整个股票市场的 P/E 比率，可追溯到 1871 年。计算表明，历史平均 P/E 市场比率为 17，波动范围从 4.8 ~ 44.2。

[三] 第二点被称为幸存者偏差。成功的公司生存下来，并包括在平均水平的计算中，而不成功的公司则消失，其较低的数字没有包括在平均水平的计算中。

[四] 它类似于基本收入能力衡量标准背后的动机。

高得多但手头现金少的同行更好。

最后，我们用联合食品公司的企业价值除以该公司 2021 年 3.78 亿美元的 EBITDA（我们在第 3 章第 3.3 节中计算）。因此，我们计算联合食品公司的企业价值倍数如下：

$$企业价值倍数 = 2\,579.5/378$$
$$= 6.8$$
$$行业平均水平 = 9.2$$

正如你所看到的，联合食品公司的企业价值倍数明显低于行业平均水平。这加强了我们的其他计算结果，表明该公司的运营效率不高。

自我测验

1. 描述本节讨论的三个比率，并写出其公式。

2. 这些市场价值比率在什么意义上反映了投资者对股票风险和预期未来增长的看法？

3. 市盈率（P/E）是什么？如果一家公司的市盈率低于另一家公司的市盈率，那么何种因素可以解释这一差异？

4. 如何计算每股的账面价值？解释通货膨胀和研发计划将如何导致账面价值偏离市场价值。

4.7　综合比率分析：杜邦等式

我们讨论了很多比率，它们能够共同作用于净资产收益率。为此，我们使用杜邦等式，这是由化学巨头的财务人员在 20 世纪 20 年代开发的一个公式。这里将杜邦等式用于联合食品公司和食品加工业。

$$净资产收益率 = 资产收益率 \times 权益乘数$$
$$= 销售净利率 \times 总资产周转率 \times 权益乘数$$
$$= (净利润/销售收入) \times (销售收入/总资产) \times (总资产/所有者权益)$$
$$= \frac{146.3}{3\,000} \times \frac{3\,000}{2\,000} \times \frac{2\,000}{940} \tag{4-1}$$
$$= 4.88\% \times 1.5 \times 2.13 = 15.6\%$$
$$行业平均水平 = 6.0\% \times 1.8 \times 1.73 = 18.7\%$$

- 第一个比率是销售净利率，反映了公司在销售上赚多少钱。这个比率主要取决于成本和销售价格。如果一个公司可以获得溢价，并控制其成本，其销售净利率将很高，这将有助于提高净资产收益率。

- 第二个比率是总资产周转率。这个比率是一个"乘数"，反映了每年赚取利润的次数。联合食品公司每 1 美元的销售额可以赚取 4.88% 的净利润，即 4.88 美分，且其资产每年周转 1.5 次，所以其资产收益率为 $4.88\% \times 1.5 = 7.3\%$。注意，虽然整个 7.3% 属于普通股东，但是债券持有人以利息形式获得回报，并且在计算净额之前扣除利息收入。所以，资产收益率 7.3% 属于股东。因此，资产收益率必须向上调整，以获得较高的净资产收益率。

- 第三个比率是权益乘数，是一个调整项。联合食品公司的资产是其股权的 2.13 倍，因此必须用 7.3% 乘以 2.13，计算得出其 ROE 为 15.6%。 ⊖

注意，使用杜邦等式计算出来的联合食品公司的净资产收益率和上文计算出来的结果是一致的。通过杜邦等式来计算 ROE 所需的所有步骤有什么意义？答案是，杜邦等式帮助了解为什么联合食品公司的 ROE 只有 15.6%，而行业平均水平是 18.7%。第一，其销售净利率低于行业平均水平，这表明它的成本没有得到有效控制，并且不能获得溢价。此外，由于它比大多数公司使用更多的债务，其高利息费用也会降低其销售净利

⊖ 权益乘数与公司使用债务有关。行业权益乘数可以通过使用行业 ROE 和 ROA 来获得。权益乘数 = 总资产除以普通股权益。净资产收益率 = 净收入 / 普通股权，资产收益率 = 净收入 / 总资产。所以，净资产收益率 ÷ 资产收益率 = 权益。具体如下所示：

净资产收益率 / 资产收益率 = 净利润 / 股东权益 ÷ 净利润 / 总资产 = 总资产 / 股东权益 = 权益乘数

率。第二，其总资产周转率低于行业平均水平，这表明它拥有的资产超过了实际需要量。第三，由于其权益乘数相对较高，其大量使用债务在一定程度上抵消了低销售净利率和总资产周转率的影响。但是，高资产负债率使联合食品公司面临高于行业平均水平的破产风险。因此，它可能想降低其财务杠杆。但如果它的债务水平与行业平均水平相同，没有任何其他变化，那么它的净资产收益率将显著下降，达到 $4.88\% \times 1.5 \times 1.73 = 12.66\%$。⊖

联合食品公司的管理层可以使用拓展的杜邦等式寻找改善业绩的方法。就销售净利率来说，营销人员可以分析提高销售价格（或者降低价格来增加销售量）、生产利润更高的新产品或进入新市场的影响等。成本会计师可以分析不同费用项目，与工程师、采购代理人、其他业务人员一起找到降低成本的方法。信用经理可以调查加快收款的方式，这将减少应收账款，从而提高总资产周转率。财务人员可以和生产、营销部门一起寻找减少对不同类型资产的投资途径，还可以分析其他备选财务策略的影响，在运用杠杆增加权益回报的同时减少利息费用、降低债务风险。

基于类似分析的结果，联合食品公司的董事长艾伦·杰克逊近来采取了一系列措施，旨在将每年的营业成本降低 20% 以上。杰克逊和联合食品公司的其他管理者有很强烈的动机来改善公司的经营业绩，因为其薪酬很大程度上取决于公司经营的好坏。

重要工具：Microsoft Excel

对于财务人员、会计人员、法律人员、营销人员、汽车销售经理、政府雇员和其他人等，Microsoft Excel 是处理业务问题的必要工具。事实上，需要与数据打交道的任何人如果能够掌握 Excel 的基础知识，将能够更有效地处理业务。所以，Excel 是担任管理岗位的人必须掌握的专业技术。

当你浏览这本书时，你会看到 Excel 主要以四种方式使用。

（1）作为一个财务计算器。Excel 可以相加、相减、相乘或者相除，它可以保留一个操作的结果，用于后续操作。例如，用 Excel 创建了第 3 章中的财务报表，并且使用它来进行财务比率分析。你可以用一个计算器、铅笔或纸去计算，但使用 Excel 更加便利。正如在整篇文章中看到的，Excel 有大量的可以使用的内置财务函数。例如，使用 Excel 直接计算投资回报率、债券的价格或项目的价值。

（2）当事情改变时修改工作。假设你的老板要求你在第 3 章创建财务报表，但是当你完成时她却说，"谢谢，但是，会计部门刚刚通知我们，2021 年的存货高估了 1 亿美元，这意味着总资产也被高估了。为了使资产负债表平衡，必须减少普通股权益、留存收益和总资产。请对财务报表做以上调整，并在明天早上召开董事会会议前给我一份修改好的版本。"

如果你使用计算器处理问题，你可能需要通宵工作。但是如果用 Excel，你需要做的只有一个变化——减少 2021 年存货 1 亿美元，Excel 将立即修改报表。如果你们公司有两个人分别按照这两种方式处理问题，那么谁会得到晋升、谁会被开除呢？

（3）敏感性分析。我们使用比率来分析财务报表以评估公司的管理情况。如果检查到弱点，管理层可以采取措施改变情况。例如，联合食品公司的净资产收益率（ROE），它是股价的关键决定因素，低于行业平均水平。净资产收益率取决于若干因素，包括存货水平，使用 Excel 可以看到随着存货的增加或者减少净资产收益率会如何改变。然后，管理者可以分析存货政策对利润和净资产收益率的影响。理论上，这些可以用计算器进行分析，但这种方式是低效率的。在这个充满竞争的世界，效率对企业生存是至关重要的。

（4）风险评估。灵敏度分析可用于评估不同政策中固有的风险。例如，如果企业增加债务，预期的净资产收益率一般较高，但企业债务越多，受到经济衰退的影响越严重。可以使用 Excel 来量化随着债务数量变化企业受到经济形势的影响程度以及企业在经济衰退时破产的可能性。许多公司在 2008—2009 年经济衰退期时深刻地认识到这一点，所以幸存者比起利益更多关注的是企业风险。

⊖ ROE 降低，因为如果债务降低，利息费用也会下降，这将提高联合食品公司的销售净利率。联合食品公司的分析师认为减少债务的净效应仍然是 ROE 的显著减少。

自我测验

1. 写出杜邦等式的公式。
2. 权益乘数是什么，为什么使用它？
3. 管理层如何使用杜邦等式来分析提高企业业绩的方法？

4.8 ROE 的潜在误用

ROE 是企业业绩的重要衡量标准，管理者应努力实现股东财富最大化。如果一家公司采取改进措施去提升 ROE，这是否意味着股东财富会增加？答案是"不一定"。事实上，如果一家公司过度依赖 ROE 来衡量业绩，可能会出现三个问题。

第一，ROE 没有考虑风险。尽管股东非常关心回报，但他们也关心风险。为了说明这点，以同一公司内的两个部门为例。部门 S 具有稳定的现金流，预计净资产收益率为 15%。部门 R 预计净资产收益率为 16%，但其现金流相当危险，因此预期的净资产收益率可能无法实现。如果管理者的薪酬完全以 ROE 为基础设定，并且预期的 ROE 得以实现，那么尽管部门 S 由于风险较低而为股东创造了更多的价值，但部门 R 的经理还是会得到比部门 S 的经理更多的奖励。同样，财务杠杆可以提高预期的 ROE，但更多的杠杆意味着更高的风险。所以，通过使用杠杆提高 ROE 不是明智之举。

第二，ROE 没有考虑投资资本的金额。举例说明，一家公司在两个互斥项目之间进行选择，项目 A 需要投资 5 万美元，预期 ROE 为 50%，而项目 B 需要投资 100 万美元，可以获取 45% 的 ROE。这些项目有同样的风险，且资本成本率为 10%。项目 A 有更高的 ROE，但投资资本较少。所以应当选择项目 B，项目 B 会增加更多的股东财富。

第三，关注 ROE 可能导致管理者拒绝有利可图的项目。例如，假设你管理某家大公司的一个部门，而公司只是根据 ROE 发放奖金。你预计明年部门的 ROE 可以达到 45%。现在你有机会投资一个规模大、风险低的项目，但该项目的预期 ROE 为 35%，高于公司的资本成本。尽管这个项目是非常有利可图的，但你可能仍然不愿意投资，因为它会减少部门平均的净资产收益率和你的年终奖金。

经济增加值（EVA）和净利润

正如我们在第 3 章中提到的，经济增加值（EVA）是衡量管理层增加了多少股东财富的指标。为了更好地了解 EVA 的深层含义，现在来看看联合食品公司 2021 年的数据。联合食品公司的总投资资本包括 1.1 亿美元应付票据、7.5 亿美元的长期债务和 9.4 亿美元的普通股权益，共计 18 亿美元。债务占该总额的 47.78%，普通股权益占该总额的 52.22%。在后文中，将会讨论如何计算联合食品公司的资本成本，但现在为了简化，估计其资本成本率为 10%。因此，企业的总资本成本（包括债务和普通股权益）每年为 10%×18=1.8 亿美元。

现在来看看联合食品公司的利润表。它的息税前利润为 2.78 亿美元，利息费用为 0.83 亿美元。因此，其应纳税所得额为 2.78-0.83=1.95 亿美元。税额等于应纳税所得额的 25%，即 25%×1.95=0.488 亿美元。因此，公司的净收入是 1.463 亿美元，其净资产收益率是 1.463/9.4=15.6%。

基于给定的数据，现在可以计算联合食品公司的经济增加值。经济增加值的基本公式如下：

$$经济增加值 = 息税前利润（1-税率）-总投资资本 \times 税后资本成本率$$
$$= 2.78 \times （1-0.25）-18 \times 0.10$$
$$= 2.085-1.8$$
$$= 0.285$$

正的 EVA 表示股东投资联合食品公司比投资同风险的其他股票实际收入要高 0.285 亿美元。为了解这 0.285 亿美元的来源，我们将展开分析。

- 公司产生了 2.78 亿美元的营业收入。
- 0.488 亿美元用于支付税款，剩余的 2.293 亿美元归股东和债权人所有。
- 0.83 亿美元用于支付利息费用，剩余的 1.463 亿美元归股东所有。
- 然而，联合食品公司的股东也必须获得一定的投资资本回报，因为其也可以投资其他同等风险的公司。这就是所说的权益资本成本。

- 一旦联合食品公司的股东获得了必要的回报，公司将有额外的 0.285 亿美元。这就是增加的经济价值。在某种意义上，联合食品公司的管理层创造了负面财富，也就是说它为股东提供了比投资同等风险企业更低的回报。

- 在实践中，经常需要进行几次调整，以达到 EVA 更好的测量，具体包括调整处理非经营性资产、租赁资产、折旧和其他会计科目，这将在高级财务课程中予以讨论。

ROE 和 EVA 的关系

EVA 与传统会计利润不同，因为 EVA 反映了股权成本以及债务成本。事实上，使用前面的例子，还可以将 EVA 表示为净利润减去股权成本之后的净额：

$$EVA = 净利润 - 所有者权益 × 权益资本成本$$
$$= 所有者权益 × (净利润 / 所有者权益 - 权益资本成本)$$
$$= 所有者权益 × (净资产收益率 - 权益资本成本率)$$

最后一个表达式意味着 EVA 取决于三个因素：收益率，反映在 ROE 中；风险，影响权益资本成本；资本规模，由所有者权益衡量。回顾前文所说的，股东价值取决于风险、收益率和资本投资。最后这个方程恰好说明了这一点。

这三个例子表明，项目的净资产收益率必须结合其资本规模和风险，以确定其对股东价值的影响。正如下图所示。

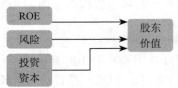

我们将在讲述资本预算时更深入地讨论这个问题，那时我们将详细研究如何选择项目以使股东价值最大化。

自我测验

如果一家公司采取措施，提高了其未来的预期 ROE，这是否一定意味着股票价格也会提高？解释一下。

4.9 借助财务比率评价业绩

虽然财务比率有助于评估财务报表，但往往很难通过仅仅观察比率来评估一家公司。例如，如果你看到一家公司流动比率为 1.2，很难判断是好还是坏，除非你从某一具体角度进行分析。联合食品公司的管理层关注行业平均水平，可以将本公司状况与特定公司或"基准"进行比较。它可以分析每个比率的趋势。在本节中讨论所有的 3 种方法。

4.9.1 与行业平均水平比较

正如上文联合食品公司比率分析时所做的，评估业绩的一种方法是比较公司与行业整体的关键比率。表 4-2 提供了在本章中所讨论的比率。这个表格作为一份快速参考资料很有用，计算出来的比率和附带的注释能够帮助企业认识到自身相对于整个行业的优势和劣势。为了让你进一步了解一些"现实世界"的比率，表 4-3 提供了 2020 年 3 月中旬许多不同行业的比率。

表 4-2　联合食品公司：财务指标汇总　　　　　　　　　　　　　　（单位：百万美元）

指标	公式	计算过程	指标结果	行业平均水平	评价
流动性					
流动比率	$\dfrac{流动资产}{流动负债}$	1 000/310	=3.2	4.2	差
速动比率	$\dfrac{(流动资产 - 存货)}{流动负债}$	385/310	=1.2	2.2	差

（续）

指标	公式	计算过程	指标结果	行业平均水平	评价
资产管理					
存货周转率	$\dfrac{销售成本}{存货}$	2 100/615	=3.4	7.6	差
应收账款周转天数	$\dfrac{应收账款}{年销售收入/365}$	375/8.219 2	=46 天	36 天	差
固定资产周转率	$\dfrac{销售收入}{固定资产净额}$	3 000/1 000	=3.0	2.8	一般
总资产周转率	$\dfrac{销售收入}{总资产}$	3 000/2 000	=1.5	1.8	稍低
债务管理					
资产负债率	$\dfrac{总有息负债}{总资产}$	860/1 800	=47.8%	36.4%	高（风险高）
利息保障倍数	$\dfrac{息税前利润}{利息费用}$	278/83	=3.3	6.0	低（风险高）
盈利能力					
销售毛利率	$\dfrac{EBIT}{销售收入}$	278/3 000	=9.3%	10.0%	低
销售净利率	$\dfrac{净利润}{销售收入}$	146.3/3 000	=4.9%	6.0%	差
资产收益率	$\dfrac{净利润}{总资产}$	146.3/2 000	=7.3%	10.8%	差
净资产收益率	$\dfrac{净利润}{所有者权益}$	146.3/940	=15.6%	18.7%	差
投资资本收益率	$\dfrac{EBIT（1-T）}{资本总额}$	208.5/1 800	=11.6%	13.2%	差
基本盈利能力比率	$\dfrac{EBIT}{总资产}$	278/2 000	=13.9%	18.0%	差
市场价值					
市盈率	$\dfrac{每股价格}{每股收益}$	23.06/1.95	=11.8	13.6	低
市净率	$\dfrac{每股价格}{每股净资产}$	23.06/12.53	=1.8	2.6	低
企业价值倍数	$\dfrac{企业价值}{EBITDA}$	2 579.5/378	=6.8	9.2	低

表 4-3　不同行业的关键比率①

行业名称	流动比率	存货周转率②	总资产周转率	长期资产负债比率③/%	应收账款周转天数	销售净利率/%	资产收益率/%	净资产收益率/%	企业价值倍数④
航天/国防	1.13	2.60	0.68	0.57	0.05	0.04	0.17	0.00	14.94
服装	1.29	4.18	1.46	48.45	4.09	8.45	17.42	12.74	10.93
汽车制造	1.21	6.83	0.75	51.46	3.63	4.08	8.47	129.65	14.39
饮料	1.10	3.82	0.53	46.24	11.95	8.87	16.89	23.25	19.92
电子	1.44	6.49	1.02	38.27	2.42	3.46	5.95	17.73	13.07
杂货店	0.97	10.36	1.76	51.92	1.65	4.33	10.52	16.83	8.93

（续）

行业名称	流动比率	存货周转率[2]	总资产周转率	长期资产负债比率[3] / %	应收账款周转天数	销售净利率 / %	资产收益率 / %	净资产收益率 / %	企业价值倍数[4]
公共医疗卫生	1.17	10.64	0.98	52.15	3.97	6.05	14.22	6.77	9.37
旅店	1.08	7.99	0.58	55.16	8.14	6.26	14.51	5.04	12.74
报纸	1.17	8.62	0.47	49.24	7.88	5.07	10.72	0.00	9.18
纸及纸制品	1.26	5.79	0.77	52.83	4.77	5.06	11.16	10.07	7.53
铁路	1.15	25.34	0.86	53.05	4.90	5.05	11.40	12.22	12.56
餐饮	1.07	7.94	0.57	55.16	8.27	6.32	14.69	7.26	16.88
零售	1.12	6.19	1.37	42.20	3.58	6.90	14.94	9.10	12.21
科技仪表仪器	1.80	5.23	0.74	33.77	7.28	5.95	10.91	28.43	15.71
运动用品	2.23	4.29	1.01	28.57	5.54	7.92	10.76	6.53	13.31
钢铁	1.36	4.56	0.71	39.02	5.64	6.19	9.25	9.87	6.24
烟草	1.25	5.02	0.80	43.18	5.42	6.12	10.54	14.09	12.30

① 表中的比率是每个行业的平均水平，也可提供特定公司的比率。

② 表中的存货周转率是以公司最近 12 个月的销售成本除以上一季度和可比年份同期的平均存货来计算的。

③ 长期资本负债比率的计算方法为：长期负债 /（长期负债 + 股权），使用 MSN 的权益负债率的计算方法为 $\frac{D/E}{(1+D/E)}$。

④ 信息来自纽约大学斯特恩商学院。截至 2020 年 1 月的数据，pages.sten.nyu.edu/~adamodar/New_Home_Page/datafile/vebitda.html。

资料来源：Data for all ratios except enterprise value multiples obtained from MSN Money Analysis (msn.com/en-us/money/markets/), March 19, 2020; and enterprise value multiples obtained from Aswath Damodaran, NYU Stern School of Business, January 2020.

4.9.2 标杆管理

比率分析总会涉及公司与行业的指标对比。但是与其他大多数公司一样，联合食品公司的管理层还会将自己的指标与那些领先的食品公司进行对比。这种方法叫作"标杆管理"，那些作为对比对象的公司叫作标杆公司。联合食品公司的管理层与下列多家公司进行比较：金宝汤公司（Campbell Soup），是一家成功的灌装汤料食品公司；泰森食品公司（Tyson Foods），一个鸡肉、牛肉和猪肉产品的加工商；强生零食（J&J Snack Foods），是营养零食的制造商；康尼格拉公司（Conagra Foods），一家为商业客户提供冷冻土豆和其他蔬菜等包装食品的公司；花苑食品公司（Flowers Foods），一家面包和小吃食品生产商；好时食品公司（Hershey Foods Corp），一家巧克力和非巧克力糖果产品的生产商；凯洛格公司（Kellogg Company），一家即食谷物和方便食品的制造商。计算每个公司的比率，然后按照如下所示的利润率［2020 年 3 月 14 日 Yahoo! Finance（finance.yahoo.com）报告的公司最近 12 个月的业绩］降序排列：

公司	利润率
金宝汤公司	17.95%
好时食品公司	14.40%
强生零食	7.88%
康尼格拉公司	7.62%
凯洛格公司	7.07%
联合食品公司	4.88%
泰森食品公司	4.71%
花苑食品公司	3.99%

建立标杆可以使联合食品公司的管理层比较容易地看到公司在竞争中所处的位置。如数据显示，联合食品公司的利润率在标杆中接近底部，为此公司有很大的改善空间。其他指标也可以做类似分析。

可比指标可以在包括雅虎财经、MSN Money 等在内的很多地方找到。Value Line、Dun and Bradstreet (D&B) 和风险管理协会（全国银行贷款人协会）也提供类似指标。另外，其他网站也会提供大量上市公司的财务报表数据，经纪公司、银行及其他金融机构可以使用这些数据，证券分析师也可以根据特定需要调整出可比指标。

　　每个数据提供机构都会根据自己的目的使用不同的指标。例如，D&B 主要面向小企业（其中大部分是独资企业），并且主要向银行和其他债权人提供服务。因此，D&B 主要从债权人的视角出发，其指标更关注流动资产和负债，而不是市场价值指标。所以，在选择可比数据源时，需要使你与数据提供机构的关注点相似。另外，不同来源的指标通常有不同的定义，在使用某数据来源的指标时，必须清楚该指标的准确含义，以确保符合自身工作所需。

4.9.3　趋势分析法

　　最后，联合食品公司还将其比率与其过去的水平进行比较。分析比率的趋势以及它们的绝对水平是非常重要的，因为趋势提供了关于公司的财务状况是否可能改善或恶化的线索。要进行**趋势分析**（trend analysis），只需绘制一段时间的比率，如图 4-1 所示。这个图显示了联合食品公司的净资产收益率自 2018 年以来一直在下降，尽管行业平均水平相对稳定。所有其他比率也可以进行类似分析，并且这种分析在获得为什么 ROE 如此表现的认识方面是非常有用的。

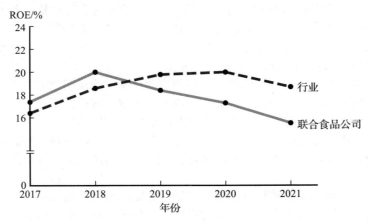

图 4-1　2017—2021 年普通股的净资产收益率

自我测验

1. 为什么铁路的总资产周转率低，而零售和食品加工的总资产周转率高？
2. 如果竞争导致所有公司长期具有类似的 ROE，那么周转率高的公司是有高的还是低的销售净利率？解释原因。
3. 为什么比较可比指标有用？
4. 如何做一个趋势分析？
5. 趋势分析提供了哪些重要信息？

4.10　财务比率的使用和局限性

　　如前所述，主要有 3 类主体使用比率分析：①管理者，借用指标来分析、控制、改善公司的经营状况；②信用分析师，包括银行工作人员和债券评级机构，通过分析指标判断公司偿付债务的能力；③股票分析师，主要关注公司效率、风险和成长前景。在后面的章节中，我们会进一步分析影响每个比率的基本因素，这会使你更清楚如何理解和使用这些比率。注意，虽然比率分析可以为公司的经营和财务状况提供有用信息，但它有局限性。一些潜在问题列示如下。

　　（1）许多大公司在不同行业经营不同业务。对于这些公司来说，确定一个有意义的行业平均值非常困难。因此，相对于规模较大、多行业经营的公司，比率分析对规模小、业务集中的公司更有用。

　　（2）大多数公司希望优于行业平均水平。因此，仅达到平均业绩远远不够，如果想要使业绩达到高水平，最好关注行业领导者的指标。标杆管理在这方面会有帮助。

（3）通货膨胀影响了很多公司的资产负债表，通常表现为账面价值不同于市场价值。市场价值更适合大多数决策目的，但通常无法得到市场价值数字，因为二手机械等资产不在市场上交易。此外，通货膨胀影响资产价值、折旧费、存货成本，从而影响利润。因此，一个公司随时间的比率分析或不同年龄公司的比较分析必须谨慎判断。

（4）季节因素也可以影响比率分析。例如，如果资产负债表中的存货数据来自装罐季节结束之前或之后，这将会使食品加工商的存货周转率截然不同。在计算周转率时，可以通过使用月度平均存货（应收账款）来减少这一问题的影响。

（5）公司可以使用"粉饰"技术让财务报表看起来更好。例如，人们倾向于认为大型的对冲基金之所以做大，是因为高回报吸引了很多投资者。然而，我们分析2007年的数据可知，一些基金只是通过借钱和投资来增加表面规模。例如，沃顿资产管理公司（Wharton Asset Management）报告说该基金"管理下"有20亿美元，但实际上只吸引了不到1亿美元的投资者资本。

（6）不同的会计实务可能影响对比结果。如前文所述，存货估价和折旧方法会影响财务报表，进而影响公司间的比较。另外，在过去，有时很难将购买设备的公司（通常有债务）与租赁设备的公司进行比较，因为租赁的资产通常不会出现在资产负债表上。因此，有租赁资产的公司往往有较低的资产和较低的已报告债务，这两者都会影响比较的结果。然而，会计行业已经采取措施来解决这个问题。即它最近增加了一项新的会计准则（ASC 842），该准则将消除长期租赁的资产负债表表外融资。

（7）某一指标的好或坏很难一概而论。例如，较高的流动比率可能说明很强的流动性，这是好事，但也可能说明现金过多，这就变成了坏事，因为银行中的超额现金是非盈利资产。同理，固定资产周转率高可能说明公司资产使用效率高，也可能说明公司现金短缺无法负担必要的固定资产投资。

（8）一个公司可能有些指标看起来好，有些指标看起来不好，以至于很难判断公司实力的强弱。为了解决这个问题，银行和其他贷款机构经常使用统计方法来分析一组比率的净效应，并根据公司陷入财务困境的概率对公司进行分类。[⊖]

比率分析是有用的，但分析师应该清楚以上问题并做出必要的判断。机械的、不加思考的比率分析是非常危险的，明智的、具有良好判断力的比率分析则可以提供关于公司经营的有用信息。现在你对一组比率的理解和判断能力可能还较弱，但是通过学习本书其他章节的内容将会有所提高。

自我测验

1. 列出比率分析的3种类型的用户。不同的用户是否会强调相同或不同类型的比率？解释原因。
2. 列出比率分析的几个潜在困难。

在财务报表中寻找警示信号

财务丑闻重新激发了人们对财务会计的兴趣，分析师会审查财务报表以确认是否存在潜在问题。这种新的兴趣导致了分析师在审查公司财务报表时要考虑一系列危险信号。例如，在与纽约大学会计教授Baruch Lev讨论后，《财富》杂志的Shawn Tully发现了以下危险信号。

- 年复一年，公司报告重组费用或资产减值损失。这种做法引起了关注，因为公司可以使用资产减值来掩盖营业成本，从而导致高估收入。

- 公司的盈利已经通过一系列收购实现。如果收购公司的市盈率高于被收购公司，收购可以增加收益，但从长远来看，这种"增长"不能持续。

- 公司的资产贬值速度比行业平均水平慢。较低的贬值提高了当前收益，但这不能持续，因为最终必须确认折旧。

- 公司通常有高收益、低现金流。正如Tully指出的，这个警告信号能够暴露安然的问题。在2001年第二季度（在问题开始前几个月），安然

⊖ 使用的技术是判别分析。关于这一主题的开创性工作，参见 Edward I. Altman," Financial Ratios, Discriminant Analysis, and the Prediction of Corporate Bankruptcy," *Journal of Finance*, vol. 23, no. 4 (September 1968), pp. 589–609.

公司报告的收益为 4.23 亿美元，而现金流减少 5.27 亿美元。

同样，在与各种专家协商后，*Newark Star Ledger* 的 Ellen Simon 提出了她的危险信号：

- 你不会以今天的价格购买股票。
- 你并不是真的了解公司的财务报表。
- 该公司的业务有助于"创造会计"。

- 该公司不断发生营业外支出。
- 应收账款和存货比销售收入增长快。
- 公司内部人员卖出本公司股票。
- 公司正在不相干的领域进行积极的并购。

这两个列表之间有一些重复。此外，这些并不必然意味着公司有什么问题，而是应该被视为危险信号，促使你仔细观察公司的表现，然后做出投资决策。

4.11　超越纯数据分析

通过本章的学习，应该可以提高你理解和解释财务报表的能力。这对于任何想要做出商业决策或预测股票价格的人都至关重要。然而，合理的财务分析除了计算数字之外还包括更多内容——要做好财务分析工作，就要在评价一个公司时考虑一些定性因素，美国个人投资者协会（American Association of Individual Investors, AAII）总结了如下因素。

（1）公司的收入是否主要来自某一个关键客户？如果答案是肯定的，那么一旦该客户流失，公司的业绩会剧烈下滑。如果这一关系非常稳固，那么就会带来非常稳定的收入。

（2）公司的收入在多大程度上依赖某一种关键产品？公司仅关注一种产品会更高效，但缺乏多样化也会增加风险。如果收入来自几种不同的产品，那么其中一种产品的需求下降对最终财务成果的影响也会较小。

（3）公司在多大程度上依赖某一个供应商？投资者和潜在债权人会认为，依赖一个供应商会导致无法预料到的供应短缺，从而影响销售和利润。

（4）公司业务中多大份额来自海外？拥有大量海外业务的公司通常能够实现更快的增长和更高的销售净利率，然而，海外业务可能会使公司面临政治风险和汇率问题。

（5）公司面临多大程度的竞争？竞争加剧往往会降低价格和销售净利率。在预测公司未来业绩时，考虑现有竞争者和新进入竞争者的行为非常重要。

（6）公司大量投资于研发是否必要？如果答案是肯定的，其未来的前景取决于新产品是否成功。例如，一家制药公司的投资者想知道该公司是否有大量潜在的畅销药物，以及这些产品是否在必要的测试中表现良好。

（7）法律和制度环境对公司有何影响？例如，在预测电力公司的未来时，必须考虑煤、核电和燃气发电厂使用的拟议法规的影响。

近期稳步发展的 Netflix 就是一个很好的案例。2018 年 2 月，其股价在每股 140 美元左右。两年后的 2020 年 2 月，其股价为 385 美元。尽管 Netflix 的财务报表随着时间的推移有所改善，但该公司股价的快速上涨主要是由于市场对其未来前景的预期发生了巨大的积极变化。该公司成功利用不断变化的技术的能力，以及在创造自己的内容方面的持续成功给投资者留下了深刻的印象。与此同时，Netflix 未来的成功还远不能保证。该公司将继续面对（并希望利用）不断变化的技术和来自其他流媒体服务的激烈竞争。对消费者和 Netflix 的股东来说，看看这种情况在未来几年如何发展将是非常有必要的。

自我测验

分析师在评估公司未来可能的财务业绩时应考虑哪些定性因素？

本章小结

在本章，我们讨论了主要财务报表。在这一部分，我们阐述了如何使用比率来分析财务报表以识别企业有待增强的弱点，从而实现公司价值最大化。财务比率可以分为以下五组。

- 流动性比率。
- 资产管理比率。

- 债务管理比率。
- 盈利能力比率。
- 市场价值比率。

公司的这些比率将会与其行业平均水平和领先者的水平（标杆管理）进行比较，这些比较可以用于帮助公司制定制度，从而改善未来业绩。同样，随着时间的推移，可以分析公司自身的比率，以了解其财务状况是否越来越好（趋势分析）。管理层控制的最重要的比率是ROE，尽管其他比率也很重要，但主要是因为它们影响ROE。用于表示ROE如何确定的一个工具是杜邦等式：ROE = 销售净利率 × 总资产周转率 × 权益乘数。如果公司的净资产收益率低于行业平均水平和标杆公司，杜邦等式分析可以帮助公司确定应加强的问题领域。在后面的章节中，我们分析可以用于改善ROE的具体行动，从而提高公司的股价。虽然比率分析是有用的，但必须谨慎使用和判断。为提高一个比率而采取的行动可能对其他比率产生负面影响。例如，可能通过使用更多的债务来提高ROE，但是过多债务的风险可能导致市盈率下降，从而导致公司的股票价格下降。定量分析如比率分析是有用的，但需要对结果加以思考和分析。

自测题

ST-1 关键术语
定义下列术语。
a. 流动资产
b. 流动性比率：流动比率、速动比率
c. 资产管理比率：存货周转率、应收账款周转天数、固定资产周转率、总资产周转率
d. 债务管理比率：资产负债比率、利息保障倍数
e. 盈利能力比率：销售毛利率、销售净利率、资产收益率、净资产收益率、投资资本收益率、基本盈利能力比率
f. 市场价值比率：市盈率、市净率、企业价值倍数
g. 杜邦等式、标杆管理、趋势分析
h. 财务报表粉饰

ST-2 资产负债率
去年K. Billingsworth公司每股收益为4美元，每股股息为2美元。本年度的留存收益总额增加了1 200万美元，而年底的每股账面价值为40美元。K. Billingsworth没有优先股，并且在本年度没有发行新的普通股。如果其年终总债务是1.2亿美元，那么该公司年末资产负债率是多少？

ST-3 财务比率分析
以下是Kaiser公司的数据（单位：百万美元）。

现金及现金等价物	100.00
固定资产	283.50
销售收入	1 000.00
净利润	50.00
流动负债	105.50
应付票据	20.00
流动比率	3.00
应收账款周转天数	40.55 天
净资产收益率	12.00%

Kaiser公司没有优先股，只有普通股、流动负债和长期负债。

a. 计算Kaiser公司的应收账款、流动资产、总资产、资产收益率、普通股权益、速动比率和长期负债。

b. 在a部分，你会发现Kaiser的应收账款（A/R）= 111.1百万美元。如果Kaiser可以将其应收账款周转天数从40.55天减少到30.4天，而其他保持不变，它会产生多少现金？如果这些现金用来回购普通股（以账面价值计算），从而降低普通股权益，这将会如何影响净资产收益率、资产收益率和资产负债率呢？

简答题

4-1 财务比率分析由三个主要的分析师进行：信用分析师、证券分析师和经理。每个小组的主要重点是什么，这些重点如何影响他们关注的比率？

4-2 相较于保险公司，为什么存货周转率对于连锁杂货店更加重要？

4-3 在过去一年，Ryngaert & Co. 的流动比率增加，总资产周转率下降。然而，公司的销售收入、现金和现金等价物、应收账款周转天数和固定资产周转率保持不变。那么，资产负债表的什么科目必须发生改变才能带来这样的变化？

4-4 不同行业的销售毛利率和周转率有所不同。在连锁杂货店和钢铁企业中你会发现两者的周转率、销售毛利率和杜邦等式之间有哪些差异？

4-5 通货膨胀如何影响一个公司的趋势分析和与其他公司的比较分析？只是资产负债表项目受到影响，还是说资产负债表和利润表项目均会受到影响呢？

4-6 如果企业的净资产收益率低，管理层希望改善，解释如何使用更多的债务实现这一目的。

4-7 列出一些例子说明季节性因素和不同的成长性可能影响比率比较分析，以及这些问题如何缓解。

4-8 为什么有时将公司的财务比率与同一行业其他公司的财务比率进行比较会产生误导？

4-9 假设你正在比较一个折扣商家和一个高端商家。进一步假设两家公司的 ROE 相同。如果采用杜邦等式，你希望每个公司的哪三个部分是相同的？如果没有，解释哪些资产负债表和利润表项目可能导致这些部分的差异。

4-10 请参阅在线财务来源，例如雅虎财经或谷歌财经，以查找 Macy 和 Alphabet InC.（谷歌的母公司的市盈率）。哪家公司的市盈率较高？哪些因素可以解释这一点？

4-11 净资产收益率和投资资本收益率有哪些区别？

4-12 说明下表中列出的交易对流动资产、流动比率和净利润的影响。使用（+）表示增加，（-）表示减少，（0）以表示无效果或不确定效果。陈述任何必要的假设并假设初始流动比率大于 1.0（注：回答这些问题需要一个好的会计背景。如果你的能力不足，回答你可以回答的问题）。

	流动资产	流动比率	对净利润的影响
通过发行新的普通股以获得现金			
商品以现金出售			
支付上年度的联邦所得税			
固定资产以低于账面价值的价格出售			
固定资产以高于账面价值的价格出售			
商品以赊销形式出售			
支付过去的赊购款项			
宣布并支付现金股利			
通过银行短期贷款获得现金			
短期应收票据折价出售			
有价证券的售价低于成本			
向员工预付款项			
支付当前营运成本			
发行短期期票给贸易债权人，以换取逾期应付账款			
发行 10 年期票据以偿还应付账款			
完全折旧的资产将被淘汰			
收回应收账款			
以短期票据购买设备			
赊购商品			
预计应交税费增加			

问答题

4-1 应收账款周转天数 Baxley Brothers 的 DSO 为 23 天，年销售额为 365 万美元。其应收账款余额是多少？假设 1 年为 365 天。

4-2 资产负债率 key's kitchenware 的市净率是 1。股价是每股 12 美元，它有 480 万股流通股。该公司的总资本为 1.1 亿美元，并且只有债务和普通股。它的资产负债率是多少？

4-3 杜邦等式 Henderson's Hardware 的 ROA 为 11%，销售净利率为 6%，ROE 为 23%。其总资产周转率是多少？它的权益乘数是多少？

4-4 市净率 Edelman Engines 总资产为 170 亿美元，包含了 10 亿的现金及现金等价物。其资产负债表显示有 17 亿美元的流动负债，包含了 10 亿美元的应付票据，102 亿美元的长期债务，以及 51 亿美元的普通股权益。它有 3 亿股普通股，其股票价格为每股 20 美元。该公司的 EBITDA 总额为 13.68 亿美元。假设该公司的债务是按面值定价的，所以其债务的市场价值等于其账面价值。Edelman 的市净率和企业价值倍数是多少？

4-5 市盈率 一家公司的每股收益为 2.40 美元，每股的账面价值为 21.84 美元，市净率是 2.7 倍。其市盈率是多少？

4-6 杜邦等式和净资产收益率 一家企业的销售净利率为 3%，权益乘数为 1.9。它的销售额为 1.5 亿美元，总资产为 6 000 万美元。它的 ROE 是多少？

4-7 净资产收益率和投资资本回报率 Baker Industries 的净利润为 2.4 万美元，利息费用为 0.5 万美元，其税率为 25%。其应付票据为 2.7 万美元，长期债务为 7.5 万美元，普通股权为 25 万美元。公司只有债务和普通股权，没有优先股。公司的 ROE 和 ROIC 分别是多少？

4-8 杜邦等式和净利润 Precious Mining 公司的销售收入为 1 700 万美元，其 ROE 为 17%，总资产周转率为 3.2 倍。公司资产负债表上的普通股权益是其总资产的 50%。它的净利润是多少？

4-9 基本盈利能力比率和投资资本收益率 Broward Manufacturing 最近报告了以下信息：

净利润	61.5 万美元
ROA	10%
利息费用	20.295 万美元
应付账款和应计费用	95 万美元

Broward 的税率为 25%。它只有债务和普通股，没有优先股。其总投资资本的 40% 是债务，总投资资本的 60% 是普通股。计算其基本盈利能力（BEP）、净资产收益率（ROE）和投资资本收益率（ROIC）。

4-10 市账比和每股价格 你将获得以下信息：资产负债表显示的股东权益 = 65 亿美元，市盈率 = 9，普通股权益 = 1.8 亿美元，市账比 = 2.0。计算普通股的每股价格。公司总债务的市场价值为 70 亿美元，现金和现金等价物的总额为 2.5 亿美元，EBITDA 为 20 亿美元。该公司普通股的每股价格是多少？该公司的企业价值倍数是多少？

4-11 比率计算 假定 Caulder 公司情况如下：

销售收入 / 总资产	1.3
资产收益率（ROA）	4.0%
净资产收益率（ROE）	8.0%

计算 Caulder 的销售净利率和资产负债率，假设公司仅使用债务和普通股，因此总资产等于总投资资本。

4-12 比率计算 Thomson Trucking 拥有 120 亿美元的资产，其税率为 25%。它的基本盈利能力（BEP）比率为 10%，总资产收益率（ROA）为 5.25%。那么，利息保障倍数是多少？

4-13 利息保障倍数和投资资本收益率 H.R. Pickett 公司拥有 60 万美元的有息债务，并以 7% 的年利率付息。此外，资产负债表上显示该公司有 60 万美元的普通股权益。并且它只有债务和普通股，没有优先股。其年销售收入为 270 万美元，其平均税率为 25%，其销售净利率为 7%。那么，它的利息保障倍数和投资资本收益率（ROIC）分别是多少？

4-14 净资产收益率 Pacific Packaging 的 ROE 去年只有 5%，但其管理者已经制订了一个新的运营计划，要求资产负债率为 40%，每年的利息费用为 56.1 万美元。该公司没有使用优先股，总资产等于总投资资本。管理层预计销售收入为 1 700 万美元，EBIT 为 187 万美元，预计总资产周转率为 2.1。在这些条件下，税率为 25%。如果实现了这些改变，公司的净资产收益率是多少？

4-15 净资产收益率和速动比率 Lloyd 公司的销售额为 20 万美元，净利润为 1.5 万美元，以下是资产负债表。

（单位：美元）

现金	10 000	应付账款	30 000
应收账款	50 000	应付票据	20 000
存货	150 000	总流动负债	50 000
总流动资产	210 000	长期负债	50 000
固定资产净值	90 000	普通股权益	200 000
总资产	300 000	负债和所有者权益	300 000

新的所有者认为存货过多，可以将流动比率降到行业平均水平 2.5 倍，而不影响销售收入或净利润。如果存货销售出去但不补充（因此流动比率降低到 2.5 倍），如果产生的资金用于减少普通股权（股票可以以账面价值回购），如果没有其他变化，ROE 会有什么变化？公司新的速动比率是多少？

4-16 净资产收益率 中央城市建设（CCC）需要 300 万美元的创立资金，预计其基本的盈利能力比率为 35%。CCC 不拥有任何证券，因此其所有收入都将是营业收入。如果它这样选择，CCC 可以融资高达总资产 30% 的债务，这将有 8% 的利率。如果选择使用债务，公司将只使用债务和普通股，没有优先股股票。假设所有应税收入的税率为 25%，债务和股权融资各占一半和完全使用股权融资两种情况下预期的 ROE 有什么区别？

4-17 概念界定：净资产收益率 以下哪个表述最正确？

a. 如果企业的预期基本盈利能力比率（BEP）对于其所有资产是恒定的，并且超过其债务利率，增加资产和利用债务融资将会提高公司的预期净资产收益率（ROE）。

b. 企业的税率越高，其 BEP 比率越低，其他保持不变。

c. 企业债务的利率越高，其 BEP 比率越低，其他保持不变。

d. 企业债务比率越高，其 BEP 比率越低，其他保持不变。

e. 表述 a 错误，表述 b、c、d 是正确的。

4-18 比率 MPI 公司拥有 60 亿美元的资产，其税率为 25%。它的基本盈利能力（BEP）比率为 11%，总资产收益率（ROA）为 6%。MPI 的利息保障倍数是多少？

4-19 流动比率 Stewart 公司拥有 239.25 万美元的流动资产和 107.662 5 万美元的流动负债。其初始存货水平为 52.635 万美元，其将通过应付票据筹集额外资金，并用它们来增加存货。它的短期债务（注释：应付）增加多少不会使流动比率低于 2.0？

4-20 应收账款周转天数和应收账款 Ingraham 公司目前有 20.5 万美元的应收账款，其应收账款周转天数（DSO）为 71 天。它想要通过催促更多的客户按时付款，将 DSO 减少到 51 天。如果此政策通过了，公司的平均销售收入将下降 15%。应收账款将会如何变化？假设一年有 365 天。

4-21 市盈率和股票价格　Ferrel 公司最近报告的净利润为 800 万美元。它有 54 万股普通股，目前每股交易价 21 美元。Ferrel 持续扩张，预计 1 年后，其净利润将为 1 320 万美元。在明年，它预计将额外发行 8.1 万股股票，因此 1 年后，它将有 62.1 万股普通股。假设 Ferrel 的市盈率保持在目前的水平，其 1 年后的股票价格将是多少？

4-22 资产负债表分析　利用下列财务数据补充资产负债表和销售信息。

总资产周转率：1.5。

应收账款周转天数：36.5 天。

存货周转率：3.75。

固定资产周转率：3.0。

流动比率：2.0。

销售净利率：25%。

一年按 365 天计算。

资产负债表　（单位：美元）

现金		流动负债	
应收账款		长期负债	60 000
存货		普通股权益	
固定资产		留存收益	97 500
总资产	300 000	负债和所有者权益	
营业收入		营业成本	

4-23 比率分析　Barry 电脑公司和其行业水平数据如下。该公司的债务是按面值定价的，所以其债务的市场价值等于其账面价值。

a. 计算 Barry 的比率。

b. 为 Barry 电脑公司和其行业水平建立杜邦等式。

c. 根据分析指出 Barry 电脑公司的优势和劣势。

d. 假设 Barry 的销售额、存货、应收账款和普通股权益在 2021 年翻了一番，这些信息将如何影响比率分析的有效性（提示：考虑平均值和快速增长对比率的影响，如果不使用平均值，则不需要计算）？

Barry 电脑公司：2021 年 12 月 31 日的资产负债表　（单位：千美元）

现金	77 500	应付账款	129 000
应收账款	336 000	其他流动负债	117 000
存货	241 500	应付票据	84 000
总流动资产	655 000	总流动负债	330 000
		长期负债	256 500
固定资产净值	292 500	普通股权益	361 000
总资产	947 500	负债和所有者权益	947 500

Barry 电脑公司：2021 年 12 月 31 日的利润表　（单位：千美元）

营业收入		1 607 500
营业成本		
材料费	717 000	
直接人工	453 000	
动力和燃耗费用	68 000	
间接人工	113 000	1 351 000
毛利润		256 500
销售费用		115 000
管理费用		41 500
息税前利润		70 000
利息费用		21 000
税前收益		49 000
税费		12 250
净利润		36 750
市盈率		1.018
市场价格		12.00

财务比率	Barry	行业平均水平
流动比率		2.0
速动比率		1.3
应收账款周转天数		35 天
存货周转率		5.7
总资产周转率		3.0
销售利润率		1.6%
总资产收益率		4.8%
净资产收益率		12.1%
投资资本收益率		9.4%
利息保障倍数		3.5%
资产负债比率		47.0%
市净率		4.22
市盈率		13.27
企业价值倍数		9.14

4-24 杜邦等式　一家公司近年来销售净利率持续低迷。我们使用杜邦等式对公司的财务状况进行分析。公司没有租赁付款，但有 200 万美元的偿债基金。最近的行业平均水平和公司财务报表如下。

行业平均水平			
流动比率	3	固定资产周转率	6
资产负债率	20%	总资产周转率	3
利息保障倍数	7	销售净利率	3.75%
息税折旧摊销前利润	9	总资产收益率	11.25%
存货周转率	8	净资产收益率	16.10%
应收账款周转天数	24 天	投资资本收益率	14.40%

2021 年 12 月 31 日的资产负债表
（单位：百万美元）

现金及现金等价物	78	应付账款	45
应收账款	66	其他流动负债	11
存货	159	应付票据	29
总流动资产	303	总流动负债	85
		长期负债	50
		总负债	135
固定资产	225	普通股权益	114
减值损失	78	留存收益	201
固定资产净额	147	所有者权益	315
总资产	450	负债和所有者权益	450

2021 年 12 月 31 日的利润表
（单位：百万美元）

营业收入	795.0
营业成本	660.0
毛利润	135.0
销售费用	73.5

	(续)
息税折旧摊销前利润	61.5
减值损失	12.0
息税前利润	49.5
利息费用	4.5
税前利润	45.0
税费（25%）	11.25
净利润	33.75

a. 计算你认为在此分析中有用的财务比率。

b. 建立杜邦等式，将公司的财务比率与行业平均水平进行比较。

c. 公司较低的销售净利率是否是资产负债表或者利润表项目的影响？

d. 哪些具体的项目与同行业企业水平最不协调？

e. 如果公司有明显的季节性销售模式或如果它在一年中快速增长，这会如何影响比率分析的有效性？如何解决这样的问题？

综合 / 电子表格问题

比率分析　Corrigan 公司 2020 年和 2021 年的财务报表以及行业平均水平情况如下。Corrigan 公司不受利息扣除限制，因为其前三年的年平均总收入低于 2 500 万美元。所以它的利息费用可以 100% 扣除。

a. 评价 Corrigan 的流动性状况，并进行趋势分析和行业比较。

b. 评价 Corrigan 的资产管理状况，并进行趋势分析和行业比较。

c. 评价 Corrigan 的债务管理状况，并进行趋势分析和行业比较。

d. 评价 Corrigan 的盈利能力状况，并进行趋势分析和行业比较。

e. 评价 Corrigan 的市场价值比率，并进行趋势分析和行业比较。

f. 使用杜邦等式计算 Corrigan 的 ROE 以及行业平均的 ROE，Corrigan 的财务状况与行业平均水平相比如何？

g. 如果公司采取降低成本的措施，使其能够保持较低的库存水平，并大幅降低销售的成本，你认为比率会发生什么变化？不需要计算，想想哪些比率会受到这两个项目变化的影响。

12 月 31 日 Corrigan 公司的资产负债表
（单位：美元）

	2021 年	2020 年
现金	72 000	65 000

	(续)
	2021 年	2020 年
应收账款	439 000	328 000
存货	894 000	813 000
总流动资产	1 405 000	1 206 000
土地及建筑物	238 000	271 000
机器设备	132 000	133 000
其他固定资产	61 000	57 000
总资产	1 836 000	1 667 000
应付账款	80 000	72 708
应计负债	45 010	40 880
应付票据	476 990	457 912
总流动负债	602 000	571 500
长期负债	404 290	258 898
普通股权益	575 000	575 000
留存收益	254 710	261 602
负债和所有者权益	1 836 000	1 667 000

12 月 31 日 Corrigan 公司的利润表
（单位：美元）

	2021 年	2020 年
营业收入	4 240 000	3 635 000
营业成本	3 680 000	2 980 000
毛利润	560 000	655 000
管理费用和销售费用	303 320	297 550
减值损失	159 000	154 500

（续）

	2021 年	2020 年
息税前利润	97 680	202 950
利息费用	67 000	43 000
税前利润	30 680	159 950
税费（25%）	7 670	39 988
净利润	23 010	119 963

每股数据

	2021 年	2020 年
EPS（美元）	1.00	5.22
现金股利（美元）	1.10	0.95
市场价格（平均）(美元)	12.34	23.57
市盈率	12.33	4.52
流通在外股票数	23 000	23 000

行业平均水平

	2021 年
流动比率	2.7
存货周转率	7.0
应收账款周转天数	32.0 天
固定资产周转率	13.0
总资产周转率	2.6
资产收益率	11.4%
净资产收益率	18.2%
投资资本收益率	14.5%
销售净利率	4.4%
资产负债率	50.0%
市盈率	6.0
市净率	1.5
企业价值倍数	6.0

综合案例

D'Leon Inc.，第 2 部分

财务报表和税务 本案的第 1 部分，在第 3 章中讨论了一个区域零食生产商 D'Leon 在实施扩张计划后的情况。D'Leon 已经增加了工厂的生产能力，并进行了一次重大的营销活动，企图"走向全国"。到目前为止，销售并未达到预期水平，成本高于预期，2021 年发生较大的损失而不是预期的利润。因此，其管理者、董事和投资者都关注企业的生存问题。

Donna Jamison 被任命为 D'Leon 主席 Fred Campo 的助理，其任务是使公司恢复到健康的财务状况。D'Leon 2020 年和 2021 年资产负债表和利润表以及 2022 年的预测见表 IC 4-1 和表 IC 4-2。请注意，D'Leon 不受利息扣除限制，因为其前三年的年平均总收入低于 2 500 万美元。所以它的利息费用可以 100% 扣除。另外，D'Leon 的许多资产的寿命超过 20 年，因此有资格采用替代性折旧制度（直线）而不是 100% 的奖励性折旧。此外，表 IC 4-3 给出了公司 2020 年和 2021 年的财务比率以及行业平均水平。2022 年预计财务报表代表 Jamison 和 Campo 对 2022 年业绩的最好猜测，假设有一些新的财务政策能够帮助企业渡过难关。

Jamison 检查了 2021 年的每月数据（在此案中未给出），她发现了这一年的改进模式。每月的销售额上升，成本下降，虽然前几个月存在巨大亏损，但在 12 月时扭亏为盈。因此，年度数据看起来比最后一个月月度数据差一些。此外，它似乎正在采取更长时间内的投放广告释放信息的策略，推动新的销售团队进行产品销售，推动新的制造设施实现高效运作。换句话说，花钱和获得利益之间的时间间隔比 D'Leon 的经理预期的要长。出于这些原因，Jamison 和 Campo 看到了公司在短期内生存的希望。

Jamison 必须分析公司现在的处境以及必须做些什么来恢复公司的财务健康。你的任务是帮助她回答以下问题，并提供清晰的解释，而不仅仅回答是或否。

a. 财务比率为什么有用？五种主要类型的财务比率是什么？

b. 根据预期资产负债表和利润表数据计算 D'Leon 2022 年的流动比率和速动比率。你会对公司 2020 年、2021 年和 2022 年的流动性状况如何评价？我们经常认为比率是有用的：①帮助经理经营业务；②银行家信用分析；③股东估值。是否这些不同类型的分析师对公司流动性比率有着相同的兴趣？解释原因。

c. 计算 2022 年的存货周转率、应收账款周转天数、固定资产周转率和总资产周转率。D'Leon 在资产方面与行业中的其他公司相比如何？

d. 计算 2022 年的资产负债率和利息保障倍数。D'Leon 在财务杠杆方面与行业其他公司相比如何？从这些比率中能得出什么结论？

e. 计算 2022 年的销售毛利率、销售净利率、基本盈利能力比率、总资产收益率、净资产收益率。这些比率说明了什么问题？

f. 计算 2022 年的市盈率、市净率。这些比率能够表明投资者期望是高还是低吗？

g. 使用杜邦等式提供 D'Leon 的财务状况的概述，并说明公司的主要优势和劣势分别是什么。

h. 使用以下简化的 2022 年资产负债表来概括说明应收账款周转天数的改进如何影响股票价格。例如，如果公司可以改进其收账程序，从而将其应收账款周转天数从 46.4 天降至 32 天的行业平均水平而不影响销售，这将如何改变财务报表，从而影响股票价格？

应收账款	878	流动负债	845
其他流动资产	1 802	负债	700
固定资产净值	817	所有者权益	1 952
总资产	3 497	负债与所有者权益合计	3 497

i. 存货可以调整吗？如果可以，调整将会如何影响 D'Leon 的盈利能力和股票价格？

j. 2021 年，公司支付供应商货款的时间晚于到期日，也没有保持银行贷款协议要求的财务比率水平。因此，供应商可以停止供应，银行可以在 90 天到期时拒绝续借。在提供的数据的基础上，你作为信用经理，是否继续以赊购方式出售产品给 D'Leon（你可以在交货时要求现金交易。也就是说，按照 COD 的价格出售，但这可能会导致 D'Leon 停止从公司购买产品）？同样，如果你是银行贷款人员，你会建议其续借贷款还是要求还款？如果在 2022 年年初，D'Leon 向你提交了 2022 年的预测，并证明它将发行 120 多万美元的新股，你的选择会不会受到影响？

k. 事后来看，D'Leon 在 2020 年应该做些什么？

l. 财务比率分析的一些潜在问题和限制是什么？

m. 在评估公司可能的未来财务业绩时，分析师应该考虑的一些定性因素是什么？

表 IC 4-1 资产负债表 （单位：美元）

	2022 年	2021 年	2020 年
资产			
现金及银行存款	85 632	7 282	57 600
应收账款	878 000	632 160	351 200
存货	1 716 480	1 287 360	715 200
流动资产合计	2 680 112	1 926 802	1 124 000
固定资产	817 040	939 790	344 800
总资产	3 497 152	2 866 592	1 468 800
负债和所有者权益			
应付账款	436 800	524 160	145 600
应计利息	408 000	489 600	136 000
应付票据	300 000	636 808	200 000
流动负债合计	1 144 800	1 650 568	481 600
长期借款	400 000	723 432	323 432
实收资本（股本）	1 721 176	460 000	460 000
留存收益	233 366	32 592	203 768
所有者权益合计	1 952 352	492 592	663 768
负债和所有者权益	3 497 152	2 866 592	1 468 800

表 IC 4-2 利润表 （单位：美元）

	2022E[①] 年	2021 年	2020 年
营业收入	6 900 600	6 126 796	3 432 000
营业成本	5 875 992	5 528 000	2 864 000
其他费用	550 000	519 988	358 672
除折旧和摊销外的运业成本	6 425 992	6 047 988	3 222 672
息税折旧摊销前利润	474 608	78 808	209 328
折旧或摊销	116 960	116 960	18 900
息税前利润	357 648	(38 152)	190 428
利息费用	70 008	122 024	43 828
税前利润	287 640	(160 176)	146 600
所得税费用	31 866[②]	(0)	36 650
净利润	255 774	(160 176)	109 950
每股收益	1.023	(1.602)	1.110
每股股利	0.220	0.110	0.275
每股净资产	7.809	4.926	6.638
股价	12.17	2.25	8.50
流通在外股票数	250 000	100 000	100 000
税率	25.00%	25.00%	25.00%
租赁费用	40 000	40 000	40 000
偿债基金支付	0	0	0

① E 为估算值。2022 年的数据只是预测。

② 该公司在 2022 年有足够的应纳税所得额（2021 年的损失在扣除损失之前不是收入），可以全部结转 2021 年的损失。因此，2022 年的税收减少了损失金额的 0.25 倍。

表 IC 4-3 比率分析

	2022 年	2021 年	2020 年	行业平均水平
流动比率		1.2	2.3	2.7
速动比率		0.4	0.8	1.0
存货周转率		4.3	4.0	5.5
应收账款周转天数		37.7	37.4	32.0
固定资产周转率		6.5	10.0	7.0
总资产周转率		2.1	2.3	2.6
资产负债率		73.4%	44.1%	40.0%
利息保障倍数		−0.3	4.3	6.2
销售毛利率		−0.6%	5.5%	7.3%
销售净利率		−2.6%	3.2%	4.3%
基本盈利能力比率		−1.3%	13.0%	19.1%
资产收益率		−5.6%	7.5%	11.2%
净资产收益率		−32.5%	16.6%	18.2%
市盈率		−1.4	7.7	14.2
市净率		0.5	1.3	2.4
每股账面价值		4.93	6.29	n.a.
企业价值倍数		20.02	6.29	8.0

深入探讨

使用在线资源来处理本章的问题。请注意网站信息会随时间发生变化，这些变化可能限制你回答这些问题的能力。

对惠普公司的财务报表分析

在第 3 章中，我们研究了 Dunkin' Brands 的财务报表。在本章中，我们将使用晨星网站（morningstar.com）来分析惠普公司——一家计算机硬件公司。一旦进入该网站，你只需输入惠普公司的股票代码（HPQ）即可获得所需的财务信息。我们还将进行趋势分析，评估关键比率随时间的变化。

通过晨星网站（Morningstar website），你可以找到该公司最近 5 个时间段的年度或季度财务状况（利润表、资产负债表和现金流量表），当你向下滚动屏幕时，可以点击每个报表的名字。此外，该网站还包括 10 年的关键比率（盈利能力、成长性、现金流、财务健康和效率）。（从主屏幕上，点击"关键比率"和"完整的关键比率数据"按钮，然后下一个屏幕就会显示这 10 年的关键比率）。我们将使用这个网站上的关键比率来进行公司的趋势分析。（在主屏幕的顶部，你可以点击"学习"按钮，选择"投资词汇"来查找定义）。

讨论问题

1. 查看晨星的财务健康比率，惠普过去 10 年在流动性方面发生了什么变化？

2. 查看晨星的财务健康比率，惠普过去 10 年在财务杠杆方面（看其财务杠杆和权益负债率）发生了什么变化？请注意，晨星公司的财务杠杆比率与我们在教科书中使用的权益乘数相同。

3. 查看晨星的盈利能力比率，惠普过去 10 年销售利润率（销售净利率）发生了什么变化？过去 10 年的资产收益率（ROA）和净资产收益率（ROE）又发生了什么变化？

4. 从晨星公司的效率比率来看，在过去的 10 年里，它对其资产的管理情况如何（按销售业绩、存货周转率、固定资产周转率和总资产周转率衡量）？

第 5 章

货币时间价值

你有足够的钱退休吗

你对这个问题的反应很可能是："分清轻重缓急！我现在关心的问题是如何找到一份好工作，而不是退休！"然而，了解退休生活可以帮助你更好地确定目前的工作，因为：①现在这是一个重要的问题；②雇主喜欢雇用那些知道现实世界发生了什么事的人；③学校的教授经常测试学生关于货币时间价值的问题，这些问题通常与目前进行储蓄留做未来使用有关（包括退休）。员工福利机构的一项近期研究表明：多数美国工人还没有为退休做好充足的准备。调查发现，40%的工人除了其房产价值和设定受益计划外，仅有不足2.5万美元的储蓄和投资，这包括有 19% 的工人的储蓄不足 1 000 美元。值得注意的是，67% 的被调查者表示，他们有信心将来能够舒适地退休。[一]不幸的是，没有简单的解决办法。为了达到其退休目标，现在许多的工人将要工作更长时间，花更少的钱，存更多的钱，并希望从其目前的储蓄获得更高的回报。

从历史上看，许多美国人依靠社会保障作为其退休收入的重要来源。然而，鉴于目前的人口统计，这一重要项目很可能需要重组，以维持其持续性。近年来美国的平均个人储蓄率有所上升，在 2019 年是7.6%，然而这仍然低于 20 世纪 60 年代和 70 年代的储蓄水平——在 1975 年 5 月达到 17.3% 的峰值。[二]此外，半个世纪以来，美国在职工人与退休人员的比例稳步下降。1955 年，约 8.6 个工人养活一个退休人员，但到 1975 年，这个数字已下降到约 3.2 个工人养活一个退休人员。从 1975 至 2016 年，这个比率维持在2.8 ～ 3.4 个工人养活一个退休人员。预测显示，这一比例在未来几年将明显下降，2035 年约 2.3 个工人养活一个退休人员，2095 年约 2.1 个工人养活一个退休人员。[三]由于向社会保障体系纳税的人如此少，但提取资金的人却很多，导致社会保障制度会遇到严重的麻烦。事实上，自 2010 年成立以来（比预期提前了 7年），社会保障部门首次出现了赤字，福利支出高于工资税收入。考虑到这些事实，许多人可能在退休后难以维持合理的生活水平，现在的许多大学生都不得不赡养其父母。

这是数百万美国人面临的一个重要问题，但许多人不知道如何应对它。大多数人忽视了这些肯定会出现的重大的个人和社会问题。然而，如果你仔细研究这一章，你可以使用这里提出的工具和技术，以避免掉进已捕获或很可能捕获许多人的陷阱。

[一] 参见 Greenwald & Associates, "2019 Retirement Confidence Survey: Summary Report," Employee Benefit Research Institute (ebri.org/docs/default-source/rcs/2019-rcs/2019-rcs-short-report.pdf?sfvrsn=85543f2f_4), April 23, 2019.

[二] 参见 U.S. Bureau of Economic Analysis, *Personal Saving Rate: January 1, 1959-December 1, 2019,* fred.stlouisfed.org/series/PSAVERT.

[三] 参见 U.S. Social Security Administration, *The 2019 Annual Report of the Board of Trustees of the Federal Old-Age and Survivors Insurance and Federal Disability Insurance Trust Funds*, Table IV. B3, pp. 60–61.

厘清头绪

时间价值分析有许多应用，包括退休计划，股票和债券价值评估，制订贷款偿付计划，公司新厂房及设备的投资决策等。事实上，在所有的财务概念中，货币时间价值是最重要的概念。时间价值分析贯穿于本书始终，因此在继续学习之前，理解这一章是非常重要的。

你需要理解基本的时间价值概念，但是如果不能做必要的计算，概念性的知识对你没多大用处。因此，这一章侧重于计算。大多数学习财务的学生都有财务或科学计算器，有些学生能够接触或拥有计算机。这些工具都是解决许多合理时间长度内财务问题的必要工具。然而，当学生开始学习本章时，许多人不知道如何在其财务计算器或计算机上使用时间值函数。这样，会需要比预期更多的时间来学习这一章。⊖

学完本章后，你应该能够完成下列目标。

- 解释货币时间价值如何运作，并讨论为什么它是财务学中如此重要的概念。
- 计算现值和终值。
- 识别不同类型的年金，计算普通年金和先付年金的现值和终值，并计算相关年金支付额。
- 计算不均匀现金流的现值和未来价值。我们将在以后的章节中使用这些知识，说明如何评估普通股和企业项目。
- 说明名义年利率、期间利率和有效利率之间的不同。比较投资收益率时，了解这些概念是必要的。
- 讨论贷款偿还的基本知识，并制订贷款偿还进度表，可能会考虑使用汽车贷款或住房抵押贷款。

5.1　时间轴

时间价值分析的第一步是设置时间轴，这有助于可视化特定情况中发生的问题。作为例子，考虑下面的图，其中 PV（现金流）代表当前拥有的 100 美元，FV 代表未来某一天这些货币的价值。

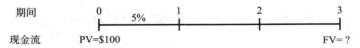

从 0 到 1，1 到 2 和 2 到 3 的间隔是诸如年或月的时间段。时点 0 是今天，它是第 1 阶段的开始；时点 1 是期间 1 的结束和期间 2 的开始，等等。虽然期间通常以年为单位，但也可以以季度或月份甚至天为单位。注意，每个刻度标记对应于一个周期的结束和下一个周期的开始。因此，如果期间为年，则时间 2 处的刻度标记表示第 2 年的结束和第 3 年的开始。

现金流直接显示在刻度标记下方，相关利率显示在时间轴上方。准备求解的未知现金流，用问号表示。利率为 5%，时点 0 投资流出现金 100 美元，时点 3 值是未知的现金流入。在这个例子中，现金流仅在时点 0 和 3 发生，在时点 1 或 2 没有流动。注意，在此例子中，利率 3 年是不变的。这种情况一般是真实的，但如果情况发生改变，不同期间会给出不同利率。

如果是第一次学习时间价值概念，时间轴是必不可少的，甚至很多专家也使用它们来分析复杂的财务问题，我们在本书中会经常用到它。我们分析每个问题时都会建立时间轴来演示所发生的情况，然后给出可以得到答案的待解公式，最后解释如何使用常规计算器、财务计算器和电子表格来找到答案。

自我测验

1. 时间轴只能按整年度处理现金流问题，还是可以应用于季度、月度等其他期间的现金流问题？
2. 请应用时间轴对以下情况说明：你目前有 2 000 美元的 3 年期存单（CD），每年支付 4% 的保证金。

⊖ 计算器手册往往是冗长而复杂的，部分是因为它们涵盖了在基本财务课程中不需要的一些主题。我们在教科书网站上为学生提供了最常用的计算器教程，你可以通过访问 www.cengagebrain.com 并搜索 ISBN 9781285867977 来访问这些教程。教程以本章为重点，它们准确地说明了如何进行所需的计算。如果你不知道如何使用你的财务计算器，登陆教科书的网站，找到相关的教程，并通过它学习本章。

5.2　终值

今天，手中的 1 美元在未来的价值将超过 1 美元，因为如果现在拥有它，可以用于投资获取收益，并在未来拥有超过 1 美元。从现值（PV）到终值（FV）的过程称为**复利**（compounding）。例如，假设你准备在银行存入 100 美元，年利率为 5%，在第 3 年年底你将得到多少钱？我们首先定义一些术语，然后设置一个时间轴来说明终值是如何计算的。

PV = 现值，或期初金额。在例子中，PV = 100 美元。

FV_N = 终值，或经过 N 期后账户中的期末金额。**现值**（present value，PV）是现在的价值，FV_N 是在将所赚取的利息包括在内之后的经过 N 个周期的**终值**（future value，FV）。

CF_t = 现金流。现金流可以是正数或负数。一个特定时期的现金流通常由 CF_t 给出，其中 t 是期间。因此，CF_0=PV，等于在时点 0 的现金流，而 CF_3 是期间 3 结束时的现金流。

I = 年利率。有时使用小写字母 i。计算利息时以每年的期初余额为基础，并且假设利息均在每年年末支付。这里 I=5%，或用小数 0.05 表示。在本章中，我们将利率定为 I，因为这个符号（或 I/YR，年利率）用于大多数的财务计算器。注意，在后面的章节中，使用符号 r 来表示利率，因为 r（收益率）在财务文献中使用更频繁。还需注意，在本章中，通常假设利息支付由美国政府担保，因此，利率是固定的。在后面的章节中，如果考虑投资风险，其利率可能与预期水平不同。

INT = 年利息收入 = 初始金额 ×I。在例子中，INT = 100 × 0.05 = 5（美元）。

N = 分析中涉及的期间数。在例子中，N = 3。有时，时期数用小写字母 n 表示，因此 N 和 n 都表示所涉及的期间数。

可以使用四种不同的程序来解决时间价值问题。⊖这些方法在以下部分中讲述。

5.2.1　分步计算法

使用时间轴计算 100 美元以 5% 利率 3 年期复利的终值，计算过程如下所示。将期初金额和每个后续金额均乘以（1+I）。

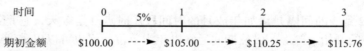

时间	0		1	2	3
		5%			
期初金额	$100.00	----→	$105.00	$110.25	$115.76

从账户的 100 美元开始，用 t=0 表示。

- 第一年取得利息 100 × 0.05=5 美元，因此第一年年末（或 t=1），账户共有 100+5=105 美元。
- 第二年从账户的 105 美元开始，以较大的初始金额取得利息 105 × 0.05=5.25 美元，第二年年末账户共有 110.25 美元。第二年取得的利息是 5.25 美元，高于第一年取得的利息 5 美元，这是因为以第一年的利息收入取得了 5 × 0.05=0.25 美元的利息。这称之为复利，利息赚取的利息为复利利息。
- 这个过程继续下去，由于每期的余额都高于前一期，每年赚取的利息都增加。
- 所得的总利息 15.76 美元反映在最后余额中，即 115.76 美元。

分步计算法是有用的，因为它显示了到底发生了什么。然而，这种方法是耗时的，特别是当涉及多年时，因此，简化的程序已被开发。

5.2.2　公式法

在分步计算法中，每期都用（1+I）=1.05 乘以期初金额。如果 N=3，用（1+I）乘以三个不同时期的期初金额，和用（1+I）³ 乘以初始期初金额的结果是一样的。这个概念进行扩展，可得到如下公式：

$$FV_N = PV(1+I)^N \tag{5-1}$$

⊖ 第五个程序在财务计算器和计算机可用之前，是用于显示"利息因素"的表。然而，现在计算器和电子表格应用程序（如 Microsoft Excel）被编程为计算给定问题所需的特定因子，然后使用它来计算终值，这比使用表更有效率。此外，计算器和电子表格可以处理部分期间和部分利率，例如当利率为 5.375% 时，3.75 年后 100 美元的终值，而表格仅提供整个期间和利率的数字。由于这些原因，表在现在的业务中很少使用，因此不在书中讨论它们。

可以用式（5-1）计算例子中的终值：

$$FV_3 = 100 \times (1.05)^3 = 115.76（美元）$$

式（5-1）可用于任何具有指数函数的计算器，因此不管涉及多少年都很容易计算终值。

单利和复利

以前期利息赚取的利息称为复利。如果利息不是以利息赚取的，就是单利。单利终值的计算公式为 $FV=PV+PV \cdot I \cdot N$；在例子中，以单利计算的终值 FV 为 $100+100 \times 0.05 \times 3=115$ 美元。大多数财务合约都是基于复利计算的，但在法律诉讼中，法律通常规定必须使用单利。例如，由罗杰·马里斯家族创立的经营公司 Maris Distributing 赢得了针对 Anheuser-Busch（A-B）的诉讼，因为 A-B 违反了合同，并剥夺了

Maris 出售百威啤酒的特许经营权。法官判给 Maris 5 000 万美元再加上从 1997 年（A-B 违约）直到实际付款为止时的 10% 的利息。利息判决是基于单利的，截至 2005 年（当 A-B 和马里斯家族达成和解时），总额从 5 000 万美元提高到了 $5\ 000+0.10 \times 5\ 000 \times 8 = 9\ 000$ 万美元。如果法律允许复利，判决将总计 $5\ 000 \times 1.10^8 = 1.071\ 8$ 亿美元。这一法律程序可以追溯到计算器和计算机之前的日子。法律发展缓慢！

5.2.3　财务计算器

财务计算器在解决时间价值问题中非常有用。财务计算器手册详细说明了计算器的功能与用法。在教科书网站上，我们提供了几个通用计算器在这本书中所需要功能的简要总结。请参阅"财务计算器使用指导"，了解这些建议有助于避免常见错误。

首先，注意财务计算器有五个键，对应于基本时间价值公式中的五个变量。在各个键上方显示示例的文本输入，在键的下方显示输出的 FV。因为本例中没有分期支付，因此 PMT 输入 0。我们将详细解释这几个键的功能。

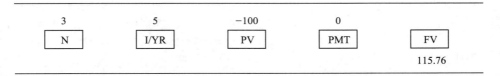

此处：

N = 期间数。一些计算器使用 n 而不是 N。

I/YR = 每期利率。一些计算器使用 i 或 I，而不是 I/YR。

PV = 现值。在例子中，以一笔存款开始，这是一个现金流出（现金离开钱包，存放在许多金融机构中），因此 PV 应带负号输入。在大多数计算器上，必须先输入 100，再按 +/- 键把 +100 转换为 -100。如果直接输入 -100，将从计算器中的最后一个数字中减去 100，而得出一个不正确的答案。

PMT = 年金支付额。当有一系列相等或持续的付款时，使用这个键。由于在例子中没有这样的付款问题，就输入 PMT = 0。我们在本章后面讨论年金时，将会使用 PMT 键。

FV = 终值。在这个例子中，因为输入 PV 为负数，所以 FV 是正的。如果输入的 100 为正数，FV 将是负数。

如例子中所述，输入已知的值（N，I/YR，PV 和 PMT），然后按 FV 键得到答案，即 115.76。再次注意，如果输入 PV 为 100 而没有减号，FV 将在计算器显示屏上显示为负数。计算器假定 PV 或 FV 是负的。当 PMT 为零时，为 PV 输入的符号将无关紧要，因为计算器会自动将相反的符号分配给 FV。在后边涉及年金的章节中，将更详细地讨论这一点。

5.2.4　电子表格⊖

学生通常使用计算器做家庭作业和考试问题，但在商业中，人们通常使用电子表格来解决涉及货币时间价

⊖　如果你从未使用过电子表格，则可以选择跳过此部分。但是，你可能需要阅读并参考本章的 Excel 模型来了解电子表格的工作原理。

值（TVM）的问题。电子表格详细显示了正在发生的情况，并有助于减少概念和数据的输入错误。跳过关于电子表格的这部分内容不会影响学习的连续性，但是如果你了解 Excel 的基础知识并且可以使用计算机，建议你阅读本部分。即使不熟悉电子表格，这部分的讨论仍会让你了解电子表格是如何操作的。

我们使用 Excel 来创建表 5-1，这是对应于本章的电子表格模型的一部分。表 5-1 总结了计算 FV 的四种方法，并在最下方显示了电子表格公式。注意，电子表格可用于执行计算，但也可以像文字处理程序一样使用，以创建类似表 5-1 的展示，其中包括文本、绘图和计算。顶部的字母表示列，左边的数字表示行，而行和列共同锁定单元。因此，C14 锁定的是 100 美元投资的单元，C15 锁定利率，C16 锁定期间数。然后在第 17 ～ 19 行创建了一个时间轴，在第 21 行有 Excel 通过分步计算法的计算，将期初金额乘以（1+I）以求得每个期末时的复利值，单元格 G21 显示最终结果。在第 23 行，表明在公式法下，利用 Excel 求解式（5-1）并计算终值，得出结果是 115.76 美元。接下来，在第 25 ～ 27 行，将显示计算器计算方法的情景。最后，在第 30 行和第 31 行，使用 Excel 的内置 FV 函数求得单元格 G30 和 G31 中的答案。G30 的答案是基于固定输入，而 G31 的答案是基于单元格引用，这样很方便更改输入值并观察对结果的影响。

例如，如果想快速了解利率是 7% 而不是 5% 时终值是如何变化的，只需要将单元格 C15 更改为 7%。观察单元格 G30，将会立即看到未来的终值是 122.50 美元。

表 5-1 终值计算总结

	A	B	C	D	E	F	G
14	投资	$= CF_0 = PV =$	−$100.00				
15	利率	$= I =$	5.00%				
16	期间数	$= N =$	3				
17			期间	0	1	2	3
18							
19			现金流时间线：	−$100			FV = ?
20							
21	分步计算法：		$100	$105.00	$110.25		$115.76
22							
23	公式法：$FV_N = PV(1+I)^N$			$FV_N = \$100(1.05)^3$		=	$115.76
24							
25			3	5	−$100.00	$0	
26	计算器：		N	I/YR	PV	PMT	FV
27							$115.76
28							
29	电子表格：		终值函数：	$FV_N =$	=FV(rate,nper,pmt,pv,type)		
30			固定输入：	$FV_N =$	=FV(0.05,3,0,−100)=		$115.76
31			单元格引用：	$FV_N =$	=FV(C15,C16,0,C14)=		$115.76
32	在 Excel 公式中，在这个序列中输入术语：利息、期限、0，以指示没有中间现金流，然后是 PV。可以将数据输入为固定数或单元格引用						

财务计算器使用指导

在使用财务计算器时，请确保按此处所示进行设置。

- 每期付款一次。许多计算器"开箱即用"，假设每年支付 12 次，即每月付款。然而，这本书中的问题通常每年只付款一次。因此，应该将计算器设置为每年付款一次，并保持不变。

- 结束模式。对于大多数合同，通常是在每个期间结束时付款。但是，有些合同要求在每个期间期初时付款。可以根据具体要解决的问题在"结束模式"和"开始模式"之间切换。由于这本书中的大部分问题都要求期末付款，因此，应该在处理期初付款的问题后，将计算器返回到"结束模式"。

- 现金流出用负号标识。现金流出必须以负数输入。这通常意味着将现金流出作为正数输入，然后在按"确认"键之前按 +/- 键以从正数转换为负数。
- 小数位数。对于大多数计算器，都可以指定从 0 到 11 个小数位数。当使用美元时，通常指定两位小数位数。在处理利率时，当利率表示为百分比（例如 5.25%）时，通常在小数点后指定两位小数，但是当利率表示为小数时（例如 0.052 5），则指定四位小数。
- 利率。对于使用非财务计算器的算术运算，必须使用 0.052 5；但是使用财务计算器及其 TVM 键，必须输入 5.25，而不是 0.052 5，因为财务计算器假设利率以百分比形式表示。

如果使用 Excel，请注意以下几点。

- 在 Excel 中计算货币时间价值问题时，利率一般以百分比或小数形式输入（例如，0.05 或 5%）。然而，在大多数财务计算器上使用货币时间价值函数时，通常将利率作为整数输入（例如，5）。
- 在 Excel 中计算货币时间价值问题时，期间数的缩写为 nper，而对于大多数财务计算器缩写只是 N。在整个文本中，将使用这些可互换的术语。
- 在 Excel 中计算货币时间价值问题时，系统会提示输入类型。类型是指付款是在期末（在这种情况下 Type = 0，或者可以忽略它），还是在期初（在这种情况下 Type = 1）。大多数财务计算器有一个"结束 / 开始"功能按键，可以打开或关闭提示付款是在期初还是期末。

表 5-1 表明，四种方法得到的结果相同，但其使用不同的计算程序。它还表明，使用 Excel 时，所有的输入显示在一个地方，这使得检查数据输入相对容易。最后，它表明 Excel 可以用来创建展览，这在现实世界中是相当重要的。在商业活动中，解释正在做的事情如同"得到正确的答案"一样重要，因为如果决策者不理解你的分析，很可能会拒绝你的建议。

提问

问题：

在大一开始时，你喜欢的阿姨和叔叔在 4 年期的银行存款单（CD）中存入 10 000 美元，年利率为 5%。如果你在 4 年后以优异的成绩毕业，你将收到账户中所有的钱（包括累计利息）。4 年后该账户里有多少钱？

回答：

使用公式法，即 $FV_N = PV(1+I)^N$。在这个例子中，$N=4$，PV=10 000 美元，$I=0.05$。它四年后的终值将是 $FV_4 = 10\ 000 \times 1.05^4 = 12\ 155.06$ 美元。或者，可以使用计算器如下设置。

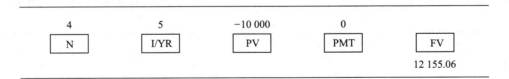

计算发现，终值等于 12 155.06 美元。

最后，还可以使用 Excel 的 FV 函数：

=FV(0.05,4,0,−10000)

FV(rate, nper, pmt, [pv], [type])

5.2.5 利用图表来理解复利流程

1 美元投资随着时间推移在不同利率水平下的增值情况如图 5-1 所示。通过使用不同的 N 和 I 求解式（5-1）来绘制曲线。利率是一个增长率：如果一笔款项存入银行并每年赚取 5% 的利息，存款资金每年将增加 5%。还要注意，时间价值概念可以应用于所有关于增长的问题，如人口、每股收益或未来工资。

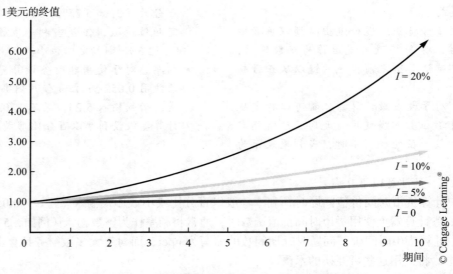

图 5-1　在不同利率和期间下 1 美元的增值

自我测验

1. 解释这句话为什么是正确的：今天 1 美元的价值超过次年收到的 1 美元的价值。

2. 什么是复利？单利和复利之间有什么区别？以 10% 复利计算，5 年后 100 美元的终值是多少？以 10% 单利计算呢？（161.05 美元，150.00 美元。）

3. 假设你目前有 2 000 美元，并计划购买 3 年期存单（CD），以 4% 的利率每年复利计息，当存单到期时你会有多少钱？如果利率是 5%、6% 或 20%，你的答案会如何变化？（2 249.73 美元，2 315.25 美元，2 382.03 美元，3 456.00 美元。提示：使用计算器，输入 $N = 3$，$I/YR = 4$，$PV = 2\,000$ 和 $PMT = 0$，然后按 FV 键获得 2 249.73，输入 $I/YR = 5$ 替代 4%，然后再次按下 FV 键来获得第二个答案。一般来说，可以一次更改一个输入以查看输出的变化。）

4. 一家公司在 2021 年的销售额是 1 亿美元。如果销售额增长率为 8%，10 年后，即 2031 年，销售额将是多少？（2.158 9 亿美元。）

5. 1 美元每年增长 5%，100 年后将是多少？如果增长率为 10%，终值将是多少？（131.50 美元，13 780.61 美元。）

5.3　现值

计算现值与计算终值相反。我们把式（5-1）中的 PV 求解出来，就得到基本现值公式：

$$终值 = FV_N = PV(1+I)^N$$

$$现值 = PV = \frac{FV_N}{(1+I)^N} \tag{5-2}$$

用下面的例子来说明现值。经纪人向你出售一笔 3 年后将支付 115.76 美元的债券。银行通常为 3 年期存单提供 5% 的利率，如果不买债券，你将会买一张存单（CD）。存单 5% 的回报率可以视为你的机会成本，或者可以在类似风险的另一种投资上赚取的回报率。鉴于这些条件，你最多愿意为债券投入多少钱？使用上一节中讨论的四种方法——分步计算法、公式法、计算器和电子表格来回答这个问题。表 5-2 汇总了结果。

首先，回想一下上一节的计算终值的例子，如果以 5% 的回报率投资 100 美元，在未来 3 年里，它将增长到 115 美元。如果买了债券，3 年后也将有 115.76 美元。因此，应该为债券最多支付 100 美元——这是它的“公允价格”。如果能以不到 100 美元购买债券，则应该购买债券，而不是投资于存单（CD）。相反，如果它的价格超过 100 美元，应该购买存单（CD）。如果债券的价格刚好是 100 美元，购买债券或者存单没有差异。

表 5-2　现值计算总结

	A	B	C	D	E	F	G
64	终值	$= CF_N = FV =$	$115.76				
65	利率	$= I =$	5.00%				
66	期数	$= N =$	3				
67			期间：	0	1	2	3
68				├──	──┤	──┤	──┤
69			现金流时间线：	PV = ?			$115.76
70				←	←	←	
71	分步计算法			$100.00	$105.00	$110.25	$115.76
72				←	←	←	
73	公式法：$PV = FV_N/(1+I)^N$			$PV = \$115.76/(1.05)^3$		=	$100.00
74							
75			3	5		$0	$115.76
76	计算器：		N	I/YR	PV	PMT	FV
77					−$100.00		
78	电子表格法：		现值函数：	PV=	=PV(rate,nper,pmt,fv,type)		
79			混合输入：	PV=	=PV(0.05,3,0,115.76)=		−$100.00
80			单元格引用：	PV=	=PV(C65,C66,0,C64)=		−$100.00
81							
82	在 Excel 公式中，0 表示没有中间现金流						

100 美元被定义为在适当利率为 5% 的 3 年内到期的 115.76 美元的现值。一般来说，如果目前有一笔资金，增长一定期间后等于未来第 N 年到期的现金流，则该现金流的现值就等于目前持有的资金。因为 100 美元将在 3 年内以 5% 的利率增长到 115.76 美元，而 100 美元就是 3 年期以 5% 利率计算的 115.76 美元的现值。计算现值称为折现，并且如上所述，它是复利的相反过程。如果知道现值，可以复利计算终值，而如果知道终值，可以折现计算现值。

表 5-2 首先使用分步计算法计算现值。在上一节计算终值时，从左到右，均用（1+I）乘以期初金额和随后的金额。为了计算现值，从右到左，均用终值和终值之前的各金额除以（1+I）。这种方法明确反映了具体情况，在处理复杂的问题时，这可能是非常有用的。但是，它可能是低效的，特别是涉及多期时更是如此。使用公式的方法，运用式（5-2），简单地用终值除以（$1+I$）^{N}。这比分布计算法更有效，并且可以得出相同的结果。式（5-2）被内置到财务计算器中，如表 5-2 所示，可以通过输入 N、I/YR、PMT 和 FV 的值，然后按 PV 键计算现值。最后，可以使用 Excel 的 PV 函数。它基本上与计算器相同，求解式（5-2）。

$$\boxed{=PV(0.05,3,0,-115.76)}$$
$$\boxed{PV(rate, nper, pmt, [fv], [type])}$$

财务管理的基本目标是企业价值的最大化，企业（或任何资产，包括股票和债券）的价值是其未来预期现金流的现值。现值是估值过程的核心，将在这一章的其余部分和其他章节中都有更多的讲解。

利用图表来理解折现流程

图 5-2 表明了未来收到的资金的现值将随着付款日期的进一步延长而减少并接近于零，并且在较高的利率下，现值会下降得更快。在相对较高的利率下，未来资金的现值是非常小的，即使在相对较低的利率下，现值在遥远的未来也是非常小的。例如，以 20% 的折现率，在 100 年到期的 100 万美元在今天的价值仅为 0.012 1 美元。这是因为如果 0.012 1 美元以 20% 复利计息，100 年后其价值将增长到 100 万美元。

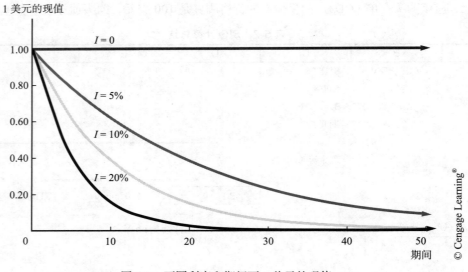

图 5-2　不同利率和期间下 1 美元的现值

自我测验

1. 什么是折现，如何与复利相关？终值公式（5-1）如何与现值公式（5-2）相关？

2. 未来付款的现值如何随着收款日期的延长而变化，随着利率上升而变化？

3. 假设美国政府债券承诺 3 年后支付 2 249.73 美元。如果 3 年期政府债券的利率是 4%，那么今天的债券价值是多少？如果债券是 5 年期而不是 3 年期，债券的价值是多少？如果 5 年期债券的利率是 6%，而不是 4% 呢？（2 000 美元，1 849.11 美元，1 681.13 美元。）

4. 如果折现率为 5%，那么 100 年内到期的 100 万美元价值将是多少？如果折现率是 20% 呢？（7 604.49 美元，0.012 1 美元。）

5.4　确定折现率

到目前为止，我们已经使用式（5-1）和式（5-2）来计算终值和现值。这些公式有四个变量，如果知道其中三个变量，就可以求解第四个变量。因此，如果已知 PV、I 和 N，可以使用式（5-1）求解 FV，而如果已知 FV、I 和 N，可以使用式（5-2）求解 PV。这是我们在前两部分所介绍的内容。

现在假设已知 PV、FV 和 N，求解 I。例如，假设已知给定债券的成本是 100 美元，10 年后会增值到 150 美元。如果购买债券，利率是多少？计算步骤如下：

$$FV_N = PV(1+I)^N$$
$$150 = 100(1+I)^{10}$$
$$150/100 = (1+I)^{10}$$
$$1.5 = (1+I)^{10}$$

我们不能像计算 FV 和 PV 一样，使用一个简单的公式求解 I，此求解过程需要用到更多的代数方法。⊖然而，财务计算器和电子表格几乎可以立即求解利率。下面是计算器的求解方法：

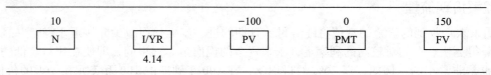

10		4.14		−100		0		150
N		I/YR		PV		PMT		FV

⊖ 将方程左边的 1.5，以 1 / N = 1/10 = 0.1 的速率增长，得到 1.041 4。这个数字是 1 加上利率，所以利率是 0.041 4 = 4.14%。

输入 $N = 10$、$PV = -100$、$PMT = 0$，债券到期前没有利息要支付，$PV = 150$ 美元。然后当按 I/YR 键时，计算器给出答案，4.14%。在 Excel 中使用利率函数，会得到同样的答案。

=RATE(10,0,−100,150)
RATE(nper, pmt, pv, [fv], [type], [guess])

在这里，求得利率等于 4.14%。⊖

自我测验

1. 美国财政部出售 585.43 美元的债券。在债券 10 年到期前，将不会支付任何款项，届时则以 1 000 美元的价格赎回。如果以 585.43 美元买了这张债券，利率是多少？如果以 550 美元购买债券，利率是多少？以 600 美元呢？（5.5%，6.16%，5.24%。）

2. 微软在 2007 的每股收益为 1.42 美元。10 年后的 2017 年，它赚了 3.08 美元。在过去 10 年中，微软每股收益的增长率是多少？如果 2017 年每股收益为 2.40 美元，而不是 3.08 美元，那么增长率是多少？（8.05%，5.39%。）

5.5 确定期间数

在给定期初金额和利率的基础上，有时需要知道这笔资金增值到某一金额需要多长时间。例如，假设你认为，如果有 100 万美元，就可以舒舒服服地退休了。假设现在有一笔利率为 4.5% 的 50 万美元的投资，想知道获得 100 万美元需要多长时间。与求利率的情况类似，我们无法使用简单的公式。我们可以设置一个使用对数的公式，而计算器和电子表格能够迅速地求解 N。下面是使用计算器的求解方法：

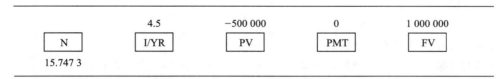

输入 $I/YR = 4.5$、$PV = -500\,000$、$PMT = 0$ 和 $FV = 1\,000\,000$。然后，当按下 N 键时，得到答案，即 15.747 3 年。如果键入 $N = 15.747\,3$ 到 FV 公式，可以证明这确实是正确的年数：

$$FV_N = PV(1+I)^N = 500\,000 \times 1.045^{15.747\,3} = 1\,000\,000$$

还可以使用 Excel 的 NPER 函数：

=NPER(0.045,0,−500000,1000000)
NPER(rate, pmt, pv, [fv], [type])

在这里发现，将 50 万美元以 4.5% 的利率翻倍要耗费 15.747 3 年。

自我测验

1. 如果将 1 000 美元投资到年利率为 6% 的银行，需要多长时间才能翻倍？如果利率是 10%，会花费多长时间？（11.9 年，7.27 年。）

2. 微软 2019 年每股收益为 5.06 美元，其增长率在前 10 年为每年 12.06%。如果保持这个增长率，微软每股收益需要多长时间才能翻倍？（6.09 年。）

⊖ RATE 函数提示你猜一猜。在许多情况下，你可以将此留白，但如果 Excel 无法找到解决问题的方案，你应该输入一个合理的猜测，这将有助于程序收敛到正确的解决方案。

5.6　年金

到目前为止，我们一直在探讨只有一次资金支付（或者称"一次付清"）的问题。然而，许多资产随着时间的推移提供了一系列的现金流入，如汽车、学费和抵押贷款等，需要一系列的付款。当每期以固定间隔等额付款时，该系列资金就是**年金**（annuity）。例如，在未来 3 年每年支付 100 美元是 3 年期年金。如果付款发生在每年年底，年金就是普通（或延期）年金。如果付款是在每年年初，年金就是先付年金。普通年金在财务中更常见，所以在本书中使用年金时，除非另有说明，否则假设付款都发生在每年年底。

以下是 100 美元、3 年期、利率为 5% 的普通年金和先付年金的时间轴。对于先付年金而言，相当于将普通年金的每笔资金都提前一年在期初支付。每年存入的 100 美元用负号表示：

普通年金：

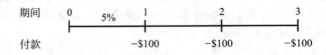

先付年金：

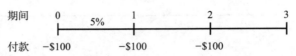

正如在下面章节中所展示的，可以计算年金的终值和现值、年金合同的利率，以及使年金达到财务目标所需要的时间。注意，年金必须有以固定间隔持续支付的指定数量的期间。如果这些条件不成立，则付款不构成年金。

• • • • • • • • •

自我测验

1. 普通年金和先付年金之间有什么区别？
2. 与一个类似的普通年金相比，为什么你更喜欢为期 10 年、每年收到 1 万美元的年金？

• • • • • • • • • • • •

5.7　普通年金的终值

年金的终值可以通过分步计算法或公式法、财务计算器或电子表格求得。作为一个例子，考虑到普通年金用图表列示出之前，每年底存入 100 美元，存 3 年，年利率为 5%，在第 3 年年底有多少钱？答案是 315.25 美元，定义为年金的终值，即 FVA_N，如表 5-3 所示。

如分步计算法部分表中所示，我们将每笔资金复利计算到第 3 期，然后将这些复利后的数值相加以求得年金的终值，$FVA_3 = 315.25$ 美元。第一次付款赚取两个期间的利息，第二次付款赚取一个期间的利息，第三次付款根本没有利息，因为它是在年金的寿命结束时才发生的。这种方法很简单，但如果年金延长了很多年，这种方法既麻烦又费时。

正如从时间轴图中看到的，运用分步计算法，在 $N = 3$ 和 $I = 5\%$ 时，方程如下：

$$FVA_N = PMT(1+I)^{N-1} + PMT(1+I)^{N-2} + PMT(1+I)^{N-3}$$
$$= 100 \times 1.05^2 + 100 \times 1.05^1 + 100 \times 1.05^0$$
$$= 315.25（美元）$$

可以概括和简化方程如下：

$$FVA_N = PMT(1+I)^{N-1} + PMT(1+I)^{N-2} + \cdots + PMT(1+I)^0$$

$$= PMT\left[\frac{(1+I)^N - 1}{I}\right]$$

（5-3）

表 5-3　普通年金终值总结

	A	B	C	D	E	F	G
131	支付金额	= PMT =	$100.00				
132	利率	= I =	5.00%				
133	期数	= N =	3				
134							
135		期间：	0	1	2	3	
136		现金流时间线：					
137			−$100	−$100	−$100		
138	分步计算法：						
139						−$100.00	
140	用（1+I）$^{N-t}$，乘以每次付款金额，					−105.00	
141	再求和计算 FVA$_N$：					−110.25	
142						−$315.25	
143							
144	公式法：						
145		FVA$_N$	=	$PMT \times \left(\dfrac{(1+I)^N - 1}{I} \right)$ =		$315.25	
146							
147							
148							
149			3	5	$0	−$100.00	
150	计算器：		N	I/YR	PV	PMT	FV
151							$315.25
152	电子表格：		终值函数：	FVA$_N$ =	=FV(rate,nper,pmt,pv,type)		
153			混合输入：	FVA$_N$ =	=FV(0.05,3,−100,0)	=	$315.25
154			单元格引用：	FVA$_N$ =	=FV(C132,C133,−C131,0)=		$315.25
155	在 Excel 公式中，为类型输入的 0（或空白）表示在每个期间结束时发生现金流。A1 则表示期初付款，即先付年金						

第一行是公式的一般形式。它可以整理为第二行，可用于使用非财务计算器求解年金问题。⊖这个公式也内置于财务计算器和电子表格中。由于年金是重复发生的付款，因此使用 PMT 键。下面是示例年金的计算器设置：

3	5	0	−100	结束模式
N	I/YR	PV	PMT	FV
				315.25

由于期初没有任何现金流，因此输入 PV = 0；输入 PMT =−100，是因为计划每年年底都在账户中存入这笔款项。当按下 FV 键时，可以得到答案，FVA$_3$ = 315.25。

这是一个普通年金，付款都在每年年底，必须恰当地设置计算器。如前所述，计算器"求解"的设置假定付款发生在每个期间结束时，即计算普通年金。然而，有一个键能够在普通年金和先付年金之间相互切换。对于普通年金，指定是"结束模式"或类似的，而对于先付年金，指定是"开始"或"开始模式"或"到期"或类似的。在计算普通年金时，如果你犯了一个错误，将计算器设置为"开始模式"，每笔付款将多赚取一年的利息，这将导致复利金额和最终的 FVA 虚增。

表 5-3 中的最后一种方法显示了使用 Excel 内置函数的电子表格算法。可以输入 N，I，PV 和 PMT 的混合

⊖　方程的长形式是几何级数，可以简化为第二种形式。

值，或者建立一个输入区域，用单元格引入设置公式，然后作为变量的单元格输入数值。使用单元格引用可以很容易地更改输入，以查看更改对输出的影响。

提问

问题：

你祖父敦劝你养成早年存钱的习惯。他建议你每天把 5 美元放进一个信封里。如果按照他的建议，在年底你将有 1 825（=365×5）美元。你的祖父进一步建议你在年底时把这笔钱投资在一个网上经纪共同基金账户里，每年的预期回报率为 8%。

你今天 18 岁了，如果你今天开始接受祖父的建议，并在余生继续以这种方式储蓄，在 65 岁时经纪账户里有多少钱？

答案：

这个问题是要求计算一个普通年金的终值。更具体地说，你要进行 47 笔年利率为 8% 的 1 825 美元的付款。

要快速计算答案，请在财务计算器中输入以下值：$N = 47$，$I/YR = 8$，$PV = 0$ 和 $PMT = -1\,825$。然后通过按 FV 键求解普通年金的 FV = 826 542.78 美元。

另外，还可以使用 Excel 函数：

=FV(0.08,47,-1825,0)

FV(rate, nper, pmt, [pv], [type])

在这里，求得终值是 826 542.78 美元。

你可以发现祖父是正确的——早期开始存钱肯定是有好处的！

自我测验

1. 对于年利率为 10%，100 美元的 5 年期的普通年金，第一笔付款取得利息需要多少年？这笔付款的到期价值是多少？回答第 5 次付款同样的问题。（4 年，146.41 美元，0 年，100 美元。）

2. 假设你打算从现在开始 5 年后购买一个公寓，你估计每年可以节省 2 500 美元。你计划将节省的资金存入利率为 4% 的银行账户。你将在年底进行首次存款。5 年后会有多少钱？如果利率提高到 6% 或降至 3%，5 年后会有多少钱？（13 540.81 美元，14 092.73 美元，13 272.84 美元。）

5.8 先付年金的终值

由于先付年金的每一笔资金都发生在期初，因此所有的资金都可以多获得一期利息。因此，先付年金的终值将大于类似的普通年金的终值。如果学习了分步计算法，你会知道示例先付年金的终值为 331.01 美元，而普通年金的终值为 315.25 美元。

运用公式法，首先使用式（5-3），但由于先付年金每笔资金付款均发生在期初，因此用（$1+I$）乘以式（5-3）：

$$FVA_{due}=FVA_{ordinary}(1+I) \tag{5-4}$$

对于先付年金，$FVA_{due} = 315.25 \times 1.05 = 331.01$ 美元，这和使用分步计算法的结果是一样的。

使用计算器，如普通年金一样输入变量，但现在要将计算器设置为"开始模式"以获得答案，即 331.01 美元。

自我测验

1. 为什么先付年金总是比普通年金有更高的终值？

2. 如果计算了普通年金的价值，你如何计算相应先付年金的价值？

3. 假设计划从现在开始 5 年后购买一个公寓，你需要存入预付定金。你计划每年节省 2 500 美元（第一次存款立即生效），把资金存入利率为 4% 的银行账户。5 年后会有多少钱？如果在年底存款，你会有多少钱？（14 082.44 美元，13 540.81 美元。）

5.9 普通年金的现值

年金的现值 PVA_N 可以使用分步计算法、公式法、财务计算器或电子表格计算。回头看表5-3。为了计算年金的终值，我们需要对存款进行复利计算。为了计算现值，需要折现存款，把每笔款项都除以（$1+I$）^{t}。分步计算法如下图所示：

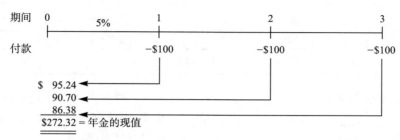

式（5-5）表示公式中的分步过程。方程的括号形式可以与科学计算器一起使用，如果年金期限很长，这是很有用的：

$$PVA_N = PMT/(1+I)^1 + PMT/(1+I)^2 + \cdots + PMT/(1+I)^N$$

$$= PMT\left[\frac{1-\dfrac{1}{(1+I)^N}}{I}\right] \tag{5-5}$$

$$= 100 \times \frac{(1-1/1.05^3)}{0.05} = 272.32 \text{（美元）}$$

可利用财务计算器直接计算式（5-5），所以只需输入变量，并按 PV 键，确保计算器设置为"结束模式"。下图中显示了普通年金和先付年金现值的计算器求解方式。注意，先付年金的现值较大，这是考虑到先付年金每笔资金折现都比普通年金少一期。注意，可以计算普通年金的现值，然后乘以（$1+I$）= 1.05，$272.32 \times 1.05 = 285.94$ 美元，即得到先付年金的现值。

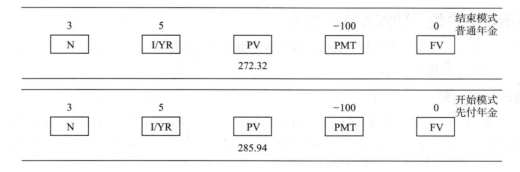

提问

问题：

你刚刚赢得了佛罗里达州的彩票。为取得奖金，必须从如下两个选择中选择一个。

1. 在未来的30年里，你可以每年收到100万美元。

2. 你现在可以一次性收到1 500万美元。

假设目前的利率为6%。哪一种选择更有价值？

答案：

最有价值的选择是具有最大现值的方案。你知道

第二个选项有1 500万美元的价值，因此需要判断100万美元的30年期普通年金的现值是否超过1 500万美元。

使用公式法，得到年金的现值是：

$$PVA_N = PMT\left[\frac{1-\dfrac{1}{(1+I)^N}}{I}\right.$$

$$= 1\,000\,000 \times \left(\dfrac{1 - \dfrac{1}{1.06^{30}}}{0.06} \right)$$

$=13\,764\,831.15$（美元）

或者，使用财务计算器，可以设置问题如下：

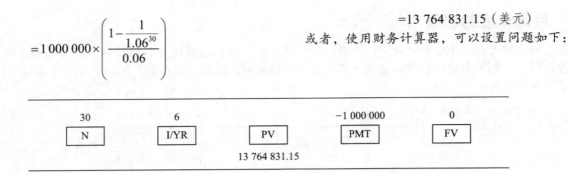

30	6		−1 000 000	0
N	I/YR	PV	PMT	FV
		13 764 831.15		

最后，还可以使用 Excel 函数：

=PV(0.06,30,−1000000,0)
PV(rate, nper, pmt, [fv], [type])

发现，现值是 13 764 831.15 美元。

由于 30 年期年金现值低于 1 500 万美元，应该选择一次性接受奖金。

自我测验

1. 为什么先付年金的现值高于类似的普通年金的现值？

2. 如果已知普通年金的现值，如何计算相应先付年金的现值？

3. 如果利率为 10%，100 美元 10 年期普通年金的现值是多少？如果利率为 4%，现值会是多少？如果利率为 0，现值是多少？如果计算先付年金，现值会有什么不同？（614.46 美元，811.09 美元，1 000 美元，675.90 美元，843.53 美元，1 000 美元。）

4. 假设你被提供了一个每年年末付款 100 美元的 10 年期的普通年金。或者，可以在同等风险的其他投资中取得 8% 的回报率。最多应该为该普通年金支付多少钱？如果立即开始支付，该普通年金的价值会是多少？（671.01 美元，724.69 美元。）

5.10 确定年金金额、期间数和折现率

我们可以计算年金的金额、期间数和利率。这有五个变量发挥作用：N，I，PMT，FV 和 PV。如果已知其中任何四个，可以求解第五个。

5.10.1 确定年金金额

假定我们需要用 5 年的时间积累 10 000 美元，资金的利率是 6%。已知 FV = 10 000，PV = 0，$N = 5$ 和 $I/YR = 6$。我们可以在财务计算器中输入这些值，然后按 PMT 键查看每期必须存入多少钱。当然，答案取决于是每年年底（普通年金）还是每年年初（先付年金）存款。以下是两种年金的计算结果。

普通年金：

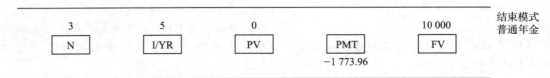

3	5	0		10 000	结束模式
N	I/YR	PV	PMT	FV	普通年金
			−1 773.96		

还可以使用 Excel 函数：

=PMT(0.06,5,0,10000)
PMT(rate, nper, pv, [fv], [type])

由于存款是在年底，因此可以将“类型”留白。计算发现，需要年度存款 1 773.96 美元才能达到目标。

先付年金：

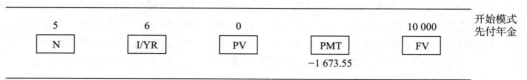

或者，可以使用 Excel 函数计算先付年金的年度存款：

=PMT(0.06,5,0,10000,1)

PMT(rate, nper, pv, [fv], [type])

由于现在是年初存款，因此输入 1 作为"类型"。计算发现，需要每年存款 1 673.55 美元才能达到目标。

因此，如果每年年底存款，每年必须存款 1 773.96 美元，但如果年初开始存款，每年只需存款 1 673.55 美元。注意，先付年金的年度存款也可以通过普通年金付款除以（$1 + I$）计算：1 773.96/1.06 = 1 673.55 美元。

5.10.2 确定期间数

假设你决定年底存款，但每年只能存款 1 200 美元。再假设存款赚取 6% 的利息，需要多长时间才能达到 10 000 美元的目标？计算器设置如下：

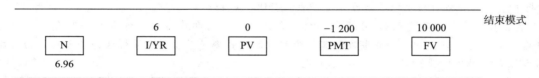

由于每期存款额较小，因此需要 6.96 年才能达到 10 000 美元的目标。如果年初就存款，则是先付年金，N 将变小，即 6.63 年。

还可以使用 Excel 函数来得到这两个答案。如果年末付款：

=NPER(0.06,−1200,0,10000)

NPER(rate, pmt, pv, [fv], [type])

计算发现，需要 6.96 年才能达到目标。

如果年初付款：

=NPER(0.06,−1200,0,10000,1)

NPER(rate, pmt, pv, [fv], [type])

计算发现，需要 6.63 年才能达到目标。

5.10.3 确定折现率

现在假设每年只能存款 1 200 美元（假设每年年末存），但 5 年后仍需要 10 000 美元。折现率为多少才能实现目标？财务计算器设置如下：

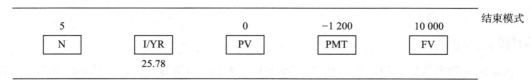

Excel 函数将得到相同的答案：

=RATE(5,−1200,0,10000)

RATE(nper, pmt, pv, [fv], [type], [guess])

计算发现，利率是 25.78%。

收益率必须高达 25.78% 才能达到目标。赚取如此高回报的唯一方法是投资于投机股票或前往拉斯维加斯的赌场。当然，投资于投机性股票和赌博并不像在一家保证有收益率的银行里存款，所以很有可能你最终什么也没得到。我们建议你改变计划，存更多的钱，降低 10 000 美元的目标，或延长时间。寻求更高的收益是适当的，但想要在市场收益率为 6% 的情况下取得 25.78% 的收益率无疑需要承担极大的风险。使用财务计算器或电子表格很容易计算收益率，若没有这些工具计算收益率，必须经历一个反复试验的过程，如果涉及多年，这将是非常耗时的。

自我测验

1. 假设你继承了 10 万美元，并以每年 7% 的收益率进行投资。在未来 10 年的每年年底，你最多可以提取多少钱，从而使第 10 年实现零余额？在第 10 年时，你的余额是多少？如果在每年年初提款，你可以提取多少钱？（14 237.75 美元，13 306.31 美元。）

2. 如果你有一笔收益率为 7% 的 10 万美元的投资，计划每年年底提款 1 万美元，你的资金可以持续多久？如果投资收益率为 0，可以持续多久？如果收益率为 7%，但限制每年年底提款 7 000 美元，可以持续多久？（17.8 年，10 年，永远。）

3. 你的叔叔指定你为人寿保险的受益人。保险公司让你选择现在接受 10 万美元或接受每年年底为 1.2 万美元的 12 年期年金。保险公司提供的收益率是多少？（6.11%。）

4. 假设你继承了一个 1 万美元的 10 年期年金，今天是第一次向你付款。你母亲的朋友想要出价 6 万美元购买这个年金。如果你卖它，你母亲的朋友从其投资赚取的收益率是多少？如果你认为"合理"的收益率为 6%，这个年金应该要价多少？（13.70%，78 016.92 美元。）

5.11 永续年金

永续年金（perpetuity），简单来说就是更长期间的年金。由于付款是永续的，因此不能使用分步计算法。然而，通过求解式（5-5），其中 N 设置为无穷大，容易计算永续年金的 PV。

$$永续年金的现值 = \frac{PMT}{I} \tag{5-6}$$

举个例子，假如你购买了一家公司的优先股，公司每年支付 2.50 美元的固定股息。假设公司将继续经营下去，优先股可以被视为永续年金。如果优先股的折现率为 10%，则永续年金的现值，即优先股为 25 美元：

$$永续年金的现值 = \frac{2.5}{0.1} = 25（美元）$$

自我测验

如果利率是 5%，从现在开始每年支付 1 000 美元的永续年金的现值是多少？如果年金立即支付，那么价值是多少？（2 万美元，2.1 万美元。提示：只需立即把收到的 1 000 美元添加到年金的价值。）

5.12 不均匀现金流

年金的定义强调持续不变的款项。换句话说，年金涉及每个期间相等的付款。虽然许多财务决策涉及持续不变的支付，但还有很多包含非持续或不均匀的现金流。例如，普通股的股息通常随着时间的推移而增加，资本投资几乎总是产生不均匀的现金流。在整本书中，每期支付等额的年金支付默认使用 PMT 表示，并使用现金流（CF$_t$）来表示不均匀的现金流，其中 t 表示现金流发生的时期。

有两种重要的不均匀现金流的类型：①由一系列年金支付加上一个额外的最终一次性付款；②所有其他不均

匀现金流。债券是第一种类型的最佳例子，而股票和资本性投资代表第二种类型。下面是两种类型的数值示例。

（1）年金加上最终付款。

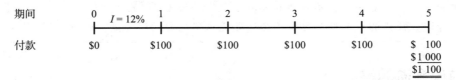

（2）不均匀现金流。

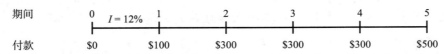

可以通过使用式（5-7），按照分步计算法计算任一现金流的 PV，即对每个现金流进行折现，然后对其求和以计算现金流的 PV：

$$PV = \frac{CF_1}{(1+I)^1} + \frac{CF_2}{(1+I)^2} + \cdots + \frac{CF_N}{(1+I)^N} = \sum_{t=1}^{N} \frac{CF_t}{(1+I)^t} \qquad (5-7)$$

如果这样做，发现现金流 1 的 PV 是 927.90 美元，而现金流 2 的 PV 是 1 016.35 美元。

虽然分步计算法是简单的，但是如果有大量的现金流，它将是费时的。然而，财务计算器大大加快了计算过程。首先，考虑现金流 1，注意有一个 5 年期，利率为 12% 的普通年金加上最终一次性付款 1 000 美元。通过计算年金的 PV，再计算最终付款的 PV，并求和以获得现金流的 PV。财务计算器仅通过一个简单的步骤就可以完成这一步——使用五个 TVM 键，输入如下图所示的数据，并按 PV 键获得答案 927.90 美元。

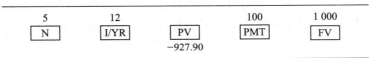

对于第二个不均匀现金流，计算方法不同。这里必须使用分步计算法，如图 5-3 所示。即使是财务计算器和电子表格也是使用分步计算法来计算，不过它们计算得更快、更有效。首先，输入所有的现金流和利率，然后财务计算器或计算机对每个现金流进行折现以计算其现值，并对这些 PV 求和以产生现金流的 PV。必须在财务计算器的"现金流寄存器"中输入每个现金流和利率，然后按 NPV 键计算现金流的 PV。NPV 代表"净现值"。我们将在第 9 章和第 11 章中介绍如何使用净现值分析股票和资本预算项目时更详细地探讨这一问题。

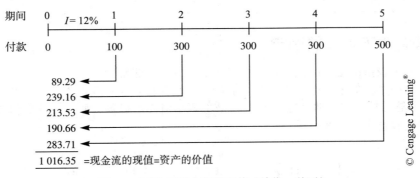

图 5-3　不均匀现金流的现值（单位：美元）

自我测验

1. 如何使用式（5-2）来计算不均匀现金流的现值？

2. 如果利率为 6%，5 年期 100 美元的普通年金，再加上第 5 年年末的 500 美元，其现值是多少？如果 100 美元的支付发生在第 1 ~ 10 年，而 500 美元的支付发生在第 10 年年底，那么其现值是多少？（794.87 美元，

1 015.21 美元。）

3. 如果利率为 8%，以下不均匀现金流的现值是多少？时点 0 为 0 美元，第 1 年（或时点 1）为 100 美元，第 2 年为 200 美元，第 3 年为 0 美元，第 4 年为 400 美元。（558.07 美元。）

4. 一只典型的普通股提供的现金流会更像年金还是更像不均匀的现金流？解释原因。

5.13 不均匀现金流的终值

我们通过复利而不是折现来计算不均匀现金流的终值。 考虑上一节中的现金流 2，通过折现这些现金流来计算 PV，并通过复利来计算 FV。图 5-4 说明了使用分步计算法求解现金流 FV 的过程。

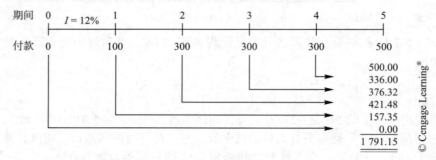

图 5-4 不均匀现金流的终值（单位：美元）

所有金融资产——股票、债券和商业资本投资的价值，都是其未来预期现金流的现值。因此，计算现值比计算终值的情况多得多。基于这个原因，所有财务计算器都提供了用于计算 PV 的自动化功能，但是它们通常不提供计算 FV 的自动化功能。在极少的情况下，当需要计算不均匀现金流的 FV 时，通常使用图 5-4 中所示的分步计算法。该方法适用于所有现金流，即使现金流为零或者负值。⊖

自我测验

1. 为什么更需要计算现金流的现值而不是现金流的终值？

2. 如果利率为 15%，那么这一现金流的终值是多少？第一年年底时为 100 美元，两年后为 150 美元，三年后为 300 美元。（604.75 美元。）

5.14 不均匀现金流下利率的确定⊖

在财务计算器和电子表格出现之前，计算不均匀现金流的利率非常困难。 然而，使用电子表格和财务计算器，可以很容易地计算利率。如果你有一个年金另加最后一次性付款，可以将 N、PV、PMT 和 FV 的值输入计算器的 TVM 寄存器，然后按 I / YR 键。这是第 5.12 节的现金流 1 的设置，假设必须支付 927.90 美元购买该资产，927.90 美元的投资收益率为 12%。

5		-927.90	100	1 000
N	I/YR	PV	PMT	FV
	12.00			

计算不均匀现金流（如现金流 2）的利率有点复杂。首先，注意没有简单的方法，计算利率是一个试错过程，这意味着需要一个财务计算器或电子表格。使用计算器，将每个 CF 输入现金流寄存器，然后按 IRR 键得

⊖ HP 10bII ＋计算器提供了计算现金流流量 FV 的捷径。将现金流输入现金流寄存器，输入利率，并计算现金流的净现值。计算了现金流的 NPV 后，只需按下 SWAP，计算器将显示现金流的 FV。

⊖ 本部分技术较复杂，可以推迟介绍，但计算会在第 11 章用到。

到答案。IRR 代表"内部收益率",即投资收益率。投资是时点 0 的现金流,必须输入负值。作为例证,考虑这里给出的现金流,其中 $CF_0 = -1\,000$ 美元是资产的成本。

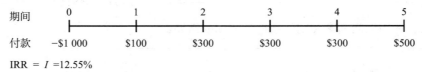

当将这些现金流输入计算器的现金流寄存器并按下 IRR 键后,会得到 1 000 美元的投资收益率为 12.55%。使用 Excel 的 IRR 函数会得到相同的答案。这个过程将在第 11 章学习资本预算时讨论。

自我测验

1. 一笔 465 美元的投资,预计在未来 4 年每年年底产生 100 美元的现金流,并在第 4 年年底额外一次性付款 200 美元。这笔投资的预期收益率是多少?(9.05%。)

2. 一笔 465 美元的投资,预计在第 1 年年底产生 100 美元的现金流,第 2 年年底产生 200 美元的现金流,第 3 年年底产生 300 美元的现金流。这笔投资的预期收益率是多少?(11.71%。)

5.15 一年两次和其他频次的复利期间

到目前为止,本书中的举例都假定每年复利一次,这称为**年度复利**(annual compounding)。然而,假设你在一个银行存款 100 美元,年利率为 5%,但每 6 个月贷记利息。因此,在第二个 6 个月期间,你赚取的金额是最初的 100 美元加上前 6 个月利息的利息。这被称为**半年复利**(semiannual compounding)。注意,银行通常每年不止一次付息,几乎所有的债券都是半年付息,而大多数抵押贷款、助学贷款和汽车贷款都需要每月付息。因此,了解如何计算非年度复利是非常重要的。

对于半年复利的例子,假设我们以 5% 的利率将 100 美元存 10 年。首先,来看在年度复利情况下的终值计算:

$$FV_N = PV(1+I)^N = 100 \times 1.05^{10} = 162.89（美元）$$

当然,可以使用财务计算器或电子表格得到相同的答案。

在这个例子中,如果每半年付息一次而不是每年付息一次,情况会如何变化?首先,如果每年付息超过一次,必须进行两次转换:①将指定利率转换为"期间利率";②将年数转换为"期间数"。如下进行转换,其中 I 是规定的年利率,M 是每年的复利期数,N 是年数:

$$期间利率（I_{per}）= \frac{规定的年利率}{每年的复利期数} = \frac{I}{M} \qquad (5\text{-}8)$$

规定的年利率为 5%,每半年复利一次,每年的复利期数为 2,则期间利率为 2.5%:

$$期间利率（I_{per}）= 5\%/2 = 2.5\%$$

复利的期间数可以通过式(5-9)计算:

$$期间数 = 年数 \times 每年的复利期数 = NM \qquad (5\text{-}9)$$

10 年期和每半年复利一次,有 20 个期间:

$$期间数 = 10 \times 2 = 20（期）$$

在半年复利下,100 美元的投资会每 6 个月以 2.5% 的利率计息一次,一共计息 20 次,而不是以 5% 的利率计息 10 次。在计算非年度复利时,期间利率和期间数必须取代年利率和年数显示在时间轴上,并输入财务计算器或电子表格中。⊖

在这样的背景下,可以计算 100 美元在年利率为 5.0%,但半年期复利的账户中 10 年后的价值。这是时间轴和终值:

⊖ 使用一些财务计算器,可以输入年度(名义)利率和每年的复利期数,而不是进行我们建议的转换。我们更喜欢转换,是因为它们必须在时间线上使用,但在更改其设置后可能会忘记重置计算器,这可能会导致下一次计算出错。

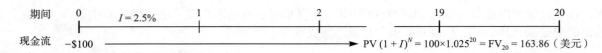

运用财务计算器，使用期间利率和期间数得到相同的结果：

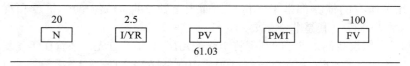

20	2.5	−100	0	
N	I/YR	PV	PMT	FV
				163.86

半年复利下的终值为 163.86 美元，超过年度复利下的 FV 162.89 美元，这是因为半年复利情况下的利息增值更快，从利息中得到的利息更多。

如果计息期间变为季度、月度甚至每天，情况如何变化？季度复利下，将存在 $NM = 10 \times 4 = 40$ 个期间，并且期间利率是 $I/M = 5\%/4 = 1.25\%$。使用这些值，求得 FV = 164.36 美元。如果使用月度复利，将有 $10 \times 12 = 120$ 个期间，期间利率则是 $5\%/12 = 0.416\,667\%$，而 FV 将上升到 164.70 美元。如果进行日复利，将有 $10 \times 365 = 3\,650$ 个期间，期间利率则是 $5\%/365 = 0.013\,698\,6\%$，FV 会是 164.87 美元（基于 365 天 / 年）。

在半年期复利下计算现值时，适用于同样的逻辑。再次，使用式（5-8）将所述年利率转换为期间（半年）利率，使用式（5-9）计算半年期的期间数。然后，在计算中使用期间利率和期间数。例如，可以计算年利率为 5%，半年期复利的 100 美元 10 年后的现值 PV：

$$期间利率 = 5\%/2 = 2.5\%$$
$$期间数 = 10 \times 2 = 20（期）$$
$$100\text{ 美元的现值} = 100/1.025^{20} = 61.03（美元）$$

运用财务计算器得到同样的结果：

20	2.5		0	−100
N	I/YR	PV	PMT	FV
		61.03		

如果将复利的期数从 2（半年）增加到 12（月），现值 PV 会下降至 60.72 美元，如果进行日复利，现值 PV 则跌至 60.66 美元。

自我测验

1. 你愿意投资一个年度复利 7% 的账户还是月度复利 7% 的账户？你愿意以 7% 的利率每年或每月付息借款吗？为什么？

2. 如果利率是年度复利 8%，那么 3 年后 100 美元的终值是多少？月度复利呢？（125.97 美元，127.02 美元。）

3. 如果利率是年度复利 8%，那么 3 年期 100 美元的现值是多少？月度复利呢？（79.38 美元，78.73 美元。）

5.16　利率的比较

不同的复利期用于不同类型的投资。例如，银行账户通常每天付息，大多数债券通常每半年付息一次，股票每季度分红，而抵押贷款、汽车贷款和其他金融工具要每月付息。⊖如果要适当地比较不同复利期间的投资或贷款，需要把它们转换成相同的复利频率。以下是需要了解的一些术语：

- **名义年利率**（nominal interest rate，I_{NOM}），也称为**年利率**（annual percentage rate，APR）（或报价或声明利率），是信用卡公司、助学贷款机构、汽车经销商和其他贷款人告诉你其贷款收费的利率。请注意，如果两家银行提供名义年利率为 8% 的贷款，但是一家银行要求月度付息，而另一家要求季度付息，它

⊖　一些银行甚至连续复利计息。

们要求的"真实"利率是不同的。要求月度付息的比季度付息的收费多，因为其会更快取得利息。因此，在比较不同机构提供的贷款或不同证券获得的利息时，应该按此处所述计算有效年利率。[⊖]

- **有效年利率**（effective annual rate），简写为 EFF%，也称为**等价年利率**（equivalent annual rate，EAR）。这种利率会使年度复利终值等于某一名义年利率下的复利终值。
- 如果贷款或投资使用年度复利，其名义年利率也是其有效年利率。但是，如果复利每年发生超过一次，则有效年利率高于名义年利率。
- 为了说明，名义年利率为 10% 的半年复利相当于每年复利 10.25% 的名义年利率，因为这两个利率都将导致 100 美元在 1 年后增长到相同的金额。下图中上面的时间轴表示，100 美元将以 10.25% 的名义年利率增长到 110.25 美元，而下面的时间轴则表示名义年利率为 10% 但是使用半年复利的情况。

```
0        NOM = EFF% = 10.25%                              1
├────────────────────────────────────────────────────────┤
$100.00  ──────────────────────────────────────────────▶ $110.25


0        NOM = 10.00% semi; EFF% = 10.25%       1                2
├────────────────────────────────────┼──────────────────────────┤
$100.00  ─────────────────────────▶ $105      ──────────────▶ $110.25
```

给定名义年利率和每年复利期数，可以通过以下公式计算有效年利率：

$$有效年利率(EFF\%) = \left(1 + \frac{I_{NOM}}{M}\right)^M - 1.0 \qquad (5\text{-}10)$$

这里，I_{NOM} 是以小数表示的名义年利率，M 是每年的复利期数。在例子中，名义年利率是 10%，但是半年复利，$I_{NOM} = 10\% = 0.10$ 和 $M = 2$，这导致 EFF% = 10.25%。

$$有效年利率(EFF\%) = \left(1 + \frac{0.10}{2}\right)^2 - 1.0 = 0.102\,5 = 10.25\%$$

还可以使用 Excel 中的 EFFECT 函数来求解有效年利率：

```
=EFFECT (0.1,2)
EFFECT(nominal_rate, npery)
```

这里我们发现有效年利率为 10.25%。NPERY 是指每年的付款金额。同样，如果知道有效年利率并想要求解名义年利率，则可以使用 Excel 中的 NOMINAL 函数。[⊖]因此，如果一项投资承诺利率 10% 且半年期复利，而同样风险的投资承诺利率 10.25% 且年度复利，两者之间无差别。

┊ 提问 ┊

问题：

你刚刚取得第一张信用卡，并决定购买一个新的苹果 iPad。你打算使用新信用卡支付购买 iPad 的 500 美元。假设信用卡的名义年利率为 18%，利息按月复利计算。

信用卡的最低付款额只有 10 美元 / 月。如果每月支付最低，没有其他费用，需要多长时间才能完全还清信用卡？

答案：

在这里，给定的名义年利率是 18%。因此，月期间利率为 1.5%（=18%/12）。使用财务计算器，可以计算还清信用卡所需的月数。

N	I/YR	PV	PMT	FV
	1.5	500	−10	0
93.11				

[⊖] 但是，注意如果你比较两个半年付息的债券，那么可以比较它们的名义年利率。同样，你可以比较每日付息的两个货币基金的名义年利率。但不要将半年期债券的名义年利率与每日付息的货币基金的名义年利率进行比较，因为这将使货币基金看起来更糟糕。

[⊖] 大多数财务计算器被编程为计算 EFF%，或者给定 EFF%，以计算名义年利率。这称为利率转换。输入名义年利率和每年复利期数，然后按 EFF% 键来计算有效年利率。然而，我们通常使用式（5-10）来计算有效年利率，因为它很容易用于利率转换，且公式能提醒真正做什么。如果在计算器上使用利率转换功能，请不要忘记重置计算器设置。

还可以使用 Excel 的 NPER 函数：

=NPER(0.015,−10,500,0)

NPER(rate, pmt, pv, [fv], [type])

我们发现，需要 93.11 个月还清信用卡。

注意，需要几乎 8 年才能还清购买 iPad 所欠的债务。现在你应该明白了为什么如果不理智地管理信用卡，你会很快陷入财务困境。

自我测验

1. 定义名义年利率（I_{NOM}）和有效年利率（EFF%）。

2. 银行为其储蓄账户支付 5% 的日复利。如果它正在寻求吸引新存款，应该宣传名义年利率还是有效年利率？

3. 根据法律，信用卡发卡机构必须在月报表上印刷其名义年利率。普通 APR 为 18%，每月付息。这样贷款的 EFF% 是多少？ [EFF %=（ 1 + 0.18 / 12 ）^{12}−1 = 0.195 6 = 19.56%。]

4. 几年前，银行不必公布其信用卡收取的利率。随后美国国会通过《借贷信用法案》，要求银行公布其年利率。APR 是最真实的利率，还是 EFF% 会更真实？

5.17　不足一个时间长度单位的期间

到目前为止，假设付款均发生在期间的开始或结束，而不是发生在某一期中间的某个时间。然而，我们经常会遇到需要计算的不是整数期的复利或折现的情况。假定你在银行存入 100 美元，名义年利率为 10%，但每天计息，即一年计息 365 次。那么 9 个月后将得到多少钱呢？答案是 107.79 美元，计算如下：⊖

$$期间利率 = I_{PER}=0.10/365=0.000\ 273\ 973/（天）$$

$$期间数 = 9/12 \times 365=0.75 \times 365=273.75 \approx 274$$

$$期末金额 = 100 \times 1.000\ 273\ 973^{274}=107.79（美元）$$

现在假设你从一家银行贷款 100 美元，其名义年利率是 10%，单利计息，这意味着利息是不赚取利息的。如果贷款 274 天，你需要支付多少利息？在这里，要计算每日利率 I_{PER}，如刚刚所示，但是乘以 274 而不是使用 274 作为指数：

$$利息欠款 = 100 \times 0.000\ 273\ 973 \times 274=7.51（美元）$$

你将在 274 天后总共欠银行 107.51 美元。这是大多数银行用来计算贷款利息的方法，只是它们要求借款人按月付息，而不是 274 天后付息。

自我测验

1. 假设一家公司以 9% 的单利利率借入 1 000 000 美元，利息在每月月底支付。银行按一年 360 天计息。公司在 30 天内要支付多少利息？如果银行按一年 365 天计息，那么支付利息是多少？ [0.09 / 360 × 30 × 1 000 000= 7 500（美元 / 月）。而对于 365 天的一年，0.09 / 365 × 30 × 1 000 000 = 7 397.26（美元 / 月）。按照 360 天计息的利息增加了 102.74 美元，这就是银行喜欢使用它贷款的原因。]

2. 假设你在信用合作社账户中存入了 1 000 美元，利率为 7% 日复利，一年有 365 天。EFF% 是多少，你可以在 7 个月后提取多少钱？（假设这是一年的 1/72。）[EFF% =（ 1 + 0.07 / 365 ）×365−1 = 0.072 500 98 = 7.250 098%。因此，你的账户将从 1 000 美元增加到 1 000 × 1.072 500 98$^{0.583\ 333}$ = 1 041.67（美元），你可以提取这么多钱。]

⊖ 银行贷款合同中明确规定了它们是基于 360 天 / 年还是 365 天 / 年计息。如果使用 360 天 / 年计息，则每日利率更高，这意味着效率也更高。这里假设 365 天 / 年计息。还要注意，在现实计算中，银行的计算机具有内置的日历，因此可以计算确切的天数，这是因为考虑 30 天、31 天和 28 天或 29 天的月份。

5.18　分期偿还的借贷 [⊖]

复利的一个重要应用是分期偿还贷款，包括汽车贷款、住房抵押贷款、学生贷款和许多商业贷款。每月、每季度或每年等额偿还的贷款称为**分期偿还借款**（amortized loan）。[⊜]

表 5-4 说明了分期偿还过程。房主借了 10 万美元的抵押贷款，而贷款将在未来 5 年的每年年末以五等额分期偿还。[⊜]贷款人以每年年初余额收取 6% 的费用。第一个任务是确定房主每年必须支付的款项。图示如下：

房主的付款金额必须使其现值等于 10 万美元：

$$100\,000 = \frac{PMT}{1.06^1} + \frac{PMT}{1.06^2} + \frac{PMT}{1.06^3} + \frac{PMT}{1.06^4} + \frac{PMT}{1.06^5} = \sum_{t=1}^{5} \frac{PMT}{1.06^t}$$

如下所示，可以将值插入财务计算器中，以获得所需的付款 23 739.64 美元：[⊛]

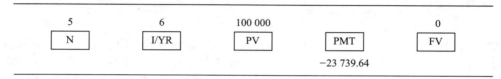

因此，借款人必须在未来 5 年内每年向贷款人支付 23 739.64 美元。

每笔付款包括两部分：利息和偿还的本金。这种划分反映在分期偿还计划表上，如表 5-4 所示。第一年的利息部分相对较多，但它随着贷款余额的减少而下降。出于纳税目的，借款人将扣除利息部分，贷款人应报告相同的应纳税所得额。

表 5-4　贷款等额偿还进度表（100 000 美元，利率 6%，5 年期）

贷款金额：100 000
年数：5
利率：6%
每次付款金额：−23 739.64

年份	初始金额 （1）	支付额 （2）	利息① （3）	本金的支付额② （4）	剩余金额 （5）
1	100 000.00	23 739.64	6 000.00	17 739.64	82 260.36
2	82 260.36	23 739.64	4 935.62	18 804.02	63 456.34
3	63 456.34	23 739.64	3 807.38	19 932.26	43 524.08
4	43 524.08	23 739.64	2 611.44	21 128.20	22 395.89
5	22 395.89	23 739.64	1 343.75	22 395.89	0.00

①每个期间的利息通过年初的贷款余额乘以利率计算。因此，第一年的利息是 100 000×0.06 = 6 000（美元），在第二年是 4 935.62 美元等。
②偿还本金等于 23 739.64 美元减去一年的利息费用。

自我测验

假设你以 8% 的利率借 30 000 美元的学生贷款，并且必须在未来 3 年的每年结束时分三期偿还。你将要偿

⊖　分期偿还贷款很重要，但本节可以省略，省略不会失去连续性。
⊜　这个词来自拉丁语，意思是"死亡"，所以分期偿还贷款是指随着时间的推移"杀死"。
⊜　大多数抵押贷款要求每月支付，支付 10 ～ 30 年，但使用较短的期间可以减少计算。
⊛　还可以计算 PMT 项，计算剩余求和项的值（4.212 364），并将其除以 100 000 美元以计算付款 23 739.64 美元。

还多少钱？第一次还款中多少是利息，多少是本金？第一年后的贷款余额是多少？（PMT = 11 641.01 美元，利息 = 2 400 美元，本金 = 9 241.01 美元，第1年年底贷款余额为 20 758.99 美元。）

本章小结

本章的重点是一次性付款、普通年金、先付年金、永续年金和不均匀现金流。运用一个基本公式，即式（5-1）计算给定变量的终值。这个公式可以转化为式（5-2），然后用于计算给定终值的现值。通过时间轴来表示现金流发生的时间，发现在处理单个现金流时，货币的时间价值问题可以使用分步计算法、公式法、财务计算器和电子表格解决。

正如开始时所指出的，TVM 是财务学中最重要的一个概念，第5章中讲述的各种计算方法贯穿本书。时间价值分析用于计算股票、债券和资本预算项目的价值。它还用于分析个人财务问题，例如开篇的退休问题。通过阅读本书，你会更熟悉时间价值分析，但是强烈建议在继续学习财务管理之前对第5章的内容有一个全面掌握。

自测题

ST-1 关键术语

定义下列术语：

a. 时间轴

b. 终值、现值、折现率、年利息收入、期间数、N 年年金终值、年金支付额、N 年年金现值

c. 复利、折现

d. 单利、复利

e. 机会成本

f. 年金、普通（递延）年金、先付年金、永续年金

g. 不均匀现金流、年金支付额、现金流

h. 年度复利、半年复利

i. 名义（报价）年利率、年利率、有效（等效）年利率

j. 分期偿还贷款、分期偿还计划

ST-2 终值 现在是 2021 年 1 月 1 日，现在你将存入 1 000 美元，利率为 8%。

a. 如果银行以年度复利，2024 年 1 月 1 日你的账户余额将是多少？

b. 如果银行以季度复利，2024 年 1 月 1 日你的账户余额是多少？

c. 假定你分 3 笔分别在 2022 年、2023 年和 2024 年的 1 月 1 日每次存入 333.333 美元，共存入 1 000 美元。如果按照每年 8% 的复利计算，2024 年 1 月 1 日你的账户余额是多少？

d. 如果三次存款开始于 2021 年 1 月 1 日，你的账户余额是多少？

e. 假定你分 3 笔分别在 2022 年、2023 年和 2024 年的 1 月 1 日每次存入等额的存款。如果利率为 8%，而且想获得与 a 中计算所得的同等的最终余额，那么每笔存款应该是多少？

ST-3 货币的时间价值 现在是 2021 年 1 月 1 日，2025 年 1 月 1 日（4 年后）你需要 1 000 美元。银行以 8% 的年利率复利计算利息。

a. 为了在 2025 年 1 月 1 日获得 1 000 美元的余额，你需要在 2021 年 1 月 1 日存入多少钱？

b. 如果你想分 4 笔在 2022—2025 年的每年 1 月 1 日存入等额的存款，直到累计 1 000 美元，那么每笔存款将是多少？

c. 如果你父亲提出两个备选方案：一是他分次支付在 b 中计算出的金额（221.92 美元 / 次），二是在 2022 年 1 月 1 日他一次性支付你 750 美元，你应该如何选择？

d. 如果你在 2022 年 1 月 1 日仅有 750 美元，那么为了在 2025 年 1 月 1 日获得所需要的 1 000 美元，你应选择的 3 年期的复利年利率是多少？

e. 假定你在 2022—2025 年每年的 1 月 1 日只能存入 200 美元，但你仍需要在 2025 年 1 月 1 日获得 1 000 美元，那么为了实现你的目标，你应选择的利率（年度复利）是多少？

f. 为了帮助你实现 1 000 美元的目标，你的父亲在 2022 年 1 月 1 日提供给你 400 美元。然后，你将从 2022 年 7 月至 2025 年 1 月每 6 个月再额外等额存款 6 次。如果银行按照 8% 的利率（半年复利）计算利息，那么每一笔存款需要多少钱才能在 2025 年 1 月 1 日积累 1 000 美元？

g. 在 f 中，银行需要支付的有效年利率是多少？支付的名义年利率是多少？

ST-4 有效年利率 A 银行对其货币市场账户以季度复利，名义年利率为 8%（年利率）；B 银行以月复利，但 B 银行经理希望其货币市场账户与 A 银行有同样的有效年利率，那么 B 银行应将其名义年利率设定为多少？

简答题

5-1 机会成本是什么？如何在时间价值分析中应用这个概念？它标在时间轴的什么位置？机会成本在所有情况下都是同一个数值吗？

5-2 下列表述是否正确，解释原因：10年中每年支付100美元是年金，但是第1年支付100美元，第2年支付200美元，第3～10年支付400美元并不是年金。但是，第2种支付方式也包含了年金。

5-3 如果10年期间，某公司股票的每股收益从1美元增长到2美元，那么总增长率应为100%，但年增长率应低于10%。这种说法是否正确？解释原因（提示：如果你不确定，插入一些数字并检查）。

5-4 你更喜欢哪一个存款账户，是每半年复利计息5%还是每天复利计息5%？说明原因。

5-5 为了计算一系列非均匀现金流的现值，必须先求出每个现金流的现值，然后再将其求和。即使它们中的某些现金流构成了年金，也不能采用年金的计算方式，因为整个系列并不是年金。这种说法正确与否？解释原因。

5-6 永续年金的现值等于每年的年金支付额除以利率 I：$PV = PMT/I$。每年支付PMT美元的永续年金的终值是多少（提示：答案是无限的，但要解释原因）？

5-7 银行和其他贷款人需要披露一个称之为APR的利率。这个利率是多少？美国国会为什么要求披露它？它是否与有效年利率相同？如果你比较不同贷款人的贷款成本，你会使用其名义年利率来确定最低实际利率的贷款吗？说明原因。

5-8 什么是贷款分期偿还计划，以及使用这些计划的方式是什么？

问答题

（5-1～5-8为简单题）

5-1 终值　如果你将2 000美元存入银行，银行每年支付6%的利息，那么5年后你的账户余额是多少？

5-2 现值　如果同等风险的证券每年支付5%的利息，那么20年后支付29 000美元的证券的现值是多少？

5-3 有效年利率　你的父母将在19年后退休。他们目前有3.5万美元存款，并且他们希望退休时拥有80万美元。假定他们没有其他存款，那么年利率为多少才能达到目标？

5-4 一次性付款价值翻倍的时间　如果你今天将钱存入了年利率为4%的账户，那么你的钱翻倍要经过多长时间？

5-5 实现财务目标的时间　你的经纪账户中有33 556.25美元，计划在未来每年年底另存入5 000美元，直到账户总额达到220 000美元，预期账户年收益率为12%。要达到你的目标需要多少年？

5-6 终值：年金与先付年金　假定利率是5%，每年800美元5年期普通年金的现值是多少？如果是先付年金，那么它的终值是多少？

5-7 现金流的现值和终值　一项投资将在未来3年每年结束时支付150美元，在第4年结束时支付250美元，在第5年结束时支付300美元，在第6年结束时支付500美元。如果其他同等风险的投资的收益率为11%，那么其现值是多少？它的终值是多少？

5-8 贷款等额偿还和有效年利率　你想买一辆车，一家本地银行将借给你4万美元。这笔贷款将在5年（60个月）分期等额偿清，名义年利率将为8%，按月付息。每月贷款应偿还多少？贷款的有效年利率是多少？

（5-9～5-26为中等难度题）

5-9 不同期限的现值和终值　使用公式法和财务计算器计算下列各值，复利/折现每年都在发生。

a. 以6%复利计息，期初金额为600美元，1年后是多少？

b. 以6%复利计息，期初金额为600美元，2年后是多少？

c. 折现率为6%，1年后600美元的现值是多少？

d. 折现率为6%，2年后600美元的现值是多少？

5-10 不同利率的现值和终值　计算下列各值，复利/折现每年都在发生。

a. 以4%复利计息，期初金额为200美元，10年后是多少？

b. 以8%复利计息，期初金额为200美元，10年后是多少？

c. 折现率为4%，10年后200美元的现值是多少？

d. 折现率为8%和4%，10年后1 870美元的现值分别是多少？

e. 定义现值并使用带有d中数据的时间轴说明现值如何受到利率的影响。

5-11 增长率　Sawyer公司2020年的销售额为500万美元，2015年的销售额为250万美元。

a. 销售额的年增长率是多少？

b. 假定某人这样计算Sawyer公司的销售增长："5年中销售翻倍，这表明5年中销售额增长了100%，因此应用100%除以5，得到年增长率为20%。"这种说法是否正确，为什么？

5-12 有效年利率　计算下列各项利率。

a. 你借了 720 美元，并承诺在 1 年年底偿还 792 美元。

b. 你放贷 720 美元，借款人承诺在 1 年后偿还 792 美元。

c. 你借了 65 000 美元，并承诺在 14 年后偿还 98 319 美元。

d. 你借了 15 000 美元，并承诺在未来 5 年每年年底偿还 4 058.60 美元。

5-13 一次性付款价值翻倍的时间　以下利率按年度复利计息，需要多长时间 300 美元存款的价值才能翻倍？

a. 6%。

b. 13%。

c. 21%。

d. 100%。

5-14 年金终值　计算下列普通年金的终值，年度复利计息。

a. 利率为 14%，8 年期每年 500 美元。

b. 利率为 7%，4 年期每年 250 美元。

c. 利率为 0，4 年期每年 700 美元。

d. 假定这些年金是先付年金，重新计算 a、b 和 c。

5-15 年金现值　计算下列普通年金的现值，每年一次折现。

a. 利率为 8%，12 年期每年 600 美元。

b. 利率为 4%，6 年期每年 300 美元。

c. 利率为 0，6 年期每年 500 美元。

d. 假定这些年金是先付年金，重新计算 a、b 和 c。

5-16 永续年金现值　利率为 5% 的 600 美元的永续年金的现值是多少？如果利率翻倍至 10%，其现值是多少？

5-17 有效年利率　你借款 23 万美元，未来 30 年每年要偿还借款 20 430.31 美元。你的借款利率是多少？

5-18 不均匀现金流

a. 以 5% 的折现率计算下列现金流的现值。

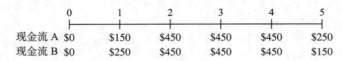

	0	1	2	3	4	5
现金流 A	$0	$150	$450	$450	$450	$250
现金流 B	$0	$250	$450	$450	$450	$150

b. 折现率为 0 时，现值各是多少？

5-19 年金终值　你的某位客户 26 岁。她想开始为退休储蓄，从现在起一年后存款。她每年可以节省 8 000 美元，你建议她将 8 000 美元投资于股票市场，未来提供的市场平均预期收益率为 10%。

a. 如果她听从你的建议，她 65 岁时会有多少钱？

b. 她 70 岁时会有多少钱？

c. 如果她在 65 岁退休，预计还能活 20 年，如果她在 70 岁退休，预计还能活 15 年。如果她的投资继续赚取相同的收益率，她在退休后的每年年底可以提取多少钱？

5-20 现金流的现值　某位新秀四分卫正在谈判他的第一个 NFL 合同，其机会成本是 7%。他已经提供了三个可能的 4 年合同。付款保证在每年年底完成。每个合同的条款如下：

	1	2	3	4
合同 1	$3 000 000	$3 000 000	$3 000 000	$3 000 000
合同 2	$2 000 000	$3 000 000	$4 500 000	$5 500 000
合同 3	$7 000 000	$1 000 000	$1 000 000	$1 000 000

作为他的顾问，你会建议他接受哪个合同？

5-21 一次性付清和年金　Kristina 刚刚赢了彩票，她必须在三个奖项中选择。她可以选择今天收到 6 200 万美元的一次性付款，或者接受 10 笔每年年底付款 950 万美元，或者接受 30 笔每年年底付款 560 万美元。

a. 如果她认为她每年可以赚 7% 的利息，应该选择哪个？

b. 如果她希望每年赚 8% 的利息，哪个是最好的选择？

c. 如果她希望每年赚 9% 的利息，你会推荐她选择哪个？

d. 解释她的选择如何受利率的影响。

5-22 分期偿还贷款　Jan 在 12 月 31 日卖掉了她的房子，并且作为房款支付中的一部分，她得到了 10 000 美元的抵押贷款。10 年期抵押贷款的名义年利率为 10%，但要求从次年 6 月 30 日开始每半年付款。Jan 次年必须在她的 IRS 表 1040 的附表 B 上报告其在该年收到的两笔付款中所包含的利息金额。

a. Jan 收到的每一笔付款是多少？

b. 第一次付款中包括多少利息，多少还款本金？第二次付款中，这些金额如何变化？

c. Jan 必须在第一年的附表 B 报告多少利息？次年的利息收入是否相同？

d. 如果付款不变，为什么利息收入会随时间而变化？

5-23 不同复利期间的终值　计算下列每个条件下的 500 美元的增长量。

a. 5 年期，以 12% 的利率年度复利。

b. 5 年期，以 12% 的利率半年度复利。

c. 5 年期，以 12% 的利率季度复利。

d. 5 年期，以 12% 的利率月度复利。

e. 5 年期，以 12% 的利率每日复利。

f. 为什么会出现终值的观察模式？

5-24 不同折现期间的现值　计算下列每个条件下的 500 美元的现值。

a. 名义年利率为 12%，半年复利计息，折现 5 年。

b. 名义年利率为 12%，季度复利计息，折现 5 年。

c. 名义年利率为 12%，每月复利计息，折现 1 年。

d. 为什么会出现现值的差异？

5-25 年金终值　计算下列普通年金的终值。

a. 以 12% 的名义年利率每半年复利，5 年期每 6 个月支付 400 美元的终值。

b. 以 12% 的名义年利率每季度复利，5 年期每 3 个月支付 200 美元的终值。

c. 这些年金在 5 年期间收到相同金额的现金，并以相同的名义年利率赚取利息，但 b 部分的年金比 a 部分的年金大，为什么会发生这种情况？

5-26　现值和贷款资格　你已经为一辆新车储蓄了 4 000 美元的预付款。你能承担的最大的付款额是每月 350 美元。如果每月月末支付，这笔贷款将有 12% 的年利率。如果你为它供资 48 个月，你能买得起的最昂贵的汽车价格是多少？60 个月呢？

（5-27 ～ 5-40 为具有挑战性的难题）

5-27　有效年利率与名义年利率　A 银行支付存款 2% 的利息（年度复利），而 B 银行支付存款 1.75% 的利息（每日复利）。

a. 根据有效年利率（或等价年利率），你会选择哪一家银行存款？

b. 你可能想在年内而不是在年底从银行提取资金，这是否会影响你对银行的选择？为了取得利息，你必须确保存款在整个复利计算期间内留在银行。

5-28　名义年利率和贷款延期　作为一家珠宝店经理，你想提供赊销，对每月未偿欠款收取利息。你必须从银行借入名义年利率为 9%（月度复利）的贷款以支持增加的应收账款。为了抵消开支，你想向客户收取高于银行有效年利率（或等价年利率）3% 的费用。那么你应该按照多少名义年利率向赊销客户收取费用？

5-29　信贷成本纳入价格　你的公司目前只有现销，但正在考虑提供赊销，允许客户 90 天内付款。客户懂得货币时间价值，所以他们都会等待并在第 90 天付款。你必须从银行借入名义年利率为 9%（按日复利计息，一年 360 天）的贷款以支持增加的应收账款。你想要提高产品的基本价格，正好足以抵消银行利息成本。为了最接近整百分点，你应该将你产品的价格提高多少？

5-30　实现财务目标　Allison 和 Leslie 是双胞胎，刚刚收到她们 25 岁的生日礼物 10 000 美元。她们都渴望成为百万富翁。她们每人都计划从今天开始每年在生日那天为其"早日退休基金"贡献 5 000 美元。Allison 开立了一个安全第一债券基金账户，这是一个共同基金，投资于高质量债券，其投资者过去每年赚取 8% 的收益。Leslie 投资于新发行的生物技术基金，该基金投资于小型新发行的生物科技股，其投资者在基金相对较短的历史中每年平均获得 13% 的收益。

a. 如果两个女孩的基金在未来获得与过去相同的收益，她们成为百万富翁时，每个人的年龄是多少？

b. 假设她们的预期收益能够实现，Allison 要与 Leslie 成为百万富翁，那么其每年必须要为基金账户贡献多少？

c. Allison 投资债券基金而不是股票是合理的还是不合理的？

5-31　要求一次性付款　从明年开始，你在未来的 4 年里每年需要 5 000 美元完成教育（从今天起一年，你将提取第一笔 5 000 美元）。你的叔叔今天在一家银行以 6% 的年利率开立了一个账户，将为你提供所需的 5 000 美元。

a. 你应该存入多少钱？

b. 你取出第一笔钱后，账户里还剩多少钱？

5-32　实现财务目标　6 年后，你需要 10 000 美元。你计划每年存入 1 500 美元，第一笔存款是从今天起的一年后存入一个有效年利率为 5% 的账户。如果不需要达到 10 000 美元的目标，第 6 年年底的最后一笔存款将低于 1 500 美元。你的最后一次付款是多少？存款是多少？

5-33　不均匀现金流终值　你想在 3 年内买房子，目前正在储蓄预付款。你计划在第一年年底储蓄 9 000 美元，并且预计你的年度储蓄将在此后每年增加 5%。你的预期年收益率为 8%。在 3 年结束时，你将储蓄多少预付款？

5-34　贷款偿还计划

a. 为 19 000 美元的贷款设定偿还计划表，在未来 3 年的每一年结束时分期偿还。利率是 8% 年度复利。

b. 3 年每年的付款中利息占多少百分比，本金占多少百分比？为什么这些百分比随时间而变化？

5-35　最后一次性付款的偿还计划　你想花费 140 000 美元买一栋房子。你已有 14 000 美元的首付，但是你的信用按揭公司不会借给你所需的 126 000 美元。然而，房地产经纪人说服卖方以 5% 的利率接受 126 000 美元的抵押贷款（称为卖方收回抵押），条件是贷款在 3 年内全额偿还。你希望在 3 年内获得 140 000 美元，但你现在所有的是 14 000 美元。考虑到你的薪水，你每年有能力支付不超过 22 000 美元（贷款要求每月付款，但假设年底付款以简化）。

a. 如果贷款在 3 年内偿还，每年应偿还多少？你有能力负担这些费用吗？

b. 如果贷款在 30 年内偿还，每年应偿还多少？你有能力负担这些费用吗？

c. 为了满足卖方，30 年期的抵押贷款将会写成一个最大的分期偿付期票，这意味着在第 3 年年底，你必须进行定期付款加上贷款余额。第 3 年年底，贷款余额是多少？最后一次付款额是多少？

5-36　非年度复利

a. 你计划存 5 笔款项，每次存 1 000 美元，每 6 个月存款一次，第一次存款是在 6 个月后。然后，你将不再存入存款。如果银行支付 6% 的名义年利率，半年复利计息，3 年后你的账户余额是多少？

b. 从今天起一年后，你必须支付 4 000 美元。为了准备这笔付款，你计划在支付 6% 名义年利率（季度复利）的银行中，存入两笔相同的季度存款（季度 1 末和季度 2 末）。这两个付款中的每一笔付款额是多少？

5-37 偿还信用卡 Simon 最近收到一张名义年利率为 18% 的信用卡。他用信用卡中的 700 美元买了一个 iPhone 11。卡上的最低付款金额只有每月 20 美元。

a. 如果 Simon 每月按最低额还款，且没有其他费用，他还清信用卡要经过多少个月（四舍五入到月）？

b. 如果 Simon 每月还款 70 美元，那么他还清信用卡要经过多少个月（四舍五入到月）？

c. Simon 在每月 20 美元的还款计划下要比每月 70 美元的还款计划下，总共要多支付多少钱（保留三位小数）？

5-38 现值和诉讼解决 现在是 2020 年 12 月 31 日（$T = 0$），陪审团判决支持一个在 2019 年 1 月一起事故中因遭受伤害而起诉城市的女人。她要求赔偿损失的工资加上 30 万美元的疼痛和痛苦补偿以及 6 万美元的法律费用。她的医生作证说，自从事故以来她就无法工作，将来也不能再工作。她现在是 62 岁，陪审团认为她还要再工作三年。她计划在 2019 年赚取 36 000 美元（为了简化这个问题，假设整个年薪金额将在 2019 年 12 月 31 日收到）。她的雇主证明她可能每年收到 3% 的加薪。陪审团判决的实际赔偿将于 2021 年 12 月 31 日支付。法官规定所有金额将根据 2021 年 12 月 31 日的现值进行调整，使用 8% 的年利率复利计息，而不是单利计息。此外，还规定疼痛和痛苦补偿和法律费用应基于 2020 年 12 月 31 日的日期。这个城市 2021 年 12 月 31 日应开多少金额的支票？

5-39 要求的年金支付额 你的父亲今年 50 岁，将在 10 年后退休。他预计退休后还能再活 25 年，直到 85 岁。他希望在退休后得到固定的退休金收入，购买力与今天的 50 000 美元相等（在退休后，他的退休金将逐年递减）。他的退休金将于距今 10 年后退休的那天起算，然后他将得到 24 笔额外的年金。预期年通货膨胀率为 4%。他目前有 9 万美元的储蓄，预计每年从中赚取 8% 的收入。为了达到退休目标，在随后 10 年（年终存款）中，他每年应存入多少钱？

5-40 要求的年金支付额 一位父亲正在为了供女儿上大学而制订储蓄计划。她的女儿今年 13 岁，计划 5 年后报考大学，并要用 4 年时间完成她的学业。目前，每年的费用（包括所有的东西：食品、衣服、学费、书籍、交通等）是 1.2 万美元，但这些费用预计每年增加 6%。学院要求在年初支付全部款项。她现在大学储蓄账户里有 1 万美元，每年 9% 的利息。她的父亲分六次每年在她的账户中进行等额存款，今天的第一次存款和她开始上大学的那天的第六次存款。这六笔存款中的每一笔是多少［提示：计算每年大学的费用（通货膨胀率为 6%）并计算这些费用的总现值，折现率为 9%，从她上大学的那天开始。然后，计算她的初始金额 1 万美元那天的复利价值。费用的现值和储蓄账户中的金额之间的差额，必须由父亲的存款来弥补，因此计算出六笔等额的存款，将复利得到所需要的金额］？

综合 / 电子表格问题

货币时间价值 回答下列问题：

a. 假定每年利率为 10%，计算 5 年后 1 000 美元的终值。

b. 假定某投资的利率分别是 0、5% 和 20%，在 0、1、2、3、4 和 5 年后，投资的终值是多少？

c. 如果折现率为 10%，计算 5 年后到期的 1 000 美元的现值。

d. 一种证券的成本是 1 000 美元，并将在 5 年后收益 2 000 美元。这种证券提供的收益率是多少？

e. 假定加利福尼亚人口是 4 000 万人，预期平均每年增长 2%，那么人口数量翻倍需要多长时间？

f. 计算在未来 5 年每年年末支付 1 000 美元，利率为 15% 的普通年金的现值，以及这个年金的终值。

g. 如果是先付年金，则 f 部分中的年金的现值和终值将如何变化？

h. 如果利率为 10%，半年复利计息，5 年期 1 000 美元的终值和现值分别是多少？

i. 如果利率为 8%，现值是 1 000 美元的 10 年期普通年金，每年需要支付多少钱？如果这是先付年金，每年需要支付多少钱？

j. 如果利率为 8%，计算下列年末返还额的现值和终值。

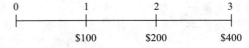

k. 五家银行都对存款提供 6% 的名义年利率，但 A 银行年度付息，B 银行半年付息，C 银行季度付息，D 银行月度付息，而 E 银行每天付息。

1. 每个银行支付的有效年利率是多少？如果你今天在每个银行存款 5 000 美元，1 年后你在 5 家银行各有多少钱？两年后呢？

2. 如果 5 家银行都是由政府（FDIC，联邦存款保险公司）担保，因此具有同样的风险，它们是否能够同等地吸引资金？如果不是（货币的时间价值是唯一考虑的因素），多少的名义年利率将使得其他银行提供与银行 A 相同的有效年利率？

3. 假设你没有 5 000 美元，但在第 1 年年底需要 5 000 美元。你计划进行一系列存款：年度为 A，半年为 B，季度为 C，月度为 D，每日为 E，从今天开始存款。你应在每家银行存款多少？

4. 即使五家银行提供了相同的有效年利率，理性投资者是否会对 5 家银行不在乎？说明原因。

l. 假设你借了 15 000 美元。贷款的年利率是 8%，要求 4 年每年年末等额还款。设置一个偿还计划表，显示年度付款、利息支付、本金的支付额，以及期初和期末贷款金额。

综合案例

第一国家银行

货币时间价值分析 你已经向当地银行申请工作。作为其评估过程的一部分，你必须对包括以下问题的货币的时间价值分析进行检查。

a. 绘制时间轴，表示①在第 2 年结束时的 100 美元一次性现金流；②3 年期每年 100 美元的普通年金；③从 0 年至 3 年结束时的不均匀现金流，分别为 50 美元、100 美元、75 美元和 50 美元。

b. 1. 3 年后，如果年利率为 4%，按年复利计息，那么 100 美元的终值是多少？

　2. 如果年利率为 4%，按年复利计息，那么 3 年后收到的 100 美元的现值是多少？

c. 多少的年利率会使得 100 美元在 3 年内增长到 119.10 美元？

d. 如果一家公司的销售额每年以 10% 的速度增长，需要多长时间才能使其销售额翻倍？

e. 普通年金和先付年金之间有什么区别？下面表示什么类型的年金？如何将它改变成其他类型的年金？

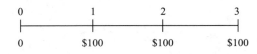

f. 1. 如果年利率为 4%，那么 3 年期 100 美元的普通年金的终值是多少？

　2. 现值是多少？

　3. 如果是先付年金，那么现值和终值分别是多少？

g. 5 年期 100 美元的普通年金的年利率为 4%。

　1. 它的现值是多少？

　2. 如果它是一个 10 年期的年金，那么它的现值是多少？

　3. 如果它是一个 25 年期的年金，那么它的现值是多少？

　4. 如果它是一个永续年金，那么它的现值是多少？

h. 一个 20 岁的学生每天要为其退休储蓄 5 美元，她每天把 5 美元放在抽屉里。在每年年底，她将累积储蓄的 1 825 美元投资于经纪账户中，预期年收益率为 8%。

　1. 如果她以这种方式继续储蓄，在 65 岁时她会积累多少钱？

　2. 如果一个 40 岁的投资者开始以这种方式储蓄，他在 65 岁时会有多少钱？

　3. 40 岁的投资者每年需要储蓄多少钱才能与 20 岁的投资者在 65 岁时积累相同的金额？

i. 下列不均匀现金流的现值是多少？年利率为 4%。

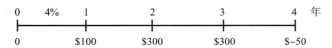

j. 1. 如果对期初金额更频繁地复利计息 [例如，每半年、每年保持报价的（或名义）年利率]，那么终值是更大还是更小？为什么？

　2. 给出下列定义：（a）报价或名义年利率；（b）期间利率；（c）有效年利率（或等价年利率）。

　3. 名义年利率为 4%，若按半年复利、季度复利、每日复利，那么与之相应的有效年利率分别是多少？

　4. 3 年后在 4% 的半年复利下，100 美元的终值是多少？按季度复利呢？

k. 有效年利率何时会等于名义（报价）年利率？

l. 1. 如果利率为 4%，按半年复利，下列所示现金流系列在第 3 年年末的价值是多少？

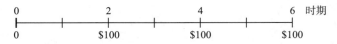

　2. 上述现金流系列的现值是多少？

　3. 如果你使用的名义年利率为 4%，而不是有效年利率或期间利率 $I_{NOM}/2 = 4\%/2 = 2\%$，上面两个答案会有什么问题？怎么解决这些问题？

m. 1. 为 1 000 美元建立分期偿还进度表，年利率为 4%，分 3 年等额偿还。

　2. 在第 2 年中，借款人的年利息费用是多少？贷款人的年利息收入是多少？

PART
3

第 3 部分

金融资产

第6章

利　率

利率降至历史低点

在过去40年里，利率一直处于下行轨道。2020年3月，10年期美国国债利率首次跌破0.5%。最近一次的利率下跌是在全球新冠疫情扩散引发的经济恐慌中出现的。

为了应对日益严重的恐慌，美国联邦储备委员会（简称"美联储"）采取了激进的降息措施，以缓解市场的担忧，防止经济陷入混乱。但与此同时，有的人认为利率已经非常低，美联储降息措施的影响将是微乎其微的。这些不同的观点并不新奇。美联储经常面临一些艰难的平衡决策。如果他们的政策过于严苛，随之而来的利率大幅上升可能会导致经济增长放缓。另外，如果太容易获得信贷，就有刺激通货膨胀的风险。美联储的最终目标是找到所谓的"金发姑娘政策"（Goldilocks policy），在不引发通货膨胀的情况下保持经济强劲。

为了在2007—2008年的金融危机后维持经济运转，美联储制定了极低的利率。当时希望较低的资本成本可以鼓励企业投资，帮助修复受损的房地产市场，并刺激股票和债券市场。金融危机爆发后不久，决策者似乎成功地阻止了经济崩溃，但市场依然疲弱，失业率居高不下。为了应对经济的持续低迷，美联储加倍努力，以"量化宽松"政策来加强经济。通过这一政策，美联储系统性地从主要金融机构购买了大量的长期金融资产，向市场注入了新的资金，这有助于降低利率。作为对这些行动的回应，美联储将10年期的国债利率推低至2%以下，短期国债利率接近于0。

在随后的十年里，经济出现了反弹。鉴于这种反弹，美联储采取了一些措施，试图让利率回到"正常"水平。2018年2月，杰罗姆·鲍威尔接任美联储主席，他最初的计划是缓慢提高利率，以防止正在改善的经济膨胀。然而，在那之后的几年里，美联储受到了来自唐纳德·特朗普和其他人进一步的压力，因为几乎没有通货膨胀的迹象，所以他们敦促美联储保持低利率，以保持经济增长。

虽然美联储对利率有着巨大的影响，但其他因素也有助于将利率保持在低水平。最值得注意的是，通货膨胀率仍然很低，境外投资者购买美国债券的意愿仍然很强烈。展望未来，人们担心其中一些力量可能起到反向作用。此外，如果通货膨胀确实加剧，这也可能导致美元贬值。与此同时，联邦预算赤字也给利率带来了上行压力。鉴于对预算赤字和对通货膨胀的担忧加上美元走势疲软，境外投资者可能会抛售美国债券，而这将给利率带来更大的上行压力。

由于利率对公司和个人都有着巨大的影响，因此本章将进一步研究决定这些利率的主要因素。正如我们所研究的，没有单一的利率——不同的因素决定了每个借款人支付的利率。在某些情况下，不同类型债务的利率呈现不同的变化方向。考虑到这些问题，我们还将考虑影响长期和短期利率之间以及国债和公司债券之间利差的各种因素。

资料来源：Kevin Warsh, "The Fed Can't Wait to Respond to the Coronavirus," *The Wall Street Journal* (wsj.com), February 26, 2020; Sunny Oh, "The 10-Year Treasury Yield Is Sliding Toward Its All-Time Low—Here's Why—MarketWatch," *The Wall Street Journal* (wsj.com), February 25, 2020; Nick Timiraos, "Fed Officials Say It Is Too Soon to Assess Coronavirus Impact on U.S. Economy," *The Wall Street Journal* (wsj.com), February 24, 2020; Howard Schneider, "Powell Says Fed Ready to Act as Coronavirus Poses 'Evolving' Economic Risks," *Reuters* (reuters .com), February 28, 2020; Nick Timiraos, "Fed Holds Rates Steady, but Indicates Increases Will Continue," *The Wall Street Journal* (wsj.com), May 2, 2018; Jeff Cox, "Fed to Keep Easing, Sets Target for Rates," *CNBC* (cnbc.com), December 12, 2012; and Eric Morath, "Brisk Jobs Growth Puts Fed on Notice," *The Wall Street Journal Weekend*, March 7–8, 2015, pp. A1–A2.

厘清头绪

公司融资主要有两种形式：债务和权益。自由经济中，资本和其他资源一样通过市场体系分配，在该体系下，资本得以流动，价格体系得以建立。利率是贷款人收取的、借款人支付的债务资本的价格。同样，股票投资者期望获得股息和资本收益，其总和代表权益资本成本。我们在后面的章节再考虑权益资本成本，本章的重点是债务资本成本。我们首先考察影响资本供给和需求的因素，它们将影响资本成本。我们看到，单一利率是不存在的——利率取决于借款人的风险、借款的用途、抵押品的类型和借款期限等。本章主要集中讨论这些因素如何影响个体的借贷，后面的章节将进一步探究企业的债务资本成本与其在投资决策中的作用。在第 7 章和第 9 章你会看到，债务资本成本是影响债券和股票价格的关键要素；而它也是公司资本成本的重要组成部分，这个问题将在第 10 章中进行讨论。

学完本章后，你应该能够完成下列目标。

- 列出影响资本成本的各种因素。
- 讨论市场利率如何影响借款人的资本需求、预期通货膨胀、不同的债券风险，以及债券的流动性。
- 解释什么是收益率曲线，什么决定了它的形状，以及如何利用收益率曲线来帮助预测远期利率。

6.1　资本成本

影响资本成本的四个最基本的因素是：①**生产机会**（production opportunities），生产型（能赚取现金的）资产的投资机会；②**消费时间偏好**（time preferences for consumption），消费者偏好当前消费，而不是为未来消费储蓄；③**风险**（risk），金融市场背景下，投资获得低收益或负回报的机会；④**通货膨胀**（inflation），价格随时间上涨的数量。为了了解这些因素是如何发挥作用的，可以想象，在一个孤岛，人们捕鱼为生。一批渔具可以让他们活得很好，但居民们宁愿要更多的鱼。现假设岛上居民 Crusoe 有个不错的想法，设计一种新型的渔网，这能使他每天获得双倍的捕鱼量。然而，他需要一年的时间来完善设计、织网，并学会有效地使用它。Crusoe 在他的新渔网投入使用前可能会饿死。因此，他建议 Robinson、Friday 和其他几个人，如果今年他们一天给自己一条鱼，明年他会一天返还两条鱼。如果有人接受了建议，那么 Robinson 和其他人给 Crusoe 的鱼将构成储蓄，储蓄用于投资渔网，由此产生的鱼的净增量就形成了投资回报。

显然，Crusoe 认为，新渔网的生产能力越高，他就越有能力吸纳潜在投资者们的储蓄。这个例子中，我们假设 Crusoe 认定自己能够支付（因此他也提供）100% 的回报——他提出自己每收到一条鱼就返还两条鱼。他可能在下一年试图减少储蓄吸纳，例如，他可能在下一年每收到 1 条鱼只返还 1.5 条鱼，那么这对于 Robinson 和其他潜在储户来说就有 50% 的回报率。

Crusoe 的提议对潜在的储户有多大的吸引力很大程度上取决于储户的消费时间偏好。例如，Robinson 可能正考虑退休，他可能愿意以 1∶1 的比例拿今天的鱼交换未来的鱼。而 Friday 可能有妻子和几个年幼的孩子，现在就需要鱼，所以他可能不愿意"借"鱼，除非明年他可以收到三条或者更多的鱼。Friday 对当前消费有很高的偏好，而 Robinson 则时间偏好较低。还要注意的是，如果全部人口生活在温饱水平线上，则对当前的消费时间偏好必然高。总储蓄低，利率高，资本积累会很困难。

渔网项目的固有风险（包括 Crusoe 的偿债能力）也会影响投资者的回报要求：感知风险越高，所要求的回报率就越高。一个更为复杂的社会里存在许多像 Crusoe 一样的企业，拥有鱼以及其他多种货物，同样，这里也有许多类似于 Robinson 和 Friday 的储户。因此，人们使用货币不是用鱼作为交换媒介。使用货币时，货币未来价值（受通货膨胀影响）将发挥作用：预期通货膨胀率越高，要求的回报就越多。我们将在本章后面详细讨论这一点。

于是，我们看到，支付给储户的利率有赖于：①生产者期望获得的投资回报；②储户对当前和未来的消费时间偏好；③贷款的风险；④未来的通货膨胀预期。生产者的预期收益给企业将支付多少储蓄设定了一个上限，而消费者的消费时间偏好决定了他们推迟消费的时长和不同的利率下储蓄量的大小。⊖更高的风险和更高的通货膨胀也将导致更高的利率。

自我测验

1. 借款的价格是指什么？
2. 权益资本成本是哪两个项目的总和？
3. 影响资本成本的四个基本因素是什么？
4. 何种因素决定了储蓄成本支付的上限？
5. 哪些因素决定了不同利率下储蓄量的大小？
6. 风险和通货膨胀如何影响利率？

6.2　利率水平

借款人使用利率来出价可用的债务资本：拥有最有利可图投资机会的公司愿意且能够支付最多的资本成本，所以它们往往吸引资本效率低下的公司和产品不对路的公司以获得资本。同时，政府政策也会影响资本配置和利率水平。例如，联邦政府就有帮助指定的个人或团体获得信贷优惠的机构。有资格获得这种援助的是小公司、某些少数民族和愿意在高失业地区建厂的公司。不过，美国的大部分资本还是通过价格体系分配的，利率就是价格。

图 6-1 显示了供求关系如何决定两个资本市场的利率。市场 L 和 H 代表了许多资本市场中的两个。每个市场的供给曲线是向上倾斜的，这表明，资本利率越高，投资者愿意提供的资本就越多。同样，向下倾斜的需求曲线表明，利率越低，借款人愿意借的钱就越多。每个市场的利率是供给曲线和需求曲线的交叉点。假定现行利率为 r，市场 L 上低风险债券最初的利率是 5%。参与市场的借款人能以 5% 的成本获取资金，不愿冒过大风险的投资者可以得到 5% 的回报。风险较高的借款人必须以更高的成本在市场 H 上获取资金，在该市场，投资者愿意承担更高的风险以赚取 7% 的回报，但他们意识到回报也可能会更低。在这种情况下，投资者愿意承受市场 H 的更高风险来换取 7%-5% = 2% 的风险溢价。

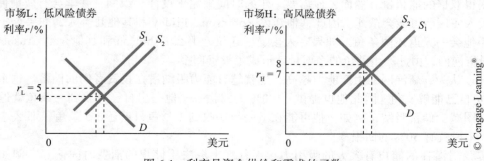

图 6-1　利率是资金供给和需求的函数

⊖　这个例子中的"生产者"范畴太窄。一个更好的词可能是借款人，包括公司、房屋业主、借钱上大学的人，甚至是购买汽车或去度假的贷款人。此外，一个社会的财富和人口也影响其人民的储蓄能力，进而影响他们当前与未来的消费时间偏好。

现在我们假定，由于市场力量的变化，因此投资者认为市场 H 变得相对风险更高。这种看法会导致许多投资者转向更安全的投资——这称作"向高质量市场转移"。投资者将他们的资金从市场 H 转移到市场 L，资金的供给增加，资金供给量从 S_1 上升到 S_2，资金供给量增加把市场利率从 5% 压低至 4%。与此同时，随着投资者将资金从市场 H 上抽离，该市场的资金供给会减少，而市场信贷的紧缩又将迫使市场利率从 7% 上升到 8%。新情况下，资本从市场 H 转移到市场 L，风险溢价从 2% 上升到了 8%-4% = 4%。

美国有许多资本市场，图 6-1 强调了它们相互关联的事实。美国公司在世界各地投资和融资，外国人也在美国借贷。这里有住房贷款市场，农业贷款市场，商业贷款市场，联邦、州和地方政府贷款市场和消费贷款市场。每一类别中，既有区域市场，又有不同的分市场。例如，在房地产行业，有单独面向首次和二次抵押的贷款市场，也有面向单户住宅、公寓、办公楼、购物中心、空置土地的贷款市场。当然，也有单独的市场面向优惠级和次级抵押贷款。在商业领域，有数十种类型的债券，也有多个不同的普通股市场。

每一类型的资本都有价格，且价格随着供求状况的变化而变化。图 6-2 显示了自 20 世纪 70 年代初以来，借款企业的长短期利率是如何变化的。我们注意到，短期利率在经济繁荣时期急速上升，在衰退期快速下降。经济扩张时，企业需要资本，而这种需求推动利率上升。企业繁盛时期，通胀压力最大，这也进一步增大了利率上行压力。衰退期则情况恰恰相反：生意萧条减少了信贷需求，通货膨胀率下降，美联储增加了资金供应以刺激经济。其结果就是——利率下降。

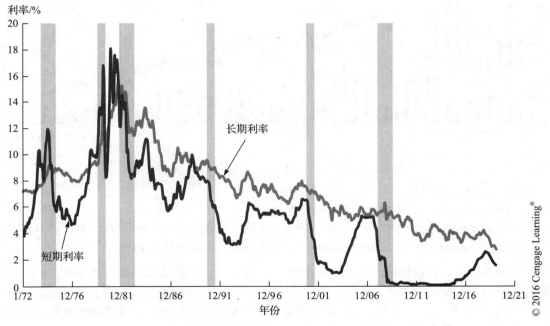

图 6-2 长期与短期利率，1972—2020 年

注：1. 阴影区域代表经济衰退。

2. 用规模大、实力强的公司 3 至 6 个月的贷款利率衡量短期利率，用 AAA 级公司债券的利率衡量长期利率。

资料来源：St. Louis Federal Reserve FRED database, fred.stlouisfed.org/series/AAA and fred.stlouisfed.org/series/CPN3M.

这些趋势并未一直完全持续，这一点在 1984 年后得到了证明。石油价格在 1985 年和 1986 年大幅下跌，降低了其他价格的通货膨胀压力，缓解了严重长期通货膨胀的恐慌情绪。此前，这种恐慌情绪使利率达到了创纪录水平。1984—1987 年，经济发展势头强劲，但是通货膨胀恐慌情绪的减弱抵消并超过了经济良好时期利率上升的趋势，结果是，利率变得更低。⊖

图 6-3 描述的是通货膨胀和长期利率之间的关系。20 世纪 60 年代初，每年的通货膨胀率平均为 1%，高质

⊖ 短期利率对当前的经济状况是敏感的，而长期利率主要反映长期通货膨胀预期。因此，短期利率有时高于或低于长期利率。长期利率与短期利率之间的关系称为利率期限结构，这个问题将在本章后面部分讨论。

量的长期债券平均利率为 4%。越南战争升温导致通货膨胀率的升高，利率也开始向上攀升。战争结束的 20 世纪 70 年代初，通货膨胀率稍有下降，但 1973 年的阿拉伯石油禁运导致石油价格上涨，通货膨胀率变得更高，利率也随之大幅上涨。

1980 年，通货膨胀率达到峰值 13% 左右。1981 年和 1982 年，利率继续上升并一直保持高位，直到 1985 年，因为顾忌通货膨胀率的再次增长，这种势头才有所遏制。于是，"通货膨胀预期"在 20 世纪 70 年代出现并延续至 20 世纪 80 年代中期。人们逐渐意识到，美联储在严控通货膨胀，全球竞争使得美国汽车生产商和其他公司无法像过去那样提高价格，而且对企业涨价的限制正在降低工会借成本增加推动工资上涨的能力。伴随着这些认知的建立，利率下降了。

当前的利率减去通货膨胀率（也就是图 6-3 中通货膨胀柱形图和利率曲线之间的距离）被定义为"当前实际利率"。被称作"实际利率"是因为它显示了剔除通货膨胀影响后有多少是投资者真正获得的。20 世纪 80 年代中期实际利率非常高，但自 1987 年起，实际利率一般在 1% ～ 4% 的范围内。[⊖]

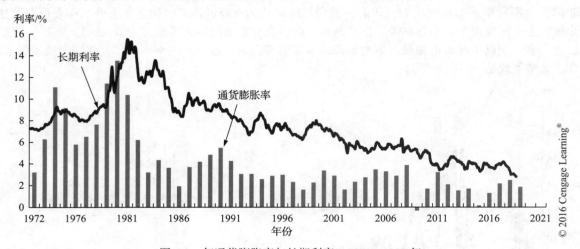

图 6-3   年通货膨胀率与长期利率，1972—2020 年

注：1. 利率对应 AAA 级公司债券长期利率。

2. 通货膨胀率衡量的是居民消费价格指数（CPI）年变化率。

资料来源：St. Louis Federal Reserve, FRED database (fred.stlouisfed.org/series/AAA) and Department of Labor, Bureau of Labor Statistics, CPI-All Urban Consumers (Current Series), 1982–1984 = 100 (data.bls.gov/cgi-bin/surveymost?cu).

近年来，通货膨胀率一直相当低，平均每年约为 2%，由于深度经济衰退中的价格下跌，因此 2009 年的利率甚至是负的。然而，长期利率一直不稳定，因为投资者并不确定通货膨胀是真正受控的，还是会跳回到比 20 世纪 80 年代还要高的水平。未来，我们可以确定两点：①利率将有所不同；②通货膨胀预期走高则利率上升，通货膨胀预期降低则利率下降。

自我测验

1. 在各潜在借款人的资本配置中，利率扮演什么角色？

2. 当资本供给下降时，资本市场的市场出清、均衡、利率会发生什么变化？当预期通货膨胀率增加或减少时又会怎样？

3. 在经济繁荣时期，资本的价格会如何变化？经济衰退时期呢？

4. 风险如何影响利率？

⊖ 参见 Carmen M. Reinhart and Kenneth S. Rogoff, *This Time Is Different: Eight Centuries of Financial Folly* (Princeton, NJ: Princeton University Press, 2009).

5. 如果在过去 12 个月的通货膨胀率为 2%，利率为 5%，那么实际利率为多少？如果明年通货膨胀率平均为 4%，实际利率为 3%，那么当前的利率应该是多少？（3%，7%。）

6.3　市场利率的决定因素

一般来说，债券的报价（或名义）年利率 [the quoted（or nominal）interest rate] r 由实际无风险利率 r^* 加上反映通货膨胀率、债券风险和债券的到期年限的几个溢价组成。这种关系可表示如下：

$$名义年利率 = r = r^* + IP + DRP + LP + MRP \qquad (6\text{-}1)$$

其中，

r：给定债券的报价年利率或名义年利率。

r^*：**实际无风险利率**（real risk-free rate of interest），代表了没有通货膨胀条件下无风险债券的利率。⊖

r_{RF}：等于实际无风险利率加上通货膨胀溢价，$r_{RF} = r^* + IP$，指的是无风险债券的名义年利率，这里的无风险债券类似美国国债，流动性强且风险极低。注意，通货膨胀的溢价是包含 r_{RF} 在里面的。

IP：**通货膨胀溢价**（inflation premium），等于债券存续期内通货膨胀率的均值。未来，通货膨胀率并不一定等于当前通货膨胀率，所以，从图 6-3 中可以看到，IP 并不一定等于当前通货膨胀率。

DRP：**违约风险溢价**（default risk premium），反映的是发行人到期无法承付的可能性。美国国债的违约风险溢价是零，但随着发行人风险的增加，违约风险溢价也会上升。

LP：**流动性（市场性）溢价** [liquidity（or marketability）premium]。贷款人收取溢价反映出一个事实：某些债券不能在短期内以"公允"的价格转换为现金。国债以及规模大、状况好的公司的 LP 值都非常低，但小规模的私营公司的 LP 值就相对较高。

MRP：**到期风险溢价**（maturity risk premium）。正如我们稍后解释的那样，长期债券甚至是国债，由于通货膨胀和利率的上升而面临较大的价格下跌风险，贷款方通过收取到期风险溢价来反映这一风险。

因为 $r_{RF} = r^* + IP$，我们可以将式（6-1）写成：

$$报价年利率（名义年利率）= r = r_{RF} + DRP + LP + MRP$$

我们将在后续内容中以某一债券为例，讨论报价年利率（名义年利率）的构成。

6.3.1　实际无风险利率

实际无风险利率（r^*）是指无风险证券在没有通货膨胀预期下的利率。它可能等同于无通货膨胀情形下的短期美国国债的利率。真正的无风险利率并不是一成不变的，它随时间的推移而发生变化，这取决于经济环境，特别是：①企业和其他借款人期望在生产性资产上赚取的回报率；②人们对当前与未来的消费时间偏好。借款人对实际资产的预期收益设定了借款人能够支付的资金成本上限，而储户对消费的时间偏好决定了储户的消费意愿——因此，他们将以不同的利率提供贷款。

精确测量实际利率非常困难，但大多数专家认为，r^* 通常在 1% ～ 3% 的范围内波动。⊖也许指数化国债的回报率是 r^* 最好的估计，这将在本章予以讨论。有趣的是，2011—2020 年，指数化国债的利率经常是负数。这些负的实际利率之所以出现，主要是因为美联储的政策使得美国国债利率低于预期通货膨胀率。

6.3.2　名义无风险利率

名义无风险利率（r_{RF}），等于实际无风险利率加上预期通货膨胀溢价：$r_{RF} = r^* + IP$。严格地说，无风险利率

⊖ 这里所说的名义年利率即指定利率，与实际利率相对，实际利率需剔除通货膨胀的影响。如果你买了一年期国债，名义年利率是 3.1% 左右，但如果接下来的 30 年平均通货膨胀率为 2%，则实际利率将是 3.1%-2% = 1.1%。还需注意的是，在后面讨论债务和权益的章节中，我们使用下标 d 和 s 分别标识债务和股票的回报率，即 r_d 和 r_s。

⊖ 这里讨论的实际利率与当前实际利率不同，如图 6-3 所示。当前实际利率是当前的利率减去当前（或最近）的通货膨胀率，而实际利率是当前的利率减去整个债券存续期预期的通货膨胀率。例如，假设一年期国库券的当前的利率为 2%，最近一年的通货膨胀率为 1%，而未来一年的预期通货膨胀率为 1.5%。当前实际利率就是 2%-1% = 1%，但预期的实际利率是 2%-1.5% = 0.5%。10 年期债券的实际利率将与未来 10 年的平均预期通货膨胀率有关，以此类推。在新闻界，实际利率通常指当前实际利率，但在经济学和金融学中，实际利率意味着一个基于通货膨胀预期的利率（本书中也是这样，除非另有说明）。

应该是完全无风险债券的利率，它没有违约风险，没有到期风险，没有流动性风险，没有通货膨胀损失风险，也没有任何其他类型的风险。但是，由于美国国债最近降级，完全无风险债券并不存在，因此，名义无风险利率无法观测。然而，有一种债券基本没有风险——美国通货膨胀保值债券（treasury inflation protected security，TIPS），其价值会随通货膨胀率的增加而增加。短期的通货膨胀保值债券没有违约风险、到期风险、流动性风险以及总体利率水平变化风险。但是，它们的实际利率并非不变。⊖

如果"无风险利率"这个术语没有实际或名义的修饰语，那么人们通常指的是报价年利率（名义年利率），本书也遵循这一惯例。因此，当我们使用无风险利率 r_{RF}，我们指的是名义上的无风险利率，包括通货膨胀溢价（等于债券存续期内平均的预期通货膨胀率）。一般来说，我们使用国库券利率近似短期无风险利率，国债利率近似长期无风险利率。所以，当看到无风险利率时，依假设，指的是美国国库券利率或国债利率。虽然最近的评级下降，但无风险利率的定义假定，美国国库券和国债不存在重大违约风险。方便起见，我们将在随后的问题和例子中假定美国国库券和国债没有违约风险。

6.3.3 通货膨胀溢价

通货膨胀会对利率产生重大影响是因为它会侵蚀你投资回报的真实价值。举例来说，假设你攒了 1 万美元来购买汽车。与其今天就买，还不如将这笔钱用于投资，以期一年后买一辆更好的车。如果你决定投资利率为 1% 的 1 年期国库券，今年年底你就会有稍多一点的钱（10 100 美元，你原来的钱加上 100 美元的利息）。现在，假设全年通货膨胀率提高 3%。在这种情况下，你打算年初购买的类似性能的 10 000 美元汽车，在年底价值将提高 3%，需要 1.03 万美元。注意，你在国库券上赚的钱并不足以补偿汽车价格的预期上涨。实际上，由于名义年利率低于预期的通货膨胀率，因此你的情况更糟。投资者很清楚这一切，所以当他们借钱的时候，他们额外收取一个通货膨胀溢价，该值等于债券存续期内预期通货膨胀率的均值。如前所述，短期美国国库券无违约风险，其名义年利率（r_{T-bill}）就是实际无风险利率（r^*）加上通货膨胀溢价（IP）：

$$r_{T-bill}=r_{RF}=r^*+IP$$

如果无风险利率 r^* 为 1.7%，预期通货膨胀率为 1.5%（所以，下一年 IP 为 1.5%），一年期国库券名义年利率是 1.7%+1.5%=3.2%。值得注意的是，算入利率的通货膨胀率采用的是未来的通货膨胀率，而不是过去的。因此，最新公布的数据可能显示过去 12 个月的年通货膨胀率为 3%，但这是过去的一年。如果人们预期未来的通货膨胀率均值为 4%，那么 4% 将被纳入当前的利率。还要注意的是，反映在任何债券名义年利率内的通胀率都是债券存续期的平均通货膨胀率。因此，纳入 1 年期国库券利率的是下一年的预期通货膨胀率，但纳入 30 年期国债利率的则是未来 30 年预期通货膨胀率的均值。⊜

未来通货膨胀的预期近似过去的通货膨胀率，但并不等同。因此，如果上个月报告的通货膨胀率上升，人们倾向于提高对未来通货膨胀的预期，而这种预期的改变将提高当前利率。此外，消费价格的变化滞后于生产者水平的变化。所以，如果本月油价上涨，汽油价格在未来几个月很可能也会上涨。最终产品和生产商价格间的时滞在整个经济中普遍存在。请注意，在过去几年中，瑞士的通货膨胀率比美国低，因此，其利率普遍低于美国。南非、墨西哥和大多数南美国家都经历过更高的通货膨胀，所以它们的利率也一直高于美国。

6.3.4 违约风险溢价

借款人违约的风险意味着借款人将不会如期支付利息或偿付本金，而这也会影响债券的市场利率：债券的违约风险越大，市场利率越高。我们假设国债没有违约风险，所以，国债是美国的应税债券中利率最低的。对于公司债券，债券评级通常用来衡量违约风险。债券评级越高，其违约风险就越低，其利率也越低。⊜

⊖ 指数化的美国国债是一种最接近无风险债券的产物，但即便它们也并非完全没有风险，因为实际无风险利率 r^* 可能发生变化并引起债券价格的下跌。

⊜ 为保证理论上的准确性，我们应该采用几何平均数。此外，由于数以百万计的投资者活跃在市场中，因此不可能形成预期通货膨胀率的共识。但是，调查数据是可用的，可以给我们提供有关投资者未来几年预期的合理想法。例如，1980 年，密歇根大学的调查研究中心报告说，人们预期明年的通货膨胀率为 11.9%，未来 5～10 年平均通货膨胀率为 10.5%。以上预期促使利率创纪录新高。但随后经济遇冷，如图 6-3 所示，实际通货膨胀率急剧下降。这导致了未来通货膨胀预期的逐渐降低，而市场利率也随之下降。

⊜ 一般债券评级和债券的风险将在第 7 章中详细讨论。现在，仅仅注意 AAA 级债券的风险小于 AA 级债券的风险，AA 级债券的风险小于 A 级债券的风险，以此类推。评级机构将级别设定为 AAA 或 Aaa，AA 或 Aa，等等。在本书中，名称是交替使用的。

到期时间、流动性和其他特征都相近的国债和公司债在名义年利率上的差别就是违约风险溢价（DRP）。平均的违约风险溢价随着时间的推移而发生变化，经济疲软时，借款人往往更难偿还债务。

6.3.5 流动性溢价

"流动性"资产可以以"公允的市场价值"迅速转换为现金。实物资产一般比金融资产流动性低，但不同的金融资产流动性不同。因为更偏好流动性更高的资产，投资者会在不同债券上收取流动性溢价（LP）。虽然准确地衡量出流动性溢价是困难的，但我们可以通过观察其交易量来量化资产的流动性。交易量较高的资产一般更容易出售，因此流动性更强。流动性溢价均值也会随时间发生变化。之前的金融危机中，许多资产的流动性溢价飙升。因为集中抛售，导致许多曾经的高流动性资产市场突然萎缩。实物资产的流动性也随时间而变化。例如，在房地产高度繁荣时期，许多房屋在"火爆"的房地产市场上市的第一天就被卖掉了。而泡沫破裂后，同样市场里的房子常常几个月都难以脱手。

6.3.6 利率风险和到期风险溢价

尽管对美国国债应付其不断增长债务的能力存在些许担忧，但我们一般假定美国国债没有违约风险，几乎可以肯定，联邦政府会在债券到期时支付债券的利息并偿还本金。因此，我们假设美国国债的违约风险溢价为零。此外，由于存在活跃的国债市场，因此我们假设其流动性溢价也为零。作为第一近似值，国债利率应该是无风险利率（r_{RF}），等于实际无风险利率加上通货膨胀溢价，即$r_{RF}=r*+IP$。然而，当利率上升时，长期债券的价格会下降；而由于利率有时会上升，因此所有的长期债券，甚至是美国国债，都有一个称为利率风险的风险因素。

债券的到期时间越长，其利率风险越高。因此，到期风险溢价（MRP）（到期时间越长，值越大）是包含在投资者要求的利率中的。到期风险溢价使得长期债券相对于短期债券利率更高。这个溢价跟其他溢价一样，难以计量，但：①溢价随时间发生变化，利率波动越大，不确定性就越强，溢价就越高，反之则越低；②近年来，20年期的国债到期风险溢价普遍在1%至2%的范围内波动。

我们还应该注意到，虽然长期债券有较高的利率风险，但短期债券面临较高的再投资风险。当短期债券到期、本金用于再投资，利率下降必然使再投资回报率更低，这将导致利息收入下降。举个例子，假设你有100 000美元投资于国债，你依靠利息过活。1981年，美国短期国库券利率约为15%，所以你的收入大约是15 000美元。不过，到1983年会降到约9 000美元，而到2020年3月只有130美元。如果你将钱投资于长期国债，你的收入（但不是本金）是稳定的。因此，尽管"短期投资"使本金保值，但短期国库券的利息收入却比长期债券更不稳定。

国库券几乎无风险

一般来说，任何购买债券的机构投资者都必须持续关注通货膨胀。如果通货膨胀率超出预期，债券将提供低于预期的实际回报。为了免受通货膨胀预期增加的困扰，投资者会将通货膨胀的溢价纳入其回报率要求。这就提高了借款人的成本。

为了向投资者提供免受通货膨胀影响的债券，并

㊀ 虽然国债流动性溢价为零的假定是一个合理的近似，但确实，某些国债比其他债券流动性更高。特别是，如果公司债发行时间已经很长，其流动性将会更低。

㊁ 例如，1998年10月，长期国债利率为5.3%，某人花1 000美元买了一份20年期的美国国债；2002年5月卖出国债，此时长期国债利率约为5.8%，债券的价值降到了942美元左右。这代表了5.8%的损失；而且表明，长期债券，即使是美国国债，也并非毫无风险。而如果投资者在1998年购买短期国债，随后将票据到期后的本金再投资，他仍拥有最初的1 000美元。这一点将在第7章中详细讨论。

㊂ 1926—2019年，长期债券的MRP平均为1.5%。参见 Roger G. Ibbotson, *Stocks, Bonds, Bills, and Inflation: 2020 Yearbook* (Chicago, IL: Duff & Phelps, 2020).

㊃ 大多数长期债券都有一定的再投资风险。如果一个人出于未来的某些目的进行储蓄和投资（比如说，买房或退休），赚取长期债券的名义年利率，则每次利息收入必须以名义年利率进行再投资。但如果利率下降，利息收入再投资回报率更低，实现的收益率就小于名义年利率。值得注意的是，长期债券较短期债券的再投资风险更低，因为只有长期债券利息收入（而不是利息加本金）面临再投资风险。第7章会介绍不可赎回零息债券，该债券在整个存续期内完全不存在再投资利率风险。

降低政府债务的成本，美国财政部发行了针对通货膨胀的通货膨胀保值债券（TIPS）。例如，2018 年，美国财政部发行了 10 年期国库券，票面利率为 0.5%。这些债券的利率在 0.5% 基础上另加了一定数额以抵消通货膨胀的影响。每 6 个月的期末，本金（原本为面值或 1 000 美元）会随通货膨胀率进行调整。为了解通货膨胀保值债券的原理，假定在首个 6 个月的计息期，通货膨胀（以 CPI 衡量）增加了 1.764%（CPI1/15/18= 246.665 71，CPI7/15/18 =251.016 58）。经通货膨胀调整后的本金计为（1+0.017 64）= 1 000 × 1.017 64 = 1 017.64（美元）。所以，2018 年 7 月 15 日，每份债券应支付利息（0.005 / 2）× 1 017.64 = 2.54（美元）。请注意，利率需除以 2，因为国库券（和大多数其他债券一样）每年付息两次。这一调整过程将持续至债券到期——2028 年 1 月 15 日，届时他们将支付调整后的到期值。2020 年 1 月 15 日，CPI 较债券最初发行时上涨了 4.305%。通货膨胀调整后的本金计算为 1 000 × 1.043 05 = 1 043.05（美元）。因此，2020 年 1 月 15 日，每份债券应支付利息（0.005 / 2）× 1 043.05 = 2.61（美元）。这样一来，债券提供的现金收入的升降使债券持有人能在整个债券存续期内获取实际经通货膨胀调整后 0.5% 的利息，而这种收入的升降完全足以弥补通货膨胀带

来的影响。此外，因为本金会随通货膨胀率变化而变化，所以，本金同样不会受通货膨胀的影响。

即便在债券到期之前不会收到增值额，每年收到的利息和增加的本金都需要以利息收入的形式纳税。因此，以当前收入计税的账户并不适用于这些债券，但个人养老金账户（IRA）和 401（K）计划却特别适用，这些账户在资金被抽回时才计税。美国财政部定期以拍卖的形式发行指数化国债。0.5% 的票面利率是基于债券的供需来确定的，它在整个债券存续期是固定的。然而，债券发行后，它们继续在公开市场交易，其价格会随着投资者对实际利率看法的变化而变化。下图显示，自 2018 年首次发行债券以来，实际利率从 2018 年 1 月到 10 月一直在上升，然后稳步下降，直到 2020 年 3 月中旬，在短期内上升，然后再次下降。最后，正如我们在图中看到的，自从通货膨胀保值债券发行后，实际利率已经发生了相当大的变化；而且随着实际利率的变化，债券的价格也发生了变化。所以，尽管免受通货膨胀的影响，但通货膨胀保值债券并不是完全没有风险的。实际利率会发生变化，如果 r^* 值上升，债券的价格就会下降。反之亦然，这再次证明，不存在免费午餐或无风险债券之类的事物。

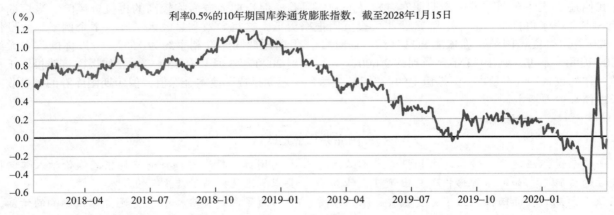

利率0.5%的10年期国库券通货膨胀指数，截至2028年1月15日

资料来源：Dow Jones & Company, Haver Analytics, and St. Louis Federal Reserve, FRED database, fred.stlouisfed.org.

提问

问题：

证券分析师获得了以下资料。实际利率为 2%，预计在未来 3 年内保持不变。明年通货膨胀率预计为 3%，次年 3.5%，第 3 年 4%。到期风险溢价为 0.1 ×（$t-1$）%，其中 $t =$ 到期年数。3 年期债券的流动性溢价为 0.25%，违约风险溢价为 0.6%。

a. 1 年期国债的收益率是多少？

b. 3 年期国债的收益率是多少？

c. 3 年期的公司债券的收益率是多少？

答案：

a. 国债无违约风险溢价或流动性溢价。因此，

$$r_{T1} = r^* + IP_1 + MRP_1$$
$$= 2\% + 3\% + 0.1 \times (1-1)\%$$
$$= 5\%$$

b. 国债无违约风险溢价或流动性溢价。因此，

$$r_{T3} = r^* + IP_3 + MRP_3$$

= 2% + [(3% + 3.5% + 4%)/3] + 0.1 × (3−1)%

= 2% + 3.5% + 0.2%

= 5.7%

　　c. 与美国国债不同，公司债券既有违约风险溢价，又有流动性溢价。

$r_{c3} = r^* + IP_3 + MRP_3 + DRP + LP$

注意，这个等式中的前三项与等式 b 中的完全相同。所以我们又可以将这个方程写成：

$r_{c3} = r_{T3} + DRP + LP$

现在，将变量已知值代入方程：

r_{c3} = 5.7% + 0.6% + 0.25%

　　　 = 6.55%

自我测验

1. 写出债券名义年利率的方程式。

2. 区分实际无风险利率与名义无风险利率。

3. 投资者决定金融市场利率时如何处理通货膨胀？

4. 国债利率是否包括违约风险溢价？解释原因。

5. 区分流动资产和非流动资产，分别举例说明。

6. 简要解释下列语句：虽然长期债券面临较高的利率风险，但短期国库券面临较高的再投资风险。到期风险溢价反映了这两种对立力量的净影响。

7. 假设实际无风险利率为 2%，未来每年平均预期通货膨胀率为 3%。债券 X 的 DRP 和 LP 均为 1%，MRP 为 2%。债券 X 的利率为多少？债券 X 是国债还是公司债？其到期时间更有可能为 3 个月，还是 20 年？（9%，公司债，20 年。）

6.4　利率的期限结构

　　利率的期限结构（term structure of interest rates）描述了长期利率与短期利率之间的关系。利率的期限结构对企业财务主管是否决定通过长短期债务借款，投资者是否决定购买长短期债券非常重要。因此，借款人和贷款人都应该理解：①长期利率和短期利率之间的关系；②哪些因素会导致它们相对水平的变化。

　　不同期限债券的利率可以在许多出版物（包括《华尔街日报》和美国联邦储备委员会公告，等等）中找到，也可以在一些网站（包括彭博、雅虎、美国有线电视新闻网和美国联邦储备委员会官网，等等）上找到。使用这些来源的利率数据，我们可以确定任何给定时点上的利率期限结构。例如，图 6-4 中的表格部分就显示了 3 个不同日期、不同期限的利率信息。给定日期的数据集，如图 6-4 所示，被称为该日期的**收益率曲线**（yield curve）。

　　如图 6-4 所示，收益率曲线的位置和斜率会随时间变化。1980 年 3 月，因为高通货膨胀预期，所有的利率都相当高。然而，通货膨胀率预计会下降，所以短期利率高于长期利率，收益率曲线向下倾斜。到 2000 年 2 月，通货膨胀确实有所下降，因此，所有利率都较低，收益率曲线呈峰型——中期利率高于短期或长期利率。截至 2020 年 3 月，所有利率均低于 2000 年的水平；由于短期利率已低于长期利率，因此收益率曲线呈上升趋势。

　　图 6-4 显示的是美国国债的收益率曲线，我们还可以构造 GE、IBM、达美航空或任何其他公司债券的收益率曲线。如果我们构建了这些公司的收益率曲线并绘制在图 6-4 上，那么它们将高于国债的收益率曲线，因为公司债券收益率包括违约风险溢价和流动性溢价。即便如此，公司收益率曲线的形状与美国国债收益率曲线基本相同。此外，风险越大的公司，其收益率曲线越高。例如，2020 年 3 月，微软公司的 5 年期债券被穆迪和标准普尔评为 AAA 级，收益率为 1.255%。而世界领先的电力公司之一 AES 公司的 5 年期未偿债券评级为 BB+，收益率为 5.595%。与此同时，5 年期美国国债的利率为 0.4%。

　　从历史上看，由于存在到期风险溢价，长期利率一般高于短期利率，因此，所有收益率曲线通常向上倾斜。出于这个原因，人们通常称向上倾斜的收益率曲线为"正常"收益率曲线，而称向下倾斜的收益率曲线为倒置或"异常"收益率曲线。由此，在图 6-4 中，1980 年 3 月的收益率曲线是倒置的，而 2020 年 3 月的收益率曲线则是正常的。然而，2000 年 2 月，收益率曲线呈峰状，称为峰状收益率曲线，这意味着中期债券的利率高于短期和长期债券的利率。我们将详细解释为什么曲线向上倾斜是正常的。简单来说，原因就是，短期债券比长期债券的利率风险小，它们的 MRP 更小。所以，短期利率通常低于长期利率。

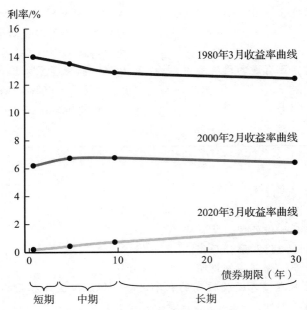

到期时间	投资利率（%）		
	1980 年 3 月	2000 年 2 月	2020 年 3 月
1 年	14.0	6.2	0.1
5 年	13.5	6.7	0.4
10 年	12.8	6.7	0.6
30 年	12.3	6.3	1.2

图 6-4　不同时期的美国国债利率

自我测验

1. 什么是收益率曲线，你需要什么信息来绘制这个曲线？

2. 区分"正常"收益率曲线、"异常"收益率曲线和峰状收益率曲线的形状。

3. 如果 1 年期、5 年期、10 年期和 30 年期债券的利率分别为 4%、5%、6%、7%，你将如何描绘收益率曲线？如果利率反转，你又会怎么描绘？

6.5　收益率曲线由什么决定

由于到期风险溢价是正的，如果其他条件保持不变，长期债券利率总是高于短期债券利率。然而，市场利率也有赖于预期的通货膨胀率、违约风险溢价和流动性溢价，它们每一项可以随到期日变化而变化。

预期通货膨胀率对收益率曲线的形状有特别重要的作用，尤其是美国国债的收益率曲线。国债基本上不存在违约或流动性风险，所以在 t 年到期的国债收益率可表述如下：

$$T = r_t\text{*}+\text{IP}_t+\text{MRP}_t \tag{6-2}$$

因为经济和人口结构的变化，实际无风险利率（$r\text{*}$）随着时间的推移有所不同，这些变化是随机的，不可预测。因此，对 $r\text{*}$ 未来值的最佳预测就是它的当前值。然而，通货膨胀溢价（IP）在某种程度上却以可预见的方式随着时间的推移发生显著变化。回想一下，通货膨胀溢价是指债券存续期内的平均通货膨胀率。所以，如果市场预期未来通货膨胀率会上升（例如，在未来 3 年内从 3% 升到 4%，从 4% 升到 5%），3 年期债券的通货膨胀溢价就会高出 1 年期的。另一方面，如果市场预期未来通货膨胀会下降，长期债券的通货膨胀溢价就会比短期债券的通货膨胀溢价小。最后，由于投资者认定利率风险使得长期债券风险高于短期债券，所以，到期时间越长，到期风险溢价越高。

图 6-5 展示了两种典型的收益率曲线——一种是通货膨胀率预期将随着时间的推移而增加，而另一种则是通货膨胀率预期将随时间的推移而减少。请注意，假设这些利率与历史利率相似，但远远高于当前利率。图 6-5a 显示的是通货膨胀预期增加时的国债收益率曲线。这里，长期债券收益率较高有两个原因：①通货膨胀预期在未来会更高；②到期风险溢价为正。图 6-5b 显示的是通货膨胀预期下降时的收益率曲线。这样一个向下倾斜的收益率曲线往往预示着经济衰退，因为疲软的经济环境一般会导致通货膨胀率的下降，相应地引起长期利率走低。[⊖]有关这些问题的进一步讨论，参见下文"倒置收益率曲线是否预示着经济衰退即将到来？"的相关内容。

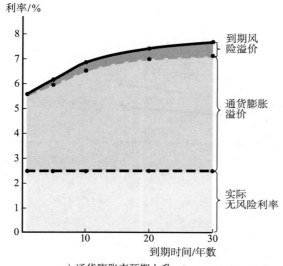

a）通货膨胀率预期上升

b）通货膨胀率预期下降

到期时间	通货膨胀率预期上升			
	r*/%	IP/%	MRP/%	收益率 /%
1 年	2.50	3.00	0.00	5.50
5 年	2.50	3.40	0.18	6.08
10 年	2.50	4.00	0.28	6.78
20 年	2.50	4.50	0.42	7.42
30 年	2.50	4.67	0.53	7.70

到期时间	通货膨胀率预期下降			
	r*/%	IP/%	MRP/%	收益率 /%
1 年	2.50	5.00	0.00	7.50
5 年	2.50	4.60	0.18	7.28
10 年	2.50	4.00	0.28	6.78
20 年	2.50	3.50	0.42	6.42
30 年	2.50	3.33	0.53	6.36

图 6-5　国债收益率曲线示例

现在，我们来关注一下公司债券的收益率曲线。回溯前文，公司债券有违约风险溢价（DRP）和流动性溢价（LP）。因此，t 年到期的公司债券收益率可以表示如下：

$$t \text{ 年到期的公司债券收益率} = r_t^* + IP_t + MRP_t + DRP_t + LP_t \qquad (6\text{-}3)$$

将式（6-2）中的国债收益率与式（6-3）中的公司债券收益率进行比较，可以计算出公司债券的收益利差：

$$\text{公司债券收益利差} = \text{公司债券收益率} - \text{国债收益率} = DRP_t + LP_t$$

一项研究估计，违约风险溢价和流动性溢价均随着时间的推移而变化，而大多数公司债券收益利差可以归因于违约风险。[⊜]公司债券的违约风险和流动性风险会受债券到期时间的影响。例如，可口可乐的短期债券违约风险非常小，因为可口可乐在未来几年几乎不可能破产。然而，可口可乐有一些债券到期时间接近 70 年。虽然可

⊖　注意，收益率曲线在最初的 5～10 年内急剧上升或下降，然后逐渐变平。发生这种情况的一个原因是，在预测未来利率时，人们往往预测未来数年通货膨胀相对更高或更低，随后，他们会假定一个平均的长期通货膨胀率。因此，收益率曲线的短端趋于有更高的曲率，收益率曲线的长端则更趋于稳定。

⊜　参见 Francis A. Longstaff, Sanjay Mithal, Eric Neis, "Corporate Yield Spreads: Default Risk or Liquidity? New Evidence from the Credit Default Swap Market," *Journal of Finance*, vol. 60, no. 5(October 2005), pp. 2213-2253.

口可乐拖欠这些债券的可能性不是很高，但可口可乐的长期债券确实比短期债券的违约风险概率更高。

公司长期债券比短期债券流动性差。因为短期债券违约风险较小，有人可以不做足够的信贷审查就购买短期债券，而这是购买长期债券的必要之举。所以，人们可以快速进出公司短期债市场。结果就是，公司的短期债券流动性更强，其流动性溢价也因此而低于长期债券。

图 6-6 连同图 6-5a 给出了公司债券和国债收益率曲线的两个假设——AA 级债券的违约风险最小，BBB 级债券的违约风险更高。在这里，我们假定通货膨胀预期会增加，所以，国债收益率曲线向上倾斜。因为额外的违约风险和流动性风险，同期公司债券的收益率相比国债更高，BBB 级债券的收益率比 AA 级债券更高。最后，请注意，到期时间越长，公司债券和国债之间的收益利差就越大。这是因为，长期公司债券比短期债券有更高的违约和流动性风险，而这两种溢价在国债中都不存在。

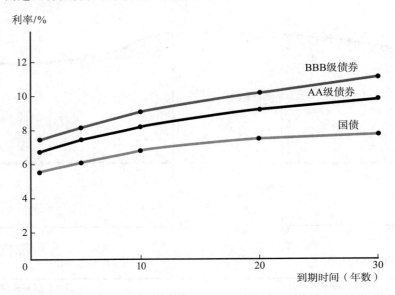

	利率 /%		
	国债	AA 级债券	BBB 级债券
1 年	5.5	6.7	7.4
5 年	6.1	7.4	8.1
10 年	6.8	8.2	9.1
20 年	7.4	9.2	10.2
30 年	7.7	9.8	11.1

© Cengage Learning®

图 6-6　公司债券和国债收益率曲线示例

利率与预期通货膨胀率之间的关系：深入探讨

整本书中，我们一直使用下面的等式来描述预期通货膨胀率和名义无风险利率之间的联系：

$$r_{RF}=r^*+IP$$

回忆一下，r^* 是实际无风险利率，而 IP 是相应的通货膨胀溢价。这个等式表明，预期通货膨胀率和名义年利率之间有一个简单的联系。

然而，事实证明，这个联系有点复杂。要充分理解这种联系，首先要认识到，个人通过消费真实商品和服务，如面包、水、理发、比萨、教科书等获得了效用。而当我们存钱时，我们以放弃今天消费的机会来换取更多的未来消费。我们等待的收益是由实际利率 r^* 来衡量的。

为了说明这一点，请思考以下示例。假设一块面包今天的价格是 1 美元。同时假定实际利率为 3%，预计明年通货膨胀率为 5%。3% 的实际利率表明，普通消费者愿意用今天的 100 块面包换取明年的 103 块面包。如果存在一个"面包银行"，想要将消费推迟到明年的消费者，可以今天存 100 块面包，明年收回 103 块面包。在实践中，我们大多数人不直接进行物物（比如面包）交换，相反，因为有良好的经济体系，我们用货币购买商品，货币交换比物物交换更便捷。然而，当我们借钱的时候，随着时间的推移，我们担心借款人偿还的货币因通货膨胀的影响根本不值那么多钱。为了弥补这一风险，贷款人会为预期的通货膨胀设定一个溢价。

考虑到这些问题，我们把今天 100 块面包的货币成本与明年的 103 块面包的货币成本进行比较。鉴于当前的价格，今天的 100 块面包要花费 100 美元。由于预期通货膨胀率为 5%，因此这意味着一块面包明年预计将耗资 1.05 美元。因此，103 块面包明年预计将耗资 108.15（=103×1.05）美元。于是，如果消费者今天在银行存款 100 美元，他们将需要赚取 8.15% 的收益才能实现 3% 的实际收益率。把这一切放到一起，我们看到，1 年期债券的名义年利率可以计算如下：

$$r_{RF} = (1+r^*)(1+IP) - 1$$

$$=1.03 \times 1.05 - 1 = 8.15\%$$

请注意，这个表达式也可以写成如下形式：

$$r_{RF} = r^* + IP + r^* \times IP$$

除了包含一个"交乘项" $r^* \times IP$，这个等式与名义无风险利率的原始表达式是一致的。当实际利率和预期通货膨胀率相对较低时，"交乘项"就变得很小，因而常常被忽略。由于它通常是极小的，除非另有说明，因此我们忽略该"交乘项"（解决问题的时候，我们会告诉你什么时候包括"交乘项"；否则，请忽略它）。

最后一点，你应该认识到，虽然利率很低时（就像美国今天的低利率）忽略"交乘项"可能是合理的，但在利率与通货膨胀率都相当高的市场（许多新兴市场往往如此）做投资的时候，这样做就是一个错误。在这些市场中，"交乘项"能变得非常重要，因此不应被忽视。

自我测验

1. 到期风险溢价如何影响收益率曲线？
2. 如果通货膨胀率预计增加，这会增加还是减少收益率曲线的斜率？
3. 如果未来通货膨胀率预计在目前的水平上保持不变，收益率曲线斜率会上升、下降，还是水平？请考虑所有影响收益率曲线的因素，而不仅仅是通货膨胀。
4. 解释公司债券的违约风险溢价和流动性溢价为什么可能随着债券到期时间的增加而增加。
5. 解释为什么公司债券的收益率总是高于国债的收益率，BBB 级债券的收益率总是高于 AA 级债券的收益率。

6.6 利用收益率曲线估计远期利率[⊖]

在最后部分我们看到，收益率曲线的斜率主要取决于两个因素：①对未来通货膨胀的预期；②到期日对债券风险的影响。[⊜]我们也看到了考虑通货膨胀和到期风险溢价时如何计算收益率曲线。不过，请注意，人们可以扭转这个过程：他们可以通过观察收益率曲线，并使用它的内在信息来估计市场对未来通货膨胀的预期、估计风险和短期利率。例如，假设一家公司正处于一个 5 年期的扩张计划中，财务主管知道她需从现在起每年借入短期资金。借助收益率曲线，她清楚现在的 1 年期的资金成本，但她想知道明年 1 年期的资金成本。这些信息可以通过分析当前的收益率曲线获得，我们后面再来讨论。

如果我们专注于国债，假设国债不包含到期风险溢价，估计过程会很简单。这个被称为利率期限结构的纯粹预期理论，通常简称为"预期理论"。预期理论认为，债券投资人仅仅把债券价格与利率建立在对远期利率预期的基础上，他们不重视到期时间，因为他们并不认为长期债券比短期债券的风险更高。如果真是这样，到期风险溢价（MRP）将为零，长期利率会是当前和预期的未来短期利率一个简单的加权平均。为说明纯粹预期理论，假设 1 年期国债目前收益率为 5.00%，2 年期的收益率为 5.50%。投资两年的国债，投资者有两个主要选择。

⊖ 这一部分相对更有技术性，教师可以省略它而不丧失连续性。

⊜ 虽然大多数据表明，到期风险溢价为正，但一些学者和业界人士还是认为，第二个假设是合理的，至少可以作为一个近似值。他们认为，市场是由每天买卖不同期限债券的大型债券交易者主导的，这些投资人只关注短期回报，不关心到期风险。根据这一观点，债券投资人愿意购买 20 年期的债券，也同样愿意买 3 个月期的债券以获取短期利润。这种观点的支持者认为，国债收益率曲线的形状仅由市场对远期利率的预期决定。稍后，我们将说明考虑到期风险溢价的影响时又会如何。

选择 1：购买 2 年期债券并持有 2 年。

选择 2：购买 1 年期债券并持有 1 年；年底，再投资 1 年期债券并持有 1 年。

如果选择第 1 种做法，今天每投资 1 美元，来年投资者将获得 1.113 025 美元：

$$第 2 年年末的资金量 =1 \times 1.055^2=1.113 025（美元）$$

如果选择第 2 种做法，投资者将获得同样数额的美元，但应这样计算：

$$第 2 年年末的资金量 =1 \times 1.05 \times（1+X）$$

X 是 1 年期国债未来 1 年的远期利率。

如果预期理论是正确的，每种选择都会在第 2 年年末得到相同数额的现金，这意味着：

$$1.05 \times（1+X）=1.055^2$$

我们可以重新排列这个方程，然后求解 X：

$$1+X=1.055^2/1.05$$

$$X=1.055^2/1.05-1=0.060 023 8=6.002 38\%$$

因此，自今天起的 1 年里，1 年期国债的利率 X 必须是 6.002 38%，否则，一项选择就会比另一项选择更好，市场平衡就会被打破。然而，如果市场不平衡，买卖会很快带来平衡。例如，假设投资者预计 1 年期国债利率仍为 6.002 38%，但 2 年期国债利率为 5.25%，而非均衡所需的 5.50%。债券投资人可以通过以下策略获利。

（1）以 5.25% 的利率借款 2 年。

（2）投资于 1 年期债券，预计今年获利 5.00%，明年获利 6.002 38%，两年整体期望收益率（1.05 × 1.060 023 8）$^{1/2}$ −1=5.50%。

以 5.25% 的利率借款，赚取 5.50% 的回报是一个不错的选择。所以，债券投资人将急于在 2 年期市场借钱（需求资金），并在 1 年期市场投资（或供给资金）。

从图 6-1 可以看出，资金供给量的下降会提高利率，而供给量的增加会降低利率。同样，对资金需求的增加会提高利率，而需求下降则会降低利率。因此，债券投资人将推高 2 年期债券的收益率，同时降低 1 年期债券的收益率。当 2 年期利率成为预期未来 1 年利率的加权平均值时，这种买卖就停止了。⊖

让我们假设收益率曲线如下。

1 年期国债：5.00%。

2 年期国债：5.50%。

4 年期国债：6.25%。

一个投资者想现在购买 1 年期国债，1 年后再投资 3 年期国债。该投资者期望 1 年后从 3 年期国债获取多少收益呢？上面的收益率曲线给你提供了足够的信息。这是方程设置：

$$1.062 5^4=1.05 \times（1+X）^3$$

$$1.062 5^4/1.05=（1+X）^3$$

$$1.213 742=（1+X）^3$$ 消除指数，

$$1.213 742^{1/3}=1+X$$ 方程的每一侧

$$1.066 7=1+X$$ 都开 3 次方

$$X=6.67\%$$

投资者希望未来第 2、3、4 年每年可以在 3 年期国债上获得 6.67% 的收益。需要注意的是，投资者希望，投资于现在的 4 年期国债所获得的收益率与投资于现在的 1 年期国债然后再投资于 3 年期国债所获得的收益率完全相同。

以上分析基于到期风险溢价为 0 的假设。然而，大多数证据表明，到期风险溢价为正。例如，再次假定，1 年期债券和 2 年期债券的到期收益率分别为 5.00% 和 5.50%，这样我们就得到一个向上倾斜的收益率曲线。又假设 2 年期债券的到期风险溢价为 0.20%，而不是 1 年期债券的 0。这个溢价意味着，2 年期债券（5.50%）

⊖ 在计算中，我们使用了当前和预计一年期利率的几何平均值：（1.05 × 1.060 023 8）$^{1/2}$ −1=0.055 或 5.50%。两个利率的算术平均值是（5% + 6.002 38%）/ 2 = 5.501 19%。几何平均理论上是正确的，差异仅为 0.001 19%。近年来，美国和大多数其他国家的利率水平都很高，几何和算术平均值非常接近，以至于许多人使用算术平均值，特别是在需要考虑到未来 1 年利率估计的其他假设时。

的期望收益率比两个 1 年期债券（5.0 % 和 X %）投资组合的期望收益率高 0.20%。因此，该投资组合的期望收益率必须是 5.50%-0.20%=5.30%。

$$2 \text{ 年的期望收益率} = 2 \text{ 年期债券的利率} - MRP$$
$$= 0.055 - 0.002 = 0.053 = 5.30\%$$

现在回想一下，两个 1 年期债券的年度期望收益可以表述如下，其中 X 是明年的 1 年期利率：

$$1.05 \times (1+X) = (1+2 \text{ 年的期望收益率})^2 = 1.053^2$$
$$1.05X = 1.053^2 - 1.05$$
$$X = \frac{0.058\,809\,0}{1.05} = 0.056\,008\,6 = 5.600\,86\%$$

在这种情况下，市场均衡要求参与者预期明年的 1 年期利率是 5.600 86%。

请注意，从收益率曲线可以看到，到期时间从 1 年变为 2 年时，利率上升 0.50%：5.50%-5.00%=0.50%。这增加的 0.50% 中，0.20% 部分归因于 MRP，而剩下的 0.30% 则归因于下一年 1 年期利率预期的增加。

把所有这些放在一起，我们看到，可以利用收益率曲线来估计市场预期的明年的短期利率。然而，这需要估计到期风险溢价；如果我们估算的 MRP 是错误的，那么以收益率曲线为基础的利率预测也会出错。因此，尽管收益率曲线可以用来洞察市场未来利率走向，但以上计算（尽管它们似乎是精确的）仅仅只是这些值的期望近似，除非纯粹预期理论或我们自己确切地知道准确的到期风险溢价。因为这两个条件都不成立，所以很难确知市场预测是什么。

请注意，即使我们能够确定市场对远期利率的预测共识，市场也并不总是正确的。因此，基于收益率曲线预测明年的利率可能是错误的。于是，准确地预测明年甚至是下月的利率是非常困难的。

自我测验

1. 纯粹预期理论的关键假设有哪些？

2. 假设纯粹预期理论是正确的，如何运用预期的短期利率计算预期的长期利率？

3. 根据纯粹预期理论，如果长期利率不是预期的短期利率的平均值，会怎样？

4. 大多数证据表明，到期风险溢价为正。在确定利率时，这会如何影响你的计算？

5. 假设 1 年期国债利率目前是 7%，2 年期国债的利率是 9%。如果到期风险溢价为 0，那么，明年 1 年期债券利率的合理预测值是多少？相比于到期风险溢价为 0 的 1 年期债券，到期风险溢价为 0.5% 的 2 年期债券利率的合理预测值为多少？（11.04%，10.02%。）

6.7　影响利率水平的宏观经济因素

我们描述了影响不同时间、不同市场利率水平的关键因素，如预期的通货膨胀、违约风险、到期风险和流动性风险。日常生活中，各种宏观经济因素都有可能影响这其中的一个或多个要素，因此，宏观经济因素对利率的总体水平和收益率曲线的形状都会产生重要的影响。其中，主要因素有：①美联储政策；②联邦预算赤字或盈余；③国际因素，包括其他国家的对外贸易平衡和利率；④经济活动。

6.7.1　美联储政策

正如你在经济学课程中所学到的：①货币供应量对经济活动、通货膨胀和利率水平有显著影响；②在美国，联邦储备委员会控制货币供应量。如果美联储想要刺激经济，它会增加货币供应量。因美联储买卖短期证券，货币宽松的最初效应将导致短期利率下降。然而，更大的货币供应量可能会导致未来通货膨胀预期的增加，这又会引起长期利率上涨（即使短期利率下降）。如果需收紧货币供应量，美联储会反向持有。美联储的工作就是促进经济增长，同时抑制通货膨胀。这是一个微妙的平衡。

如图 6-2 所示，近年来的利率一直较低，过去的 10 年（2010 年 1 月至 2020 年 3 月），短期利率尤其低。

正如我们在本章开头所讨论的，与历史标准相比，美国利率仍然很低。美联储是否会采取措施提高利率仍是一个悬而未决的问题。尽管 2016 年 12 月—2018 年 12 月利率有所上升，但美联储在 2019 年三次降息，在 2020 年年初两次降息，以有效遏制新冠疫情暴发所带来的利率上升。

同样重要的是意识到，降低短期利率的行动并不一定会降低长期利率。较低的利率可能导致外国人出售其持有的美国债券。这些投资者收到美元，然后将美元兑换成本国货币。美元的出售和其他货币的购买会降低美元相对于其他货币的价值，从而使美国商品价格下降，这于制造商有利，从而可以降低贸易赤字。还要注意的是，在美联储积极干预市场的时期，收益率曲线可能暂时被扭曲。如果美联储放松信贷，短期利率可能被拉低至市场长期均衡水平以下；而如果美联储收紧信贷，短期利率可能会高出市场均衡水平。长期利率则不会过多受到美联储干预的影响。

6.7.2　联邦预算赤字或盈余

如果联邦政府的支出超过税收，就会出现赤字，赤字必须由额外的借贷（卖出更多的国债）或印钞来弥补。如果政府借贷，增加了对资金的需求，从而推高了利率。如果政府印钞，投资者认识到，"过多货币追逐过少商品"，结果将增加通货膨胀，也将推高利率。因此，其他条件保持不变，联邦政府赤字越大，利率水平越高。

在过去的几十年里，联邦政府普遍存在巨额预算赤字。20 世纪 90 年代末有过一些盈余，但 2001 年 9 月 11 日的恐怖袭击，以及随后的经济衰退和伊拉克战争都拉高了政府开支，导致赤字重现。2017 年的《税收法案》加剧了这种情况，预计该法案将继续增加赤字。最后，2020 年 3 月通过的《CARES 法案》的 2.2 万亿美元的成本进一步增加了政府赤字。

6.7.3　国际因素

美国的企业和个人向全球的企业和个人购买并出售商品和服务。如果买的比卖的多（即进口比出口多），就是所谓的对外贸易逆差。当贸易逆差发生时，必须融资，这通常意味着向出口顺差国家借款。因此，如果美国进口 2 000 亿美元的货物，但只出口 1 000 亿美元的货物，贸易逆差为 1 000 亿美元，其他国家将有一个 1 000 亿美元的贸易顺差。美国可能会向贸易顺差的国家借 1 000 亿美元。[⊖]

无论如何，贸易逆差越大，借贷倾向就越高。请注意，当且仅当美国债券的利率比其他国家的债券利率更有竞争力时，外国人才会保有美国债务。这使得美国的利率高度依赖世界其他地区的利率。

这些依赖都会限制美联储用货币政策控制美国经济的能力。例如，如果美联储试图降低美国利率，这会导致美国利率低于国外利率，外国人将开始抛售美国国债。抛售将压低债券价格，推高美国利率。因此，美国巨额的贸易逆差（以及因多年赤字导致的外国人保有的美国债务）阻碍了美联储通过降低利率来抵抗衰退的能力。

第二次世界大战后的大约 25 年里，美国拥有巨额贸易顺差，世界其他国家欠了美国数十亿美元。然而，20 世纪 70 年代中期以来，形势发生了变化，美国开始出现贸易逆差（美国 2019 年度商品和服务的国际贸易逆差为 6 170 亿美元，这较前一年下降了 1.7%）。这些赤字的累计效应已经使美国从最大的债权国变成了有史以来最大的债务国。因此，本国利率受他国利率的严重影响——更高或更低的国外利率导致同样更高或更低的美国利率。出于以上原因，美国企业的财务人员和其他任何受利率影响的人都应跟上世界经济发展的步伐。

6.7.4　经济活动

你可以审视图 6-2，以便了解经济环境如何影响利率。以下是图 6-2 所揭示的要点。

（1）由于 1972 年到 1981 年通货膨胀率上升，因此这一时期的总体趋势是利率提高。然而，利率自 1981 年达到峰值以来，趋势却是普遍下降的。

（2）图中阴影区域代表经济衰退，在此期间：①货币需求和通货膨胀率趋于下降；②美联储倾向于增加货

⊖ 弥补贸易逆差也可以通过出售资产（包括黄金、公司股票、整个公司和房地产）来筹集资金。近年来，美国通过这些手段为其巨额贸易逆差融资。尽管最主要的方法是向外国人借款，但近年来，外国，尤其是石油出口国，购买美国资产的数量急剧增加。

币供应量以刺激经济。因此，在经济衰退期间，利率有下降的趋势。例如，2000 年经济开始放缓，美国经济在 2001 年进入轻度衰退。作为回应，美联储降低利率。2004 年，经济开始反弹，所以美联储开始提高利率。然而，2007 年发生了次贷危机，美联储在 2007 年 9 月开始降低利率。到 2008 年 2 月，美联储的目标利率已经从 5.25% 下降到 3.00%。最终在金融危机期间将利率降至接近 0 的水平。金融危机后，美联储九次加息，上一次加息是在 2018 年 12 月，使其短期目标利率区间为 2.25% ～ 2.50%。2019 年 10 月，美联储第三次下调利率，短期目标利率区间为 1.50% ～ 1.75%。2020 年 3 月，美联储两次下调利率，最终目标利率区间为 0% ～ 0.25%，而当时新冠疫情的爆发导致股市快速下跌。

（3）在经济衰退期，短期利率较长期利率下降幅度更大。出现这种情况有两个原因：①美联储主要运作短周期行业，因此其干预效果最强；②长期利率反映了未来 20 ～ 30 年的平均预期通货膨胀率，而这种预期一般不会发生太大变化，即使当前的通货膨胀率因经济衰退较低或者因经济繁荣而较高。所以，短期利率比长期利率波动更大。再看一下图 6-2，我们看到短期利率最近确实比长期利率降幅更大。

倒置收益率曲线是否预示着衰退即将到来

我们已经指出，当长期利率低于短期利率时，就会出现倒置的收益率曲线。2019 年，市场 10 多年来首次出现了倒置收益率曲线。作为回应，许多预测者认为，这种倒置是一个可怕的信号，表明经济衰退的可能性正逐步上升[一]。但另一些人则认为，这些担忧有些言过其实。[二]

为什么倒置收益率曲线可能预示着经济衰退即将到来？基本上，这个结论是根据文中强调的两点得出的。

1. 如果长期利率低于短期利率，则说明市场认为未来利率将低于当前水平。

2. 较低的预期利率通常与减少预期的经济活动相关。

仔细看看这个问题，纽约联邦储备银行定期更新这里显示的两个图表。[三]

图 a 显示了 1959 年至 2020 年初 10 年期美国国债利率和 3 个月期美国国债利率之间的利差。当利差降至 0 以下时，收益率曲线就会倒置。图 b 是纽约联邦储备银行内部预估的未来 12 个月经济衰退的可能性，使用收益率曲线差作为预测指标。阴影部分表示经济衰退发生的时期。下面的面板显示，近年来经济衰退的可能性有所增加，但仍低于 50%。

最后，有几个相关的要点值得强调。首先，许多分析师认为，如果存在显著的倒置，且这种倒置会持续很长一段时间，那么来自收益率曲线的信号就会更强。其次，重要的是，倒置收益率曲线是预示经济衰退即将到来的一个（但不是唯一的）指标。事实上，与收益率曲线形状无关，由于新冠疫情造成的社交距离要求，导致美国经济在 2020 年第二季度急剧收缩。

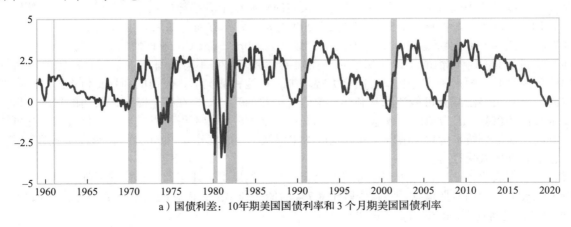

a）国债利差：10 年期美国国债利率和 3 个月期美国国债利率

⊖ 参见 Neil Irwin, " The Bond Market is Giving Ominous Warnings About the Global Economy," *The New York Times* (nytimes.com), May 29, 2019.

⊜ 参见 Randall W. Forsyth, "An Inverted Yield Curve Is Usually Scary. Not This Time," *Barron's* (barrons.com), May 31, 2019.

⊛ 参见 "The Yield Curve as a Leading Indicator," *Federal Reserve Bank of New York* (newyorkfed.org/research/capital_markets/ycfaq.html?#/ interactive), April 1, 2020.

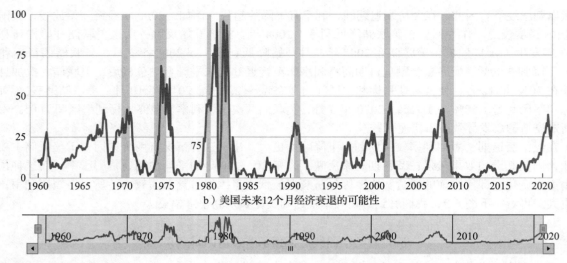

b）美国未来12个月经济衰退的可能性

注：参数估计采用 1959 年 1 月—2009 年 12 月数据；使用截至 2019 年 7 月的数据预测经济衰退概率。参数估计为 α=0.533 3，β=0.633 0。
　　阴影部分表示由美国国家经济研究局指定的经济衰退时期。

资料来源：Board of Governors of the Federal Reserve；National Bureau of Economic Research；authors' calculations.

自我测验

1. 找出影响利率的一些宏观经济因素，并解释各因素的影响。
2. 美联储如何刺激经济？美联储如何影响利率？
3. 美联储是否完全控制了美国的利率？也就是说，它可以设置它选择的任何级别的利率吗？为什么？

6.8　利率和经营决策

正如你所期望的那样，当企业做出重要的经营决策时，公司会仔细观察利率水平和收益率曲线的形状。例如，假设 Leading Edge Co. 正考虑耗资 100 万美元建立一个 30 年寿命的新工厂，并且 Leading Edge Co. 计划借款而不是发行新股筹资 100 万美元。公司做出这个决定时面临呈上升趋势的收益率曲线。如果它从银行取得短期借款，1 年的年利息成本将只有 2.5%，或是 25 000 美元。另一方面，如果它发行长期债券，那么它的年成本将是 4.7%，或是 47 000 美元。因此，乍看之下，似乎 Leading Edge Co. 应该使用短期债务。

然而，这可能是一个可怕的错误。如果它使用短期债务，它将不得不每年重新贷款；每一笔新贷款所收取的利率将反映当时的短期利率。利率可能会大幅增加，在这种情况下，公司的利息支付将随着时间的推移飙升。那些高利息支出将削减并可能消除其利润。更值得关注的是，如果在某个时候，公司的贷款人拒绝重新放贷，并要求其偿还借款（因为他们有权这样），Leading Edge Co. 可能不得不以超低价出售资产，这可能导致破产。另一方面，如果公司采用长期融资，其利息成本将保持不变，每年 47 000 美元。倘若利率随着时间的推移而升高，它不会直接遭受打击。

所有这一切都表明企业应避免短期债务吗？完全不是。如果未来几年通货膨胀率下降，利率也会下降。如果 Leading Edge Co. 使用长期借款，它将受限于 4.7% 的债务利率上，而它的竞争对手（使用短期借款）的借款成本只有 2.5%，这将使 Leading Edge Co. 处于劣势。

如果我们能够对未来利率做出准确的预测，那么融资决策就很容易了。不幸的是，准确地预测利率几乎是不可能的。然而，虽然很难预测未来的利率水平，但很容易预测利率波动——利率总有波动，也总会波动。在这种情况下，稳健的财务政策要求利用长期和短期的债务以及股权的组合，以使公司能够在任何利率环境中生存。此外，最佳的财务政策取决于公司资产的性质：出售资产产生现金越是容易，公司越能灵活地使用更多的短期债务。这使得公司能够以短期债务为存货和应收账款等流动资产融资，并采用长期债务为建筑物和设备等固定资产融资。我们在讨论资本结构和融资策略的时候，会再次讨论这个问题。

利率的变化也影响储蓄者。例如，如果你有 401（k）的计划（某一天大部分人都会有）你可能会将你的一部分钱投资于债券型基金。你可以选择平均到期时间为 25 年、20 年，或仅几个月（货币市场基金）的基金。你的选择会如何影响你的投资结果，从而影响你的退休收入呢？你的选择会影响你的年利息收入。例如，如果收益率曲线向上倾斜，你选择的是一只持有长期债券的基金，一般来说，你会赚取更多的利息。不过，请注意，如果你选择了一只长期基金，利率随后上升，你的基金的市场价值将下降。例如，我们将在第 7 章中看到，如果你在一只基金中投入了 10 万美元，基金持有的债券平均到期时间为 25 年，票面利率为 6%，如果利率从 6% 上升到 10%，那么，你的基金的市场价值将从 10 万美元下降到约 6.35 万美元。反之亦然，如果利率下降，你的基金的市场价值将增加。如果你投资于一只短期基金，它的价值会更稳定，但它可能会提供较少的年利息。无论如何，你对到期时间的选择会对你的投资表现产生重大影响，从而影响你未来的收入。

自我测验

1. 如果短期利率低于长期利率，为什么借款人仍然选择用长期债务融资？
2. 解释下面的语句：最优的财务政策取决于公司资产的性质。

本章小结

在本章中，我们讨论了利率的确定方式、利率的期限结构，以及利率影响经营决策的一些路径。我们看到，某一特定的债券利率（r）基于这样一个等式：

$$r = r^* + IP + DRP + LP + MRP$$

这里 r^* 是实际无风险利率，IP 是预期通货膨胀溢价，DRP 是潜在的违约风险溢价，LP 是流动性溢价，MRP 是弥补长期债券固有的到期风险溢价。r^* 和各种溢价可以随着时间的推移发生改变，这取决于经济活动、美联储政策，以及其他类似因素。由于这些因素的变化难以预测，因此很难预测未来利率的方向。

收益率曲线通常有一个上升的坡度，它将债券利率与期限关联起来；但它可以是向上倾斜也可以是向下倾斜，其斜率和水平随时间变化。决定曲线斜率的主要因素是对未来通货膨胀的预期和 MRP。我们可以分析收益率曲线数据来估计市场参与者对未来利率走势的判断。在后续章节，当我们分析债券和股票价值、研究各种公司的投资和融资决策时，我们将使用本章节中的观点。

自测题

ST-1　关键术语
定义下列术语：

a. 生产机会、消费时间偏好、风险、通货膨胀
b. 实际无风险利率、名义无风险利率
c. 通货膨胀溢价
d. 违约风险溢价
e. 流动性溢价、到期风险溢价
f. 利率风险、再投资回报率风险
g. 利率的期限结构
h. "正常"收益率曲线、倒置（异常）收益率曲线、峰状收益率曲线
i. 纯粹预期理论
j. 对外贸易逆差

ST-2　通货膨胀和利率
假设实际无风险利率（r^*）为 3%，预计未来将保持不变。未来 3 年的年通货膨胀率预期为 2%，未来 5 年的年通货膨胀率预期为 4%。到期风险溢价等于 $0.1 \times (t-1)\%$，t 表示债券的期限（以年计）。BBB 级债券的违约风险溢价为 1.3%。

a. 未来 4 年预期通货膨胀率的均值为多少？
b. 4 年期国债收益率为多少？
c. 4 年期的 BBB 级公司债券，流动性溢价为 0.5%，其收益率为多少？
d. 8 年期国债收益率为多少？
e. 8 年期的 BBB 级公司债券流动性溢价为 0.5%，其收益率为多少？
f. 如果 9 年期国债收益率为 7.3%，这意味着 9 年的通货膨胀预期为多少？

ST-3　纯粹预期理论
1 年期、2 年期、3 年期和 4 年期国债利率分别为 6%、6.2%、6.3%、6.5%。无到期风险溢价。使用预期理论和几何平均数预测下列

债券的收益率：
a. 1年后的1年期债券。
b. 2年后的1年期债券。
c. 1年后的2年期债券。
d. 1年后的3年期债券。

简答题

6-1 假设风险相同，纽约和加利福尼亚的住房抵押贷款利率分别7%和5.5%。这种差异能持续吗？什么力量可能会使利率趋于均衡？加利福尼亚和纽约风险相等的企业借款成本的差异会比住房抵押贷款利率的差异更大还是更小？如果加利福尼亚的公司和纽约的公司相比很大或很小，公司的成本差异会更有可能存在吗？所有这一切对国内各分支机构的影响是什么？

6-2 长期利率和短期利率哪个的波动性更大？为什么？

6-3 假设你相信经济正进入衰退。贵公司必须使用债务立即筹集资金。你应该采用长期借款还是短期借款？为什么？

6-4 假设Y地区的人口相对年轻，O地区的人口相对年长，两区其他条件都一样。

　　a. 两个地区利率可能会相同还是不同？请解释说明。

　　b. 银行的全国性分支机构和全国性多元化金融公司的发展趋势是否会影响你对问题a的回答？请解释说明。

6-5 假设一项可以从海中提炼石油的工艺被研发出来了。工艺所需的设备是相当昂贵的，但它会导致汽油、电力和其他类型的能源价格走低。这会对利率产生什么影响？

6-6 假设一个新的、更开明的美国国会和政府当选。其第一项业务是剥夺美国联邦储备委员会的独立性，迫使美联储大幅扩大货币供应量。这会产生什么影响？

　　a. 选举结果公布后，对收益率曲线的水平和斜率的影响将怎样？

　　b. 对未来两年或三年收益率曲线的水平和斜率的影响将怎样？

6-7 这是事实，联邦政府：①鼓励储蓄和贷款行业的发展；②推动实施长期固定利率抵押贷款；③促使存贷业务中获取的大多数资金形成可按需提取的储蓄存款。

　　a. 在收益率曲线"正常"或倒置的条件下，储蓄和贷款会有更高的利润吗？解释你的答案。

　　b. 如果个别机构向联邦机构出售抵押贷款，然后收取服务费，或者机构自行持有抵押贷款，储蓄和贷款行业会更好吗？

6-8 假设由于欧洲的利率较高，导致美国国债利率从5%上升到9%。这对一般公司的普通股价格有什么影响？

6-9 美国存在贸易逆差意味着什么？贸易逆差对利率有什么影响？

6-10 假设你已经注意到公司的收益率曲线的斜率在过去几个月变得陡峭了。什么因素可以解释这种斜率的变化？

问答题

（6-1～6-7为简单题）

6-1 收益率曲线　美国国债收益率如下。

期限	利率/%
6个月	4.69
1年	5.49
2年	5.66
3年	5.71
4年	5.89
5年	6.05
10年	6.12
20年	6.64
30年	6.76

a. 根据这些数据绘制一条收益率曲线。

b. 这条收益率曲线是什么类型的？

c. 这个图告诉你什么信息？

d. 根据这条收益率曲线，如果你需要借超过1年的钱，你适合短期借款并续借还是长期借款？请解释说明。

6-2 实际无风险利率　你在《华尔街日报》上读到30天的美国国库券收益率目前为5.8%。你的姐夫，Safe and Sound Securities的经纪人，给你以下的当前利率溢价估计：

通货膨胀溢价 = 3.25%

流动性溢价 = 0.6%

到期风险溢价 = 1.85%

违约风险溢价 = 2.15%

以上面的数据为基础，实际无风险利率为多少？

6-3 预期利率　实际无风险利率为2.25%。今年通货膨胀率预计为2.5%，未来2年通货膨胀率预计为4.25%。

假设到期风险溢价为 0。2 年期国债收益率为多少？3 年期国债收益率为多少？

6-4 违约风险溢价 10 年期国债的收益率为 5.75%。10 年期公司债券的收益率为 8.75%。假设公司债券的流动性溢价为 0.35%。公司债券的违约风险溢价为多少？

6-5 到期风险溢价 实际无风险利率为 2.5%，未来 2 年通货膨胀率预期为 2.75%。2 年期国债收益率为 5.55%。到期风险溢价是多少？

6-6 通货膨胀交乘项 一位分析师正在评估一个通货膨胀率很高的发展中国家的债券。分析师被警告不要忽视实际利率和通货膨胀率之间的交乘项。如果实际无风险利率为 5%，未来 4 年通货膨胀率预计为 16%，没有到期风险、违约风险和流动性风险的 4 年期债券的收益率为多少？

6-7 预期理论 1 年期国债收益率为 4.85%。市场预计，1 年后，1 年期国债收益率为 5.2%。如果纯粹预期理论是正确的，那么 2 年期国债的收益率是多少？请用几何平均数计算收益率。

（6-8 ~ 6-16 为中等难度题）

6-8 预期理论 4 年期美国国债的目前利率为 6.7%，而 6 年期美国国债收益率为 7.25%。如果纯粹预期理论是正确的，那么市场认为，4 年后，2 年期债券的收益率为多少？请用几何平均数计算收益率。

6-9 期望利率 实际无风险利率为 2.05%。今年的通货膨胀率预计为 3.05%，明年的通货膨胀率预计为 4.75%，之后的通货膨胀率预计为 2.3%。到期风险溢价估计为 $0.05 \times (t-1)$%，其中 t 值为距离到期日的年数。7 年期国债的收益率为多少？

6-10 通货膨胀 由于经济衰退，导致今年的通货膨胀预期仅为 3.25%。然而，第 2 年和随后的通货膨胀率预计持续高于 3.25%，假设预期理论认为，实际无风险利率（r^*）为 2.5%。如果 3 年期国债收益率等于 1 年期收益率加 1.5%，那么 1 年后通货膨胀率预计会是多少？

6-11 违约风险溢价 某公司的 5 年期债券的年收益率为 7%。具有相同到期日的国债年收益率为 5.2%，实际无风险利率（r^*）是 2.75%。平均通货膨胀溢价为 2.05%，到期风险溢价估计为 $0.1 \times (t-1)$%，其中 t 值为距离到期日的年数。如果流动性溢价为 0.7%，那么公司债券的违约风险溢价是多少？

6-12 到期风险溢价 国债投资者预计通货膨胀率在第 1、2 年的值为 2.1% 和 2.7%，以后的每年均为 3.65%。假设实际无风险利率为 1.95% 且保持不变。3 年期国债收益率为 5.20%，而 5 年期国债收益率为 6.00%。两债券的到期风险溢价有何差异？

6-13 违约风险溢价 实际无风险利率 r^* 为 1.7%。未来 4 年通货膨胀率预计平均每年 1.5%，此后通货膨胀率预计平均每年 4.8%。假设没有到期风险溢价。某 8 年期公司债券的收益率为 8.7%，其中包括 0.3% 的流动性溢价，其违约风险溢价是多少？

6-14 预期理论和通货膨胀 假设 2 年期国债收益率为 4.1%，1 年期国债收益率为 3.2%。r^* 为 1%，到期风险溢价为 0。

a. 运用预期理论计算的 1 年期债券 1 年后的收益率是多少？用几何平均数计算收益率。

b. 第 1 年的预期通货膨胀率是多少？第 2 年的预期通货膨胀率是多少？

6-15 预期理论 假设实际无风险利率为 2%，到期风险溢价为 0。如果 1 年期国债收益率为 5%，2 年期国债收益率为 7%，那么第 2 年的 1 年期利率预期是多少？请用几何平均数计算收益率。第 2 年的预期通货膨胀率是多少？说明为何 2 年期平均利率与第 2 年的 1 年期预期利率有所不同。

6-16 通货膨胀交乘项 一位分析师正在评估一个通货膨胀率很高的发展中国家的债券。分析师被警告不要忽视实际利率和通货膨胀率之间的交乘项。无到期风险、违约风险和流动性风险的 6 年期债券的收益率为 20.84%。如果实际无风险利率为 6%，未来 6 年预期通货膨胀率的均值是多少？

（6-17 ~ 6-19 为具有挑战性的难题）

6-17 利率溢价 5 年期的美国国债收益率为 5.2%。10 年期美国国债收益率为 6.4%，10 年期公司债券收益率为 8.4%。市场预计未来 10 年平均通货膨胀率为 2.5%（$IP_{10} = 2.5$%）。假设不存在到期风险溢价（MRP=0），每年的实际无风险利率（r^*）将在未来 10 年保持不变（提示：记住，国债的违约风险溢价和流动性溢价是 0，DRP=LP=0）。5 年期与 10 年期的公司债券具有相同的违约风险溢价和流动性溢价。5 年期公司债券的收益率是多少？

6-18 收益率曲线 假设明年预期的通货膨胀率为 7%，后年为 5%，以后均为 3%。假定实际无风险利率（r^*）将保持在 2% 的水平，并且国债的到期风险溢价从超短期债券（几天后到期的债券）对应的 0 值上升到 1 年期债券对应的 0.2%。此外，到期风险溢价从 1 年期债券对应的 0.2% 上升到 5 年期或长期债券对应的 1.0%。

a. 计算 1、2、3、4、5、10 和 20 年期国债的利率，并画出收益率曲线。

b. 假设一个 AAA 级公司债（这是公司能获得的最高的债券评级）与国债到期时间相同。估计和画出你认为的看起来像与国债收益率曲线相同的 AAA 级公司债券的收益率曲线（提示：考虑长短期债券的违约风险溢价）。

c. 在同一张图上画出另一个评级更低、违约风险更高的更大风险的公司的债券收益率曲线。

6-19 通货膨胀和利率 1980 年年末，美国商务部公布的新数据显示，通货膨胀率为 15%。当时，最优惠的利率为 21%，创历史新高。然而，许多投资者预计，里根新政府能比卡特政府更有效地控制通货膨胀问题。此外，许多观察人士认为，由于联邦储备委员会试图抑制通货膨胀率，极高的利率和普遍的信贷紧缩将导致经济衰退，从而导致通货膨胀率和利率下降。假设在 1981 年年初，当年的预期通胀率为 13%，1982 年为 9%，1983 年为 7%，1984 年及其后均为 6%。

a. 1981 ~ 1985 年的 5 年间，预期通货膨胀率的均值是多少（使用算术平均数）？

b. 5 年间，要使 5 年期国债实际无风险利率达到 2% 的水平，名义年利率预期均值应为多少？假设 MRP = 0。

c. 假设实际无风险利率为 2%，到期风险溢价等于 $0.1t\%$，其中 t 是距离到期日的年数，估计距离到期日的年数分别为 1，2，5，10 和 20 年的债券在 1981 年 1 月的利率水平。根据这些数据绘制一条收益率曲线。

d. 描述可能会导致向上倾斜的收益率曲线的一般经济条件。

e. 如果投资者在 1981 年年初预计未来每年的通货膨胀率为 10%（即 $I_t=I_{t+1}=10\%, t=1 \sim \infty$），收益率曲线是怎样的？请考虑所有可能影响收益率曲线的因素。你的答案会让你质疑你在问题 c 中绘制的收益率曲线吗？

综合 / 电子表格问题

利率的确定和收益率曲线

a. 下列事件可能对名义年利率水平有什么影响？
1. 家庭大幅提高储蓄率。
2. 随着投资机会的增加，公司对资金的需求增加。
3. 政府的预算赤字高于预期。
4. 预期通货膨胀率会增加。

b. 假设你正在考虑两种可能的投资机会：12 年期的国债和 7 年期的 A 级公司债券。目前的实际无风险利率为 4%，预计未来 2 年通货膨胀率为 2%，未来 4 年通货膨胀率为 3%，此后通货膨胀率为 4%。到期风险溢价由以下公式估算：$\text{MRP}=0.02(t-1)\%$。公司债券的流动性溢价（LP）估计为 0.3%。基于下表给出的公司债券的利率信息，你可以确定违约风险溢价（DRP）。不要忘记用表中所给的公司债券利差减去债券的 LP 得到公司的 DRP。请你预测这两种投资的收益率是多少？

	利率 /%	公司债券利差（%）= 违约风险溢价 + 流动性溢价
美国国债	0.83	—
AAA 级公司债	0.93	0.10
AA 级公司债	1.29	0.46
A 级公司债	1.67	0.84

c. 给定以下国债收益率的信息，绘制收益率曲线图。

到期时间	利率 /%
1 年	5.37
2 年	5.47
3 年	5.65
4 年	5.71
5 年	5.64
10 年	5.75
20 年	6.33
30 年	5.94

d. 根据 b 部分提供的公司债券信息，计算收益率，然后绘制新的显示美国国债和公司债券的收益率曲线图。

e. 收益率曲线的哪一部分（左侧或右侧）可能随时间变化最大？

f. 使用 c 部分的国债收益率信息，用几何平均数计算下列利率。
1. 1 年后的 1 年期国债利率。
2. 5 年后的 5 年期国债利率。
3. 10 年后的 10 年期国债利率。
4. 20 年后的 10 年期国债利率。

综合案例

利率的确定 Maria Juarez 是一个职业网球运动员，你的公司管理着她的钱。她要求你提供有关如何确定各种利率水平的信息。你的老板准备了一些问题让你考虑。

a. 经济中影响资本成本的四个最基本的因素是什么？

b. 什么是实际无风险利率和名义无风险利率？这两个利率如何测量？

c. 界定通货膨胀溢价、违约风险溢价、流动性溢价和到期风险溢价。在确定短期美国国债、长期美国国债、短期公司债券及长期公司债券的利率时，以上溢价包括在内吗？解释说明溢价是如何随时间和上市债券的不同而发生变化的。

d. 利率的期限结构是什么？什么是收益率曲线？

e. 假设大多数投资者预期明年的通货膨胀率为 5%，后年为 6%，此后均为 8%。实际无风险率为 3%。1 年或 1 年以内到期的债券到期风险溢价为 0，2 年期债券的到期风险溢价为 0.1%；此后 20 年，到期风险溢价每年增加 0.1%，随后保持稳定。1 年期、10 年期和 20 年期的国债利率是多少？用这些数据绘制一条收益率曲线。什么因素可以解释这条收益率曲线是向上倾斜的？

f. 在任何给定的时间，将 AAA 级公司债券的收益率曲线与美国国债收益率曲线进行比较，结果会如何？将 BB 级公司债券的收益率曲线与美国国债收益率曲线进行比较，结果又会如何？绘制一个图表来说明你的答案。

g. 什么是纯粹预期理论？纯粹预期理论对利率期限结构意味着什么？

h. 假设你观察到以下的国债期限结构：

到期时间	利率 /%
1 年	6.0
2 年	6.2
3 年	6.4
4 年	6.5
5 年	6.5

　　假设纯粹预期理论中有关期限结构的观点是正确的（这意味着，你可以使用给定的收益率曲线"推翻"市场对未来利率的预期）。1 年后的 1 年期债券利率的市场预期是怎样的？2 年后的 3 年期债券利率的市场预期又是怎样的？请使用几何平均数计算这些利率。

i. 描述宏观经济因素对利率水平的影响。这些因素是如何解释近年来的低利率现象的？

第7章

债券及其估值

估计债券市场的风险

许多人认为美国国债是一项收益平平但却非常安全的投资。从违约角度来看，美国国债的确是我们最安全的投资，但无论何时，只要利率上升，它们的价格就可能下跌。美国的长期国债更是如此，其价值在2009年下跌了近15%。然而，当利率下降时，美国国债也可以表现良好，多年的历史论证了这点。2011年美国国债的收益率超过了27%，在2000—2019年的20年中，有9年的收益率超过了股市。

不是所有的债券都一样，而且它们并不总是沿着相同的趋势变化。例如，公司债券通常是可以赎回的，发行人可以违约，而国债则不存在这些风险。为了补偿投资者的这些额外风险，公司债券通常具有更高的收益率。经济繁荣时，公司债券通常产生比国债更高的回报，因为它们承诺的回报是较高的，而且大多数依承诺付款，很少有违约的。然而，当经济衰退时，对违约的担忧上升，导致公司债券的价格下跌。此外，在任何时候，公司债券之间都存在普遍差异。例如，2020年4月，强生公司（Johnson & Johnson）2033年到期的AAA信用评级的未偿债券的到期收益率为1.902%。与此同时，信用评级为B的Genworth Financial Inc.公司发行的2034年到期的债券的到期收益率为8.033%。

2009年《华尔街日报》的一篇文章强调了债券投资者在金融危机之后所面临的困境并提出了一些建议，这些建议在当今的环境中仍然适用。这篇文章提供了所谓的"五条重要忠告"。

（1）小心违约。投资者应警惕处于违约边缘的评级低的债券。文章警告，当中央和地方政府努力寻求预算平衡时，投资者要关注市政债券违约风险的增加。

（2）管控利率风险。因为经济有望继续复苏，利率可能会随时间的推移而走高。在本章中我们将看到，利率的增加会降低债券的价值，这种影响对持有长期债券的投资者尤为重大。因此，该文作者建议，有的债券投资者可以远离到期时间较长的债券。

（3）考虑采取消极策略。这个建议主要针对的是债券基金的投资者。作者建议投资者投资指数基金或跟踪广泛债券指数的交易所交易基金（ETF），而不是那些基金经理频繁地买卖不同债券的激进管理风格的基金。

（4）实施通货膨胀对冲。许多分析师担心指数下降，政府开支增加和宽松的货币政策最终会导致更高水平的通货膨胀。正如在本章中看到的，投资与通货膨胀挂钩的国债是对冲通货膨胀的一种方法。

（5）不要试图根据市场涨跌频繁交易。正如我们最近看到的，债券价格可以快速和显著地变化，这使得有效地预测市场下一步的走势变得非常困难。文章敦促投资者采纳更稳定的长期持有债券的策略，而不是试图确定下一个市场变化的时间。

虽然这些忠告与今天的市场相关，但在许多方面，这些忠告是永不过时的。面对与2001年类似的风险，《商业周刊在线》的文章为投资者提供了如下类似的建议，它们在今天仍然适用：

采取与你投资股票一样的多元化的债券投资策略。将美国政府债券、公司债券（都是高质量、高回报）甚至是一些国外政府债券，纳入投资组合中。如果你已经投资应税美元债券，那么请考虑免税市政债券。此外，投资某些通货膨胀指数债券也是可以的。

资料来源：Michael A. Pollack, "The New Bond Equation," *The*

Wall Street Journal (wsj.com), August 3, 2009; Scott Patterson, "Ahead of the Tape: Junk Yields Flashing Back to '01 Slump," *The Wall Street Journal*, January 30, 2008, p. C1; Roger G. Ibbotson, *Stocks, Bonds, Bills, and Inflation: 2020 Yearbook* (Chicago, IL: Duff & Phelps, 2020); Susan Scherreik, "Getting the Most Bang Out of Your Bonds," *BusinessWeek Online* (businessweek.com), November 12, 2001; and FINRA (finra-markets. morningstar.com/BondCenter/), April 8, 2020.

厘清头绪

在前几章中，我们注意到公司主要以两种形式筹集资本：债务和权益。在本章中，我们研究债券的特征并且讨论影响债券价格的各种因素。在第 9 章，我们将转向对股票及其估值的关注。

如果你浏览《华尔街日报》，你会看到各种各样债券的推荐。品种可能看起来很混乱，但实际上几个特征就可以区分出不同类型的债券。

学完本章后，你应该能够完成下列目标。

- 识别公司和政府债券的不同特征。

- 讨论如何确定债券市场价格，利率和债券价格之间有何关系，以及到期日临近时，债券的价格如何变化。
- 计算债券的到期收益率和赎回收益率（如果它是可提前赎回的），确定"真实"收益率。
- 解释债券投资者和发行人面临的不同类型的风险，并讨论如何更改债券的条款和抵押品以影响其利率。

7.1　谁来发行债券

债券（bond）是一种长期合同，根据该合同，借款人同意在特定日期向债券持有人支付利息和本金。债券由筹集长期资本的政府和公司发行。例如，2021 年 1 月 4 日，联合食品公司发行了 1.7 亿美元的债券，借款 1.7 亿美元。方便起见，我们假设联合食品公司发售了 17 万份债券，每份 1 000 美元。其实，它可以发行一份 1.7 亿美元的债券，17 份 1 000 万美元的债券，或其他总计为 1.7 亿美元的债券组合。无论如何，联合食品公司收到了 1.7 亿美元。作为交换，它承诺每年支付利息并在指定的到期日偿还 1.7 亿美元。

直到 20 世纪 70 年代，大多数债券都是印刷精美的纸片，其关键条款，包括它们的面值，都是在债券上注明的。如今，几乎所有的债券都是由存储在安全计算机中的电子数据来表示的，就像银行支票账户的"钱"一样。

债券以多种方式分组。一种分组方式基于发行方：美国财政部、公司、州和地方政府以及美国境外的发行方。每种债券各自的风险和预期回报均不相同。

国库券，一般称为国债，有时也称为政府债券，由联邦政府发行。⊖可以合理假设美国政府将支付兑现承诺的本息，所以美国国债几乎没有违约风险。然而，这些债券的价格在利率上升时下降，所以它们不是完全没有风险的。

公司债券由商业企业发行。不像国债，因为公司都面临违约风险。如果发行公司陷入困境，可能会无法兑付承诺的利息和本金，债券持有人可能会遭受损失。公司债券的违约风险水平有赖于发行公司的特点和具体债券的条款。违约风险通常被称为"信用风险"。正如我们在第 6 章中所看到的那样，违约风险越大，投资者要求的利率就越高。

市政债券，是州和地方政府发行的债券。和公司债券一样，市政债券也面临一些违约风险，但是它与所有

⊖ 美国国债实际上包括短期国债（T-bills）、中期国债（T-notes）、长期国债（T-bonds）。短期国债的到期时间一般为 1 年或更短，中期国债的到期时间通常为 2～10 年，长期国债的到期时间通常超过 10 年。短期国债、中期国债、长期国债之间存在技术细节差异，但这些差异对我们不重要，所以无论它们的到期时间有多长，我们都统称为国债。发行时 30 年期的长期国债在明年就成为 29 年期国债，并且在 29 年后成为 1 年期国债。

其他债券相比有一个主要优势：正如我们在第 3 章讨论的，如果持有人是发行国家的居民，大部分市政债券的利息将免征联邦所得税和州所得税。因此，市政债券的利率大大低于同等风险的公司债券的利率。

外国债券由外国政府或外国公司发行。所有外国公司的债券都面临违约风险，一些外国政府债券也是如此。事实上，最近，关于可能违约的担忧已经在许多国家出现，包括阿根廷、希腊、爱尔兰、意大利、葡萄牙和西班牙。事实上，2017 年 11 月，委内瑞拉的债券就出现了违约。当债券以非投资者本国货币计价时，就存在额外的风险。例如，假设一个美国投资者购买公司债券以日元计价。在某个时候，投资者想要收回投资，把日元兑换回美元。如果日元相对于美元意外下跌，那么投资者将收到比他原来预期更少的美元。因此，即使债券没有违约，投资者仍然可能遭受损失。

自我测验

1. 什么是债券？
2. 债券主要有哪四种发行者？
3. 为什么美国国债不是完全没有风险的？
4. 除了违约风险外，外国债券投资者面临的主要风险是什么？

7.2　债券的主要特征

虽然所有债券都有一些共同的特征，但不同类型的债券具有不同的契约特征。例如，大多数公司债券有允许发行人提前支付（"赎回"特征）的规定，但是具体规定在不同债券之间差异很大。同样，有些债券有特定的资产抵押，如果发行人违约，资产必须交给债券持有人，而也有些债券没有资产抵押。契约条款的差异（以及发行债券公司的基本财务实力）会导致债券风险、价格和预期收益的不同。要理解债券，你必须了解以下债券条款。

7.2.1　债券面值

票面价值（par value）即债券的面值。为了说明问题，我们一般假设面值为 1 000 美元，其实也可以是 1 000 美元的任何倍数（例如，10 000 美元或 1 000 万美元）。债券的票面价值通常表示公司借款的金额和承诺债券到期日的还款金额。

7.2.2　票面利率

联合食品公司的债券需要公司每年支付固定数量的美元作为债券的利息。这种利息支付，在债券发行时设定，并在债券有效存续期内持续发生。⊖通常，在发行债券时，利息高低设置在吸引投资者以面值或接近面值的价格购买债券的水平上。本文中大多数例子和问题聚焦于具有固定票面利率的债券。

用每年的付息额除以面值，得到**票面利率**（coupon interest rate）。例如，联合食品公司的债券面值为 1 000 美元，每年支付 80 美元的利息。债券的利息是 80 美元，所以它的票面利率为 80/1 000=8%。因此，投资者在投资债券时所获得的年利息收入为 80 美元。

联合食品公司的债券是固定利率债券，在到期日前，票面利率是固定的。但在某些情况下，债券的利息会随时间发生变化。这些浮动利率债券的原理如下：初始阶段（通常为 6 个月），设置一个利率，之后的每 6 个月债券利率会基于开放市场利率调整一次。例如，债券的利率可以调整为 10 年期国债利率加上 1.5% 的"差价"。公司债券还可以有其他规定。例如，可根据持有人的意愿将利率更改为固定利率，或是有上下限的浮动利率。

⊖ 当债券是印刷的纸片而不是存储在计算机上的电子信息时，每张债券都附有多张（2.5 厘米大小）特定日期的利息券。在每个付息日期，债券持有人将剪下该日期的利息券，并将其发送给公司的付款人，收取债券利息。30 年期、每半年付息一次的债券附券 60 张，而 5 年期、每年付息一次的债券附券 5 张。现在没有实物形式的债券了，利息支票在付款日会邮寄给债券持有人或自动存入债券持有人的账户。即使如此，人们在讨论债券时仍然使用息票和息票利率。你可以将息票利率视为承诺利率。

有些债券不存在利息支付，但会以低于面值的价格出售，因此它们提供的是资本增值而不是利息收入。这些债券称为**零息债券**（zero coupon bond）。有的债券支付利息，但是不足以吸引投资者按面值购买。通常，最初以明显低于其面值的价格发行的债券称为**折价发行债券**（original issue discount bond，OID）。

7.2.3　到期日

债券通常具有指定的**到期日**（maturity date），在该日，发行人需偿还面值。联合食品公司的债券于 2021 年 1 月 4 日发行，到期日为 2036 年 1 月 3 日，因此，它们在发行时有 15 年的期限。虽然大多数债券的原始期限（债券发行时规定的期限）从 10 年到 40 年不等，但任何到期日都是法律允许的。⊖当然，债券的有效到期日在发行后每年减少。因而，联合食品公司债券的原始期限为 15 年，但在 2022 年（一年后），期限变为 14 年，再过一年，期限又变成了 13 年。

7.2.4　赎回条款

许多公司债券和市政债券包含赎回条款，这是给予发行人的看涨期权，发行人有权利提前赎回债券。赎回条款一般规定发行人必须向债券持有人支付大于面值的金额将其赎回（被称为**赎回溢价**，"call premium"），通常等于一年的利息。例如，面值 1 000 美元、年利率 10% 的 10 年期债券的赎回溢价可能是 100 美元，这意味着，如果想赎回债券，发行人须向债券持有人支付 1 100 美元（面值加赎回溢价）。在大多数情况下，债券合同规定，赎回费用随着到期日的临近而逐渐降低。此外，尽管一些债券可立即赎回，但在大多数情况下，债券直到发行几年（一般 5 ~ 10 年）后才允许被赎回。这被称为**延迟赎回**（deferred call），又被称为**赎回保护**（call protection）。

自债券发行以来除非利率大幅下降，否则公司一般不会赎回债券。假设一家公司在利率较高时发行债券。如果债券是可赎回的，当利率下降时，公司可以另外发行一些低收益债券，利用新发行的债券筹资来赎回高利率的债券，从而减少其利息费用，这个过程称为**再融资操作**（refunding operation）。因此，赎回对发行公司来说是有价值的，但对债券长期投资者来说是不利的，这些持有者需要重新以更低的利率对他们收回的资金进行再投资。因此，新发行的可赎回债券的利率比不可赎回债券的利率要高。例如，2021 年 4 月 30 日，太平洋木材公司发行可立即赎回的债券，收益率为 6%。同一天，西北铣削公司发售了具有类似风险的债券，收益率只有 5.5%，但其债券 10 年不可赎回。投资者愿意接受收益率低 0.5% 的西北铣削公司的债券，以确保至少 10 年内每年获得 5.5% 的收益率。而太平洋公司则为了获得在利率下降的情况下赎回债券的选择权，不得不多支付 0.5% 的年利率。

注意，再融资操作类似于房主在利率下降后对他的住房抵押贷款进行再融资。例如，一位房主拥有 7% 的未偿还按揭。如果按揭利率下降至 4%，房主可能会发现再融资抵押贷款是有益的。再融资可能会涉及一些费用，但较低的利率可能足以抵消这些费用。所需的分析对于房主和公司来说本质上是相同的。

7.2.5　偿债基金

一些债券包括**偿债基金条款**（sinking fund provision），这有利于债券的有序清偿。这些条款要求公司在债券到期前将资金委托给一位受托人，并投资偿债基金，然后用累积的资金偿还到期债券。然而，如今偿债基金条款要求发行人每年赎回一定比例的债券。未能满足偿债基金的要求将构成违约，这可能会使公司破产。因此，偿债基金是强制性支付。

假设一个公司发行了 1 亿美元的 20 年期债券，要求每年赎回 5% 的已发行债券或 500 万美元的债券。在大多数情况下，发行人可以以两种方式处理偿债基金的要求。

（1）它可以以面值赎回所要求的 500 万美元的债券。债券按顺序编号，被赎回的债券将由受托人抽签决定。

（2）公司可以在公开市场上购买所需数量的债券。

公司将选择成本最低的方法。如果自债券发行以来利率下降，债券会以超过其票面价值的价格出售。在这

⊖ 1993 年 7 月，迪士尼公司试图长期锁定低利率，发行首个 100 年期债券，延伸了"长期债券"的意义。不久之后，可口可乐成为第二家销售 100 年期债券的公司。其他发行 100 年期债券的公司包括哥伦比亚 / HCA 医疗保健公司、BellSouth 电信公司、Wisconsin 电力公司和 IBM。

种情况下，公司将使用看涨期权。然而，如果利率上升了，债券将以低于票面价值的价格出售，所以公司会在公开市场上以不到 500 万美元的价格购买票面价值 500 万美元的债券。请注意，偿债基金的赎回通常是不同于再融资赎回的，因为大多数偿债基金赎回时不要求赎回溢价。然而，并不是所有债券都可以随时赎回，有一小部分债券通常只能在指定年份赎回。

尽管偿债基金旨在保护债券持有人，确保债券以有序的方式清偿，但是，倘若债券的票面利率高于当前市场利率，偿债基金就会损害债券持有人的利益。例如，假设债券票面利率为 10%，但现在类似债券的收益率仅为 7.5%。按面值赎回的偿债基金将要求长期持有者放弃每年获得 100 美元利息的债券，然后投资每年仅获得 75 美元利息的债券。这对于债券被赎回的持有人的利益是一个明显的侵害。不过，总的来说，比起那些没有这样条款的债券，有偿债基金的债券被认为更安全。所以在发行时，偿债基金债券的票面利率低于没有偿债基金的其他类似债券的利率。

7.2.6　其他特征

还有经常使用的其他几种类型的债券值得一提。**可转换债券**（convertible bond）是指债券持有人可选择将其债券以固定价格转换成普通股股票的债券。如果股票价格上涨，可转换债券给持有人提供资本收益的机会，该特征使得发行公司可以设置比具有类似信用风险的不可转换债券更低的票面利率。配以认股权证的债券类似于可转换债券，但不是给予持有人可选择将债券转化为股票的权利，而是赋予持有人以规定价格购买股票的选择权。这样，如果股票价格上涨，持有人将获得收益。出于这个因素，发行了权证的债券，比如可转换债券，其票面利率低于其他类似的非可转换债券。

可赎回债券（callable bond）给发行人在债务到期之前消除负债的权利，而**可回售债券**（putable bond）赋予持有人要求发行公司提前赎回的权利。如果利率上升，持有人将把债券还给发行公司，再投资较高的附息债券。另一种类型的债券是**收益债券**（income bond），只有在发行人赚取了足够的钱时才需要支付利息。因此，收益债券不能使一家公司破产，但是从一个投资者的角度来看，它们比"常规"债券更有风险。还有一种债券是**指数债券**（indexed bond），或称**购买力债券**（purchasing power bond）。其利率基于通货膨胀指数如居民消费价格指数（CPI），所以，当通货膨胀率上升时，利息自动上升，从而保护债券持有人对抗通货膨胀。我们在第 6 章中提到，美国财政部是指数债券主要的发行人。

自我测验

1. 定义浮动利率债券、零息债券、可赎回债券、可回售债券、收益债券、可转换债券和通货膨胀保值国债（TIPS）。
2. 对于投资者来说，可赎回债券风险更高还是可回售债券的风险更高？请解释。
3. 一般来说，如何确定浮动利率债券的利率？
4. 偿债基金可以通过哪两种方式处理？如果利率上升，其选择是什么？如果利率下降，其选择是什么？

7.3　债券估值

任何金融资产，股票、债券、租赁，甚至是实物资产，如公寓建筑或一台机器，其价值都是资产预期产生的现金流的现值。一个标准的带息债券的现金流，例如联合食品公司债券，包括债券 15 年存续期限中的利息支付和债券到期时应偿还的本金（通常为面值）。对于浮动利率债券，利息支付随时间变化。对于零息债券，没有利息支付，所以唯一的现金流是当债券到期时的面值。对于有着固定票面利率的"常规"债券，如联合食品公司债券，情况如下：

其中，

r_d = 债券的市场利率，8%。这是用来计算现金流现值或债券价格的折现率。在第 6 章中，我们详细讨论了决定市场利率的各种因素。注意，r_d 不是票面利率。然而，r_d 有时候等于票面利率，尤其是债券发行的那天。当两个利率相等时，债券按面值出售。

N = 债券到期年数 = 15。债券发行后，N 随着时间的推移而减小，所以一个有 15 年年限的债券当它被发行时（原始期限 = 15），将会使得 1 年之后，N=14，2 年后，N=13，等等。在这一点上，我们假设债券每年支付利息一次，因此以 N 年计量。稍后我们将分析半年付息债券，即每 6 个月支付一次利息。

INT = 每年支付的利息 = 票面利率 × 票面价值 = 0.08 × 1 000 = 80（美元）。在计算器术语中，INT = PMT = 80。如果债券是每半年付息一次，则每 6 个月支付 40 美元。如果联合食品公司发行的是零息债券，付款将为 0，如果债券是浮动利率债券，那它就会随时间变化。

M = 债券面值 = 1 000 美元。这个金额到期必须偿还。早在 20 世纪 70 年代及以前，纸质债券被使用时，大多数债券面值为 1 000 美元。现在用保存在计算机的电子债券，面值可以有所不同，但在文章中为简单起见，我们仍使用 1 000 美元。

我们现在可以重绘时间轴以显示除债券价值（如果市场是均衡的，价值也就是价格）之外的其他因素的数值。

0	8%	1	2	3	15
债券价值		80	80	80	80
					1 000
					1 080

求解式（7-1）可以得到债券的价值：

$$债券价值 = V_B = \frac{INT}{(1+r_d)^1} + \frac{INT}{(1+r_d)^2} + \cdots + \frac{INT}{(1+r_d)^N} + \frac{M}{(1+r_d)^N} \tag{7-1}$$

$$= \sum_{t=1}^{N} \frac{INT}{(1+r_d)^t} + \frac{M}{(1+r_d)^N}$$

代入联合食品公司债券的有关数值，我们得到：

$$V_B = \sum_{t=1}^{15} \frac{80}{1.08^t} + \frac{1\,000}{1.08^{15}}$$

如同式（7-1）中反映的，现金流包括 N 年的利息加上 N 年末的一次性还款。

我们可以简单地将每个现金流折现，并加总这些现值，以找到债券的价值。参见图 7-1 的例子。然而，这个过程不是非常有效，特别是当债券到期时间较长时。因此，我们使用一个财务计算器来解决这个问题。设置如下：

15	8		80	1 000
N	I/YR	PV	PMT	FV
		= -1 000		

输入 N=15，r_d = I/YR = 8，INT=PMT=80 和 M=FV=1 000，然后按 PV 键得到债券的价值为 1 000 美元。[⊖] 因为现值是投资者的流出，所以用负号表示。专用的财务计算器可用来求解式（7-1）。它计算出年金为 80 美元、15 年到期以及折现率 8% 的年金现值，然后计算出 1 000 美元到期还款的现值，然后加总这两个现值来计算债券的价值。在联合食品公司的这个例子中，债券的出售价格等于其面值。

当债券的市场利率或者持有收益率等于其票面利率时，固定利率的债券将以其面值出售。通常情况下，票面利率是在发行债券的当天，以市场的走势设定的，这使得它在初始时以面值卖出。

⊖ 电子表格也可用于求解债券的价值。这种债券的现值可以使用 Excel 函数计算：

= PV(0.08,15,80,1 000)

PV(rate, nper, pmt, [fv], [type])

这给出了债券的价值为 1 000 美元。请注意，由于现金流出现在年末，因此类型留白。

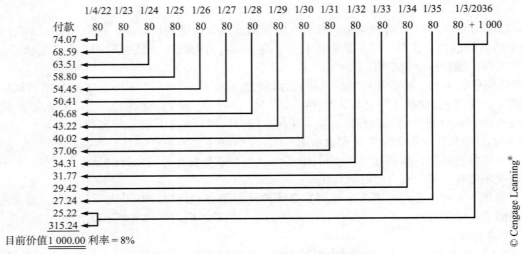

图 7-1　联合食品公司债券的时间轴，利率为 8%

债券发行后，票面利率保持固定，但市场利率上下波动。由式（7-1）可知，市场利率的上升导致未偿债券的价格下跌，而利率的下降导致未偿债券的价格上升。例如，如果联合食品公司债券的市场利率在发行后立即上升至 12%，我们将使用新的市场利率重新计算价格如下：

15	12		80	1 000
N	I/YR	PV	PMT	FV
		= −727.57		

因为市场利率的上升，债券的价格将下降到 727.57 美元，远低于票面价值。一方面，当市场利率上升超过票面利率时，固定利率债券的价格将低于其票面价值，这种类型的债券被称为**折价债券**（discount bond）。

另一方面，当市场利率下降时，债券价格将上涨。例如，联合食品公司债券的市场利率在发行后立即下降到 4%，我们重新计算其价格如下：

15	4		80	1 000
N	I/YR	PV	PMT	FV
		= −1 444.74		

在这种情况下，价格上升到 1 444.74 美元。一般来说，每当市场利率持续低于票面利率时，固定利率债券的价格将高于其票面价值，这种类型的债券被称为**溢价债券**（premium bond）。

总而言之，情况如下：

r_d = 票面利率，固定利率债券按票面价值出售。因此，它是一种平价债券。

r_d > 票面利率，固定利率债券低于票面价值出售。因此，它是一种折价债券。

r_d < 票面利率，固定利率债券高于票面价值出售。因此，它是一种溢价债券。

┃ 提问 ┃

问题：

你的朋友刚刚投资了一张未偿债券，年利率为 5%，剩余期限为 10 年。该债券的面值为 1 000 美元，市场利率目前为 7%。你的朋友为债券支付了多少钱？这是一个平价、溢价还是折价债券？

答案：

使用财务计算器，我们能得到你朋友为债券支付了 859.53 美元。

10	7		50	1 000
N	I/YR	PV	PMT	FV
		= −859.53		

这种债券的现值也可以使用 Excel 函数进行计算：

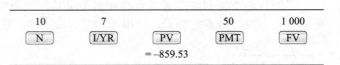

= PV(0.07,10,50,1 000)

PV(rate, nper, pmt, [fv], [type])

这里，我们发现债券的价值为 859.53 美元。因为债券的利率（5%）低于现在的市场利率（7%），所以这个债券是折价债券，反映出利率在债券发行后已经上升。

自我测验

1. 在 8 年内到期的面值为 1 000 美元的债券，每年支付 70 美元利息，其市场利率为 9%。它的价格是多少？（889.30 美元。）

2. 在 12 年内到期的面值为 1 000 美元的债券，年利率为 10%，市场利率为 8%。它的价格是多少？（1 150.72 美元。）

3. 以上两个债券，哪个是折价债券，哪个是溢价债券？请解释。

7.4 债券收益

如果你查看《华尔街日报》的债券市场表或债券交易商发行的价格表，你通常不仅会看到有关债券到期日、价格和票面利率的信息，还能看到报告的收益率。与固定的票面利率不同，债券的收益率每天都在变化，这取决于当前的市场状况。

最有用的是，如果我们当天购买债券并一直持有至到期，债券的收益率可以帮助我们估计将获得的收益率。如果债券不可赎回，其剩余期限是其到期年数。如果它是可赎回的，其剩余期限在其未被赎回时是到期年数，在被赎回时则是赎回前的年数。在下面的章节中，我们会解释如何计算这两个可能的收益率，以及哪一个可能是由投资者赚取的。

7.4.1 到期收益率

假设你以 1 422.52 美元的价格获得了一个 14 年到期，票面利率为 8%，面值为 1 000 美元的债券。如果你购买了债券，持有至到期并收到承诺的利息和到期支付的面值，你将获得多高的收益率？这个收益率称为债券的**到期收益率**（yield to maturity，YTM），它是投资者通常所讨论的收益率，也是《华尔街日报》以及其他出版物报告利率时常常讨论的利率。为了得出到期收益率，你所需要做的就是按照式（7-1）求解如下：

$$V_B = \frac{INT}{(1+r_d)^1} + \frac{INT}{(1+r_d)^2} + \cdots + \frac{INT}{(1+r_d)^N} + \frac{M}{(1+r_d)^N}$$

$$1\,422.52 = \frac{80}{(1+r_d)^1} + \frac{80}{(1+r_d)^2} + \cdots + \frac{80}{(1+r_d)^{14}} + \frac{1\,000}{(1+r_d)^{14}}$$

你可以代入不同的 r_d 值，直到找到使现值的总和等于 1 422.52 的"实际收益率"。然而，通过试错法找到 $r_d = $ YTM 将是一个冗长、耗时的过程。正如你可能猜到的，使用财务计算器计算是很容易的。⊖设置如下：

14		−1 422.52	80	1 000
N	I/YR	PV	PMT	FV
	4			

只需输入 N=14，PV=−1 422.52，PMT=80 和 FV=1 000，然后按 I/YR 键，答案 4% 就将出现。

⊖ 你还可以使用电子表格找到 YTM。利用 Excel 函数：

= RATE(14,80,−1 422.52,1 000)

RATE(nper, pmt, pv, [fv], [type], [guess])

这使得 YTM 为 4%。注意，我们不需要为类型指定或猜测一个值（因为现金流出现在年底）。

提问

问题：

你刚刚花了 1 145.68 美元购买了一张 15 年期的未偿债券，面值为 1 000 美元。其年利息为 75 美元。债券的到期收益率是多少？

答案：

使用财务计算器，我们能得到债券的到期收益率是 6%。

15		−1 145.68	75	1 000
N	I/YR	PV	PMT	FV
	6			

这种债券的现值也可以使用 Excel 函数进行如下计算：

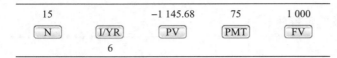

= RATE(15,75,−1 145.68,1 000)
RATE(nper, pmt, pv, [fv], [type], [guess])

这里，我们发现债券的到期收益率为 6%。

因为债券的票面利率（75/1 000=7.5%）大于其到期收益率（6%），所以债券是溢价债券，反映出债券自最初发行以来利率已经下降。

到期收益率也可以被视为债券的**承诺收益率**（promised rate of return），也就是如果所有的承诺付款实现，投资者将获得的回报。然而，只有当违约概率为 0 和债券不能被赎回时，到期收益率才等于**期望收益率**（expected rate of return）。如果存在一定的违约风险或债券可能被赎回，则有可能不会收到承诺的到期付款，在这种情况下，计算的到期收益率将超过期望收益率。

还要注意，债券计算的收益率随着宏观经济的利率变化随时发生变化，几乎每天都变。购买债券并持有至到期的持有者将收到购买日的到期收益率，但债券计算的到期收益率将在购买日和到期日之间频繁变动。

7.4.2　赎回收益率

如果你购买的债券是可赎回的，而发行公司要求赎回，则你无权将其持有至到期。因此，无法按照到期收益率获得回报。例如，如果联合食品公司的 8% 票面利率债券是可以赎回的，如果利率从 8% 下降到 4%，公司可以赎回 8% 利率的债券，替换为 4% 利率的债券，每年节省 40（=80−40）美元的利息。这将有利于公司，但不利于债券持有人。

如果当前利率远低于未偿债券的票面利率，则可赎回债券很可能会被赎回，投资者将估计其最可能的收益率作为**赎回收益率**（yield to call，YTC）而不是到期收益率。为了计算赎回收益率，我们修改式（7-1），赎回年限为 N，将赎回价格而不是到期价值作为结算付款。以下修改后的公式：

$$债券价格 = \sum_{t=1}^{N} \frac{利息}{(1+r_d)^t} + \frac{赎回价格}{(1+r_d)^N} \tag{7-2}$$

这里 N 是直到公司可以赎回债券的年数，赎回价格是公司为了赎回债券必须支付的价格（通常设置为面值加上一年的利息），r_d 是 YTC。

为了说明，假设联合食品公司债券有一个允许公司延期的赎回条款，允许公司在债券发行 10 年后以 1 080 美元的价格赎回。假设利率已经下降，并且发行后 1 年，利率持续下降，导致它们的价格上升到 1 422.52 美元。使用时间轴和财务计算器计算债券的赎回收益率如下：

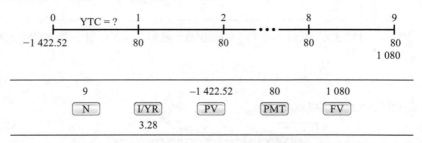

赎回收益率是 3.28%——这是你将获得的回报，如果你以 1 422.52 美元的价格买了一个联合食品公司的债券并且从今天起它 9 年后才能被赎回（它发行后 10 年才能被赎回，1 年过去了，所以到第一个赎回日期还有 9 年）。

如果一家公司能够以更便宜的融资取代其目前的高息债券，它更有可能赎回债券。一般来说，如果债券的价格高于面值，债券更有可能被赎回。因为价格高于面值意味着市场利率（到期收益率）低于票面利率。那么，你认为债券可赎回时，联合食品公司会赎回 8% 的债券吗？联合食品公司的行动取决于债券可赎回时的利率是多少。如果现在利率保持在 r_d=4%，联合食品公司可以节省 8%-4%=4%（每年每张债券 40 美元），所以它会赎回 8% 的债券，并用新发行的 4% 的债券替换它们。公司赎回债券将有一些花费，但由于节省的利息极有可能会补偿成本，联合食品公司可能会赎回它们。因此，如果你在指定条件下购买债券，你应该期待获得 3.28% 的赎回收益率而不是 4% 的到期收益率。

提问

问题：

你刚刚花了 1 145.68 美元购买了一张 15 年期的未偿债券，面值为 1 000 美元。其年度票面利息为 75 美元。前面计算了这种债券的到期收益率（6%）。现在，假设这种债券在 7 年内可以以 1 075 美元的价格赎回。债券的赎回收益率是多少？如果收益率曲线在这段时间内保持当前水平，你期望获得到期收益率或赎回收益率吗？

答案：

使用财务计算器，我们能得到债券的赎回收益率是 5.81%。

7		−1 145.68	75	1 075
N	I/YR	PV	PMT	FV
	5.81			

这种债券的赎回收益率也可以使用 Excel 函数进行如下计算：

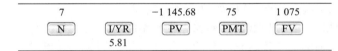

```
= RATE(7,75,−1 145.68,1 075)
RATE(nper, pmt, pv, [fv], [type], [guess])
```

这里，我们发现债券的赎回收益率为 5.81%。

这种债券以溢价卖出，因此债券自最初发行以来利率已经下降。如果收益率曲线在未来 7 年内保持平稳，那么你可以预期该公司将以较低的 6% 利率来发行债券筹资以赎回之前的债券，这样做将为每张债券节省 15（=75−60）美元的成本。

在本章的余下部分，我们假设债券不可赎回，除非另有说明。但是，一些章后习题会与债券赎回有关。⊖

自我测验

1. 解释到期收益率和赎回收益率之间的差别。

2. 哈雷企业的债券目前售价为 975 美元。到期期限为 7 年，年利息为 90 美元，债券面值为 1 000 美元。其到期收益率是多少？（9.51%。）

3. 亨德森公司的债券目前售价为 1 275 美元。它们支付 120 美元年息，到期期限为 20 年，面值为 1 000 美元，但它们可以在 5 年内以 1 120 美元被赎回。它们的到期收益率和赎回收益率是多少？如果收益率曲线保持平稳，投资者期望获得的利率是哪一个？（8.99%，7.31%，到期收益率。）

7.5 债券价值随着时间的变化

当发行带息债券时，票面利率通常设置在使债券的市场价格等于其面值的水平。如果设定较低的票面利率，投资者不愿意为债券支付 1 000 美元，但如果设定较高的票面利率，投资者的投标价格将超过 1 000 美元。投资银行家可以非常准确地判断票面利率，这将导致债券以 1 000 美元的面值出售。

⊖ 经纪公司偶尔会报告债券的当前收益率，定义为年度支付的利息除以当前价格。例如，如果联合食品公司 8% 的带息债券以 981.60 美元出售，当前收益率为 80/981.60=8.15%。与到期收益率或赎回收益率不同，当前收益率并不代表投资者应该期望的实际收益，因为它不考虑如果债券持有至到期或被赎回时将实现的资本收益或损失。当前收益在计算器和计算机出现之前很流行，因为它很容易计算。然而，它可能具有误导性，并且现在很容易计算到期收益率和赎回收益率。

刚刚发行的债券被称为**新发行债券**（new issue）。一旦发行，它是一个未偿债券，也被称为**新发债券**（seasoned issue）。新发行的债券通常销售价格非常接近票面价值，但是未偿还债券的价格也可以与面值相差很大。除浮动利率债券外，利息支付是不变的，所以当经济状况改变时，一张面值为 1 000 美元且票面利息为 80 美元的债券，在发行时将以多于或少于 1 000 美元的价格出售。

在其未偿还债券中，联合食品公司有三个同样风险的债券，将在 15 年内到期。

- 联合食品公司的 15 年期债券的票面利率为 8%。它们是以面值发行，这意味着发行日的市场利率也是 8%。因为票面利率等于市场利率，这些债券的交易价格为 1 000 美元。
- 5 年前，联合食品公司发行了 20 年期债券，票面利率为 5%。这些债券目前还有 15 年到期。它们最初是按面值发行的，这意味着 5 年前的市场利率是 5%。目前，该债券的票面利率低于 8% 的市场利率，所以它们折价出售。使用财务计算器或电子表格，我们可以快速发现它们的价格为 743.22 美元（设置为 $N = 15$，$I/YR = 8$，$PMT = 50$ 和 $FV = 1\,000$，并求解 PV 以计算价格）。
- 10 年前，联合食品公司发行了 25 年期债券，票面利率为 11%。这些债券目前剩余 15 年到期。它们最初是按面值发行的，这意味着 10 年前的市场利率是 11%。因为它们的票面利率大于当前的市场利率，所以它们溢价出售。使用财务计算器或电子表格，我们可以发现它们的价格是 1 256.78 美元（设置 $N = 15$，$I/YR = 8$，$PMT = 110$ 和 $FV = 1\,000$，并求解 PV 以确定价格）。

这三种债券中的每一种都有 15 年的到期期限，每个都有相同的信用风险，因此每一个都有相同的市场利率 8%。然而，债券有不同的价格，是因为它们的票面利率不同。

现在让我们考虑，直到它们到期，这三种债券在 15 年内的价格会发生什么变化，假设市场利率保持在 8% 不变，并且联合食品公司不违约。表 7-1 显示了如果市场利率保持在 8%，这些债券的价格如何随时间变化。1 年后，每张债券的到期期限为 14 年，即 $N = 14$。用财务计算器，用 $N = 14$ 覆盖 $N = 15$，并按 PV 键，你可以得到从现在起每个债券每年的价值。继续设置 $N = 13$，$N = 12$，等等，以查看价格如何随时间改变。

表 7-1 还显示了当前收益率（即票面利息除以债券价格）、资本利得收益率和总收益率随时间的变化。对于任何一年，**资本利得收益率**（capital gains yield）被计算为债券的年度价格变化除以年初价格。例如，如果一种债券在年初以 1 000 美元出售，在年底以 1 035 美元出售，则其年度的资本利得收益率为 35 美元除以 1 000 美元，等于 3.5%（如果债券溢价出售，其价格将随时间下降，然后资本利得收益率将为负，但会被高的当前收益率抵消）。债券的**总收益率**（total return）等于当前收益率加上资本利得收益率。在没有违约风险和假设市场均衡的情况下，总收益率等于到期收益率和市场利率，在我们的例子中为 8%。

图 7-2 绘制了表 7-1 中计算的三种债券的预测价格。请注意，债券具有不同的随时间变化的价格路径，但在到期时，三种债券均以面值为 1 000 美元的价格出售。以下是债券价格随时间的变化。

表 7-1 当市场利率保持在 8%，计算 5%、8% 和 11% 带息债券的当前收益率、资本利得收益率和总收益率

到期前的年数	5% 带息债券				8% 带息债券				11% 带息债券			
	价格①/美元	预期当前收益率②/%	预期资本利得收益率③/%	预期总收益率④/%	价格①/美元	预期当前收益率②/%	预期资本利得收益率③/%	预期总收益率④/%	价格①/美元	预期当前收益率②/%	预期资本利得收益率③/%	预期总收益率④/%
15	743.22	6.7	1.3	10.0	1 000.00	8.0	0.0	8.0	1 256.78	8.8	−0.8	8.0
14	752.67	6.6	1.4	8.0	1 000.00	8.0	0	8.0	1 247.33	8.8	−0.8	8.0
13	762.89	6.6	1.4	8.0	1 000.00	8.0	0	8.0	1 237.11	8.9	−0.9	8.0
12	773.92	6.5	1.5	8.0	1 000.00	8.0	0	8.0	1 226.08	9.0	−1.0	8.0
11	785.83	6.4	1.6	8.0	1 000.00	8.0	0	8.0	1 214.17	9.1	−1.1	8.0
10	798.70	6.3	1.7	8.0	1 000.00	8.0	0	8.0	1 201.30	9.2	−1.2	8.0
9	812.59	6.2	1.8	8.0	1 000.00	8.0	0	8.0	1 187.41	9.3	−1.3	8.0
8	827.60	6.0	2.0	8.0	1 000.00	8.0	0	8.0	1 172.40	9.4	−1.4	8.0
7	843.81	5.9	2.1	8.0	1 000.00	8.0	0	8.0	1 156.19	9.5	−1.5	8.0
6	861.31	5.8	2.2	8.0	1 000.00	8.0	0	8.0	1 138.69	9.7	−1.7	8.0
5	880.22	5.7	2.3	8.0	1 000.00	8.0	0	8.0	1 119.78	9.8	−1.8	8.0

（续）

到期前的年数	价格[1]/美元	5% 带息债券			价格[1]/美元	8% 带息债券			价格[1]/美元	11% 带息债券		
		预期当前收益率[2]/%	预期资本利得收益率[3]/%	预期总收益率[4]/%		预期当前收益率[2]/%	预期资本利得收益率[3]/%	预期总收益率[4]/%		预期当前收益率[2]/%	预期资本利得收益率[3]/%	预期总收益率[4]/%
4	900.64	5.6	2.4	8.0	1 000.00	8.0	0	8.0	1 099.36	10.0	−2.0	8.0
3	922.69	5.4	2.6	8.0	1 000.00	8.0	0	8.0	1 077.31	10.2	−2.2	8.0
2	946.50	5.3	2.7	8.0	1 000.00	8.0	0	8.0	1 053.50	10.4	−2.4	8.0
1	972.22	5.1	2.9	8.0	1 000.00	8.0	0	8.0	1 027.78	10.7	−2.7	8.0
0	1 000				1 000.00				1 000.00			

© Cengage Learning®

① 使用财务计算器，通过输入 N，I/YR，PMT 和 FV 的数据来计算每个债券的价格，然后求解 PV，即债券的价值。

② 预期当前收益率计算为年利率除以债券价格。

③ 预期资本利得收益率计算为年末债券价格与年初债券价格之间的差额除以年初债券价格。

④ 预期总收益率是预期当前收益率与预期资本利得收益率之和。

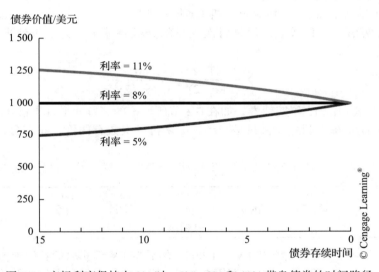

图 7-2　市场利率保持在 8% 时，5%、8% 和 11% 带息债券的时间路径

- 如果市场利率保持在 8%，则 8% 带息债券的交易价格将保持在 1 000 美元。因此，其当前收益率将保持在 8%，其每年的资本利得收益率为 0。
- 5% 利率的债券以折价交易，但在到期时，它必须以面值出售，因为这是公司应该支付给债券持有人的金额。因此，其价格必然随时间上升。
- 11% 利率的债券以溢价交易。然而，其价格必须等于其到期时的面值，所以价格必然随时间下降。

虽然 5% 和 11% 的带息债券的价格随着时间的推移向相反的方向移动，但每种债券为投资者提供相同的总收益率 8%，这也是 8% 票面利率债券的总收益率。折价债券的票面利率低（因此当前收益率低），但它每年提供资本利得收益。相比之下，溢价债券具有高的当前收益率，但它每年都有预期的资本损失。⊖

⊖ 在这个例子中（以及整个文本中），我们忽略了与购买不同类型的债券相关的税收效应。对于带息债券，根据当前税法（2020 年 4 月），利息付款作为普通收入征税，而长期资本收益按长期资本利得税率征税。正如我们在第 3 章中提到的，对于大多数投资者，长期资本利得税率低于个人所得税税率。此外，虽然带息债券每年征税，但资本收益税被推迟到债券出售或到期时征收。因此，在其他条件相同的情况下，投资者最终对折价债券支付较低的税，因为它们的总回报中较大的一部分以资本收益的形式出现。

自我测验

1. 新发行债券和新发债券是什么意思?

2. 去年,公司发行了面值为 1 000 美元,20 年到期,票面利率为 8% 的债券。

   a. 假设 1 年后,市场利率下降到 6%。它们现在还有 19 年到期,债券的新价格是多少?(1 223.16 美元。)

   b. 假设 1 年后,市场利率为 10%(而不是 6%),价格是多少?(832.70 美元。)

   如果预期通货膨胀率上升,固定利率债券的价格为什么会下降?

7.6 半年付息债券

尽管一些债券是每年支付利息,但实际上绝大多数债券是每半年支付一次利息。为了评估半年付息债券,我们必须修改估值模型[式(7-1)],如下所示。

(1)将年度支付的票面利息除以 2,以确定每 6 个月支付的利息。

(2)将到期年数乘以 2,以确定半年期的数量。

(3)将名义(报价)年利率除以 2,以确定定期(半年)利率。

在时间轴上,会有两倍的支付次数,但是每次支付的金额将减半。为了得到半年带息债券的价值,将式(7-1)进行如下变化:

$$V_{B} = \sum_{t=1}^{2N} \frac{INT/2}{(1+r_{d}/2)^{t}} + \frac{M}{(1+r_{d}/2)^{2N}} \tag{7-1a}$$

例如,假设联合食品公司的 15 年期债券,如在 7.3 节中所讨论的,每 6 个月支付 40 美元的利息,而不是每年年底支付 80 美元。因此,每次利息支付只是一半,但是付息次数有两倍。我们会将票面利率描述为"8%,半年付息一次"。⊖

当现行利率为 r_d = 4% 时,面值 1 000 美元、15 年期、年率 8%、半年付息债券的价值如下:

30	2		40	1 000
N	I/YR	PV	PMT	FV

= −1 447.93

输入 N=30,r_d = I/YR=2,PMT = 40 和 FV = 1 000,然后按 PV 键获取债券的价值为 1 447.93 美元。半年付息债券的价值略高于 1 444.74 美元,这是按照第 7.3 节计算的按年支付利息债券的价值。这个价值更高是因为在半年期复利下,每次利息的收取都要快些。

另外,当我们知道半年期债券的价格时,我们可以很容易地反推出债券的名义到期收益率。在上一个例子中,如果你被告知一个 15 年期的 8% 半年付息债券以 1 447.93 美元出售,你可以求出债券的到期收益率如下:

30		−1 447.93	40	1 000
N	I/YR	PV	PMT	FV

2

在这种情况下,输入 N=30,PV=−1 447.93,PMT=40 和 FV =1 000,然后按 I /YR 键获取半年期利率为 2%。乘以 2,我们计算债券的到期收益率为 4%。⊜

⊖ 在这种情况下,"8%,半年付息一次"的票面利率是债券交易商、企业财务主管和投资者通常讨论的利率。当然,如果这种债券以面值发行,其有效年利率将高于 8%。因为 8% 且一年付息与 8% 且半年付息有很大的不同,我们假设与在 7.3 节中假设的年利率为 8%,每年付息一次的情况相比,本节中的有效年利率发生变化。

$$EAR = EFF\% = \left(1 + \frac{r_{NOM}}{M}\right)^{M} - 1 = \left(1 + \frac{0.08}{2}\right)^{2} - 1 = 1.04^{2} - 1 = 8.16\%$$

⊜ 我们可以使用类似的过程来计算半年付息债券的名义收益率。唯一的区别是,N 应代表直到债券赎回时半年期的数量,FV 应为债券的赎回价格而不是其面值。

提问

问题：

你刚刚购买了一张 15 年期的未偿债券，且该债券不可赎回，面值为 1 000 美元。假设这个债券年利息率为 7.5%，半年付息一次。如果（名义）年利率是 6%，你为这种债券支付了多少价格？这个价格如何与一年付息一次的债券的价格相比较？

答案：

使用财务计算器，我们能得到债券的价格是 1 147.00 美元。

30	3		37.50	1 000
N	I/YR	PV	PMT	FV
		= -1 147.00		

这种半年付息债券的价格也可以使用 Excel 函数进行如下计算：

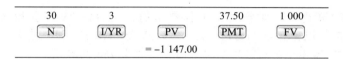

= PV(0.03,30,37.5,1 000)
PV(rate, nper, pmt, [fv], [type])

这里，我们得到债券的价格是 1 147.00 美元。

之前，我们计算了价格为 1 145.68 美元的年度债券的到期收益率。请注意，半年期债券的价格为 1 147.00 美元，比年度债券价格 1 145.68 美元高 1.32 美元，因为该债券是每半年而不是每年收到利息。

自我测验

1. 描述该如何改变年度支付债券估值公式来评估半年付息债券的价值，并写出修改后的公式。

2. 哈特韦尔公司发行了一个 20 年到期，利率 8%，半年付息，面值为 1 000 美元的债券。其名义年利率（r_d）为 7%。债券的价格是多少？（1 106.78 美元。）

7.7　评价债券风险

在本节中，我们将定义并解释影响债券风险的两个关键因素。一旦确定了这些因素，我们就可以对它们进行区分，并讨论如何最大限度地降低这些风险。

7.7.1　价格波动风险

正如我们在第 6 章中看到的，利率随时间波动，当利率上升时，未偿债券的价值下降。由于利率上升而导致债券价值下降的风险称为**价格波动风险**（price risk）或**利率风险**（interest rate risk）。为了说明问题，参考联合食品公司的债券，再次假设它们有 8% 的年利息率，并假设你以其面值 1 000 美元买了这些债券中的一种。在你购买之后不久，利率持续从 8% 上升至 12%。⊖正如我们在 7.3 节中所看到的，利率上升将导致债券的价格从 1 000 美元降至 727.57 美元，因此你将失去 272.43 美元。⊜因为利率可以上升，上升的利率导致债券持有人损失，所以投资债券的人或公司面临利率上升的风险。

长期债券的价格波动风险高于即将到期的债券。⊕这是因为到期时间长，债券将在更久远的时间被偿还，债券持有人可以用另一个票面利率较高的债券代替。这一点可以通过展示 1 年期、8% 年利率债券价值如何随 r_d 的变化而波动，然后将它的价值波动与 15 年期、8% 年利率债券的价值波动进行比较来证明。1 年期不同利率的债券的价值如下所示：

⊖ 利率从 8% 立即提高到 12% 是相当不寻常的，只有当一些关于公司坏的消息披露出来或在经济中发生时才会出现。较小但仍然显著的利率上升，会对债券持有人有不利影响，这种情况会相当频繁地发生。

⊜ 你只有在出售债券时才会有会计（和税务）损失，如果你持有至到期，你就不会有这样的损失。然而，即使你没有卖出，你仍然会在机会成本意义上遭受真正的经济损失，因为你将失去 12% 的投资机会，并将在 12% 的市场中持有 8% 的债券。在经济意义上，"纸上损失"与实际会计损失一样糟糕。

⊕ 实际上，债券的到期日和票面利率都会影响价格波动风险。低息债券意味着大部分债券的回报来自于本金的偿还，而在相同期限的高息债券上，由于相对较大的利息支付，因此较早的年份将会有更多的现金流入。

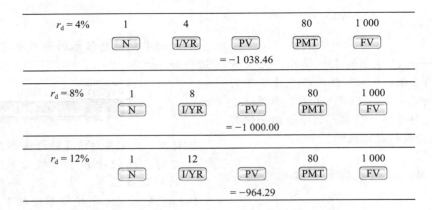

你将通过输入 $N=1$，$I/YR=4$，PMT=80 和 FV=1 000 获得第一种情况下的债券价值，然后按 PV 键获得 1 038.46 美元。在计算器中仍保留所有数据，输入 $I/YR=8$ 以覆盖旧的 $I/YR=4$，并按 PV 键得出 8% 利率债券的价值，它下降到 1 000 美元。然后输入 $I/YR=12$，按 PV 键得出最后一种情况下债券价值为 964.29 美元。

你可以将 7.3 节中发现的利率上升对 15 年期债券价值的影响与 1 年期债券价值的影响的计算结果进行比较。具体比较如图 7-3 所示，该图显示了不同利率对应的债券价值，然后将债券价值绘制在图上。与 1 年期债券相比，15 年期债券对利率变化更敏感。按 8% 的利率，15 年期和 1 年期债券的价值均为 1 000 美元。当利率上升至 12% 时，15 年期债券价值下降至 727.57 美元，但 1 年期债券价值仅下降至 964.29 美元。1 年期债券的价格下跌仅为 3.57%，然而 15 年期债券的价格下跌为 27.24%。

对于具有类似票面利率的债券，这种差异利率敏感性总是成立的。债券的到期时间越长，其价格随着利率的变化越大。因此，两个债券的违约风险完全相同，具有较长期限的债券通常会面临更多利率上升的风险。⊖

这种价值风险差异的逻辑解释很简单。假设你买了一个 15 年期债券，利率为 8%，即每年 80 美元。现在假设可比风险债券的利率上升至 12%。在接下来的 15 年里，你每年只会收到 80 美元的利息。如果你买了 1 年期债券，你将只获得 1 年的低回报。在年底，你会收到你的 1 000 美元，那么你可以再投资，并在未来 14 年赚取 12%，或每年 120 美元。

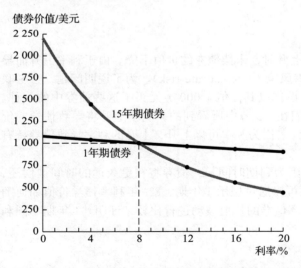

当前市场利率（%）	价值	
	1 年期债券 / 美元	15 年期债券 / 美元
4	1 038.46	1 444.74
8	1 000.00	1 000.00
12	964.29	727.57
16	931.03	553.96
20	900	438.94

图 7-3 不同市场利率下，票面利率 8% 长期债券和短期债券的价值

注：债券价值是使用假设每年付息一次的财务计算器计算的。

⊖ 如果在图 7-3 的图表上绘制一个 10 年期债券的价值曲线，其曲线将在 15 年期和 1 年期债券价值曲线之间。1 个月债券的价值曲线几乎是水平的，表明其价格对利率变化的反应变化很小；但是 100 年期债券的斜率将非常陡，而永续债券的斜率更加陡峭。此外，零息债券的价格对利率变化非常敏感，其到期时间越长，价格敏感性越大。因此，30 年期的零息债券具有巨大的价格风险。

7.7.2　再投资风险

正如我们在上一节中看到的，利率的增加会导致债券投资组合的现值下降，使债券持有人受损。但是，利率的下降也会使债券持有人受损吗？答案是肯定的，因为如果利率下降，长期债券持有人的收入将减少。例如，一个退休人员有一个债券投资组合并靠此维持生计。投资组合中的债券平均拥有 8% 的票面利率。现在假设利率下降到 4%。许多债券将到期或被赎回，在这种情况下，债券持有人必须用 4% 利率的债券取代 8% 利率的债券。因此，该退休人员的收入将减少。[○]

利率下降导致收入下降的风险被称为**再投资风险**（reinvestment risk）。自 20 世纪 80 年代中期以来利率的大幅下降已经向债券持有人证明了其重要性。可赎回债券的再投资风险明显较高。短期债券的再投资风险也很高，因为债券的到期时间越短，利率较高的旧债券被新发行的低息债券取代前的年份就越少。因此，主要持有短期债券或其他债务性证券的退休人员将受到利率下降的严重侵害，但不可赎回的长期债券的持有人将继续享受原有的高利率。

7.7.3　比较价格波动风险和再投资风险

注意，价格波动风险与债券投资组合的当前市场价值有关，而再投资风险则与债券投资组合产生的收益有关。如果持有长期债券，你将面临巨大的价格波动风险，因为如果利率上升，你的债券投资组合的价值会下降，但你面对的再投资风险变小，因为你的收入将是稳定的。如果持有短期债券，你不会面临太多的价格波动风险，但你将面临重大的再投资风险。表 7-2 总结了债券

表 7-2　比较价格波动风险和再投资风险

债券	价格波动风险水平	再投资风险水平
长期债券	高	低
高票面利率的短期债券	低	高

© Cengage Learning®

的到期利率和票面利率如何影响其价格波动风险和再投资风险。例如，长期零息债券具有非常高的价格波动风险和相对较小的再投资风险。相比之下，具有高票面利率的短期债券具有较低的价格波动风险，但再投资风险相当大。

哪种类型的风险与特定投资者更相关取决于投资者计划持有债券时间的长短，这通常被称为**投资期限**（investment horizon）。举例来说，一个投资期限（1 年）相对较短的投资者，他计划从现在起 1 年后去读研究生，并需要钱去支付学费和相关费用。再投资风险是投资者最不关心的，因为没有时间再投资。投资者可以通过购买 1 年期国债来消除价格波动风险，因为他可以确保从现在起 1 年（投资期）能得到债券的面值。然而，如果这个投资者购买长期国债，他将承担相当大的价格波动风险，因为正如我们所看到的，长期债券的价格在利率上升时下降。因此，对于投资期限较短的投资者，长期债券比短期债券具有更大的风险。

相比之下，短期债券固有的再投资风险与投资期限较长的投资者尤其相关。例如，一位退休的女士需要从她的债券投资组合中获取收入。如果购买 1 年期债券，她必须每年"展期"，如果利率下降，同样在随后的几年里她的收入会下降。例如，为了退休或孩子大学的费用而投资储蓄的年轻夫妇也将受到类似的影响，因为如果他们购买短期债券，他们也将不得不以可能低得多的利率延期他们的债券投资组合。由于如今对于这些再投资现金流所获得的利率的不确定性，长期投资者应特别关注短期债券固有的再投资风险。

为了解释债券的到期日和票面利率的影响，许多分析师特别关注债券的"久期"。债券的**久期**（duration）是指接收每个债券的现金流所需时间的加权平均值。由于零息债券的唯一现金流在到期时支付，因此其久期等于其到期时间。除此之外，债券的久期将小于其到期时间。你可以使用 Excel 的时间函数计算债券的久期。

管理价格波动风险和再投资风险的一种方法是购买一个零息债券，其久期等于投资者的投资期限。一个非常简单的方法是购买一个与到期日匹配的零息债券。例如，假设你的投资期限为 10 年。如果你购买 10 年零息债券，那么你一定能在 10 年内收到等于债券面值的资金。[○]此外，由于没有再投资的债券，因此没有再投资风险。这解释了为什么具有特定目标的投资者通常投资零息债券。[⊜]

○　查尔斯·施瓦布在《华尔街日报》最近的一篇评论中提出这一点，他认为持续的低利率对许多老年公民造成了破坏性影响，因为他们依靠投资收益过活。有关更多信息，参见 Charles Schwab，"Low Interest Rates Are Squeezing Seniors"，*The Wall Street Journal*，（online.wsj.com），March 30，2010.

○　注意，在这个例子中，10 年零息债券在技术上有相当大的价格风险，因为它的当前价格对利率变化非常敏感。然而，价格的年度变动不应该引起投资者的极大关注，因为投资者知道，无论利率发生什么变化，当它到期时，债券的价格仍将是 1 000 美元。

⊜　关于零息债券的两个问题需要关注。首先，零息债券的投资者必须每年就其应计的增值额缴税，即使债券在到期之前不支付任何现金。其次，购买到期日等于投资期限的零息债券可以锁定名义现金支付，但是该支付的真实价值仍然取决于你投资期间发生的通货膨胀情况。

回想第6章，到期风险溢价通常是正的。[⊖]此外，正的到期风险溢价意味着投资者一般认为长期债券比短期债券风险更大。反过来，这表明投资者一般更关心价格波动风险。然而，每个投资者都应考虑自己的情况，识别不同期限的债券所固有的风险，并构建一个最能帮助投资者处理最相关风险的债券投资组合。

自我测验

1. 区别价格波动风险和再投资风险。

2. 长期债券持有人更可能会面对哪种风险？短期债券持有人呢？

3. 什么类型的担保可以用于最小化固定投资期限的投资者的价格波动风险和再投资风险？这种担保是否保护了真正的收益？请解释。

7.8　违约风险

潜在违约风险是债券持有人面临的另一个重要风险。如果发行人违约，投资者将收到低于承诺的回报率。回想第6章，名义年利率包括违约风险溢价——违约概率越高，溢价越高，从而到期收益率越高。国债的违约风险为零，但这种风险对于较低级别的公司债券和市政债券来说很高。

假设两个债券具有相同的承诺现金流，它们的票面利率、到期日、流动性和通货膨胀风险都是相同的，但是一个比另一个具有更高的违约风险。投资者自然会为违约概率较小的债券支付更高的价格。因此，具有较高违约风险的债券具有较高的市场利率：$r_d = r^* + \text{IP} + \text{DRP} + \text{LP} + \text{MRP}$。如果债券的违约风险发生变化，那么，$r_d$ 与价格将受到影响。因此，如果美联储债券的违约风险增加，其价格将下降，到期收益率（$\text{YTM}=r_d$）将增加。

7.8.1　多种企业债券

违约风险受发行人的财务实力和债券合约条款的影响，包括抵押品是否已被抵押。本节描述了一些关键类型债券的特征。

1. 抵押债券

在抵押债券中，公司保证将特定资产作为债券的担保。例如，2021年，比林汉姆公司需要1 000万美元建设一个区域配送中心。通过对该财产的首次抵押担保，比林汉姆公司发行了400万美元的债券（剩余的600万美元是由股本资助的）。如果比林汉姆违约，债券持有人可以取消抵押品赎回权，并将其出售以满足他们的需求。

如果比林汉姆公司已经发行抵押债券，它还可以发行二次抵押债券，由相同的1 000万美元的资产担保。在清算情况下，二次抵押债券持有人将对该财产提出索赔，但必须在首次抵押债券持有人被全额偿付之后。因此，二次抵押贷款有时被称为低级抵押贷款，因为它们对于高级抵押贷款或首次抵押贷款的索赔有低级优先权。

所有抵押债券都附有契约，这是一份详细说明债券持有人和公司权利的法律文件。许多大公司的契约是20年、30年、40年或更多年前写的。这些契约一般是"开放式的"，这意味着新债券可以在相同的契约下随时发行。然而，可发行的新债券的数量通常限制在公司总的"支持债券的资产"的一定比例内，其通常包括所有的土地、厂房和设备。当然，新发债券的票面利率随着时间的推移以及旧债券的市场利率而发生变化。

2. 公司债券

公司债券是一种无担保债券，因此，它不提供特定抵押品作为债务的担保。公司债券持有人是一般债权人，其债权未受其他求偿权的保护。实际运用时，公司债券的使用取决于公司资产的性质和一般信用强度。通用电气和埃克森美孚等非常强大的公司可以发行公司债券而不需要把财产作为其债务的担保。公司债券也可以由已经将大部分资产作为抵押贷款的担保的弱势公司发行。在这种情况下，公司债券是相当危险的，并且风险将反映在它们的利率中。

⊖　到期风险溢价是正数的事实表明大多数投资者的投资期限相对较短，或者至少担心短期内净值的变化。参见 Roger G. Ibbotson, *Stocks, Bonds, Bills, and Inflation: 2020 Yearbook* (Chicago, IL: Duff & Phelps, 2020)，其发现，长期债券的到期风险溢价在过去的94年平均为1.5%。

2020 年，本米莱克、库马尔和拉詹的一项研究证明，在过去一个世纪中，担保融资的使用大幅下降。[○] 1900 年发行的债券中有 98.5% 是有担保的，但近年来这一比例已降至 15% 左右。作者认为，债券持有人变得更有信心，即使没有额外的安全保障，他们的债权也会在破产中得到履行，这种信心的增强使他们更愿意投资于无担保债务。与此同时，发行者往往更喜欢发行无担保债券，因为他们希望在经济困难时期，保留发行有担保债券的选择权。他们还发现，在经济衰退期间，担保融资的比例通常会增加。

3. 次级债券

术语"次级"意味着"低"或"差"，而在破产情况下，次级债务只有在高级债务已全额支付后才有资产索赔权。次级债券可以从属于指定的应付票据（通常是银行贷款）或其他所有债务。在清算或重组的情况下，次级债券的持有人不会收到任何偿付，直到在债券契约中规定的所有高级债务已偿付。

7.8.2　债券评级

自 20 世纪初以来，债券已根据其违约概率进行质量评级。三大评级机构分别为穆迪投资服务公司（Moody's）、标准普尔公司（S&P）和惠誉国际信用评级有限公司。穆迪和标准普尔公司的评级名称如表 7-3 所示。[○] AAA 级和 AA 级债券非常安全。A 级和 BBB 级债券也足够强大，称为投资级债券，它们是法律允许银行和其他机构投资者持有的最低评级债券。BB 和更低级债券是投机性或垃圾债券，它们有显著的违约概率。

表 7-3　债券评级，违约风险和收益率

| 评级机构[①] | | 违约风险[②]/% | | 平均比率[③] | | 2019 年升级或降级的百分比[②] | | |
标准普尔	穆迪	1 年	5 年	资产收益率 /%	资产负债率 /%	下降 /%	上升 /%	收益率 /%
投资级债券								
AAA	Aaa	0.12	0.65	30.6	14.7	0.00	不适用	2.55
AA	Aa	0.05	0.06	23.6	29.2	8.51	0.71	2.40
A	A	0.05	0.46	20.7	33.8	2.04	0.52	2.63
BBB	Baa	0.13	1.34	13.2	43.5	2.04	2.03	3.19
垃圾债券								
BB	Ba	0.62	4.96	10.9	52.2	8.48	5.60	3.77
B	B	1.96	10.22	7.8	75.2	12.87	5.43	5.28
CCC	Caa	22.12	36.19	2.7	98.9	31.71	12.20	11.78

© Cengage Learning®

[①] 评级机构还对评级低于 AAA 的债券使用"修正器"。标准普尔和惠誉采用的是正负制；因此，A+ 是最强的 A 级债券，A– 是最弱的。穆迪使用 1、2 或 3 来表示级别，1 表示最好，3 表示最弱；因此，在 AA 类别中，Aa1 是最好的，Aa2 是一般的，Aa3 是最弱的。

[②] 违约风险、降级和升级来自惠誉国际评级公司 2020 年 3 月 27 日发表的 2019 年全球企业融资转型和违约研究。见 fitchratings.com/research/corporate/corporate-finance/2019-transition-default-studies-27-03-2020.（阅读惠誉报告需要免费注册）

[③] 平均比率取自 Edward Altman 的《美国和全球信贷市场的企业信用评分模型》，纽约大学斯特恩商学院（people.stern.nyu.edu/ealtman/CorpCrScoringModels.pdf），2016 年秋季版。

资料来源：BofA Merrill Lynch, retrieved from FRED, Federal Reserve Bank of St. Louis, fred.stlouisfed.org, December 31, 2019.

与这些论点一致的是，表 7-3 显示了评级较低的债券通常违约率较高。这些数字是基于惠誉评级过去几年对债券进行评级的基本样本得出的。例如，0.46% 的 A 级债券在发行后的前 5 年内违约，而 36.19% 的 CCC 级债券在 5 年内违约。该表中的数字还说明（正如预期的那样）评级较低的债券收益率较高，其发行公司的负债率较高。

1. 债券评级标准

评级机构使用这个框架同时考虑定性和定量因素。定量因素与财务风险相关，考察公司的财务比率，如第 4 章讨论的那些。当然，发布的比率是历史数据，它们显示了公司过去的状况，然而债券投资者对公司未来的

[○] 参见 Efraim Benmelech, Nitish Kumar, and Raghuram G. Rajan, "The Decline of Secured Debt," papers.ssrn.com/sol3/papers.cfm?abstract_id=3512974, May 12, 2020.

[○] 在接下来的讨论中，参考标准普尔评级意味着穆迪和惠誉的评级。因此，BBB 债券意味着 BBB 和 Baa 债券，BB 债券意味着 BB 和 Ba 债券，等等。

状况更感兴趣。所考虑的定性因素包括对企业的经营风险的分析，例如其在行业内的竞争力和其管理的质量。债券评级包括以下决定性因素。

（1）财务比率。所有的比率都很重要，但与财务风险相关的才是关键。评级机构的分析师按照第4章讨论的方式进行财务分析，并按照第17章所述，预测未来比率。

（2）定性因素：债券合同条款。每个债券都涵盖了约束发行人与债券持有人的合约，通常称为契约。契约规定了与债券相关的所有条款，包括到期日、票面利率、债券是否通过特定资产抵押担保的声明、任何偿债基金的规定，以及债券是否由具有高信用等级的第三方担保的声明。其他条款可能包括限制性契约，例如要求公司不要让其资产负债率超过规定水平，并保持其利息保障倍数达到或高于给定水平。一些债券契约数百页长，而一些债券契约相当短，仅涵盖贷款条款。

（3）其他定性因素。其中包括公司收入对经济景气的敏感性、受通货膨胀影响的作用机制、是否存在或可能存在劳动力问题的声明、国际业务的范围（包括所在运营国家的稳定性）、潜在的环境问题和潜在的反垄断问题。如今，最重要的因素是次级贷款，包括出于这种贷款所支持资产的复杂性，难以确定这种风险的程度。

我们看到债券评级由很多因素决定，一些定量和一些定性因素（或主观因素）。此外，评级过程是动态的，有时，一个因素是最重要的，在其他时候，其他因素才是关键。表7-4概述了评级机构在评级公司债券时的标准。表7-4a显示了结合业务和财务风险如何确定建立基本债券评级的"锚点"。表7-4b进一步显示出了如何将该锚点与一组全面的其他因素组合以确定发行方的最终信用评级。

表7-4 债券评级标准

a）部分：结合业务和财务风险概况来确定锚点

业务风险组合	财务风险概况					
	最小	适度	中间	重大	激进	高杠杆
优秀	AAA/AA+	AA	A+/A	A−	BBB	BBB−/BB+
强	AA/AA−	A+/A	A−/BBB+	BBB	BB+	BB
较好	A/A−	BBB+	BBB/BBB−	BBB−/BB+	BB	B+
一般	BBB/BBB−	BBB−	BB+	BB	BB−	B
弱	BB+	BB+	BB	BB−	B+	B/B−
极弱	BB−	BB−	BB−/B+	B+	B	B−

b）部分：发行方信用评级

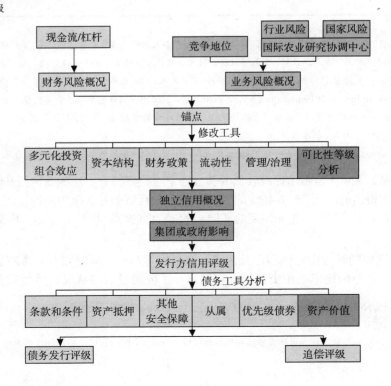

2. 债券评级的重要性

债券评级对企业和投资者都很重要。首先,因为债券评级是其违约风险的指标,评级对债券的利率和公司的债务成本有直接的、可测量的影响。其次,大多数债券是由机构投资者而不是个人购买的,许多机构仅限于购买投资级债券。因此,如果一家公司的债券跌破 BBB 级,它将很难卖出新债券,因为许多潜在的购买者将不被允许购买。

由于风险更高、受到市场更多的限制,因此低级债券的收益率(r_d)要高于高级债券收益率。图 7-4 说明了这一点。在其所示的各年中,美国政府债券的收益率最低,AAA 级债券次之,BBB 级债券的收益率最高。该图还显示,三种类型债券的收益率之间的差距会随着时间变化,表明成本差异或收益差异每年都会发生波动。在金融危机之后,公司和国库券之间的收益率差异急剧增加。在危机后的几年里,这些利差已经收窄,因为投资者已经再次逐渐地愿意持有风险更高的债券。

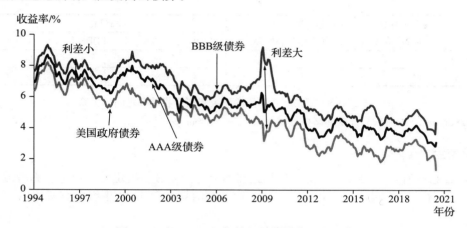

图 7-4 1994—2020 年某些长期债券的收益率

资料来源:FRED Economic Data, Federal Reserve Bank of St. Louis, fred.stlouisfed.org.

这一点在图 7-5 中体现得非常明显,图 7-5 给出了 2009 年 1 月和 2020 年 1 月三种类型债券的收益率以及 AAA 级和 BBB 级债券与国库券的信用利差。⊖ 首先从图 7-5 中可以看出,2020 年 1 月的无风险利率或纵轴截距低于 2009 年 1 月的无风险利率。其次,直线的斜率减小。最后,值得注意的是,在 2020 年 1 月之后的几个月里,新冠疫情造成的经济恐慌使这些差异进一步增加。

3. 评级变化

企业债券评级的变化会影响企业的借款能力及其资本成本。评级机构定期审查未偿还债务,随发行人情况的变化偶尔升级或降级债券。例如,2018 年 4 月 11 日,穆迪将 Netflix 公司的信用评级从 B1 升至 Ba3。穆迪将用户和收入的预期增长作为升级的原因。2018 年 3 月 27 日,穆迪将特斯拉的信用评级从 B2 降至 B3。穆迪认为特斯拉 Model 3 的产量不足和紧张的财务状况导致了评级的下降。表 7-3 提供了 2019 年各评级类别下降和上升的百分比数据。除 AAA 级债券外,2019 年每一种债券评级的下降百分比都超过了上升百分比。

从长远来看,评级机构在衡量债券的平均信用风险和在信用质量发生重大变化时更改评级方面做得相当不错。然而,重要的是要了解对于信用质量的变化,债券评级不会立即调整,在某些情况下,信用质量的变化和评级的变化之间可能存在相当大的时滞。例如,安然公司的债券在 2001 年 12 月的一个星期五仍然是投资级的评级,但在两天后的星期天公司宣布破产。曾经,评级机构面临巨大的舆论压力,因为严重低估了次级抵押贷款支持的许多证券的风险。为了回应这些担忧,2010 年颁布的《多德—弗兰克法案》指出,SEC 应加强对评级

⊖ 信用利差与公司债券的风险溢价有关,但不相同。真实风险溢价仅反映由风险差异导致的两个证券之间的预期(和必要)报酬的差异。然而,信用利差反映了:①真实的风险溢价;②流动性溢价,这反映了美国国债比大多数公司债券更易于销售的事实;③赎回溢价,因为大多数国债是不可赎回的,而公司债券是可赎回的;④预期损失差额,其反映了公司债券损失的概率。假设 BBB 级债券的到期收益率为 6.0%,而政府债券的到期收益率为 4.8%,但公司债券的总违约损失概率为 5%。在这种情况下,BBB 级债券的期望收益率将为 0.95×6.0%+0.05×0= 5.7%,收益率差异为 0.9%,而不是"承诺"收益率到期的 1.2 个百分点。

机构的监管。这种监管的确切性质仍在进行。[注]

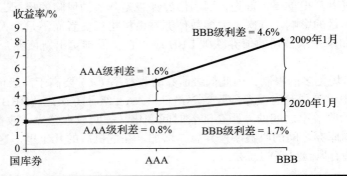

图 7-5　2009 年和 2020 年债券评级与债券收益率之间的关系

	长期政府债券	AAA 公司	BBB	收益利差	
	（无违约风险）（1）	债券（2）	公司债券（3）	AAA（4）=（2）-（1）	BBB（5）=（3）-（1）
2009.01	3.5%	5.1%	8.1%	1.6%	4.6%
2020.01	2.1	2.9	3.8	0.8	1.7

资料来源：FRED Economic Data, Federal Reserve Bank of St. Louis, fred.stlouisfed.org.

7.8.3　破产和重组

当企业破产时，它没有足够的现金来支付其利息和本金。企业必须决定是否通过清算解散公司，或允许公司重组，从而继续经营。这些问题在《联邦破产法》第 7 章清算和第 11 章重组中有所规定，最终决定由联邦破产法院法官做出。

强制公司进行清算而不是让其重组的决定取决于重组业务的价值是否可能大于其资产被零星出售的价值。在重组过程中，公司的债权人与管理层就潜在的重组条款进行谈判。重组计划可能需要重组债务，在这种情况下，利率可能会降低，到期期限延长，或者一些债务可以换成股权。重组的重点是将财务费用降低到公司预计现金流支持的水平。当然，普通股股东也必须被"剪羊毛"，他们普遍认为他们的股权被稀释，因为额外的股份被给予债务人，以换取其接受减少的债务本金和利息。受托人可由法院指定以监督重组，但现有的管理层通常被允许保留控制权。

如果公司被认为"死亡"比"活着"更值钱，则发生清算。如果破产法院命令清算，则资产被拍卖，所获得的现金按照《联邦破产法》第 7 章清算的规定分配。现在，你应该知道：①《联邦破产法》管控重组和清算；②破产频繁发生；③当清算公司的资产被分配时，必须遵循指定的索赔优先权；④债券持有人的待遇取决于债券的条款；⑤一般来说，股东在重组和清算中几乎得不到任何东西，因为资产价值通常低于未偿债务的金额。

自我测验

1. 区分抵押债券和公司债券。
2. 说出主要的评级机构，并列出影响债券评级的一些因素。
3. 为什么债券评级对公司和投资者很重要？
4. 对于信用质量的变化，债券评级会立即调整吗？解释说明。
5. 区分《联邦破产法》中的第 7 章清算和第 11 章重组。一般来说，应该何时使用？

[注] For an overview of the SEC's current policy, see the SEC's website sec.gov/spotlight/dodd-frank .shtml. Relatedly, a *New York Times* article discusses the difficulties involved in drafting these new regulations. Refer to Gretchen Morgenson, " The Stone Unturned: Credit Ratings," *The New York Times* (nytimes.com), March 22, 2014.

7.9 债券市场

公司债券主要在场外交易市场交易。大多数债券是由大型金融机构持有和交易的（例如人寿保险公司、共同基金、对冲基金和养老基金，这些机构都是从事大量证券交易的）。并且，场外债券交易商在相对较少的债券持有人之间安排大额债券的转让也相对容易。在股票市场数以百万计的大股东和小股东之间进行类似的操作将会更加困难，因此，更高比例的股票交易出现在交易所内。

一些领先的商业出版物和网站定期报告国债、公司债和市政债券市场的主要发展。例如，《华尔街日报》提供了一份债券的列表，展示了前一天的债券收益率（相对于国债）的最大涨跌幅。表 7-5 重现了 2020 年 4 月 8 日的部分数据。该表还报告了公司前一天的股票表现，这使得投资者可以很容易地看到最近的新闻是如何影响公司的股票价格及其债券利率的。作为报告数据的一部分，《华尔街日报》还包括大量有关债券指数和不同国家政府债券利率快照的有趣数据。其他有用的来源包括雅虎财经、谷歌财经和晨星公司的债券部门。

表 7-5 《华尔街日报》企业债务部分，2020 年 4 月 8 日

公司债务

一家公司在信贷市场上的债券价格波动有时会反映并预测出公司股价的波动

投资级利差收紧最多……

发行者	代码	票息 / %	到期日	当前	点差，以基点为单位 为期一天的变化	上个星期	债券市场表现 近期 / 美元	变化率 / %
Noble Energy	NBL	3.900	Nov. 15, '24	715	−136	962	7.22	6.49
Air Lease	AL	4.250	Feb. 1, '24	688	−92	n.a.	24.62	3.01
Fluor	FLR	4.250	Sept.15, '28	655	−92	872	7.28	7.85
Interpublic	IPG	5.400	Oct.1, '48	321	−89	376	15.90	3.31
Ally Financial	ALLY	4.625	March 30, '2	450	−82	523	15.22	5.77

……利差扩大最广泛

发行者	代码	票息 / %	到期日	当前	为期一天的变化	上个星期	债券市场表现 近期 / 美元	变化率 / %
Valero Energy	VLO	3.650	March 15, '25	365	160	381	51.60	7.48
Sysco	SYY	3.300	Feb. 15, '50	424	102	375	47.25	2.56
Air Lease	AL	3.875	July 3, '23	804	96	636	24.62	3.01
Sumitomo Mitsui Financial	SUMIBK	3.936	Oct. 16, '23	240	74	n.a.	...	...
Nissan Motor Acceptance	...	2.650	July 13, '22	616	66	n.a.	...	...
Nordstrom	JWN	4.375	April 1, '30	849	59	690	19.00	5.32
Williams	WMB	3.750	June15, '27	367	58	390	15.34	1.25
Verisk Analytics	VRSK	4.125	March 15, '29	340	47	327	148.70	1.04

伴随着最大价格上涨的高收益发行……

发行者	代码	票息 / %	到期日	当前	债券价格为面值的百分比 为期一天的变化	上个星期	债券市场表现 近期 / 美元	变化率 / %
Mallinckrodt International Finance	...	4.875	April 15, '20	100.500	13.50	71.500	...	...
Occidental Petroleum	OXY	4.400	April 15, '46	55.500	5.50	42.000	15.56	12.43
Hertz	...	5.500	Oct. 15, '24	49.500	5.00	53.000	...	...
Western Midstream Operating	...	5.500	Aug. 15, '48	62.500	5.00	38.975	...	...
WPX Energy	WPX	5.250	Oct. 15, '27	80.000	5.00	55.750	4.30	11.69
Tegna	TGNA	4.625	March 15, '28	90.400	4.90	88.000	11.70	6.36
L Brands	LB	6.950	March 1, '33	59.500	4.50	59.000	14.58	10.12

……随着价格极大下降

发行者	代码	票息 / %	到期日	当前	为期一天的变化	上个星期	债券市场表现 近期 / 美元	变化率 / %
Quicken Loans	QUICKN	5.750	May 1, '25	85.000	−9.75	98.000	...	...
Nationstar Mortgage Holdings	NSM	6.000	Jan. 15, '27	78.250	−4.78	83.250	...	...
Station Casinos	...	5.000	Oct. 1, '25	77.500	−4.25	82.000	...	...
Ladder Capital Finance	...	5.875	Aug. 1, '21	67.500	−4.00	n.a.	...	...
Chemours	CC	7.000	May. 15, '25	84.000	−3.60	83.500	9.52	10.31

（续）

发行者	代码	票息 / %	到期日	债券价格为面值的百分比			债券市场表现		变化率
				当前	为期一天的变化		上个星期	近期 / 美元	/ %
TransDigm	TDG	6.375	June 15, '26	85.000	−2.63		92.000	328.25	14.60
J.C. Penney	JCP	7.625	March 1, '97	8.000	−2.50		n.a.	0.33	1.18
Hertz	...	7.625	June 1, '22	72.700	−2.30		n.a.		

* 估计 2 年、3 年、5 年、10 年或 30 年畅销证券的利差，100 个基点 = 1 个百分点。所示的扩展变化用于 Z 扩展。

注：数据针对期限为两年或更长的债券的最活跃期。

资料来源：MarketAxess Corporate BondTicker; WSJ Market Data Group; Corporate Debt Section, *The Wall Street Journal* (online.wsj.com), April 9, 2020, p. B8.

应计利息和附息债券的定价

在本章中，我们展示了影响债券价格的各种因素。但在现实中，你愿意为债券支付多少还取决于下次债券支付何时到期。显然，在其他条件相同的情况下，相对于利息支付的后一天，你愿意在利息支付的前一天以更高的价格购买债券。因此，如果你在付息期购买债券，你还必须支付应计利息。应计利息代表在付息期积累的利息金额，可以计算如下：

$$应计利息 = 息票支付 \times \frac{从上一次息票支付以来的天数}{计息期天数}$$

例如，我们考虑 2020 年 4 月 30 日发行的公司债券。该债券是 8% 的半年付息债券，面值为 1 000 美元，这意味着 6 个月后，在 2020 年 10 月 30 日，债券将支付第一张 40 美元的息票，并且在 2021 年 4 月 30 日，它将支付第二张 40 美元的息票。如果你在 2021 年 7 月 19 日购买债券（自 4 月 30 日债券最后一次付息后 79 天），你必须向卖家支付 17.56 美元的应计利息。⊖

$$应计利息 = 40 \times \frac{79}{180} = 17.56（美元）$$

在大多数情况下，债券是扣除应计利息计价的——通常被称为清洁价格（clean price）。你支付的实际价格（通常称为肮脏价格，dirty price）是清洁价格加上应计利息。在上述情况下，我们假设债券的到期名义收益率与发行债券时相同（8%），这意味着债券不计应计利息，继续以同等价格交易。它遵循：

清洁价格（报价价格）= 1 000 美元
应计利息 = 17.56 美元
肮脏价格（发票价格）= 清洁价格 + 应计利息
= 1 017.56 美元

你还可以使用 Excel 中的应计利息函数（ACCRINT），很容易地计算债券的应计利息。最后一点，在这个例子中，当我们谈及一个债券的价格，我们是指债券的报价价格或者清洁价格。但是你要记住，如果你购买或出售债券，实际支付或收到的价格是肮脏价格，其中包括应计利息。

自我测验

1. 为什么大多数债券交易发生在场外市场？
2. 应计利息如何计算？
3. 清洁价格和肮脏价格是什么意思？

本章小结

本章描述了政府和公司发行的不同类型的债券，解释了债券价格是如何决定的，并讨论了投资者如何估算债券的收益率。本章还讨论了投资者在购买债券时面临的各种类型的风险。

⊖ 如果你查看雅虎财经词汇表中的应计利息，你将看到更多关于应计利息支付的详细信息。最值得注意的是，它指出，企业债券和国债的应计利息计算略有不同：大多数债券和固定收益证券的利息每年支付两次。关于公司债券和市政债券，利息计算时每月按 30 天计，每年按 360 天计。对于政府债券，利息根据实际天数和每年 365 天计算。

当投资者购买公司的债券时，投资者向公司提供资本。此外，当企业发行债券时，投资者要求的回报代表企业债务资本的成本。第 10 章深入探讨了这一点，本章中提出的想法用于帮助确定公司的总资本成本，这是资本预算过程的一个基本组成部分。

近年来，许多公司使用零息债券筹集数十亿美元，并且破产是发行债券的公司和投资者要考虑的重要因素。

自测题

ST-1 关键术语

定义下列术语：

a. 债券、国债、公司债券、市政债券、外国债券

b. 票面价值、到期日、原始期限

c. 利息支付、票面利率

d. 固定利率债券、浮动利率债券、零息债券、折价发行债券（OID）

e. 提前赎回条款、偿债基金条款

f. 可转换债券、保证、可回售债券、收益债券、指数债券或购买力债券

g. 折价债券、溢价债券

h. 到期收益率（YTM）、赎回收益率（YTC）

i. 当前收益率、资本利得收益率、总收益率

j. 价格波动风险、再投资风险、投资期限、违约风险、久期

k. 抵押债券、契约、公司债券、次级债券

l. 投资级债券、垃圾债券

ST-2 债券价值

Pennington 公司于 1997 年 1 月 1 日发行了一系列新债券。债券以面值出售（1 000 美元），票面利率为 12%，有效期为 30 年，于 2026 年 12 月 31 日到期。每半年支付一次利息（6 月 30 日和 12 月 31 日）。

a. 在 1997 年 1 月 1 日其到期收益率是多少？

b. 2002 年 1 月 1 日，5 年后，假定利率下降到 10%，债券的价格是多少？

c. 考虑到 b 部分中确定的价格，查找 2002 年 1 月 1 日的当前收益率、资本利得收益率和总收益率。

d. 2020 年 7 月 1 日，6 年半前，Pennington 的债券以 916.42 美元的价格出售。到期收益率、资本利得收益率和当时的总收益率是多少？

e. 现在假设你计划在 2020 年 3 月 1 日购买一个未偿还的 Pennington 公司债券，当风险利率为 15.5% 时，你必须签多大的支票才能完成交易（这是一个难的问题）？

ST-3 偿债基金

温哥华发展公司（VDC）计划出售 1 亿美元，10 年期，利率为 12%，半年付息一次的债券。关于偿债基金在其整个生命周期内退出问题的规定将包括在契约中。偿债基金付款将在每年年底进行，每次付款必须足以退还原始金额的 10%。最后一笔偿债基金支付将偿付最后一部分债券。每期即将到期的债券可以在公开市场上购买，或者温哥华发展公司（VDC）行使期权，按照面值赎回已发行债券的 5%。

a. 如果公司使用期权按面值来赎回债券或决定在公开市场上购买债券，那么每个偿债基金需要支付多少？

b. 在这 10 年期间，与这个问题相关的债务偿还要求会发生什么变化？

c. 现在考虑一个债券替代计划，温哥华发展公司（VDC）设立其偿债基金，以便将相等的年金支付给由银行持有的偿债基金信托，其收益用于购买预计支付 7% 年利率的政府债券。付款额加上累计利息，在第 10 年年底时，总额必须为 1 亿美元，将收益用于赎回已发行的债券。每年偿债基金付款的金额是多少？这个金额是否确定，或者可以更高还是更低？

d. 根据第 c 部分所述的托管安排，涵盖债券服务成本的年度现金需求是什么 [注意：利息必须支付给温哥华发展公司（VDC）的未偿还债券，而不是已赎回的债券]？回答这个问题时，假设利率是水平的。

e. 利率如何发生变化，才会导致公司在公开市场上购买债券，而不是按照计划每年赎回一些债券？

简答题

7-1 偿债基金可以以两种方式之一进行设置。

- 该公司向受托人每年支付一笔款项，该受托人将收益投资于证券（通常是政府债券），并使用累计金额在到期时退还发行的债券。

- 受托人每年都会使用年金来赎回部分已发行的债券（通过抽签决定赎回比例，并按照指定价格赎回债券）或在公开市场购买债券，以成本较低的方案为准。

从公司和债券持有人的角度来看，每个过程的优点和缺点是什么？

7-2 以下式子可以用来计算一个还有 N 年到期、每年支付一次利息的债券的价值吗？假设这个债券是几年前发行的。

$$债券价值 = \sum_{t=1}^{N} \frac{年度利息}{(1 + 利率)^t} + \frac{面值}{(1 + 利率)^N}$$

7-3 未偿还债券的价值随当前利率的变化而变化。一般

来说，短期利率较长期利率而言更加易变。因此，短期债券价格对利率变动更加敏感。这种说法正确吗？请解释（提示：编造一个合理的例子，基于一个 1 年期债券和 20 年期债券来帮助回答这个问题）。

7-4 如果债券发行后利率上升了，那么债券价格和到期收益率将会如何变化？到期日是否会影响利率变动对债券价格的影响程度（编造一个例子将会帮助你回答这个问题）？

7-5 讨论下列观点：债券的到期收益率就是债券的承诺收益率，也等于它的期望收益率。

7-6 如果你购买了一个可赎回债券而且利率下降了，那么你的债券的价值会上升，幅度会等于它是一个不可赎回债券时的情形吗？解释一下。

7-7 假设你有一个很短的投资期限（少于 1 年），你在考虑两种投资方案：一个 1 年期的国债和一个 20 年期的国债，你认为哪个风险更大？请解释。

7-8 指出下列每种情形是否会导致债券的到期收益率上升或下降。

a. 债券价格上升。

b. 债券被评级机构降级。

c.《联邦破产法》的修改使债券持有人在公司宣告破产的情况下更难收到款项。

d. 经济似乎正在由繁荣走向衰退，在你的答案中讨论一下公司信贷实力的影响。

e. 投资者知道相对于另一个债券而言，该债券是一个次级债券。

7-9 为什么赎回条款对债券发行者而言是有利的？什么时候发行者会启动赎回条款？

7-10 从债券持有人的角度来看，提供偿债基金的债券与没有这种规定的债券相比风险更大还是更小？请解释说明。

7-11 偿债基金条款和再融资条款之间有什么区别？

7-12 为什么可转换债券以及附有认股权证的债券比相同利率的一般公司债券提供更低的票面利率？

7-13 解释以下说法是否正确：只有弱小的公司才会发行债券。

7-14 如果经济走向衰退，公司债券和具有同样到期日的国债相比，其利差是更大还是更小？特定企业的利差改变会受其信贷实力的影响吗？请解释。

7-15 债券的期望收益有时用到期收益率来估计，有时用赎回收益率来估计。两者分别在何种情况下更加准确？

7-16 下列哪个债券的价格波动风险最大？解释你的答案（提示：参考表 7-2）。

a. 7 年期债券，票面利率为 5%。

b. 1 年期债券，票面利率为 12%。

c. 3 年期债券，票面利率为 5%。

d. 15 年期债券，票面利率为 0。

e. 15 年期债券，票面利率为 10%。

7-17 下列哪个债券的再投资风险最大？解释你的答案（提示：参考表 7-2）。

a. 7 年期债券，票面利率为 5%。

b. 1 年期债券，票面利率为 12%。

c. 3 年期债券，票面利率为 5%。

d. 15 年期债券，票面利率为 0。

e. 15 年期债券，票面利率为 10%。

问答题

（7-1 ～ 7-4 为简单题）

7-1 债券估价 Madsen Motors 的债券还有 23 年到期。利息每年支付一次，面值为 1 000 美元，票面利率为 9%，到期收益率为 11%。请问债券现在的市场价值是多少？

7-2 到期收益率和终值 有一个债券，面值为 1 000 美元，12 年到期，年票面利率为 8%，售价为 980 美元。

a. 到期收益率是多少？

b. 假定接下来的 3 年里到期收益率保持不变，那么 3 年后债券的价格是多少？

7-3 债券估价 Nungesser Corporation 的未偿还债券的面值为 1 000 美元，半年票面利率为 8%，14 年到期，到期收益率为 11%。请问债券价格是多少？

7-4 到期收益率 有一个公司债券，8 年到期，面值为 1 000 美元，半年票面利率为 11%，4 年内可以以 1 154 美元赎回，现在售价为 1 283.09 美元。名义上的到期收益率和赎回收益率是多少？投资者的期望收益率是多少？

（7-5 ～ 7-14 为中等难度题）

7-5 债券估值 一个投资者的证券组合中有两种证券，面值为 1 000 美元，票面年利率为 11%。债券 L，12 年后到期，债券 S，1 年后到期。

a. 如果当前的利率分别为 6%、8% 和 12%，那么每种债券的价值是多少？假设在债券 S 到期时只需要再支付一次利息，而债券 L 还需要支付 12 次。

b. 当利率改变时，为什么长期债券的价格比短期债券的价格变化更多？

7-6 债券估值 一个投资者的证券组合中有两种证券，债券 C 和债券 Z。每种债券均 4 年后到期，面值为 1 000 美元，到期收益率为 8.2%。债券 C 的票面年利率为

11.5%，债券 Z 的票面年利率为 0。

a. 假定每种债券的到期收益率在接下来的 4 年里仍然为 8.2%，计算在下列到期时间情况下债券的价格。

b. 画出每种债券价格的时间路径。

到期时间	债券 C 的价格	债券 Z 的价格
4	_____	_____
3	_____	_____
2	_____	_____
1	_____	_____
0	_____	_____

7-7 利率敏感性　一位投资者购买了下列 5 种债券，每种债券的面值为 1 000 美元，购买日当天的到期收益率为 8%。购买后不久，利率下降，每种债券的到期收益率变为新的 7%。利率下降后每种债券价格变动的百分比是多少？填写下表。

	价格 @8%	价格 @7%	变化百分比
10 年，10% 年度票息	_____	_____	_____
10 年，0	_____	_____	_____
5 年，0	_____	_____	_____
30 年，0	_____	_____	_____
100 美元永续	_____	_____	_____

7-8 赎回收益率　7 年前 Templeton 公司发行了 20 年期债券，年票面利率为 11%，面值为 1 000 美元。这种债券的赎回溢价为 7.5%，且有 5 年期赎回保护。今天，Templeton 公司赎回了债券。一位投资者在这种债券发行时即购买且持有至赎回日，计算他的实际收益率。解释 Templeton 公司的赎回行为会使得投资者高兴还是难过。

7-9 到期收益率　Harrimon Industries 公司债券还有 6 年到期。利息每年发放，面值为 1 000 美元，票面年利率为 10%。

a. 现在的市价分别为 865 美元和 1 166 美元时，其到期收益率为多少？

b. 如果你认为公平的市场利率是 12%，也就是说如果 $r_d=12\%$，你会花 865 美元去购买债券吗？请解释。

7-10 当前收益率、资本利得收益率和到期收益率　Pelzer Printing 公司有 9 年到期的未偿还债券。债券的票面年利率为 9%，1 年前发行，面值为 1 000 美元。然而，由于利率的改变，导致债券的市场价格下降为 901.30 美元。去年的资本利得收益率为 −8.97%。

a. 到期收益率是多少？

b. 下一年的期望当前收益率和资本利得收益率分别是多少？

c. 如果利率发生变化，每年的实际收益和期望收益相同吗？如果不同，是如何不同的？

7-11 债券收益率　去年 Carson 公司发行了一种 10 年期债券，票面利率为 13%，半年付息，面值为 1 000 美元。现在，债券可在 6 年后以 1 065 美元被赎回，它的售价为 1 200 美元。

a. 债券名义上的到期收益率和赎回收益率分别是多少？投资者更可能赚取到期收益率还是赎回收益率？

b. 当前收益率是多少？它会受债券是否有可能被赎回的影响吗？

c. 下一年的期望资本利得收益（或损失）率是多少？它会依赖于债券是否有望被赎回吗？请解释你的答案。

7-12 赎回收益率　现在是 2021 年 1 月 1 日，你正在考虑购买一个 2019 年 1 月 1 日发行的未偿还债券。它的票面年利率为 8%，原始期限为 30 年（2048 年 12 月 31 日到期）。赎回保护期限为 5 年（直到 2023 年 12 月 31 日），5 年后可以按面值的 108% 或 1 080 美元赎回。自发行以来利率下降，现在售价为面值的 119.12% 或 1 191.20 美元。

a. 到期收益率是多少？赎回收益率是多少？

b. 如果你买了这个债券，你实际的收益是多少？请解释你的理由。

c. 假设债券折价出售而不是溢价出售，那么是到期收益率更接近实际收益还是赎回收益率更接近实际收益？

7-13 价格和收益　票面利率为 7%，半年付息的债券 4 年后到期，面值为 1 000 美元，当前收益率为 7.540 1%。债券的价格和到期收益率是多少？

7-14 期望利率　Lourdes 公司的债券票面年利率为 12%，每半年支付，面值 1 000 美元，25 年后到期，从现在起 6 年后可以 1 025 美元赎回。售价为 1 278.56 美元，收益率曲线是平的。假设利率有望保持在现有水平。

a. 债券剩余寿命的最佳估计是多少？

b. 如果 Lourdes 公司计划募集额外的资本，而且想用债务融资，为了以面值发行新债券，票面年利率应设置为多少？

（7-15 ～ 7-18 为具有挑战性的难题）

7-15 债券估价　债券 X 是不可赎回的且还有 20 年到期，票面年利率为 8%，面值为 1 000 美元。你想要的收益率为 9%，如果你买了它，你计划持有 5 年。你（和市场）预测 5 年后，具有相同风险的 15 年期债券的到期收益率为 7.5%。你愿意在今天花多少钱购买债券 X（提示：你需要知道 5 年后债券价值是多少）？

7-16 债券估值　你正在考虑一个 10 年期、面值为 1 000 美元的债券。它的票面年利率为 8%，利息每半年支付一次。如果你想要"有效的"年利率（不是名义年利率）为 7.122 5%，你愿意花多少钱购买债券？

7-17 债券报酬　去年 Janet 买了一个面值为 1 000 美

元、票面年利率为 8%、15 年期的公司债券。购买日，期望到期收益率为 10.45%。如果 Janet 今天以 820.17 美元出售了这一债券，那么去年她赚了多少收益？

7-18 到期收益率和赎回收益率 Kempton 公司有面值为 1 000 美元，还有 10 年到期的未偿还债券。票面年利率为 11%，现在的价格为 1 185 美元。债券可以在 5 年后以面值的 109% 被赎回（赎回价格为 1 090 美元）。

a. 到期收益率是多少？

b. 如果 5 年后被赎回，那么赎回收益率是多少？

c. 投资者期望在这些债券上赚取多少收益？为什么？

d. 债券合同表明，赎回条款使得公司有权利在第 5 年后的每一年年末赎回债券。在第 5 年，债券可以面值的 109% 被赎回；但是在接下来的 4 年，赎回价格的百分比每年下降 1%。因此，在第 6 年，它们可以面值的 108% 被赎回；在第 7 年，以面值的 107% 被赎回；等等。如果收益率曲线是水平的且利率保持在现有水平，投资者期望公司赎回债券的最晚时间是何时？

综合 / 电子表格问题

债券估值 Clifford Clark 最近退休，有兴趣把自己的部分积蓄投资到公司债券上。他的理财顾问向他建议了以下债券。

- 债券 A 票面年利率为 7%，12 年到期，面值为 1 000 美元。
- 债券 B 票面年利率为 9%，12 年到期，面值为 1 000 美元。
- 债券 C 票面年利率为 11%，12 年到期，面值为 1 000 美元。

每种债券的到期收益率均为 9%。

a. 在计算债券价格之前，指出每种债券是溢价、折价还是平价发行。

b. 计算每种债券价格。

c. 计算每种债券的当前收益率。

d. 如果每种债券的到期收益率均保持为 9%，那么 1 年后它们的价格分别是多少？每种债券期望的资本利得收益率是多少？每种债券的期望总收益率是多少？

e. Clark 先生正在考虑另一种债券 D。它的票面年利率是 8%，半年付息一次，面值为 1 000 美元（每 6 个月支付 40 美元利息）。债券第 9 年后到期且价格为 1 150 美元。它也可以 5 年后以 1 040 美元的价格被赎回。

1. 债券的名义到期收益率是多少？

2. 债券的名义赎回收益率是多少？

3. 如果 Clark 先生想购买这种债券，他更愿意接受到期收益率还是赎回收益率？请解释你的答案。

f. 简要解释价格波动风险和再投资风险之间的区别。下列哪种债券的价格波动风险最大？哪种债券的再投资风险最大？

- 票面年利率为 9% 的 1 年期债券。
- 票面年利率为 9% 的 5 年期债券。
- 票面年利率为 0 的 5 年期债券。
- 票面年利率为 9% 的 10 年期债券。
- 票面年利率为 0 的 10 年期债券。

g. 用电子表格做这一部分。计算每种债券（A，B，C）到期前每年末的价格，假定利率是不变的。创建一个表格来显示每种债券价格的时间路径，类似于表 7-2。

1. 每一年每种债券的期望利息收入是多少？

2. 每一年每种债券期望的资本利得收益率是多少？

3. 每一年每种债券的总收益是多少？

综合案例

西方资金管理公司

债券估值 Robert Black 和 Carol Alvarez 是西方资金管理公司（Western Money Management Inc.）的副总裁，同时也是公司养老基金管理部门的负责人。加利福尼亚城市联盟是该公司一个主要的新客户，要求公司给代表城市的市长们举办一场投资研讨会。Black 和 Alvarez 作为此事的负责人，请你帮助他们回答下列问题。

a. 债券的主要特征是什么？

b. 什么是赎回条款和偿债基金条款？这些条款增加还是降低了债券的风险？

c. 以预期的未来现金流为基础如何确定资产价值？

d. 债券价值是如何确定的？一个 10 年期、面值为 1 000 美元、票面年利率为 10%、期望收益率为 10% 的债券价值是多少？

e. 1. d 中描述的债券如果票面年利率为 13%，那么债券价值是多少？此时是溢价发行还是折价发行？

2. 同 1，如果票面年利率为 7%，那么债券价值是多少？此时是溢价发行还是折价发行？

3. 如果期望收益率保持 10% 不变，那么随着时间的推移，票面利率为 7%、10%、13% 的债券价值将会怎样变化（提示：借助财务计算器，输入 PMT，*I*/YR，FV 和 *N*，然后改变 *N*，观察当接近到期日时 PV 的变化）？

f. 1. 一个 10 年期、票面年利率为 9%、面值为 1 000 美元、售价为 887.00 美元的债券，其到期收益率是多少？若售价是 1 134.20 美元呢？折价发行还是溢价发行这个事实能告诉你 r_d 和票面利率之间的关系吗？

   2. 折价发行的债券总收益率、当前收益率、资本利得收益率分别是多少？假定持有至到期且公司没有违约。

g. 什么是价格波动风险？1 年期债券和 10 年期债券哪个价格波动风险更大？为什么？

h. 什么是再投资风险？1 年期债券和 10 年期债券哪个再投资风险更大？

i. 如果半年支付一次利息，那么债券估价如何变化？计算一个 10 年期、半年付息一次、票面年利率为 10%、市场利率为 13% 的债券的价值。

j. 假设你有 1 000 美元，你可以购买票面年利率为 10%、10 年期、每年支付一次利息或每半年支付一次利息的债券，它们的风险一样大，你更喜欢买哪个？如果对于每半年付息一次的债券，1 000 美元是公平价格，那么每年付息一次的债券价格应为多少？

k. 假设一个 10 年期、票面利率为 10%、半年付息、面值为 1 000 美元、名义到期收益率为 8% 的债券现在售价为 1 135.90 美元。然而，它可在 4 年后以 1 050 美元被赎回。

   1. 债券的名义赎回收益率是多少？

   2. 如果你买了这个债券，你更愿意获取到期收益率还是赎回收益率？为什么？

l. 到期收益率代表了债券的承诺或期望收益吗？解释一下。

m. 这些债券被标准普尔划分为 AA 级。你认为它们符合这一等级吗？还是属于垃圾债券？

n. 什么因素决定了债券的等级？

o. 如果这个公司打算在这些债券上违约，那么公司会被立刻清算吗？债券持有人一定会拿到他们被承诺的收益吗？解释一下。

第8章

风险和投资收益率

经济下行时的风险管理

在过去的几十年里，美国股市跌宕起伏。为了使你快速地了解市场近期的表现，考虑一下 1993 年 4 月标准普尔 500 指数约为 440。在接下来的 7 年里，指数达到了 1 516 点的高峰。两年后，随着 2001 年美国发生恐怖袭击事件和由此产生的经济衰退，指数已经损失了将近一半的价值。5 年坎坷之后，2007 年 9 月，市场最终恢复，交易回到了历史高点附近，超过 1 500 点。但是随后，由于 2009 年 3 月以来房地产市场的崩溃和金融危机的开始，因此标普 500 指数跌至低于 700 点的水平。11 年后的 2020 年 3 月初，市场指数创下了略低于 3 400 点的新纪录，几周后，当新冠疫情袭击美国时，市场指数暴跌至 2 300 点。此后不久，市场出现部分反弹，两个月后的 2020 年 5 月，市场指数在 3 000 点左右。

在许多情况下，个股收益率一直比标准普尔 500 指数波动更加剧烈。例如，在两年的时间里，Netflix 公司的股价上涨超过 500%，从 2009 年 7 月的每股略低于 6 美元涨到 2011 年 7 月的每股 38 美元以上。但在这一令人难以置信的上涨之后，仅在一年多后的 2012 年 8 月，Netflix 公司的股价暴跌至每股 8 美元。之后，其股价再次飙升，到 2017 年 5 月，Netflix 公司的股价已经超过了 156 美元。⊖更令人难以置信

的是，该公司的股价在接下来的一年里翻了一倍多，2018 年 5 月的股价刚好高于 330 美元。

但在 2020 年 3 月，Netflix 公司的股价再次大幅下跌，在新冠疫情暴发的情况下，该公司股价从每股 390 美元跌至每股 315 美元。正如你可能想象的那样，Netflix 公司受新冠疫情的影响比许多其他公司小，因为人们待在家里的时间变长，所以不太可能取消 Netflix 公司的订阅。⊜

在本章中我们将看到，降低投资风险的一种方法是持有多元化的投资组合的股票。另一种方法是投资于共同基金或跟踪整个市场的交易所交易基金（ETFs）。而更广泛的多元化战略是投资于全球资产，包括股票、债券、大宗商品和房地产。尽管许多美国投资者不愿投资外国股票和债券，但是许多外国市场业绩表现良好，只是它们的业绩表现并没有完全与美国市场相关。因此，全球多元化为美国投资者提供了一个增加收益同时减少风险的机会。然而，可以肯定的是，这些全球化投资有时也具有非常大的风险。

虽然多元化很重要，但是过去十多年的事件也说明，即使是完全多元化的投资者也可能在短时间内遭受巨大损失。因此，许多投资者对投资变得更为保守，他们在投资组合中持有更多的现金和其他的安全

⊖ 请注意，这些价格已根据 2015 年 7 月 7∶1 的股票分割比例进行了调整。

⊜ 与此同时，皇家加勒比邮轮公司 2020 年开盘时的股价为每股 132.20 美元。到 2020 年 3 月 18 日，其股价已跌至每股 22.33 美元，这是由于该公司因新冠疫情暴发而不得不突然停止经营活动。截至 2020 年 4 月 17 日，其股价已升至每股 37.39 美元。一些公司受到新冠疫情暴发的负面影响比其他公司更大。

资产。许多人相信，这些投资者不会重返市场，除非他们能够合理地确信预期收益足以弥补股票和其他更多投机性投资的风险。

在这一章，我们将更详细地探讨这些问题，特别是考虑到不同类型的风险，投资者面临多元化的好处，以及基本风险和收益之间的权衡。在学习完本章的观点后，你应该能够避免投资者在追求财富的过程中所面临的一些投资陷阱。

厘清头绪

我们从投资者喜欢收益而厌恶风险这一基本前提开始学习这一章。因此，他们只有在风险资产提供较高的预期收益时，才会投资于这些资产。我们定义与投资相关的风险，检查用于衡量风险的程序，以及讨论风险和收益之间的关系。投资者应该理解这些概念，就像企业经理在制订其公司未来的计划时也应该理解这些概念一样。

风险可以以不同的方式来衡量，并且根据所使用的衡量方法，可以对资产的风险得出不同的结论。风险分析可能令人困惑，但如果你记住以下几点，将会有所帮助。

（1）所有经营资产都期望产生现金流，并且资产的风险基于其现金流的风险。现金流的风险越高，资产的风险就越高。

（2）资产可以分为金融资产，特别是股票和债券，以及实物资产，如卡车、机器和整个企业。从理论上讲，对所有类型资产的风险分析是相似的，同样的基本概念适用于所有资产。然而，实际上，由于可获得数据类型的差异导致股票、债券和实物资产的风险分析程序不同。我们在本章关注的重点是金融资产，尤其是股票。我们在第7章研究了债券，在资本预算章节尤其是第12章会涉及实物资产。

（3）股票的风险可以从两个方面来考虑：①基于独立或单一的股票；②基于投资组合，分析一些股票的组合和合并的现金流。⊖独立风险和投资组合风险之间存在着重大的区别，一个具有较大风险的股票在作为大型投资组合中的一部分时风险可能会小得多。

（4）在一个投资组合中，股票的风险可以分为两个部分：①可分散风险，其可以被多元化分散掉，因此多元化投资者几乎不关心这类风险；②市场风险，这反映了一般股市下跌的风险，并且这类风险不能被多元化消除（因此，投资者关注这类风险）。因为可分散风险能够被消除，所以只有市场风险是与理性投资者相关的。

（5）高市场风险的股票必须提供一个相对较高的期望收益率来吸引投资者。一般的投资者是厌恶风险的，所以他们不会购买风险资产，除非高预期收益可以补偿其风险。

（6）一般来说，如果投资者认为股票的期望收益率太低难以补偿其风险，他们将开始抛售股票，降低价格来增加其预期收益。相反，如果一只股票的期望收益率是足以补偿其风险的，人们会开始买入，提高其价格，从而降低它的预期收益。当股票的预期收益完全足以补偿其风险时，股票将处于均衡状态，此时既没有买入压力也没有卖出压力。

（7）第8章第2节的主题是独立风险，它在股票分析中是非常重要的，因为它是投资组合风险分析的基础。此外，独立风险在分析资本预算项目的实物资产时也是非常重要的。

学完本章后，你应该能够完成下列目标。

- 解释独立风险和投资组合风险之间的不同。
- 描述风险厌恶如何影响股票的必要收益率。
- 讨论可分散风险和市场风险之间的差异，并解释每种类型的风险如何影响多元化投资者。
- 描述 CAPM 是什么，说明它如何用于估计股票的必要收益率。
- 讨论一般股票和债券市场的变化可能如何导致一个公司股票必要收益率的变化。
- 讨论公司运营中的变化可能如何导致公司股票必要收益率的变化。

8.1 风险与收益的权衡

正如上面所提到的，我们从一个非常简单的前提开始，投资者喜欢收益，厌恶风险。这个前提表明在风险和收益之间存在基本的权衡：要想吸引投资者承担更多风险，你必须为他们提供更高的预期收益。这种权衡的

⊖ 投资组合是投资证券的集合。如果你在通用汽车、埃克森美孚和 IBM 拥有股票，你将持有三种股票的投资组合。多元化投资可以降低风险，而不会造成很多报酬损失，大多数股票的预期收益都保留在投资组合中。

解释如图 8-1 所示。

图 8-1a 中风险收益权衡线的斜率表明一个要承担更高风险的投资者要求的额外的收益。陡峭的线表明，投资者非常厌恶风险，而平缓的线表明投资者更愿意承担风险。不足为奇的是，风险规避型的投资者往往倾向于低风险的投资，而具有较大风险偏好的投资者往往将更多的资金投入更高风险、更高收益的投资。普通投资者承担风险的意愿也会随时间变化。例如，在金融危机之前，越来越多的投资者将资金投入风险较高的投资，其中包括高增长股票、垃圾债券和新兴市场基金。在金融危机之后，出现了大规模的"安全投资转移"，投资者迅速减少高风险投资，转向更安全的投资，如国债和货币市场基金。在任何时候，投资者的目标都应该是获得足以补偿所感知的投资风险的报酬。换句话说，获得图 8-1a 中风险收益权衡线以上的部分。

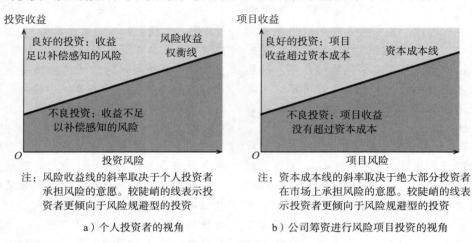

注：风险收益线的斜率取决于个人投资者承担风险的意愿。较陡峭的线表示投资者更倾向于风险规避型的投资

注：资本成本线的斜率取决于绝大部分投资者在市场上承担风险的意愿。较陡峭的线表示投资者更倾向于风险规避型的投资

a）个人投资者的视角　　　　　　　　b）公司筹资进行风险项目投资的视角

图 8-1　风险和收益的权衡

风险和收益之间的权衡对于尝试为股东创造价值的公司来说也是一个重要的概念。图 8-1b 表明，如果公司投资于一个风险较高的项目，必须为其投资者（债券持有人和股东）提供较高的期望收益率。正如我们在第 7 章所述，高风险公司必须支付更高的债券收益率来补偿债券持有人额外的违约风险。同样，正如我们在本章中将看到的，风险较高的公司试图提高其股票价格，则必须产生更高的收益来补偿其股东的额外风险。值得指出的是，公司必须支付给投资者的收益代表公司获取资金的成本。因此从公司的角度来看，图 8-1b 的风险收益权衡线代表公司获得资本的成本，并且风险收益权衡线的斜率反映了绝大部分投资者目前承担风险的意愿。正如我们将在第 10～13 章中看到的，公司通过投资收益权衡超过资本成本的项目来创造价值。也就是说，公司会对在风险收益权衡线以上的项目进行投资。

在本章的剩余部分，我们会更详细地讨论这些简单的想法。我们首先讨论风险的概念，接着讨论收益，并且我们提供一个估计风险和收益权衡的模型。

自我测验

1. 简要解释风险和收益权衡的基本思想。
2. 图 8-1 中风险收益权衡线的斜率表示什么？
3. 普通投资者承担风险的意愿是否随时间变化？请解释。
4. 你如何看待现在普通投资者的风险感知？你认为目前普通投资者应进行什么类型的投资？
5. 公司是否应该完全规避高风险的项目？请解释。

8.2　独立风险

风险由韦氏词典定义为"一种可能造成损失或伤害的危险或冒险"。因此，**风险**（risk）是指一些不利事件发生的机会。如果你进行跳伞运动，那么你是拿生命在冒险——跳伞是有风险的。如果你赌马，那么你是拿你的金钱在冒险。

我们在之前的章节中提到，个人和公司投资基金是期望未来获得更多的资金。如果你持有国债和高级别的公司债券，那么债券收益率相对较低，但风险相对较小。股票提供了获得更高收益的机会，但股票的风险一般比债券的风险大。如果你投资投机性股票，期望获得一个可观的收益，就需要承担很大的风险。

一项资产的风险可以从两方面来分析：①基于独立资产，只需要考虑资产本身；②基于投资组合，持有的资产是众多资产组合中的一个。因此，资产的**独立风险**（stand-alone risk）是指如果投资者只持有该资产时将面临的风险。大多数金融资产，尤其是股票，在投资组合中持有；但是为了了解投资组合情景中的风险，必须首先了解独立股票风险。

为了解释独立风险，假设一个投资者购买 10 万美元的期望收益率为 5% 的短期国债。在这种情况下，投资的收益率为 5%，可以被相当准确地估计出来，这种投资基本上被定义为是无风险的。同样的投资者也可以投资 10 万美元去购买一个在大西洋中部组织勘探石油的公司的股票。股票收益率难以预测。最坏的情况是，该公司破产，投资者会失去所有资本，在这种情况下收益率将为 −100%。最好的情况是，石油公司发现大量的石油，投资者获得 1 000% 的收益。评估这项投资时，投资者可分析并得出期望收益率，在统计意义上，是 20%；但实际收益率的范围可能从 −100% 到 1 000%。由于项目存在很大的实际收益低于预期收益的风险，因此这样的股票相对来说是风险较高的。

除非期望收益率高到足以补偿预期的风险，否则不应进行投资。在我们的例子中，很明显，如果石油勘探公司的股票期望收益率不能超过美国国债期望收益率，那么几乎没有投资者愿意购买其股票。这是一个极端的例子。一般来说，事情没有这么简单，我们需要衡量风险，以便决定是否应该进行潜在的投资。因此，我们需要更精确地定义风险。

正如你所看到的，仅持有一种资产本身与将它作为资产投资组合的一部分时，资产的风险是不同的。在这一节中，我们探讨独立风险。在本章的其余部分我们探讨投资组合风险。为了能更好地了解投资组合风险，了解独立风险是十分必要的。同时，独立风险对小企业的所有者和我们在资本预算那一章中对实物资产的投资评估都很重要。即使对于股票和大多数金融资产而言，投资组合风险是最重要的，但是，你仍需要了解两种类型风险的关键因素。

8.2.1 独立风险的统计测量

本书不是一本统计教材，因此我们不会花大量的时间在数据统计上。然而，你确实需要对本节中给出的相对简单的统计数据有直观的了解。所有的计算器或 Excel 都可以很容易完成，虽然我们展示了设置 Excel 的图片，但计算是不需要 Excel 的。

以下是所涉及的六个关键概念。

- 概率分布。
- 期望收益率，$\hat{r}$。
- 历史或过去实现的收益率，$\bar{r}$。
- 标准差（σ）。
- 变异系数（CV）。
- 夏普比率

表 8-1 给出了为长途卡车（18 轮车）生产引擎的马丁制造公司（Martin Products），和有着非常稳定的销售和利润的美国自来水公司（U.S. Water）的概率分布。列 A 列示了经济的三种可能状态，列 B 和列 F 列出了这些结果的概率（以小数而不是百分比表示）。经济繁荣并且需求强劲的概率为 30%，经济一般并且需求正常的概率为 40%，经济萧条并且需求疲软的概率为 30%。

列 C 和列 G 显示了两个公司在各种经济状态下的收益率。当需求强劲时收益相对较高，需求疲软时收益相对较低。注意，尽管如此，马丁制造公司的收益率变化可能比美国自来水公司幅度更大。事实上，有相当高的概率，马丁制造公司的股票将遭受 60% 的损失，但在最糟糕的情况下，美国的自来水公司还有 5% 的回报。⊖

⊖ 虽然这个例子是说明性的，但也有点不现实。在现实中，大多数股票至少有一定概率产生负收益。

表 8-1 概率分布与期望收益率

	A	B	C	D	E	F	G	H
16		马丁制造公司				美国自来水公司		
17								
18		该需求发生的	该需求下的			该需求发生的	该需求下的	
19	影响需求的经济	概率	收益率	结果（2）×（3）		概率	收益率	结果（5）×（6）
20	（1）	（2）	（3）	（4）		（5）	（6）	（7）
21								
22								
23	繁荣	0.30	80%	24%		0.30	15%	4.5%
24	一般	0.40	10%	4%		0.40	10%	4.0%
25	萧条	0.30	−60%	−18%		0.30	5%	1.5%
26		1.00	期望收益率	10%		1.00	期望收益率	10.0%
27								

列 D 和列 H 列示出了在不同需求水平下概率与收益率的乘积。当我们加总这些结果，将得到每只股票的期望收益率 $\hat{r}$。这两只股票的期望收益率都为 10%。⊖

我们可以将表 8-1 的数据绘成图，如图 8-2 所示。每个条形图的高度表示给定结果将发生的概率。马丁制造公司可能收益率的范围从 −60% 到 80%，期望收益率是 10%。美国自来水公司也是 10% 的期望收益率，但其可能的范围要小得多，因此最大损失也小得多。

在图 8-2 中，我们假设只有三种经济状态可能发生：繁荣、一般、萧条。实际上，经济的范围可以从深度萧条到非常繁荣，有无限的可能性。假设我们有时间和耐心为每个可能的需求水平分配概率（概率之和仍等于 1）并为每一个需求水平的每只股票分配一个收益率。我们将会有一个与表 8-1 相似的表，但它会有更多的需求水平。这个表可以用来计算表 8-1 所显示的期望收益率，并且可以用连续的曲线表示概率和结果，如图 8-3 所示。这里我们改变了假设，以至于马丁制造公司的收益率基本上没有可能低于 −60% 或超过 80%，美国自来水公司的收益率将不低于 5% 或超过 15%。然而，在这些限制内的任何收益都是可能的。

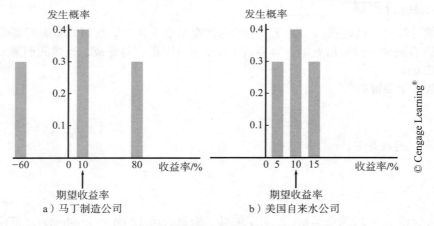

a）马丁制造公司   b）美国自来水公司

图 8-2 马丁制造公司和美国自来水公司收益率的概率分布

⊖ 期望收益率也可以用与表格相同的方程式计算：

$$期望收益率\ \hat{r} = P_1r_1 + P_2r_2 + \cdots + P_Nr_N = \sum_{i=1}^{N} P_ir_i \tag{8-1}$$

第二个算式是求和的简化式，$\sum$ 代表求和，或者加总这 N 个因素的价值。如果 $i=1$，那么 $P_ir_i=P_1r_1$；如果 $i=2$，那么 $P_ir_i=P_2r_2$；以此类推，直到 $i=N$，最后一个可能的结果。$\sum_{i=1}^{i=N} P_ir_i$ 表示进行如下程序：首先，$i=1$ 并且计算第一个结果；然后，$i=2$ 并且计算第二个结果；之后一直继续直到 N 个个体每一个都被计算。最后加总这些个体的计算结果就可得到期望收益率。

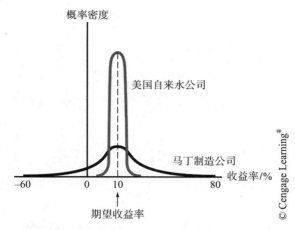

图 8-3　马丁制造公司和美国自来水公司投资收益率的连续概率分布

注：假设关于各种概率的结果与图 8-2 中的结果有很大不同。图 8-2 中刚好获得 10% 的期望收益率的概率是 40%，而在图 8-3 中，各种
　　收益率的概率要小得多，因为这里收益率可能值远远不止三个。在这种连续分布的情况下，更为合适的问题不是特定收益率发生的
　　概率是多少，而是收益率不低于某一水平的概率是多少。这一主题在统计课程中详细介绍。

　　概率分布越集中（或图形越尖），实际结果接近预期值的可能性越大，并且，最终实际收益率将不太可能远低于期望收益率。因此，概率分布越紧密，风险越低。如图 8-3 所示，因为美国自来水公司概率分布相对紧密，其实际收益可能会更接近其期望收益率 10%，比马丁制造公司要准确一些，所以美国自来水公司是低风险的。[⊖]

8.2.2　衡量独立风险：标准差[⊜]

　　衡量风险对于横向比较是有用的，但是风险可以从很多方面进行定义和衡量。对我们而言，一个令人满意的定义是基于概率分布，如图 8-3 所示：未来期望收益率的概率分布越集中，既定投资的风险就越小。根据这个定义，美国自来水公司比马丁制造公司风险小，因为美国自来水公司的实际投资收益率远低于期望收益率的可能性很小。

　　我们可以使用标准差（σ）来量化概率分布的紧缩程度。[⊜]标准差越小，概率分布越紧密，因此风险越小。我们在表 8-2 中计算了马丁制造的标准差。我们继续用表 8-1 的列 A，列 B 和列 C，然后在列 D，我们计算出在每个状态需求下实际收益与期望收益的偏差：实际收益率 – 期望收益率（10%）。列 F 是这个偏差的平方，然后将每个平方偏差乘以相关概率并在列 G 中列示。列 G 中的乘积之和是分布的方差。最后，我们找到方差的平方根，即标准差，它以分数和百分比的形式列示在列 G 的底部。[⊛]

　　标准差，是用来衡量实际收益率可能会偏离期望收益率程度的。马丁制造公司的标准差为 54.22%，因此其实际收益率可能完全不同于 10% 的期望收益率。[⊜]美国自来水公司的标准差为 3.87%，因此其实际投资收益率应该更接近 10% 的期望收益率。最近几年上市公司的平均标准差在 20% ~ 30% 之间，因此马丁制造公司的风险高于大多数股票，而美国自来水公司的风险较低。

表 8-2　计算马丁制造公司的标准差

	A	B	C	D	E	F	G	H
33								
34		该需求发生的概率	该需求下的收益率	与 10% 期望收益率的偏差		偏差的平方	偏差的平方 × 概率	
35	影响需求的经济							
36	（1）	（2）	（3）	（4）		（5）	（6）	
37								
38								
39	繁荣	0.30	80%	70%		0.490 0	0.147 0	
40	一般	0.40	10%	0%		0.000 0	0.000 0	
41	萧条	0.30	−60%	−70%		0.490 0	0.147 0	
42		1.00				Σ = 方差：	0.294 0	
43						标准差 = 方差的平方根：σ =	0.542 2	
44						以百分比表示的标准差：σ =	54.22%	

© Cengage Learning®

8.2.3　利用历史数据来衡量风险[⊖]

在上一节，我们发现基于主观概率分布的平均值和标准差。相反，如果我们有实际的历史数据，收益的标准差就能被计算出来，如表 8-3 所示。[⊜] 因为过去的结果往往会在未来重复，历史的 σ 往往是未来风险的估计。[⊜] 用历史数据预测未来时一个关键的问题出现了，即我们应该用多久的历史数据。不幸的是，这里没有简单的答案。使用更长的历史时间序列的好处是可以提供更多的信息，但如果你相信未来的风险水平可能与过去的风险水平显著不同，这些信息可能就会误导你。

表 8-3　找到基于历史数据的 σ

	A	B	C	D	E	F	G	H
73								
74								
75	年	收益率		与平均值的偏差			偏差的平方	
76	（1）	（2）		（3）			（4）	
77	2018	30.0%		19.8%			0.039 0	
78	2019	−10.0%		−20.3%			0.041 0	
79	2020	−19.0%		−29.3%			0.085 6	
80	2021	40.0%		29.8%			0.088 5	
81	平均值	10.3%		平方和的和（SSDevs）：			0.254 1	
82				SSDevs /（N−1）= SSDevs/3：			0.084 7	
83				标准差 = SSDevs /3：σ =			29.10%	
84				Excel 函数：方差（B77：B80）σ =			29.10%	

© Cengage Learning®

⊖　同样，这一部分是偏技术性的，忽略它也不会影响本章后面的学习。

⊜　四年的历史数据一般被认为是足够数据"样本"（但也不一定），并且计算标准差的过程不同于考虑概率分布的标准差计算的过程。以下是运用样本数据计算的公式，它是表 8-3 的基础：

$$预计的标准差 = \sqrt{\frac{\sum_{t=1}^{N}\left(\bar{r}_t - \bar{r}_{Avg}\right)^2}{N-1}} \tag{8-2a}$$

这里 $\bar{r}_t$ 表示第 t 期过去实际的收益率，$\bar{r}_{Avg}$ 表示过去的 N 年实际得到的收益率。

⊜　过去期间的平均收益率（在我们的例子中为 10.3%）也可以用作未来回报的估计，但这是有问题的，因为历史平均收益率取决于所考察的时期。在我们的例子中，如果从 2018—2020 年，我们将获得不同于 10.3% 的平均值。如果有更多年的数据，历史平均收益率将会更稳定，但这使人们怀疑，多年前的数据在今天是否仍然相关。

所有的财务计算器（和 Excel）都拥有简单易用的功能去计算基于历史数据的标准差。只需输入收益率并按下标有 S（或 S_x）的键来计算标准差。然而，计算器和 Excel 都没有内置的公式，无法用于计算考虑概率分布的标准差。在这些情况下，你必须完成在表 8-2 中所列出的过程。

8.2.4 衡量独立风险：变异系数和夏普比率

如果有两项投资期望收益率相同，但是标准差不同，大多数人会选择标准差水平较低者，也就是风险较低者。同样，给定两项风险相同（标准差相同）但收益不同的投资，投资者通常会喜欢较高的预期收益的投资。对大多数人来说，这是一个常识——收益是"好的"，风险是"坏的"，因此，投资者希望获得尽可能多的收益和尽可能少的风险。但是如果有两个选择，一个有较高的预期收益，但另一个标准差较低，我们该如何选择呢？为了回答这个问题，我们使用另一个衡量风险的变量——变异系数（CV），也就是标准差除以期望收益率：

$$变异系数 = CV = \frac{\sigma}{r} \tag{8-3}$$

变异系数显示每单位收益的风险，并且当两种投资方案的预期收益不相同时，它提供了更有意义的风险度量方法。因为美国自来水公司和马丁制造公司有相同的预期收益，变异系数在这种情况下是没有必要的。在这个例子中，马丁制造公司有着更大的标准差，也必然有较大的变异系数。事实上，马丁制造公司的变异系数是 54.22/10 ≈ 5.42，而美国自来水公司的变异系数是 3.87/10 ≈ 0.39。因此，在这个标准的基础上，马丁制造公司比美国自来水公司有大约 14 倍的风险。

另一种衡量风险的方法是夏普比率（Sharpe ratio），该比率是由诺贝尔经济学奖获得者威廉·夏普（William Sharpe）提出的。夏普比率是指将资产在特定时期内的已实现的超额收益与其标准差的比值。

$$夏普比率 = （收益率 - 无风险利率）/\sigma$$

根据具体情况，分析师可以使用历史收益和标准差来计算夏普比率，也可以基于预期收益的前瞻性来估计计算。在任何一种情况下，超额收益衡量的是投资收益高于无风险利率的数额，所以收益率等于无风险利率的投资的夏普比率为 0。由此可见，在给定的时间段内，夏普比率较高的投资表现更好，因为它们每单位风险产生的超额收益更高。例如，如果我们针对美国自来水公司与马丁制造公司，在前瞻性的基础上计算夏普比率，并假设无风险利率是 4%，那么美国自来水公司将会产生一个 1.55=(10%-4%)/3.87 的夏普比率，而马丁制造公司将产生一个 0.11=（10%-4%)/54.22% 的夏普比率。因此，我们再次看到，在风险调整的基础上，美国自来水公司有望表现更好，因为它与马丁制造公司有着相同的预期超额收益，但风险却要小得多。

提问

问题：

这里列出了股票 A 和股票 B 在过去 5 年的历史收益率。无风险利率是 3%。

年份	股票 A	股票 B
1	20.0	25.0
2	30.0	18.0
3	−2.0	50.0
4	6.0	10.0
5	18.0	21.5

a. 股票 A 和股票 B 的变异系数是多少？

b. 股票 A 和股票 B 的夏普比率是多少？在风险调整基础上，哪只股票表现更好？解释一下。

答案：

a. 股票 A 的平均收益率为 14.4%=(20.0%+30.0%−2.0%+6.0%+18.0%)/5。股票 A 的标准差为 12.52%={[(20.0%−14.4%)^2+(30.0%−14.4%)^2+(−2.0%−14.4%)^2+(6.0%−14.4%)^2+(18.0%−14.4%)^2]/(5−1)}$^{\frac{1}{2}}$。股票 A 的变异系数为 0.87=12.52%/14.4%。

股票 B 的平均收益率为 24.9%=(25.0%+18.0%+50.0%+10.0%+21.5%)/5。股票 B 的标准差为 15.09%={[(25.0%−24.9%)^2+(18.0%−24.9%)^2+(50.0%−24.9%)^2+(10.0%−24.9%)^2+(21.5%−24.9%)^2]/(5−1)}$^{\frac{1}{2}}$。股票 B 的变异系数为 0.61=15.09%/24.9%。

b. 股票 A 的夏普比率为 0.91=(14.4%−3.0%)/12.52%。股票 B 的夏普比率为 1.45=(24.9%−3.0%)/15.09%。股票 B 的变异系数较低，夏普比率较高，说明股票 B 在风险调整的基础上表现更好。

8.2.5 风险厌恶和必要收益

假设你继承了 100 万美元，你打算投资，退休后靠投资收入生活。你可以购买利率为 5% 的美国国债，且一定会获得 5 万美元的利息。或者，你可以购买研发企业的股票。如果项目研发成功，你的股票价值将增加到 210 万美元。然而，如果研发失败，你的股票价值将为零，你会身无分文。你认为研发成功或失败的概率都是 50%，因此从现在起 1 年后股票的预期价值为 105 万美元。减去 100 万美元的成本后预期获得 5 万美元利润和 5% 的收益率，与国债相同。

$$期望收益率 = \frac{预期终值 - 成本}{成本}$$

$$= \frac{105-100}{100}$$

$$= \frac{5}{100} = 5\%$$

两个选择：无风险的 5 万美元利润（和 5% 的收益率）和有风险的 5 万美元预期利润（和 5% 的期望收益率），你会选择哪一个？如果你选择风险较小的投资，你就是风险规避型投资者。大多数投资者是风险规避型，当然，一般投资者都很关心自己的"辛苦钱"。因为这是一个被广泛证实的事实，因此在本书剩余部分的讨论中我们假设投资者是风险规避型。

风险规避如何影响股票的价格和收益率？答案是，其他因素保持不变，风险越高，其所需报酬就越高；如果这种情况不成立，价格会按照必要的条件发生改变。为了说明这一点，回顾图 8-3，并再次考虑美国自来水公司和马丁制造公司的股票。假设每只股票以每股 100 美元的价格卖出，每股的期望收益率为 10%。投资者厌恶风险，因此在这些条件下，普遍偏爱美国自来水公司的股票。人们将购买美国自来水公司的股票，并且马丁制造公司的股东也会想出售股票并使用这笔钱来买入美国自来水公司的股票。这种买入压力会迅速推动美国自来水公司的股价上涨，而抛售压力也将同时导致马丁制造公司的股价下跌。

反过来，这些价格的变化将改变这两种股票的期望收益率。例如，假设美国自来水公司的股票价格从 100 美元上涨到 125 美元，而马丁制造公司的股票价格从 100 美元下跌到 77 美元。这些价格的变化会导致美国自来水公司的期望收益率下降到 8%，马丁制造公司的期望收益率上升到 13%。⊖期望收益率的差为 13%-8%=5%，这个数值称为**风险溢价**（risk premium，RP），代表了投资者需要承担马丁制造公司股票的更高风险所需的额外补偿。

这个例子证明了一个非常重要的原则：在由风险规避型投资者主导的市场中，更高风险的证券与更低风险的证券相比，必须具有由边际投资者估计的更高的预期收益。如果这种状况不存在，那么市场上股票的交易最终也会推动其达到这种状态。在本章的后面学习了多元化如何影响风险的衡量方式之后，我们将进一步探讨风险证券的必要收益率的问题。

风险与收益的历史权衡

此处所附的表格总结了 1926—2019 年不同类别投资的风险和收益之间的历史权衡。如表所示，产生最高平均收益率的资产也具有最高的标准差和最大的收益波动范围。例如，小公司股票的年平均收益率最高，为 16.3%，但收益率的标准差为 31.5%，也是最高的。相比之下，美国国债的标准差最低，为 3.4%，平均收益率最低，为 3.1%。虽然不能保证历史会重演，但过去观察到的收益率和标准差通常作为估计未来收益的起点。

部分证券的收益，1926—2019 年

	平均收益率 /%	标准差 /%
小公司股票	16.3	31.5
大公司股票	12.1	19.8
公司长期债券	6.4	8.5
长期国债	6.0	9.8
美国国债	3.4	3.1
投资组合：		

⊖ 我们假设每只股票每年永久给股东支付 10 美元。这种永续的价格可以通过年现金流除以股票的期望收益率来计算。因此，如果股票的期望收益率是 10%，那么价格必须是 10/0.10=100（美元）。同理，股票期望收益率是 8%，其股票价格为 125（=10/0.08）美元，股票的期望收益率是 13%，其股票价格为 77（=10/0.13）美元。

	平均收益率 /%	标准差 /%
90% 的股票和 10% 的债券	11.4	17.8
70% 的股票和 30% 的债券	10.2	14.1

（续）

资料来源：Based on Roger G. Ibbotson, *Stocks, Bonds, Bills, and Inflation: 2020 Yearbook* (Chicago, IL: Duff & Phelps, 2020), pp. 2–6, 2–23.

自我测验

1. 投资风险是什么？

2. 为投资建立概率分布表，说明不同状况的概率，在各种状况下的投资收益率以及期望收益率。

3. 图 8-3 中绘制的两只股票中哪一只风险较低？为什么？

4. 确定本节中讨论的衡量独立风险的三种方法，并简要解释每种方法的含义。

5. 解释你是否同意这个观点：大多数投资者是风险规避型。

6. 风险规避如何影响收益率？

7. 一个投资有 50% 的概率产生 20% 的收益率，25% 的概率产生 8% 的收益率，25% 的概率产生 −12% 的收益率。它的期望收益率是多少？（9%。）

8.3 投资组合的风险：资本资产定价模型

在本节中，我们将讨论投资组合中的股票风险而不是作为独立资产时的股票风险。我们的讨论基于一个非常重要的理论——**资本资产定价模型**（capital asset pricing model，CAPM），它在 20 世纪 60 年代被提出。[⊖]我们不会详细讨论 CAPM 模型，而是直接利用其来解释在持有股票和其他资产的资产组合中应如何考虑风险。如果你继续参加投资课程，你将详细学习 CAPM。

目前为止，我们已经在本章讨论了资产被单独持有时的风险。这通常适合小型企业、房地产投资和资本预算项目。然而，在资产组合中持有股票的风险通常低于股票被单独持有时的风险。因为投资者厌恶风险并且可以通过持有投资组合减少风险，所以大多数股票将被作为投资组合中的一部分持有。法律要求银行、养老基金、保险公司、共同基金和其他金融机构持有多元化投资组合。大多数个人投资者（至少那些持有的证券构成其总财富的很大一部分的投资者）也持有投资组合。因此，一个特定股票的价格增加或减少并不重要，重要的是投资组合的收益率和投资组合的风险。因此，在逻辑上，应该依据证券如何影响持有股票的投资组合的风险和收益来分析单只股票的风险和收益。

例如，Pay Up Inc. 是一家通过 37 个办事处在全美国范围内运营的收款代理机构。公司名声较小，股票流动性较差，并且其收益在过去经历了剧烈的波动。这表明 Pay Up Inc. 是有风险的，其必要收益率 r 应该相对高一些。然而，与大多数其他公司相比，Pay Up Inc. 在 2021 年（及所有其他年份）的收益率相当低。这表明投资者认为尽管 Pay Up Inc. 的利润不稳定，但它是一家低风险的公司。这种违反直觉的发现与多元化及其对风险的影响有关。Pay Up Inc. 的收入在经济衰退期间上升，而大多数其他公司的收入在经济衰退时下降。因此，Pay Up Inc. 的股票就像保险，它在其他投资恶化时取得了回报。所以将 Pay Up Inc. 的股票加入到"常规"股票的投资组合中，稳定了投资组合的收益，降低了风险。

8.3.1 投资组合的期望收益率

投资组合的期望收益率 $\hat{r}_p$ 是投资组合中各个资产的期望收益率的加权平均值，权重为投资的每项资产占投资组合总额的百分比：

⊖ CAPM 源于威廉·夏普（William F. Sharpe）教授的文章"Capital Asset Prices：A Theory of Market Equilibrium Under Conditions of Risk，"*Journal of Finance*，vol. 19, no. 3（1964），pp. 425-442。事实上，有非常多对 CAPM 各个方面进行探讨的论文陆续发表，并且在投资分析中得到广泛运用。

$$\hat{r}_p = w_1\hat{r}_1 + w_2\hat{r}_2 + \cdots + w_N\hat{r}_N$$

$$= \sum_{i=1}^{N} w_i\hat{r}_i \qquad (8\text{-}4)$$

这里，$\hat{r}_i$ 是第 i 个股票的期望收益率；w_i 是股票权重，或投资的每个股票占投资组合总额的百分比；N 是投资组合中的股票数量。

表 8-4 可用于演示式（8-4）的计算过程。在这里，我们假设分析者估计列 A 所示的 4 个股票的收益率，如列 B 所示。进一步假设你有 10 万美元，你计划每股投资 2.5 万美元，即占总投资额的 25%。你可以将每个股票的百分比权重乘以其期望收益率，如列 D 所示，得到列 F 中的结果，然后对列 F 求和以计算投资组合的期望收益率，7.875%。

表 8-4　假设的说明：投资组合的期望收益率 r_p

	A	B	C	D	E	F	G	H
101						结果 / %		
102	股票	期望收益率 / %	投资额 / 美元	总百分比（w_i）/ %		（2）×（4）		
103	（1）	（2）	（3）	（4）		（5）		
104	微软	7.75	25 000	25.0		1.937 5		
105	IBM	7.25	25 000	25.0		1.812 5		
106	通用电气	8.75	25 000	25.0		2.187 5		
107	埃克森美孚	7.75	25 000	25.0		1.937 5		
108		7.785	100 000	100.0		7.875	= 预期 r_p	
109								

© Cengage Learning®

如果你增加了第 5 个具有较高期望收益率的股票，则投资组合的期望收益率将增加，反之亦然。要记住的关键点是，投资组合的期望收益率是投资组合中各只股票的期望收益率的加权平均值。

还有以下几个要点。

（1）列 B 中是基于某种类型研究的期望收益率，但从本质上说，它们仍然是主观的和武断的，因为不同的分析者查看相同的数据可能得到不同的结论。因此，这种类型的分析必须以批判的眼光来审视。然而，如果一个人想要做出明智的投资决策，它是有用的，确实也是有必要的。

（2）如果我们增加达美航空公司和通用汽车等公司的股票，这些公司通常被认为是相对危险的，那么边际投资者估计的期望收益率将相对较高。否则，投资者会卖掉它们，使价格降低，迫使期望收益率高于更安全的股票的收益率。

（3）1 年后，实际实现的收益率 $\bar{r}_i$，对于个别股票——$\bar{r}_i$ 或 "$r\text{-bar}$" 的价值，几乎肯定会不同于初始预期价值。这将导致投资组合的实际收益率 $\bar{r}_p$ 与期望收益率（$\hat{r}_p=7.785\%$）不同。例如，微软的价格可能翻倍，从而提供 100% 的收益率，而 IBM 可能经历了糟糕的一年，股价大幅下降，收益率为 −75%。但是请注意，这两个事件的影响将会抵消，所以投资组合的收益率仍然可能接近其期望收益率，即使个别股票的收益偏离了其预期值。

8.3.2　投资组合的风险

虽然投资组合的期望收益率仅仅是其投资组合中各只股票的期望收益率的加权平均值，但投资组合的风险 σ_p 不是各只股票标准差的加权平均值。投资组合的风险通常小于各只股票风险的平均值，因为多元化降低了投资组合的风险。

为了说明这一点，请看图 8-4。底部单独给出股票 W 和股票 M 的数据，每只股票在投资组合中占 50% 的比例。左图以时间序列格式绘制，它显示了各只股票的每年收益率变化很大。因此，个股是有风险的。然而，投资组合的收益率保持在 15%，表明它根本没有风险。右边的概率分布图显示了同样的事情，如果两只股票是孤立存在的，那么它们将是风险较大的，但是当它们组合形成投资组合 WM 时，它们没有任何风险。

如果你将所有的资金投资于股票 W，你将获得 15% 的期望收益率，但你将面临更大的风险。若你将所有的资金投资于股票 M，也将面临相同的处境。然而，如果你将所有资金的 50% 分别投资两只股票，你的期望收益率仍为 15% 不变，但风险将降低为 0。作为一个理性且风险厌恶的投资者，你将和其他理性投资者一样选择持有投资组合，而不是持有单个股票。

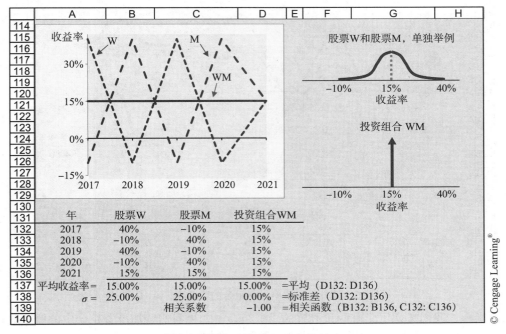

图 8-4　完全负相关股票投资组合的收益率，$\rho=-1.0$

股票 W 和股票 M 可以组合形成无风险投资组合，因为它们的收益相互逆周期移动。当股票 W 的收益下跌时，股票 M 的收益上升，反之亦然。两个变量一起移动的趋势被称为**相关性**（correlation），相关系数 ρ（发音为 "rho"）用来度量这种趋势。[一]在统计学上，我们说股票 W 和股票 M 的收益是完全负相关的，即 $\rho=-1.0$。完全负相关的反面是完全正相关，即 $\rho=+1.0$。如果收益是完全不相关的，则它们被认为是独立的并且 $\rho=0$。

两个具有相同期望收益率的完全正相关的股票的收益将一起上下移动，由这些股票组成的投资组合的风险将会与个股的风险完全相同，如果我们画一个像图 8-4 这样的图，我们将只看到一条线，因为两只股票和投资组合在每个时间点都有相同的收益率。因此，如果投资组合中的股票完全正相关，多元化对于降低风险是完全无用的。

我们看到，当股票完全负相关时，所有风险都可以因多元化被抵消。但是当股票完全正相关时，多元化并没有好处。在现实中，大多数股票是正相关的，但不完全正相关。过去的研究估计，平均来说，两个随机选择的股票的收益率之间的相关系数约为 0.30。[二]在这种情况下，将股票组合成投资组合可降低风险，但不会完全消除风险。[三]图 8-5 为相关系数为 0.35 的两只股票。投资组合的平均收益率为 15%，与两只股票的平均收益率

[一] 相关系数 ρ，范围可以从 +1.0，表示两个变量完全同步上下移动，到 -1.0，表示两个变量在完全相反的方向上移动。相关系数为 0 表示两个变量彼此不相关，即一个变量的变化与另一个的变化无关。使用财务计算器很容易计算相关系数。只需输入两只股票的收益率，然后按一个标有 "r" 的键。对于股票 W 和股票 M，$\rho=-1.0$。另外，注意，相关系数通常由 r 表示。我们在这里使用 ρ 以避免与 r 混淆，r 用于表示收益率。

[二] Chan，Karceski 和 Lakonishok（1999）的一项研究估计，两个随机选择的股票之间的平均相关系数为 0.28，而两个大公司股票之间的平均相关系数为 0.33。他们的样本时间段是 1968—1998 年。参见 Louis K. C. Chan, Jason Karceski and Josef Lakonishok, "On Portfolio Optimization: Forecasting Covariance and Choosing the RiskModel," *The Review of Financial Studies*, vol. 12, no. 5 (Winter 1999), pp. 937-974. 然而，重要的是要认识到，平均相关系数也将随时间变动。例如，2007—2008 年的金融危机之后，所有股票受同一宏观经济因素的严重影响，股票之间的平均相关系数非常高。从那时起，平均相关系数开始再次稳步下降。参见 Matt Jarzemsky and Tom Lauricella, "Stock Break from Herd," *The Wall Street Journal* (online.wsj.com), August 18, 2013.

[三] 如果将大量 $\rho=0$ 的股票结合在一起，我们可以形成无风险投资组合。然而没有很多的股票 $\rho=0$，股票的收益倾向于一起移动，而不是彼此独立。

相同。但其标准差为 18.62%，低于股票的平均标准差。也就是说，一个理性的、风险厌恶的投资者持有投资组合更有利，而不是只持有个股。

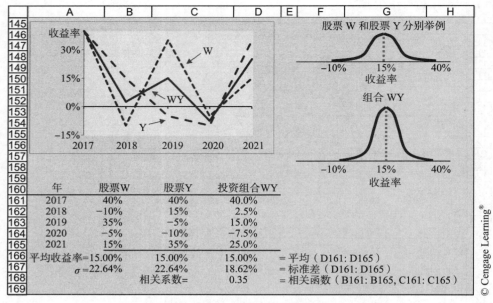

年	股票W	股票Y	投资组合WY	
2017	40%	40%	40.0%	
2018	−10%	15%	2.5%	
2019	35%	−5%	15.0%	
2020	−5%	−10%	−7.5%	
2021	15%	35%	25.0%	
平均收益率=15.00%	15.00%	15.00%	= 平均（D161: D165）	
σ =22.64%	22.64%	18.62%	= 标准差（D161: D165）	
	相关系数=	0.35	= 相关函数（B161: B165，C161: C165）	

图 8-5 部分相关股票投资组合的收益率，ρ=+0.35

在我们的例子中，我们考虑了只有两只股票的投资组合。如果我们增加投资组合中的股票数量，会发生什么情况？通常，投资组合的风险随着投资组合中股票数量的增加而下降。

如果我们增加了足够的部分相关的股票，我们能否完全消除风险？一般来说，答案是否定的。有关说明，请参见图 8-6，其中显示了投资组合的风险随着股票的增加而下降。请记住以下关于图 8-6 的要点。

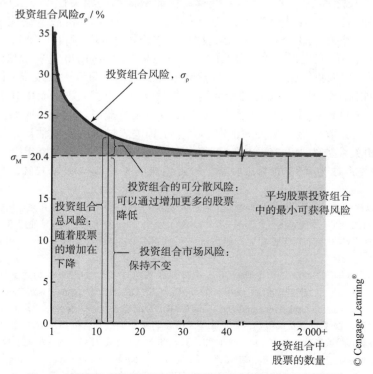

图 8-6 投资组合规模对随机选择股票的投资组合风险的影响

注：该图假设投资组合中的股票是从纽约证券交易所上市的大型上市股票中随机抽取的。

（1）投资组合的风险随着股票增加而下降，但是其下降的速度在递减。并且在投资组合中一旦有 40 ～ 50 只股票，额外的股票几乎不会减少风险。

（2）投资组合的总风险可分为两部分，即可分散风险和市场风险。**可分散风险**（diversifiable risk）是指通过增加股票可以消除的风险。**市场风险**（market risk）是指即使持有市场中全部股票的投资组合，仍然存在的风险。

（3）可分散风险是由随机、非系统性事件引起的，诸如诉讼、罢工、成功与否的营销和研发计划、主要合同的获胜与否以及特定公司独有的其他事件等。因为这些事件是随机的，所以它们对投资组合的影响可以通过多元化来消除——一个公司的坏事件将被另一个公司的好事件抵消。而市场风险源于影响大多数企业的系统性因素：战争、通货膨胀、经济衰退、高利率和其他宏观因素。由于大多数股票受宏观因素的影响，因此市场风险不能通过多元化消除。

（4）如果我们仔细选择投资组合中包含的股票，而不是随机添加，图表将会改变。特别是，如果我们选择彼此具有低相关性且自身独立风险低的股票，投资组合的风险将比添加随机股票的风险下降得快。如果我们添加具有高度相关性和高独立风险的股票，情况则相反。

（5）大多数投资者是理性的，其他条件相同时，他们不喜欢风险。因此，对于许多投资者而言，一个理想的策略是持有一个较低交易成本的大型多元化市场投资组合。这种愿望解释了为什么多元化的低费用指数基金近年来变得如此受欢迎。但在这种情况下，为什么一个投资者仍会持有一只（或几只）股票呢？在某些情况下，投资者相信他们可以利用他们的卓越分析来"击败市场"，他们可能会专注于一小部分股票，而不是持有整个市场的股票。

（6）还有一个关键问题：如何衡量单一股票的风险？期望收益率的标准差（σ）是不合适的，因为它包括可以通过在投资组合中持有股票消除的风险。在大多数人持有投资组合的世界中，我们如何衡量股票的风险？这是下一节的主题。

增加更多的股票并非总能降低投资组合的风险

虽然图 8-6 说明了多元化的重要性，但需要注意的是，在某些情况下，在投资组合中增加更多股票并不总会降低风险。事实上，在某些情况下，甚至可能会增加风险。假设你为你的投资组合随机选择的第一个股票是一个非常安全的公用事业公司，但投资组合随机选择的第二个股票是一个风险非常高的生物技术公司。在这种情况下，由两个股票组成的投资组合可能有更高的风险，即使你正在从多元化中实现一些收益。

《华尔街日报》最近的一篇文章对这个问题有更多的见解。文章讨论了路易斯安那州立大学 Don Chance 教授的一些研究。Chance 教授进行了一个课堂研究，他要求学生先选择一个股票的投资组合，然后继续增加股票，直到他们有 30 只股票的投资组合。

Chance 教授想向他的学生证明多元化的作用。总的来说，对于整个投资组合而言，将股票从 1 只到 20 只，投资组合的风险降低大约 40%，正如研究所预测的那样。"这就像一个魔术，"Chance 教授说，"这个课堂研究产生了与教科书里完全相同的图表。"

但是，Chance 教授回顾并逐个分析了学生的结果后，发现多元化常常惨败。随着他们将持有的股票从 1 只扩大到一个有 30 只股票的股票篮子，许多学生所持股票投资组合的风险反而升高了。有九分之一的学

生，最终 30 只股票投资组合的风险比他们开始持有的单一公司股票的风险更大。最终 30 只股票组合的波动幅度比只有 5 只股票投资组合的波动幅度高 23%。

总结：对于任何既定的投资者，平均风险可能不适用。"我们传递的信息是，你不需要那么多股票以实现多元化。"教授说。是什么导致了这些奇怪的结果？

Chance 教授认为，即使一个随机的过程也会产生看似不太可能的异常值。有 13% 的可能，由计算机生成的 20 只股票投资组合将比个股风险更大。

还要注意，如果不是随机添加股票到你的投资组合，而是继续添加相同类型的股票（例如所有科技股或所有金融股），那么多元化的好处将不那么显著。然而请记住，更重要的一点是，平均来说，如果你在投资组合中只持有少量的股票，你将很难降低风险。考虑到这一点，许多分析师建议个人投资者投资于提供广泛多元化并且交易成本低的指数基金。回应这一论点，《华尔街日报》文章通过以下观察和建议得出结论：

根据美联储的消费者财务调查，在拥有股票的家庭中，84% 的家庭直接持有的股票不超过 9 只，36% 的家庭只持有一家公司的股票。

但 9 只股票的数量太少了，即使 30 只或 40 只也不够。如果你想直接投资股市，把 90% ～ 95% 的资金投入到一个股票市场指数基金中，这将使你以低成

本获得数千家公司的股票。把剩下的资金最多投入到 3 ～ 5 只股票，你可以密切跟踪和耐心持有。除了少数几家公司之外，更多的公司可能会让多元化程度降低。

你应该注意到，图 8-6 显示了如果随机向你的投资组合中添加更多股票，会发生什么。虽然图片显示了平均而言会发生什么，但肯定不能保证每次你添加股票到你的投资组合中，投资组合的风险都会下降。

资料来源：Jason Zweig, "More Stocks May Not Make a Portfolio Safer," *The Wall Street Journal* (wsj.com), November 26, 2009.

8.3.3　投资组合的风险：β 系数

当持有单个股票时，它的风险可以通过期望收益率的标准差来衡量。然而，当股票在投资组合中持有时，σ 是不合适的，股票一般都是这样。所以，我们应该如何衡量股票在一个投资组合中的相关风险呢？

首先，注意除了与市场整体变动相关的风险外，其他所有风险可以并将被大多数投资者所分散。理性投资者将持有足够的股票，将图 8-6 中的风险曲线向下移动到投资组合中只存在市场风险的点。

一旦股票被包括在多元化投资组合中，其存在的风险是其对投资组合的市场风险的贡献，并且风险可以通过股票价格随市场上涨或下跌的程度来衡量。

其次，股价随着市场变动的趋势由 β 系数（b）来衡量。理想情况下，当估计股票的 β 时，我们希望有一个水晶球，告诉我们股价相对于整体股市未来将如何变动。但是因为我们不能研究未来，所以我们经常使用历史数据，并假设股票的历史 β 将给我们一个股价将如何相对于未来市场变动的合理估计。

为了说明历史数据的使用，如图 8-7 所示，显示了三只股票和市场指数的历史收益率。第 1 年，"市场"被定义为一个包含所有股票的投资组合，总收益率（股息收益率和资本利得收益率）为 10%，三只个股也是如此。第 2 年，市场收益率大幅上升为 20%。股票 H（高）收益率飙升至 30%；股票 A（平均）的收益率为 20%，和市场收益率一样；并且股票 L（低）收益率为 15%。第 3 年，市场收益率大幅下跌为 −10%。三只股票的收益率也下跌：股票 H 的收益率为 −30%，股票 A 的收益率为 −10%，并且股票 L 的收益率甚至是 0。在第 4 年和第 5 年，市场收益率分别为 0 和 5%，三只股票的收益率如图 8-7 所示。

数据的图表显示，三只股票随着市场上涨或下跌，但股票 H 是市场波动的两倍，股票 A 与市场波动完全一样，股票 L 只有市场波动的一半。很明显，曲线越陡峭，股票的波动性越大，因此股票在下行市场中的损失也越大。线的斜率是股票的 β 系数。我们在图中看到股票 H 的 β 系数为 2.0；股票 A 的 β 系数是 1.0；股票 L 的 β 系数是 0.5。[Θ] 因此，β 衡量了一个与市场相关的既定股票的波动性，并且平均风险股票 A 的 β 系数为 1.0。

股票 A 被定义为一个平均风险股票，因为其 β 系数 $b=1.0$。因此，其与一般市场收益率一起上下波动。一般来说，一个平均风险股票，当市场收益率上升 10% 时，其价格也上升 10%；当市场收益率下跌 10% 时，其价格也下跌 10%。像这类 $b=1$ 的较大的投资组合虽然会将所有可分散风险消除，但仍然与整个市场平均收益率一起上下变动，因此具有一定程度的风险。

股票 H，其 $b=2.0$，其波动是平均风险股票 A 的两倍，意味着它的风险是股票 A 风险的两倍。由 $b=2.0$ 这种股票构成的投资组合价值在短期内可能是平均风险股票 A 的两倍，或者一半；如果你持有这样一个投资组合，你也许很快就会从一个百万富翁变成一个乞丐。股票 L，其 $b=0.5$，其波动只有平均风险股票 A 的一半，而这些股票的投资组合的上升和下降幅度只有市场的一半。因此，它的风险是平均风险组合 $b=1.0$ 的一半。

成千上万公司字面上的 β 值由价值在线、雅虎、谷歌等公司计算和发布。一些知名公司的 β 系数如表 8-5 所示。大多数股票的 β 系数为 0.50 ～ 1.50，所有股票的平均 β 值是 1.0，这表明平均风险股票 A 与市场同步。[Θ]

Θ　有关计算 β 的更多信息，请参阅 Eugene F. Brigham and Phillip R. Daves, *Intermediate Financial Management*, 14th edition (Mason, OH: Cengage Learning, 2022), Chapters 2 and 3.

Θ　虽然相当不常见，但是股票有可能有负的 β。在这种情况下，只要其他股票的收益下跌，这种股票的收益将会上升。

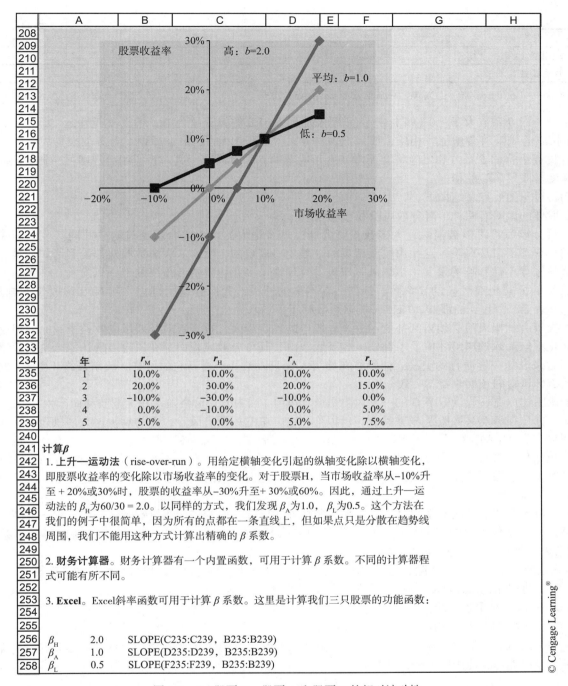

年	r_M	r_H	r_A	r_L
1	10.0%	10.0%	10.0%	10.0%
2	20.0%	30.0%	20.0%	15.0%
3	−10.0%	−30.0%	−10.0%	0.0%
4	0.0%	−10.0%	0.0%	5.0%
5	5.0%	0.0%	5.0%	7.5%

计算β

1. **上升—运动法**（rise-over-run）。用给定横轴变化引起的纵轴变化除以横轴变化，即股票收益率的变化除以市场收益率的变化。对于股票H，当市场收益率从−10%升至 + 20%或30%时，股票的收益率从−30%升至+ 30%或60%。因此，通过上升—运动法的 β_H 为60/30 = 2.0。以同样的方式，我们发现 β_A 为1.0，β_L 为0.5。这个方法在我们的例子中很简单，因为所有的点都在一条直线上，但如果点只是分散在趋势线周围，我们不能用这种方式计算出精确的 β 系数。

2. **财务计算器**。财务计算器有一个内置函数，可用于计算 β 系数。不同的计算器程式可能有所不同。

3. **Excel**。Excel斜率函数可用于计算 β 系数。这里是计算我们三只股票的功能函数：

β_H	2.0	SLOPE(C235:C239，B235:B239)
β_A	1.0	SLOPE(D235:D239，B235:B239)
β_L	0.5	SLOPE(F235:F239，B235:B239)

图 8-7 β：股票 H、股票 A 和股票 L 的相对波动性

表 8-5 所选公司的 β 系数列表

股票	β	股票	β
美国航空公司	2.04	Facebook	1.07
NCR 公司	1.81	易趣	1.05
美国银行	1.70	Netflix	1.03
戴姆勒集团	1.60	微软	0.96
哈雷戴维森	1.46	墨西哥烧烤餐厅	0.93
百思买集团	1.30	可口可乐	0.60

（续）

股票	β	股票	β
通用电气	1.29	宝洁	0.39
埃克森美孚	1.27		

资料来源：Adapted from *Yahoo! Finance* (finance.yahoo.com), April 2020.

如果把一只 β 系数大于 1.0（如 1.5）的股票添加到 b_p=1.0 的投资组合中，组成投资组合，那么投资组合的 β 系数和相应的风险将会增加。相反，如果把一只 β 系数小于 1.0 的股票添加到 b_p=1.0 的投资组合中，组成投资组合，投资组合的 β 系数和风险将会下降。由于股票的 β 系数反映了其对投资组合风险的贡献，β 系数是理论上正确度量股票风险的指标。

我们将讨论的要点总结如下。

（1）股票的风险有两种，可分散风险和市场风险。

（2）可分散风险可以被消除，大多数投资者通过持有很大的投资组合或通过购买共同基金来消除它。于是，我们只剩下了市场风险，这是由股票市场的一般走势造成的，反映了大多数股票都受到诸如战争、经济衰退和通货膨胀等事件影响的事实。市场风险应该是对理性、多元化投资者重要的唯一风险。在许多情况下，独立风险较高的公司也有较高的 β 系数。例如，在本章的开头，我们强调了过去几年 Netflix 股价的剧烈波动，正如我们在表 8-5 中看到的那样，Netflix 的 β 系数高于平均水平。

（3）投资者承担风险必须得到补偿——一只股票的风险越大，投资者对其要求的收益率越高。但是，只有通过多元化不能消除的风险才能要求补偿。如果股票由于其可分散风险而存在风险溢价，那么这只股票对于多元化投资者来说是一笔便宜的交易。他们将开始买入这只股票并且提高它的价格，股票最终（均衡）的价格将与仅反映市场风险的预期收益相一致。

为了说明这一点，假设股票 B 的一半风险是市场风险（因为股票价格随市场上下波动而产生），另一半是可分散风险。你正在考虑买入股票 B 并持有，所以你将会面临它的所有风险。作为承担这么多风险的补偿，你想在长期国债利率 3% 的基础上，再得到 8% 的风险溢价。所以你要求的必要收益率是 r_B=3%+8%=11%。但其他投资者，包括你的导师，都是多元化投资的。他们也持有股票 B，但他们会将其持有在多元化的投资组合中，消除可分散风险，因此承担的风险只有你的一半。所以，他们要求的风险溢价也将是你的一半，其必要收益率将是 r_B=3%+4%=7%。

如果在市场上股票的收益率超过 11%，那么包括你的导师在内的多元化投资者将会买入它，推高价格并降低其收益率，并使你不可能以低到可以让你获得 11% 收益率的价格购买该股票。最后，你将不得不接受一个 7% 的收益率或把你的钱存进银行。

（4）β 系数衡量股票市场风险，这是表示股票价格相对波动率的指数。这里有一些基准 β 系数：

b=0.5——股票的价格波动或风险只有平均风险股票 A 的一半。

b=1.0——股票是平均风险。

b=2.0——股票风险是平均风险股票 A 的两倍。

（5）一个由低 β 系数股票组成的投资组合也将有一个低 β 系数，因为投资组合的 β 系数是包含各个证券 β 系数的一个加权平均，使用以下公式计算：

$$b_p = w_1 b_1 + w_2 b_2 + \cdots + w_N b_N$$
$$= \sum_{i=1}^{N} w_i b_i \tag{8-5}$$

这里 b_p 是投资组合的 β 系数，它显示了投资组合相对于市场的波动程度；w_i 是对第 i 种股票的投资占投资组合的权重；b_i 是第 i 种股票的 β 系数。为了说明这一点，如果一个投资者持有 10 万美元的投资组合，由投资三只 3.33 万美元的股票组成，如果每一只股票的 β 系数为 0.70，组合的 β 系数将为 b_p=0.70：

$$b_p=0.333 \times 0.70+0.333 \times 0.70+0.333 \times 0.70=0.70$$

这样的投资组合将比市场风险更小，因此它价格波动幅度相对较小，收益率波动也相对较小。在图 8-7 中，其回归线的斜率将为 0.70，这小于平均风险股票 A 投资组合的斜率。

现在假设卖出一只现有的股票，取而代之的是 b_i=2.00 的股票。这一行为将增加投资组合的 β 系数，从 b_{p1}=0.70 到 b_{p2}=1.13：

$$b_p=0.333 \times 0.70+0.333 \times 0.70+0.333 \times 2.00=1.13$$

增加一个 b_i=0.20 的股票，使股票投资组合的 β 系数从 0.70 下降到 0.53。添加一个低 β 系数的股票将减少投资组合的风险。因此，改变投资组合中的股票可以改变投资组合的风险。

（6）股票的 β 系数决定了股票如何影响多元化投资组合的风险，β 系数理论上是股票风险的最相关度量。

提问

问题：

投资组合 P 包含两只股票：50% 投资于股票 A 和 50% 投资于股票 B。股票 A 的标准差为 25%，β 系数为 1.20；股票 B 的标准差为 35%，β 系数为 0.80。这些股票之间的相关系数是 0.4。

a. 投资组合 P 的标准差是多少？

1. 不到 30%。

2. 30%。

3. 超过 30%。

b. 投资组合 P 的 β 系数是多少？

c. 对于多元化的投资者，哪一只股票的风险较大？

答案：

a. 不需要计算回答这个问题。记住，只要股票之间的相关系数小于 1.0，两个股票投资组合的标准差小于个股标准差的加权平均数。在这种情况下，因为相关系数为 0.4，我们知道 P 投资组合的标准差小于 30%。

b. $b_p= 0.5 \times 1.2 + 0.5 \times 0.8$

$= 1.0$

一个投资组合的 β 系数等于单个股票 β 系数的加权平均。

c. 多元化投资者用 β 系数衡量相关风险。因此，一个多元化的投资者会将具有更高 β 系数的股票（股票 A）视为高风险。

| 全球视角 | 海外多元化投资的好处 |

越来越多投资国际证券的机会使投资者有可能比仅投资美国证券获得更好的风险收益权衡。所以海外投资可能会产生风险较低但预期收益较高的投资组合。这一结果的出现是因为美国证券和国际证券的收益之间相关性低，以及海外股票的潜在高收益。

图 8-6 显示了投资者可以通过持有多只股票来降低他的投资组合的风险。由于国内和国外股票的收益不完全正相关，投资者可能通过持有来自世界各地股票的投资组合，进一步降低风险。

尽管国外股票大约占全球股票市场的 60%，并且在海外投资有优势明显，但普通美国投资者仍然只用少于 10% 的钱购买国外股票。这种不愿意在海外投资的一个可能的解释是，投资者喜欢国内股票，因为交易成本较低。然而，这种解释是有问题的，因为最近的研究表明，投资者买卖国外股票的频率要高于国内股票。

国内股票偏好的其他解释包括额外的海外投资风险（如汇率风险）以及典型的美国投资者不了解国际投资并且（或者）认为国际投资是非常危险的。有人认为，世界资本市场已经变得更加一体化，导致不同国家之间的收益相关性增加，这减少了国际投资多元化的好处。还有一种解释，美国公司自身的投资更加国际化，美国投资者已经从国际多元化中获益，即使他们只购买美国股票。

鉴于全球多元化的好处，许多分析师建议美国投资者在其投资组合中持有大比例的国外资产。《华尔街日报》最近的一份报告询问了一个顶级投资顾问团队对国外资产优化配置的看法。正如你所料，他们的意见各不相同，但是似乎有相当广泛的共识，即平均而言，美国投资者在其投资组合中持有的国外资产应该在 30% 至 40% 之间。分析师还指出，最佳目标随时间和个人变化。

资料来源：George Sisti, "Should You Own International Stocks?" *MarketWatch* (marketwatch.com), July 25, 2016; "The Experts: How Much Should You Invest Abroad?" *The Wall Street Journal* (wsj.com), June 10, 2013; and Kenneth Kasa, "Measuring the Gains from International Portfolio Diversification," *Federal Reserve Bank of San Francisco Weekly Letter*, no. 94-14, April 8, 1994.

最近的研究强调了多样化的重要性

在任何一年里，表现最好的股票都会超过整体市场的表现，而且通常是相当大的差距。与此同时，许多表现差的股票的收益将远低于市场均值。当然，棘手的部分是提前知道哪些个股会有高收益，哪些会有低收益。

亨德里克·贝斯宾德（Hendrik Bessembinder）教授最近的研究进一步说明了个股风险。通过观察1926—2016年的个股表现，他发现在同一投资周期内，只有42.6%的普通股的收益率高于1个月期国债的收益率。此外，通过一系列模拟，贝斯宾德证明，从长期来看，只有4%的股票表现优于整体市场。

我们如何才能将这些发现与整体市场已实现收益远高于国债这一事实联系起来呢？（参见前面的专栏，"风险与收益之间的历史权衡"）简单地说，股市历史上的高收益是由极少数股票的超高收益驱动的。但棘手的部分是提前知道哪些股票将是大赢家。因此，除非你有一个水晶球，能让你有效地预测股市的赢家和输家，否则这项研究证实，对许多人来说，最好的策略是持有多元化的投资组合，并努力复制整个市场的表现。

资料来源：Hendrik Bessembinder, "Do Stocks Outperform Treasury Bills?" *Journal of Financial Economics*, vol. 129, no. 3 (September 2018), pp. 440–457; and "Bessembinder Rocks the Investment World," *Nasdaq* (nasdaq.com), October 19, 2017.

自我测验

1. 请解释以下观点：作为投资组合中的一部分而持有的资产通常比单独持有该资产的风险更低。

2. 什么是完全正相关、完全负相关和完全不相关？

3. 一般来说，投资组合的风险可以通过增加投资组合中的股票数量减少到零吗？请解释。

4. 什么是平均风险股票？这样的股票的 β 系数是多少？

5. 为什么认为 β 系数是股票风险的最佳衡量标准？

6. 投资者有两个股票投资组合，投资股票 X 2.5 万美元，投资股票 Y 5 万美元，股票 X 的 β 系数是 1.50，股票 Y 的 β 系数是 0.60。投资者投资组合的 β 系数是多少？（0.90。）

8.4　风险和投资收益率的关系

前面的部分证明了在 CAPM 理论下，β 系数是衡量股票相关风险最适当的标准。接下来的问题是：对于一个由 β 系数衡量的给定的风险水平，为了补偿投资者所承担的风险，投资收益率是多少？首先，让我们定义以下各项：

$\hat{r}_i$ = 第 i 只股票的期望收益率。

r_i = 第 i 只股票的必要收益率。注意，如果 $\hat{r}_i$ 小于 r_i，典型的投资者将不会买入这只股票，如果拥有这只股票的话会将其卖出。如果 $\hat{r}_i$ 大于 r_i，投资者将买入股票，因为它看起来像是减价品。如果 $\hat{r}_i=r_i$，投资者将不会进行买卖。投资者的买入和卖出操作往往会迫使期望收益率等于必要收益率，尽管二者在调整完成前有时有差异。

$\bar{r}_i$ = 事后实际收益率。一个人当他正在考虑购买股票的时候显然不知道 $\bar{r}_i$。

r_{RF} = 无风险利率。在这里，r_{RF} 通常用美国国债收益率来衡量。一些分析师建议使用短期国债收益率，另一些则建议使用长期国债收益率。我们通常用长期国债收益率，因为它们的期限更接近普通投资者持有股票的期限。

b_i = 第 i 只股票的 β 系数。平均风险股票 A 的 β 系数是 $b_A=1.0$。

r_M = 考虑所有股票组成的投资组合（称为市场投资组合）的必要收益率，也是平均风险股票 A（$b_A=1.0$）的必要收益率。

$RP_M=r_M-r_{RF}$ = 市场风险溢价或平均风险股票 A 的溢价。这是补偿平均投资者承担平均风险水平所需的无风险利率之上的额外收益。平均风险意味着 $b_i=b_A=1.0$。

$RP_i=(r_M-r_{RF})b_i=RP_M b_i$ = 第 i 只股票的风险溢价。股票的风险溢价可能小于、等于或大于平均风险股票 A 的溢价（RP_M），这取决于其 β 系数是小于、等于还是大于 1.0。如果 $b_i=b_A=1.0$，则 $RP_i=RP_M$。

市场风险溢价 RP_M，显示了投资者因承担平均风险股票 A 而要求的溢价。这个溢价的大小取决于风险投资者对股票市场的看法和他们厌恶风险的程度。让我们假设在当前时间，国债收益率 r_{RF}=3%，平均股票 A 必要收益率 r_M=8%。因此，市场风险溢价是 5%，计算如下：

$$RP_M = r_M - r_{RF} = 8\% - 3\% = 5\%$$

应该注意的是，平均风险股票的风险溢价（$r_M - r_{RF}$）是很难衡量的，因为对预期未来市场的必要收益率（r_M）进行精确估计是不可能的。[注]由于估计未来市场收益的困难性，因此分析师经常通过查看历史数据来估计市场风险溢价。历史数据表明，由于投资者厌恶风险程度的改变，导致市场风险溢价每年可能有所不同，但它通常在 4%～8% 的范围内。

虽然历史估计对于评估市场风险溢价可能是一个不错的起点，但是如果投资者对风险的态度随着时间的推移发生了极大的改变，这些估计将具有误导性。事实上，许多分析师认为市场风险溢价近几年一直在下降。如果这种说法是正确的，市场风险溢价将远远低于基于历史数据评估的市场风险溢价。

单个股票的风险溢价可以根据市场风险溢价计算得出。例如，如果以它们的 β 系数来衡量一个股票的风险是另一个股票的两倍，那么其风险溢价也应该是其两倍。因此，如果我们知道市场风险溢价和股票的 β 系数，我们就可以得到其风险溢价。例如，β=0.5 和 RP_M=5% 的股票 L，RP_L 将是 2.5%。

$$\text{股票 L 的风险溢价} = RP_L = RP_M \times b_L$$
$$= 5\% \times 0.5$$
$$= 2.5\% \tag{8-6}$$

第 6 章的讨论表明任何股票的必要收益率都可以通过如下计算来得到：

股票必要收益率 = 无风险利率 + 股票的风险溢价

这里的无风险利率包括了预期通胀溢价。如果我们假设所考虑的股票具有类似的期限和流动性，就可以利用证券市场线（SML）公式找到股票 L 的必要收益率：

股票 L 的必要收益率 = 无风险利率 + 市场风险溢价 × 股票 L 的 β 系数

$$r_L = r_{RF} + (r_M - r_{RF}) \times b_L$$
$$= r_{RF} + RP_M b_L$$
$$= 3\% + (8\% - 3\%) \times 0.5$$
$$= 3\% + 2.5\%$$
$$= 5.5\%$$

估计市场风险溢价

资本资产定价模型（CAPM）不仅是描述风险和收益之间权衡的理论模型，它在实践中也有广泛的应用。稍后我们将看到，投资者使用 CAPM 来决定股票价值的折现率，并且企业经理们用它来估计权益资本成本。

市场风险溢价是 CAPM 的一个关键组成部分，它应该与整个股票市场的预期未来收益和无风险投资的预期未来收益不同。然而，我们无法获得投资者的预期；相反，学术界和实践界经常使用历史的风险溢价代替预期风险溢价。历史风险溢价是许多年整个股票市场的实际收益率与无风险利率之间的差的年平均值。Roger Ibbotson（通过股票、债券、票据和通货膨胀）提供了最全面的历史风险溢价评估。报告称，过去 94 年里平均每年的风险溢价为 7%。

历史风险溢价有三个潜在问题。第一，计算平均值的适当的年数是多少？Ibbotson 追溯到 1926 年，也就是第一次能够获得良好数据的年份；但这是一个武断的选择，并且计算溢价时采用的起止时间点是主要的分歧所在。

第二，当市场风险溢价正在改变的时候，历史风险溢价很可能有误导性。举例说明，1995～1999 年，股市非常强劲，一部分原因是投资者很少是风险规避型的，这意味着当他们评估股票的时候，会使用一个更低的风险溢价。强劲的市场导致了每年约 30% 的股票收益率；当高的股票收益率减去债券收益率时，计算得到平均每年的风险溢价为 22.3%。当这些高数据

[注] 这个概念也是 CAPM 模型的另一方面，将会在 Eugene F. Brigham and Phillip R. Daves, *Intermediate Financial Management*, 14th edition（Mason，OH: CengageLearning，2022）的第 3 章中详细讨论。该章节也讨论了嵌入在 CAPM 框架中的假设。这些假设中的一些是不实际的，因此这个理论并非完全正确。

被添加到之前年份的数据时，它们导致 Ibbotson 高估并报道了长期历史风险溢价。因此，一个降低的"真正的"风险溢价导致非常高的股票收益，反过来又导致计算的历史风险溢价增加。毫不夸张地说，这是一个令人担忧的结果。

第三，历史估计可能被高估，因为它只包括幸存下来的公司的收益，而并没有反映投资在失败公司上的损失。Stephen Brown，William Goetzmann 和 Stephen Ross 在 1995 年 *Journal of Finance* 上的一篇文章中讨论了幸存者偏差的影响。Tim Koller，Marc Goedhart 和 David Wessels 把这些想法付诸实践，他们提出，幸存者偏差使得每年的历史收益增加一两个百分点。因此，他们建议，从历史估计减去 1% 到 2% 来获得在 CAPM 中应用的风险溢价。

John R.Graham 和 Campbell R.Harvey 在 2018 年进行的一项研究中，以 2000 年 6 月—2017 年 12 月各个季度对美国首席财务官进行的调查为基础，分析了股票风险溢价的历史。在他们的研究中，每个季度的风险溢价计算为标准普尔 500 指数 10 年期的期望收益率减去 10 年期美国国债收益率。这 18 年期间的平均风险溢价为 3.64%。

2020 年对 81 个国家的 5 235 多名学者、分析师和从业人员进行的一项调查，进一步深入了解了必要的市场风险溢价。来自学者、分析师和从业人员的回应表明，美国平均必要的市场风险溢价为 5.6%。来自委内瑞拉的调查表明，平均必要的市场风险溢价为 23.1%。来自新西兰的调查表明，平均必要的市场风险溢价为 6.2%。

资料来源：Roger G. Ibbotson, *Stocks, Bonds, Bills, and Inflation: 2020 Yearbook* (Chicago, IL: Duff & Phelps, 2020), p. 10–7; Pablo Fernandez, Eduardo de Apellaniz, and Javier F. Acín, "Survey: Market Risk Premium and Risk-Free Rate Used for 81 Countries in 2020," *Social Science Research Network*, March 25, 2020, ssrn.com/abstract=3560869; John R. Graham and Campbell R. Harvey, "The Equity Risk Premium in 2018," *Social Science Research Network*, March 28, 2018, ssrn.com/abstract=3151162; Stephen J. Brown, William N. Goetzmann, and Stephen A. Ross, "Survival," *Journal of Finance*, vol. 50, no. 3 (July 1995), pp. 853–873; and Tim Koller, Marc Goedhart, and David Wessels, *Valuation: Measuring and Managing the Value of Companies*, 5th edition (New York: McKinsey & Company, 2010.

股票 H 的 b_H=2.0，所以它的必要收益率为 13%：

$$r_H = 3\% + 5\% \times 2.0 = 13\%$$

b=1.0 的平均风险股票，其必要收益率为 11%，等同于市场收益率：

$$r_A = 3\% + 5\% \times 1.0 = 8\% = r_M$$

图 8-8 中绘制了股票 L，股票 A 和股票 H 的证券市场线（假定 r_{RF}=3% 和 r_M=8%）。请注意以下几点。

（1）必要收益率显示在纵轴上，由 β 系数衡量的风险显示在横轴上。这个图和我们用来计算 β 系数的图 8-7 是有很大差异的。在前面的图中，纵轴表示个股的收益率，并且横轴表示市场指数的收益率。图 8-7 中的 β 系数绘制在图 8-8 的横轴上。

（2）无风险证券的 b_i=0，无风险资产的利率 r_{RF}=3%，在图 8-8 中显示为纵轴截距。

（3）在图 8-8 中证券市场线的斜率可以通过高度差除以跨度差来获得。当 β 系数从 0 到 1.0 时，必要收益率从 3% 到 8% 即增加 5%，所以斜率为 5%/1.0=5%。因此，β 系数的 1 单位增加造成必要收益率 5% 的增加。

（4）证券市场线的斜率反映了经济主体的风险规避程度，普通投资者的风险规避水平越高，该线的斜率越陡，并且所有股票的风险溢价越高——因此，所有股票的必要收益率越高。

（5）同样，证券市场线显示了给定风险级别的必要收益。当他们赚到的实际收益大于必要收益时，投资表现优于市场，这样做通常被称为产生正的 α。类似地，实际收益低于必要收益时，称为产生负的 α。从图形上看，α 为正的投资最终高于证券市场线，而 α 为负的投资最终低于证券市场线。⊖

由于利率的改变、投资者风险规避程度和单个公司 β 系数的改变，导致证券市场线以及一个公司在证券市场线上的位置会随着时间而改变。这些改变将在以下部分讨论。

⊖ α 可以被更广泛地定义为包括任何投资表现超过其既定基准的时间。在本例中，指定的基准是从 CAPM 计算出的必要收益。但在其他情况下，分析师会采用其他基准。例如，如果一只共同基金的表现优于其他具有相同风险的共同基金，分析师可能会将该共同基金描述为产生正 α。

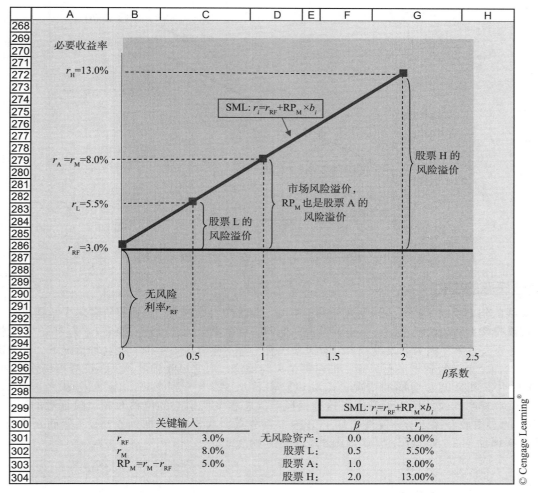

图 8-8　证券市场线（SML）

8.4.1　预期通货膨胀的影响

正如我们在第 6 章中讨论的，利息是所借资金的"租金"或借入资金的价格。因此，r_{RF} 是无风险借款人的货币价格。我们也看到，使用美国国债衡量的无风险利率被称为名义年利率或报价年利率，它由两个因素决定：①实际的无通货膨胀的收益率 r^*；②通货膨胀溢价 IP，等于预期的通货膨胀率。[⊖] 因此 $r_{RF}=r^*+IP$。因此，图 8-8 中所示的 3% 的 r_{RF} 可能被认为是由 1% 的无风险利率加上 2% 的通货膨胀溢价：$r_{RF} = r^* + IP = 1\% + 2\% = 3\%$。

如果预期的通货膨胀率上升了 2%，上升到 2%+2%=4%，r_{RF} 将上升到 5%。随着预期通货膨胀率的上升，必须在实际无风险利率上增加溢价，以补偿投资者因通货膨胀而造成的购买力损失。这样的变化如图 8-9 所示。注意 r_{RF} 的增加将导致所有风险型资产收益率的一个等量增加，这是因为相同的通货膨胀溢价被包括在无风险和风险资产的必要收益率中。[⊖] 因此，我们展示的平均股票的收益率从 8% 增加到 10%。其他的风险性资产的收益率也会增加两个百分点。

⊖　长期国债也包含了到期风险溢价 MRP。我们在 r^* 中包含了 MRP，从而简化讨论。

⊖　回想一下，任何资产的通货膨胀溢价都是资产存续期间平均的通货膨胀率。因此，在这个分析中，我们必须假设所有绘制在证券市场线图中的证券有相同的存续期间或预期的未来通货膨胀率是恒定的。

　　还应指出的是，在 CAPM 分析中的 r 可以被长期利率（长期债利率）或短期利率（短期债利率）所代替。传统上，使用短期国债利率；但近年来，更趋向于使用长期国债利率，因为在长期国债收益率和股票收益率之间关系比短期国债收益率和股票收益率的关系更紧密。

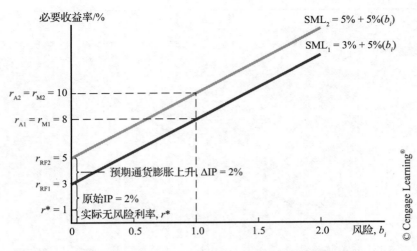

图 8-9　预期通货膨胀增加引起的证券市场线的移动

8.4.2　风险厌恶的变化

证券市场线的斜率反映了投资者厌恶风险的程度——直线的斜率越大，普通投资者对于承担风险所要求的补偿就越多。假设投资者对风险漠不关心，也就是说，他们一点也不会厌恶风险。如果 r_{RF} 为3%，风险性资产也会有一个3%的必要收益率，因为如果投资者没有风险厌恶，将不会有风险溢价。在这种情况下，证券市场线将是一条水平线。然而，由于投资者厌恶风险，即有一个风险溢价，厌恶风险程度越大，证券市场线的斜率就越陡。

图 8-10 说明了风险厌恶增加的情况。市场风险溢价从5%上升到7.5%，导致 r_M 从 $r_{M1}=8\%$ 上升到 $r_{M2}=10.5\%$。其他风险资产的收益率也上升了，这种由风险厌恶程度所引起的位移对高风险证券的影响更加明显。例如，股票 L 的必要收益率 $b=0.5$ 仅仅增加了1.25个百分点，从5.5%增加到6.75%，然而 β 系数为1.5的股票的必要收益率增加了3.75个百分点，从10.5%增加到14.25%。

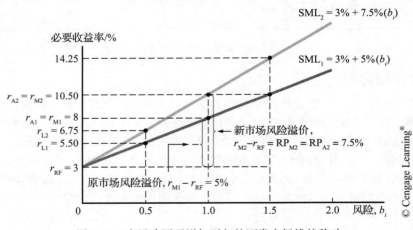

图 8-10　由风险厌恶增加引起的证券市场线的移动

┊ 提问 ┊

问题：

无风险利率是3%，市场风险溢价（r_M-r_{RF}）是4%。股票 A 的 β 系数为1.2，股票 B 的 β 系数为0.8。

a. 每个股票的必要收益率是多少？

b. 假定投资者越来越不愿意承担风险（换句话说，

他们变得更厌恶风险），因此市场风险溢价从4%上升到6%。假设无风险利率保持不变。这对两个股票的必要收益率有什么影响？

答案：

a. $RP_M = r_M - r_{RF} = 4\%$

$$r_A = r_{RF} + RP_M \times b_A$$
$$= 3\% + 4\% \times 1.2$$
$$= 7.8\%$$
$$r_B = r_{RF} + RP_M \times b_B$$
$$= 3\% + 4\% \times 0.8$$
$$= 6.2\%$$

b. RP_M 由 4% 增加到 6%，r_{RF} 保持不变。
$$r_A = 3\% + 6\% \times 1.2$$

$$= 10.2\%$$
$$r_B = 3\% + 6\% \times 0.8$$
$$= 7.8\%$$

因此，股票 A 的必要收益率从 7.8% 增加到 10.2%，股票 B 的必要收益率从 6.2% 增加到 7.8%。注意，股票 A 的必要收益率增加得比股票 B 更多，这是因为股票 A 有更大的 β 系数。风险溢价的变化对风险较大的股票有更大的影响（即这些有更大 β 系数的股票）。

8.4.3　股票 β 系数的变化

在本书后面章节我们将看到，通过改变内部资产和负债的构成，公司可以影响其市场风险（即 β 系数）。公司的 β 系数也可能会受到外部因素的影响，例如行业竞争力的加剧、专利权期满等因素。当这些变化发生时，该公司的必要收益率也在改变，正如我们将在第 9 章中看到的，这一变化将影响其股票价格。例如，Keller Medical Products 的 β 系数为 1.20。现在假设一些因素发生变化，导致 Keller 公司的 β 系数从 1.20 增加到 2.0。如果其他情况如图 8-8 所示，Keller 公司股票的必要收益率会从 9% 增加到 13%：

$$r_1 = r_{RF} + (r_M - r_{RF}) \times b_i$$
$$= 3\% + (8\% - 3\%) \times 1.20$$
$$= 9\%$$
$$r_2 = 3\% + (8\% - 3\%) \times 2.0$$
$$= 13\%$$

就像我们将在第 9 章中看到的，这个变化会对 Keller 公司的股票价格产生负面影响。⊖

· · · · · · · · · · · · · · · ·

自我测验

1. 区分股票的期望收益率（$\hat{r}_i$）、必要收益率（r）、事后实际收益率（$\bar{r}_i$）。哪个数值大会促使你买入股票，$\hat{r}_i$ 还是 r？在给定的时间点上，$\hat{r}_i$，r，$\bar{r}_i$，通常是相同的还是不同的？请解释。

2. 运用相对波动率"计算 β 系数"的图（图 8-7）和"使用 β 系数"的证券市场线图（图 8-8）之间有什么区别？请解释两个图形是如何构造的，以及它们所传达的信息是什么。

3. 正的 α 是什么意思？负的 α 是什么意思？

4. 如果预期通货膨胀率增加或减少，图 8-8 的证券市场线图将会发生什么？

5. 当投资者的风险厌恶增加或减少时，图 8-8 的证券市场线图将会发生什么？

6. 如果投资者对风险漠不关心，即如果他们是零风险厌恶，证券市场线图将是什么样子？

7. 公司如何影响 β 系数大小？

8. 一只 β 系数为 1.2 的股票，假设无风险利率是 4.5%，市场风险溢价是 5%。股票的必要收益率是多少？（10.5%。）

· · · · · · · · · · · · · · · ·

8.5　对 β 系数和资本资产定价模型的一些顾虑⊖

资本资产定价模型（CAPM）不仅仅是一个在课本中描述的抽象的理论模型，它直观上非常有吸引力，并

⊖ 本章涵盖的概念对投资者显然很重要，但以下两点对于管理人员也是重要的。首先，正如我们将在下一章中所看到的，股票的风险影响股权资本必要收益率，且直接关系到资本预算的重要信息来源。其次，也与资本预算相关，个别项目的"真实"风险受到与公司其他项目以及公司股东可能持有的其他资产的相关性的影响。我们将在后面的章节中会讨论这些话题。

⊖ 本节简要介绍了 CAPM 的替代模型。关于这个话题更详细的讨论请参见 Eugene F. Brigham and Phillip R. Daves, *Intermediate Financial Management*, 14th edition (Mason, OH: Cengage Learning, 2022), Chapter 3.

且被分析师、投资者和企业广泛地应用。最近的一些研究已经引起了对其有效性的关注。例如，芝加哥大学尤金·法玛（Eugene Fama）和达特茅斯大学肯尼斯·弗伦奇（Kenneth French）的一项研究发现，根据历史数据，股票的收益和它们的市场 β 系数没有关联，支持了一些教授和股票市场分析师长期持有的立场。[⊖]

作为一种传统 CAPM 的替代方案，研究人员和从业人员正在开发具有更多解释变量而不仅仅有 β 系数的模型。这些多变量模型推广了传统 CAPM 模型对市场风险的认识——市场风险（不能被分散的风险）是资产定价的基础。在多变量模型中，假设风险是由多个不同因素引起的，而 CAPM 模型衡量的风险仅仅与市场投资组合的收益相关。这些多变量模型代表了财务理论上重要的进步，然而，在实践中应用时它们也有一些缺陷。因此，基本 CAPM 模型仍然是用来估算股票必要收益率的最广泛使用的方法。

自我测验

是否有任何研究质疑 CAPM 的有效性？请解释。

8.6 一些结论：对企业管理层和投资者的启示

风险和收益之间的联系是一个重要的概念，它对企业管理者和投资者都有很大的意义。我们会在后面的章节中看到，企业管理者花了大量的时间来评估个别项目的风险和收益。事实上，鉴于他们对单个项目风险的担忧，可能会问我们为什么花这么多时间讨论股票的风险。为什么不从一开始就着重于工厂和设备等企业资产的风险？原因是对于其主要目标是股价最大化的管理者来说，公司股票的风险是其最重要的考虑因素，任何实物资产的相关风险，必须根据投资者如何看待它对股票风险的影响来衡量。例如，假设固特异轮胎公司正在考虑对一个新项目进行投资——翻新轮胎。翻新轮胎的销售（新业务上的收益）是非常不确定的，所以单独考虑时，新的投资似乎相当危险。然而，假设翻新业务上的收益与固特异其他的业务是负相关的——当经济景气的时候，人们有足够的钱，他们会买装备新轮胎的新汽车；但在经济萧条时，他们倾向于持有旧汽车并且从公司这里买翻新的轮胎。因此，在经济景气的时候将在常规业务上获得高收益，而翻新业务收益降低，在经济萧条期间则相反。这个结果可能像图 8-4 中所示的股票 W 和股票 M 的模式。如果独立地考察一只股票，看似是一种风险投资，从整体上来考虑时，可能不会有很大的危险。

这种分析可以扩展到公司的股东。因为固特异轮胎公司的股票被多元化的股东所拥有，每次管理层进行投资决策时面临的真正问题是：这项投资将如何影响我们股东的风险？同样，单个项目的独立风险可能看起来相当大，然而，从项目对股东整体风险的影响来看，可能不是很大。我们将在第 12 章再次讨论这个问题，那里我们将研究资本预算对公司的 β 系数的影响，以及对股东风险的影响。

这些概念对个人投资者显然是重要的，对企业管理者也同样重要。我们总结一些所有的投资者都应该考虑的关键点。

（1）风险与收益之间有一个权衡。普通投资者喜欢高收益但是不喜欢风险。由此可见，高风险的投资需要提供给投资者较高的预期收益。此外，假如你正在寻求更高收益的投资，你必须愿意承担更高的风险。

（2）多元化是至关重要的。通过明智地多元化，投资者可以大大降低风险，而不降低他们的预期收益。不要把你所有的钱投在一只或两只股票或者一个或两个行业上。一个很多人都会犯的巨大的错误就是把他们大部分资金投资在他们雇主的股票上。如果公司破产了，他们不仅失去了工作，而且失去了他们投资的资本。虽然没有股票是完全无风险的，但可以通过持有一个多元化的投资组合来分散风险。

（3）实际的收益是重要的。所有投资者都应该理解名义收益和实际收益之间的区别。当评估股票业绩时，

⊖ 参见 Eugene F. Fama and Kenneth R. French, "The Cross-Section of Expected Stock Returns," *Journal of Finance*, vol. 47, no. 2 (June 1992), pp. 427–465; and Eugene F. Fama and Kenneth R. French, "Common Risk Factors in the Returns on Stocks and Bonds," *Journal of Financial Economics*, vol. 33, no. 1 (February 1993), pp. 3–56. 他们发现，股票收益与公司规模和市净率有关系。小公司和市净率低的公司有更高的收益，然而他们没有发现收益和 β 系数之间的关系。

实际收益率（扣除通胀率后的）是重要的。由此可见，随着预期通货膨胀率的增加，投资者需要获得更高的名义收益。

（4）一项投资的风险往往取决于你计划持有投资多久。常见的股票，对短期投资者是极其危险的。然而，从长远来看，波动将趋于平稳，因此当这些股票作为长期投资组合的一部分时，其是低风险的。宾夕法尼亚大学的杰里米 J. 西格尔（Jeremy Siegel），在他的畅销书《股市长线法宝》（*Stocks for the Long Run*）中表示："保护购买力的最安全的长期投资明显是股票，而不是债券。"

（5）尽管过去我们深入了解了各种投资上的风险和收益，但是并不能保证未来会重复过去。近年来表现良好的股票可能会下跌，而陷入困境的股票可能会反弹。同样的事情可能适用于整个股票市场。即使杰里米·西格尔鼓吹股市一直是历史上良好的长期投资，但是他也认为不能保证未来的收益将会与过去一样强劲。更重要的是，在购买股票时，你总是需要问，"这只股票的定价是否合理？"我们在下一章将更全面地讨论这个问题。

自我测验

1. 解释下列观点：单个企业项目的独立风险可能会相当高，但从对股东整体风险的影响来看，项目的真正风险可能不是很大。

2. 一个项目的收益与公司其他资产的收益之间的相关性是如何影响项目的风险的？

3. 当评估各种投资的风险和收益时，个人投资者应考虑哪些重要因素？

本章小结

在本章中，我们介绍了风险与收益之间的关系。我们讨论了如何计算单个资产和投资组合的风险和收益。特别是，我们区分了独立风险和在投资组合中的风险，同时我们解释了多元化的好处。我们还讨论了 CAPM 模型，描述了风险如何被衡量以及风险如何影响收益率。在后面的章节中，我们将提供用于估算债券、优先股、普通股必要收益率的工具，以及公司如何根据这些收益来计算资本成本。正如你将看到的，资本成本是资本预算过程中的一个关键要素。

自测题

ST-1 关键术语
使用图表或公式来定义以下术语：
a. 风险、独立风险、概率分布
b. 期望收益率
c. 标准差、变异系数、夏普比率
d. 风险厌恶、风险溢价、实际收益率
e. 股票 i 的风险溢价、市场风险溢价
f. 投资组合的期望收益率、市场投资组合
g. 相关性、相关系数
h. 市场风险、可分散风险、相关风险
i. 资本资产定价模型（CAPM）
j. β 系数、平均股票的 β 系数
k. 证券市场线（SML）公式

ST-2 实际收益率
股票 A 和股票 B 有以下历史收益率。

年份	股票 A 的收益率 r_A/%	股票 B 的收益率 r_B/%
2016	−24.25	5.50
2017	18.50	26.73
2018	38.67	48.25
2019	14.33	−4.50
2020	39.13	43.86

a. 计算每只股票从 2016 年到 2020 年期间的平均收益率。假设有人持有由 50% 的股票 A 和 50% 的股票 B 组成的组合。从 2016 年到 2020 年每年投资组合的收益率是多少？在这段时间内投资组合的平均收益率将是多少？

b. 计算每只股票和投资组合收益率的标准差。使用公式（8-2a）。

c. 假设这段时间的无风险利率是 3.5%。根据股票 A、股票 B 以及使用它们的平均收益率，所计算出的在

这段时间内的投资组合的夏普比率是多少？

d. 通过两只股票每年收益率的数据，能否看出两股之间的相关系数是接近 0.8 还是 −0.8？

e. 如果该股票组合中随机增加股票，σ_p 会发生什么，以下哪个是最准确的表述？

1. σ_p 将保持不变。

2. σ_p 将在 20% 左右。

3. 如果足够多的股票被包括在内，σ_p 将下降到 0。

ST-3 β 系数和必要收益率 ECRI 公司是一家拥有 4 家子公司的控股公司。其投资于每一个子公司资本的比例（和各自的 β 系数）如下：

子公司	资本比例 / %	β 系数
电力事业	60	0.70
电缆公司	25	0.90
房地产开发	10	1.30
国际 / 特殊项目	5	1.50

a. 控股公司的 β 系数是多少？

b. 如果无风险利率是 4%，市场风险溢价是 5%，控股公司的必要收益率是多少？

c. ECRI 公司正在考虑改变其战略重点，这将减少它对电力事业子公司的依赖，所以其在这个子公司的资本的百分比将减少到 50%。与此同时，它将增加对国际 / 特殊项目部门的依赖，所以其在该子公司的资本的比例将上升到 15%。变化后的 ECRI 公司必要收益率是多少？

简答题

8-1 假设你拥有一个包含 25 万美元的美国长期国债的投资组合。

a. 你的投资组合能实现零风险吗？请解释。

b. 现在假设你持有一个投资组合，它由价值 25 万美元、30 天期的短期国债组成。每 30 天你的债券将到期，你会将 25 万美元的投资本金继续投资于短期国债。你打算依靠你的投资组合的利息收入生活，并且你想要保持一个稳定的生活水平。你持有的国债投资组合是真正无风险的吗？请解释。

c. 你可以想到的风险最低的债券是什么？请解释。

8-2 风险较低的期望收益率的概率分布比风险较高的期望收益率的概率分布曲线形状更尖。请说出（a）完全确定的收益和（b）完全不确定的收益，两种情况下的概率分布形状。

8-3 人寿保险保单是一种金融资产，支付的保险费代表了投资成本。

a. 你会如何计算 1 年期人寿保险保单的期望收益率？

b. 假设一项人寿保险保单的持有人没有其他金融资产，此人仅有的其他资产是"人力资本"或盈利能力。请说明该保单的收益和人力资本的收益之间的相关系数是正还是负。

c. 人寿保险公司必须支付行政管理费用和销售人员的佣金，因此，保险费的期望收益率一般较低甚至为负。使用投资组合概念来解释为什么人们购买人寿保险保单，尽管它的期望收益率较低。

8-4 构建一个必要收益率等于无风险利率的真实股票组合是有可能的吗？请解释。

8-5 股票 A 的期望收益率为 7%，期望收益率的标准差为 35%，与市场的相关系数是 −0.3，β 系数是 −0.5。股票 B 的期望收益率为 12%，期望收益率的标准差为 10%，与市场的相关系数是 0.7，β 系数是 1.0。哪只股票风险更大？为什么？

8-6 一只股票去年有 12% 的收益率，那年股市整体都在下跌。这是否意味着这只股票有一个负的 β 系数，并且因此在投资组合中持有的风险更低？请解释。

8-7 如果投资者风险厌恶程度增加，高 β 系数股票的风险溢价比低 β 系数股票的风险溢价增加得更多还是更少？请解释。

8-8 如果一个公司的 β 系数变为原来的 2 倍，其必要收益率也会双倍增加吗？

8-9 在第 7 章中，我们看到，对于给定的股票，如果市场利率 r_d 增加，债券的价格会下降。同样的逻辑应用到股票，请解释：

a. 风险厌恶的减少是如何影响股票的价格和收益率的；

b. 这将如何影响由股票收益和债券收益之间的历史差异所衡量的风险溢价；

c. 在应用证券市场线公式时，这对使用历史风险溢价有什么影响。

8-10 假设你拥有股票 A 和股票 B。根据过去 10 年的数据，股票 A 的夏普比率为 1.3，而股票 B 的夏普比率为 0.8。请简要说明哪只股票表现更好。

8-11 ABC 公司的股票在过去一年中获得了 10% 的收益。根据证券市场线公式，投资者对该股票的必要收益率为 9%。这只股票会在证券市场线上的哪个位置？你对这项投资的 α 有什么看法？请解释。

问答题

（8-1 ～ 8-5 为简单题）

8-1 期望收益率 一只股票的收益率有以下分布。

公司产品的需求	这种需求发生的概率	该需求条件下的收益率 /%
弱	0.1	−30
低于均值	0.1	−14
均值	0.3	11
高于均值	0.3	20
强	<u>0.2</u>	45
	<u>1.0</u>	

假设无风险利率为 2% 计算股票的期望收益率、标准差、变异系数和夏普比率。

8-2 投资组合的 β 系数 一个人有 2 万美元投资于 β 系数为 0.6 的股票，另外 7.5 万美元投资于 β 系数为 2.5 的股票。假设他的投资组合中只有这两种股票，他的投资组合的 β 系数是多少？

8-3 必要收益率 假设无风险利率为 5.5%，市场必要收益率为 12%。对于 β 系数为 2 的股票，必要收益率是多少？

8-4 预期必要收益率 假设无风险利率为 3.5%，市场风险溢价为 4%。整体股市的必要收益率是多少？对于 β 系数为 0.8 的股票，必要收益率是多少？

8-5 β 系数和必要收益率 一只股票有 9% 的必要收益率，无风险利率为 4.5%，市场风险溢价为 3%。

a. 股票的 β 系数是多少？

b. 如果市场风险溢价提高到 5%，股票的必要收益率会发生什么变化？假设无风险利率和 β 系数保持不变。

（8-6 ～ 8-12 为中等难度题）

8-6 期望收益率 股票 X 和 Y 具有以下未来期望收益率的概率分布。

概率	X	Y
0.1	−10%	−35%
0.2	2%	0%
0.4	12%	20%
0.2	20%	25%
0.1	38%	45%

a. 计算股票 Y 的期望收益率，$\hat{r}_Y$（$\hat{r}_X$=12%）。

b. 计算股票 X 的期望收益率的标准差，σ_X（σ_Y=20.35%）。现在计算股票 Y 的变异系数。大多数投资者可能认为股票 Y 比股票 X 的风险更小，请解释。

8-7 投资组合必要收益率 假设你是一个 400 万美元投资基金的基金经理。该基金由 4 只股票组成，具有以下投资额和 β 系数。

股票	投资额 / 美元	β 系数
A	460 000	1.50
B	500 000	−0.50
C	1 260 000	1.25
D	2 600 000	0.75

如果市场的必要收益率为 8%，无风险利率为 4%，基金的必要收益率是多少？

8-8 β 系数 给定以下信息，请计算均衡状态下股票 J 的 β 系数：$\hat{r}_J$=10.5%，r_{RF}=3.5%，r_M=9.5%。

8-9 必要收益率 股票 R 的 β 系数为 2.0，股票 S 的 β 系数为 0.45，平均股票的必要收益率为 10%，无风险利率为 5%。风险较高股票的必要收益率是多少才能超过风险较低股票的必要收益率？

8-10 CAPM 和必要收益率 Beale 制造公司的 β 系数为 1.1，Foley 公司的 β 系数为 0.30。持有整个股票市场的指数基金的必要收益率为 11.0%，无风险利率为 4.5%。Beale 的必要收益率超过 Foley 的必要收益率多少？

8-11 CAPM 和必要收益 假设投资者预期未来通胀率为 3.6%，计算 Mudd 公司的必要收益率。实际风险溢价为 1.0%，市场风险溢价为 6%。Mudd 的 β 系数为 1.5，在过去 5 年中其平均实现的收益率为 8.5%。

8-12 必要收益率 设 $r_{RF}=4\%$，$r_M=10\%$ 和 $b_i=1.4$。

a. 股票 i 的必要收益率 r_i 是多少？

b. 现在假设 r_{RF} 增加到 5% 或减少到 3%。SML 的斜率保持不变。这将如何影响 r_M 和 r_i？

c. 现在假设 r_{RF} 保持在 4%，但是 r_M 增加到 12% 或下降到 9%。SML 的斜率不保持不变。这些变化将如何影响 r_i？

（8-13 ～ 8-21 为具有挑战性的难题）

8-13 CAPM、组合风险和收益 考虑股票 X，股票 Y 和股票 Z 的以下信息。三只股票的收益是正相关的，但它们并不完全相关（即每个相关系数在 0 和 1 之间）。

股票	预期收益 /%	标准差 /%	β
X	9.55	15	0.9
Y	10.45	15	1.1
Z	12.70	15	1.6

基金 Q 有三分之一的基金投资于三只股票。无风险利率为 5.5%，市场处于均衡状态（即必要收益等于期望收益率）。

a. 市场风险溢价（r_M-r_{RF}）是多少？

b. 基金 Q 的 β 系数是多少？

c. 基金 Q 的必要收益率是多少？

d. 你可以预期基金 Q 的标准差是小于 15%，等于 15%，还是大于 15%？请解释。

8-14 投资组合 β 系数 假设你持有一个多元化投资组合，包括 20 只不同的普通股，每个投资 0.75 万美元。投资组合的 β 系数为 1.25。现在假设你决定卖出投资组合中的一只股票，其 β 系数为 1.0，投资额为 0.75 万美元，并使用其收益购买另一只 β 系数为 0.80 的股票。你的新投资组合的 β 系数是多少？

8-15 CAPM 和必要收益率 HRI 公司的 β 系数为 1.6，LRI 公司的 β 系数为 0.8。无风险利率为 6%，平均股票的必要收益率为 13%。预期的通货膨胀率 r_{RF} 下降了 1.5 个百分点；实际无风险利率保持不变，市场必要收益率为 10.5%；并且所有的 β 系数保持不变。在所有这些变化之后，HRI 公司和 LRI 公司的必要收益率有什么不同？

8-16 CAPM 和投资组合必要收益率 你管理一个 500 万美元的投资组合，其 β 系数为 1.15，必要收益率为 11.475%。当前无风险利率为 4%。假设你收到另外的 50 万美元。如果你投资于一只 β 系数为 0.85 的股票，你的 550 万美元投资组合的必要收益率是多少？

8-17 投资组合 β 系数 共同基金经理拥有 2 000 万美元的投资组合，其 β 系数为 1.7，无风险利率为 4.5%，市场风险溢价为 7%。该经理预计将收到额外的 500 万美元，她计划投资一些股票。在用额外资金投资后，她希望基金的必要收益率为 15%。将新股票增加到投资组合中后的平均 β 系数应该是多少？

8-18 预期的收益 假设你赢了彩票，有两个选择：①收到 50 万美元；②进行赌博，扔一个硬币，如果正面朝上，你将收到 100 万美元，但如果反面朝上，你将一无所得。

a. 赌博收益的期望值是多少？

b. 你会肯定选择 50 万美元或赌博吗？

c. 如果你肯定选择 50 万美元，能表明你是一个风险规避者还是一个冒险者吗？

d. 假设收益实际上是 50 万美元，这是唯一的选择。你现在面临的是投资于在年底收到 53.75 万美元收益的美国国债，还是具有一半可能收益为 0、一半可能在年底收益为 115 万美元的普通股。

1. 投资国债的预期收益为 3.75 万美元。投资股票的预期收益为多少美元？

2. 投资国债的期望收益率为 7.5%。投资股票的期望收益率是多少？

3. 你会选择投资债券还是股票？为什么？

4. 考虑到债券的收益率为 7.5%，你对股票投资的预期收益（或期望收益率）有多大，才能让你选择投资股票？

5. 如果你不是以 50 万美元购买一只股票，而是构建一个每只投资 0.5 万美元由 100 只股票组成的投资组合，这会如何影响你的决定？这些股票中的每一只都具有与上述股票相同的收益特征，即在年底时一半收益可能为 0 或一半可能获得 1.15 万美元。这些股票收益之间的相关性是否重要？请解释。

8-19 评估风险和收益 股票 X 的期望收益率为 10%，β 系数为 0.9，期望收益率的标准差为 35%。股票 Y 的期望收益率为 12.5%，β 系数为 1.2，期望收益率的标准差为 25%。无风险利率为 6%，市场风险溢价为 5%。

a. 计算每只股票的变异系数。

b. 哪只股票对于多元化投资者来说风险较大？

c. 计算每只股票的必要收益率。

d. 基于两只股票的预期收益和必要收益，哪只股票对多元化投资者更具吸引力？

e. 计算投资 0.75 万美元于股票 X，投资 0.25 万美元于股票 Y 的投资组合的必要收益率。

f. 如果市场风险溢价提高到 6%，那么两只股票中哪一只的必要收益率会有较大的增长？

8-20 历史收益率 股票 A 和股票 B 有以下历史收益。

年	股票 A 的收益, r_A/%	股票 B 的收益, r_B/%
2016	−18.00	−14.50
2017	33.00	21.80
2018	15.00	30.50
2019	−0.50	−7.60
2020	27.00	26.30

a. 计算 2016 ~ 2020 年期间每只股票的平均收益率。

b. 假设你持有由 50% 的股票 A 和 50% 的股票 B 组成的投资组合。投资组合每年实现的收益率是多少？在此期间投资组合的平均收益率是多少？

c. 计算每只股票和投资组合的收益率的标准差。

d. 计算每只股票和投资组合的变异系数。

e. 假设你是一个风险规避型的投资者，你会喜欢持有股票 A、股票 B，还是投资组合？为什么？

8-21 证券市场线 你计划投资 Kish 对冲基金，其总资本为 5 亿美元，投资于 5 只股票。

股票	投资额 / 百万美元	股票 β 系数
A	160	0.5
B	120	1.2
C	80	1.8
D	80	1.0
E	60	1.6

Kish 的 β 系数可以被视为其投资的股票的 β 系数的加权平均值。无风险利率为 6%，假设你预期未来市场收益的概率分布如下：

概率	市场收益 / %
0.1	−28
0.2	0
0.4	12
0.2	30
0.1	50

a. 证券市场线（SML）的公式是什么（提示：首先确定预期的市场收益率）？

b. 计算 Kish 的必要收益率。

c. 假设总裁 Rick Kish 收到来自一家寻求新资本的公司的建议。这项投资需要 5 000 万美元，它的期望收益率为 15%，估计的 β 系数是 1.5。Kish 应该投资这家新公司吗？当期望收益率为多少时，无论 Kish 购买股票与否，其收益率均不受影响？

综合 / 电子表格问题

评估风险和收益 2015 ~ 2020 年的巴特曼工业公司和雷诺兹公司的股价和股息以及温斯洛 5 000 指数如下表所示。温斯洛 5 000 收益数据包括了股息。

（单位：美元）

年份	巴特曼工业公司		雷诺兹公司		温斯洛 5 000 指数
	股价	股息	股价	股息	包括股息
2020	17.25	1.15	48.75	3.00	11 663.98
2019	14.75	1.06	52.30	2.90	8 785.70
2018	16.50	1.00	48.75	2.75	8 679.98
2017	10.75	0.95	57.25	2.50	6 434.03
2016	11.37	0.90	60.00	2.25	5 602.28
2015	7.62	0.85	55.75	2.00	4 705.97

a. 使用数据计算巴特曼工业公司、雷诺兹公司、温斯洛 5 000 指数的平均收益率。然后计算这 5 年的平均收益率（提示：记住，期末价格减去期初价格计算得出资本利得或损失，再加上股息后除以期初价格得到收益率。假设股息已包含在温斯洛 5 000 指数中。此外，你无法计算 2015 年的收益率，因为你没有 2014 年的数据）。

b. 计算巴特曼工业公司、雷诺兹公司和温斯洛 5 000 指数的收益率的标准差 [提示：使用样本标准差公式，即式（8-2a），它对应于 Excel 中的 STDEV 函数]。

c. 计算巴特曼工业公司、雷诺兹公司和温斯洛 5 000 指数的变异系数。

d. 假设这段时间的无风险利率为 3%，根据巴特曼工业公司、雷诺兹公司和温斯洛 500 指数的平均收益率计算夏普比率。

e. 画出一个散点图，纵轴标示巴特曼工业公司、雷诺兹公司的收益率，横轴标示温斯洛 5 000 指数的收益率。

f. 通过它们的收益与温斯洛 5 000 指数收益的回归分析，估计巴特曼工业公司和雷诺兹公司的 β 系数。这些 β 系数与你的散点图一致吗？

g. 假设长期国债的无风险利率为 4.5%。假设温斯洛 5 000 指数的平均年度收益率并不适合用于估计市场必要收益率——它太高了。所以使用 10% 作为市场的期望收益率。现在使用证券市场线公式来计算两个公司的必要收益率。

h. 如果你形成了一个组合，包括 50% 的巴特曼工业公司的股票和 50% 的雷诺兹公司的股票，投资组合的 β 系数和必要收益率是多少？

i. 假设投资者希望将巴特曼工业公司的股票纳入其投资组合。股票 A、股票 B 和股票 C 目前在投资组合中，它们的 β 系数分别是 0.769，0.985 和 1.423。假定新的投资组合由 25% 的巴特曼工业公司股票、15% 的股票 A、40% 的股票 B 和 20% 的股票 C 组成，计算新投资组合的必要收益率。

综合案例

Merrill Finch Inc.

风险与收益 假设你最近毕业于财务专业。你刚刚在 Merrill Finch Inc.（一家大型金融服务公司）从事财务计划工作。你的第一个任务是为一个客户投资 10 万美元。由于资金将在 1 年结束时投资于企业，所以你得到的指令是做出在 1 年持有期内的投资计划。此外，你的老板已将你的投资选择限制在下表中，相关的收益率及其概率已经列明（先忽略项目底部的数据，稍后你将填空）。

经济状况	概率	投资方案的收益					
		期望收益率 /%					
		短期国债	高科技	托收	美国橡胶	市场组合	2 只股票投资组合
衰退	0.1	3.0%	−29.5	24.5%	3.5%[a]	−19.5%	−2.5%
低于均值	0.2	3.0	−9.5	10.5	−16.5	−5.5	
均值	0.4	3.0	12.5	−1.0	0.5	7.5	5.8
高于均值	0.2	3.0	27.5	−5.0	38.5	22.5	
繁荣	0.1	3.0	42.5	−20.0	23.5	35.5	11.3
$\hat{r}$				1.2%	7.3%	8.0%	
σ		0.0	11.2	18.8	15.2	4.6	
CV				9.8	2.6	1.9	0.8
夏普比率				−0.16			0.54
b				−0.50	0.88		

注：美国橡胶的估计收益并不总是朝着与整体经济相同的方向移动。例如，当经济低于平均水平时，消费者购买的轮胎数量会少于经济增长的情况。然而，如果经济陷入衰退，大量计划购买新车的消费者会选择等待，为他们目前拥有的汽车购买新轮胎。在这种情况下，当经济状况不是仅仅低于平均水平，而是萧条时，美国橡胶制造厂的股票价格会较高。

Merrill Finch 预测人员已经为经济状况制定了概率估计，其证券分析师开发了复杂的计算机程序来估计每个经济状态下每个替代方案的收益率。高科技公司是一家电子公司，托收公司收取逾期债务，美国橡胶公司制造轮胎和各种其他橡胶及塑料产品。Merrill Finch 还管理着一个"市场组合"，它包含了全部的公开交易股票，其权重是个股的市值比例。你可以投资该投资组合，从而获得平均股票市场收益。鉴于所述情况，回答以下问题。

a. 1. 为什么短期国债的收益独立于经济状况？短期国债的收益是否真的无风险？请解释。
   2. 为什么高科技的预期收益随经济同向变化，而托收的预期收益会与经济背道而驰？

b. 计算每个替代方案的期望收益率，并填写上一个表中 $\hat{r}$ 行的空白。

c. 你应该认识到，仅仅基于预期收益来做出决定仅适用于风险偏好中性的投资者。因为你的客户像大多数人一样，是风险厌恶的，所以每个方案的风险是决策的一个重要考虑因素。一种可能的风险度量是收益率的标准差。
   1. 计算每个选择方案的价值，并填写表中 δ 行的空白。
   2. 什么类型的风险是由标准差衡量的？
   3. 绘制一个大致显示高科技、美国橡胶和短期国债的概率分布形状的图。

d. 假设你突然想起，当考虑的替代方案具有不相同的预期收益时，变异系数（CV）通常被认为在度量独立持有的风险时比标准差更好。计算并填写表中变异系数行中的相应空白。根据变异系数风险排序是否会与基于标准差的排序相同？请解释。

e. 有人提到，你可能还想计算夏普比率以衡量独立风险。计算缺失的比率，并在表中夏普比率的空白行填写夏普比率。请简要解释一下夏普比率实际衡量的是什么。

f. 假设你通过投资 5 万美元的高科技和 5 万美元的托收创建了一个两只股票的投资组合。
   1. 计算投资组合预期收益 $\hat{r}_p$、标准差 σ_p 和变异系数（CV_p），并填写表中相应的空白。
   2. 这两只股票投资组合的风险如何与单独持有单个股票的风险相比较？

g. 假设投资者随机选择股票形成投资组合，那么：
   1. 股票被随机添加到投资组合后，投资组合的风险和预期收益会发生什么变化？
   2. 对于投资者的意义是什么？绘制两个投资组合的图表来说明你的答案。

h. 1. 投资组合的效果是否会影响投资者对个股风险的看法？
   2. 如果你决定持有单一股票投资组合（因此面临比多元化投资者更多的风险），你是否可以期望获得全部风险的补偿；也就是说，你能否通过多元化来消除你的部分风险从而获得风险溢价？

i. 由 Merrill Finch 的计算机提供的投资方案的期望收益率和 β 系数如下：

安全度	收益 $\hat{r}$/%	风险 β 系数
高科技	9.9	1.31
市场	8.0	1.00
美国橡胶	7.3	0.88
短期国债	3.0	0.00
托收	1.2	−0.50

1. 什么是 β 系数，如何运用 β 系数分析风险？
2. 预期收益是否与每种替代品的市场风险相关？
3. 是否可以根据迄今制定的信息在各种备选方案中进行选择？利用题目开始时给出的数据构建一个图表，表明短期国债、高科技和市场的 β 系数是如何计算的。然后讨论 β 系数测量什么以及如何在风险分析中运用。

j. 收益率曲线目前是水平的，也就是说，长期国债也有 3.0% 的收益率。因此，Merrill Finch 认为无风险利率为 3.0%。

1. 写出证券市场线（SML）公式，使用它来计算每个替代方案的必要收益率，并绘制期望收益率和必要收益率之间的关系。
2. 如何将期望收益率和必要收益率进行比较？

3. 这个组合的期望收益率小于短期国债的利率合理吗？请解释。
4. 一半的高科技和一半的托收组合构成的投资组合，其市场风险和必要收益率是多少？若是高科技和美国橡胶呢？

k. 1. 假设投资者在目前估计的基础上将预期通胀率提高了 3 个百分点，这已反映在 3.0% 的无风险利率中。更高的通货膨胀对 SML 和高风险以及低风险证券的必要收益率有什么影响？
2. 假设投资者的风险厌恶情绪高涨以致市场风险溢价增加了 3 个百分点（通货膨胀保持不变）。这将会对 SML 和高风险以及低风险证券的收益率有什么影响？

深入探讨

使用在线资源来处理本章的问题。请注意，网站信息随时间而变化，这些更改可能会限制你回答其中一些问题的能力。

借助历史信息估计必要收益率

第 8 章讨论了风险与收益之间的基本权衡。在资本资产定价模型（CAPM）的讨论中，β 系数被确定为多元化股东的正确风险度量。回想一下，β 系数测量了某一股票的收益与股票市场一起移动的程度。当使用 CAPM 来估计必要收益率时，我们想知道股票将如何随着市场在未来移动；但是因为我们没有水晶球，所以我们通常使用历史数据来估计必要收益率与 β 系数的关系。

可以通过回归单只股票的收益与整体市场的收益来估计 β 系数。作为回归的替代方法，我们可以依靠各种来源报告的 β 系数。这些发布的资料使我们能够容易获得大多数大型上市公司估计的 β 系数。但是，一句警告：β 系数估计通常对数据估计的时间段、使用的市场指数和使用数据的频率非常敏感。因此，在各种互联网网站上并不难找到大量的 β 系数估计值。

讨论问题

1. 首先看看整体股市的历史表现。通常，在大多数财经网站上，你可以进入标准普尔 500 指数，并直接转到指数的摘要页面。你将看到在过去 24 小时和 12 个月的市场表现的摘要概述。过去一年市场表现如何？
2. 在摘要屏幕上，你应该会看到一个交互式图表。通常，你可以绘制过去 24 小时、1 个月、3 个月、6 个月甚至 10 年，或更长时间的市场表现图。选择不同的时间段并观看图表如何变化。在此屏幕上，你还应该看到一个菜单以选择历史价格。有些网站不仅会

显示每日活动，还会显示每周或每月活动。此外，一些网站会允许你将数据下载到 Excel 电子表格中。

3. 现在让我们仔细看看四家公司的股票：Colgate Palmolive (Ticker = CL)、Campbell Soup (CPB)、Motorola Solutions (MSI)、Tiffany & Co (TIF)。在看数据之前，你会预期哪些公司有一个相对较高的 β 系数（大于 1.0）？哪些公司具有相对较低的 β 系数（小于 1.0）？
4. 选择问题 3 中列出的 4 只股票中的 1 只股票，在你选择的财经网站上输入公司的股票代码。在屏幕上，你应该看到交互式图表。选择 6 个月的时间段并选择标准普尔 500 指数，所有股票的表现将与标普 500 指数的表现在交互式图表上进行比较。在此期间股价表现是否超过或低于整体市场？
5. 返回摘要页面，查看公司 β 系数的估计值。公司的 β 系数是什么？估计 β 系数的来源是什么？要意识到，如果你去另一个网站，显示的 β 系数可能会因测量差异而有所不同。
6. 公司目前的股息收益率是多少？过去一年里，它对投资者的总收益是多少？在过去 3 年呢（请记住，总收益包括股息收益加上任何资本利得或损失）？你必须去多个网站才能找到这些信息。MSN Money 在财务报告的利润表里披露了过去 4 年每股股利（DPS）的信息。你可以使用价格信息计算股息收益率和资本利得收益率。
7. 假设无风险利率为 4%，市场风险溢价为 5%。公司股票的必要收益率是多少？
8. 对剩下的 3 家公司重复同样的操作。报告的 β 系数能否使得你确认早期的直觉？一般来说，你是否发现较高 β 系数的股票在市场上涨时往往表现更好，而在市场下跌时表现更糟？请解释。

第9章

股票及其估值

寻找正确的股票

从长远来看，美国股市的收益已经非常优异，其年均收益率大约为 12%。然而，这些收益并不确定，并且其市场表现每年有很大的变化。

正如我们在第 8 章讨论的那样，个股的收益波动性比整体市场更大。例如，2019 年，苹果的股价上涨了 86.2%，Advanced Micro Devices 的股价上涨了 148.4%，Snap 的股价上涨了 196.4%。尽管标准普尔 500 指数在 2019 年上涨了 28.9%，但并非所有的股票都表现良好。一部分股票出现了下跌，沃尔格林的股价下跌了 13.7%，梅西百货的股价下跌了 42.9%，PG&E 的股价下跌了 54.2%。这些个股的大变化现象

表明了：首先，多元化投资是很重要的股票投资策略；其次，在选择股票的时候，仅仅选择好公司的股票是不够的，股票价格也必须是"合理的"。

确定股票是否是公平价格，首先需要估计股票的真实价值，或"内在价值"，在第 1 章中我们已讨论过其概念理论。在这个目标的引导下，本章中我们将讨论一些分析师用来确定股票内在价值的估价模型。正如你将看到的，虽然很难预测股价，但我们并非无能为力。事实上，在学习本章后，你将深入了解影响股票价格的因素；具备这些知识，再加一点运气，你就能在变幻莫测的股票市场中找到方向。

厘清头绪

在第 7 章，我们研究了债券及其估值。我们现在讨论股票，包含普通股和优先股。因为债券提供的现金流是通过合同设定的，所以通常容易预测它们的现金流。优先股股利也通过合同设定，这使得它们类似于债券，其估值大致相同。然而，普通股股利不是合同性的，它们取决于公司的收益，这反过来取决于许多随机因素，使它们的估值较为困难。两个相对简单的模型用于估计股票的内在（或"真实"）值：①股利折现模型；②企业价值评估模型。如果股票的价格低于其估计的内在价值，股票当然应该被买入；如果其价格超过其内在价值，则卖出。

学完本章后，你应该能够完成下列目标。

- 讨论股东的法定权利。
- 解释股票价格与其内在价值之间的区别。
- 确定可用于估计股票内在价值的两个模型：股利折现模型和企业价值评估模型。
- 列出优先股的关键特征，并描述如何进行优先股估值。

股票估值本身就很有趣，但你也需要了解公司在做其资本预算分析时如何估计其资本成本，这可能是公司最重要的任务。

9.1　普通股股东的法律权利和特权

公司的普通股股东是公司的所有者，因此，他们有一定的权利和特权，我们将在这一节讨论。

9.1.1　公司控制权

一家公司的普通股股东有选举董事的权利，而董事又会选举出公司的管理者。在一家小公司，大股东通常也是公司的董事长或主席。在大型上市公司，公司管理者虽然也拥有一些股票，但他们的股份通常不足以获得投票控制权。因此，许多上市公司管理团队如果工作不称职，股东可以解雇他们。

美国州和联邦法律规定了如何行使股东控制权。首先，公司必须定期举行董事选举，通常是在每年一次的年度会议上投票选举。每股股票有一份投票权，因此，持有 1 000 股股票的股东就对选举的每个董事有 1 000 份投票权。[○]普通股股东可以参加年度会议并亲自投票，但通常他们会通过代理人将投票权转给他人。管理者一般会成功获得股东的委托投票权。但是，如果公司的盈利状况不佳，股东产生不满，外部团体就会努力获得投票表决权，并撤换管理者来实现对企业的控制。这就是所谓的**"代理权之争"**（proxy fight）。在其他情况下，另一家公司可能试图通过购买公司的流通股来收购公司。这些行为被称为**收购**（takeovers）。过去几年一些著名的收购案例包括 KKR 收购 RJR Nabisco，雪佛龙收购海湾石油，以及 QVC 和维亚康姆联手收购派拉蒙影业公司。2009 年 11 月，卡夫食品对英国巧克力和口香糖制造商吉百利发起了 167 亿美元的敌意收购。2010 年 1 月 19 日，吉百利管理层接受了卡夫食品修订后的 218 亿美元的收购要约，并同意向股东推荐该要约。有趣的是，卡夫食品在 2015 年 3 月继续进行交易，宣布计划与亨氏合并，这笔交易的部分资金由巴西私募股权公司 3G 资本和沃伦·巴菲特的伯克希尔 – 哈撒韦公司提供。合并于 2015 年 7 月完成，公司现在名为卡夫亨氏公司。值得注意的是，并非所有的敌意收购都成功了。例如，施乐在 2020 年 3 月放弃了对惠普的敌意收购计划。施乐还以新冠疫情暴发期间的艰难环境为由，退出了与惠普董事会成员的代理权之争。[○]

没有获得占公司股票份额 50% 以上控制权的经理会非常关注代理权之争和收购，他们中的许多人会试图说服股东同意修改公司章程，以增加收购的难度。例如，许多公司要求股东同意：①每年选举三分之一的董事（而不是每年选举所有董事）；②要求 75% 的股东（而不是 50%）支持才能进行企业合并；③投票设置"毒丸条款"，这一条款将允许被收购方的股东以较低的价格购买收购方的股票。毒丸条款削弱了收购的吸引力，从而避免了敌意收购。管理层做出这些改变表面上是因为害怕公司被廉价收购，但实际上管理者更关心自身的境况。

管理层力图使收购更加困难，这受到了股东尤其是大型机构股东的强烈反对，股东们并不希望存在旨在保护无能管理者的阻力。例如，作为最大机构投资者之一的加利福尼亚公务员退休系统（CalPERS）曾试图争夺被其评定为财务表现不佳的几家公司的代理权。CalPERS 想要公司给予外部董事（非执行董事）更多的影响力并迫使公司管理层及时关注股东的抱怨。

管理者薪酬是另一个有争议的问题。有人认为，在一些案例中 CEO 接受过度补偿是因为他们与公司的董事会过于接近一致。同时，开明的管理层想要奖励以股东的利益行事的 CEO，惩戒管理不当的 CEO。CalPERS 等机构投资者进一步鼓励公司将其薪酬制度设置得更加透明以符合股东利益。同样，《多德 – 弗兰克法案》强加了说明付款条款，为股东提供在执行董事补偿上投票的能力。虽然这项规定是无约束力的，但它施加了一些压力于不想看到股东对他们薪酬投反对票的经理人。例如，在 2014 年，可口可乐公司在收到巴菲特和其他股东的负面反馈后采取措施调整其高级管理人员的薪酬方案。[○]事实上，2018 年 4 月，一家从事财务规划、资产管理和保险产品的公司 Ameriprise Financial Inc，其 75% 有投票权的股东拒绝了该公司 2017 年的薪酬方案。这次投票没有约束力，不过，Ameriprise 董事会同意考虑这次投票，并重新评估其薪酬方案，以求能够

㊀ 在这种状况下，如果董事会中有 3 个竞争的席位，那么持有 1 000 股股票的股东就对每个席位拥有 1 000 份投票权。公司章程中还规定实行累计投票制。如果有 3 个候选人，持有 1 000 股的股东就可以获得 3 000 份投票权，而且可以将其全部投给 1 名董事。累计投票权有助于小股东获得董事会席位。

㊁ 参见 Cara Lombardo, "Xerox Is Ending Hostile Takeover Bid for HP," *The Wall Street Journal* (wsj.com), April 1, 2020.

㊂ 关于这个问题的讨论，参见 Anupreeta Das, Mike Esterl, and Joann S. Lublin, "Buffett Pressures Coca-Cola over Executive Pay," *The Wall Street Journal* (online.wsj.com) , April 30, 2014; and Mark Melin, "Coca-Cola Changes Pay Plan, Warren Buffett Influence Credited," *ValueWalk* (valuewalk .com), October 1, 2014.

更好地为股东创造价值。[⊖]最近，面对纽约州共同退休基金（New York State Common Retirement Fund）的压力，可口可乐同意采取措施以缩小高管薪酬与员工平均工资之间的差距。[⊖]

多年来，美国证券交易委员会禁止诸如 CalPERS 这样的大型投资者联合起来强制公司管理者改变公司政策。但是，美国证券交易委员会在 1993 年修改了这项规定，现在大型投资者可以联合起来迫使管理层进行变革。这项规定使管理层更关注股东的需求。事实上，投资者的维权行为并没有放缓。最近，Twitter 面临着来自埃利奥特管理集团（Elliott Management Group）的巨大压力，有人猜测，如果 Twitter 在 2020 年经济衰退期间不采取措施削减高管薪酬，它未来可能会面临来自维权人士的愤怒。[⊜]

9.1.2　优先认股权

普通股股东通常拥有优先认股权（preemptive right）来购买公司新发行的股票，关于优先认股权的有些条款在有些州自动包含在公司章程中，在其他州则必须将其专门写入公司章程。

设置优先认股权有两个目的。第一，可以防止公司管理层大量发行并购买股票，否则管理层可能会因此掌握公司的控制权并无视当前股东的意愿。第二，更重要的是，防止每股价值被稀释。例如，假设公司有 1 000 股发行在外的普通股股票，每股价格为 100 美元，公司价值是 10 万美元。如果新发行 1 000 股股票以每股 50 美元发行，这将使公司的总市值增加到 15 万美元。当新的总市场价值除以 2 000 股股票，每股普通股价格为 75 美元。因此，原有股东每股损失 25 美元，新股东将立即获得每股 25 美元的利润。因此，以低于现有市场价值的价格发售新的普通股股票会降低股票市价，并将财富从原股东转移给以低价购入股票的新股东。设置优先认股权可以避免此类问题的发生。

自我测验

1. 识别公司哪些行为会使得收购变得更加困难？
2. 什么是优先认股权，它存在的两个主要原因是什么？

"聪明贝塔"基金是个聪明的主意吗？

在第 8 章中，我们展示了多元化的好处。出于这些好处，许多专家建议投资者应定期将部分财富投资于多元化程度较高的指数基金。这些指数基金具有以低交易成本实现多元化的优点。例如，先锋集团一只追踪标准普尔 500 指数的基金的总交易成本不到投资总额的 0.20%。

实际上，这些基金持有标准普尔 500 指数股票的投资组合，其中每只股票在投资组合中的权重是由其当前的市值（即其股价乘以已发行股票的数量）决定的。例如，如果一只股票的市值等于标准普尔 500 指数总市值的 1%，那么标准普尔 500 指数基金或交易所买卖基金就会向这只股票投资 1%。

尽管指数基金受到普遍欢迎，但一些分析师表示，他们担心指数基金可能通常会过度投资于"估值过高"的股票。其想法是这样的：当股票被高估时，它们的市值就会上升（超过其内在价值的水平），这种上升会自动导致指数基金持有被高估股票的更大比例。为了解决这些问题，基金投资开始使用投资组合权重，而不是基于市值。这些选择通常被描述为"聪明贝塔"或"战略贝塔"基金。

这些基金通常使用各种不同的方法来为指数加权。例如，有些公司采用等权重指数的方法，即指数中的每只股票都具有相同的权重，无论其市值如何。其他人则根据一些与内在价值相关的"基本面"（如股息或收益）对股票进行加权。在 CNBC.com 的一篇文章中，晨星公司的一位分析师强调了聪明贝塔测试版

⊖　Mark Reilly, " Ameriprise Shareholders Revolt over Pay for Top Executives," *Minneapolis/St. Paul Business Journal* (bizjournals.com), April 30, 2018.

⊖　参见 Christopher Doering, "Coca-Cola Will Link Executive Pay to Company Employees," *Food Dive* (fooddive.com), March 10, 2020.

⊜　参见以下两篇文章：Betsy Morris and Corrie Driebusch, " Twitter CEO Dorsey Faces Pressure to Grow Despite Elliott Truce," *The Wall Street Journal* (wsj.com), March 10, 2020; and Nina Trentmann and Kristin Broughton, " Companies That Don't Cut Executive Pay Now Could Pay for It Later," *The Wall Streeet Journal* (wsj.com), April 21, 2020.

产品的快速增长，并总结如下。

晨星分析师 Alex Bryan 表示，"投资者在这里得到的是积极的押注，即使使用相同的策略，也不会存在相同的产品。"费用通常比积极基金管理（相关）低得多，但高于传统指数基金。

并不是所有的分析师都认为聪明贝塔是个好主意。甚至被《华尔街日报》形容为"聪明贝塔教父"的产品支持者也对一些新产品的估值和潜在风险提出

了担忧。也有人指出，预测市场仍然需要支付高昂的费用，而这对许多基金来说是出了名的困难。或许并不令人意外的是，先锋集团的创始人、指数基金的长期拥护者杰克·博格尔（Jack Bogle）将聪明贝塔投资形容为"愚蠢的"。

资料来源："Do 'Smart Beta' Funds Outperform Index Funds?" finance.yahoo.com, March 16, 2015; and Aaron Kuriloff, "Rob Arnott, 'Godfather of Smart Beta,' Tells Investors: You're Doing it Wrong," *The Wall Street Journal* (wsj.com), April 28, 2017.

9.2 普通股的种类

尽管大多数公司只发行一种普通股，但在某些情况下，许多公司也使用分类股（classified stock）用于满足特殊的需求。一般情况下，如果使用特殊分类，通常将一种类型指定为 A 类，另一种类型指定为 B 类，以此类推。小型新公司从外部寻求资金时经常使用不同类型的普通股。例如，当谷歌上市时，它卖了 A 类股票而 B 类股票则由公司的内部人保留。主要区别在于 B 类股票每股有 10 票投票权，而 A 类股票每股只有 1 票投票权。此后，谷歌的控股公司 Alphabet 发行了 C 类股票，这类股票对普通公众开放，但没有投票权。本着同样的精神，Snap 在 2017 年上市时，新发行的股票也没有任何投票权。[一] 广泛来看，佛罗里达大学的 IPO 专家杰伊·里特（Jay Ritter）估计，在 2015—2019 年期间上市的科技公司中，有 35.8% 家公司向非内部人士发行了具有有限投票权的股票。非科技公司的相应比例为 13.9%。[二]

即使公司创始人只拥有少量普通股，但分类股的存在能保证他们仍享有公司的控制权。因此，这类 B 类股票有时被称为创始人股票。由于这种双层股权结构给予了关键的内部人士特殊的投票权，因此这些结构有时会受到批评，因为它可能使内部人士做出与大多数股东利益相反的决定。考虑到这些担忧，标准普尔道琼斯指数公司（S&P Dow Jones Indices）最近宣布，将不再允许双层股权结构的公司加入标准普尔 500 指数。[三]

值得注意的是，"A 类""B 类"并没有标准含义。大多数公司都没有分类股，没有分类股的公司可以将 B 类股票指定为创始人股票，将 A 类股票指定向公众发行，但也可以相反。另外，有很多公司将股票分类用于其他用途。例如，当通用汽车以 50 亿美元的价格收购休斯飞机公司时，公司通过新发行 H 类普通股股票（CMH）来支付部分价款。这种股票的投票权受限，且其股利水平与作为通用汽车子公司的休斯飞机的业绩挂钩。通用汽车设立这种新型股票的意义在于：①通用汽车希望限制新分类股票的投票权，因为管理层担心潜在的收购；②休斯飞机的员工希望其收益直接与休斯飞机自身的业绩挂钩，而不是与通用汽车的股市表现挂钩。当 2003 年通用汽车卖掉休斯飞机时，H 类股票也随之消失。

••••••••••

自我测验

公司为什么可能会使用分类股？

••••••••••

[一] 参见 Maureen Farrell, "In Snap IPO, New Investors to Get Zero Votes, While Founders Keep Control," *The Wall Street Journal* (wsj.com), January 16, 2017.

[二] 这些数据来自杰伊·里特的 IPO 网站：site.warrington.ufl.edu /ritter/files/2020/02/IPOs2019DualClass.pdf 的表 23。

[三] 参见 Chris Dieterich, Maureen Farrell, and Sarah Krouse, "Stock Indexes Push Back Against Dual-Class Listings," *The Wall Street Journal* (wsj.com), August 2, 2017; and Ken Brown, "Indexers Push Back Against Wall Street," *The Wall Street Journal* (wsj.com), August 1, 2017.

9.3　股票价格和内在价值的关系

我们在第 1 章中看到，经理应该寻求公司股票价值最大化。在第 1 章中，我们也强调股票的价格和内在价值的区别。股票价格只是当前的市场价格，并且它很容易被公开上市的公司观察。相反，内在价值，代表了公司股票的"真实"价值，不能直接观察到，需要估计。图 9-1 再次显示了股票价格和内在价值的关系。

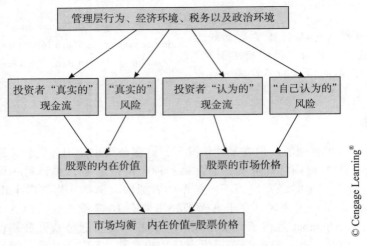

图 9-1　股票价格和内在价值的关系

如图 9-1 所示，市场均衡发生在股票价格等于其内在价值时。如果股市是有效的，股票价格和内在价值的差距应该不大，价格差也不应持续很长时间。然而，在某些情况下，个别公司的股票可能在较长一段时间内，以远高于或低于其内在价值的价格进行交易。正如我们在第 2 章中讨论的，行为金融理论使用心理学原理，来试图理解为什么投资者的非理性行为，会导致投资者在一段持续的时间内系统性地错误评估某些投资品的质量和风险。[⊖]作为一个显著的例子，在 2007—2008 年信贷紧缩的前几年，大多数大型投资银行都在报告创纪录的利润和销售。然而，这些收益大部分是虚假的，因为它们没有反映当抵押这些公司购买的证券时存在的巨大风险。我们现在知道在 2007 年之前，大多数金融公司股票的市场价格超过了它们的内在价值。当市场意识到这个现象时，那些股票已崩盘。花旗集团、美林和其他公司在短短几个月内失去了超过 60% 的价值；贝尔斯登——第五大投资银行，它的股票价格从 2007 年的 171 美元下降到它宣布破产时的 2008 年 3 月中旬的 2 美元。这显然是需要质疑市场价格的时候！

为什么投资者和公司关心内在价值

本章的其余部分主要关注用不同的方法估计股票的内在价值。在描述这些方法之前，首先得问为什么投资者和公司了解如何计算内在价值是十分重要的？

当投资普通股时，我们的目标是购买低估的股票（即价格低于股票的内在价值），需要避免股票被高估。因此，华尔街分析师、控制共同基金和养老基金的机构投资者，以及许多个人投资者都有兴趣寻找可靠的能帮助预测股票的内在价值的模型。

投资者显然很关心股票内在价值，但管理者也需要了解如何估计内在价值。首先，管理者需要知道公司怎样的行为可能影响股票价格；我们将用内在价值的模型帮助介绍管理决策与企业价值之间的关系。其次，管理者在做出任何决策前应考虑他们的股票是否被显著低估或高估。例如，公司在决定发行新股时应仔细考虑股票是否被低估，估计其股票的内在价值是这种决定的关键。

⊖　最近，罗闻全教授提出了适应性市场假说。在他的分析中，他用进化原理来解释市场参与者如何使用简单的经验法则来适应变化的环境。他的工作在行为金融学和市场效率之间架起了一座有趣的桥梁。更多细节请参见 Andrew W. Lo, *Adaptive Markets: Financial Evolution at the Speed of Thought* (Princeton, N.J.: Princeton University Press, 2017).

自我测验

1. 股票价格与其内在价值之间的区别是什么？
2. 为什么投资者和公司的管理层需要了解如何估计公司股票的内在价值？
3. 估计股票内在价值常用的两种方法是什么？它们的关注点有何不同？

9.4 股利折现模型

普通股会带来未来现金流，股票的价值就是其未来现金流的现值，而这些包括两个要素：①投资者每年预期获得的股利；②投资者卖出股票时预期获得的价格。最终预期获得的股票价格包括初始投资额加上预期的资本收益。请记住，市场上有许多不同的投资者，因此会有许多不同的预测。所以，投资者会持有不同的关于股票的真实内在价值和其合理价格的意见。由**边际投资者**（marginal investor）做出的分析实际上决定了均衡股票价格，这是至关重要的；但每个投资者，不管是否边际投资，都会通过相同类型的模型进行分析。

在我们的分析中使用以下术语。

D_t = 股东在 t 年年末可以获得的股利，D_0 是最近一期已经支付的股利；由于已经支付过股利，故买股票的人将不会接受 D_0。D_1 是未来第一次预期发放的股利，将在当年年末发放，故购买股票的人会接受；D_2 是预期在第二年年末发放的股利；D_3 是预期第三年年末发放的股利；以此类推。已经支付的股利 D_0 是确定的。但 D_1、D_2 以及其他所有未来的股利都只是预期值，不同的投资者有不同的预期，这些差异会导致对股票内在价值的估计有所不同。[⊖]

P_0 = 股票当前的实际市场价格，P_0 是确定的，但是对未来价格的预测是不确定的。

$\hat{P}_t$ = 投资人通过分析得出的在 t 年年末股票预期价格或者预期的内在价值。$\hat{P}_t$ 是基于投资者对股票预期股利及其风险估计而形成的股票的内在价值。市场上有很多投资者，所以会有很多 $\hat{P}_t$ 值。然而，对于边际投资者来说，P_0 必须等于 $\hat{P}_0$，否则，市场就会失衡，市场中的买卖行为会改变 P_0，直到 $P_0=\hat{P}_0$。

g = 边际投资者预期的**股利增长率**（growth rate）。如果预期股利固定增长，g 就等于收益增长率和股票价格的预期增长率，不同的投资者会使用不同的 g 来为公司的股票估值，不过市场价格 P_0 以边际投资者预期的增长率为基础确定。

r_s = 考虑其他投资的风险和收益率后，投资者能够接受的最低或**必要收益率**（required rate of return），这一概念也和边际投资者有关。r_s 的影响因素包括实际收益率、预期通货膨胀率和第 8 章中讨论过的风险。

$\hat{r}_s$ = 投资者购买股票后预期未来可获得的期望收益率。$\hat{r}_s$ 可能高于或低于 r_s，但投资者只有在 $\hat{r}_s$ 大于或等于 r_s 时才应该买入股票。

$\bar{r}_s$ = 实际（真实）收益率，如果你今天买入股票，可能预期获得 $\bar{r}_s=10\%$ 的收益，但如果市场走弱，你明年的实际收益率可能会非常低，甚至为负。

D_1/P_0 = 下一年度股票的预期**股利收益率**（dividend yield）。如果预期未来 12 个月股票支付的股利为 $D_1=1$ 美元，当前的价格为 $P_0=20$ 美元，那么预期股利收益率就是 $1/20=0.05=5\%$。

$(\hat{P}_1-P_0)/P_0$ = 下一年度股票的预期**资本利得收益率**（capital gains yield），如果股票当前的价格为 20 美元，预计 1 年后上涨到 21 美元，那么预期资本利得就是 $\hat{P}_1-P_0=21-20=1$ 美元。预期资本利得收益率 = $1/20=0.05=5\%$。

预期总收益率（expected total return）$=\hat{r}_s=$ 预期股利收益率（D_1/P_0）+ 预期资本利得收益率 $[(\hat{P}_1-P_0)/P_0]$。在本例中预期总收益率 $=\hat{r}_s=5\%+5\%=10\%$。

所有积极的投资者都希望得到高于平均水平的收益：他们希望能识别内在价值超过其当前价格和预期收益（该投资者预期）将超过其要求收益的股票。注意，大约一半的投资者可能会失望。很好地理解本章中提出的要

⊖ 股票通常按季支付股利，因此，理论上，我们应按季评估股票的内在价值。然而，事实上大多数分析师利用年度数据，因为不能保证用季度模型预测的股票数据的精确性。有兴趣了解季度估价模型的读者请参见 Charles M. Linke and J. Kenton Zumwalt," Estimation Biases in Discounted Cash Flow Analysis of Equity Capital Costs in Rate Regulation," *Financial Management*, vol. 13, no. 3 (Autumn1984), pp. 15-21.

点可以帮助你避免失望。

股票价值的基础：预期股利

在讨论债券时，我们使用公式（7-1）来计算债券的价值，债券的价值等于未来各期利息支付额的现值加上到期偿还本金的现值：

$$V_B = \frac{INT}{(1+r_d)^1} + \frac{INT}{(1+r_d)^2} + \cdots + \frac{INT}{(1+r_d)^N} + \frac{M}{(1+r_d)^N}$$

同样，股票价格也由未来现金流的现值决定，并且股票价值评估公式与债券估值公式相似。公司可以为股东创造多少现金流呢？要回答这个问题，应把自己看作一个购买股票并将（如通用电气）永远持有它的投资者，在这种情况下，你（和你的后代）将获得一系列股利的现金流，所以当前股票的价值就等于未来无限的股利现金流的现值：

$$股票价值 = \hat{P}_0 = 预期未来股利的现值$$
$$= \frac{D_1}{(1+r_s)^1} + \frac{D_2}{(1+r_s)^2} + \cdots + \frac{D_\infty}{(1+r_s)^\infty} \tag{9-1}$$
$$= \sum_{t=1}^\infty \frac{D_t}{(1+r_s)^t}$$

举一个更典型的例子，如果你持有股票一段时间后卖掉，那么 $\hat{P}_0$ 的价值是多少呢？除非公司可能被清算或出售并因此消失，不然股票的价值仍可以由式（9-1）计算得出。证明如下，对个人投资者来说，预期未来现金流包括预期股利和预期未来股票售价。但当前投资者卖出股票时得到的价格又取决于未来投资者预期得到的股利，因此对所有投资者来说，预期未来现金流取决于预期未来股利。也就是说，除非公司被清算或出售，否则它提供给股东的现金流只包括股利现金流。因此，公司每股股票的价值一定取决于预期股利现金流的现值。⊖

·········· · ·········

自我测验

1. 解释下列陈述："如果说债券有包含支付利息的承诺，那么普通股票只提供预期的而不是承诺的股利及资本收益。"

2. 绝大多数股票的期望收益率包括哪两个部分？

3. 如果"边际投资者"对股票进行了调查并得出内在价值高于当前市价的结论，股价会怎样？如果 $D_1=2$ 美元，$g=6\%$，$P_0=40$ 美元，未来1年股票的预期股利收益率、预期资本利得收益率及预期总收益率为多少？（5%，6%，11%。）

4. 基于股票处于均衡状态，所有投资者的股票期望收益率是否都相同？

5. 如果"边际投资者"对股票进行了调查并得出内在价值高于当前市价的结论，股价将会怎样？

9.5 固定增长的股票

式（9-1）是股票基本估值模型，它假设了股利 D_t 可以随时间的推移而自由变动，也就是说 D_t 可以随时间的变化而增加、减少或随机波动，甚至可以在一段时间内为零，式（9-1）依然成立。运用计算机电子表格程

⊖ 通过询问以下问题也可以确认式（9-1）的有效性：假定现在购买一只股票并持有1年。1年后卖出时将会获得1年的股利及 $\hat{P}_1$ 的价值。但是如何确定 $\hat{P}_1$ 的价值？答案为：由第2年股利加第2年年末股价的现值决定，而第2年年末的股价由将来股利及更远期股价的现值决定。这一过程无限循环，最终结果即为式（9-1）。

我们应注意到：投资者偶尔忽略股票的长期投资性质，并且忘记了人们为了出售股票获得利润，必须找到愿意支付更高价格的购买者。如果根据式（9-1）估算股票价值，并认为股票的市场价格超过其合理价值，然后购买股票，那么，实际上，你遵循了"博傻"投资理论——你认为自己以过高的价格买入股票的决策很傻，但是，你心存侥幸，认为当你准备出售股票时，你还可以找到更傻的人按照更高的价格买入你的股票。2000年夏天，这种"博傻"理论广泛流行，恰于股市崩溃前夕。

序，我们可以非常容易地计算出不同股利支付情况下股票的内在价值。在实务中，最难的问题是如何准确预测未来的股利。

在许多情况下，人们预期股利现金流以固定增长率增长。此时式（9-1）就可以写为：

$$\hat{P}_0 = \frac{D_0\left(1+g\right)^1}{\left(1+r_s\right)^1} + \frac{D_0\left(1+g\right)^2}{\left(1+r_s\right)^2} + \cdots + \frac{D_0\left(1+g\right)^\infty}{\left(1+r_s\right)^\infty}$$

$$= \frac{D_0\left(1+g\right)}{r_s - g} = \frac{D_1}{r_s - g}$$

（9-2）

式（9-2）称为**固定增长模型**（constant growth model），又称为**戈登模型**（Gordon model），这是以它的建立和推广者迈伦 J. 戈登的名字命名的。⊖

在式（9-2）中的 r_s 就是必要收益率，是无风险利率加上风险溢价。然而，如果股票是均衡的，必要收益率就等于期望收益率，且等于预期股利收益率加上预期资本利得收益率。因此我们可以得出式（9-2）中的 r_s，但是现在使用符号（^），表明我们正在处理一个预期股利收益率。⊜

期望收益率 = 预期股利收益率 + 预期资本利得收益率

$$\hat{r}_s = \frac{D_1}{P_0} + g$$

（9-3）

在接下来的章节里我们将对式（9-2）与式（9-3）进行说明。

9.5.1 固定增长股票示例

表 9-1 显示了由凯勒医疗产品公司的 CFO 在分析师和其他投资者主持的会议上介绍了公司情况之后，证券分析师对凯勒医疗产品公司股票的分析。表面上看来很复杂，但是很直观⊗，在第 I 部分，提供了一些基本的数据。刚刚支付的上期股利为 1 美元，股票最新的价格为 20.80 美元，处于均衡状态。在凯勒医疗产品公司历史及预期未来的分析基础上，分析师预测收益及股利将以每年 4% 的固定速度增长，同时股价也以相同的速度增长。此外，分析师认为最接近的必要收益率为 9%。不同的分析师可能利用不同的数据，但是我们现在假定，因为此分析被广泛接受，所以该结果能代表边际投资者的选择。

第 IV 部分为预测的各年的股利、股价及股利收益率、资本利得收益率及总收益率。请注意，列 F 的总收益率等于第 I 部分中的必要收益率。这表明股票分析师认为股票恰在此价格时处于均衡状态。表中预测了 10 年的数据，但是也可以一直预测至无穷期限。

第 II 部分展示了第 IV 部分中用以计算数据的公式，第 III 部分为计算过程的举例。例如，预测购买者获得的第 1 期股利 $D_1=1.00 \times 1.04=1.04$（美元），列 B 中的股利全部采用相同的运算方式。列 C 中展示的估算的股票内在价值以式（9-2）固定增长模型为基础，$P_0=D_1/(r_s-g)=1.04/(0.09-0.04)=20.80$（美元），$\hat{P}_1=21.63$ 美元，等等。

列 D 展示了股利收益率，2022 年的股利收益率为 $D_1/P_0=5.0\%$，以后各期均为该固定数值。2022 年预期的资本利得为 $\hat{P}_1-P_0=21.63-20.80=0.83$（美元），然后除以 P_0 即为预期的资本利得收益率：$0.83/20.80 \approx 4.0\%$。总收益率 9% 为股利收益率加资本利得收益率，该收益率固定且等于第 I 部分给出的必要收益率。

最后，表中的列 G 为列 B 列示的各期股利现值除以必要收益率。例如，D_1 现值 $=1.04/1.09^1=0.95$ 美元，D_2 现值 $=1.08/1.09^2=0.91$ 美元，等等。将表中的期限扩展到 170 年（利用 Excel 表格很容易计算），会发现各期股利现值之和等于利用式（9-2）计算出的结果 20.80 美元。⊛图 9-2 画出了这种情况。将期限拓展到 20 年，将

⊖ 式（9-2）的最后一行来源于 Web Extension of Chapter 8 of Eugene F. Brigham and Phillip R. Daves, *Intermediate Financial Management*, 14th edition (Mason, OH: Cengage Learning, 2022)。从本质上来看，式（9-2）为等比级数之和，最终的结果是等比级数的解值。

⊜ 式（9-2）中的 r_s 为必要收益率，但是在式（9-3）中，r_s 是期望收益率。显然，这一转换要求 $r_s=\hat{r}_s$。如果股票市场处于均衡状态，则该等式成立。

⊗ 你也许注意到表中存在一些小"错误"。这些"错误"并不存在——只是因无限循环产生的误差。

⊛ 股利数值很大，但因折现率大于股利增长率，股利的现值变得很小。理论上，为了求得固定增长股票的准确价格，需计算至无穷期限，但如果将分析期拓展至 170 期，式（9-2）的价值跟现值和的差不超过 2 位小数。

列 B 中阶梯向上函数曲线的股利及阶梯向下函数曲线的股利现值标绘出来。未来每期股利的现值之和即为预测的股票的内在价值。

在表 9-1 中，预测的股票的内在价值等于当前股价，预期总收益率等于必要收益率。分析师称这种情况为"维持"，建议投资者既不买入也不卖出。然而，如果分析师更为乐观，认为增长率为 5% 而非 4%，利用式（9-2）预测的股票内在价值将变成 26.25 美元，分析师将会建议"买入"。当 $g=3\%$ 时，内在价值变为 17.17 美元，股票将被建议"卖出"。必要收益率的变化将会使得预测股票的内在价值产生相同的变化，使得当前价格均衡。

表 9-1　固定增长股票分析

	A	B	C	D	E	F	G	H	I
3									
4		Ⅰ.基本信息：				Ⅱ.分析公式：			
5	D_0	=	$1	列 B，第 t 年的股利					$D_{t-1}(1+g)$
6	P_0	=	$20.80	列 C，第 t 年的内在价值（及价格）					$D_{t+1}/(r_s-g)$
7	g	=	4%	列 D，股利收益率（固定）					D_t/P_{t-1}
8	r_s	=	9%	列 E，资本利得收益率（固定）					$(P_t-P_{t-1})/P_{t-1}$
9				列 F，总收益率（固定）				股利收益率 + 资本利得收益率	
10				列 G，按折现系数 9% 计算的现值					$D_t/(1+r_s)^t$
11	Ⅲ.举例：								
12		列 B		$D_1 = \$1.00 \times 1.04$				$1.04	
13		列 C		$P_0 = \$1.04/(0.09-0.04)$				$20.80	
14		列 D		第 1 年股利：$1.04 / $20.80				5.0%	
15		列 E		第 1 年资本利得收益率：（$21.63 − $20.80）/ $20.80				4.0%	
16		列 F		第 1 年总收益率：5.0 % + 4.0 %				9.0%	
17		列 G		按 9% 折算的现值				$0.95	
18									
19	Ⅳ.随时间推移的预测结果：								
20									
21									
22	年末（1）	股利（2）	价格 *（3）	股利收益率（4）	资本利得收益率（5）	总收益率（6）	按 9% 折算的股利现值（7）		
23	2021	$1.00	$20.80						
24	2022	$1.04	$21.63	5.0%	4.0%	9.0%	$0.95		
25	2023	$1.08	$22.50	5.0%	4.0%	9.0%	$0.91		
26	2024	$1.12	$23.40	5.0%	4.0%	9.0%	$0.87		
27	2025	$1.17	$24.33	5.0%	4.0%	9.0%	$0.83		
28	2026	$1.22	$25.31	5.0%	4.0%	9.0%	$0.79		
29	2027	$1.27	$26.32	5.0%	4.0%	9.0%	$0.75		
30	2028	$1.32	$27.37	5.0%	4.0%	9.0%	$0.72		
31	2029	$1.37	$28.47	5.0%	4.0%	9.0%	$0.69		
32	2030	$1.42	$29.60	5.0%	4.0%	9.0%	$0.66		
33	2031	$1.48	$30.79	5.0%	4.0%	9.0%	$0.63		
34	↓						↓		
35	∞			1 → ∞ 的现值之和 = P_0 =			$20.80	= 2022 年 1 月 1 日价值	
36									
37	* 因为此为固定增长股票，所以 $P_t = P_{t-1}(1+g)$。例如，$P_1 = 20.80 \times 1.04 = 21.63$（美元）。因舍入差异，该值不同于表中数值。无须担心舍入差异。								

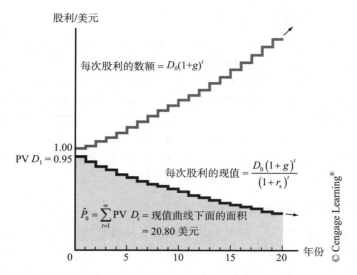

图 9-2　固定增长股票股利的现值，$D_0 = 1.00$ 美元，$g = 4\%$，$r_s = 9\%$

9.5.2　股利及增长

股利折现模型式（9-2）表明，其他条件不变，D_1 越高，股价越高。同时，式（9-2）也表明，增长率越高，股价越高。但是，现在要认识到以下几点。

- 支付的股利来自于收益。
- 股利增长需要收益的增长。
- 长期看收益增长会发生，主要因为公司存在留存收益，并将收益留存用于再投资。
- 留存收益率越高，增长率越高。

为了方便说明，假定你继承了一家公司，该公司拥有 100 万美元的资产，并且没有负债，即股东权益为 100 万美元。预期净资产收益率为 10%，则下年预期收益为 10（$=0.1 \times 100$）万美元。你可以把所有 10 万美元的收益都作为股利分配，也可以将部分或者全部 10 万美元的收益用于再投资。如果支付所有盈余，今年会获得 10 万美元的股利收入，但是因为资产及股东权益不会增长，因而股利也将不会增长。

假定你决定公司支付收益的 60%，留存 40%。现在第 1 年的股利收入将变成 6 万美元，但是资产增加 4 万美元，收益及股利将继续增长。

$$下年收益 = 上期收益 + 净资产收益率 \times 留存收益$$
$$= 100\ 000 + 0.1 \times 40\ 000$$
$$= 104\ 000（美元）$$
$$下年股利 = 0.6 \times 104\ 000 = 62\ 400（美元）$$

此外，股利收益以后各年会继续维持 4% 的增长率。

$$增长率 = (1 - 股利支付率) \times ROE \tag{9-4}$$
$$= (1 - 0.6) \times 10.0\%$$
$$= 4.0\%$$

以上证明，长期看，股利增长主要依赖于公司的股利支付率及净资产收益率。

在本例中，我们假定其他条件保持不变。这通常是，但并不总是合乎逻辑的假设。例如，假定公司成功地开发了一款新产品，雇用了更好的首席财务官，或者做出了使得 ROE 增长的其他改变。任意这些措施均可引起 ROE 增长，进而使得增长率上升。也应注意新成立的公司几年内的盈利常常较低，甚至为负，然后开始迅速增长。最终，随着公司日渐成熟，增长水平下降。这样的公司前几年可能不分配股利，然后支付较低的初始股利，但是股利增长迅速，最终当收益稳定后，股利以固定增长率定期支付。以上任意情况，都应用非固定增长模型，在下面部分会讨论到。

9.5.3 哪个更重要：当前股利还是增长率

前面部分我们看到，通过提高股利支付率，公司可以支付更高的当期股利，但是这会使得股利增长率降低。因而，公司或者提供高的当期股利，或者提供高增长率，不能两者兼顾。这种情况下，股东更倾向于哪种呢？答案并不明确。正如我们将在第 15 章中看到的那样，一些股东期望更高的当期股利，而另一些股东则更喜欢较低的股利支付率，期望高增长率。经验研究无法证实哪种策略可以使股价最大化。因而，股利政策是管理层基于自身判断的决定，而非一个数学公式。通常来讲，如果公司有获得高利润收益的投资机会，股东会更期望公司留存收益，支付较少的当期股利。但如果没有好的投资机会，股东会更期望公司支付更高的股利。除此之外，还需考虑税收等其他因素。在第 15 章中，我们将详细讨论这些细节。但就目前而言，仅仅假设公司管理层已经确定了股利支付政策，并采用该政策进行股利支付。

9.5.4 固定增长股票模型的前提条件

应用式（9-2）需要一些前提。首先，必要收益率 r_s 大于长期股利增长率 g。如果在 r_s 小于 g 的情况下运用该公式，结果会是错误的、无意义的，并可能会误导使用者。例如，假如模型中预测的增长率为 10%，大于 9% 的必要收益率，运用式（9-2）计算出的股价为 −110.00 美元。这一结果毫无意义，因为股价不可能为负。此外，在表 9-1 中，未来每期股利的现值将会大于前 1 年的股利现值。如果用图 9-2 画出这一情形，股利支付现值的阶跃函数曲线将会上升，而非下降，总和将会无穷大，表明股票价格无穷大。显然，股票价格既不能无穷大也不能为负，这也说明了为什么式（9-2）只能在 r_s 大于 g 时运用。

其次，除非公司预期增长率在未来保持不变，否则式（9-2）表示的固定增长模型不能适用。这一条件几乎不适用于新成立的公司，但却适用于成熟的公司，诸如凯勒医疗产品公司、联合食品及通用汽车等成熟公司的股利通常以与名义国内生产总值（实际 GDP 加通货膨胀率）相同的增长率增长。在此基础上，人们预期公司平均的或"正常"的股利增长率为每年 3% ～ 6%。

式（9-2）也适用于零增长股票（zero growth stock），这时预期股利固定不变。如果 $g=0$，式（9-2）可以简化为式（9-5）：

$$\hat{P}_0 = \frac{D}{r_s} \tag{9-5}$$

从概念上看，这与第 5 章中介绍的永续年金的公式相同，就是简单地用当期股利除以折现率。最后，正如我们本章剩余部分讨论的那样，即使迅速增长的新建企业或者其他企业目前并不支付股利，将来某一时刻也会支付，那时，固定增长模型将会适用。对这些公司而言，式（9-2）将被用作我们下面讨论的更为复杂的价值评估模型的一部分。

自我测验

1. 写出并解释固定增长股票估值公式。

2. 零增长股票如何从通常的固定增长股票模型中推出？

3. A 公司本年最后分配的股利为 1 美元。必要收益率 r_s 为 11%。假定其他条件不变，如果股利增长率为 5%，股价为多少？如果 g 为 0 呢？（16.67 美元，9.09 美元。）

4. B 公司的 ROE 为 12%。其他条件不变，股利支付率为 25% 时，预期增长率为多少？75% 时呢？（9%，3%。）

5. 如果 B 公司初始的股利支付率为 75%，然后降至 25%，使得增长率从 3% 增至 9%，股价会增长吗？为什么？

9.6 非固定增长股票的估值

对于许多公司来说，假设股利固定增长并不合理，因为公司的增长率会随着其所处生命周期阶段的不同而变化，在早期阶段，公司股利的增长速度通常会远高于整个经济的增长速度，然后，股利的增长速度会与整个经济的增长速度持平，最后，股利的增长速度会低于整个经济的增长速度。[○]20 世纪 20 年代的汽车公司、20 世纪 90 年代的计算机软件公司（如微软公司）以及 21 世纪初的无线网络公司，都是处于公司早期发展阶段的例子，这些公司就是所谓的超常（非固定增长）公司，非固定增长与固定增长、零增长和负增长的对比如图 9-3 所示。[⊜]

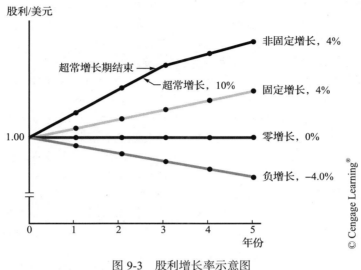

图 9-3　股利增长率示意图

新冠疫情和股市

标准普尔 500 指数于 2020 年 2 月 19 日创下了 3 386 点的历史收盘高点。短短 33 天后，即 3 月 23 日，该指数收于 2 237 点。在一个月的时间里，投资者了解新冠疫情暴发的规模后，股市损失了大约三分之一的总价值。一个月后，股市上涨了 25%，在 2 800 点左右，这是一个令人印象深刻的反弹，但始终留在市场的投资者的投资组合仍然比两个月前减少了 17%。

虽然疫情对经济和股市的影响广泛，但一些股票的表现明显优于市场，而另一些股票的表现逊于市场。下方的图表说明了新冠疫情对四只个股（Netflix、Zoom、达美航空和梅西百货）和标准普尔 500 指数的戏剧性影响。我们可以看到，Netflix 和 Zoom 在最初的市场下跌中并没有像整体市场那样下跌，并且在随后的反弹中都有更大的涨幅。事实上，尽管经济崩溃，但截至 5 月初，Netflix 和 Zoom 的股价都高于年初的水平。在某

种程度上这并不意外，因为这些公司利用大量人口在家中避难的事实，做好了充分的准备。相比之下，由于消费者放弃了旅行计划，且无法在传统零售商购物，因此达美航空和梅西百货的投资者遭受了巨大损失。

众所周知，预测股票市场的走向是非常具有挑战性的，尤其是在考虑到疫情等重大事件的未知影响时。在此背景下，以下几点值得考虑。

1. 截至 2020 年 5 月，病毒将如何演变，它对公司现金流和估值有什么后续影响，仍存在大量不确定性。相关的问题还有疫苗是否有效和普及速度仍然存疑。沃顿知识在线（Knowledge@Wharton）发表的一篇文章对各种取决于科学因素的市场情景进行了有趣的分析，这些因素包括病毒的传播、致命程度、是否发生变异，以及暴露的个体是否能够永久避免再次感染。[⊜]

2. 2020 年 5 月投资者必须考虑的另一个因素是经

○　生命周期理论可以扩展至产品周期，产品周期适用于刚起步的小公司，也适用于像微软、宝洁一样的大型公司，这些公司会定期开发新产品来促进公司的销售和利润的增长。同时，我们也应注意商业周期，它表现为公司的销售和利润交替上升和下降。在重要的新产品推出之后，或公司从衰退中恢复之后，公司增长率可能远高于公司"长期的预期平均增长率"。长期的预期平均增长率适用于 DCF 分析。

⊜　负增长率表示处于衰退期的公司。例如，因为储量枯竭导致利润下降的矿产公司。购买这类公司股票的人预期公司盈利（及股利、股价）将逐年下降，导致资本损失而非收益。显然，对于一家趋于衰退的公司而言，其股票的价格也会相对降低，公司的股利支付必须足以抵消资本损失，并创造出有竞争力的总收益。学生们有时会认为，他们永远不会购买预期价格下降的股票。但是，如果预期股利支付的现值超过了股票价格的下跌，那么该股票仍然可以提供一个较高的收益率，因而也是值得投资的。

⊜　参见 "Why Are Markets Collapsing? How Bad Will Covid-19 Really Be?" *Knowledge@Wharton* (knowledge.wharton.upenn.edu), March 16, 2020.

济复苏的速度。杜克大学教授坎贝尔·哈维（Campbell Harvey）在《政治》杂志的采访中，为我们可能经历的复苏类型进行了深思熟虑的总结。他的分析还考虑了政府援助计划和美联储政策可能产生的各种影响。[⊖]

3. 当投资者试图整理对整体经济的预测时，他们也试图弄清楚哪些企业与行业将在未来几个月和几年表现卓越。这在很大程度上取决于你认为的客户在短期和长期内将如何响应。对于一些企业来说，销售损失最终可能会在很大程度上得到弥补，但在其他情况下则不会。例如，在疫情期间，你可能会暂时推迟购买所需的新车，但情况一旦"恢复正常"，你就会购买。然而，星巴克在经济停滞期间损失的销售额不太可能在今后的道路上得到弥补，消费者不太可能在9月把他们的消费翻倍来弥补他们在4月没有完成的购买！从更广泛的角度来看，如下方的图表所示，最近的政府"关门"戏剧性地改变了一些企业。问题在于，

这些转变中有多少会是永久性的。例如，一旦经济全面开放，Zoom 的使用率会继续保持高位吗？同样，航空旅行是否会恢复到关闭之前的水平，或者新冠疫情是否会对旅行需求产生长期影响？

4. 所有考虑的因素都凸显了预测未来现金流具有挑战性的原因。同时，预测折现率也存在问题。一方面，目前还不清楚无风险利率是否会保持在历史低位。另一方面，投资者对风险资产的相对需求和市场风险溢价是否会受到新冠疫情的影响。芝加哥大学的 Stefan Nagel 教授和加州大学伯克利分校的 Ulrike Malmendier 教授最近的一项研究表明，千禧一代可能特别受疫情事件的影响，因为最近的经济下滑和股市波动发生在其初入市场的阶段。他们的研究表明，与20世纪30年代大萧条之后的情况类似，早期经历往往会塑造长期态度，这种态度最终可能会在未来几年转化为更高的持续性的市场风险溢价。[⊜]

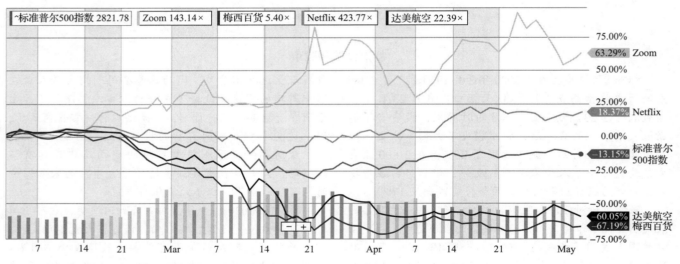

资料来源：finance.yahoo.com, May 4, 2020.

在图 9-3 中，预期未来三年里超常增长公司的股利以 10% 的增长率增长，之后，增长率下降到 4%，我们假定 4% 是经济的平均增长率。与其他公司相同，这家公司股票的价值等于根据式（9-1）计算得到的未来预期股利的现值，当 D_t 稳定增长时，可以把式（9-1）简化为式（9-2），$\hat{P}_0 = D_1/(r_s - g)$。但在超常情况下，预期增长率并不是固定不变的，在我们的例子中，有两种截然不同的利率。

式（9-2）要求增长率固定不变，显然，我们不能将它用于确定非固定增长的股票估值。但是，假定当前处于超常增长的公司后来的增长率会减缓，并最终变成股利固定增长的公司，那么，我们可以将式（9-1）和式（9-2）合并成一个新的式（9-6），并运用新公式对股票进行估值。

首先，假定股利在未来的 N 年中以非固定增长率增长（通常是相对较高的增长率），之后它以固定增长率 g 增长。N 通常称为终点日或者到期日。其次，可以运用股利固定增长的式（9-2）确定股票 N 期后的到期日价值或者终点日价值。

⊖ 参见 Joseph Guinto, "Why This Recession Will Be Different (and How to Keep It Mild)," *Politico* (politico.com), April 13, 2020.

⊜ 参见 James Mackintosh, "Coronavirus Scars Might Weaken Economy for Years to Come," *The Wall Street Journal* (wsj.com), April 12, 2020.

$$到期日价值 = \hat{P}_N = \frac{D_{N+1}}{r_s - g}$$

股票当前的内在价值 $\hat{P}_0$ 等于股利在非固定增长期的现值加上到期日价值的现值：

$$\hat{P}_0 = \underbrace{\frac{D_1}{(1+r_s)^1} + \frac{D_2}{(1+r_s)^2} + \cdots + \frac{D_N}{(1+r_s)^N}}_{\text{非固定增长期股利的现值，} t=1,\cdots, N} \qquad + \qquad \underbrace{\frac{D_{N+1}}{(1+r_s)^{N+1}} + \cdots + \frac{D_\infty}{(1+r_s)^\infty}}_{\substack{\text{到期日价值} = \text{固定增长期} \\ \text{股利的现值，} t=N+1,\cdots, \infty}}$$

(9-6)

$$\hat{P}_0 = \underbrace{\frac{D_1}{(1+r_s)^1} + \frac{D_2}{(1+r_s)^2} + \cdots + \frac{D_N}{(1+r_s)^N}}_{\substack{\text{非固定增长期股利的} \\ \text{现值，} t=1,\cdots, N}} \qquad + \qquad \underbrace{\frac{\hat{P}_N}{(1+r_s)^N}}_{\text{到期日价值} \hat{P}_N \text{的现值} = \frac{D_{N+1} / r_s - g}{(1+r_s)^N}}$$

我们应按以下三个步骤来运用式（9-6）。

（1）计算非固定增长期每期股利的现值并加总。

（2）计算非固定增长期期末股票的预期价格，由于非固定增长期之后，股利固定增长，所以可以运用股利固定增长模型来确定股票的价格，然后将这一价格折现为现值。

（3）将上述两部分相加得到股票内在价值 $\hat{P}_0$。

我们可以运用图 9-4 来说明非固定增长股票的估值过程。这里我们利用一个新的公司 M，假设以下信息：

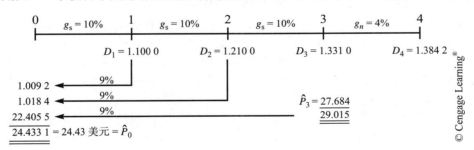

图 9-4　非固定增长股票估值过程

注：

第 1 步：计算非固定增长期每年年末的预期股利。第 1 期股利 $D_1 = D_0(1+g_s) = 1.00 \times 1.10 = 1.100\,0$（美元）。此处 g_s 是表示在 3 年的非固定增长期内，股利的增长率 10%。时间轴上标出的 1.100 0 美元表示时点 1 的现金流，然后计算 $D_2 = D_1(1+g_s) = 1.100\,0 \times 1.10 = 1.210\,0$（美元），$D_3 = D_2(1+g_s) = 1.210\,0 \times 1.10 = 1.331\,0$（美元）。在时间轴上，以上两个价值分别表示时点 2 和时点 3 的现金流。要注意，D_0 仅用来计算 D_1。

第 2 步：股票价格等于未来所有股利的现值，所以，从理论上，我们可以运用正常的股利增长率来预测未来每一年的股利，并用来计算 D_4 及后续股利的固定增长率 $g_s = 4\%$ 来预测每期股利。但是，我们知道当 D_3 在时点 3 支付后，股票变为固定增长的股票，所以可以用固定增长模型求出 $\hat{P}_3$，也就是在第 3 期期末估计第 4 期及此后所有股利的现值。

首先，计算 $D_4 = 1.331\,0 \times 1.04 = 1.384\,2$（美元），然后计算 $\hat{P}_3$ 如下：

$$\hat{P}_3 = \frac{D_4}{r_s - g_n} = \frac{1.384\,2}{0.09 - 0.04} = 27.684（美元）$$

我们在时间轴时点 3 处标出 27.684 美元，这是第二笔现金流。这意味着股东可以在时点 3 以每股 27.684 美元的价格卖出股票，即从时点 4 到未来的股利现金流在时点 3 的现值。时点 3 的总现金流为 $D_3 + \hat{P}_3 = 1.331\,0 + 27.684 = 29.015$ 美元。

第 3 步：现在现金流都已标示在时间轴上，我们将每笔现金流用折现率 $r_s = 9\%$ 进行折现。可以用每笔现金流除以 1.09^t，其中，$t=1$ 表示时间点 1，$t=2$ 表示时间点 2，$t=3$ 表示时间点 3，计算出的现值如时间线的左下方所示，这些现值的和就是非固定增长股票的价值，即 24.43 美元。

使用财务计算器，你可以通过计算器的"现金流寄存器"找到时间线上显示的现金流 PV。CF_0 输入为 0，因为你在时点 0 没有收到现金流，$CF_1 = 1.10$，$CF_2 = 1.21$，$CF_3 = 1.331\,0 + 27.684 = 29.015$。然后输入 I/YR=9.0 并按 NPV 键即可得到股票的价值。

r_s = 股东要求的必要收益率 =9%，我们运用这一比率来折现现金流。

N = 非固定增长期期限 =3 年。

g_s = 非固定增长期的收益与股利增长率 =10%，这一比率直接标示在时间轴上（注意：非固定增长期中，增长率可能每年都不一样。另外，非固定增长时期也可能有所不同，例如，先以 10% 的增长率增长 3 年，然后以 8% 的增长率增长 3 年，最后以 4% 的固定增长率增长）。

g_n = 非固定增长期后的固定增长率 =4%。这一比率也在时间轴上标注，它位于第 3 期与第 4 期之间。

D_0 = 公司支付的上期股利 =1.00 美元。

时间轴下方的计算步骤进一步解释了图 9-4 描述的估值过程。非固定增长股票价值的估算结果为 24.43 美元。

为了简化，本例假定时间跨度很短，只有 3 年。现实中在对股票估值时，许多分析师会使用更长的时间跨度（如 10 年）来估算其内在价值。此时需要更多的计算，但是分析师可以使用电子表格，所以计算并不是问题。在实务中，其难点在于如何得到对未来增长率的可靠预测。

········

自我测验

1. 解释怎样计算出超常增长股票的价值。

2. 解释终点日或到期日和终点日价值或到期日价值的含义。

········

零股利股票的估值

股利折现模型假定公司当前已支付股利。然而，许多公司，甚至高收益的公司，包括谷歌及戴尔，从不支付股利。如果公司预期将来支付股利，我们可以修正本章展示的公式，利用其计算股票的价值。

在最初的几年，因为要开发新产品，新成立的公司通常预期销售增长率较低。然后随着产品销路变好，未来几年的销售收入会迅速增长。销售收入的增长需要更多的资产提供支持——没有资产的增长，公司无法增加销售量，而资产的增长是通过负债和权益的增加来实现的。通常，小公司可以从银行借款，但是必须维持债务和权益间合理的平衡。因此，增加银行借款必须增加公司权益，对于小公司来说，难以获得支持公司成长的股权资本。它们进入资本市场的机会有限，并且即使可以发行股票，公司所有者因担心失去投票控制权也不情愿这样做。因此，对于大多数小公司来说，最好的权益资本是留存收益，因为这个原因，大多数小公司在迅速发展时期内不支付股利。但是，经营成功的小公司最终会支付股利，股利起初增长迅速，但是公司一旦进入成熟期，股利增长速度会逐渐减缓，直到降到一个可持续的固定增长率。

如果一家公司当前不支付股利，但是预期将来支付股利，股票价值可以按以下方法计算。

（1）估计股利的支付时间、第一次支付的股利金额、超常增长期的增长率、超常增长期的期限、长期（固定）增长率及投资者的必要收益率。

（2）利用固定增长模型计算当公司进入稳定增长期后的股价。

（3）在时间轴上列出各期的现金流（超常增长期的股利及固定增长期的股价），然后计算现金流的现值。这些现金流的现值就是当前的股票价值。

为了说明整个过程，考虑马弗尔·鲁里叶公司的情况，该公司成立于 2020 年，主要生产和销售高科技鱼饵。马弗尔·鲁里叶公司当前销售收入以每年 200% 的速度增长。在未来 10 年，公司预计仍将保持高增长率，但销售收入和公司收益的增长率将递减，之后，分析师预计公司每年按 10% 的速度固定增长。公司管理层宣称：5 年不支付股利，但是如果实现预期的收益，公司将在第 6 年年末支付每股 0.2 美元股利，第 7 年年末支付每股 0.3 美元股利，第 8 年年末支付每股 0.4 美元股利，第 9 年年末支付每股 0.45 美元股利，第 10 年年末支付每股 0.50 美元股利。10 年后，当前的计划是股利支付每年增长 10%。

马弗尔·鲁里叶公司的投资银行家估计相同股票的必要收益率为 15%。因此，我们可以计算出其每股价值如下：

$$\hat{P}_0 = \frac{0}{1.15^1} + \cdots + \frac{0}{1.15^5} + \frac{0.20}{1.15^6} + \frac{0.30}{1.15^7} + \frac{0.40}{1.15^8} + \frac{0.45}{1.15^9} + \frac{0.50}{1.15^{10}} + \frac{0.50 \times 1.10}{0.15 - 0.10} \times \frac{1}{1.15^{10}} = 3.30 \text{（美元）}$$

最后一项为预计的第 10 年的股价，我们可以计算出该股价的现值。我们可以发现，只要我们确信能够估算未来支付的股利，股利折现模型就可以应用于当前不发放股利的公司。然而，在许多例子中，我们更有把握预测自由现金流，这种情况下，使用公司估值模型更为适合，我们将在 9.7 节进行讨论。

9.7　公司整体估值⊖

我们已经讨论了用股利折现模型的方法来对公司普通股股票进行估值。这种方法虽然广泛使用，但是它要求分析师能够合理、准确地预测企业未来支付的股利。对于那些过去稳定地发放股利的成熟企业来说，这是可行的，这个模型也可用于当前不派发股利的企业，但需要预测企业开始发放股利的时间、第一次发放股利的金额以及股利增长率，这些需要以对企业未来销售收入、成本和资本需求的预测为基础。这转向了另一种可选择使用的估值方法，即公司估值模型（corporate valuation model）。

不同于以股利预测为出发点，公司估值模型关注公司未来的自由现金流。第 3 章中，我们讨论了自由现金流，并得出以下公式：

$$FCF = [EBIT(1-T) + 折旧和摊销] - (资本支出 + \Delta 净经营营运资本)$$

EBIT 代表息税前利润，自由现金流代表目前的经营产生的现金流少于为支撑未来增长而投资于固定资产及营运资金的现金流。

考虑家得宝（HD）的例子。上面方程的第一项代表 HD 现有的商店产生的现金量。第二项代表公司计划投资于建设新商店的现金量。为开设一个新店，HD 必须支付现金购买土地及对建筑进行施工——这些是资本支出，资产负债表中会显示公司固定资产增加。但是，HD 也可能增加营运资金，尤其是存货。综合考虑，当且仅当现有商店产生的资金超过建设新商店所需的资金时，HD 才能为投资者带来正的现金流。

9.7.1　公司估值模型

第 3 章解释了公司的价值取决于其现在和未来产生现金流的能力。因此，公司经营性资产的市场价值表示如下：

公司经营性资产的市场价值 = $V_{公司}$ = 公司预期未来自由现金流的现值

$$= \frac{FCF_1}{(1+WACC)^1} + \frac{FCF_2}{(1+WACC)^2} + \cdots + \frac{FCF_\infty}{(1+WACC)^\infty} \tag{9-7}$$

FCF_t 表示第 t 期的自由现金流，WACC 表示公司加权平均资本成本。当我们考虑加权平均资本成本时，应注意以下两点。

（1）公司融资包括债务、优先股及普通股。这三类资本的加权平均数就是 WACC，我们将在第 10 章详细讨论。

（2）自由现金流是指没有向投资者（普通股股东、优先股股东及债券持有人）进行任何支付之前产生的现金流。而且每个投资者群体都会有一个必要收益率，这些必要收益率的加权平均数就是 WACC，用以折现现金流。

公司一旦进入到期日，现金流开始以固定增长率增长，我们便可以利用以下公式计算到期日公司的市场价值：

$$到期日价值 = V_{公司,t=N} = FCF_{N+1} / (WACC - g_{FCF}) \tag{9-8}$$

除经营性资产外，一些公司还可能拥有大量未计入估计自由现金流的非经营性资产。这些非经营性资产也应作为公司总价值的一部分。例如，持有大量的超额现金、主营业务以外的房地产或公司、在其他业务中的少数股权等。因此，本公司的整体市场价值可估算如下：

公司市场价值 = 公司经营性资产的市场价值 + 公司非经营性资产的市场价值

⊖ 本节介绍的公司估值模型被分析师广泛采用，在很多方面，这个模型要优于股利折现模型。但是，股利折现模型在进行折现之前，需要估算未来的销售收入、成本及现金流。因此，教师在讲解介绍性课程时，可以略过 9.7 节直接讲解 9.8 节。

$$公司市场价值 = \frac{FCF_1}{(1+WACC)^1} + \frac{FCF_2}{(1+WACC)^2} + \cdots + \frac{FCF_\infty}{(1+WACC)^\infty} + 公司非经营性资产的市场价值$$

例如，如果我们想对微软进行估值，我们首先会预测该公司未来自由现金流的现值，其中包括该公司预期从当前产品（如微软 Windows 系列操作系统和微软 Office 套件）中产生的现金，以及其未来产品预计产生的现金。这一预测将使我们对该公司的经营情况做出估计。然后，我们将估算任何非经营性资产的价值。就微软而言，最值得注意的非经营性资产是该公司的超额现金。事实上，在 2020 年 4 月，微软手头有超过 1 340 亿美元的现金，其中绝大多数可以被视为超额现金。

公司内部的财务人员和公司外部的证券分析师也运用这种分析方法。为了便于说明，我们讨论由苏珊·巴斯科克（Susan Buskirk）完成的一项对联合食品公司的自由现金流估值分析，她是摩根士丹利投资银行部门食品行业的高级分析师。表 9-2 总结了她的分析，该表使用 Excel 完成。

表 9-2 联合食品公司：自由现金流估值

	A	B	C	D	E	F	G	H	I
135	第一部分：关键指标输入			预测年度					
136				2022	2023	2024	2025	2026	
137	销售增长率			10.0%	9.0%	8.0%	7.0%	7.0%	
138	营业成本占销售收入的百分比			87.0%	87.0%	86.0%	85.0%	85.0%	
139	固定资产净值增长率			8.0%	8.0%	8.0%	7.0%	7.0%	
140	净经营营运资本增长率			8.0%	8.0%	8.0%	7.0%	7.0%	
141	折旧占经营性资本成本的比例			6.0%	8.0%	7.0%	7.0%	7.0%	
142	税率			25%					
143	加权平均资本成本			10%					
144	长期 FCF 增长率，g_{FCF}			4.0%					
145									
146	第二部分：预测非固定增长期的现金流								
147			历史数据	预测年度					
148			2021	2022	2023	2024	2025	2026	
149									
150	销售收入		$3 000.0	$3 300.0	$3 597.0	$3 884.8	$4 156.7	$4 447.7	
151	营业成本		2 622.0	2 871.0	3 129.4	3 340.9	3 533.2	3 780.5	
152	折旧		100.0	116.6	168.0	158.7	169.8	181.7	
153	EBIT		$278.0	$312.4	$299.6	$385.1	$453.7	$485.4	
154	EBIT × （1−T）		208.5	234.3	224.7	288.9	340.3	364.1	
155	EBIT × （1−T）+ 折旧		308.5	350.9	392.7	447.6	510.1	545.8	
156									
157	固定资产净值		$1 000.0	$1 080.0	$1 166.4	$1 259.7	$1 347.9	$1 442.2	
158	净经营营运资本（NOWC）		800.0	864.0	933.1	1 007.8	1 078.3	1 153.8	
159	总经营性成本		$1 800.0	$1 944.0	$2 099.5	$2 267.5	$2 426.2	$2 596.0	
160	净资本支出 = 净固定资产变化		130.0	80.0	86.4	93.3	88.2	94.4	
161	资本支出总额 = Net CAPEX + DEP		230.0	196.6	254.4	252.0	258.0	276.1	
162	新增净经营性资本		150.0	64.0	69.1	74.6	70.5	75.5	
163									
164	自由现金流量 FCF = EBIT(1−T) + DEP − CAPEX− ΔNOWC		−$71.5	$90.3	$69.2	$120.9	$181.5	$194.2	
165	FCF 的现值		N.A.	$82.1	$57.2	$90.8	$124.0	$120.6	
166									

(续)

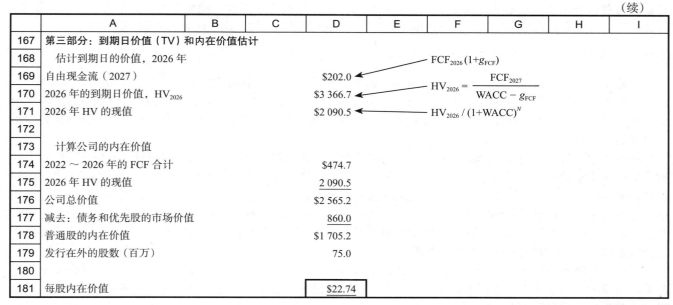

	A	B	C	D	E	F	G	H	I
167	第三部分：到期日价值（TV）和内在价值估计								
168	估计到期日的价值，2026 年					$FCF_{2026}(1+g_{FCF})$			
169	自由现金流（2027）			$202.0					
170	2026 年的到期日价值，HV_{2026}			$3\,366.7		$HV_{2026} = \dfrac{FCF_{2027}}{WACC - g_{FCF}}$			
171	2026 年 HV 的现值			$2\,090.5		$HV_{2026} / (1+WACC)^N$			
172									
173	计算公司的内在价值								
174	2022 ~ 2026 年的 FCF 合计			$474.7					
175	2026 年 HV 的现值			2\,090.5					
176	公司总价值			$2\,565.2					
177	减去：债务和优先股的市场价值			860.0					
178	普通股的内在价值			$1\,705.2					
179	发行在外的股数（百万）			75.0					
180									
181	每股内在价值			$22.74					

© Cengage Learning®

- 基于联合食品公司的历史以及自己对公司商业计划的了解，苏珊估算了公司未来 5 年的年销售额、成本以及现金流。在这 5 年中，公司的增长率不断变化，但是她假设增长将趋于稳定并在 5 年后保持不变。如果苏珊认为达到稳定增长率需要很长时间，那么她可以预计增长率的不稳定状态会持续更长的时间。
- 前 5 年中的每年，苏珊均重点关注影响自由现金流的关键因素。尤为关注 EBIT、必要资本支出及预期净营运资本（NOWC）的变化。
- 苏珊计算了非固定增长的 5 年中每年的预期自由现金流（FCF），并且用 WACC 折现来求出现金流的现值。
- 她假设 5 年后 FCF 稳定增长，因此可以使用固定增长模型来计算联合食品公司在第 5 年年末的市场总值。这一"到期日价值或终点日价值"等于以 WACC 为折现率对从第 6 年到未来所有自由现金流折现到第 5 年的现值总和。由此得出结论：到期日价值$_{t=5}$=FCF_6 /（WACC-g_{FCF}），其中 g_{FCF} 代表自由现金流长期增长率。
- 接下来，她将第 5 年的价值折现到第 0 年求出其现值。
- 她将所有现值相加，即非固定增长期每年现金流的现值加上到期日价值的现值，求出公司的预期市场价值总额。
- 接下来，她将对任何非经营性资产的价值进行评估。在这种情况下，苏珊假设联合食品公司没有任何有意义的非经营性资产，因此她得出结论，公司的总市值等于其经营性资产的市值。如果该公司拥有正的非经营性资产，那么联合食品公司的总市值显然会更高。[⊖]
- 从她对公司总市值的估计中，减去债务和优先股的当前市值，得出联合食品公司普通股的价值。
- 最后，她用股权价值除以流通股股数，得到的结果是她对联合食品公司每股股票内在价值的估计。

她对联合食品公司内在价值的估计非常接近股票的市场价格，因此她得出结论，联合食品公司的股票定价处于均衡水平。因此，她建议"持有"该股票。如果估计的该股票内在价值大大低于市场价格，她会建议"卖出"该股票；如果估计的该股票内在价值远远高于市场价格，她会建议"买入"该股票。

在实践中，公司估值模型可以进一步扩展，以考虑各种其他因素。分析师可能需要考虑重大的非经营性负债，如资金不足的养老金负债或与未来诉讼相关的或有事项。或者是高管股票期权。这些期权的价值意味着公

⊖ 让我们假设联合食品公司拥有 1 亿美元的未指定的非经营性资产。不考虑这些资产的公司总价值为 25.652 亿美元。因此，如果考虑非经营性资产，其公司总价值将增至 26.652 亿美元，普通股的内在价值将增至 18.052 亿美元。因此，其内在价值增加了每股 1.33 美元，为每股 24.07 美元。

司高管将获得公司未来收益的一部分。对于一些公司来说，这些例外因素可能相当重要，而且往往相当复杂。因此，我们将把有关这些问题的更详细讨论留给更高级的财务课程，这些课程将更具体地关注估值。

9.7.2　公司估值模型与股利折现模型的比较

对处于稳定期且发放股利的公司，分析师在估值时既可以使用股利折现模型，也可以使用公司估值模型，但对不派发股利的公司定价时，则只能使用公司估值模型。理论上讲，用不同的模型应该得出相同的内在价值，但实际上，却经常存在差异。当出现偏差时，应重新考虑公司估值模型中的假设，如果分析师确定它们都是合理的，就可以采用模型的结果。

在实务中，两个模型所估算出的内在价值通常会有所差异，并且也经常偏离实际的股票价格，这导致不同的分析师对给定的股票会得出不同的结论，优秀的分析师往往能得出相对准确的结论。但是未来有太多随机和不可预测的因素存在，所以没人可以做出完美的预测。鉴于此，使用公司估值模型还是股利折现模型来对股票进行估值与这个问题有关系吗？我们想说，通常情况下，这种选择是有关系的。如果我们要对 100 家预期未来股利稳定增长的成熟公司进行估值，可使用股利折现模型。此时，我们将只需估算股利增长率，而不需估算全套的财务报表，所以股利折现模型可行性更高。

但是，如果我们研究一家或几家公司，特别是那些仍处生命周期高速增长阶段的公司，在预估未来股利之前需要先预测公司的未来财务报表。之后，因为我们已经预测了未来的财务报表，所以接下来将应用公司估值模型。英特尔公司的股利为 1.32 美元，相对应的收益为 5.16 美元，两个模型都可以对该公司进行估值，但我们认为公司估值模型更适合。

现在假设你要预估一家从不发放股利的公司的价值，比如 Snap，迄今为止从未支付过股利，或者预估一家准备上市的公司的价值。在这两种情况下，使用公司估值模型会更好。即使一家公司支付稳定的股利，也可以从公司估值模型中了解到更多信息，因此现在分析师在所有类型的估值中都使用公司估值模型。预测公司未来财务报表的过程可以揭示公司运营状况和融资需求。同时，这样的分析也可以为增加公司价值提供更为高明的决策并付诸行动。因此，它在规划和预测的过程中不可或缺，在后面的章节中我们将对此进行讨论。

普通股估值的其他方法

尽管本章介绍的股利折现模型及公司估值模型是普通股股票估值最经常使用的方法，但是，它们并非唯一的方法。分析师经常采用各种不同的方法来对股票估值。下面，我们就介绍其中的 3 种方法。

市盈率法

长期以来，投资者一直在寻求一种判断股票价格是否合理的简单方法。其中的一种方法就是观察股票的市盈率。回忆一下第 4 章的内容，市盈率表明投资者愿意为 1 美元公司收益支付的价格。起初，你可能认为低市盈率的股票价值相对被低估，因为相对于当前的公司收益，其价格较"低"，而高市盈率的股票通常认为价格被高估。

不幸的是，股票估值并没有那么简单。我们不应预期所有的公司都具有相同的市盈率。市盈率会受风险影响——风险越高的股票，投资者会采用越高的折现率。因此，在其他条件相同的情况下，高风险股票的市盈率较低。此外，当你购买股票时，你不仅拥有当前收益的求偿权，还拥有未来收益的求偿权。在其他条件相同的情况下，增长机会较大的公司未来收益会更多，从而这些公司的股票会具有更高的市盈率。

因此，高市盈率并不意味着股票被高估。

尽管如此，市盈率为股票估值提供了有用的基础。如果一家公司的市盈率远高于行业平均值，并且其增长潜力和风险同行业内的其他公司相似，那么，我们可以由此判断该股票价格可能太高了。类似地，如果一家公司的市盈率降到历史平均水平以下，那么这也许表明该公司股票的价值可能被低估了，尤其当公司增长前景及风险没有发生大的变化，且整个市场市盈率不变甚至有所增长的情况下。

市盈率法的一个明显缺点是依赖于财务报表的会计利润。出于这个原因，有些分析师选择依赖其他的乘数来评估股票价值。例如，有些分析师采用公司的股票价格与现金流的比率，还有一些分析师则采用股票价格与销售收入的比率。

企业价值倍数法

一些分析师喜欢关注企业价值倍数（EV/EBITDA）。回顾第 4 章，企业价值计算如下：

企业价值（EV）= 股权的市场价值 + 总负债的市场价值 + 其他财务债权市值 − 现金及现金等价物

例如，Triple J 预测的息税折旧摊销前利润为 30

亿美元。此外，假设 Triple J 所在行业的平均企业价值倍数为 10，且 Triple J 估计的风险和增长机会处于行业平均水平。因此，Triple J 的企业价值的合理估计为 300 亿美元，即 EV/EBITDA × Triple J 的 EBITDA=10×30 亿美元。

Triple J 目前拥有 110 亿美元的债务（按市值计算）、60 亿美元的现金和资产负债表上的现金等价物以及 10 亿股流通在外的普通股。根据这些信息，分析师可以使用估计的企业价值来对公司股权市场价值进行估计：

$$股权的市场价值 = 企业价值 - 总债务的市场价值 + 现金和现金等价物$$

$$股权的市场价值 = 300-110+60=250 亿美元$$

最后，如果一位分析师想要预测公司股价的内在价值，她只需将公司股权的估计市值（250 亿美元）除以流通在外的普通股股数（10 亿股），就可得出 25 美元的估计股价。

经济增加值法

近些年，分析师一直在寻求更为缜密的方法来代替股利折现模型。在纽约股票交易所上市的股票中，不支付股利的股票超过四分之一。而在纳斯达克市场上，这一比率甚至更高。尽管这类股票可使用股利折现模型进估值，但是，这种方法需要分析师预测何时分配股利，股利支付的金额是多少，以及未来的股利增长率是多少。在许多情况下，这些预测存在相当大的误差。

在第 3 章，我们介绍了一种以经济增加值（EVA）的概念为基础的替代方法。经济增加值的公式如下：

$$EVA = 权益资本 \times (ROE - 权益资本成本)$$

这一公式表明，公司可以通过投资向股东所提供的收益超过权益资本成本的项目来增加经济增加值，这里的权益资本成本即相同的风险水平下，投资于其他替代项目上的预期收益。当你购买一家公司的股票时，你不仅获得股权的账面价值，还获得了对公司管理层所创造的未来价值的求偿权（即所有未来经济增加值的现值）。这意味着公司权益市场价值的计算公式如下：

$$权益市场价值 = 账面价值 + 未来经济增加值的现值$$

将上式两边同时除以公司发行在外的普通股股权数量，我们就可以得出每股股票的"基本"价值（P_0）。

与股利折现模型相同，我们可以将表达式予以简化：假定在未来的某一时点，公司的经济增加值将变成一笔永续年金，或者以某一固定速率增长。我们这里介绍的是爱德华 – 贝尔 – 奥尔森（Edwards-Bell-Ohlson，EBO）模型（剩余收益模型）的简化版。有关这种方法更为详细的描述和这种方法在实践中的应用，请参见 Charles M.C.Lee 1996 年 4 月发表于 *CA Magazine* 第 32 ～ 37 页的文章《财富衡量》（*Measuring Wealth*）。

自我测验

1. 请写出自由现金流的计算公式并解释。
2. 为什么有人对具有股利分配历史的公司使用公司估值模型？
3. 根据公司估值模型需要哪几步才能计算出股票价格？
4. 为什么我们计算出的股票内在价值不同于当前的股票市场价格？哪个"正确"，"正确"的含义是什么？

9.8 优先股[⊖]

优先股（preferred stock）是一种混合产物，它在某些方面与债券类似，在某些方面又与普通股相同。当我们试图将优先股归类于债券和普通股时，这种混合特征尤为明显。与债券一样，优先股有票面价值和固定股利，且其股利需要在普通股之前支付。但是，如果公司收益不足以支付，那么经过公司董事会批准，可以暂时不支付股利，公司不会因此破产。所以尽管优先股像债券一样要求固定回报，但不支付优先股股利并不会使公司破产。

如前文所述，优先股股东有定期获得固定回报的权利。如果这种回报一直持续下去，那么就相当于一笔永续年金，其价值 V_p 的计算公式如下：

$$V_p = \frac{D_p}{r_p} \tag{9-9}$$

[⊖] 在后边的第 20 章，我们将讨论优先股。此外，请参考 Chapter 20 of Eugene F. Brigham and Phillip R. Daves, *Intermediate Financial Management*, 14th edition (Mason, OH: Cengage Learning, 2022).

V_p是优先股的价值，D_p是优先股的股利，r_p是优先股的必要收益率。联合食品公司没有发行在外的优先股，现假设它有，并且每股优先股每年支付 10 美元股利。如果它的必要收益率为 10.3%，则每股优先股的价值将是 97.09 美元。计算如下：

$$V_p = \frac{10.00}{0.103} = 97.09 \text{（美元）}$$

处于均衡状态时，期望收益率 $\hat{r}_p$ 必须等于必要收益率 r_p。因此，如果已知优先股的当前价格和股利，我们就能求出期望收益率：

$$\hat{r}_p = \frac{D_p}{V_p} \tag{9-9a}$$

有些优先股设定了到期期限，一般是 50 年。假设例子中优先股的有效期是 50 年，每股优先股每年支付股利 10 美元，必要收益率为 8%。那么，我们可以通过以下过程求得它的价格：输入 $N=50$, $I/YR=8$, $PMT=10$, $FV=100$，然后按 PV 键得到价格 $V_p=124.47$ 美元。如果 $r_p=10\%$，则令 $I/YR=10$，此时 $V_p=PV=100$ 美元。如果已知每股优先股的价格，我们就可以计算出 I/YR，进而求出期望收益率 $\hat{r}_p$。

自我测验

1. 请解释以下表述：优先股是一种混合证券。
2. 用来为优先股估值的公式是更类似于债券的估值公式，还是更类似于具有固定股利增长率的普通股股票的估值公式？请说明理由。

本章小结

公司应根据备选方案将如何影响公司价值来进行决策分析。但是，在试图衡量某项决策如何影响公司价值之前，我们首先需要了解股票价格是如何确定的。本章讨论了普通股股东的权利，说明了股票价格是如何确定的，并阐述了投资者如何估计股票内在价值和期望收益率。

本章介绍了两种股票估值模型：股利折现模型和公司估值模型。股利折现模型适用于成熟、稳定的公司，操作相对简单，但公司估值模型更灵活且对那些不发放股利或很难预测股利发放的公司更为有用。

本章还介绍了优先股，这是一种混合证券，兼具普通股和债券的某些特征，优先股的估值模型类似于永续年金和"普通"债券。

自测题

ST-1 关键术语

定义下列术语：

a. 代理、代理权之争、收购

b. 优先认股权

c. 分类股、创始人股票

d. 边际投资者、内在价值、市场价格

e. 必要收益率、期望收益率、实际（真实）收益率

f. 资本利得收益率、股利收益率、预期总收益率、增长率

g. 零增长股票

h. 固定增长模型（戈登模型）、非固定增长（超常增长）

i. 公司估值模型

j. 终点日（到期日）、终点日价值（到期日价值）

k. 优先股

ST-2 固定增长股票估值

Fletcher 公司目前股价为 36 美元，上期股利为 2.4 美元，必要收益率为 12%。如果股利预期未来固定增长率为 g，而且预期 r_s 会维持在 12%，5 年后 Fletcher 公司预期股价为多少？

ST-3 非固定增长股票估值

斯奈德计算机公司正处于高速发展的时期。未来两年里，股利预期增长率为 15%，第 3 年增长率为 13%，第 4 年开始保持 6% 的固定增长。上期股利为 1.15 美元，必要收益率为 12%。

a. 计算当前的股票价值。

b. 计算 $\hat{P}_1$ 和 $\hat{P}_2$。

c. 计算第 1、2、3 年的股利收益率及资本利得收益率。

ST-4 公司估值 Shome Industries 公司保留并再投资其所有收益。因此，Shome 公司不支付任何股利，也没有在短期内支付股利的计划。一家大型养老基金有意购买 Shome 公司的股票。养老基金经理对 Shome 公司未来 3 年的自由现金流估计如下：500 万美元、900 万美元和 1 200 万美元。第 3 年后，自由现金流预计将以恒定的 4% 的增长率增长。Shome 公司的加权平均资本成本为 10%，其债务和优先股的市场价值总计 2 727.27 万美元，Shome 公司拥有 1 000 万美元的非经营性资产，以及 500 万股流通在外的普通股。Shome 公司的股价估计值是多少？

简答题

9-1 通常说，优先购买权的目的是允许个人投资者维持自己的所有权份额及对公司的控制权。

　　a. 对于在纽约证券交易所交易股票的普通股东来说，你认为控制权的重要性如何？

　　b. 对于上市公司和持股集中的公司的股东来说，哪家公司的控制权问题更为重要？请说明理由。

9-2 下面计算固定增长股票价值的公式是否正确？请说明理由。

$$\hat{P}_0 = \frac{D_0}{r_s + g}$$

9-3 当你购买了一股普通股股票，你可能期望获得股利和最终的资本利得。股利收益率及资本利得收益率的分配是否受公司支付更多股利而非留存收益用以再投资的影响？请说明理由。

9-4 为了确定是否应该购买通用电气股票，两名投资者正在对通用电气进行价值评估。在预期的 D_1 价值及预期的未来股利增长率上，两者观点一致。此外，他们在股票风险上的观点也一致。但是，一名投资者通常持有股票 2 年，而另一名投资者通常持有 10 年。根据本章的分析方法，解释他们是否愿意按照相同的价格购买通用电气的股票。

9-5 永久支付利息而无到期日的债券称为永续债券。永续债券与非固定增长的普通股股票之间有哪些相似之处？是否有些优先股股票的估值方法与永续债券的估值方法相似，而另一些优先股股票的估值方法与存续期限有限的债券相似？请说明理由。

9-6 讨论股利折现模型与公司估值模型的相同点及区别。

9-7 本节讨论了股利折现模型及公司估值模型。提出了 3 种备选方法，即市盈率法、企业价值倍数法和经济增加值法。解释每种方法以及如何使用每种方法对普通股进行估值。

9-8 使用公司估值模型的公司，非经营性资产如何影响公司估值？

问答题

（9-1～9-6 为简单题）

9-1 每股股利计算 Weston 公司刚刚支付了每股 1.00 美元的股利（即 D_0 为 1.00 美元）。股利预期在未来 3 年以每年 12% 的增长率增长，此后每年的股利增长率为 5%。在未来 5 年里，预计每年的每股股利为多少？

9-2 固定增长股票的估值 假定今年年底 Tresnan 兄弟公司将支付每股 1.80 美元的股利（即 D_1 为 1.80 美元），此后股利预期以 4% 的增长率固定增长。股票的必要收益率 r_s 为 10%，求股票的每股价值。

9-3 固定增长股票的估值 Holtzman 服装公司当前的股票价格为每股 38 美元。公司刚刚支付了每股 2.00 美元的股利（即 D_0 为 2.00 美元）。股利预期每年固定的增长率为 5%。预期从现在开始 1 年后公司股票价格为多少？必要收益率为多少？

9-4 非固定增长股票的估值 Holt 公司最近支付了 2.75 美元的每股股利（即 D_0=2.75 美元）。预计公司将连续两年以 18% 的非固定增长率增长，此后进入固定增长期，增长率为 6%。公司的必要收益率为 12%。

a. 到期日或终点日是什么时候？

b. 公司的终点日价值或者到期日价值是多少？

c. 公司当前的内在价值 $\hat{P}_0$ 是多少？

9-5 公司估值 Scampini 公司预期明年会产生 2 500 万美元的自由现金流，之后自由现金流以每年 4% 的固定增长率永续增长。Scampini 公司没有债务，也未发行优先股，加权平均资本成本为 10%，并且它没有任何非经营性资产。如果公司发行在外的股票为 4 000 万股，那么该股的每股价值是多少？

9-6 优先股估值 Farley Inc. 发行在外的永续优先股的每股售价为 30 美元，每年末支付的股利为 2.75 美元。该公司的必要收益率是多少？

（9-7～9-15 为中等难度题）

9-7 优先股收益率 永续优先股每股票面价值为 100 美元，固定票面股息率为面值的 10%，当前市价分别为 61 美元、90 美元、100 美元、138 美元时，优先股的名义收益率为多少？

9-8 优先股估值 Earley 公司发行的永续优先股每年的股息率为 8%。股票目前的收益率为 7%，票面价值为 100 美元。

a. 股票价值为多少？

b. 假定利率上升，使得永续优先股股利支付率升至 9%，新的股票价值是多少？

9-9 优先股的收益率 Avondale 航空公司发行在外的永续优先股每股票面价值 100 美元。每季度支付 1 美元股利，当前价格为 45 美元。

a. 名义年收益率为多少？

b. 实际年收益率为多少？

9-10 负增长股票的估值 Maxwell 矿业公司的矿产保有量正逐步耗尽，因而销量不断下降。同时，因为矿井越来越深，经营成本也随之上升，导致公司的收益及股利以每年 6% 的速度固定下降。如果 D_0 为 3 美元，r_s 为 10%，那么，Maxwell 矿业公司股票价值为多少？

9-11 固定增长股票估值 预期股票在年末将支付 2.75 美元每股股利（即 D_1 为 2.75 美元），且公司每年固定的股利增长率为 5%。如果必要收益率为 15%，那么该股票 4 年后预期股价为多少？

9-12 固定增长股票估值 投资者对 Mather 公司股票要求的必要收益率为 8%（即 r_s 为 8%）。

a. 如果上期股利 D_0 为 1.25 美元，投资者预期股利年度增长率分别为 −2%、0%、3%、5% 时，股票价值为多少？

b. 利用 a 部分的数据，如果必要收益率为 8%，预期增长率分别为 8%、12% 时，根据戈登模型（固定增长模型），公司的股票价值分别为多少？这是合理的结果吗？请说明理由。

c. 对于固定增长的股票而言，g 大于 r_s 是否合理？

9-13 固定增长股票估值 你在考虑是否投资 Justus 公司的股票，预计今年年底股票将支付 2.25 美元的每股股利（即 D_1=2.25 美元），股票的 β 系数为 0.9。无风险利率为 4.9%，市场风险溢价为 5%。Justus 公司当前每股股价为 46 美元，预计股利将以 g 的增长率固定增长。假定市场处于均衡状态，那么，在第 3 年年末该股票的市场价格为多少（即 $\hat{P}_3$ 为多少）？

9-14 非固定增长 Computech 公司正在迅速扩张，目前公司需要留存所有盈余，所以不支付股利。但是投资者预期公司 3 年后将发放每股 0.5 美元的股利。股利在第 4 年和第 5 年将迅速增长，每年增长 35%，第 5 年后每年固定增长 7%，如果公司股票的必要收益率为 13%，那么，当前股票价格应该为多少？

9-15 公司估值 Dantzler 公司是一家快速发展的办公用品制造商。证券分析师预计在未来 3 年里，公司的自由现金流如下所示。之后公司的自由现金流将会以 5% 的增长率固定增长。Dantzler 公司的加权平均资本成本为 11%。

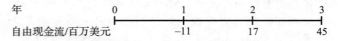

a. Dantzler 公司到期日价值是多少（注：计算出 3 年后自由现金流价值折现至第 3 年）？

b. 公司目前的价值为多少？假设 Dantzler 公司的非经营性资产为零。

c. 假定 Dantzler 公司拥有 1.126 亿美元的负债和 2 500 万股流通股，那么，你预计每股股票的价格应该为多少？

（9-16 ～ 9-21 为具有挑战性的难题）

9-16 非固定增长股票估值 Carnes 化妆品公司的股票价格为 30 美元，上期股利为每股 1 美元。股利未来 3 年每年预期增长率为 30%，然后保持永久的固定股利增长率 g，r_s 为 9%。那么该股票 3 年后的固定股利增长率 g 为多少？

9-17 固定增长股票估值 你的经纪人准备向你出售 Bahnsen 公司的普通股股票，昨天该股票刚刚支付了 2 美元的股利。你预期在未来 3 年里，公司的股利支付将以每年 5% 的增长率固定增长。如果你购买了该股票，你计划持有股票 3 年，并在 3 年后出售，适当的折现率为 12%。

a. 计算未来 3 年里每年的预期股利 D_1、D_2、D_3，注意 D_0 为 2 美元。

b. 考虑到第一期股利将于现在开始 1 年后支付，请计算股利现金流的现值，即计算 D_1、D_2、D_3 的现值，然后将这些现值加总。

c. 你预期 3 年后的股票价格为 34.73 美元，即 $\hat{P}_3$ 为 34.73 美元。折现率为 12%，这一预期未来股票价格的现值为多少？换句话说，计算 34.73 美元的现值。

d. 如果你计划购买股票并持有 3 年，然后以 34.73 美元卖出，那么，目前你愿意最高花多少钱购买该股票？

e. 利用式（9-2）计算该股票现值。假定 g = 5% 并保持不变。

f. 该股票价值是否取决于你持有的期限长短？换句话说，如果你计划持有 2 年或者 5 年，而非 3 年，是否会影响股票当前的价值 $\hat{P}_0$？请说明理由。

9-18 非固定增长股票估值 陶西格科技公司（TTC）近年来的增长率为 20%，预计这一增长率还将持续 2 年，然后增长率降至 g_n = 6%。

a. 如果 D_0 = 1.60 美元，r_s =10%，那么该公司当前的股票价格为多少？第 1 年的预期股利收益率及资本利得收益率分别为多少？

b. 假定陶西格科技公司的超常增长时期为 5 年，而非 2 年，那么，这一改变将如何影响股票价格、股利收益率及资本利得收益率？

c. 当公司的超常增长期结束时，股利收益率和资本利得收益率分别为多少（提示：不论超常增长期为 2 年还是 5 年，价值相同，计算过程非常简单）？

d. 股利收益率及资本利得收益率之间的关系变化会导致投资者的收益如何变化？

9-19 公司估值　Brandtly 工业公司在研发上投入了大量资金，因此，公司需要将所有的收益留存并用于再投资。换句话说，公司不支付股利，并且公司近期也无支付股利的计划。一家大型养老基金对 Brandtly 工业公司的股票很感兴趣。这家养老基金的财务经理预计 Brandtly 工业公司未来 4 年的自由现金流如下：300 万美元、600 万美元、800 万美元、1 600 万美元。第 4 年后，预计自由现金流保持 3% 的增长率固定增长。Brandtly 工业公司的加权平均资本成本为 9%，债务及优先股的市值共计 7 500 万美元，该公司拥有 1 500 万美元的非经营性资产，并且该公司发行在外的普通股股数为 750 万股。

a. 预计该公司未来 4 年里自由现金流的现值为多少？

b. 该公司到期日价值是多少？

c. 该公司当前的市场价值是多少？该公司目前的总市值是多少？

d. 预计该公司的每股股票价格为多少？

9.20 公司估值模型　假定今天是 2021 年 12 月 31 日，Abner 航空公司的信息如下：

- 预计 2022 年的税后净营业收入为 4 亿美元。
- 预计 2022 年的折旧费用为 1.4 亿美元。
- 预计 2022 年的资本支出为 2.25 亿美元。
- 预计净经营营运资本保持不变。
- 预计公司的自由现金流每年稳定增长 6%。
- 必要收益率为 14%。
- 加权平均资本成本 WACC 为 10%。
- 该公司拥有 2 亿美元的非经营性资产。

- 公司债务的市场价值为 38.75 亿美元。
- 发行在外 2 亿股普通股。

根据自由现金流法，公司当前的股票价格应该为多少？

9-21 非固定增长　假定今天是 2022 年 1 月 1 日，WME 电气公司开发了一种新型的太阳能电池板，比目前市面上的同类型电池板多产生 200% 的电力。预计 WME 电气公司的股利在未来 5 年里每年将以 15% 的增长率增长。到第 5 年年末，其他公司也将完成技术革新，WME 电气公司的股利增长率降至每年 5%。股东的必要收益率为 12%。昨天支付的上期年度股利（D_0）为每股 1.75 美元。

a. 计算 WME 电气公司 2022 年、2023 年、2024 年、2025 年及 2026 年的预期股利。

b. 计算当前的股票价值。你可以一次计算 2022—2026 年股利现值，再加上 2026 年年末的股票价格的现值。2026 年年末的股票价格可以通过固定增长模型求得。注意，为了求出 2026 年 12 月 31 日公司的股票价格，我们需要使用 2027 年的预期股利，即在 2026 年股利基础上增长了 5%。

c. 计算 2022 年的预期股利收益率（D_1/P_0），资本利得收益率及预计总收益率（股利收益率加资本利得收益率）。假定 $\hat{P}_0=P_0$，资本利得收益率等于总收益率减去股利收益率。计算 2027 年这三项指标数值。

d. 投资者的税收状况如何影响他们在高速成长的新兴公司的股票与成熟公司的股票之间的购买选择？在本题中，WME 电气公司什么时候会变成“成熟公司”？

e. 假定你的老板告诉你，他认为 WME 电气公司未来 5 年的年增长率仅为 12%，而公司的长期增长率也仅为 4%。不必通过计算，请说明这种增长率的变化对股票价格有什么样的总体影响？

f. 假定你的老板认为 WME 电气公司风险较高，必要收益率应为 14%，而非 12%。同样，不必通过计算，请说明更高的必要收益率如何影响股票价格、资本利得收益率及股利收益率？另外，假定公司长期增长率为 4%。

综合 / 电子表格问题

非固定增长及公司估值　请用电子表格模型重做 9-18 中 a、b、c 部分。针对 b 部分，请计算股票价格、股利收益率、资本利得收益率。完成 c 部分后，请运用电子表格模型回答下面的问题。

d. 陶西格科技公司近期成功地开发出新的产品生产线，并取得了巨大的成功。根据已有的成功和对未来成功的预期，预计公司将获得的自由现金流如下：

年	1	2	3	4	5	6	7	8	9	10
FCF美元	5.5	12.1	23.8	44.1	69.0	88.8	107.5	128.9	147.1	161.3

10 年后，陶西格科技公司的财务规划师预计自由现金流将保持 6% 的固定增长率，另外，公司断定，新的产品生产线会使得公司加权平均资本成本降至 9%。公司债务的市场价值为 12 亿美元，发行在外普通股为 2 000 万股，公司没有发行优先股股票。请运用公司估值模型估计股票价格。

综合案例

芝加哥联合保险公司

股票估值　罗伯特·巴克里和卡罗尔·基弗是芝加哥联合保险公司副总裁，他们是公司养老基金管理部门的合伙人。巴里克负责固定收益证券（主要是债券）的投资，而基弗负责股票的投资。最近有一家新的大客户（加利福尼亚州城市联合会）要求公司向代表城市的市长举办一场投资研讨会。巴里克和基弗都需要做演讲，他们要求你提供相关的帮助。

为了举例说明普通股股票的估值过程，巴里克和基弗要求你分析 Bon Temps 公司的股票价值，这是一家提供员工服务的代理机构，为那些有临时需求的公司提供文字处理人员和程序设计人员。你需要回答以下问题。

a. 简要介绍普通股股东的法律权利和特殊权利。

b. 1. 写出用于评估各种股利支付方式的股票价值计算公式。

　　2. 什么是固定增长股票？固定增长股票如何估值？

　　3. 如果公司可预测的增长率 g 大于 r_s，这说明什么含义？短期内是否存在诸多 g 大于 r_s 的股票（即未来几年内）？在长期内（即永久），是否对大多数公司都有预期的 g 大于 r_s？

c. 假定公司 β 系数为 1.2，无风险利率（国债的收益率）为 3%，市场必要收益率为 8%，那么公司的必要收益率为多少？

d. 假定公司为一家固定增长的公司，上期股利（D_0，昨日分配的股利）为 2 美元，预计公司未来的股利增长率稳定为 4%。

　　1. 在未来 3 年里，公司的预期股利现金流为多少？

　　2. 公司当前的股票价格为多少？

　　3. 从现在开始 1 年后，公司股票的预期价值为多少？

　　4. 在第一年里，公司的预期股利收益率、资本利得收益率及总收益率分别为多少？

e. 假定当前的公司股票价格为 40 美元，那么股票的期望收益率为多少？

f. 如果股利预期将实现零增长，那么股票价格是多少？

g. 现在假设 Bon Temps 公司的股利预计第 1 年增长 30%，第 2 年增长 20%，第 3 年增长 10%，并在之后恢复到 4% 的长期固定增长率。在这些条件下，公司的股票价值为多少？第 1 年的预期股利收益率及资本利得收益率为多少？第 4 年呢？

h. 假定在未来 3 年里公司将经历零增长阶段，此后，在第 4 年，公司将继续维持长期稳定的增长状态，每年的增长率为 4%。在这些条件下，公司的股票价值为多少？第 1 年的预期股利收益率及资本利得收益率为多少？第 4 年呢？

i. 最后，假定公司收益和股利每年以 4% 的速度稳定下降，即 $g = -4\%$。那么，为什么会有投资者愿意购买该股票？这些股票的售价为多少？每年的股利收益率及资本利得收益率分别为多少？

j. 假定公司开始进行战略扩张，从而需要更多的资本。管理层决定通过借入 0.4 亿美元及停止支付股利以增加留存收益的方式扩张融资。公司的 WACC 为 7%，在未来 3 年里，预计自由现金流分别为：-500 万美元、0.1 亿美元、0.2 亿美元。3 年后，预计自由现金流将以 5% 的增长率稳定增长。公司经营性资产的市场价值为多少？如果公司现有 0.1 亿股发行在外的股票和 0.4 亿美元的债务及优先股，那么，每股股票价格为多少？

k. 假定公司决定发行优先股，每股每年支付 5 美元的股利，发行价格为每股 100 美元，该优先股股票期望收益率为多少？如果优先股为永续发行，也可以具有 20 年的到期期限，那么这两种情况下的期望收益率是否相同？

深入探讨

利用在线资源解答本章问题。请注意线上信息随时变化，这些变化可能会限制解答问题的能力。

估算埃克森美孚的内在股票价值

本章，我们阐述了影响股票价格的各种因素及分析师用于评估股票内在价值的各种方法。通过对这些内在价值估计值与当前的股票价格进行比较，投资者可以评估出是否应购买或卖出某只股票。如果当前的股票交易价格远低于评估的内在价值，那么这只股票就是一个不错的买入对象，相反，如果当前的股票交易价格远高于股票的内在价值，那么投资者最好回避或卖出这只股票。尽管评价个股的内在价值是一项计算复杂的工作，它需要拥有可靠的数据及良好的判断，但是，我们仍可利用互联网来找到财务数据，通过快速的"粗略数据统计分析"来计算股票的内在价值。

讨论问题

1. 为了估计股票的内在价值，我们仔细观察埃克森美孚（XOM）的股票表现。利用诸如雅虎财经、谷歌财经及 MSN Money 等网站可以看到公司当前的股票价格以及最近几个月相对于整个市场的表现。埃克森美孚当前的股票价格是多少？在最近几个月里，埃克森美孚的股票价格相对于整个市场的表现如何？

2. 搜索最近的网站标题可以看到公司最近的新闻。最近是否有影响公司股票价格的事件发生？或者最近公司是否相对平静？

3. 作为判断公司相对估值的出发点，分析师经常观察公司的市盈率（P/E）。利用网站总结性的引文或者关键的统计信息观察 XOM 的过往每股收益比率，哪一个在计算中应用了 XOM 接下来 12 个月估算的收益，寻求目前的每股收益。公司过往及目前的每股收益是多少？

4. 从 XOM 每股收益的视角看，发现该比例过去的变动很有意义（如果前往晨星公司，你将会发现 10 年关键数据的总结。此外，价格利率显示了目前的每股收益的平均水平）。XOM 目前的每股收益高于还是低于最近 5 年的平均值呢？解释目前的每股收益为何偏离了历史趋势。在上述信息的基础上，XOM 公司目前的每股收益是否意味着股票被高估或者低估？请说明理由。

5. 在本章里，我们阐述了如何运用股利折现模型评估股票的内在价值。为了分析简便，首先假定 XOM 的股利预期每年增长 4%，即 $g = 4\%$，则内在价值为 $D_1 / (r_s - g)$，D_1 为下期股利，r_s 为股票必要收益率，g 为股利可持续增长率。回到总结的模块寻找公司目前的股利，该股利乘以（$1 + g$）即为估算的 D_1。

6. 股票的必要收益率是评估股票内在价值的最后一个输入变量。从我们分析的角度看，可以假定一个股票必要收益率（比如 9% 或者 10%），或者可以利用 CAPM 及互联网可用的数据来计算股票必要收益率（有关这方面的详细信息，可以回顾第 8 章练习题）。

根据你对 D_1，r_s，g 的最优估计，可以计算出 XOM 股票的内在价值。如何将计算出的内在价值与当前的股票价格进行比较？你初步的分析表明埃克森美孚的股票价格被低估了，还是被高估了？请说明理由。

7. 敏感性分析通常很有意义，依据的 D_1，r_s，g 值不同，估算的内在价值也不同。重新根据不同的 D_1，r_s 估计值估算股票的内在价值。完成这项任务的一个简便方法是设置一个简单的 Excel 数据表。根据相关分析，哪些输入变量可以证明当前的股票价格是合理的？

8. 到目前为止，我们假定 XOM 股利长期不变，增长率为 4%。通过浏览 XOM 股利分配历史数据，可以判断该假定是否合理。在 MSN Money 及年度利润表财务模块中，我们可以观察到过去 4 年公司的股利分配数据。基于以上信息，股利平均每年的增长率为多少？

基于股利分配历史及预期 XOM 未来的股利分配政策，固定增长模型适合于内在价值估计的假定是否合理？如果不合理，你将如何利用网络上可用的数据及非固定增长模型来评估股票的内在价值？

9. 最后，你也可以运用网络上的信息来为整个公司估值。这种方法需要评估 XOM 每年的自由现金流。一旦估计出整个公司的价值以及任何非经营性资产的价值，减去债务跟优先股的价值之后，你就可以估计出公司股权的价值。将公司股权价值除以流通在外的普通股股数，你也可以计算出公司股票的内在价值。尽管这种方法需要花费较多的时间，并且涉及很多有关未来自由现金流预测的判断，但是，你可利用互联网上的财务报表及增长率预测作为分析的起点。

在年度现金流量表模块中，将会发现过去每年的自由现金流。这些数字可以作为对明年进行估计的起点。请注意，你还可以从晨星公司获得 4 年期间的历史自由现金流。输入公司的股票代码后，只需选择"财务"选项卡，并向下滚动到现金流。

附录 9A　股票市场均衡

回忆一下股票 X 的必要收益率 r_X，我们可以应用第 8 章讨论资本资产定价模型（CAPM）时提出的证券市场线（SML）公式来计算 r_X：

$$r_X = r_{RF} + (r_M - r_{RF}) b_X = r_{RF} + RP_M b_X$$

如果无风险利率为 3%，市场风险溢价为 5%，股票 X 的 β 系数为 2，边际投资者对于股票将会要求 13% 的必要收益率。

$$r_X = 3\% + 5\% \times 2.0 = 13\%$$

图 9A-1 中 SML 上标出了贝塔系数等于 2.0 和必要收益率为 13% 所对应的点。当股票 X 的期望收益大于 13% 时，边际投资者会购买该股票，当期望收益小于 13% 时会卖出，如果期望收益率恰为 13%，边际投资者会感觉无关紧要（将继续持有，既不买入也不卖出）。

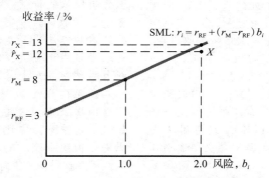

图 9A-1　股票 X 的期望收益率与必要收益率

9A-1　图示

现在假定投资者的投资组合中包含股票 X，分析出该股票的前景并得出结论：股票 X 的收益、股利及股票价格预期可持续增长率均为每年 4%。上期股利 $D_0 = 1.923\ 1$ 美元，因而下期股利如下：

$$D_1 = 1.923\ 1 \times 1.04 = 2.00（美元）$$

投资者观察到目前股价 P_0 为 25 美元。他应该购买更多股票 X，卖出股票 X，还是维持目前的状态呢？

投资者可以计算出股票 X 的期望收益率如下：

$$\hat{r}_X = \frac{D_1}{P_0} + g = \frac{2}{25} + 4\% = 12\%$$

这一价值在图 9A-1 中标注为处于 SML 线下方的 X 点。因期望收益率低于必要收益率，边际投资者与其他投资者将会卖出股票，但是，很少有人愿意以 25 美元的价格购买，因而除非降低价格，现在的持有者将找不到买方。因此，价格将会下降，并持续下降至 22.22 美元的价格。此时，股票价格处于均衡，期望收益率 13%

等于必要收益率：

$$\hat{r}_x = \frac{2.00}{22.22} + 4\% = 9\% + 4\% = 13\% = r_x$$

假定股票最初的卖出价格低于 22.22 美元（比如 20 美元），事情将会相反，因期望收益率超过了必要收益率，投资者争先购买股票，买入的指令下达，股票最终升至 22.22 美元。

总之，市场处于均衡状态必须满足两个条件。

（1）边际投资者对股票期望收益率等于必要收益率：$\hat{r}_j = r_j$。

（2）股票实际的市场价格等于投资者估计的股票的内在价值：$P_0 = \hat{P}_0$。

当然，一些个人投资者可能认为 $\hat{r}_j > r_j$ 且 $\hat{P}_0 > P_0$，因而，他们将大部分的资金投向该股票，而其他投资者可能持有相反的观点并且卖出他们持有的全部份额。然而，边际投资者决定了实际的市场价格，对于这些投资者，应满足条件 $\hat{r}_j = r_j$ 且 $P_0 = \hat{P}_0$。如果不具备这些条件，交易就会不断发生，直到市场达到均衡。

9A-2　均衡股票价格的变化

股票价格不是固定不变的——有时会经历剧烈的变动。例如，2008 年 10 月 6 日至 2008 年 10 月 10 日间，道琼斯工业价格指数下跌了 1 874 点，跌幅 18%。1997 年 10 月 27 日，道琼斯工业价格指数下跌了 554 点，跌幅 7.18%。更为糟糕的是，1987 年 10 月 19 日，道琼斯工业价格指数下跌了 508 点，股票市值一天之内减少了 23%，部分个股跌幅超过 70%。2018 年 2 月 5 日，道琼斯工业价格指数下跌了 1 175 点，跌幅 4.60%。2020 年由于对新冠疫情暴发的担忧，道琼斯工业价格指数在 2020 年 3 月 16 日出现了历史上最大跌幅。当天，道琼斯工业价格指数下跌 2 997 点，跌幅近 13%。

为什么会产生如此剧烈的波动呢？假定股票 X 的价格处于均衡状态，每股售价 22.22 美元。如果所有的假设前提均准确满足，则下年股价会逐渐增至 23.11 美元，即增幅 4%。但是，假定前提条件发生如下表第 2 列所示的变化：

	变量	
	初始值	改变后
无风险利率	3%	2%
市场风险溢价	5%	4%
股票 X 的 β 系数	2.0	1.25
股票 X 的预期增长率 g_x	4%	5%
D_0	1.923 1 美元	1.923 1 美元
股票 X 的价格	22.22 美元	?

现在进行一个测试：每个自变量的变化会如何影响股价，新的股价为多少？

每个变量独立变化都会导致股价上涨。前 3 个自变量的变化总体上会使得 r_x 从 13% 下降到 7%：

$$初始\ r_x = 3\% + 5\% \times 2.0 = 13\%$$
$$新\ r_x = 2\% + 4\% \times 1.25 = 7\%$$

基于新的 g 值，我们发现股价 $\hat{P}_0$ 自 22.22 美元增至 100.96 美元，将近 354% 的增幅：⊖

$$初始\ \hat{P}_0 = \frac{1.923\ 1 \times 1.04}{0.13 - 0.04} = \frac{2.00}{0.09} = 22.22（美元）$$

$$新\ \hat{P}_0 = \frac{1.923\ 1 \times 1.05}{0.07 - 0.05} = \frac{2.019\ 3}{0.02} = 100.96（美元）$$

也应注意到，在新的股价水平下，预期风险收益率与初始的风险收益率相等：⊖

⊖ 这种幅度的股票价格波动绝不少见。许多股票的价格都会在一年的时间内翻了一倍或者下跌了一半。例如，2019 年，Snap 的股价增长了 196.4%。相反，PG&E 的股价下降了 54.2%。

⊖ 显然，实际收益率并不必然等于期望收益率和必要收益率。因此，在 2013 年买入 Snap 或者 PG&G 的股票后，投资者可能预期获得 12% 的收益率，然而实际上，Snap 实现的收益远超 12%，而 PG&G 实现的收益远低于 12%。

$$\hat{r}_X = \frac{2.019\,3}{100.96} + 5\% = 7\% = r_X$$

事实证明，当基本情况变动时，股票价格会迅速调整，特别是大公司的股票价格。这些股票被许多证券分析师密切关注，所以股价会随着情况的变化而迅速调整到均衡状态。因此，股票通常都处于均衡状态，并且期望收益率等于必要收益率。当然，股价肯定会改变，有时变化剧烈并且迅速，但这仅仅反映了不断变化的情况与预期。有时，股票价格也会持续几个月向有利的或不利的方向调整，但这并非意味着要经历一个长期调整过程，相反，仅能说明随着市场上不断产生新的信息，市场需要对信息做出反应。

简答题

9A-1 股票处于均衡状态必须满足哪两个条件？

9A-2 如果股票处于非均衡状态，解释资本市场如何调整使其达到均衡。

问答题

9A-1 收益率与均衡　C 股票的 β 系数 $b_C = 0.4$，D 股票的 β 系数 $b_D = -0.5$（D 股票的 β 系数为负，表明当其他股票的收益率下降时，该股票的收益率上升。统计机构经常以此为例，但实际上，几乎不存在 β 系数为负的股票）。

a. 如果无风险利率为 7%，股票市场平均期望收益率为 11%，则 C 和 D 的必要收益率为多少？

b. 假定 C 现时股价 $P_0 = 25$ 美元，下期预期股利 D_1 为 1.5 美元，预计股利可持续增长率为 4%，股票是否处于均衡状态？如果非均衡，解释说明将会发生何种变化。

9A-2 股票均衡价格　无风险利率 r_{RF} 为 6%，市场必要收益率 r_M 为 10%，Upton 公司股票 β 系数为 1.5。

a. 如果下年预期股利 D_1 为 2.25 美元，可持续增长率 g 为 5%，Upton 公司的股价处于何值时应该卖出？

b. 现在假定美联储增加货币供应量，使得无风险利率降至 5%，r_M 降至 9%。Upton 公司的股价会发生何种变化？

c. 除 b 中的变化外，假定投资者风险厌恶程度下降，另外 r_{RF} 下降，使得 r_M 降至 8%，Upton 公司的股价是多少？

d. 假定 Upton 公司管理层发生变化。新的管理层制定政策使预期可持续增长率从 5% 升至 6%。此外，新的管理方式使销售收入及利润变得更加稳定，因此，β 系数从 1.5 降至 1.3。假定 r_{RF} 及 r_M 分别等于问题 c 中给出的数值。这些条件改变后，新的均衡价格是多少（注意：D_1 目前为 2.27 美元）？

9A-3 β 系数　假定强氏化工公司管理层研究后得出结论：如果扩张其消费者产品事业部（与公司主要的业务部门化工工业部相比，风险较低），那么 β 系数将会从 1.2 降至 0.9。然而，消费者产品事业部的边际利润较低，造成收益及股利可持续增长率自 6% 降至 4%。假定 $r_M = 9\%$，$r_{RF} = 6\%$，$D_0 = 2.00$ 美元。

a. 管理层是否应扩张消费者产品事业部？

b. 假定除 β 系数之外，上述其他数据都保持不变，β 系数需要下降到什么程度，才能使上述扩张成为有益之举（提示：假设新旧政策下的 $\hat{P}_0$ 相等，后解出满足这一等式的 β 系数）？

PART
4

第 4 部分

长期资产投资：资本预算

第 10 章

资本成本

在迪士尼创造价值

迪士尼（股票代码：DIS）是世界上最成功的企业之一。尽管过去几年经济形势不好，但迪士尼的经理们依然在努力工作，通过投资那些收益率超过资本成本的项目来为股东创造价值。例如，一个投资项目的收益率为20%，但是资本成本只有10%，那么投资该项目将增加企业价值，进而提升企业股价。

资本主要以3种形式获得：债务、优先股和普通股，其中普通股包括留存收益和发行新股两种获取资本的方式。向迪士尼提供资本的投资者期望的投资收益率至少应当达到投资资本的必要收益率，即大于等于企业的资本成本。[⊖]影响资本成本的因素很多，包括利率、政府的税收政策以及一般经济状况等诸多不受企业控制的因素。此外，企业做出的投融资决策也会对其资本成本产生深远的影响。例如，2019年3月，迪士尼收购了二十一世纪福克斯公司。此次收购导致其资产风险产生了变化，债务负担翻倍，从而改变了其资本结构。但尽管杠杆比率变高，相对于多数同行而言，迪士尼承担的债务还是要少一些。[⊖]

理论上，估计迪士尼这一类的企业的资本成本比较简单。迪士尼的资本主要来自债务及普通股，所以其资本成本在很大程度上取决于市场利率水平和边际必要收益率。然而，迪士尼在世界各地经营着许多不同的部门，所以该企业类似于包含许多不同"股票"的投资组合，每一只"股票"都有不同的风险。如前文所述，投资组合的风险是投资组合中不同"股票"相关风险的加权平均值。

同样，迪士尼的每个部门都有自己的风险水平，也有自己的资本成本。因此，迪士尼的总资本成本是其分部资本成本的加权平均值。例如，迪士尼的媒体网络部门（包括ABC和ESPN等广播电视网）可能与其公园和度假村单位（其中包括迪士尼世界度假村、迪士尼乐园、迪士尼游轮和迪士尼度假俱乐部等）具有不同的资本成本，甚至同一部门内的不同项目也有不同的风险，进而不同的项目也承担不同的资本成本。此外，位于海外的项目有特殊的风险，因此资本成本可能与国内的类似项目不同。

在接下来的几章中，我们将会了解到资本成本是企业资本预算过程中的一个基本要素。如上所述，只要迪士尼的项目收益超过资本成本，它们就会创造价值。而在经济剧变中，估算资本成本和评估项目变得更具挑战性。尽管利率下降，但风险因素的增加可能提高了许多公司的资本成本。与此同时，不确定的经济环境减少了许多产品和服务的需求量，导致降低了许多拟议项目的预期收益。事实上，迪士尼主题公园的收入急剧下降，电影观众减少，ESPN广告收入减少。因此，许多公司宣布缩减资本投资

⊖ 如前文所述，边际投资者看到的期望收益率和必要收益率必须相等，否则，该证券的价格不能处于均衡状态。而证券的交易会使其回到均衡状态，除非短期内有新的消息披露。由于期望收益率和必要收益率必须相等，所以本文对这两个概念不做区分。

⊖ 参见 Celan Bryant, "Disney Stock: Capital Structure Analysis (DIS)," *Investopedia* (investopedia.com), October 16, 2019.

也就不足为奇了。希望经济放缓的情况不会持续太久，企业会发现再次扩张是有利可图的。接下来几章中概述的原则将有助于管理者决定何时投资是有意义的。

资料来源：Dan Gallagher, "Disney's Show Won't Go On Soon," *The Wall Street Journal* (wsj.com), May 5, 2020; and Erich Schwartzel, "Disney Takes $1.4 Billion Hit to Earnings As Coronavirus Takes Hold," *The Wall Street Journal* (wsj.com), May 6, 2020.

厘清头绪

在此前的 4 章中，我们解释了风险如何影响债券和股票的价格以及必要收益率。一家企业的主要目标是实现股东价值最大化。实现这一目标的主要方法是投资于收益超过其资本成本的项目。在接下来的 3 章中，我们会发现，一个项目的未来现金流可以预测，并且可以通过折现来获得该项目的现值。如果未来现金流的现值超过其成本，则投资该项目将会增加企业价值。通过未来现金流计算现值需要一个折现率，这个折现率就是企业的资本成本。找到新项目所能负担的资本成本是本章的重点。⊖

本章所用到的大部分公式在第 7 章和第 9 章研究债券和股票的必要收益率时进行了推导。事实上，债券和股票的必要收益率代表了这些证券对企业的资本成本。我们将看到，企业估计不同类型资本的必要收益率，并计算加权平均值，然后将其用于资本预算。

学完本章后，你应该能够完成下列目标。

- 解释为什么在资本预算中需要使用加权平均资本成本（WACC）。
- 估计不同资本要素的成本——债务、优先股、留存收益和新发行普通股。
- 结合不同的资本要素的成本来确定企业的 WACC。

在了解企业的资本预算过程时需要理解以上概念。

10.1 加权平均资本成本概述

表 10-1 列示了第 3 章出现过的联合食品公司的资产负债表，并增加了三个部分：①投资者（银行、债券持有人和股东）提供的实际资本，以会计账面价值计算；②投资者提供的资本，以市场价值计算；③联合食品公司计划在未来使用的目标资本结构（target capital structure）。

表 10-1 联合食品公司：用于计算加权平均资本成本的资本结构 （单位：百万美元）

2021 年 12 月 31 日联合食品公司资产负债表（简）					投资者提供的资本（排除应付款项和应计项目，因为它们来自运营，而不是来自投资者）				
资产		负债与权益			以会计账面价值计算（1）		以市场价值计算（2）		目标资本结构（3）
现金及现金等价物	10	应付账款	60	3.0%					
应收账款	375	应计款项	140	7.0%					
存货	615	应付票据	110	5.5%	110		110		
总流动资产	1 000	总流动负债	310	15.5%					
固定资产净值	1 000	长期债券	750	37.5%	750		750		
		总负债	1 060	53.0%	860	47.8%	860	33.2%	33.0%
		优先股	–	0.0%	–	0.0%	–	0.0%	2.0%
		普通股	130	6.5%	130				
		留存收益	810	40.5%	810				
		总权益	940	47.0%	940	52.2%	1 730	66.8%	65.0%
资产总额	2 000	负债与股东权益总额	2 000	100.0%	1 800	100.0%	2 590	100.0%	100.0%

注：1. 根据市场价值计算资本结构时，假设企业的债务是可交易的，所以债务的市场价值等于债务的账面价值。

2. 权益的市场价值等于普通股的股价乘以流通股的数量。2021 年 12 月 31 日，该企业有 7 500 万股流通股，股票价格为每股 23.06 美元。

⊖ 如果项目风险不同，则应使用风险调整后的资本成本，而不是企业单一的加权平均资本成本。我们稍后将在 10.9 节讨论这一点。

在计算加权平均资本成本（WACC）时，我们关注的是必须由投资者提供的资本，即有息债务、优先股和普通股。在进行资本项目预算时，源于日常交易的应付账款和应计款项不包括在投资者提供的资本中，因为它们不是直接来源于投资者的。由表 10-1 可知，以会计账面价值计算，联合食品公司的资本来源包括 47.8% 的债务和 52.2% 的普通股。

虽然这些基于会计的计量很重要，但联合食品公司的投资者更加关心企业债务和股票当前的市场价值，见表 10-1（2）列。简而言之，假设联合食品公司债务的市场价值等于其账面价值（即我们假设其平均未偿还债务额以其面值交易）。[⊖]股票的市场价值等于股票的数量乘以当前股票价格。如第 3 章所示，联合食品公司发行了 7 500 万股普通股，而该企业的股票目前的交易价格为每股 23.06 美元，这意味着其股票的市场价值为 17.3 亿美元。我们看到其股票的市场价值超过其股票的账面价值，如果以市场价值计算联合食品公司的资本结构，则股权所占比例为 66.8%，如果以会计账面价值计算，则股权所占比例为 52.2%，前者更高。

基于市场价值估算的资本结构具有一定的价值，但更重要的是企业的目标资本结构，即联合食品公司计划如何筹集资金来支持其未来的投资项目。在第 14 章中，我们将会更详细地探讨企业如何确定其目标资本结构。正如我们将看到的，有一个最优的资本结构，即一种特定的债务、优先股和普通股的比例关系，可以实现企业价值最大化的目标。如表 10-1 最后一列所示，联合食品公司已经确定其目标资本结构应包括 33% 的债务、2% 的优先股和 65% 的普通股，并且计划在未来按照上述比例筹集资本。因此，计算联合食品公司的加权平均资本成本时，我们使用目标资本结构作为权重。由此得出结论，联合食品公司的总资本成本是企业运用的各种资金来源成本的加权平均值，其权重与企业的目标资本结构相等。

自我测验

1. 在计算加权平均资本成本时，排除了哪种资本，为什么？
2. 在计算企业的加权平均资本成本时，应使用账面价值、市场价值还是目标资本结构？请分别说明。
3. 为什么资本的权重会根据使用账面价值、市场价值或目标资本结构的不同情况而有所不同？

10.2 基本定义

投资者提供的资本——债务、优先股和普通股被称为**资本要素**（capital component）。增加资产必须通过增加资本要素来提供资金。每一种要素的成本称为其**要素成本**（component cost）。例如，联合食品公司可以以 8% 的利率借款，所以其债务的要素成本为 8%。[⊖]然后，这些要素成本合并形成加权平均资本成本，用于企业的资本预算分析。在本章中，我们关注 3 项主要的资本要素。以下符号表示每项要素的成本和权重。

r_d= 企业承担新的债务所需负担的利率 = 债务要素的税前资本成本，可以通过计算企业目前未偿还债券的到期收益率得出。

$r_d(1-T)$= 债务要素的税后资本成本，其中 T 是企业的边际税率。$r_d(1-T)$ 是用于计算加权平均资本成本的债务成本。债务的税后资本成本低于税前资本成本，是因为支付的利息可以抵税。

r_p= 优先股要素的资本成本，等于投资者对优先股的期望收益率。优先股股利不可抵税，因此，优先股的税前和税后资本成本相等。

r_s= 来源于留存收益的普通股要素成本，或者叫内部权益。它与第 8 章和第 9 章中运用和定义的企业普通股的必要收益率一样。大多数企业在进入成熟期后都以留存收益的形式获取新的权益，r_s 就是这一部分新增权

⊖ 在实践中，债务的市场价值可能有些高于或低于其账面价值，这取决于未偿还债券是溢价交易还是折价交易。为简单起见，我们通常假设在计算加权平均资本成本时，债务的市场价值等于债务的账面价值。

⊖ 未来我们会知道债务要素具有税前和税后两种资本成本，现在我们只需知道 8% 是税前资本成本即可。此外，为了简单起见，我们假设长期债务和短期债务具有相同的成本，所以我们只处理一种类型的债务。最后，我们必须认识到联合食品公司的每个资本组成部分的成本，都是为了说明问题的。正如我们在现实世界的例子中所看到的，联合食品公司的数据高于当前的现实世界的数据，但更接近长期平均水平。

益的成本。

r_e= 来源于发行新股的普通股要素成本（即新发行普通股的资本成本），或者叫外部权益。正如我们将看到的，r_e 等于 r_s 加上反映发行成本的部分。请注意，联合食品公司一类的企业通常很少发行股票；因此除非一家企业成立不久并且处于快速成长的阶段，否则通常不需要考虑 r_e 的因素。

w_d、w_p、w_c= 债务、优先股和普通股要素（包括留存收益等内部权益，及发行新股等外部权益）在目标资本结构中所占的权重。权重是企业在未来融资时计划使用的不同资本要素的百分比。目标权重可能与当前实际权重不同。⊖

WACC= 企业的加权平均资本成本，即总体资本成本。

由债务要素权重（w_d）、优先股要素权重（w_p）和普通股要素权重（w_c）构成的目标资本结构，及其对应的资本成本，可以用于计算加权平均资本成本（WACC）。我们假设，发行新股与留存收益具有相似性，对于大多数企业而言也是如此，因此，本节认为普通股的成本等于 r_s。

WACC = 债务要素权重 × 债务要素的税后资本成本 + 优先股要素权重 ×

优先股要素的资本成本 + 普通股要素权重 × 来源于留存收益的普通股要素成本

$$= w_d r_d(1-T)+w_p r_p+w_c r_s \tag{10-1}$$

注意，只有债务要素资本成本需要做税收调整。如下文所述，债务利息是可以抵税的，但优先股和普通股的收益（股利和资本利得）不能抵税。

这些定义和概念将在本章的其余部分中通过使用联合食品公司的案例进行讨论。在第 14 章，我们将进一步讨论如何利用不同的资本要素最小化企业的资本成本，并最大化企业价值。

自我测验

1. 识别组成企业资本结构的 3 种要素，并分别说明这 3 种要素成本符号及其权重符号。

2. 为什么普通股有两种不同的要素成本？哪一种适用于一般情况？另一种在什么情况下适用？

3. 如果一家企业目前的债务比率为 50%，但目标资本结构中债务只有 40%，那么在计算加权平均资本成本时，w_d 应该如何取舍？请予以说明。

10.3　债务资本成本

企业新增债务所负担的利率被定义为**税前债务资本成本**（before-tax cost of debt，r_d）。企业可以通过向银行家询问借款成本获知 r_d，或者计算企业未偿还债务的到期收益率来估算（如第 7 章所示）。然而，r_d 不能直接用于计算加权平均资本成本，可以用来计算加权平均资本成本的是**税后债务资本成本**［after-tax cost of debt，$r_d(1-T)$］。⊖

税后债务资本成本 = 税前债务资本成本 − 税收减免

$$= r_d - r_d T$$
$$= r_d(1-T) \tag{10-2}$$

实际上，由于税盾效应，债务成本中的一部分被政府承担了。因此，如果联合食品公司以 8% 的利率借款，

⊖ 在第 14 章中，我们将更详细地讨论企业如何确定其债务、优先股和普通股的目标权重。正如我们在文中指出的，这些目标权重可能与当前的实际权重不同。当前权重可以使用账面价值或市场价值进行估计。账面价值直接来自公司的资产负债表，而市场价值取决于公司债务、优先股和普通股当前的市场价格。例如，股票的市场价值等于流通股股数乘以当前股价。从理论角度来看，大多数分析师认为，市场价值可以更好地评估公司当前的资本结构。然而，债券评级机构和证券分析师评估公司的财务状况时，也会考虑公司的账面权重。

⊖ 如果联合食品公司以 8% 的利率借了 10 万美元，它必须每年支付 8 000 美元的利息。但是，这 8 000 美元可以税前扣除，如果按照 25% 的税率，则企业每年可以节省 2 000 美元的税收。对于亏损企业，税率为零，则债务资本成本不会减少。在式 3（10-2）中，如果税率为零，则税后债务资本成本不会减少，并且简单地等于税前债务资本成本。

其边际税率为 25%，其税后债务资本成本将为 6%。⊖

$$税后债务资本成本 = r_d(1-T) = 8\% \times (1.0-0.25)$$
$$= 8\% \times 0.75$$
$$= 6.0\%$$

我们在计算加权平均资本成本时使用税后债务资本成本，因为我们的目标是最大化企业股票的价格，而股票价格取决于税后现金流。因此，我们关注税后现金流，并且现金流和收益率应该在可比的基础上计算，所以我们根据债务的税盾效应对债务资本成本进行了下调。⊖

需要强调的一点是，债务资本成本是新增债务的利率，而不是未偿还债务的利率。我们关注新增债务的利率，是因为资本成本主要用于资本预算决策。例如，投资新机器的收益大于购买机器所需付出的资本成本吗？在回答这个问题时，企业已有债务的利率是不相关的，我们需要知道的是新增债务的利率。因此，通过未偿还债务的到期收益率（反映当前市场状况）而不是票面利率衡量债务资本成本，结果更加准确。注意，如果收益率曲线向上或向下倾斜，长期债务和短期债务的成本将有所不同。在这一情况下，考虑到募集到的资本通常用于投资长期项目，企业应当选择长期债务的到期收益率来计算债务成本。⊜ 不过，在第 16 章中，一些企业有规律地混合使用短期债务和长期债务投资同一项目。在计算这种债务成本时，企业可以根据计划的比例来计算长期债务和短期债务加权平均值。

自我测验

1. 为什么计算加权平均资本成本时采用税后债务资本成本而不是税前债务资本成本？
2. 为什么债务的相关成本是新增债务的利率，而不是未偿还债务的利率？
3. 如何使用企业未偿还债务的到期收益率来估计其税前债务资本成本？
4. 一家企业有 20 年期不可赎回债券，面值为 1 000 美元，年利率为 11%，市场价格为 1 294.54 美元。如果企业要发行新债务，那么对该债务利率的合理估计是多少？如果企业的税率是 25%，它的税后债务资本成本是多少？（8.0%，6.0%。）

10.4　优先股资本成本

用于计算加权平均资本成本的**优先股资本成本**（cost of preferred stock，r_p）是通过计算优先股股利 D_p 除以优先股的当前价格 P_p 得到的。

$$优先股资本成本 = r_p = D_p/P_p \qquad (10\text{-}3)$$

联合食品公司目前尚未发行优先股，但企业计划在未来发行一部分优先股并将其纳入了目标资本结构中。如果联合食品公司把这些优先股卖给几家大型对冲基金，股利为每年 10 美元，价格为 97.50 美元，在此情况下，联合食品公司的优先股资本成本为 10.3%。⑭

$$r_p = 10/97.50 = 10.3\%$$

⊖ 2020 年，美国大多数大公司负担的联邦税率为 21%，此外它们还需负担州所得税，简单起见，本文假设联合食品公司营业收入的边际税率为 25%。

⊖ 严格来说，税后债务资本成本应当反映债务的预期成本。虽然联合食品公司的债券有 8% 的承诺收益率，但也有一定的违约可能性，所以其债券持有人的预期收益（以及联合食品公司的成本）略低于 8%。对于联合食品公司这样的大公司来说，这一差别相当小。正如我们在本章后面讨论的，联合食品公司在发行债务时也必须承担发行成本，但如同承诺收益率和期望收益率之间的差异一样，联合食品公司需要负担的发行成本一般很小。最后，请注意，这两个因素往往相互抵消——不包括违约的可能性导致高估债务资本成本，也不包括发行成本导致低估债务资本成本。综上所述，r_d 和 $r_d(1-T)$ 分别是税前债务资本成本和税后债务资本成本的良好估计。

⊜ 为了确保债务成本衡量的真实性，应当使用不可赎回且不可转换为普通股的未偿还债务的到期收益率。

⑭ 该优先股将直接出售给一组对冲基金，因此不会产生发行成本。如果涉及重大的发行成本，优先的成本应该向上调整，我们将在后面的部分解释。

从式（10-3）可以看出，计算优先股资本成本很容易，尤其是只需永久支付固定股利的常见优先股。然而，一些企业发行的优先股具有指定的到期日，我们在第 9 章中讨论了如何计算这些优先股的预期收益。此外，有的优先股可以转换为普通股，显得更为复杂。我们将这些更复杂的情况留给后续的课程。最后，注意在计算 r_p 时不进行税务调整，因为优先股股利与债务利息不同，不可抵税，没有税收优惠。

自我测验

1. 是否应对优先股的资本成本进行税务调整？为什么？

2. 企业的优先股目前以每股 80 美元的价格交易，股利为每年每股 6 美元，忽略发行成本，企业优先股的资本成本是多少？（7.50%。）

10.5 留存收益资本成本

债务和优先股的成本都建立在这些证券的必要收益率之上。同样，普通股的成本也是基于企业普通股的必要收益率。但是，通过普通股募集资本有两种方式：①留存收益；②发行新股。⊖我们使用符号 r_s 代表**留存收益资本成本**（cost of retained earnings），r_e 代表**发行新股的资本成本**（cost of new common stock）。由于发行新股需要负担额外的发行成本，所以其资本成本比留存收益高。因此，企业度过启动阶段后，通常通过留存收益获得所有新增权益。

有些人认为留存收益应当是"免费"的，因为它代表在支付股利后"剩余"的钱。虽然使用留存收益看似不需要负担成本，但通过这一渠道获取资本仍需负担机会成本。企业的税后盈余属于其股东。债券持有人通过利息获得补偿，优先股股东则通过优先股股利获得补偿。支付利息和优先股股利后剩余的净收入属于普通股股东，这些盈余用于补偿其付出的资本。考虑到股东的利益，管理层可以以股利的形式支付收益，或保留收入以再投资于企业。当管理层做出此决定时，他们应该认识到机会成本的存在——股东可以将这些收益投资在其他股票、债券、房地产或其他任何东西上。因此，企业至少应当达到上述风险相似的替代资产所能达到的收益率。

股东希望在风险不变的条件下获得多少收益？首先，回顾第 9 章，股票通常处于均衡状态，期望收益率等于必要收益率：$\hat{r}_s=r_s$。因此，联合食品公司股东的期望收益率至少等于 r_s。如果企业不能投资于收益率达到 r_s 的项目，则应当把这部分资金还给股东，让他们直接投资可以获得这一收益的股票或其他资产。

相比于债务和优先股等资本成本已在契约中明确的资本要素，股票的资本成本没有明文说明，也无从比较，这使得 r_s 难以被测量。然而，我们可以运用第 8 章和第 9 章中所学习的方法，对留存收益的股本成本进行合理估计。首先，回想一下，如果股票处于平衡状态，其必要收益率 r_s 必须等于其期望收益率 $\hat{r}_s$。此外，必要收益率等于无风险利率 r_{RF} 加上风险溢价 RP，而股票的期望收益率为其预期股利收益率 D_1/P_0 加上其预期股利增长率 g。综上所述，我们可以写出下列方程：

$$必要收益率 = 期望收益率$$
$$r_s = r_{RF} + RP = D_1/P_0 + g = \hat{r}_s \tag{10-4}$$

左边的等式基于第 8 章讨论的资本资产定价模型（CAPM），右边的等式基于第 9 章中讨论的股利折现模型。除了基于企业自身债务资本成本的一种方法之外，我们将在下面几节继续讨论这两个模型。

⊖ "留存收益"一词有两种含义，可以被解释为资产负债表中的"留存收益"，即企业历史积累的留存收益；也可以说是利润表中的"留存收益的增量"。本章取其后者，即利润表中的含义，是指本年度末以股利支付的部分收入（因此，今年可用于再投资业务）。如果不清楚，请回顾表 3-1 所示的联合食品公司的资产负债表，并注意到 2020 年年底，联合食品公司有 7.5 亿美元的留存收益，但到 2021 年年底这个数字上升到 8.1 亿美元。然后看看 2021 年的利润表，你会看到，联合食品公司保留了其 2021 年收入的 6 000 万美元。这 6 000 万美元来自于留存收益，再加上一些其他的债务，一起为 2021 年资本预算项目筹资。此外，你可以从 2020 年和 2021 年的资产负债表中看到，联合食品公司的普通股科目在两个报告期期末均为 1.3 亿美元。这表明它在 2021 年没有通过发行（卖）新的普通股来筹集资金。

10.5.1　资本资产定价模型

最常用的估算普通股资本成本的方法是第 8.3 节中讨论的资本资产定价模型（CAPM）。[⊖]计算 r_s 的步骤如下。

步骤 1：估计无风险利率 r_{RF}。通常使用 10 年期国债利率作为无风险利率的估计，也有人选用短期国库券的利率。

步骤 2：估计股票的 β 系数 b_i，并将其用作代表股票风险的系数。i 表示第 i 个企业的 β 系数。

步骤 3：估计市场风险溢价。回想一下，市场风险溢价是市场的必要收益率与无风险利率之间的差额。[⊜]

步骤 4：将上述估计值代入 CAPM 模型中，计算股票的必要收益率。

$$r_s = r_{RF} + RP_M \times b_i$$
$$= r_{RF} + (r_M - r_{RF}) \times b_i \qquad (10\text{-}5)$$

假设 r_{RF} 为 4.5%，市场风险溢价 RP_M 为 5.0%，联合食品公司的 β 系数是 1.50。使用 CAPM 方法估计，联合食品公司的普通股资本成本约为 12.0%：

$$r_s = 4.5\% + 5.0\% \times 1.50 = 12.0\%$$

虽然 CAPM 模型看似精准地估计了 r_s，但是依然存在几个潜在的问题。首先，正如我们在第 8 章中所看到的，如果一家企业的股东的投资不够多元化，那么他们可能更关注该企业特有的风险，而不仅仅是市场风险。在这种情况下，β 系数无法体现企业的真实投资风险，CAPM 估计会低估 r_s 的正确数值。其次，即使 CAPM 理论是有效的，也很难获得所需参数的准确估计，原因如下：①对 r_{RF} 使用长期国债利率或短期国库券利率存在争议；②难以估计投资者对于企业未来 β 系数的期望；③很难估计适当的市场风险溢价。如前所述，CAPM 方法最常用，但由于刚刚提到的问题，分析师还使用下面几节中讨论的其他方法估算普通股资本成本。

10.5.2　债券利率加风险溢价法

在难以准确估计 CAPM 模型的各个参数的情况下，分析师常常使用一种主观程序来估计普通股资本成本。实证研究表明，企业股票的风险溢价通常在 3 ～ 5 个百分点之间。[⊜]基于这一证据，可以通过简单地在企业长期债务利率的基础上加上 3% ～ 5% 的风险溢价来计算普通股资本成本。高风险、低评级的企业负担的利率较高，其普通股资本成本也较高，债券利率加风险溢价法体现了这一逻辑。例如，由于联合食品公司的债券收益率为 8%，其权益资本成本可能估计如下：

$$r_s = 债券收益率 + 风险溢价 = 8.0\% + 4.0\% = 12\%$$

一个风险较高的企业的债券可能有更高的收益率，假如某企业的债券收益率为 12%，在这种情况下，其权益资本成本的估计值将达到 16%：

$$r_s = 12.0\% + 4.0\% = 16\%$$

因为 4% 的风险溢价是基于判断的估计，所以 r_s 的估计值也是判断性的。因此，当风险溢价在 3% ～ 5% 的范围之间变动时，对联合食品公司普通股资本成本的估计也在 11% ～ 13% 的范围变动。虽然这种方法无法

⊖　John Graham 和 Campbell Harvey 最近的一项调查表明，CAPM 方法是估算股权成本的最常用的方法。超过 70% 的受访公司使用 CAPM 方法。在一些情况下，它们使用来自 CAPM 的 β 系数作为 r_s 的一个决定因素，但它们还增加了其他因素，以改善估计。更多细节，参见 John R. Graham and Campbell R. Harvey, " The Theory and Practice of Corporate Finance: Evidence from the Field," *Journal of Financial Economics*, vol. 60, nos. 2 and 3 (May–June 2001), pp. 187–243. For further survey evidence regarding techniques that companies use to estimate their costs of capital, refer to W. Todd Brotherson, Kenneth Eades, Robert Harris, and Robert Higgins, " ' Best Practices ' in Estimating the Cost of Capital: An Update," *Journal of Applied Finance: Theory, Practice, Education*, vol. 23, no. 1 (2013), pp. 15–33.

⊜　对于 r_{RF} 的长期与短期利率以及市场风险溢价的使用必须保持一致。市场风险溢价（$RP_M = r_M - r_{RF}$）取决于无风险利率的计量。收益率曲线通常是向上倾斜的，因此 10 年期国债利率通常超过短期国库券利率。在这种情况下，如果使用较高的长期国债利率作为无风险利率，那么人们将获得较低的市场风险溢价估计。无论如何，用于发现市场风险溢价的 r_{RF} 应与用作 CAPM 方程中第一项的 r_{RF} 保持一致。

⊜　Ibbotson Associates 是一家著名的研究公司，它计算了普通股和公司债券的历史收益率，并将该差额用作股票和公司债券历史风险溢价的估计。历史风险溢价随着时间的推移而有所不同，但常见的范围是 3% ～ 5%。此外，分析师还计算了给定行业中上市公司的 CAPM 要求的股本收益率，并将其平均，减去这些公司的平均债券收益率，然后将该差额作为预期风险溢价，这些风险溢价估计通常也在 3% ～ 5% 的范围内。

得出精确的普通股资本成本，但可以指明大致的范围。

10.5.3 股利收益率加增长率法或现金流折现法

在第 9 章中，我们看到一家企业普通股的价格和期望收益率最终取决于股票的预期现金流。对于预期将持续经营的企业，股利代表其现金流。此外，如果投资者期望该企业被其他企业收购或被清算，则现金流将是一些年份的股利加上预期收购或清算企业期间的价格。与大多数企业一样，联合食品公司预期将持续经营，在这种情况下，以下公式适用：

$$P_0 = \frac{D_1}{(1+r_s)^1} + \frac{D_2}{(1+r_s)^2} + \ldots + \frac{D_\infty}{(1+r_s)^\infty} = \sum_{t=1}^{\infty} \frac{D_t}{(1+r_s)^t} \tag{10-6}$$

这里 P_0 是当前股票价格，D_t 是预期在 t 年年底支付的股利，r_s 是必要收益率。如第 9 章所述，如果预期股利以固定的增长率 g 增长，式（10-6）将演变为式（10-7）：[⊖]

$$P_0 = \frac{D_1}{r_s - g} \tag{10-7}$$

我们可以计算 r_s，进而获得所需的普通股的必要收益率，对于边际投资者，这一数值等于其期望收益率，g 为预期增长率：

$$r_s = \hat{r}_s = \frac{D_1}{P_0} + g \tag{10-8}$$

从而，投资者的期望收益率 $\hat{r}_s$ 由股利收益率 D_1/P_0 加上一个资本利得收益率 g 构成，与必要收益率 r_s 相等。这种估计普通股资本成本的方法称为现金流折现法（DCF）。此外，本文假设证券交易处于均衡状态，因此对于 r_s 和 $\hat{r}_s$ 之间不做区分。

计算股利收益率很容易，但由于股票价格波动，收益率每天都不同，这导致 DCF 方法计算出的普通股资本成本具有波动性。此外，合适的增长率也难以确定。如果收益和股利增长率在一段时间内相对稳定，且投资者认为过去的趋势将会继续，g 的估计可以基于企业的历史增长率。然而，如果企业过去的增长由于情况特殊或经济环境的影响而发生异常，投资者将预期这一历史增长率不会在未来持续，在这种情况下，g 必须以某种其他方式获得。联合食品公司就属于这种情况。

证券分析师通过分析预期销售额、利润率和竞争等因素，定期对企业盈利和股利增长率进行预测。例如，在大多数图书馆都可以查到的 *Value Line Investment Survey* 提供的 1 700 家企业增长率预测，花旗集团、瑞士银行、瑞士信贷、摩根士丹利等也会进行类似的预测。这些预测的平均值可在雅虎财经或其他网站上找到。因此，成本预测人员可以将分析师的预测用作一般投资者的增长预期的代替。然后，他可以将证券分析师预测的增长率估计 g 与当前的股利收益率 $\frac{D_1}{P_0}$ 加起来，估计 $\hat{r}_s$：

$$\hat{r}_s = \frac{D_1}{P_0} + g$$

再次注意，这个 $\hat{r}_s$ 的估计是基于 g 保持不变的假设。否则，我们必须使用期望收益率的平均值。[⊖]

假设联合食品公司的股票价格为每股 23.06 美元，预期其下一期股利为 1.21 美元，分析师预计其增长率为 5.5%。因此，联合食品公司的期望收益率和必要收益率（等于其留存收益部分的普通股资本成本）估计为 10.7%：

$$r_s = \hat{r}_s = \frac{1.21}{23.06} + 5.5\% = 5.2\% + 5.5\% = 10.7\%$$

根据 DCF 方法，10.7% 是不将收益作为股利支付给股东，而重新投入业务的最低收益率。换句话说，投资者认为有机会赚取 10.7% 的利润作为支付股利的替代，即留存收益部分普通股的机会成本是 10.7%。

⊖ 如果增长率不固定，则 DCF 方法仍然可以用于估计 r_s，但是在这种情况下，必须使用本章的 Excel 模型中描述的程序计算平均增长率。

⊖ 证券分析师通常预测未来 5 年的增长率，其提供的比率代表未来 5 年的平均增长率。研究表明，分析师的预测代表了用于资本成本估计的 DCF 模型中增长率数据的最佳估计。

10.5.4　平均各个方法计算下的资本成本

在我们的例子中，联合食品公司通过 CAPM 方法估计的成本为 12.0%，债券利率加风险溢价法为 12.0%，DCF 法为 10.7%。企业应该使用哪种方法？如果管理层对一种方法格外有信心，他可能只使用该方法进行估计。否则，他可能使用 3 种方法的加权平均值。

估计资本成本是一项常见的工作，通常应当考虑这 3 种方法，并主要依赖其中看起来最好的方法。在这里，与大多数金融决策一样，职业判断非常重要。此外，我们认识到，很难获得完全准确的估计值。[○]因此，我们总是估计一个范围和状态，在我们的判断中，普通股资本成本在该范围内。联合食品公司的管理层倾向于使用资本资产定价模型，因此选择使用 12.0% 作为资本成本，用于公司加权平均资本成本的计算。

•••••••••••••

自我测验

1. 为什么必须为留存收益分配成本？

2. 通常应当使用哪 3 种方法来估计普通股的资本成本？其中，哪种方法在实践中最常用？

3. 请阐述 CAPM 方法的潜在问题。

4. DCF 方法中股利收益率和股利增长率两个变量，你认为哪一个更难估计？为什么？

5. 债券利率加风险溢价法的逻辑是什么？

6. 根据下列数据进行分析：r_{RF}=5.5%，$r_M - r_{RF}$=6%，b=0.8，D_1=1.00 美元，P_0=25.00 美元，g=6%，r_d= 企业债券收益率 =6.5%，分别通过 CAPM 方法、DCF 方法和债券利率加风险溢价法计算这家企业的普通股资本成本。使用债券利率加风险溢价法时，风险溢价取中间值。（CAPM 方法计算结果为 10.3%，DCF 方法计算结果为 10%，债券利率加风险溢价法计算结果为 10.5%。）

•••••••••••••

10.6　新股发行资本成本

通常，投资银行在企业发行新的债券、优先股和普通股时会为其提供服务。投资银行帮助企业拟定合约条款，设定发行价格，将标的卖给投资者，并收取一定的费用。投资银行收取的费用被称为**发行成本**（flotation costs），募集资金的总资本成本是投资者的必要回报加上发行成本。

由于大部分权益来自留存收益，所以对于大部分企业来说，计算资本成本时通常不必考虑发行成本的问题。因此，本文在讨论中，通常忽略不计发行成本。然而，发行成本在特殊情况下影响显著。例如，如果一家企业计划发行新股票，发行成本就不应该被忽视。当企业借助投资银行的帮助来筹集资本时，可以使用两种方法来计算发行成本。[○]我们将在接下来的两节中描述。

10.6.1　在项目成本中加入发行成本

在下一章中，我们将认识到，资本预算项目通常在初始阶段需要支出现金，然后是一系列的现金流入。本节所谓的发行成本是指用于为项目筹资的债券、优先股和普通股的直接发行费用的总和，处理发行成本的第一种方法是将其加到初始投资成本中。加入发行成本将会导致投资成本的增加，进而项目的期望收益率降低。例如，一个为期 1 年的项目初始成本（不包括发行成本）为 1 亿美元。1 年后，该项目预计将产生 1.15 亿美元的现金流入。因此，其期望收益率 =1.15/1.00−1=15.0%。但是，这一项目要求企业筹集 1 亿美元的资金，并为此

付出 200 万美元的发行成本，则前期成本上升到 1.02 亿美元，进而导致项目的期望收益率降低到 1.15/1.02-1=12.75%。

10.6.2　增加资本成本

第二种处理发行成本的方法是直接调整资本成本而不是增加项目的初始投资成本。这种方法被称为**发行成本调整**（flotation cost adjustment）。如果企业计划在未来继续使用资本，特别是对普通股来说，第二种方法理论上会更好。调整过程基于以下逻辑：如果存在发行成本，则发行企业只收到投资者提供的一部分资本，剩余部分将被支付给负责承销的投资银行。为了达到投资者投资资本的必要收益率，企业实际收到的每 1 美元必须"更加努力"；也就是说，每 1 美元必须获得比投资者所要求的收益率更高的收益率。例如，假设投资者要求 10.7% 的投资收益，但发行成本占募集资金的 10%，该企业实际上只保留投资者提供金额的 90%。在这种情况下，企业必须赚取大约 11.3% 的收益，以便为投资者提供 10.7% 的投资收益。这个较高的收益率是发行成本调整后的普通股资本成本。

DCF 方法可用于估算发行成本的影响。这里是新股发行部分的普通股资本成本等式：

$$新股发行部分的普通股资本成本 = r_e = \frac{D_1}{P_0(1-F)} + g \qquad (10\text{-}9)$$

F 代表了发行成本占融资总额的比例，$P_0(1-F)$ 代表企业每股真正收到的金额。

假设联合食品公司发行成本为 10%，其新股发行部分的普通股资本成本计算如下：

$$r_e = \frac{1.21}{23.06 \times (1-0.10)} + 5.5\% = \frac{1.21}{20.75} + 5.5\% = 5.8\% + 5.5\% = 11.3\%$$

上述计算结果 11.3% 比前文不考虑发行成本时通过 DCF 方法计算的结果 10.7% 高了 0.6%，所以发行成本调整为 0.6%：

发行成本调整 = 发行成本调整后的 DCF 方法的计算结果 − 未调整的 DCF 方法的计算结果 = 11.3%−10.7%=0.6%

发行成本调整可以加在此前估计的 r_s=12.0%（联合食品公司管理层对所有 3 种方法的权益成本的估计）上，可知新股发行（外部股权）的普通股资本成本为 12.6%：

外部股权成本 = r_s + 发行成本调整 = 12.0%+0.6%=12.6%

如果联合食品公司通过发行新股募集的资金获得了 12.6% 的收益率，那么购买该股票的投资者最终将以他们投资的钱赚取 12.0% 的收益率。如果联合食品公司的收益超过 12.6%，股价就会上涨；但如果联合食品公司的收益低于 12.6%，股价就会下降。[⊖]

10.6.3　什么时候必须外部融资

由于发行成本的存在，因此发行新股获得的资本的必要收益率比留存收益高。进而，由于不涉及发行成本，留存收益成本低于新股。因此，企业应尽可能利用留存收益。然而，如果一个企业有更好的投资机会，但是留存收益加上债务和优先股依然不足以筹措足够的资金，它可能需要发行新的普通股。在不发行新股的情况下，可以募集的资本总额被称为**留存收益临界点**（retained earnings breakpoint），其计算如下：

$$留存收益临界点 = \frac{新增留存收益}{资本结构中普通股的比例} \qquad (10\text{-}10)$$

联合食品公司预计在 2022 年增加留存收益 6 600 万美元（我们将在第 17 章中看到），其目标资本结构包括 33% 的债务、2% 的优先股和 65% 的普通股。因此，2022 年留存收益临界点如下：

留存收益临界点 = 66/0.65=101.5（百万美元）

证明如下：资本预算为 1.015 亿美元，债务融资为 0.33 × 1.015=0.335 亿美元，优先股融资为 0.02 × 1.015=0.2 亿美元，以及留存收益融资为 0.65 × 1.015=0.66 亿美元。在资本预算达到 1.015 亿美元前，将不会耗尽留存收益的增加额，因此权益成本为 12.0%。然而，如果资本预算超过 1.015 亿美元，则留存收益的增加额将被耗

⊖ 优先股和债券的发行成本与普通股相似。两者均是将发行成本从证券价格（优先股的 P_p 和标准债券的 1 000 美元）中扣除。对于优先股，使用式（10-9）计算成本时，g=0。对于债券，我们根据债券发行价格减去发行成本计算公司收到的净收益，再计算到期收益率（YTM）。例如，如果发行成本率为 3%，则公司收到的净收益为 970 美元。

尽, 则联合食品公司必须以 12.6% 的成本发行新股来获得资本。[⊖]

········ • • •

自我测验

1. 调整发行成本的两种方法分别是什么?

2. 拥有良好投资机会的企业的股利支付率更高还是缺少投资机会的企业更高? 请予以说明。

3. 一家企业的普通股数据如下: D_1=1.50 美元, P_0=30.00 美元, g=5%, F=4%, 如果这家企业必须发行新股, 则新发行普通股的资本成本是多少? (10.21%。)

4. 假设企业 A 计划在该年度保留 1 亿美元的盈余。同时, 它希望用 46% 的债务、3% 的优先股和 51% 的普通股的目标资本结构为其资本预算融资。如果不发行新的普通股, 它的资本预算最大为多少? (1.960 8 亿美元。)

········ • • •

10.7 综合或加权平均资本成本

联合食品公司的目标资本结构由 33% 的债务、2% 的优先股和 65% 的普通股构成。如前文所述, 其税前债务资本成本为 8.0%, 负债成本 r_d(1−T) = 8%×0.75=6.0%, 优先股资本成本为 10.3%, 其留存收益的普通股资本成本为 12%, 其边际税率为 25%。假设所有普通股权益均来自留存收益, 利用式(10-1)可以计算 WACC:

$$WACC=w_d r_d(1−T)+w_p r_p+w_c r_s=33\%×8\%×0.75+2\%×10.3\%+65\%×12.0\%=10.0\%$$

在这些条件下, 联合食品公司募集的每 1 美元新资本将包括 33 美分的债务, 税后债务资本成本为 6%; 2 美分的优先股, 优先股资本成本为 10.3%; 65 美分来自留存收益的普通股, 普通股资本成本为 12.0%。每 1 美元的 WACC 将是 10.0%。

这一估计假设普通股权益全部来自留存收益。如果联合食品公司不得不发行新的普通股, 则会受到发行成本的额外影响, WACC 有所上升。

$$WACC=w_d r_d(1−T)+w_p r_p+w_z r_s=33\%×8\%×0.75+2\%×10.3\%+65\%×12.6\%=10.4\%$$

········ • • •

自我测验

根据下列数据列式计算 WACC:

企业 A 目标资本结构由 46% 的债务、3% 的优先股和 51% 的普通股构成, 适用 25% 的边际税率, r_d=7%, r_p=7.5%, r_s=11.5%, r_e=12.5%。

(1) 如果该企业不发行新股, 计算其 WACC。(8.51%。)

(2) 如果该企业发行优先股, 计算其 WACC。(9.02%。)

(3) 企业 A 有 11 个同样风险的资本预算项目, 每个项目的成本为 1 960.8 万美元, 每个项目的期望收益率为 8.25%。企业 A 的留存收益临界点为 1.960 8 亿美元。该企业只使用留存收益的 WACC 为 8.0%, 但如果必须发行新股, 则增加到 8.5%。该企业仅投资于预期收益超过资本成本的项目。企业 A 应筹集和投资多少资本? 为什么? (1.960 8 亿美元, 第 11 个项目的 WACC 高于其期望收益率。)

········ • • •

10.8 影响 WACC 的因素

资本成本受多种因素的影响, 包括企业不可控因素和企业可控因素。

⊖ 这个临界点只是建议——它不是一成不变的。例如, 即使不发行新的普通股, 公司也可以通过负担更多的债务(因此, 增加其债务比率), 或者可以通过减少其股利支付率增加其留存收益来获得资本。这两种策略都会更改留存收益的临界点。此外, 如果债务成本和优先股成本上升, 可能会出现新的留存收益临界点。事实上, 许多变化都将导致新的留存收益临界点。

10.8.1　企业不可控因素

三个最主要的企业不可控因素是市场利率、证券市场价格水平和税率。如果市场利率上升，则债务资本成本将会增加，企业在借款时必须向债券持有人支付更多利息。同样，如果股价普遍下跌，导致企业的股价下跌，其普通股资本成本将上升。此外，税率对债务的税后资本成本有所影响，进而会对企业的资本成本产生重要影响。税率还以其他方式对资本成本造成潜在影响。例如，当股利增长率和资本利得收益率相对于利息收入的利率有所降低时，股票比债务更有吸引力，此时，普通股资本成本也会下降。

10.8.2　企业可控因素

企业可以通过 3 种主要方式直接影响其资本成本：①改变其资本结构；②改变其股利支付率；③更改其资本预算决策规则来投资风险更大或更小的项目。

现实世界中关于 WACC 的估计

在下表中，我们估计了一些知名企业的 WACC（2020 年 4 月完成）。我们的计算基于以下假设。

（1）我们没有获得企业内部的目标资本结构，因此我们使用债务和普通股的当前市场价值权重作为资本结构权重。简单起见，我们假设企业债务的市场价值等于债务的账面价值（从雅虎财经网中获取流动负债和非流动负债进行求和计算）。普通股的市场价值是企业的股票价格乘以流通股股数。市场普通股权重和市场债务权重分别是来自普通股和债务的资本（基于市场价值）的百分比。注意，该表中的企业均未发行优先股，因此我们不必考虑 WACC 公式中的优先股部分。

（2）该公司债务的到期收益率由美国金融监管局（FINRA）债券中心编制。如果可行，我们选择了 10 年或更长期限的未偿还债券。我们假设 25% 的税率，这大致相当于在考虑州和地方税的影响下，公司所面

临的当前税率。债务的税后资本成本等于到期收益率乘以 1 减去公司税率。

（3）无风险利率接近 10 年期国债的到期收益率。我们假设市场风险溢价为 6.0%，我们使用 CAPM 来估计股权成本。股票的 β 系数从雅虎财经网中获得。

加权平均资本成本计算公式如下：

WACC＝债务的市场价值权重 × 债务的税后资本成本 + 普通股的市场价值权重 × 普通股的资本成本

正如所料，成熟稳定的企业（例如家乐氏、塔吉特和可口可乐）其加权平均资本成本最低，而行业风险较高（例如波音、西南航空）的企业具有更高的 WACC。这些数据可以帮助读者对这些企业的 WACC 有广泛的了解，但是必须指出，这些计算对基本假设的变化非常敏感。例如，如果我们假设更高或更低的市场风险溢价，或使用不同的来源来估计 β 系数，就会得到完全不同的结果。

企业	普通股市场价值权重 /%	债务市场价值权重 /%	未偿还债券到期收益率 /%	税率 /%	债务的税后资本成本 /%	无风险利率 /%	市场风险溢价 /%	β 系数	CAPM 方法计算的普通股资本成本 /%	WACC /%
家乐氏	73.49	26.51	3.33	25.0	2.50	0.63	6.00	0.56	3.99	3.59
可口可乐	82.67	17.33	2.51	25.0	1.88	0.63	6.00	0.60	4.23	3.82
塔吉特	82.69	17.31	2.41	25.0	1.81	0.63	6.00	0.65	4.53	4.06
强生公司	93.45	6.55	2.51	25.0	1.89	0.63	6.00	0.66	4.59	4.41
家得宝	87.30	12.70	2.70	25.0	2.03	0.63	6.00	0.98	6.51	5.94
微软	94.77	5.23	2.48	25.0	1.86	0.63	6.00	0.96	6.39	6.15
迪士尼	79.93	20.07	3.18	25.0	2.39	0.63	6.00	1.10	7.23	6.26
埃克森美孚	79.10	20.90	3.34	25.0	2.50	0.63	6.00	1.27	8.25	7.05
苹果	92.02	7.98	2.62	25.0	1.97	0.63	6.00	1.17	7.65	7.20
万豪国际	70.44	29.56	5.28	25.0	3.96	0.63	6.00	1.62	10.35	8.46
波音	75.26	24.74	5.38	25.0	4.04	0.63	6.00	1.76	11.19	9.42
西南航空	86.24	13.76	4.33	25.0	3.24	0.63	6.00	1.63	10.41	9.42

© Cengage Learning®

资本结构影响企业的资本成本。到目前为止，我们假设联合食品公司可以通过一个给定的目标资本结构来计算其 WACC。然而，如果企业改变其目标资本结构，用于计算 WACC 的权重将有所调整。其他条件保持不

变，目标债务比率的增加往往会降低 WACC（如果债务比率降低，反之亦然），因为债务的税后资本成本低于普通股资本成本。然而，其他条件很难保持不变。债务的增加将会提高债务和普通股的风险，这些要素成本的增加可能抵消权重变化的影响，并使 WACC 有所提高。在第 14 章中，我们将会讨论企业如何平衡上述影响并达到其最优资本结构。

股利政策会对企业留存收益增加额产生影响，如果支付较多的股利，可能导致企业需要发行新股并产生发行成本。这表明股利支付率越高，留存收益的增加越少，普通股资本成本越高，则企业的 WACC 越高。然而，投资者也有可能希望分配更多的股利，而不是增加留存收益。在这种情况下，减少股利可能会导致 r_s 和 r_e 的增加。我们在第 15 章将会看到，优化股利政策是一个复杂的问题，对资本成本会产生重要影响。

企业的资本预算决策也会影响其资本成本。当我们估计企业的资本成本时，以企业发行在外的股票和债券的必要收益率为基础。这些成本反映了企业现有资产的风险。因此，我们假设新增资本将投资于与现有资产风险相同的资产。这个假设一般是适用的，因为大多数企业计划投资的资产与它们目前经营的资产具有相似性。然而，如果企业决定投资一个全新的、有风险的业务线，其债务和股票的要素资本成本（以及 WACC）将增加。

自我测验

1. 指出影响资本成本并且不受企业控制的 3 个因素。
2. 指出影响资本成本并且受企业控制的 3 个因素。
3. 假设市场利率增加，这种变化将如何影响基于 CAPM 方法计算的债务和普通股的资本成本？

10.9 根据风险调整资本成本

正如你将在第 11 章至第 13 章看到的，资本成本是资本预算过程中的一个关键因素。当且仅当它们的预期收益超过其资本成本时才可以接受项目。因此，资本成本是一种"最低收益率"——项目的期望收益率必须达到这一"最低收益率"才能被接受。此外，投资者需要更高的风险投资收益。因此，筹集资本投资风险较高项目的企业将比投资风险较低项目的企业资本成本更高。

图 10-1 说明了风险和资本成本之间的权衡。企业 L 经营低风险业务，WACC 为 8%。企业 A 经营中等风险业务，WACC 为 10%。而企业 H 的业务面临更大的风险，WACC 为 12%。如果企业 L 的期望收益率高于 8% 的"最低收益率"，则企业 L 将接受该项目，企业 A 的"最低收益率"为 10%，而企业 H 的"最低收益率"为 12%。

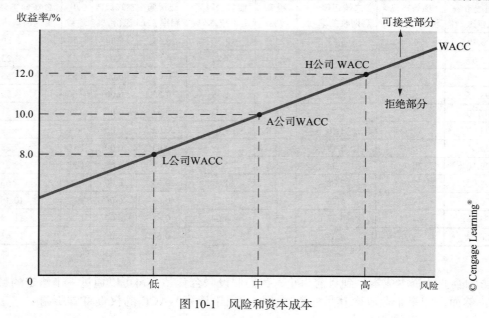

图 10-1 风险和资本成本

特别注意，图 10-1 中的企业 L、企业 A 和企业 H 的资本成本代表三家企业的总体 WACC，因此仅适用于每个企业的"典型"项目。然而，即使对于一个给定的企业，不同的项目也往往有不同的风险。因此，每个项目的"最低收益率"应反映项目的风险，而不是简单适用反映项目平均风险的 WACC 作为标准。实证研究表明，企业需要考虑单个项目的风险，但研究还表明，大多数企业认为大多数项目具有与企业的平均现有资产相同的风险。因此，WACC 用于评估大多数项目，除非项目具有较强的风险差异，此时 WACC 应当考虑针对风险差异进行调整。

例如，假设企业 A（复合 WACC 为 10% 的中等风险企业）有两个部门 L 和 H。L 部门的风险相对较小，如果它作为一个单独的企业运营，其 WACC 将是 7%。H 部门的风险较高，其资本成本为 13%。因为两个部门大小相等，企业 A 的复合 WACC 计算为 0.50×7%+0.50×13%=10%。然而，使用这个 10%WACC 作为"最低收益率"是错误的。具体来说，假设 L 部门正在考虑一个相对低风险的项目，期望收益率为 9%，而 H 部门正在考虑一个高风险项目，期望收益率为 11%，如图 10-2 所示。正确的做法是接受 L 部门的项目，因为其收益高于其基于风险的资本成本，而 H 部门的项目应该被拒绝。但是，如果每个部门都使用 10% 的企业 WACC，则会做出错误的决定：H 部门错误地接受其项目，L 部门错误地拒绝其项目。一般来说，如果不根据风险差异做出调整，高风险项目容易被错误地接受，低风险项目容易被错误地拒绝。随着时间的推移，企业将承担更多的风险，进而导致 WACC 的增加，其股东价值将受损。我们在第 12 章将回顾这些问题，考虑不同的方法来衡量项目风险。

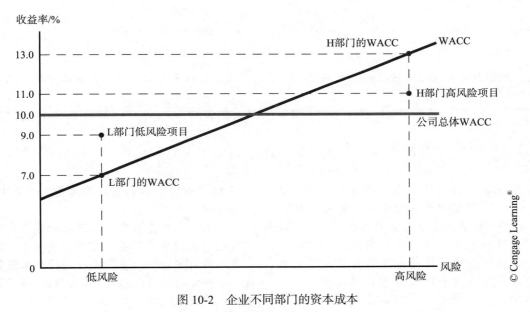

图 10-2　企业不同部门的资本成本

自我测验

1. 为什么资本成本有时被称为"最低收益率"？
2. 企业应该如何评价不同风险的项目？
3. 同一企业内的所有部门是否都使用企业的复合 WACC 来评估所有的资本预算项目？请说明理由。

10.10　资本成本估计的其他相关问题

本章没有提及的与资本成本相关的问题，将在高级财务课程中进行讨论。鉴于这些问题的重要性，本章将之简单列示如下。

（1）折旧。[注] 许多企业最主要的资本来源是折旧，但我们还没有讨论如何确定这笔资本的成本。简而言之，折旧现金流可以再投资或返还给投资者（股东和债权人）。因此，折旧产生的资金成本是机会成本，并且与留存收益、优先股和债务构成的 WACC 大致相等。因此，我们可以忽略它对 WACC 的影响。

（2）未上市企业。我们对普通股资本成本的讨论侧重于上市企业，我们关注了上市企业股东的必要收益率，但如何衡量未上市企业的普通股资本成本的问题尚未解决。税务问题在这些情况下也特别重要。一般情况下，未上市企业的资本成本的估算原则与上市企业相似，但参数的获得有所不同。

（3）计量。不夸张地说，估计普通股资本成本十分困难。尤其是难以获得 CAPM 方法所需参数 g 和公式 $\hat{r}_s = \dfrac{D_1}{P_0} + g$，以及计算 r_s 所需的风险溢价。因此，我们无法确定这些方法计算出来的资本成本的准确性。

（4）风险差异对资本成本的影响。我们简要地谈到了一个事实，即不同项目的风险可能不同，因此其必要收益率也不同。然而，项目的风险难以被衡量，即难以获得调整不同风险的资本预算项目资本成本的依据。

（5）资本结构权重。在本章中，我们使用目标资本结构计算 WACC。但是，正如我们将在第 14 章中看到的，建立目标资本结构本身就是一项未完成的任务。

虽然上述问题看似难以解决，但是估算资本成本的相关研究已有一定的进展。从实践的角度来说，本章概述的程序已经足够准确地估计资本成本，因此上述问题仅仅表明改进的可能性。这些改进十分重要，但应注意这些问题并不能否定本章所述程序的有效性。

自我测验

请指明分析资本成本过程中涉及的一些问题。这些问题是否会使本章讨论的资本成本分析方法无效？请予以说明。

本章小结

我们在这一章从加权平均资本成本概念开始讨论。然后，我们讨论了构成资本的 3 个要素（债务、优先股和普通股）和估计每个要素的成本的方法。接下来，我们计算 WACC，即资本预算过程中的一个关键因素。这里的关键问题是确定计算 WACC 的权重。一般情况下，企业会综合考虑，然后建立一个用于计算 WACC 的目标资本结构。上述问题我们将在第 14 章讨论，包括目标资本结构和它对 WACC 的影响。

资本成本是资本预算决策中的一个关键因素，我们将在下面的章节中重点介绍。事实上，如果没有资本成本的良好估计，就不可能进行资本预算，所以在进入下一章讨论资本预算之前，我们需要深入了解资本成本的概念。

自测题

ST-1 关键术语
定义下列术语：
a. 目标资本结构、资本要素
b. 税前债务资本成本、税后债务资本成本
c. 优先股资本成本
d. 留存收益资本成本、新股发行资本成本
e. 加权平均资本成本
f. 发行成本、发行成本调整、留存收益临界点

ST-2 WACC 兰开斯特工程公司（LEI）具有以下资本结构，它被认为是最优的：债务 25%，优先股 15%，普通股 60%。

LEI 今年的预期净利润为 34 285.72 美元，其既定股利支付率为 30%，税率为 25%，投资者预期未来盈利和股利将以 9% 的固定增长率增长。LEI 去年支付了每股 3.60 美元的股利，目前股价为每股 54 美元。LEI 可以通过以下方式获得新的资本。

- 以每股 95.00 美元的价格向公众发行股利为 11.00 美元的优先股。

[注] 关于折旧提供的现金流，见表 3-3。此外，参见高级财务教科书中讨论如何处理折旧产生的资金的部分。

● 以 12% 的利率发行债券。

根据上述条件，回答下列问题。

a. 确定每个资本要素的成本。

b. 计算 WACC。

c. 在下列 LEI 可选的中等风险的投资项目中，指出如果不发行普通股，哪些项目可以投资。为什么？

项目	初始投资成本 / 美元	收益率 /%
A	10 000	17.4
B	20 000	16.0
C	10 000	14.2
D	20 000	13.2
E	10 000	12.0

简答题

10-1 假设其他情况不变（即使这并不可能），以下每个情景如何影响企业的债务成本 $r_d(1-T)$、普通股资本成本 r_s 及其 WACC？请做好证明自己答案的准备。做答时，使用加号（+）、减号（-）或零（0）表示该因子是否会提高、降低或对所讨论的项目产生不确定的影响。本题答案并不唯一，旨在打开思路。

情景	$r_d(1-T)$	r_s	WACC
a. 企业税率降低			
b. 美联储信贷紧缩			
c. 企业提高债务比率			
d. 股利支付率提高			
e. 企业募集的资本量翻倍			
f. 企业开展风险较高的新业务			
g. 企业与相对自己反周期的企业合并（盈利与股价均为负相关）			
h. 证券市场价格下跌，带动企业股价下跌			

（续）

情景	$r_d(1-T)$	r_s	WACC
i. 投资者更加厌恶风险			
j. 本企业主营核电业务，某几个州正在考虑禁止核电			

10-2 假设无风险利率上升，但市场风险溢价保持不变。这对债务资本成本有什么影响？它对普通股资本成本有什么影响？

10-3 如何确定用于计算 WACC 的资本结构权重？

10-4 假设企业估计其 WACC 为 10%。WACC 是否应用于评估其所有潜在的投资项目，即使它们的风险不同？如果不能，那么什么样的资本成本可以用于评估高风险、中风险和低风险项目？

10-5 WACC 是通过计算债务、优先股和普通股成本的加权平均值获得的。当普通股完全来源于留存收益，或者部分来源于发行新股，两种情况下 WACC 是否会有所不同？WACC 是否会受到资本预算规模的影响？股利政策如何影响 WACC？

问答题

（10-1 ～ 10-5 为简单题）

10-1 税后债务资本成本 Heuser 公司目前未偿还债券的票面利率为 8%，到期收益率为 10%。Heuser 如果发行新的债券，必须提供类似的到期收益率。如果边际税率为 25%，Heuser 的税后债务成本是多少？

10-2 优先股资本成本 Torch Industries 以每股 57.00 美元的价格发行永续优先股，每年支付每股 6.00 美元的股利。企业的优先股成本 r_p 是多少？

10-3 普通股资本成本 Percy Motors 的目标资本结构为 30% 的债务和 70% 的普通股，没有优先股。企业未偿还债券的到期收益率为 9%，适用的税率为 25%。Percy 的首席财务官估计，该企业的 WACC 是 10.50%。Percy 的普通股资本成本是多少？

10-4 发行成本对普通股资本成本的影响 Jarett&Sons 目前的普通股价格为每股 30.00 美元。预计年底将支付股利 1.00 美元（D_1=1.00 美元），年增长率为 4%。

a. 如果其所有权益来自留存收益，企业的普通股资本成本是多少？

b. 如果企业发行新股，发行成本为 10%，新股票的普通股资本成本是多少？

10-5 项目选择 Midwest Water Works 估计其 WACC 为 10.5%。该企业正在考虑以下资本预算项目。假设每个项目与企业现有资产具有一样的风险，企业可以接受所有项目或仅接受其中一些项目。那么，企业应该接受哪些项目？请说明理由。

项目	初始投资成本 / 百万美元	收益率 /%
A	1	12.0
B	2	11.5
C	2	11.2
D	2	11.0
E	1	10.7
F	1	10.3
G	1	10.2

（10-6 ～ 10-13 为中等难度题）

10-6 普通股资本成本 预计 Callahan Technologies 公司的未来收益、股利和普通股价格增长率均为每年 6%。Callahan 的普通股目前股价为每股 22.00 美元，上一次发放的股利为每股 2.00 美元，此外，该公司计划本年年底支付每股 2.12 美元的股利。

a. 使用 DCF 方法，其普通股资本成本是多少？

b. 如果企业的 β 系数是 1.2，无风险利率是 6%，市场的平均收益率是 13%，企业使用 CAMP 方法的普通股资本成本是多少？

c. 如果该企业的债券获得 11% 的收益率，基于债券利率加风险溢价的方法，r_s 将达到多少？在计算中使用第 10.5 节风险溢价范围的中点。

d. 如果你对这 3 种方法的可靠性抱有同等的信心，那么 Callahan 的普通股资本成本的最佳估计是多少？

10-7 发行成本对普通股资本成本的影响 预计 Evanec 公司下一次发放的股利 D_1 为 3.18 美元，其增长率为 6%，其普通股现价为每股 36.00 美元。新股发行（外部股权）可以获得的融资净额（扣除发行成本）为每股 32.40 美元。

a. Evanec 公司的留存收益资本成本 r_s 是多少？

b. Evanec 公司的发行成本占融资总额的比例 F 是多少？

c. Evanec 公司新发行的普通股资本成本是多少？

10-8 WACC 与普通股资本成本 Palencia Paints 公司的目标资本结构是 35% 的债务和 65% 的普通股，没有优先股。其税前债务资本成本为 8%，边际税率为 25%。当前股价为 $P_0=22.00$ 美元。上一次发放的股利为 $D_0=2.25$ 美元，股利预计以每年 5% 的固定增长率增长。WACC 和普通股资本成本是多少？

10-9 WACC Paulson 公司的年终资产负债表如下所示（单位：美元）。企业的普通股资本成本为 14%，税前债务资本成本为 10%，边际税率为 25%。假设企业发行的长期债券市场价值等于其账面价值。企业的总债务，即企业的短期债务和长期债务的总和，为 1 167 美元。该公司累计发行了 576 股普通股，现在股价为每股 4.00 美元。请使用市场价值权重计算 Paulson 的 WACC。

资产		负债及权益	
现金	120	应付账款	10
应收账款	240	短期负债	47
存货	360	长期负债	1 120
厂房及设备	2 160	普通股	1 703
总资产	2 880	负债权益总额	2 880

10-10 WACC Olsen Outfitters 公司认为其最佳资本结构由 55% 的普通股和 45% 的债务构成，其税率为 25%。Olsen 公司采取了扩张战略，必须筹集额外的资本。该企业的留存收益增加额为 400 万美元，留存

收益资本成本为 $r_s=11\%$。新发行普通股的市场价值为 800 万美元，新股发行资本成本为 12.5%。此外，Olsen 公司可以以 $r_d=9\%$ 的利率筹集 500 万美元的债务，在 $r_d=13\%$ 时再筹集 500 万美元债务。首席财务官估计，拟议的扩大将需要投资 820 万美元。在完成筹资后，该企业的 WACC 是多少？

10-11 WACC 和债券融资比例 Hook 公司的资本结构完全由债务和普通股组成。它可以发行 $r_d=11\%$ 的债务，其普通股上一次支付股利为每股 2.00 美元（即 $D_0=2.00$ 美元）。股票的价格目前为 24.75 美元，其股利预计以每年 7% 的固定增长率增长，其税率为 25%，WACC 为 13.95%。企业的资本结构中有多少比例由债务构成？

10-12 WACC Empire Electric 公司（EEC）的资本结构完全由债务和普通股组成。只要它维持由 35% 的债务和 65% 的普通股构成的目标资本结构就可以以 $r_d=9\%$ 的利率进行无限借款。其最近一次发放股利 $（D_0）$ 为每股 2.20 美元，预期固定增长率为 6%，普通股售价为每股 26 美元。EEC 的税率为 25%。现有两个项目可供选择：项目 A 的收益率为 12.5%，项目 B 的收益率为 11.5%。这两个项目与企业现有资产风险相同。

a. 普通股资本成本是多少？

b. 企业的 WACC 是多少？

c. 哪些项目应该接受？

10-13 WACC 目前，Banyan 公司的普通股股价为每股 46.75 美元，增长率为 6%，预期股利增长率为 5%，预期长期股利支付率为 20%，预期净资产收益率（ROE）为 7.5%。如需发行新的普通股，可以以现在的股价发行，发行成本为 5%。发行新股募集的普通股资本成本是多少？

（10-14 ～ 10-20 为具有挑战性的难题）

10-14 考虑发行成本的优先股资本成本 Travis 计划发行永续优先股，每股每年支付 11.00 美元的股利。目前已发行的优先股股价为 108.50 美元，发行成本为市场价格的 5%，发行净额为每股 103.08 美元。考虑发行成本，优先股资本成本是多少？

10-15 WACC 与普通股资本成本 Kahn 公司的目标资本结构是 60% 的普通股和 40% 的债务，以支持其 100 亿美元的经营资产。Kahn 的 WACC 为 13%，债务的税前资本成本为 10%，税率为 25%。企业的留存收益足以提供资本预算的普通股部分。其明年预期将会支付股利 3.00 美元，目前企业普通股股价为每股 35.00 美元。

a. 企业的预期增长率是多少？

b. 如果企业的净利润预计为 11 亿美元，其股利支付率为多少［提示：参见第 9 章中的式（9-4）］？

10-16 普通股资本成本 Bouchard 的每股收益（EPS）

在 2021 年为 6.5 美元，相比 2016 年的 4.42 美元有所增长。企业股利支付率为 40%，现股价为每股 36.00 美元。

a. 计算过去 5 年每股收益的平均增长率。

b. 最近一期的股利为 $D_0 = 0.4 \times 6.5 = 2.60$（美元），假设增长率保持不变，计算下一期的预期股利 D_1。

c. 该企业的留存收益资本成本是多少？

10-17 增长率 g 与 EPS　Sidman 的普通股股价为每股 60.00 美元。预期企业今年每股收益为每股 5.40 美元，预期其本年支付股利为每股 3.60 美元。该企业仅通过发行普通股一种方法进行融资。

a. 如果必要收益率为 9%，增长率应当达到多少才能满足要求？

b. 如果企业利用盈余再投资的项目的平均收益率等于该企业股票的期望收益率，那么明年企业的 EPS 将会如何变化［提示：参见第 9 章中的式（9-4）］？

10-18 WACC 与最优资本预算　Adasom 公司正在考虑下列 4 个中等风险的项目：

项目	初始投资成本 / 美元	收益率 / %
A	2 000	16.00
B	3 000	15.00
C	5 000	13.75
D	2 000	12.50

如果企业发行债务，预计其税前资本成本 $r_d = 10\%$，税率为 25%；如果发行优先股，则需每年支付固定股利 5.00 美元，每股发行价格为 50.00 美元。此外，其普通股目前每股售价 38.00 美元，预期下一期股利 D_1 为 4.25 美元，并且预期股利每年以 5% 的固定增长率增长。该企业的目标资本结构由 75% 的普通股、15% 的债务和 10% 的优先股组成。

a. 每个要素的资本成本是多少？

b. 该企业的 WACC 是多少？

c. 如果该企业只接受预期收益超过 WACC 的项目，应该接受哪一个项目？

10-19 风险调整成本　Ziege 正在考虑明年投资下列相互独立的项目：

项目	初始投资成本 / 百万美元	收益率 / %	风险
A	4	14.0	高
B	5	11.5	高
C	3	9.5	低
D	2	9.0	中等
E	6	12.5	高
F	5	12.5	中等
G	6	7.0	低
H	3	11.5	低

该企业的 WACC 为 10%，但是对于高风险项目，需要增加风险调整 2%；对于低风险项目，需要减少风险调整 2%。

a. 如果不受融资规模的约束，该企业应当接受哪些项目？

b. 如果该企业的投资上限为 1 300 万美元，则企业应当接受哪些项目？最终的企业资本预算是多少？

c. 假设企业可以突破 1 300 万美元的融资上线，但是每增加 500 万美元的融资额将会导致 WACC 增加 1%。假设企业依然适用上述风险调整，企业应当接受哪些项目？最终的资本预算又是多少？

10-20 WACC　下表为 Foust 近 10 年的每股收益数据。该企业累计发行了 780 万股普通股，2022 年 1 月 1 日股价为每股 65.00 美元。该企业本年度预计股利为 2021 年 EPS 的 55%。预计该企业的增长趋势不变，g 按照历史数据计算（根据下列 10 年的数据可以计算出 9 年的增长率）。

年份	EPS	年份	EPS
2012	3.90	2017	5.73
2013	4.21	2018	6.19
2014	4.55	2019	6.68
2015	4.91	2020	7.22
2016	5.31	2021	7.80

企业目前发行新债的利率是 9%，边际税率为 25%，目标资本结构由 40% 的债务和 60% 的普通股构成。

a. 计算企业债务的税后资本成本、普通股资本成本（普通股资本成本参考公式：$r_s = D_1 / P_0 + g$）。

b. 计算该企业的 WACC。

综合 / 电子表格问题

计算 WACC　下表为 Skye 公司 2021 年年末的资产负债简表（单位：千美元）。

	2021 年
流动资产总额	2 000
固定资产净额	3 000
资产总额	5 000
应付账款	900

（续）

	2021 年
短期债务	100
长期债务	1 100
优先股（10 000 股）	250
普通股（50 000 股）	1 300
留存收益	1 350

	（续）
	2021 年
普通股权益	2 650
负债及权益总额	5 000

Skye 公司去年的每股收益为 3.20 美元。普通股股价为每股 55.00 美元，去年的股利（D_0）为 2.10 美元，发行新股需要负担 10% 的发行成本。证券分析师预测，普通股股利将以每年 9% 的速度增长。Skye 公司的优先股需要支付每年每股 3.30 美元的股利，其优先股股价为 30.00 美元。企业税前债务资本成本为 10%，边际税率为 25%。该企业目前发行的债券票面利率为 10%，长期债券价格等于其面值。市场风险溢价是 5%，无风险利率是 6%，Skye 的 β 系数是 1.516。企业的总债务，即企业的短期债务和长期债务之和等于 120 万美元。

a. 请计算每个要素的资本成本，即债务的税后资本成本、优先股资本成本、留存收益资本成本和新股发行资本成本。使用 DCF 方法计算普通股资本成本。

b. 请使用 CAPM 方法计算留存收益的普通股资本成本。

c. 基于 CAPM 方法，新股发行的普通股资本成本是多少（提示：找出由 DCF 方法确定的 r_e 和 r_s 之间的差异，将该差异与 CAPM 方法计算出的 r_s 相加）？

d. 如果 Skye 公司继续使用根据市场价值计算的资本结构，那么下列情况下该企业的 WACC 是多少？①仅使用留存收益；②由于发展较快而必须发行新的普通股。

综合案例

资本成本 Coleman 正在考虑该企业信息技术团队提出的一个重大扩张计划。在进行扩张之前，企业必须估计其资本成本。假设你是财务副总裁 Jerry Lehman 的助理，你的首要任务是估计 Coleman 的资本成本。Lehman 已为你提供以下可能与该任务有关的数据：

- 企业的税率为 25%。
- Coleman 现有不可赎回债券，票面利率为 12%，每半年付息一次，期限为 15 年，目前价格为 1 153.72 美元。Coleman 不会发行短期债务或有息债务。新债券将通过私募方式发行，无须付出发行成本。
- 企业目前发行在外的优先股面值为 100.00 美元，年股利率为 10%，每季度分红一次，目前价格为 111.10 美元。
- Coleman 的普通股目前股价为 50.00 美元，上一次发放的股利 D_0 为 4.19 美元，预计股利在可预见的未来将以每年 5% 的固定增长率增长。Coleman 的 β 系数是 1.2，长期国债的收益率是 7%，市场风险溢价估计为 6%。当使用债券利率加风险溢价法时，企业使用 4% 的风险溢价。
- Coleman 的目标资本结构是 30% 的债务、10% 的优先股和 60% 的普通股。

请回答下列问题：

a. 1. 当你估计 Coleman 的 WACC 时，应该包括什么资本要素？

2. 各个要素的资本成本是按税前还是税后计算的？

3. 成本是历史（嵌入式）成本还是新的（边际）成本？

b. Coleman 债务的市场利率是多少？债务资本成本又是多少？

c. 1. 企业优先股资本成本是多少？

2. 对投资者而言，Coleman 的优先股比其债务风险更高，但优先股的收益率却低于债务的到期收益率。这是否矛盾（提示：考虑税收的影响）？

d. 1. 为什么存在与留存收益相关的成本？

2. 使用 CAPM 方法估计，Coleman 普通股本成本是多少？

e. 使用 DCF 方法估计，Coleman 普通股本成本是多少？

f. 使用债券利率加风险溢价法，Coleman 普通股本成本是多少？

g. 对 r_s 的最终估计是多少？

h. 为什么新股发行的成本高于留存收益？

i. 1. 可用于调整发行成本的两种方法是什么？

2. Coleman 估计，如果它发行新普通股，发行成本将是 15%。考虑到发行成本，利用 DCF 方法计算的新发行普通股资本成本是多少？

j. 忽略发行成本，Coleman 的加权资本成本（WACC）是多少？

k. 什么因素影响 Coleman 的复合 WACC？

l. 企业应该使用复合 WACC 作为其是否接受每个项目的最低收益率吗？请说明原因。

深入探讨

使用在线资源来处理本章的问题。请注意，网站信息随时间而变化，这些更改可能会限制你回答其中一些问题的能力。

计算 3M 的资本成本

在本章中，我们描述了如何估计企业的 WACC，即其债务、优先股和普通股的加权平均值。我们需要的大部分数据可以在互联网上找到。接下来，我们将介绍计算明尼苏达矿业与制造（MMM）公司 WACC 的步骤。

讨论问题

a. 我们需要估计 MMM 的资本结构，即资本中来自债务、优先股和普通股的百分比。这些信息可以在企业最近的年度资产负债表中找到（截至 2019 年年底，MMM 没有优先股）。总债务包括所有有息债务，是短期债务和长期债务的总和。

  1. 回想一下，WACC 中使用的权重是基于企业的目标资本结构。假设企业想要维持其在资产负债表上体现的目标资本结构，应该使用哪些权重来估计 MMM 的 WACC？

  2. 查找 MMM 的市值，即其普通股的市场价值。使用资产负债表中短期债务和长期债务的总和（我们假设其债务的市场价值等于其账面价值）及其市值，重新计算企业在 WACC 中使用的债务和普通股权重方程。这些权重是市场价值权重的近似值。在债务计算中，不应包括应计项目。

b. 我们可以使用 CAPM 来估计 MMM 的股权成本。从互联网上，你可以找到许多不同的 β 系数估计来源——选择你认为最好的估计，并结合你对于无风险利率和市场风险溢价的估计，估计普通股资本成本。你对 MMM 的普通股资本成本的估计是多少？

为什么使用 DCF 方法来估计 MMM 的普通股资本成本没有什么意义？

c. 接下来，我们需要计算 MMM 的债务资本成本。我们可以使用不同的方法来估计它。一种方法是将企业的利息费用除以总债务（即短期债务和长期债务的总和）。只有债务的历史成本等于当今市场的到期收益率（即 MMM 的未偿还债券交易接近最低收益率水平），这种方法才有效。在 MMM 发行大量新债务的年份中，这种方法可能产生错误的估计。例如，如果一家企业在年底发行大量债务，全部债务将出现在年终资产负债表上，但我们仍然可能看不到年利息支出急剧增加，因为大量债务仅在一小段时间里产生了付息义务。当这种情况发生时，很可能会低估真实的债务成本。另一种方法是通过访问企业的主页及其"投资者关系"部分，在企业年度报告的附注中找到这一数据。或者，你可以访问其他外部来源，如 finra-market.morningstar.com/Bond Center/，找到用于计算债务资本成本的债券利差。请注意，你需要债务的税后资本成本来计算企业的 WACC，所以需要获知 MMM 适用的税率（近几年平均为 20% 左右）。请问你对 MMM 的税后债务资本成本的估计是多少？

d. 1. 如果在本题 a 问中的第 1 小问中使用账面价值作为权重，你对 MMM 的 WACC 的估计是多少？

  2. 如果在本题第 1 问 b 小问中使用市场价值作为权重，你对 MMM 的 WACC 的估计是多少？

  3. 请解释上述两种计算 WACC 的方法之间的差异。你更倾向哪一种估计方法？请阐述原因。

  4. 你对你在 c 小问中做出的选择有多大的信心？请做出合理的解释。

第 11 章

资本预算基础

飞机制造业的竞争：空中客车和波音公司

不断改变的技术和市场条件，给公司高管们提供了投资重大项目的机会，而这些项目的成功与否，可能在很大程度上决定着他们公司未来的发展。在过去的几年里，福特公司做出了为其广受欢迎的 F-150 皮卡车转向铝制底座的戏剧性决定；苹果公司大张旗鼓地生产苹果平板和苹果手表；Netflix 转型为全流媒体服务；波音公司和空中客车（欧洲航空防务与航天公司 EADS 的子公司）都公布了一系列新的飞机项目。

正如大家所预料的，这些项目需要数十亿美元的资本来开发，在预测开发成本、运营成本和预期需求等关键因素时，公司会进行许多详细的计算。因为市场状况有可能会在短时间内发生剧烈变化，所以预测上述因素变得更加复杂。例如，波音公司在其 737 MAX 被迫停飞后，不得不大幅调整其计划。由于新冠疫情的爆发，经济严重停摆，导致大多数公司被迫重新评估他们的投资计划。

同样值得注意的是，公司的运作并不是与世隔绝的，它们的竞争对手通常也会做出类似的决定。未来的现金流通常取决于谁能通过开发最佳的产品或服务来"赢得游戏"。在这些引人注目的商业战争中，我们能看到三星、苹果等其他公司在开发智能手机技术方面的较量，能看到许多科技和汽车公司在开发无人驾驶汽车采取的措施，还有空中客车和波音公司之间的持久冲突，最近这两家公司都做出了投资下一代飞机的重大承诺。

一般来说，在这些大型项目中，公司最初几年预测的现金流通常为负，随后有望出现一系列正现金流。根据预测的现金流，公司及其主要的竞争对手（如波音公司和空中客车）就能决定接受某一特定项目是否会增加公司的内在价值。但考虑到这项业务的固有风险以及两家公司将相互竞争的事实，波音公司和空中客车的财务分析师都认识到，他们的预测可能会有相当大的误差。此外，正如《纽约时报》的一篇文章所强调的，两家公司在决定制造哪种类型的飞机时，往往会制定不同的战略。

虽然这些大型项目备受关注，但公司每年也会做出大量的常规投资决策，从购买新卡车、机械到购买用于优化库存管理的计算机和软件。尽管每个项目都有其独特性，但本章中描述的方法可以用于分析所有类型和规模的项目。最后，值得指出的是，这些方法不仅仅适用于公司，也适用于个人的项目，例如，"我应该再融资还是偿还抵押贷款？""我应该用新车替换旧车吗？""辞职并攻读 MBA 有意义吗？"在这些情况下，我们都可以使用本章中所描述的方法来确定最佳行动方案。

资料来源："Airbus Unveils First Passenger-Ready A350 XWB Plane," *CNN* (cnn.com), January 2, 2014; Jack Harty, "Countdown to Launch: The Airbus A350 XWB," *Airways News* (airwaysnews. com/blog), May 8, 2013; Peter Sanders and Daniel Michaels, "Winds of Change for Boeing, Airbus," *The Wall Street Journal* (wsj.com), March 16, 2010; and Jad Mouawad, "Oversize Expectations for the Airbus A380," *The New York Times* (nytimes.com), August 9, 2014.

厘清头绪

在上一章，我们讨论了资本成本，现在我们将讨论固定资产投资决策，即资本预算。这里的资本是指生产使用的长期资产，而预算是指对未来一段时期内资本支出的计划。因此，资本预算是对长期资产的计划投资的总结，**资本预算**（capital budget）是指分析项目和决定哪些项目进入资本预算的全过程。波音公司、空中客车和其他公司接受或拒绝计划的资本支出都采用了本章所讨论的方法。

学完本章后，你应该能够完成下列目标。

- 讨论资本预算。
- 计算并运用主要资本预算决策方法，即净现值（NPV）、内部收益率（IRR）、修正的内部收益率（MIRR）和投资回收期。
- 解释为什么净现值是最好的决策标准，以及如何克服其他方法中固有的问题。

理解本章中介绍的资本预算理论（使用简化示例），将为学习下一章如何估算现金流、如何衡量风险，以及如何做出资本预算决策做好准备。

11.1　资本预算概论

在证券估值中使用的概念同样适用于资本预算，但有两个主要差异。第一，股票和债券存在于证券市场，投资者只是从适用的组合中进行选择，然而，公司要自己制定资本预算项目。第二，大多数证券投资者对其投资产生的现金流没有影响，而公司对其资本预算项目产生的现金流有重大影响。在证券估值和资本预算中，我们预测其现金流，计算其现值，并且只有当现金流入的现值超过投资的成本时，我们才进行投资。

一个企业的成长前景、竞争力和生存能力，取决于研发新产品、改进现有产品以及探索更有效运营方式所不断产生的现金流。因此，管理良好的公司总是竭力制定好的资本预算方案。例如，一家成功的公司的执行副总裁说，他的公司采取以下步骤来确定项目。

我们的研发部门不断开发新产品并改进现有产品的生产方法。此外，由市场营销、生产制造和财务等部门的高级管理人员组成的执行委员会不断探求我们公司应参与竞争的产品和市场，同时委员会为每个部门制定长期目标。这些目标将写入公司的战略经营规划中，为使公司的经理人达标而提供通用指南。然后，经理人寻求新产品，为现有产品制订扩展计划，并寻找降低生产和分销成本的方法。由于他们的奖金和升职取决于每个部门达到或超过其目标额的能力，因此，这些经济激励鼓励企业的经理人寻求获利的投资机会。

虽然经理人的奖励是根据其部门绩效确定的，但对绩效好的经理人，公司将给予奖金和股票期权，以激励他们寻求获利的投资方案。此外，公司也会拨出一部分利润分配给非管理员工。公司还制订了员工持股计划（ESOP），以提供进一步的激励。我们的目标是鼓励各级员工为公司提供好的建议，特别是那些有利于资本投资的建议。

分析资本支出方案并非无成本——虽然可以带来收益，但分析的过程确实也有成本。对于某些类型的项目，可能需要进行非常详细的分析，而对于其他项目，简单的分析就足够了。因此，企业通常先对项目进行分类，然后再对不同类型的项目运用不同的分析方法。

（1）更新：为维持当前经营。这类项目包括更换在生产获利产品时破旧或损坏的设备的支出。这里唯一的问题是现有经营是否应该继续维持下去？如果继续维持，企业是否应该继续使用相同的生产流程？如果答案是肯定的，那么该项目将被批准，而不需要经过复杂的决策过程。

（2）更新：为降低成本。此类项目包括更新虽然可用但已陈旧的设备，从而降低成本。这些决策是不确定的，通常需要经过详细的分析。

（3）扩大现有产品或市场。这类项目的支出用于提高现有产品产量、扩大销路或者增加现有市场分销能力。其决策更加复杂，因为它们需要对需求增长做出明确预测，因此，需要更为详细的分析，通常由公司高层做出取舍决策。

（4）扩展新产品或新市场。这类项目的投资涉及新产品或扩展服务区域，并涉及可能改变公司经营基本性质的战略性决策。总之，需要进行详细分析，最终决定权一般在最高管理层手中。

（5）安全/环保项目。遵守政府规定、劳工协议或保险政策条款所需的必要支出属于此类。如何决策这些项目取决于其规模，规模小的项目采用类型1项目的决策程序。

（6）其他类型的项目，包括办公楼、停车场和总裁专机等项目的支出。它们的处理方式因公司而异。

（7）并购。并购是指一家公司购买另一家公司。购买整个公司不同于购买某项资产，如一台机器或一架新飞机，但是涉及的原理相同。资本预算的概念是并购分析的基础。

一般来说，资产更新性决策，特别是维持可获利项目的投资决策，只需相对简单的计算和少数证明文件即可。而成本降低型项目、扩大现有生产线的项目，特别是新产品或新领域的开发项目，都需要更为详细的分析。此外，每一类项目都应该根据成本的高低进一步进行分类：投资额越大，分析就越详细，项目的审批级别也就越高。工厂经理的审批权限可能只限于 1 万美元以内的、分析过程相对简单的维持性资产支出。但是，涉及金额超过 100 万美元的项目，包括扩展新产品或新市场的项目，必须由董事会批准。

如果一家公司有能力强和富有想象力的经理人和员工，且激励制度运行正常，那么将会产生许多资本投资的想法。其中必定有好的点子，也有一些差的点子。因此，必须建立筛选项目的程序。我们将讨论以下决定企业接受或拒绝项目的标准。[一]

（1）净现值（NPV）。

（2）内部收益率（IRR）。

（3）修正的内部收益率（MIRR）。

（4）静态投资回收期。

（5）动态投资回收期。

净现值是最好的方法，因为它直接涉及财务管理的中心目标——股东财富最大化。然而，所有方法均能提供有用信息，并且至少在一定程度上运用于实践。

自我测验

1. 资本预算与证券估值的共同点在哪儿？差异在哪里？

2. 公司产生资本预算项目的途径有哪些？

3. 鉴别重要项目的分类类型并解释如何以及为什么使用这些项目。

4. 最好的资本预算决策标准是什么？请解释。

11.2　净现值

在第 3 章我们看到，现金流和会计利润之间存在差异，并且也指出投资者特别关注自由现金流。如前所述，自由现金流是指考虑到对固定资产（资本支出）和经营性运营资本净额的必要投资后，所有投资者可获得的现金净额。

在第 9 章我们讨论过，企业的价值等于企业对投资者随时间产生的自由现金流的现值。同样，项目的价值等于其**净现值**（net present value，NPV），它只是资本成本折现项目的自由现金流的现值。净现值代表一个项目对股东财富的贡献——净现值越大，项目增加的价值就越大；并且，增加的价值意味着更高的股票价格。[二]因此，净现值是最好的参考标准。

资本预算最困难的方面是估算相关现金流。简单起见，现金流在本章中被视为一个已知数，这使我们能够专注于讨论做出资本预算决策的方法。不过，在第 12 章我们将详细讨论现金流的估算。

我们使用表 11-1 所示的项目 S 和项目 L 的数据来说明净现值的计算。S 表示短期，L 表示长期。项目 S 是一个短期项目，该项目的现金流入的时间比项目 L 更早，而项目 L 有更多的现金流入总额，但它的流入时间较晚。两个项目风险相同，且都有 10% 的资本成本。此外，现金流已根据折旧、所得税和残值做了相应调整。投

[一] 其他两种不常用方法是盈利能力指数和会计收益率，我们将在第 12 章和 Eugene F. Brigham and Phillip R. Daves, *Intermediate Financial Management*,14th edition（Mason, OH: Cengage Learning, 2022）中讨论。

[二] 我们可以将净现值除以流通在外的股票数量，从而估算投资项目对股票价格的影响。然而，由于项目被接受与项目对利润产生实际影响存在时间差，所以常规项目极少采用这种方法。不过，对于重要项目，此方法是有用的。

资支出（CF_0）包括固定资产投资和所有必需的营运资本投资，现金流在年末发生。最后，我们用 "Excel 格式"显示表格，只是将行列标题添加到 "常规" 表中。虽然所有计算都可以很容易地用财务计算器来完成，但是，一些学生可能想使用 Excel 来完成计算过程，因此，我们将展示如何借助 Excel 解决这些问题。但请记住，使用 Excel 进行计算不是必需的。

表 11-1　项目 S 和项目 L 的相关数据　　　　　　　　（单位：美元）

	A	B	C	D	E	F	G
13	两个项目的加权平均资本成本（WACC）=		10%				
14		初始成本	税后年末现金流（CF_t）				现金流入总额
15	年份	0	1	2	3	4	
16	项目 S	−1 000	500	400	300	100	1 300
17	项目 L	−1 000	100	300	400	675	1 475

我们计算净现值如下：

（1）以项目风险调整后的资本成本（在例子中，$r = 10\%$）为折现率计算各现金流的现值。

（2）现金流折现值的总和为投资项目的净现值。

代入项目 S 的数据，计算净现值的公式如下：

$$NPV = CF_0 + \frac{CF_1}{(1+r)^1} + \frac{CF_2}{(1+r)^2} + \cdots + \frac{CF_N}{(1+r)^N}$$
$$= \sum_{t=0}^{N} \frac{CF_t}{(1+r)^t}$$

（11-1）

$$NPV_S = -1\,000 + \frac{500}{1.10^1} + \frac{400}{1.10^2} + \frac{300}{1.10^3} + \frac{100}{1.10^4}$$
$$= -1\,000 + 454.55 + 330.58 + 225.39 + 68.30$$
$$= 78.82 （美元）$$

这里的 CF_t 表示第 t 期的预期现金流，r 表示项目风险调整后的资本成本（或加权平均资本成本），N 是其投资项目期限。项目通常需要一笔初始投资，例如开发产品，购买生产所需的设备，建造工厂和储备存货。初始投资是一笔负现金流。对于项目 S 和项目 L，只有 CF_0 是负的，但对于大型项目，如波音公司的梦幻客机或空中客车的 A350 XWB，在获得现金流入之前要先发生好几年的现金流出。

图 11-1 显示了项目 S 的现金流时间线，每个现金流的 PV，以及 PV 总和，即 NPV。在 $t=0$ 时，初始投资成本是 −1 000 美元。第一笔正的现金流是 500 美元，通过普通计算器，可以计算出其净现值为 454.55（$=500/1.10^1$）美元。你也可以借助财务计算器得出 500 美元的净现值。以此类推，可以计算出其他现金流的净现值，并且最终结果将是图 11-1 左列中的数值。加总这些数值，结果是 78.82 美元，这是项目 S 的净现值。注意，初始成本 −1 000 美元，并没有折现，因为该现金流发生在时点 0。项目 L 的净现值 100.40 美元也可以用同样的方法计算得出。

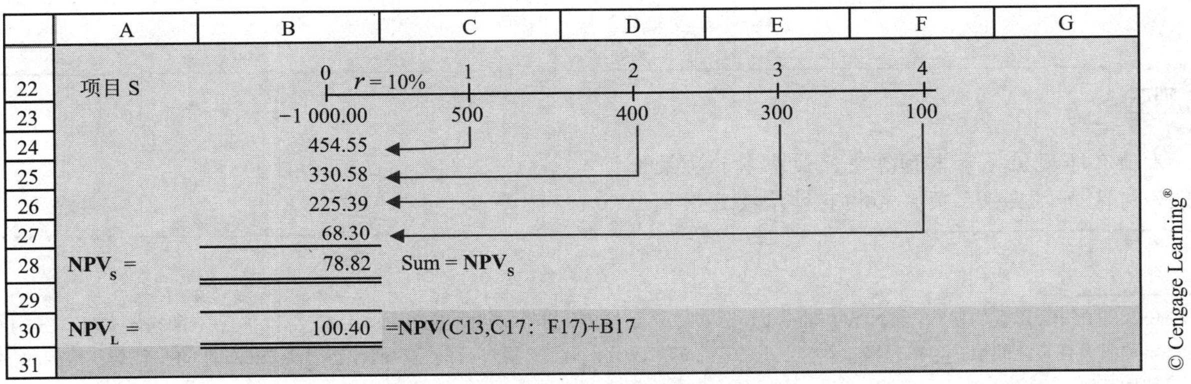

	A	B	C	D	E	F	G
22	项目 S	0　$r=10\%$	1	2	3	4	
23		−1 000.00	500	400	300	100	
24		454.55					
25		330.58					
26		225.39					
27		68.30					
28	$NPV_S =$	78.82	Sum = NPV_S				
29							
30	$NPV_L =$	100.40	=**NPV**(C13,C17: F17)+B17				
31							

图 11-1　计算项目 S 和 L 的净现值

© Cengage Learning®

虽然图 11-1 所示的分步过程有助于说明如何计算净现值，但在实践（和考试）中，使用财务计算器或 Excel 的效率要高得多。不同财务计算器的设置有所不同，但正如我们在第 5 章中所讨论的，这些计算器都包含一个 "现金流寄存器"，可以用于处理非等额的现金流，如项目 S 和项目 L。式（11-1）已被编程到这些计算器里，你只需要输入现金流（带上正确的符号）与 "$r=I/YR=10$"。一旦输入数据并按 NPV 键，答案 78.82 将出现在屏幕上。

如果你熟悉 Excel，则可使用 Excel 的净现值函数计算项目 S 和项目 L 的净现值：⊖

$$NPV_S = 78.82 \text{ 美元}$$
$$NPV_L = 100.40 \text{ 美元}$$

如图 11-1 所示，用于获得这些数值的计算过程在本章的 Excel 模型中提供了。如果你想了解 Excel 的一些知识，你应该复习一下 Excel 模型，因为这是大多数人在实践中计算净现值的方法。

在决策过程中使用这些净现值之前，我们需要知道项目 S 和项目 L 是相互独立项目还是相互排斥项目。**相互独立项目**（independent）是指现金流不受其他项目影响的项目。如果沃尔玛正在考虑在博伊西和在亚特兰大分别开设一个新商店，这两个项目将是相互独立的；如果这两个项目的净现值都为正值，沃尔玛应该接受两者。而对于**相互排斥项目**（mutually exclusive），如果一个项目被接受，另一个必须被拒绝。在仓库中运输货物的传送带系统以及用于相同目的的叉车车队是相互排斥的两个项目——接受一个意味着拒绝另一个。

如果项目 S 和项目 L 是相互独立的，应该做出什么决定？在这种情况下，两者都应该被接受，因为两者都有正净现值，都可以为企业增加价值。然而，如果它们是相互排斥的，则应该选择项目 L，因为它具有更高的正净现值，因此，与项目 S 相比，项目 L 可以增加更多的企业价值。下面是净现值决策规则的总结。

- 相互独立项目：如果净现值大于零，则接受该项目。
- 相互排斥项目：接受正净现值最高的项目。如果所有项目的净现值都为负值，则拒绝所有项目。

因为项目要么是相互独立的要么是相互排斥的，所以这些规则中总有一个可以适用。

提问

问题：

项目 X 和项目 Y 的现金流如下：

年末现金流（美元）

	0	1	2	3	
X	−700	500	300	100	WACC = r = 10%
Y	−700	100	300	600	

a. 如果两个项目的资本成本都是 10%，它们的净现值分别是多少？

b. 如果项目 X 和项目 Y 是相互独立或相互排斥的，你将选择哪个项目？

答案：

a. $NPV_X = -700 + 500/1.10^1 + 300/1.10^2 + 100/1.10^3$
$= -700 + 454.55 + 247.93 + 75.13$
$= 77.61$（美元）

$NPV_Y = -700 + 100/1.10^1 + 300/1.10^2 + 600/1.10^3$
$= -700 + 90.91 + 247.93 + 450.79$
$= 89.63$（美元）

b.（1）如果两个项目是相互独立项目，那么两个项目都将被接受。因为两个项目的净现值都为正值。

（2）如果两个项目是相互排斥项目的，那么项目 Y 将被接受，因为它具有较高的正净现值。

自我测验

1. 为什么净现值是资本预算决策最基本的决策依据？
2. 如何区分相互独立项目和相互排斥项目？

⊖ Excel 的 NPV 函数的格式：= NPV（rate，CF_1 to CF_N）。请注意，NPV 函数（见图 11-1）不包括在时点 0 的初始支出。Excel 的 NPV 函数假设现金流的第一个单元格就是时点 1 的现金流。因此，为了计算项目的净现值，必须从 Excel 的 NPV 函数所得到的数值扣除初始支出。

11.3　内部收益率

在第 7 章中我们讨论了债券的到期收益率，也说明了如果将债券持有至到期日，你将获得你投资的到期收益率（YTM）。到期收益率是使现金流入量的现值等于债券价格的折现率。当我们计算项目的内部收益率时，资本预算也运用了同样的原理。

投资项目的**内部收益率**（internal rate of return，IRR）是使项目的现金流入量的现值等于其成本的折现率。换言之，就是使项目净现值等于零的折现率。内部收益率是项目收益率的估计值，相当于债券的到期收益率。

为了计算内部收益率，我们从净现值的式（11-1）开始，用分母中的 IRR 代替 r，并且将净现值设置为零。这样，将式（11-1）转换为可以计算内部收益率的式（11-2），这个使净现值等于零的收益率就是内部收益率。⊖

$$NPV = CF_0 + \frac{CF_1}{(1+IRR)^1} + \frac{CF_2}{(1+IRR)^2} + \cdots + \frac{CF_N}{(1+IRR)^N} = 0$$

$$0 = \sum_{t=0}^{N} \frac{CF_t}{(1+IRR)^t} \tag{11-2}$$

$$NPV_S = 0 = -1\,000 + \frac{500}{(1+IRR)^1} + \frac{400}{(1+IRR)^2} + \frac{300}{(1+IRR)^3} + \frac{100}{(1+IRR)^4}$$

图 11-2 说明了项目 S 内部收益率的计算过程。可以使用三种方式。

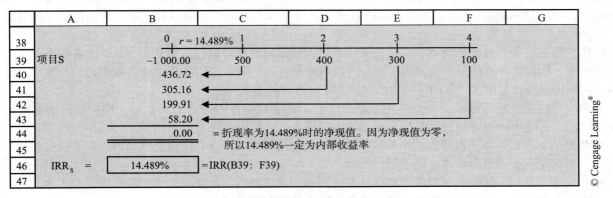

图 11-2　计算项目 S 的内部收益率

（1）试错法。我们可以使用试错法来求解公式——把某些折现率代入公式，观察结果是否为零；如果净现值不等于零，再尝试另一个不同的折现率。重复这个过程，直到我们找到使净现值为零的折现率，该折现率就是内部收益率。对于项目 S，内部收益率为 14.489%。注意，在发明计算机和财务计算器之前，运用试错法非常耗时，因此，内部收益率很少使用。尽管理解试错法的程序是有必要的，但是使用计算器或 Excel 来做实际计算要容易得多。

（2）财务计算器法。与求解净现值一样，在计算器的"现金流寄存器"中输入现金流，然后按下标有"IRR"的按钮，立刻就能得到内部收益率的数值。以下是项目 S 和项目 L 的内部收益率数值：⊖

$$IRR_S = 14.489\%$$
$$IRR_L = 13.549\%$$

（3）Excel 法。使用 Excel 法，更容易计算内部收益率，如我们在本章的 Excel 模型和图 11-2 所展示的。

⊖　对于像波音公司的 787 喷气式客机这类大型复杂的项目，在开始出现现金流入量之前的数年内都产生成本。这意味着正现金流开始出现之前，我们有一系列负的现金流。

⊖　注意，当现金流数据输入到"现金流寄存器"，则可以计算出净现值和内部收益率。为了计算净现值，输入利率（I/YR）并按下 NPV 键。然后，不需要再输入任何数据，按下 IRR 键，即可计算出内部收益率。因此，只要在计算器设置了计算净现值的程序，就可轻易地计算出内部收益率。这就是大多数公司同时计算净现值和内部收益率的原因。假如你计算其中一个指标，另一个也容易计算，并且两个指标都能为决策者提供有用信息。同样，Excel 亦如此。

提问

问题：

项目 X 和项目 Y 的现金流如下：

年末现金流（美元）

	0	1	2	3	WACC = r = 10%
X	−700	500	300	100	
Y	−700	100	300	600	

a. 两个项目的内部收益率分别是多少？

b. 如果公司有 10% 的资本成本且项目相互独立或相互排斥，运用内部收益率法将会选择哪个项目？

答案：

a. 用财务计算器，输入每笔现金流到计算器现金流寄存器，按下 IRR 键得出答案。

项目 X：在财务计算器中输入数据——CF_0=−700，CF_1=500，CF_2=300，CF_3=100，IRR=18.01%

项目 Y：在财务计算器中输入数据——CF_0=−700，CF_1=100，CF_2=300，CF_3=600，IRR=15.56%

b.（1）如果项目 X 和项目 Y 是相互独立的，两个项目都被接受，因为两个项目的内部收益率大于公司的加权平均资本成本。

（2）如果两个项目是相互排斥的，使用内部收益率，选择项目 X，因其内部收益率大于项目 Y，并且也大于公司的加权平均资本成本。

为什么导致项目净现值等于零的折现率这么特别？原因是内部收益率是项目的期望收益率。如果这个收益率超过了该项目融资的资本成本，那么差额将是公司股东额外的收益（在某种意义上是一种"奖金"），从而导致股价上涨。项目 S 的内部收益率估计值为 14.489%，而资本成本为 10%，因此，它提供超出资本成本的 4.489% 的额外收益率。相反，如果内部收益率小于资本成本，股东必须弥补差额，从而可能导致股票价格下跌。

再次注意，内部收益率的计算公式——式（11-2）只是净现值计算公式即式（11-1）求解使净现值为零的特别折现率。因此，相同的基本公式用于两种方法。唯一的区别是，使用净现值法，我们已知折现率，计算净现值；而运用内部收益率法，我们将净现值设置为零，求解其折现率。

如前所述，项目应该被接受还是拒绝，取决于它们的净现值是否为正数。然而，内部收益率有时被用于（我们认为是不恰当的）对项目进行排序和做出资本预算决策。此时，决策规则如下：

- 相互独立项目。如果内部收益率超过项目的加权平均资本成本，可以接受该项目。如果内部收益率小于项目的加权平均资本成本，则拒绝。
- 相互排斥项目。接受具有较高内部收益率的项目，前提是内部收益率大于加权平均资本成本。如果最高的内部收益率都没超过加权平均资本成本，则拒绝所有项目。

内部收益率在逻辑上是吸引人的——知道投资的收益率是有用的。然而，正如我们将在第 11.7 节中所证明的，当在相互排斥的项目之间做出选择时，NPV 和 IRR 可以产生冲突的结论；当发生冲突时，NPV 通常更好。

自我测验

在何种情况下项目的内部收益率等于债券的到期收益率？

为什么净现值优于内部收益率

巴菲特大学主办了一个关于经理人的商业方法的研讨会。财务教授谈到资本预算，解释如何计算 NPV，并说明它应该用于筛选潜在项目。在问答环节，一家电子公司的财务主管 Ed Wilson 表示，他的公司使用内部收益率主要是因为首席财务官和董事们了解如何根据项目的内部收益率进行选择，但不了解净现值。Ed 试图解释为什么 NPV 更好，但他只是混淆了个人的选择，所以公司坚持使用内部收益率。现在，关于公司资本预算的会议即将临近，Ed 想要教授以一种简单的方式解释为什么净现值更好。

教授举了一个极端的例子。一家公司拥有充足的资本且加权平均资本成本为 10%，该公司正在两个风险相同、相互排斥的项目之间进行选择。大型项目要求投资 10 万美元，然后每年流入现金 5 万美元持续

10 年，而小型项目要求投资 1 美元，每年流入现金 0.60 美元持续 10 年。以下是每个项目的净现值和内部收益率：

大型项目（L）	小型项目（S）
$CF_0 = -100\,000$	$CF_0 = -1.00$
$CF_{1\sim10} = 50\,000$	$CF_{1\sim10} = 0.60$
$I/YR = 10$	$I/YR = 10$
NPV $=207\,228.36$	NPV $=2.69$
IRR $= 49.1\%$	IRR $= 59.4\%$

内部收益率表示应该选择 S，但净现值表示更倾向于 L。直观地来看，显然，尽管公司的内部收益率较低，但该公司选择大型项目将会更好。因为资本成本仅为 10%，内部收益率为 49.1% 的 10 万美元投资项目比内部收益率为 59.4% 的 1 美元项目获利更多。当 Ed 在他公司的资本预算决策会议上给出这个例子时，首席财务官认为这个例子是极端且不切实际的，没有人会选择 S，尽管它的内部收益率更高。Ed 同意，但他问 CFO 怎样划分现实和不现实的例子？CFO 无法做出回答，Ed 认为很难划分这个界线，而且净现值总是更好些，因为它告诉我们每个项目将给企业增加多少价值，企业应该最大化其价值。董事长听后宣布 Ed 为获胜者。公司从使用内部收益率转向使用净现值，Ed 成为 CFO。

11.4　多重内部收益率[⊖]

内部收益率存在的一个问题是：在某些条件下，一个项目可能会有多个内部收益率。请注意，如果一个项目首先具有一个或多个现金流出（成本），然后有一系列现金流入，则称该项目为**常规现金流**（normal cashflows）。然而，如果现金流出在现金流入之后的某个时间发生，意味着现金流入或流出有多次变化，则该项目被称为**非常规现金流**（nonnormal cashflows），示例如下：

常规现金流：－＋＋＋＋＋ 或者 －－－＋＋＋＋＋

非常规现金流：－＋＋＋＋－＋ 或者 －＋＋＋－＋＋＋

露天煤矿开采项目是一个具有非常规现金流项目的例子，其中公司花费资金购买该矿产产权并选择开采地点，接着拥有数年的正值现金流入量，然后公司花更多的钱恢复土地原貌。在这种情况下，项目可能有两个内部收益率，即**多重内部收益率**（multiple IRRs）。[⊜]

为了说明多重内部收益率，假设一家公司正在考虑一个成本为 160 万美元的露天煤矿开发项目（项目 M），并在第 1 年年末产生 1 000 万美元的现金流入量。然而在第 2 年年末，公司必须花费 1 000 万美元才能将土地恢复原貌。因此，该项目预期现金流（百万美元）如下：

	第一年年初	第一年年末	第二年年末
预期现金流	-1.6	+10	-10

我们将数据代入式（11-2），并求解内部收益率。

当 IRR = 25% 时，净现值等于 0，而当 IRR 为 400% 时，净现值也等于 0。[⊜]

因此，项目 M 具有两个内部收益率——25% 和 400%，我们不知道使用哪一个。图 11-3 生动地描述了这种关系。®该图是通过绘制项目的不同折现率所对应的净现值来构建的。

值得注意的是，如果使用净现值方法，就不会出现项目 M 的困境；我们只需计算净现值并用它来评估项目。我们会看到，如果项目 M 的资本成本为 10%，其净现值将为 -77.36 万美元，该项目应被拒绝。然而，如果资本成本在 25% 和 400% 之间，净现值将是正的，但这些数字既不具有现实性也不具有实用性。

⊖ 这部分有较强的技术性，但是忽略这节不会影响本书的连贯性。

⊜ 式（11-2）是一个 n 阶多项式，因此，可能有 n 个不同的根或解。如果项目具有常规现金流（一个或多个现金流出量伴随着一系列现金流入量），除了一个根之外，其他的根都是虚根。因此，常规现金流项目只有一个内部收益率。不过，如果项目开始运营之后，出现了负的现金流，就可能产生多个实根（由此产生多个内部收益率的问题）。

⊜ 假如你用 HP 计算器计算 M 项目的内部收益率，你可能会得到错误的信息，而 TI 计算器给出一个趋近于零的内部收益率。如果遇到上述问题，你可以先用各种不同的折现率（$r=I/YR$）计算相应的净现值，画出 NPV 曲线，观察何处的净现值为零，从而计算出近似的内部收益率。X 轴的截距即为大概的内部收益率。借助某些计算器和 Excel，你可以输入各种数据，计算出各个内部收益率。

® 图 11-3 称为净现值图，净现值图将在 11.7 节中详细讨论。

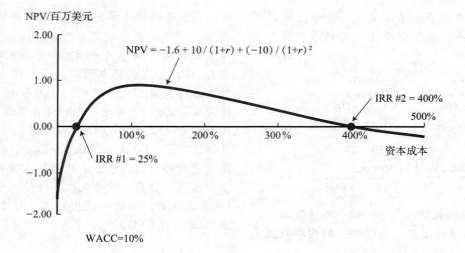

$$NPV = -1.6 + 10/(1+r) + (-10)/(1+r)^2$$

IRR #2 = 400%

IRR #1 = 25%

WACC=10%

折现率	NPV	
0%	−1.600 0	
10	−0.773 6	
25	0.000 0	= IRR #1
110	0.894 3	
400	0.000 0	= IRR #2
500	−0.211 1	

图 11-3 项目 M 的多重内部收益率

自我测验

对于存在多重内部收益率的项目而言，项目的现金流必定具有哪些特征？

项目 MM 具有以下现金流：

	年末现金流 / 美元		
	1	2	3
−1 000	2 000	2 000	−3 350

以折现率为 0，10%，12.225 8%，25%，122.147 0% 和 150%，分别计算项目 MM 的净现值。项目 MM 的内部收益率是多少？如果资本成本为 10%，项目应该被接受还是拒绝？（净现值从 −350 美元到 164.8 美元不等，然后回落到 −94.4 美元；内部收益率分别为 12.23% 和 122.15%。在 10% 的加权平均资本成本下，项目的净现值为负值，因此拒绝该项目。）

11.5 再投资收益率假设⊖

净现值计算基于以下假设：现金流入可以按投资项目的风险调整的加权平均资本成本进行再投资，而内部收益率计算基于以下假设：现金流可以按内部收益率进行再投资。为了说明为什么会出现这种情况，请看看下面的图，它在第 5 章中首次用来说明当利率为 5% 时 100 美元的未来价值。

⊖ 本节对净现值和内部收益率的关键差异给出了一个理论解释。可是，本节内容具有较强的技术性，若时间有限，教授可让学生跳过这节，只阅读第 11.3 节中的"为什么净现值优于内部收益率"。

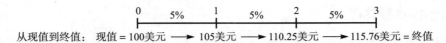

从现值到终值：现值 = 100 美元 ⟶ 105 美元 ⟶ 110.25 美元 ⟶ 115.76 美元 = 终值

由此可见，终值的计算假设每年获得的利息可以再投资，可在后续年份每年获得相同的收益率 5%。

现在回顾一下计算现值的过程：现值计算过程与终值相反，采用 5% 的利率折现而不是复利。下图用于说明这一点。

从终值到现值：现值 = 100 美元 ⟵ 105 美元 ⟵ 110.25 美元 ⟵ 115.76 美元 = 终值

由此，可以得出以下结论：当我们计算净现值时，我们隐含地假设现金流可以按指定利率（在我们的例子中为 5%）再投资。这适用于项目 S 和项目 L：在计算其净现值时，我们采用加权平均资本成本即 10% 的折现率，这意味着我们假设它们的现金流可以按 10% 的利率再投资。

现在再看看内部收益率。在第 11.3 节中，我们展现了一个现金流图，用于显示按内部收益率折现时现金流的现值。我们看到，对于项目 S，现值总额等于折现率为 14.489% 的成本；因此，根据定义，14.489% 就是项目 S 的内部收益率。现在我们可以提出这样的问题：内部收益率方法中获得了哪种再投资收益率？

因为在给定利率下的折现假设现金流可以以相同的利率再投资，因此，内部收益率法假设现金流按内部收益率再投资。

净现值法假设按 WACC 再投资，而内部收益率法假设按 IRR 再投资。哪个假设比较合理？对于大多数公司，假设按 WACC 再投资更为合理，原因如下：

- 如果一个公司能合理便捷地进入资本市场，可以按某个利率（在我们的例子中是 10%）进行融资。
- 企业可以按 10% 的利率获得资本，如果它有收益率高于 10% 的投资机会，它应该接受此投资机会，并且可以以 10% 的资本成本筹集资金。
- 如果公司使用过去项目产生的现金流而不是外部资本，这将节省 10% 的资本成本。这样，10% 就是这些现金流的机会成本，也是再投资资金的实际收益率。

为了进一步说明这些问题，假设某个项目的内部收益率为 50%，该公司的加权平均资本成本是 10%，并且公司可以进入资本市场。这样，企业可以按 10% 的利率筹集其所需的资本。除非公司处于垄断地位，否则 50% 的收益率将吸引竞争对手，这样，公司将难以找到类似高收益率的新项目，这正是内部收益率所假设的再投资收益率。此外，即使公司确实找到了这样的项目，它也可以用资本成本为 10% 的外部资本实施项目。合理的结论是，原项目的现金流将节省 10% 的外部资本成本，这 10% 就是这些现金流的内部收益率。

如果企业没有获得外部资本的渠道，但有许多具有较高内部收益率的潜在项目，那么，假定项目的现金流可以按照接近其内部收益率的收益率进行再投资是合理的。然而，这种情况很少存在，因为具有良好投资机会的公司通常很容易拥有进入债务和股票市场融资的机会。

我们的结论是，IRR 法的内在假设：现金流可以按 IRR 再投资，是存在缺陷的，而 NPV 法的内在假设：现金流可以按照 WACC 再投资，一般是正确的。此外，如果真实再投资收益率低于 IRR，投资的真实收益率必然低于计算出来的 IRR。因此，IRR 法作为项目盈利能力的衡量标准，可能具有误导性。这一点将在下一节中进一步讨论。

自我测验

1. 为什么每当我们发现未来现金流的现值时，再投资收益率是隐含假定的？是否有可能在不指定隐性再投资收益率的情况下得出一个终值的现值？

2. 净现值法的计算包含什么样的再投资收益率假设？内部收益率法呢？

3. 对于有充足的渠道进入资本市场的公司，若要进行再投资，按照 WACC 还是按照 IRR 更合理？请解释说明。

11.6 修正的内部收益率⊖

管理者当然希望了解投资项目的期望收益率，他们可以通过内部收益率法来获得期望收益率。然而，内部收益率的计算是基于假定项目的现金流可以依据内部收益率再投资。这个假设一般是不正确的，而且这可能导致内部收益率高估了项目的真实收益率。⊖鉴于这个根本缺陷，是否有一个比常规内部收益率更好的百分比指标呢？答案是肯定的。我们可以修正内部收益率，使其更好地衡量盈利能力。

修正的内部收益率（modified IRR，MIRR）作为新的指标，如图 11-4 中的项目 S 所示。除了它是基于现金流按照 WACC（或存在更合理的假设，有其他明确的收益率）再投资之外，它与常规内部收益率类似。请参考图 11-4 了解其基本原理。

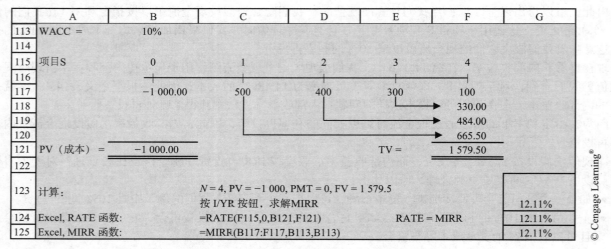

图 11-4　计算项目 S 的修正后的内部收益率（加权平均资本成本 =10%）

（1）项目 S 只有一笔现金流出量，即 $t = 0$ 时的 1 000 美元。因为它发生在 $t=0$，它不折现，其 PV 是 −1 000 美元。如果项目有额外的现金流出，我们将计算每一个 $t = 0$ 时的 PV，并将它们相加，从而得到用于 MIRR 计算的总成本 PV。

（2）接下来，我们计算出按照 WACC 复利的每笔现金流入"终年"的价值，所谓"终年"即接收最后一笔现金流入的年份。我们假设现金流按照 WACC 再投资。对于项目 S，第一笔现金流入量 500 美元，按照 WACC=10% 的复利计算 3 年，增长到 665.50 美元。第二笔现金流入量 400 美元，增长到 484.00 美元。第三笔现金流入量 300 美元，增长到 330.00 美元。最后一笔现金流入在"终年"收到，因此它根本不需要复利计算。未来价值的总和 1 579.50 美元，被称为"终值"（terminal value，TV）。

（3）$t = 0$ 时的成本为 −1 000 美元，TV 在第 4 年时为 1 579.50 美元。有一些折现率会导致现金流入量终值的现值等于项目成本现值。该折现率定义为修正的内部收益率。在计算器中，输入 $N = 4$，$PV = −1 000$，$PMT = 0$，$FV = 1 579.50$，然后按 I / YR 键，得到修正的内部收益率为 12.11%。

（4）MIRR 可以通过多种方式得出。图 11-4 说明了如何计算修正的内部收益率：我们将每个现金流入相加，将它们相加以确定 TV，然后计算导致 TV 的 PV 等于成本的折现率。这个折现率为 12.11%。一些更高级的计算器具有内置的简化计算 MIRR 功能。在 Excel 中，你可以使用 RATE 函数或 MIRR 函数来计算 MIRR，如图 11-4 所示。⊖

⊖ 这节内容技术性较强，可以省略而不失连贯性。

⊖ 内部收益率之所以高估了可接受项目的预期收益，是因为现金流通常不可能按内部收益率再投资。因此，可接受项目的平均 IRR 高于真实的期望收益率。这导致基于 IRR 预测的企业出现向上的偏差。

⊖ 你可以根据 Excel 的 MIRR 函数，以 WACC 作为起点为现金流入量输入不同的再投资收益率，但是，假设按 WACC 再投资，因此，我们在 Excel 的 MIRR 函数两次输入了 WACC，如图 11-4 所示。

我们解释如何使用计算器功能，并且在 Excel 模型的章节中解释如何使用 Excel 查找 MIRR。[⊖]

与常规的内部收益率相比，修正的内部收益率有两个显著的优点。第一，虽然常规的 IRR 假设投资项目的现金流按照 IRR 再投资，但 MIRR 假设现金流按资本成本（或某些其他明确的收益率）再投资。因为按照 IRR 再投资通常不正确，所以，MIRR 通常可以更好地衡量项目真实的盈利能力。第二，修正的内部收益率消除了多重内部收益率问题——永远不会有多个内部收益率，并且在决定接受或拒绝项目时，可以与资本成本进行比较。

我们的结论是，MIRR 比常规 IRR 更好；然而，依然存在这样的问题：修正的内部收益率法是否与净现值法一样好？我们的结论如下。

- 对于相互独立项目，净现值、内部收益率和修正的内部收益率总是得出相同的接受 / 拒绝结论，因此在评估相互独立项目时，三个标准一样好。
- 然而，如果项目是相互排斥的，并且它们的规模不同，则可能产生矛盾的结论。在这种情况下，净现值是最好的，因为它可以选择出使企业价值最大化的项目。[⊖]
- 我们的总体结论是：作为项目"实际"收益率的指标，MIRR 优于常规 IRR；但是，在相互竞争项目中做选择时，NPV 法优于 IRR 法和 MIRR 法。

提问

问题：

项目 A 和项目 B 有如下现金流：

	年末现金流 / 美元		
	0	1	2
A	−1 000	1 150	100
B	−1 000	100	1 300

资本成本为 10%。

a. 两个项目的净现值、内部收益率和修正的内部收益率是多少？

b. 如果项目是相互排斥的，每个项目将选择哪种方法？

答案：

a. 项目 A。

NPV $=-1\,000 +1\,150/1.10^1+ 100/ 1.10^2= 128.10$（美元）

将现金流输入财务计算器：$CF_0= -1\,000$，$CF_1=1\,150$，$CF_2=100$，$I/YR=10$；NPV=128.10。

IRR：将现金流输入财务计算器。

$CF_0= -1\,000$，$CF_1=1\,150$，$CF_2=100$，IRR=23.12%.

使用财务计算器，输入数据 $N=2$，$PV= -1\,000$，PMT=0，FV=1 365，$I/YR=$MIRR=16.83%。

项目 B。

NPV $= -1\,000 +100/1.10^1+1\,300/1.10^2=165.29$（美元）

将现金流输入财务计算器：$CF_0= -1\,000$，$CF_1=100$；

⊖ 式（11-2a）总结了这些步骤。

$$\sum_{t=0}^{N}\frac{COF_t}{(1+r)^t}=\frac{\sum_{t=0}^{N}CIF_t(1+r)^{N-t}}{(1+MIRR)^N}$$

$$PV\,成本 = \frac{TV}{(1+MIRR)^N}$$

(11-2a)

COF_t 是时点 t 的现金流出量，CIF_t 是时点 t 的现金流入量。左边是以资本成本折现的投资支出的 PV；第二项的分子是现金流入的复合价值，假设现金流入以资本为代价再投资。MIRR 是使终值的现值等于成本的现值的折现率。另外，请注意 MIRR 还有其他定义。不同之处在于，开始出现正现金流后，负现金流是否应当被加总并作为终值的一部分处理，或作为成本进行折现和处理。另外一个相关的问题是，某一年的负现金流和正现金流是否应该分别扣除或处理。完整的讨论参见 William R. McDaniel, Daniel E. McCarty, and Kenneth A. Jessell, "Discounted Cash Flow with Explicit Reinvestment Rates: Tutorial and Extension," *The Financial Review*, vol. 23, no. 3 (August 1988), pp. 369–385; and David M. Shull, "Interpreting Rates of Return: A Modified Rate of Return Approach," *Financial Practice and Education*, vol. 10 (Fall 1993), pp. 67–71.

⊖ 参见 Eugene F. Brigham and Phillip R. Daves, *Intermediate Financial Management*，14th edition(Mason,OH:Cengage Learning，2022), Section 12-6.

CF$_2$=1 300，I/YR=10；NPV=165.29。

IRR：将现金流输进财务计算器。

CF$_0$=−1 000，CF$_1$=100，CF$_2$=1 300，IRR=19.13%。

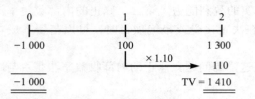

使用财务计算器，输入数据N=2，PV=−1 000，PMT=0，FV=1 410，I/YR=MIRR=18.74%。

b. 以下是对结果的总结，每种方法下项目的选择已经被标记。

	项目 A	项目 B
NPV	128.10	165.29
IRR	23.12%	19.13%
MIRR	16.83%	18.74%

使用净现值和修正的内部收益率标准，你将选择项目 B；但如果使用内部收益率标准，你将选择项目 A。但因为项目 B 可以使公司价值最大化，所以应该选择项目 B。

自我测验

1. 修正的内部收益率与常规的内部收益率的主要区别是什么？

2. 修正的内部收益率与常规的内部收益率哪一个能对项目的实际收益率提供更好的估算？

11.7　净现值曲线

图 11-5 显示了项目 S 的净现值曲线。为了画出这条曲线，我们用很多不同的折现率计算出项目的净现值，然后依据这些计算出来的净现值绘制图表。注意，在零资本成本的情况下，NPV 是各期未折现现金流的总和，即 1 300−1 000 = 300 美元。该值表现为纵轴的截距。如前所述，内部收益率是导致净现值等于零的折现率。因此，NPV 线与横轴交叉的折现率就是项目的内部收益率。当我们连接数据点时，得出**净现值曲线**（net present value profile）图。⊖

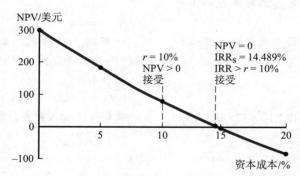

资本成本 / %	NPV$_S$ / 美元
0	300.00
5	180.42
10	78.82
14.489	0.00 NPV=0，故 IRR=14.489%
15	−8.33
20	−83.72

图 11-5　项目 S 的净现值曲线

⊖ 注意，净现值图是曲线而不是一条直线。如果折现率无限上升，净现值将趋近于 CF$_0$ 时的现金流，即项目的成本 1 000 美元。因为如果资本成本无限高，项目的现金流入量现值将趋近于零。因此，折现率无穷大时，其净现值就是 CF$_0$。我们还应该注意，在某种情况下，净现值曲线可能与横轴多次相交或者从未相交。这一点已经在 11.4 节中讨论过。

现在看看图 11-6，它显示了两条 NPV 线，一个是项目 S，一个是项目 L，并请注意以下几点。

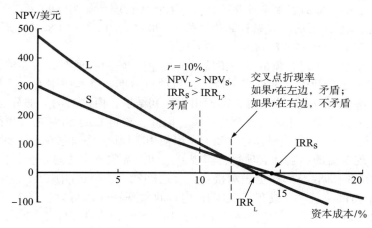

资本成本 / %	NPV_S / 美元	NPV_L / 美元
0	300.00	475.00
5	180.42	268.21
10	78.82	100.40
交叉点 =11.97	42.84	42.84
IRR_L=13.55	15.64	0.00
IRR_S=14.49	0.00	−24.37
15	−8.33	−37.26
20	−83.72	−151.33

图 11-6 项目 S 和项目 L 的净现值曲线

- 项目 S 的内部收益率是固定的，在不考虑资本成本的情况下，项目 S 具有较高的内部收益率。
- 项目 S 的净现值根据资本实际成本的变动而变化。
- 两条净现值曲线在资本成本为 11.975% 处交叉，这称为**交叉点折现率**（crossover rate）。交叉点折现率可以通过计算项目现金流差额的内部收益率来计算，如下所示。

	0	1	2	3	4
S 项目（美元）	−1 000	500	400	300	100
−L 项目（美元）	−1 000	100	300	400	675
$\Delta = CF_S - CF_L$（美元）	0	400	100	−100	−575
IRR Δ =	11.975% = 交叉点折现率				

- 如果资本成本小于交叉点折现率，则项目 L 的净现值较大；但是，如果资本成本大于该交叉点折现率，则项目 S 的净现值较大。

注意，项目 L 的 NPV 线更陡，表明资本成本的增加导致 NPV_L 的下降幅度大于 NPV_S。之所以会这样，是因为 L 的现金流入产生速度比 S 的慢。因此，项目 L 是一个长期投资项目，项目 S 是一个短期投资项目。接下来，回顾净现值的计算等式：

$$NPV = CF_0 + \frac{CF_1}{(1+r)^1} + \frac{CF_2}{(1+r)^2} + \cdots + \frac{CF_N}{(1+r)^N}$$

资本成本的增加对远期现金流的影响远远大于对近期现金流的影响，我们在此证明。

折现率 r 翻倍对第 1 年现金流的影响：

1 年后到期的 100 美元，按 5% 的折现率计算的现值 = $100 / (1.05)^1$ = 95.24（美元）

1 年后到期的 100 美元，按 10% 的折现率计算的现值 = $100 / (1.10)^1$ = 90.91（美元）

折现率提高，现值下降 4.5% =（95.24 − 90.91）/ 95.24

折现率 r 翻倍对第 20 年现金流的影响：

20 年后到期的 100 美元，按 5% 的折现率计算的现值 = $100 / (1.05)^{20}$ = 37.69（美元）

20 年后到期的 100 美元，按 10% 的折现率计算的现值 = $100 / (1.10)^{20}$ = 14.86（美元）

折现率提高，现值下降 60.6% = (37.69 - 14.86) / 37.69

因此，折现率翻倍只导致第 1 年现金流的现值下降 4.5%，但相同的折现率翻倍导致第 20 年现金流的现值下降超过 60%。因此，如果一个项目的大部分现金流入来自项目后期，资本成本增加，其净现值将急剧下降；但是现金流产生较早的项目不会因为资本成本的提高而出现不利结果。项目 L 的大部分现金流集中在后期，所以如果资本成本高，项目 L 遭受的损失比项目 S 要更严重。因此，项目 L 的 NPV 曲线更陡。

有时净现值法和内部收益率法产生矛盾性结论。我们可以使用净现值曲线来查看什么时候会产生矛盾性结论。

如果正在评估具有正常现金流的相互独立项目，净现值法和内部收益率法总是会得出相同的接受或拒绝决定：如果净现值法表示接受，内部收益率法也表示接受，反之亦然。为了说明原因，看图 11-5，可以注意到：①如果项目的资本成本小于内部收益率（或在其左侧），内部收益率法表示可以接受该项目；②如果资本成本小于内部收益率，NPV 将是正的。因此，只要资本成本低于 14.489%，项目 S 按照 NPV 法和 IRR 法均可；但如果资本成本高于 14.489%，两种方法都会拒绝该项目。用类似的净现值曲线分析项目 L 或任何其他常规项目，我们总能得到相同的结论：对于常规的相互独立项目，如果 IRR 法表示可以接受该项目，那么 NPV 法也是如此。

假设项目 S 和项目 L 是相互排斥的而不是相互独立的。因此，我们可以选择其中一个项目，或者同时拒绝两个项目，但我们不能同时接受两个项目。现在看图 11-6，并注意以下几点。

- 只要资本成本大于交叉点折现率 11.975%，两种方法都认为项目 S 更好：$NPV_S > NPV_L$，$IRR_S > IRR_L$。因此，如果资本成本 (r) 大于交叉点折现率，净现值法和内部收益率法就不会发生矛盾。
- 然而，如果资本成本小于交叉点折现率，净现值法和内部收益率法则会出现冲突：NPV 法选择项目 L，但 IRR 法选择项目 S。

以下两种基本情况导致 NPV 曲线交叉，从而引起矛盾：⊖

（1）项目现金流时间分布差异。如果一个项目的大部分现金流发生在项目早期，而另一个项目的大多数现金发生在项目后期，如项目 S 和项目 L 所发生的，NPV 曲线可能交叉并产生矛盾。

（2）项目规模差异。如果一个项目的投资额大于另一个项目，也会导致 NPV 曲线交叉且产生矛盾性结论。

当项目发生规模或现金流时间分布差异时，企业将根据所选择的项目，每年投入不同的投资额。如果企业选择项目 S，在第一年它将有更多的资金用于再投资，因为项目 S 在那一年有更高的现金流入。同样，如果一个项目的成本高于另一个项目，公司选择投资规模较小的项目，企业在 $t = 0$ 时将有更多的投资资金。

鉴于这种情况，可以用于再投资的现金流产生的收益率是一个关键问题。如前所述，NPV 法以资本成本进行再投资，这通常是最佳假设。因此，当相互排斥项目之间存在矛盾性结论时，就使用净现值法。

自我测验

1. 用文字描述净现值曲线是怎样绘制的，X 轴和 Y 轴的截距是如何确定的。

2. 什么是交叉点折现率？在做决策净现值法和内部收益率法存在矛盾时，交叉点折现率与资本成本有什么联系？

3. 评价相互排斥项目时，引起净现值法和内部收益率法产生矛盾的两个特征是什么？

11.8 投资回收期

净现值法是目前资本预算最常用的方法。但从历史上看，首选的方法却是投资回收期。**投资回收期**（payback

⊖ 当然，相互排斥项目也可能存在规模和时间分布两种差异。另外，如果相互排斥项目的周期不同（与相同周期的不同时间分布的现金流模式相对应），问题会更为复杂。为了有意义的比较，有些相互排斥项目必须按相同的周期进行比较。这个问题将在后面第 12 章中进行讨论。

period），是指从投资项目的现金流中回收用于投资该项目的全部资金所需的年数。式（11-3）可用于计算投资回收期，计算过程如图 11-7 所示。我们从项目的成本开始（这是一个负的现金流），然后加上每年的现金流入，直到累计现金流变为正值。投资回收年度是完全回收投资成本之前的一年，加上年末尚未回收投资除以随后一年现金流入量的商。[⊖]

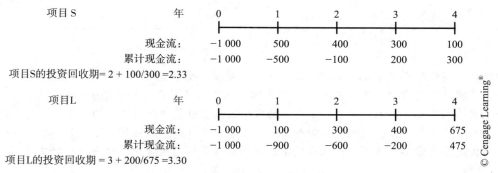

图 11-7 投资回收期的计算过程

投资回收期 = 完全回收项目成本之前的年份 + 年末尚未收回投资 / 随后一年的现金流 　　　（11-3）

投资回收期越短，项目越好。因此，如果公司需要三年或更短的投资回收期，项目 S 将被接受，但项目 L 将被拒绝。如果项目是相互排斥的，项目 S 将排在项目 L 之前，因为它的投资回收期较短。

投资回收期有三个缺陷：①给予在不同年份收到的所有资金相同的权重（即货币的时间价值被忽略）；②无论投资回收期之后的现金流有多大，都不予考虑；③净现值主要告诉我们项目会提高多少股东财富，内部收益率主要告诉我们项目收益率会比资本成本高多少，与净现值和内部收益率不同，投资回收期只是告诉我们什么时候收回我们的投资。投资回收期和投资者财富最大化之间没有必然联系，因此，我们不知道可接受的投资回收期是多长。公司可能使用两年、三年或任何其他年数作为最短可接受投资回收期，但这种选择是武断的。

为了弥补第一个缺陷，分析师提出了动态投资回收期，**动态投资回收期**（discounted payback）是指现金流按照加权平均资本成本折现，然后这些折现现金流被用于计算投资回收期。在图 11-8 中，我们计算项目 S 和项目 L 的动态投资回收期，假设两者都有 10% 的资本成本。每个现金流入量除以（$1+r$）^{t}=1.10^t，其中 t 是现金流发生的年份，r 是项目的资本成本，并且这些现值用于计算投资回收期。项目 S 的动态投资回收期是 2.95 年，而项目 S 的动态投资回收期是 3.78 年。

值得注意的是，投资回收期是一个"盈亏平衡"的计算，如果现金流以预期的速度流入，项目将盈亏平衡。但是，由于静态投资回收期不考虑资本成本，所以不是真正规定实现盈亏平衡的年份。

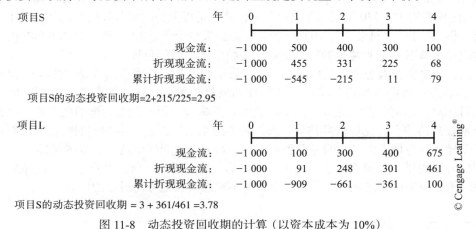

图 11-8 动态投资回收期的计算（以资本成本为 10%）

动态投资回收期考虑了资本成本，但它仍然忽视了回收期以后的现金流，这是一个严重的缺陷。此外，如果相互排斥的项目规模不同，两种投资回收期计算方法都可能与 NPV 法冲突，这可能导致选择不当。最后一

[⊖] 式（11-3）假设现金流在每个年度内保持一致。

点，目前没有办法通过投资回收期来说明可接受投资项目的最短投资回收期是多少。

即使投资回收期计算方法作为项目排序标准有缺陷，但它们提供了有关流动性和风险的信息。如果其他事项保持不变，投资回收期越短，项目的流动性就越大。这个因素通常对于难以进入资本市场的小规模公司是很重要的。此外，远期现金流通常比近期现金流更具风险，因此，投资回收期被视为一个衡量项目风险的指标。

自我测验

1. 投资回收期法提供了哪些其他资本预算决策方法不能提供的信息？

2. 常见的投资回收期法有哪三个缺陷？动态投资回收期纠正了所有这些缺陷吗？请解释。

3. 项目P的成本为1 000美元，未来3年每年的现金流为300美元，第4年的现金流量为1 000美元。项目的资本成本为15%。项目P的投资回收期和动态投资回收期分别为多少？（3.10，3.55。）如果公司要求投资回收期在3年左右，那么是否应该接受该项目？从净现值或内部收益率的角度考虑，这是一个好决策吗？（NPV=256.72美元，IRR=24.78%。）

11.9　资本预算方法总结

我们讨论了5种资本预算决策标准：净现值、内部收益率、修正的内部收益率、投资回收期和动态投资回收期。我们将这些方法相互比较，并强调了它们的优势和劣势。在这个过程中，我们也许会产生"成熟的"公司应该只使用NPV法的印象。然而，几乎所有的资本预算决策都是通过计算机分析的，所以很容易计算所有的5个决策指标。在做出接受或拒绝决定时，大型的、成熟的公司，如波音公司和空中客车通常计算和考虑所有5个指标，因为每个指标都提供了不同的决策信息。

净现值法是最佳方法，因为它提供了项目对增加股东财富的直接度量指标。内部收益率和修正的内部收益率也衡量了盈利能力，而且以百分比的收益率来表示，这对决策者是有用的。此外，内部收益率和修正的内部收益率提供关于项目"安全边际"的信息。例如，考虑加权平均资本成本为10%的公司必须在这两个相互排斥的项目之间做出选择：项目SS（小型），成本为1万美元，1年后预期收益为16 500美元；项目LL（大型），成本为100 000美元，1年后预期收益为115 550美元。项目SS具有较高的内部收益率65%，而项目LL的内部收益率为15.6%。净现值法呈现了不同的景象——当资本成本为10%时，项目SS的净现值是5 000美元，项目LL是5 045美元。根据净现值法，我们将选择项目LL。然而，项目SS的内部收益率表明它的安全边际更大：即使现金流比预期的16 500美元下降39%，该公司仍将收回其10 000美元的投资额。另一方面，如果项目LL的现金流入比预期的115 550美元仅下跌13.5%，该公司将无法收回其投资。此外，如果两个项目都没有产生任何现金流，那么项目SS只会损失10 000美元，但如果接受项目LL，则损失100 000美元。

修正的内部收益率具有内部收益率的所有优点，还结合了更好的再投资收益率假设，并避免了多重内部收益率的问题。因此，如果决策者想知道项目的收益率，修正的内部收益率是比常规内部收益率更好的指标。

投资回收期和动态投资回收期提供了项目流动性和风险的指示。长期投资意味着投资额将被锁定很长时间，因此，该项目相对缺乏流动性。此外，投资回收期长意味着必须预测更长远的现金流，这也可能使项目风险高于投资回收期较短的项目，比如债券估值。投资者不应该只将两个债券的到期收益率进行比较，而不考虑它们的到期期限差异，因为债券的风险明显受到到期日的影响。这同样也适用于资本项目。

总之，不同的方法提供不同类型的信息。因为这些都很容易计算，所以在资本预算决策时都应纳入考虑范围。对于大多数决策，应当给予净现值最大的权重，但不能忽略其他方法提供的信息。

自我测验

1. 描述本章所讨论的5种资本预算决策方法的优点和缺点。

2. 能否只根据项目的NPV进行资本预算决策？

11.10　实务中的决策标准

多年以来，学者们运用问卷调查来找出管理者实际运用的资本预算方法。1999 年之前的问卷调查要求公司说明其认为的最重要的方法，而 1999 年的调查主要询问公司管理者运用的是哪一个或哪几个决策参考方法。所有调查的摘要见表 11-2，它揭示了一些有趣的趋势。

表 11-2　资本预算方法的实践运用

	主要资本预算方法			计算并运用的资本运算方法
	1960 年	1970 年	1980 年	1999 年
净现值	0	0	15%	75%
内部收益率	20%	60%	65%	76%
投资回收期	35%	15%	5%	57%
动态投资回收期	不适用	不适用	不适用	29%
其他	45%	25%	15%	不适用
合计	100%	100%	100%	

资料来源：1999 年的数据来源于 John R. Graham and Campbell R. Harvey，" The Theory and Practice of Corporate Finance：Evidence from the Field，" *Journal of Financial Economics*，vol. 60，nos. 2 and 3 (2001)，pp. 187–244。1999 年之前的数据是根据下列研究的平均数值所做出的估计：J. S. Moore and A. K. Reichert，" An Analysis of the Financial Management Techniques Currently Employed by Large U.S. Corporations，" *Journal of Business Finance and Accounting*，vol. 10，no. 4 (Winter 1983)，pp. 623–645；and M. T. Stanley and S. R. Block，"A Survey of Multinational Capital Budgeting，" *The Financial Review*，vol. 19，no. 1 (March 1984)，pp. 36–51.

第一，NPV 法在 1980 年之前没有被广泛使用，但到 1999 年，它是使用最频繁的方法之一。此外，与公司的非正式讨论表明，如果在 2020 年进行问卷调查，NPV 法是运用最频繁的方法。第二，IRR 法被广泛使用，但其近期的增长不如 NPV 法显著。第三，多年前投资回收期是最重要的资本预算方法，虽然 1980 年其使用频率已大幅下降，但因为它计算容易，并能提供一些信息，许多公司仍然使用投资回收期法，只是在今天它很少作为主要方法来使用。第四，由于 IRR 法，特别是 NPV 法广泛运用，因此以会计收益率和盈利能力指数为主的"其他方法"已经淡出了使用的范围。

这些趋势与我们对各种资本预算方法的评价一致。NPV 法是最好的单一指标，但所有的方法均能提供有用的信息，并且都容易计算，因此，应结合判断和常识进行全面综合使用。我们将在下一章中进一步探讨资本预算方法。

自我测验

从表 11-2 中可以看出运用资本预算决策方法具有什么趋势？

本章小结

在本章中，我们介绍了用于评估资本预算项目的五种方法——净现值法、内部收益率法、修正的内部收益率法、投资回收期法和动态投资回收期法。NPV 是最好的单一指标，因为它告诉我们每个项目对股东财富贡献多少价值。因此，NPV 法应在资本预算决策中占最大权重。但是，其他方法同样能够提供有用的信息，并且在这个计算机时代，所有结果均容易计算。因此，管理者在决定接受或拒绝项目以及在相互排斥的项目中进行选择时，通常会考虑所有的 5 个指标。

在本章中，我们将所给出的现金流用于说明不同的资本预算方法。正如你将在下一章中看到的，估算现金流是一项重要任务。尽管如此，本章所建立的框架对健全的资本预算分析起着至关重要的作用。因此，你应该：

- 理解资本预算。
- 理解如何计算和使用主要资本预算决策方法，即净现值法、内部收益率法、修正的内部收益率法和投资回收期法。

● 理解为什么净现值法是最好的方法，以及如何克服其他方法中存在的问题。

● 理解虽然净现值法是最好的方法，但其他方法也能为决策者提供有用的信息。

自测题

ST-1 关键术语

定义下列术语：

a. 资本预算、战略经营规划

b. 净现值

c. 内部收益率

d. 净现值曲线、交叉点折现率

e. 相互排斥项目、相互独立项目

f. 非常规现金流、常规现金流、多重内部收益率

g. 修正的内部收益率

h. 投资回收期、动态投资回收期

ST-2 资本预算标准

你需要分析两个项目 X 和 Y，每个项目的成本是 1 万美元，公司的加权平均资本成本为 12%，预期现金流如下：

	0	1	2	3	4
项目 X	−10 000	6 500	3 000	3 000	1 000
项目 Y	−10 000	3 500	3 500	3 500	3 500

a. 计算各项目的 NPV、IRR、MIRR、投资回收期和动态投资回收期。

b. 如果两个项目是相互独立的，哪个项目会被接受？

c. 如果两个项目是相互排斥的，哪个项目会被接受？

d. WACC 的变化会让两个项目的 NPV 和 IRR 产生什么矛盾？如果 WACC 是 5%，会产生矛盾吗？（提示：绘制 NPV 曲线，交叉点折现率为 6.218 75%。）

e. 为什么会存在矛盾？

简答题

11-1 如何在资本预算过程中使用项目分类？

11-2 常规的计算投资回收期方法有哪三个潜在缺陷？动态投资回收期法是否纠正了这三个缺陷？请解释说明。

11-3 为什么相对长期的项目（其中很大一部分的现金流发生在项目后期）的净现值对 WACC 的变化比对短期项目的变化更敏感？

11-4 什么是相互排斥项目？经理人应如何排列相互排斥项目？

11-5 如果比较两个相互排斥项目，高资本成本是否有利于长期或短期项目？为什么？如果资本成本下降，是否会导致企业更多地投资于长期项目或短期项目？ WACC 的下降（或增加）是否会导致相互排斥项目的 IRR 法对这两个项目的排序发生变化？请解释说明。

11-6 讨论以下说法：如果一个公司只有相互独立项目，一个恒定的 WACC 和具有正常现金流动的项目，按照 NPV 法和 IRR 法将总是导致相同的资本预算决定，这意味着 IRR 法和 NPV 法之间应该怎样选择？如果每个假设都（依次）改变了，你的答案会怎样改变？

11-7 为什么一个不能进入资本市场的小公司使用投资回收期法而不是 NPV 法是合理的？

11-8 项目 X 风险很大，其 NPV 为 300 万美元。项目 Y 非常安全，其 NPV 为 250 万美元。它们是相互排斥的，并且在 NPV 分析中已经适当地考虑了项目风险。应该选择哪个项目？请解释说明。

11-9 在 NPV 法，IRR 法和 MIRR 法中建立了什么再投资收益率假设？给出你的答案和解释。

11-10 一家公司有 1 亿美元的资本预算。它正在考虑两个项目，每个项目花费 1 亿美元。项目 A 的内部收益率为 20%，净现值为 900 万美元；它将在 1 年后终止，利润为 2 000 万美元，导致每股收益立即增加。项目 B（不能推迟）的内部收益率为 30%，净现值为 5 000 万美元。然而，如果接受项目 B，公司的短期 EPS 将会减少，因为项目 B 几年内不会产生收入。

a. EPS 的短期影响是否会影响两个项目之间的选择？

b. 这样的情况下，如果使用投资回收期法，公司将如何决策？

问答题

（11-1 ～ 11-6 为简单题）

11-1 NPV 项目 L 的成本为 65 000 美元，其预计现金流入为每年 12 000 美元，持续 9 年，其 WACC 为 9%。项目的净现值是多少？

11-2 IRR 参见问答题 11-1，项目的 IRR 是多少？

11-3 MIRR 参见问答题 11-1，项目的 MIRR 是多少？

11-4 投资回收期 参见问答题 11-1，项目的投资回收期多长？

11-5 动态投资回收期 参见问答题 11-1，项目的动态投资回收期多长？

11-6 NPV 你的部门正在考虑以下现金流（百万美元）的两个项目：

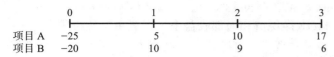

a. WACC 分别为 5%、10%、15% 的情况下，项目的 NPV 分别为多少？

b. 在这些（见 a）WACC 下，项目的 IRR 分别为多少？

c. 如果 WACC 为 5% 且项目 A 和项目 B 为互斥项目，你会选择哪个项目？如果 WACC 为 10% 呢？如果 WACC 为 15% 呢（提示：交叉点折现率为 7.81%）？

（11-7～11-13 为中等难度题）

11-7 资本预算标准 一家 WACC 为 14% 的公司正在评估今年资本预算的两个项目，包括折旧的税后现金流如下（以美元为单位）：

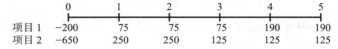

a. 计算各项目的 NPV，IRR，MIRR，投资回收期和动态投资回收期。

b. 假设项目相互独立，你会推荐哪个项目？

c. 如果项目相互排斥，你会推荐哪个项目？

d. 请注意，项目的现金流在时间安排上是相同的。为什么 NPV 和 IRR 之间存在矛盾？

11-8 资本预算标准：道德因素 一家采矿公司正在考虑一个新项目。因为矿场已经收到许可证，该项目将是合法的，但会对附近河流造成重大破坏。公司项目开始时可以花费额外的 1 000 万美元来缓解环境问题，但不需要这样做。开发矿山（无减排）将花费 6 000 万美元，预计现金流入将是每年 2 000 万美元，持续 5 年。如果公司确实投资于缓解环境问题，每年的流入将是 2 100 万美元。风险调整后的 WACC 为 12%。

a. 分别计算缓解环境问题和不缓解情况下的 NPV 和 IRR。

b. 在评估这个项目时，怎样才能处理环境的影响问题？

c. 是否应该进行这个项目？如果进行，企业是否应该缓解环境问题？

11-9 资本预算标准：道德因素 一家电力公司正在考虑在亚利桑那州北部建一个新的电厂。工厂生产的电力将在急需电力的菲尼克斯地区出售。因为公司已经收到许可证，所以工厂将是合法的，但它会造成一些空气污染。公司可以在项目开始时花费额外的 4 000 万美元来缓解环境问题，但并不是必须这样做。没有减排的工厂将花费 2.4 亿美元，预计现金流入将是每年 8 000 万美元，持续 5 年。如果公司确实投资于缓解环境问题，每年的现金流入将是 8 400 万美元。工厂所在地区的失业率很高，该工厂将提供约 350 个工作岗位。风险调整后的 WACC 为 17%。

a. 分别计算缓解环境问题和不缓解情况下的 NPV 和 IRR。

b. 在评估这个项目时，怎样才能处理环境的影响问题？

c. 是否应该进行这个项目？如果进行，企业是否应该缓解环境问题？为什么？

11-10 资本预算标准：相互排斥项目 一家 WACC 为 10% 的公司正在考虑以下两个相互排斥的项目（以百万美元为单位）：

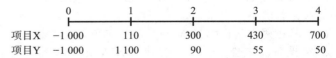

你将推荐哪个项目？请解释

11-11 资本预算标准：相互排斥项目 项目 S 的成本为 17 000 美元，其预期现金流为每年 5 000 美元，持续 5 年。互斥项目 L 的成本为 30 000 美元，其预计现金流为每年 8 750 美元，持续 5 年。如果两个项目的 WACC 都为 12%，那么你会推荐哪个项目？请解释说明。

11-12 内部收益率和净现值 一家公司正在分析两个相互排斥的项目 S 和项目 L，其现金流如下（以百万美元为单位）：

	0	1	2	3	4
项目 S	−1 000	870	250	25	25
项目 L	−1 000	0	250	400	845

公司的 WACC 是 8.5%。更好的项目的 IRR 是多少？（提示：更好的项目未必是具有更高 IRR 的项目。）

11-13 修正的内部收益率 一家公司正在分析两个相互排斥的项目 X 和项目 Y，其现金流如下（以百万美元为单位）：

	0	1	2	3	4
项目 X	−1 000	110	300	430	700
项目 Y	−1 000	1 100	90	55	50

两个项目的风险相同，其 WACC 均为 11%。股东价值最大化项目的 MIRR 是多少？

（11-14～11-22 为具有挑战性的难题）

11-14 在最低成本的基础上选择强制性项目 Kim 公司必须在其主要工厂安装一个新的空调机组。Kim 公司必须安装一组或另一组，否则，高利润的工厂将不得不关闭。有两组可选，HCC 和 LCC（分别表示高资本成本和低资本成本）。HCC 具有高资本成本，但是经营成本相对较低，而 LCC 具有低资本成本，但是使用更多的电力而具有更高的经营成本。单位成本如下所示。Kim 公司的 WACC 是 7%。

	0	1	2	3	4	5
HCC	−600 000	−50 000	−50 000	−50 000	−50 000	−50 000
LCC	−100 000	−175 000	−175 000	−175 000	−175 000	−175 000

a. 你会推荐哪一组？请解释。

b. 如果 Kim 公司的所有者想要知道两个项目的 IRR，你会告诉他什么？

c. 如果 WACC 提高至 15%，这会影响到你的选择吗？解释你的答案并给出理由。

11-15 NPV 项目：时间分布不同 石油钻探公司必须在两个相互独立的开采项目之间进行选择，每个成本为 1 200 万美元。在计划 A 下，所有石油将在 1 年内提取，$t=1$ 时产生的现金流为 1 440 万美元。在计划 B 下，20 年的现金流为每年 210 万美元。该公司的 WACC 是 12%。

a. 画出计划 A 和计划 B 的 NPV 曲线，计算每个项目的 IRR，并得出大致的交叉点折现率。

b. 假设公司的资本成本为 12%，公司在此成本水平上可以不受限制地筹集资本。公司将接受所有收益率高于 12% 的相互独立项目，请问这是否符合逻辑？如果所有收益率大于 12% 的项目已经开展，这是否意味着过去投资的现金流只有 12% 的机会成本，因为所有公司利用这些现金流归还成本为 12% 的借款？这是否意味着 WACC 是项目现金流的再投资收益率的合理假设？为什么？

11-16 NPV 项目：规模不同 一家公司正在考虑两个相互排斥的扩展计划。计划 A 要求在一个大型综合性工厂支出 4 000 万美元，在 20 年内每年可产生 640 万美元的预期现金流。计划 B 需要支出 1 200 万美元来建设一个效率较低的劳动密集型工厂，预计 20 年的现金流为每年 272 万美元。该公司的 WACC 是 10%。

a. 计算每个项目的 NPV 和 IRR。

b. 画出计划 A 和计划 B 的 NPV 曲线并得出大致的交叉点折现率。

c. 计算当两个项目的 NPV 相等时的交叉点折现率。

d. 在提高股东价值方面，为什么 NPV 比 IRR 更有利于资本预算决策？

11-17 资本预算标准 一家公司的 WACC 为 11%，正在考虑两个相互排斥的投资项目，项目 A 和项目 B（不能重复），现金流如下（以百万美元为单位）。

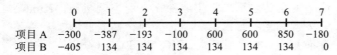

	0	1	2	3	4	5	6	7
项目 A	−300	−387	−193	−100	600	600	850	−180
项目 B	−405	134	134	134	134	134	134	0

a. 各项目的 NPV 是多少？

b. 各项目的 IRR 是多少？

c. 各项目的 MIRR 是多少？（提示：将 7 段时期看作项目 B 的全部期限。）

d. 从问题 a、b 和 c 的做答中，哪个项目会被选择？如果 WACC 为 18%，哪个项目会被选择？

e. 画出项目 A 和项目 B 的 NPV 曲线。

f. 计算当两个项目的 NPV 相等时的交叉点折现率。

g. 当 WACC 为 18% 时，各项目的 MIRR 为多少？

11-18 净现值和内部收益率 商店在商场租赁有 5 年。租金是每月 2 000 美元，还剩 60 次交易，下一次付款在 1 个月之后。商场的业主计划在 1 年内出售该物业，并希望当时的租金很高，使物业看起来更有价值。因此，商店得到了一份新的 5 年租赁合同，并且新的租约条款"非常划算"（从商场所有者的角度看）。新租约要求前 9 个月不收租金，然后在后 51 个月每月租金 2 600 美元。租约不能撤销，商店的 WACC 是 12%（或每月 1%）。

a. 新租约是否应该被接受？（提示：请确保使用每月 1% 的 WACC。）

b. 如果商店所有者决定与商场所有者对新租约的付款方式进行谈判，那么什么样的付款方式会使新旧租约无差别？（提示：查找 $t=9$ 时旧租约的原始成本的 FV，然后将其视为 51 期年金的 PV，其付款额代表了 10 至 60 个月期间的租金。）

c. 店主不确定 12% 的 WACC，它可能更高还是更低。WACC 为多少时使这两个租约在店主面前无差别？（提示：计算两个付款流动之间的差异，然后查找其 IRR。）

11-19 多重内部收益率和修正的内部收益率 一家采矿公司正在决定是否开设一个露天矿山，这项开采费用为 200 万美元。在第 1 年年底将发生 1 300 万美元的现金流入。在第 2 年年末，该公司必须支付 1 200 万美元，使这块土地恢复到自然状态。

a. 画出该计划的 NPV 曲线。

b. 如果 WACC 为 10%，这个项目是否应该被采纳？如果 WACC 为 20% 呢？说明原因。

c. 是否存在另外一种资本预算情形：现金流出发生在项目周期内或项目后期，从而导致项目产生多重内部收益率？

d. 在 WACC 为 10% 时，该项目的 MIRR 是多少？若 WACC 为 20% 呢？按照 MIRR 法与 NPV 法是否能得出相同的接受 / 拒绝该项目的决定？MIRR 法总能得出与 NPV 法相同的接受 / 拒绝决定吗？（提示：考虑不同规模的相互排斥项目。）

11-20 净现值 一个项目在未来 10 年的年度现金流为 5 000 美元，然后在未来 10 年每年 9 000 美元。这 20 年项目的内部收益率是 8.52%。如果公司的 WACC 是 8%，那么项目的净现值是多少？

11-21 修正的内部收益率 项目 X 的成本为 1 000 美元，其现金流在 1 至 10 年相同。其内部收益率为 16%，WACC 为 8%。该项目的 MIRR 是多少？

11-22 修正的内部收益率 某项目存在如下现金流（以

百万美元为单位）：

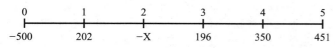

0	1	2	3	4	5
−500	202	−X	196	350	451

该项目在第 0 年和第 2 年需要两次现金流出，但剩余的现金流是正数。其 WACC 为 10%，MIRR 为 14.14%。第 2 年现金流出是多少？

综合 / 电子表格问题

资本预算标准　你们部门正在考虑项目 A 和项目 B 两个投资项目。公司的 WACC 为 10%。两个项目的税后现金流如下（以百万美元为单位）。

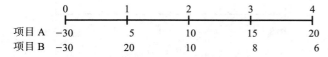

	0	1	2	3	4
项目 A	−30	5	10	15	20
项目 B	−30	20	10	8	6

a. 计算项目的净现值、内部收益率、修正的内部收益率、静态投资回收期和动态投资回收期。

b. 如果两个项目是相互独立的，你将选择哪一个？

c. 如果两个项目是相互排斥的，且加权平均资本成本为 10%，你将选择哪个项目？

d. 画出这两个项目的 NPV 曲线，并在图中找出项目的 IRR。

e. 如果 WACC 为 5%，且为相互排斥项目，会改变你的选择吗？如果 WACC 为 15%，会改变你的选择吗？请解释说明。

f. 交叉点折现率为 13.525 2%。解释折现率的含义，它怎样影响两个相互排斥项目的选择？

g. 当评估相互独立项目时，NPV 和 IRR 之间是否可能存在矛盾？请解释说明。

h. 现在从静态投资回收期和动态投资回收期的角度考虑，哪个项目看起来更好？

i. 如果公司用于接受或拒绝项目的唯一标准是投资回收期，根据投资截止点，公司应该选择何种投资回收期？如果投资回收期不低于所选截止点，就拒绝该项目吗？是根据一些经济标准选择了截止点，还是任意选择的？当企业使用 NPV 或 IRR 作为标准时，截止点的选择标准是否同样任意？请解释说明。

j. 定义 MIRR。IRR 和 MIRR 之间有什么区别？哪一个指标能更好地反映一笔投资或一个项目的收益率？

k. 为什么大多数学者和财务总监认为 NPV 是唯一的最佳标准，并且优于 IRR？为什么公司仍然要计算 IRR？

综合案例

Allied 配件公司

资本预算基础　你最近要到 Allied 配件公司工作，该公司是为戴姆勒、福特、丰田和其他汽车制造商的售后提供汽车修理零件的供应商。你的上司是公司的首席财务官（CFO），他刚刚递交了两个拟议项目的预期现金流。项目 L 是向公司的点火系统生产线添加一个新项目，需要一些时间来建立这个产品的市场，所以现金流入将随着时间的推移而增加。项目 S 是在现有生产线上增加一个附加组件，其现金流将随时间而减少。两个项目都有 3 年的生命周期，因为 Allied 配件公司计划在 3 年后引进全新的车型。

下面是两个项目的税后现金流（以千美元为单位）。

	0	1	2	3
项目 L	−100	10	60	80
项目 S	−100	70	50	20

折旧、残值、经营性营运资本净额和税收影响都已经包含在这些现金流中。首席财务官对各个项目进行主观的风险评估，认为两个项目的风险特征与公司一般项目的风险特征相似。Allied 配件公司的 WACC 为 10%。你现在必须决定是否接受其中一个项目或两

个项目。

a. 什么是资本预算？公司资本预算决策和个人投资决策之间有相似之处吗？

b. 相互独立项目和相互排斥项目有什么区别？常规现金流与非常规现金流有什么区别？

c. 1. 定义净现值（NPV）。各项目的 NPV 分别为多少？

2. NPV 法的基本原理是什么？根据 NPV，如果它们是相互独立的，哪些项目应该被接受？如果是相互排斥的呢？

3. 如果 WACC 变化，NPV 是否会随之变化？请解释说明。

d. 1. 定义内部收益率（IRR）。各项目的 IRR 分别为多少？

2. 项目中的 IRR 与债券中的到期收益率有什么关联？

3. IRR 法的基本原理是什么？根据 IRR 法，如果它们是相互独立的，哪些项目应该接受？如果它们是相互排斥的呢？

4. 如果 WACC 变化，IRR 是否会随之变化？

e. 1. 画出项目 L 和项目 S 的 NPV 曲线。曲线交点所对应的交叉点折现率为多少？

2. 观察你画出的净现值曲线，不参考实际的 NPV 和 IRR。如果它们是相互独立的，哪些项目应该被接受？如果是相互排斥的呢？请解释说明。在 WACC 小于 23.6% 的情况下，你刚才的答案是否正确？

f. 1. NPV 和 IRR 对项目排序产生矛盾的根本原因是什么？

2. 什么是再投资收益率假设，它如何影响 NPV 与 IRR 对项目排序产生的矛盾？

3. NPV 和 IRR 哪个方法是最好的？为什么？

g. 1. 定义修正的内部收益率（MIRR）。项目 L 和项目 S 的 MIRR 分别为多少？

2. 与 NPV 法相比，MIRR 法的优点和缺点分别是什么？

h. 1. 什么是投资回收期？项目 L 和项目 S 的投资回收期分别为多少？

2. 投资回收期法的基本原理是什么？根据投资回收期法的标准，如果企业的最高可接受投资回收期是 2 年，且项目 L 和项目 S 是相互独立的，那么应该接受哪些项目？如果项目 L 和项目 S 是相互排斥的呢？

3. 静态投资回收期和动态投资回收期方法有什么区别？

4. 动态投资回收期的两个主要缺点是什么？投资回收期法在资本预算决策中是否有用？请解释说明。

i. 作为一个单独的项目（项目 P），公司正在考虑在即将到来的世界博览会上设立一个展馆。展馆将花费 80 万美元，预计在其运营的一年内产生 500 万美元的现金流入增量。然而，这需要一年的时间和 500 万美元的成本来拆除现场，并使其恢复到原来的状态。因此，项目 P 的预期现金流（以百万美元为单位）如下所示。

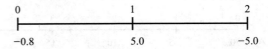

该项目具有行业内平均风险，且加权平均资本成本为 10%。

1. 项目 P 的净现值为多少？内部收益率为多少？修正的内部收益率为多少？

2. 画出项目 P 的净现值曲线。项目 P 有常规的还是非常规的现金流？这个项目是否应该被接受？请解释说明。

第 12 章

现金流估计与风险分析

家得宝公司新投资评估

家得宝公司[⊖]（Home Depot，以下简称"HD"）在过去的 30 多年中增长惊人。1990 年年初，HD 拥有 118 家商店，年销售额为 28 亿美元。到 2020 年年初，HD 已有 2 291 家商店，年销售额为 1 100 亿美元。HD 的股价从 1990 年分拆调整后的每股 1.87 美元上升到 2020 年 5 月的每股 226 美元。股东从股价上涨中获益颇丰。

然而，在此期间，有关 HD 的消息并非一直都是正面的。众所周知，在 2008～2009 年金融危机和房地产市场低迷期间，HD 也一度挣扎前行。在 2009 年年报中论及公司奋力拼搏的情形时，公司管理层做出了如下评论：

在 2008 财年，为了改善自由现金流，提供更高的收益，以及通过对现有店铺的投资来继续提升顾客的体验，公司缩减了建筑面积增长计划。作为促进店铺合理布局计划的一大成果，公司决定取消大约 50 家正在筹划中的美国新店并在 2008 财年的第二季度关闭了美国 15 家营业不佳的店铺，并且希望在不同时期将这些店铺的场所处置掉或转租出去。

在这份年报发布后的十几年里，HD 又在一些认为门店能够兴旺起来的街区慢慢地开设了新店。与此同时，为了增强其数字化业务，HD 加大了对现有门店的各种风险投资。最近 HD 在其 2019 年年度报告中强调：

在过去的几年里，零售业的格局不断改变，客户对购物方式、购物地点和购物时间的期望也在持续变化。为了应对这一挑战，我们必须更加灵活地适应不断变化的竞争环境和客户偏好。因此，2017 年年末，我们启动了转型之旅，打造了"一个家得宝"的体验，这是我们对"无接触式"购物体验的愿景，使我们的客户能够无缝融合数字世界和物理世界。我们的多年加速投资计划（约 110 亿美元）已经进行了两年，旨在创造这种体验。我们正在投资店铺、员工、互联网与数字化体验、专业客户体验、服务业务、供应链以及产品创新，为我们的客户、员工、供应商和股东创造价值。

显然，HD 在评估新投资时非常谨慎。这种谨慎是可以理解的：购买土地、建造一家新店以及储备库存都要花费数百万美元。因此，公司必须进行财务分析，以确定潜在门店的预期现金流是否能覆盖其成本。

HD 利用现有门店的信息预测新开门店的预期现金流。到目前为止，它的预测一直很出色，但也会有风险。首先，门店的销售额可能低于预期，尤其是在经济疲软的情况下。其次，HD 的一些客户可能会完全绕过门店，通过互联网直接从制造商那里购买。最后，它的新门店可能会蚕食或减少现有商店或数字化的销售额。此外，新冠疫情导致的经济危机进一步加剧了这些风险。

在任何情况下，合理的扩张决策都需要对预测的现金流进行详细评估，并衡量预测销售量可能无法实

⊖ 家得宝为全球领先的家居建材用品零售商，美国第二大零售商，连锁商店遍布美国、加拿大、墨西哥和中国等国家。——译者注

现的风险。这些信息可以确定每个潜在项目相关风险调整后的净现值。在本章中，我们将介绍估计项目现金流以及项目风险的方法。HD 等公司在做资本预算决策时会定期使用这些方法。

资料来源："Annual Report 2019," ir.homedepot.com, March 25, 2020.

厘清头绪

资本预算的基本原则已在第 11 章论及。在项目预期现金流给定的情况下，计算净现值这一基本决策指标和内部收益率、修正的内部收益率、投资回收期、动态投资回收期等辅助指标都很容易。然而，在现实世界中，现金流的金额并不是现成的，而是基于各种渠道得到的信息估算而来。更何况现金流估计过程中充满着不确定性，因此，项目的不确定性越大，风险也越大。本章将回顾估算项目现金流的例子，讨论估测和应对风险的技术方法，讨论项目一旦启动该如何进行评估。

学完本章后，你应该能够完成下列目标。

- 确定"相关"现金流是否应该纳入资本预算分析中。
- 估计项目的相关现金流，并且将其放到能够用来计算项目 NPV、IRR 和其他资本预算指标的时间线上。
- 解释如何估测风险，并使用这一估测指标来调整公司的加权平均资本成本（WACC），进一步解释不同项目的风险差异。
- 正确计算具有不等寿命的相互排斥项目的净现值。

12.1 现金流估计中的概念性问题

在说明现金流估计过程之前，需要讨论几个重要的概念性问题。如果未能妥善处理这些问题，就会引起 NPV 计算错误，进而导致资本预算决策失误。

12.1.1 自由现金流和会计利润

上一章已说明项目的 NPV 等于折现后自由现金流的现值，第 3 章和第 9 章中界定的自由现金流如下：

$$FCF = [\,EBIT\,(1-T) + 折旧和摊销\,] - (资本支出 + \Delta净经营营运资本)$$

一个典型的项目将要求企业在 $t = 0$ 时垫付一定的资金，以对固定资产和净经营营运资本进行必要的投资。在某些情况下，公司可能还需要在项目整个营运期间持续投资，尤其是对一个需要持续不断地增加固定资产和存货支出的扩张项目。简单起见，除非另有说明，我们将假设固定资产和净经营营运资本的投资只在 $t = 0$ 时才会发生。

在进行初始投资后，项目将在其营运期间产生正的现金流。在自由现金流等式中，"[EBIT（1-T）+ 折旧和摊销]"代表项目的经营现金流。大多数情况下，这些现金流会在项目营运期间发生变化。

一旦项目终了，公司会处置项目的固定资产和存货，并收到现金。[⊖]在某些方面，我们可以认为在项目结束时出售固定资产作为负的资本支出，与用现金购买固定资产相反，公司是在出售资产来获取现金。

公司在项目终了时，处置的固定资产的价值通常被称为**残值**（salvage value）。如果资产的残值超过其账面价值，公司还必须为此缴税，具体如下：

残值缴税金额 =（残值 - 账面价值）× 税率

这里的账面价值等于资产的初始价格减去资产的总累计折旧。虽然折旧不是一项需要支付现金的费用，但它确实影响公司的纳税金额。因此，从税收角度来看，公司会计所用的折旧率很重要。在许多情况下，税法规定的折旧率和残值可能与公认会计准则中为了报告公司财务报表中会计利润所采用的数值大不相同。注意，上边的等式也意味着，如果公司出售资产所得小于账面价值，需要缴纳的税收就是负的（即公司获得税收

⊖ 在很多情况下，固定资产和存货在公司内部"出售"，用来营运另外一个项目。公司将新项目需要为获得同样的资产付出的对价作为处置的固定资产或存货的价格。这种"转移价格"是非常重要的。经营良好的公司会努力确保制定合理的"转移价格"，以保证资产在公司内部有效运转。

抵免）。

例如，2017 年颁布的《减税与就业法案》（TCJA）允许企业在成本产生时，扣除项目的所有前期固定资产费用。然而，美国公认会计原则仍然要求公司随着时间的推移对这些成本进行折旧。根据《减税与就业法案》，对在 2017 年 9 月 27 日至 2023 年 1 月 1 日内投入使用的资产，未使用过的和使用过的资产成本 100% 会立即费用化。对于 2023 年 1 月 1 日至 2027 年 1 月 1 日投入使用的资产，只有 80% 的资产成本可立即费用化。2027 年 1 月 1 日后投入使用的资产不允许立即费用化。这种"加速折旧"通常适用于寿命小于 20 年的资产。除非另有说明，否则我们假设所有审查的项目将皆有资格享受该折旧红利。在这种情况下，购买资产的全部成本将在购买时扣除（全额折旧）。因此，购买后的资产的账面价值将为零。

正如上文所述，项目通常需要在净经营营运资本方面发生初始增长。假定 HD 正在考虑新开一家店铺。公司估计需要 500 万美元来储备存货，其中 300 万美元存货赊欠，形成对供应商的应付账款，剩下的 200 万美元以现金支付。如果所有其他营运资本保持不变，那么这个项目使公司当前经营流动资产增加 500 万美元，经营流动负债增加 300 万美元。那么，要开这家店铺，净经营营运资本增加 200 万美元现金。如果存货数量和应付账款保持不变，那么在项目营运期内，净经营营运资本就不会有额外变化。一旦项目终了（即关闭店铺），最终价值 500 万美元的存货被卖掉，公司将偿还余下的 300 万美元应付账款。公司收回余下的现金 200 万美元，这与项目开始时需要投入的净经营营运资本相等。

12.1.2　现金流的时间设定

理论上，资本预算分析应当将现金流的时间设定在其恰好发生的时候，因此，每日现金流在理论上优于年度现金流。然而，估计和分析每日现金流费时费力，并且这样做可能并不比年度估计更精确，因为我们根本不能在未来 10 年或者更久的时间内准确地预测某一天的现金流。因此，我们一般假设所有现金流均发生在年末。然而，请注意，对于现金流高度可预测的项目，假设现金流发生在年中（甚或季度或月度）可能会更加有用，但大多情况下仍假设现金流发生在年末。

12.1.3　增量现金流

增量现金流（incremental cash flows）是指当且仅当某些特定事件发生时才会发生的现金流。在资本预算决策中，事件是公司接受一个项目，该项目的增量现金流是由于这个决定才会发生的现金流。为投资建筑物、设备和营运资本而发生的现金流，就像与项目相关的营业收入和营业成本一样，显然属于增量现金流。但是，有些项目并不那么明显，我们将在本节后面讲述。

12.1.4　替换项目

项目可以分为两种类型：扩张项目和替换项目。扩张项目就是公司进行新的投资，例如 HD 开张一家新的门店。替换项目就是公司更新现有资产以降低成本。例如，假定 HD 正在考虑更换一些货车，新货车的益处是降低燃料和维护费用，闪亮的新卡车也可能提升公司的形象和减少污染。替换项目的分析是复杂的，因为几乎所有的现金流都是增量现金流，通过新的成本减去旧的成本算出。因此，更高效的新卡车的燃料账单可能是每年 1 万美元，而旧卡车的是 1.5 万美元。节省下来的 0.5 万美元就是在替换分析中使用的增量现金流。同样，我们需要找到影响现金流的折旧和其他影响因素的差异。增量现金流一旦确定，就可以采用常规的净现值法来确定是更换还是继续使用现有资产。

12.1.5　沉没成本

沉没成本（sunk cost）是指过去发生的，不论未来是否接受都无法收回的成本。在资本预算决策中，我们关心的是未来的增量现金流，我们想要知道，新投资是否会产生足够的增量现金流，以判断新投资的合理性。由于沉没成本发生在过去，新项目无论是接受还是拒绝都无法收回，因此，沉没成本是资本预算分析中的不相关成本。

为了说明这个概念，假设 HD 花了 200 万美元来调查潜在的新店，并获得建造它所需的许可证。那么这 200 万美元就是沉没成本，因为钱已经花出去了，无论是不是开新店都不会再回来了。

不能正确地处理沉没成本就可能导致错误的决策。例如，假定 HD 完成了调查，发现需要在花费 200 万美元进行选址的基础上再花费 1 700 万美元才能开家新店，那么得出 HD 预计需要投资 1 900（=1 700+200）万美元，并据此计算开家新店的净现值是负的 100 万美元。这就意味着，HD 会放弃开家新店。然而，这是个错误的决策。真正的问题是，这 1 700 万美元现金的投资是否会产生充足的现金流以使净现值为正数。如果不考虑 200 万美元的沉没成本（本来就不应该考虑），那么开家新店的真正的净现值会是正的 100 万美元。因此，错误地处理沉没成本可能导致拒绝这个可以给股东带来价值 100 万美元的项目。

12.1.6　与公司资产相关的机会成本

另一个问题是与公司已经拥有的资产相关的机会成本。例如，假定 HD 拥有一块价值 200 万美元的土地，如果 HD 决定开家新店的话，就会使用这块土地以建造店铺。如果 HD 决定推进项目（开家分店），那么只需要再投资 1 500 万美元，而不是 1 700 万美元。因为 HD 不需要花 200 万美元来购置土地。这意味着 HD 开一家新店的成本是 1 500 万美元吗？当然不是。如果不开新店，HD 可以卖掉土地从而获得 200 万美元现金。这 200 万美元就是**机会成本**（opportunity cost）——如果 HD 使用这块土地开家新店的话就不会收到 200 万美元现金。因此，200 万美元必须作为新项目的成本。如果不这么做，那就人为地错误地增加了新项目的 NPV。

再考虑下一个例子。假定一家公司拥有市场价值 1 000 万美元的闲置建筑物和设备（即卖出就可以获得 1 000 万美元收入）。建筑物和设备未被使用，公司正打算将其用于新项目，只需额外投资 10 万美元作为营运资本，新项目就可以不断地产生 5 万美元的年现金流入量。如果这家公司的加权平均资本成本是 10%，并且项目仅需使用 10 万美元的营运资本作为必要投资额，那么，这个项目的净现值为 40（=5/0.1−10）万美元。这意味着这个项目是划算的吗？当然不是。该公司可以以 1 000 万美元的价格卖掉建筑物和设备，这可比 40 万美元多太多。

12.1.7　外部性

另一个潜在的问题是外部性问题。**外部性**（externalities）是指一个项目对公司其他部分或者环境的影响。有三种类型的外部性：公司内部的负外部性、公司内部的正外部性和环境外部性，具体解释如下。

1. 公司内部的负外部性

正如前文提到的，零售商（例如 HD）要开一家新店，新店如果距离现有门店太近，将会抢走现有门店的顾客。在这种情况下，尽管新门店有正的现金流，但它的存在减少了公司其他门店的当前现金流。这种类型的外部性被称为"蚕食"，因为新业务"吃"掉了公司的现有业务。制造商也同样可能经历过"蚕食"。例如，当星巴克决定是否开一家新店时，会考虑新店对周边咖啡店销售额的减少程度。星巴克应该考虑这些损失的现金流，并将其视为开设新店的机会成本。

正确地处理负外部性问题，有时候会很难。如果星巴克决定因为它的蚕食效应而不开设新店，那么其他竞争者是否会在同一个地点开设一家新咖啡店呢？那么无论星巴克是否开设了新的门店，都会导致现有的咖啡店失去销售额。从逻辑上讲，星巴克必须审视全局，而不仅仅是简单的机械分析。公司想要做出正确的决策，需要具备行业经验和知识。

公司错误处理蚕食效应的最好例子之一是 IBM 在 20 世纪 70 年代面对晶体管的反应。晶体管为个人计算机（PC）提供了技术可行性。当时，IBM 的大型计算机在该领域表现最好，产生了巨额利润。同时 IBM 也有 PC 技术，进入了 PC 市场，并一度成为行业领先的公司。然而，高级管理层决定放弃 PC 业务，因为经理们担心它会伤害更有利可图的大型计算机业务。这一决定为微软、英特尔、戴尔、惠普和其他公司打开了大门，IBM 从世界上最有利可图的公司变成了其生存都受到威胁的公司。值得称赞的是，IBM 现在已经成功地将重点转移到专注于提供广泛的技术和商业服务业务上了。然而，这一经验突出表明，虽然理解财务理论至关重要，但了解商业环境同样重要，包括竞争对手如何对公司的行为做出反应。做出好的财务决策需要依赖大量的判断。

2. 公司内部的正外部性

当新产品与旧产品之间存在竞争时，就会相互蚕食。然而，新的项目也可能是对原有项目的补充，在这种情况下，引入新项目会增加原有项目的现金流。例如，苹果公司的 iPod 是一个有利可图的产品，但苹果公司仍投资于另一个项目——iTunes 音乐商店，促进了 iPod 的销量。因此，如果仅是分析了音乐商店的 NPV 是负的，那么这个分析并不完整。要想全面分析，就要将音乐商店促进 iPod 销售从而增加增量现金流的情况考虑到音乐商店的 NPV 计算中，因为这可能使音乐商店这个项目的 NPV 由负转正。

3. 环境外部性

负外部性的最常见的类型是一个项目对环境的影响。政府的规章制度限制了公司的所作所为，但是公司在处理环境问题时有一定的灵活性。例如，假设制造商正在研究拟建新工厂的提案。该公司能用 100 万美元的代价满足环保法规的监管。但该厂散发的气体仍然可能引起附近居民的反感。这些反感不会出现在现金流的分析中，但仍然应该考虑。也许相对较小的额外支出可大大减少排放量，使工厂看起来比同区域的其他工厂相对较好，为公司带来商誉。而商誉可以在未来的公司产品销售和与政府的谈判中提供帮助。

当然，每个人的利益都依赖于一个健康的地球。因此，企业也有动机去做保护环境的事情，尽管不是必须这么做。然而，如果一家公司决定采取有利于环境但代价高昂的行动，其产品成本必然较高。如果其竞争对手决定采用成本更低但不太环保的流程，他们可以降低产品价格，赚更多的钱。当然，更加环保的企业可以宣传自己在环保方面的努力，这可能会也可能不会抵消其较高的成本（消费者可能会接受环保产品的较高定价）。所有这些都说明了为什么政府法规在国内和国际上都是必要的。金融、政治和环境都是相互联系的。

自我测验

1. 为什么公司在确定项目 NPV 时用自由现金流而非会计利润？
2. 解释以下术语：增量现金流、沉没成本、机会成本、外部性和蚕食效应。
3. 提供一个正外部性的例子，即一个增加项目 NPV 的例子。

12.2　扩张项目的分析

我们在第 11 章中分析了 S 和 L 两个项目。我们给定了现金流并用以说明如何计算项目的 NPV、IRR、MIRR 和投资回收期。在现实世界中，一个项目的现金流很少是现成的。财务人员需要自己收集相关信息，这些信息通常来自公司内部。例如，市场销售部门可以提供销售预测，公司工程师可以估计成本，会计师可以提供税收和折旧的信息。

举例说明，我们假定联合食品公司正在考虑一个扩张项目，亦即在第 11 章中介绍过的 S 项目。该项目是联合食品公司正在考虑投入市场的一种新的健康食品，联合食品公司的财务人员收集了很多信息，主要如下。

- S 项目需要联合食品公司在 2022 年（$t=0$）购买价值 120 万美元的设备。
- 存货会增加 17.5 万美元，应付账款增加 7.5 万美元。其他营运资本项目保持不变。因此，净经营营运资本在 $t=0$ 时点的变动额为 10 万美元。
- 项目持续 4 年，公司预测的销售量如下：2023 年 272 万单位产品，2024 年 264 万单位产品，2025 年 251.5 万单位产品，2026 年 243 万单位产品。每单位产品售价为 2 美元。
- 生产产品的固定成本为每年 200 万美元，生产单位产品的变动成本将从 2023 年的 1.019 6 美元上升到 2026 年的 1.197 3 美元。
- 估计的税率是 25%。
- 设备允许 100% 折旧，因此设备的税后成本是 $120 \times (1-T) = 120 \times 75\% = 90$ 万美元。
- 项目在 2026 年 ($t=4$) 终了时，公司估计设备的残值为 5 万美元，并且能够全部收回净经营营运资本为 10 万美元。由于设备将在 2022 年全部费用化，因此该设备的账面价值为零，2026 年收到的 5 万美元残值将进行折旧回收并纳税。
- 基于感知到的风险，项目的加权平均资本成本估计是 10%。

简单起见，公司财务人员已经将这些关键数据放入表格中，如表 12-1 所示。注意，销售量和销售额数据的单位是千美元（单位销售价格和单位变动成本除外）。我们省略了三个零以简化演示。

表 12-1 将项目现金流分为三个部分。

（1）在 $t=0$ 时点需要的初始投资，包括资本支出和净经营营运资本的变动额（ΔNOWC）。
（2）公司在项目整个经营期间获得的经营现金流。
（3）项目终了时收到的终结点现金流，包括设备的税后残值和回收的净经营营运资本。

表 12-1 扩张项目 S 的现金流估计和分析

	A	B	C	D	E	F	G	H	I
12					0	1	2	3	4
13	时点 0 的投资支出								
14	资本支出＝建筑物和设备支出				−900				
15	净营运资本变化＝需要增加的净营运资本				−100				
16	项目运营期的经营现金流（$t=1\sim4$）								
17	销售量					2 720	2 640	2 515	2 430
18	销售价格					2.00	2.00	2.00	2.00
19	单位变动成本					1.019 6	1.040 4	1.045 7	1.1 973
20	销售收入＝销售量 × 销售价格					5 440	5 280	5 030	4 860
21	变动成本＝销售量 × 单位变动成本					2 773	2 747	2 630	2 909
22	扣除折旧的固定成本					2 000	2 000	2 000	2 000
23	折旧					0	0	0	0
24	总经营成本					4 773	4 747	4 630	4 909
25	息税前利润					667	533	400	−49
26	税收（税率 =25%）					167	133	100	−12
27	EBIT（1−T）＝项目税后经营利润					500	400	300	−37
28	加回折旧					0	0	0	0
29	EBIT（1−T）＋折旧					500	400	300	−37
30	第 4 年期末现金流								
31	残值（需要向其他利润一样纳税）								50
32	残值缴纳的税收 =0.25 ×（第 4 年年末的售价 − 第 4 年年末的账面价值）								13
33	税后残值								37
34	净营运资本的变化 = 净营运资本的收回								100
35	项目自由现金流 =EBIT（1−T）＋折旧 − 资本支出 − 净经营营运资本变化				−1 000	500	400	300	100
36									
37	直线折旧法					1	2	3	4
38		设备成本	900	折旧率		25%	25%	25%	25%
39				折旧额		300	300	300	300
40		项目评估 @WACC=			10%				
41			红利折旧		公式			直线法折旧	
42		NPV	78.82		=NPV（D40，F35:I35）+E35			16.56	
43		IRR	14.487%		=IRR（E35:I35）			10.700%	
44		MIRR	12.106		=MIRR（E35:I35，D40，D40）			10.349%	
45		投资回收期	2.33		=G12+（−E35−F35−G35）/ H35			2.67	

© Cengage Learning®

注：1. 根据《减税与就业法案》，如果某些新的和使用过的资产在 2017 年 9 月 27 日—2023 年 1 月 1 日投入使用，可以立即 100% 费用化。对于在 2023 年 1 月 1 日—2027 年 1 月 1 日投入使用的资产，只有 80% 的资产成本可以立即费用化。2027 年 1 月 1 日后取消立即费用化的政策。这种加速折旧通常适用于使用年限小于 20 年的资产。我们假设该设备有资格享受加速折旧。

2. 如果公司拥有的资产将用于该项目，而该项目不被接受时将被出售，则这些资产的税后价值将在"投资支出"部分显示为"机会成本"。

3. 如果该项目会减少公司其他部门的销售额和现金流，那么税后蚕食效应或"外部性"将从第 29 行所示的经营现金流中扣除。

4. 如果公司以前曾发生过与该项目相关的成本，但无论该项目是否被接受，这些成本都无法收回，那么这些成本就是"沉没成本"，不应在现金流分析中考虑。

制作表 12-1 的 Excel 模型在 cengage.com 上可以查到。我们建议，熟悉 Excel 的读者可以下载这个模型，理解表 12-1 是如何制作的。当前任何做资本预算的实务人员都会用到这样的模型。当你需要分析一个实际项目时，我们的模型将会提供一个好的模板或起点。

表中的列标题 A 到 I 和行标题 12 到 45 的指定单元格包含了项目数据。例如，项目 S 所需的设备将花费 120 万美元，但它可以全部计提折旧，因此税后成本为 90 万美元，该数字在单元格 E14 中显示为负数。该设备预计在项目的第 4 年寿命结束时具有 5 万美元的残值，这显示在单元格 I31 中。⊖新项目将需要 10 万美元的净经营营运资本，该数字在单元格 E15 以负数列示，因为它是一项成本，而在单元格 I34 单元格中显示为正数，因为它在第 4 年年末回收。在 *t*=0 时点的总投资是 100 万美元，显示在单元格 E35 中。

第 17 行是项目 S 的销售量数据，预计在项目的 4 年运营期内有所下降。第 18 行是销售价格，即常数 2 美元。第 19 行是预计的单位变动成本，通常在预测期内随着材料和劳动力成本增加而增加。第 20 行是销售量乘以销售价格计算的销售收入。第 21 行是变动成本，等于单位变动成本乘以销售量。固定成本（不包括折旧）是个常数 200 万美元，显示在第 22 行。

年度折旧如第 23 行所示。根据《减税与就业法案》，该设备在 t = 0 时全额折旧，因此第 23 行没有年度折旧金额。但如果出于某种原因，公司决定使用直线折旧法，它可以每年计提 30 万 =120 万 /4 美元。其 4 年的总现金流与直接费用化下的现金流相同。在直线法下折旧现金流需在 4 年内分摊，而在直接费用化下，折旧现金流立即记账。

我们计算的项目 S 在 4 年内每年现金流分别在 F、G、H 和 I 列列示，经营现金流在第 29 行列示。在第 31 ～ 34 行，我们列示了项目在第 4 年的终结点现金流，最后在第 35 行算出了项目的自由现金流。这些数字与第 11 章分析 S 项目所用的数据相同，因此，我们同样在 C42 ～ C45 单元格内列示了 NPV、IRR、MIRR 和投资回收期。

12.2.1 不同折旧率的影响

如果美国国会废除《减税与就业法案》，转而要求直线法折旧，则设备将不在 t=0 时全额折旧，而是按每年 30 万美元为折旧额。结果就是第 35 行的自由现金流时间线具有相同的总现金流。但在直线法下，折旧现金流分摊在 4 年内，而如果立即费用化，折旧现金流立即记账。由于货币的时间价值，较早收到的美元的现值高于较晚收到的美元。因此，如果公司立即对设备进行折旧，则项目 S 的净现值较高。表 12-1 的项目评估部分显示了确切的影响——加速折旧的净现值为 7.882 万美元，直线折旧的净现值为 1.656 万美元，减少了 79%。

12.2.2 蚕食效应

项目 S 没有考虑蚕食效应。假定项目 S 将要每年减少其他分部产生的税后现金流 5 万美元；同时假定公司放弃 S 项目，没有其他公司实施这个项目。在这种情况下，我们会在第 28 行下边增加一行，每年减少 5 万美元现金。这样做的话，项目 S 就会有负的 NPV，因此会被拒绝。另外，如果项目 S 增加了其他分部产生的税后现金流（即项目 S 具有正外部性），增加的税后现金流应该归功于项目 S。

12.2.3 机会成本

现在假定，表 12-1 中的 90 万美元的初始投资成本是建立在公司使用已有设备节省了开支的基础上的。如果没有实施项目 S 的话，出售这些设备可以得到税后 10 万美元的现金。这 10 万美元就是机会成本，应该体现在我们的计算中。我们应该增加项目的成本 10 万美元。结果就是 NPV 是 -2.118 万（=7.882-10）美元。因此，应该放弃这个项目。

12.2.4 沉没成本

现在假定公司花费了 15 万美元做市场调查，来预测销售收入。这 15 万美元，无论接受还是拒绝该项目，都不会被收回。那么在做项目 S 资本预算决策计算 NPV 时，这 15 万美元应该作为项目 S 的成本吗？答案是否定的。我们只对增量成本感兴趣。这 15 万美元不是增量成本，它是沉没成本。因此，分析时不应加以考虑。

对沉没成本应予以额外说明的一点是，如果 15 万美元的支出已经发生，那么到最后，项目 S 会是个失败

⊖ 设备在 4 年后提足折旧。因此，5 万美元的估计残值超过了账面价值（为 0）。这 5 万美元被认为是收回一部分折旧。因此，要像普通收入一样按 25% 征税。

的项目。它的净现值是 −7.118 万（=7.882−15）美元。如果我们能够回到过去，在这 15 万美元调查费用支出之前分析这个项目，我们应该放弃这个项目。但是，我们不可能回到过去。因此，我们要么放弃这个项目，要么花费 100 万美元实施这个项目。如果我们选择实施项目，我们会得到 7.882 万美元的增量净现值，从而使损失由 15 万美元减少到 7.118 万美元。

12.2.5　投入的其他变化

除折旧以外的其他变量也可能改变。这些变动会改变计算出来的现金流，因此 NPV 和 IRR 也会变化。例如，我们可以增加或者减少项目的销售量、销售价格、变动成本或者固定成本、初始投资成本、营运资本需求、残值，甚或税率（我们可以假设美国国会提高或者降低税率）。在 Excel 模型中能够轻易地做出这些改变，并且可以立刻看到 NPV 和 IRR 的相应变化。这种做法叫作敏感性分析。我们在 12.5 节测量项目的独立风险时讨论。

自我测验

1. 对一个新成立的只生产一种产品的公司而言，预测项目的现金流在哪些方面与预测利润表相似？哪些方面所有不同？

2. 对于一个典型的公司，如果采用加速折旧法而不是直线法，那么项目的 NPV 是更高还是更低？请解释。

3. 如何调整表 12-1，使其可以用来分析考虑蚕食效应、机会成本和沉没成本的情况？

4. 在表 12-1 中，为什么净经营营运资本（NOWC）先是负数，后来又是正数？

12.3　替换项目的分析

在上一节中，我们假定项目 S 完全是一个新的项目。因此，它的所有现金流都是增量现金流（在公司接受该项目时发生）。这在扩张项目分析中是正确的，但是对于替换项目，我们必须找出旧项目和新项目的差异现金流。这些差异现金流才是我们分析的增量现金流。

我们在表 12-2 中，评估了项目替换决策。表 12-2 的布局很像表 12-1，但是数据与表 12-1 不同。表 12-2 中的数据，一个是新的、效率更高的机器的数据（100% 折旧），一个是旧机器的数据（采用直线法）。我们既要采集公司继续用旧设备的现金流数据，又要采集决定购买新设备情况下的现金流数据。最后，我们用新设备的现金流减去旧设备的现金流来算出增量现金流。我们使用 Excel 来做分析。但同样，我们可以使用计算器或者铅笔和纸。以下是分析中使用的关键数据，不需要额外增加净经营营运资本。

两台机器都需要用到的数据：	
保持不变的销售收入	2 500 美元
新旧机器的预期使用寿命	4 年
分析使用的加权平均资本成本	10%
税率	25%
使用旧机器的数据：	
旧机器的市场价值	400 美元
旧机器的人力、原材料和其他成本（每年）	1 140 美元
旧机器的每年折旧	100 美元
使用新机器的数据：	
新机器成本	2 000 美元
新机器的人力、原材料和其他成本（每年）	400 美元

 这部分有些技术性，但它可以省略而不会影响教学的连续性。

表 12-2　项目 R 的更新　　　　　　　　　　　　　　　（单位：美元）

	A	B	C	D	E	F	G	H	I
12					0	1	2	3	4
13	第Ⅰ部分．使用旧设备的自由现金流（资本支出 =0，净营运资本变化 =0）								
14	销售收入					2 500	2 500	2 500	2 500
15	折旧以外的成本					1 140	1 140	1 140	1 140
16	折旧					100	100	100	100
17	总经营成本					1 240	1 240	1 240	1 240
18	息税前利润					1 260	1 260	1 260	1 260
19	税收（25%）					315	315	315	315
20	EBIT（1−T）= 税后营业利润					945	945	945	945
21	加回折旧					100	100	100	100
22	使用旧设备的自由现金流：EBIT（1−T）+ 折旧 − 资本支出 − 净营运资本变化					1 045	1 045	1 045	1 045
23	第Ⅱ部分．使用新设备的现金流（净经营营运资本变化=0）								
24	新设备成本				−2 000				
25	旧设备税后残值				400				
26	资本支出				−1 600				
27	销售收入					2 500	2 500	2 500	2 500
28	折旧以外的成本					400	400	400	400
29	折旧					0	0	0	0
30	总经营成本					400	400	400	400
31	息税前利润					2 100	2 100	2 100	2 100
32	税收（25%）					525	525	525	525
33	EBIT（1−T）= 税后营业利润					1 575	1 575	1 575	1 575
34	加回折旧					0	0	0	0
35	使用旧设备的自由现金流：EBIT（1−T）+ 折旧 − 资本支出 − 净营运资本变化				−1 600	1 575	1 575	1 575	1 575
36	第Ⅲ部分．增量现金流及其评价								
37	增量现金流 = 更新后现金流 − 更新前现金流				−1 600	530	530	530	530
38									
39	项目评估 @WACC=			10%					
40				NPV=	80.03				
41				IRR=	12.29%				
42				MIRR=	11.35%				
43				投资回收期 =	3.02				
44	第Ⅳ部分．增量现金流的另一种算法（简化方法）								
45	新设备成本				−2 000				
46	旧设备税后残值				400				
47	新设备净成本				−1 600				
48	使用新设备节省的成本					740	740	740	740
49	税后节省成本 = 节省的成本 ×（1−T）					555	555	555	555
50	增加的折旧额 = 新设备折旧 − 旧设备折旧					−100	−100	−100	−100
51	折旧抵税 = 增加的折旧额 × 税率					−25	−25	−25	−25
52	增量现金流 = 税后节省成本 + 折旧抵税				−1 600	530	530	530	530
53									

这里关键是要获得增量现金流。像前面提到的，我们从公司经营中获得使用旧设备的现金流数据，然后再找到使用新设备的现金流数据，最后比较二者现金流的差异。这就是我们在表 12-2 的 Ⅰ，Ⅱ，Ⅲ 部分的内容。购买新设备会有额外的支出，这个成本列示在单元格 E24 之中。然而，我们可以出售旧设备获得 400 美元，这项现金流入量在 E25 单元格列示。在时点 0 的现金支出是 1 600 美元，在 E35 中列示。

使用旧设备的现金流在第 22 行显示，新设备的现金流在第 35 行显示。在第 37 行，我们算出了使用新设备和旧设备两种情况下现金流的差异——这些差异现金流就是用来获得替换项目 NPV 的增量现金流。当评估增量现金流时，我们会看到，替换项目的 NPV 是 80.03 美元，因此应该更换旧的设备。[⊖]

在某些情况下，新设备不但降低经营成本而且增加产能。如果是这种情况，那么在 Ⅱ 部分的销售收入将会增加。如果导致净经营营运资本的增加，数字就会在时点 0 支出时和项目终了回收时列示。当然，这些变化会在第 37 行的差异现金流中反映出来。

最后值得注意的是，上述评估替换项目的分析，也可用于评估用新的低息债券替换未偿付的高息债券是否合理。

自我测验

1. 在替换项目决策中，增量现金流扮演的是什么角色？

2. 如果你正在分析一个替换项目，突然了解到，旧设备能够卖到 1 000 美元，而非 100 美元，那么这个新的信息使这个替换项目更好还是更坏？

3. 在表 12-2 中，我们假定，如果旧设备被替换，产出不会发生变化。现在假定，产出翻一番，那么怎么在表 12-2 的框架里处理这个变化？

12.4　资本预算中的风险分析[⊖]

不同项目有不同风险，风险在资本预算决策中应当予以反映。然而，测量风险是困难的，尤其是对没有历史记录的新项目。因此，管理者们用不同的方法处理风险，从几乎完全主观的调整到涉及计算机模拟和复杂统计的高度复杂的分析。3 种不同类型的风险具体如下。

（1）**独立风险**。**独立风险**（Stand-alone risk）是指单个项目的风险，前提是：①这个项目是公司的唯一资产；②投资者投资组合中只持有这一家公司的股票。独立风险由项目预期收益的方差计量。完全不考虑多元化。

（2）**公司风险**，或称公司内部风险（corporate or within-firm risk）。这是对公司而言的项目风险，而非针对其投资者而言的风险。公司内部风险考虑了以下事实：一个项目只是公司资产组合中的一项资产。因此，其中一些风险可以通过公司内部的多元化经营来消除。这类风险是由项目对公司未来回报不确定性的影响来衡量的。

（3）**市场风险**，或称 **β 风险**（market, or beta risk）。这是对充分多元化投资的股东而言的风险。已多元化投资的股东认识到：①这个项目只是公司众多资产中的一项；②该公司股票只是其股票投资组合中的一部分。市场风险既考虑了公司经营多元化，又考虑了股东投资多元化。该项目的市场风险是通过其对企业 β 系数的影响来衡量的。

承担具有大量独立风险或公司风险的项目不一定会影响公司的 β 系数。然而，如果项目具有高的独立风险，其回报与公司其他资产的回报高度相关，并且在经济中与大多数其他股票的回报高度相关，则该项目将具有高度的所有 3 种类型的风险。市场风险在理论上是 3 种风险中最相关的一个，因为市场风险反映在股票价格之中。不幸的是，市场风险也是最难估计的，主要是因为新项目没有可以与股市回报相关的"市场价格"。因此，大多数决策者对独立风险进行定量分析，然后以定性的方式度量其他两种风险。

⊖ 我们可以通过计算那些只发生变化的因素的差异来找到增量现金流，如新设备的净成本、经营成本的节约以及折旧的差异（减少一些税金）。该程序显示在表的第 Ⅳ 部分中。这两个程序产生相同的增量现金流和净现值，这是必然的。

⊖ 有些教授可能选择一些涵盖风险的部分（第 12.4 ~ 12.6 节），并跳过其他部分。我们提供了一系列的选择。我们试图使风险暴露足够清晰，有兴趣和自我激励的学生可以自己阅读这些部分，即使这些部分未被指定。

项目一般分为几类，然后以公司的整体加权平均资本成本（WACC）为起点，将风险调整后的资本成本分配给每类项目。例如，公司可以建立 3 个风险类别，将公司 WACC 分配给平均风险项目，为高风险项目添加 5% 的风险溢价，为低风险项目减去 2%。在这种情况下，如果公司的总体 WACC 为 10%，那么 10% 用于评估平均风险项目，15% 用于高风险项目，8% 用于低风险项目。虽然这种方法可能比不进行任何风险调整更好，但这些调整是非常主观的，很难证明正确性。不幸的是，没有完美的方法来指定应该调整的程度。[⊖]

自我测验

1. 项目风险有哪 3 种类型？
2. 哪个类型的风险理论上是最相关的？为什么？
3. 企业经常使用哪种分类方案来获得风险调整的资本成本？

12.5　独立风险的测量

项目的独立风险反映了该项目现金流的不确定性。表 12-2 中列示的项目 S 所需的投资、销售量、销售价格、经营成本都充满了不确定性。第 1 年的销售量预计为 2 720 台（实际上是 272 000 台，为了简化分析，我们将其假设为 2 720 台），以每台 2 美元的价格出售。然而，销售量几乎肯定会高于或低于 2 720 台，价格也可能会与预计的每台 2 美元不同。类似地，其他变量也可能不同于其预测值。实际上，所有输入的数据都是预期值，实际值可能与预期值不同。以下 3 种技术方法可以用于评估独立风险：①敏感性分析；②情景分析；③蒙特卡罗模拟。

12.5.1　敏感性分析

直观地，我们知道，销售量或销售价格这样一个关键输入变量的变化将导致 NPV 的变化。**敏感性分析**（sensitivity analysis）是指保持其他变量不变，某种输入变量发生一定百分比变化，会导致 NPV 的百分比变化程度。这是迄今为止最常用的风险分析方法，被大多数公司使用。它从基准情况开始分析，项目的 NPV 是根据每个输入变量的基本数值求出的。以下是项目 S 的主要输入数据列表。

- 设备成本。
- 净经营营运资本的变动额。
- 销售量。
- 销售单价。
- 单位变动成本。
- 固定成本。
- 税率。
- 加权平均资本成本。

我们使用表 12-1 的数据作为最有可能的，或者说基准情况的数值，那么 NPV 为 78.82 美元也就是基准情况的 NPV。很容易想象，输入数据的变化将导致不同的 NPV。

当高级管理人员审查资本预算研究时，他们对基准情况的净现值感兴趣，但他们总是向财务分析师询问一系列"假设"问题：如果销售量比基数低 25% 会怎么样？如果市场情况迫使我们将产品定价为 1.8 美元而不是 2 美元会怎么样？如果变动成本高于我们预测的情况会怎么样？敏感性分析旨在为这些问题提供答案。从预期值出发，增加或者减少每个变量，保持其他变量的预期值不变，然后使用改变的输入变量计算 NPV，最后，绘制所得到的 NPV 集合，以显示 NPV 对每个变量变化的敏感程度。

图 12-1 显示了项目 S 的 6 个关键变量的敏感度图。下方的表格给出了基于不同输入值的 NPV，然后绘制这些 NPV 以形成图表。图 12-1 显示，随着销售量和销售价格上涨，项目的净现值增加，而其他四个输入变量则相反。变动成本、固定成本、设备成本和 WACC 的增加降低了项目的净现值。表格底部和斜线之间的范围表示

⊖　需要注意的是，只要与正在考虑的项目有相同的业务的上市公司，就可以使用 CAPM 方法分析此项目。

NPV 在每个输入中的变化程度。当数据绘制在图 12-1 中时，图中的线的斜率表示 NPV 对每个输入变量的敏感程度：范围越大，变量的斜率越陡，NPV 对该变量的变化越敏感。我们看到 NPV 对销售价格的变化非常敏感，对变动成本的变化也相当敏感，对销售量和固定成本变化的敏感度小多了，但对设备成本或 WACC 的变化不敏感。

（单位：美元）

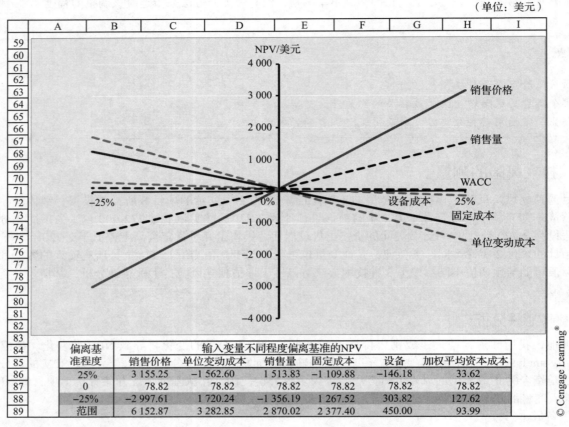

偏离基准程度	输入变量不同程度偏离基准的NPV					
	销售价格	单位变动成本	销售量	固定成本	设备	加权平均资本成本
25%	3 155.25	−1 562.60	1 513.83	−1 109.88	−146.18	33.62
0	78.82	78.82	78.82	78.82	78.82	78.82
−25%	−2 997.61	1 720.24	−1 356.19	1 267.52	303.82	127.62
范围	6 152.87	3 282.85	2 870.02	2 377.40	450.00	93.99

注：1. 当所有输入设置为其基本水平时，其与基准的偏差均为零，NPV 为 78.82 美元。因此，垂直轴截距为 78.82 美元。

2. 如果销售价格设置为高于其预期 2 美元价格的 25%，其他变量设置为其预期价值，那么 NPV 将为正的 3 155.25 美元。如果价格比预期的 2 美元价格低 25%，那么 NPV 将为 −2 997.61 美元。表中所示的所有其他 NPV 也可以找到。Excel 数据表用来简化计算。

3. 注意，最佳和最差水平 NPV 与下一节中的 NPV 不同，后者展示的是情景分析。在情景分析中，所有变量都高于或低于其预期水平 25%，因此最佳和最差水平下的 NPV 比敏感性分析中的 NPV 高或低，因为在敏感性分析中只有一个变量设置在其最佳或最差水平。

图 12-1　项目 S 的 6 个关键变量的敏感度图

如果我们正在比较两个项目，那么敏感度斜线更陡的项目风险更大，因为在其他变量保持不变的情况下，输入变量小的变化将要引起 NPV 大的变化。因此，敏感性分析是衡量项目风险的有效方法。⊖

12.5.2　情景分析

在敏感性分析中，我们一次只改变一个变量的值。然而，如果知道所有输入变量都好于或者差于预期，项目的 NPV 将要发现什么变化，对我们是有帮助的。还有，我们可以指定最佳情况、最差情况和最可能情况（基准情况）发生的概率，算出 NPV 的期望值和标准差。情景分析法可以允许我们一次改变几种变量，它包含了关键变量发生变化的可能性。

⊖　使用常规计算器进行敏感性分析是很烦琐的，但使用电子表格就很简单。我们使用本章的 Excel 模型来计算 NPV，并绘制图 12-1 中的图。手工进行这样的分析相当耗时，如果基本数据改变一点点（例如设备的成本略微增加），所有的计算必须重做。使用电子表格，通过简单地用新的数据替换旧的数据，分析结果立即自动改变。

在情景分析中，我们从基准情况开始。基准情况使用最可能的一组输入值。然后，我们要求营销、工程和其他经理指定最差情况（低销售量、低销售价格和高变动成本等）和最佳情况。通常，最佳和最差情况被定义为具有 25% 的概率，基准情况条件具有 50% 的概率。显然，可以采用 3 个以上的情景，但是这种场景设置是为了帮助理解项目风险。

项目 S 的最佳情况、基准情况和最差情况的数值在图 12-2 中列示，同时也给了数据图示。如果项目非常成功，那么高销售价格、低生产成本和高销售量将会得到很高的 NPV——9 354.43 美元。然而，如果事情进展不利，NPV 将会是负的 6 049.17 美元。图中展示了多种可能性，表明这是一个风险项目。如果最差情况发生，公司不会破产，因为这只是大公司的其中一个项目。然而，损失 6 049.17 美元会使公司股价走低。

如果我们将每种情景的概率乘以该情景下的 NPV，然后对结果求和，我们将得到该项目的预期 NPV，即 865.73 美元，如图 12-2 所示。注意，预期 NPV 不同于基准情况 NPV。这不是数学上的误差，它们不是一回事。我们还计算预期 NPV 的标准差，是 5 502.55 美元。当用标准差除以预期 NPV 时，我们计算得到用来度量独立风险的变异系数（CV）6.36。该公司的平均风险项目的变异系数约为 2.0，因此 6.36 的变异系数表示该项目比公司大部分其他项目的风险更大。

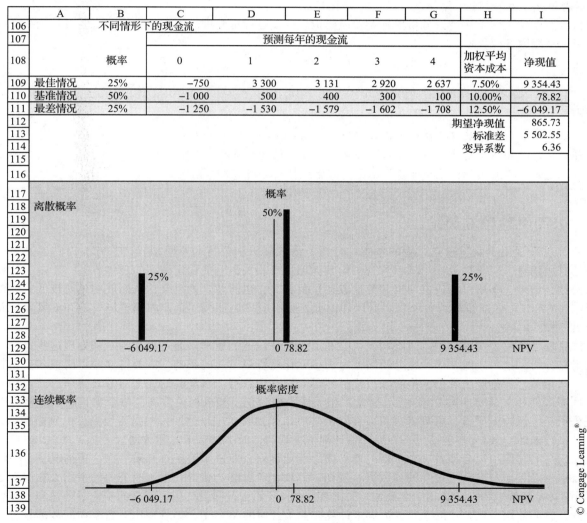

图 12-2　项目 S 的情景分析

假设公司的 WACC 是 10%，因此应使用该比率来找出平均风险项目的 NPV。项目 S 的风险高于平均水平，因此应使用更高的折现率来确定其净现值。没有办法确定"正确"的折现率——这是一个主观判断的问题。然而，一些公司在评估项目时，认为项目相对而言是有风险的，就会相应提高公司的加权平均资本成本；认为项目风险较低时，就会降低加权平均资本成本。当使用 12.5% 加权平均资本成本重新计算 NPV 时，基准情况的 NPV 从 78.82 美元下降到 33.62 美元，因此，当使用风险调整后的 WACC 折现预期现金流时，项目仍然具有正的 NPV。

请注意，基准情况的结果在敏感性分析和情景分析中是相同的，但在情景分析中，最差的情况比敏感性分析差得多，最佳情况则好得多。在情景分析中，所有变量都设置为最佳或最差值，而在敏感性分析中，只调整一个变量，其他变量均保持为基准数值。

12.5.3　蒙特卡罗模拟

蒙特卡罗模拟，如此命名是因为这种类型的分析脱胎于对卡西诺赌博的数学分析，是情景分析的复杂版本。在这里，项目是在大量的场景或"运行"下进行分析。在第 1 次运行中，计算机为每个变量随机选择 1 个数值——销售量、销售价格、单位变动成本，等等，这些值用于计算 NPV，并且所计算出的 NPV 存储在计算机的存储器中。接下来，随机选择第 2 组输入值，并计算第 2 个 NPV。这个过程可能重复 1 000 次，产生 1 000 个 NPV。这 1 000 个 NPV 的平均值被确定后用作度量该项目预期盈利能力的一个指标，并且 NPV 的标准差（或者可能是变异系数）用作度量风险的一个指标。

蒙特卡罗模拟技术上比情景分析更复杂，但模拟软件使过程可管理。模拟是有用的，但因其复杂，详细讨论最好留在高级财务课程里。[⊖]

自我测验

1. 简要说明如何进行敏感性分析，该分析旨在说明什么？
2. 什么是情景分析，情景分析旨在说明什么？它与敏感性分析有什么不同？
3. 什么是蒙特卡罗模拟？蒙特卡罗模拟分析与常规情景分析有何不同？

12.6　公司风险和 β 风险[⊖]

前一节讨论了用于衡量独立风险的敏感性分析、情景分析和蒙特卡罗模拟。这些方法提供了关于一个项目风险的有用信息，但是如果一个项目与公司内其他项目负相关，就能稳定公司的总体收益，于是也就相对安全。同样地，如果一个项目的投资回报和其他股票呈负相关，也能减少 β 风险，从而使用相对较低的加权平均资本成本（WACC）才能正确评价项目。所以理论上，我们应该更加关注企业内部整体风险和 β 风险，而不是单个项目的独立风险。

虽然管理者了解公司内部整体风险和 β 风险的重要性，但他们通常只通过主观判断来处理这些风险，而不是对其量化分析。这一问题在于量化分析需要考虑多元化投资对风险的影响，需要得到项目回报和公司其他资产回报之间相关系数的历史数据，但新项目很显然不会有这些数据。有经验的经理通常对新项目回报和公司其他资产回报如何相关具有一种"感觉"。通常，相关性预期为正，如果相关性高，单个项目的风险就可以很好地代表公司整体风险。同样，管理者也可以在经济和股市强劲时对项目的回报率是否很高做出判断性估计（即项目的 β 系数如何）。但大多数情况下，这些估计都是主观的，而不是基于实际数据。

然而，有的时候项目会涉及一个全新的产品线，例如钢铁企业进军铁矿石开采。在这种情况下，公司可能获得来自这一新领域"专营公司"的 β 数据。例如，钢铁企业可能会获得一组矿业公司的平均 β 数据，如力拓矿业集团（Rio Tinto）和必和必拓矿业公司（BHP Billiton）。那么，假设其想要创立的矿业子公司和上述公司具有相似性，就能使用可比公司的平均 β 数据来计算矿业子公司的 WACC。尽管使用专营公司的数据具有一定的

⊖　为了使用蒙特卡罗模拟，需要输入数据的概率分布和每对输入数据之间的相关系数。通常合理的相关值很难获得，特别是对于没有历史数据的新项目，这限制了蒙特卡罗模拟分析的使用。

⊖　这一章节相对专业，可以省略，不会影响前后内容的连贯性。

理论依据，但实务中还是很少使用这一方法。设想一下，你如何为新的存货控制系统、机械工具、卡车和大部分项目找到一个能够作为替代的专营公司呢？答案是，你不能。

我们对风险分析的结论如下。

- 量化分析公司风险和 β 风险虽然不是不可能，但也是十分困难的。
- 大多数项目的回报与公司资产和股票的回报是正相关的。既然如此，由于独立风险与企业内部和市场风险是相关的，因此仅仅关注独立风险并没有太大的问题。
- 经验丰富的经理有许多判断性评估，包括对风险的估计并将其纳入资本预算过程。刚入行的学生们喜欢整齐、精确的答案，他们想基于计算得出的 NPV 进行决策。而经验丰富的经理在决策过程中既使用量化的 NPV，也依靠主观判断。
- 公司如果不使用本书论及的各类分析方法，将会遇到麻烦。另外，公司如果试图量化一切并让一台计算机做出决定，它也会遇到麻烦。优秀的经理将会结合使用财务理论和主观判断。

自我测验

1. 对于新型运输卡车项目或者家得宝开店这样的项目，测量独立风险、公司内部风险和 β 风险，会不会更简单点呢？

2. 如果一家公司不能精确计量一个可选项目的风险，要不要放弃该项目？请说明理由。

12.7　不相等的项目寿命

如果一个公司在这样两个项目之间选择：①有显著不等的寿命；②是相互排斥的；③可重复，那么"常规"的净现值法可能无法选出更好的项目。例如，假设家得宝计划升级配送中心，在输送系统（项目 C）和叉车队（项目 F）之间选择。这些项目是相互排斥的，也就是说选择一个项目就要放弃另一个，配送中心将使用多年，所以设备会在使用年限到期时更换。

图 12-3 的 I 部分显示了传统上对于这两个项目的分析。我们看到，当以 12% 的折现率进行折现时，项目 C 具有更高的净现值，所以此方法下项目 C 是更优项目。然而，传统的净现值分析是不完整的，且选择项目 C 的决定实际上是不正确的。因为，如果我们选择项目 F，我们将有机会在 3 年内进行类似的投资，如果成本和收入保持在前 3 年的水平，这第 2 个投资也将是盈利的。如果我们选择项目 C，就没有这个选择机会。因此，为了使两个项目可比，我们必须进行调整。我们将在本节余下内容中讨论进行调整的两种方法。

12.7.1　重置价值链法

首先，我们可以使用重置价值链（共同寿命）法，如图 12-3 的第 II 部分所示。这包括计算项目 F 与项目 C 寿命周期相同的 6 年内的净现值，然后将这个周期延长后的项目 F 的净现值与期间同为 6 年的项目 C 的净现值进行比较。这样，在同等寿命的前提下，项目 F 是更好的项目。[⊖]

重置价值链（共同寿命）法 [replacment chain (common life) approach] 是一个用来比较寿命不等项目的方法。假定每个项目可以根据需要重复多次以达到共同寿命，然后比较同等寿命下的净现值。最终选择具有更高共同寿命净现值的项目。

12.7.2　等额年金法

设计发电厂和配电线路的电气工程师常常遇到设备寿命不一致的情况。他们可以选择使用初始成本相对较低但寿命短的变压器，或者使用初始成本较高但寿命较长的变压器。在可预见的未来，变压器将是一直存在

⊖ 在这种情况下，我们需要为项目 F 增加一个生命周期。然而，如果项目 C 的寿命为 7 年，项目 F 的寿命为 3 年，则有必要将现金流扩展到 21 年，使用 3 倍项目 C 的生命周期和 7 倍项目 F 的生命周期来达到共同的寿命。此外，请注意，调整后的净现值是基于 6 年的寿命。如果选择的项目要使用更长时间，比如说 24 年，公司的净现值将大得多——24 年，4 倍的时间，也是 4 倍的净现值。

的，那么选择哪一种变压器从长远来看能够收获更高的净现值呢？工程师们首先计算每个变压器在其寿命周期内的净现值，然后据此计算整个项目周期内的等额年度现金流。假设项目会无限期地重复，那么同样的现金流也将无限期地重复，因此，可以收获更高的现金流的项目就是更好的项目。

等额年金法 [equivalent annual annuity (EAA) method]，即假定项目是年金，计算该项目提供的年度分期付款额的一种方法。比较寿命不等的项目时，应选择具有较高**等额年金**（**EAA**）的项目。

（单位：美元）

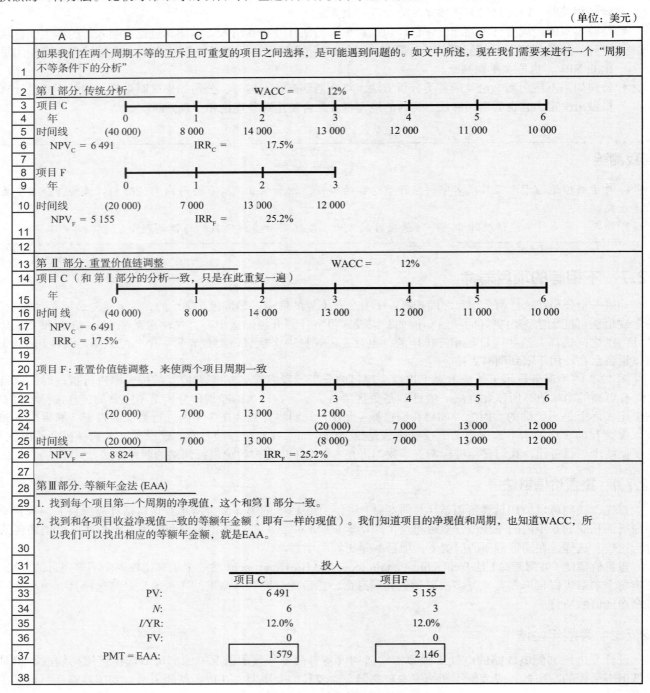

图 12-3　相互排斥且可重复的不同寿命项目

这个程序叫作等额年金法。图 12-3 的第Ⅲ部分中计算了项目 C 和项目 F 的 EAA。首先找到各项目的传统 NPV，然后找到与这些 NPV 相对应的 EAA。根据上述分析，项目 F 是更好的选择，与使用重置价值链法得出的结论是相同的。

12.7.3　关于项目寿命期不等分析的结论

重置价值链法和 EAA 法得出的结论总是一致的，因此使用哪种方法并不重要。EAA 法相对简单，特别是有时候较长项目的寿命不是刚好等于较短项目的两倍，这就需要多于两个周期才能找到公倍数。但是，重置价值链法更易于高级管理人员理解，便于进行沟通。此外，当预期产量增加和价格变化时，更改重置价值链的计算数据也相对简单。综上所述，当与工程师以外人员进行合作时，我们通常使用重置价值链法，但是当工程师参与时，我们会同时展示两种方法下的计算结果。

请思考：是否只要项目寿命不等，我们就要考虑寿命不等带来的影响？一般而言，独立项目不会出现寿命不等的问题，但是当我们需要比较两个差异明显的相互排斥的项目时，是需要考虑的。然而，这一做法的前提是项目将在寿命终了时重置。因此，对于所有独立项目和那些不会重复的相互排斥的项目，没有必要考虑寿命不等带来的影响。

自我测验

1. 简要描述重置价值链（共同寿命）法和等额年金法。当不同项目的寿命不等时，是否总是需要调整项目的现金流？说明原因。

2. 假设你的公司必须选择两个相互排斥项目之一。项目 A 的成本是 2 000 美元，有 4 年的税后现金流，每年 1 500 美元。项目 B 成本为 1 500 美元，有 2 年的税后现金流，每年 1 750 美元。该公司的 WACC 为 10%。如果项目不能重复，哪一个项目更好，它的 NPV 是多少？（NPV_A = 2 754.80 美元。）如果项目可以重复，则更好项目在寿命延长后的 NPV 是多少？（NPV_B = 2 807.60 美元。）每个项目的 EAA 是多少？（EAA_A = 869.06 美元，EAA_B = 885.71 美元。）

本章小结

本章重点是评估资本预算分析中使用的自由现金流、现金流的风险、计算存在风险情况的净现值，以及计算寿命不等的相互排斥项目的净现值。结论如下。

- 有些现金流是决策相关的（因此在资本预算分析中应该考虑到这一点），而其他无关的现金流不应考虑在内。关键问题是：增量现金流是否只有在项目被接受的情况下才会发生？

- 沉没成本不是增量成本，它们不受新项目是否实施的影响。同时，蚕食效应和其他外部性是增量，它们将在项目被接受时发生。

- 用于分析项目的现金流与项目的净利润不同。

- 许多项目需要额外的净经营营运资本。净经营营运资本的增加在项目开始时是项额外的现金流出，但在项目终了收回资本时是现金流入（即当项目终了时，减少了在净经营营运资本上的投资）。

- 我们考虑了扩张和替换两种项目。对于替换项目，当公司可以选择继续使用旧资产或购置新资产时，我们可以对自由现金流进行差异分析。如果现金流差异的净现值为正，则应进行替换。

- 预测的自由现金流（以及 NPV 和其他指标）只是估计，它们可能不准确，这意味着决策是有风险的。

- 风险有 3 种类型：独立风险、公司内部风险和市场（或 β）风险。在理论上，市场风险是相关性最高的，但由于对大多数项目而言，它是无法测量的，我们一般关注独立风险。尽管公司往往依靠主观评价来考虑企业内部风险和市场风险，但它们的重要性不言而喻。但是，请注意，由于 3 类风险一般是正相关的，因此独立风险通常可以作为其他风险的一个好代理。

- 可以使用敏感性分析、情景分析和蒙特卡罗模拟分析独立风险。

- 一旦确定了项目的相对风险，我们就可以确定风险调整后的 WACC 来评估项目。

- 如果相互排斥项目拥有不等的寿命且可重复，传统的 NPV 分析可能会导致不正确的结果。在这种情况下，我们应该使用重置价值链法或等额年金（EAA）法来分析。

自测题

ST-1 关键术语
定义下列术语：

a. 增量现金流、沉没成本、机会成本、外部性、蚕食效应

b. 独立风险、公司（内部）风险、市场（β）风险

c. 风险调整后的资本成本

d. 敏感性分析、基准情况的 NPV

e. 情景分析、基准情况

f. 蒙特卡罗模拟

g. 重置价值链（共同寿命）法、等额年金（EAA）法

ST-2 项目和风险分析
作为财务分析师，你必须评估打印机墨盒生产项目的提案。设备的总费用为 65 000 美元，设备在第 1 年全额折旧。年销售量为 4 000 盒，单价为 50 美元，项目的寿命为 3 年。流动资产将增加 5 000 美元，应付款项将增加 3 000 美元。在第 3 年年末，设备可以以 10 000 美元的价格售出。变动成本是销售收入的 70%，每年的固定成本（不包括折旧）为 30 000 美元，边际所得税税率为 25%，公司 WACC 是 11%。

a. 该项目所需的投资是多少，即第 0 年的项目现金流是多少？

b. 该项目的年度现金流是多少？

c. 如果项目具有平均风险，其 NPV 是多少？应该接受这个项目吗？

d. 管理层不能确定精确的销售量。如果销售量低于预测值 20%，但其他投入如预测的那样，那么项目的 NPV 是多少？这会改变决定吗？请具体说明。

e. 财务总监要求你使用以下数据进行情景分析。

	概率 / %	销售量	变动成本占比 / %
最佳情况	25	4 800	65
基准情况	50	4 000	70
最差情况	25	3 200	75

其他变量不变的情况下，预期 NPV 及其标准差、变异系数是多少［提示：如果要进行情景分析，必须将销售量和变动成本百分比更改为每个情景下的特定值，获取该情景下的现金流，然后查找每个情景的 NPV，最后计算项目的预期 NPV、标准差和变异系数（CV）。计算过程并不复杂，但需要大量的计算］？

f. 该公司项目的变异系数一般在 1.0 到 1.5 之间。如果初始变异系数超过 1.5，WACC 将增加 3% 的风险溢价，如果变异系数在 0.75 或以下，则 WACC 减少 0.5%，然后据此计算修正的 NPV。当项目风险已被适当考虑时，该项目应当使用什么样的 WACC？ NPV、标准差和变异系数的修正值是什么？你会建议接受该项目吗？为什么？

ST-3 寿命不等的项目
威斯康星州乳品有限公司正在决定下一年度的资本预算。可选的项目是 W 和 WW 这两台机器。W 的成本为 50 万美元，将在未来 2 年内每年产生税后现金流 30 万美元。WW 成本也是 50 万美元，但它将在未来 4 年内每年产生 16.5 万美元的税后现金流。这两个项目的 WACC 均为 10%。

a. 如果两个项目是独立且不可重复的，公司应该接受哪个项目或哪些项目？

b. 如果项目是相互排斥且不可重复的，那么公司应该接受哪个项目？

c. 假设项目是相互排斥的，可以无限期重复。

1. 使用重置价值链法确定应该选择哪个项目以及所选定项目的 NPV。

2. 使用等额年金法，确定应该选择哪个项目以及所选定项目的年金。

d. 是否可以修改重置价值链法的分析步骤，这样即使项目每次重复时现金流不同，也可以分析？请具体说明。

简答题

12-1 在表 12-1 中列示的是经营现金流（不是会计利润）。为什么资本预算中关注的是现金流而不是净利润？

12-2 解释为什么在资本预算分析中不应考虑沉没成本，但应考虑机会成本和外部性。请举个例子。

12-3 解释为什么在资本预算分析中要考虑净经营营运资本，以及净经营营运资本是如何在项目终了时收回的。

12-4 为什么在资本预算分析中，计算项目现金流时不扣除利息费用？

12-5 大多数公司每天都会产生现金流入量，而不仅仅是在年末产生一次。在资本预算中，我们应该承认这一事实来估算每日项目的现金流，然后在分析中使用它们吗？如果我们不是这样做的，结果会有偏差吗？如果有，NPV 会偏高还是偏低？请具体解释说明。

12-6 替换项目的分析与扩张项目的分析有什么不同？

12-7 资本预算分析中的 β（或市场）风险、公司（或内部）风险和独立风险有什么区别？

12-8 理论上，市场风险应该是唯一的"相关"风险。

然而，公司也十分关注独立风险。关注独立风险的原因是什么？

12-9 定义敏感性分析、情景分析和蒙特卡罗模拟分析。如果通用电气正在考虑两个项目（一个项目造价 5 亿美元，用于开发卫星通信系统，另一个项目成本为 30 000 美元，用于购置新卡车），那么在哪种情况下，公司更有可能使用蒙特卡罗模拟分析？

12-10 如果你是 CFO，每年必须对数百个潜在项目进行决策，你会使用本章描述的敏感性分析和情景分析，还是选择花费太多时间而不具有成本效益的数学方法？诸如市场营销、会计和生产中的非财务人员与分析有何相干？

12-11 什么是重置价值链法？在资本预算中，何时以及如何使用重置价值链法？

12-12 什么是等额年金法？在资本预算中，何时以及如何使用等额年金法？

12-13 假设一家公司正在考虑两个相互排斥的项目。一个项目的寿命为 6 年，另一个项目的寿命为 10 年。这两个项目可以在他们的寿命终了时重置。如果没有使用重置价值链法或等额年金法来进行分析，是否会导致决策有误？如果分析会有偏颇，会偏向哪一个？请说明理由。

问答题

（12-1 ~ 12-5 为简单题）

12-1 必需的投资 杜鲁门工业公司正在考虑一个扩张项目。必备设备将花 1 800 万美元购入，净经营营运资本将额外增加 200 万美元。税率为 25%。

a. 该项目的初始投资支出是多少？

b. 该公司去年花费了 2 万美元进行与该项目有关的研究，并已全部费用化。这一信息会改变你的答案吗？请具体说明。

c. 该公司计划使用它所拥有的厂房来安置该项目。该厂房可以出售，价格为税后金额 100 万美元。这一信息会如何影响你的答案？

12-2 项目现金流 科尔森通信公司正在试图估计建议项目的第 1 年现金流。财务人员收集了以下项目信息。

（单位：美元）

销售收入	15 000 000
运营费用（不包括折旧）	13 500 000
利息费用	1 000 000

公司税率为 25%，WACC 为 11%。

a. 该项目第一年的现金流是多少？

b. 如果该项目会蚕食掉其他项目年税前收益 50 万美元，你的答案会如何变化？

12-3 税后残值 卡斯特航空公司某个项目现在处在最后一年。设备的原始成本为 2 900 万美元，已 100% 折旧。卡斯特航空公司目前可按 800 万美元的价格出售这台旧设备，公司税率为 25%。该设备的税后残值为多少？

12-4 替换分析 奥维耶多公司正在考虑购买一台新机器来更换旧机器。现在所使用旧机器的账面价值和市场价值均为零。然而，旧机器目前运转良好，预计寿命还有 10 年。考虑用来替换它的新机器比旧机器效率高很多，奥维耶多公司的工程师估计，它将使税后现金流每年增加 8 000 美元。新机器的运输和安装成本为 4.5 万美元，预计使用寿命为 10 年，无残值。该公司的 WACC 为 10%，边际税率为 25%。公司应当购买新机器吗？

12-5 等额年金法 法莱伊咨询公司正在两个计算机系统中选择，它可以花费 2.1 万美元购买最先进的系统（系统 A），系统 A 将在未来 6 年的每年年末产生 6 000 美元的现金流。公司也可以花费 11 000 美元购买系统 B，可以使用 3 年，并在每年年末产生 6 000 美元的现金流。公司的 WACC 为 10%，两个"项目"都可以无限期重复。公司应选择哪个系统，它的 EAA 是多少？

（12-6 ~ 12-17 为中等难度题）

12-6 折旧方法 Charlene 正在评估一个资本预算项目，项目可以持续 4 年。该项目需要一台 80 万美元的设备。她不确定在其分析中应该使用哪种折旧方法，是直线法还是 100% 折旧。在直线法下，设备的成本将在其 4 年的寿命期内平均折旧。公司的 WACC 为 8%，税率为 25%。

a. 每种方法下每年的折旧费用是多少？

b. 哪种折旧方法会产生更高的 NPV，高多少？

12-7 情景分析 Huang 工业公司正在考虑一个建议项目，项目估计的 NPV 为 1 200 万美元。这一估计是基于未来经济状况"一般"的假设。但是，CFO 认为情况可能更佳或者更差，所以她进行了情景分析并获得了如下结果。

经济状况	概率	净现值 / 百万美元
萧条	0.05	(70)
较差	0.2	(25)
一般	0.5	12
较好	0.2	20
繁荣	0.05	30

请计算该项目的预期 NPV、标准差和变异系数。

12-8 新项目分析 你要决定是否需要购买研发部门请购的光谱仪。光谱仪的基本价格是 17 万美元，并且在购买时全额折旧。该光谱仪 3 年后可以按照 6 万美元的价格出售。这些设备需要增加净经营营运资本（备用件存货）8 000 美元。该项目对收入没有影响，但它能够每年节省 50 000 美元的税前人工成本。该公司的边际税率是 25%。

a. 光谱仪的初始投资支出是多少，即第 0 年的项目现金流是多少？

b. 该项目在第 1 年、第 2 年和第 3 年的现金流分别是多少？

c. 如果 WACC 为 10%，应当购买该光谱仪吗？请说明理由。

12-9 新项目分析 你需要对购买新铣床的建议做出评价。该机器包括运输和安装的价格为 143 000 美元，在购买时全额折旧，3 年后残值为 94 500 美元。该机器需要增加 5 000 美元的净经营营运资本（存货和应付账款）。该机器对收入没有影响，但每年可以节省 52 000 美元的税前人工成本。公司的边际税率为 25%，WACC 为 8%。此外，公司去年花了 4 500 美元调查使用该机器的可行性。

a. 分析师要如何处理去年的 4 500 美元？

b. 资本预算分析中，机器的初始投资支出是多少，即第 0 年的项目现金流是多少？

c. 项目在第 1 年、第 2 年和第 3 年的现金流分别是多少？

d. 应该购买该机器吗？请说明理由。

12-10 替换分析 Dauten 玩具公司目前使用一台两年前购买的注塑机。这台机器按照直线法计提折旧，还有 6 年的使用寿命。该机器目前的账面价值为 2 100 美元，现在可以按照 2 500 美元的价格出售。年折旧费用为每年 2 100/6=350 美元，即 6 年内每年 350 美元。如果继续使用旧机器，在寿命期满时残值为 500 美元。

Dauten 玩具公司正在考虑购置一台新机器，成本为 8 000 美元，预计使用年限为 6 年，预计残值为 800 美元。该机器允许在购买时 100% 折旧。更换机器将增加产量，因此销售量每年将增加 1 000 台；同时，新机器的高效率将每年节省运营费用 1 500 美元。新机器要求将存货价值增加 2 000 美元，应付账款增加 500 美元。Dauten 玩具公司的税率为 25%，WACC 为 11%。它应该更换旧机器吗？

12-11 替换分析 圣约翰河造船厂正在考虑更换一台已使用 8 年的铆接机，这将使每年折旧前收益从 24 000 美元增加到 46 000 美元。新机器将花费 80 000 美元，预计使用寿命为 8 年，无残值。新机器允许在购买时 100% 折旧。公司税率为 25%，WACC 为 10%。旧机器已经完全折旧，无残值。该公司应该购置新机器吗？请解释说明。

12-12 项目风险分析 Butler-Perkins 公司（BPC）必须在两个相互排斥的项目之间进行选择。每个项目的成本均为 6 750 美元，预计使用寿命为 3 年。项目年度现金流在初始投资 1 年后开始，服从以下概率分布：

项目 A		项目 B	
概率	现金流量/美元	概率	现金流量/美元
0.2	6 000	0.2	0
0.6	6 750	0.6	6 750
0.2	7 500	0.2	18 000

BPC 决定将高风险项目按 12% 评估，低风险项目按 10% 评估。

a. 每个项目的预期年度现金流是多少？项目 B 的标准差为 5 798 美元，其变异系数（CVB）为 0.76。项目 A 的标准差和变异系数是多少？

b. 根据风险调整后的净现值，BPC 应选择哪个项目？

c. 如果你知道项目 B 的现金流与公司的其他现金流负相关，但是项目 A 的现金流是正相关的，将会如何影响你的决策？如果项目 B 的现金流与国内生产总值（GDP）负相关，而项目 A 的现金流与国内生产总值正相关，这会影响你的风险评估吗？

12-13 项目寿命不同 Crockett Graphi 的平面设计公司正在考虑两个相互排斥的项目。这两个项目都需要初始投资 11 000 美元，风险和公司的平均风险持平。项目 A 的预计使用寿命为 2 年，各年年末的税后现金流入量分别为 8 000 美元和 10 000 美元。项目 B 的预计使用寿命为 4 年，每年年末的税后现金流入量均为 5 500 美元。该公司的 WACC 为 12%。

a. 如果项目不能重复，Crocket 使用 NPV 作为项目选择的标准，应该选择哪个项目？

b. 假设这些项目可以重复，并且现金流预计没有变化。使用重置价值链法来确定所选项目的 NPV。

c. 和 b 中假设一致，如果使用等额年金法，所选项目的等额年金额是多少？

12-14 项目寿命不同 Overton Clothes 公司正在考虑替换提足折旧的旧针织机。新针织机有两种新型号：（a）机器 171-3，税后成本为 171 000 美元，预计使用寿命为 3 年，税后现金流（考虑了节省的人工费用）为每年 85 000 美元；（b）机器 356-6，成本为 356 000 美元，预计使用寿命为 6 年，税后现金流为每年 102 400 美元。假设两个项目都可以重复。由于通货膨胀的影响会和零件价格下降的作用相互抵消，新针织机的价格预计不会上升。假设 Overton 公司的 WACC 为 13%。使用重置价值链法和等额年金法，应选择哪个机型？请说明理由。

12-15 重置价值链法 Rini 航空公司正在考虑两架可以相互替换的飞机。机型 A 的预计使用寿命为 5 年，造价为 9 500 万美元，并将产生每年 3 500 万美元的税后现金流。机型 B 的预计使用寿命为 10 年，造价为 1.12 亿美元，并将产生每年 2 500 万美元的税后现金流。Rini 航空公司计划在这条航线再运营 10 年。该公司的 WACC 为 9%。如果 Rini 航空公司需要再购买一架新飞机 A，成本将为 1.05 亿美元，但每年现金流入量将保持不变。Rini 航空公司应该购买机型 A 还是机型 B？请具体说明理由。

12-16 重置价值链法 Lesseig 公司有机会投资两个相互排斥机器中的一个，用来生产公司未来 8 年所需的产品。机器 A 的税后成本为 890 万美元，可以提供 4 年的现金流，税后现金流入量为每年 450 万美元。如果更换机器 A，出于通货膨胀的原因，其税后成本将为 980 万美元，出于生产效率的提高，税后现金流入量将增加到每年 470 万美元。机器 B 的税后成本为 1 390 万美元，8 年内每年将提供税后现金流入量为 430 万美元。如果该公司的 WACC 为 9%，它应该购买哪台机器？请具体说明理由。

12-17 等额年金法 一个公司有两个相互排斥的投资项目 X 和项目 Y 待评估，两个项目都可以无限期重复，两个项目的现金流如下表：

时间	项目 X 税后现金流 / 美元	项目 Y 税后现金流 / 美元
0	(80 000)	(75 000)
1	40 000	35 000
2	60 000	35 000
3	70 000	35 000
4	—	35 000
5	—	5 000

项目 X 和项目 Y 的风险相似，都可以无限期重复。如果公司的 WACC 为 10%，那么选择哪个项目能为公司创造最大价值，该项目的等额年金是多少？（将最后的答案四舍五入到最接近的整数）？

（12-18 ～ 12-21 为具有挑战性的难题）

12-18 情景分析 Holmes 制造公司正在考虑购置一台拖拉机，成本为 285 000 美元，如果购置该设备将每年减少税前制造费用 90 000 美元（不考虑折旧额），该设备允许在购买时全部折旧。管理层认为设备在 5 年后的价值为 23 000 美元。净经营营运资本在最初会增加 25 000 美元，但在项目 5 年期限结束时会全额收回。项目的 WACC 为 10%。

a. 计算项目的净现值、内部收益率、修正的内部收益率和投资回收期。

b. 假设管理层不确定每年 90 000 美元的成本节约，这个数字可能会正负偏离 20%。每种情况下的净现值各是多少？

c. 假设 CFO 希望你对不同的成本节约、设备残值、净经营营运资本进行情景分析，她希望你用以下概率进行情景分析。

情景	概率	节约成本 / 美元	残值 / 美元	净经营营运资本 / 美元
最差情况	0.35	72 000	18 000	30 000
基准情况	0.35	90 000	23 000	25 000
最佳情况	0.30	108 000	28 000	20 000

计算项目的期望净现值、标准差、变异系数。你会推荐接受这个项目吗？为什么？

12-19 新项目分析 达林顿设备公司在 5 年前（《减税与就业法案》颁布以前）购买了一台设备，成本为 85 000 美元，设备在购买时预计使用寿命为 10 年，并且运用直线法计提折旧，每年折旧 8 500 美元，如果设备没有被替换，设备可以在使用寿命结束时以 15 000 美元出售。

一台新设备可以以 170 000 美元的价格购买，包括安装费用。在 5 年内，新设备每年将节约经营成本 40 000 美元。销售量不会发生变化。在使用寿命结束后，这台设备预计没有残值，新设备允许在购买时 100% 折旧。

旧设备现在可以以 55 000 美元出售，公司的所得税率为 25%，WACC 为 9%。

a. 如果购买新机器，第 0 年时的初始现金流是多少？

b. 在第 1 年和第 5 年的每年年末，增量现金流分别是多少？

c. 这个项目的 NPV 是多少？达林顿设备公司应该更换旧机器吗？请具体说明。

12-20 替换分析 Bigbee Bottling 公司正在考虑用一种更新更高效的灌装机来更换一台旧的灌装机。旧机器的账面价值为 60 万美元，剩余使用年限为 5 年。公司预计 5 年内报废该机器不会有任何残值，但现在可以以 26.5 万美元的价格卖给同行业中的另一家公司。旧机器以直线法折旧，年折旧额为 12 万美元。

购买新机器的话，购买价格为 117.5 万美元，预计使用寿命为 5 年，预计残值为 14.5 万美元。新设备允许在购买时 100% 折旧。预计新设备能节省电力、劳动力和维修成本以及减少残次品数量，每年税前节约约 22 万美元。该公司的边际税率为 25%，WACC 为 12%。

a. 购买新机器的初始现金流出量是多少？

b. 计算两台机器的年折旧费用，并计算购买新机器带来的年折旧费用的变动额。

c. 第 1 年至第 5 年的增量现金流分别是多少？

d. 公司应该购买新机器吗？请具体说明理由。

e. 通常以下每个因素将如何影响投资决策，应如何应对？

1. 现有机器预计使用寿命缩短。

2. WACC 不是恒定不变的，而是随着公司在当年资本预算中增加更多的项目而增加。

综合 / 电子表格问题

新项目分析 你需要分析一个潜在的新项目——Cory Materials 的研发人员新开发的用于住宅建筑行业的填缝料。Cory 的营销经理认为该公司在未来 3 年，每年可以销售 11.5 万根单价为 3.25 美元的材料，之后产品将过时。项目所需设备的成本为 175 000 美元，在购买时允许 100% 折旧。项目所需流动资产（包括应收账款和存货）将增加 35 000 美元，流动负债（包括应付账款和应计项目）将增加 15 000 美元。每单位产品所需变动成本为 1.95 美元，固定成本（不包括折旧）为每年 70 000 美元。当生产在 3 年后停止时，设备的市场价值为 15 000 美元。Cory 公司的税率为 25%，普通风险项目所使用的加权平均资本成本为 10%。

a. 计算第 0 年的资本投入和项目每年的现金流，然后计算项目的 NPV、IRR、MIRR 和投资回收期。此处假设项目的风险和公司平均风险持平。

b. 假设新产品的研发成本是 30 000 美元，这些成本在去年已发生并出于税收考虑已费用化，这一假设将如何影响你对 NPV 和其他盈利指标的估计？

c. 如果新项目将导致公司其他项目现金流的减少，且新项目将安置在 Cory 拥有并可出售的一座空置的厂房里，这些因素将如何影响项目的 NPV？

d. 判断这个项目的现金流与公司其他项目还有整体经济的收益率是呈正相关还是负相关，这一结论对你的分析是否重要？请具体说明。

e. 与新产品无关，Cory 公司正在考虑两个相互排斥的机器，用来升级公司的制造工厂。这两个机器都属于平均风险项目，因此管理层将使用 10% 的加权平均资本成本进行评估。机器 X 的预计使用寿命为 4 年，而机器 Y 的预计使用寿命为 2 年。每台机器的成本是 60 000 美元，然而 X 机器提供 4 年的现金流，每年税后现金流为 25 000 美元，机器 Y 提供 2 年的现金流，每年税后现金流 42 000 美元。工厂本身非常成功，所以每台机器在使用期满后都会重置。换言之，机器是"可重复的"项目。

1. 使用重置价值链法，更好机器的 NPV 是多少？
2. 使用等额年金法，更好机器的 EAA 是多少？

f. Excel 表作业。由教师决定学生是否需要建立一张 Excel 表格来计算现金流、NPV、IRR、投资回收期和 MIRR。

g. CEO 担心填缝料的一些基准输入值可能太乐观或太悲观，他想知道如果这 6 个变量比基准值高 20% 或低 20%，NPV 将如何变化，变量包括销售量、销售价格、变动成本、固定成本、加权平均资本成本和设备成本。当考虑每个变量并制作敏感性分析图来说明结果时，保持其他变量不变。

h. 情景分析。在 g 部分列出的 6 个变量中，假设每一个变量具有在 g 部分计算的最佳情况数值的概率为 25%，具有基准情况数值的概率为 50%，具有最坏情况数值的概率为 25%。其他变量保持基准水平。计算期望的 NPV、NPV 的标准差和变异系数。

i. Cory 的管理层是否使用了与项目风险相适应的风险调整折现率来反映项目风险？请具体说明。

综合案例

联合食品公司

资本预算和现金流估算 联合食品公司正考虑拓展到果汁业务，销售新的新鲜柠檬汁产品。假设你最近被聘为资本预算主任助理，需要评估新项目。

柠檬汁将在靠近联合食品公司迈尔斯堡工厂的闲置厂房中生产。联合食品公司拥有这间厂房的所有权，厂房已提足折旧。生产柠檬汁所需的设备价格为 28 万美元，另包括运输和安装成本，并且在购买时允许 100% 折旧。此外，存货将增加 2.5 万美元，应付账款将增加 5 000 美元。所有这些成本均在时点 0 时发生。

该项目预计将运行 4 年，届时将被终止。假设现金流在项目进行后 1 年开始产生，即 $t=1$，并持续到 $t=4$。在项目终了时，即 $t=4$，设备的预期残值为 25 000 美元。销售量预计为每年 100 000 单位，预计单位销售价格为 2 美元。项目的现金运营成本（总运营成本减去折旧）预计为销售额的 60%。公司税率为 25%，加权平均资本成本为 10%。目前估计柠檬果汁项目的风险和联合食品公司其他资产风险相同。现在，你需要对项目进行评估，并对是否接受项目提出建议。为了帮助你进行分析，你的老板需要你完成以下任务。

a. 联合食品公司已建立资本预算过程的标准形式（参见表 IC 12-1）。表的一部分已完成，你需要完成表格的余下部分。步骤如下。

1. 填写在第 0 年的初始投资支出：CAPEX × (1−T) 和 △ NOWC。

2. 填写销售量、销售价格、总收入和不包括折旧的运营成本。

3. 完成表格一直到税后经营利润、项目的经营现金流和 EBIT（1－T）+DEP。

4. 填写第 4 年下空白处的项目终了时的现金流，并填写项目自由现金流。就净经营运营资本的回收进行讨论，如果机器的售价低于其账面价值，会发生什么情况？

b. 1. 联合食品公司的资本结构中包含了债务资本，因此用于投资该项目的一部分资金会是借款。那么，是否需要修改预计现金流来显示预计利息费用？请具体说明。

2. 假设联合食品公司去年花了 5 万美元来翻修这座建筑，并将翻修费用直接费用化。这一翻修成本应该反映在分析中吗？请具体说明。

3. 假设联合食品公司可以将该厂房租给其他公司，租金收入为每年 25 000 美元。你应该把这一事实放在分析报告中吗？如果是，你会如何分析？

4. 假设新增柠檬汁项目会导致联合食品公司鲜橙汁业务的销售额减少，在你的分析中是否应该包含这一事实呢？

c. 忽略在 b 部分做出的所有假设，并假设在未来 4 年内该建筑物没有其他用途。现在计算项目的 NPV、IRR、MIRR 和投资回收期。根据以上指标，该项目应该被接受吗？请具体说明。

d. 如果这个项目是一个替换项目而不是一个扩张项目，分析过程将有怎样的变化？对现金流量表有怎样的影响呢？

e. 1. 通常考虑哪 3 个级别或类型的项目风险？
2. 哪种类型风险最相关？
3. 哪种类型风险最容易测量？
4. 这 3 种类型的风险通常高度相关吗？

f. 1. 什么是敏感性分析？
2. 你要如何对项目的销售量、残值和加权平均资本成本进行敏感性分析？假设这些变量中的每一个与其基准情况或期望值相差正负 10%、20% 和 30%。解释如何计算每种情况的 NPV、IRR、MIRR 和投资回收期（请在老师要求的前提下才做此题）。
3. 敏感性分析的主要缺点是什么？它的主要优点是什么？

g. 和这里的柠檬汁项目无关，联合食品公司正在升级工厂，且必须在两台相互排斥的机器之间选择其一。工厂本身十分成功，所以无论选择哪个机器，都将在机器使用期满后重置。这两台机器的价格是 5 万美元，然而购置机器 A 将在 4 年内每一年获得税后收益 17 500 美元，购置机器 B 将在第 1 年获得税后收益 34 000 美元，在第 2 年获得税后收益 27 500 美元。

1. 使用重置价值链法，应该购置哪台机器，净现值为多少？

2. 使用等额年金法，应该购置哪台机器，等额年金额为多少？

在老师要求后，再完成剩下的计算题。注意，本题有大量计算，需要借助 Excel，否则将会非常耗时。

表 IC 12-1　联合食品公司柠檬汁计划（单位：千美元）

年末	0	1	2	3	4
I．投资支出					
资本支出					
存货增加					
应付账款增加	____				
净经营营运资本变动					
II．项目营运现金流					
销售量（千）			100		
价格/单位（美元）		2.00	2.00		
总收入					200.0
经营成本（不包括折旧）			120.0		
100% 折旧		0.0	0.0	0.0	0.0
总成本		120.0	120.0		
息税前利润（或经营收入）				80.0	
经营收入所得税（25%）		20.0			20.0
税后利润（税后经营收入）				60.0	
加上：折旧		0.0	0.0		
税后利润+折旧	0.0	60.0			60.0
III．项目终止现金流					
残值（以普通收入计税）					
残值所得税					
税后残值					
净经营营运资本变动					
项目自由现金流	(230.0)				98.8
IV．结果					
净现值=					
内部收益率=					
修正的内部收益率=					

© Cengage Learning®

h. 假设未来 4 年的通货膨胀率为 5%，加权平均资本成本已经将这一预期考虑在内，并且预期通货膨胀将同时使收入和变动成本增加 5%。请初步分析，通货膨胀是否在此得到适当处理。如果不是，还应该做什么，所做的调整会如何影响决策？

i. 预期现金流量参见表 IC 12-2，已考虑通货膨胀。联合食品公司的加权平均资本成本是 10%。假设你认为除了销售量以外，对所有能影响现金流的变量的估计准确。如果产品接受度差，每年销售量将仅为 7.5 万单位，如果市场接受度好，销售量将为 12.5 万单位。在任何一种情况下，现金成本仍然占收入的 60%。市场接受度差的概率为 25%，好的概率为 25%，普通的概率为 50%（基准情况）。仅当使用计算机模型时才提供数字。

1. 最差情况下，NPV 是多少？最佳情况下呢？
2. 最差情况下，最可能的情况（或基准情况）和最佳情况下的 NPV 及其发生概率如何？计算项目的 NPV 期望值、标准差和变异系数。

表 IC 12-2 联合食品公司柠檬汁计划，已考虑每年 5% 的通货膨胀率

（单位：千美元）

	年				
	0	1	2	3	4
投资支出					
资本支出	（210）				
净经营营运资本变动	（20）				
项目现金流					
销售量		100	100	100	100
销售价格		2.100	2.205	2.315	2.431
总收入		210.0	220.5	231.5	243.1
现金支出		126.0	132.3	138.9	145.9
100% 折旧		0.0	0.0	0.0	0.0
息税前利润		84	88.2	92.6	97.2
所得税		21.0	22.1	23.2	24.3
税后付息前利润		63.0	66.2	69.5	72.9
加上：折旧		0.0	0.0	0.0	0.0
EBIT（1−T）+ DEP = 税后运营收入		63.0	66.2	69.5	72.9

（续）

	年				
	0	1	2	3	4
项目终止现金流					
残值					25.0
残值所得税					6.2
税后残值					18.8
净经营营运资本变动					20.0
项目自由现金流	（230.0）	60.0	66.2	69.5	111.7
累计现金流回报	（230.0）	（167.0）	（100.8）	（31.4）	80.3
用于计算修正的内部收益率的现金流回报		83.9	80.0	76.4	111.7
复合流入汇总					352.0
净现值 =15 美元					
内部收益率 = 12.6%					
修正的内部收益率 =11.6%					

j. 假设联合食品公司平均项目的变异系数（CV）介于 1.25 和 1.75 之间。柠檬汁项目应该被归类为高风险、平均风险还是低风险项目？在这里，应测量的是什么类型的风险？

k. 根据常识，你认为项目与公司的其他资产有多高的相关性（根据你的判断，给出相关系数或系数范围）？

l. 相关系数和之前的计算放在一起来看，会如何影响企业内部风险？请具体说明。

m. 根据你的判断，你认为项目和整体经济的相关系数是怎样的，对整个市场而言，投资回报又是多少？与经济的相关性将如何影响项目的市场风险？

n. 联合食品公司一般通过对其加权平均资本成本增加或减少 4% 来调整风险。在调整风险后，应该接受柠檬汁项目吗？在做出最终决定之前，是否应考虑任何主观风险因素？请具体说明。

第 13 章

实物期权和资本预算其他主题

Anheuser-Busch 借助实物期权来增加企业价值[⊖]

2008 年，Anheuser-Busch 公司（以下简称"AB 公司"）被比利时的英博集团收购的消息成了头条新闻，英博作为一家世界级的啤酒公司，是众多大牌啤酒的制造厂商，其中包括贝克啤酒以及时代啤酒。在合并前的几年，AB 公司就已经开始采取适当的措施来提升其国际化运营。在许多方面，这些措施的实施经历表明在公司进入新市场时会面临各种风险和机遇。

AB 公司成立于 1875 年，至 1990 年它已经成为美国最大的啤酒公司。然而后来，公司增长速度放缓，且几乎没有任何海外销售额。到 20 世纪 90 年代中期，情况发生了些许变化——AB 公司在多个国家进行适当投资，而这些投资也让公司的发展和盈利能力迅速增长。大多数的资本投资，尤其是跨国的企业投资，都是存在风险的，AB 公司也在小心谨慎地"走向全球"。在啤酒行业中，大规模经营是必不可少的，想要在阿根廷、巴西、智利或是其他国家建立规模足够庞大的业务，需要上亿美元的资金来建立基本的酿酒厂、分销系统以及做好必要的市场营销来树立品牌。同时，还需要足够的时间来使项目达到稳定运营的状态，所以可能在几年以后，该项投资才会开始产生大量的现金流。当一家公司试图进入一个新市场时，经常会犯下一些错误，并为这些错误付出沉重的代价。

AB 公司的管理部门认识到了这些问题，并得出结论，AB 公司不应该直接、大规模地推进目标市场。相反，应该选择当地、小型的啤酒厂进行相对较小的投资——200 万美元到 300 万美元之间，并与这些公司建立合资企业。这样 AB 公司就能为这些新的合作伙伴提供关于啤酒制造与营销方面的专业技能，而他们也能为 AB 公司提供关于这个国家文化及其政治体制相关的专业知识。因此，AB 公司就能在它为合作伙伴教授啤酒制造与营销知识的同时熟悉这个国家，学习其文化习俗。通过选择合适的合作伙伴解决了以上问题，AB 公司将计划增加其投资，在被投资国家各地设立更多的啤酒厂，并引用使其在美国成功的市场营销方案。

AB 公司投资海外企业，相当于买入了一些有形资产，但公司得到的最为重要的却是实物期权，即在情况良好时进行进一步的投资的权利，而非义务。它的一些初始投资看起来存在问题，"常规"资本预算的分析结果也显示为低，NPV 甚至为负值。然而，当把实物期权的价值考虑在内时，AB 公司的高管们也能看出其实公司只承担了较小的风险，却得到了一份诱人的潜在回报。

AB 公司的初始投资为其提供了增长（扩张）期权。其他类型的实物期权包括：在公司现金流较低时停止运营的能力（放弃期权）、延迟潜在投资至获得更多市场信息之时（投资时机选择期权），以及在项目启动运营之后转换投入或产出（灵活性期权）。我们将看到，所有的期权都有可能提升项目净现值的期望值，并降低风险。

⊖ Tom Arnold and R. L. Shockley Jr., " Value Creation at Anheuser-Busch: A Real Options Example," *Journal of Applied Corporate Finance*, vol. 14 (Summer 2001), pp. 41–50.

厘清头绪

在第 11 章和第 12 章中我们介绍了资本预算的基本原理。现在，我们将考察资本预算基本原理在 3 个方面的扩展应用。首先我们将讨论实物期权，并通过一些例子来说明实物期权对资本预算决策的重要性。其次，我们将讨论资本预算规模对加权平均资本成本（WACC）的影响。公司的融资金额越大，加权平均资本成本（WACC）就越高，由此建立项目的可接受性、资本预算规模和加权平均资本成本（WACC）之间的关系。最后，我们将讨论事后审计以及其在资本预算中的地位。

学完本章，你应该能够完成下列目标。

- 了解什么是实物期权，实物期权如何影响资本预算以及其分析过程。
- 讨论企业资本预算的规模如何影响项目的净现值，确定公司资本预算的相关过程，以及如何选择价值最大化的项目。
- 描述资本预算过程的重要组成部分——事后审计，并讨论其在资本预算决策中的相关性。

13.1 实物期权简介

传统的折现现金流的分析方法产生于 20 世纪 50 年代，是资本预算的基石，该方法首先估算资产的现金流，然后通过折现求出净现值的期望值。然而，最近几年的研究表明，折现现金流的分析法并非总能得出正确的资本预算决策。⊖

折现现金流法最初用来为证券（如股票和债券）定价，这些证券都属于被动投资：一旦购买了相应的证券，通常无法影响这些证券未来产生的现金流。⊜然而，实物期权不属于被动投资：即使在项目开始运行后，公司的管理者也经常可以采取行动影响现金流。这种机会被称为**实物期权**（real option）："实物"是为了区别于金融期权，例如购买通用电气公司的股票期权；"期权"是指提供了在未来采取某种行动的权利，而非义务。实物期权是有价值的，由于传统的折现现金流分析法没有包括这一价值，因此，我们应该单独考虑实物期权的价值。

实物期权的种类很多，包括：①增长（扩张）期权，即如果需求高于预期，那么项目可以实施扩张；②放弃期权，即如果项目的现金流很低，那么项目应当被终止；③投资时机选择期权，即项目可以被延迟，直到获得更多的需求和成本信息；④产出灵活性期权，即如果市场状况发生变化，那么产出也可相应地调整；⑤投入灵活性期权，即如果投入的价格发生了变化，那么产品生产过程中所需要的投入（例如，发电所需的天然气和石油）也可相应地进行调整。

自我测验

1. 什么是实物期权？
2. 为什么折现现金流分析法并非总能得出适当的资本预算决策？
3. 传统分析法认为实物期权会降低项目的净现值，但是在这里，为什么认为实物期权可能提高项目的净现值？
4. 解释实物期权的 5 种类型。哪一种最恰当地描述了本章开头所讨论的 AB 公司的案例。

13.2 增长（扩张）期权

我们可以运用 AB 公司在南美的投资决策来阐述**增长（扩张）期权** [growth（expansion）option]。另一个

⊖ 关于资本预算的折现现金流估值技术等有关问题的详细探讨，参见 Avinash K.Dixit and Robert S. Pindyck，"The Options Approach to Capital investment"，*Harvard Business Review*（May-June 1995），pp105-115. 有关投资时机决策固有的期权价值的更多信息，参见 Stephen A. Ross，"Uses, Abuses, and Alternatives to the Net-Present-Value Rule,"*Financial Management*（Autumn 1995），pp. 96–101. 此外，2001 年夏季刊 "*Journal of Applied Corporate Finance*" 中包含几个有关在资本预算中期权概念使用的有趣文章。

⊜ 沃伦·巴菲特和一些对冲基金运营商等大型投资者可以通过购买公司股票，影响这些公司的经营和现金流。然而，一般股东没有这样的影响。

可以用于阐述增长（扩张）期权的例子是"战略投资"，如海水淡化新工艺。假设 GRE 公司正在考虑一项如表 13-1 所示的投资。在第一部分中，以不考虑嵌入式实物期权的投资来扩展项目。$t = 0$ 时，GRE 公司将投资 300 万美元。由于这是一项相对具有风险的投资，因此 GRE 公司采用的加权平均资本成本（WACC）为 12%。若市场状况乐观，那么未来 3 年内，该项目每年将产生 150 万美元的现金流，若市场状况悲观，那么该项目每年产生的现金流只有 110 万美元。市场状况乐观和悲观的可能性均为 50%。如果该项目成功，净现值将会达到 60.3 万美元；但如果不成功，净现值将会降至 –35.8 万美元。通过将每个净现值乘以其 50% 概率得到的净现值的期望值为 12.2 万美元，所以似乎表明应该接受该项目。然而，通过变异系数的衡量认为该项目的风险相当高，所以它仍然可能被拒绝。[一]

现在看表 13-1 第二部分，我们考虑了增长期权的存在。企业第一年年底将能知晓市场状况是否良好，所以 $t = 2$ 时，它将追加投资 100 万美元用以扩张。扩张将会在未来几年产生现金流，在第三年结束时，这些现金流的现值估计为 500 万美元。然后，我们将新的现金流添加到原始现金流中，以获得乐观状态下总现金流。如第 19 行所示，市场状况乐观情况下的净现值为 336.4 万美元。而市场状况悲观时的现金流与第一部分相同，净现值为 –35.8 万美元。此时，我们可以计算项目的期望值，也就是 150.3 万美元，但变异系数要低得多，表明与没有增长期权的项目相比，项目的风险要小得多。

表 13-1 第三部分显示了期权给项目带来的价值增加，即**期权价值**（option value）。正如我们在上例中所见，如果无论有没有期权，项目净现值的期望值都大于零，那么期权价值就是由于期权而增加的净现值期望值：

$$期权价值 = 含期权的净现值期望值 - 不含期权的净现值期望值$$
$$= 1.503 - 0.122 = 1.381（百万美元）$$

如果不包含期权的净现值期望值为负，而包含期权的净现值期望值为正，那么期权价值就等于包含期权的净现值期望值。这就是期权价值，因为如果没有期权，净现值的期望值为负，项目就会被拒绝，因而也不存在市场状况良好带来的正的净现值。

当完成了表 13-1 中的分析，我们还要考虑到获得期权所需要的一切成本。例如，假设为了实施扩张，GRE 公司将在初期花费额外的 30 万美元来获得一项期权以满足拓展所需。我们本应将该项成本列入第二部分的分析之中。然而，我们在计算期权价值时没有将其考虑在内，而是选择了忽略该项成本。其实两种程序均可取用，只是我们偏向了后者。但需要注意的是，真实的项目期望值等于净现值期望值减去获取期权的成本，即 108.1 万美元。

为了简化分析过程，我们假设所有现金流都以相同的资本成本（项目的 WACC）来折现。在大多数情况下，你可能会预期与增长期权相关的现金流具有高度不确定性，因此想要采用更高的折现率来折现这些现金流。考虑到上述因素，在实践中，许多分析人员都会使用期权定价理论，来帮助估计各种类型的实物期权的价值。[二]此外，当公司与外界有联系时，这些分析可能会更加复杂。外界的公司会使用相同的期权方法来评估未来的增长期权，而公司正在与他们竞争。因此，一家公司增长期权的价值，在很大程度上取决于其竞争对手是否能长期进行类似的投资。[三]

最后，了解增长期权的重要性和结构会随着公司主体变化是很关键的。对于那些必须定期评估研发投资水平和投资时间的行业而言，实物期权尤为重要。例如，像南方公司这样的大型公用事业公司，在其网站上明确介绍了使用期权评估各种投资的方法：[四]

在南方公司的业务战略中，第 3 个也是最后一个方面是依靠期权在不断变化的公用事业中蓬勃发展。如前所述，没有人能对十几年后的电力或天然气行业，给出准确的预测。因此，我们必须开发各种期权来应对一系

[一] 标准差和变异系数都表明了显而易见的事实——该项目的风险相当高。

[二] 参见 Eugene F. Brigham and Phillip R. Daves, "Real Options," Chapter 14 in *Intermediate Financial Management*, 14th edition (Mason, OH: Cengage Learning, 2022).

[三] 参见 Nelson Ferreira, Jayanti Kar, and Lenos Trigeorgis, "Option Games: The Key to Competing in Capital-Intensive Industries," *Harvard Business Review* (hbr.org), March 2009.

[四] 参见 Southern Company's website, "What Does the Future of Energy Look Like? See How We're Leading the Way," southerncompany.com/content/dam/southern-company/pdf/public /LeadingTheWay.pdf, p. 5. For another illustration of the use of real options in the real world, refer to Martha Amram, Fanfu Li, and Cheryl A. Perkins, "How Kimberly-Clark Uses Real Options," *Journal of Applied Corporate Finance*, vol. 18, no. 2 (Spring 2006), pp. 40–47.

列潜在的风险。开发期权的一种方法是通过项目研发，深入挖掘改变家庭或企业能源供应和使用方式的技术，哪怕它们目前在市场上成功的可能性很低，或者很久以后才适用。我们的氢研究项目就是一个例子。氢在短期内不会在国家的能源组合中扮演重要角色，但长此以往它会变得越来越有吸引力。

表 13-1　增长期权的分析

（单位：千美元）

	A	B	C	D	E	F	G	H
3								
4								
5	一、不含增长期权的项目							
6				期末现金流				NPV@
7		结果	可能性	0	1	2	3	12%
8		乐观情形	50%	−3 000	1 500	1 500	1 500	603
9		悲观情形	50%	−3 000	1 100	1 100	1 100	−358
10							净现值期望值	122
11							标准差 (σ)	480
12							变异系数=标准差/净现值期望值	3.93
13								
14	二、含增长期权的项目							
15				期末现金流				NPV@
16				0	1	2	3	12%
17			初始投资现金流	−3 000	1 500	1 500	1 500	
18			新投资现金流			−1 000	5 000	
19		乐观情形	50%	−3 000	1 500	500	6 500	3 364
20		悲观情形	50%	−3 000	1 100	1 100	1 100	−358
21							净现值期望值	1 503
22							标准差 (σ)	1 861
23							变异系数=标准差/净现值期望值	1.24
24								
25	三、期权价值							
26							含增长期权的净现值期望值	1 503
27							不含增长期权的净现值期望值	122
28			情况一：如果不含增长期权的净现值期望值为正，那么					
29	期权价值 =		含增长期权的净现值期望值		−	不含增长期权的净现值期望值		1 381
30								
31			情况二：如果不含增长期权的净现值期望值为负，那么					
32	期权价值 =		含增长期权的净现值期望值		−	0		NA
33								
34	备注：如果含增长期权的净现值期望值为负，在这种情况下，项目对企业价值没有影响（NPV = 0），项目将被拒绝							
35								
36							期权价值 =	1 381

©Cengage Learning®

自我测验

如果公司没有考虑增长期权，那么是否会导致它低估或高估项目的净现值？说明理由。

13.3　放弃期权

在进行资本预算时，我们通常假定企业会运营该项目直至其寿命期结束。然而，这并非总是最优的行动方式。如果公司拥有一项放弃期权，该**放弃期权**（abandonment option）允许公司在资产寿命期结束前终止项目，那将会提高项目的预期盈利能力并降低项目的风险。例如，假设 GRE 公司正考虑另外一个项目，并正与一家主要供应商就成本与电力供应进行谈判。通常，为了保证投资不会搁浅，公用事业公司在引进所需电路之前，需要保证最低消费电量。因此，如果要承担这个项目，那么 GRE 公司必须运营此项目 4 年直至其寿命期结束。

表 13-2 的第一部分显示了 GRE 公司的项目细节。$t = 0$ 时，初始投资为 100 万美元。考虑 3 种可能的结果：①市场状况乐观的情况下，现金流如第 6 行所示；②市场状况一般的情况下，现金流如第 7 行所示；③市场状况悲观的情况下，年度亏损如第 8 行所示。市场状况一般的可能性为 50%，市场状况乐观和悲观的可能性均为 25%。起初，项目被认为风险较低，因此其资本成本为 10%。每种可能性下的净现值显示在最后一列，净现值期望值为 1.4 万美元。因而该项目几乎不可能被接受。

表 13-2　放弃期权的分析

（单位：千美元）

	A	B	C	D	E	F	G	H	I
3	一、不能放弃								
4					期末现金流			NPV@	
5	结果	可能性	0	1	2	3	4	10%	
6	乐观情形	25%	−1 000	400	600	800	1 300	1 348	
7	一般情形	50%	−1 000	200	400	500	600	298	
8	悲观情形	25%	−1 000	−280	−280	−280	−280	−1 888	
9						净现值期望值		14	
10						标准差（σ）		1 179	
11					变异系数 = 标准差 / 净现值期望值			83.25	
12									
13	二、可以放弃								
14					期末现金流			NPV@	
15	结果	可能性	0	1	2	3	4	10%	
16	乐观情形	25%	−1 000	400	600	800	1 300	1 348	
17	一般情形	50%	−1 000	200	400	500	600	298	
18	悲观情形#1	0%	−1 000	−280	−280	−280	−280	−1 888	不采纳
19	悲观情形#2	25%	−1 000	−280	200	0	0	−1 089	采纳
20						净现值期望值		214	
21						标准差（σ）		866	
22					变异系数 = 标准差 / 净现值期望值			4.05	
23									
24	三、期权价值								
25					含放弃期权的净现值期望值			214	
26					不含放弃期权的净现值期望值			14	
27			情况一：如果含放弃期权的净现值期望值为正						
28		期权价值 =		含放弃期权的净现值期望值		−	不含放弃期权的净现值期望值		
								200	
29									
30			情况二：如果含放弃期权的净现值期望值为负						
31		期权价值 =		含放弃期权的净现值期望值	−		0	NA	
32									
33	备注：如果不含放弃期权的净现值期望值为负，在这种情况下，项目对企业价值没有影响（NPV=0），项目将被拒绝								
34									
35					期权价值=			200	

　　现在看表 13-2 的第二部分，在可以放弃该项目的情况下，第 16 行和第 17 行分别显示了市场状况乐观和市场状况一般情形下的现金流数据，在第 18 行显示了市场状况悲观时的相关数据，与第一部分相同。然而，在第 19 行，我们给出了 GRE 公司放弃该项目的情况。我们假设，一旦在第 1 年发现市场状况悲观时，GRE 公司决定停止运营，并可在第 2 年以 20 万美元的价格出售设备。这样在第 3 年、第 4 年就不会产生现金流，在悲观情形 #2 中，净现值将是 108.9 万美元，虽然不甚乐观，但是也比悲观情形 #1 中"不能放弃"的情况下结果更好。

　　有了放弃期权的选择，GRE 公司当然永远也不会选择悲观情形 #1；市场状况较差时，它可以选择悲观情形 #2 来放弃项目。因此，当计算净现值的期望值时，我们会对悲观情形 #1 分配为零可能性，对悲观情形 #2 分配 25% 的可能性。结果就是，净现值的期望值从"不能放弃"情况下的 1.4 万美元上升到 21.4 万美元。与此同时，通过对变异系数的测量，项目的风险将会大幅降低。显然，选择放弃项目很大程度上减轻了最坏的结果，降低了项目风险。

　　在表 13-2 的第三部分中，我们计算了放弃期权的价值。这个价值是净现值期望值增加的 20 万美元。GRE 公司向公用事业公司支付高达 20 万美元，使公司脱离"必须购买"这一困境，从而在项目发展不顺利的情况下放弃该项目。

自我测验

　　1. 你预计放弃期权是会提高还是会降低项目的净现值和风险（用变异系数来衡量）？请解释？

　　2. 假设一个项目"不能放弃"的净现值期望值为 −14 美元，而"能够放弃"的净现值期望值为 214 美元，那么该放弃期权的价值是多少？（214 美元。）

13.4　投资时机选择期权

　　传统的净现值法假定项目要么被接受，要么被拒绝，这意味着如果现在不接受项目，那么今后也永远不会接受。然而，在实践中，公司有时会拥有第 3 种选择——将决策时间推迟，直到获得了充分的市场信息。这种**投资时机选择期权**（investment timing options）会对项目的预期盈利能力和风险产生重要影响。

　　如表 13-3 中数据所示，假设 GRE 公司正考虑一个为期 3 年的项目，由于 GRE 公司预测 3 年之后在技术上会有一次重大转变，公司将面临转型，因此这个项目的时间相对较短。$t = 0$ 时，当前项目需要一笔 300 万美元的初始投资，它将会在 3 年中产生正现金流，且承担的风险高于平均水平，因此加权平均资本成本（WACC）为 12%。而年度现金流的规模取决于未来市场情况走向。正如第一部分所示，市场需求乐观的可能性为 50%，在这种情况下，项目每年会产生 200 万美元的现金流。同时也有 50% 的可能性市场需求悲观，这种情况下的年度现金流仅有 45 万美元。如果市场需求乐观，那么净现值为 180.4 万美元，但如果市场需求悲观，那么净现值为 191.9 万美元。假如项目从今日起开展，那么净现值的期望值为 −5.8 万美元，因此应该拒绝该项目。

　　现在我们看到表 13-3 的第二部分。在这里，我们假设 GRE 公司能够将决策时间延至第 2 年，直到获得更多市场行情信息。由于技术将发生预料中的转型，如果延期项目，那么在投入初始投资后，现金流仅能持续两年。因此，延期决策同样意味着放弃 1 年的正现金流。若市场状况乐观，企业就将会继续推进项目并实现 33.9 万美元的净现值。如果市场状况悲观，则不进行投资，净现值为零。两种结果的可能性都为 50%，而净现值的期望值与 $t = 0$ 时相同，为 17 万美元，说明应该接受该项目。

　　在达成最终决策之前，还应当考虑到其他几个因素。如果 GRE 公司决定观望市场，那么就可能失去首个进入新市场的战略性优势。与此同时，成本也可能会提高，导致计算出的净现值降低。总的来说，未来市场条件的不确定性越大，就越吸引人观望。然而，这种风险的降低也可能会被失去"先发优势"的损失所抵消。

表 13-3　投资时机选择期权的分析

（单位：千美元）

	A	B	C	D	E	F	G	H
3	一、含投资时机选择期权							
4				期末现金流				NPV@
5		结果	可能性	0	1	2	3	12%
6		乐观情形	50%	−3 000	2 000	2 000	2 000	1 804
7		悲观情形	50%	−3 000	450	450	450	−1 919
8							净现值期望值	−58
9							标准差(σ)	1 861
10							变异系数=标准差/净现值期望值	−32.23
11								
12	二、延迟决策时间直至了解市场状况							
13				期末现金流				NPV@
14		结果	可能性	0	1	2	3	12%
15		乐观情形	50%	0	−3 000	2 000	2 000	339
16		悲观情形	50%	0	0	0	0	0
17							净现值期望值	170
18							标准差(σ)	170
19							变异系数=标准差/净现值期望值	1.00
20								
21	三、期权价值							
22						含投资时机选择期权的净现值期望值		170
23						不含投资时机选择期权的净现值期望值		−58
24								
25		情况一：如果含投资时机选择期权的净现值期望值为正						
26		期权价值=	含投资时机选择期权的净现值期望值			−	不含投资时机选择期权的净现值期望值	NA
27								
28		情况二：如果不含投资时机选择期权的净现值期望值为负						
29		期权价值=	含投资时机选择期权的净现值期望值			−	0	170
30								
31	备注：如果不含投资时机选择期权的净现值期望值为负，在这种情况下，项目对企业价值没有影响（NPV=0），项目将被拒绝							
32								
33							期权价值 =	170
34								
35	备注：在延迟投资的情况下，我们需要求出t=0时的净现值。如果我们将t=0时的现金流设为0，使用计算机或者Excel，我们能够很快得出t=0时的净现值。然而，如果我们使CF$_0$=−3 000，CF$_j$=2 000，N$_j$=2，I/YR=12，在情况乐观的条件下，我们可以得到净现值为38万美元，净现值的期望值为19万美元。但请注意，这是t=1时的净现值，所以我们必须使用12%的折现率进行折现，以实现与不延迟项目计算出的净现值的可比性，并得出正确答案。							

©Cengage Learning®

自我测验

1. 简要描述什么是投资时机选择期权，为什么这样的期权是有价值的？

2. 解释下列陈述正确的原因：一般来说，其他因素保持不变的情况下，未来市场条件的不确定性越大，投资时机选择期权越有吸引力。

13.5　灵活性期权

许多项目提供**灵活性期权**（flexibility options），允许公司在项目周转期内调整其投入和产出。宝马公司位于南卡罗来纳州斯帕坦堡的汽车装配厂为灵活性期权提供了一个案例。宝马公司建造该厂时计划用以生产运动汽车。如果该工厂专门为生产运动汽车而设计，可以使建造成本降到最低，净现值最大。然而，宝马公司意识到，不同汽车的需求可能会随着时间发生变化，这意味着，在某个时点上，公司将可能会转而生产另一种类型的汽车。如果该工厂专门用来生产运动汽车，则会给今后的转产造成困难。因此，宝马公司决定投入更多的资金建设具有高灵活性的工厂。这种工厂可以随着需求模式的转变来生产不同类型的汽车。果然，市场状况确实发生了变化，运动汽车的需求下降，敞篷汽车的需求上升。但宝马公司已经做好准备，斯帕坦堡工厂开始大力生产热销的敞篷汽车。与不具有灵活性期权的情况相比，宝马公司通过建造更具灵活性的工厂获得了更高的现金流。

电力企业，如 FPL 公司，也提供了在资本预算项目中投入灵活性期权的例子。FPL 公司建立电厂，通过石油或天然气作为燃料发电。随着时间推移，这些燃料的价格根据伊拉克和伊朗的发展、环境政策以及其他情况的变动而发生改变。若干年以前，几乎所有的发电厂都在设计上采用同样的燃料，以实现建设成本最小化，然而，随着燃料成本的波动加剧，FPL 公司开始建造成本较高、灵活性较强的发电厂，这种电厂能够根据燃料价格的变化，在石油和天然气之间进行转换。

表 13-4 显示了对灵活性选择期权的分析。第一部分显示，如果某种产品的需求（如运动汽车）变低，净现值的期望值将小于零。然而，正如我们在第二部分所见，如果工厂可以灵活地转换为生产另外一种产品（例如敞篷汽车），那么净现值的期望值将大于零。当我们分析投入的灵活性时，模型设定是类似的——例如，如果石油价格上涨并超过天然气的价格，则将燃料由石油转换到天然气。当然，灵活性选择期权也存在相应成本，但这些成本可以与计算出的期权价值相比较。

表 13-4 灵活性期权的分析

（单位：千美元）

	A	B	C	D	E	F	G	H	I	J
3	一、不含灵活性期权						期末现金流			NPV@
4	结果				可能性	0	1	2	3	12%
5	市场需求较强				50%	−5 000	2 500	2 500	2 500	1 005
6	市场需求较弱				50%	−5 000	1 500	1 500	1 500	−1 397
7								净现值期望值		−196
8										
9	二、含灵活性期权						期末现金流			NPV@
10	结果				可能性	0	1	2	3	12%
11	市场需求较强				50%	−5 100	2 500	2 500	2 500	905
12	市场需求较弱	转产			50%	−5 100	1 500	2 250	2 250	−366
13								净现值期望值		270
14										
15	三、期权价值									
16							含灵活性期权的净现值期望值			270
17							不含灵活性期权的净现值期望值			−196
18										
19		情况一：如果不含灵活性期权的净现值期望值为正，那么								
20		期权价值=	含灵活性期权的净现值期望值				−	不含灵活性期权的净现值期望值		NA
21										
22		情况二：如果不含灵活性期权的净现值期望值为负，那么								
23		期权价值=	含灵活性期权的净现值期望值				−	0		270
24										
25		备注：如果不含灵活性期权的净现值期望值为负，在这种情况下，项目对企业价值没有影响（NPV=0），项目将被拒绝								
26										
27							期权价值 =			270

©Cengage Learning®

自我测验

1. 什么是投入灵活性期权和产出灵活性期权?
2. 灵活性期权如何影响项目的净现值和风险?

13.6 最优资本预算

到目前为止,我们已经阐述了管理者在进行具体项目评估时所应考虑的各种因素。从制订计划的角度来讲,由于融资金额会影响加权平均资本成本(WACC),因此管理者还需要预测资本预算总额。如果资本预算金额较小,公司的加权平均资本成本可能是10%,而如果资本预算金额较大,可能是12%。此外,接受一个大的项目也可能会使加权平均资本成本由10%变为12%。

我们采用GRE公司的例子来说明最优资本预算的决策过程。

第一步:财务主管对公司不同资本规模下的综合加权平均资本成本进行估计,我们在第10章讨论过,留存收益成本低于外部权益成本,因此,一旦该年度的留存收益耗尽,加权平均资本成本将会上升。同样,随着公司筹集的资本增多,其债务及优先股的成本可能会上升。因此,显示公司加权平均资本成本与筹集资金量关系的曲线为图13-1中所示的加权平均资本成本线。

第二步:公司的各部门都会对来年可能开展的项目以及这些项目的内部收益率有些不错的想法。显然,有些项目由于内部收益率较高而明显优于其他项目,若加权平均资本成本可知,净现值可计算,将会得到更高的净现值。这些部门为财务主管提供了其资本项目内部收益率的明细表,并由高到低排列。

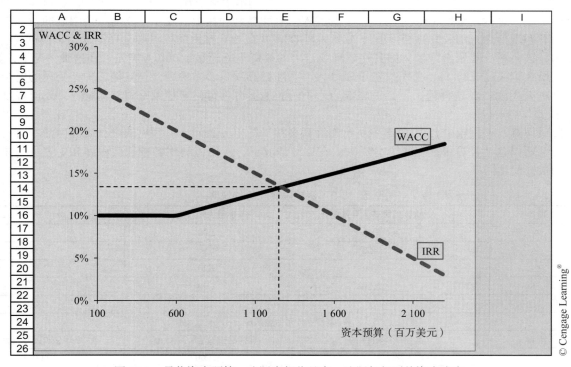

图13-1 最优资本预算:边际内部收益率=边际加权平均资本成本

第三步:加权平均资本成本明细表为我们展示了边际资本成本(即每多获得1美元投资所需要支出的成本),这将由适当比例的债务和股本构成。同理,内部收益率明细表展示了每个项目的收益率,因此,内部收益率明细表相当于不同投资水平下的边际收益率明细表,按内部收益率从高到低排列。

第四步:我们能从经济学中了解到,当边际收益等于边际成本时,将实现投资价值最大化。如图13-1所示,这意味着最优资本预算约为12亿美元。

第五步：最优资本预算下加权平均资本成本约为 13.5%。财务主管会将这个数字报给各部门，各部门会根据各自的风险因素做出适当的风险调整。例如，正如我们在第 10 章中所见，公司通常都会做出规定，低风险部门可以公司综合加权平均资本成本的 90% 作为成本率起点，用此比率来应对本部门的平均风险水平项目，并根据部门各项目风险的不同进行调整。高风险部门可能会以综合加权平均资本成本的 110% 作为基本加权平均资本成本来应对本部门的平均风险水平项目，然后根据项目风险的不同调整上下幅度。

第六步：各部门也会使用风险和规模调整过后的资本成本，来得出各个项目的净现值。

实践中，以上六步通常难以精确把控。然而，财务总监、首席执行官以及其他了解相关概念的高层能够做出相应的判断和调整。例如，如果项目进展稳定，那么财务主管将简单地估算资本预算中的综合加权平均资本成本。如果公司正在考虑一个庞大的项目，或是多个小型项目的话，公司就会偏离图 13-1 中的加权平均资本成本明细表，做更多详细的研究，并调整综合加权平均资本成本，以解释高于正常水平的资本预算。

到目前为止，我们已经假设过公司可能会投资至项目的边际收益等于边际资本成本。这一过程使公司的内在价值最大化，并且这个假设也适用于大多数大型的、业绩良好的成熟型公司。然而对于小型公司、新公司和业绩不稳定的公司而言，其资金募集可能存在困难，即使项目看起来呈现较高的正净现值，但有些企业的所有者也可能并不想迅速扩张——他们可能会更偏向于以一种略微悠闲的步调发展。在这种情形之下，公司资本预算的规模就可能受限，这种情况称为**资金限额配比**（capital rationing）。不管资金是由于什么原因受限，都应该将其尽可能地运用于效益较高的地方。为了说明资金限额配比的运作方式，请参考我们在表 13-5 中勾勒的简单说明。在本例中，公司有四个潜在项目：项目 A、项目 B、项目 C 和项目 D。项目 B 和项目 C 相互排斥，而其他项目相互独立。该表显示了每个项目所需的投资和估计的净现值。该表还概述了由 4 个可用项目组合组成的 11 种不同资本预算策略。再次注意，公司不能同时承担项目 B 和项目 C，因为它们是相互排斥的。

在案例 1 中，我们假设公司没有资本约束，因此不需要资本限额配比。在这种情况下，公司只需选择总净现值最高的策略。这就是策略 10，公司投资于项目 A、项目 B 和项目 D。注意，在无资金限制的情况下，公司将投资于所有净现值为正的独立项目（项目 A 和项目 D），并在相互排斥的项目中选择净现值最高的（项目 B）。在案例 2 中，该公司面临资金限制，即其在各种项目上的投资不能超过 1 000 万美元。在这种情况下，策略 10 不再可行，最佳策略是策略 11，公司投资于项目 A、项目 C 和项目 D。最后，在案例 3 中，公司的资金限制为不得超过 700 万美元。在这种情况下，策略 5、6、10 和 11 不再可行，最佳策略将是策略 7，公司将投资于项目 A 和项目 D。

如果公司拥有的项目较少，表 13-5 中所示的计算会相当简单。然而，可预见的是，实际生活中公司往往有大量的项目，所以这些计算可能变得十分庞大。在这些情况下，人们将利用各种软件程序和更先进的技术，来解决资金的最佳配比问题。

表 13-5　资金限额配比的说明

项目	需要的投资 / 百万美元	净现值 / 百万美元	
A	5.00	2.00	
B	4.00	1.50	
C	3.00	1.20	
D	2.00	1.00	

项目 B 和项目 C 是相互排斥的。

案例 1：无资金限制			
策略	项目	需要的投资 / 百万美元	净现值 / 百万美元
1	A	5.00	2.00
2	B	4.00	1.50
3	C	3.00	1.20
4	D	2.00	1.00
5	A 和 B	9.00	3.50
6	A 和 C	8.00	3.20
7	A 和 D	7.00	3.00

（续）

策略	项目	需要的投资／百万美元	净现值／百万美元
8	B 和 D	6.00	2.50
9	C 和 D	5.00	2.20
10	A,B 和 D	11.00	4.50
11	A,C 和 D	10.00	4.20

策略 10 是最优选择，因为它的净现值最大。

案例 2：资金限制，该公司只有 1 000 万美元的可用资金

策略	项目	需要的投资／百万美元	净现值／百万美元
1	A	5.00	2.00
2	B	4.00	1.50
3	C	3.00	1.20
4	D	2.00	1.00
5	A 和 B	9.00	3.50
6	A 和 C	8.00	3.20
7	A 和 D	7.00	3.00
8	B 和 D	6.00	2.50
9	C 和 D	5.00	2.20
10	A,B 和 D	11.00	4.50
11	A,C 和 D	10.00	4.20

公司不能选择策略 10，因为它需要超过 1 000 万美元的资金。策略 11 是最佳选择，因为它有在 1 000 万美元资金限制下的最大净现值。

案例 3：资金限制，该公司只有 700 万美元的可用资金

策略	项目	需要的投资／百万美元	净现值／百万美元
1	A	5.00	2.00
2	B	4.00	1.50
3	C	3.00	1.20
4	D	2.00	1.00
5	A 和 B	9.00	3.50
6	A 和 C	8.00	3.20
7	A 和 D	7.00	3.00
8	B 和 D	6.00	2.50
9	C 和 D	5.00	2.20
10	A,B 和 D	11.00	4.50
11	A,C 和 D	10.00	4.20

公司不能选择策略 5，因为它需要超过 700 万美元的资金。

公司不能选择策略 6，因为它需要超过 700 万美元的资金。

策略 7 是最佳选择，因为它有在 700 万美元资金限制下的最大净现值。

公司不能选择策略 10，因为它需要超过 700 万美元的资金。

公司不能选择策略 11，因为它需要超过 700 万美元的资金。

自我测验

1. 为什么在投资的边际收益等于边际资本成本时，企业将实现价值最大化？

2. 解释财务主管如何估计其公司的最优资本预算。什么是资金限额配比？什么类型的公司可能遇到资金限额配比？

3. 就图 13-1 而言，2008 年信用危机（其中许多企业借款人的利率上升相当高）等事件对资本预算的规模有何影响？

13.7　事后审计

　　资本预算过程的最后一个方面是**事后审计**（post-audit），涉及：①比较实际结果与项目投资商预测的结果；②解释发生差异的原因。例如，许多公司要求运营部门在项目投入运营后的前 6 个月发送月度报告，之后每季度报告一次，直到项目的结果符合预期，并定期审查与其他业务相关的业务报告。事后审计有以下两个主要目的。

　　（1）改进预测结果。当决策者被迫将其规划与实际结果进行比较时，预测值有改善的趋势。如果人们知道自身的行动被监控，将有利于察觉到有意识或无意识的偏见并消除其影响，根据更加清晰的需求来寻求新的预测方法，人们将更好地完成包括预测在内的所有工作。

　　（2）改善运营。公司由人员来运作，人员的工作效率可高可低。当一个业务分部对一项投资做出预测时，从某种意义上来讲，如果实际业绩达不到预测水平，团队成员的声誉将面临风险。因此，如果成本高于预期水平，销售额低于预期水平，生产、营销以及其他部门的管理者将会努力改善运营以使最终结果与预测相一致。在有关这一点的讨论上，一位总裁表示：学者只担心做出好的决策，在商场上，我们同样担心如何很好地执行决策。

　　事后审计并不是一个简单机械的过程，第一，我们必须认识到，预测现金流的每个要素都具有不确定性，因此，任何激进的企业承接项目的概率都会下降。当评价投资项目的运营主管的表现时，我们必须将这一事实考虑在内。第二，由于投资者无法控制或是任何人无法预期到的因素，因此项目有时无法达到预期。例如，2020 年商品价格的意外上涨对许多项目产生了不利影响。第三，一项投资的运营结果通常难以独立于系统的运营结果，即使有些项目是独立的，并且能够准确识别成本和收入，但诸如新计算机一类的资产导致的成本节省可能难以衡量。第四，通常难以进行褒奖或追责。因为得知项目结果时，负责该项投资的高管往往已经离开公司了。

　　由于以上所述难点，一些公司会降低对事后审计的重视。然而，对于企业和政府部门的观察表明，最优秀、最成功的公司往往非常重视事后审计，因此，我们认为事后审计是良好的资本预算制度中的重要组成部分。

自我测验

1. 事后审计做了些什么？
2. 事后审计有哪些优点？
3. 使事后审计程序复杂化的因素有哪些？

本章小结

　　本章重点讨论了资本预算的 3 个方面：①实物期权及其对项目价值的影响；②最优资本预算的规模以及预算规模与公司加权平均资本成本（WACC）之间的关系；③事后审计，审查项目结果并与预测结果进行比较。除此之外，我们还讨论了资金限额配比，这种情况发生在企业需要拒绝某些净现值大于零的项目来约束其资本预算之时。

　　在接下来的章节中，我们将继续讨论如何建立目标资本结构，以及资本结构对公司资本成本和最优资本预算的影响。然后讨论一个相关的话题——股利政策。

自测题

ST-1 关键术语

定义下列术语：

a. 实物期权、期权价值
b. 增长期权、放弃期权
c. 投资时机选择期权、灵活性期权
d. 边际资本成本、IRR 明细表
e. 最优资本预算
f. 资金限额配比
g. 事后审计

ST-2 放弃期权　你们公司正在考虑一个项目，现金流的情况如下所示。

市场状况	概率	每年的预期现金流 / 美元			
		0	1	2	3
市场状况乐观	25%	（25 000）	18 000	18 000	18 000
市场状况一般	50%	（25 000）	12 000	12 000	12 000
市场状况悲观	25%	（25 000）	（8 000）	（8 000）	（8 000）

我们已经了解到公司可以放弃该项目，如果公司选择在经营 1 年后放弃项目，那么在这种情况下，公司可以出售资产，并在第 2 年年末收回 15 000 美元现金。假定所有的现金流都是税后金额，WACC 为 12%。

a. 如果不考虑放弃期权，项目的净现值为多少？

b. 如果考虑放弃期权，项目的净现值为多少？

c. 放弃期权的价值为多少？

简答题

13-1 请解释下列实物期权的含义，并说明它们如何改变项目的净现值（相对于不考虑实物期权时的净现值）和相应的风险。

　　a. 放弃期权。

　　b. 投资时机选择期权。

　　c. 增长期权。

　　d. 灵活性期权。

13-2 如果公司未能考虑到增长期权，那么这将导致公司实际的资本预算高于还是低于最优资本预算？对于放弃期权、投资时机选择期权和灵活性期权而言，你对这个问题的答案是否保持不变？请说明理由。

13-3 公司经常需要提高初始投资成本以获得实物期权，为什么会出现这种情况？公司如何才能确定为了获得实物期权而提高投资成本是否值得？

13-4 公司资本预算的规模将如何影响公司的加权平均资本成本？

13-5 什么是事后审计，公司为什么要采用事后审计，事后审计可以发现哪些问题？

问答题

13-1 增长期权　辛格发展公司正在考虑是否推进项目 X，项目的初始投资成本为 1 100 万美元，项目 X 有 50% 的可能性获得巨大成功，并在未来的 3 年内每年产生 700 万美元的税后现金流。但是，项目也有 50% 的可能性无法获得巨大成功，并在未来的 3 年内每年只能产生 100 万美元的税后现金流。如果项目 X 获得成功，那么，公司将开始投资项目 Y，这需要在第 2 年年末支出 800 万美元的费用。随后，在第 3 年年末，项目 Y 将以 1 600 万美元的价格出售给另一家公司，辛格发展公司的 WACC 为 9%。

a. 如果公司不考虑增长期权，那么项目 X 的净现值为多少？

b. 如果公司考虑增长期权，那么项目 X 的净现值为多少？

c. 增长期权的价值为多少？

13-2 最优资本预算　在权益资本来自留存收益的情况下，大理石建筑公司预计 WACC 为 10%。然而，如果公司通过发行新股来募集新的股权资本，那么，预计 WACC 将上升至 10.8%。考虑到该公司可获得高利润的项目数量及其有限的收益，公司认为 250 万美元的资本投资将用尽留存收益。公司正在考虑下面 7 个投资项目。

项目	投资规模 / 美元	IRR / %
A	650 000	14.0
B	1 050 000	13.5
C	1 000 000	11.2

（续）

项目	投资规模 / 美元	IRR / %
D	1 200 000	11.0
E	500 000	10.7
F	650 000	10.3
G	700 000	10.2

假设这些项目都是相互独立的，并且各个项目的风险与公司现有资产的风险相同，那么公司应该接受哪些项目？公司的最优资本预算为多少？

13-3 资本限制　哈蒙公司有 4 个可选择的项目：项目 M、项目 N、项目 O 和项目 P。项目 O 和项目 P 是相互排斥的。下表提供了每个项目所需的投资和净现值。

项目	需要的投资 / 百万美元	净现值 / 百万美元
M	7.00	4.00
N	5.00	3.00
O	3.00	1.00
P	1.50	1.20

使用表中的信息回答下列问题。

a. 根据 4 个可用项目的组合，列出所有可能的资本预算策略。请记住，项目 O 和项目 P 是相互排斥的。确保在表中包括每个策略所需的投资和净现值。

b. 如果公司没有资本约束，将选择哪些项目，最优资本预算是多少，最优资本预算的净现值是多少？

c. 假设该公司现在受到资本约束，只有 1 200 万美元的可用资金。公司将选择哪些项目，受资本约束的最佳资本预算是多少，资本预算的净现值是多少？

d. 由于资本约束，公司在问题 b 中和问题 c 中所选项目的净现值之间损失了多少价值？

13-4 投资时机选择权　全美电话公司正在考虑生产一种新型手机。该项目需要 1 300 万美元的税后投资。如果该手机受到好评，该项目将在 3 年内每年产生 800 万美元的税后现金流，但如果市场不认可该产品，每年的税后现金流将只有 200 万美元。市场状况乐观和悲观的概率都为 50%。全美电话公司可以将该项目推迟 1 年，同时进行测试，以确定市场需求的状况。项目的延迟不会影响项目税后投资所涉及的美元金额或其税后现金流，仅影响其时间安排。出于预期的技术变化，1 年延迟意味着税后现金流将在初始投资完成后仅持续 2 年。全美电话公司的加权平均资本成本为 8%。你建议它应该采取什么行动？

13-5 放弃期权　斯卡姆皮尼供应公司最近购置了新的送货车，新货车的成本为 22 500 美元，预期未来每年会产生 6 250 美元的税后现金流，货车的预期使用寿命为 5 年，预期年末放弃期权的价值（经过所得税调整的残值）如下表所示。公司的 WACC 为 10%。

年份	每年的税后现金流/美元	放弃期权的价值/美元
0	（22 500）	—
1	6 250	17 500
2	6 250	14 000
3	6 250	11 000
4	6 250	5 000
5	6 250	0

a. 公司是否应该一直使用货车直到 5 年的使用寿命结束？如果不该如此，那么最经济的使用寿命为多长？

b. 除了经营现金流外，放弃期权价值的引入是否会降低项目的净现值期望值和内部收益率？请说明理由。

13-6 最优资本预算　汉普顿制造公司预计其 WACC 为 12.5%。公司正在考虑下面 7 个投资项目。

项目	投资规模/美元	IRR/%
A	750 000	14.0
B	1 250 000	13.5
C	1 250 000	13.2
D	1 250 000	13.0
E	750 000	12.7
F	750 000	12.3
G	750 000	12.2

a. 假设这些项目都是相互独立的，并且各个项目的风险与公司现有资产的风险相同。那么公司应该接受哪些项目？公司的最优资本预算为多少？

b. 现在，假设项目 C 和项目 D 是相互排斥的项目。项目 C 和项目 D 的净现值分别为 400 000 美元和 350 000 美元。那么公司应该接受哪个项目？公司的最优资本预算为多少？

c. 忽略问题 b 中的假设，现在，我们假设两个项目是相互独立的，但是公司管理层决定合并项目风险差异。公司管理层认为项目 B、C、D 和项目 E 具有平均风险，项目 A 具有高风险，而项目 F 和 G 具有低风险。对于那些风险水平明显高于平均水平的项目，公司将 WACC 提高 2%；对于那些风险水平明显低于平均水平的项目，公司将 WACC 降低 2%。那么，公司应该接受哪个项目？公司的最优资本预算是多少？

13-7 投资时机选择期权　恩格勒石油公司正在决定是否在公司自有的一片土地上开采石油。公司预计该项目目前将耗资 900 万美元。公司估计一旦开始开采石油，在未来的 4 年里，该油田每年年末将产生 430 万美元的净现金流。尽管公司对自己的现金流预测相当自信，但是，公司也意识到如果再等待两年，公司对于石油价格和这片土地的地质情况会有更清楚的了解。但如果再等待两年，公司预计项目的投资成本将达到 1 200 万美元。此外，如果再等待两年，那么在未来 4 年里，有 95% 的可能性每年年末的净现金流将达到 440 万美元，有 5% 的可能性每年年末的净现金流只有 240 万美元。假设所有的现金流都按照 11% 的折现率进行折现。

a. 如果公司选择现在就开始开采石油，那么项目的净现值为多少？

b. 在决定是否开始开采石油之前再等待两年是否有意义？请说明理由。

c. 投资时机选择期权的价值为多少？

d. 推迟石油开采项目会导致哪些不足？

13-8 实物期权　博伊索利公司正在考虑是否购买售价为 140 万美元的一块空地。如果购置该项资产，公司准备现在（$t=0$ 时）再花费 600 万美元在这块空地上建造一家酒店。这家酒店产生的税后现金流主要取决于州政府在今年的立法中是否对旅游项目征税。在未来的 15 年里，如果州政府决定征收旅游项目税，那么这家酒店预期每年年末产生的税后现金流将达到 50 万美元；如果州政府不征收旅游项目税，那么这家酒店预期每年年末产生的税后现金流将达到 120 万美元。项目的 WACC 为 12%。在项目开工时，公司不具有推迟项目的期权。

a. 如果州政府征收旅游项目税，则项目的净现值期望值为多少？

b. 如果州政府不征收旅游项目税，则项目的净现值期望值为多少？

c. 如果现在立即上马该项目，并假设州政府会征收旅游项目税的可能性为50%，则项目的净现值期望值为多少？

d. 尽管公司没有推迟建设酒店的期权，但是，如果1年后州政府征收旅游项目税，那么，公司有放弃该项目的期权。如果放弃这个项目，那么公司将在1年后以700万美元的预期价格出售所有这些资产。一旦放弃了该项目，公司将不再从该项目中获得任何现金流。假设所有的现金流都按12%的折现率进行折现，那么这种放弃期权的存在会影响公司现在投资该项目的决策吗？请说明理由。

e. 最后，假设公司没有放弃或推迟该项目的期权，但

是，公司拥有在1年以后以170万美元的价格购买相邻地产的期权。如果州政府征收旅游项目税，开发这块地产的净现值（截止到t=1时）只有50万美元。（因此，花费170万美元购买这块地产就不划算）。然而，如果不征收旅游项目税，开发这块地产的未来机会的净现值（截止到t=1时）将为500万美元。因此，在这种情形下，花费170万美元购买地产是划算的。假设这些现金流都按照12%的折现率进行折现，并且州政府征收旅游项目税的概率为45%。那么，为了获得1年后以170万美元的价格购买相邻地产的期权，公司最多愿意在今天支付多少？

综合 / 电子表格问题

13-1 实物期权 运用电子表格模型评估问题13-8中分析的项目。

13-2 实物期权 银行服务公司正在考虑一个投资项目，该项目的投资成本为1 000万美元，预期使用寿命为3年。市场状况乐观的可能性为30%，在这种情况下，在未来的3年里，项目每年年末将产生900万美元的现金流。市场状况一般的可能性为40%，在这种情况下，在未来的3年里，项目每年年末将产生450万美元的现金流。市场状况悲观的可能性为30%，在这种情况下，在未来的3年里，项目每年年末将产生-150万美元的现金流。如果银行服务公司可以选择，它可以在任何1年年底关闭该项目，并在第1年年底以其第0年税后投资的60%、第2年年底以其第0年税后投资的40%、第3年年底以其第0年税后投资的20%出售相关资产。资产出售价格将在项目关闭的年末收到。银行服务公司评估这类项目时所采用的WACC为12%。

a. 请分别计算考虑和不考虑放弃期权的情况下，项目的净现值期望值。

b. 项目的净现值对公司的WACC变动的敏感性如何？项目净现值对公司可出售资产账面价值比例的

敏感性如何？

c. 现在假设该项目不能被放弃。然而，公司从该项目中获得了相应的经验，并在第3年年末获得了一个风险投资项目的机会。该风险投资项目与原有项目具有相同的投资成本，如果市场状况发展良好，那么该风险投资项目将被执行。如果该项目取得了广泛的成功（市场状况最乐观），公司将继续推进该项目；如果市场状况一般或悲观，那么公司将不再推进该项目（因为消费者需求仍然被认定为难以确定）。因此，市场状况乐观时，新项目产生的现金流与原有项目产生的现金流相同。换言之，在第3年末将有第2笔1 000万美元的投资成本，随后3年里的现金流为900万美元。并且，如果新项目已经被执行，那么就不能被放弃。这一新信息将如何影响公司原有项目的净现值期望值？加权平均资本成本为多少时才能使该项目实现盈亏平衡（即净现值等于零）？

d. 现在假设原始（不可放弃）项目可以推迟1年，在进行初始税后投资后，税后现金流将持续3年。所有税后现金流保持不变，但该年度获得的信息将准确告知公司存在哪些需求条件。这种投资时机选择期权将如何影响其净现值的期望值？

综合案例

21世纪网上课程的教育产品

资本预算中的其他课题 21世纪教育产品公司是一家成长快速的软件公司。与公司的快速成长相一致，公司的资本预算也保持相对较高的水平。尽管公司的大多数项目都很容易评估，但是，有些项目的评估仍然较为复杂。

约翰·凯勒是公司财务部门的一名高级财务人员，他负责协调这些复杂项目的评估，他所在的评估

小组直接向公司的财务总监克里斯廷·赖利和首席执行官鲍勃·史蒂文提供建议。

a. 最近几个月，凯勒所在的评估小组开始集中分析实物期权。

1. 什么是实物期权分析？
2. 包含实物期权的项目的例子有哪些？

b. 在考虑实物期权时，凯勒的同事芭芭拉·霍德森建

议公司不应该现在就投资项目 X，而应该再等待 1 年，以便了解更多的市场状况，从而更准确地预计项目的现金流。最近，21 世纪教育产品公司预计项目 X（寿命期为 4 年）每年将产生 33 500 美元的净现金流。但是，如果公司再等待 1 年，公司将更为深入地了解市场状况。市场状况乐观和悲观的可能性均为 50%。如果市场状况乐观，那么每年产生的现金流将为 43 500 美元；如果市场状况悲观，那么每年产生的现金流将为 23 500 美元。如果 21 世纪教育产品公司选择再等待 1 年，初始的投资成本将保持 10 万美元不变。假设所有的现金流均按 10% 的折现率进行折现。那么，21 世纪教育产品公司究竟应该现在就投资项目 X，还是应该等待 1 年后再决定是否投资项目 X？

c. 现在，我们假定未来的现金流具有更大的不确定性。具体而言，如果市场状况乐观，那么每年产生的现金流将为 53 500 美元；如果市场状况悲观，那么每年产生的现金流将为 13 500 美元。假设初始投资成本仍为 10 万美元，WACC 仍然为 10%，那么，未来现金流不确定性的增加会使公司现在投资该项目的意愿加强还是减弱？

d. 21 世纪教育产品公司正在考虑另外一个项目，即项目 Y。项目 Y 的初始投资成本为 20 万美元，经济寿命为 3 年。如果公司开发这个项目，每年的税后经营成本将为 10 万美元；同时，项目预期每年将为公司产生 18 万美元的税后现金流入。因此，项目的预期现金流如下（单位：美元）。

年份	现金流出量	现金流入量	净现金流
0	−200 000	0	−200 000
1	−100 000	180 000	80 000
2	−100 000	180 000	80 000
3	−100 000	180 000	80 000

1. 预计项目的 WACC 为 10%，那么项目的净现值为多少？

2. 虽然项目每年的经营成本确定为 10 万美元，但是，预计的现金流入量主要取决于公司最大的客户是否使用该产品。凯勒估计该客户使用这种产品的可能性为 60%，在这种情况下，该项目每年将产生 25 万美元的税后现金流入量。因此，每

年的净现金流为 15 万美元。但是，客户不使用这种产品的可能性为 40%，在这种情况下，该项目每年将只能产生 7.5 万美元的税后现金流入量。因此，每年的净现金流为 −25 000 美元。请给出上述两种情形下的预计现金流，并计算项目的净现值期望值。

3. 尽管 21 世纪教育产品公司没有推迟项目的选择，但 1 年之后，公司会知道主要客户是否采用了公司的产品。如果客户选择不采用公司的产品，那么 21 世纪教育产品公司拥有放弃该项目的期权。如果公司选择放弃该项目，那么公司在 1 年后不能获得任何现金流，当然也不会发生任何经营成本。因此，如果公司选择放弃该项目，预计的现金流如下（单位：美元）。

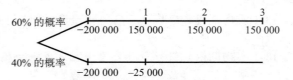

同样，假设 WACC 为 10%，如果公司放弃该项目，那么项目的净现值期望值为多少？如果在 $t = 1$ 时拥有放弃该项目的期权，公司现在是否应该投资项目 Y？

4. 到目前为止，我们一直假定放弃期权不会影响项目的 WACC，这种假设是否合理？放弃期权对项目的 WACC 有什么影响？

e. 21 世纪教育产品公司也在考虑投资项目 Z。项目 Z 的初始投资成本为 50 万美元，在未来 5 年里（$t = 1$、2、3、4 和 5），预期每年年末将产生 10 万美元的税后现金流。项目 Z 的 WACC 为 12%，因此，项目 Z 的净现值显然为负值。然而，凯勒和他所在的评估小组意识到：如果 21 世纪教育产品公司现在就投资项目 Z，那么公司有 10% 的可能性在 $t = 5$ 时获得净现值期望值为 300 万美元的后续机会，同时，有 90% 的可能性在 $t = 5$ 时获得净现值期望值为 −100 万美元的后续机会。根据他们对于实物期权的认识，凯勒和他所在的评估小组明白：只有在 $t = 5$ 时获得盈利，公司才会选择利用这些后续机会。根据这些信息，21 世纪教育产品公司现在是否应该投资项目 Z？解释原因。

PART
5

第 14 章

资本结构和杠杆

债务融资：对卡特彼勒公司来说是助力还是阻力

公司的发展需要资本，而资本的初始积累是以债务融资和权益融资的方式实现的。债务融资有两个优势：①债务利息可以在税前扣除，而股利不可在税前扣除，使得债务融资的成本相对权益融资更低；②由于债务利息的相对稳定性，公司发展壮大后，股东无须向债权人分享公司利润。

然而，债务融资也有劣势：①负债越多，公司的风险越高，导致债务和权益融资的成本同时增加；②如果公司不景气，营业收入不足以支付利息，公司就可能会破产。情况可能很快就会好转，但负债过多的公司也许没等来转机就已经破产。在 2020 年，出于经济衰退和与新冠疫情相关的不确定因素，这些顾虑变得更加重要。

由于债务融资的附加风险，因此收入和经营现金流不稳定的公司往往会对债务融资有所限制。相反，经营风险低、经营现金流稳定的公司往往能通过债务融资实现更高盈利。许多公司意识到，在艰难时期公司依然需要支付债务利息。因此，公司必须变得更"精简"来改善财务状况并阻止信用评分下降。卡特彼勒公司（CAT）——全球最大的土方设备制造商，在 2009 年发现自身处于微妙的状态中。

2008 年年底，卡特彼勒公司资本结构的账面价值由 89% 的负债与 11% 的权益构成（资不抵债）。89% 的资产负债率显然是非常高的比率，卡特彼勒公司的管理人员也清楚地意识到过高的资产负债率能使一个经营状况良好的公司破产。事实上，当时美国经济处于衰退期，这场经济危机正在逐步扩散至全球。而卡特彼勒公司在海外的利润占其总利润的 67%，因此该公司在这场经济危机中受到了很大的冲击，销售额在 2009 年出现下降。

因此，卡特彼勒公司的管理层开始通过削减周转资金和管理费用，偿还投资者提供资本等方式来恢复公司的财务秩序。从 2009 年第一季度到 2013 年年底，卡特彼勒公司稳定地减少了其对债务融资的依赖性。与此同时，该公司也有意返还股东资金。为了实现这个目标，卡特彼勒公司在 2014 年年初宣布了一项 100 亿美元的股票回购计划，该计划最终于 2018 年到期。由于该计划带来了额外的留存收益，因此卡特彼勒公司的权益再次增加。截至 2019 年年底，卡特彼勒公司的资产负债率降低到了 72%，但这对许多公司来说仍然相当高。

但如果我们更细致地分析卡特彼勒公司的资本结构，很容易就会发现其实际状况并不像我们所看到的那么简单。以账面价值为基础，2013 年年底，卡特彼勒公司大约有 377 亿美元的负债，与之相对的是约 146 亿美元的资产。但是该公司的市值（股票价格乘以已发行股票数）大约是 812 亿美元。就市场价值而言，卡特彼勒公司的资产负债率仅为 $377/(377+812) \approx 32\%$，比在账面基础上计算出的 72% 要低很多。这就是这家公司在 72% 的高资产负债率下仍具有 A 信用评级的原因。除上所述，卡特彼勒公司的指标也变化得很快。2020 年春季，随着整体市场的下跌，卡特彼勒公司的股价暴跌，5 月初的股价较 2019 年年底的股价下跌了 25% 以上，这显然导致了其市场价值的下降。而股价的突然下跌又将资产负债率推至近 39%。

卡特彼勒公司和其他公司既能使用债务融资又能使用权益融资，这两种方式哪个更优呢？如果真的存在最优选择，公司应该全部依靠债务融资或全部依靠权益融资吗？再者说，如果最优方案是债务融资与权益融资的结合，那么最优化的混合方案是什么？阅读本章时，请思考这些问题，并考虑你将如何回答。

厘清头绪

我们在第 10 章中计算加权平均资本成本时，假设一个公司具有明确的目标资本结构。然而，在实际中目标资本结构经常随时间的推移而改变，这些改变会影响各种资本的风险和成本，也都能改变加权平均资本成本。此外，加权平均资本成本的变化会影响资本预算决策，最终影响股价。

资本结构决策受多种因素影响，而且正如我们所见，最优资本结构的决策并非是精确而科学的。因此，甚至同一行业的不同企业通常也拥有不同的资本结构。本章中，我们要考虑债务融资对风险和最优资本结构的影响。

学完本章后，你应该能够完成下列目标。

- 解释为什么以账面价值、市场价值和目标为基础计量的公司资本结构具有差异性。
- 辨析经营风险和财务风险，分析债务融资对企业期望收益和风险的影响。
- 讨论用于最优资本结构决策的分析框架。
- 讨论资本结构理论，并且使用这个理论解释为什么不同行业的企业倾向于采用不同的资本结构。

14.1　以账面价值、市场价值还是"目标资本结构"为权重

资本（capital），即投资者提供的资金——负债、优先股、普通股以及留存收益。应付账款和应计项目不包括在内，因为这些并不是由投资者投入的资本，而是在日常经营过程中由供应商、员工和税务机构产生的结果。一个企业的**资本结构**（capital structure）被定义为不同投资者提供的资本所占比例。**最优资本结构**（optimal capital structure）是一种将负债、优先股和普通股融合来最大化股票的内在价值，从而最小化加权平均资本成本（WACC）的资本结构。

14.1.1　资本结构的计量

首先，回答以下问题：如何评估资本结构？是通过会计提供的账面价值和资产负债表，还是负债、优先股和普通股的市场价值？或者其他数据？为了考察资本结构涉及的因素，请看表 14-1。该表通过卡特彼勒公司近期财务报表的数据来比较其账面价值和市场价值：

（1）在这个案例中，我们假设投资者提供的债务包括应付票据和长期负债。同时，也假设负债的市场价值和通常情况一样非常接近账面价值，为了简化分析过程，我们使用了相同的数值。

（2）然而通过分析我们可以发现，普通股每股售价为 147.68 美元，而股票账面价格为每股 26.52 美元。公司一共发行了 5.501 亿股，因此权益的市场价值为 812（＝147.68×5.501）亿美元，而账面价值为 146 亿美元。

（3）出于优化资本结构的考虑，卡特彼勒公司没有对发行股票增加的普通股权益和留存收益之间做明显的区分。这两个项目都是由股东所提供的，股东要么购买新发行股票，要么允许管理者保留部分利润而不将其分红。

（4）卡特彼勒公司不发行优先股，但如果发行了，优先股的市场价值的计算方法与计算普通股权益的市场价值的方法一致。

（5）学界普遍认同在财务分析中使用市场价值是优于使用账面价值的。然而在实际运用中，财务分析报告的数据通常是基于账面价值的，债券评级机构也同样报告账面价值，或至少对账面价值和市场价值一视同仁。此外，由于股价的不稳定性，用市场价值计算出的加权平均资本成本也是不稳定的。因此，账面价值的使用被

○ 资本通常被定义为长期负债，即超过一年时间的负债。然而许多公司把银行短期贷款也作为稳定的基础性融资方式。因此，我们将投资者提供的短期负债也纳入资本的定义范畴。

○ 卡特彼勒公司实际资产负债表包含的项目比表 14-1 所示的更多更复杂，但为了方便使用，我们将其压缩为表 14-1 中所示的几个项目。表格中所有数据都来源于卡特彼勒公司 2019 年 12 月 31 日的资产负债表。

部分财务分析师所认可。

表 14-1 卡特彼勒公司 2019 年 12 月 31 日的账面价值、市场价值和目标资本结构 （单位：10 亿美元）

资产负债表 资产和权益与资产账面价值的比重					投资者提供资金：应付款项和应计项目不包括在内，因为它们来自经营而不是投资者				
资产		权益			账面价值		市场价值		目标 %
现金	8.3	应付账款	6.0	7.7%	—	—	—	—	—
应收账款	17.9	应计项目	5.4	6.9%	—	—	—	—	—
存货	11.3	其他流动负债	3.8	4.8%					
其他流动资产	1.7	应付票据（ST 负债）	11.4	14.5%	11.4	22%	11.4	10%	5%
流动资产合计	39.2	流动负债合计	26.6	33.9%					
		其他长期负债	10.9	13.9%					
		长期负债	26.3	33.5%	26.3	50%	26.3	22%	35%
固定资产	12.9	负债总计	63.8	81.4%	37.7	72%	37.7	32%	40%
其他长期资产	26.3	普通股	5.9	7.5%	5.0				
		留存收益	8.7	11.1%	8.7				
		所有者权益总计	14.6	18.6%	14.6	28%	81.2	68%	60%
资产总计	78.4	负债和所有者权益总计	78.4	100%	52.3	100%	118.9	100%	100%

© Cengage Learning®

注： 在这个分析中，卡特彼勒公司发行了 5.501 亿股，账面价值为每股 26.52 美元，市场价值为每股 147.68 美元。我们并不了解卡特彼勒公司管理层决策的目标资本结构，40% 的资产负债率只是我们对合理目标的估计。14.3 节中描述的过程将会说明卡特彼勒公司是如何建立它的目标资本结构的。

（6）在理想状态下，一个企业的最优资本结构是基于其市场价值确定的，企业通过融资来维持最优资本结构，并使用最优比例计算其加权平均资本成本。但理想状态是不存在的，所以我们无法精准地确定一个最优的资本结构。而且考虑到金融市场固有的波动性，即使企业能够确定最优资本结构，也无法实现目标。因此，大部分的企业都不仅仅关注某一项数字，而关注目标资产负债率范围。[⊖]

（7）一般来说，CFO 在确定企业的资本结构时会基于资本结构的基准水平进行考虑，CFO 使用的分析方法与后文中我们提到的非常类似。

（8）假设卡特彼勒公司的管理层得出该公司最优资本结构为 40% 的资产负债率，并将目标资产负债率定为 35% ～ 45% 这一区间，那么权益占比的范围为（1- 资产负债率），也就是 55% ～ 65%。假设短期负债和长期负债的平均利率为 5%，权益成本为 11%，公司税率为 25%。下列算式中使用了表 14-1 的数据，显示出资本结构的选择对加权平均资本成本估算产生的巨大影响。

$$WACC_{账面} = w_{d(账面)} \cdot r_d \cdot (1-T) + w_{c(账面)} \cdot r_s$$
$$= 0.72 \times 5\% \times (1-0.25) + 0.28 \times 11\% = 0.027\,0 + 0.030\,8 = 5.78\%$$

$$WACC_{市场} = w_{d(市场)} \cdot r_d \cdot (1-T) + w_{c(市场)} \cdot r_s$$
$$= 0.32 \times 5\% \times (1-0.25) + 0.68 \times 11\% = 0.012\,0 + 0.074\,8 = 8.68\%$$

$$WACC_{目标} = w_{d(目标)} \cdot r_d \cdot (1-T) + w_{c(目标)} \cdot r_s$$
$$= 0.40 \times 5\% \times (1-0.25) + 0.60 \times 11\% = 0.015\,0 + 0.066\,0 = 8.10\%$$

股票的市场价值和账面价值差距越大，计算出的加权平均资本成本差距就越大。

（9）在将 40% 作为中间点目标资产负债率的情况下，我们对卡特彼勒公司的一般风险项目的加权平均资本成本的估算为 8.10%。

如果实际的资产负债率明显低于目标范围，企业就可能发行债券来融资，相反，若实际资产负债率在目标范围之上，企业可能采用权益融资。目标范围也可能随情况变化而变化。

⊖ 格雷厄姆和哈维在一项研究中，调查了一些公司管理者，询问他们的公司是否建立了目标资本结构。81% 的受访者表明他们的公司确实有目标资本结构，10% 的人表示他们有严格的目标负债率，34% 的人宣称他们有较为严格的目标负债率范围，37% 的人认为他们的目标资产负债率比较灵活。参见 John R. Graham and Campbell R. Harvey, "The Theory and Practice of Corporate Finance: Evidence from the Field," *Journal of Financial Economics*, vol. 60, nos. 2 & 3 (May–June 2001), pp. 187–243.

14.1.2　资本结构的变迁

以下两个截然不同的原因可能导致企业的实际资本结构发生变化。

- 企业的刻意行为：如果一个企业近期没有达到目标，该企业可能会有意以某种形式筹集资金以使实际的资本结构符合其目标。
- 市场行为：企业获得高额盈利或遭受重大损失，可能导致资产负债表中权益的账面价值发生显著变化和股价下降。同样，尽管负债的账面价值可能不会发生变化，但由利率总水平和公司违约风险变化引起的利率变化可能导致企业负债的市场价值发生巨大变化。这些负债权益比率的市场价值的变化可能会导致基于市场价值计算出的资本结构发生巨大变化。正如我们在本章开头所述，在 2020 年春天，公司股票的市场价值急剧下滑，戏剧性地论证了上述理论。股票市场价值的下降导致按市场价值计算的资产负债率增加。

然而，大多数企业都对资本结构设定了目标范围。[⊖]如果实际资产负债率超出这个范围，企业可以出售大量股票，并用收益偿还债务。如果股价上涨，使资产负债率低于目标，企业就能发行债券并用债券收益回购股票。因此，企业能够通过每年的融资实现资本预算而逐步达到目标。[⊜]

自我测验

1. 写出几个专业术语的定义：账面价值资本结构、市场价值资本结构、目标资本结构，并解释它们有什么不同之处。

2. 解释说明在股市繁荣或衰退期间，资产负债率的市场价值是否高于其账面价值？

3. 当股票价格超过其账面价值时，为什么基于市场价值的加权平均资本成本会高于基于账面价值的加权平均资本成本？

4. 随着时间的推移，你预计公司的账面价值更加稳定还是市场价值资本结构更加稳定？原因是什么？

14.2　经营风险和财务风险

在第 8 章中，我们从个人投资者的角度分析了风险，辨析了独立风险和证券组合风险，前者仅考虑资产本身的现金流，后者需要将大量资产的现金流结合在一起进行综合分析。在投资组合中，我们发现单项资产的风险可以分成两部分：可分散风险，因可以通过投资组合的多样化分散而被大部分投资者所忽视；市场风险，用 β 系数衡量，反映了市场的波动，由于无法被投资组合的多样化消除，因此受到投资者的重视。在第 12 章中，我们从公司的角度评价了风险，还考虑了资本预算决策如何影响公司风险。

下面介绍两个新的风险维度。

（1）经营风险，不使用负债时公司的资产风险。

（2）财务风险，使用负债后给普通股股东带来的额外风险。

14.2.1　经营风险

经营风险（business risk）是资本结构最重要的决定性因素，它代表了即使在不发生债务融资的情况下，企业运作中也存在的内在风险总量。投资资本收益率（ROIC）的标准差是评估企业经营风险的常用方法。在第 4 章中投资资本收益率的定义是：[⊜]

⊖　即使企业断定其资产负债率低于最低限制（企业可能使用负债来承担当年全部的资本预算），仍然应该使用基于目标资本结构的加权平均资本成本。

⊜　企业调整资本结构时要付出一定成本，比如在筹集新的债务资本和权益资本时，企业向投资银行支付的费用。因此，当目标资本结构（或者更低的加权平均资本成本）带来的收益小于调整资本结构的成本时，企业可能不会立刻将其资本结构调整到目标水平。如果你有兴趣了解资本结构调整的更多细节，请看下列对交易成本与企业资本结构向目标资本结构调整的速度之间的关系的探讨：Michael W. Faulkender, Mark J. Flannery, Kristine Watson Hankins, and Jason M. Smith, " Cash Flows and Leverage Adjustments," *Journal of Financial Economics*, vol. 103, no. 3 (March 2012), pp. 632–646.

⊜　当公司没有债务时，息税前利润 ×（1– 所得税边际税率）就是税后收入。同样，当公司零负债时，投资资本收益率就是净资产收益率。

$$投资资本收益率 = 息税前利润 \times（1-所得税边际税率）/资本总额$$

投资资本收益率计算的是公司对所有投资者的税后收益。因为投资资本收益率不随资本结构变化而变化，所以投资资本收益率的标准差（σ_{ROIC}）评估的是企业在受债务融资影响之前的潜在风险，因此是评估经营风险的好方法。[⊖]

以零负债公司大黄蜂电子为例来解释经营风险。图14-1中上方的图表显示2012—2020年之间大黄蜂电子的投资回报（或投资资本收益率）的变化趋势。这一类的图表向证券分析师和企业的管理者展示了投资资本收益率过去的变化和将来可能产生的变化。基于图表上方2012—2020年的数据，图表下方显示了投资资本收益率的概率分布。

大黄蜂电子投资资本收益率的波动是许多因素造成的——经济的繁荣与萧条、公司和竞争对手的新产品开发、工人罢工、公司主要工厂失火等。值得注意的是，这些数据也表明，尽管由于新冠疫情爆发导致经济下行，但2020年大黄蜂电子仍然表现良好。类似的事件未来也可能会发生，而当这些事件发生时，投资资本收益率将高于或低于预期的9.0%。长远来说，公司可能出现长期灾难性事件，这很可能会对公司的盈利能力造成永久性打击。例如，竞争者引进的新产品将大黄蜂电子的产品完全淘汰，导致大黄蜂电子破产。汽车的发明打击了马车制造业这类事件经常发生。

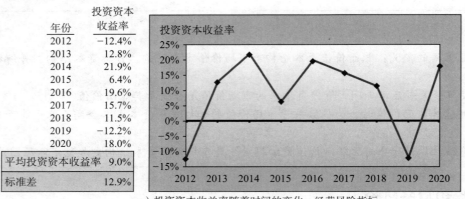

年份	投资资本收益率
2012	−12.4%
2013	12.8%
2014	21.9%
2015	6.4%
2016	19.6%
2017	15.7%
2018	11.5%
2019	−12.2%
2020	18.0%
平均投资资本收益率	9.0%
标准差	12.9%

a）投资资本收益率随着时间的变化：经营风险指标

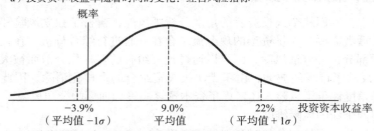

b）投资资本收益率（ROIC）的概率分布：经营风险的另一指标

图14-1　投资资本收益率（ROIC），2012—2020年

注：由于大黄蜂电子没有负债，投资资本收益率等于净资产收益率，因此我们可以用净资产收益率代替投资资本收益率。然而我们要注意，一旦发行了债券，投资资本收益率和净资产收益率将有所不同。

息税前利润（EBIT）和投资资本收益率越不确定，企业的经营风险就越高。因为大黄蜂电子没有负债，所以其股东只需要承担经营风险，然而，一旦大黄蜂电子有负债，股东就要承担已存在的经营风险以及一些附加的财务风险。不同企业的经营风险不同，即使同一行业的不同企业也不同。更进一步说，一个企业的经营风险也随时间推移而变化。例如，公用电力事业许多年来都被视为经营风险极低的行业，但是过去几十年里，公用事业面临日趋激烈的竞争和环保人士的质疑，这些事项都提高了这个行业的风险。如今，像卡夫和皮尔斯伯里这样的食品加工厂还是低风险公司，而钢铁厂这类周期性制造商和新创业公司都具有很高的经营风险。[⊖]

⊖ 首先，我们假设资本结构的变化对公司的经营业绩没有影响。在本章的最后，我们将探讨一些债务融资水平可能对公司的经营业绩（息税前利润）产生影响的情况；在这些情况下，投资资本收益率将在不同债务水平下有很大的不同。

⊖ 在本节中，我们没有对独立风险中的市场风险进行讨论。因为我们注意到：①使经营风险增加的独立风险通常也会增加公司的β系数；②一部分经营风险正如我们定义的那样是公司特有的，因此这类风险能够通过股东的多元化消除。

14.2.2 影响经营风险的因素

经营风险取决于众多因素，包括以下方面。

（1）竞争。如果一个企业在某个必需品领域处于垄断地位，那么企业就没有竞争的风险，因而拥有稳定的销量和售价。然而垄断企业的产品定价往往受到管制，可能无法抬高价格来弥补上涨的成本。所以当其他情况不变时，竞争越少，经营风险越低。

（2）需求不确定性。其他条件不变时，企业商品需求越稳定，经营风险越低。

（3）售价不确定性。在其他条件不变的情况下，在售价不稳定的市场中销售商品的企业比在售价稳定的市场销售商品的企业有更高的经营风险。

（4）投入成本不确定性。投入成本不确定性高的企业经营风险更高。

（5）产品淘汰。类似制药行业和计算机行业的高新企业需要不断地更新产品。其产品淘汰得越快，经营风险越高。

（6）海外风险。海外利润占比高的企业，其收入受制于汇率的波动，还会有政治风险，因此经营风险高。

（7）监管风险和法律风险。监管环境的改变可能对如金融服务和公共事业这类受到高度监管的企业的近期和未来的盈利都造成深远的影响。当某些企业有重大违法事件曝光时，巨额费用可能会对该企业造成毁灭性的打击。例如，2016 年 4 月墨西哥湾深水地平线石油泄漏事件发生后，英国石油公司同意支付 55 亿美元的民事赔偿，赔偿期为 16 年。英国石油公司此前就刑事罚款和处罚达成和解。某些烟草公司和制药公司也曾因产品带来的损害而被指控，而不得不支付高额诉讼费。

（8）经营杠杆——固定成本占总成本的比重。如果企业的固定成本的比例很高，而且这部分成本不会随着产品需求下降时下降，企业的经营风险就会被提高。这个因素被称为经营杠杆，我们将在下一节讨论这个问题。

以上所有因素取决于行业特征和管理决策。例如，大黄蜂电子可通过签订长期劳务和供应合同来降低投入成本的不稳定性，但可能需要支付更高的价格。⊖

14.2.3 经营杠杆

正如之前提到的，经营风险部分取决于企业在经营时将固定成本控制在什么范围——如果固定成本过高，销售量轻微的减少也会使投资资本收益率大大降低。所以在其他条件不变的情况下，一个公司的固定成本越高，经营风险就越高。较高的固定成本通常会与高度的自动化或资本密集型企业和产业联系在一起。一些需要雇用经验丰富的员工的企业也具有较高的固定成本，因为这些企业即使在衰退时期也必须保留这些员工并向他们支付薪水。产品开发成本高的企业也具有较高的固定成本，因为摊销的研发成本也构成固定成本。

当企业的固定成本占总成本比重很大时，该企业的经营杠杆水平较高。在物理学中，杠杆效应是指使用杠杆以较小的力翘起重物。在政治学中，杠杆效应是指人们能用较少言语和行动成就大事。而在商业术语中，高水平经营杠杆是指在其他条件不变的情况下，销售量的小幅变动使投资资本收益率得到大的改变。

图 14-2 对比了大黄蜂电子使用不同水平经营杠杆所达到的预期效果，阐述经营杠杆的概念。计划 A 需要的固定成本少，为 2.5 万美元。在计划 A 中，企业无法获取大量自动化设备，因此设备的折旧、维护、财产税等支出较少。但图中计划 A 的总营业成本线斜率较大，这表示计划 A 中的变动成本比企业运用较高经营杠杆时高。计划 B 有更高的固定成本，为 7 万美元。在计划 B 中，企业能较大规模地使用自动化设备（在相同人工成本下，一个员工能够生产出几个或者更多产品）。计划 B 的盈亏平衡点较高——计划 B 盈亏平衡点为 7 万个零件，而计划 A 则为 5 万个零件。

当息税前利润为 0 时，企业达到盈亏平衡点：⊖

$$息税前利润（EBIT）= PQ - VQ - F = 0 \tag{14-1}$$

公式中的 P 是单价，Q 是产量，V 是单位产品变动成本，F 是固定成本。如果我们想算出达到盈亏平衡点

⊖ 对未来的成本或价格的套期保值也可以用于减少经营风险。例如，类似蒂芙尼这样的珠宝公司，可能会购买黄金期货来保值，而像纽蒙特矿业这样的黄金开采公司可能会通过出售黄金期货来锁定一个公司能够盈利的价格。

⊖ 这里对盈亏平衡的定义不包括任何固定财务成本。如果企业有固定财务成本，在这个盈亏平衡点企业可能会发生亏损。我们马上会引入财务成本的概念。

时的销售量（Q_{BE}），就会得出这个表达式：

$$Q_{BE} = \frac{F}{P-V}$$

（14-1a）

因此，计划 A 中：

$$Q_{BE} = \frac{25\,000}{2.00 - 1.50} = 50\,000$$

同时，计划 B 中：

$$Q_{BE} = \frac{70\,000}{2.00 - 1.00} = 70\,000$$

经营杠杆如何影响经营风险呢？在其他条件不变的情况下，企业经营杠杆效应越高，其经营风险就越大。这一点我们将在图 14-3 中演示，图中给出了 A、B 两计划下投资资本收益率的概率分布。

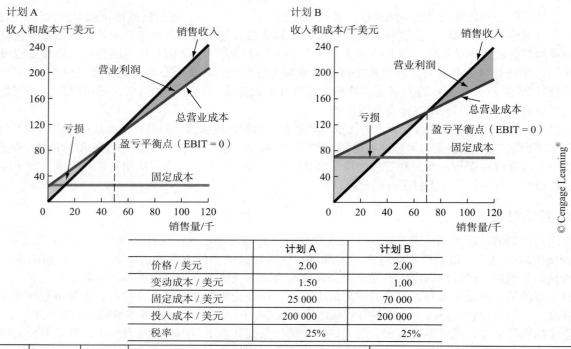

				价格 / 美元	计划 A	计划 B

	计划 A	计划 B
价格 / 美元	2.00	2.00
变动成本 / 美元	1.50	1.00
固定成本 / 美元	25 000	70 000
投入成本 / 美元	200 000	200 000
税率	25%	25%

需求	概率	销售量	销售额	计划 A				计划 B			
				营业成本	息税前利润（EBIT）/ 美元	EBIT（1−T）/ 美元	ROIC/%	营业成本 / 美元	息税前利润（EBIT）/ 美元	EBIT（1−T）/ 美元	ROIC/%
很差	0.05	0	0	25 000	（25 000）	（18 750）	（9.38）	70 000	70 000	（52 500）	（26.25）
差	0.20	40 000	80 000	85 000	（5 000）	（3 750）	（1.88）	110 000	（30 000）	（22 500）	（11.25）
一般	0.50	100 000	200 000	175 000	25 000	18 750	9.38	170 000	30 000	22 500	11.25
良好	0.20	160 000	320 000	265 000	55 000	41 250	20.63	230 000	90 000	67 500	33.75
很好	0.05	200 000	400 000	325 000	75 000	56 250	28.13	270 000	130 000	97 500	48.75
期望价值		100 000	200 000	175 000	25 000	18 750	9.38	170 000	30 000	22 500	11.25
标准差					24 698		9.26		49 396		18.25
变异系数					0.99		0.99		1.65		1.65

图 14-2 经营杠杆的案例

注：1. 营业成本＝变动成本＋固定成本。

2. 由于公司无负债，因此净利润＝息税前利润 ×（1−T），且净资产收益率＝投资资本收益率。但公司一旦有未偿负债，等式不成立。

3. 此表中没有显示盈亏平衡点时的销售水平，其中计划 A 为 5 万件或 10 万美元，计划 B 为 7 万件或 14 万美元。

4. 期望价值、标准差与变异系数的算法在第 8 章中有介绍。

图 14-3a 描绘的销售情况概率分布在图 14-2 中以表格形式展现。销售额的概率分布取决于商品需求的变化，而与商品是在计划 A 还是计划 B 中生产无关。因此，相同销售额的概率分布可以同时运用在这两个生产计划中。该图中的预期销售额为 20 万美元，变动范围为 0 到 40 万美元，标准差为 9.879 3 万美元。

我们用销售额的概率分布和各销售水平下的经营成本，绘制出图 14-3b 中的计划 A、计划 B 下的投资资本收益率概率分布。计划 B 有较高的期望投资资本收益率，但也有更高的亏损率。可见计划 B 是一个有高成本、高经营杠杆的计划，它显然是冒险者的选择。控制其他变量的情况下，经营杠杆层次越高，通常企业经营风险也越高。综上所述，我们假设大黄蜂电子采用计划 B，因为大黄蜂电子的管理层相信高额的预期收益足以抵消高风险。

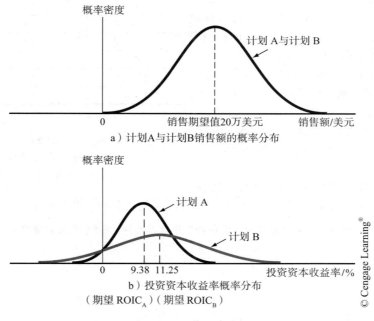

a）计划A与计划B销售额的概率分布

b）投资资本收益率概率分布
（期望 ROIC$_A$）（期望 ROIC$_B$）

图 14-3　经营风险分析

企业能控制经营杠杆到何种程度呢？一方面，经营杠杆在很大程度上取决于科技水平。公用电力、通信、航空、钢铁纺织和化工等公司都必须大量投资固定资产，这就导致了高额的固定成本和经营杠杆。同样，制药、汽车、计算机等公司必须花重金研发新产品，产品研发经费提高了经营杠杆。另一方面，食品百货和服务行业如会计和咨询公司的固定成本一般较低，因而经营杠杆较小。尽管行业因素起决定性作用，但所有的公司都能一定程度上对经营杠杆有所控制。例如，公用电力公司能够通过建造燃气厂或核电厂扩大发电量。核电厂需要较大的投资，会有较高的固定成本，但变动成本就相对较低。另外，燃气厂对投资的要求低，固定成本低，但变动成本（燃气）就高。所以，任何一个公用电力公司（或其他任何公司）都能依靠资本预算决策影响其经营杠杆，从而影响经营风险。

经营杠杆的概念源于对资本预算的使用。对同一个产品采用可选择的不同生产方式，通常就会有不同层次的经营杠杆，因此也具有不同的盈亏平衡点和不同的风险。大黄蜂电子和许多其他的公司会定期对每个方案进行盈亏平衡分析（第 12 章中的敏感性分析），也就是它们的定期资本预算决策程序。一旦公司的经营杠杆确立，就将对资本结构决策产生重大影响。

14.2.4　财务风险

财务风险（financial risk）是指企业实施债务融资时，普通股股东承担的额外风险。从概念上讲，股东承担的特定风险就是公司经营中内在的风险，即经营风险，也就是对未来营业收入内在的不确定性。如果公司使用负债（财务杠杆），就将经营风险集中在普通股股东身上。打个比方，假设 10 个人决定成立一家公司来投资房地产，需承担一定的经营风险。如果这家公司的资本来自 10 个人每人认领的 10% 的股份，那么每个投资者分摊的风险是相同的。但如果这家公司资本来自 50% 的债务资金和 50% 的权益资金，5 位投资者以债务形式投资，另外 5 位投资者以权益方式投资，债权人将优先获得固定收益，而当这家公司破产时，债权人也将先于股东获得赔付。在这种情况下，这 5 位权益投资者将承担所有的经营风险，所以这家公司的普通股风险是只使用权益融资的公司的两倍。因此，利用债务或财务杠杆会将经营风险集中在股东身上。

为了解释经营风险的集中性，我们可以扩展一下大黄蜂电子公司的例子。迄今为止，这家公司没有负债，但是财务主管正在考虑改变资本结构。[⊖] 正如之前提到的，负债的改变不会影响投资资本收益率，但是会影响公司股东承受风险的比例。更具体一点，就是负债的变化，将导致每股收益的变化，同样也会影响经营风险——这两者都会影响股价。为了理解经营杠杆和每股收益的关系，首先需要考察表 14-2。该表显示出当大黄蜂电子使用不同数量的债务融资时，债务成本将会如何变化。资本结构中负债占比越高，负债的风险就越大，因此借款利率也会越高。

表 14-2　大黄蜂电子在不同资产负债率下的利率

负债总额	资产负债率 / %	所有负债利率 / %
20 000	10	4.0
40 000	20	4.3
60 000	30	5.0
80 000	40	5.8
100 000	50	7.2
120 000	60	10.0

© Cengage Learning®

注：假设该公司以 20 000 美元为增长值借款，同时由于公司规章制度的限制，大黄蜂电子的借款额度不得超过 12 万美元，即其总资产的 60%。

现在假设有两种融资手段可以考虑——一种是 100% 权益，另一种是 50% 债务和 50% 权益。再假设大黄蜂电子在零负债情况下发行了 1 万股股票，如果大黄蜂电子决定改变资本结构，将以每股 20 美元的价格回购股票。现在请看表 14-3（显示了融资选择是怎样影响大黄蜂电子的获利能力和风险的）。

表 14-3　负债经营效果：大黄蜂电子在零负债、50% 负债的情况下

第一部分：零负债

资产负债率：0

税率：25%

投入资本：200 000 美元

负债：0

股权：200 000 美元

净发股票：10 000

产品需求（1）	概率（2）	息税前利润 / 美元（3）	息税前利润（1-T）/ 美元（4）	ROIC / %（5）	利息 / 美元（6）	净利润 =（息税前利润 -I)(1-T)/ 美元（7）	股权回报率 / %（8）	每股利润 / 美元（9）
很差	0.05	（70 000）	（52 500）	（26.25）	0	（52 500）	（26.25）	（5.25）
差	0.20	（30 000）	（22 500）	（11.25）	0	（22 500）	（11.25）	（2.25）
一般	0.50	30 000	22 500	11.25	0	22 500	11.25	2.25
良好	0.20	90 000	67 500	33.75	0	67 500	33.75	6.75
很好	0.05	130 000	97 500	48.75	0	97 500	48.75	9.75
期望价值		30 000	22 500	11.25	0	22 500	11.25	2.25
标准差							18.52	3.70
变异系数							1.65	1.65

⊖ 《减税与就业法案》规定债务利息的扣除额不能超过收入的 30%（以 2018 年～ 2021 年的息税折旧摊销前利润衡量，之后的以息税前利润衡量）。为了简化案例，我们假设大黄蜂电子是一家小公司，过去 3 年的年均销售额不足 2 500 万美元，所以不受利息扣除额的限制。2020 年 3 月 27 日签署的《CARES 法案》规定，从 2019 年和 2020 年开始的利息扣除额的限制从 30% 提升到 50%。对于合伙企业，50% 的限制仅于 2020 年生效。

（续）

第二部分：50% 负债

资产负债率：50%

税率：25%

投入资本：200 000 美元

负债：100 000 美元

利率：7.2%

股权：100 000 美元

净发股票：5 000

产品需求 （1）	概率 （2）	息税前利润 / 美元（3）	息税前利润 （1−T）/ 美元（4）	ROIC / % （5）	利息 / 美元（6）	净利润 =（息税前 利润 −I）（1−T）/ 美元（7）	股权回报率 / %（8）	每股利润 / 美元 （9）
很差	0.05	（70 000）	（52 500）	（26.25）	7 200	（57 900）	（57.90）	（11.58）
差	0.20	（30 000）	（22 500）	（11.25）	7 200	（27 900）	（27.90）	（5.58）
一般	0.50	30 000	22 500	11.25	7 200	17 100	17.10	3.42
良好	0.20	90 000	67 500	33.75	7 200	62 100	62.10	12.42
很好	0.05	130 000	97 500	48.75	7 200	92 100	92.10	18.42
期望价值		30 000	22 500	11.25	7 200	17 100	17.10	3.42
标准差							37.05	7.41
变异系数							2.17	2.17

© Cengage Learning®

假设：① 考虑到经营杠杆的作用，大黄蜂电子选择执行计划 B，表中概率分布以及息税前利润的数据从表 14-2 中得来。

② 销售额以及营业成本（包括息税前利润）不受筹资决策影响，所以两种方案的息税前利润（EBIT）和 EBIT（1−T），以及投资资本收益率完全相同。

③ 所有的亏损都可以抵减以前年度利润。

每股收益（EPS）可以通过以下公式得出，其中分子中的数值来自利润表。

$$EPS = \frac{(销售额 − 固定成本 − 变动成本 − 利息)(1 − 税率)}{已发行股票} = \frac{(EBIT − I)(1 − T)}{已发行股票}$$

例如，当负债为 0 而销售额为 20 万美元时，每股收益为 2.25 美元。

$$EPS_{D/(D+E) = 0\%} = \frac{(200\,000 − 70\,000 − 100\,000 − 0) \times 0.75}{10\,000} = 2.25（美元）$$

当负债率为 50%，销售额为 20 万美元时，每股收益（EPS）为 3.42 美元。

$$EPS_{D/(D+E) = 50\%} = \frac{(200\,000 − 70\,000 − 100\,000 − 7\,200) \times 0.75}{5\,000} = 3.42（美元）$$

使用图 14-2 中的数据能够算出上述公式中的销售额、固定成本以及变动成本。

注：由于产品需求呈正态分布，而概率分布是对称的，所以，预期价值等于在正常需求下的价值。因此，这个算法不适用于概率分布不对称的情况。

首先，关注第一部分中对大黄蜂电子没有负债的假设。因为大黄蜂电子没有负债，所以利息为零，因此净利润等于 EBIT（1−T）。投资资本收益率等于 EBIT（1−T）除以投入资本，由于公司没有负债，投入资本的数值和权益相等，为 20 万美元。预期净资产收益率（ROE）可以用净利润除以 20 万美元的权益算出。为简化处理，我们假设大黄蜂电子在发生亏损的当年获得全额纳税返还。实际上，这些损失必须结转才能抵消未来的收益。⊖将不同销售水平的净资产收益率乘以该销售水平的概率能够算出预期净资产收益率为 9%。这 9% 的净资产

⊖ 正如我们在本书第 3 章 3.9 节中所讨论的，因为在 1 年内向后追溯抵扣的金额不得超过应纳税所得额的 80%，所以将损失转入未来收益要比仅用损失抵减收益复杂得多。更精确的计算需要对公司的未来收益进行估计，同时还要考虑到 1 年内可结转亏损额的限制。《CARES 法案》修改了有关 2018 年、2019 年和 2020 年经营亏损的规则。在 2017 年 12 月 31 日至 2021 年 1 月 1 日中的纳税年度中产生的所有经营损失，可向前追溯抵扣至前 5 年。此外，《CARES 法案》暂时取消了 80% 应纳税所得额的限制，允许经营损失全额抵减应纳税所得额。然而，80% 的应纳税所得额的限制继续适用于自 2020 年 12 月 31 日以后开始的纳税年度，对于从 2017 年 12 月 31 日后产生的经营损失，可向后追溯。

收益率与表 14-2 中计划 B 相同。最后，由于公司没有负债，投资资本收益率的计算同样适用于净资产收益率。

表格中的第一部分也计算了假设大黄蜂电子在继续不负债的情况下，每个方案的每股收益。净利润除以 1 万股流通股得到每股收益（EPS）。如果需求萎靡，则每股收益为 -5.25 美元。但如果需求旺盛，每股收益将达到 9.75 美元。在不负债的情况下，每个销售水平下的每股收益乘以其概率会得到预期每股收益为 2.25 美元。我们也可以计算每股收益的标准差值和变异系数，来揭示这家公司在零负债情况下的风险率：σ_{EPS}=3.70，CV_{EPS}=1.65。

接下来观察第二部分，大黄蜂电子决定采用 50% 债务融资，利率为 7.2%。销售成本和经营成本都不受负债水平的影响——无论是零负债还是 50% 负债，息税前利润（EBIT），EBIT（1-T），还有投资资本收益率列是相同的。但该公司现在在 7.2% 利率下，负债 10 万美元。因此，无论经济状况如何，公司都必须支付 0.72 万美元的利息——如果不支付，公司会被强制破产，股东下台。因此我们在第 6 列填了 0.72 万美元的成本作为所有销售水平下的固定数额，而第 7 列则是不同销售水平下的净利润。用净利润除以投入资本（只有 10 万美元，因为 20 万美元中的另外 10 万美元是债务融资），会得到所有需求状态下的净资产收益率。如果需求萎靡，销售量为零，则公司损失巨大，净资产收益率为 -57.90%。然而，如果需求旺盛，净资产收益率为 92.10%。在 50% 负债的情况下，预期净资产收益率的概率加权为 17.10%。注意，当公司在资本结构中增加负债的比例时，净资产收益率和投资资本收益率不再相等。

通常情况下，负债的使用提高了投资的期望收益率，但也同样增加了普通股股东的风险。就以我们在上文举的例子来看——财务杠杆将预期净资产收益率从 11.25% 提高到 17.10%，但是也提高了投资的风险，使得评估风险的净资产收益率变异系数从 1.65 上升至 2.17。图 14-4 用图形表示出了表 14-3 的数据，表明了财务杠杆的运用提高了预期净资产收益率，但是也会扩大概率分布，提高了重大损失的可能性，最终增大了股东承担的风险。

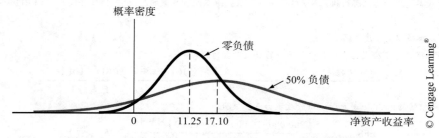

图 14-4 财务杠杆作用对于大黄蜂电子净资产收益率的影响

在负债率为 50% 的情况下，我们可以计算出大黄蜂电子的每股收益。当负债为零时，公司将发行 1 万股的股票；但当权益的一半变为负债（负债为 10 万美元），只有 5 000 股的股票会被发行。我们可以看到每股收益是基于不同的资本结构下所有可能的需求水平产生的。[⊖]在没有负债的情况下：当需求萎靡时，每股收益为 -5.25 美元；当需求正常时，每股收益为 2.25 美元；当需求旺盛时，每股收益为 9.75 美元。在负债率为 50% 的情况下：需求萎靡时，每股收益（EPS）为 -11.58 美元；需求正常时，每股收益为 3.42 美元；需求旺盛时，每股收益为 14.74 美元。零负债情况下，预期每股收益为 1.80 美元，而在 50% 的财务杠杆下，预期每股收益为 18.42 美元。当企业利用财务杠杆时，即使风险很低，预期每股收益数值也会偏高。企业负债时，预期每股收益也会提高。

图 14-5 显示出了预期每股收益、风险和财务杠杆之间的另外一种关系。下方图表中的数据是使用表 14-3 中的方法计算出来的，并以图形的形式展现。从这张图我们可以看出，当企业对债务融资的使用在 50% 以内，预期每股收益值是增长的，利息费用也在不断增加，但由于债务融资取代了权益融资，股票发行数量的减少抵消了利息费用上升的影响。不过，每股收益在负债率为 50% 时达到峰值，超出这个范围，利息费用

⊖ 在该案例中，我们假设公司可以以 20（= 10 000 / 5 000）美元的账面价值回购普通股来改变其资本结构。然而在公开市场上，公司可能不得不支付更高的价格来回购股票。如果大黄蜂电子以每股 22 美元的价格回购股票，那么它就只能收回 4 545（= 10 000 / 22）股。在这种情况下，预期每股收益仅仅为 3.13 [= 17 100 /（10 000-4 545）] 美元，而不是 3.42 美元。

急剧上升，无论发行股票数量减少多少，每股收益都会下降。[⊖]图 14-5 右半部分的曲线图表示通过每股收益的变异系数估量的风险随着债务取代权益在不停地上升，且上升的速度越来越快。

我们可以从这些例子很清楚地了解到，利用杠杆效应有利也有弊：高杠杆效应能提高预期每股收益（在这个案例中是在资产负债率达到 50% 之前），但是也提高了风险。我们将在接下来的部分讨论，在制定最优资本结构决策时，大黄蜂电子需要平衡的杠杆效应的利与弊。

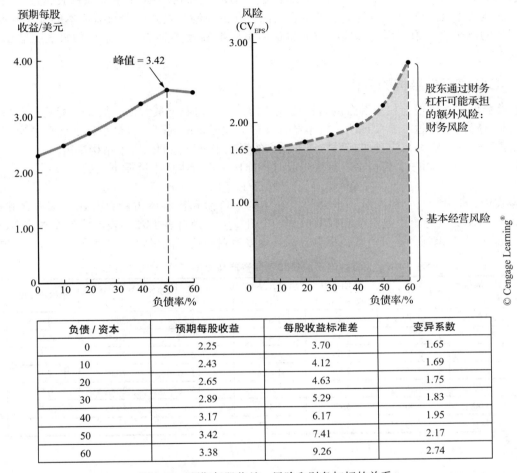

负债 / 资本	预期每股收益	每股收益标准差	变异系数
0	2.25	3.70	1.65
10	2.43	4.12	1.69
20	2.65	4.63	1.75
30	2.89	5.29	1.83
40	3.17	6.17	1.95
50	3.42	7.41	2.17
60	3.38	9.26	2.74

图 14-5 预期每股收益、风险和财务杠杆的关系

注：0 和 50% 的资产负债率取自表 14-3，其他资产负债率用相似的方法计算。

自我测验

1. 经营风险的定义是什么？如何进行测算？
2. 经营风险的决定因素有哪些？
3. 不同行业之间的经营风险有什么区别？
4. 什么是经营杠杆？
5. 经营杠杆对经营风险有什么影响？
6. 什么是财务风险？它是如何发生的？
7. 如何理解财务杠杆是把双刃剑？

⊖ 在这个案例以及本章的其余部分，我们提到的负债率就是指资产负债率。

14.3 确定最优资本结构

如图 14-5 所示，大黄蜂电子的预期每股收益在资产负债率为 50% 时达到最大。这意味着大黄蜂电子的最优资本结构为 50% 的负债吗？答案当然是否定的。最优资本结构是指使公司股票价格最大化的资产负债率，而这通常低于使预期每股收益达到最大时的资产负债率。

我们知道股价与预期股利正相关，与高风险负相关。因此，在高负债水平下提高每股收益，经营杠杆效应就会起作用，使股价上涨。然而，高负债水平也会提高公司的风险，这意味着权益成本的提高和股价的下降。因此，在我们举的例子里，为了提高每股收益而将负债率从 40% 增加到 50%，增加的每股收益也会被同时带来的风险所抵消。

14.3.1 WACC 和资本结构的变化

管理层通常会设立将负债与权益混合的目标资本结构，使公司股价最大化。然而，衡量资本结构的改变对股价的影响是非常难的。不过，事实证明，资本结构在最大化股价的同时，也最小化了加权平均资本成本。因此，许多管理者通过预测资本结构对加权平均资本成本的影响来辅助他们的资本结构决策。

回忆一下第 10 章中，当一个公司不发行优先股时，加权平均资本成本遵循下面的公式：

$$\text{WACC} = w_d \cdot r_d \cdot (1-T) + w_c \cdot r_s$$

在这个等式中，w_d 和 w_c 分别表示一个公司资本结构中负债和权益所占的百分比，两者之和必须为 1.0。表 14-4 中资产负债率的上升会引起负债和权益成本的上升 [r_d，摘自表 14-2，表示债务成本，乘以 (1-T) 就是税后成本]。债权人意识到，高资产负债率会提高公司发生财务危机的风险，从而导致负债利率提高。

表 14-4　大黄蜂电子股价和不同资产负债率下的 WACC 估算

W_d = 负债 / 资产（1）	负债 / 股权[1]（2）	r_d(1-T)(3)	预期每股收益[2]（4）	预期 β 系数[3]（5）	$r_s = [r_{RF} + (RP_M) b]$[4]（6）	预期价格[5]（7）	市盈率（8）	WACC[6]（9）
0%	0.00%	3.00%	2.25	1.375	11.25%	20.00	8.89 ×	11.25%
10	11.11	3.00	2.43	1.490	11.94	20.38	8.38	11.04
20	25.00	3.23	2.65	1.633	12.80	20.72	7.81	10.88
30	42.86	3.75	2.89	1.817	13.90	20.81	7.19	10.86
40	66.67	4.35	3.17	2.063	15.38	20.62	6.50	10.97
50	100.00	5.40	3.42	2.406	17.44	19.61	5.73	11.42
60	150.00	7.50	3.38	2.922	20.53	16.44	4.87	12.71

① $D/E = \dfrac{w_d}{1-w_d}$ 其中，w_d = 负债 /（负债 + 股权）= 负债 / 资产。

② 大黄蜂电子将所有利润都用于股利分发，所以每股收益 = 每股股利。

③ 该公司的无杠杆 β 系数为 1.0。已知无杠杆 β 系数、税率以及债务 – 权益比，其他 β 系数可以用哈马达方程计算得出。

④ 假设 r_{RF} = 3%，RP_M = 6%，可知当资产负债率 = 0 时，r_s = 3% +6%×1.375 = 11.25%。其余 r_s 数值，计算方法类似。

⑤ 由于所有利润都以股利的形式发放了，公司没有留存收益可以投入运营，因此每股收益以及每股股利的增长为零。此时可以用第 9 章中提到的零增长股价估值模型来估算大黄蜂电子的股价。例如，当资产负债率 = 0 时，

$$p_0 = \frac{\text{DPS}}{r_s} = \frac{2.25}{0.112\,5} = 20$$

其他价值的计算方法类似。

⑥ 第 9 列中的数值，是通过第 10 章中 WACC 等式的加权平均成本所得。

$$\text{WACC} = w_d \cdot r_d \cdot (1-T) + w_c \cdot r_s$$

例如，当资产负债率 = 30% 时，

$$\text{WACC} = 0.3 \times 5\% \times 0.75 + 0.7 \times 13.90\% = 10.86\%$$

在实际应用中，财务经理通常使用财务报表预测模型来观察资产负债率的变化会对流动比率、利息保障倍数和息税折旧摊销前利润（EBITDA）保障倍数产生哪些影响。⊖他们会和银行以及债券评级机构讨论预测的指

⊖ 我们在第 17 章中介绍了财务报表预测模型。

标，而这些银行和评级机构会提出一些探索性问题，并做出基于自己判断的调整。银行与评级机构将这个公司的指标与同行业的其他公司比较，得出一个"假设"评级和相应的利率。此外，如果一个公司计划公开发行债券，美国证券交易委员会（SEC）要求公司告知投资者债券发行后各保障倍数的情况。专业的财务经理在认识到这些情况后会运用他们的预测指标去推测银行和其他债权人会如何判断公司的风险和债务成本。经验丰富的财务经理和投资银行家能够精确地判断资本结构对债务成本的影响。

14.3.2 哈马达方程

负债率的提高使债券持有人面临的风险增加，导致债务成本增加。负债的增加也会提高权益成本，从而提高股东承担的风险。杠杆对权益成本的影响是很难量化的，但是一个理论公式可以帮助我们估量这种影响。

首先，回忆一下第 8 章，对多元化的投资者来说，β 系数是估量风险的指标。β 系数会随财务杠杆增加而变大。罗伯特·哈马达构建了如下公式来量化这种效应。[⊖]

$$b_L = b_U[\,1 + (\,1 - T)(D/E)\,] \tag{14-2}$$

在这个公式里，b_L 是企业当前实际的 β 系数，是我们基于一些存在的财务杠杆做出的假设；b_U 是当公司零负债或不使用财务杠杆时的 β 系数。[⊖]如果公司没有负债，β 系数就完全取决于经营风险，这样 b_U 就成了衡量公司基础经营风险的尺度。

在哈马达方程中，D/E 是财务杠杆，T 是企业税率。[⊜]

现在回忆一下资本资产定价模型中的权益成本：

$$r_s = r_{RF} + RP_M \cdot b_i$$

注意，β 系数是权益成本计算公式中管理者可控的唯一变量。另外两个变量 r_{RF} 和 RP_M，由企业控制之外的市场力量决定。b_L 是由影响企业基本经营风险的企业经营决策和由 (D/E) 的比例来反映的资本结构决策两个方面决定的。我们能够通过式（14-2）求出无杠杆 β 系数 b_U，得到式（14-2a）：

$$b_U = b_L/[\,1 + (1-T)(D/E)\,] \tag{14-2a}$$

已知当前的（有杠杆的）β 系数、税率和债务—权益比，我们可以将这些已知变量代入公式中，得到无杠杆 β 系数 b_U。将这个系数代入式（14-2）可以得到在不同的债务水平下的有杠杆 β 系数。这个 β 系数进而可用于计算在不同负债水平下的权益成本。

我们以大黄蜂电子为例加以说明。首先，假设无风险回报率 r_{RF} 为 3%，市场风险溢价 RP_M 为 6%，接下来，我们需要计算无杠杆 β 系数 b_U。因为大黄蜂电子没有负债，$D/E = 0$，因此，它当前的 1.375 的 β 系数也就是无杠杆 β 系数，故 $b_U = 1.375$。已知 b_U，r_{RF}，RP_M 的具体数值，我们可以运用式（14-2）估算大黄蜂电子在不同财务杠杆水平下的 β 系数以及权益成本。

表 14-4 第 5 列中显示了大黄蜂电子在不同资产负债率下的 β 系数。第 6 列第 1 行中显示，当前的权益成本

⊖ 参见 Robert S. Hamada, "Portfolio Analysis, Market Equilibrium, and Corporation Finance," *Journal of Finance*, vol. 24, no. 1 (March 1969), pp. 13–31.

⊖ 方程（14-2）是哈马达基于一系列假设提出的原始公式。最重要的几个方面是：（a）企业的负债 β 系数为零；（b）负债水平是不变的；（c）该公司的利息税盾是债务的税前成本的折现。其他研究人员已经推导出了基于不同假设的替代公式。例如，一个常用的替代公式基于的假设是，该公司的负债率保持不变，利息税盾是无杠杆权益成本折现。在这个案例中，所得到的方程如下：

$$b_L = b_U/(1 + D/E)$$

⊜ w_d 等于在公司资本结构中债务的比例，也就是负债 / 资产 = $D/(D+E)$。所以能得出以下公式

$$\frac{D}{E} = \frac{w_d}{1 - w_d}$$

例如，如果公司有 30 美元的债务和 70 美元的股权，$w_d = \dfrac{D}{D+E} = \dfrac{30}{30+70} = 0.3$

因此，

$$\frac{D}{E} = \frac{0.3}{1 - 0.3} = \frac{0.3}{0.7} = 0.428\,6$$

注意，哈马达方程假设负债和权益是用市场价值而不是用会计账面价值报告的。这一点在 Eugene F. Brigham and Phillip R. Daves, *Intermediate Financial Management*, 14th edition (Mason, OH: Cengage Learning, 2022) 中的第 16 章已经详细讨论过了。在该章节中，对资本结构、股票价格和资本成本的反馈进行了研究。

为 11.25%。

$$r_s = r_{RF} + 风险溢价$$
$$= 3\% + 6\% \times 1.375$$
$$= 3\% + 8.25\% = 11.25\%$$

从这个公式可以得知无风险利率为 3%，该公司的风险溢价为 8.25%。由于大黄蜂电子目前无负债，因此没有财务风险。也就是说，8.25% 的风险溢价完全来自经营风险。

如果大黄蜂电子通过增加负债来改变资本结构，将会提高股东承担的风险，从而导致更高的风险溢价。从概念上来说，一个公司的权益成本由以下部分构成：

$$r_s = r_{RF} + 经营风险溢价 + 财务风险溢价$$

图 14-6 基于表 14-4 第 6 列的数据，描绘了大黄蜂电子在不同负债水平下的权益成本。如图所示，r_s 由 3% 的无风险利率、6% 的固定经营风险溢价，以及从零开始随公司负债率上升而上升的财务风险溢价构成。

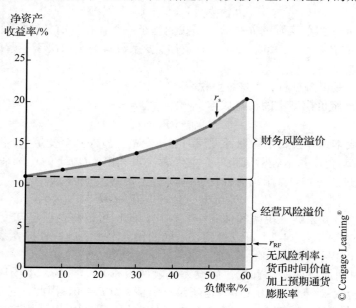

图 14-6 大黄蜂电子在不同负债水平下所需的净资产收益率

提问

问题：

巴恩斯公司最近的资本结构由 40% 的负债和 60% 的普通股组成，该公司税率为 25%。当前公司股票有杠杆的 β 系数（b_L）为 1.5。

a. 该公司无杠杆 β 系数（b_U）为多少？

b. 若巴恩斯公司将其资产结构更改为 20% 的负债和 80% 的普通股，那么其有杠杆 β 系数（b_L）将为多少？

答案：

a. 该公司无杠杆 β 系数（b_U）计算方式如下：

$$b_U = b_L / [1 + (1-T)(D/E)]$$
$$b_U = 1.5 / [1 + 0.75 \times (0.4/0.6)]$$

$$b_U = 1.0$$

b_U 为公司无负债下的 β 系数，所以可以预知 $b_U < b_L$。

b. 利用上述公式，可以推导出该公司在资产结构为 20% 负债和 80% 普通股时，新的有杠杆的 β 系数（b_L）的计算方式如下：

$$b_L = b_U [1 + (1-T)(D/E)]$$
$$b_L = 1.0 \times [1 + 0.75 \times (0.2/0.8)]$$
$$b_L = 1.1875$$

我们再一次注意到，更新资产结构后，新的 b_L 值小于之前的 b_L 值，所以此结果符合负债减少这个事实，而更低的 b_L 值也可以反映出风险的降低。

14.3.3 最优资本结构

表 14-4 的第 9 列显示了大黄蜂电子在不同资本结构下的加权平均资本成本。当前公司没有负债，所以负债

率为零，加权平均资本成本为 $r_s = 11.25\%$。当大黄蜂电子开始以低成本负债替代高成本权益，加权平均资本成本开始下降。不过随着负债率的上升，负债和权益成本均上升，一开始上升速度缓慢，随后越来越快。最终，成本的上升抵消了使用的更多低成本负债的作用。实际上，当负债率为 30% 时，加权平均资本成本达到最小值 10.86%，随后，加权平均资本成本随着负债率的增长而增长。

从另一个角度来分析这个图表，可以发现尽管权益成本高于债务成本，但只采用低成本负债也不会使资本价值最大化，这是因为负债对债务和权益成本有反作用。例如，假设大黄蜂电子负债率超过 30%（比如达到 40%），资本结构中较低成本的资本部分将增加。但是，这种效益将会被增加负债导致的债务和权益成本的提高所抵消。

最后，还有一点非常重要，使加权平均资本成本最小化的资本结构也就是使公司股价最大化的资本结构。大黄蜂电子将所有的利润都作为股利发放，所以再投资时没有留存收益投入，这就导致了其利润和股利预期增长率为零。因此，在大黄蜂电子这个案例中，我们可以用第 9 章中的零增长股票估值模型估算在不同资本结构下的股价，见表 14-4 第 7 列。我们发现随财务杠杆增加，股价首先会上涨，在负债率为 30% 时达到峰值的 20.81 美元，随即开始下跌。因此，大黄蜂电子的最优资本结构是负债率为 30%，这个负债率使股价最高，也使加权平均资本成本最小。⊖

将表 14-4 中的每股收益、资本成本、股价等数据在图 14-7 中以图形表示。如图所示，使大黄蜂电子的预期每股收益达到最大值的负债率为 50%。然而在负债率为 30% 时，预期股价达到最大值，而 WACC 达到最小值。因此，大黄蜂电子的最优资本结构为 30% 的债务和 70% 的权益。管理层应当根据这些指标来构建目标资本结构。如果现阶段的资本结构未达到目标，管理层应在发行新证券时围绕目标调整。

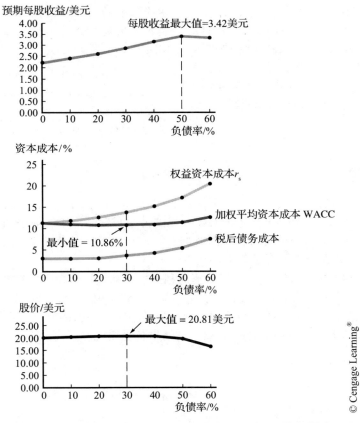

图 14-7　资本结构对每股收益、资本成本以及股价的影响

⊖　我们也能够估算出在留存了一些收益而股利预期增长率为正的情况下的股价，但这将使我们的分析复杂化。这是我们通常采用加权平均资本成本而不是股票价格来分析最优资本结构的另一个原因。

自我测验

1. 当负债率增加时，债务和权益的总成本会发生什么变化？为什么会发生这种情况？

2. 使用哈马达方程解释财务杠杆对 β 系数的影响。

3. 公司的无杠杆 β 系数的计算公式是什么？

4. 使用以下数据，并通过哈马达方程来计算 X 公司无杠杆 β 系数：$b_L = 1.25$，$T = 25\%$，负债 / 资产 = 0.42，权益 / 资产 = 0.58（$b_U = 0.081\ 01$）。

5. X 公司在权益 / 资产比率为 1.0（无负债）和 0.58（假设 $r_{RF} = 5\%$，$RP_M = 4\%$）时的权益成本是多少（8.24%，10%）？

6. 利用图表和以上说明，讨论不同负债水平的财务风险溢价和经营风险溢价。这些溢价是否因负债水平而有所不同？

7. 预期每股收益是否会在实现最优资本结构时达到最大化？

尤吉·贝拉（美国橄榄球员）和 MM 理论

当一个女服务员问尤吉·贝拉（纽约洋基队棒球名人堂的捕球手）将他的比萨切成四份还是八份，尤吉回答说："最好切成四份，我想我吃不完八份。"

尤吉的调侃传达了莫迪利亚尼和米勒的基本观点。公司对杠杆的选择就像切比萨的过程，分割了公司未来的现金流。MM 理论认为如果公司未来投资是固定的（就像比萨的尺寸），无信息成本意味着每个人都看见了同样的比萨，免税意味着国税局不参与比萨的分配，无"契约"成本意味着分配时没有附加成本。

尤吉的比萨无论是切成四份还是八份，比萨本身的尺寸都不会受影响。所以在 MM 理论的假设下，无论资产负债表上负债是多还是少，公司的经济实质是不受影响的。尽管国税局对尤吉的比萨不征税，但还是很有可能对公司的收入征税。因此，尤吉的假设比 MM 理论更贴近实际。

资料来源：Lee Green, *Sportswit* (New York: Fawcett Crest, 1984), p. 228; and Michael J. Barclay, CliffordW. Smith, and Ross L.Watts, "The Determinants of Corporate Leverage and Dividend Policies," *Journal of Applied Corporate Finance*, vol. 7, no. 4 (Winter 1995), pp. 4–19.

14.4　资本结构理论

经营风险是最优资本结构的重要决定因素。不同行业的公司具有不同的经营风险，因此我们预期不同行业的公司的资本结构差异非常大。举个例子，生物科技领域的公司与食品加工产业公司的资本结构完全不同。另外，同一行业内，资本结构在不同公司间的差异也很难解释。究竟哪些因素能够用来解释这样的差异性呢？为了解答这个问题，学者和实务界开创了大量理论。

现代资本结构理论的开启源于 1958 年弗兰科·莫迪利亚尼和默顿·米勒两位教授发表的论文，该论文被称为史上最具有影响力的财务论文。$^\ominus$MM 理论论证了在一系列假设的基础上，公司价值不受其资本结构的影响。换句话说，MM 理论的结论是，一个公司在经营中如何融资并不重要——因此，资本结构是不相关的因素。然而，MM 理论研究的假设基础是不现实的，因此这项研究结果备受质疑。下面列出了部分 MM 理论的假设基础。

（1）没有交易成本。

（2）没有税费。

（3）没有破产成本。

（4）投资者与公司的借款利率相同。

（5）所有的投资者和管理者拥有关于公司未来投资机会的相同信息。

（6）息税前利润（EBIT）不受负债的影响。

$\ominus$　参见 Franco Modigliani and Merton H. Miller, "The Cost of Capital, Corporation Finance, and the Theory of Investment," *American Economic Review*, vol. 48, no. 3 (June 1958), pp. 261–297. 莫迪利亚尼和米勒都因为杰出的工作获得了诺贝尔经济学奖。

尽管部分假设并不现实，但 MM 理论得出的不相关结论还是非常重要的。MM 理论通过说明资本结构不相关的条件，提供了什么情况下资本结构相关并能影响公司价值的线索。MM 理论的产生标志着资本结构研究的开始，在这之后的研究都将重点放在放宽 MM 理论的假设条件，来得出一个更符合现实的资本结构理论。这个领域的研究十分宽泛，下文总结出了一些重点内容。

14.4.1　所得税的影响⊖

两位作者在 1958 年发表了第一篇关于 MM 理论的论文，该论文在当时受到了学界尖锐的批评。因此他们在 1963 年发表了一篇后续论文，放宽了对没有企业所得税的假设。⊜作者在文中提出，税法允许公司将利息支出作为费用，但支付给股东的股利不能在税前扣除。这一差别待遇鼓励企业在资本结构中更多地使用负债。MM 理论表明，如果其他假设不变，这一差异将导致 100% 的负债率为公司最优的资本结构。

米勒几年后又修改了 1963 年提出的 MM 理论（此时莫迪利亚尼未参与），他在新的理论中加入了个人所得税的影响。⊜米勒指出债券利息是作为个人收入来征税的，税率已经上升至 37%，而股票收益一部分来自股利，一部分来自资本利得。此外，长期资本利得的最高税率为 15%（约为 2020 年高收入纳税人个人所得税税率的 20%），而且税金可以递延至股票出售、利得实现时才征收。如果股票持有至投资者去世，则资本利得不需要纳税。因此，在多方作用下，普通股收益的有效所得税税率比债权收益要低。⑳

由于税收的影响，米勒认为投资者更能接受股票税前收益低于债券税前收益的情况。例如，一位纳税等级为 37% 的投资者可能会要求大黄蜂电子债券的税前投资收益达到 10%，也就是 $10\%(1-T) = 10\% \times 0.63 = 6.30\%$ 的税后投资收益。大黄蜂电子的股票投资风险高于债券，因而投资者要求的股票税后收益也很高（假设为 8%）。由于股票的收益（无论是股利还是资本利得）都征 20% 的个人所得税，税前收益要达到 $8\% / (1-T) = 8.0\% / 0.80 = 10.0\%$，才能使税后收益为 8%。在这个例子里，债券利率为 10%，与股票的必要收益率相同。因此，越来越多的股票收入税收优惠政策会使投资者接受股票和债券税前收益相同的情况。㉟

正如米勒指出的：利息可以在税前扣除促进了债务融资的使用，但对股票收入有利的税收处理降低了股票的必要收益率，因此促进了权益融资的使用。确定这两个因素的净效应是很困难的。但大多数观察者认为利息的减税效应有更强的作用，因此我们的税制鼓励企业使用债务融资。但这一效应被股票更低的收益税率削弱。㊱杜克大学的约翰·格拉汉姆教授预测了债务融资的整体税收优势。他认为与债务融资相关的税收优势约占公司平均价值的 7%，所以如果一个无杠杆的公司决定使用债务筹资，其价值将上升 7%。

14.4.2　潜在破产的影响

MM 理论的不相关结论还基于企业不会破产的假设，因此破产成本也是无关的。然而，企业破产实际存在，而且成本极其高昂。破产公司需要支付高昂的法律和会计支出，很难留住客户、供应商和员工。此外，破产常常迫使公司以低于持续经营时的价格清算资产。因为厂房和设备之类的资产一般只适用于公司的特定需求并且难以拆卸和移动，所以往往缺乏流动性。

破产的威胁不仅仅是破产本身，还会带来一系列问题。债权人开始考虑企业的前景，核心员工开始跳槽，供应商开始拒绝提供商业信用，客户开始寻求更稳定的供应商，债权人开始要求更高的利率和增加更严格的贷款条件等。

⊖　该部分相对而言专业性较强，可以省略，不影响整体的连贯性。

⊜　参见 Franco Modigliani and Merton H. Miller, "Corporate Income Taxes and the Cost of Capital: A Correction," *American Economic Review*, vol. 53, no. 3 (June 1963), pp. 433–443.

⊜　参见 Merton H. Miller, "Debt and Taxes," *Journal of Finance*, vol. 32, no. 2 (May 1977), pp. 261–275.

⑳　当米勒撰写该文章时，股利最高税率为 70%，而资本利得税率大大低于这个比率。2020 年，对高收入纳税人，股利和资本利得税率是 20%，而利息税的最大税率为 37%〔资本利得可能会被征收替代最小赋税（AMT）。在这种情况下，资本利得可能会被以 26% 或者 28% 的税率征税，而税率取决于个人的收入层次〕。这些税法的修改并不会影响米勒的最终结论。

㉟　这个情况就好比免税的市政债券和相对的应税债券。

㊱　参见 John R. Graham, "How Big Are the Tax Benefits of Debt?" *Journal of Finance*, vol. 55, no. 5 (October 2000), pp. 1901–1941; and John R. Graham, "Estimating the Tax Benefits of Debt," *Journal of Applied Corporate Finance*, vol. 14, no. 1 (Spring 2001), pp. 42–54.

公司资本结构中的负债越多，破产的相关问题越多。因此，破产成本迫使企业不会最大限度地使用债务融资。破产的相关成本包括两个方面：①破产成本发生的概率；②公司发生财务危机时将会产生的成本。在其他条件相同的情况下，利润波动大的公司面临更大的破产风险。因此，比起那些相对稳定的企业，这类公司应该减少负债的使用。这与我们先前的观点是一致的，即经营杠杆高的公司（有更大的经营风险），应当限制对财务杠杆的使用。同理，资产流动性差而不得不"大甩卖"的公司，也应该限制债务融资的规模。

14.4.3   权衡理论

前文争论推动了"杠杆权衡理论"的发展，即公司需要在债务融资的税收优势和所带来的潜在破产问题之间进行权衡。图 14-8 中给出了权衡理论的图示，以下是一些对图表的观察结果。

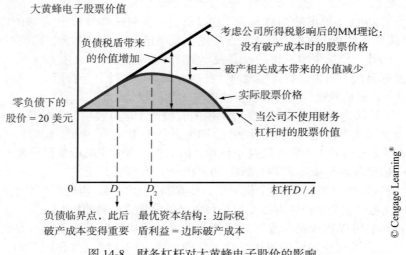

图 14-8   财务杠杆对大黄蜂电子股价的影响

（1）利息是可抵税的费用这一事实使负债比普通股或优先股成本更低。实际上，是政府承担了这部分债务成本——换句话说，负债提供税盾利益。因此，增加负债的使用能够减税，这就会使公司更多的营业利润（EBIT）流向投资者。MM 理论关注的这一因素，往往会提高股票的价格。事实上，在 MM 理论的初始版本假设下，负债率达到 100% 时股票价格最高。图 14-8 中标示为"考虑公司所得税影响后的 MM 理论"的斜线显示了基于 MM 理论假设的股票价格与负债之间的关系。

（2）在实际情况下，公司的目标负债率一般要低于 100% 以减少潜在破产风险带来的不利影响。

（3）图 14-8 中有一些负债水平的临界值，当负债低于 D_1 时，企业破产的可能性非常低，因此无关紧要。当负债超过 D_1 时，破产相关成本就变得十分重要，这些成本开始抵消负债的纳税优势。从 D_1 到 D_2，破产相关成本在增加，但不能完全抵消负债的纳税优势，所以公司的股票价格随着负债的增加继续上升（但上升速度在下降）。然而当负债水平超过 D_2 时，破产相关成本将超过纳税优势，因此负债超过这个临界值后，增加负债率会降低股票价格。因此，D_2 是最优资本结构，即股票价格最大化时的负债水平。当然，不同的企业之间由于经营风险和破产成本的差异，D_1 和 D_2 的值是不同的。在同一企业内，D_1 和 D_2 的值也会随着时间的推移发生变化。

（4）尽管图 14-7 和图 14-8 中的曲线图形能够在理论和实务中证实，但这些图形也只能作为近似值而不是精确定义的函数。图 14-7 中的数字保留了小数点后两位数字，但这只是为了说明——图表是估算的结果，数字并不准确。

（5）如图 14-8 所示，资本结构理论的另一个难以解释的问题在于如英特尔和微软这样的大型公司使用的负债远比理论建议的少。这一点导致了信号理论的发展，我们将在下一节讨论这个问题。

14.4.4   信号理论

MM 理论假设每个人（投资者和管理者）对于公司的未来享有相同的信息，即**信息对称**（symmetric information）。然而在实际情况中，管理者通常比外部投资者拥有更全面的信息，即**信息不对称**（asymmetric information），这对最优资本结构有重大影响。我们通过考虑以下两种情形来加强对信号理论的认识，一种情形是公司管理者知道公司前景很好（公司 F），另一种情形是管理者知道未来情况不容乐观（公司 U）。

现在假设公司 F 的研发实验室研发出了一种治愈普通感冒的新药，尚未申请专利。他们准备对新产品保密，尽可能拖延竞争对手进入市场的时间。制造新药就必须建新工厂，因此需要筹集资金。但公司 F 应该怎样筹集所需的资金呢？如果公司发行新股，当新产品的利润开始流入企业，公司股价会急剧上涨，新股的投资者鸿运当头。老股东（包括管理者）也会获得不错的收益，但如果公司没有在股价上涨前发行新股，他们会赚得更多。在这种情况下，他们不必与新股东分享新产品的利润。因此，我们可以预期前景良好的公司会避免发售新股，而选择债务融资来筹集新资本，即使负债率超过目标水平。⊖

现在来考虑公司 U 的情况。假设公司 U 管理者得知由于竞争对手引进新技术提高了产品质量，导致新订单大幅下降。为了维持当前的销售量，公司 U 不得不以较高成本升级设备。因此，公司 U 的投资收益率将会下降（但下降的程度比不采取任何行动要更轻缓，如果公司 U 没有应对措施，可能会因公司破产而导致 100% 的损失）。公司 U 要如何筹集所需的资金呢？这里情况与公司 F 恰恰相反——公司 U 会发售新股，让新投资者分担一些负面结果。因此，前景不佳的公司需要采用权益融资，引入新的投资者来分担损失。⊜

从两个公司的状况中我们能够得出结论：前途光明的公司不会发行新股来融资，而前景不明的公司希望引入外部权益资金。作为投资者，你会如何应对？你可能会说，"如果我看到一家公司计划发行新股，我可能会担忧。因为我知道，如果管理者看好公司前景，就不会发行新股。反之，在公司前景堪忧的情况下，管理层就会希望发行新股。因此，在其他条件不变的情况下，如果公司计划发行新股，我应该会降低我对这家公司价值的预期。"

如果你给出了这样的答案，那么你的观点与专业的投资经理人一致。简而言之，股票发行的公告一般是一个信号，表明该公司的管理层对公司未来的预期并不乐观。相应地，当一家公司频繁地宣布发行新股，其股票的价格也将下降。⊕经验研究表明这种情况确实存在。㊕

这些情况对资本结构的决策有什么启示？股票的发行释放了负面信号，从而打压公司股价；所以即使预期乐观，公司也应该拥有借款储备能力以应对未来可能遇到的良好投资机会。这意味着在正常运转情况下，公司使用的负债应该低于图 14-8 中建议的水平。

14.4.5　利用债务融资来限制管理层

在第 1 章中，我们指出当管理者和股东之间目标不同时，可能会出现利益冲突。当公司拥有的现金超过核心业务所需数额时，这种冲突特别容易发生。管理者通常会将多余的现金用于自己偏爱的项目或满足诸如豪华办公室、公司专机和体育场贵宾看台等对股价的上涨没有任何用处的需求。㊖相反，如果限制管理者对自由现金流的支配，发生浪费的可能性会降低。

公司可以通过多种方式减少多余的现金流。一种方法是派发高股利或进行股票回购，将现金还给股东。另一种方法是提高目标资本结构中负债的比例，借由较高的债务条款迫使管理者更加遵守规则。如果不按要求对待债务，公司将被迫破产，管理者将失去工作。因此，有大量债务的公司，其管理者购买昂贵企业专机的可能性较小。

杠杆并购（leveraged buyout，LBO）也是减少多余现金流的好方法。杠杆并购是指使用负债来购买大量目标公司的股票。实际上，减少无意义浪费来节约的想法已经推动了相当多的杠杆并购。如上所述，杠杆并购之后需偿还的高负债迫使管理者通过放弃不必要的支出来节约现金。

当然，增加负债并减少自由现金流也有缺点：增加了企业破产的风险。经济学家本·伯南克（前任美联储

⊖　如果在获取了新产品即将推出的内部消息的情况下，公司 F 的管理者以个人名义购买了更多股份，他们可能会因为违法被送入监狱。

⊜　当然，公司 U 向社会公众发行新股时，必须对公司信息进行充分披露。不充分披露管理层对最坏情况的担忧是不符合相关法律规定的。

⊕　成熟企业发行新股的举措比起成长迅速的新兴公司更像是一个负面信号，因为新兴公司的投资者需要额外的资金来实现快速增长。

㊕　参见 Paul Asquith and David W. Mullins Jr.，"The Impact of Initiating Dividend Payments on Shareholders' Wealth," *Journal of Business*, vol. 56, no. 1 (January 1983), pp. 77–96.

㊖　如果你不相信管理者会浪费现金，请读 Bryan Burrough, *Barbarians at the Gate: The Fall of RJR Nabisco* (New York: Harper & Row, 1990)，美国雷诺烟草公司被收购的故事。

主席）认为，在企业的资本结构中增加负债，就像将一把匕首放在汽车的方向盘上。[⊖]这把匕首指向你的胸口，迫使你小心驾驶。但无论你如何小心，如果有人撞上你，你就很可能被刺伤。类似的情况也在公司中出现：高负债迫使管理者对股东的资金更加谨慎，但即使是经营良好的公司，也会遇到不可控事件，如战争、地震、罢工或经济衰退时也会面临破产（被匕首刺伤）。在这个类比中，资本结构决策相当于判断股东要放多大的一把匕首来促使管理循规蹈矩。

如果你发现我们对资本结构理论的讨论有些混乱而且不太准确，别太在意。因为事实上甚至前任美联储主席也不知道如何精确地确认一家公司的最优资本结构，以及如何衡量资本结构变化对股价和资本成本的影响。在实践中，资本结构决策必须结合经验判断和数据分析。不过理解本章所提的理论可以帮助你更好地对资本结构进行判断。

14.4.6　优序融资理论

另一个可能影响资本结构的因素是管理者筹集资本时会有一个优先顺序，而这个顺序会影响资本结构决策。[⊜]我们知道企业融资一般按以下顺序：企业的第一资金来源是应付账款和应计项目。本年度留存收益是下一年的资金来源。如果留存收益的金额不足以满足资金要求，则企业将实行债务融资。最后，也就是终极手段，企业将发行新普通股。

为什么企业遵循的这种优序融资理论是符合逻辑的？首先，自发融资和提取留存收益不产生发行成本，而债务融资的成本也相对较低。其次，发行新股的成本相当高，信息不对称和信号理论也导致企业更不愿意发行新普通股来融资。因此，尽管这一理论的重要性还存在争议，但优序融资理论还是合理的，并能影响一个企业的资本结构。[⊜]

14.4.7　机会窗口

如果公司的股票以与内在价值不同的价格出售，公司管理者可以利用这种错误定价来调整公司资本结构。当一家公司的股票价值被高估时（以比其内在价值更高价交易），公司管理者可以在股票市场价值相对较高的时候借机发行新的股票。同样，当公司的股票被低估时，管理者可以选择回购股票。一项由 Malcolm Baker 和 Jeffrey Wurgler 提出的研究证明了许多公司利用了这些**机会窗口**（windows of opportunity），而这些捕捉市场时机的尝试确实对这些公司的资本结构产生了深远的影响。[⊛]

自我测验

1. 为什么 MM 理论会导致 100% 的债务融资的结论？
2. 企业所得税的增加如何影响平均公司资本结构？增加个人所得税会怎样？
3. 解释什么是信息不对称，以及信号理论是如何影响资本结构决策的。
4. 借款储备能力是什么意思，为什么对公司很重要？
5. 如何使用负债来约束管理者？
6. 什么是优序融资理论，它如何影响企业的资本结构？
7. "机会窗口"如何影响企业的资本结构？

⊖ 参见 Ben Bernanke, "Is There Too Much Corporate Debt?" Federal Reserve Bank of Philadelphia, *Business Review* (September/October 1989), pp. 3–13.

⊜ 参见 Jonathan Baskin, "An Empirical Investigation of the Pecking Order Hypothesis," *Financial Management*, vol. 18 (Spring 1989), pp. 26–35.

⊜ 参见 Murray Frank and V.K. Goyal, "Testing the Pecking Order Theory of Capital Structure," *Journal of Financial Economics*, vol. 67, no. 2 (February 2003), pp. 217–248.

⊛ 参见 Malcolm Baker and Jeffrey Wurgler, "Market Timing and Capital Structure," *The Journal of Finance*, vol. 57, no. 1 (February 2002), pp. 1–32.

14.5　资本结构决策自查表

除了前面讨论的分析类型，企业做出资本结构决策时会考虑以下因素。

（1）销售的稳定性。相比销售不稳定的企业，销售相对稳定的企业可以更安全地承担更多负债和固定支出。公用事业公司就是因为需求稳定，才能够一直使用比工业企业更多的财务杠杆。

（2）资产结构。许多公司设定目标资本结构时，也会考虑到它们需要的现金持有量。当其他因素不变时，公司资产负债表上拥有越多的现金，公司就能够承担越多的负债。因此，一些分析师还提出了一种替换手段，即**净负债**（net debt），公司总负债减去现金及现金等价物。

净负债 = 短期负债 + 长期负债 - 现金及现金等价物

参见表 14-1，卡特彼勒公司的净负债为 294 亿美元（总负债 377 亿美元减去现金和现金等价物的 83 亿美元）。在其他因素不变的情况下，拥有更多现金或其他能够抵押贷款的资产的企业倾向于使用较多的负债。对很多企业来说，通用资产可以作为良好的抵押品，而专用资产则不可以。因此，房地产公司通常具有高杠杆，而技术研发型公司与之相反。[⊖]

（3）经营杠杆。在其他条件不变的情况下，经营杠杆较低的公司由于具有较小的经营风险，因此能够更好地使用财务杠杆。

（4）成长率。当其他条件相同时，高速成长的公司必须更多地依赖外部资本。此外，由于普通股的发行成本超过了负债的成本，因此高速成长的公司会更依赖负债。与此同时，这些公司往往面临较高的不确定性，这会降低它们使用负债的意愿。

（5）盈利能力。投资收益率高的公司通常会使用较少的负债。用一个实际的例子来弥补这方面理论的缺失。如英特尔、微软和谷歌等盈利能力很强的公司不需要大量的债务资金。因为这些企业的高收益率使它们能够用内部资金基本满足资金需要。

（6）税收。利息可以在税前扣除，这对税率较高的公司来说非常有价值。因此，企业的税率越高，企业的负债优势越高。然而，随着《减税与就业法案》的通过，企业的税率统一为 21%。较低的税率降低了债务融资的抵税价值。

（7）控制。负债与股票对管理层控制权的作用也会影响资本结构。如果管理者目前有投票控制权（持有股份超过 50%），但是不能再购买更多股票，就可能将负债作为新的融资手段。此外，当公司的财务状况恶劣时，使用负债可能会招致严重的违约风险，因此管理层可能决定使用权益融资。原因是什么？如果公司违约，管理者可能会失去工作。然而，如果使用太少的负债，管理层可能面临被收购的风险。因此，管理者出于控制权的考虑可能在不同的情况下采取债务或权益融资。无论如何，如果管理者感到不安全，就会考虑控制情况。

（8）管理者的态度。没有人能证明一个资本结构会比其他的资本结构带来更高的股票价格。管理者对合适的资本结构有自己的判断。有些管理者相对谨慎，因此使用的负债低于行业平均水平，而激进的管理者，为追求更高的利润愿意承担更多负债。

（9）债权人和评级机构的态度。不论管理者如何分析适合公司的杠杆，债权人和评级机构的态度都会影响资本结构决策。公司通常与债权人和评级机构讨论资本结构并很重视他们给予的建议。例如，穆迪和标准普尔最近告知一家大型公用事业公司，如果这家公司继续发行债券，它们将降低公司的债券评级。这就影响了这家公司的决策，之后公司的融资手段变为发行普通股。

（10）市场条件。股票市场和债券市场状况的长期或短期变化可能对企业的最优资本结构产生重要影响。例如，随着最近一次信贷紧缩，垃圾债券市场低迷，对评级低于 BBB 的新发行的长期债券根本没有利率"合理"的市场。因此，需要资金而信用级别又较低的公司都被迫进入股票市场或者短期负债市场，而无法考虑目标资本结构。当市场环境改善时，这些公司就会出售长期债券使资本结构回到目标水平。

⊖ 本章未提到的两个资本结构问题涉及长期租赁和可转换证券如何影响融资组合。租赁实际上是一种负债的替换方式，因此应当确定公司未来租金的现值并作为负债处理。可转换证券是指债券持有人能将其转换成普通股的债券（或优先股）。可转换证券在转换之前理论上来说可以提高企业的财务杠杆，但一旦转换发生，杠杆立刻下降。当我们在确认一家公司的杠杆时，估计公司可转换证券的可能转换时机是十分有必要的。但这样的分析超出了本书的介绍范围。

（11）公司的内部情况。企业自身的内部情况也会影响其目标资本结构。例如，假设公司刚成功完成一个研发项目并预测未来会有更高的利润。但是，投资者尚未对新利润产生预期，所以这一情况也没有反映在股票价格上。这家公司将不会发行股票，而是使用债务融资。等到公司实现高额利润，股票价格上涨，再发行普通股，用股票收益偿还负债，借此来调整资本结构回到目标水平。我们在信息不对称和信号理论中已经讨论过这一点。

（12）财务弹性。一个精明的企业财务主管做出如下描述：

我们公司通过良好的资本预算和经营决策赚的钱比通过融资决策赚的多得多。实际上，我们无法确定融资决策如何影响我们的股票价格，但我们很肯定必须减少风险项目投资，因为资金不足会减少长期收益。因此，我作为财务主管的主要目标是不断筹集资金来支持经营活动。

我们还知道，当情况良好时，我们既可以用权益融资也可以使用债券融资。但当情况不佳时，我们只有给资金提供者更有利的条件，他们才会更愿意提供资金，这就意味着债务融资。而且，当我们发行新股时，实际上给投资者释放了负面"信号"，所以像我们这样的成熟公司并不愿意发行新股。

以上这些论点告诉我们需要保持财务弹性，从经营的角度来看意味着保持充足的"借款储备能力"。储备金达到多少才算"充足"基于管理者的职业判断，这显然也与公司预期资金的需求、资本市场环境、管理层对未来的信心，以及资本短缺的后果有关。

正如你所料，在 2020 年上半年开始的经济停滞期间，许多小型和大型企业都在努力地保持财务弹性。负债有限且有现金流入的企业受到的影响较小，但其他的企业却因为仍需支付账单又无法获得现金流，难以继续维持运营。为了保持财务弹性，许多公司争先恐后地筹集新债务以稳定资金。与此同时，美联储采取了一系列措施，以便公司更容易地举债。这些措施不仅降低了借款利率，更重要的是，美联储前所未有地购买了公司债券和债券 ETF，以维持债券市场的生存能力和流动性。$^{\ominus}$ 最后，值得注意的是，并非所有企业都能成功举债，所以专家预测破产企业的数量可能会激增。同时请记住，那些通过举债度过风暴的公司必须在未来偿还这些债务。

自我测验

1. 销售稳定性如何影响目标资本结构？
2. 使用的资产类型如何影响企业的资本结构？
3. 税收如何影响目标资本结构？
4. 债权人和评级机构的态度如何影响资本结构？
5. 企业的内部情况如何影响实际资本结构？
6. 什么是财务弹性，它会使负债率增加还是减少？

14.6　资本结构中的变量

财务杠杆的使用在各个行业与行业内的各个公司之间有很大的不同。表 14-5 给出了不同行业的特定公司之间的差异，表中数据按照企业长期负债比率从低到高排序。$^{\ominus}$

互联网、钢铁和石油公司的负债较少，因为这些行业具有周期性，定位于研究开发。相反，航空公司和餐饮业负债相对较多，因为这些公司的固定资产可以作为抵押债券的担保，相对稳定的销售也使其能够承担起超过平均水平的负债。

利息保障倍数表明了公司对财务危机的承受能力。这个指标取决于 3 个因素：①负债率；②负债利率；③公

$\ominus$　参见 Patti Domm, "The Fed Thawed Debt Market and Big Companies Built a \$500 Billion War Chest to Fight the Virus," *CNBC* (cnbc.com), May 11, 2020.

$\ominus$　资本结构和财务实力的信息可以从多种来源获取。我们使用 *MSM Money* (msn.com/en-us/money/markets) and Morningstar (morningstar.com) 绘制了表 14-5，但是公布的信息来源包括 *The Value Line Investment Survey, Risk Management Association Annual Statement Studies,* 和 *Dun & Bradstreet Key Business Ratios*。

司获利能力。一般来说，Alphabet 公司（谷歌母公司）和纽柯之类的低杠杆企业会有较高的利息保障倍数，美国航空集团和温迪国际快餐连锁集团这类负债沉重的公司则利息保障倍数较低。

同一行业的不同公司的资本结构也有很大不同，见表 14-5。例如，尽管 2020 年航天业的平均长期负债率为 56.14%，但洛克希德·马丁公司的比率却是 76.85%。因此，包括管理者态度在内的公司特定条件对目标资本结构具有深远影响。与此同时，Harry DeAngelo 和 Richard Roll 的研究表明，随着时间的推移，许多公司的负债率都具有相当大的不稳定性。[⊖]大多数公司不仅没有建立一个固定的目标资本结构，而且其资本结构还会发生许多有趣的动态变化。在 John Graham，Mark Leary 和 Michael Roberts 的研究中，追溯并记载了 20 世纪美国公司的平均负债率。他们的研究表明，自第二次世界大战以来，杠杆率大幅上升。与此同时，他们也为资本结构趋势的变化提供了许多可能的解释。[⊖]然而，随着《减税与就业法案》的通过，较低的公司税率降低了债务融资的税收抵扣价值。此外，《减税与就业法案》限制了债务利息的抵扣额不能超过收入的 30%。这两项规定的影响可能导致债务融资比例的下降，并将导致公司的加权平均资本成本上升。

表 14-5 2020 年资本结构比率：按企业长期负债率排序

公司	企业		行业	
	长期负债率 / %	利息保障倍数	类型	长期负债率 / %
Alphabet 公司	1.96%	395.56	互联网	30.07%
纽柯	29.58	10.18	钢铁	39.39
英国石油公司	42.20	2.47	石油	35.06
康尼格拉食品	53.92	2.74	食品加工	43.82
杜克能源	54.55	2.63	电力	58.33
CSX 公司	58.16	6.47	铁路	53.49
克罗格	58.51	3.75	食品零售	53.92
联合航空集团	59.02	4.97	航空	60.94
洛克希德·马丁公司	76.85	13.13	航天	56.14
福特汽车	79.42	−2.13	汽车	51.92
礼来制药公司	81.95	14.95	医药	43.18
温迪国际快餐连锁集团	85.84	2.25	餐饮	55.75

注：长期负债率按总资本的一定比率计算，总资本等于长期负债加上权益，均按账面价值计算。请注意，这一负债率不包括短期负债。

资料来源：*MSN Money* (msn.com/en-us/money/markets) and *Morningstar* (morningstar.com), June 1, 2020.

自我测验

为什么财务杠杆在不同行业和不同公司中的使用有明显的差别？

本章小结

当我们在第 10 章中介绍资本结构时，企业的融资决策属于已知条件，根据已知的资本结构计算资本成本。在第 11～第 13 章中，我们介绍了资本成本的预算编制方法。资本预算决策决定了公司接受的项目

⊖ 参见 Harry DeAngelo and Richard Roll, " How Stable Are Corporate Capital Structures?" *Journal of Finance*, vol. 70, no. 1 (February 2015), pp. 373–418. A shorter, less technical version of this paper can also be found in " Capital Structure Instability," *Journal of Applied Corporate Finance*, vol. 28, no. 4 (Fall 2016), pp. 38–52.

⊖ 参见 John R. Graham, Mark T. Leary, and Michael R. Roberts, " A Century of Capital Structure: The Leveraging of Corporate America," *Journal of Financial Economics*, vol. 118, no. 3 (December 2015), pp. 658–683. Once again, a shorter, less technical version of this paper can be found in " The Leveraging of Corporate America: A Long-Run Perspective on Changes in Capital Structure," *Journal of Applied Corporate Finance*, vol. 28, no. 4 (Fall 2016), pp. 29–37.

类型，这会影响公司的资产状态和经营风险。在本章中，我们逆转了这个过程，把公司的资产和经营风险作为已知条件，然后寻找获得这些资产最佳的融资方式。值得一提的是，在本章中，我们研究了财务杠杆对每股收益、股票价格和资本成本的影响，还讨论了各种资本结构理论。

不同的理论对最优资本结构会得出不同的结论，没有人能够证明一种理论比其他理论更好。因此，我们不能精确地估计一个企业的最优资本结构。财务主管一般都会将最优资本结构确定为一个区间，如 30% ~ 40% 的负债，而不是一个精确的比率，比如 35% 的负债。本章中介绍的概念可以作为指导，帮助管理者理解在确定公司的目标资本结构时应当考虑的因素。

自测题

ST-1 关键术语

定义下列术语：

a. 资本、资本结构、最优资本结构

b. 经营风险、财务风险

c. 财务杠杆、经营杠杆、盈亏平衡点

d. 哈马达方程、无杠杆 β 系数

e. 信息对称、信息不对称

f. MM 理论

g. 权衡理论、信号理论

h. 借款储备能力、优序融资理论

i. 机会窗口、净负债

ST-2 经营杠杆和盈亏平衡分析

Olinde 电子设备公司生产的立体声元件以每单位 100 美元的价格（$P = 100$）出售。Olinde 电子设备公司的固定成本是 20 万美元，变动成本为每单位 50 美元。该公司每年生产和销售 5 000 个零部件，息税前利润为 5 万美元，资产（全部来自权益融资）为 50 万美元。Olinde 电子设备公司可以通过增加 40 万美元的资产和 5 万美元的固定运营成本来改进生产。这能够使变动成本每单位减少 10 美元，增加 2 000 单位产量，但销售单价必须降至 95 美元以获得额外产出的销售额。Olinde 电子设备公司有亏损结转，因此税率为零，没有负债，平均资本成本为 10%。

a. Olinde 电子设备公司应该做出上述改变吗？请给出理由。

b. 如果做出如上改变，Olinde 电子设备公司的盈亏平衡点会上升还是下降？

c. 假设 Olinde 电子设备公司无法获取额外的权益融资，不得不以 10% 的利率借款 40 万美元进行投资。使用杜邦等式计算投资的预期资产收益率（ROA）。如果必须采用债务融资，Olinde 电子设备公司应该做出改变吗？

ST-3 最优资本结构

卡莱尔公司正在考虑其最优资本结构，该公司目前的资本结构中只有普通股。如果该公司要最小化加权平均资本成本（WACC），就要在资本结构中增加负债，而不使用优先股。此外，公司的规模将保持不变，发行债券所筹的资金将用于回购股票。因此回购股票的比率将等于公司资本结构中增加的负债的比率（换句话说，如果公司的资产负债率从 0 增加到 25%，就将回购 25% 的流通股）。卡莱尔公司是一家小公司，过去 3 年的平均销售额不超过 2 500 万美元，因此不受利息抵扣的限制。

财务人员在与投资银行家协商后，列出了下表来显示该公司在不同负债水平下的债务成本：

负债/资产 (w_d)	权益/资产 (w_c)	负债/权益 (D/E)	债券评级	税前债务成本 (r_d)/%
0.00	1.00	0.000 0	AA	5.0
0.25	0.75	0.333 3	A	6.0
0.50	0.50	1.000 0	BBB	8.3
0.75	0.25	3.000 0	BB	11.0

该公司的总资本为 500 万美元，共有 20 万股普通股，息税前利润 EBIT 为 50 万美元。将上表中所示的任何一个级别的负债添加到公司的资本结构中，都不会改变其 EBIT。卡莱尔公司使用资本资产定价模型来估计普通股权益成本。预计无风险利率为 3.5%，市场风险溢价为 4.5%，税率为 25%。由于没有负债，因此卡莱尔当前的 β 系数 b_U 为 1.25。

a. 计算该公司在表上所示的每个资本结构下的利息费用、净利润、已发行股票，以及每股收益（EPS）。

b. 在何种资本结构下每股收益（EPS）最大？求出这种资本结构下的每股收益（EPS）的值。

c. 计算表上所示的每个资本结构下的税后债务成本、β 系数、权益成本，以及加权平均资本成本。

d. 本题列出的哪种资本结构可以使加权平均资本成本最小化？此时，加权平均资本成本为多少？

e. 在哪种资本结构下公司股东利益实现最大化？与问题 b 和问题 d 中的资本结构相同吗？请给出你的理由。

f. 作为一个财务分析人员，在观察了卡莱尔公司的资本结构之后，你会对该公司的管理层提出什么建议？

简答题

14-1 销售量的变化会导致利润的变化。如果公司加强经营杠杆程度，利润会随着销售量的变化变大还是变小？

14-2 下列情况会使公司的盈亏平衡点（单位产品销售量）上升还是下降，或是造成不确定性影响？
a. 单位成本不变，销售价格上升。
b. 固定成本上升，变动成本下降。
c. 变动成本下降，其他条件不变。

14-3 探讨以下问题：在其他条件都相同的情况下，销售量相对稳定的公司能够承担较高的负债率。这句话是否正确？

14-4 如果美国国会增加对利息、股利和资本利得的个人所得税率，同时降低企业所得税税率，这会对企业的平均资本结构带来什么影响？

14-5 以下哪些因素会促使公司在资本结构中提高负债的比例？
a. 企业所得税税率上升。
b. 个人所得税税率上升。
c. 由于市场的变化，导致公司资产流动性降低。
d. 破产法的变更使公司破产成本降低。
e. 公司的销售和收益波动加剧。

14-6 为什么一般公用事业公司与生物技术公司的资本结构不同？

14-7 为什么我们一般认为息税前利润（EBIT）与财务杠杆无关？为什么在高负债水平下息税前利润会受到财务杠杆的影响？

14-8 使企业预期每股收益最大化的负债水平与使股价最大化的负债水平是否相同？

14-9 当一个公司的负债水平从零开始一直上升时，为什么你会认为股价一开始上涨，达到峰值后开始下跌？

14-10 贝尔系统公司解散以后，旧的美国电话电报公司被拆分成一个新的美国电话电报公司和七家地区电信公司。该公司被强制拆分的具体原因是要增加电信行业的竞争程度。美国电话电报公司曾经垄断了本地通信、长途电话以及制造电话所需的所有设备的市场，这一分离预计将使这些市场中的大多数公司实现公平竞争。法院宣判的拆分条款规定，新美国电话电报公司的资本结构已经被指定好，而更多的关注将集中在未来新增的电信公司之间的竞争。你认为拆分后的最优资本结构与拆分前的最优资本结构相同吗？理由是什么？

14-11 一家公司要将其资产翻一番，以服务快速增长的市场，就必须在高度自动化的生产过程和较少自动化的生产过程之间做出选择。公司也必须为扩大融资选择资本结构。资产投资和融资决策的制定应该同时进行还是分开决定？这些决策将如何相互影响？杠杆概念是如何帮助管理层分析这些情况的？

问答题

（14-1～14-5 为简单题）

14-1 盈亏平衡分析 一家公司的固定运营成本是43万美元，变动成本为每单位2.95美元，产品的销售价格是4.50美元。该公司的盈亏平衡点是多少？也就是说，销售量为多少时销售收入等于成本？

14-2 最优资本结构 Terrell 货运公司正在设定目标资本结构。CFO 认为最优的资产负债率在20%和50%之间，她手下的员工对不同负债水平下的每股收益和股价进行了预测：

资产负债率/%	预计每股收益/美元	预计股价/美元
20	3.10	34.25
30	3.55	36.00
40	3.70	35.50
50	3.55	34.00

假设只使用负债和普通股，Terrell 货运公司的最优资本结构是怎样的？资产负债率为多少的情况下加权平均资本成本最小？

14-3 风险分析
a. 使用以下信息计算出 C 公司每股收益的期望值。A 公司与 B 公司的数据为：$E(\text{EPS}_A) = 5.10$ 美元，$\sigma_A = 3.61$ 美元，$E(\text{EPS}_B) = 4.20$ 美元，$\sigma_B = 2.96$ 美元。

	概率				
	0.1	0.2	0.4	0.2	0.1
公司 A：每股收益	(1.50)	1.80	5.10	8.40	11.70
公司 B：每股收益	(1.20)	1.50	4.20	6.90	9.60
公司 C：每股收益	(2.40)	1.35	5.10	8.85	12.60

b. 假设 $\sigma_C = 4.11$ 美元，讨论 3 家公司收益的相关风险。

14-4 无杠杆 β 系数 哈雷汽车拥有 1 800 万美元的资产，由 600 万美元负债和 1 200 万美元的权益构成。哈雷公司当前的 β 系数是 1.3，税率为 25%。使用哈马达方程计算出哈雷公司的无杠杆 β 系数 b_U。

14-5 财务杠杆效应 HL 公司和 LL 公司除财务杠杆率和负债利率之外，其他条件都相同。两家公司都具有 2 000 万美元的投入资本，400 万美元的息税前利润，

25% 的联邦和州公司所得税率。两家公司在过去 3 年的平均销售额都在 2 500 万美元以下,因此两家公司都不受利息抵扣的限制。然而 HL 公司的资产负债率为 50%,并需要为负债支付 12% 的利息。而 LL 公司的资产负债率为 30%,只需要为负债支付 10% 的利息。两者在资本结构中都不使用优先股。

a. 分别计算两家公司的投资资本收益率。

b. 分别计算两家公司的净资产收益率。

c. 考虑到 HL 公司具有更高的净资产收益率,LL 公司的财务主管考虑将其资产负债率从 30% 提高到 60%,即使这么做会使该公司全部负债的利率提高到 15%。计算 LL 公司新的净资产收益率。

(14-6 ~ 14-9 为中等难度题)

14-6 盈亏平衡分析 韦弗手表公司以 26 美元的售价销售手表,固定成本是 15.5 万美元,变动成本为每只手表 13 美元。

a. 公司销售 9 000 只手表的收入或损失是多少?销售 1.5 万只手表呢?

b. 什么是盈亏平衡点?请使用图表来解释这个概念。

c. 如果售价提高到每只 33 美元,盈亏平衡点会有什么变化?这种分析的意义是什么?

d. 如果售价提高到每只 33 美元,但变动成本上升到每只 24 美元,盈亏平衡点会发生什么变化?

14-7 财务杠杆效应 尼尔公司希望根据不同的财务杠杆比率来估算明年的净资产收益率。尼尔公司的总资本为 1 400 万美元,目前仅使用了普通股,未来也没有在其资本结构中使用优先股的计划,其联邦和州公司所得税率为 25%。尼尔公司是个小公司,过去 3 年的平均销售额不超过 2 500 万美元,所以不受利息抵扣限制。CFO 预计明年的息税前利润可能为以下 3 种情况:0.2 的概率为 420 万美元;0.5 的概率为 280 万美元;0.3 的概率为 70 万美元。计算以下每个资产负债率下的尼尔公司的预期净资产收益率、标准差和变异系数,然后评价这些结果。

资产负债率 / %	利率 / %
0	—
10	9
50	11
60	11

14-8 哈马达方程 情景软件公司正试图建立最优资本结构。该公司现有资本结构由 25% 的债务和 75% 的权益组成,而 CEO 认为公司应该使用更多的负债。公司的无风险利率为 4%,市场风险溢价为 5%,公司的税率为 25%。目前情景软件公司通过资本资产定价模型确定的权益成本是 12%。如果情景软件公司将资本结构变为 40% 的债务和 60% 的权益,则权益成本是多少?

14-9 资产重组 塔普利公司目前总资本为 400 万美元,没有负债,联邦和州公司所得税率为 25%,净利润为 100 万美元,并将 40% 的利润作为股利。预计净利润将以每年 3% 的速度稳定增长。该公司已发行了 20 万股股票,目前的加权平均资本成本为 12.30%。该公司正在计划资产重组,用 200 万美元的新债务融资来回购股票。投资银行家估计,如果公司进行资产重组,税前债务成本将为 10%,权益成本将上升至 15.5%。

a. 股票现在的价格(在资本结构化之前)是多少?

b. 假设公司保持相同的股利支付率,股票以在问题 a 中计算的价格回购。资产重组之后股票价格将是多少?

(14-10 ~ 14-13 为具有挑战性的难题)

14-10 盈亏平衡和经营杠杆

a. 根据给出的图表,计算总固定成本、每单位变动成本和 A 公司的销售价格。B 公司的固定成本为 12 万美元,其每单位的变动成本是 4 美元,销售价格为每单位 8 美元。

b. 在任何给定的销售水平下,哪个公司具有较高的经营杠杆?

c. 在什么销售水平下,两家公司获得相同的经营利润?

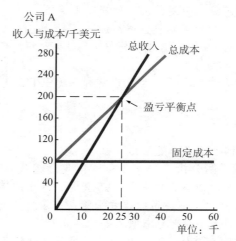

公司 A
收入与成本/千美元

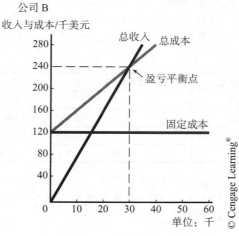

公司 B
收入与成本/千美元

© Cengage Learning®

14-11 资产重组 目前，Forever 鲜花公司的资本结构由 25% 的债务和 75% 的权益构成。Forever 鲜花公司的负债目前有 7% 的到期收益率，无风险利率为 6%，市场风险溢价为 7%。目前 Forever 鲜花公司用资本资产定价模型估计的权益成本为 14.5%。公司税率为 25%。

a. Forever 鲜花公司当前的加权平均资本成本是多少？

b. Forever 鲜花公司的普通股当前的 β 系数是多少？

c. 如果公司的资本结构中没有负债，Forever 鲜花公司的 β 系数为多少？（也就是说 Forever 鲜花公司的无杠杆 β 系数，b_U 为多少？）

Forever 公司的财务人员正在考虑将资本结构变为 40% 的债务和 60% 的权益。如果公司发生这些改变，债券的到期收益率将上升至 10.5%。这项更改不会影响公司的税率。

d. 如果公司采用上述变更，公司资本结构中的新权益成本是多少？

e. 如果公司采用财务人员建议的资本结构变化，该公司的新加权平均资本成本将为多少？

f. 根据问题 e 的答案，你建议 Forever 鲜花公司接该受资本结构的变化吗？说明理由。

14-12 盈亏平衡和杠杆 Wingler 通信公司（WCC）生产优质立体声耳机，每副耳机售价为 28.80 美元，今年的销售量预计为 45 万副。在目前的生产方式下，预期销售的变动成本总额预计为 1 020 万美元，固定生产（经营）成本为 156 万美元。WCC 有 480 万美元的未偿还负债，利率为 8%。有 24 万股已发行普通股，没有优先股。WCC 的股利支付率为 70%，联邦和州公司所得税率为 25%。WCC 是一家小公司，过去 3 年的平均销售额低于 2 500 万美元，因此不受利息抵扣限制。

该公司正在考虑投资 720 万美元用于新设备，销售额不会增加，但单位变动成本将下降 20%。此外，固定成本将从 156 万美元增加到 180 万美元。WCC 可以通过以 10% 的利率借入 720 万美元或以每股 30 美元的价格出售 24 万股普通股来筹集所需资本。

a. WCC 的每股收益（EPS）①在以前的生产过程中，②在新流程下使用债务融资，以及③在新流程下使用权益融资，分别是多少？

b. 假设 WCC 公司通过债务融资或者权益融资实现了对新设备的投资，在什么销售水平下，使用两种方式融资，WCC 的每股收益相同 { 提示：V = 单位变动成本 = 8 160 000 / 450 000，EPS = $[(PQ-VQ-F-I)(1-T)]/N$。假设 EPS $_{权益}$ = EPS $_{债务}$ }？

c. 在以下 3 种生产和融资机制下：按以前的计划生产，

通过债务融资实行新生产计划，使用权益融资实行生产新计划，每股收益 = 0 的销售量为多少 [提示：注意 $V_{以前的计划}$ = 10 200 000 / 450 000，根据 b 中的提示，设每股收益 = 0]？

d. 在问题 a 和问题 c 中分析的基础上，考虑到在新计划中的经营杠杆较低，哪个计划是风险最大的？哪个计划中的每股收益最高？你会推荐哪一个？假设销售量下降到 25 万副的可能性非常高，确定在这个销售水平下 EPS $_{债务}$ 和 EPS $_{权益}$ 的值来评估两种融资计划的风险。

14-13 融资替代 Severn 公司计划在 2022 年年初为新设备筹集 2.7 亿美元的资金。可选择的方案有两种：以每股 60 美元的价格出售普通股，或发行利率为 9% 的债券。Severn 公司融资前的资产负债表和利润表如下。

Severn 公司资产负债表：2021 年 12 月 31 日

（单位：百万美元）

流动资产	900.00	应付票据	255.00
固定资产净值	450.00	长期负债（7%）	697.00
		普通股，1 美元 / 股	60.00
		留存收益	337.50
总资产	1 350.00	负债和权益总计	1 350.00

Severn 公司利润表：2021 年 12 月 31 日（单位：百万美元）

收入	2 475.00
运营成本	2 103.75
息税前利润（15%）	371.25
短期负债利息	10.50
长期负债利息	48.83
税前收入	311.92
联邦及州税（25%）	77.98
净利润	233.94

年销售额概率分布如下：

概率	年销售额 / 百万美元
0.30	2 250
0.40	2 700
0.30	3 150

假设息税前利润等于销售额的 15%，在每个概率的销售水平下分别计算在债务融资和权益融资方案中的每股收益。然后分别计算债务和权益融资方案中的预期每股收益和 σ_{EPS}。再计算在每种方案中，预期销售水平下的资产负债率和利息保障倍数。在旧的负债还未被偿还的情况下，你推荐哪种融资方式（提示：应付票据应包括在资产负债率的分子和分母中）？

综合 / 电子表格问题

WACC 和最优资本结构　Elliott Athletics 公司正在制定最优资本结构。该公司目前的资本结构仅由负债和普通股组成，没有使用优先股，并且未来也不打算这样做。财务人员与投资银行家协商后列出了下表，显示不同负债水平下公司的债务成本。

资产负债率 (w_d)	权益 / 资产 (w_c)	债务 – 权益比	债券评级	税前债务成本 (r_d) /%
0.0	1.0	0.00	A	7.0
0.2	0.8	0.25	BBB	8.0
0.4	0.6	0.67	BB	10.0
0.6	0.4	1.50	C	12.0
0.8	0.2	4.00	D	15.0

Elliott 公司使用资本资产定价模型来估算普通股权益成本，并估测出无风险利率为 5%，市场风险溢价为 6%，税率为 25%。Elliott 公司估计在没有负债的情况下无杠杆 β 系数 b_U 为 1.2。

a. 企业的最优资本结构是什么，这时的加权平均资本成本是多少？

b. 如果 Elliott 公司的管理层预计未来公司的经营风险会增加，这会对公司的目标资本结构产生什么影响？

c. 如果美国国会大幅提高公司税率，那么这可能对 Elliott 公司的目标资本结构产生什么影响？

d. 绘制出一张图表来对比不同资产负债率（负债 /资产）、债务 – 权益比（负债 / 权益）下的税后债务成本、权益成本和加权平均资本成本。

综合案例

Campus Deli 公司

最优资本结构　假设你刚刚被聘为学校附近的 Campus Deli（CD）公司的业务经理。该公司去年的销售额为 110 万美元，变动成本占销售额的 60%，而固定成本为 4 万美元。因此，息税前利润总计为 40 万美元。由于大学招生的人数是限定的，预计 CD 公司的息税前利润不会随着时间的推移发生变化。由于没有扩张资本的需要，因此 CD 公司将所有的收益都分配为股利。CD 公司投入资本为 200 万美元，已发行股票为 8 万股。管理集团持有约 50% 的股票，这些股票通过场外市场交易。

CD 公司目前没有负债，是一个完全权益公司，已经发行的 8 万股是以每股 25 美元的价格卖出的，这也是股票的账面价值。公司的联邦和州公司所得税率为 25%。根据公司财务报表状况，你认为如果使用一些债务融资会对 CD 公司的股东更有利。当你向你的新老板建议这一点时，她鼓励你实行这一方案，但要你提供方案依据。

在现今的市场中，无风险利率为 7.5%，市场风险溢价为 6%。CD 公司的无杠杆 β 系数 b_U 为 1.25。CD 公司目前没有负债，所以其权益成本和加权平均资本成本（WACC）为 15%。如果公司要进行资产重组，将实行债务融资，用借款回购股票。随即股东将用股票回购中返还的资金购买类似于 CD 公司的其他快餐公司的股票。你计划通过提出并解决以下问题来完成报告。请注意 CD 公司是一家小公司，不受利息抵扣的限制。

a. 1. 什么是经营风险？哪些因素影响企业的经营风险？
　　2. 什么是经营杠杆？它如何影响企业的经营风险？

3. 公司的投资资本收益率是多少？

b. 1. 财务杠杆和财务风险是什么意思？
　　2. 财务风险与经营风险有何不同？

c. 用一个案例来向 CD 公司的管理层解释以下问题。假设有两个公司：U 公司没有债务融资，L 公司有利率为 12% 的 1 万美元负债。两家公司都有 2 万美元的投入资本和 25% 的联邦和州公司所得税率，明年的息税前利润的概率分布如下。

概率	息税前利润 / 美元
0.25	2 000
0.50	3 000
0.25	4 000

1. 完成表 IC14-1 中的利润表的一部分内容以及公司的一些比率。

2. 讨论表中的每个条目，并解释这个案例如何说明财务杠杆对期望收益率和风险的影响。

d. 在与当地投资银行家交流之后，你获得了以下对不同负债水平（以千美元计）下债务成本的估计。

借款总额	资本负债率	债务 – 权益比	债券评级	税前债务成本 / %
0	0	0	—	—
250	0.125	0.142 9	AA	8.0
500	0.250	0.333 3	A	9.0
750	0.375	0.600 0	BBB	11.5
1 000	0.500	1.000 0	BB	14.0

现在来考虑 CD 公司的最优资本结构。

1. 首先，给最优资本结构和目标资本结构下定义。

2. 为什么 CD 公司的债券评级和债务成本取决于借款金额？

表 IC14-1 利润表与比率

	公司 U			公司 L		
总资本	20 000	20 000	20 000	20 000	20 000	20 000
股权	20 000	20 000	20 000	10 000	10 000	10 000
概率	0.25	0.50	0.25	0.25	0.50	0.25
收入	6 000	9 000	12 000	6 000	9 000	12 000
经营成本	4 000	6 000	8 000	4 000	6 000	8 000
息税前利润	2 000	3 000	4 000	2 000	3 000	4 000
利率（12%）	0	0	0	1 200		1 200
税前利润	2 000	3 000	4 000	800	$	2 800
税率（25%）	500	750	1 000	200		700
净利润	1 500	2 250	3 000	600	$	2 100
投资资本收益率	7.5%	11.25%	15.0%	%	%	%
净资产收益率	7.5%	11.25%	15.0%	6.0%	%	21.0%
利息保障倍数	∞	∞	∞	1.7 ×	×	3.3 ×
预期投资资本收益率		11.25%			%	
预期净资产收益率		11.25%			13.50%	
预期利息保障倍数		∞			2.5 ×	
σ 投资资本收益率		2.65%			%	
σ 净资产收益率		2.65%			5.30%	
σ 利息保障倍数		0			0.6 ×	

3. 假设股票可以按当前市场价格每股 25 美元进行回购。计算 CD 公司在负债水平分别为 0 美元、25 万美元、50 万美元、75 万美元和 100 万美元时的预期每股收益和利息保障倍数。资产重组后还剩多少股份？

4. 假设 CD 公司通过增加 25 万美元的负债进行资产重组，使用哈马达方程计算权益成本。如果用 50 万美元呢？75 万美元呢？100 万美元呢？

5. 仅考虑以上提出的负债水平，使 CD 公司的加权平均资本成本最小化的资本结构是怎样的？

6. 如果 CD 公司用 25 万美元的负债进行资产重组，那么新的股票价格是多少？50 万美元,75 万美元,100 万美元呢？回想一下股利支付率是 100%，所以 $g = 0$。

7. 如果负债水平使股价最大化，每股收益是否也达到最大？原因是什么？

8. 只考虑讨论过的负债水平，CD 公司的最优资本结构是怎样的？

9. 最优资本结构下的加权平均资本成本为多少？

e. 假设你发现 CD 公司具有比你最初估计的更高的经营风险，这将如何影响你的分析？如果公司的经营风险低于估计值，又会对你的分析有何影响？

f. 管理者在确定公司的目标资本结构时应考虑哪些因素？

g. 在下图上做一些标记，并解释这个图表。因为你可能会用它来向你的老板解释为什么 CD 公司可能需要使用债务融资。

h. 不对称信息和信号理论是如何影响资本结构的？

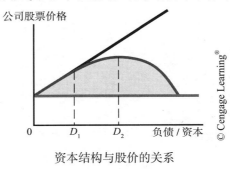

资本结构与股价的关系

深入探讨

使用在线资源来解决本章中的问题。请注意，网站的信息会随时间而变化，而这些变化可能会限制你回答其中一些问题的能力。

四家餐饮企业的资本结构分析

本章提供了对杠杆效应的概述，并描述了企业使用杠杆确定最优资本结构的过程。本章还指出，资本结构在不同行业和国家之间往往不同。如果你有兴趣深入探讨这些差异，晨星（Morningstar）网站提供了有关每个公司的资本结构的信息。下面讨论的问题演示了如何使用这些信息来评估四家餐饮公司的资本结构：芝士蛋糕工厂（CAKE），Chipotle 墨西哥烧烤（CMG），BJ's Restaurants (BJRI) 和 Darden Restaurants (DRI)。

讨论问题

1. 要获得每家公司资本结构的整体情况，选择完整的关键比率数据和选择"财务健康"选项卡，对查看"关键比率"菜单有所帮助。这里提供了 10 年间的通用资产负债表数据。当你查看这些数据时，发现这些数据有什么主要趋势？这些公司往往有相对较高或相对较低的负债水平吗？这些公司是否有显著水平的流动负债？它们的资本结构是否随时间而改变？

2. 对另外 3 家公司重复此过程。你发现这 4 家公司有类似的资本结构吗？你发现在过去 5 年中，这 4 家公司的资本结构是朝着相同的方向发展吗？不同的公司在过去 5 年中是以不同的方式改变了资本结构吗？

3. 迄今为止我们研究的财务比率是基于负债和权益的账面价值。使用权益的市场价值是否会使公司的资本结构呈现显著差异？要进行这些计算，你必须使用财务菜单中提供的资产负债表信息（显示了 5 年的数据），选择方法是向下筛选到资产负债表部分，点击"资产负债表"，选择"更多的财务细节数据"，将底部向右移动，这样就可以看到过去 5 年的数据。一旦获得这些数据，你就可以重新计算公司资本结构中负债和权益的市场价值百分比（在这里，我们假设公司负债的账面价值和市场价值是相同的）。在账面价值和市场价值基础上计算出的资本结构之间是否有很大的差异？给出你的理由。

第 15 章

股东回报：股利和股票回购

苹果公司转变策略，开始降低部分大额现金储备

盈利的企业通常面临三个重要的问题：①自由现金流有多少要分配给股东？②是否应该通过提高股利或回购股票向股东支付现金？③应该保持稳定、一贯的股利支付政策，还是随着环境的变化而改变股利支付政策？

本章我们将讨论许多影响企业现金分配政策的问题。正如我们将看到的，拥有稳定现金流而缺少成长机会的成熟企业倾向于通过支付股利或回购股票的形式将更多的现金返还给股东。相反，具有良好投资机会的快速成长的企业则倾向于将现有的大部分现金投资于新产品，从而较少地支付股利或回购股票。

被视为成长企业象征的苹果公司印证了这种倾向。它的销售额从 2003 年的 62 亿美元上升到 2019 年的 2 600 亿美元。如果转化为年增长率，则接近 26%，它增长大部分来源于新产品和技术的长期巨额投资。

由于强调增长，因此苹果公司历来不愿发放股利。2010 年年初的一次股东大会证明了这个观点，苹果公司传奇式的共同创始人兼首席执行官史蒂夫·乔布斯再次重申，即使苹果公司的资产负债表上有超过 500 亿美元的现金和短期证券，苹果公司也不打算发放股利。根据《华尔街日报》的报道，乔布斯说，他更倾向于为未来的收购做准备，即使目标还未出现，他强调这些现金将会派上用场。

然而，在 2011 年年底史蒂夫·乔布斯去世之后，苹果公司面临的将部分现金发放给股东的压力变大。从那时开始，苹果公司持有的现金快速增长，与此同时人们开始担心苹果公司增长的动力可能会减缓。

重新审视新的环境之后，苹果公司的新任首席执行官蒂姆·库克转变了策略。在 2012 年年初，苹果公司开始分发股利并宣布了一个回购普通股的计划。之后的几年内，苹果公司一直在积极地执行其向股东返还现金的计划。在 2018 年 5 月的新闻发布会上，苹果公司总结了这些变化，报道称："苹果公司从 2012 年 8 月开始实施资本回报计划，到 2018 年 3 月已经给股东返还 2 750 多亿美元，其中包括 2 000 亿美元的股票回购。"在 2020 年 5 月的新闻发布会上，苹果公司宣布了要进一步增派股利和回购股票的计划。

尽管其股利政策在持续地发生变化，但苹果公司仍能继续创造大量现金。2020 年年初 CNBC 报道称，苹果公司仍有近 2 000 亿美元的现金，其中很大一部分被海外持有。2017 年美国通过的《税收改革法案》鼓励企业把从海外获得的利润汇回美国，苹果公司也响应号召，宣布了将大部分的海外现金汇回国内的计划，这些资金将部分向投资者返还。

管理者在决定何时以及如何将现金分派给股东时，面临一个重要的问题：将可使用的现金留存在公司并投资于新的项目赚取的收益多，还是股东将收到的现金股利投资于风险相同的其他可供选择的投资项目赚取的收益多？如果公司赚取的收益多，那么将现金留存就会变得有意义。相反，如果投资者可以赚取更多的收益，公司将会通过支付更多的股利和（或者）

回购更多的股票来提升股东的价值。

资料来源："Apple Reports Second Quarter Results," *Apple Press Release* (apple.com/newsroom/archive), April 30, 2020; Jessica Bursztynsky, "Apple Now Has \$192.8 Billion in Cash on Hand, Down from Last Quarter," *CNBC* (cnbc.com), April 30, 2020; "Apple Reports Second Quarter Results," *Apple Press Release* (apple.com/newsroom/archive), May 1, 2018; Jack Nicas, "Apple Says It Will Buy Back \$100

Billion in Stock," *The New York Times* (nytimes.com), May 1, 2018; Tae Kim, "Apple's Vow to Put \$163 Billion in Cash to Work Could Ease the Blow for Shareholders During Sell-Off," *CNBC* (cnbc.com), February 2, 2018; Steven Russolillo, "Apple Announces Massive Cash Plans," *The Wall Street Journal* (wsj.com), April 23, 2013; and Ben Charny, "Jobs Defends Apple's Cash Hoard," *The Wall Street Journal* (wsj.com), February 25, 2010.

厘清头绪

成功的企业获得收益。收益可以再投资于经营资产、偿还借款或分配给股东。如果决定将收益分配给股东，就产生了 3 个关键问题：①应该分配多少？②应该以现金股利的形式还是以回购股东所持有股票的形式进行分配？③股利分配是否应当保持稳定？也就是说，每年支付给股东的资金应该是稳定又可靠的吗？还是允许随着企业现金流与投资需求的变化而变化？前者可能是股东所喜欢的，而后者从企业的立场来看更为有利吗？这 3 个问题是本章讨论的焦点。

学完本章后，你应该能够完成下列目标。

- 解释为什么有的投资者喜欢公司支付更多的股利，然而有的投资者却更倾向于再投资获取资本利得。
- 讨论公司如何权衡利弊建立最优的股利分配政策。
- 区分股票分拆和股票股利。
- 从投资者和公司的角度分别列出股票回购与股利支付各自的优缺点。

15.1　投资者偏爱股利还是资本利得

当企业决定分配多少现金给股东时，财务经理必须铭记企业的目标是股东价值最大化。因此，**目标股利支付率**（target payout ratio）定义为现金股利占净利润的百分比，在很大程度上取决于投资者对股利与资本利得的偏好：投资者是偏好收到股利还是把企业的利润再投入到运营中？哪种方式会产生资本利得？我们可以用固定增长股票估值模型来分析这种偏好：

$$\hat{P}_0 = \frac{D_1}{r_s - g}$$

如果企业提高股利支付率，就会提高 D_1。如果其他条件保持不变，分子的增大将会引起股票价格的上涨。然而，如果 D_1 提高，可以用于再投资的资金就会减少，这将引起预期增长率下降，从而导致股票价格下降。这样，股利支付政策的任何变化都将引起两个相反的效应。因此，企业的**最优股利政策**（optimal dividend policy）必须在当期股利与未来增长之间权衡以使股票价格最大化。本节我们要讨论几种主要理论，这几种理论解释了投资者如何看待当前的股利与未来的增长。

15.1.1　股利无关理论

默顿·米勒和弗兰科·莫迪利亚尼（Merton Miller & Franco Modigliani，MM）提出了**股利无关理论**（dividend irrelevance theory），即股利政策既不会影响企业股票价格，也不会影响资本成本。[⊖]MM 基于一系列严格的假设提出其理论，基于这些假设，该理论证明企业的价值仅取决于其基本盈利能力和经营风险。换句话说，他们认为企业的价值仅仅取决于企业资产所创造的收益，而不是收益如何在股利与留存收益之间分配。需要注意的是，MM 假设股利不征税，股票的买卖没有交易成本，任何人（例如投资者与管理者）对企业未来的盈利都拥

[⊖] 参见 Merton H. Miller and Franco Modigliani, "Dividend Policy, Growth, and the Valuation of Shares," *Journal of Business*, October 1961, pp. 411–433.

有相同的信息。

基于这些假设，他们认为任何股东都可以自己构建股利政策。例如，一个企业不支付任何股利，股东如果想获得 5% 的股利，可以通过卖掉自己所持股份的 5% 来"自制"股利。相反，如果一个企业支付了高于投资者需要的股利，投资者就可以用这部分"不想得到"的股利购买更多的企业的股票。值得注意的是，在现实世界中，想获得额外股利的投资者在卖出股票时会发生交易成本，而不想获得股利的投资者必须为不想得到的那部分股利缴税，再用税后股利购买股票时又会发生交易成本。既然所得税和交易成本肯定存在，那么股利政策也就非常相关，投资者就可能偏好有助于降低税收和交易成本的股利政策。

作为其理论的辩解，默顿·米勒和弗兰科·莫迪利亚尼注意到许多股票由不纳税的机构投资者拥有，其买卖股票的交易成本很低。对这些机构投资者而言，股利政策可能是无关的。如果机构投资者主宰了市场，成为"边际投资者"，那么尽管 MM 的理论是建立在不现实的假设之上，但仍然有效。对于纳税投资者而言，税收和交易成本取决于投资者的收入和其打算持有股票时间的长短。如此一来，就涉及投资者对股利的偏好，单一的股利政策并不适合所有投资者。接下来，我们将讨论为什么有的投资者偏好股利，而有些投资者偏好资本利得。

15.1.2　投资者偏好股利的原因

MM 的股利无关理论的主要结论是股利政策不影响股票价格和必要的净资产收益率。早期对 MM 理论的批评认为投资者偏好当前的纯股利而不是具有不确定性的资本利得。迈伦·戈登和约翰·林特纳认为必要的净资产收益率随着股利支付率的提高而降低。因为投资者对收到股利支付比较有信心，而对收到由留存收益而导致的资本利得缺乏信心。[⊖]

默顿·米勒和弗兰科·莫迪利亚尼不同意这种观点。他们认为必要的净资产收益率与股利政策不相关。这意味着投资者不会计较股利与资本利得的差别，即 D_1 / P_0 与 g 的差别。他们称戈登—林特纳的观点为"**在手之鸟谬论**（bird-in-the-hand）"。因为默顿·米勒和弗兰科·莫迪利亚尼认为大多数投资者计划把股利再投资于相同或类似企业的股票，并且在任何情况下，对投资者而言，企业现金流的长期风险由经营现金流的风险决定，而不是由股利支付政策决定。

不过，必须记住 MM 理论是建立在没有税收和交易成本的假设上的。这意味着偏好股利的投资者只要通过每年出售一定百分比的股票就可以自创股利政策。实际上，大多数投资者出售股票都面临着交易成本的问题，这样追求稳定收益的投资者自然而然地偏好企业定期支付股利。例如，过去一直在积累财富而现在希望每年从其投资获得收益的退休人员就偏好支付股利的股票。

15.1.3　投资者偏好资本利得的原因

尽管股利降低了希望从其投资获得稳定收益的投资者的交易成本，但是，股利却增加了对当前收益没有兴趣而对为将来存钱更感兴趣的其他投资者的交易成本。这些长期投资者希望将股利再投资，这就产生了交易成本。基于这种考虑，许多企业建立了股利再投资计划，帮助投资者自动地将其股利再投资。我们将在第 15.4 节中讨论股利再投资计划。

此外，也许更为重要的是，税法规定促使许多个人投资者偏好资本利得而不是股利。资本利得的关键优势在于，只要收到股利就必须纳税，而股票在出售之前不必缴纳资本利得税。由于货币时间价值的影响，因此将来支付 1 美元税收比今天支付 1 美元税收的实际成本要低。[⊜]除了这个优势外，股利的税率通常高于资本利得的税率。例如，在 2003 年之前，股利按照普通收益的税率征收，其税率高达 38.6%，而长期资本利得的税率

⊖ Myron J. Gordon, "Optimal Investment and Financing Policy," *Journal of Finance*, vol. 18, no. 2 (May 1963), pp. 264–272; and John Lintner, "Dividends, Earnings, Leverage, Stock Prices, and the Supply of Capital to Corporations," *Review of Economics and Statistics*, vol. 44, no. 3 (August 1962), pp. 243–269.

⊜ 此外，如果某人持有股票一直到死亡，则根本没有资本利得税——接受股票的受益人可以将死亡当日的股票价值作为成本基础，从而允许他们完全避免资本利得税。

只有 20%。2003 年，这两种税率差距消除，对股利和长期资本利得额最高征税税率定为 15%。[⊖]然而在 2013 年年初，美国国会针对高收入纳税人，将股利和长期资本利得的最高税率提升至 20%。[⊜]

自我测验

1. 简要介绍股利无关理论。
2. 莫迪利亚尼和米勒在阐述其股利无关理论时对税收和交易成本做了哪些假设？
3. 为什么莫迪利亚尼和米勒将戈登—林特纳的股利理论称为 "在手之鸟谬论"？
4. 为什么有些投资者偏好高股利支付率的股票？
5. 为什么有些投资者偏好低股利支付率的股票？

15.2 其他股利政策问题

在讨论实践中如何确定股利政策之前，我们必须讨论另外两个影响股利政策的问题：①信号理论；②顾客效应。

15.2.1 信号理论

股利的增长通常伴随着股票价格的上升，而削减股利通常导致股票价格下降。这些观察的结果可以用于反驳 MM 股利无关理论。反对者认为股利支付率变化之后股票价格就随之变化，这说明投资者偏好股利而不是资本利得。然而，MM 的观点却不同，他们注意到企业不愿意削减股利，并且除非企业预期未来有较高的盈余可以支持较高的股利，否则也不会提高股利。因此，MM 认为高于投资者预期的增长向投资者传达了一个信号，即企业管理层预测未来盈余良好。[⊜]相反，减少股利或低于预期的股利增长，则向投资者传达了企业管理层预测未来盈余较差的信号。如果 MM 理论正确，股利增加或减少之后的股票价格变化并不表明投资者偏好股利而不是留存收益。而且，股票价格变化只是暗示股利公告具有未来盈余的信息含量或信号。

管理者经常比外部股东拥有更多的未来股利前景的信息。这样，股利公告显然就具有某些信息含量。然而，很难说伴随着股利增加或减少的股票价格变动是否仅反映了信号理论（如 MM 的观点），还是既反映了信号理论又反映了股利偏好。尽管如此，如果企业打算变更股利政策，仍然应该明确考虑信号理论。例如，如果企业具有良好的未来前景，但需要现金支持现有的投资，就可能减少股利，以增加投资的资金供应。不过，这种行为可能引起股票价格下跌。因为股利的减少成为一种未来盈余减少的信号，反之亦然。因此，管理层在确定股利政策时，应该考虑信号理论。

15.2.2 顾客效应

正如我们前面所指出的，不同股东群体偏好不同的股利支付政策。例如，退休人员、养老基金和大学捐

⊖ 然而，长期资本利得被列为按照替代性最低税法案（AMT）缴税的收入，AMT 税率为 26% 或 28%，这取决于你的收入级别。AMT 本来只针对那些非常富有的人，但在 2013 年之前，它并没有考虑通货膨胀的因素。所以 2012 年以前，许多不那么富裕的人也受到了影响。然而，美国国会用新的税收立法解决了这个问题，从 2013 年年初开始，AMT 的免税金额根据通货膨胀指数进行调整。

⊜ 2013 年 1 月 1 日，最高税收级别的高收入纳税人的长期资本利得和股息税率上升到 20%（边际税率 39.6%）。持有 1 年或少于 1 年的资产，其短期资本收益按普通收入征税。2020 年 1 月 1 日，单个纳税人的最高税级的应纳税所得额起始点为 441 450 美元，而已婚夫妇共同申报，其最高税级的应纳税所得额起始点为 496 600 美元。

⊜ Stephen Ross 认为，管理者可以利用资本结构和股利传递有关企业未来发展前景的信号。例如，一个具有良好盈利前景的公司可能比一个收益前景不佳的类似公司承担更多的债务。这种称为激励信号的理论依赖于这样一种假设，即以现金为基础的变量（债务利息或股利）传递的信号不可能被不成功的公司模仿。因为这些公司不具有未来产生现金的能力以维持宣布的利息或股利。因此，投资者更有可能相信伴随着股利的增长或债务融资扩张计划的报告。参见 Stephen A. Ross, " The Determination of Financial Structure: The Incentive-Signaling Approach," *The Bell Journal of Economics*, vol. 8, no. 1 (Spring 1977), pp. 23–40.

赠基金通常偏好现金收益，他们经常希望企业将盈余的大部分用来分配股利。这些投资者通常处于较低甚至零税赋的税收等级，他们并不关心税收。另外，股东在盈余的高峰期偏好再投资。因为他们不太需要当期投资收益，而是在支付所得税和交易成本之后，将收到的股利再投资。

一方面，如果企业将收益留存于企业并再投资而不是支付股利，就对需要当期收益的股东不利。尽管他们的股票可能升值，但是，他们不得不费时费力并且承担交易成本，出售部分股票以获得现金。此外，法律禁止一些机构投资者（或个人的受托人）出售股票并"花费资本"。另一方面，把股利用于储蓄而不是消费的股东可能更喜欢低股利政策：企业支付的股利越少，这些股东当期纳税就越少，他们将税后股利用于再投资所花费的代价就越小。因此，想获得当期投资收益的投资者应该持有高股利企业的股票，不需要获得当期投资收益的投资者应该持有低股利企业的股票。例如，寻求高收益现金的投资者可以投资于电气公用事业，如杜克能源，它在 2020 年中期每股支付 3.75 美元，股利支付率达到 74%，而喜欢成长型企业的投资者可以投资于计算机软件公司，如奥多比系统，没有股利支付。

所有这些都说明确实存在一种**顾客效应**（clientele effect）。这意味着每个企业拥有不同的顾客，顾客有不同的偏好，因此，股利政策的变动可能导致大多数顾客不满，从而对股票价格产生负面的影响。[注一] 这就说明企业应该稳定其股利政策，避免扰乱客户的情绪。

借鉴行为金融学的观点，一些研究表明投资者对于股利的偏好随着时间的推移而变化。马尔科姆·贝克和杰弗里·沃格勒提出了**股利迎合理论**（catering theory）：投资者有时强烈偏好安全且高股利支付的股票，而在其他时候他们更积极寻求低股利支付且资本增值潜力更大的股票。贝克和沃格勒认为企业管理者应该适应投资者偏好的变化，当投资者倾向于由股利支付的股票时，尽可能支付股利，当投资者表示更偏向于资本利得时，则尽可能忽略股利。[注二]

自我测验

1. 解释信号理论、顾客效应的含义，并说明它们如何影响股利政策。
2. 什么是股利迎合理论？它是如何影响公司股利分配政策的？

15.3 实务中股利政策的确定

尽管投资者或许偏好股利，或许偏好资本利得，但是，他们几乎都偏好可预测的股利。基于这种情景，企业如何确定基本的股利政策呢？特别是，企业如何确定将盈余多大比例用于分配、分配的形式以及股利分配政策的长期稳定性呢？本节我们将讨论大多数企业是如何回答这个问题的。

15.3.1 设定目标股利支付率：剩余股利模型[注三]

在确定股东分配多少现金时，应该记住两点：①最主要的目标是股东价值最大化；②企业的现金流归属于股东。因此，企业管理层应该限制留存收益，除非这些留存收益的再投资收益率能够高于股东自己获得的收益率。另外，我们在第 10 章中讨论过内部权益资本（留存收益）的资本成本低于外部权益资本（发行新的普通股），这样，如果存在良好的投资机会，运用留存收益融资比发行新股融资更有利。

在确定股利政策时，没有一种股利政策可以适合所有企业。有些企业能创造大量现金但投资机会有限。对于那些处于盈利但是成熟行业的企业，的确很少有成长的机会。这样的企业通常向股东分配高额现金股利，从

○ R. Richardson Pettit, "Taxes, Transactions Costs and the Clientele Effect of Dividends," *The Journal of Financial Economics*, vol. 5, no. 3 (December 1977), pp. 419–436.

○ Malcolm Baker and Jeffrey Wurgler, "A Catering Theory of Dividends," *The Journal of Finance*, vol. 59, no. 3 (June 2004), pp. 1125–1165.

○ 支付率这个术语可以从两个方面来理解：①传统方式，即支付率是指现金股利支付占净收益的百分比；②通过股利和股票回购分配给股东的股利占净收益的百分比。这里，我们假设没有发生股票回购。企业采用剩余股利模型确定"向股东分配的数量"，至于分配形式则是另一个独立的决策。长期来看，采用股票回购的方式分配的股利占总股利的百分比逐渐增加。

而吸引偏好高股利的投资者。另外，有些企业没有多少现金或没有多余的现金，但具有很多良好的投资机会，这些企业很少分配或不分配现金股利，但企业的盈余不断上升，从而能吸引偏好资本利得的投资者。

过去几十年来，不断涌现出许多年轻的、高成长性的企业在股票市场上市交易，尤金·法玛（Eugene Fama）和肯尼思·弗伦奇（Kenneth French）的研究表明，近年来支付股利的企业数量明显减少。1978 年，在主要股票市场上市交易的企业，有 66.5% 的企业支付股利。到了 1999 年，只有 20.8% 的企业支付股利。法玛和弗伦奇的分析认为这种下降的部分原因在于股票市场上市交易的企业构成发生了变化。他们的分析还表明这种下降源于各类企业都变得不愿意支付股利。[一]

2003 年的税收改革降低了股利的税率，因此，很多企业开始或增加股利支付。例如，在 2002 年，只有 113 家企业增加或者开始支付股利，而 2003 年，这个数字翻倍达到 229 家。以前这些企业都更倾向于回购股票。截至 2019 年 11 月，标准普尔 500 指数中的 422 家公司支付了股利。新冠疫情造成的经济放缓已经导致许多公司改变策略，选择减少或暂停支付股息。截至 2020 年 6 月，标准普尔 500 指数中的 40 家公司宣布暂停派息，18 家公司宣布削减派息[二]（参见"对新冠疫情的担忧促使公司减少或者停止派息"）。

对新冠疫情的担忧导致公司减少或者停止派息

新冠疫情造成的经济活动的急剧萎缩，导致许多公司的现金持有量大幅削减。我们曾在第 14 章中强调，为了有足够的可用资金来履行其经营职责，许多公司采取措施以增加债务融资。作为保留现金的另一种方式，许多公司已经开始了减少或暂停支付股利。

2020 年 4 月底《华尔街日报》的一篇文章报道说，2020 年前 4 个月，有 83 家美国公司和上市投资公司取消或暂停了股利支付。虽然这些公司中有许多公司规模相当小，并不属于标准普尔 500 指数中的公司，但这份名单也包括了许多知名公司，比如波音、嘉年华、达美航空、迪士尼、福特、通用汽车和梅西百货。[三]文章报道说："2020 年又有 142 家公司减少了

股利支付，这是自 2009 年 316 家公司减少股利支付以来，最糟糕的一年。"

文章还强调了他们所说的"股利贵族"。在过去的 25 年里，这些公司每年都在增加股利。这份榜单包括强生、宝洁、高乐氏、沃尔玛、埃克森美孚、美国电话电报公司、雪佛龙和卡特彼勒公司。尽管经济放缓，但大部分的"股利贵族"似乎都非常不愿打破长期以来股利增加的记录。

资料来源：Paul Vigna, "Companies Are Suspending Dividends at Fastest Pace in Years," *The Wall Street Journal* (wsj.com), April 28, 2020; and "Here Are Companies That Have Cut or Frozen Their Dividends in May," *Barron's* (barrons.com), May 1, 2020.

表 15-1 表明大型企业的股利支付率和股利收益率存在显著不同。通常，处于稳定行业的、创造现金的企业，如公共事业、石油行业的企业支付较高的股利，而处于快速发展行业的企业，如计算机软件和生物技术行业的企业倾向于支付较低的股利，各国企业平均的股利支付水平也不同。某些国家，企业采用较高的股利支付率，部分原因在于相对于再投资收益的税率，将盈余作为现金股利分配的税率比较低。这种差别使得股利政策趋向较高的股利支付率。

对一个具体的企业而言，最优股利支付率由 4 个因素决定：①管理层对投资者偏好股利还是资本利得的估计；②企业的投资机会；③企业的目标资本结构；④外部资本的可获得性及成本。这些因素与剩余股利模型（residual dividend model）相联系。首先，在这个模型中我们假设投资者无差别地对待股利和资本利得。其次，

[一] Eugene F. Fama and Kenneth R. French, "Disappearing Dividends: Changing Firm Characteristics or Lower Propensity to Pay?" *Journal of Applied Corporate Finance*, vol. 14, no. 1 (Spring 2001), pp. 67–79; and "Disappearing Dividends: Changing Firm Characteristics or Lower Propensity to Pay?" *Journal of Financial Economics*, vol. 60, no. 1 (April 2001), pp. 3–43. 最后引证的这篇论文比引证的第一篇论文更长，技术性更强。

[二] 参见 Lawrence C. Strauss, "78 Stocks in the S&P 500 Don't Pay a Dividend. Here Are Some That Should," *Barron's* (barrons.com), November 8, 2019; and Lawrence C. Strauss, "May Was a Severe Month for Dividends," *Financial News* (fnlondon.com), June 1, 2020.

[三] 几天后，《巴伦周刊》的一篇文章也报道称，在标准普尔 500 指数公司中，计划在 2020 年 5 月减少或暂停派息的公司数量超过了计划启动或增加派息的数量。如前所述，截至 2020 年 6 月中旬，标准普尔 500 指数中的 40 家公司宣布暂停派息，18 家公司宣布减少派息。

企业遵循 4 个步骤确定目标股利支付率：①决定最优资本预算；②根据既定的目标资本结构确定资本预算所需的权益资本数额；③尽可能运用留存收益满足权益资本的需求；④满足最优资本预算的资金需求量之后，如果还有剩余盈余，企业才支付股利。

表 15-1　2020 年股利支付率和股利收益率

公司名称	行业	股利支付率 / %	股利收益率 / %
1. 支付高股利的公司			
惠好公司	木材	277.55	5.99
诺基亚	网络技术	161.11	5.10
佳能	复印与打印	149.23	6.70
埃克森美孚	石油	130.34	7.57
国际纸业	纸张与包装	121.99	5.81
2. 不支付股利的公司			
奥多比系统	计算机软件	0.00	0.00
亚马逊	线上零售	—	—
渤健	生物科技	—	—
Meta	互联网服务	—	—
优利系统	计算机	—	—

资料来源：*Yahoo! Finance* (finance.yahoo.com), June 22, 2020.

如果企业严格地遵循剩余股利政策，某个年度支付的股利可以表达为如下的等式：

股利 = 净利润 − 留存收益满足新投资项目融资需求额

= 净利润 − 目标权益比率 × 资本预算总额

例如，假定企业的净利润为 1 亿美元，目标权益比率为 60%，资本投资项目需要 5 000 万美元。这样，该投资项目的资本预算需要权益资本 3 000 万美元和新债务 2 000 万美元。企业可以支付股利的数额为 7 000（= 10 000−3 000）万美元。因此，企业的股利支付率为 70%。

值得注意的是，资本预算所需要的权益资本数额可能超过净利润。本例中，如果资本预算超过 16 667（= 10 000 / 0.6）万美元，就不能支付股利，企业将不得不发行新的普通股以维持其目标资本结构。

大多数企业的目标资本结构都至少包括一些债务，这样，新的筹资中部分来源于权益资本，部分来源于债务资本。只要企业按照债务资本和权益资本的最优结构筹资，并仅仅运用内部权益（留存收益），就会使单位资本的边际资本成本最小化。内部权益资本可以为新投资项目提供一定的资金，但是，如果超过一定数额，企业就不得不发行成本较高的普通股了。一旦企业必须发行新股，权益资本成本和边际资本成本就会提高。

为了说明这个问题，我们以得克萨斯和西部运输公司（T & W）为例。得克萨斯和西部运输公司的加权平均资本成本为 10%。然而，该加权平均资本成本假定全部都来源于留存收益。如果该公司必须发行新股，资本成本就会提高。得克萨斯和西部运输公司的净收益为 6 000 万美元，目标资本结构为 60% 的权益资本和 40% 的债务资本。假设不支付现金股利，得克萨斯和西部运输公司可以净投资 1 亿美元（除了来源于资产折旧的更新投资外的投资额），其中 6 000 万美元来自于留存收益，4 000 万美元按照 10% 的边际资本成本举借新债。如果资本预算超过了 1 亿美元，所需要的权益资本数额就超过净利润。当然，也就超过了留存收益的最大数额。这时，得克萨斯和西部运输公司就不得不发行新的普通股，从而将使其资本成本超过 10%。[⊖]

在投资项目的初期，得克萨斯和西部运输公司的财务人员考虑将来所有的投资项目。如果独立投资项目的内部收益率超过基于风险调整的资本成本，该投资项目可以接受。在选择相互排斥投资项目时，得克萨斯和

⊖ 如果得克萨斯和西部运输公司没有保留所有的盈余，那么，在资本预算达到 1 亿美元之前，其资本成本就会超过 10%。例如，如果选择保留 3 600 万美元的盈余，一旦资本预算超过 6 000（= 3 600 / 0.6）万美元，资本成本就会增加。请注意，6 000 万美元的资本预算将需要 3 600 万美元的权益资本。如果资本预算超过 6 000 万美元，公司所需的资本将超过其留存收益，从而必须发行新的普通股。

西部运输公司应该选择净现值最大的投资项目。资本预算体现了所有可接受投资项目所需要的筹集资本。如果得克萨斯和西部运输公司严格遵循剩余股利政策，我们从表 15-2 可以看出预计资本预算对股利支付率具有很大的影响。如果得克萨斯和西部运输公司投资机会较少，资本预算仅为 4 000 万美元，为了维持目标资本结构，权益资本必须是 2 400（= 4 000×0.6）万美元，剩下的 1 600 万美元是债务资本。如果得克萨斯和西部运输公司严格遵循剩余股利政策，那么该公司将支付股利 3 600（= 6 000−2 400）万美元，其股利支付率为 60%（= 3 600÷6 000）。

表 15-2　得克萨斯和西部运输公司实现 6 000 万美元净利润，面对不同投资机会时的股利支付率

（金额单位：百万美元）

	投资机会		
	差	一般	好
资本预算	40	70	150
净利润	60	60	60
所需权益（0.6× 资本预算）	24	42	90
支付的股利（净利润 − 所需权益）	36	18	（30）
股利支付率（股利 / 净利润）/ %	60	30	0

© Cengage Learning®

注：如果拥有 1.5 亿美元的资本预算，得克萨斯和西部运输公司将保留所有的收益，同时新发行 3 000 万美元的普通股。

如果公司的投资机会一般，资本预算为 7 000 万美元。这就要求 4 200 万美元的权益资本，支付的股利为 1 800（= 6 000−4 200）万美元，股利支付率为 30%（=18 / 60）。最后，如果投资机会非常好，资本预算为 1.5 亿美元，需要的权益资本是 9 000（= 15 000×0.6）万美元。全部净利润都将作为留存收益，股利为 0，该公司不得不发行新的普通股来维持目标资本结构。

在剩余股利模型中，股利和目标支付率会随着投资机会的不同而变化，也与利润的变动密切相关。因为投资机会和利润每年都不同，所以严格坚持剩余股利政策将导致股利非常不稳定。企业可能在某年因为一个很好的投资机会而不支付股利，在下一年因为缺少投资机会，不需要保留很多盈余，从而支付大额股利。与之类似，即使投资机会稳定，但起伏不定的利润同样导致股利波动。因此，使用剩余股利模型必定会产生不稳定的股利。如果股利波动对投资者没有影响，就不存在什么问题，但由于投资者确实偏好稳定、可靠的股利，严格依据剩余股利模型操作并不是最佳选择。企业应当做到以下几点。

（1）估计未来 5 年或更长期间的平均利润和投资机会。

（2）在计划期内用预测信息，计算剩余股利模型下的平均股利及股利支付率。

（3）根据预测数据确定目标支付率。

也就是说，企业应该利用剩余股利政策来确定长期目标股利支付率，而不是在任何年份都将它作为确定股利的指南。

许多大公司参考剩余股利模型的概念在计算机上运行财务预测模型。模型中需要输入计划的资本支出信息和营运资本需求数据，以及销售预测、利润率、折旧额等其他预测现金流所需的数据。事先设定好目标资本结构，模型就会生成在保持目标资本结构的前提下满足资本预算要求的负债和权益。

接下来进一步考虑股利支付，支付率越高，需要的外部权益融资越多。许多公司利用这一模型计算未来预测期（通常是 5 年）内的股利支付，以便为资本预算提供充足的权益保障而不用再发行新的普通股，也不会使资本结构超出最优区间。最终的结果可能就像首席财务官提交给董事会主席的备忘录。

我们预测了整个市场对我们产品的需求、我们的市场份额，以及在资产资本和营运资本上的必要投资。根据这些信息，我们编制了 2022—2026 年的预计资产负债表和利润表。

我们 2021 年的股利总额为 5 000 万美元，即每股 2 美元。根据预测的利润、现金流和资本要求，我们可以每年增加 6% 的股利，也就是在预测期内平均股利支付率为 42%。如果股利增长率超过这一幅度，我们就要发行新的普通股、削减资本预算或者提高负债率。如果股利增长率偏低，则要提升普通股权益比率。因此，我建

议董事会在 2022 年增加 6% 的股利，达到 2.12 美元，未来也按此速度增加。

未来 5 年内的情况可能会使我们的预测和实际结果之间产生差异。如果发生了这样的事情，就需要重新评估。不过，我很有信心：可以用增加借款的方式满足未预期的现金短缺——我们有尚未利用的负债能力，这给了我们解决此问题的弹性。

我们在不同情境下运行了公司财务模型。如果经济完全崩溃，我们的利润将不能满足股利支付。但是，我们的现金流在所有可能出现的情境下都能满足所需的股利。我知道董事会不想把股利提高太多，以免在恶劣条件下不得不削减股利。但是根据模型，在所有合理的预测下都能维持 2.12 美元的股利。如果我们把股利增加到 3 美元以上，有可能陷入不得不削减它的危险之中。

我们还注意到，许多分析报告预测我们的股利增长幅度将为 5% ~ 6%。所以，如果股利涨到 2.12 美元，5 年后的股利将提高不少，这将推动我们的股价上涨。鉴于被并购的传闻散播很广，股价上涨能使大家轻松一些。

最后，我们也考虑了采用股票回购方式来向股票持有者发放现金。这时，我们将降低股利支付率并利用节约下来的资金在市场上购回我们的股票。这一运作有一些优点，但是同样存在缺点。我们不建议在此时制订股票回购计划。不过，如果自由现金流超出了我们的预期，我建议用超出的部分回购股票。此外，我们会继续考虑一般的回购项目，或许将来会提出相应的建议。

该公司运营非常稳定，所以它有信心将股利提高到一个较高水平。对于其他公司（尤其是那些周期性行业的公司）而言，很难在困难时期继续维持某一股利，即使该股利在经济形势好的时候显得很低。这类公司通常设立一个十分低的"常态"股利，然后当经济形势好时用"额外"的股利加以补充。这被称为**低常态股利加额外股利的政策**（low-regular-dividend-plus-extra dividend policy）。如果公司宣布有信心"旱涝保收"来维持低的常态股利，那么股东在任何条件下都能得到该股利。当经济较好并且利润和现金流都很高时，公司会支付事先确定的额外股利。投资者清楚额外股利在将来可能无法持续，所以不会把这些额外股利作为公司长期利润丰厚的信号，也不会把取消额外股利当作消极信号。

或者，公司可能因为短期需要现金暂时停止支付股利，但当情况恢复正常时，他们希望能够恢复股利。例如，在深水地平线（Deepwater Horizon）石油泄漏危机时期，英国石油公司迫于政治压力，暂停 2010 年前三季度的股利支付，使用现金支付部分的清理操作费用。英国石油公司在 2010 年第四季度恢复了支付股利（尽管少于在泄露之前支付的金额）。

| 全球视角 |　　　　　　　　**全球股利收益率总览**

平均股利收益率随时间一直在变化，并且变化在世界各国存在不同差异。下图摘自伦敦商学院伊洛·蒂姆逊、保罗·马修和麦克·斯丹顿最近的研究成果。该图显示了过去一个世纪以来 16 个国家的平均股利收益率的变动情况。1900 年和 1950 年，尽管各国企业的股利收益率有所不同，但是世界各国企业的平均股利收益率约为 5%。然而，到 2004 年，大多数国家企业的股利收益率显著下降，平均值下降到大约 3%。就美国企业而言，平均股利收益率，1900 年为 4.3%，1950 年为 7.2%，2004 年为 1.7%。因此，美国企业的股票从 1900 年股利收益率最高之一变成 2004 年的股利收益率倒数第二。此后，美国企业的平均股利收益率有所增加。2020 年 6 月，标准普尔 500 指数的股利收益率为 1.96%，仍低于许多其他国家平均水平。下表显示了 2019 年 1 月所选国家的股利收益率。

该项研究还表明，长期来看，股利占股东总收益的很大比例。2010 年《经济学人》的一篇文章开始的观察，确认了这一现象：股利没有得到应有的尊重。长期以来它们为股票投资者提供了大部分的收益。伦敦商学院伊洛·蒂姆逊、保罗·马修和麦克·斯丹顿的发现表明，从 1900 年到 2005 年，全球权益资本的实际平均收益为 5%。该期间的平均股利收益率为 4.5%。

尽管如此，相较于思考股利分配，股票市场各方投入了更多的时间分析和预测利润。利润可以很容易地操纵并以令人困惑的各种形式出现（经营利润、报告利润、税后利润、预期利润等）。股利（大部分）是以现金支付的，所以很难伪造。

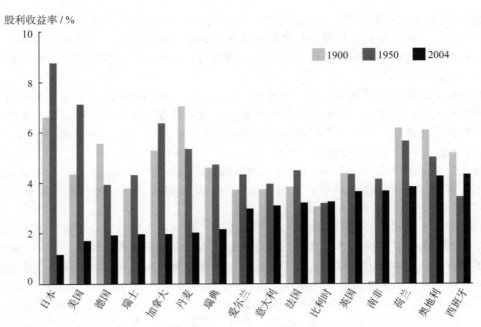

世界各地的股息率：1900 年、1950 年和 2004 年

2019 年世界各国的股利收益率

国家	股利收益率 / %	国家	股利收益率 / %	国家	股利收益率 / %	国家	股利收益率 / %
俄罗斯	6.07	英国	3.02	德国	2.57	韩国	1.84
挪威	3.92	意大利	3.01	加拿大	2.54	阿根廷	1.81
沙特阿拉伯	3.80	中国	2.96	印度尼西亚	2.27	美国	1.68
澳大利亚	3.54	墨西哥	2.79	日本	2.08	印度	1.29
南非	3.48	土耳其	2.73	巴西	1.90		

资料来源：Aswath Damodaran, " Country Statistics on Market Multiples and Corporate Finance Measure, Country Averages " (stern.nyu. edu/~adamodar /pc/datasets/countrystats.xls), January 2019; " S&P 500 Dividend Yield " (ycharts.com/indicators/sp_500_dividend_ yield), June 22, 2020; " Divvying Up Returns," *The Economist* (economist.com), September 2, 2010; and Elroy Dimson, Paul Marsh, and Mike Staunton, *Triumph of the Optimists* (Princeton, NJ: Princeton University Press, 2002).

15.3.2 收益、现金流和股利

我们通常认为盈余是股利的首要决定因素，但在实际中，现金流更为重要。埃克森美孚 1998—2019 年的数据证明了此观点，如图 15-1 所示。埃克森美孚的每股股利在 1998—2019 年上升缓慢但稳定增长；每股收益也在缓慢增长，但它们更具波动性，随着石油价格上升或下跌。股利支付率（定义为每股股利 / 每股收益）在整个 22 年中的平均值为 50%，但在 2016 年和 2019 年超过了 100%。

每股现金流与每股收益的变化非常接近——两者的相关系数为 0.92。然而，每股现金流总是高于每股收益，它大大超过每股股利。此外，现金股利以现金支付，所以即使收益不足以支付股利也没关系，充裕的现金流可以使公司保持稳定的股利分配政策。

观察图 15-1b 部分，可以发现股利支付率的变化是很大的，但是现金流支付率（定义为每股股利 / 每股现金流）相对稳定，总是低于 100%。这些稳定、高水平的现金流表明埃克森美孚的股利相对安全，投资者可以指望在今后收到股利。实际上，由于每股现金流非常高，导致持续大量的股利增加（或大股票回购）十分可能——假设在石油市场上不发生不利事件。因为新冠疫情导致了石油需求量的减少，所以埃克森美孚的收入出现下滑，但该公司并未减少派息，这与其竞争对手荷兰皇家壳牌石油公司，自 1945 年以来首次减少派息的做法不同。

埃克森美孚是典型的规模大、实力雄厚的公司。它的股利是可靠的，并且以稳定的比率增长。收益波动较

大，但是现金流很稳定，这些稳定的现金流是稳定的股利形成的原因。当收益剧烈变化，上升或下降，股利可能会随之有一个滞后的变化，与此同时管理层决定收益变化是否会继续。因此，埃克森美孚在 2001 年和 2002 年的收益下降是暂时的，所以在这些年里，股利有了轻微的增加。2002 年以后的巨额收益和现金流增长持续到 2008 年。现金流在 2009 年经济放缓期间减少，2010—2011 年恢复更高的水平，但在 2012 年与 2013 年有所下降。然而在 2014 年，收益和现金流略有增加，但仍低于 2011 年的水平。2015 年和 2016 年的收益和现金流有所下降，但现金流高于 2009 年的水平。在 2017—2019 年期间，收益和现金流比 2016 年的水平有所增加，但是只有现金流仍然高于 2009 年的水平。2018 年的收益高于 2009 年的水平，但在 2019 年又再次下降。除了 2016 年和 2019 年，埃克森美孚的每股股利远低于其每股现金流和每股收益，这表明股息、回购和可以盈利的新投资未来仍将持续保持下去。但埃克森美孚从事的是石油业务，这种商品，意外的情况随时可能发生。事实上，由于新冠疫情引起的需求减少，以及俄罗斯和沙特阿拉伯之间为争夺产量而发生的石油价格战，原油在 2020 年 4 月就是负价格（negative price）了。

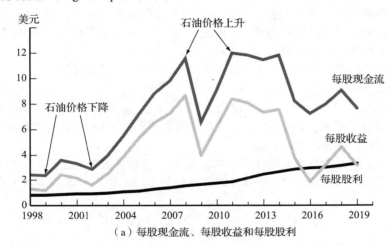

（a）每股现金流、每股收益和每股股利

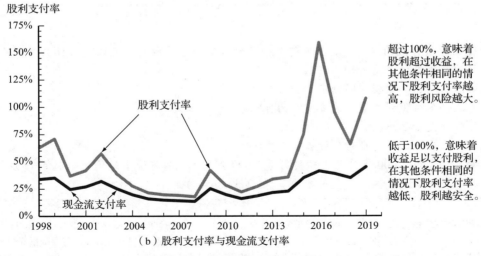

（b）股利支付率与现金流支付率

图 15-1　埃克森美孚：收益、现金流和股利，1998—2019 年

15.3.3　支付程序

股利通常按季度支付，如果条件允许，股利每年增长一次。例如，2021 年 Katz 公司每季度支付 0.5 美元股利，即每年支付 2 美元。用一般的财务语言来说，2021 年 Katz 公司季度正常股利为 0.5 美元，年度股利为 2.00 美元。2021 年年末，该公司董事会举行会议并审阅了 2022 年的规划，决定 2022 年保持 2 美元的股利水平。董事会对外发布了支付 2 美元股利的信息。因此，除非公司遭遇意料之外的运营问题，否则股东肯定能够

收到这些股利。

实际的支付程序如下。

（1）**宣告日**（declaration date）。在宣告日（比如 11 月 4 日）董事会举行会议并宣称发放正常股利，发布类似的公告："2021 年 11 月 4 日，Katz 公司的董事会举行会议并宣布季度正常股利为每股 0.5 美元，股利将在 2022 年 1 月 3 日支付给在 12 月 9 日收盘时该公司股票持有者。"出于会计确认目的，已宣告的股利在宣告日就成为实际的负债。如果编制资产负债表，将 0.5 美元乘以流通在外的股票数量之积作为流动负债，留存收益将减少相应的金额。

（2）**股权登记日**（holder-of-record date）。在股权登记日，即 12 月 9 日收盘时，公司结束股票交易并制作当天的股东清单。

（3）**除息日**（ex-dividend date）。假设 12 月 6 日，买方简从卖方约翰处购买 100 股股票。公司能够及时获得通知，将买方作为新股东列入名单并向其支付股利吗？为避免冲突，证券业约定，距股权登记日两个工作日之前持有股票的股东有获得股利的权利；而在股权登记日的前两个工作日内，获得股利的权利不再随着股票变动。股利获取权与股票分离的日期称为除息日。上例中，除息日是 12 月 9 日的前两天，即 12 月 7 日。

如果在此日或此日之前购买股票，将获得股利	12 月 6 日
除息日：股票购买者不能获得股利	12 月 7 日
股票购买者不能获得股利	12 月 8 日
股权登记日：股东通常不关心	12 月 9 日

因此，如果股票购买者想要获得股利，他必须在 12 月 6 日或之前买进。如果 12 月 7 日或之后买入，股票卖出者将获得股利，因为他被记载在官方的股东名册中。

Katz 公司的股利为 0.5 美元，因此除息日非常重要。排除股票市场的起伏波动之后，我们通常预期股价在除息日的下跌约等于股利额。所以，如果公司 12 月 6 日的收盘价为 30.50 美元，则 12 月 7 日的开盘价可能是 30 美元。[⊖]

（4）**股利支付日**（payment date）。1 月 3 日即股利支付日，公司将向在册的股东寄出支票。

自我测验

1. 解释剩余股利模型背后的逻辑、企业实行剩余股利政策应该采取的步骤以及为什么制定长期的目标股利支付率比制定实际的每年支付率更为切实可行。

2. 企业如何运用长期预测模型帮助制定股利政策？

3. 收益和现金流哪个对股利决策更为重要？为什么？

4. 请解释实际股利支付程序。

5. 什么是除息日？为什么除息日对投资者非常重要？

6. 某企业的资本预算为 3 000 万美元，净利润为 3 500 万美元，目标资本结构为 45% 的债务和 55% 的权益。如果该企业实行剩余股利政策，其股利支付率为多少？（52.86%。）

⊖ 所得税的影响使股票价格下降的幅度通常小于全部股利金额。如果在 12 月 6 日购买了 Katz 公司的股票，你将得到股利，但你将立即支付 15% 的税款（如果你是高收入纳税人，则为 20%）。这样，如果你认为到 12 月 7 日你能以每股降低 0.50 美元的价格买到股票，你将等到 12 月 7 日去购买股票。你和其他投资者的反应将影响到支付日的股票价格。下面就是可能发生的情形。

（1）其他事项持续不变，股价在一个季度内逐渐上涨，对于 Katz 公司来说，每日价格上涨为 0.50 / 90 = 0.005 556 美元。这样，假设股票价格在上一个除息日之后从 30 美元开始上涨，12 月 6 日将上涨到 30.50 美元。

（2）在没有税收的情况下，12 月 7 日股票的价格将下降至 30 美元，然后随着下一个股利应计期间开始，股价又将上涨。随着时间的推移，如果一切都保持不变，股票的价格将以锯齿形方式波动。

（3）由于所得税的影响，因此股票价格的升幅不等于发放股利的全部金额，在除息日的跌幅也不等于发放股利的全部金额。

（4）股票价格的涨跌幅度等于税后股利［股利 ×（1–T），一般 T = 15%，如果是高收入纳税人，那么 T = 20% ］。

对这个主题的讨论参见 Edwin J. Elton and Martin J. Gruber, "Marginal Stockholder Tax Rates and the Clientele Effect," *Review of Economics and Statistics*, vol. 5, no. 3 (February 1970), pp. 68–74.

15.4 股利再投资计划

20 世纪 70 年代，很多大公司启动了**股利再投资计划**（dividend reinvestment plans，DRIPs），即股东自动将股利再投资于该公司的股票。[○]目前，大部分大公司都提供股利再投资计划，并且参与比率各不相同。股利再投资计划有两种形式：①只涉及已流通在外原有股票的计划；②涉及新发行股票的计划。不管是哪一种情况，即使股东收到的是股票而非现金，股东也仍然必须为股利纳税。

在两种股利再投资计划下，股东可以选择是继续收到股利支票，还是让公司用股利去购买更多该公司的股票。在"旧股"计划中，公司把应该分配给选择了股利再投资计划的股东的钱交给银行，银行作为托管人，用这笔钱在公开市场上购买该公司的股票，并且按比例将购买的股票分配到参与该计划的股东账户中。因为购买量大，购买股票的交易成本（佣金）较低，所以这些计划对不需要现金股利用于当前消费的小股东有利。

"新股"的股利再投资计划把股利投资于新发行的股票，所以这些计划为企业增加了新资本。美国电话电报公司、施乐以及许多其他公司都曾用新股计划筹集大量的权益资本。此时股东无须承担任何费用，而且有的公司会提供股票实际市场价格 1% ～ 10% 的折扣。因为借助投资银行发行新股会产生发行成本，所以公司提供的折扣相当于发行成本。

股利再投资计划一个有趣的方面是，它迫使公司重新审视基本股利政策。如果股利再投资计划的参与率高，那么公司只需削减现金股利，节约股东的个人所得税，就会令股东很满意。很多公司对股东进行问卷调查来了解他们的偏好，以便发现股利政策变化时股东会如何反应。基于这些研究，公司可以对基本股利政策进行更理性的决策。公司是否会从旧股股利再投资计划调整到新股股利再投资计划，取决于公司对权益资本的需求。

2020 年 6 月，构成道琼斯工业平均指数的 30 家公司的股票中，28 家公司有股利再投资计划，只有联合健康集团和维萨两家公司没有股利再投资计划。许多提供股利再投资计划的公司通过改为"开放式登记"的方式来扩展这一项目，也就是任何人都能直接购买企业的股票以避开中介的佣金。目前将近有 1 300 家股利支付公司提供股利再投资计划。[○]

许多公司甚至采取了更全面的措施，鼓励投资者购买他们的股票。比如埃克森美孚在内的一些公司计划为个人退休账户提供股利再投资，一些公司计划允许参股人按周或按月而不必按季度进行股利投资。根据以上和其他的计划，股东的投资可以超过他们放弃的股利——他们只需将支票寄给公司来买入股票而不用支付中介佣金。

自我测验

1. 何谓股利再投资计划？

2. 从股东与企业的角度分析，股利再投资计划有何利弊？

15.5 影响股利政策的因素

在前几节，我们讨论了投资者股利偏好理论和股利政策对公司价值的潜在影响，还讨论了如何用剩余股利模型设定企业长期的目标股利支付率。本节将讨论其他一些影响股利决策的因素。这些因素可以分为四大类：①限制性条款；②投资机会；③其他资本资源；④股利政策对 r_s 的影响。下面逐一讨论这些因素。

15.5.1 限制性条款

（1）债务合同。债务合同通常限制对贷款发放后形成的利润进行股利支付。而且，债务合同通常规定，只有当流动比率、利息保障倍数以及其他安全比率超过规定的最低值时，才能发放股利。

○ 对这个古老而又经典的问题的讨论参见 Richard H. Pettway and R. Phil Malone, "Automatic Dividend Reinvestment Plans," *Financial Management*, vol. 2, no. 4 (Winter 1973), pp. 11–18.

○ 参见 Vita Nelson, "Ten Dividend Stocks to Own Forever and Get Rich Slowly," *Forbes* (forbes.com), January 18, 2017.

（2）监管要求。在监管行业中的公司向股东返还现金的能力可能受到直接或间接的限制。最重要的是，《多德—弗兰克法案》要求银行必须通过一系列的"压力源"，才能支付股利或回购股票。

（3）优先股的限制。一般情况下，如果优先股股利未完全支付，普通股股利就不能支付。在普通股股利恢复发放之前，优先股所欠股利必须付清。

（4）资本减损法则。股利支付不能超出资产负债表中的"留存收益"项目。这一法律限制是用来保护债权人的。如果没有这个规则，处于困境中的公司可能将绝大部分资产分配给股东而将债权人排除在外（清算股利能够分配资本，但是必须有事先约定，而且不能将资本减少到债务合同中设定的限度以下）。

（5）现金的可获得性。现金股利只能用现金支付。因此，现金短缺会限制股利支付。不过借款能力能够弥补这一因素。

（6）对不合理累积盈余的惩罚性税费。为了阻止富人利用公司来逃避个人所得税，税法对不合理的累积盈余征收特殊的附加税。所以，如果美国国税局能够证明公司故意压低股利支付率来帮助股东逃避个人所得税，那么该公司将会受到重罚。这一因素对私有公司比较重要。

15.5.2　投资机会

（1）可获利的投资机会的数量。我们在剩余股利模型中曾提到，如果一家公司有大量可获利的投资机会，股利支付率将会降低。反之，股利支付率将提高。

（2）加速或者推迟项目的可能性。加速或者推迟项目的能力将允许企业采用更稳定的股利政策。

15.5.3　其他资本资源

（1）发行新股的成本。如果一家企业需要为既定规模的项目进行融资，那么既可以使用留存收益，也可以发行新普通股。如果发行成本（包括股票发行带来的消极信号影响）高，r_e 将高于 r_s，那么设定低股利支付率从而通过留存收益融资将更好，而不是通过发行新的普通股筹资。高股利支付率对于发行成本低的企业是可行的。不同企业的发行成本各异，比如，小企业的发行成本尤其高，所以它们倾向于设定低股利支付率。

（2）用债务代替权益的能力。一家企业既能用债务也能用权益为既定规模的投资来融资。如前所述，低股票发行成本允许更具弹性的股利政策，因为权益既可以来自留存收益又可以通过发售新股来获得。债务政策与之类似：如果企业能够不通过大幅提高加权平均资本成本来调整资产负债率，即使盈余发生波动，也能支付预期的股利。

（3）控制权。如果管理层关注保持控制权，那么将不愿发售新股，此时公司保留的盈余可能比管理层不关注控制权的情况下更多。但是，如果股东想要获得更高的股利，并且与代理人（管理层）进行斗争，股利可能会增加。

15.5.4　股利政策对 r_s 的影响

股利政策对 r_s 的影响可以从4个方面来考虑：①股东期望获得当前收入还是未来收入；②股利和资本利得的预期风险；③资本利得相对现金股利的税收优势；④股利的信息含量（信号理论）。此前我们已经讨论了这些因素，在此只是强调每个因素的重要性因企业而异，取决于当前和未来可能的股东构成。

显然，股利政策决策更多地基于信息判断，而非数量分析。即使这样，为了制定合理的股利决策，财务经理还是必须考虑之前提到的所有要点。

自我测验

1. 指出影响股利政策的4个因素。

2. 哪些限制条款影响股利政策？

3. 投资机会如何影响股利政策？

4. 外部资本的可获得性及其成本如何影响股利政策？

15.6　股票分拆与股票股利

最初，股票股利被缺少现金的企业用来代替常规现金股利。然而现在，它的首要目的是增加流通在外的股票数量从而降低市场上股票的价格。股票分拆的目的与之类似。

我们可以通过波特电子控制公司（以下简称"波特公司"）的例子来解释股票股利与股票分拆。波特公司是一家电子元器件制造商，资产规模为 7 亿美元。自创立以来，波特公司的市场就不断扩大，销售额也不断增加。它的一些收益用来支付股利，但是还有一些每年都留存下来，每股收益和股票价格不断上涨。公司最初只有几千股股票在外流通，经过几年的成长，公司的股票具有很高的每股收益和每股股利。当市盈率为"正常"水平时，股票市场价格已经高到几乎无人买得起"一手"即 100 股。高昂的市场价格限制了投资者对股票的需求，也使得公司的总市场价值低于它有更多更低价格流通在外的股票时的价值。为了改变这种现状，波特公司"分拆了它的股票"。

15.6.1　股票分拆

尽管没有经验证据的支持，但是在财务界广泛流传着这样一种认识：股票存在一个最优价格区间。"最优"的意思是如果价格在这个区间内，市盈率以及企业价值将达到最大。包括波特公司管理层在内的许多观察者都相信，大多数股票的最优价格区间是每股 20 ~ 80 美元。所以，如果波特公司的股票价格涨到 80 美元，管理层很可能会宣布将一股分割成两股的**股票分拆**（stock split）方案，使股票流通量翻番，每股收益和每股股利减半，从而降低股票价格。这样每位股东都将拥有更多的股票，但是每股的价值减少。尤吉·贝拉认为，股票分拆只是把企业价值饼分成更多块。如果分割后的价格是 40 美元，波特公司股东的财富将和分割之前一样。但是如果股票价格稳定在 40 美元以上，股东的财富将更多。股票分拆可以是任何比例——例如，可以 1 股分割成 2 股、3 股、1.5 股，或者其他任意方式。[⊖]

15.6.2　股票股利

股票股利（stock dividend）与股票分拆类似，都是"将馅饼分成更小的块儿"而不影响当前股东的基本地位。5% 的股票股利意味着持有 100 股股票的股东将收到额外的 5 股（无成本），如果是 20% 的股票股利，则意味着该股东将获得 20 股新股，以此类推。由于总股数增加，因此每股收益、股利和价格全都下降。

如果企业想要降低其股票的价格，它们会选择股票分拆还是股票股利？股票分拆通常用于股价急剧上涨之后，以使股价大幅下跌。股票股利通常基于正常的年度，大致保持对股价的约束。例如，如果公司的收益和股利每年以 10% 的速度增长，它的股票价格大概也会以相同比率增长，这将很快使股票价格超出最优价格区间。每年 10% 的股票股利将使股票价格保持在最佳价格区间。但是需要注意，小额股票股利将产生记账问题和不必要的支出，因此企业采用股票分拆远多于股票股利。[⊖]

15.6.3　对股价的影响

如果公司进行股票分拆或者宣告股票股利，会增加股票的市场价值吗？

从纯粹经济的观点看，股票股利与股票分拆只是纸券的增加。然而股票分拆和股票股利为管理层提供了一种以较低成本传递公司良好前景信号的方式。此外，由于几乎没有大型上市公司以几百美元的价格出售股票，因此我们无法了解埃克森美孚、雪佛龙、微软、施乐、惠普以及其他一些极其成功的公司如果从不分拆股票，

⊖　也可以运用减少流通在外股票数量的反向分拆。例如，某企业股价为 5 美元，该企业采用 5∶1 的反向分拆，用 1 股新股换原来的 5 股，将股票的价值提高到 25 美元左右，这也在最优价格范围内。在经过几年的亏损使其股价低于最优价格区间之后，LTV 公司实施了反向分拆。

⊖　股票分拆和股票股利的会计处理方法有些不同。例如，1∶2 的股票分拆，将已发行股票数量翻了一番，票面面值减半，无须进行会计处理。但如果是股票股利，就必须做出一个会计分录，将"留存收益"转为"普通股"。例如，一家公司有 1 000 000 股流通股，股票价格为每股 10 美元，如果要支付 10% 的股票股利，则应做以下会计处理：①每个股东所持有的每 10 股股票将获得 1 股股票股利；②会计分录应记录增加 100 000 股流通股，将 100 000 股（100 万美元）从"留存收益"转为"普通股"。留存收益转移限制了股票股利的规模，但这并不重要，因为公司可以以任何方式分拆股票。

导致股价达到几千甚至几万美元时会有什么影响。

《彭博商业周刊》的一篇文章指出，股票分拆近年来已经变得不再流行。文章表明一个可能的原因是个人投资者已经越来越多地从购买公司股票转向共同基金。因此，机构投资者（如共同基金）变得相对更重要。这些机构投资者不太关心股票的价格是否高于或低于特定范围，它们可能不太看中股票分拆。[一]2018 年，美国家庭人寿保险公司、Trex 和康宝莱三大股票进行分拆。[二]根据嘉信理财的一项分析显示，过去 20 年来，标准普尔 500 指数公司的股票分拆频率大幅下降。1997 年 102 家公司进行了股票分拆，而 2018 年的 500 家公司中，只有 5 家公司进行了股票分拆。正如预期的那样，股票分拆的下降增加了以更高价格交易的股票数量。截至 2019 年 10 月，标准普尔 500 指数中有 205 只股票的交易价格超过每股 100 美元。而在 10 年前，只有 11 只股票的交易价格高于 100 美元。此外，2019 年 10 月，标准普尔 500 指数中有 12 家公司的股价超过 500 美元，6 家公司的股价超过 1 000 美元。[三]

尽管股票分拆的频率下降，但一些高调公司仍继续采用股票分拆。在 2014 年，苹果公司宣布了 1 股换 7 股的股票分拆。2015 年，Netflix 也宣布了 1 股换 7 股的股票分拆。2017 年，标准普尔 500 指数中有两家公司宣布股票分拆和增加股利，以向投资者证明其强劲的现金流，波尔公司就是其中之一。值得指出的是，巴菲特，伯克希尔 – 哈撒韦的董事长兼首席执行官，长期以来拒绝使用股票分拆，但在 2010 年年初转化了策略，在伯克希尔 – 哈撒韦收购了伯灵顿北方圣达菲后，该公司宣布对其 B 类股进行 1 : 50 的分割。公告之前，股票价格每股约 3 500 美元。分割后，股票价格每股约 70 美元。

自我测验

1. 什么是股票股利与股票分拆？
2. 股票股利与股票分拆如何影响股票价格？
3. 什么情况下，企业倾向于发放股票股利？
4. 什么情况下，企业倾向于分拆其股票？
5. 假设你拥有 Tillman 工业公司的 100 股普通股，每股收益为 4.00 美元，每股股利为 2.00 美元。每股价格为 60 美元。现在 Tillman 工业公司宣告 1 : 2 的股票分拆。股票分拆之后，你将拥有多少股股票？调整之后的每股收益和每股股利是多少？你预期的股票价格是多少？（200 股，2.00 美元，1.00 美元，可能略高于 30 美元。）

15.7　股票回购

几年前，《财富》上的一篇文章以"回购股票，战胜市场"为题，探讨了这样一个事实：1 年之内，超过 600 家大公司大量回购了自己的股票。文章还对一些具体的公司回购及其对股价的影响进行了说明。文章的结论是"回购为股东创造了大笔可以带走的巨款"。

正如我们在章首的简介短文中指出的，苹果公司已经设立了季度股利政策，并已回购其普通股股票。苹果公司最近的行动代表一种大趋势，许多领先公司开始回购股票。2018 年 7 月，《华尔街日报》的一篇文章报道称，美国公司正以创纪录的速度回购股票。然而，该文章也指出，市场对 2018 年股票回购的反应并不总是尽人心意："迄今为止，满足标准普尔 500 指数的公司中，超过 350 家的公司回购了股票，但在回购股票的公司中，有 57% 的公司落后于该指数 3.2% 的涨幅率。这是自 2008 年金融危机爆发以来，未能实现基准收益的公司比例最高的一次。"[四]市场反应相对较差的一个解释是，许多公司可能正在以过高的估值价格回购股票。除了

[一] 参见 Whitney Kisling and Alex Barinka，" Stock Splits Lose Their Allure for Companies Trading Above $100," *Bloomberg Businessweek* (businessweek.com)，August 22, 2013.

[二] 参见 Dan Caplinger，" The 3 Top Stock Splits of 2018," *The Motley Fool* (fool.com/investing-news/)，June 15, 2018.

[三] 参见 Mark Hulbert，" Opinion: Stock Splits Have Dried Up–Why That's Not Good for the Market," *MarketWatch* (marketwatch.com)，October 12, 2019.

[四] 参见 Michael Wursthorn，" Stock Buybacks Are Booming, but Share Prices Aren't Budging," *The Wall Street Journal* (wsj.com)，July 8, 2018.

对股东的影响之外，还有一些人批评回购股票的原因是，他们更希望看到公司用这笔钱再投资新项目，或者支付更高的工资。考虑到这些问题，我们在接下来的部分讨论两个重要问题：如何进行股票回购程序工作？以及为什么它们过去几年变得如此普及？我们将在本节的剩余部分讨论这些问题。

股票回购（stock repurchase）有三种基本类型：①企业有可用来分配给股东的现金，并且可通过回购股票而不是支付现金股利的形式来分配；②企业认为资本结构中权益的比例太高，所以发售债券并将收到的款项用来回购股票；③企业向员工授予期权，然后从公开市场上回购股票以备期权行权时使用。

被企业回购的股票称为库存股。如果一些流通在外的股票被回购，将只有更少的股票还在流通。假设回购不会对企业未来的盈余产生负面影响，那么剩余股票的每股收益将增加，进而市场价格将上涨。结果是资本利得替代了股利。

15.7.1　股票回购的影响

近年来许多公司都进行了股票回购。如章首的简介短文所述，2012—2018 年 3 月，苹果公司进行了 2 000 亿美元的股票回购。《华尔街日报》的一篇文章指出，2006—2013 年年初，DirecTV 已回购了其 57% 的股票，这是在过去的这段时间内标准普尔 500 指数公司中股票回购份额最高的公司。[⊖]过去，还有一些大规模的回购，如宝洁公司、戴尔公司、家得宝公司、德州仪器、IBM、可口可乐公司、Teledyne、固特异轮胎橡胶公司、施乐等的股票回购。事实上，近年来股票回购急剧增加，2018 年股票回购的总价值达到 8 064 亿美元，比上一年增加了 55%。[⊜]2019 年比 2018 年有所下降。2019 年，标准普尔 500 指数的公司有望回购 4 800 亿美元的股票。[⊜]从某个方面来说，这对股东来说是个好消息。因为正如我们之前提到的，在宣布股票回购后股价往往会上涨。与此同时，一些批评者担心企业会过于依赖股票回购，认为企业会在未来项目上投资不足。[⑭]

回购的影响可以借助美国发展公司（American Development Corporation，ADC）加以说明。公司预计 2021 年的利润为 440 万美元，其中的 50% 也就是 220 万美元回购普通股。公司有 110 万股股票在外流通，市场价格为每股 20 美元。美国发展公司认为这 220 万美元可以用于以每股 20 美元的价格回购 11 万股股票。[㉕]

回购对剩余股份的每股收益和每股市场价格的影响分析如下：

（1）当前每股收益 = 收益总额 ÷ 股票数量 = 4 400 000 ÷ 1 100 000 = 4（美元 / 股）

（2）市盈率 = 20 ÷ 4 = 5（倍）

（3）回购 110 000 股后的每股收益 = 4 400 000 ÷ 990 000 = 4.44（美元 / 股）

（4）回购后的市盈率 = 20 ÷ 4.44 = 4.5（倍）

从这个例子可以注意到，我们假设以当前股票价格每股 20 美元进行股票回购，公司的每股收益在增加，但是其市盈率相应降低。市盈率可能下降的一个原因是回购行为增加了公司的资产负债率（因为现在流通在外的股票数减少）。由于较高的资产负债率，股东可能考虑到股票风险会更大，因此，未来盈余以更高的折现率折算，这样就会降低市盈率。

在现实中，公司通常需要溢价购买，才能使股东把他们的股份卖回公司。相反，如果美国发展公司不得不以每股 22 美元回购股票，将只能回购 100 000 股。在这种情况下，每股收益将会略低［4 400 000 / 1 000 000 =

⊖　参见 Vipal Monga, "DirecTV Tops in Buying Back Stock Since 2006," *The Wall Street Journal* (wsj.com), May 9, 2013.

⊜　参见 Kate Rooney, "Share Buybacks Soar to Record $806 Billion–Bigger Than a Facebook or ExxonMobil," *CNBC* (cnbc.com), March 25, 2019.

⊜　参见 Chris Matthews, "Buybacks Are the 'Dominant' Source of Stock-Market Demand, and They Are Fading Fast: Goldman Sachs," *MarketWatch* (marketwatch.com), November 9, 2019.

⑭　参见 "The Repurchase Revolution," *The Economist* (economist.com), September 12, 2014.

㉕　股票回购通常采用以下 3 种方式之一：①公众持股企业可以在公开市场上通过经纪人购买自己的股票；②企业可以招标收购，允许股东向公司报价（即"投标"），以特定价格出售股票。在这种情况下，该公司通常表示将在特定时间段（通常约 2 周）内购买指定数量的股票；如果股东愿意出售的股份比公司想要购买的更多，公司将按比例进行购买；③公司可以从一个大持有人以谈判的方式购买一批股份。如果采用协议购买，必须确保该股东不会比其他股东受到优待，或者任何给予的优待都可以通过"合理的商业原因"来证明。多年前，由于对 Texaco 公司以大大高于市场价格的价格从 Bass Brothers 回购 6 亿美元的股票行为的不满，导致 Texaco 公司的股东对该公司管理层提出了控诉。案件指控 Texaco 公司管理层因为害怕 Bass Brothers 试图对其实施并购而大量回购股票。这种付款被称为"绿色邮件"。

4.40（美元 / 股）]，并且市盈率将再次为 5（倍）。这里假设在股票回购后，股票市价仍为 22 美元。

由于种种原因，股票的价格可能会因股票回购行为而改变，因此如果投资者看好它，价格将会上涨；反之，则会下降。接下来将会考虑这些因素中的一部分。

15.7.2　股票回购的优点

（1）宣告股票回购时可能被投资者当作积极信号，因为当管理层认为公司股票被低估时，通常会启动回购计划。

（2）当企业以回购股票的形式分配现金时，投资者可以选择卖出或者不卖出股票，但是对现金股利而言，股东必须接受股利并支付税费。所以在回购时，需要现金的股东可以卖出他们的股份，不需要额外现金的股东可以保留他们的股份。从交税的立场来看，回购可以帮助两类股东都得到他们想要的东西。

（3）回购能移开"悬于"市场之上的大量股票，控制每股价格。

（4）股利在短期内具有"黏性"，如果股利增加在未来不可持续，管理层就不愿意增加股利——管理层不喜欢削减现金股利，因为这会传递消极信号。因此，如果预期额外的现金流是暂时的，管理层可能偏好选择股票回购，而不是增加不可持续的现金股利。

（5）公司可采用剩余股利模型设定一个目标现金分配水平，然后将其分成股利部分和回购部分。股利支付率可以相对较低，但是非常有保障，并能随着流通在外的股份数量下降而上升。同时，即使股票回购年年不同也不会产生负面信号，所以比起完全分配现金股利，这种方法会使公司在调整总体分配方面有更大的灵活性。这种方式有许多值得推荐的地方，这也是股票回购大量增加的一个重要原因。IBM、新世代能源公司（原佛罗里达电力照明公司集团）、沃尔玛和大多数其他大公司都以这种方式进行股票回购。

（6）股票回购能够用来大幅调整资本结构。例如，多年前纽约城市电力公司认为它的资产负债率太低以至于不能使加权平均资本成本最小化，所以它借入 4 亿美元回购普通股，使资本结构立刻从非最优变成了最优。

（7）将股票期权作为员工收益重要组成部分的公司可以回购股票，并在员工行权时使用这些股票。这样就避免了发行新股带来的利润稀释。微软以及其他高科技公司近年来都采用了这一办法。

15.7.3　股票回购的缺点

回购的缺点包括以下几方面。

（1）股东对股利与资本利得并不是"一视同仁"的，股票价格会更受益于现金股利而不是股票回购。现金股利通常较为可靠，而股票回购则不然。

（2）卖出股票的股东可能没有完全了解股票回购暗示的信息，或者他们可能没有关于公司现在和未来活动的所有相关信息。当管理层有充分的理由确信股票价格低于其内在价值时，情况更是如此。不过公司通常在实施回购之前公告股票回购计划，以避免可能的股东诉讼。

（3）公司可能为回购股票支付了太高的价格，这对其他的股东不利。如果股票交易不活跃，当公司准备回购大量股票时，回购价格就有可能高于其内在价值，回购结束后，其价格将下跌。

股票回购正受到冲击

正如我们在文中强调的，如果使用得当，股票回购可以成为一个给股东返还现金的有效方式。巴菲特也这么认为，所以他一直强烈提倡回购股票。这表明当股票被低估时，回购是能起作用的，回购也可以防止公司将过剩的现金投资于无利可图的项目。

然而，越来越多的反对者批评股票回购。一种批评意见是，一些经理可能会利用股票回购来提高像每股收益这样的短期指标，而损害公司的长期价值。例

如，阿尔梅达、福斯和克罗伦德在 2016 年的一项研究里表明，"被每股收益驱动的股票回购，与就业、投资和现金持有量的减少有关"。[⊖]认识到这种可能性后，巴菲特承认有些股票回购是无意义的，而且他特别批评了超过其内在价值的股票回购行为。换句话说，以高于价值的价格来进行股票回购，是不合理的。

其他人从更广泛的角度批评了股票回购。他们说道，虽然回购通常有利于股东，但如果将用于回购的现

⊖　参见 Heitor Almeida, Vyacheslav Fos, and Mathias Kronlund, "The Real Effects of Share Repurchases," *Journal of Financial Economics*, vol. 119, no. 1 (January 2016), pp. 168–185.

金用于增加工人工资或投资新项目，会更有利于社会。

这种观点却遭到了其他人的尖锐批评，这些人认为公司主要是对其股东负责，公司应该专注于投资能够为股东带来正净现值的项目。

在前面的专栏中（参见"对新冠疫情的担忧促使公司减少或者停止派息"），我们提到，2020 年的经济放缓导致许多公司在充满不确定性的时期，减少或暂停支付股利以保留现金。同样的理由也导致许多公司限制其回购股票的行为。另一个考虑因素是，许多行业现在正在寻求政府援助，而许多政治领导人正在推动制定条款，限制接受政府资金的公司将补助资金转用于股票回购。巴菲特承认了这种不断变化的经济风气，在 2020 年的伯克希尔—哈撒韦公司的会议上，他承认反对股票回购"是政治正确的"。[⊖]

资料来源：Eric Rosenbaum, " Warren Buffett Explains the Enduring Power of Stock Buybacks for Long-Term Investors," *CNBC* (cnbc.com), September 1, 2018; Heitor Almeida, Vyacheslav Fos, and Mathias Kronlund, "The Real Effects of Share Repurchases," *Journal of Financial Economics*, vol. 119, no. 1 (January 2016), pp. 168–185; Chuck Schumer and Bernie Sanders, " Opinion: Schumer and Sanders: Limit Corporate Stock Buybacks," *The New York Times* (nytimes.com), February 3, 2019; Richard E. Thornburgh, "Here's Why Sens. Schumer and Sanders Are Wrong on Stock Buybacks," *CNBC* (cnbc.com), May 15, 2019; Matt Phillips, " The Stock Buyback Binge May Be Over. For Now.," *The New York Times* (nytimes.com), March 24, 2020; and William Watts, " Warren Buffett: 'It's Very Politically Correct' to be against Buybacks," *MarketWatch* (marketwatch.com), May 2, 2020.

15.7.4　股票回购的结论

总结了所有赞成和反对股票回购的观点后，我们怎么看待这个问题？我们的结论如下。

（1）因为资本利得在税费支出上有延迟，所以作为向股东分配利润的方式，股票回购在税费上比股利有优势。而且股票回购可以向想要现金的股东提供现金，同时允许不需要当前现金的股东推迟获得收入，所以这一优势更为明显。另外，股利更可靠，所以更适合那些需要稳定收入来源的股东。

（2）由于信号理论，公司不应该让股利波动起伏——这将降低投资者对公司的信心，并且会给权益成本和股票价格带来负面影响。但是，现金流与投资机会始终在变化。所以，剩余股利模型中"合适"的股利也将不同。为了避开这一问题，公司可以把股利设定在较低水平并保持股利支付，然后偶尔采用股票回购分配额外现金。这样的安排可以向那些想获得现金的股东提供正常、可靠的股利以及额外现金流。

（3）当公司希望对资本结构进行大幅、快速的调整时，希望分配诸如出售某一部门所得到的一次性现金时，或者希望得到股份以便在员工股票期权计划中使用时，股票回购都是很实用的方法。

自我测验

1. 解释为什么股票回购有助于股东节税，有助于企业改变资本结构。
2. 什么是库存股？
3. 企业回购其股票的 3 种方式是什么？
4. 股票回购存在哪些优劣势？
5. 基于剩余股利模型，股票回购如何有助于企业经营活动？

本章小结

当公司盈利时，必须考虑如何处理产生的现金。公司可以保留这些现金用来购买资产或偿还债务，也可以用来收购其他公司或是向股东支付现金股利。要记住，管理层留存的每 1 美元实际上都应该属于股东，股东可以将之投资于其他地方。因此，管理层只有在再投资获利高于股东从公司外部获得的利润时，才应该保留利润。高成长公司有很多好项目，会保留较多收益，成熟公司有大量现金而缺少投资机会，将会有更慷慨的现金分配政策。

[⊖] 参见 William Watts, " Warren Buffett: 'It's Very Politically Correct' to be against Buybacks," *MarketWatch* (marketwatch.com), May 2, 2020.

自测题

ST-1 关键术语

定义下列术语：

a. 目标股利支付率、最优股利政策

b. 股利无关理论、"在手之鸟谬论"

c. 信号理论、顾客、顾客效应

d. 股利迎合理论、剩余股利模型

e. 低常态股利加额外股利

f. 宣告日、股权登记日、除息日、支付日

g. 股利再投资计划

h. 股票分拆、股票股利

i. 股票回购

ST-2 不同股利政策

Components 制造公司的资本结构全部为普通股权益。该公司流通在外的普通股为 20 万股，每股面值为 2 美元。Components 制造公司的创始人是该公司负责研究的总裁，也是非常成功的发明家。2021 年年底，他意外地离开了 Components 制造公司，到南太平洋公司任职，这使 Components 制造公司的增长期望降低，并难以吸引新的投资机会。不幸的是，没有办法可以代替创始人对 Components 制造公司的贡献。以前，Components 制造公司认为需要保留大部分盈余为未来平均每年 12% 的增长筹资，而现在，估计未来将以 6% 的速度增长，这将导致股利支付率的增长。而且 2022 年满足股东必要收益率 14% 的新投资项目金额只有 80 万美元，而预计净利润为 200 万美元。如果 Components 制造公司继续保持 20% 的股利支付率，2022 年的留存收益为 160 万美元。值得注意的是，只有 80 万美元投资项目能产生超过资本成本 14% 的收益率。令人欣慰的是，Components 制造公司现有资产将继续保持较高的盈利能力，2022 年，Components 制造公司仍有望盈利 200 万美元。考虑到环境的突变，Components 制造公司管理层正在思考其股利政策。

a. 假定 2022 年可接受的投资项目全部运用当年的留存收益筹资，如果 Components 制造公司采用剩余股利政策，计算其 2022 年的每股股利。

b. 根据问题 1 的答案，2022 年 Components 制造公司的股利支付率是多少？

c. 假设在可预见的未来，Components 制造公司保持 60% 的股利支付率，根据你的估计，普通股目前市场价格是多少？在得到 Components 制造公司创业者退隐的消息之前，如果上述假设成立，与普通股目前市场价相比，其应有的市场价格是多少？如果这两个价格不同，请解释其原因。

d. 如果 Components 制造公司继续保持原来 20% 的股利支付率，情况将如何？假定股利支付率不变，留存收益的平均收益降到 7.5%，新的增长率为：

$$g = (1.0 - 股利支付率) \times 净资产收益率$$
$$= (1.0 - 0.2) \times 7.5\%$$
$$= 6\%$$

简答题

15-1 讨论董事会正式宣告企业未来股利政策的利弊。

15-2 "留存收益的资本成本低于新的外部权益资本。因此，企业在同一年度既发行新股又支付股利完全不合理。"请讨论这种论断。

15-3 企业为了支付股利而借款是否合理？为什么？

15-4 莫迪利亚尼和米勒（MM）以及戈登和林特纳（GL）都对股利政策是否影响企业的资本成本和企业价值表述了不同的观点。

　a. 关于股利政策是否影响资本成本和股票价格，MM 与 GL 观点的本质区别是什么？

　b. MM 如何运用信息理论反驳对方的观点？如果你与 MM 争论，你又如何反驳他们？

　c. MM 如何运用顾客效应概念反驳对方的观点？如果你与 MM 争论，你又如何反驳他们？

15-5 如果其他因素保持不变，下列变化如何影响总体股利支付率（就是说所有企业的平均股利支付率）？加以说明。

　a. 提高个人所得税税率。

　b. 不按照联邦所得税的规定，采用加速折旧法。

　c. 利率上升。

　d. 企业的利润增长。

　e. 投资机会减少。

　f. 允许企业的股利与利息费用一样在税前扣除。

　g. 税收法典变化导致任何年份的已实现与未实现资本利得都要与股利以同一税率征税。

15-6 财务学文献的一个观点认为，企业的收益在满足新投资项目之后如果还有剩余才分配股利。

　a. 解释剩余股利政策的含义，并列表说明不同投资机会如何导致不同的股利支付率。

　b. 回顾第 14 章，我们讨论了资本结构与资本成本之间的关系。与根据加权平均资本成本和债务比率绘制图形呈 U 型相比，如果根据二者绘制的图形呈 V 型，这是否说明根据剩余股利政策确定股利的重要性有不同的含义？

15-7 "经理人薪酬与企业规模相关性较高，而与企业盈利状况的相关性较低。如果企业董事会受控于管理层而不是外部董事，从股东的观点来看，这就会导致企业留存过多收益。"请讨论这种说法并注意：①讨论资本成本、投资机会和新投资项目的互相关系；②说明股利政策与股价之间的内在关系。

15-8 股票股利与股票分拆有何不同？作为股东，你是希望企业宣告发放 100% 的股利还是 1∶2 的股票分拆？假定两种行为都可行。

15-9 大多数企业希望以较高的市盈率出售股票，也希望拥有广泛的公众所有者（许多不同的股东）。请说明股票股利或股票分拆如何帮助实现这些目标。

15-10 指出下列陈述是正确的还是错误的。如果是错误的，请解释为什么。

a. 如果企业在公开市场回购股票，出售股票的股东将缴纳资本利得税。

b. 如果你持有 100 股企业股票，该企业实施 1∶2 的股票分拆，股票分拆之后你将持有 200 股。

c. 有些股利再投资计划增加了企业可获得的权益资本数额。

d. 税收法典鼓励企业将大部分净利润作为股利分配。

e. 如果你的企业已经确定拥有偏好高额股利的投资者群体，那么，企业不可能采用剩余股利政策。

f. 假定其他因素保持不变，企业采用剩余股利政策，如果企业投资机会增加，其股利支付率将提高。

15-11 什么是股利迎合理论？它对股利政策有什么影响？

问答题

（15-1 ～ 15-3 为简单题）

15-1 剩余股利模型 Altamonte 电信公司的目标资本结构包含 45% 的债务和 55% 的权益资本。该公司预测下年度的资本预算为 100 万美元。如果该公司报告的净利润为 120 万美元，并采用剩余股利支付政策，该公司的股利支付率为多少？

15-2 股票分拆 Emergency 药品公司的股票价格为每股 145 美元。该公司计划实施 2∶3 的股票分拆。假定股票分拆对该公司权益资本的市场价值没有影响，那么股票分拆后该公司的股票价格是多少？

15-3 股票回购 Gamma 工业公司的净利润为 380 万美元，流通在外的普通股为 149 万股，目前该公司股票价格为每股 67 美元。Gamma 工业公司计划用现有现金在公开市场回购 10% 的股票。假定股票回购不影响该公司的净利润和市盈率。股票回购之后，该公司的股票价格是多少？

（15-4 ～ 15-6 为中等难度题）

15-4 股票分拆 实施 1∶5 的股票分拆之后，Tyler 公司支付了每股 1.15 美元的股利。这比去年股票分拆之前的股利增加了 7%。去年该公司的每股股利是多少？

15-5 外部权益资本筹资 Coastal Carolina Heating 公司有一个 6 个月的已取得专利的太阳能加热系统的储备订单。为了满足需求，管理层计划把生产能力扩大 45%，即投资 2 000 万美元用于扩建厂房和购买设备。该公司的资本结构希望保持 35% 的债务，同时希望保持过去 55% 的股利支付率。2021 年该公司的净利润为 500 万美元。假定该公司的资本结构只运用债务和权益资本，2022 年年初该公司为了扩大生产能力必须获得多少外部权益资本？

15-6 剩余股利模型 Walsh 公司正在考虑 3 个独立投资项目。每个投资项目都需要投资 400 万美元。这些投资项目预计内部收益率和资本成本率如下：

H 投资项目（高风险）：资本成本 =16%；内部收益率 =19%

M 投资项目（中等风险）：资本成本 =12%；内部收益率 =13%

L 投资项目（低风险）：资本成本 =9%；内部收益率 =8% 值得注意的是，由于各个投资项目的风险不同，因此资本成本也有所不同。该公司最优资本结构要求 40% 的债务和 60% 的普通股权益资本。Walsh 公司预测净利润为 750 万美元。如果该公司采用剩余股利政策，那么其股利支付率是多少？

（15-7 ～ 15-9 为具有挑战性的难题）

15-7 股利 Bowles 运动公司正准备报告 2021 年的利润表。

（单位：千美元）

销售收入	12 570
经营费用（包括折旧）	10 056
息税前利润	2 514
利息费用	330
税前利润	2 184
所得税（25%）	546
净利润	1 638

在报告利润表之前，该公司需要确定年度股利。该公司流通在外的股票数量为 32 万股，股票价格为每股 37 美元。

a. 该公司 2020 年的股利支付率为 25%。如果该公司希望在 2021 年保持 25% 的股利支付率，那么，2021

年该公司的每股股利为多少？

b. 该公司保持 25% 的股利支付率，该公司股票的当期股利收益率是多少？

c. 该公司 2020 年报告的净利润为 135 万美元，假定流通在外的股票数量保持不变，该公司 2020 年每股股利是多少？

d. 作为保持相同股利支付率的一个方案，该公司考虑 2021 年保持与 2020 年相同的每股股利。如果该公司采用这种政策，该公司 2020 年的股利支付率是多少？

e. 假定该公司致力于经营扩张，并需要巨额资本。该公司希望避免发行新权益资本的交易成本。基于这种情景，该公司是保持连贯的股利支付率还是保持相同的每股股利呢？

15-8 股利政策方案

Rubenstein 兄弟服装公司计划从每股收益 2.25 美元中支付每股股利 0.75 美元。目前，Rubenstein 兄弟服装公司的股票价格为每股 12.50 美元。根据该公司的资本结构，其资产总额为 1 000 万美元，其中 40% 来源于债务融资。假设该公司权益资本的账面价值等于市场价值。以前年度的净资产收益率为 18%。预计今年和可预见的将来，该公司的净资产收益率将保持在这个水平上。

a. 以上述信息为基础，该公司预计可以维持的长期增长率为多少（提示：$g =$ 留存收益率 × 净资产收益率）？

b. 股票必要收益率是多少？

c. 假设该公司想改变其股利政策，每股支付股利 1.50 美元。财务分析师预测这种股利政策的变化对该公司的股票价格和净资产收益率没有影响。那么，该公司的长期增长率和股票的必要收益率是多少？

d. 假设该公司想修改其原先向股东支付每股 0.75 美元股利的计划，该公司计划以股票股利而不是现金股利向股东发放股利。该公司将以目前每股市场价格 12.50 美元为依据向股东分配股利。换言之，发行 1 股股票换取归属于股东的 12.50 美元股利。股票

股利占该公司股票目前市场价值的比重有多大（提示：市场价值 $= P_0 ×$ 流通在外股票数量）？

e. 如果该公司实施了上述计划，需要发行多少新股？该公司每股收益将稀释多少？

15-9 股利政策方案

Keenan 公司 2020 年的净利润为 1 080 万美元，总共支付了股利 360 万美元。2020 年是一个正常年度，在过去的 10 年中，该公司收入每年持续增长 10%。然而，2021 年收入预期达到 1 440 万美元，该公司预期盈利性投资机会为 840 万美元。根据预测，该公司难以维持 2021 年的收入增长速度。2021 年较高的收入水平是由于当年该公司引进了一条盈利能力很强的生产线。2021 年之后，该公司将维持原来 10% 的增长速度。该公司目标资本结构是 40% 的债务、60% 的权益资本。

a. 如果该公司采用以下政策，计算该公司 2021 年股利总额：

1. 2021 年的股利增长等于长期收入的增长率。

2. 该公司继续保持 2020 年的股利支付率。

3. 该公司采用剩余股利政策（840 万美元的投资中 40% 通过债务筹资，60% 通过普通股权益筹资）。

4. 该公司采用常态股利加额外股利政策，常态股利以长期增长率为基础确定，额外股利根据剩余股利政策确定。

b. 以上政策中你只能选择一种，你建议采用何种政策？

c. 假定投资者期望该公司 2021 年总共支付股利 900 万美元，从 2021 年起，保持 10% 的股利增长率。该公司市场价值总额为 1.8 亿美元，则该公司的权益资本成本是多少？

d. 该公司长期平均净资产收益率是多少〔提示：$g =$ 留存收益率 × 净资产收益率 $=(1.0 -$ 股利支付率$) ×$ 净资产收益率〕？

e. 根据上述问题 c 和问题 d 的回答，该公司 2021 年发放 900 万美元的股利是否合理？如果不合理，股利是高了还是低了？

综合 / 电子表格问题

剩余股利政策 Buena Terra 公司正在审查下年度的资本预算。在过去的几年中，该公司支付的每股股利为 3.00 美元，股东希望该公司股利在未来几年保持稳定。该公司的目标资本结构为 40% 的债务和 60% 的权益资本。该公司流通在外的普通股数量为 100 万股，净利润为 800 万美元。该公司预测下年度的盈利性投资项目（即投资项目的净现值为正值）需要 1 000 万美元的资金。

a. 如果 Buena Terra 公司采用剩余股利政策，需要多少留存收益才能满足资本预算？

b. 如果 Buena Terra 公司采用剩余股利政策，下年度

的每股股利和股利支付率为多少？

c. 如果 Buena Terra 公司明年仍保持每股 3.00 美元的股利，需要保留多少留存收益才能满足资本预算？

d. 如果 Buena Terra 公司保持每股 3.00 美元的股利和 1 000 万美元的资本预算，并且不发行新的普通股，那么，该公司可以保持目前的资本结构吗？

e. 假设 Buena Terra 公司管理层坚决反对削减股利，也就是说，该公司明年仍保持每股 3.00 美元的股利，并假定该公司决定为所有盈利性投资项目筹资，而且愿意发行更多的债券（同时使用可使用的留存收益）来满足资本预算需求。假设资本结构引

起的改变对该公司综合资本成本的影响很小，因此，仍可保持 1 000 万美元的资本预算。那么，该公司资本预算的多大比例将通过债务筹资呢？

f. 假设 Buena Terra 公司管理层决定明年仍保持每股 3.00 美元的股利。除此之外，该公司还希望保持目标资本结构（即 60% 的权益资本、40% 的债务资本）和 1 000 万美元的资本预算。为了达到这个目标，该公司至少必须增发多少普通股？

g. 如果 Buena Terra 公司管理层希望明年仍保持每股 3.00 美元的股利和目标资本结构，但不希望增发股票，该公司打算削减资本预算以满足其他目标。假定该公司的投资项目相互独立，那么，该公司明年的资本预算是多少？

h. 假设 Buena Terra 公司采用剩余股利政策。如果预计的留存收益小于资本预算所需要的留存收益，该公司应该采取什么措施呢？

综合案例

东南钢铁公司

股利政策 东南钢铁公司创建于 5 年前，开发了一种新的持续浇铸流程。东南钢铁公司的创建者 Donald Brown 和 Margo Valencia 曾经在一家重要的整合钢铁公司研究部门工作。但是当该公司决定不采用他们两人开发的新流程时，他们决定自己干。与传统钢铁公司相比，该新流程的优势在于需要相对较少的资本。这样，Brown 和 Valencia 就可以避免发行新股，从而自己持有全部股份。然而，东南钢铁公司现在已经进入一个新台阶。如果东南钢铁公司要实现其增长目标又要维持其 60% 的权益资本和 40% 的债务资本的目标资本结构，就必须寻求外部权益资本。因此，Brown 和 Valencia 决定向社会公众发行股票。直到现在为止，Brown 和 Valencia 还在给自己发放合理的工资，但其获得的税后收益不断再投资于公司。因此，股利政策不是一个问题。但是，在引入潜在的外部投资者之前，他们必须确定一种股利政策。

假设你现在正受聘于 AA 国际管理咨询公司。AA 公司正在为东南钢铁公司筹备公开发行股票事宜。安达信公司高级咨询师 Martha Millon 要求你为 Brown 和 Valencia 做一个演示。在演示中，你需要回顾股利政策理论并讨论如下问题。

a. 1. "股利政策" 这个术语意味着什么？

2. 简要说明莫迪利亚尼和米勒所提出的股利无关理论。这种理论的主要假设是什么？

3. 讨论为什么有些投资者偏好高股利股票，而有些投资者偏好低股利甚至没有股利的股票。

b. 讨论信号理论、顾客效应、股利迎合理论对股利政策的影响。

c. 1. 假设东南钢铁公司来年预计资本预算总额为 80 万美元。你已经确定现在的资本结构（60% 的权益资本和 40% 的债务资本）就是最优资本结构，预计净利润为 60 万美元。运用剩余股利政策确定东南钢铁公司股利总额和股利支付率。同时，解释何谓剩余股利政策。然后，解释如果预计净利润分别为 40 万美元和 80 万美元，其情形又如何。

2. 一般而言，在剩余股利模型下，投资机会的改变将如何影响股利支付率？

3. 剩余股利政策的优点和缺点分别是什么（提示：不要忽略信号理论和顾客效应）？

d. 请描述在现实中大多数公司确定股利政策的步骤。

e. 什么是股利再投资计划？股利再投资计划是如何实施并发挥作用的？

f. 什么是股票股利、股票分拆？

g. 什么是股票回购？请论述公司回购其股票的利弊。

深入探讨

你可以利用网上资源来解决这一章的问题，但请注意网站上的信息过期就会改变，这会为你带来一些局限。

苹果公司的股利政策

在本章开头，我们曾讨论过苹果公司在 2012 年决定制定股利支付政策和股票回购计划，目前股票回购计划已向股东返还 2 000 亿美元。让我们来看看在第一次公开声明后它的股利政策都经历了哪些变化。我们可以通过一些财经网站（如 Yahoo! Finance，Morningstar.com, Google Finance, MSN Money）提供的数据来解决这一问题。

讨论问题

苹果公司的每股股利、股利收益率和股利支付率在过去的 4 年里发生了什么变化？对这些变化做出解释。

与同行业其他企业相比，这些变化是苹果公司特有的还是全行业性的？Google Finance 提供了相关企业的数据，可以查看了解每股收益和股利收益率等信息。

手动绘制每股收益、每股股利、每股现金流在此期间的变化。在本书前面，我们曾指出股利一般都会比收益稳定，现金流的变化趋势往往依附于收益情况，并且每股现金流都会超过每股股利一个安全边际值。你在苹果公司的数据中发现了相同的情况吗？请解释。

列明股利宣告日、除息日、股权登记日和股利支付日。通过除息日和行业管理，你应该能够确定股权登记日。试说明这些日期的意义。通过网上给出的互动价格图，你能发现这些日期时点股价的变化情况吗？说明你预计会看到的情况。

相较于历史股利，投资者往往更关心未来的股利。请查看分析师对明年和未来 5 年的收益预测，基于这些数据，你预期苹果公司在未来 5 年的股利支付政策会是什么样的（你的回答仅仅是基于现有数据对未来的预测）？

请查看公司每年的现金流量表。苹果公司曾经回购过股票或发行新股吗？

在过去的 4 年中，苹果公司每年年末的市值如何变化［计算年末市值的方法是用财政年度末（9 月 30 日）那天调整后的收盘价乘以加权平均流通股股数］？

PART
6

第 6 部分

营运资本管理和财务预测

第 16 章

营运资本管理

成功的企业必须有效管理营运资本

营运资本管理包括寻求现金、有价证券、应收账款以及存货的最优水平并以最低的成本进行融资。有效的营运资本管理可以产生大量的现金流。

许多小商人认为获得现金流的一种方法是在自己向供货商付款之前收到顾客的款项。亚马逊在更大规模上使用了这一方法,它通过高效的营运资本管理创造了强大的竞争优势。顾客在亚马逊网上订书时需要提供信用卡卡号。亚马逊隔天就会收到钱,这甚至早于其发货和向供货商付款的时间。

营运资本管理的关键还包括有效地使用存货。大型家用电子产品零售商百思买集团对存货格外重视。为维持销售额,它必须保证顾客需要购买的货物货源充足。这就需要确定哪些新产品受欢迎,从哪可以最低成本地采购并及时配送到商店。通信及计算机技术的进步极大地改善了百思买集团的存货管理方式。现

在,集团从各门店收集每种商品销售情况的实时数据并以计算机自动下单来保证货架上货源的充足。如果一种商品销量下滑,百思买集团会通过降价来减少该商品的库存量,以免恶化到必须大幅度降价的局面。

2020 年的新冠疫情后,经济持续下滑,营运资本管理也变得尤为困难。一些公司积压了许多未使用的存货,而另外一些公司在有明显迹象表明消费者购买力回升前不愿购入额外的存货了,还有一些公司发现供应链严重中断,这使得获得所需的货物、零件和其他库存以满足客户需求变得更加困难。此外,在经济低迷时期,一些公司发现更难从金融机构获得短期贷款。于是它们必须更多地靠商业信用从供应商那里赊购,以此替代融资。同时,许多供应商也面临一个困境——为了创造销售额,必须给客户提供有利的付款条件。但这样一来,他们担心在经济状况不好的时候,顾客很难及时地付清货款。

厘清头绪

大约 50% 的工业企业或零售业企业的资产通常是作为营运资本使用的,许多学生的第一份工作就是做营运资本管理,这在作为大多数人工作起点的小型企业中尤为典型。

学完本章后,你应该能够完成下列目标。

- 说明不同数量的流动资产和流动负债是如何影响公司利润率及股价的。
- 说明企业怎样确定持有现金、有价证券、应收账款及存货等每项流动资产的数量。

- 论述资金周转周期及现金预算是怎样确定的,它们分别如何运用于营运资本管理。
- 论述企业如何建立信用政策并解释信用政策对销售和利润的影响。
- 论述商业信用、银行贷款及商业票据的成本是如何确定的,这些信息又是如何影响筹集营运资金的决策的。
- 解释企业是怎样运用抵押来降低短期信贷的成本的。

16.1 营运资本的背景知识

营运资本一词起源于早期的美国商贩，他们会用马车装载货物去兜售。这些商品被称为"流动资产"，因为实际上是美国商贩出售或者周转产生利润的东西。马车和马是他们的固定资产。他们通常有马和马车的所有权（这是用"权益"融资购买的），但是他们的商品是信用购买的（即是从供货商那里赊来的）或者是用从银行借来的钱买的。这些贷款被称为**营运资金贷款**（working capital loans），小贩们必须在每次回来后偿还贷款来证明自己有能力偿还一笔新的贷款。银行不断重复这个过程被称为"稳健的银行实践"。小贩每年外出次数越多，其营运资金周转就越快且其获得的利润就越大。

我们在本章介绍的这一概念可以运用于现代商业。我们先来回顾一下在第 3 章里介绍的 3 个基本概念。

（1）**营运资本**（working capital）：流动资产又称营运资本，因为这类资产可以在 1 年内进行"周转"（1 年内被使用及回收）。⊖

（2）**净营运资本**（net working capital）是指流动资产减去流动负债的余额。第 3 章中提到的联合食品公司拥有 6.9 亿美元的净营运资本：

$$净营运资本 = 流动资产 - 流动负债 = 1\,000\,000\,000 - 310\,000\,000 = 690\,000\,000（美元）$$

（3）**净经营营运资本**（net operating working capital，NOWC）是指用于经营的营运资本。从第 9 章和第 12 章可见，净经营营运资本是企业净现金流的重要组成部分。与净营运资本不同，在计算净经营营运资本时，带息应付票据需从流动负债中扣除，因为多数学者认为带息应付票据是一项融资工具（类似于长期借款），不是企业经营性自由现金流的一部分。相反，其他的流动负债（应付账款及利息）是企业经营活动的一部分，应视作企业自由现金流的一部分。⊖ 再回顾第 3 章中联合食品公司的案例，其 2021 年净经营营运资本如下：

$$净经营营运资本（NOWC）= 经营性流动资产 - 经营性流动负债$$
$$=（流动资产 - 超额现金）-（流动负债 - 应付票据）$$
$$=（1\,000 - 0）-（310 - 110）= 800（百万美元）$$

16.2 流动资产的投资策略

本节我们将讨论企业持有的流动资产数量是如何影响利润率的。首先，图 16-1 表明当流动资产数量不同时，有 3 种可选的投资策略。最上方的线斜率最大，表明该公司对应的销售量下，持有大量的现金、有价证券、应收账款和库存。当应收账款很高时，说明该公司实行宽松的信贷策略，从而导致高额的应收账款，这是一项**宽松的投资策略**（relaxed investment policy）。此外，当公司实行**严格（或紧缩或"精简"）的投资策略**（restricted investment policy）时，流动资产持有量将达到最低。**适中的投资策略**（moderate investment policy）介于两种极端之间。

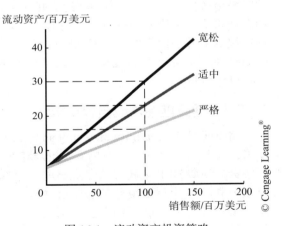

图 16-1 流动资产投资策略

注：这里销售额与流动资产的关系是线性的，但实践中可能是非线性的关系。

我们可以使用杜邦等式来说明营运资金管理对净资产收益率的影响：

$$净资产收益率 = 销售净利率 \times 总资产周转率 \times 权益乘数$$
$$=（净利润 / 销售收入）\times（销售收入 / 总资产）\times（总资产 / 所有者权益）$$

一项严格的投资策略（精简的投资策略）表明资产持有量低（即较高的总资产周转率），这在其他条件一定

⊖ 用于非日常经营活动的流动资产，例如为在建工厂储备的超额现金就不在营运资本范围内。联合食品公司的所有流动资产都用于经营活动。

⊖ 我们在第 3 章所提及的净经营营运资本的定义是以假设公司所有的流动资产都用于经营活动为前提的。事实上，如果财务分析师认为一些流动资产用于非经营活动，在计算净经营营运资本时需要从公司的流动资产中扣除。最常见的是，公司资产负债表上存在大量的多余现金。为了简化，除另有规定外，我们假设资产负债表上的所有现金均用于经营活动。

时，会带来较高的净资产收益率。然而，这一策略也暴露了公司面临的风险：因资金短缺导致的停工、客户满意度降低以及严重的长期问题。宽松的投资策略会使这类经营问题最小化，但会导致总资产周转率降低，进而降低净资产收益率。适中的投资策略介于两个极端之间。最佳的投资策略能够使公司的长期收益和股票的内在价值最大化。

值得注意的是，技术的进步会导致最优政策的改变。例如，当某项新技术使生产商可以在 5 天而不再是 10 天内生产出指定产品时，在产品库存就能减少一半。同样，零售商通常使用库存管理系统，可以用收银机扫描所有商品的条形码。这类信息以电子形式传到计算机并记录下每种商品的库存，当库存跌到事先设定的水平时，这些计算机会自动向供应商计算机下订单。这一过程降低了"安全库存"，以避免脱销，并通过降低库存水平使利润最大化。

自我测验

1. 分别阐述 3 种可选的流动资产投资策略。
2. 用杜邦等式解释营运资本策略是如何影响企业预期净资产收益率的。

16.3 流动资产的融资策略

要对流动资产投资就必须融资，资金的主要来源包括银行贷款、商业信用（应付账款）、应计负债、长期债券和普通股。每种来源都有其优缺点，所以企业应当根据自身情况选择最优的融资策略。

注意，大多数企业会有季节性或周期性的波动。例如，建筑公司往往在夏季达到高峰期，零售商在圣诞节达到高峰，而供应建筑公司及零售商的制造商随之也具有波动模式。同样，几乎所有企业的销售在经济状况好的时候会增长；因此，它们会在经济好的时候增加流动资产，而当经济衰退时减少存货和应收账款。但是，流动资产很少会下降到零——企业持有一些永久性的流动资产，这些是企业在商业周期低谷时所必需的。随着周期性的上升，销售增长，流动资产增加，这些增加的流动资产被定义为**暂时性流动资产**（temporary current assets）而不是永久性流动资产。这两种类型的流动资产的筹集方式被称为**流动资产融资策略**（current assets financing policy）。

16.3.1 期限匹配法或自我清算法

期限匹配法（maturity matching approach）或**自我清算法**（self-liquidating approach）要求匹配资产与负债的期限，如图 16-2 所示。所有的固定资产和永久性流动资产通过长期资本融资，但是暂时性流动资产通过短期债务融资。预期 30 日内售出的存货通过一笔 30 天的银行贷款融资，预计使用 5 年的机器设备通过一笔 5 年期的贷款融资，使用年限 20 年的房屋通过期限 20 年的抵押贷款融资，等等。实际上，两个因素妨碍准确的期限匹配：①资产使用寿命的不确定。例如，一家公司的存货以 30 天的银行贷款融资，准备以出售存货收到的账款偿还贷款。如果销售缓慢，无法按时收到资金，贷款到期时该公司可能无法偿还。②必须使用部分普通股而普通股没有期限。然而，当一家公司尝试匹配资产与负债期限时，则被定义为使用了适中的流动资产融资策略。

16.3.2 激进型

图 16-2b 部分反映了相对激进公司通过短期债务对永久性资产融资的情况。因为激进的程度各不相同，图 16-2b 部分的标题中使用了"相对"一词。例如，图 16-2b 部分中的虚线可以画在固定资产线以下，表明所有的流动资产（包括永久性的和暂时性的）还有固定资产的一部分都依靠短期信贷融资。这项策略将非常激进，极不谨慎，该公司将面临贷款展期以及贷款利率上升的危险。然而，短期利率通常低于长期利率，一些公司往往为了更高的利润而牺牲安全性。

采用激进策略的原因是收益率曲线通常是向上倾斜的，因此，短期利率通常低于长期利率。然而，对长期资产采用短期债务融资的策略是有很高风险的。举例来说，假设一个公司每年借入 100 万美元，并使用这些资金购买机器，以将劳动力成本在 10 年中每年减少 20 万美元。[⊖]来自设备的现金流在第 1 年年末不足以偿还贷款，所以必须对贷款展期。如果公司遇到了暂时的财务问题，债权人可能会拒绝贷款展期，这可能导致破产。如果公司将期限进行恰当的匹配，通过 10 年期贷款为该设备提供资金，所需偿还的贷款会更好地与现金流吻合，贷款展期的问题就不会出现。

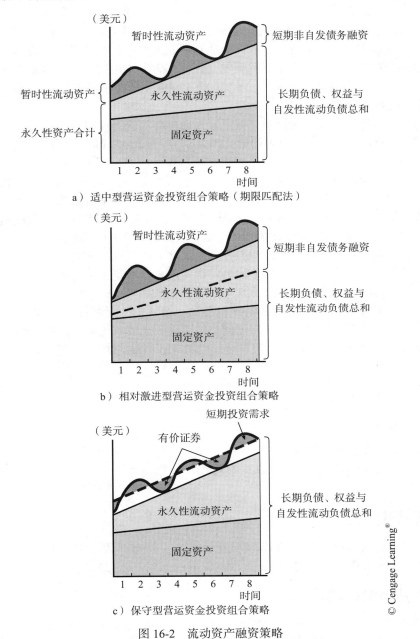

图 16-2　流动资产融资策略

16.3.3　保守型

图 16-2c 部分中的虚线在永久性流动资产线的上方，表示长期资本不但是永久性资产的融资来源，而且是部分季节性资产的融资来源。这种情况下，公司用少量的短期信贷来满足其峰值需求，但也通过持有有价证券

⊖ 这里过于简化了，很少有债权人会借出 1 年期的借款，为债务人 10 年期的资产提供资金。现实中，公司会以"日常经营需要"为理由借入 1 年期贷款，却为 10 年期的资产提供资金。

"存储流动性"来满足部分季节性的需求。虚线以上的曲线部分表示短期融资，虚线以下的曲线表示持有的短期证券。这是一项非常安全谨慎的融资策略。

16.3.4　策略的选择

由于收益率曲线通常是向上倾斜的，因此短期债务的成本一般低于长期债务成本。然而，对借款的公司来说，借入短期借款的风险更大，原因有两个：一是如果公司借入长期借款，其利息成本一段时间内相对稳定。但如果是短期信贷，其利息支出波动会较大，或许会达到利润无法弥补的状态。二是如果企业大量借入短期负债，暂时的经济衰退就会对其财务比率产生不利影响，致使其无力偿还债务。若债务人的财务状况不佳，债权人将不愿再借款给他，这可能导致债务人破产。在 2007—2008 年的经济危机中，由于缺少短期借款来源，导致许多公司直接面临着这些不利影响。

此外，需注意的是，短期借款往往比长期借款更容易通过协商获得。在延长长期信贷之前，债权方需要进行更彻底的财务检测，贷款协议必须进行详细约定，因为在 10 ～ 20 年的借款期限中，会存在很多不确定性。

最后，短期债务的灵活性更大。如果公司认为利率异常高，在更改债务合同时，它就会选择短期信贷来增加灵活性。同样，如果其资金需求是季节性或周期性的，它也不愿意借入长期债务。长期借款的细则不但对债务偿还进行约定，而且也对提前偿还的惩罚措施进行约定，以此来保证债权人收回贷款的成本。长期贷款协议一般包括限定性条款，制约公司未来的行动来保护债权人权益，而短期信贷协议限制往往较少。

长短期债务的相对优势可能会随着时间推移而改变。例如，在 2007—2008 年的金融危机后信贷紧缩，许多公司发现其短期贷款到期时很难延迟付款。我们推测，这些公司后悔当初应该采用更谨慎的营运资本管理方式。然而，在危机之前，依靠长期债务过度谨慎的公司常发现自己在竞争中处于不利地位，因为短期债务利率一直低于长期债务，且信贷展期风险是最小的，因为贷款是现成的。

全面考虑发现，分辨长短期融资孰优孰劣是不可能的。企业的自身情况与管理者的偏好都会影响融资策略的选择。乐观或激进的管理者可能会更倾向于短期信贷获得利息成本优势，而谨慎的管理者将倾向于长期融资，以避免潜在的贷款展期问题。这里讨论的因素需加以考虑，但最终决定将反映管理者的个人偏好和判断。

自我测验

1. 区分永久性流动资产与暂时性流动资产。
2. 什么是期限匹配法，这一融资策略有何优点？
3. 根据本节内容，说明长短期债务的优缺点分别是什么。

16.4　现金循环周期

所有公司都遵循"营运资本循环"，它们购买或生产商品，持有一段时间后出售，获得资金。这一过程与美国商贩的行程相似，被称为**现金循环周期**（cash conversion cycle，CCC）。

16.4.1　计算目标现金循环周期

假设风尚公司（Great Fashions Inc.）是一家新兴企业，从一家中国制造企业购入女式高尔夫服装并通过美国、加拿大和墨西哥的高端高尔夫俱乐部的专业商店销售。公司的业务计划要求在每个月月初购买 10 万美元的商品并在 60 天内售出。该公司向供应商付款的期限为 40 天，而其客户支付货款的时间为 60 天。风尚公司预期其最初几年刚好收支平衡，故其月销售额将达到 10 万美元，与其购买货款金额相同。营运需要的所有资金都从银行获得，一旦资金充足，这些贷款就必须偿还。此信息可以用于计算风尚公司的现金循环周期，得出以下 3 个时间周期。⊖

⊖　参见 Verlyn D. Richards and Eugene J. Laughlin, "A Cash Conversion Cycle Approach to Liquidity Analysis," *Financial Management*, vol. 9, no. 1 (Spring 1980), pp. 32–38.

（1）**存货周转期**（inventory conversion period）：风尚公司的存货周转期是其用来出售商品的 60 天。[⊖]

（2）**平均收账期**（average collection period，ACP）：是指顾客购买商品后的付款期限，又称应收账款周转天数（DSO）。风尚公司的计划平均收账期是 60 天，与其 60 天的信用期一致。

（3）**应付账款周转期**（payables deferral period）：风尚公司的供应商给予的支付货款的期限（该案例中是 40 天）。

第 1 天，风尚公司购入商品并期望在 60 天内顺利售出，将转变为应收账款。收回应收账款还需要 60 天，从采购商品到收回资金共计 120 天。但是，风尚公司的应付账款周转期只有 40 天。寻求最佳的现金循环周期，需要综合考虑这 3 个周期，如式（16-1）及图 16-3 所示。

$$存货周转期 + 平均收账期 - 应付账款周转期 = 现金循环周期 \quad (16\text{-}1)$$
$$60 + 60 - 40 = 80（天）$$

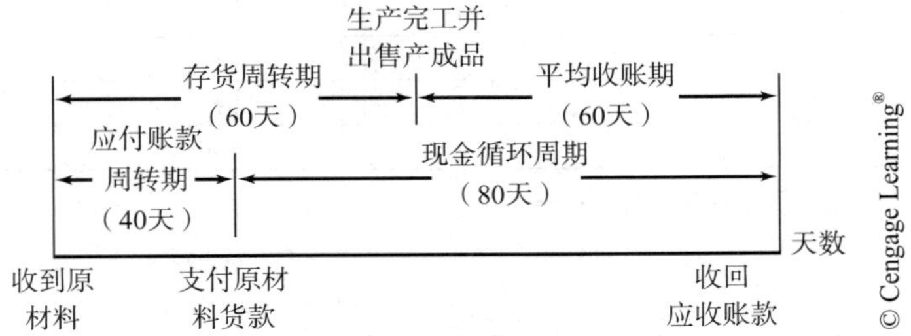

图 16-3　现金循环周期

尽管风尚公司在 40 天后必须向其供货商支付 10 万美元，但在该循环中其直到 60 + 60 = 120 天后才能收回资金。所以，公司需在第 40 天从银行借入其商品成本 10 万美元，只有到 120 天期满他从顾客那里收回应收账款后才能偿还该贷款。因此，120－40 = 80 天是现金循环周期（CCC），公司将欠银行 10 万美元，并支付贷款利息。现金循环周期越短越好，因为利息支出会较低。如果风尚公司能够更快地销售商品并收回应收账款，或者在不影响销售或增加营运成本的情况下延长应付账款的付款期限，其现金循环周期会降低，利息支出也会减少，其利润与股价会有所提高。

现金循环周期的实际应用案例

下面两张表总结了 6 个行业 12 家公司的现金循环周期。第一张表是 2019 年年末计算的数据。不出所料，零售业的现金循环往往更快，因为需要更多的存货。此外，许多零售公司从较低的应收账款周转天数中受益，因为大多数顾客用现金或信用卡支付，企业可以快速收到货款。但同一行业的现金循环周期可能会存在巨大的差异。例如，百事可乐的存货周转期约是可口可乐存货周转期的一半，而百事可乐的应付账款周转期比可口可乐的应付账款周转期多 17%，这导致百事可乐的现金循环周期要低得多。事实上，百事可乐的现金循环周期为负数，这意味着营运资本没有占用资金，而是为公司提供现金。苹果公司和惠普公司也有负的现金循环周期。同样，在服装零售业的 3 家公司中，Abercrombie & Fitch 的现金循环周期偏高，因为它的存货储备相对较大。这毫无疑问与公司的管理是有关的。

第二张表是同一家公司半年后的 2020 年 7 月计算的数据。这些数据是基于前 12 个月的——也就是说 2019 年 7 月到 2020 年 7 月是一个现金循环周期。值得注意的是，第一张表是基于不受新冠疫情影响的数据，而第二张表包括了新冠疫情对经济的影响。快速比较这两张表后发现，在新冠疫情期间发生了一些有趣的现象。例如，可口可乐的现金循环周期由正变为负，百事可乐的现金循环周期变得更短了。如果我们仔细地观察这些数据，我们会注意到两家公司的平均收账期和存货周转期都增加了。但是，我们看到应付账款周转期显著增加，这解释了为何现金循环周期为负数。事实上，在《欧洲金融》对食品和消费品跨国公司的一项调查中发现，60% 的公司面临着日益增加的营运资金的压力，超过 25% 的被调查者表示供应链已经中断。这些公司的第一反应是延长应付账款周转期和解决营运资本不足的问题。[⊜]

⊖　如果风尚公司是一家制造企业，其存货周转期就是原材料转化成完工产品并完成销售的时间。

⊜　参见 Manpreet Singh, "Consumer Goods Companies Slashed Purchases, Extended Payables as Pandemic Disrupted Customers," *EuroFinance* (eurofinance.com), June 23, 2020.

2019 年年末现金循环周期实例

公司	行业	存货周转期[1]	平均收账期	应付账款周转期[1]	现金循环周期
可口可乐	饮料	76.71	36.08	78.67	34.12
百事可乐	饮料	39.16	34.04	92.22	−19.02
Abercrombie &Fitch	服装零售	108.13	7.73	55.39	60.47
美国鹰牌服饰	服装零售	57.04	4.67	34.48	27.23
GAP	服装零售	76.33	7.52	40.95	42.90
百思买集团	计算机零售	57.50	9.05	57.29	9.26
苹果公司	计算机及周边产品	9.09	32.35	115.20	−73.76
惠普公司	计算机及周边产品	45.24	34.61	113.56	−33.71
CVS 公司	食品和必需品零售	29.34	9.68	16.77	22.25
沃尔玛	食品和必需品零售	41.02	4.38	43.49	1.91
美国铝业公司	金属制造业	64.87	24.07	62.09	26.85
美国钢铁公司	金属制造业	58.56	40.00	69.32	29.24

①晨星公司在其比率计算中使用资产负债表账户的期初和期末余额的平均值。

资料来源：Data for company's latest fiscal year end obtained from morningstar.com, July 7, 2020.

2020 年 7 月现金循环周期实例

公司	行业	存货周转期[1]	平均收账期[1]	应付账款周转期[1]	现金循环周期
可口可乐	饮料	84.06	40.66	291.68	−166.96
百事可乐	饮料	42.71	43.36	191.00	−104.93
Abercrombie &Fitch	服装零售	111.69	9.23	44.57	76.35
美国鹰牌服饰	服装零售	58.30	8.29	27.16	39.43
GAP	服装零售	83.66	–	36.87	–
百思买集团	计算机零售	50.48	6.71	50.25	6.94
苹果公司	计算机及周边产品	9.04	20.98	69.17	−39.15
惠普公司	计算机及周边产品	46.71	33.75	111.46	−31.00
CVS 公司	食品和必需品零售	27.49	10.35	15.69	22.15
沃尔玛	食品和必需品零售	38.87	3.54	40.34	2.07
美国铝业公司	金属制造业	66.39	24.01	55.78	34.62
美国钢铁公司	金属制造业	66.69	43.44	74.17	35.96

①晨星公司在其比率计算中使用资产负债表账户的期初和期末余额的平均值。

资料来源：Data for company's trailing 12 months obtained from morningstar.com, July 7, 2020.

16.4.2　根据财务报表计算现金循环周期

前一节讲述了现金循环周期的理论，但在实践中我们会基于公司的财务报表计算现金循环周期。此外，实际的现金循环周期与理论上预测值肯定会有所差异，因为现实的复杂性，如航运延误、销售放缓、客户延迟付款。而且，风尚公司这类企业会在上一个循环周期结束前就开始一个新的循环，这也会把情况变得更复杂。

为了了解实践中如何计算现金循环周期，假设风尚公司已经经营了几年并处于一个比较稳定的状态，下订单、进行销售、收回货款并向供货商付款都循环进行着。

以下数据来源于其最新财务报表（单位：美元）。

年销售额	1 216 666
销货成本	1 013 889
库存商品	250 000
应收账款	300 000
应付账款	150 000

首先计算存货周转期：

$$存货周转期 = 库存商品 / 日销货成本 \qquad (16\text{-}2)$$
$$= 250\,000 / (1\,013\,889 / 365) = 90（天）$$

因此，风尚公司的平均销货周期是 90 天，不是预期的 60 天。还需注意的是，存货以成本计价，故等式的分母是售出存货的成本而不是销售额。

接下来计算平均收账期（或应收账款周转天数）：

$$平均收账期 = 应收账款 / （销售额 / 365） \qquad (16\text{-}3)$$
$$= 300\,000 / (1\,216\,666 / 365) = 90（天）$$

注意，风尚公司在销售后 90 天才能收回资金，而不是预期的 60 天。因为应收账款以销售价格计价，故我们使用销售额而不是销货成本作为分母。

然后计算应付账款周转期，因为应付账款以销货成本计价，故再一次使用销货成本作为分母：

$$应付账款周转期 = 应付账款 / 日购买额 = 应付账款 / （销货成本 / 365） \qquad (16\text{-}4)$$
$$= 150\,000 / (1\,013\,889 / 365) = 54（天）$$

风尚公司应该在购货后 40 天向其供应商付款，但其常常延迟付款，因为其平均付款期为 54 天。

我们可以将这 3 个周期综合起来计算风尚公司的实际现金循环周期：

$$现金循环周期（CCC）= 90 + 90 - 54 天 = 126（天）$$

风尚公司实际的现金循环周期为 126 天，与预期的 80 天差异很大。其销售商品时间比预期的长，顾客不能按时付款，公司也不能准时向供货商付款，最终导致实际的现金循环周期是 126 天，而不是预期的 80 天。

尽管预期的 80 天的现金循环周期是"合理的"，但实际的现金循环周期过长了，达到了 126 天。财务总监应当鼓励销售人员加快销售速度，让信贷部门经理加快收回资金。同时，采购部门应该延长付款期限。如果风尚公司可以在不影响其销售和运营成本的情况下采取这些措施，该公司的利润和股票价格就会有所提升。

Hyun-Han Shin 和 Luc Soenen 两位专家在 20 年间研究了 2 900 多家公司。他们发现缩短现金循环周期会带来高额利润和股票价格的上涨。[⊖]他们的研究表明，良好的营运资本管理对一个公司的财务状况和经营成果是很重要的。

提问

问题：

Direct Furnishings Inc. 相关数据（单位：美元）如下。

年销售额	10 000 000
销货成本	6 000 000
库存商品	2 547 945
应收账款	1 643 836
应付账款	1 200 000

该公司的现金循环周期是多少？

答案：

在计算公司的现金循环周期前必须先计算存货周转期、平均收账期及应付账款周转期。

存货周转期
= 库存商品 / 日销货成本
= 2 547 945 / (6 000 000 / 365) = 155（天）

平均收账期
= 应收账款 / （销售额 / 365）
= 1 643 836 / (10 000 000 / 365) = 60（天）

应付账款周转期
= 应付账款 / （销货成本 / 365）
= 1 200 000 / (6 000 000 / 365) = 73（天）

现金循环周期
= 存货周转期 + 平均收账期 − 应付账款周转期
= 155 + 60 − 73 = 142（天）

自我测验

1. 名词解释：存货周转期、平均收账期、应付账款周转期。解释它们是如何构成现金循环周期的。
2. 缩短现金循环周期如何使利润增加？
3. 企业可以采取哪些措施来缩短现金循环周期？

⊖ 参见 Hyun-Han Shin and Luc Soenen, "Efficiency of Working Capital Management and Corporate Profitability," *Financial Practice and Education*, vol. 8, no. 2 (Fall/Winter 1998), pp. 37–45.

16.5 现金预算

企业需要预测自己的现金流。如果可能需要额外的资金，它们应该提前准备好。此外，如果有可能产生现金盈余，则应该计划性地有效利用。主要预测工具**现金预算**（cash budget）如表 16-1 所示（从 Excel 导出的）。

现金预算是没有限制的，但公司通常为来年进行月度现金预算并在每月初进行每日现金预算，如表 16-1 所示。月度现金预算有利于年度规划，而每日现金预算能更准确地反映实际的现金流，有利于调度每天实际支付的现金。

月度现金预算首先要预测每个月的销售额及何时会有现金流入。然后预测原材料采购金额，接着是预测材料、劳动力、租金、新设备、税费和其他费用支出。预计收入减去预计支出就得到每月净现金的增减额。如果公司既不投资又不贷款，将期初余额加上增加额或减去减少额的结果就是公司月末持有的现金数额。

表 16-1　联合食品公司 2022 年现金预算　　　　　　　　　　　　　（单位：百万美元）

	A　B　C　D　E　F	G	H	I	J	K	L	M	N
5	输入数据								
6	销售当月收入金额	20%	设定不变常数						
7	销售次月收入金额	70%	设定不变常数						
8	售后第 2 个月收入金额	10%	等于 100% −（20% + 70%）− 坏账比例						
9	坏账比例	0%	可变动以达理想效果						
10	当月收回折扣	2%	可变动以达理想效果						
11	购买次月销售额的 a %	70%	可变动以达理想效果						
12	租金	15	可变动以达理想效果						
13	新厂房建设成本（10 月）	100	可变动以达理想效果						
14	最佳现金持有量	10	可变动以达理想效果						
15	销售调整因素（相对于基数）	0%	相对于基数增减变动的百分比						
16									
17									
18	现金预算								
19		5 月	6 月	7 月	8 月	9 月	10 月	11 月	12 月
20	销售额（总）	200	250	300	400	500	350	250	200
21	收入金额								
22	销售当月：0.2（销售额）（0.98）			59	78	98	69	49	39
23	销售次月：0.7（上月销售额）			175	210	280	350	245	175
24	售后第 2 个月：0.1（两个月前销售额）			20	25	30	40	50	35
25	总收入金额			254	313	408	459	344	249
26	购买：次月销售额的 70%		210	280	350	245	175	140	
27	支出金额								
28	材料支出：上月支出数			210	280	350	245	175	140
29	工资薪金			30	40	50	40	30	30
30	租金			15	15	15	15	15	15
31	其他支出			10	15	20	15	10	10
32	税费					15			10
33	厂房建设支出						100		
34	总支出			265	350	450	415	230	205
35	净现金流								
36	月度净现金流：25 ～ 34 行			（11）	（37）	（42）	44	114	44
37	累计净现金流：以前月度净现金流合计数加上当月净现金流			（11）	（48）	（90）	（46）	68	112

（续）

	A	B	C	D	E	F	G	H	I	J	K	L	M	N
38	现金盈余（或贷款需求）													
39	最佳现金持有量								10	10	10	10	10	10
40	现金盈余（或贷款需求）：37 行～ 39 行								（21）	（58）	（100）	（56）	58	102
41	最大贷款需求量（以负数表示）								（100）					
42	最大可供投资金额								102					

注：1. 预算期限是 7～12 月，需要 5、6 月份的销售额与购买数据来确定 7、8 月份的收支金额。

2. 企业每天都可以借入和偿还商业贷款。所以 7 月份的 2 100 万美元的贷款可能是根据每日的需求逐笔借入的；10 月份，月初的 1 亿美元贷款会逐日减少到期末余额 5 600 万美元，并在 11 月付清。

我们以联合食品公司的案例来阐述现金预算。为简化处理，我们只分析 2022 年下半年的数据。公司主要向连锁超市销售，其 2022 年目标销售额是 33 亿美元。如表 16-1 所示，夏季销量增长，在 9 月达到巅峰，秋季销量下降。销售条款约定现金折扣为 2/10，N/30，这意味着如果 10 天内付款可以享受 2% 的折扣。但是如果在 30 天内付款，则不能享受折扣。与大多数公司一样，联合食品公司发现一些顾客逾期支付。经验表明，20% 的客户会在销售当月付款——这些顾客享受折扣。另外 70% 的顾客会在次月付款，余下的 10% 会逾期付款，在销售完成后的第 2 个月支付。[⊖]

在联合食品公司，食品、香料、防腐剂和包装材料的成本占平均销售收入的 70%。一般在预期销售发生的前 1 个月进行购买，但其供应商允许延迟 30 天支付。7 月销售额的预测数为 3 亿美元，相应的 6 月份采购金额应为 2.1 亿美元，这笔款项必须在 7 月份支付。

工资薪金与租金支出也被列入现金预算中，公司的预计税费支出也一样——9 月 15 日支付 1 500 万美元，12 月 15 日支付 1 000 万美元。同时，因新厂房建设，10 月份支出 1 亿美元和其他杂项所需支付的金额都列入现金预算中。联合食品公司的最佳现金持有量是 1 000 万美元，公司打算借款来达到这个目标，如果有剩余，公司会用剩余资金进行投资。

我们利用表 16-1 上半部分的信息预测 7 月到 12 月月度现金的剩余或短缺，同时预测联合食品公司需要贷款或可用于投资的金额，以保证月底现金持有量在目标范围内。预测时输入的数据——是假设数据，不一定准确——列示在第 6～15 行。这些数值用于以下计算。第 20 行给出的是 5～12 月的销售额预测。5 月和 6 月的销售额是用来确定 7 月和 8 月现金流入的。第 22～25 行与现金流入有关。第 22 行表示每月都有 20% 的销售额在当月收回。然而，首月支付的顾客享受折扣，故当月的收入减少 2%。例如，7 月份的现金流入按当月销售 3 亿美元的 20% 计算，再扣除 2% 的折扣，即 20%×300－20%×300×2% = 58.8（百万美元），约等于 5 900 万美元。第 23 行表示以前月度的销售额的现金流入。例如，7 月回笼 6 月销售额 2.5 亿美元的 70%，即 70%×250 = 175（百万美元）。第 24 行表示 2 个月前销售额的现金流入。因此，在 7 月份应收 5 月份销售收入为 10%×200 = 20（百万美元）。第 25 行汇总了每个月的资金回笼。因此，7 月现金流入包括 7 月销售额的 20%（扣除折扣）和 6 月销售额的 70% 加上 5 月销售额的 10%，合计 2.54 亿美元。

第 26 行表示的原材料成本占次月销售额的 70%。7 月预期销售额是 3 亿美元，故 6 月采购金额为 70%× 300 = 210（百万美元）。这 2.1 亿美元必须在 7 月付清，如第 28 行所示。8 月的预期销售额是 4 亿美元，故联合食品公司 7 月应购入 280（ = 70%×400）百万美元原材料且在 8 月份付清款项。其他支出——劳动力成本、租金支出、税收、建设成本和零星支出在第 29～33 行列示，第 34 行列示的是总支出金额。

接下来，以第 25 行的总收入减去第 34 行的总支出，得到第 36 行表示月度净现金流。7 月的净现金流是 -1 100 万美元，现金流为负数持续到 10 月份是由于秋收及加工，之后的现金流为正数。

接下来用月度现金流来计算第 37 行的累计净现金流。在这里我们将以前月度的累计净现金流加上当月的净现金流，因为在 7 月初没有以前月度累计净现金流，7 月的累计净现金流就简化为当月的净现金流，-1 100

⊖ 销售收入中的很小一部分会变成坏账。联合食品公司的坏账损失低，主要得益于其精心筛选客户及其紧缩的信贷政策。然而，现金预算模型会受到坏账的影响，故公司的财务总监可以向最高管理层展示如果公司放松了信贷政策来刺激销售，现金流将受何影响。

万美元。到 8 月份再将该月的净现金流 -3 700 万美元加到 7 月末的累计净现金流 -1 100 万美元上，得到 8 月末的累计净现金流 -4 800 万美元。9 月还有一个负的现金流，故累计净现金流达到峰值 -9 000 万美元。而 10 月份的净现金流是正的，故累计额降低到 -4 600 万美元，该数值在 11 月会由负转正，并在 12 月保持正数。

联合食品公司的最佳现金持有量是 1 000 万美元——它希望一直保持这种状态。我们最开始分析的时候表明其计划借入 1 000 万美元的资金，见第 39 行。因为 7 月有一笔预期现金缺口 1 100 万美元，且 7 月初公司借入贷款 1 000 万美元，故月底未偿贷款总额为 2 100 万美元，如第 40 行所示。⊖这将导致在 8 月和 9 月产生现金短缺，所需的贷款将继续增加，在 9 月底达到 1 亿美元峰值。但是 10 月份现金流开始变为正值，将会用来偿还贷款并于 11 月底还清，届时公司将有剩余资金进行投资。事实上，在 12 月底，联合食品公司应当没有未偿贷款且有 1.02 亿美元的剩余资金可以用来投资。

第 41 行列示了 6 个月里所需的最大贷款额 1 亿美元，第 42 行列示了最大预期剩余 1.02 亿美元。联合食品公司的财务主管需要设定一个信用额度以便公司最多可以借到 1 亿美元，在需要资金时增加贷款，并在现金流变为正向时偿还。财务主管进行信用额度谈判时需要向银行提供现金预算。银行要了解公司预计需要多少贷款，何时需要以及何时偿还。银行和公司高管将向财务人员询问有关现金预算的问题。他们需要知道销售与预期有差异、顾客付款等问题会如何影响现金预测。问题主要集中在两个方面：预测的准确度如何？如果有重大的错误会有何后果？

注意，如果每月现金流入流出不均衡，实际所需资金可能与预测值差异很大。如表 16-1 数据所示，每月最后一天的预期贷款，最大的一个月为 1 亿美元。然而，如果还款期为每月的 1 日，而大多数款项在 30 日收回，7 月份，联合食品公司必须在收到 2.54 亿美元的款项之前用 2.65 亿美元来偿还贷款。在这种情况下，公司需要借款约 2.75 亿美元，而不是表 16-1 中的 2 100 万美元。每日现金预算会反映这一情况。

表 16-1 是用 Excel 制出的，这样更容易改变假设条件。因此，我们可以检测销售变动、最佳现金持有量、客户付款时间等对现金流的影响。此外，还可以通过现金预算分析信贷政策和库存管理对现金流的影响。

自我测验

1. 与银行进行贷款条款谈判时如何使用现金预算？

2. 假设某公司现金流在 1 个月里产生得不均匀，这会对基于月度现金预算预测的贷款需求的准确性有何影响？怎样解决这个问题？

16.6　现金等价物和交易性金融资产

大多数人所说的现金是指货币（纸币和硬币）以及银行活期存款。然而，企业财务主管所说的现金是指货币、活期存款，以及低风险、高流动性的、可以迅速变现为银行存款的有价证券。⊖因此，资产负债表中的"现金"一般包括短期证券，也称"现金等价物"。

公司持有的有价证券可分为两类：①经营用短期证券，其持有的主要目的是增加流动性，利用其交易为业务需要提供资金；②其他短期证券，持有日常经营所需之外的短期证券。例如，微软这种高利润的公司除了满足流动性需求外，还持有大量的证券。这些证券最终将被清算，资金将用于诸如支付一次性股利、回购股票、偿还债务、收购其他公司或为扩张融资。这一类目不在资产负债表上列示，但财务经理需要了解公司用于经营和其他用途的证券分别是多少。我们在讨论净营运资本的时候，重点是提供经营流动性的证券。

⊖ 如果联合食品公司第 1 个月的期初现金余额为正，则计算需贷款的金额时需要扣除这一余额。还需要注意的是，这里的现金预算是简化的，因为没有体现贷款利息支出或投资利息收入。这些可以简单地添加到现金预算里。

⊖ 企业财务主管这样定义现金的原因是：从他们的角度来看，活期存款和高流动性的有价证券几乎没有区别。他们可以在 1 小时内打电话给经销商售出证券并将所得存入公司的银行账户。此外，还有许多短期证券可以随时变现。国债是一个典型，但正如第 2 章论述的，还有许多其他的低风险、高流动性的短期有价证券。

16.6.1　货币资金

快餐店、赌场、酒店、电影院及其他一些公司持有大量的货币资金，但由于信用卡、借记卡及其他支付方式的兴起，货币资金的重要性有所下降。麦当劳等公司需要持有足够的货币资金来维持经营，但如果它们持有的货币资金过多，将导致资本成本上升且有失窃风险。每个公司决定自己的最佳持有量，但是即使对于零售商来说，货币资金通常也只是现金持有总额的一小部分。[○]

16.6.2　活期存款

对大多数企业来说，活期（或支票）存款比货币资金更重要。这些存款用于交易——支付劳动力和原材料价款、采购固定资产、纳税、偿还债务、支付股利等。然而，商业银行活期存款通常没有利息，所以公司尽量减少商业银行活期存款持有量，但又要确保其能够及时支付供应商款项、在贸易折扣时支付及廉价收购。优化活期存款持有量的方法如下。

（1）持有交易性有价证券而非活期存款来提供流动性。当公司持有有价证券时，对活期存款的需求减少。例如，如果一笔大交易突然要立即付款，财务主管可以出售一些证券并在当日将资金存入公司的支票账户。证券有利息，而活期存款没有，故公司可持有有价证券代替活期存款以增加利润。

（2）短期借款。企业可以建立信用额度，当需要额外的现金时只需一个电话就能借到。但需要注意的是，该企业可能要为这些承诺支付费用，当决定使用贷款代替证券提供流动性时，这些费用成本必须考虑。

（3）准确预估应收应付款项。公司预测其现金流入流出越准确，其需要资金解决意外情况的可能性就越低。因此，提高现金流入/流出预测的准确度可以减少持有流动资产的必要性，从而减少所需营运资本。现金预算是用于提高现金预测准确性的关键方法。

（4）缩短收款过程。公司可以采取措施来加快现金收入。例如，它们可以使用**锁箱**（lockboxes），这是由银行运营的邮箱。假设纽约的一家公司客户遍布全国各地，如果向客户发送账单并要求其向纽约总部付款，时间会耗费在等待邮件、拆信封、检查银行存款以及银行清点支票并确保完好等程序上。为缩短这一过程，公司可以让客户将应付款项支付到当地的锁箱，然后让银行每天多次从该箱中取走单据并开始收款程序。如果公司的日均收入为 100 万美元，使用锁箱可以将可用现金收取时间从 5 天减少到 1 天，在途资金从 500 万美元减少到 100 万美元，从而公司获得有效注资 400 万美元。这个变化只会增加一个 400 万美元，但该公司将从这 400 万美元上获得持续的回报。[○]

（5）使用信用卡、借记卡、电汇、直接存款。如果一家公司从信用销售转换为接受信用卡或借记卡付款，它将在第二天就收到现金，从而获得上述现金流方面的好处。同样，要求客户通过存款支付也可以加速收款，增加自由现金流，降低现金持有量的需求。许多公司已经在利用不断变化的技术，使用 PayPal、Square 和 Apple Pay 等支付方式可以更有效地获得销售货款。在一些其他情况下，公司也开发了自己的支付端来鼓励移动支付——例如，星巴克的移动支付应用程序取得了巨大的成功。

（6）现金流同步。如果公司可以同步其现金流入和流出，其对现金余额的需求将减少。例如，公用事业、石油公司、百货商店等一般使用"付款周期"，不同的客户在不同的时间付款，这样现金流可以在一个月里均匀分布。这些企业可以建立自己的付款时间表来配合它们的现金流入。这可以降低平均现金持有量，就像个人的收入与所需支付款项同时发生时，其月现金的平均持有量可以减少。

银行有帮助公司优化现金管理程序的专家。银行对这项服务收费，但是为良好的现金管理系统带来的好处是值得花费成本的。

16.6.3　交易性金融资产

为经营而持有的有价证券需要与活期存款共同管理——对其中一个项目的管理需要另一个项目的配合。公

○ 很久以前，货币也作为储藏手段，在紧急情况及廉价收购等情况下使用。如今这只存在于世界上的落后地区。

○ 我们应该提到浮差这一术语，因为它经常与现金管理有关联。如果你开出支票，收票人接收、存入银行并从你的账户中扣除现金大约需要 5 天时间，你有 5 天的浮差，或者说是在将这笔款项存入银行账户前有 5 天的使用时间。5 天是支付浮差。同时，如果有人给你一张支票，你收票后存入银行再由银行清点完毕需要 4 天，这 4 天是收款浮差，净浮差 1 天。从所需的现金持有量最小化的角度来看，正向的净浮差是有利的，负向的净浮差是不利的。

司通常在收到现金时买入证券，在需要现金时卖出证券。最近，为保持灵活性或有资金来抵御未来经济下滑，许多公司继续持有大量的现金和有价证券。根据美联储的报道，非金融企业持有的现金和有价证券数量总计超过 4.6 万亿美元——超过其资产负债表上资产总数的 10%。[一]例如，微软和苹果持有超过 900 亿美元的现金和有价证券。近年来，这笔现金的很大一部分仍在海外存储。在 2017 年 12 月《减税与就业法案》通过之前，美国公司在海外持有 1.5 万亿～2.5 万亿美元的现金。公司将利润留在海外，是因为资金汇回美国时需要缴纳 35% 的税。通过将资金留在海外，可以延迟缴税。《减税与就业法案》对海外现金设定了 15.5% 的一次性税率，对非现金或非流动资产设定了 8% 的税率。截至 2019 年 12 月，美国公司已将超过 1 万亿美元的海外利润带回了美国。[二]

考虑到持有有价证券资产的规模和重要性，如何管理它们显然对利润有很大影响。此时需要在风险和收益之间进行权衡——公司想要获得高收益，但有价证券的目的是提供流动性，财务主管希望将持有的有价证券以已知价格迅速售出。这意味着需要高质量的短期工具。长期国债风险低，但由于其价格在利率上升时下跌，因此并不适合作为有价证券投资组合的一部分。同样，高风险的公司发行的短期证券也不适合，因为发行方出现问题时，其价格会下跌。国库券、大多数商业票据（将在第 16.11 节介绍）、银行存单及货币市场基金都是合适的选择。

需要注意的是，所谓的安全证券并不总是安全的。2007 年，数十亿美元的 AAA 级商业票据实际上是由次级抵押贷款支持的；当这些抵押贷款开始违约，票据持有人遇到了很大的麻烦。商业票据一夜之间由 Aaa 级降为 Ba 级，持有人发现他们认为低风险、高流动性的证券变得完全缺乏流动性且其价值令人怀疑。你可能猜到，违约之前抵押担保的商业票据收益率更高，大约 3.505%，而短期国债收益率在 3.467% 左右。因此，高收益通常也会有高风险。

公司与银行的关系（特别是短期内借款的能力）会显著影响其对活期存款和有价证券的需求。如果公司有一个可靠的信用额度，打个电话就能得到资金，就不需要太多的流动性储备。事实上，许多人认为对银行提供信贷的意愿的担忧导致了一些公司增加其持有的现金和有价证券。

最后，大公司会在全球范围内购买证券，选择那些风险调整后利率最高的产品。这种购买方式会使全球利率趋近——如果相同风险的证券在欧洲的利率比美国高，则公司将购买欧洲证券，使其价格上涨，收益下降，直至达到均衡状态。我们的确生活在一个全球化的经济环境中。[三]

自我测验

1. 常见的现金的两个定义是什么？
2. 区分经营目的（交易目的）的有价证券和其他目的的有价证券。
3. 信用卡和借记卡的发展如何影响公司的货币储备？
4. 假设原先允许客户 30 天内支付购买货款，信用卡的使用会如何影响公司的现金循环周期？
5. 公司的借款能力如何影响其现金和有价证券的最佳持有量？
6. 在纽约证券交易所交易的普通股流动性强，可以迅速出售转化为资金。股票对公司的有价证券投资组合来说是一个不错的选择吗？请解释。

[一] 参见 "Financial Accounts of the United States-Z.1," Table L. 102 Nonfinancial Business (sum-mation of rows 2–11), *Board of Governors of the Federal Reserve System* (federalreserve.gov/apps/fof /FOFTables.apx), June 11, 2020; and "Nonfinancial Corporate Business; Total Assets, Level, Billions of Dollars, Quarterly, Not Seasonally, Adjusted," *Economic Research, Federal Reserve Bank of St. Louis* (fred.stlouisfed.org), June 11, 2020.

[二] 参见 Reade Pickert, "U.S. Companies' Repatriated Cash Hits $1 Trillion Under Tax Law," *Bloomberg* (bloomberg.com), December 19, 2019.

[三] 公司也可以购买以不同货币计价的证券。即如果一个公司的财务主管认为欧元兑美元汇率会上涨，则会买入欧元证券；如果预测准确，公司既可以从证券本身获利，又可以从汇率变动中获利。这样也有助于保持全球金融市场的稳定。

16.7 存货

存货是所有企业经营中的基本部分，包括在途物资、原材料、在产品和产成品。最优存货水平取决于销售额，所以在确定目标存货前必须进行销售预测。而且，由于确定存货水平时的误差会导致错过销售机会或增加储存成本，存货管理非常重要。因此，公司要使用先进的计算机系统来监管存货储备。

零售商通常使用计算机来跟踪每个存货项目的大小、形状、颜色，收银处的条形码信息会更新库存记录。当计算机中显示存货库存下降到设定水平时，就会给供应商的计算机发送指令，说明公司需要的存货。计算机还会报告存货周转的速度，如果某项存货周转太慢，它会在存货过期前建议降价来降低存货水平。制造业企业也用类似的系统来追踪存货，并在需要时发出订单。

尽管存货管理非常重要，但更需要产品经理和营销人员而非财务经理的关注。财务经理与以下几个方面有关。首先，安装和维护追踪存货的系统成本高昂，必须使用本书前面讨论的资本预算来确定选择哪个系统。其次，如果公司决定增加存货，财务经理必须筹集资本来购入额外的存货。最后，财务经理负责使用财务比率和其他指标将本公司与标杆公司对比，识别出任何会影响公司整体盈利能力的弱点。因此，财务总监将比较本公司与标杆公司的存货周转率，并观察这一比率是否合理。

自我测验

财务经理关于存货管理的 3 个基本任务是什么？

16.8 应收账款

尽管一些销售使用现金支付，但如今绝大多数销售是信用销售。因此，一般来说，一旦发货就会减少库存，增加应收账款。⊖最终，客户付款，公司收到现金，应收账款减少。公司的信用政策是应收账款的主要决定因素，它由财务总监管控。此外，信用政策是销售收入的决定性因素，所以销售和市场高管都关注这一政策。因此，我们从信用政策开始讨论应收账款。

16.8.1 信用政策

信用政策（credit policy）包括以下 4 个部分。

（1）信用期间（credit period）是指允许买方支付货款的时间长度。例如，信用期间可能是 30 天。如果客户偏好较长的信用期间，延长信用期间可以刺激销售。但是，信用期间的延长也会增加现金循环周期，会在应收账款上占用更多资金，带来较高成本。而且，应收账款时间越长，客户违约的可能性就越大，结果导致坏账。

（2）折扣（discount）是指给付款早的客户的价格优惠。折扣说明了价格优惠的程度，以及客户必须在多长时间内付款才能享受折扣。例如，只有在 10 天内付款的客户才能享受 2% 的折扣。提供折扣有两个好处：第一，折扣意味着价格降低，低价可以刺激销售；第二，折扣可以促使一些顾客尽早付款，缩短现金循环周期。但折扣意味着低价，除非销量的增加可以弥补价格降低的影响，否则收入就会减少。想要做出关于折扣的理性决策，必须权衡收益与成本。

（3）信用标准（credit standard）是指成为信用客户所需的财务实力。需考虑的主要因素有客户的负债与利息保障倍数、信用记录（该客户过去是否按时付款或拖欠债务）等。对于个人客户而言，信用评级机构对他们的信用评分尤其关键。这两种情况下的重点都是：顾客是否愿意且有能力按时付款？请注意，当标准设得太低，坏账损失就会过高；反之，标准设置过高，就会导致销量减少，利润下降。因此，必须在提高信用标准的成本与收益之间权衡。

⊖ 当赊销商品时，会涉及两个科目——卖方公司的资产类科目应收账款和买方公司的负债类科目应付账款。因此，我们从卖方角度来分析这笔交易，我们应关注卖方的应收账款的变动。在本章第 9 节中，我们从买方的角度分析应付账款作为资金来源的情况，并将其成本与从其他来源获得的资金成本进行比较。

（4）**收账政策**（collection policy）是指用来收回逾期应收账款的程序。有时候，公司在应收账款逾期很久了仅发出一系列很有礼貌的信件，但有时会很快地将逾期应收账款交给收账公司处理。强硬的收账方式很有必要，但如果压力过大，可能会流失一些高利润的客户。因此，还是需要权衡不同收账政策的成本与收益。

公司一般会公开其**信用条款**（credit terms），列示其信用期间与折扣政策。例如，联合食品公司会声明其信用条款为 2/10，N/30，也就是说如果 10 天内付款，客户可以享受 2% 的折扣，即使放弃折扣也要在 30 天内付款。信用标准和收账政策较为主观，一般不公开在信用条款里列示。

16.8.2　制定并实施信用政策

基于以下 3 个原因，信用政策非常重要：①对销售有很大影响；②影响应收账款占用的资金数量；③影响坏账损失。鉴于其重要性，通常由财务、营销、生产部门的总经理和副总经理构成的公司执行委员会最终决定信用政策。一旦政策制定出台，财务主管领导下工作的信用经理必须执行并监督其效果。信用部门管理需要迅速、准确、及时地获取信息。包括益博睿、艾贵发、环联等在内的机构使用计算机互联网收集、存储并传递信息。作为一项业务，邓白氏公司在互联网上提供收费的详尽的信用报告。企业的信用报告包括以下内容。

（1）资产负债表及利润表摘要。

（2）关键指标及其趋势。

（3）从供应商处获得的信息，比如公司会及时付款还是拖延，最近是否有无法支付的款项。

（4）对公司经营情况的文字描述。

（5）对公司所有者背景的文字描述，包括之前可能存在的破产、诉讼、离婚协议问题等。

（6）评级总结，级别从 A 到 F，A 代表信用风险最低，F 则表示可能违约。

信用分数（credit score）是指基于统计分析给出的描述一个潜在客户无法按期支付货款的可能性。借助计算机分析系统可以做出更好的信用决策，但在最终分析时，大部分信用决策需要依靠职业判断。⊖

我们一直在强调信用销售的成本。但若是能以信用方式销售并对尚未收回的应收账款收取利息，那么信用销售实际获得的利润会比现金销售更高。特别是对那些耐用消费品（汽车、家电等）以及一些工业设备来说更是如此。⊜实际上，一些公司采用信用销售比现金销售获利更多，其销售人员也因此获得更高的佣金。

尚未收回的应收账款利率通常为 18%，即每月 1.5%，1.5%×12=18%。这相当于有效年利率为 $1.015^{12}-1.0 = 19.6\%$。除非坏账损失太大，否则通过尚未收回的应收账款赚取超过 18% 的收益无疑很合算。

在制定信用政策时还需考虑法律因素。根据《罗宾逊 – 帕特曼法案》（Robinson-Patman Act），如果不是根据成本调整价格，对不同客户收取补贴价款是违法的。同样，对某位或某类客户提供比其他客户更优惠的信用条款也是违法的，除非这种差异与成本有关。

16.8.3　监控应收账款

某一时点尚未收回的应收账款总额取决于信用销售额及从销售到回款的平均时长。例如，假设波士顿木材公司（BLC 公司）是一家木材制品批发商，日销售额 1 000 美元（全部是信用销售），要求顾客 10 天内付款。公司没有坏账或延迟付款的客户。根据这些条件，其在应收账款上占用的资金为 10 000 美元。

$$应收账款 = 日信用销售额 × 收款时间 \qquad (16\text{-}5)$$
$$= 1\,000 × 10 = 10\,000（美元）$$

如果信用销售额或收款时间发生变动，则应收账款也会变化。例如，若日销售额增加到 2 000 美元，则应收账款也会翻番，公司必须额外增加 10 000 美元来为增加的应收账款融资。同理，如果收款时间延长到 20 天，也会使应收账款翻番，也需要更多的资金。

⊖ 信用分析师使用很多方法进行信用评估，包括高度复杂的计算机信用评分系统（计算客户违约的概率）以及一些非正式程序（关注信用申请交易时需考虑的相关因素）。信用评分系统通过关注企业不同的财务比率（如流动比率和债务比率等），关注个人收入、在同一雇主单位工作年限和个人偏好等来确定违约的统计概率。贷款只授予那些违约概率低的客户。这一非正式流程通常检查信贷的"5C"：特征、能力、资本、担保和条件。特征是显而易见的，能力是对偿还能力的一种主观估计，资本表示债务人有多少净资产，担保表示保障贷款的资产，条件指的是影响还款能力的商业环境。

⊜ 融资销售业务量大的公司通常下设专属融资公司来进行融资工作。例如，福特、西尔斯和 IBM 都设有专属融资公司。

如果管理不够谨慎，状况好的客户付款时间延长，则收款时间就会延长，如果是向状况稍差、付款缓慢甚至不付款的客户销售，可能导致坏账。所以，监管应收账款十分重要。一种易于使用的管控方法是采用应收账款周转天数（DSO），第 4 章计算的联合食品公司的 DSO：

$$DSO = 应收账款周转天数 = 应收账款 / 日均销售额 = 应收账款 / （年销售额 / 365）$$
$$= 375 / （3\,000 / 365） = 375 / 8.219\,2 = 45.625（天）\approx 46（天）$$
$$行业平均水平 = 36（天）$$

联合食品公司的日均销售额（average daily sales，ADS）是 821.92 万美元，这些销售额在 45.625 天内没有偿还。如果将 DSO 与日均销售额相乘，就可以确定应收账款的资金占用数：

$$应收账款资金占用 = ADS \times DSO = 8.219\,2 \times 45.625 = 375（百万美元）$$

但是，请注意，如果联合食品公司更快地收回其应收账款，将 DSO 降低到行业平均水平 36 天，其应收账款将下降 7\,911 万美元，仅有 2.958\,9 亿美元。DSO 还可以与公司的信用条款比较。联合食品公司要求客户在 30 天内付款，所以其 DSO 应不大于 30 天。显然，一些客户延迟付款了，所以其收账政策与实际操作仍有改进的空间。[⊖]

- - - - - - - - - -

自我测验

1. 信用条款是什么？
2. 信用政策的 4 个要素是什么？
3. 如何定义应收账款周转天数，从中可以得到什么启发，它如何受季节性销售波动影响？
4. 什么是信用政策，如何评估信用政策？
5. 收账政策如何影响销售额、收账时间及坏账损失比率？
6. 现金折扣如何影响销量和应收账款周转天数？
7. 法律因素如何影响公司的信用政策？

- - - - - - - - - -

16.9　应付账款（商业信用）

公司通常会以赊购的方式从其他公司购入商品并把这一债务记为应付账款。应付账款又称**商业信用**（trade credit），是短期负债中最大的单个科目，一般占公司流动负债的 40%。商业信用是随着企业交易活动自发形成的融资模式。例如，假定公司以 N/30 的条件购入 1\,000 美元的货物，意味着必须在发票日后 30 天内付款。这就立刻自动地为企业提供了一笔为期 30 天的 1\,000 美元的贷款。如果企业平均每天购入 1\,000 美元货物，就相当于它从供应商那里获得 30 笔 1\,000 美元或一笔 30\,000 美元的贷款。如果采购金额翻倍，其应付账款也会翻番至 60\,000 美元。于是，公司就自然而然地增加了 30\,000 美元的融资。类似地，如果信用条款从 30 天延长到 40 天，其应付账款将从 30\,000 美元增加到 40\,000 美元。可见，增加采购和延长信用期间会产生额外融资。

商业信用可能是免费的，也可能成本很高。如果销售方不提供折扣，则使用这一贷款就是零成本免费的。但如果有折扣，情况就变得复杂了。例如，PCC 公司以 2/10，N/30 的信用条款每天买入标价 100 美元的芯片 20 个。此时，因为在 10 天内付款可以 98 美元的价格购入芯片，故"真实"价格是 0.98 × 100 = 98 美元。可见，100 美元的标价由两部分组成：

$$标价 = 98 美元"真实"价格 + 2 美元财务费用$$

如果 PCC 公司决定享受折扣，它将在第 10 天付款，应付账款为 19\,600 美元。[⊖]

⊖ 另一种用于监管应收账款的工具是账龄分析表，它能反映出不同账龄的应收账款的金额和比例。参见 "Supply Chains and Working Capital," in Eugene F. Brigham and Phillip R. Daves, *Intermediate Financial Management*, 14th edition (Mason, OH: Cengage Learning, 2022).

⊖ 这里出现一个问题：应付账款应该反映总金额还是折扣后净额呢？一般公认会计原则认为没有重大影响时两种处理方法都可以，但如果折扣影响重大，就必须考虑应付账款的折扣或实际的金额。因放弃折扣的成本形成一项额外的支出，被称为"折扣损失"。这突出了放弃折扣往往成本较高。在 PCC 公司的案例中，每天的应付账款项是 20 × 98 = 1\,960 美元，而不是 2\,000 美元；如果它没有采取折扣，则需全额支付 2\,000 美元，每天就会产生 40 美元的折扣损失。

$$应付账款（享受折扣）= 10 \times 20 \times 98 = 19\,600（美元）$$

如果 PCC 公司决定推迟到第 30 天付款，则商业信用将是 60 000 美元。

$$应付账款（放弃折扣）= 30 \times 20 \times 100 = 60\,000（美元）$$

由于放弃折扣，因此 PCC 公司可以得到额外的 40 400 美元商业信用，但这 40 400 美元的贷款成本很高，因为公司为了得到它必须放弃折扣。因此，PCC 公司必须回答如下问题：我们能否通过其他成本更低的渠道（比如银行）取得这 40 400 美元？

为了说明这一点，假设 PCC 公司每年运营 365 天，每天以 98 美元的"真实"价格购入 20 个芯片，则公司的总采购额是 $20 \times 98 \times 365 = 715\,400$ 美元。如果放弃折扣，则这些芯片会花费 $20 \times 100 \times 365 = 730\,000$ 美元，比原来多了 14 600 美元。这 14 600 美元就是额外的 40 400 美元贷款的年度成本。用 14 600 美元的成本除以 40 400 美元的额外贷款，就可以得到额外商业信用的名义年成本为 36.14%。

$$商业信用的名义年成本 = 14\,600 / 40\,400 = 36.14\%$$

如果 PCC 公司可以从银行或其他渠道以低于 37.24% 的成本借到资金，它就应该享受折扣，只使用 19 600 美元的商业信用。

可以用下列公式得到相同结果：

$$商业信用的名义年成本 = 折扣率 / （100 - 折扣率） \times 365 / （信用期间 - 折扣期间）$$
$$= 2/98 \times 365/20 = 2.04\% \times 18.25 = 37.24\% \tag{16-6}$$

第一项的分子"折扣率"是每一美元信用贷款的成本，分母"100 - 折扣率"表示放弃折扣时的"真实"价格。所以，第一项 2.04% 是每一期间商业信用的成本。第二项的分母是放弃折扣时获得额外贷款的天数，所以整个第二项说明了该项成本每年会发生的次数，本例中为 18.25 次。$^{\ominus}$

这一背景下，我们可以定义两种类型的商业信用：免费的和有成本的。

（1）**免费的商业信用**（free trade credit）是指不需要付出成本就能取得的商业信用，包括所有不需要放弃折扣就可以获得的商业信用。在 PCC 公司的例子中，它以 2/10，N/30 的信用条款购入货物，在第一个 10 天里的商业信用（19 600 美元）就是免费的。

（2）**有成本的商业信用**（costly trade credit）是指免费商业信用之外的商业信用。对 PCC 公司来说，为了获得另外那 20 天的 40 400 美元，就需要放弃折扣，所以不是免费的。

公司应使用免费的商业信用，只有在它们无法从其他渠道获得更低成本的资金时才使用有成本的商业信用。$^{\ominus}$

难以控制的平衡点

在经济困难时期，许多公司难以获得用于营运的贷款，因此它们更加依赖商业信用。通常，供应商非常愿意提供商业信用，因为这有利于保持有价值的客户关系。

但《首席财务官》杂志上的一篇文章指出，当客户付款很慢时，供应商经常面临一个艰难的权衡。一方面，你担心可能会失去客户而不想催款催得太急。但另一方面，客户付款期间越长，占用的现金就越多，收不回款项的风险也就越大。

该文从其他文章中引用一家外包公司信贷部门的主管帕姆·克兰克的案例。克兰克建议密切关注应收账款周转期来预测顾客付款的及时性。她指出，"如果你的客户超过 80 天没有收到其客户的付款，你就会在 30 内收不到款。"与此同时，克兰克认为必须对拖延付款的客户保持警惕，但你不能不和他们做生意，尤其是在困难时期。她断言："你不能说因为他们风险很高，所以我们不卖给他们。"信贷风险监控的首席执行官杰瑞赞同克兰克的观点，也认为有时必须与付款

$\ominus$　名义年成本公式没有考虑复利，按有效年利率计算的商业信用的成本更高。折扣相当于利息；在 2/10，N/30 的信用期间，该公司的资金使用期间是 30 - 10 = 20 天。所以，每年包括"利息期间"的个数为 365/20 = 18.25。在式（16-6）第一部分中，折扣率 / （100 - 折扣率） = 0.02/0.98 = 0.020 4 是一个期间的利率。每年包括 18.25 个期间的利息，所以有效的年度商业信用成本是 44.6%。

$$有效年利率 = 1.020\,4^{18.25} - 1.0 = 1.445\,9 - 1 = 44.6\%$$

因此，式（16-6）中 37.2% 的名义成本计算方程低估了实际利息成本。

$\ominus$　注意，推迟付款可以降低商业信用的成本。如果 PCC 公司在 60 天内付款，而不是规定的 30 天内，实际信用期间将变成 60 - 10 = 50 天，放弃折扣的次数降至 365/50 = 7.3，名义年成本将从 37.2% 降至 $2.04\% \times 7.3 = 14.9\%$。这叫作应付账款延期付款，这会损害公司的声誉且以后可能会导致一些问题。

慢的客户做生意，尤其是公司可以从该销售中获得高额利润的时候。

再看一个类似的问题，2009 年《华尔街日报》的一篇文章认为，在 2007—2009 年的经济衰退中，大公司和小公司以不同的方式来权衡这些问题。在经济衰退中，销售额超过 50 亿美元的公司收账稍稍加快了（2008 年平均收账期为 41.9 天，2009 年为 41 天），但它们付款的时间延长了（2008 年为 42.9 天，2009 年为 55.8 天）。相比之下，销售不到 5 亿美元的公司刚好相反。这些公司 2009 年付款加快了（2009 年为 40.1 天，而 2008 年为 42.9 天），但它们的收款时间变

慢了（2009 年为 58.9 天，而 2008 年为 54.4 天）。

十多年后，大公司和小公司在应对新冠疫情造成的巨大经济影响时，将再次面临同样的权衡问题。除了是否按时向供应商付款外，还存在其他问题。实际上，很多公司也在为类似的问题苦苦挣扎，比如，在经济低迷期间是否能够按时支付租金或者继续支付员工工资。

资料来源：Vincent Ryan, "Slow Burn: What Should You Do When Customers Are Slow to Pay?" *CFO* (cfo.com), April 1, 2010; and Serena Ng and Cari Tuna, "Big Firms Are Quick to Collect, Slow to Pay," *The Wall Street Journal* (online.wsj.com), August 31, 2009.

▌ 提问 ▐

问题：

戴安娜设计公司最近在佛罗里达州东北部开了一家高档服装店。老板要决定是否使用供应商提供的折扣，即是否在月底前付款。如果在 15 天内付款，戴安娜供应商给予 3% 的折扣，否则付款截止日期是购货后 30 天。戴安娜名义和有效的年商业信用成本是多少？

答案：

商业信用名义年成本

$$= 折扣率 / (100 - 折扣率) \times$$
$$365 / (信用期间 - 折扣期间)$$
$$= 3/97 \times 365 / (30-15) = 3.093\% \times 24.333 = 75.26\%$$

商业信用有效年成本 $= 1.030\ 93^{24.333} - 1.0 = 109.84\%$

很明显，商业信用的有效成本非常高。所以，如果戴安娜有能力在 15 天内付款，就应该享受供应商提供的 3% 的折扣。

自我测验

1. 什么是商业信用？

2. 免费商业信用和有成本的商业信用间的区别是什么？计算商业信用名义年成本的公式是什么？商业信用的名义年成本是否低于有效年成本？请解释。

16.10 银行贷款

本节介绍银行贷款的主要特征，银行贷款是企业及个人短期融资的另一个重要途径。

16.10.1 银行票据

本票（promissory note）是指会详细说明银行贷款的条款。下面是大部分本票会包含的主要内容。[注]

（1）金额。说明贷款金额。

（2）到期日。尽管银行也提供长期贷款，但其大量的贷款仍是短期的——约 2/3 的银行贷款在 1 年或 1 年内到期。长期贷款通常有特定的到期日，短期贷款可能有也可能没有到期日。例如，一笔贷款可以在 30 天、90 天、6 个月或 1 年到期，也可以要求"见票即付"，这时只要借款人想继续使用资金且银行同意，就可以一直续贷下去。银行贷款经常采取 90 天期限的银行本票的形式，这些贷款必须在 90 天到期时归还或者续贷。通常，这些贷款可以在到期时续贷，但是如果贷款人的财务状况恶化，银行可能会拒绝续贷，这可能导致企业破

⊖ 有时，银行本票会规定公司必须维持一笔补偿性余额等于票面金额 10% ～ 20% 的贷款。这通常会增加贷款的实际成本。与几年前相比，如今补偿余额的使用大大减少了。

产。除非客户的信用价值已经恶化，否则银行不会要求客户还款，因此，一些短期贷款可以被客户使用好几年，利率随着经济波动而浮动。

（3）利率。利率可以是固定的，也可以是浮动的。大笔贷款的利率通常与银行的最优惠利率、短期国债利率挂钩。票据中还会说明计算利率时银行是按照 360 天 / 年还是 365 天 / 年。标注的利率是名义年利率，有效年利率一般更高。

（4）只付利息与本息摊销。有些贷款可以在贷款期间只需要支付利息，当贷款到期时才偿还本金。贷款也可以本息摊销，是指每个支付日都要偿还部分本金。本息摊销贷款也称分期偿还贷款。

（5）利息支付频率。如果本票以只付利息为基础，那么会说明支付利息的频率。利息一般按天计算、按月支付。

（6）贴现利率。大部分贷款在发放后要求支付利息，但银行也可以在贴现的基础上发放贷款，此时利率需要提前支付。在此类贷款中，借款人实际收到的资金低于贷款面值，这会增加实际成本。

（7）附加利息贷款。汽车贷款和其他消费者分期贷款偿还通常在附加的基础上计算，意味着贷款期间的全部利息费用计算出来后预加到贷款本金上，每个期间贷款偿还额等于全部利息加上本金之和除以贷款偿还的期数。此时借款人签署的本票要求在贷款期间必须支付所收到的资金和所有利息。附加利息的特点增加了贷款的实际成本。

（8）抵押。如果贷款得到设备、建筑物、应收账款或存货的担保，则需要在票据中说明。在第 16.13 节中将详细介绍贷款担保。

（9）限制性条款。票据中还可能特别说明借款人必须将流动比率、利息保障倍数等保持在一定水平，而且说明如果借款人没有达到这些要求会如何处理。违约条款通常允许债权人要求立即偿还全部贷款余额，或在违约情况消失前提高利率。

（10）贷款担保。如果借款人是一家小公司，银行会坚持要求大股东以自身名义为贷款担保。人们已经发现，陷入困境的公司股东往往从公司向相关方或他们自己拥有的其他机构转移资产，所以银行通过获得大股东担保来保护自己。

16.10.2 信用额度

信用额度（line of credit）是指银行和借款人之间的约定，说明了银行授予借款人的最大信用额度。例如，银行贷款经理可能在 12 月时向公司的财务经理说明，借款人的财务状况没有恶化，银行认为企业"有资格"在明年得到最多 80 000 美元贷款。如果在 1 月 10 日财务经理签了一张为期 90 天 15 000 美元的本票，那么可以视为从信用额度里"取出了" 15 000 美元。这 15 000 美元会存入公司的支票账户，在偿还之前，公司还可以借出另外的 65 000 美元，总计 80 000 美元。这种信用额度是非正式的，没有约束力，下面将介绍正式的、有约束力的额度。

16.10.3 循环信贷协议

循环信贷协议（revolving credit agreement）是正式的信用额度。例如，2021 年得克萨斯的一家石油公司与几家银行签订了 1 亿美元的循环信贷协议。银行承诺，如果公司有需要，可以在 4 年内向公司最高提供 1 亿美元的贷款。公司则需要每年为协定中尚未使用的额度支付 0.25% 的费用，来为银行做出的承诺提供补偿。所以，如果公司在 1 年内没有使用该协议中的任何款项，那么它需要支付 250 000 美元的年费，一般每月支付 20 833.33 美元。如果公司在协议的第 1 天借款 5 000 万美元，剩余未使用的部分降低到 5 000 万美元，年费将降低到 125 000 美元。当然，公司实际借到的资金仍然需要支付利息。此时，循环贷款的利率与 1 年期的短期国债挂钩，故贷款成本会随着利率变化而变动。⊖

注意，循环信贷协议类似于非正式的信用额度，但又有一个重要的区别：银行有法律义务履行循环信贷协议并收取承诺费。而非正式的信用额度下，既没有法律义务，也没有费用。

⊖ 每一个银行都设置了最低利率，但迫于竞争压力，大多数银行的最优放款利率是相同的。此外，大多数银行跟随纽约的大型银行设定的利率设定。近年来，许多银行给大公司的借款利率低于最低利率。正如我们在第 16.11 节讨论的，大公司已准备进入商业票据市场；如果银行想与这些公司开展业务，其利率必须和商业票据利率相同（或至少接近）。

Victoria Ivashina 和 David Scharfstein 的研究表明信贷额度在 2007—2008 年的金融危机中发挥了重要作用。他们认为，许多企业借款人急于向银行就他们信用额度中未使用的部分申请贷款，因为他们担心如果危机恶化，银行将不能履行贷款承诺。在某些情况下，这就使他们在最需要资金的时候可以从银行获得宝贵的资金。但这种资金消耗削弱了银行提供新贷款的能力。[⊖]

16.10.4 银行贷款的成本

在同一时点，不同类型借款人的银行贷款成本不同，而对任何借款人来说，在不同时间银行借款的成本也不同。风险高的借款人利率更高。由于取得银行贷款会产生固定费用，因此一次小额贷款的利率也会较高。如果公司的规模和财务实力可以使它具备"优等信贷"资格，它就可以以**最优惠利率**（prime rate）得到借款，这曾是银行收取的最低利率。其他贷款的利率一般根据最优惠利率有所上浮。但向一些规模大、实力雄厚的客户提供的贷款利率是与伦敦银行间同业拆借利率（LIBOR）挂钩的，而这些贷款的成本一般低于最优惠利率。

例如，2020 年 7 月 8 日，最优惠利率：3.25%，3 个月 LIBOR：0.268 38%，向风险低、规模小的借款人发放的贷款利率通常在"最优惠利率的基础上加上 2.5 个百分点"，而提供给像得克萨斯石油公司这样的大客户的贷款利率则是在"最优惠利率的基础上减去 1 个百分点"。

随着经济状况和美联储政策的变化，银行利率也在不断变动。当经济走弱时，贷款需求不足，通货膨胀率较低，美联储有充足的资金可以提供。所以，所有类型的贷款利率都很低。与之相反，当经济繁荣时，贷款需求旺盛，美联储限制货币供应，结果利率很高。最优惠利率在 20 世纪 80 年代仅用 4 个月就从 11% 上升到 21%，在 1994 年则从 6% 上升到 9%，这些是可能发生的各种利率波动的例证。

1. 计算银行利息费用：常规利息或单利

银行根据不同的方法计算利息。本节，我们将介绍大多数商业贷款的程序。为了阐明这一观点，假定我们有一笔 10 000 美元的贷款，最优惠利率（目前 3.25%），一年按 360 天计息。利息按月支付，本金则在银行想要结束贷款时一次性偿还。这样的贷款叫作**常规利息**（regular interest）或**单利**（simple interest）贷款。

我们首先用名义利率（本例中是 3.25%）除以 360 得到每天的利率。这个利率用小数而不是百分数表示。

$$每日单利 = 名义利率 / 每年天数$$
$$= 0.032\,5/360 = 0.000\,090\,277\,78$$

为得到每月支付的利息，需要用日利率乘以贷款数量，然后乘以支付期间的天数。在我们举例的贷款中，每日利息费用是 0.000 090 277 78 美元，30 天的月总利息费用是 27.08 美元。

$$月利息费用 = 日利率 \times 贷款金额 \times 每月天数$$
$$= 0.000\,090\,277\,78 \times 10\,000 \times 30 = 27.08（美元）$$

贷款的实际利率取决于利息支付的频率——支付越频繁，实际利率越高。如果利息每年支付一次，名义利率就是实际利率。但如果利息必须每月支付，那么实际利率等于 $(1+ 0.032\,5/12)^{12} -1 = 3.298\,9\%$。

2. 计算银行利息费用：附加利息

银行和其他债权人经常在汽车贷款或其他类型的分期偿还贷款中使用**附加利息**（add-on interest）。"附加"一词意味着将利息计算出来并加到贷款本金中得出贷款面值。例如，假设你以附加利息条款借入 10 000 美元准备买车，名义利率为 3.00%，贷款需在 12 个月内分期还清。根据 3.00% 的附加利率，要支付的总利息为 10 000 × 0.03 = 300 美元。但因为该贷款要求每月分期偿还，所以你只能在第 1 个月使用全部的 10 000 美元，此后贷款余额持续下降，到最后一个月时，只有最初贷款金额的 1/12 尚在使用。这样，付出了 300 美元后只使用了一半的贷款面值，平均的可用资金只有 5 000 美元。因此，我们可以计算出年利率约为 6.00%。

$$年利率_{附加} = 支付的利息 / (贷款金额 / 2) = 300 / (10\,000/2) = 6.00\% \qquad (16-7)$$

银行将提供给借款人的年利率（annual percentage rate，APR）是 5.49%，而真正的有效年利率是 5.63%。这两个利率远高于名义利率 3.00%。

⊖ 参见 Victoria Ivashina and David Scharfstein，" Bank Lending During the Financial Crisis of 2008," *Journal of Financial Economics*, vol. 97, no. 3 (2010), pp. 319–338.

自我测验

1. 什么是本票？它通常包括什么条件？

2. 什么是信用额度？什么是循环信贷协议？

3. 银行使用常规利息和附加利息的区别是什么？

4. 如果一家公司以10%的单利借入500 000美元且按月支付利息，一年以365天计息，一个月30天需要支付多少利息？如果利息必须按月支付，有效年利率是多少？（4 109.59美元，10.47%。）

5. 如果这笔贷款附加利率为10%，在12个月里每个月月底支付分期付款，每月支付金额多少？年利率是多少？有效年利率是多少？（45 833.33美元，17.97%，19.53%。）

6. 有成本的商业信用成本一般如何与短期银行贷款的成本相比？

16.11 商业票据

商业票据（commercial paper）是实力雄厚的大公司——通常是金融机构开具的短期本票，目的是进行短期融资，主要销售给其他厂商、保险公司、养老基金、货币市场共同基金以及银行。商业票据的金额至少为10万美元。这种票据通常没有担保，但也会发行由信用卡债务和其他小额短期贷款作为保证的"资产担保票据"。2007年，金融机构的子公司，如花旗集团出售了大量的商业票据，用它来购买由次级抵押贷款支持的债券。这导致短期商业票据由低质量的长期债务作为支持。知晓实际情况后，商业票据到期时持有者常常拒绝延期，出售商业票据的金融机构被迫出售支持这些票据的抵押贷款，常常遭受巨大的损失。这迫使花旗集团和其他机构救助它们的子公司并承担数百亿美元损失。

大多数商业票据由金融机构发行。非金融企业也发行大量的票据，但它们通常更依赖银行贷款作为短期融资。例如，2020年5月美联储报道说非金融企业发行的商业票据总额约2 820亿美元——同月，银行向商业企业和工业企业的贷款总量才刚刚超过3.030 1万亿美元。

自我测验

1. 什么是商业票据？

2. 哪类公司使用商业票据来满足其短期融资需求？

16.12 应计项目（应计负债）

正如我们在第3章中讨论的，企业通常每周1次、每两周1次或每月1次给员工支付工资，所以资产负债表通常显示了一些应计未付工资。同样，公司会自己估计所得税、从员工工资中代扣的社保和所得税，营业税一般按周、按月或按季度支付。因此，资产负债表通常显示了一些应计未付工资和税收，我们称为**应计项目**（accruals）。

应计项目从公司的经营活动中产生，所以它们是**自发性资金**（spontaneous funds）。例如，如果销售额增加了50%，应付薪酬和税费也会增加约50%。由于不需要为应计项目支付利息，因此它们是"免费"的。但是，由于工资的支付时间由行业习惯确定，税费支付由法律确定，因此公司往往无法控制应计项目的数额。可见，公司可以使用所有能用的应计项目，却无法控制其多少。

自我测验

1. 什么类型的短期融资被归类为应计负债？

2. 什么是应计负债成本？假设应计项目的成本足够低，公司为什么不频繁地使用呢？

16.13 在短期融资中使用证券

其他条件保持不变时，借款人倾向于使用无担保短期债务，因为与**担保贷款**（secured loan）相关的簿记成本很高。但公司可能会发现：只有当它们提供抵押物来保护债权人时才能获得贷款，为贷款提供担保可以降低借款利率。

股票和债券、土地和建筑物、设备、存货、应收账款都可以作为抵押物。但是，需要贷款的公司很少会持股票和债券组合。与之类似，虽然土地、建筑物、设备也是很好的抵押物，但它们一般用来作为长期贷款的担保，而很少作为短期营运资本贷款的担保。因此，大部分需要担保的短期贷款通常使用应收账款和存货作为抵押。

为了理解如何使用担保，我们以一个芝加哥的计算机商户为例，他想要扩大店面，并进行现代化的装修，需要 20 万美元的借款。在查看了财务报表后，银行确认最多可以借给他 10 万美元无担保贷款，利率 10%。但是，公司有 30 万美元的应收账款可以作为抵押，这样银行同意借出 20 万美元，并可以按 3.25% 的最优惠利率执行。管理贷款的手续费很高，但即便如此，担保贷款的成本还是比无担保贷款的成本低。

如果一笔贷款的抵押物存放在债务人处，则需要由该抵押品所在地的州政府对 UCC-1 表格存档（UCC 即《美国统一商法典》），并签署保证协议（也是《美国统一商法典》的一部分）规定其实质约束作用。UCC-1 表格使得借款人无法使用同一抵押物为不同债权人的贷款提供担保，保证协议中也规定在什么情况下债权人可以取得抵押物。

自我测验

1. 从借款人的角度来看，担保贷款的优点和缺点是什么？
2. 常用作短期贷款抵押物的两种流动资产是什么？
3. 如果没有 UCC-1 表格存档，借款人会如何钻贷款方的空子？

本章小结

本章讨论了流动资产的管理，包括现金、有价证券、存货和应收账款的管理。流动资产是必不可少的，但持有它们会产生相关的成本。如果公司可以在不影响销售的前提下减少其流动资产，就可以增加利润。投资流动资产必须融资，融资可以是长期债务、普通股，或短期信贷的形式。公司通常使用商业信用和应计项目，也会使用银行贷款或商业票据。

尽管流动资产及其融资过程可以像本章这样分析，但现实中要在公司总体融资计划的背景下做出决策。我们将在下一章介绍融资计划并继续讨论营运资本。

自测题

ST-1 关键术语

定义下列术语：

a. 营运资本、净营运资本、净经营营运资本
b. 宽松的投资策略、严格的投资策略、适中的投资策略
c. 永久性流动资产、暂时性流动资产
d. 流动资产融资策略、期限匹配法或自我清算法
e. 现金循环周期、存货周转期、平均收账期、应付账款周转期
f. 现金预算、最佳现金持有量
g. 锁箱、应收账款

h. 信用政策、信用期间、折扣、信用标准、收账政策、信用条款、信用分数
i. 商业信用、免费的商业信用、有成本的商业信用
j. 本票、信用额度、循环信贷协议
k. 最优惠利率、常规利息或单利、附加利息
l. 商业票据、应计项目、自发性资金
m. 担保贷款

ST-2 流动资产投资策略 卡尔加里公司正考虑修改其流动资产投资策略。其固定资产为 60 万美元，销售额预计为 300 万美元，息税前利润/销售比率预计为 15%，所有债务利率均为 10%，联邦税加州税税

率是 25%，卡尔加里计划将资产负债率保持在 50%。有 3 个可供选择的流动资产投资策略：预计销售额的 40%、50%、60%。每种策略下的净资产收益率分别是多少？

ST-3 流动资产融资策略　Vanderheiden 媒体公司和 Herrenhouse 出版公司截至 2021 年 12 月 31 日的资产负债表（单位：千美元）如下。

	Vanderheiden 媒体公司	Herrenhouse 出版公司
流动资产	100 000	80 000
固定资产（净值）	100 000	120 000
资产总额	200 000	200 000
短期负债	20 000	80 000
长期负债	80 000	20 000

（续）

	Vanderheiden 媒体公司	Herrenhouse 出版公司
普通股	50 000	50 000
留存收益	50 000	50 000
负债和所有者权益总额	200 000	200 000

两家公司的息税前利润均为 3 000 万美元，实际联邦税加州税税率是 25%。

a. 如果短期债券的利率是 2%，长期债券的利率是 5%，两家公司的净资产收益率分别是多少？

b. 假设短期利率上升到 9%，新长期债务利率上升到 7%，现有长期债务利率保持不变。两家公司的净资产收益率会如何？

c. 哪家公司的风险更高？为什么？

简答题

16-1 持有高水平的流动资产对销售有何利弊？请用杜邦等式分析。

16-2 定义现金循环周期（CCC）并解释为什么在其他条件不变时，如果降低现金循环周期，公司的利润会增加。

16-3 现金的两个定义是什么？为什么企业财务主管经常使用第 2 个定义？

16-4 什么是现金预算，它如何用于减少公司的最佳现金持有量？每日 / 每月现金预算有何优缺点？当公司正谈判银行贷款时，现金预算如何发挥作用？

16-5 公司信用政策的 4 个关键因素是什么？宽松的信用政策与严格的信用政策有何不同？举例说明 4 种因素在两种政策间的不同。宽松与严格的信用政策如何影响销售？如何影响利润？

16-6 如何采取期限匹配法对资产（包括流动资产）进行融资？激进或保守的方法与期限匹配法有何不同，它们分别如何影响预期利润和风险？一般来说，是否有哪种方法更优？

16-7 为什么有的商业信用是免费的而有些是有成本的？如果公司以 2/10，N/30 的信用条款购货，并在第 30 天付款，其资产负债表上应付账款为 30 万美元，这 30 万美元的信用都是免费的吗，还是一部分免费一部分有成本？阐述你的答案，不必计算。

16-8 定义下列贷款术语并解释其相互之间有何联系：最优惠利率、商业票据利率、单利计息并按月支付利息的银行贷款利率、附加利率方法的分期付款贷款利率。如果上述每种贷款利率均为 6%，它们的有效年利率相等吗？解释一下。

16-9 为什么应计项目又称自发性资金，其成本如何，为什么公司不会过多地使用它？

16-10 用 +、− 或 0 表示以下事件是否会导致应收账款（A / R）、销售和利润增加、减少，或以不确定的方式产生影响？

	应收账款	销售	利润
公司收紧信用标准			
信用条款从 2/10，N/30 变为 3/10，N/30			
信用条款从 2/10，N/30 变为 3/10，N/40			
信用经理对逾期账款采取强硬手段			

问答题

（16-1 ～ 16-3 为简单题）

16-1 现金循环周期　帕拉摩集团有 1 200 万美元的销售额，300 万美元的存货，325 万美元的应收账款，125 万美元的应付账款。其销货成本是销售额的 75%，营运资本以利率 8% 的银行贷款融资。帕拉摩集团的现金循环周期是多少？如果帕拉摩集团存货和应收账款各降低 10% 的同时增加 10% 的应付账款，而不影响销售额或销货成本，新的现金循环周期是多少？会释放出多少现金？如何影响税前利润？

16-2 应收账款投资　莱顿木材公司每年的销售额达 1 200

万美元，信用条款是要求客户 30 天内付款，应收账款是 150 万美元。如果所有客户按时支付，莱顿木材公司应收账款周转天数是多少？如果莱顿木材公司采取行动敦促客户按时支付会有多少资金将被释放？

16-3 商业信用和银行贷款的成本　兰开斯特木材公司以"3/5，N/55"的信用条款购入 800 万美元（折扣后净额）的材料，在第 5 天付款可以享受折扣。公司计划扩大经营规模，这就需要额外的融资。如果兰开斯特木材公司放弃折扣，可以获得多少额外的商业信用？名义和有效的年商业信用成本分别是多少？如果公司可以从银行贷款，利率 9%，利息按月支付，1 年以 365 天计息，则银行贷款的实际成本是多少？兰开斯特木材公司应该选择哪种融资方式？为什么？

（16-4 ～ 16-6 为中等难度题）

16-4 现金循环周期　Zane 公司的存货周转期为 64 天，平均收账期为 28 天，应付账款周转期为 41 天。

a. Zane 公司的现金循环周期是多少？

b. 如果 Zane 公司的年销售额是 2 578 235 美元且都为信用销售，则应收账款占用多少资金？

c. Zane 公司的存货 1 年周转几次？假设销货成本是销售额的 75%。

16-5 应收账款投资　McEwan 公司以 3/10，N/30 的信用条款销售。全年总销售额为 1 921 000 美元，40% 的顾客在第 10 天付款并享受折扣，而其余 60% 平均在购货后 70 天付款。

a. McEwan 公司的应收账款周转天数是多少？

b. McEwan 公司的平均收账期是多少？

c. 享受折扣的商业信用客户的成本比率是多少？

d. 70 天内付款放弃折扣的商业信用客户的成本比率是多少？

e. 如果 McEwan 公司强化其收账政策，所有客户必须 30 天内付款，其应收账款会如何变化？

16-6 营运资本投资　Pash 公司生产摩托车电池，每天制造 1 400 个，每个电池材料和劳动力成本为 7 美元。将原材料生产成一个电池要 22 天。Pash 公司给其客户 40 天的付款期限，而它一般在 30 天内向供应商付款。

a. Pash 公司的现金循环周期是多少？

b. 如果 Pash 公司每天可以生产 1 400 个电池，它需要筹集多少营运资本？

c. 如果 Pash 公司应付账款周转期延长至 33 天，其所需筹集的营运资本可以减少多少？

d. Pash 公司管理层正分析计划新的生产工艺对其营运资本投资的影响。新生产工艺可以将其存货周转期降至 17 天，同时将日产量提高到 2 400 个电池。但是材料和劳动力成本将增加到 12 美元。假设采用新生产工艺不会影响平均收账期（40 天）或应付款项周转期（30 天），那么公司的现金循环周期和营

运资本投资需求会是多少？

（16-7 ～ 16-10 为具有挑战性的难题）

16-7 现金循环周期　克里斯蒂公司正在确定其存货周转期和应收账款周转天数对其现金循环周期的影响。其 2021 年的销售额（都是信用销售）为 12.1 万美元，销货成本是销售额的 80%，净利润为销售额的 2%，即 2 420 美元。全年存货周转 5.6 次，应收账款周转天数为 37 天。公司的固定资产总额为 42 000 美元，应付账款周转天数为 35 天。

a. 计算克里斯蒂公司的现金循环周期。

b. 假设克里斯蒂公司的现金和有价证券持有量可以忽略不计，计算其总资产周转率和 ROA。

c. 克里斯蒂公司的管理者认为存货周转次数可以提高到 7.92 次。如果在 2021 年存货周转次数提高到 7.92 次，其现金循环周期、总资产周转次数和 ROA 会怎样变化？

16-8 流动资产投资策略　Rentz 公司正在调查流动资产的最优水平为来年做准备。管理者预计目前的资产扩张会使得销售额增加到约 200 万美元。公司的固定资产总额为 100 万美元，它计划将资产负债率保持在 60%。目前公司短期和长期债务的利率都是 5%（公司会长期适用该利率）。预测流动资产水平有 3 种方法：①流动资产只占预计销售额的 45% 的严格策略；②流动资产占销售额的 50% 的适中策略；③流动资产占销售额的 60% 的宽松策略。息税前利润是总销售额的 12%，联邦及州地方税的税率为 25%。

a. 每种流动资产水平下的预期股东收益是多少？

b. 这一问题中，我们假设预期销售额与流动资产投资策略无关。这一假设合理吗？为什么？

c. 不同策略对公司所承担的风险有何影响？

16-9 锁箱系统　Fisher-Gardner 公司（FGC）是一家小型服务型公司，5 年前在底特律地区开始经营，但其声誉和市场区域增长很快，如今 FGC 客户遍布美国。尽管有广泛的客户基础，但 FGC 一直将总部和账单处理部门设置在芝加哥。从客户发出付款邮件到 FGC 接收、处理并存入账户平均需要 7 天。FGC 想建立一个锁箱系统，它预计可以将客户发邮件到款项入账的时间减少 2 天，即仅需要 5 天。FGC 平均每天收到客户付款 230 万美元。

a. 如果使用锁箱系统，FGC 公司将少占用多少现金？假设公司停止扩张，该现金流是一次性的还是重复的？扩张对结果有何影响？

b. 如果 FGC 有 6% 的机会成本，则锁箱系统每年价值多少？

c. FGC 每月最多为锁箱系统付费多少？

16-10 现金预算　海伦时尚设计公司的老板海伦·鲍尔斯打算从银行获得一个信用额度，以下是她对公司

2021 年和 2022 年的销售预测（单位：美元）。

2021 年 5 月	180 000
2021 年 6 月	180 000
2021 年 7 月	360 000
2021 年 8 月	540 000
2021 年 9 月	720 000
2021 年 10 月	360 000
2021 年 11 月	360 000
2021 年 12 月	90 000
2022 年 1 月	180 000

从信贷部门获取的应付账款数据如下：销售当月收回 10%，销售完成次月收回 75%，销售后第 2 个月收回 15%。应付职工薪酬和原材料价款于服务提供的次月支付。以下是职工薪酬加上原材料的估计（单位：美元）。

2021 年 5 月	90 000
2021 年 6 月	90 000
2021 年 7 月	126 000
2021 年 8 月	882 000
2021 年 9 月	306 000
2021 年 10 月	234 000
2021 年 11 月	162 000
2021 年 12 月	90 000

员工和管理层工资大约每月 27 000 美元，长期租赁费用每月 9 000 美元，折旧费用每月 36 000 美元，零杂费用每月 2 700 美元，63 000 美元的所得税费用分别于 9 月和 12 月支付，10 月需为新设计工作室分期付款 180 000 美元。7 月 1 日的库存现金是 132 000 美元，在现金预算期间最低现金余额应保持在 90 000 美元。

a. 对 2021 年最后 6 个月进行月度现金预算。

b. 准备月度所需融资或盈余资金的评估，即鲍尔斯需要借入或可用于投资的金额。

c. 现假设每月销售收入均匀入账（即每天收到全月销售收入的 1/30），但所有的现金流出都在 5 日支付。这对现金预算有影响吗？即目前的现金预算在这一假设下是否还有效？如果没有，可以做什么来对融资需求峰值进行有效估计？不需要计算，但如果你愿意，可以使用计算阐述影响。

d. 公司的销售是季节性的，其生产也是季节性的，刚好在销售之前进行。不做任何计算，讨论如果所有融资需求与短期银行贷款吻合，公司的债务比率在 1 年内将如何变化。这些比率的变化会影响公司获得银行贷款的能力吗？解释一下。

综合 / 电子表格问题

现金预算 使用电子表格模型再做 16-10 题。完成 a-d 部分后回答下列问题：如果鲍尔斯的客户开始延迟付款，收款将会变慢，从而增加所需的贷款金额。如果销售下降，也会影响所需贷款金额。对这两个影响贷款需求最大的因素进行敏感性分析。

综合案例

滑雪设备有限公司

管理流动资产 滑雪设备有限公司（SKI）的财务经理丹·巴恩斯既兴奋又忧虑。公司创始人最近将他控制的 51% 的股票卖给了肯特·科伦，他是经济附加值（economic value added，EVA）的忠实粉丝。经济附加值是由税后营业利润减去公司使用的所有资本成本：

经济附加值

= 息税前利润 × （1- 利率）- 年资本成本

= 息税前利润 × （1- 利率）-

（加权平均资金成本 × 动用资本）

如果经济附加值是正的，则公司正在创造价值；反之，如果经济附加值是负的，公司不能弥补资本成本，股东价值正在被侵蚀。如果管理者创造价值，科伦给的奖励丰厚，但是产生负的经济附加值的管理者将被解雇。科伦经常指出，如果一个公司可以用较少的资产达到目前销售水平，其需要的资金也较少，即其他因素保持不变，降低资本成本，增加经济附加值。

科伦接管后不久会见了 SKI 的高管，告诉他们他对公司的打算。首先，他提供了一些 EVA 数据表明近年来 SKI 没有创造价值。然后他说，毋庸置疑这种状况必须改变。他指出 SKI 设计的滑雪板、靴子和服装在整个行业都广受好评，但该公司在其他方面一定存在严重问题。要么成本太高、价格太低，要么公司使用了太多的资本，他希望 SKI 的管理者能找出问题并予以解决。

巴恩斯一直认为应该研究 SKI 的营运资本状况——公司可能拥有最佳持有量的现金、有价证券、应收账款和存货，但这些项目的金额也可能过多或过少。过去，生产经理反对巴恩斯对其原材料的持有量的质疑，营销经理也反对其对产成品的质疑，销售人员反对其对信用政策的质疑（影响应收账款），会计人员不愿提及其现金和证券余额。科伦的演讲明确表示这种拒绝将不再被容忍。

巴恩斯也知道不能盲目地进行营运资本决策。例如，如果可以在不影响经营的前提下降低存货量，资金需求量将减少，资本成本降低，而经济附加值会增加。然而，降低原材料库存可能会导致生产放慢和成本上升，同时降低产成品库存可能会导致销售利润的损失。在库存变化之前，有必要研究其对经营以及融资的影响。对现金和应收账款的决策也应该如此。

a. 巴恩斯准备从表 IC16-1 与 SKI 的运营管理人员开始讨论。他希望每个人都考虑每种流动资产变动的利弊及将如何影响利润和经济附加值。根据表 IC16-1 中的数据，SKI 采用的流动资产投资策略是宽松的、适中的还是严格的？

b. 如何区分适中的、宽松的流动资产投资策略和持有大量效率低下的流动资产的状况？SKI 目前的流动资产投资策略合理吗？请解释。

c. SKI 试图匹配资产与负债的期限。描述 SKI 可以怎样采取更激进的或更保守的融资政策。

d. 假设 SKI 的应付账款周转天数是 30 天。现在计算公司的现金循环周期，估计存货周转期为 365 天。

e. SKI 公司如何在不影响运营的前提下减少现金和证券？

为更好地了解 SKI 的资金状况，巴恩斯使用了现金预算。今年前 2 个月的数据见表 IC16-2（注意，巴恩斯的初步现金预算不包括利息收入或利息费用）。巴恩斯拥有其他月份的数据，但没在表 IC16-2 列示。

f. 在初步现金预算中，巴恩斯假设所有销售款项已收回，因此 SKI 没有坏账。这符合实际吗？如果不符合，坏账如何在现金预算中处理（提示：坏账影响收款但不影响购货）？

g. 巴恩斯全年的现金预算主要基于他对月度销售的预测。预计 5～9 月销售额很低，然后在秋冬季显著增加。11 月通常是公司销售最好的月份，因为节假日的到来，SKI 在 11 月将设备发给零售商。有趣的是，巴恩斯的现金预算表明，除了 10 月和 11 月，该公司每月的现金持有量都将超过最佳现金持有量，在 10 月和 11 月公司会发出很多货物，但是货款往往要过段时间才会收到。根据表 IC16-1 的比率，SKI 的最佳现金持有量是否适当？除了可能降低最佳现金持有量，SKI 会采取什么行动更好地改善其现金管理策略，这将如何影响它的 EVA？

h. 是否有证据表明 SKI 持有过多的存货？如果有，这会如何影响其 ROE 和 EVA？

i. 如果公司在没有影响销售的前提下降低其库存，这在短期和长期对公司的现金状况分别有何影响？用现金预算和资产负债表进行解释。

j. 巴恩斯知道 SKI 与业内其他公司采用相同的信用条款销售。用表 IC16-1 中的比率解释 SKI 的客户付款是否比其竞争对手快或慢。如果有差异，这是否表明 SKI 应该缩紧或放宽信用政策？公司的信用政策由哪 4 个要素构成？SKI 应分别如何改变每个要素？

k. 如果缩紧其信用政策，SKI 是否面临风险？解释一下。

l. 如果公司在不严重影响销售的前提下，降低其应收账款周转天数（DSO），对其长短期的现金状况分别有何影响？从现金预算和资产负债表角度回答。这在长期对 EVA 有什么影响？

m. 假设 SKI 采购的信用条款为 1/10，N/30，但如果放弃折扣可以拖延到 40 天内付款。同时，假设它每年购买折后价 300 万美元的组件。该公司可以获得多少免费的商业信用？多少有成本的商业信用？有成本的商业信用占比多少？SKI 是否应该享受折扣？为什么？

n. 假设 SKI 决定从银行再借入一笔一年期 10 万美元的贷款，利率 8%。单利计息和附加利息 12 个月分期付款的有效年成本率分别为多少？

表 IC16-1 节选比率：SKI 和行业平均水平

	SKI	行业
流动比率	1.75	2.25
资产负债率（%）	58.76	50.00
现金和证券的周转次数	16.67	22.22
应收账款周转天数（一年按 365 天）	45.63	32.00
存货周转期	4.82	7.00
固定资产周转次数	11.35	12.00
总资产周转率	2.08	3.00
销售利润率（%）	2.07	3.50
净资产收益率（ROE）(%)	10.45	21.00

表 IC16-2　SKI 1~2月现金预算　　　　　　　　　　　　（单位：美元）

	11月	12月	1月	2月	3月	4月
Ⅰ. 收款及购买清单						
（1）销售额（总）	71 218	68 212	65 213.00	52 475.00	42 909	30 524
收款						
（2）销售当月（0.2×0.98×当月销售额）			12 781.75	10 285.10		
（3）销售次月（0.7×上月销售额）			47 748.40	45 649.10		
（4）销售完成后第2个月（0.1×两个月前销售额）			7 121.80	6 821.20		
（5）收款总额（2）+（3）+（4）			67 651.95	62 755.40		
购买						
（6）0.85×从现在开始两个月的销售预测额		44 603.75	36 472.65	25 945.40		
（7）付款（购买1个月后）			44 603.75	36 472.65		
Ⅱ. 月度现金增减变动						
（8）收款（见Ⅰ）			67 651.95	62 755.40		
（9）购货支出（见Ⅰ）			44 603.75	36 472.65		
（10）工资薪金			6 690.56	5 470.90		
（11）租金			2 500.00	2 500.00		
（12）税费						
（13）总支出			53 794.31	44 443.55		
（14）月度净现金增加（减少）额 [（8）-（13）]			13 857.64	18 311.85		
Ⅲ. 现金盈余或贷款需求量						
（15）如果没有借款，月初现金余额			3 000.00	16 857.64		
（16）计算现金余额 [月初现金余额+增加额（或-减少额）]=[（14）+（15）]			16 857.64	35 169.49		
（17）最佳现金持有量			1 500.00	1 500.00		
（18）计算保持1 500美元最佳现金持有量时的盈余现金或未偿贷款 [（16）-（17）]			15 357.64	33 669.49		

第 17 章

财务计划和预测

有效预测在动荡时期更为重要

与所有上市公司一样，美国联合包裹速递服务公司（UPS）向其股东披露了年度报告，总结了过去的业绩，并深入介绍了其高级管理人员所认为的未来关键机遇和风险。在 2019 年的年度报告中，UPS 报告了一些好消息。该公司在 2019 年派送了超过 55 亿个包裹，与 2018 年相比增长了近 6%。尽管该公司国际部门的收入下降了 1.5%，但在美国地区的收入却增长了 6.7%。

在过去的十年中，许多消费者的主要购物渠道转为网络——这对于像 UPS 这样的包裹速递公司而言是个好消息。UPS 称，它现在平均每天派送超过 2 000 万个包裹。

同时，其庞大的运营规模需要对其"智能物流网络"进行持续投资。公司前董事长兼首席执行官大卫·阿布尼在 2017 年致股东的年度信函中总结了此类投资的必要性并发表了以下声明：

该投资是我们为实施数十年来最全面的网络转型而做的准备。我们正在充分利用人工智能、机器学习、区块链、机器人技术和许多其他尖端技术的进步，让我们的网络面向未来。虽然这些投资在短期内仅是一项重大财务承诺，但从长远来看，我们的客户和股东将受益匪浅。通过在我们的设施中实施新技术和扩大产能，行业中最高效的网络将变得更加有效。在包裹的路由和交付方式上，我们的智能化投资将为我们和客户提供更大的灵活性、连贯性和可见性。

在决定进行投资的目标时，公司在很大程度上依赖于财务预测。有效的财务预测需要对市场和行业趋势、竞争环境以及整体经济实力有着深刻理解。但是，谨慎的管理者在睁大眼睛时会认识到，事情的结果往往与预期不同。UPS 在其 2019 年的年度报告中提出了类似的观点：

我们需要对我们的业务进行大量的资本投资，包括飞机、车辆、技术、设施、分拣以及其他类型的设备。这些投资支持我们现有的业务和预期的增长。预测预计数量涉及许多不确定因素，例如总体经济趋势、政府规章制度的变化和竞争。如果我们不能准确预测未来的资本投资需求，可能会出现产能过剩或产能不足的情况，这两种情况都会对我们的收入和盈利能力产生负面影响。除了预测我们的资本投资需求外，我们还需要根据不利的经济状况来调整运营资本结构的其他要素。然而，这些调整可能不足以让我们维持目前的销售利润率。

UPS 深知经济环境总是在变化，所以很难对公司未来的业绩做出合理的预测。鉴于过去几年经济和金融市场的巨大波动，预测变得越来越具有挑战性。由于数据变化的速度快于更新预测的速度，因此很容易举起双手说："何必再预测呢？"尽管有这种认输的冲动，但在动荡时期，有效的预测比以往任何时候都更加重要。运营良好的公司知道，你不能只会在自动驾驶仪上运作，并假设明年会像去年一样，没有变化。

资料来源："Accelerating Forward... Customer First. People Led. Innovation Driven." *2019 UPS Annual Report*, investors.ups.com/ financials/annual-reports, February 20, 2020; and "Transforming UPS ... for Today and Tomorrow," *2017 UPS Annual Report*, investors.ups.com/ financials/annual-reports, February 21, 2018.

厘清头绪

纽约洋基队的前球员和经理 Yogi Berra 曾经说过："如果你不知道你要去哪里，你必须非常小心，因为你可能不会到达那里。"对于一家公司来说更是如此——公司需要一个计划，一个从公司的总目标开始，并详细说明为达到目标将要采取的步骤的计划。

学完本章后，你应该能够完成下列目标。

- 讨论战略计划的重要性以及财务预测在整体计划过程中发挥的核心作用。
- 解释公司如何预测销售。
- 使用外部资金需求（AFN）公式，讨论资产增长与资金需求之间的关系。
- 从历史财务报表开始，到预测财务报表结束，并使用一系列基于预测财务报表的财务比率，说明如何在这个预测过程中使用电子表格。
- 讨论计划是怎样一个反复的过程。

财务规划师从一系列假设开始，看看基于这些假设可能会发生什么，然后看看修正是否可以帮助公司实现更好的结果。虽然我们专注于从公司的立场进行预测，但是顶级的证券分析师也经历了相同的过程。对冲基金和私募基金的分析师在预测方面尤其活跃，他们对预测的反复过程尤其感兴趣。

17.1 战略计划

管理学教科书通常将以下内容列为战略计划的关键要素。

- **使命描述**（mission statement）。许多但并不是所有的公司都描述了自己的使命。例如，以下是百事公司的使命描述：[⊖]

  我们的使命：每一口都更多欢笑。

  为我们的消费者：

  通过我们美味、营养的产品和独特的品牌体验创造快乐的时刻。

  为我们的客户：

  成为最好的合作伙伴，推动重大创新，实现业内无与伦比的增长水平。

  为我们的员工和社区：

  创造有意义的机会，为员工提供工作、获得新的技能和开创成功的职业生涯，同时拥有一个多元化和包容性的工作场所。

  为我们的地球：

  保护大自然的宝贵资源，为子孙后代留下一个更可持续的地球。

  为我们的股东：

  提供可持续的顶级股东回报和积极采用一流的公司治理。

- **经营范围**（corporate scope）。经营范围定义了公司计划经营的业务领域和地理区域。一些公司基于"高层管理人员将重点放在一个狭窄的范围内优于将公司扩展到许多不同类型的范围上"的理论，有意限制其经营范围。学者们研究了哪个才是更好的选择。一些研究表明，相对于多元化公司，投资者一般对专业化公司的估值会更高。[⊖]但是，如果公司可以将多元化的业务成功整合，使得它们互相补充，结果可

⊖ 参见百事可乐在其网站上的使命宣言，https://www.pepsico.com.cn/company/PepsiCo-Mission.html.

⊖ 参见 Philip G. Berger and Eli Ofek, "Diversification's Effect on Firm Value," *Journal of Financial Economics*, vol. 37, no. 1 (1995), pp. 39–66; and Larry Lang and René Stulz, "Tobin's Q, Corporate Diversification, and Firm Performance," *Journal of Political Economy*, vol. 102, no. 6 (1994), pp. 1248–1280.

能会令其产生协同效应，提升整个公司的价值。[一]无论如何，公司经营范围的表述应该很好地传达其经营理念，并与公司的能力保持一致。

- **公司目标**（statement of corporate objectives）。公司目标是公司计划的一部分，它描述了管理者希望实现的特定目的。通用电气是一家优秀公司的例子，它早已认识到有效预测的必要性，并将其用作评估投资、制定战略计划、在各个部门之间分配资源以及制定薪酬目标的基础。与大多数公司一样，通用电气有定性和定量的目标。通用电气曾经出售达不到目标的业务部门和替换表现不佳的经理，但也会在经理达到目标时给予他们大量的奖励。

- **公司战略**（corporate strategy）。UPS 有多个广泛的公司战略。最值得注意的是，该公司在全球范围内提供供应链服务，并利用其"智能物流网络"的框架来实现盈利稳定并增强财务实力。在 UPS 2016 年的年度报告中，强调了其公司战略如何将数百万运输活动整合到一个高效的物流网络中，来帮助提高全球经济的活力和环境的可持续性。[二]

- **经营计划**（operating plan）。为了实现盈利，UPS 的每一个包裹都必须制订一个详细的符合公司目标的经营计划，以帮助实现公司的目标。经营计划可以覆盖任何一时间长度，但大部分公司都使用 5 年计划。计划中非常详细地说明了由谁为某项特定的活动负责、具体任务的完成时间、销售和利润的目标是多少，等等。

- **财务计划**（financial plan）。对于大多数公司而言，财务计划是一个多步骤的过程。同样，联合食品公司的财务计划也涉及如下几个步骤。第一，假设未来的销售水平、成本、利率等用于预测。第二，制定一套预测财务报表。第三，计算和分析第 4 章所讨论的财务比率。第四，重新审查整个计划和假设，管理团队考虑如何改变经营来优化结果。第五，重新考虑整个计划的所有早期部分，从使命描述到经营计划。因此，财务计划将整个战略计划过程联系在一起。

前面描述的财务计划通常被称为基于价值的管理，意味着通过模拟其在公司的财务模型中的影响来研究各种决策对公司财务状况和价值的影响。例如，如果特斯拉正在考虑在内华达州或加利福尼亚州建立一座新的超级工厂，它将通过其财务模型模拟其影响，如果看起来利润和股东财富将会增加，那么特斯拉将实施这个转移。[三]

自我测验

1. 公司战略计划的关键要素是什么？
2. 财务计划与公司总体战略计划的其他部分有何关系？
3. 管理层如何用财务计划来给证券分析师提供指引？

17.2 销售预测

财务计划通常从销售预测开始，我们首先回顾过去 5 年的销售情况，图 17-1 就是联合食品公司的例子。这

[一] 字典对协同效应的定义是指整体大于部分之和的情况，并且它有时被称为 2 + 2 = 5 效应。例如通用电气有喷气发动机业务和另一些生产用于发电的燃气轮机的业务。这些业务是相似的，使得一项业务的新发展会对其他业务产生好处。然而，人们不得不想通用电气的喷气发动机业务如何受益于 NBC-Universal（NBCU）娱乐部门。通用电气的管理层认为，多元化使其收入和利润稳定，导致债券获得双 A 的评级，所有业务都可以获得相对较低的资本成本。然而，一些学术研究对这个结论提出了异议，学者们认为这很容易导致股东多样化，而高层管理人员专注于一个业务会更好。或许考虑到这些问题，在 2010 年，通用电气的管理层得出结论，其一些资产没有产生协同效应，因此销售了一些资产——包括转让 NBCU 51% 的股权给 Comcast。事实上，到 2013 年 3 月 19 日，Comcast 购买了剩余的 49% 的股权，因此 NBCU 现在是 Comcast 的子公司。此外，在 2015 年，通用电气采取措施出售了通用金融的大部分业务，以重新专注于其制造领域。

[二] 参见 *UPS 2016 Annual Report*, investors.ups.com/financials/sec-filings, Form 10-K, February 25,2016, p. 9.

[三] 值得注意的是，这种转移肯定会有政治影响。这些影响将通过模型进行研究，计算机生成的结果将是决策信息的一部分。但是，最终决定将由特斯拉的高层管理人员和董事会做出，而不是由计算机来做出。

些数据以第 3 章中联合食品公司的财务报表为基础。图下方的数据显示了过去 5 年的销售额。

图 17-1　联合食品公司 2022 年销售预测

年份	销售收入 / 百万美元
2017	2 058
2018	2 534
2019	2 472
2020	2 850
2021	3 000
2022	3 300（预计）

联合食品公司的业务在 2017 ～ 2021 年波动较大。2019 年，加利福尼亚水果产区的恶劣天气使得产量下降，使 2019 年的销售额低于 2018 年。2020 年的丰收则使得销售额增长了 15%。对于成熟的食品加工商来说，这是一个不寻常的高增长率。其 4 年的复合年增长率为 9.88%。[⊖]但是，考虑到新产品的推出计划、产量和分销能力的提升、新的广告活动和其他因素，管理层预期 2022 年的增长率将达到 10%，销售收入从 30 亿美元增加到 33 亿美元。

当然，管理层喜欢更高的销售增长，但不喜欢成本增长。例如，可以通过降低产品价格、增加广告支出、给予更宽松的信用政策等来增加销售收入。然而，所有这些行动都会产生成本。此外，如果产量没有同时增加，销售增长也不会发生，但成本也很高。因此，销售增长必须与为实现该增长所发生的成本相平衡。

如果销售预测失败，后果将很严重。一方面，如果市场扩张超过联合食品公司的预测，公司将无法满足需求。消费者将选择购买竞争者的产品，使公司失去市场份额。另一方面，如果预测过于乐观，公司将出现过剩的厂房、设备和存货。这意味着低周转率、高折旧和高储存成本，并且需要核销变质的存货。结果会造成利润降低，股票价格下降。此外，如果联合食品公司的生产能力扩张的资金来源于负债，那么高额的利息费用会使公司的问题更为复杂。

最后，请注意，销售预测是公司财务报表预测（包括我们将在第 17.4 节中介绍的 EPS 预测）中最重要的信息输入。当我们预测财务报表时，销售预测的重要性尤其突出。

自我测验

为什么精确的销售预测对财务计划至关重要？

⊖　注意，你需要 5 年的数据来找到 2017 ～ 2021 年的 4 年增长率。输入如下信息：$N = 4$，$PV = -2\ 058$，$PMT = 0$，$FV = 3\ 000$。然后，得到 $I/YR = 9.88\%$，这是这个期间的销售增长率。

17.3　外部资金需求的公式

我们在第 3 章看到，2021 年联合食品公司拥有的资产为 20 亿美元，销售收入为 30 亿美元。因此，每产生 1 美元的销售收入需要 0.666 7（= 2 000/3 000）美元的资产。此外，公司计划 2022 年销售收入增加 10%，即 3 亿美元：

$$\text{销售变动} = \Delta S = 0.1 \times 30 = 3 \text{（亿美元）}$$

假设总资产与销售收入的比例恒定，联合食品公司将需要增加 2 亿美元的资产，以支持销售收入增加 3 亿美元：

$$\text{需要增加的资产} = 0.666\ 7 \times \Delta S = 0.666\ 7 \times 3 = 2 \text{（亿美元）}$$

值得注意的是，如果销售收入增长为零，那么就不需要增加资产。此外，如果销售收入增长得非常快，那么需要增加的资产也将非常多。因此，需要增加的资产数量从根本上是依赖于销售增长率的。当然，如果资产要增长 2 亿美元，负债和所有者权益也必须增长同样的数额——因为资产负债表必须平衡。但这些资本从何而来？以下是联合食品公司的主要资本来源。

（1）应付账款和应计项目的自发增加。联合食品公司为增加存货必须进行额外的采购，还必须雇用更多的工人。其采购将自动导致应付账款增加，相当于供应商提供的"贷款"。而雇用更多的工人将自动导致较高的应付职工薪酬，这相当于工人提供的短期"贷款"。因此，所需的 2 亿美元中的一部分将自发产生于供应商和工人——这被称为**自发性融资金额**（spontaneously generated funds）。此外，假设销售利润率保持不变，更高的销售收入意味着更高的利润，从而增加了税收和应交税费。因此，自发增加的应付账款、应付职工薪酬和应交税费会成为所需的 2 亿美元的一部分。

（2）留存收益的增加。假设联合食品公司有正的收益，并且不支付股利，留存收益将增加。留存收益的增加额取决于公司的销售利润率和留存收益率，**留存收益率**（retention ratio）是公司净利润再投资于公司的比例。留存收益的增加将有助于融资增长。

（3）外部资金需求。自发性融资金额和增加的留存收益可能会与预测的资产增长持平。但通常情况下不会发生这种情况——通常情况会出现缺口，我们称为**外部资金需求**（additional funds needed，AFN），必须通过额外借款和（或）增发股票来弥补。但是，值得注意的是，如果一家公司增长非常缓慢，它不会增加许多资产，其自发性融资金额和留存收益的增加额可能会大于所需的资产增加额。在这种情况下，AFN 是负数，表示预计将产生多余的资金。

我们可以结合这些概念得到式（17-1），即**外部资金需求公式**（AFN equation）。AFN 是公司为支持其计划增长所需的外部资本，来源于有息债务的增加以及优先股和普通股的发行。⊖

$$\text{外部资金需求（AFN）} = \text{预计增加的资产} - \text{自发增加的负债} - \text{增加的留存收益}$$

$$= (A_0^*/S_0)\Delta S - (L_0^*/S_0)\Delta S - MS_1(1 - \text{支出}) \tag{17-1}$$

联合食品公司的首席财务官按照以下方式使用式（17-1）。每年秋季，公司的执行委员会，包括首席执行官、首席财务官和其他高级管理人员，都会考虑来年的计划。今年的会议尤其重要，有如下两个原因：①美国信贷紧缩限制了公司筹集资金的能力，因此必须确定公司需要和可用的金额；②企业敌意收购者和私募股权公司已经盯上了一些食品加工商，当它们接管时，被收购公司的一些人就要被辞退。联合食品公司的高管们都已经意识到这两个因素。

联合食品公司的首席财务官计划分两步进行。首先，他假设各种经营比率保持不变，使用 AFN 公式让他人了解如果要达到 10% 的目标增长率，需要增加多少新的资本。其次，他将介绍一个全面的财务计划模型的结果。该模型显示了预测财务报表以及一系列如第 4 章中讨论的预测财务比率，以及估计得到的 2022 年每股收益。

⊖　外部资金需求一词是显示企业需要多少额外资金来支持其计划的增长。然而，正如我们后面将看到的，一家公司可能在没有任何外部资金增加的情况下成长。事实上，该公司甚至可能产生多余的资金，可以用来偿还债务、回购股票，并提高股利。在这种情况下，计算出的 AFN 将为负数。此外，在本章中，我们做了很多计算，一般在显示结果时会四舍五入。这可能会导致轻微的"四舍五入差异"，你应该忽略它。

首席财务官将基于式（17-1）得出的表 17-1 以及第 3 章所述的财务报表的数据提交给执行委员会。[注]表的第一部分从 2021 年的资产负债表和利润表中挑选所需数据。第二部分则使用第一部分的数据计算式（17-1）的输入内容。请注意，第二部分中的所有计算都基于公司 2022 年的经营比率继续维持在 2021 年水平的假设。第三部分是使用第二部分计算的项目来计算 AFN。为了增加 3 亿美元的销售额，联合食品公司必须增加 2 亿美元资产。这些增加的资产有 0.2 亿美元来源于应付账款和应计项目的自发增加，有 0.66 亿美元来源于留存收益。因此，总共将需要 1.14 亿美元的新的外部资金，并且由于联合食品公司不使用优先股，所以该数额必须来自有息债务的增加以及普通股的发行。

表 17-1 外部资金需求（AFN）模型 （单位：百万美元）

	A	B	C	D	E	F	G	H	I
2	第一部分. 来源于第3章表3-1和表3-2的2021年数据								
3	A_0^* = 2021年12月31日的资产。所有的资产对2021的销售都是必要的								2 000
4	S_0 = 2021年的销售收入								3 000
5	2021年的净利润								146.3
6	2021的股利								86.3
7	L_0^* = 2021年伴随收入自发产生的应付账款和应计项目								200
8	第二部分. AFN公式需要使用的数据：与2021年保持一致的比率								
9	AFN = 为购买支持增长所需资产的额外资金。AFN是内部融资的补充额，即AFN代表外部资金需求								基本案例：2021 年数据
10	g = 预期销售增长率								10.00%
11	A_0^*/S_0 = 每1元销售额需要的资产 = 2 000/3 000。这一比率乘以销售收入的增长得到来年所需的新增资产额，也称作资本密集度。这个比率越高，公司需要支持一定数量销售收入增长所需增加的资产就越多								0.666 7
12	S_1 = 2022年的销售收入 = $(1+g)S_0$ = 1.1×3 000								3 300
13	ΔS = 销售变动 = $S_1 - S_0$ = 3 300 − 3 000。也可以这样算得：$\Delta S = gS_0$								300
14	L_0^*/S_0 = 销售收入每增加1元所自发产生的资金。用这个比率乘以ΔS，我们可以得到伴随销售收入的增长自发产生的应付账款和应计项目的增加额								0.066 7
15	M = 销售利润率 = 2021年的净利润/S_0 = 146.3/3 000。用这个比率乘以S_1（不是S_0），可以得到2022年的净利润								0.048 8
16	1−股利支付率 = 1−（股利/净利润）= 1−（86.3/146.3）。股利支付率越低，留存公司用于支持增长的净利润就越多								0.410 1
17	第三部分. AFN公式								
18	AFN =	预计增加的资产			−	自发增加的负债		−	增加的留存收益（基于2022年的销售额）
19	=	$(A_0^*/S_0)\Delta S$			−	$(L_0^*/S_0)\Delta S$		−	MS_1(1 − 股利支付率)
20	=	0.666 7×300			−	0.066 7×300		−	0.048 8×3 300×0.410 1
21	=	200			−	20		−	66
22	AFN =	114							

⊖ 首席财务官还在他的笔记本电脑上加载了 Excel 模型，因此他可以进行现场敏感性分析。例如，他可以改变增长率并立即算出新的 AFN。同样，他可以改变股利支付率、销售利润率和其他变量，以了解这些变化如何影响公司的资本需求。因此，表 17-1 中的分析提供了一个有用的起点。

（续）

	A	B	C	D	E	F	G	H	I
23	第四部分. 敏感性分析：AFN将随着输入值的变化而变化							AFN（原值 = 114）	
24								新值	变化：新值 − 原值
25	更高的销售增长率：	从10%上升至15%。销售增长越快，公司需要新增的资产就越多						201	87
26	更低的销售增长率：	从10%下降至5%。销售增长越慢，公司需要新增的资产就越少						27	−87
27	A_0^*/S_0:	从0.666 7下降至0.500 0。这个因素被称为资本密集度。我们在这个例子中降低了这个比率，该比率越低，达到给定销售额所需的资产就越少。如果联合食品公司的管理层可以增加总资产周转率，资本密集度将下降，这将减少AFN						64	−50
28	L_0^*/S_0:	从0.066 7上升至0.080 0。联合食品公司自发利用应付账款和应计项目取得资金；L_0^*/S_0比值越大，外部融资的需求就越小。我们在这里增加这个比率。比率越高，就有更多的自发资金，因此AFN下降						110	−4
29	M:	从0.048 8上升至0.100 0。如果销售利润率上升，公司将有更多的收益可用于支持增长，因此AFN下降。这里我们增加M，使得AFN下降						45	−69
30	股利支付率：	从0.589 9下降至0.200 0。如果联合食品公司降低其股利支付率，那么它的更多收益将被保留在公司内部，因此AFN下降。这里我们降低股利支付率，使得AFN下降						51	−63
31	同时改变所有变量，g=5%，其他值如上所述。结果AFN是一个很大的负值，说明该公司正在产生大量的资本							−189	−303
32									
33	第五部分. 可持续增长率　在不额外筹集外部资金的情况下可实现的最大增长，即其他变量保持案例原有水平。当g=3.45%时，你会发现AFN=0								3.45%
34									
35	Goal Seek								
36									
37	Set cell:		B22		可持续增长率是利用Excel中的Goal Seek工具得出的。通过改变I10单元格的销售增长率使得B22单元格的AFN等于0。当你点击OK时，I10单元格中的销售增长率就会发生改变，直到AFN等于0。你应该可以看到此时的销售增长率等于3.45%				
38	To value:		0						
39	By changing cell:		I10						
40									
41		OK		Cancel					
42									
43									

如上所述，AFN 公式假设 2022 年的比率将继续维持 2021 年的水平。⊖如果经济条件或管理决策导致比

⊖ 这个假设有助于简化 AFN 的计算，但在许多情况下它并不完全符合现实。例如，在任何一年中，固定资产的增长率可能不与销售增长率完全相同。考虑到这一问题，一些分析人员使用以下替代的 AFN 公式：

AFN =（销售驱动的流动资产 / 销售收入）× 销售变动额 + 固定资产变动额 −
（销售驱动的负债额 / 销售收入）× 销售变动额 − 留存收益变动额

在这个替代的 AFN 公式中，销售驱动的流动资产是指应收账款和存货等项目，它们都可能以与销售收入相同的速度增长。同样，销售驱动的流动负债是指应付账款和应计项目等项目，它们也可能以与销售收入相同的速度增长［它们等价于标准（简化）AFN 公式中描述的自发增加的负债］。虽然稍微复杂了一点，但这个替代公式更灵活，可以提供比简化的 AFN 公式更准确的预测工具。然而，在我们所有的后续实例和章末问题中，我们将使用本文所述的简化的 AFN 公式［式（17-1）］。

如果想了解更多关于替代 AFN 公司的信息，请参见 Wallace N. Davidson, III, *Financial Forecasting and Management Decisions* (New York: AICPA, 2009).

率发生变化，预测的 AFN 将发生改变。表的第四部分显示了一些具体的输入变化将如何改变预测的 AFN。例如，如果目标增长率从 10% 增加到 15%，而其他因素保持不变，AFN 将从 1.14 亿美元增加到 2.01 亿美元。如果目标增长率从 10% 降低到 5%，则 AFN 只需要 2 700 万美元。此外，如第五部分所示，如果公司以 3.45% 的速度增长，而其他因素保持不变，AFN 将为零。因此，3.45% 称为联合食品公司的**可持续增长率**（sustainable growth rate）。从模型中可以看出，可持续增长率可以使用 Excel 中的 Goal Seek 工具轻松估计。最后，请注意，如果销售增长率放缓并且其他投入以表中第四部分指定的方式发生变化，则联合食品公司将得到一个数值比较大的负的 AFN，表明留存收益和自发资本远远大于现在需要的更少数额的外部资金需求。

产能过剩的调整

AFN 公式包括了一项 A_0^*/S_0，称为**资本密集度**（capital intensity ratio）。对于联合食品公司，这个比例为 0.666 7（=2 000/3 000）。当销售收入增加 3 亿美元时，这一比例表明联合食品公司必须增加 2 亿美元的资产。然而，首席财务官认为，在 2021 年，联合食品公司的固定资产存在多余的生产能力，他想向执行委员会证明**产能过剩的调整**（excess capacity adjustments）如何影响公司的外部资金需求。他指出，联合食品公司拥有 10 亿美元的流动资产和 10 亿美元的固定资产，所以他将 A_0^*/S_0 分为两部分，一部分是固定资产，另一部分是流动资产。

$$固定资产：A_0^*{}_F/S_0 = 10/30 = 0.333 = 33.3\%$$

$$流动资产：A_0^*{}_C/S_0 = 10/30 = 0.333 = 33.3\%$$

现在假设 2021 年联合食品公司的流动资产全部得到使用，而固定资产的生产能力只使用了 96%。这意味着如果固定资产的生产能力全部得到使用，销售收入可以达到 31.25 亿美元，而不是实际的 30 亿美元。在这个例子中，31.25 亿美元的销售收入是联合食品公司的生产能力全部得到使用可以得到的结果。

$$产能充分利用的销售收入 = 实际销售收入 / 固定资产产能利用率 = 30/0.96 = 31.25（亿美元）$$

这意味着联合食品公司的固定资产占销售收入的目标值应该是 32%，而不是现在的 33.3%。

$$固定资产目标值 / 销售收入 = 实际固定资产 / 产能充分利用的销售收入 = 10/31.25 = 0.32 = 32\%$$

因此，即使固定资产没有增加，销售收入也可以增加到 31.25 亿美元，销售收入增加到 33 亿美元只需要 10.56 亿美元的固定资产，即只需要增加 0.56 亿美元的固定资产。

$$所需固定资产 = 固定资产目标值 / 销售收入 × 预期销售收入 = 0.32 × 33 = 10.56（亿美元）$$

$$原本估计需要的固定资产 = 1.1 × 10 = 11（亿美元）$$

$$需要的固定资产差额 = -0.44（亿美元）$$

因此，固定资产额外生产能力的存在会降低联合食品公司的外部资金需求，从 1.14 亿美元降低到 0.7（=1.14-0.44）亿美元。

类似情况可能发生在存货、现金或任何其他的资产上。如果公司通过谈判获得了更长的采购付款信用期，则 L_0^*/S_0 比例可以增加。同样，联合食品公司可能会提高其销售利润率或降低其股利支付率。由于这么多因素可以发生变化，我们有必要在下一章突破 AFN 公式，进一步讨论**财务报表预测**（forecasted financial statement）。此外，我们想知道公司的财务比率是多好或多坏，以及它们对每股收益的影响。AFN 公式不能告诉我们这些信息，但是财务报表预测可以做到。

自我测验

1. 如果关键的比率预期保持不变，则 AFN 公式可用于预测外部资金需求。写出这个公式并解释其逻辑。

2. 以下每个因素的增加将如何影响外部资金需求？

（1）股利支付率。

（2）资本密集度，A_0^*/S_0。

（3）销售利润率。

（4）应收账款周转天数。

（5）销售增长率。

3. 外部资金需求是否可能为负？如果可以，表明了什么？

4. 如果产能过剩，那么它将如何影响计算出的外部资金需求？

17.4 财务报表预测[⊖]

AFN 公式为预测的过程提供了一些有用的说明——如果你理解 AFN 公式，你会发现你能更容易地理解财务报表预测。因此，联合食品公司的首席财务官使用表 17-1 中的 AFN 公式计算作为他预测 2022 年财务报表的准备。我们描述其如何发展到表 17-2 所示的预测。

表 17-2　财务报表预测　　　　　　　　　　　　　　　　　　（单位：百万美元）

	A	B	C	D	E	F	G
2	第一部分.输入		调整的输入				
3			2021	2022	行业	固定的输入	
4		销售增长率, g	NA	10.00%	NA	税率（T）	25%
5		营业成本/销售收入	90.73%	89.50%	87.00%	利率	9.60%
6		应收账款/销售收入	12.50%	11.00%	9.86%	股数	75
7		存货/销售收入	20.50%	19.00%	9.17%	每股价格	23.06
8		资产负债率	53.00%	49.00%	40.0%	固定资产/销售收入	33.33%
9		股利支付率	58.99%	55.00%	45.0%	主营业务成本/销售收入	70.00%
10	第二部分.利润表				2021	变化情况	2022
11	销售收入				3 000.0	$(1+g)$	3 300.0
12	营业成本（包含折旧）				2 722.0	0.895	2 953.5
13	息税前利润（EBIT）				278.0		346.5
14	利息费用				83.0	参看附注	77.7
15	税前利润（EBT）				195.0		268.8
16	税				48.8	税前利润 × 税率	67.2
17	净利润（NI）				146.3		201.6
18	普通股股利				86.3	净利润 × 股利支付率	110.9
19	留存收益增加额				60.0		90.7
20	第三部分.资产负债表				2021	变化情况	2022
21	资产						
22	现金（伴随销售收入增加而增加）				10.0	$(1+g)$	11.0
23	应收账款				375.0	0.110 0	363.0
24	存货				615.0	0.190 0	627.0
25	固定资产（伴随销售收入增加而增加）				1 000.0	$(1+g)$	1 100.0
26	资产总计				2 000.0		2 101.0
27	负债和所有者权益						
28	应付账款和应计项目（伴随销售收入增加而增加）				200.0	$(1+g)$	220.0
29	短期借款				110.0	参看附注	103.5
30	流动负债合计				310.0		323.5
31	长期债券				750.0	参看附注	706.0
32	负债合计				1 060.0		1 029.5
33	普通股				130.0	参看附注	170.8

[⊖] 本节是相对直接的，但它涉及一些步骤。预测财务报表需要大量计算，可以使用计算器，但最好是使用 Excel。我们建议大家阅读本节的同时查看表 17-2。财务专业人员应特别仔细阅读本节。

（续）

	A	B	C	D	E	F	G
34	留存收益				810.0	90.7	900.7
35	所有者权益合计				940.0		1 071.5
36	负债和所有者权益合计				2 000.0		2 101.0
37	第四部分 . 财务比率和每股收益		2021		2022E		行业
38	营业成本 / 销售收入		90.73%		89.50%		87.00%
39	应收账款 / 销售收入		12.50%		11.00%		9.86%
40	存货 / 销售收入		20.50%		19.00%		9.17%
41	资产负债率		53.00%		49.00%		40.00%
42	股利支付率		58.99%		55.00%		45.00%
43	存货周转率		3.41		3.68		7.62
44	应收账款周转天数（DSO）		45.63		40.15		36.00
45	总资产周转率		1.50		1.57		1.80
46	资产 / 权益（权益乘数）		2.13		1.96		1.73
47	利息保障倍数（TIE）		3.35		4.46		6.00
48	销售利润率		4.88%		6.11%		6.00%
49	总资产收益率（ROA）		7.32%		9.60%		10.80%
50	净资产收益率（ROE）		15.56%		18.81%		18.70%
51	杜邦公式		销售利润率（NI/S）	总资产周转率（S/A）	权益乘数（A/E）	= ROE	
52	2021 年实际数		4.88%	1.50	2.13	15.6%	
53	2022 年预测数		6.11%	1.57	1.96	18.8%	
54	行业平均数		6.00%	1.80	1.73	18.7%	
55	每股收益（EPS）		1.95		2.63		
56	第五部分 . 附注						
57		2022 年的资产负债表中资产总计的数值					2 101.0
58		目标资产负债率					49.00%
59		得出的负债合计：目标资产负债率 × 2022 年资产总计					1 029.5
60		减去：应付账款和应计项目					(220.0)
61		银行借款和长期债券（= 有息债务）					809.5
62		短期借款，基于 2021 年的比例				12.79%	103.5
63		长期债券，基于 2021 年的比例				87.21%	706.0
64		利息费用：利率 ×（银行借款 + 长期债券）					77.7
65		目标所有者权益比率 =1– 目标资产负债率					51%
66		所需的所有者权益合计：2022 年资产 × 目标所有者权益比率					1 071.5
67		留存收益，来源于 2022 年的资产负债表					900.7
68		所需普通股融资额 = 所需的所有者权益合计 – 留存收益					170.8
69		原有流通股股数（百万）					75.0
70		普通股融资额增加数 =2022 年普通股 –2021 年普通股					40.8
71		来源于输入部分的初始每股价格					23.06
72		需要发行的普通股股数 = 普通股融资额增加数 / 初始每股价格					1.77
73		新的流通股股数 = 原有流通股股数 + Δ股数					76.77
74		原有的每股收益 =2021 年的净利润 / 原有流通股股数					1.95
75		新的每股收益 =2022 年的净利润 / 新的流通股股数					2.63

17.4.1　第一部分：数据的输入

第 4 行至第 9 行显示了预测中使用的基本输入或假设。首席财务官此前与首席执行官和其他高层管理人员进行会面，他们进行了如同我们第 4 章所述的比率分析，并得出必须在 2022 年加以改进的结论。否则，私募股权公司或对冲基金可能会决定接管该公司，如果发生这种情况，高层管理人员可能会失去他们的工作。

1. 调整的输入

列 C 中的输入显示了 2021 年公司关键的财务比率，并且在将来它们可能会被调整。列 D 给出了首席财务官用于初步预测 2022 年财务报表的财务比率，列 E 显示了行业平均水平。第一个输入的是销售增长率。这个数字可以改变，但是在表 17-2 中，我们假设增长率为 10%。接下来是销售成本率（营业成本／销售收入），2021 年联合食品公司的销售成本率为 90.73%，高于 87% 的行业平均水平。趋于行业平均水平的下降将导致净利润大幅度提高，首席财务官使用 89.5% 的数字作为 2022 年的暂定目标。注意，此时公司计划降低成本，例如销售费用以及部分不属于主营业务成本的一般费用和行政费用。其主营业务成本将保持在销售收入的 70%，如表 17-2 的固定输入部分所示。接下来，我们在第 4 章中看到，联合食品公司的应收账款和存货相对于销售收入来说比例过高。如果这些比例可以下降，将会减少坏账和存储成本，从而增加利润。此外，投资在应收账款和存货中的超额资本可以用于偿还债务和（或）回购普通股，这两者都将提高公司的净资产收益率和每股收益。同样，首席财务官将联合食品公司该比率的初始目标定于公司 2021 年的数值与行业平均水平之间。

此外，联合食品公司的所有者权益比率（所有者权益／资产）为 47%，显著低于行业平均水平，银行家对此表示抱怨并表示如果这个比率增加，公司债务成本会下降。证券分析师认为，如果该公司的负债少一点的话，其股票所面临的风险就会低一些，目前的高负债已经给市盈率带来了不利的影响。考虑到这些担忧，联合食品公司以 51% 作为所有者权益比率的目标，这也意味着联合食品公司的目标资产负债率为 49%。

类似的是，联合食品公司的股利支付率高于行业平均水平，首席执行官和几个董事会成员认为应该降低其数值。这将为公司增长提供更多资金，股东也可能希望如此。

2. 固定的输入

预测所需的一些其他的输入信息不在管理层的直接控制之下，或预计其不会发生改变。这些输入信息如列 G 所示，包括税率、利率、初始流通股数、初始每股价格和固定资产与销售收入的比率，首席财务官认为原有的固定资产与销售收入的比率和主营业务成本与销售收入的比率是合适的。2022 年的流通股股数将发生变化，其取决于公司需要发行多少股份以募集资金。增加的有息债务的数额取决于自发性融资金额的数额、目标资产负债率和资产的增加额。联合食品公司的管理层决定在 2022 年保持与 2021 年相同的长期债务和应付票据的比例。当然，管理层希望股票价格将因公司的行动和财务状况的改善而上升，但首席财务官明智地决定不对此做出预测。

17.4.2　第二部分：预测的利润表

我们从 2021 年的利润表开始预测 2022 年的利润表，但预测 2022 年的销售收入将增长 10%。接下来，使用假定的新的销售成本率乘以新的销售收入，以计算预测出的 2022 年的营业成本，用销售收入减去营业成本得到预测的 EBIT。利息费用根据第三部分资产负债表确定的有息债务数值在第五部分的附注中进行计算。⊖一旦利息费用被计算出来并记入利润表中，预测的净利润就得以确定了。2022 年支付的股利是通过用目标股利支付率乘以 2022 年预测的净利润算得的。然后在净利润中减去股利，得出 2022 年留存收益的增加额。

17.4.3　第三部分：预测的资产负债表

预测 2022 年的资产负债表也是从 2021 年的资产负债表开始的。现金和固定资产在 2021 年的基础上乘以 1.10，因为它们与销售收入同比例增长。应收账款是通过用假设的 11% 的应收账款占销售收入的比率（在上述第一部分给出）与 2022 年预测销售收入相乘得到的，存货是用 2022 年预测销售收入乘以 19% 的存货占销售收

⊖　应付票据和最近发行的 1.7 亿美元债券的利率为 8%，而其余债券的平均利率为 10.45%。用于该预测模型的平均利率为 9.6%。

入的比率（也在第一部分给出）算得的。然后，我们将这四项加总，以得到预测的 2022 年的资产总计。

在负债方面，由于应付账款和应计项目与销售收入的增长率相同，我们用 2021 年的数值乘以 1.10 得出 2022 年的预测数值。此外，2022 年的留存收益是通过将 2022 年的利润表中的留存收益增加额与 2021 年的留存收益相加得到的。为了完成资产负债表的编制，我们还需要找到短期银行借款、长期债券和增发的普通股的金额。为了获得这些数值，我们跳到第五部分的附注部分。在这里，我们将目标资产负债率乘以预测的 2022 年总资产，获得预测的总负债金额。然后，我们用该金额减去应付账款和应计项目，以得到有息债务（包括长期债券和短期银行借款）的预测。接下来，我们用有息债务分别乘以短期借款和长期债券在 2021 年的比例，以得到这两个项目的预测金额。同样，我们用"1－目标资产负债率"乘以 2022 年预测的总资产，得到 2022 年所需的全部所有者权益的金额。然后我们用所有者权益金额减去预测的留存收益，得到资产负债表中的 2022 年普通股金额。当我们将负债和所有者权益进行加总时，总额应该与预测的资产总计相匹配。

17.4.4 第四部分：财务比率和每股收益

在预测了 2022 年的利润表和资产负债表后，我们可以计算 2022 年预测的财务比率和每股收益，这些计算将在第四部分进行。前面 5 个比率与第一部分给出的数值相同，我们利用预测的财务报表来计算这些比率作为对模型准确性的检查。

第四部分的一个有趣的方面是杜邦公式的计算。在 2021 年，联合食品公司的销售利润率和总资产周转率都很低，但其权益乘数相对较高，最终得到一个低但有风险的 15.56% 的净资产收益率。2021 年的预测显示销售利润率和总资产周转率有所改善，从而提高了净资产收益率，而权益乘数的降低则对净资产收益率存在负面影响，但这表明财务风险较小。总的结果是公司的风险更低了，但净资产收益率上升到 18.8%，这非常接近行业业平均水平。

第四部分的最后一个项目是预测每股收益，它从 2021 年的 1.95 美元增加至 2022 年的 2.63 美元。首席财务官计算以下数据用于他的演讲，但决定不将其包括在财务报表当中：市盈率为 11.8 倍，而行业平均市盈率为 13.6 倍，当前股价为 23.06 美元。

联合食品公司预测的 2022 年的股票价格是通过将其预测的每股收益乘以行业平均市盈率计算得出的：[一]

$$2.63 \times 13.6 = 35.77（美元）$$
$$增长比例 = 35.77/23.06 - 1 = 55.12\% \approx 55\%$$

17.4.5 借助财务报表预测来改进经营

联合食品公司的首席财务官使用一个简单的 Excel 模型生成了表 17-2。该表也可以使用计算器算出，但利用 Excel 会更为便捷。此外，非常重要的是，一旦开发了这个模型，就可以进行各种变化，以查看替代方案下的预测结果。也很容易改变第一部分中的销售增长率和 5 个关键的输入变量；很容易改变融资假设，可能会使用更多的银行贷款与更少的长期债券。也很容易展示只用债务或只用权益来融资的结果。随着任何这样的输入变化，模型立即提供修改后的结果。事实上，首席财务官带着他笔记本电脑上的这个模型去参加会议，并回答了一些"如果……那么……"之类的问题。Excel 的数据选项卡包含了这类"假设"分析工具，如 Scenario Manager[二]、Goal Seek 和 Data Tables。

当然，在电子表格模型中改变输入信息要比改变真实的运营以获得预测结果容易得多。但是，正如我们在本章前面所说的，如果你不知道你要去哪里，就很难到达那儿。第 4 章所讲的联合食品公司的财务比率分析指出了公司的弱点，表 17-2 中所示的模型说明了驱动因素的改善将如何影响公司的净资产收益率、每股收益以及股票价格。联合食品公司管理人员的薪酬是部分基于公司的财务业绩的，包括其净资产收益率和股票价格，因此他们对模型及其结果非常感兴趣。被解雇的威胁也是一个强大的动力。运营良好的资产却获得差的结果将使得管理人员被解雇的情形更有可能发生。

[一] 参考表 4-2 中联合食品公司的市盈率和行业平均市盈率。

[二] Scenario Manager 使用起来更为复杂。

自我测验

1. 预测财务报表的方法相比 AFN 公式有什么优势？
2. 为什么营销或管理专业人员应该对财务预测感兴趣？
3. 财务预测是否会与非财务专业人员毕业后的工作相关？请予以说明。

17.5　利用线性回归改善预测⊖

在财务报表预测中，我们假设大部分的资产增长比率都与销售收入增长比率相同。但是现实情况往往并非如此。我们讨论 AFN 公式的时候曾提到，可能会存在过剩的生产能力，所以资产的增加速度会慢于销售收入的增加速度。与此类似，如果存在规模经济，那么资产增加比销售收入增加慢。我们可以使用线性回归的方法来查验是否存在这样的情形，并且改善财务预测。

为了说明**回归分析**（regression analysis），我们来看一下图 17-2，其给出了联合食品公司过去 5 年的销售收入、存货以及应收账款，并且给出了存货和应收账款相对于销售收入的散点图。我们可以利用财务计算器或电子表格估计回归方程。例如，存货和销售收入的预测关系如下（以百万美元为单位）：

$$存货 = -35.7 + 0.186 \times 销售收入$$

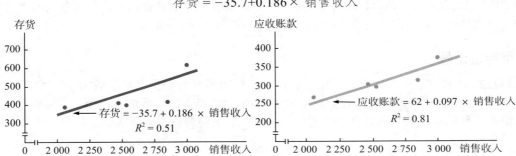

年份	销售收入	存货	应收账款
2017	2 058	387	268
2018	2 534	398	297
2019	2 472	409	304
2020	2 850	415	315
2021	3 000	615	375
2022	3 300（预计）		

图 17-2　联合食品公司回归模型（单位：百万美元）

我们可以使用回归方程估计 2022 年的存货水平。因为 2022 年的预计销售收入为 33 亿美元，根据回归方程，2022 年的存货应为 5.78 亿美元。

$$存货 = -35.7 + 0.186 \times 3\,300 = 578（百万美元），即 5.78 亿美元$$

基于回归方程得到的预测值比表 17-2 预测财务报表第三部分预测的 6.27 亿美元少了 0.49 亿美元。还要注意的是，尽管图中显示了一种线性关系，但是如果我们觉得使用非线性模型更为合适，那么也可以采用非线性回归模型。此外，我们还可以使用多元回归方程，这会将其他影响存货的因素也考虑进图中。

自我测验

使用回归模型来预测存货等项目比利用上一年的存货等项目与销售收入的比率进行预测更好，因为回归有助于平滑随机波动的影响。你是否同意？请予以说明。

⊖ 本节是相对有技术性的，可以省略它而不失连贯性。

17.6   分析财务比率变化的影响

当我们对 2022 年的财务报表进行预测时，我们假设 2022 年的财务比率将更接近行业平均水平。我们对资产的预测是基于上述假设的。然而，使用回归分析预测资产往往会更好。此外，考虑到这些比率的各种变化，检查具体的资产比率以更好地了解其对公司财务状况的影响通常是有用的。在本节中，我们探讨调整应收账款和存货比率的影响。

17.6.1   调整应收账款金额

在表 17-2 中，联合食品公司的预计应收账款周转天数（DSO）为 40.15 天，而行业平均水平为 36 天。其每天的销售收入预计为 9.04（= 3 300/365）百万美元。如果联合食品公司的 DSO 可以调整到行业平均水平，其应收账款将减少至：

$$DSO\ 为\ 40.15\ 天时的应收账款 = 40.15 \times 9.04 = 363.0\ （百万美元）$$
$$DSO\ 为\ 36\ 天时的应收账款 = 36 \times 9.04 = \underline{325.5}\ （百万美元）$$
$$应收账款减少数 = 2022\ 年自由现金流的增加数 = \underline{37.5}\ （百万美元）$$

因此，如果联合食品公司的信贷经理可以实现行业平均 DSO，则其应收账款可以额外减少 3 750 万美元。这意味着公司 2022 年的自由现金流可以增加 3 750 万美元，并且随着联合食品公司销售收入的增长，自由现金流也会继续增加。首席财务官可以使用这个例子同信贷经理进行讨论。

17.6.2   调整存货价值

存货也可以进行类似的分析。首先，请注意联合食品公司预测的存货周转次数为 3.68 次，而行业平均为 7.62 次。此外，在表 17-2 中，联合食品公司在主营业务成本为 23.1 亿美元的情况下，预测的 2022 年存货为 6.27 亿美元。给定这些信息，如果联合食品公司能够实现行业平均的存货周转次数，我们可以算得联合食品公司的存货为：

$$在预测存货周转次数下的存货金额 = 2\ 310/3.684 = 627\ （百万美元）$$
$$在行业平均存货周转次数下的存货金额 = 2\ 310/7.62 = 303\ （百万美元）$$
$$存货减少数 = 2022\ 年自由现金流的增加数 = \underline{324}\ （百万美元）$$

因此，如果联合食品公司的存货周转次数可以提高到行业平均水平，存货可以再减少额外的 3.24 亿美元。这意味着公司 2022 年的自由现金流可以增加额外的 3.24 亿美元，并且随着联合食品公司销售收入的增长，自由现金流还会继续增加。同样，首席财务官可以使用这个例子同存货经理进行讨论。

17.6.3   其他专题研究

当公司建立了预测财务报表的模型以后，就可以进行各种"如果……那么……"的研究。例如，联合食品公司的首席财务官用来制作表 17-2 的模型可用于计算前两节有关应收账款和存货的结果。该模型还可用于估计改变股利政策对财务报表和外部资金需求的影响。实际上，AFN 公式本身也可以进行调整来得到关于股利政策影响的"快速粗略"的估计。正如我们之前在第 17.3 节讨论的 AFN 公式所看到的，联合食品公司的股利支付率为 0.589 9，当将这个数字代入 AFN 公式时，我们可以得到 1.14 亿美元的外部资金需求：

$$AFN = 0.666\ 7 \times \Delta S - 0.066\ 67 \times \Delta S - 0.048\ 8 \times S_1 \times 0.410\ 1$$
$$= 0.666\ 7 \times 300 - 0.066\ 67 \times 300 - 0.048\ 8 \times 3\ 300 \times 0.410\ 1$$
$$= 114\ （百万美元）$$

假设现在联合食品公司筹集 1.14 亿美元以实施它的业务计划，首席财务官可能会建议董事降低股利支付率到 20%。这将导致 AFN 变为约 5 100 万美元（如表 17-1 第四部分所示），比原本计算的 AFN 减少约 6 300 万美元。当然，如同我们在股利政策那一章所论述的一样，降低股利支付率会带来一些问题，但有时候为了使公司内在价值最大、长期股价最高，这样做是必要的。

本章小结

本章介绍了预测财务报表的方法，这是财务计划过程的核心部分。投资者和公司都经常使用预测方法进行股票估值，评价项目收益，并估计资本结构、股利政策、营运资本政策的变化如何影响股东价值。

本章所述的预测类型十分重要，原因在于：第一，如果预测的经营业绩并不令人满意，管理层可以重新制订计划，为下一年度制定更为合理的目标。第二，满足销售预测所需的资金可能无法获得。如果能够提前了解这一情况并缩减项目规模，显然要好于由于资金短缺难以继续维持而迫使项目停止。第三，公司经常给分析师提供关于未来可能收益的指导。因此，提供合理准确的预测是有好处的。

自测题

ST-1 关键术语

定义下列术语：

a. 使命描述、经营范围、公司目标、公司战略

b. 经营计划、财务计划

c. 自发性融资金额

d. 外部资金需求（AFN）、外部资金需求公式

e. 资本密集度、可持续增长率

f. 财务报表预测、留存收益率

g. 产能过剩的调整

h. 回归分析

ST-2 可持续增长率

Weatherford Industries 公司的相关比率如下：$A_0^*/S_0 = 1.6$，$L_0^*/S_0 = 0.4$，销售利润率 $= 0.10$，股利支付率 $= 0.45$。去年的销售额为 1 亿美元。假设这些比率将保持不变，使用 AFN 公式确定 Weatherford 在不使用非自发性外部资金的情况下可以实现的最大增长率（可持续增长率）。

ST-3 外部资金需求

假设 Weatherford 的财务顾问报告如下：① 存货周转次数（销售成本 / 存货）是 3 次，行业平均为 4 次；② Weatherford 可以减少存货，从而将其存货周转次数提高到 4 次，而不影响销售收入、销售利润率和其他资产周转率。在这些条件下，如果第二年销售收入增长 20%，使用 AFN 公式确定 Weatherford 的外部资金需求。

简答题

17-1 从 AFN 公式中我们可以识别外部融资取决于哪些关键因素？

17-2 假设办公用品企业的平均销售利润率为 6%，总资产负债率为 40%，总资产周转率为 2，股利支付率为 40%。如果这样的公司要实现任何销售增长（$g > 0$），它将必须借入资金或发行普通股（即使 g 非常小，它也需要一些非自发性的外部资金）。这样的说法对吗？为什么？

17-3 你是否同意，基于 IT 的企业计划模型在 20 世纪 90 年代是一种潮流，但由于企业计划需要灵活性，因此现在大多数企业不再使用这个模型？说明为什么。

17-4 某些负债和权益项目一般随着销售收入的增加而自发增加。请在这些项目后打钩（√）。

应付账款　　　　　＿＿＿＿＿＿

应付银行票据　　　＿＿＿＿＿＿

应付职工薪酬　　　＿＿＿＿＿＿

应交税费　　　　　＿＿＿＿＿＿

抵押债券　　　　　＿＿＿＿＿＿

普通股　　　　　　＿＿＿＿＿＿

留存收益　　　　　＿＿＿＿＿＿

17-5 假设公司做出以下政策变更。如果这项改变意味着外部资金需求增加，用 a（＋）标记；如果意味着外部资金需求减少，用 a（－）标记；如果影响不确定或可以忽略，用 a（0）标记。请从短期角度考虑这些变化对资金需求的影响。

a. 股利支付率上升。　　　　　＿＿＿＿＿

b. 生产计算机的公司决定仅在接收到订单后才进行生产，而不是提前生产。　＿＿＿＿＿

c. 公司为了获得现金折扣，决定在收货时给供应商付款，而不是在 30 天之后进行付款。　＿＿＿＿＿

d. 公司开始实行赊销（在此之前所有销售都是现销）。　＿＿＿＿＿

e. 公司的销售利润率由于竞争加剧而降低，但销售额稳定。　＿＿＿＿＿

f. 广告支出增加。　　　　　　＿＿＿＿＿

g. 决定用长期抵押债券替代短期银行贷款。　＿＿＿＿＿

h. 公司决定每周支付员工工资（在此之前是在每月月底向员工支付工资）。

问答题

17-1 AFN 公式 Carlsbad 公司的销售收入预计将增长 20%，从 2021 年的 500 万美元增长到 2022 年的 600 万美元。截至 2021 年年底，其资产总额为 300 万美元。Carlsbad 公司的产能已经饱和，因此其资产必须与预期销售收入同比例增长。截至 2021 年年底，公司流动负债为 100 万美元，包括应付账款 25 万美元、应付票据 50 万美元和其他应计负债 25 万美元。预计其销售利润率为 3%，留存收益率为 30%。使用 AFN 公式来预测 Carlsbad 公司下一年的外部资金需求。

17-2 AFN 公式 参见问答题 17-1，假设其他所有资料相同，如果公司 2021 年年底的总资产为 400 万美元，那么外部资金需求是多少？为什么此处的外部资金需求与问答题 17-1 不同？公司的"资本密集度"是相同还是不同的？为什么？

17-3 AFN 公式 参见问答题 17-1，并假设公司在 2021 年年底总资产为 300 万美元。但是，现在假设公司不支付股利。在这些假设下，下一年的外部资金需求是多少？为什么此处的外部资金需求与问答题 17-1 不同？

17-4 预测利润表 Austin Grocers 最近公布了 2021 年的利润表（单位：百万美元）。

销售收入	700
营业成本（包含折旧）	500
息税前利润	200
利息支出	40
税前利润	160
所得税（25%）	40
净利润	120
股利	40
留存收益增加额	80

未来一年，公司预测销售收入将增长 25%，并预计全年营业成本（包括折旧）将等于销售收入的 70%。税率、利息支出和股利支付率都预计保持不变。

a. 该公司 2022 年的预计净利润为多少？

b. 该公司股利的预期增长率是多少？

17-5 过剩生产能力 Williamson Industries 的销售收入为 70 亿美元，固定资产为 19.44 亿美元。目前，公司只用了其固定资产生产能力的 90%。

a. 如果 Williamson Industries 全部的生产能力得到运用，该公司的销售收入会是多少？

b. Williamson Industries 目标的固定资产与销售收入的比率（固定资产 / 销售收入）为多少？

c. 如果公司销售收入增长 15%，为了达到其目标的固定资产与销售收入的比率，公司需要增加多少固定资产？

17-6 回归预测和存货 Jasper Furnishings 公司的销售收入为 3 亿美元。该公司希望今年的销售收入增长 12%。对于给定的预计销售收入，Jasper 公司的首席财务官使用一个简单的线性回归预测公司的存货量。在最近的历史数据的基础上，估计出的存货和销售收入之间的关系如下（单位：百万美元）。

$$存货 = 25 + 0.125 \times 销售收入$$

基于预测的销售收入以及存货与销售收入之间的估计关系，假设主营业务成本为销售收入的 75%，预测公司年末的存货量和其存货周转率。

17-7 预测利润表 去年年末，Roberts 公司公布了其利润表如下（单位：百万美元）。

销售收入	3 000
营业成本（不含折旧）	2 450
息税折旧摊销前利润	550
折旧	250
息税前利润	300
利息支出	124
税前利润	176
所得税（25%）	44
净利润	132

为了预测下一年的情况，公司首席财务官已经收集了以下信息：

- 全年销售收入预计比去年的 30 亿美元增长 10%。
- 全年营业成本（不含折旧）预计等于全年销售收入的 80%。
- 预计折旧与销售收入同比例增长。
- 利息支出保持不变。
- 所得税税率保持 25% 不变。

根据这些信息，预测该公司的净利润为多少？

17-8 长期融资需求 在 2021 年年底，Arrington 公司的总资产为 180 万美元，应付账款为 45 万美元。2021 年的销售收入为 300 万美元，预计 2022 年将增长 25%。总资产、应付账款与销售收入成比例，并且这种比例关系将保持不变；也就是说，它们将以与销售收入增长相同的速度增长。Arrington 公司通常不使用除应付账款以外的流动负债。2021 年普通股金额为 50 万美元，留存收益为 47.5 万美元。Arrington 公司计划增发 13 万美元的普通股。公司的销售利润率为 5%，留存收益率为 35%。

a. 2021 年 Arrington 公司的负债合计是多少？

b. 2022 年公司需要筹集多少新的长期债务？

（提示：外部资金需求－增发股票融资额＝新的长期债务融资额）

17-9 销售增长 Paladin Furnishings 2021 年的销售收入为 400 万美元，其年终总资产为 320 万美元。此外，在 2021 年年底，其流动负债为 50 万美元，包括应付票据 20 万美元、应付账款 20 万美元和其他应计负债 10 万美元。公司估计 2022 年每增加 1 美元的销售收入，其资产必须增加 0.8 美元。Paladin 的销售利润率为 3%，留存收益率为 50%。如果公司不从外部募集资金，公司的销售收入最多可以增长多少？

17-10 回归预测和应收账款 Edwards Industries 公司的销售收入为 3.2 亿美元。公司预测今年的销售收入将增长 12%。公司首席财务官使用一个简单的线性回归模型预测在一个给定的预计销售水平下公司的应收账款水平。根据历史数据，应收账款与销售收入之间的估计关系如下（单位：百万美元）。

$$应收账款 = 9.25 + 0.07 \times 销售收入$$

基于预测的销售收入以及应收账款与销售收入之间的估计关系，请你预测公司应收账款年末余额和应收账款周转天数（DSO）？假设 DSO 是基于 1 年 365 天计算的。

17-11 回归预测与存货 Charlie's Cycles 公司的销售收入为 1.1 亿美元。公司预测今年销售收入将会增长 5%。公司首席财务官使用一个简单的线性回归模型预测在一个给定的预计销售水平下公司的存货水平。根据历史数据，存货与销售收入之间的估计关系如下（单位：百万美元）。

$$存货 = 9 + 0.0875 \times 销售收入$$

基于预测的销售收入以及存货与销售收入之间的估计关系，假定主营业务成本为销售收入的 65%，请你预测公司年末存货水平以及存货周转率。

17-12 过剩生产能力 Earleton Manufacturing 公司的销售收入为 30 亿美元，固定资产为 7.875 亿美元。目前，公司只使用了其固定资产生产能力的 80%。

a. 如果该公司全部生产能力得到使用，那么它的销售收入应该是多少？

b. 该公司目标的固定资产与销售收入的比率（固定资产/销售收入）为多少？

c. 如果该公司销售收入增长 30%，公司要达到其目标的固定资产与销售收入的比率，需要增加多少固定资产？

17-13 外部资金需求 Morrissey Technologies 公司 2021 年的财务报表如下所示。

Morrissey Technologies 公司
2021 年 12 月 31 日资产负债表

（单位：美元）

货币资金	180 000	应付账款	360 000
应收账款	360 000	应计负债	180 000
存货	720 000	应付票据	56 000
流动资产合计	1 260 000	流动负债合计	596 000
		长期负债	100 000
固定资产	1 440 000	普通股	1 800 000
		留存收益	204 000
资产总计	2 700 000	负债和所有者权益总计	2 700 000

Morrissey Technologies 公司 2021 年 12 月 31 日利润表

（单位：美元）

销售收入	3 600 000
营业成本（包含折旧）	3 279 720
息税前利润	320 280
利息支出	20 280
税前利润	300 000
税（25%）	75 000
净利润	225 000
每股数据：	
普通股股价	45
每股收益（EPS）	2.25
每股股利（DPS）	1.35

假设 2022 年公司销售收入比 2021 年增长 10%。该公司目前有 10 万股流通股。公司预计其将维持 2021 年的股利支付率，并假设其资产与销售收入同比例增长，公司没有过剩生产能力。然而，该公司希望将其营业成本占销售收入的比例降低至 87.5%，并将其资产负债率提高到 30%（它认为现在自身的资产负债率相对于行业平均水平而言过低）。为达到预计的资产负债率，公司 2022 年有息债务预测数的 30% 将由应付票据筹集，此外将发行长期债券弥补剩余缺口。该公司预测其税前债务成本（包括短期和长期债务）为 12.5%。假设任何普通股的发行或回购都可以在该公司目前的股票价格每股 45 美元下进行。

a. 列出在这些变化下公司的预测财务报表。预计公司的应付票据和长期债券的金额为多少？留存收益增加额预计为多少？

b. 如果公司销售利润率保持为 6.25%，股利支付率保持为 60%，销售收入增长多少时外部资金需求恰好为 0？即公司的可持续增长率为多少（提示：使用 AFN 公式等于 0，解出此时的 g）？

17-14 过剩生产能力 Krogh Lumber 公司 2021 年的财务报表如下所示。

Krogh Lumber 公司 2021 年 12 月 31 日资产负债表

（单位：千美元）

货币资金	1 800	应付账款	7 200
应收账款	10 800	应计负债	2 520
存货	12 600	应付票据	3 472
流动资产合计	25 200	流动负债合计	13 192
		抵押债券	5 000
固定资产净值	21 600	普通股	2 000
		留存收益	26 608
资产总计	46 800	负债和所有者权益总计	46 800

Krogh Lumber 公司 2021 年 12 月 31 日利润表

（单位：千美元）

销售收入	36 000
营业成本（包含折旧）	30 783
息税前利润	5 217
利息支出	1 017
税前利润	4 200
税（25%）	1 050
净利润	3 150
股利（60%）	1 890
留存收益增加额	1 260

a. 假设该公司在 2021 年除固定资产以外的其他所有项目的生产能力全部得到使用，2021 年其固定资产生产能力仅使用了 75%。在不增加固定资产的前提下，2022 年销售收入最多可以比 2021 年增长多少个百分比？

b. 现在假设 2022 年销售收入比 2021 年增长 25%。假设 Krogh 不能变卖任何固定资产，除固定资产外的其他资产都会与销售收入同比例增长。然而，在审查了行业的平均水平后，公司希望将其营业成本占销售收入的比例降至 82%，并将其资产负债率提高到 42%。该公司将继续维持其 60% 的股利支付率。目前公司有 100 万股流通股。公司 2022 年有息债务预测数的 35% 将由应付票据筹集，此外将发行债券弥补剩余缺口。该公司预测，其税前债务成本（包括短期和长期债务）为 11%。任何普通股的发行或回购都可以在该公司目前的股票价格每股 40 美元下进行。仿照表 17-2，列出 Krogh 公司的预测财务报表。应付票据、长期债券、普通股和留存收益的金额会是多少？

17-15　预测财务报表　使用电子表格模型预测问答题 17-13 和 17-14 的财务报表。

综合案例

New World Chemicals 公司

财务预测　New World Chemicals 公司（NWC）是加利福尼亚州的一家果园专用化学品生产商。它的新财务经理 Sue Wilson 必须进行 2022 年公司的正式的财务预测。NWC 公司 2021 年的销售收入为 20 亿美元，销售部门预测 2022 年销售收入可以增长 25%。Wilson 认为，在 2021 年，公司的全部生产能力都已经得到使用，但她并不是十分确定。她预测的第一步是假设关键财务比率保持不变，NWC 公司"一切照常"。公司 2021 年的财务报表、2022 年的初步预测以及 2021 年的财务比率分析和 2022 年财务比率的初步预测见表 IC 17-1。

假设你最近被聘为 Wilson 的助理，你的第一个任务是帮助她构建正式的财务预测。她请你首先回答以下问题。

a. 假设①2021 年公司所有资产的生产能力都已经得到全部使用；②所有资产均与销售收入同比例增长；③应付账款和应计负债也将与销售收入同比例增长；④销售利润率和股利支付率将维持 2021 年的水平不变。在这样的情况下，利用 AFN 公式预测公司未来一年的外部资金需求为多少。

b. 经过向 NWC 公司内部几个关键管理人员，包括生产经理、存货经理和应收账款经理咨询后，了解到了一些非常有用的信息。

1. NWC 公司的应收账款周转天数（DSO）较长主要是因为一个重要的客户在过去两年里经历了一些困难，但这个客户目前财务健康，并能产生充裕的现金流。因此，NWC 公司的应收账款经理预期公司可以减少应收账款，DSO 缩短为 34 天，而又不会对销售造成不利影响。

2. NWC 公司实际生产能力略低于全部生产能力，但预测其增长将需要一个新设备，预计将增加 NWC 公司的固定资产净额至 7 亿美元。

3. 去年安装的相对较新的存货管理系统花费了一段时间来掌握和高效运行。去年 NWC 公司的存货周转率略有改善，假定主营业务成本为销售收入的 50%，预计今年 NWC 公司存货管理将进一步改善，存货减少，存货周转率预计将上升至 5。

将该信息增加到 2022 年年初始预测结果的考虑范围内进行调整，对 2022 年初始预测进行调整的结果形成了 2022 年的最终预测（提示：总资产与初始预测没有变化）。

c. 根据最终的预测结果，计算 NWC 公司的预测财务比率，并将其与公司 2021 年的历史数据、2022 初始预测形成的比率以及行业平均水平进行比较。NWC 公司与行业的平均水平进行比较的结果如何？该公司的财务状况预计在来年会有所改善吗？请解释为什么。

d. 根据最终的预测结果，计算 2022 年 NWC 公司的自由现金流。这个自由现金流与最初按照"一切照常"进行预测得出的结果有何不同？

e. 最初，NWC 公司的一些经理质疑新设备的扩建是否必要，尤其是因为它导致了公司固定资产净额从 5 亿美元增加到 7 亿美元（增长了 40%）。然而，在广泛讨论 NWC 公司需要为其未来增长定位，以及在当今市场保持灵活性和竞争力之后，NWC 公司的高级管理人员同意扩建是必要的。反对者提出，NWC 公司的固定资产仅利用了其全部生产能力的 85%。假设其固定资产仅利用了其全部生产能力的 85%，在生产能力得到全部利用时，其销售收入的增长额和增长率分别是多少？

f. 以下所列因素的变化会如何影响公司的外部资金需求？① 股利支付率，② 销售利润率，③ 资本密集度，④ NWC 公司的供应商允许其在 60 天后而不是 30 天后付款（单独考虑每个因素，并保持所有其他事项不变）。

表 IC 17-1　NWC 公司财务报表和其他数据　（单位：百万美元）

A. 资产负债表	2021	2022 预测值
现金和现金等价物	20	25
应收账款	240	300
存货	240	300
流动资产合计	500	625
固定资产净值	500	625
资产总计	1 000	1 250
应付账款和应计负债	100	125
应付票据	100	190
流动负债合计	200	315
长期负债	100	190
普通股	500	500
留存收益	200	245
负债及所有者权益合计	1 000	1 250

B. 利润表	2021	2022 年预测值
销售收入	2 000.00	2 500.00
变动成本	1 200.00	1 500.00
固定成本	700.00	875.00
息税前利润	100.00	125.00
利息费用	16.00	20.00
税前利润	84.00	105.00
税（25%）	21.00	26.25
净利润	63.00	78.75
股利（30%）	18.90	23.63
留存收益增加额	44.10	55.13

C. 关键比率	NWC（2021）	NWC（2022 年预测值）	行业平均水平	评价
基本盈利能力	10.00%	10.00%	20.00%	
销售利润率	3.15	3.15	4.00	
净资产收益率	9.00	10.43	15.60	
DSO（365 天计）	43.80 天	43.80 天	32.00 天	
存货周转率	4.17×	4.17×	6.00×	

（续）

C. 关键比率	NWC（2021）	NWC（2022 年预测值）	行业平均水平	评价
固定资产周转率	4.00	4.00	5.00	
总资产周转率	2.00	2.00	2.50	
总资产负债率	30.00%	39.60%	36.00%	
利息保障倍数	6.25×	6.25×	9.40×	
流动比率	2.50	1.98	3.00	
股利支付率	30.00%	30.00%	30.00%	

深入探讨

预测 Abercrombie & Fitch 公司的未来绩效

服装零售商 Abercrombie & Fitch 在 20 世纪 90 年代末获得了巨大的成功。1996—2000 年，其销售收入增长了近 4 倍，从 3.35 亿美元增长到超过 12 亿美元，其股价飙升超过 500%。然而，在 2002 年，它的增长开始放缓，很难达到其季度的盈利目标。结果，2002 年年末公司的股票价格跌到大约 3 年前的一半。Abercrombie 的困境是由竞争加剧、经济疲软以及保持时尚界领先地位的困难所导致的。从 2002 年年末到 2007 年 11 月，公司股票强劲反弹；然而，其股票价格在 2008 年经济衰退期间又出现下跌。其后股价又反弹，并持续到 2011 年的 10 月下旬，然后再次出现下滑趋势。关于公司长期增长前景的问题仍然存在。然而，该公司一直以供应链为重点，降低成本，提高产量。此外，它还一直积极回购股票，意味着管理层认为其股价被低估。该公司继续稳步实行海外店铺扩张，同时关闭表现不佳的国内店铺。

Abercrombie 的未来增长率问题引人关注，很多分析师十分关心公司的盈利报告。诸如 Yahoo! Finance，Morningstar 和 MSN Money 等金融网站提供了公司最近的历史盈利信息以及分析师对公司盈利预测的概括。

讨论问题

1. 下一财年 Abercrombie 公司每股收益的平均值和中位数的预测值是多少？

2. 根据分析师的预测，公司未来 5 年内收益的长期增长率是多少？

3. 分析师在过去几个月内对 Abercrombie 公司的收益预测是否有显著变化？为什么？

4. 在过去一年中，Abercrombie 公司的季度业绩是普遍达到、超过还是低于分析师的预测收益？

5. 相对于标准普尔 500 来说，Abercrombie 公司今年的股票表现如何？

第 18 章

跨国财务管理[⊖]

美国公司寻找海外投资机会以增加股东财富

从第二次世界大战结束到 20 世纪 70 年代,美国主宰了世界经济。然而,这种情况不再存在。正如我们在第 2 章中强调的那样,全球化是过去几十年影响个人、公司和资本市场的主要力量之一。原材料、产成品、服务和资金可以自由地流动,跨越大多数国家边界,创意和新技术也是如此。世界级的美国公司在国外实验室取得突破,从外国投资者那里获得资金,让外国员工担任要职。数十家顶级的美国制造商,包括通用电气公司、IBM 和宝洁公司,出口国外的商品的数量超过在美国国内销售的数量。同样,如同花旗集团、麦当劳和美国家庭人寿保险公司(AFLAC)等服务业公司,其一半以上的收入也来自于海外销售。

这种趋势在利润中更加显著。近年来,可口可乐和许多其他公司在太平洋沿岸地区和西欧赚的钱超过了在美国赚的钱。因此,全球范围内的经济事件和不断变化的汇率对一个公司的经营状况有显著的影响。特别是在美元贬值时,从外币中获得的利润的价值更高。

像可口可乐这样成功的全球性公司必须在不同的经济体中开展业务,同时也必须对不同的政治和文化背景中的细微之处保持高度关注。他们发现入乡随俗有助于推广产品并避免政治麻烦。同时,美国以外的跨国公司也越来越多地进入美国市场。瑞典的 ABB 公司、荷兰的飞利浦公司、法国汤姆逊公司以及日本的富士通公司和本田公司都在努力成为雇佣美国员工、向美国转移技术和促进美国实现贸易平衡的美国化公司。

"世界公司"的出现使政府面临很多新问题。例如,是否应该更偏向国内的公司,还是应该同等对待国内与国外公司,只要它们在国内提供就业机会?公司是应当尽力在本国生产产品,还是应该在使得总成本最低的地方生产产品?跨国公司开发的技术应该属于哪个国家,特别是当技术可以用于军事领域时?一家跨国公司的经营是否应该遵守本国制定的规则?最后,正如我们将在本章中讨论的那样,反对全球化的浪潮日趋高涨,而在疫情后,反全球化的声音是否会继续变强仍然是一个重要的问题。请带着这些问题阅读本章,当你读完时,你将对政府面对的问题,以及跨国公司管理者面对的困难和有利可图的机会有更好的理解。

厘清头绪

跨国公司的管理者必须处理各种在单一国家经营时不会存在的问题。在这一章,我们将重点研究跨国

⊖ 本章与佛罗里达大学的 Roy Crum 教授合著。

公司和美国国内公司之间的主要差异，并讨论这些差异对跨国公司财务管理的影响。

学完本章后，你应该能够完成下列目标。

- 确定公司选择"全球化"的主要原因。
- 解释汇率如何起作用和解释不同的汇率报价。
- 讨论利率平价理论和购买力平价理论的含义。
- 解释海外投资者面对的不同机会和风险。
- 确定跨国公司所面临的一些具体挑战，讨论它们如何影响其资本预算、资本结构和营运资本政策。

18.1 跨国或国际公司

跨国或国际公司（multinational, or global corporation）是指在多个国家进行一体化经营的公司。在过去的20年里，一个新的和重要的国际商业活动的新形式得到发展，它大大增强了世界经济和政治的相互依存。除了从外国购买资源和出售商品外，跨国公司倾向于直接投资完全一体化——从原材料的提取到制造过程，并最终向全世界的消费者销售产品。现在，跨国公司的组织网络已经控制了全球大部分的技术、营销和生产资源。

美国和国外的公司由于以下7个主要原因而"全球化"。

（1）寻求生产高效率。随着美国国内竞争的加剧和在其他市场需求的增加，公司通常决定必须在海外生产产品。假设具有必要技能的劳动力和交通基础设施供应充足。总部设在高成本的国家或地区的公司有强烈的意图将生产转移到成本较低的地区。例如，耐克在41个国家设有生产工厂。[一]同样，日本制造商已经开始将一些生产转移到成本更低的太平洋沿岸和美洲国家。宝马为应对德国的高生产成本，已经在美国和其他国家建成装配厂。向苹果公司和其他电子制造商供货的中国大型企业富士康，在威斯康星州成立了一家新工厂。这些例子说明了公司为保持竞争力，如何努力通过设置制造设施以最低总单位成本生产并运输产品，以满足主要市场的需求。

（2）避开政治、贸易和监管壁垒。政府有时对进口商品和服务施加关税、配额和其他的限制，这样做是为了增加收入，保护美国国内产业以及追求各种政治和经济政策目标。为了规避政府的壁垒，公司经常将生产基地拓展到国外。例如，日本汽车公司将生产移至美国的主要原因是绕过美国的进口配额。现在，本田、日产、丰田、马自达和三菱都在美国装配车辆，20世纪70年代，印度也限制国外商品销售，以支持国内商品的发展战略。促使美国制药商史克公司（SmithKline）和英国的必成公司（Beecham）合并的一个原因就是避免在各自最大的市场（西欧和美国）面临的许可证和法律监管。葛兰素史克公司（GlaxoSmithKline）是葛兰素康威公司（Glaxo Welcome）和史克必成公司（SmithKline Beecham）2000年合并成立的，现在葛兰素史克公司在美国和西欧都被认为是境内企业。[二]最近，哈雷·戴维森宣布计划将其部分生产移至海外工厂，以规避欧盟对美国加征的报复性关税（见专栏"特朗普征收新关税"）。2019年7月，欧盟批准哈雷·戴维森从泰国进口摩托车，以减免该公司当年被征收的1亿美元关税中的大部分。[三]

（3）扩大市场。当一个公司的国内市场成熟后，国外市场的成长机会通常更好。根据产品生命周期理论，一家公司首先在其国内市场生产，可以更好地开发其产品并满足国内客户的需求。这将吸引竞争对手加入，但当国内市场迅速发展时，新客户的出现会使销售额出现令人满意的增长。然而，随着国内市场的成熟，以及总需求的增长放缓，竞争变得更加激烈。同时，国外市场对产品的需求也在增加，这就促使公司将生产转移到海外，一方面可以满足外国客户需求，另一方面可以降低生产和运输成本，使公司可以保持竞争地位。因此，这样的本土公司，如IBM、可口可乐和麦当劳正积极拓展海外市场。2020年，Netflix在全球范围内迅速扩张。截至2020年6月，它在近200个国家和地区拥有超1.9亿的用户。[四]此外，索尼和东芝等外国公司现在在美国

[一] 参见 "Nike Manufacturing Map," manufacturingmap.nikeinc.com.

[二] 最近有一些证据表明银行监管的全球差异也影响资本在国家间的流动。参见 Joel Houston,Chenlin,and Yue ma, "Regulatory Arbitrage and International Bank Flows," *Journal of Finance*, vol. 67, no. 5 (October 2012), pp. 1845–1895.

[三] 参见 "Harley-Davidson Gets EU Approval for Plan to Dodge $100 Million Tariff Hit," *Los Angeles Times* (latimes.com), July 23, 2019.

[四] 参见 Steven Zeitchik, "Netflix Added 10.1 Million Subscribers This Spring as People around the World Stayed Home," *The Washington Post* (washingtonpost.com), July 16, 2020.

电子消费市场发挥了重要作用。随着产品变得更加复杂和开发成本变得越来越高，必须出售更多的数量，才能弥补高昂的成本，因此较大的市场至关重要。

（4）寻求原材料和新技术。许多重要的原材料的供应在地理上十分分散，所以许多公司必须迁移到原材料被发现的地方，即使在一些地方经营会存在挑战。例如，石油的主要储存地位于北部阿拉斯加海岸、西伯利亚和中东的沙漠地带等条件非常艰苦的地区。因此，很多的美国石油公司，例如埃克森美孚在世界范围内都设有重要生产基地，以确保获得维持公司未来发展所需的基本资源。埃克森美孚有炼油厂、石油输送设施和油田，这种投资被称为**纵向一体化投资**（vertically integrated investment），这样，公司通过投资来确保以不变的成本获得原材料供应。

（5）保护生产过程和产品。公司通常拥有特定的无形资产，如公司品牌、生产技术和营销技能、管理才能和卓越的研发能力。遗憾的是，涉及无形资产的产权往往很难保护，特别是在国外市场。为了对生产过程、销售配送系统和产品本身保密，公司宁愿自己在海外投资，也不愿意授权给当地的外国公司经营。一旦一家公司的配方或生产过程泄露给当地的其他公司，那些当地公司可能很容易采用相似的制作过程并开发类似的产品，这将削减公司的销售收入。例如，为了保护其配方，可口可乐公司在外国市场建造瓶装厂和分销网络，但从美国进口制造产品所需的浓缩糖浆。在 20 世纪 60 年代，为了在印度继续经营下去，可口可乐公司面临印度政府施加的公开饮料配方的巨大压力。为了保护公司的配方，可口可乐撤销了在印度的分公司，直到印度的投资环境有所改善才重建分公司。

（6）分散风险。通过建立全球范围内的生产基地和销售市场，企业可以减缓单一国家经济不景气的影响。例如，当美元贬值时，拥有大量海外业务的美国公司会受益。一般来说，由于各个国家的经济波动和政治变化并非完全相关，因此，投入和产出的多元化通常是有效的。因此，与个人从多元化的股票投资组合中受益一样，公司进行海外投资也能获得多元化投资的好处。但是，如果公司海外投资仅仅是为了分散风险，那么，这就有点不明智了。请注意，对于那些限制外资在本国投资的国家，以及那些没有从事国际贸易的公司的国家，公司的国际多元化投资可能是最有意义的，因为股东无法在个人投资组合中复制公司的操作。

（7）维护客户。一家公司进军国外，并从事生产和销售经营，那么，在这些新的地区，公司需要生产要素和服务。如果公司能从所在国的一家供应商那里获得所需的全部生产要素，那么，维持双方的合作关系将是一件很容易的事，并且公司有可能从中获得规模经济和其他好处。因此，从生产要素和服务供应商的角度看，跟随客户到国外市场去发展是非常明智的。美国大型银行，如花旗银行和摩根大通，后来利用全球网络迅速发展新的客户群，但是，最初为了维护长期的客户关系，它们也将银行业务发展到国外。会计、法律、广告和类似服务提供商也是同样的历史。

过去的 20 年里，外国公司对美国的投资和美国公司对外国的投资额有所增加。这个趋势如图 18-1 所示，这种趋势非常重要，因为它与美国独立和自力更生的精神相悖，这种精神曾经给美国传统政策打上了烙印。就像一些在海外有广泛业务的美国公司说的那样，利用其经济实力，对世界许多地方的政府施加经济和政治影响，令人担心的是，外国公司正在对美国政策产生类似的影响。这些发展说明，公司之间和国家之间相互影响和相互依赖的程度不断加深，美国也概莫能外。图 18-1 也表明外国投资水平随着商业周期变化，并随着全球经济的减弱而整体下降。我们可以看到在 2008—2009 年经济衰退时，美国国内外的外资投资水平大幅下降。在 2017 年，外国在美国的直接投资水平略低于美国对外直接投资；然而，在 2018 年和 2019 年，外国在美国的直接投资再次超过美国对外直接投资。鉴于全球新冠疫情的影响，联合国预

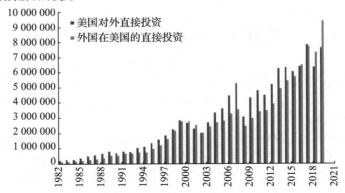

图 18-1　1982—2019 年跨国直接投资的市场价值

资料来源："Table 2.1. U.S. Direct Investment Positions at the End of the Period," *Bureau of Economic Analysis*, apps.bea.gov/international/bp_web/tb_download_type_modern.cfm?list=5&RowID=148, June 30, 2020.

计 2020 年全球外国直接投资将下降 40%。[⊖]

特朗普征收新关税

唐纳德·特朗普一直是美国贸易政策的批评者。他认为，美国的许多贸易伙伴对美国商品施加了不公平的贸易壁垒，而这些壁垒是导致美国持续出现巨额贸易逆差的主要原因。针对这些担忧，特朗普利用其权力对美国主要贸易伙伴销售的几种关键商品征收广泛的关税。

关税实际上是对进口商品征税。最初的作用是通过提高进口商品的售价来减少进口。然而，特朗普认为，外国商品的成本提高将使美国工业能更有力地进行国际竞争，最终将增加美国的出口。减少进口和增加出口都能减少贸易逆差。在其他条件相同的情况下，这些行动都将为美国的出口商带来巨大利益。

批评人士辩称，并非其他所有因素都是平等的，而且关税的长期影响是相当负面的，这些影响最终可能会对全球经济造成极大的破坏。这些批评人士主要的担忧是贸易伙伴不会对美国的行动坐以待毙，而是会以额外的关税作为反击。事实上，在特朗普采取初步行动后，我们的许多主要合作伙伴立即以新关税回敬，以此应对美国政策的变化。许多批评人士担心，

迅速发展的贸易战将大幅提高全球商品的价格，而贸易下滑将减少所有受影响国家企业的增长机会，进而可能引发全球经济衰退。另一个严重的担忧是，在国外销售商品的美国制造商可能会将其生产转移到国外工厂，以避免贸易伙伴征收任何报复性关税。例如，2018 年 6 月，哈雷·戴维森宣布计划将其部分工厂迁往国外，以规避欧盟对美国加征的报复性关税。

特朗普表示，他支持自由贸易，并希望利用新征收的关税来促进一系列广泛的双边贸易协议，最终导致更低的壁垒和更多的自由贸易。就这一点而言，特朗普可能正在进行一场走钢丝式的平衡表演，一旦失败，就会产生重大后果。也就是说，在他宣布征收关税后的几个月里，股市并未出现恐慌，这表明商界中的许多人相信全球紧张局势最终会消退。鉴于贸易的重要性，最终如何解决这些问题将对未来几年的全球经济产生重要影响。

资料来源：Alan Rappeport, "Harley-Davidson, Blaming E.U. Tariffs, Will Move Some Production Out of U.S.," *The New York Times* (nytimes.com), June 25, 2018.

自我测验

1. 什么是跨国公司？
2. 为什么公司"走向全球"？
3. 请讨论以下说法：美国经济和政治政策不可避免受到外国公司的影响。

18.2 跨国财务管理和国内财务管理

理论上，前 17 章中讨论的内容和方法对国内公司和跨国公司都是适用的。然而，当公司全球化经营时，我们需要考虑其他一些因素。以下是其中的 5 个因素。

（1）货币面值不同。跨国公司在不同国家的分支机构需要以不同的货币计量其现金流。因此，跨国公司的财务分析中必须包括汇率分析。

（2）政治风险。一个国家可以自由限制本国公司的资源转移，也可以在任何时间修改法规和税收条例，甚至可以在其范围内征用资产。政治风险可以有多种形式。当然，在单一国家经营的公司也会面临政治风险，但是，跨国公司必须面临的一个重要现实是，政治风险不仅存在，而且各国的政治风险各不相同，因此，跨国公司必须在财务分析中对政治风险做出明确说明。

（3）经济和法律环境的差异。每个国家都有自己独特的经济和法律制度，当一家跨国公司试图协调和控制全球范围内的经营活动时，这些差异可能产生严重的问题。例如，国家之间税法的差异可能导致给定的经济交

⊖ 参见 "Global Foreign Direct Investment Projected to Plunge 40% in 2020," *United Nations Conference on Trade and Development* (unctad. org/en/pages/newsdetails.aspx?OriginalVersionID=2396), June 16, 2020.

易有明显不同的税收后果，这取决于事务在哪里发生。同样，不同的东道国拥有不同的法律制度，例如英国采用的是普通法法系，法国采用的是大陆法系，这导致从商业交易的简单记录到法官在解决矛盾时所扮演的角色等一系列事情都变得很复杂。这种差异可能限制跨国公司在分配资源和制定程序方面的灵活性。同时也使在某地接受培训的管理者很难轻松地从一个国家转调到另一个国家。

（4）政府的角色。在美国，许多财务模型都假设存在完全竞争的市场，其中，交易条件由参与者决定。政府虽然也参与市场活动，并有权制定基本的交易规则，但是，除了征税之外，政府的作用很小。因此，市场是成功的导向，它反映了如何才能够保持市场竞争力。在美国和西欧，这个观点是正确的，但它不能准确描述世界其他地区的情况。虽然市场缺陷可能使决策过程复杂化，但从某种程度上来说，它们也可能是有价值的，因为一家公司可以克服这些市场缺陷进入市场，而这些缺陷却成为竞争者进入市场的壁垒。通常，公司竞争的条款、必须采取或避免的行动，以及各种交易的贸易条件，并不由市场决定，而是通过政府和跨国公司之间的直接谈判来决定。这实质上是一个政治进程，并且必须如此对待。因此，我们必须对传统的财务模型进行调整，以加入政治因素和其他非经济的决策因素。

（5）语言和文化差异。在所有的商业交易中，沟通能力至关重要。在这方面，美国人往往处于不利地位，因为他们一般只能说流利的英语，而欧洲和日本商人通常能流利地说包括英语在内的几种语言。同时，即使在被认为是基本类似的地理区域，不同国家也有其独特的文化内涵，这就形成了不同的价值观，并影响商业行为。跨国公司发现在诸如确定公司适当的目标、对风险的态度、绩效评估和薪酬制度设计、处理同员工的关系，以及削减非盈利业务的能力等方面，各国之间存在着巨大的差异。

这 5 个因素使财务管理复杂化，增加了跨国公司面临的风险。但是，为了追求更高的回报和其他一些因素，跨国公司愿意接受这些风险，并学会了如何应对这些风险。

去全球化的新时代?

在本章中，我们强调了全球化在过去几十年中对个人、公司和资本市场产生的巨大影响，包括更容易以更低的价格购买商品、更多的多元化投资机会、更多的获得全球人才和技术的渠道以及更高的全球平均生活水平。全球化的另一个假定好处之一是它促进了国家之间的相互依存和合作，有助于减少国际冲突。

同时，我们认识到并非每个人都能从全球化中受益。例如，如果一家公司将其业务转移到海外或雇用来自不同国家的员工，这可能会提高公司的效率，并使公司能以更低的价格销售其产品。尽管这些行为可能使海外工人以及公司的股东和客户受益，但因此失去工作的国内员工的境遇可能会很糟。

近年来，有迹象表明，反对全球化的呼声日益高涨。2007—2008 年的金融危机迫使许多全球性银行和跨国公司遏制外国贷款和投资。在欧洲，欧盟一直在努力保持一致，许多欧洲国家也在努力吸收越来越多的叙利亚难民。此外，受出行限制和开展海外业务有更大风险这一观点的影响，新冠疫情进一步抑制了全球化。

认识到这些影响，《经济学人》杂志在 2020 年 5 月的封面故事是"再见全球化"。在一篇题为"Covid-19 是否扼杀了全球化？"的文章中，他们表达了对当前环境的担忧并警告说："告别最伟大的全球化时代——并担心取而代之的将是什么。"其他对全球化持批评态度的人无疑会以不同的眼光看待这些最近的趋势。展望未来，这些当前事件是否代表了全球化长期持续增长的暂时性冲击，或者我们是否开始进入持续去全球化的新时代，仍有待观察。

资料来源："Has Covid-19 Killed Globalisation?" *The Economist* (economist.com), May 14, 2020.

自我测验

指出并简要讨论使跨国公司财务管理复杂化的 5 个主要因素。

18.3　国际货币体系

每个国家都有货币体系和货币管理机构。在美国，美联储是货币管理机构，它的任务是限制通货膨胀，促进经济稳定和增长。如果国家之间相互贸易，我们还必须设计某种体系来满足国家之间的支付需要。**国际货币体系**（international monetary system）是决定汇率的前提，它将全球货币、资金、资本、房地产、商品和实物资产市场联系在一起，形成了一个由国际条例管理约束，并由各国独有的政治和经济目标激励的机构网络。[⊖]

18.3.1 国际货币相关术语

在讨论国际货币体系时，我们有必要介绍一些重要的概念和术语。

（1）**汇率**（exchange rate）是指用一个国家货币兑换另一个国家货币的价格。例如，2020 年 8 月 7 日，星期五，1 美元可以购买 0.766 3 英镑、0.848 4 欧元或 1.338 4 加元。

（2）**即期汇率**（spot exchange rate）是指一单位的外币在当时或在非常短的时间内交割的报价。2020 年 8 月 7 日，收市的即期汇率为 0.766 3 英镑 / 美元。

（3）**远期汇率**（forward exchange rate）是指一单位外国货币在未来的指定日期交割的报价。如果今天是 2020 年 8 月 7 日，我们想知道在 2021 年 2 月 3 日，1 美元可以兑换多少英镑，我们将看看 6 个月的远期汇率，相对 0.766 3 英镑 / 美元的即期汇率，远期汇率为 0.766 683 英镑 / 美元。因此，在接下来的 6 个月中，美元预期相对于英镑小幅度升值。请注意，8 月 7 日的正式交易合同将锁定此远期汇率，但是截至 2021 年 2 月 3 日，货币才可以交换，2 月 3 日的即期汇率可能与 0.766 683 英镑 / 美元相差甚远，在这种情况下，我们将在前期购买中产生利润或损失。

（4）**固定汇率**（fixed exchange rate）是指一国政府规定本国货币只可以围绕目标汇率（被称为面值）小幅波动，例如，伯利兹（中美洲国家）已经固定了伯利兹元的汇率为 2.00 伯利兹元 / 美元，自 1978 年以来，它一直保持这一固定汇率。

（5）**浮动或灵活汇率**（floating or flexible exchange rate）是指不受政府监管，而由市场的供求关系来决定货币的价值。美元和欧元都是采取自由浮动汇率的货币。如果美国客户从欧洲进口的商品比出口欧洲的商品多，他们将必须用美元大量兑换欧元，这将导致欧元相对美元升值。请注意，虽然汇率本质上是浮动的，但是，中央银行仍然会不时通过市场干预来影响汇率的上升或者下降。

（6）**货币贬值**（devaluation）**或升值**（revaluation）是指一种货币的内在价值不变，但货币面值出现下降或上升。货币贬值或升值通常是由政府在没有警示的情况下做出的决定。例如，2005 年 7 月 21 日，中国政府宣布重新调整人民币，使其对美元升值 2.1%（新汇率是 8.109 7 元人民币 / 美元）。尽管人们普遍认为人民币被显著低估，但这种汇率重估出乎大家意料，因为近十年来，人民币对美元的固定汇率为 8.278 1 元人民币 / 美元。重要的是，同一天，中国政府放弃了对美元的锚定，而是采用了一个更有弹性的汇率制度，人民币现在与包括美元在内的一篮子国际货币挂钩。在接下来的十年里，人民币对美元稳步升值。在这期间，中国政府还宣布将逐步增强汇率的灵活性。2015 年 5 月 29 日，汇率为 6.200 4 元人民币 / 美元。因此，在那个时间点，购买 1 美元人民币的成本比 2005 年 7 月 21 日少 23.5%。两个半月后，中国政府宣布两天内人民币将贬值 3.5%，目的是促进经济增长，几天后，汇率为 6.394 8 元人民币 / 美元。2018 年 7 月 26 日，国际货币基金组织中国事务主管詹姆斯·丹尼尔表示，尽管由于中美贸易摩擦升级，人民币兑美元汇率下跌，但人民币的估值合理。因此可以预见，人民币汇率将会灵活波动。2020 年 8 月 7 日，人民币兑美元汇率为 6.967 8 元人民币 / 美元。

（7）**货币价值下浮**（depreciation）**或上浮**（appreciation）是指一种可浮动货币的对外汇价的下降或者上升。这种变化由市场力量所导致，不是政府规定的。

18.3.2 现行的货币制度安排

在最基本的层面上，我们可以将货币体制分为两大类：浮动汇率制度和固定汇率制度。在这两种汇率制度下，根据是否严格遵循基本假设，我们可以将固定汇率和浮动汇率做进一步的细分。首先看浮动汇率制度，它可以细分为两类：

（1）自由浮动。在这种情况下，汇率由货币的供给和需求决定。在**自由浮动汇率制度**（freely floating

⊖ 关于国际货币体系的复杂的历史和它所包括的一些细节，参见 Robert Carbaugh, *International Economics*, 17th edition (Mason, OH: Cengage Learning, 2019); and Joseph P. Daniels and David D. VanHoose, *Global Economic Issues and Policies*, 4th edition (London: Routledge, 2018).

regime）下，政府可以偶尔干预市场，买入或卖出货币来稳定波动，但它们不试图改变汇率的绝对水平。自由浮动汇率是汇率制度的一种极端情况。例如，澳大利亚、巴西、菲律宾和其他很多国家，允许汇率在最少的干预下浮动。

（2）有管理浮动。在这种情况下，政府明显干预市场，即通过操纵货币的供给和需求来对汇率进行管理。例如，哥伦比亚、以色列和波兰的政府管理其各自的货币浮动。当政府采用**有管理的浮动汇率制度**（managed-floating regime）时，它们很少披露目标汇率水平，因为这样做会使得货币投机者轻易获利。

大多数发达国家遵循自由浮动或有管理的浮动制度。一些发展中国家也采取浮动汇率制度，它们通常是由于市场的原因而被迫放弃固定汇率制度。

英国脱欧震惊欧洲

2016 年 6 月，英国举行全民公投决定脱欧，这令许多人感到惊讶。英国自 1973 年以来一直是欧洲共同体的一部分，在过去的 40 多年中，许多人一直在讨论英国与欧洲保持紧密联系的智慧之处。欧洲债务持续扩散，欧盟领导人在布鲁塞尔提出的法规遭反对，以及大量新移民和难民涌入欧洲大陆，这些因素都使局势更为紧张。

英国前首相戴维·卡梅伦强烈反对英国脱欧。然而，面对持续的压力，他最终同意让选民决定是否脱欧，并于 2016 年 2 月宣布将在 4 个月后举行公投。尽管民意调查显示双方投票结果很接近，但大多数分析师和专业机构都认为选民最终会决定留在欧洲。然而这些预测被证明是错误的。推动英国退出欧盟的"脱欧"势力在 6 月的公投中以微弱优势获胜。他们出人意料的胜利震惊了英国、欧洲和美国的许多人。事实上，许多人认为，导致英国脱欧的全球力量也促使特朗普在 11 月意外获胜当选美国总统。

英国脱欧公投后，英镑兑美元汇率立即下跌了约 12%，兑欧元汇率下跌了 10%。此后不久，卡梅伦辞职，由英国脱欧支持者特蕾莎·梅接替。有趣的是，英国股市（富时 100 指数）在英国脱欧公投后反弹，而公投对经济的直接影响并不剧烈。

即使如此，英国脱欧谈判仍困难重重。英国脱欧的支持者也对脱欧方案有较大分歧。有些人提议彻底决裂或"硬脱欧"，而另一些人则倾向于"软脱欧"。更为复杂的是，欧盟对迁就英国领导人没有表现出任何兴趣，并推动英国加速退出。

在脱欧协议第 3 次被否后，特蕾莎·梅于 2019 年 7 月辞去了首相职务。鲍里斯·约翰逊接替了她的职位。1 年后，欧盟和英国仍未达成协议。事实上，彭博社 2020 年 7 月的一篇文章描述了正在进行的谈判是如何破裂的。虽然他们计划恢复谈判，但欧盟和英国似乎仍有巨大分歧。可以肯定的是，观察英国和欧洲大陆最终如何发展会很有趣。

资料来源：Ian Wishart, "Brexit Talks End Early as EU, U.K. Say Major Hurdles Remain," *Bloomberg* (bloomberg.com/news/articles/2020-07-02/brexit-talks-end-early-as-eu-u-k-say-big-differences-remain), July 2, 2020.

固定汇率制度的类型包括：

（1）无本国货币。最极端的情况是国家没有自己的货币，使用另一个国家的货币作为其法定货币（如在厄瓜多尔和在特克斯和凯科斯群岛的美元）或与其他国家共同使用相同的货币（如欧元）。在这个安排下，当地政府放弃了使用汇率调节其经济的能力。

（2）货币局制度。该制度是第 1 种制度类型的变种，即一个国家技术上有自己的货币，但承诺以固定汇率兑换指定单位的外币。这要求国家加强国内货币管制，除非它有足够的外币储备以满足所有兑换需求。这称为**货币局制度**（currency board arragement）。在 2002 年 1 月的危机之前，阿根廷采用货币局制度，危机使阿根廷被迫宣布比索贬值，并声称无力偿还债务。

（3）固定钉住汇率制度（fixed peg arrangement）。在固定钉住汇率制度下，一国将本国货币以固定汇率"锁住"或"钉住"另一种货币或一篮子货币。这使得货币的汇率只在期望汇率的基础上细微地变动，如果变动超出指定范围（通常设置为目标汇率的 ±1%），中央银行就会实施干预，迫使货币回到指定范围内。例如，在中国，人民币不再与美元挂钩，而是与一篮子基于贸易额加权国际货币挂钩。其他的例子包括不丹的货币努尔特鲁姆钉住印度的货币卢比，马尔维纳斯群岛的货币钉住英镑，巴巴多斯岛的货币盯住美元。为保护本国经济免受欧债危机的影响，2011 年 9 月 6 日瑞士法郎与欧元挂钩。然而，2015 年 1 月 15 日，瑞士中央银行宣布瑞士法郎与欧元脱钩，理由是该政策不再适用。

有些国家也采取其他形式的汇率制度，随着时间的推移，新的汇率制度类型不断出现。世界上大多数国家采用固定汇率制度并偶尔实施干预。所以，虽然最主要的几种货币（按交易量衡量）允许浮动，并且国际货币体系通常被称为浮动汇率制度，但绝大多数货币在某种程度上仍然采用固定汇率制度。

自我测验

1. 什么是国际货币体系？
2. 即期汇率和远期汇率有什么区别？
3. 浮动汇率和固定汇率的基本区别是什么？
4. 区分货币的贬值与升值，以及货币价值的下浮与上浮。
5. 各种货币制度可以分为哪两大类，这两大类货币制度又可细分为哪几类货币制度？

18.4 汇率报价

汇率报价可以在《华尔街日报》和其他主要的印刷出版物和网站上找到。汇率可以通过两种不同方法标示，如表 18-1 所示。

第 1 列是 "1 单位外币的等值美元" 标示的汇率，第 2 列是 "1 美元的等值外币" 标示的汇率。例如，1 加元可以换成 0.747 2 美元，或 1 美元可以买 1.338 4 加拿大元。请注意，如果外汇市场处于均衡状态（全球主要交易货币通常是均衡的），两个报价必须是彼此的倒数，如这里加元所示。

加元：1/0.747 2=1.338 4

1/1.338 4=0.747 2

18.4.1 交叉汇率

表 18-1 中给出的所有汇率都是相对于美元的汇率。假设一个德国公司高管飞往东京处理业务，他关心的不是 1 美元可以兑换多少欧元或日元，而是 1 欧元能兑换多少日元。这就是交叉汇率，它可以根据表 18-1 的第 2 列的以下数据计算：

即期汇率

欧元 € 0.848 4/$1

日元 ¥105.93/$1

因为报价具有相同的分母（1 美元），我们可以使用第 2 列的报价计算这些货币之间（或者与其他货币之间）的交叉汇率。对于这位德国人而言，交叉率如下：

欧元 / 日元 交叉汇率 = 欧元 / 美元 ÷ 日元 / 美元

当我们将美元约掉，我们可以得到 1 日元能够兑换多少欧元：

€ 0.848 4 / ¥105.93 = € 0.008 0/ ¥

或者，我们可以求出 1 欧元能够兑换多少日元：

欧元 / 日元 汇率 = 日元 / 美元 ÷ 欧元 / 美元

¥105.93/ € 0.848 4 = ¥124.858 6/ €

注意，这两个交叉汇率互为倒数。

《华尔街日报》等财经出版物，以及彭博、雅虎和 online.wsj.com 等网站提供了主要货币交叉汇率表。表 18-2

表 18-1 典型汇率：2020 年 8 月 7 日，星期五

	直接标价法：购买 1 单位外币需要的美元（1）	间接标价法：1 美元所能购买到的外币数量（2）
澳大利亚元	0.715 7	1.397 2
巴西雷亚尔	0.183 9	5.438 1
英镑	1.305 0	0.766 3
加拿大元	0.747 2	1.338 4
人民币元	0.143 5	6.967 8
丹麦克朗	0.158 2	6.320 0
欧元	1.178 8	0.848 4
匈牙利福林	0.003 405 07	293.68
以色列谢克尔	0.293 2	3.410 7
日元	0.009 44	105.93
墨西哥比索	0.044 7	22.387 3
南非兰特	0.056 7	17.639 7
瑞典克朗	0.114 3	8.750 9
瑞士法郎	1.095 9	0.912 5

注：第 2 列为第 1 列的倒数。不过，可能有四舍五入的误差。

资料来源：改编自 *The Wall Street Journal*（online.wsj.com），August 7, 2020.

来自 2020 年 8 月 7 日《华尔街日报》的网站。当你计算交叉汇率时，注意个别报价的四舍五入，可能导致微小的差异。外汇交易者通常将汇率报价精确到小数点后 12 位。

表 18-2　主要货币的交叉汇率：2020 年 8 月 7 日，星期五

	美元（1）	欧元（2）	英镑（3）	瑞士法郎（4）	墨西哥比索（5）	日元（6）	加拿大元（7）
加拿大	1.338 4	1.557 6	1.746 6	1.466 7	0.059 8	0.012 6	—
日本	105.930 0	124.858 6	138.235 7	116.087 7	4.731 7	—	79.146 7
墨西哥	22.387 3	26.387 7	29.214 8	24.534 0	—	0.211 3	16.726 9
瑞士	0.912 5	1.075 6	1.190 8	—	0.040 8	0.008 6	0.681 8
英国	0.766 3	0.903 2	—	0.839 8	0.034 2	0.007 2	0.572 5
欧洲	0.848 4	—	1.107 1	0.929 8	0.037 9	0.008 0	0.633 9
美国	—	1.178 8	1.305 0	1.095 9	0.044 7	0.009 4	0.747 2

注：第 1 列表示 1 美元可以购买多少单位的外币，第 2 列表示 1 欧元可以购买多少单位的外币，以此类推。

资料来源：Adapted from data provided in Table 18-1 for August 7, 2020.

18.4.2　银行间外汇市场的报价

表 18-1 和表 18-2 摘自《华尔街日报》，这些报价足以满足众多用途的需要。对于其他用途来说，术语和惯例是非常重要的。在两种货币之间，有两种表示汇率的方法：**美式标价法**（American terms）和**欧式标价法**（European terms）。相应地，我们需要指定一种货币是"本国"货币，另一种货币是"外国"货币。这种指定是任意的。一个单位的外国货币可以兑换多少单位的本国货币称为**直接标价法**（direct quotation）。因此，如果一个人将美国视为本国，那么美式标价法就是直接标价法。此外，一个单位的本国货币可以兑换多少单位的外币称为**间接标价法**（indirect quotation）。对于美国人而言，欧式标价法就是间接标价法。要注意的是，如果改变币种，并且美元不再作为本国货币，对直接标价法和间接标价法的定义也将改变。本章余下的部分，除非另有特别说明，我们将假设美国是本国，因此美元是本国货币。

自我测验

1. 指出直接标价法和间接标价法之间的区别。
2. 什么是交叉汇率？
3. 假设目前 1 加拿大元可以兑换 0.75 美元。那么，1 美元可以兑换多少加拿大元？（1.333。）
4. 假设 1 美元可兑换 105 日元或 0.80 欧元。那么，欧元与日元之间的汇率是多少？（€ 0.007 619/¥。）

18.5　外汇交易

进口商、出口商、游客和政府在外汇市场买卖货币。例如，当美国贸易商从日本进口汽车，付款可能用日元。进口商通过银行在外汇市场上购买日元，就像在纽约证券交易所买入普通股股票或在芝加哥商品交易所购入猪肉一样。然而，股票和商品交易是在有组织的交易场地进行，外汇交易市场是一个由纽约、伦敦、东京和其他金融中心的大量经纪人和银行组成的网络。绝大多数购买和卖出命令通过计算机和电话执行。

即期汇率和远期汇率

在前面的表 18-1 和表 18-2 中所示的汇率是**即期汇率**（spot rate），这意味着"现场"交割货币的汇率，在现实中，一般是指在交易完成后两天内交割。对于世界主要货币而言，交易者也可以在约定的未来日期买（或卖）货币，通常为交易谈判后的 30 天、90 天或 180 天。这种汇率被称为**远期汇率**（forward exchange rate）。

例如，假设一家美国公司必须在 30 天内向一家日本公司支付 5 亿日元，当前即期汇率为 105.93 日元 / 美元。除非即期汇率变动，否则美国公司必须在 30 天内支付日本公司 472.01 万美元（5 亿日元除以 105.93）。但

如果即期汇率下跌到 104 日元 / 美元，美国公司将需要支付 480.77 万美元。美国公司的财务主管可以通过签订 30 天远期汇率合约来规避这种风险。该合约承诺美国公司在 30 天内以 105.921 168 日元 / 美元的价格支付日元。当公司财务主管签订远期合约时并没有发生实际的现金支付，虽然美国公司可能要进行担保，以保证不违约。由于公司可以使用附息证券作为担保，所以这项要求的成本并不高。远期合约的合同一方必须在 30 天内向美国公司支付日元，同样，美国公司必须按照以前商定的汇率（105.921 168 日元 / 美元）购买 5 亿日元。因此，无论即期汇率如何变化，美国公司的财务主管都能够将公司的支付金额锁定在 472.05 万美元。这种技术被称为"**套期保值**（hedging）"。

表 18-3 给出了 30 天、90 天和 180 天的远期汇率，以及其他一些主要外币的即期汇率。如果用 1 美元在远期市场可以比即期市场兑换更多的外币，即某种外币的远期价格低于其即期价格，那么，我们称**远期汇率贴水**（discount）。相反，如果用 1 美元在远期市场兑换的外币比在即期市场少，即某种外币的远期价格高于其即期价格，那么，我们称为**远期汇率升水**（premium）。由于 1 美元在远期市场兑换的日元和瑞士法郎比在即期市场兑换的少，因此，远期的日元和瑞士法郎将升水。而由于 1 美元在远期市场兑换的墨西哥比索和英镑的数量比在即期市场上兑换的多，因此，远期的墨西哥比索和英镑将贴水。

表 18-3　有代表性的即期汇率和远期汇率（1 美元可以兑换的外币数量）：2020 年 8 月 7 日，星期五

	即期汇率	远期汇率			远期汇率：贴水 / 升水
		30 天	90 天	180 天	
英镑	0.766 3	0.766 364	0.766 492	0.766 683	贴水
墨西哥比索	22.387 3	22.478 509	22.662 042	22.940 156	贴水
日元	105.93	105.921 168	105.903 508	105.877 022	升水
瑞士法郎	0.912 5	0.911 928	0.910 784	0.909 072	升水

注：1. 这是纽约银行提供的一张有代表性的报价单。其他货币和期限的远期汇率通常通过协商确定。

2. 如果在远期需要更多外币才能兑换 1 美元，即外币在远期市场的价值要低于即期市场，那么，相对于即期汇率，远期汇率贴水。同样，如果在远期需要更少的外币就能兑换 1 美元，即外币在远期市场的价值要高于即期市场，那么相对于即期汇率，远期汇率升水。

资料来源："Forward Rates Calculator," investing.com/tools/forward-rates-calculator, August 7, 2020.

自我测验

1. 解释远期汇率贴水和升水的含义。

2. 假设一家美国公司必须在 90 天内向一家瑞士公司支付 2 亿瑞士法郎，请简要说明公司如何使用远期合约"锁定" 90 天的应付账款的价格。

3. 使用表 18-3 中的数据，如果美国公司签订了 90 天远期合约，在到期时需要多少美元来兑换 2 亿瑞士法郎？（219 591 034 美元。）

18.6　利率平价

市场力量决定一种货币是远期汇率升水还是远期汇率贴水，所谓的"利率平价"的概念用来说明即期汇率和远期汇率之间的一般关系。**利率平价理论**（interest rate parity）认为，根据风险调整后，投资者在所有国家进行证券投资所获得的收益率是相同的。该理论认为，当你在本国以外的国家投资，你将受到两个因素的影响——投资收益率本身和汇率变化。如果投资所在国的货币相对于本国货币升值，那么，你的总体收益率将高于披露的投资收益率。同样，如果你收到的外币贬值，你的总体收益率将低于披露的投资收益率。

利率平价说明的是即期汇率、远期汇率和利率之间的关系，它可以表示为以下等式：

$$远期汇率 / 即期汇率 = \frac{1+r_h}{1+r_f}$$

式中，远期汇率和即期汇率都用 1 单位的外币可以兑换的本币数量来表示，r_h 和 r_f 分别表示本国和外国的定期利率。如果公式表示的利率平价的关系不成立，那么，外汇交易者就会买卖货币（也就是说，参与套利），直到利率平价关系成立。

为了说明利率平价，假设一个美国投资者购买了票面利率为 4%，无违约风险的 90 天期的日本债券，名义收益率为 4%。90 天的利率（r_f）是 4%/4=1%，因为 90 天是一年 360 天的四分之一。假设即期汇率是 0.009 44 美元，这意味着你可以用 1 日元兑换 0.009 44 美元，或 1 美元兑换 105.93 日元。最后，假设 90 天的远期汇率是 0.009 443 美元，这意味着从现在起的第 90 天，你可以 1 日元兑换 0.009 443 美元，或 1 美元兑换 105.903 508 日元。

美国投资者可获得以日元计价的 4% 年收益率，但如果他最终想在美国消费商品，这些日元必须兑换成美元。因此，以美元计价的投资收益还取决于未来 3 个月的汇率变化。但是，投资者可以通过在远期市场上卖出外币来锁定美元收益。例如，投资者可以同时执行以下操作：

- 在即期市场上将 1 000 美元兑换为 105 930 日元。
- 将 105 930 日元投资于年化利率为 4% 或季度利率为 1% 的 90 天期日本债券，因此在 90 天后将收到 105 930 × 1.01=106 989.30 日元。
- 当天将 90 天后收到的 106 989.30 日元按照 1 美元兑换 105.903 508 日元的 90 天远期汇率兑换成美元，共计 1 010.25 美元。

因此，这项投资的期望收益率为 10.25/1 000=1.025%，转化为年化收益率为 4 × 1.025%=4.10%。在这个例子中，4.10% 的期望收益率中有 4% 来自债券本身的收益率，另外 0.10% 的收益率是因为市场相信日元相对于美元升值。注意，由于当天就锁定了远期汇率，投资者已经消除了所有的汇率风险。由于假定日本债券无违约风险，投资者可以获得 4.10% 的美元收益率。

利率平价表明一项在美国的投资，如果其风险与日本债券相同，那么，该项投资应该有 4.10% 的年收益率。求解平价方程中的 r_f，我们的确可以发现美国每年的预期利率是 4.10%。

利率平价说明了为什么某种货币在远期汇率升水或贴水。请注意，当本国利率高于外国利率时，那么，该国货币将在远期汇率升水，如果本国利率低于外国利率，那么，该国货币将在远期汇率贴水。如果这种状况被破坏，套利活动将迫使利率迅速回到平价水平。事实上，最近研究发现，在正常经济条件下，利率平价保持非常好。然而，在 2007—2008 年的金融危机中，当流动性缺乏使得套利更难时，与利率平价显著的偏差也的确存在。[⊖]

┊提问┊

问题：

6 个月美国国库券的名义年利率为 2.00%（即半年期利率为 1.00%）。英镑的即期汇率为 1.305 0 美元（0.766 3 英镑 / 美元），6 个月英镑的远期汇率为 1.304 3 美元（0.766 683 英镑 / 美元）。假设利率平价成立，无违约风险的 6 个月期的英国债券的名义年利率是多少？

答案：

利率平价方程为：

$$远期汇率 / 即期汇率 = \frac{1+r_h}{1+r_f}$$

将题目中给出的数据代入利率平价方程，我们有：

$$\frac{1.304\ 3}{1.305\ 0} = \frac{1.01}{(1+r_f)}$$

该方程式简化为：

$$0.999\ 5 = \frac{1.01}{(1+r_f)}$$

$$r_f = 0.010\ 505$$

如果利率平价成立，那么无违约风险的 6 个月期的英国债券的名义年利率为：

$$2 × 1.050\ 5=2.101\ 1\%$$

下列过程有助于你理解这个概念的含义，假设你有 1 000 美元，并将投资于无违约风险的 6 个月期的英国债券，你可以进行如下操作：

- 在即期市场将 1 000 美元转换为 766.30 英镑。
- 将 766.30 英镑投资于名义年收益率为 2.101 1% 或半年收益率为 1.050 5% 的 6 个月期的英国债

⊖ Tommaso Mancini-Griffoli and Angelo Ranaldo, "Limits to Arbitrage During the Crisis: Funding Liquidity Constraints and Covered Interest Parity," February 4, 2011. Available at Social Science Research Network: papers.ssrn.com/abstract51569504.

券。他们将在 6 个月后支付 766.30×1.010 505＝774.35 英镑给你。

- 今天签订一个协议，约定从现在起 6 个月后，按照 1 美元兑换 0.766 683 英镑的远期汇率兑换 774.35 英镑，合计为 1 010.00（＝744.35÷

0.766 683）美元。

该投资预计 6 个月回报率为 10.00/1 000 ＝ 1.00%，转换为名义年收益率为 2×1.00%＝2.00%。这与 6 个月美国国债收益率相同，因此利率平价成立（注意，此计算中有一点点小误差）。

自我测验

1. 什么是利率平价？

2. 假设利率平价成立，当一种货币出现远期汇率升水时，说明国内利率与国外利率哪个较高？当一种货币出现远期汇率贴水时，说明国内利率与国外利率哪个较高？

3. 假设 90 天期美国证券的年利率为 3.5%，而 90 天加拿大债券的年利率为 4%。在即期市场上，1 美元可兑换 1.4 加拿大元。如果利率平价成立，那么，美元与加拿大元之间的 90 天期远期汇率是多少？（0.713 4 美元 / 加拿大元或 1.401 73 加拿大元 / 美元。）

4. 根据你对前面问题的回答，请回答加拿大元在远期汇率升水还是贴水？（贴水。）

18.7　购买力平价

我们已经详细讨论过汇率，并且考察了即期汇率和远期汇率之间的关系。但是，我们仍然没有说明最基本的问题：每个国家的即期汇率水平是由什么决定的？虽然汇率（尤其是每天的汇率）受多种因素的影响而难以预测，但是，从长期来看，经过汇率调整后，市场力量将使同质的商品在不同国家以相似的价格出售。这种关系被称为**购买力平价**（Purchasing Power Parity, PPP）。

购买力平价，有时被称为一价定律，它表明经过汇率调整后，在不同国家购买同种商品将花费相同的实际成本。例如，一双网球鞋在美国的售价是 100 美元，在英国的售价是 50 英镑，那么，购买力平价认为英镑与美元之间的汇率应该是 1 英镑可兑换 2 美元。消费者可以在英国以 50 英镑购买鞋子，也可以将 50 英镑兑换为 100 美元，然后在美国以相同的实际成本购买同样的鞋子。在这里，假设没有交易成本和运输成本。购买力平价方程如下所示：

$$P_h = P_f \cdot 即期汇率$$
$$即期汇率 = \frac{P_h}{P_f}$$

式中，

P_h ＝本国商品的价格（100 美元，假设美国为本国）

P_f ＝外国商品的价格（50 英镑）

注意，即期汇率用 1 单位外币可兑换本国货币的数量表示（2 美元 / 英镑）。

┃提问┃

问题：

美国消费者观察到一个高尔夫球杆的花费是 200 美元。在即期市场，1 欧元可以兑换成 1.178 8 美元。如果保持购买力平价，在欧洲，为购买相同的高尔夫球杆，需要支付多少欧元？

答案：

从 PPP 方程中我们知道 $P_h = P_f$ ·即期汇率。在这

个例子中，我们知道在本国市场的价格是 200 美元（P_h＝200 美元）。即期汇率为 1.178 8 美元（即 1 欧元＝1.178 8 美元，或 1 美元等于 0.848 4 欧元）。根据购买力平价，欧洲市场的高尔夫球杆的价格应为 169.664 1 欧元。

$$P_h = P_f \cdot 即期汇率$$
$$200 = P_f \times 1.178\ 8$$

$$P_f = \frac{200}{1.178\ 8}$$

$$P_f = 169.664\ 1\ (欧元)$$

为了进一步理解这一点，假设美国消费者有 200 美元。他可以使用 200 美元在美国市场购买高尔夫球杆，或者他可以将 200 美元兑换为 169.664 1 欧元。如果高尔夫球杆花费 169.664 1 欧元，购买力平价成立。如果相反，高尔夫球杆花费少于 169.664 1 欧元，则在欧洲购买高尔夫球杆将更划算，高尔夫球杆花费高于 169.664 1 欧元，则在美国购买高尔夫球杆将更划算。

想吃麦当劳的巨无霸汉堡？去南非吧！

购买力平价认为在经过汇率调整后，同种产品在不同的国家以相同的价格出售。在检验购买力平价是否成立时存在的一个问题是：购买力平价假设所有国家或地区消费的商品都是同质的。例如，如果你发现了一件商品在瑞士比在加拿大更贵，那么，一个解释是购买力平价不成立。然而，另一个解释是，在瑞士销售的产品的质量更好，从而价格也较高。

检验购买力平价的一种方法是找出一种全球同质的商品。考虑到这一点，《经济学人》杂志曾经比较过一种在 120 个国家或地区具有相同质量的知名商品的价格：麦当劳的巨无霸汉堡包。

下表的 A 部分和 B 部分提供的是 2020 年收集的信息。A 部分给出的是巨无霸在每个地区以本地区货币给出的价格和收录数据时的各地区货币相对于美元的实际汇率。B 部分中的第一列表示巨无霸的美元价格——通过本地区价格除以当时的实际汇率计算得到。例如，一个巨无霸在奥斯陆（Oslo）的成本为 52.0 克朗，当时的汇率为 1 美元兑换 9.73 克朗，这意味着一个巨无霸的美元价格为：52.0/9.73=5.55 美元。

B 部分中的第二列给出的是购买力平价成立时隐含的汇率。这可以由巨无霸的当地货币价格除以美元价格得到。例如，如 A 部分所示，一个巨无霸在俄罗斯的价格是 135 卢布，在美国的价格是 5.71 美元，如果购买力平价成立，那么，卢布与美元之间的汇率大概应为 1 美元兑换 23.64 卢布（即 135 卢布 /5.71 美元），如 B 部分所示。

将隐含汇率（如 B 部分所示）与实际汇率（如 A 部分所示）进行比较，我们可以发现这个地区的货币相对美元低估或高估的程度。当时，美元与卢布的实际汇率为 1 美元兑换 70.59 卢布，这意味着卢布被低估了 66.5%，如 B 部分的倒数第二列所示。

B 部分的最后两列表示根据"原始"巨无霸指数和人均国内生产总值（GDP）调整后表示的每种货币相对于美元低估或高估的程度。"廉价"汉堡并不一定表明货币相对于美元被低估。因为劳动成本低于发达国家，我们可以预测巨无霸在贫穷国家或地区的平均价格要低一些。研究人员对巨无霸价格和人均 GDP 进行了回归分析，发现每个地区的预测价格（从回归）和真实价格之间的差异相对于原始的巨无霸指数，更好地暗示了一种货币相对于美元是高估还是低估。B 部分的最后一列给出了根据回归分析调整后的价值。虽然"原始"巨无霸指数表明俄罗斯卢布被低估了66.5%，但回归结果表明卢布仅仅被低估了 43.6%。

这些证据表明严格意义上的购买力平价并不存在。但研究表明，巨无霸检验可以指明哪个地区的币值被高估。在欧元区，巨无霸的平均销售价格为 4.21 欧元。这说明欧洲的购买力平价为 0.74 欧元，而当时的汇率为 0.88 欧元，欧元大约被高估了 16%。然而，当考虑回归结果时，欧元仅仅被高估了 2%。美元价值偏高——除瑞典和瑞士的货币外，所有货币相对于美元（来自原始巨无霸指数）都被低估了。根据 GDP 调整后，泰国、巴西和巴基斯坦的货币被严重高估；俄罗斯、南非、土耳其、墨西哥和马来西亚的货币相对于美元被严重低估，这些国家的消费者会发现本地商品比外国进口商品便宜。

巨无霸检验的最后一个好处是，它告诉我们最便宜的巨无霸在哪里。如果我们看看原始的"巨无霸指数"的数字，最便宜的汉堡在南非，最贵的汉堡在瑞士。

A 部分		本地货币的 巨无霸价格	实际 美元汇率	B 部分	美元表示的 巨无霸价格[2]	购买力平价（PPP[3]） 隐含的汇率	相对美元价值升值或下跌（%）	
							原材料指数	调整后的人均 GDP
美国[1]	美元	5.71	—	美国[1]	$5.71	—	—	—
阿根廷	比索	250	71.24	阿根廷	3.51	43.78	−38.5	3.0
澳大利亚	澳大利亚元	6.55	1.43	澳大利亚	4.58	1.15	−19.8	−15.5
巴西	雷亚尔	20.9	5.34	巴西	3.91	3.66	−31.5	19.1
英国	英镑	3.39	0.79	英国	4.28	0.59	−25.1	−10.8
加拿大	加拿大元	6.88	1.36	加拿大	5.08	1.20	−11.1	2.3
智利	比索	2 740	787.70	智利	3.48	479.86	−39.1	−3.3

（续）

A 部分		本地货币的巨无霸价格	实际美元汇率	B 部分	美元表示的巨无霸价格②	购买力平价（PPP③）隐含的汇率	相对美元价值升值或下跌（%）	
							原材料指数	调整后的人均 GDP
中国	人民币元	21.7	7.00	中国	3.10	3.80	−45.7	−6.5
哥伦比亚	比索	11 900	3 617.01	哥伦比亚	3.29	2 084.06	−42.4	3.4
哥斯达黎加	科隆	2 350	581.83	哥斯达黎加	4.04	411.56	−29.3	NA
捷克	克朗	89	23.41	捷克	3.80	15.59	−33.4	−3.1
丹麦	丹麦克朗	30	6.55	丹麦	4.58	5.25	−19.8	−18.5
埃及	镑	42	15.95	埃及	2.63	7.36	−53.9	−12.2
欧元区	欧元	4.21	0.88	欧元区	4.79④	0.74	−16.2	2.0
匈牙利	福林	900	311.38	匈牙利	2.89	157.62	−49.4	−20.3
印度	卢比	190	75.20	印度	2.53	33.27	−55.7	−15.1
印度尼西亚	盾	34 000	14 435.00	印度尼西亚	2.36	5954.47	−58.7	−23.0
以色列	谢克尔	17	3.44	以色列	4.95	2.98	−13.4	3.9
日本	日元	390	107.28	日本	3.64	68.30	−36.3	−21.8
马来西亚	令吉	9.99	4.27	马来西亚	2.34	1.75	−59.0	−30.7
墨西哥	比索	50	22.44	墨西哥	2.23	8.76	−61.0	−33.0
新西兰	新西兰元	6.6	1.52	新西兰	4.35	1.16	−23.8	−8.2
挪威	克朗	52	9.37	挪威	5.55	9.11	−2.8	−15.3
巴基斯坦	卢比	550	166.50	巴基斯坦	3.30	96.32	−42.1	11.8
秘鲁	新索尔	11.9	3.50	秘鲁	3.40	2.08	−40.4	6.4
菲律宾	比索	142	49.43	菲律宾	2.87	24.87	−49.7	−5.0
波兰	兹罗提	11	3.94	波兰	2.79	1.93	−51.1	−22.0
俄罗斯	卢布	135	70.59	俄罗斯	1.91	23.64	−66.5	−43.6
沙特阿拉伯	沙特里亚尔	14	3.75	沙特阿拉伯	3.73	2.45	−34.6	−5.3
新加坡	新加坡元	5.9	1.39	新加坡	4.25	1.03	−25.5	−26.5
南非	兰特	31	16.67	南非	1.86	5.43	−67.4	−41.3
韩国	韩元	4 500	1 200.95	韩国	3.75	788.09	−34.4	−14.5
斯里兰卡	卢比	680	185.85	斯里兰卡	3.66	119.09	−35.9	NA
瑞典	瑞典克朗	52.6	9.14	瑞典	5.76	9.21	0.8	8.0
瑞士	瑞士法郎	6.5	0.94	瑞士	6.91	1.14	20.9	4.3
泰国	泰铢	128	31.39	泰国	4.08	22.42	−28.6	26.7
土耳其	里拉	13.99	6.86	土耳其	2.04	2.45	−64.3	−38.3
阿联酋	迪拉姆	14.75	3.67	阿联酋	4.02	2.58	−29.7	NA
乌克兰	格里夫纳	59	27.13	乌克兰	2.17	10.33	−61.9	NA
乌拉圭	比索	189	43.68	乌拉圭	4.33	33.10	−24.2	NA

①指纽约、芝加哥、旧金山和亚特兰大四个城市的平均价格。

②指当前的汇率。

③购买力平价：用当地的价格除以美国的价格。

④各成员价格的加权平均值。

资料来源：“How Big Is China's Economy? Let the Big Mac Decide,” *The Economist* (economist.com), July 15, 2020.

　　购买力平价假设市场因素会消除相同的产品在各个国家以不同的价格销售的情形。例如，如果一双网球鞋在美国的售价为 90 美元，进出口商可以在美国以 90 美元买入，在英国以 50 英镑卖出，然后，在外汇市场上将 50 英镑兑换成 100 美元，从而，每双鞋可以获得 10 美元的利润。最终，贸易活动会导致美国对网球鞋的需求增加，从而提高 P_h，而在英国，由于鞋的供给增加，P_f 将下降。因此，在外汇市场上，美元的需求上升，从而降低了即期汇率。这些行为导致购买力平价关系得以成立。

　　注意，购买力平价假设不存在运输成本和交易成本（或进口限制），而这些因素都限制了在两国之间转移商品的能力。在很多情况下，这些假设是不正确的，这就解释了为什么购买力平价经常被违背。另外，当通过实证检验来考察购买力平价是否成立时，一个潜在的困难就是不同国家的产品很少完全一致，这种实际的或感觉上的商品质量差异经常会导致不同国家之间的价格差异。

然而，对于从事国家经济活动的人来说，利率平价和购买力平价都是非常重要的，公司和投资者必须预期利率、通货膨胀和汇率的变化，以便规避这些因素的不利变化所带来的风险。在预测未来的状况时，这些平价关系非常有用。

自我测验

1. 什么是购买力平价？
2. 一台电视机在美国的价格为 3 000 美元，在即期市场上，1 美元可以兑换 106 日元。如果购买力平价成立，相同的电视机在日本卖多少日元？（318 000 日元。）
3. 通常，"同质"产品在不同国家存在价格差异，如何解释这些差异？

18.8　通货膨胀率、利率和汇率

相对通货膨胀率，或者说是外国通货膨胀率与本国通货膨胀率之比，对跨国公司而言，有两个关键的影响：①相对通货膨胀率影响国内外未来的产品成本；②相对通货膨胀率对利率和汇率造成重要影响。这两个因素影响跨国公司的财务决策和国外投资的盈利能力。

随着时间的推移，比美国通货膨胀率高的国家的货币相对于美元会贬值。发生这种情况的国家包括墨西哥和所有的南美洲国家。而对于瑞士这种通货膨胀率低于美国的国家而言，货币相对于美元升值。实际上，一种外国货币贬值或升值的平均幅度大致等于该国通货膨胀率与美国通货膨胀率之间的差额。

相对通货膨胀率也会影响利率。事实上，一个国家的利率主要由其通货膨胀率决定。因此，通货膨胀率高于美国的国家，其利率也较高。通货膨胀率低于美国的国家，其利率也较低。

跨国公司都希望从利率较低的国家借款。但是，这并非总是一个好的策略。例如，假设瑞士的通货膨胀率低于美国，其利率也低于美国，一个美国的跨国公司可以在瑞士借款，以降低利息支出。但是由于相对通货膨胀率，瑞士法郎在未来很有可能会升值，这导致瑞士债务每年的利息支出和本金偿还的美元成本上升。这样，低利率带来的收益将会大大被货币升值带来的损失所抵消。同样，跨国公司也不必完全避免从巴西这样高利率的国家借款，因为未来巴西雷亚尔贬值可能会导致这些借款相对便宜。

自我测验

1. 相对通货膨胀率对相对利率有何影响？
2. 随着时间的推移，通货膨胀率比美国高的国家的货币币值将如何变化？通货膨胀率比美国低的国家的货币币值将如何变化？
3. 为什么有些跨国公司决定在巴西这样高利率的国家借款，而不在瑞士这样低利率的国家借款？

18.9　国际货币市场和国际资本市场

美国居民投资于世界市场的一个途径是购买直接在外国投资的美国跨国公司的股票。另一个途径是购买外国证券——股票、债券或其他由外国公司发行的货币市场工具。证券投资被称为组合投资，它们与美国公司对实物资产直接投资不同。

第二次世界大战后的一段时间内，美国资本市场主导着世界市场。但是，在现在，美国证券的总价值占世界上所有证券价值的 50%，在这种情况下，公司的管理者和投资者了解国际市场是十分重要的，并且，这些市场通常会提供比国内市场更好的融资和投资机会。

18.9.1 国际信贷市场

国际信贷市场有3种主要类型。第一种市场类型是浮动利率银行贷款，被称为**欧洲信贷**（eurocredits），它的利率与伦敦银行间同业拆借利率（LIBOR）紧密联系。LIBOR是伦敦规模最大、实力最雄厚的银行之间对大额存款提供的拆出利率。2020年8月7日，3个月期限的LIBOR为0.252 50%。欧洲信贷具有固定的期限，不允许提前偿还。欧洲信贷最早的例子是**欧洲美元**（eurodollar），它是指在美国境外的银行存放的美元存款。目前，欧洲信贷以最主要的交易货币计价。值得注意的是，英国监管机构于2017年7月宣布，它将在2021年年底前逐步淘汰LIBOR，并以新指数取而代之。这些变动一定程度上是因为我们在第1章中提及的LIBOR价格操纵丑闻，华尔街为此一直在努力寻找LIBOR的替代品。[○]领先的替代品是有担保隔夜融资利率（SOFR），它由纽约联邦储备银行发布。SOFR基于实际的隔夜交易，即金融公司使用美国国债或政府债券作为抵押品借入现金。其主要优点是它比LIBOR更难操纵，因为SOFR是基于真实交易的，这一点与LIBOR不同。[○]

第二种市场类型是欧洲债券市场。**欧洲债券**（eurobond）是指由国际银行承销的国际债券，这种债券向债券面值货币所在国以外的其他国家的投资者销售。因此，以美元为面值的欧洲债券不会在美国市场上销售，以英镑为面值的欧洲债券不会在英国市场上销售，以日元为面值的欧洲债券也不会在日本市场上销售。这种债券是真正的国际债务工具，它通常采取不记名的形式，这意味着债券所有者的身份不需要注册和公开；为得到利息支付，债券所有者必须剪下息票，并凭息票向指定的支付行之一要求支付利息。大多数欧洲债券没有被标准普尔和穆迪等债券评级机构信用评级，虽然很多欧洲债券开始被信用评级。欧洲债券可以分为固定利率债券和浮动利率债券，这取决于发行者的偏好，并且它们的期限可以是中期或长期。

第三种市场类型是**外国债券**（foreign bond），外国债券是指在债券面值货币所在国发行的债券，并且，它们也由债券面值货币所在国的投资银行承销。但是，借款人来自不同的国家。例如，一个加拿大公司为了给其在美国的业务提供资金，在纽约发行以美元为面值的外国债券。在美国发行的外国债券有时被称为"扬基债券"，同样，在伦敦发行的外国债券被称为"猛犬债券"，在东京发行的外国债券被称为"武士债券"。外国债券可以有固定利率债券或浮动利率债券，并且它们和纯国内债券具有同样的到期期限。但是，它们在融资方面相互竞争。

18.9.2 国际股票市场

出于各种原因，新发行的股票需要在国际市场上出售。例如，一家土耳其公司在美国销售股份，因为这样可以获得比本国更多的资金。同样，一家美国公司在土耳其进行业务拓展的同时，也可以通过土耳其的权益资本市场融资。有时候，一些大的跨国公司同时在多个国家发行新股。例如，一个加拿大公司——加拿大铝业公司，同时在加拿大、欧洲和美国发行新股，而且在各个市场由不同的财团负责承销。

除了发行新股之外，一些著名的大跨国公司的股票也会在多个国际证券交易所上市交易。例如，IBM公司的股票在纽约证券交易所、芝加哥证券交易所和伦敦证券交易所交易。大约有500家外国公司的股票在美国上市交易，一个例子就是在美国的纳斯达克上市交易的荷兰皇家石油公司。美国投资者还可以通过购买美国存托凭证来投资外国公司，**美国存托凭证**（ADR）是指受托持有外国公司股票的所有权证书。在美国，可以购买的ADR有很多，它们大部分在场外市场交易。但是，越来越多的美国存托凭证在纽约交易所上市交易，包括英国航空公司、日本本田汽车公司和意大利菲亚特集团公司。

自我测验

1. 国际信贷市场主要有哪3种类型？
2. 什么是伦敦银行间同业拆借利率（LIBOR）？
3. 什么是美国存托凭证（ADR）？

○ 参见 Chad Bray, "Libor Brought Scandal, Cost Billions—and May Be Going Away," *The New York Times* (nytimes.com), July 27, 2017.

○ 参见 Anneken Tappe, "The World Needs a New Workhorse Interest Rate. Finding One Isn't Easy," *CNN* (cnn.com), February 20, 2020.

全球股票市场指数

在第 2 章里，我们讨论了主要的美国股票市场指数。世界主要金融中心也存在着类似的市场指数。下图将美国道琼斯工业平均指数与另外 4 个国家（日本、德国、英国和印度）的股票指数进行了比较。

德国

德国股票市场的主要指数是 XETRA DAX，它由德国的 30 只蓝筹股构成，这些股票都在法兰克福股票交易所上市，代表德国经济的行业结构。

英国

富时 100 指数（FTSE100）是在英国应用最广泛的普通股投资指数。它是由伦敦股票交易所 100 家最大的公司构成的价值加权平均指数，其中，上市公司的价值按照每分钟的交易来计算。

日本

在日本，股票价格表现的主要指标是日经 225 指数。该指数的价值按照每个交易日中每分钟的交易来计算，它由被视为代表日本经济的高流动性股票构成。

智利

圣地亚哥股票交易所有 3 种主要的股票指数：综合股票价格指数（IGPA）、代表性股票价格指数（IPSA）和 INTER-10 指数。代表性股票价格指数由市场中交易最活跃的 40 只股票构成，它反映了交易最活跃股票的价格变化情况。

印度

在印度的 22 家股票交易所中，孟买股票交易所（BSE）的规模最大，拥有 5 500 多只上市股票，大约占全国总交易额的三分之二。该交易所成立于 1875 年，是亚洲最古老的股票交易所，它的标准指数为孟买股票交易所 Sensex 指数（因为它与 S&P 道琼斯工业指数的合作关系，更名为 S&P BSE Sensex），它由公开上市交易的 30 只印度公司的股票构成，它们占孟买股票交易所股票总市值的 40%。

西班牙

在西班牙，IBEX 35 是衡量股票市场表现的官方指数。该指数由 35 只在马德里股票交易所综合指数中交易最活跃的股票构成。

有代表性的国际股票指数：自1995年1月以来的复合收益率

18.10 海外投资

如果在海外投资，投资者应考虑一些其他风险因素。**国家风险**（country risk），即涉及投资特定的国家。这种风险取决于该国的经济、政治和社会环境。一些国家提供更安全的投资环境，因此国家风险比其他国家更低。国家风险的例子包括得不到等价补偿的财产征用，税率、法规和资本汇回等法规变化的相关风险。国家风险还包括东道国对当地生产和就业等规定的变化，以及出于罢工、恐怖主义和内战等内部冲突造成损害的危险。

在海外投资时要特别注意，证券通常以美元以外的货币计价，这意味着投资的收益取决于汇率的变化。这称为**汇率风险**（exchange rate risk）。例如，如果美国投资者购买日本债券，利息可能会以日元支付，在投资者在美国进行消费之前必须转换为美元。如果日元相对于美元走弱，汇回的日元只能兑换较少的美元。但是，如果日元走强，投资收益会增加。因此，国外投资的收益取决于外国证券在该国的业绩和汇率变化。

自我测验

1. 什么是国家风险？
2. 什么是汇率风险？
3. 国外投资的收益取决于哪两个因素？

| 全球视角 | 衡量国家风险 |

许多预测服务可以衡量不同国家的国家风险水平，并根据每个国家的经济成就、国际资本市场参与度、政治稳定性和内部冲突水平等提供风险指数。国家风险分析师使用复杂的模型来衡量风险，从而为企业管理者和投资者提供一种判断在不同国家投资的相对风险和绝对风险的方法。由机构投资者于 2016 年编制的国家风险估计的样本在下表中列出。一个国家的得分越高，其国家风险就越低。最大可能得分为 100 分。

排名	国家	总分（最大可能得分 =100）
1	瑞士	95.4
3	挪威	93.8
7	美国	93.3
11	澳大利亚	90.5
14	新西兰	87.1
18	韩国	83.5
21	日本	80.5
23	智利	78.0
27	中国	75.9
28	爱尔兰	74.6
34	以色列	71.2
36	墨西哥	70.6
44	哥伦比亚	62.9
57	印度尼西亚	56.9

（续）

排名	国家	总分（最大可能得分 =100）
59	巴西	55.7
62	俄罗斯	54.4
65	南非	51.9
100	埃及	32.3
129	希腊	27.1
148	伊拉克	21.4
149	古巴	20.8
169	阿富汗	14.2
179	索马里	5.7

国家风险低的国家都有强大的、以市场为基础的经济，随时可以准备进入全球资本市场，相对较少的社会动荡，稳定的政治气候，相对较低的通货膨胀和稳健的货币。瑞士排名第一可能会让你感到惊讶，但这是它强大的经济成就和政治稳定的结果。你也可能对美国排名第七感到惊讶，但那些排名靠后的国家并不令人感到惊讶，因为这些国家社会和政治较动荡，没有以市场为基础的经济体制。在这些国家进行投资显然是一个冒险的提议。

资料来源："The 2016 Country Credit Survey September Global Rankings," *Institutional Investor* (institutionalinvestor.com), September 2016.

全球视角 | 投资国际股票

截至 2019 年年底，美国股市约占全球股市的 54.5%，但许多美国投资者仍少量持有一些外国股票。因为分析师长期以来一直称赞海外投资的好处，认为外国股票既可以提高投资的多元化，又可以提供良好的增长机会。当投资国际股票时，你需要认识到你正在投资于外国市场和外汇。下表显示了在 2019 年，投资者投资于不同国家所得到的收益。第 2 列显示每个国家的股票以美元计价的表现，第 3 列显示该国股票以当地货币计价的表现。例如，2019 年瑞典股市上涨了 30%，但瑞典克朗兑美元下跌了约 5.3%。因此，如果美国投资者购买瑞典股票，以瑞典克朗计算，他将获得 30% 的收益，但购买瑞典克朗的这些美元将减少 5.3%，因此实际收益率为 23.1%。因此，外国投资的结果取决于外国市场和汇率的变化。事实上，当你在海外投资时，你会在两个方面投注：①外国股票将在当地市场上涨；②支付给你的货币将相对于美元升值。

2019 年全球股票指数（按 2019 年表现排名）

国家	美元收益率	当地货币收益率	国家	美元收益率	当地货币收益率
拉脱维亚	48.6	51.3	肯尼亚	26.6	26.0
希腊	46.3	49.0	巴西	26.0	30.6
俄罗斯	41.8	29.4	埃及	25.4	13.4
巴林	37.1	37.2	丹麦	25.3	27.8
阿根廷	32.5	110.6	加拿大	25.3	19.0
新西兰	30.7	29.9	意大利	24.5	26.8
荷兰	30.6	33.0	瑞典	23.1	30.0
爱尔兰	30.0	32.4	比利时	23.1	25.4
罗马尼亚	29.3	35.3	法国	22.9	25.2
瑞士	29.2	26.9	中国	19.3	18.6
美国	28.4	28.4	德国	18.6	20.8
哥伦比亚	27.2	28.5	以色列	18.4	13.0
科威特	26.9	26.7	澳大利亚	18.3	18.5

（续）

国家	美元收益率	当地货币收益率	国家	美元收益率	当地货币收益率
英国	18.1	13.5	爱沙尼亚	3.4	5.3
日本	16.6	15.5	突尼斯	3.0	-4.5
奥地利	15.6	17.7	秘鲁	2.2	2.0
斯洛文尼亚	15.2	17.3	阿联酋	0.8	0.8
匈牙利	13.8	19.5	哈萨克斯坦	0.2	0.7
新加坡	13.5	12.1	毛里求斯	-0.4	5.2
葡萄牙	13.4	15.5	捷克	-0.8	-0.2
克罗地亚	13.4	16.0	马来西亚	-1.0	-2.0
斯洛伐克	13.4	15.5	卡塔尔	-1.9	-1.9
立陶宛	12.1	14.2	斯里兰卡	-4.0	-4.8
土耳其	12.0	25.3	阿曼	-5.3	-5.3
泰国	11.9	3.2	波兰	-5.6	-4.9
挪威	10.0	11.6	约旦	-5.7	-5.8
墨西哥	9.9	5.4	巴基斯坦	-6.6	4.2
西班牙	8.6	10.6	保加利亚	-7.1	-5.4
南非	8.6	5.5	塞浦路斯	-10.1	-8.5
摩洛哥	8.0	7.9	卢森堡	-10.9	-9.2
芬兰	8.0	10.0	乌克兰	-12.0	-24.4
菲律宾	7.7	3.8	黎巴嫩	-18.1	-17.7
韩国	7.2	11.1	孟加拉国	-18.2	-17.2
印度尼西亚	7.1	3.4	智利	-18.5	-11.7
印度	6.1	8.5	尼日利亚	-19.7	-19.8
越南	3.6	3.5			

注：全球美元收益率为 23.7；全球（美国除外）美元收益率为 18.4。

资料来源："Country-by-Country Derby," *The Wall Street Journal*, January 2, 2020, p. R11; "Market Boxscores," *The Wall Street Journal*, January 2, 2020, p. R11; and "Dow Jones Global Index," *MarketWatch* (marketwatch.com), December 31, 2018 and December 31, 2019.

18.11　国际资本预算

到目前为止，我们已经讨论了跨国公司经营的总体环境。在本章剩余的部分，我们将阐述这些国际因素如何影响公司重要的经营决策。我们先讨论资本预算。尽管资本预算的基本原理同时适用于本国公司和外国公司，但是，其中也存在一些重要的区别。首先，海外投资的现金流估计更加复杂。多数跨国公司在各国建立了独立的分支机构并从事经营活动，与母公司有关的现金流包括股利支付，以及子公司向母公司支付的特许权使用费。其次，由于这些现金流必须兑换成母公司所在国的货币，因此，跨国公司必须承担汇率风险。例如，2021 年，可口可乐在德国的分公司获得了 1 亿欧元的利润，但是，可口可乐获得的利润的价值取决于美元对欧元的汇率，即 1 亿欧元能够兑换多少美元。

《减税与就业法案》实行属地税收制度。如果美国公司控股的海外公司，在美国境外纳完税后，将海外利润汇回美国时，则无须再纳税。根据《减税与就业法案》，如果美国公司拥有受控外国公司超过 10% 的股权，美国公司有权全额扣除受控外国公司支付给它的任何股息。2017 年，《减税与就业法案》对 2018 年之前在海外累积的收益征收一次性税：对现金或现金等价物的累积收益征收 15.5% 的税，对再投资于公司业务的收益征收 8% 的税。受《减税与就业法案》影响，美国公司在 2018 年汇回了约 7 765.1 亿美元的海外利润。

外国政府还会限制**利润汇回**（repatriation of earnings）给母公司。例如，一些政府会设置上限，子公司支付给母公司的现金股利的数量，只能占子公司净资产的一定比例。这些限制的目的一般是迫使跨国公司将子公司的盈利留在该国进行再投资，虽然这种限制有时是为了阻止资金大量外流，从而引起汇率波动。

无论东道国限制利润汇回的动机如何，这样做的结果是，母公司无法利用冻结在国外的现金流向股东支付股利或在其他国家进行商业投资。因此，从母公司的角度来看，与对外投资分析相关的现金流就是子公司实际能够汇回母公司的现金流。我们可以运用适当的折现率计算出这些现金流的现值，然后将这个现值与母公司要求的投资金额进行比较，以确定项目的净现值。

除了现金流分析的复杂性之外，一个国外投资项目与一个同类国内投资项目的资本成本也可能存在差异，因为国外投资项目的风险可能较高，也可能较低。较高的风险来自于汇率风险和政治风险。国际多元化投资也可能降低投资风险。

汇回母公司的外币现金流必须按照未来预期的汇率兑换成美元。财务分析人员必须分析汇率变化的影响，并且，在这种分析的基础上，国内的资本成本必须加上汇率风险溢价以反映这种风险。虽然我们有时可以通过套期保值来规避汇率波动风险，但是，汇率风险不可能完全避免，尤其是在长期项目中，如果运用套期保值，那么套期保值的成本必须从项目的现金流中扣除。

政治风险（political risk）是指东道国政府可能采取的减少公司投资价值的行为，包括无偿征用子公司资产的极端行为，也包括一些减少母公司国外子公司的投资价值的温和政策，包括高税率、对利润汇回更严格的管制和货币控制，以及对定价进行管制。在英国和瑞士这种与美国拥有传统友好关系并且政局稳定的国家，公司资产被无偿征用的风险很小。然而，在拉丁美洲、非洲和东欧，这种风险就很大。过去发生过的资产被无偿征用的例子包括位于智利的 ITT 公司和亚纳康达铜矿公司、位于玻利维亚的海湾石油公司、位于利比亚的美国西方石油公司，以及许多美国公司在伊拉克、伊朗和古巴的资产。2017 年，委内瑞拉征用了通用汽车在其境内的一家汽车工厂、迫使通用汽车退出了委内瑞拉市场。

注意，跨国公司可以采取一些措施来减少公司资产被无偿征用所带来的潜在损失：①运用当地资本为子公司融资；②实行结构化经营，使子公司只有作为公司整体的一部分时才具有价值；③购买保险以防范公司资产被无偿征用所带来的经济损失。例如，海外私人投资公司（OPIC）的做法。在最后一种情况下，保险费必须加入项目成本中。

一些组织机构负责评估国家风险，或在某一个国家投资的风险。这种评级以一国的社会、政治和经济环境为基础，也就是以一国的**商业环境**（business climate）为基础。注意，许多此类研究表明美国的国家风险并不是最低的。这个结果引人关注，因为美国人通常认为美国国债没有违约风险，但是，其他国家的投资者并不这么认为。外国投资者关心的是美国政策（例如，税收和美联储的政策）的变化对他们的投资会有什么影响。投资者对美国国家风险的认识在一定程度上影响了他们持有美国证券的意愿，从而对美国的利率水平产生影响。最近，面对当前和预计美国政府债务水平的增加的担忧，这些问题已经越来越引起关注。在 2011 年 8 月，当标准普尔降低了美国政府债券的级别，从长期持有的 AAA 评级调至 AA+，引起了更多的关注（在 2013 年 6 月，标准普尔再次确认 AA+ 评级）。

⊖ 参见 Philip Wagman, Richard Catalano, and Alan Kravitz, based on a Clifford Chance publication, "Tax Reform Implications for U.S. Businesses and Foreign Investments," *Harvard Law School Forum on Corporate Governance and Financial Regulation* (corpgov.law.harvard. edu), January 5, 2018.

⊖ 参见 Eric Morath and Theo Francis, "U.S. Companies Brought Home More Profits from Overseas," *The Wall Street Journal* (wsj.com), June 20, 2019.

自我测验

1. 列举国内外公司资本预算的主要区别。

2. 什么是国际投资的相关现金流：是子公司在从事经营的国家所产生的现金流，还是子公司向母公司汇回的以美元计价的现金流？解释理由。

3. 为什么对外投资项目的资本成本可能与国内类似项目的资本成本不同？它能降低吗？解释理由。

4. 由于存在汇率风险、政治风险和国家风险，因此对外投资时应对国内资本成本做哪些调整？

18.12　国际资本结构

各国公司的资本结构各不相同。例如，经济合作与发展组织（OECD）的报告显示，平均而言，日本公司负债占总资产（账面价值）的比率为 85%，德国公司为 64%，美国公司则为 55%。但是，有一个问题是，不同国家的公司在处理以下问题时采用了不同的会计处理方式：①按历史成本还是按重置成本报告资产；②如何对租赁资产进行处理；③如何报告养老金计划的负债；④研发费用是资本化还是费用化。这些差异使资本结构的比较变得困难。

芝加哥大学的拉古拉姆·拉詹和路易吉·津加莱斯在 1995 年的一项研究试图控制会计惯例之间的差别。在研究中，拉詹和津加莱斯使用了一个数据库，该数据库包含的公司数量虽然少于经济合作与发展组织，但是，它提供了进一步分解的资产负债表的数据。他们得出的结论是，会计实务上的差异可以解释绝大多数但并非全部的各国资本结构之间的差异。最近的很多研究进一步探讨了跨国资本结构的决定因素。这些论文表明，一个公司的资本结构的选择是由企业和行业特点，以及其国家的制度环境共同决定的。[⊖]

拉詹和津加莱斯的研究结果如表 18-4 所示。虽然有点过时了，但他们的研究仍然非常有用，并强调了一些重要观点。衡量资本结构的方法有许多，其中之一是负债总额与资产总额的平均比率——这种方法与经济合作与发展组织使用的方法基本类似，如表中第 1 列所示。根据这种衡量方法，德国和日本公司利用财务杠杆的程度要高于美国公司。然而，如果你看第 2 列，由附息债务占资产总额的比例来衡量资本结构，那么，德国公司利用财务杠杆的程度要低于美国和日本公司。如何解释这种差异呢？拉詹和津加莱斯认为，这种差异主要是由德国公司对养老金负债的处理方式造成的。德国公司通常将所有的养老金负债（包括抵减性资产）都纳入资产负债表，而其他国家（包括美国）公司在资产负债表都剔除了养老金资产和负债。为了说明这种区别的重要性，假设一家公司拥有 1 000 万美元的负债（不包括养老金负债）和 2 000 万美元的资产（不包括养老金资产），同时该公司拥有 1 000 万美元由养老金资产提供资金的养老金负债。因此，养老金的负债净额为零。如果这家公司在美国开展经营，那么，其负债总额与资产总额的比率为 50%（1 000 万美元 /2 000 万美元）。相反，如果这家公司在德国开展经营，那么，养老金资产和负债都必须反映在资产负债表上。该公司拥有 2 000 万美元的负债和 3 000 万美元的资产——负债总额与资产总额的比率为 67%（2 000 万美元 /3 000 万美元）。负债总额等于短期负债与长期负债之和减去包括养老金负债在内的其他负债。因此，负债总额与资产总额的比率这个指标使各个国家间的财务杠杆指标更具有可比性。

表 18-4　大的工业化国家的一般资本结构（账面价值）

国家	负债总额与资产总额的比率（未调整会计差异）（1）	债务与总资产的比率（未调整会计差异）（2）	负债总额与资产总额的比率（调整会计差异）（3）	债务与总资产的比率（调整会计差异）（4）	利息保障倍数（TIE）（5）
加拿大	56%	32%	48%	32%	1.55
法国	71%	25%	69%	18%	2.64
德国	73%	16%	50%	11%	3.2
意大利	70%	27%	68%	21%	1.81

⊖　参见 Ali Gungoraydinoglu and Ozde Oztekin, "Firm- and Country-Level Determinants of Corporate Leverage: Some New International Evidence," *Journal of Corporate Finance*, vol. 17, no. 5 (December 31, 2011), pp. 1457–1474; and Ozde Oztekin, "Capital Structure Decisions Around the World: Which Factors Are Reliably Important," *Journal of Financial and Quantitative Analysis* vol.50, no.3(June 2015), pp.301-323.

（续）

国家	负债总额与资产总额的比率（未调整会计差异）（1）	债务与总资产的比率（未调整会计差异）（2）	负债总额与资产总额的比率（调整会计差异）（3）	债务与总资产的比率（调整会计差异）（4）	利息保障倍数（TIE）（5）
日本	69%	35%	62%	21%	2.46
英国	54%	18%	47%	10%	4.79
美国	<u>58%</u>	<u>27%</u>	<u>52%</u>	<u>25%</u>	<u>2.41</u>
均值	64%	26%	57%	20%	2.69
标准差	8%	7%	10%	8%	1.07

资料来源：Raghuram Rajan and Luigi Zingales, "What Do We Know about Capital Structure? Some Evidence from International Data," *Journal of Finance*, vol. 50, no. 5 (December 1995), pp. 1421–1460.

拉詹和津加莱斯也做了一系列的调整，以试图控制其他的会计惯例差异。这些调整的影响如第3列和第4列所示。从总体上看，这些证据表明德国公司和英国公司倾向于较少地利用财务杠杆，而与美国、法国、意大利和日本的公司相比，加拿大公司则倾向于较多地利用财务杠杆。最后一列数据支持了这个结论，它显示了各个国家的利息保障倍数。回忆一下第4章的内容，利息保障倍数等于息税前收入与利息费用之间的比率。这个指标表明公司有多少可以用来支付利息的资金。通常，公司利用财务杠杆的程度越高，利息保障倍数就越低。数据表明，这个指标在英国和德国较高，而在加拿大则较低。

自我测验

财务杠杆的利用是否存在国家差别？请说明理由。

本章小结

在过去的20年里，全球经济一体化的程度不断加深，越来越多的公司从海外经营中获得了越来越多的收益。在许多方面，前面17章讲述的内容仍然适用于跨国公司。但是，与国内公司相比，跨国公司拥有更多的机会，也面临更多不同的风险。本章讨论了影响当今国际市场的各种重要趋势，并阐述了跨国公司与国内公司在财务管理方面存在的许多重要区别。

自测题

ST-1 关键术语
定义下列术语：
a. 跨国公司
b. 纵向一体化投资
c. 国际货币体系
d. 汇率
e. 自由浮动汇率制度、有管理的浮动汇率制度
f. 货币局制度
g. 固定钉住汇率制度
h. 交叉汇率
i. 美式标价法、欧式标价法
j. 直接标价法、间接标价法
k. 即期汇率、远期汇率
l. 远期汇率贴水、远期汇率升水
m. 利率平价、购买力平价
n. 欧洲信贷、欧洲美元
o. 欧洲债券、外国债券
p. 美国存托凭证、利润汇回
q. 国家风险、汇率风险、政治风险、商业环境

ST-2 交叉汇率
假设美元与欧元之间的汇率是1美元兑换0.85欧元，美元和加拿大元的汇率是1美元兑换1.34加拿大元。欧元和加拿大元之间的交叉汇率为多少？

简答题

18-1 为什么美国公司可以在本国建立生产工厂，却要到国外去建厂？

18-2 如果欧元对美元贬值，那么 1 美元可以兑换更多还是更少的欧元？说明理由。

18-3 如果美国从国外的进口超过出口，外国人将有美元盈余，这将对美元与外币的汇率有何影响？对在美国的外国投资有何影响？

18-4 公司投资国外项目的必要收益率是否一定要高于投资国内同种项目的必要收益率？说明理由。

18-5 利率平价意味着利率在所有国家都是一样的吗？

18-6 购买力平价理论为什么会不成立？

18-7 什么是欧洲美元？如果一位法国公民在曼哈顿大通银行存款 10 000 美元，那么，这笔存款是欧洲美元吗？如果存款是在伦敦的巴克莱银行呢？如果这笔存款在曼哈顿大通银行的巴黎支行呢？欧洲美元市场的存在使美联储控制美国利率的工作更容易，还是更困难呢？请说明理由。

问答题

（18-1 ～ 18-4 为简单题）

18-1 汇率　如果 1 英镑可以兑换 1.30 美元，那么，1 美元可以兑换多少英镑？

18-2 交叉汇率　在即期汇率市场，外汇交易商观察到 1 美元可以兑换 3.4 以色列谢克尔，或 106 日元。日元和谢克尔之间的交叉汇率是多少？ 1 谢克尔可以兑换多少日元？

18-3 利率平价　6 个月期美国国库券名义利率为 2%，而 6 个月期无违约风险日本债券的名义利率为 1.25%。在即期外汇市场上，1 日元可以兑换 0.009 美元。如果利率平价成立，那么，日元与美元之间的 6 个月远期汇率是多少？

18-4 购买力平价　在美国，一台电视的价格为 750 美元，在欧洲，相同电视的价格为 637.5 欧元。如果购买力平价成立，欧元和美元之间的即期汇率是多少？

（18-5 ～ 18-11 为中等难度题）

18-5 汇率　表 18-1 给出了 2020 年 8 月 7 日的汇率。当天，兑换 1 000 单位的下列外币分别需要多少美元？英镑、加拿大元、欧元、日元、墨西哥比索、瑞典克朗。

18-6 汇率　从《华尔街日报》外汇版查看问题 18-5 中 6 种货币之间的汇率。

a. 将美元兑换成 1 000 单位的下列外币的汇率分别为多少？英镑、加拿大元、欧元、日元、墨西哥比索、瑞典克朗。

b. 从 2020 年 8 月 7 日到现在，问题 a 中的每 1 种货币的汇兑损益的百分比分别是多少？

18-7 货币升值　假设在外汇市场上，1 丹麦克朗可以兑换 0.16 美元。如果丹麦克朗明天对美元升值 4%，那么，明天 1 美元可以兑换多少丹麦克朗？

18-8 交叉汇率　假设美元与瑞典克朗之间的汇率为 1 美元可以兑换 8.8 克朗，美元和英镑之间的汇率是 1 英镑可以兑换 1.3 美元，那么，瑞典克朗与英镑之间的交叉汇率是多少？

18-9 交叉汇率　从《华尔街日报》外汇版查看问题 18-8 中 3 种货币之间的汇率，瑞典克朗与英镑的即期汇率是多少？

18-10 利率平价　假设利率平价成立，在即期汇率市场上，1 日元可以兑换 0.009 440 0 美元，在 90 天的远期汇率市场上，1 日元可以兑换 0.009 442 6 美元。在日本，90 天无风险证券的收益率为 2%，请问在美国 90 天无风险证券的收益率是多少？

18-11 购买力平价　在即期市场上，22.4 墨西哥比索可以兑换 1 美元。一张高密度磁盘在美国的价格 15 美元，如果购买力平价成立，那么，相同的高密度磁盘在墨西哥的价格为多少？

（18-12 ～ 18-17 为具有挑战性的难题）

18-12 利率平价　假设利率平价成立，在美国，90 天无风险证券的名义年收益率为 3%，在英国，90 天无风险证券的名义年收益率为 3.5%，在即期市场上，1 英镑可以兑换 1.3 美元。

a. 90 天的远期汇率是多少？

b. 90 天的远期汇率相对即期汇率是升水还是贴水？

18-13 即期汇率和远期汇率　安德森澳大利亚进口公司已同意按照当天的即期汇率以 400 万澳元购买 15 000 箱澳大利亚葡萄酒。该公司财务经理琳达·威尔森，注意到以下即期汇率和远期汇率。

	美元 / 澳大利亚元	澳大利亚元 / 美元
即期	0.715 700	1.397 200
30 天远期	0.715 651	1.397 329
90 天远期	0.715 353	1.397 911
180 天远期	0.714 907	1.398 783

同一天，威尔森同意按照400万澳元的价格在3个月内再购买15 000箱葡萄酒。

a. 如果按当天的即期汇率，用美元购买这些葡萄酒的价格是多少？

b. 如果90天后的即期汇率等于当天的90天远期汇率，并且90天后付款，第2次购买15 000箱葡萄酒的美元价格是多少？

c. 如果90天后，澳大利亚元兑美元汇率为1美元兑换1.30澳大利亚元，威尔森为购买葡萄酒必须支付多少美元？

18-14 汇兑损益 假设你是总部位于明尼阿波利斯市的国际信息交换公司的副总裁，公司所有的股东都来自美国。本月初，你从加拿大多伦多的一家银行获得了1 000万加拿大元贷款，用于建设蒙特利尔的一家新工厂。收到贷款时的汇率为1加拿大元可以兑换0.75美元。到月底时，汇率不幸下跌到1加拿大元兑换0.70美元。你们公司是得到了汇兑收益还是损失？金额是多少？

18-15 汇率变化的结果 早在1983年6月，1美元可以兑换245日元。2020年8月，汇率跌至1美元可以兑换106日元。假设1983年6月，一辆日本制造的汽车的价格为9 000美元，并且汽车价格只随着汇率的变动而变动。

a. 由于这37年里的汇率变动，该汽车的美元价格是上升了还是下降了？

b. 2020年8月，该汽车的美元价格是多少？仍然假定汽车价格只随着汇率的变动而变动。

18-16 对外投资分析 在缴纳了所有的美国国内外税收之后，一家美国公司预计今年将收到英国子公司支付的每股2英镑的股利。预期年末美元与英镑之间的汇率为1英镑可以兑换1.30美元，而且预期在未来一段时间内英镑兑美元每年贬值5%，英镑股利每年预计增长10%。美国母公司持有1 000万股英国子公司的股票，以美元计价，美国母公司在子公司的股东权益的美元现值为多少？假设子公司的股权资本成本为11%。

18-17 国外资本预算 桑德琳机械公司是一家瑞士的跨国制造公司。目前，公司的财务主管正在考虑在美国进行1年的项目投资。预计该项目的现金流组成为：2 000美元的初始投资和2 400美元的第2年投资。公司估计经风险调整后的资本成本为10%。目前，1美元可以兑换0.91瑞士法郎。另外，在美国，1年期无风险证券的年收益率为3%，而在瑞士，相同的1年期无风险证券的年收益率为1.50%。

a. 如果由一家类似的美国公司进行这笔投资，并且经风险调整后的资本成本相同，那么，这项投资的净现值和收益率分别是多少？

b. 从现在开始，预计1年期的远期汇率是多少？

c. 如果桑德琳机械公司进行这笔投资，那么，这个项目给公司带来的净现值和收益率分别是多少？

综合 / 电子表格问题

跨国财务管理 优鹤电信公司是一家从事电信技术开发和电信设备生产的跨国公司。尽管公司总部位于佛罗里达的梅特兰，但是，公司经常需要以不同的货币从世界各地采购原材料，更为复杂的是，公司还需要向不同的国家销售产品。SY-20无线电发射机是公司生产的一种特殊的产品，该产品包括的组件主要有：组件X、组件Y和组件Z（基本组件），它们分别产自瑞士、法国和英国。其中，组件X的价格为165瑞士法郎，组件Y的价格为20欧元，组件Z的价格为105英镑。SY-20最大的市场在日本，在日本的售价为50 000日元。自然，公司非常关心会对美元汇率产生不利影响的经济状况。你可以利用表18-1～表18-3的信息来回答问题。

a. 公司生产SY-20的美元成本为多少？其美元售价为多少？

b. 公司销售SY-20获得的美元利润为多少？销售利润率为多少？

c. 如果美元对所有的外币贬值10%，那么，公司销售SY-20获得的美元利润是多少？

d. 如果美元仅对日元贬值10%，而对其他货币的价值保持不变，那么，公司销售SY-20获得的美元利润和销售利润率分别为多少？

e. 根据表18-3中180天的远期汇率信息，如果在美国1年期证券的收益率为4.9%，请计算在瑞士1年期证券的收益率。

f. 假设购买力平价成立，如果SY-20在英国销售而不是在日本销售，那么，其销售价格为多少？

综合案例

跨国财务管理 柑橘产品公司是位于佛罗里达印第安河镇的一家中等规模的柑橘汁饮料生产企业。到目前为止，这家公司只是在美国国内开展经营和销售产品。公司首席执行官乔治·盖纳希望向整个太平洋地区拓展业务。首先是在日本和澳大利亚建立销售子公司；然后，在日本设立生产工厂；最后，将产品推向整个太平洋地区。公司财务经理露丝·斯密特对此计划很有信心，但是，她担心对外扩张会对公司财务管理程序产生影响。你现在是公司刚雇用的财务分析师，她要求你准备一篇 1 小时左右的关于跨国公司财务管理的讲稿，用来解释跨国公司财务管理的基本问题。讲稿将提交给下次召开的董事会。为了便于你开始工作，斯密特给你列出了以下几个问题。

a. 什么是跨国公司？为什么公司要向其他国家拓展业务？

b. 跨国公司财务管理与纯粹的国内公司的财务管理之间具有哪 5 方面的主要区别？

c. 考虑下面给出的汇率。

	兑换一单元外币需要的美元数量
日元	0.009
澳元	0.650

1. 这些汇率采用的是直接标价法还是间接标价法？
2. 计算日元和澳元对美元的间接标价。
3. 什么是交叉汇率？计算日元和澳元之间的交叉汇率。
4. 假设柑橘产品公司生产 1 升橙汁并运到日本需要 1.75 美元。如果公司希望获得 50% 的利润率，那么，该橙汁在日本的售价应为多少？

5. 现在，假设柑橘产品公司在日本生产同样的橙汁，生产并运到澳大利亚的成本为 250 日元，在澳大利亚的售价为 6 澳元。那么，这笔销售的美元利润为多少？

6. 什么是汇率风险？

d. 请简要描述目前的国际货币体系。指出不同汇率制度之间的区别。

e. 即期汇率和远期汇率之间有什么区别？什么是远期汇率对即期汇率升水？什么是远期汇率对即期汇率贴水？

f. 什么是利率平价？现在，你可以在 30 天的远期市场上以 1 日元兑换 0.009 5 美元。在日本和美国，30 天期无风险证券的利率都是 4%。利率平价是否成立？如果不成立，那么，哪个国家的证券收益率应该更高？

g. 什么是购买力平价？在美国，每升葡萄汁的价格为 2 美元，如果购买力平价成立，那么，在澳大利亚，1 升葡萄汁的价格应该为多少？

h. 相对通货膨胀率对利率和汇率分别有什么影响？

i. 1. 简要说明国际信贷市场的 3 种主要类型。
   2. 简要说明美国存托凭证的操作原理。

j. 跨国经营对资本预算决策有什么影响？

k. 不同国家平均资本结构的差异有多大？

深入探讨

使用在线资源来处理本章的问题。请注意随着时间的推移，网站信息会有变化，这些变化可能会影响你对这些问题的回答。

借助互联网追踪汇率和国际指数

通过阅读本章，很容易发现，个人、公司和政府不仅受到他们自己国家的影响，而且受到其他国家经济和事件的影响。为了回答这些问题，你会发现以下网站对你有帮助：Bloomberg，Yahoo! Finance，Investing.com，MSN Money。

讨论问题

a. 为下列货币重新编制表 18-1：澳大利亚元、英镑、加拿大元、人民币元、欧元、日元和瑞士法郎。请分别按直接标价法和间接标价法标示汇率。

b. 重建表 18-2，给出以上货币的交叉汇率。

c. 一些网站通过图表，表示一种货币相对于另一种货币的变化。

1. 过去 1 年，英镑对美元表现怎么样？相比 1 年以前，现在的美元可以购买的英镑是更多还是更少？

2. 过去 1 年，美元对日元表现怎么样？相比 1 年以前，现在的美元可以购买的日元是更多还是更少？

d. 一些网站提供关于国际指数的信息。

1. 富时 100（英国股票指数）在过去 1 年的表现如何？计算其过去 1 年以当地货币计算的收益（注：指数值以当地货币显示）。以你在问题 3a 中的答案为依据，过去 1 年，美国投资者按英镑计算的收益与按美元计算的收益孰高孰低？计算美国投资者大约的美元收益（假设美国投资者在年初投资 1 000 美元于富时 100 指数基金，并在年底收回投资，不考虑任何交易成本）。

2. 日经 225（日本股票指数）在过去 1 年中的表现如何？计算其过去 1 年以当地货币计算的回报（注：指数值以当地货币显示）。以你在问题 3b 中的答案为依据，过去 1 年，美国投资者按日元计算的收益与按美元计算的收益孰高孰低？计算美国投资者大约的美元收益（假设美国投资者在年初投资 1 000 美元于日经 225 指数基金，并在年底收回投资，不考虑任何交易成本）。

PART
7

第 19 章

衍生产品和风险管理

利用衍生产品来降低风险

消费品巨头宝洁在180个国家拥有着超过50亿的用户，它旗下有很多知名品牌，例如佳洁士、汰渍、帮宝适、吉列等。宝洁的产品作为日常消费品，它的销售情况几乎不受经济周期变化的影响，这使得宝洁公司处于相对较低的风险中。事实上，据雅虎财经调查显示，宝洁的 β 系数为 0.44，这意味着宝洁的风险比股票市场的平均水平低 56%。

低风险并不意味着公司处于无风险状态，宝洁公司的管理人员需要投入大量时间与精力去管理公司所面临的风险。在 2019 年的年报中，管理层详细地阐述了公司如何应对利率变化、汇率变化以及商品价格变化所带来的风险。在每种情况下，宝洁都首先检查它的净风险敞口，然后用金融衍生产品，例如期权、期货、互换去对冲降低这些风险。以下部分摘取自宝洁 2019 年年报。

作为一家提供各种产品的跨国公司，我们面临着诸如利率变动、汇率变动、商品价格变动等各种市场风险。我们集中测量总风险，从而可以利用这些风险之间的关联性和可抵消的特性。除了在一些财务操作中，我们会广泛利用公司多元化的风险投资组合作为自然对冲，并优先考虑通过金融市场工具来操作对冲，在一定程度上我们还进一步管理与净风险敞口相关的波动。我们进行各种金融交易，并用适用的会计准则对衍生工具与对冲活动进行会计处理。这些金融交易受公司的政策约束，包括可接受的对方风险、金融工具种类以及其他的对冲活动。

我们可以运用市场估值、敏感性分析、风险价值模型等技术来监控衍生产品头寸。下列对利率、汇率以及大众商品衍生产品头寸的讨论基于 "RiskManger" 风险价值模型，并用一年期和 95% 的置信水平衡量。该模型包括了相关性的影响（风险敞口随着时间推移变化的程度）、多元化的影响（持有多种货币、商品、利率工具）以及财务收益呈正态分布的假设。市场波动性以及相关性的估计因素从截至 2019 年 6 月 30 日 RiskMetrics 提供的数据得出。由于 RiskMetrics 中的数据可能有不可用的情况，因此该模型考虑了一些合理的替代数据。

从宝洁的年报中我们可以看出，为了管理所面临的各种各样的风险，宝洁公司采用了十分复杂的方法，花费了大量时间与精力。尽管如此，要做到完全无风险仍然是不可能的，甚至在有些情况下，为了控制风险所采取的措施反而会适得其反。事实上，宝洁公司在 20 世纪 90 年代为降低风险而进行的衍生产品交易曾给公司造成了巨大的损失。

本章首先讨论为什么公司要进行风险管理而不是将风险转移给股东。其次，将会对期权、期货以及互换进行概述，并解释企业如何运用这些金融工具实现风险最小化。最后，本章总结了公司进行风险管理的方法、风险管理的性质以及进行风险管理时所需遵循的一般过程。

资料来源：*Procter & Gamble's 2019 Annual Report* (pg.com/annualreport2019/download/PG-2019-Annual-Report.pdf), August 6, 2019, pp. 26~27.

厘清头绪

在本章中，我们所讨论的风险管理是一个对财务管理者日益重要的话题。风险管理这个词含义十分丰富，在商业中，风险管理涉及识别出可能带来有害结果的事件，并同时采取相关措施避免或将这些事件带来的损害最小化。以前，公司风险管理人员的主要任务是做一些保险工作，例如他们需要确保公司在应对火灾、偷窃和其他一些人员伤亡等风险方面获得了足够的保障。近些年来风险管理的范围不断扩大，包括诸如通过购买石油期货来控制石油等关键原材料投入的成本，通过在利率、外汇市场的操作来降低利率、

汇率变化带来的影响。此外，风险管理人员还需要确保旨在对冲风险的相关活动不会增加风险。

学完本章后，你应该能够完成下列目标。

- 确定公司在什么情况下有必要进行风险管理。
- 分辨不同种类的衍生产品并解释如何运用它们进行风险管理。
- 运用二项期权定价模型和布莱克-斯科尔斯期权定价模型对期权进行估值。
- 讨论风险管理的各个要素以及企业进行管理风险时不同的过程。

19.1 风险管理的理由

我们都知道投资者是厌恶风险的，而且大多数投资者持有多元化的投资组合，所以至少在理论上，投资者所面临的唯一"相关风险"是系统风险。如果你问公司经理们关心哪一种类的风险，也许你预期的答案是 β 系数，但是几乎可以肯定他们不会如此回答。如果你问 CEO 怎样定义风险，他们很可能这样回答："风险是我们未来利润和自由现金流显著低于我们预期的可能性。"举例来说，对于一家制造仪表板、室内门板和汽车使用的塑料部件的塑料公司（Plastic Inc.）来说，石油是其制造塑料的关键原料，因此石油占其成本的很大一部分。这家塑料公司与汽车公司签订了为期 3 年的合同，以每个 80 美元的价格每年交付 50 万个门板，当公司签订这份合同时，石油的价格为每桶 47 美元，预计石油在未来 3 年将保持在这个水平。如果油价下跌，这家公司将获得高于预期的利润和自由现金流，但如果油价上涨，利润将下降。这家公司的价值取决于其利润和自由现金流，因此石油价格的变化将导致股东赚取更多或更少的利润。

假设这家公司宣布计划签订未来 3 年期的石油供应的合约，该合同保证每桶石油价格为 47 美元，而且获得这份合约的成本为 0，这是否将会导致该公司股价的上升？乍一看，答案似乎是肯定的，但也许并不正确。股票的长期价值取决于其预期未来自由现金流及加权平均资本成本（WACC）折现的现值。只有发生以下两种情况才会导致该公司股价的上涨：①锁定成本导致了未来现金流的增加；②锁定成本导致其加权平均资本成本降低。

首先，我们考虑自由现金流变动的情况。在宣布保证石油成本之前，投资者根据预期每桶 47 美元的价格形成了对预期未来自由现金流的估计，虽然锁定石油成本会降低预期未来自由现金流的风险，但它不会改变现金流的规模，因为投资者已经预期到了每桶 47 美元的价格。

加权平均资本成本会发生变化吗？只有当锁定石油成本导致债务或股权资本成本或目标资本结构发生变化时，情况才会发生变化。假设可预见的石油价格上涨不足以造成公司破产，那么该公司的债务成本将不会发生变化，目标资本结构也不会变化。关于股权资本成本，我们在第 8 章中提及过，大多数投资者持有多元化投资组合，这就意味着股权成本仅依赖于系统风险。此外，即使油价上涨对该公司股价有不利的影响，也不会对市场上的所有股票产生不利影响。实际上，在这种情况下石油生产商应该有高于预期的回报与股票价格。如果该公司的投资者持有多元化的投资组合，该组合包括石油公司的股票，那么该公司的股权资本成本则不太可能会下降。这样分析的结论是：如果该公司的预期未来现金流与加权资本成本都不会因为石油价格的上涨而有显著的变化，那么公司的股价也不应有显著的变化。

我们将在下一节详细讨论期货合约和套期保值，现在让我们探讨上述塑料公司没有锁定油价的情况。如果油价上涨，该公司的股价将会下跌。但其股东显然知道这点，他们可以通过构建包含石油期货的投资组合，其价值将随着石油价格上升或下跌，从而抵消该公司股票价格的变化。通过持有正确的期货合约数量，投资者可以建立一个套期保值组合，并完全消除油价变动带来的风险。虽然存在一定的套期保值成本，但这种成本对大

型老练的投资者和塑料公司而言是一样的。如果该公司的股东自己可以通过套期保值交易来对冲石油价格上涨的风险，那么他们就没有必要为公司为了规避风险而进行对冲支付更高的股价。

这个讨论表明，除非还有其他因素起作用，否则公司进行风险对冲是没有意义的。然而，2009年对来自49个不同国家的4 000多家非金融公司的首席财务官进行的调查显示，绝大多数公司会进行各种风险管理活动。[⊖]所以，显然还有其他因素在起作用。有一种解释是，即便风险对冲不会增加企业价值，企业管理者也经常进行风险对冲。还有另一种更可能的解释是，套期保值创造了其他利益，最终导致更高的现金流或更低的加权平均资本成本。下列一些理由表明企业进行风险管理是有意义的。

（1）举债能力。风险管理可以减少现金流的波动，从而降低破产的可能性。正如我们在第14章中讨论的，经营风险较低的公司可以使用更多的债务，这可能导致更高的股票价格，因为利息费用的扣除可以产生利息的抵税效应。

（2）维持最优资本预算。我们在第10章和第14章中讨论过，由于高浮动成本和市场压力，因此企业不愿意增发外部股权。这就意味着资金预算由债务和内部资金支持，内部资金主要包括留存收益和折旧。在内部现金流较低的年份，它们可能太少从而无法支持最佳资本预算，导致企业将投资降至低于最优比率或承担外部权益带来的高成本。风险管理可以通过平稳现金流减轻这个问题。

（3）财务困境。财务困境（会导致包括引发股东担忧、债务利率上升、客户流失和破产等在内的结果）与现金流低于预期水平有关。风险管理可以减少现金流低的可能性，从而减少因此导致财务困境的可能性。

（4）套期保值的相对优势。许多投资者不能像公司那样有效地实施自制的套期保值计划。第一，因为企业进行的套期保值交易量多，所以交易成本较小。第二，存在信息不对称的问题，管理者比外部投资者更了解公司所面临的风险，因此管理者可以进行更有效的套期保值交易。第三，有效的风险管理需要专业的技能和知识，管理者比投资者更可能拥有这些专业技能和知识。

（5）借款费用。如本章后面所述，公司有时可以通过使用"互换"衍生工具来降低投入成本，特别是债务利率。这样的成本降低增加了公司的价值。

（6）税收效应。由于处理税收抵免以及公司损失结转的规则，因此收益波动性大的公司缴纳的税款将多于收益稳定的公司。此外，当收益波动导致破产时，税收亏损结转通常会失效。因此，税收制度在一定程度上鼓励了公司进行风险管理以获得稳定的收益。[⊜]

（7）薪酬体系。很多公司的薪酬体系设定了奖金的上限和下限，奖励那些实现了业绩目标的管理者。举例来说，假设公司的薪酬制度规定在净利润低于100万美元时不向管理者发放奖金，当利润介于100万美元和200万美元之间时，奖金为1万美元，当利润为200万美元或更高时，奖金为2万美元。此外，当实际利润达到预测水平100万美元的90%及其以上时，经理将获得额外的1万美元。现在考虑以下两种情况：利润每年稳定在200万美元，经理每年收到3万美元奖金，两年总额为6万美元；第1年的利润为零，第2年的利润为400万美元，则经理在第1年不获得奖金，第2年获得3万美元，两年的总额为3万美元。由此可见，即使公司在两年内的总利润（400万美元）相同，但经理的奖金在收入稳定时更高。因此，即使套期保值不能为股东增加更多的价值，但它仍然可能对管理者有好处。

也许风险管理的最重要的方面与衍生产品有关。我们将在下一节解释衍生产品，**衍生产品**（derivatives）的价值由其他资产的市场价格决定。衍生产品包括期权，其价值取决于相关资产的价格；利率和汇率期货及互换，其价值取决于利率和汇率水平；大宗商品期货，其价值取决于大宗商品价格。

首席财务官评估风险管理的成本与收益

Henri Servaes，Ane Tamayo和Peter Tufano教授于2009年调查了CFO关于风险管理的态度，我们在下面列出了这项调查中几个有趣的发现。

（1）被调查的CFO被要求回答进行风险管理有哪

⊖ 参见 Henri Servaes, Ane Tamayo, and Peter Tufano, "The Theory and Practice of Corporate Risk Management," *Journal of Applied Corporate Finance*, vol. 21, no. 4（Fall 2009）, pp. 60–78.

⊜ 参见 Clifford W. Smith and René Stulz, "The Determinants of Firms' Hedging Policies," *The Journal of Financial and Quantitative Analysis*, December 1985, pp. 395–406.

些益处，CFO 对这些潜在收益进行了评估，评分范围从 0（"不重要"）到 5（"非常重要"）。他们所说的很多优点对应于我们在本章列出来的几条，第一张表中总结了结果，显示了给每个项目评分为 4 或 5 的 CFO 的比例。调查显示，CFO 认为风险管理的优点主要在于提高了整体的决策水平，保护了公司的声誉，并减少了收益的波动。

（2）CFO 被要求使用相同的 6 分制评估进行风险管理的可能缺点。第二张表表明，主要被认知到的缺点是购买风险管理产品的直接成本。

（3）CFO 被要求列出用于风险管理的各种产品。第三张表表明绝大多数公司都会从事一些形式的风险管理，而且它们使用的产品范围十分广泛（其中的一些我们将在本章后面部分详细说明）。

风险管理的优点

优点	CFO 评为 4 或 5 分的比例
改进公司的整体决策	63%
保护公司的声誉	43%
降低收益的波动性	37%
稳定收入流	36%
减少财务困境成本	36%
改进现金管理决策	28%
改进资本结构决策	28%
规划和稳定投资模式	27%
改进定价政策	26%
满足债券持有人或贷款人的要求	25%
满足股东的要求	24%
满足监管者的要求	24%
管理和降低税收支出	24%
寻求盈利机会	17%

风险管理的缺点

缺点	CFO 评为 4 或 5 分的比例
购买保险的直接成本	23%
风险管理产品的直接成本	19%
长期机会成本	16%
业务连续性服务成本	15%
难以向董事会解释	13%
运行风险管理团队的成本	13%
短期机会成本	12%
合规性和报告成本	10%
进行交易活动存在的风险	9%
难以向投资者解释	7%
投资者的抵制	5%

风险管理产品

风险管理产品	CFO 选择该产品的比例
保单	83%
汇率衍生工具	82%
利率衍生产品	79%
财务担保	47%
外汇计价债务	45%
另类投资	44%
商品衍生产品	32%
结构性产品	13%
股权衍生工具	12%
信用衍生产品	12%
多风险产品	8%

资料来源：Henri Servaes, Ane Tamayo, and Peter Tufano, "The Theory and Practice of Corporate Risk Management," *Journal of Applied Corporate Finance*, vol. 21, no. 4 (Fall 2009), pp. 60–78.

自我测验

结合多元化投资者与"自制套期保值"理论解释为什么风险管理可能并不会提升公司价值，列出并解释公司采用风险管理技术的一些可能原因。

19.2　衍生产品的背景知识

在研究衍生产品时，我们可以回顾一下历史。第一个正式的衍生产品市场是小麦期货市场。农民为他们在秋天出售小麦时的价格而担忧，而磨坊主为他们将要为获得小麦而支付的价格担忧。如果双方在年初约定好价格，则双方面临的风险都可以减少。因此，工厂代理人将去麦田，与农民签订合同，要求农民以预定价格交付粮食。这样双方都会从交易中受益，因为他们的风险降低了。农民可以集中精力种植作物而不必担心粮食的价格，磨坊主则可以专注于磨坊事业。因此，期货套期保值降低了经济体中的总风险。

这些早期的期货交易是在交易双方自己的安排之下进行的。不久，中间人介入进来了，期货交易成立。芝加哥交易所是这种交易的早期市场，是在期货交易商帮助下建立的期货合约市场。因此，农民可以在交易所出售期货，而磨坊主可以在交易所买到期货。交易所的建立提升了这种交易的效率并降低了交易的成本。

很快，投机者登上了历史舞台。正如我们将在下一节中看到的，大多数衍生产品，包括期货，都是高杠杆的，意味着相关资产价值的小幅变动将产生衍生产品价格的巨大变化。这种杠杆吸引了投机者，起初，人们认为投机者的出现可能会增加风险，但事实并非如此。投机者给市场带来了更多的资本与参与者，使得市场趋于稳定。当然，由于杠杆作用的存在，衍生产品市场本身就具有波动性，因此投机者承受着很高的风险。然而，由于有投机者承担着风险，因此衍生产品市场对于套期保值者来说则变得更稳定。

自然对冲（natural hedges）被定义为可以通过双方（称为对手方）之间的衍生产品交易来减少总风险的情况。自然对冲在许多商品、外币以及不同期限证券的利率交易中存在，甚至普通股的投资经理也会用其对冲自己的"赌注"。当期货在棉农和棉花厂、铜矿和铜加工厂、进口商和外国制造商、电力公司和煤矿工人以及石油生产商和石油用户之间进行交易时，自然对冲就会发生。在所有这些情况下，对冲降低了总体风险，从而有利于整体经济。

对冲也可以在没有自然对冲的情况下进行，即非对称对冲。在这些情况下，一方希望减少某种类型的风险，另一方同意出售保护第一方免于该特定事件或情况的合同。保险是这种类型对冲的一个明显的例子。但是请注意，对于非对称对冲，风险通常是被转移而不是被消除。但是，即使在这些情况下，保险公司也可以通过多元化分散投资来减少某些特定类型的风险。

出于多种原因，近年来衍生产品市场的增长速度快于其他主要市场。首先，通过在第 19.5 节讨论的布莱克—斯科尔斯期权定价模型等分析技术可以建立"公平"价格。一个更好的定价对冲的方法可以使交易者对交易更放心。其次，计算机和电子通信使交易者可以更加方便地进行交易。最后，全球化大大提升了货币市场的重要性，增加了由国际交易带来的对降低汇率风险的需求。就算不加速，这种趋势也会继续下去，所以使用衍生产品进行风险管理势必增长。

衍生产品有着潜在的缺点。这些金融工具有高杠杆性，所以很小的计算失误可能导致巨大的损失。而且，由于它们很复杂，大多数人不太理解它们。因此，与不太复杂的工具相比，衍生产品交易更容易发生错误，这使得公司的高层管理人员更难对衍生产品交易进行适当的控制。一个在远东地区的相关人员进行的交易，导致英国最古老的银行（巴林银行）破产。这起事件发生在巴林，加利福尼亚州的奥兰治县，由于其财务主管对衍生产品的投机而破产。在此之前，宝洁由于衍生产品交易损失与美国信孚银行陷入拉锯战。类似的案例还有，著名的对冲基金长期资本管理公司因为在衍生产品市场的交易失误差点走向毁灭。2001 年，安然公司倒闭，很多人认为安然公司的倒闭是因为大量的衍生产品头寸隐藏了公司的损失和发生在一些非营利业务上的债务。更近一点来说，有批评者认为外来衍生产品的关联交易在 2007—2008 年金融危机中扮演着重要角色。

这些事件发生后，很多人认为为了保护公众的利益应该禁止衍生产品的存在。然而，相较于有害的投机，衍生产品其实更多地被用于对冲风险，但是这些有益的衍生产品交易并不为人们所关注。所以，尽管这些事件说明高层管理人员需要控制衍生产品操作人员，但并不意味着我们要取消衍生产品。在本章接下来的部分，我们将讨论企业如何管理风险以及如何在风险管理中使用衍生产品。

自我测验

1. 什么是"自然对冲"？请举出几个自然对冲的例子。
2. 非对称对冲与自然对冲有什么区别？请举出几个非对称对冲的例子。
3. 说出近年来导致衍生产品市场的增长比任何其他主要市场增长更快的 3 个原因。

19.3　期权

期权(option) 是指一种赋予其持有人在指定时间以某种预定价格购买（或卖出）资产的权利的合同。财务经理应该学习一些风险管理的期权理论。这种理解将帮助他们构建认股权证和可转换证券融资方案，这些内容将会在第 20 章进行讨论。

19.3.1 期权的种类和市场

现实中存在着很多类型的期权和期权市场。为了说明期权如何运作，假设你拥有 100 股 Facebook（FB）的股票，该股在 2020 年 8 月 27 日星期四的出售价格为每股 294.19 美元，你可以向别人出售在接下来 7 个月内的任何时间以特定价格购买这 100 股股票的权利，例如每股 300 美元。这里的每股 300 美元即为**履约价格或行权价格**（strike, exercise price），这种期权交易广泛存在，并在很多交易所大量交易，芝加哥期权交易所（CBOE）是当今最古老和最大的交易所。这种期权被定义为**看涨期权**（call option），因为购买者预期这 100 股的股价会上升，期权的售卖者则被称为**立权人**（option writer）。投资者售出自己所持有投资组合某一股票看涨期权的行为也叫作售出**担保期权**（covered options）。售出了某股票的期权，但并没有实际持有该股票，这种期权被称为**无保护期权**（naked options）。当行权价格超过股票的现行价格，期权被称为**价外期权**（out-of-the-money）。当行权价格低于股票的现行价格，期权被称为**价内期权**（in-the-money）。

表 19-1 是 2020 年 8 月 27 日从 MSN Money 网站获取的 FB 的期权报价（看涨期权和看跌期权）。如第 1 列所示，FB 最后的股价为每股 294.19 美元，这就意味着前两个看涨期权为价内期权，而后两个为价外期权。我们还可以看到，每份 FB 到期日为 2020 年 9 月 18 日，行权价格为 300 美元的看涨期权售价为 17.20 美元，因此，如果花了 1 720 美元购买了 100 份看涨期权，则拥有在 2020 年 9 月 18 日到期日或之前任何时间以每股 300 美元的价格购买 100 股 FB 股票的权利。如果在到期日，股票价格低于 300 美元，期权将过期且处于无价值状态。毕竟，如果你可以在股票市场上以低于 300 美元的价格购买到股票，就没有必要选择行使这份期权。所以在这种情况下，你将会损失 1 720 美元。然而如果 FB 的股票上升到 330 美元，你投资的 1 720 美元看涨期权在不到 30 天里价值将会上涨 3 000[=(330−300)×100] 美元。这将转化成非常可观的年化收益。

表 19-1　精选 FB 的期权报价，2020 年 8 月 27 日

收盘价格	执行价格	看涨期权			看跌期权		
		2020 年 9 月 18 日	2020 年 12 月 18 日	2021 年 3 月 19 日	2020 年 9 月 18 日	2020 年 12 月 18 日	2021 年 3 月 19 日
294.19	230.00	73.50	78.41	85.05	0.62	7.05	11.85
294.19	255.00	50.15	60.15	64.00	1.59	12.12	18.75
294.19	300.00	17.20	33.70	41.78	13.40	29.20	38.00
294.19	330.00	7.19	21.03	28.45	33.00	47.85	54.20

注：表 19-1 是根据 2020 年 8 月 27 日 MSN 财经的数据创建的，msn.com/en-us/money/markets. 本网站提供的数据在白天不断更新，因此我们在交易日的某个时间点获取了这些数据。

在这个例子中，你可以看到，当标的资产（在本例中，标的资产为 FB 股票）的价值增加时，看涨期权的投资者获利。或者说，如果股票投资者认为 FB 的股价将会下跌，则售出股票的看涨期权对他来说是有利的。在这种情况下，期权的购买方支付给你当前期权的价格，作为回报，你同意以行权价格向期权购买方出售股票。如前所述，买方仅会在股票市价大于行权价格时选择行使这份期权。举例来说，如果你卖出行权价格为 300 美元，到期日为 2020 年 9 月 18 日的期权，作为立权人的你将会收到 1 720 美元。如果直到 2020 年 9 月 18 日 FB 股票仍然低于 330 美元，期权将无效过期，你将通过卖出期权赚取 1 720 美元的利润。然而，如果股票价格上升到 330 美元，期权持有人将选择行使他的期权，以每股 300 美元的价格购买 100 股股票，这意味着尽管此时市场价格为每股 330 美元，但作为期权的卖方（或立权人），你将不得不以每股 300 美元的价格售出 100 股股票。在这种情况下，看涨期权的卖方将亏损 1 280 美元（售出看涨期权盈利 1 720 美元，但是期权被行驶损失 3 000 美元）。

○ 对于期权的深入处理，参见 Don M. Chance and Robert Brooks, *An Introduction to Derivatives and Risk Management*, 10th edition (Mason, OH: South-Western/Cengage Learning, 2016).

○ 大多数股权期权合同的规模为 100 股。

从股票价格下跌中获利的另一种方法是购买一份期权，让你有权在未来某段期间以指定价格卖出股票，这被称为**看跌期权**（put option）。例如，假设你认为下个月某时刻 FB 的股票价格可能降至目前水平 294.19 美元以下，表 19-1 提供了有关 FB 看跌期权的数据。你可以购买 1 个月看跌期权（到期日为 2020 年 9 月 18 日，看跌期权），总价为 159（=1.59×100）美元，这将授予你以每股 255 美元的价格卖出 100 股股票的权利（不需要真实拥有）。假设你花了 159 美元买了这份期权，之后 FB 的股票跌至 245 美元。你可以花 245 美元买 1 股，并通过行使你的看跌期权以每股 255 美元的价格卖出。你行使期权的利润将会是 1 000[=(255-245)×100] 美元，减去你为获得期权支付的 159 美元，你的利润（不考虑税与佣金）是 841 美元。

除了个股的期权外，期权还被用于股票指数，如纽约证券交易所指数、道琼斯工业指数、标准普尔 100 和标准普尔 500，等等。指数期权可以对冲市场波动风险，也能够对冲个股的风险。

期权交易是美国最热门的金融活动之一。它的杠杆效应使得几乎只有几美元的投机者也可以在一夜之间赚大钱。此外，即使股票价格不变，投资者也可以通过出售以股票为标的的期权而赚取期权的价值（少量的经纪佣金）。而且，最重要的是，期权可用作构建保护个别股票或投资组合价值的套期保值工具。我们将在本章详细地讨论套期保值策略。[⊖]

常规期权的期限一般为 7 个月或更短，但也存在长期股权预期证券（long-term equity anticipation security, LEAPS）。与常规期权类似，LEAPS 期权在交易所上市，并与个股和股指相关，主要区别是 LEAPS 期权是长期期权，期限可以达到 3 年。1 年期 LEAPS 成本约为类似 3 个月常规期权成本的两倍，但由于其到期时间更长，LEAPS 有更大的收益潜力，并能够为投资组合提供更好的长期保护。

期权标的股票的公司与期权市场无关。公司不在期权市场筹集资金，也不进行任何直接交易。此外，期权持有人没有投票权与收取股利的权利。美国证券交易委员会和其他机构已经就期权交易是否稳定或破坏股票市场以及这项活动是否有助于或阻碍企业筹集新资本进行了研究。研究还没有结论，但期权交易仍旧存在，许多人认为它是"最令人兴奋的城市游戏"。

19.3.2 影响看涨期权价格的因素

表 19-1 的研究给我们提供了有关于看涨期权估值的一些信息。首先，我们看到至少有 3 个因素影响看涨期权的价值：①股票的市场价格相对于行权价格越高，看涨期权价格越高，因此，FB 到期日为 2020 年 9 月 18 日，行权价格为 330 美元的看涨期权以每份 7.19 美元的价格卖出，而到期日为 2020 年 9 月 18 日，行权价格为 230 美元的看涨期权以每份 73.50 美元的价格卖出。出现这种差异是因为 FB 当前的股票价格是每股 294.19 美元。②行权价格越高，看涨期权价格越低，因此，不论执行月份，表 19-1 显示的所有 FB 看涨期权价格均随着行权价格的上升而下跌。③期权执行期间越长，期权价格越高，出现这种情况是因为期限越长，股票价格将显著高于行权价格的机会越大。因此，期权价格随着到期日期延长而增加。如表 19-1 所示，到期日为 2021 年 3 月 19 日的所有期权的价格均高于到期日为 2020 年 9 月 18 日或 2020 年 12 月 18 日的期权。影响期权价值的其他因素，特别是标的股票的波动性，我们将在后面的章节中讨论。

19.3.3 行权价值和期权价格

如何在市场中确定看涨期权的实际价格？在第 19.5 节中，我们将提出一个在看涨期权定价中广泛使用的模型（布莱克-斯科尔斯期权定价模型）。首先需要建立一些基本概念，我们如下定义一个看涨期权的价值：

$$行权价值 = 股票现价 - 行权价格 \tag{19-1}$$

行权价值（exercise value）是当你立即行使期权时期权的价值。例如，如果股票的市场价格为 50 美元，而期权行权价格为 20 美元，你可以通过行使期权来以 20 美元购买股票。你将拥有价值 50 美元的股票，但你只需要为此支付 20 美元。因此，如果你立即行使，期权价值将是 30 美元。注意，计算出的看涨期权的行权价值可能为负，但事实上期权的最小价值为 0，因为没人会选择行权价外期权。还要注意，期权的行权价值只是期权价值的第一近似值，它只是提供了一个找到期权实际价值的起点。

⊖ 非法交易的内部人通常购买期权而不是股票，因为期权固有的杠杆增加了利润潜力。请注意，使用内幕信息来获取个人利益是非法的，使用这些信息的内部人员比期权卖家占优势。除了不公平且本质上等同于窃取之外，交易损害经济：投资者对资本市场失去信心并提高其所需的回报，因为增加了风险因素，这提高了资本成本，从而降低了实际投资的水平。

图 19-1 中提供了一些关于 Space Technology（STI）公司的数据。该公司是一家上市公司，其股价在近期波动很大。表格数据中的第 3 列显示股票以不同价格出售时 STI 的看涨期权的行权价值，第 4 列给出期权的实际市场价格，第 5 列显示实际期权价格超过其行权价值的时间溢价。当股票价格低于每股 20 美元时，行权价值被设定为 0；但是股价超过 20 美元之后，股票价格每上涨 1 美元，期权行权价值就上涨 1 美元。尽管当股价在行权价格之上不断上涨，时间溢价将会下降，但看涨期权的实际市场价格仍高于普通股在每个价格时期权的行权价值。例如，当股票以 20 美元出售并且期权行权价值为 0 时，其实际价格和时间溢价是 9 美元。然后随着股票价格的上涨，行权价值也会上涨，但期权的市场价格攀升相对缓慢，导致时间溢价下降。当股票以每股 20 美元的价格卖出时，时间溢价是 9 美元，但是当股价上升到每股 73 美元时，时间溢价已经下降到 1 美元。超过这一点以后，实际上已经没有时间溢价了。

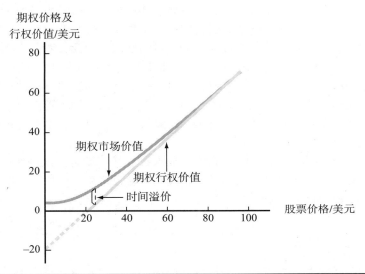

股票价格 （1）	行权价格 （2）	期权行权价值 （1）－（2）=（3）	期权市场价值 （4）	时间溢价 （4）－（3）=（5）
20.00	20.00	0.00	9.00	9.00
21.00	20.00	1.00	9.75	8.75
22.00	20.00	2.00	10.50	8.50
35.00	20.00	15.00	21.00	6.00
42.00	20.00	22.00	26.00	4.00
50.00	20.00	30.00	32.00	2.00
73.00	20.00	53.00	54.00	1.00
98.00	20.00	78.00	78.50	0.50

图 19-1　STI 公司的期权价格及行权价值

为什么会有这种模式存在？为什么一个看涨期权的售价超过其行权价值，为什么时间溢价随着股价的上升而下降？部分原因在于期权的投机性吸引力——它使得人们在购买证券时能够获得很高的个人杠杆。为了说明这一点，假设 STI 公司的期权以与其行权价值相同的金额出售。现在假设你正在考虑投资公司的普通股，当时它以每股 21 美元的价格出售，如果你买了一只股票，价格上涨到 42 美元，你会获得 100% 的资本收益。但是，如果你以其行权价值买入期权（当股票以 21 美元出售时行权价值为 1 美元），你的 1 美元的资本收益为 22-1=21 美元，收益率为 2 100%。同时，你的期权潜在损失只会是 1 美元，但如果你购买股票潜在损失为 21 美元。资本收益潜力巨大但损失有限，这对投资者来说是有价值的，其价值的大小就是时间溢价。不过请注意，购买期权比购买 STI 公司股票风险更高，因为期权损失的可能性较高。如果 STI 公司的股票价格下跌到 20 美元，持有 STI 公司股票的话将有 4.76% 的损失，但如果持有期权你将有 100% 的损失。

为什么时间溢价随着股价的上涨而下降？一部分原因是杠杆效应和损失保护功能在高股价下减弱。例如，如果你想购买 STI 公司股票，当股价为每股 73 美元时，期权的行权价值为 53 美元。如果股票价格翻了一番，达到 146 美元，股票就会获得 100% 的收益。现在注意，期权的行权价值将从 53 美元增加到 126 美元，增长率为 138%，而在前一种情况下为 2 100%。还要注意的是，当期权以高价卖出时，期权每一美元潜在收益所承受的潜在损失更大。这两个因素——杠杆效应的下降和越来越大的损失危险——解释了为什么时间溢价随着股价的上升而下降。

除了股票价格和行权价格，期权的价值取还决于其他 3 个因素：①距离到期日的剩余时间；②股票价格的波动性；③无风险利率。我们将在随后详细解释这些因素如何影响看涨期权价值，但现在，请注意以下几点。

（1）看涨期权的到期日越长，其价值越大，其时间溢价就越大。如果期权在今天下午 4 点到期，股票价格没有太大的机会上升，因此该期权必须在接近其行权价值的情况下卖出，其时间溢价必定很小。而如果到期日是 1 年，股价可能大幅上涨，就很可能提升期权的价值。

（2）相较于一个非常稳定的股票，一个波动性大的股票的期权更有价值。当股价很少变动时，只有很小的机会可以获得较高的收益。然而，当股价高度波动时，期权更容易获得较高的收益。同时，期权损失有限，你可以获得无限的利润，但你最多损失的是你为获取期权而支付的费用。因此，股票价格的大幅下降对期权持有人没有相应的不利影响。由于无限的利润与有限的损失，因此股票的波动性越大，其期权的价值就越高。

（3）无风险利率对看涨期权的影响不如前两点那么明显。一个公司的股票价格的预期增长率随着利率的增加而增加，但未来现金流的现值会随利率增加而减少。第一个效应趋向于增加看涨期权的价值，而第二个趋向于减少看涨期权的价值。事实证明，第一个效果胜过第二个效果，因此，看涨期权的价值总是随着无风险利率的增加而增加。第 19.5 节的表 19-2 说明了这一事实。

由于（1）（2）两点原因，在图 19-1 中，期权的到期日越长，其市场价格线高于行权价值线的幅度越大。同样，标的股票的价格越不稳定，市场价格线就越高。当我们讨论布莱克 - 斯科尔斯期权定价模型时，我们将进一步研究这些因素（和折现率）如何影响期权价值。

自我测验

1. 什么是期权？什么是看涨期权？什么是看跌期权？

2. 怎样定义期权的行权价值？为什么期权的市场价格通常高于其行权价值？

3. 哪些因素影响看涨期权的价值？

4. Underwater Technology 的股票目前市场价格为 30 美元 / 股。行权价格为 25 美元的看涨期权目前的交易价格是 12 美元。请问此时期权的行权价值和时间溢价分别为多少？

19.4 期权定价模型介绍[⊖]

几乎所有期权定价模型都基于无风险对冲（riskless hedge）的概念。为了说明无风险对冲的原理，我们来看看下面这个例子。投资者购买 Western Cellular 股票并同时出售该股票的看涨期权。如果股票价格上涨，投资者将在股票上赚取利润，但会因卖出看涨期权而亏损（当投资者卖出看涨期权时，股票价格下跌，投资者会赚钱，股票价格上涨，投资者会有损失）。相反，如果股票价格下跌，投资者将因持有股票有所损失，但可以从卖出看涨期权中获利。正如前文所提及的那样，我们可以设定一个投资组合，使投资者处于一个无风险的状态，不管股票价格是多少，投资者的投资组合的价值将保持不变。

如果投资是无风险的，它必定会在均衡时产生无风险利率。如果这个无风险的投资提供了比无风险利率更高的收益，套利者就会购买它，在这个过程中，收益会降低，反之亦然。如果某项投资提供的收益低于无风险利率，投资者会卖出，收益将会升高。考虑到股票价格、其潜在的波动性、期权行权价格、期权的到期日和无风险利率，如果达到均衡条件，期权将会稳定在一个确定的价格，意味着包含股票和看涨期权的投资组合的收益率等于无风险利率。基于这个理念，以下是用于估计看涨期权的当前价值的步骤。

（1）示例的假设。手机制造商 Western Cellular 的股票每股售价 40 美元，同时发行了行权价格为 35 美元

⊖ 18.4 和 18.5 节是相对技术性的知识，可以忽略。

的期权。这些期权将在年底到期，届时该公司股票将以 30 美元或 50 美元出售。此外，无风险利率为 8%。基于这些假设，我们能够算出期权的价值。请注意，为了简化分析步骤，在这个假设中股票价格只有两种情况。因此，这种方法有时被称为**二项期权定价模型**（binomial option pricing model）。

（2）确定到期日价值的范围。当期权在年末到期时，该公司股票将以每股 30 美元或 50 美元的价格出售，下面是考虑了期权价值的情况。

期末股票价格	−	行权价格	=	期权最终价值
30.00	−	35.00	=	0.00（无价值期权，期权最低价值为 0）
50.00	−	35.00	=	15.00
范围 20.00				15.00

（3）平衡股票和期权的收益范围。如上所示，股票价格和期权价值的收益范围分别是 20 美元和 15 美元。为了构建无风险投资组合，我们需要平衡股票价格和期权价值的范围。我们这样做，通过购买 0.75 股和卖出 1 份期权（或 75 股和 100 份期权）使得股票价格和期权最终价值的范围都是 15 美元。

期末股票价格	×	0.75	=	期末股票最终价格	期权最终价值
30.00	×	0.75	=	22.50	0.00
50.00	×	0.75	=	37.5	15.00
范围 20.00				15.00	15.00

（4）构建一个无风险对冲组合。我们现在可以通过购买 0.75 股股票和卖出 1 份看涨期权来创建无风险的投资组合。

期末股票价格	×	0.75	=	期末组合中的股票价格	+	期末组合中的期权价格	=	期末组合的总价值
30.00	×	0.75	=	22.50	+	0.00	=	22.50
50.00	×	0.75	=	37.50	+	−15.00	=	22.50

投资组合中的股票价格为 22.50 美元或 37.50 美元，这取决于股票价格的变化。如果股价跌至 30 美元，因为期权不会被行使，所以被卖出的看涨期权对于投资组合的价值没有影响，期权处于无价值状态到期。然而，如果股票最终价格为 50 美元，期权持有人将选择行使期权，支付 35 美元的行权价格获得市价为 50 美元的股票，所以在这种情况下，该期权将给投资组合持有人带来 15 美元的费用。

不管该公司的股票价格是增加还是减少，投资组合的价值始终是 22.50 美元。因此，该投资组合是无风险的。这样，我们创建了一种保护股票价格免于价格波动风险的对冲。

（5）看涨期权定价。到目前为止，我们没有提到为了创造无风险对冲而出售的看涨期权的价格。它卖多少钱呢？显然，卖家想要收到一个高价格，但买家想支付低价。什么是公平或均衡的价格？为了找到这个价格，我们进行如下步骤。

a. 无论股价如何变化，投资组合的价值在年底将为 22.50 美元。这 22.50 美元是无风险的。

b. 无风险利率为 8%，所以无风险的 22.50 美元年终值的现值如下：

$$PV = 22.50/1.08 = 20.83（美元）$$

c. 因为股票目前价格为 40 美元，投资组合包含 0.75 股，因此投资组合中股票的成本如下：

$$0.75 \times 40 = 30.00（美元）$$

d. 如果你为了获得股票支付了 30 美元，投资组合的现值是 20.83 美元，期权的售出价格将至少为 9.17 美元。

$$期权价格 = 股票成本 - 投资组合现值 = 30 - 20.83 = 9.17（美元）$$

如果这个期权以高于 9.17 美元的价格卖出，其他投资者可以如上一样创建无风险投资组合，并且收益率将会高于无风险利率。投资者将会一直通过创建这样的投资组合套利，直到期权价格下降到 9.17 美元，此时市场将处于均衡。相反，如果期权卖出的价格低于 9.17 美元，投资者将拒绝创造这种投资组合，因此而造成的供应短缺会使得价格上涨至 9.17 美元。投资者（或套利者）将会不停地买卖这个期权，直到期权达到它的均衡价格。

显然，这个例子过于简化。该公司的股价在 1 年后可能有很多种情况，你也不可能购买 0.75 股股票（但是你可以通过购买 75 股股票和卖出 1 份期权来实现同样的效果）。然而，这个例子确实说明，投资者原则上可以通过购买股票和卖出看涨期权来创造无风险的投资组合，这样的投资组合收益率为无风险利率。如果看涨期权的定价不能反映这种情况，套利者将积极交易股票和期权，直到期权价格达到均衡。在下一节中，我们将讨论布莱克－斯科尔斯期权定价模型，它基于这里所建立的一般前提，创建无风险投资组合，但是这个模型适用于现实世界，因为它考虑了股票完整的期末价格范围。

高管股票期权的费用化

在第 1 章中，我们提及过许多公司授予高层管理人员股票期权作为其薪酬组合的一部分。这样做的原因之一是激励高层管理人员提升公司股价。另一个原因是将期权作为工资的替代，减少了公司对现金的需求。减少对现金支付的需求对初创公司尤其重要，因为初创公司用以支付薪水的现金常常是短缺的。然而，期权对于发行公司来说也并不是完全没有成本的，它们会导致公司流通股股数增加，从而降低公司的每股收益。

过去，公司偏向于发行股票期权的另一个重要原因是，支付薪水的现金必须在利润表上列为工资支出，从而降低报告的利润。⊖在 2006 年之前，股票期权不必在利润表中报告，尽管它们可能价值几百万美元，但股票期权不会降低公司报告利润。虽然一些公司，如微软、思科、花旗集团和通用电气采取措施自愿将授予的期权列支，但许多其他公司仍然拒绝列支这些期权。

公司不愿意列支期权，有两个原因。首先，管理者通常不喜欢任何减少报告利润的行动，因为他们自己的薪水、奖金和未来期权一般都是基于报告的利润。最近的研究表明，列支期权将使得标准普尔 500 公司的报告利润平均减少约 15%，而对于一些公司，减幅超过 50%。其次，公司不知如何正确计值期权。虽然布莱克－斯科尔斯期权定价模型最常用，但它有局限性。特别是一些经营者的股票期权，因为必须等待几年才能被执行，所以它们的价值往往低于用布莱克－斯科尔斯期权定价模型计算出的价值。

尽管不愿意，但会计师和公司经理面临着来自投资者的强烈压力，投资者认为，大致正确总好过完全错误（也就是说，使用布莱克－斯科尔斯期权定价模型来计算期权近似估值，而不是不予以列支而得到明显不正确的结果）。为应对这一压力，美国财务会计准则委员会（FASB）制定了相关准则，要求上市公司将每年授予的股票期权的价值作为费用扣除。一些批评者抱怨说，这些准则仍然给予公司太多的决定权去决定如何计量这些期权，但许多人认为这至少往正确的方向前进了一步。

资料来源：Elizabeth MacDonald, " A Volatile Brew: Easing the Impact of Strict New Stock Option Rules," *Forbes*, August 15, 2005, pp. 70–71; and Anthony Bianco, " The Angry Market," *BusinessWeek*, July 29, 2002, pp. 32–51.

自我测验

说明如何使用股票和期权创建无风险投资组合。如何使用这样的投资组合来估计看涨期权的价值？

19.5 布莱克－斯科尔斯期权定价模型

布莱克－斯科尔斯期权定价模型（Black-Scholes option pricing model，OPM）于 1973 年提出，它的提出促进了期权交易的快速增长。⊖该模型甚至被编程到一些手持计算器的永久存储器中，被期权交易者广泛使用。接下来，我们将说明如何使用 OPM 来估值看涨期权。在附录 19A 中，我们更详细地介绍了看涨期权价值与看跌期权价值之间的关系，以及如何使用 OPM 来定价看跌期权。

19.5.1 OPM 的假设和等式

在推导期权定价模型时，费希尔·布莱克和迈伦·斯科尔斯做出了以下假设。

（1）看涨期权的股票在期权有效期内不提供股息或其他分配。

（2）买卖股票或期权不存在交易成本。

（3）短期无风险利率是已知的，且在期权期内保持不变。

⊖ 虽然期权没有列为公司利润表上的费用，但必须在财务报表的说明中列支。

⊖ 参见 Fischer Black and Myron Scholes, "The Pricing of Options and Corporate Liabilities," *Journal of Political Economy*, May/June 1973, pp. 637–659.

（4）任何证券购买者都可以以短期无风险利率借入购买所需的资金。

（5）允许卖空，并且卖空者将立即收到当前所卖证券价格的全部现金。[⊖]

（6）看涨期权只有在到期日可以执行。

（7）所有证券交易持续进行，股票价格随机波动。

布莱克－斯科尔斯期权定价模型的推导有赖于在上一节中提到的无风险对冲这个概念。通过购买股票并同时出售该股票的看涨期权，投资者可以创建一个无风险的投资头寸，股票的收益将完全抵消期权的损失。这种无风险对冲头寸必定可以获得相当于无风险利率的收益率。否则，就会存在套利机会，试图利用这一机会的人们将通过交易把期权的价格推向布莱克－斯科尔斯期权定价模型所规定的均衡价格。

布莱克－斯科尔斯期权定价模型由以下三个等式构成：

$$V = P\big[N(d_1)\big] - Xe^{r_{RF}t}\big[N(d_2)\big] \tag{19-2}$$

$$d_1 = \frac{\ln(P/X) + \big[r_{RF} + \sigma^2/2\big]/t}{\sigma\sqrt{t}} \tag{19-3}$$

$$d_2 = d_1 - \sigma\sqrt{t} \tag{19-4}$$

式中：

V = 看涨期权目前价值

P = 标的股票现价

$N(d_i)$ = 在标准正态分布中，偏差小于 d_i 的累计概率。因此，$N(d_1)$ 和 $N(d_2)$ 表示在标准正态分布曲线下的面积。

X = 期权行权价格

$e \approx 2.718\ 3$

r_{RF} = 无风险利率

t = 期权的期限

$\ln(P/X) = P/X$ 的自然对数

σ^2 = 股票收益率的方差

期权价值是我们前面讨论的变量的函数：① P，股票价格；② t，期权的期限；③ X，期权的行权价格；④ σ^2，标的股票收益率的方差；⑤ r_{RF}，无风险利率。布莱克－斯科尔斯期权定价模型的推导涉及非常复杂的数学知识，远远超出了财务课本的范围，因此本书不介绍模型推导过程。然而，使用该模型并不难。根据前面提出的假设，如果期权价格与式（19-2）中计算的期权价格不同，则存在套利的机会，这将迫使期权价格回到模型所示的价值。[⊖]如前所述，布莱克－斯科尔斯期权定价模型被交易者广泛使用，因此实际期权价格与从模型中得出的价值相当吻合。

事实上，式（19-2）的第一项 $P[N(d_1)]$ 可以被认为是最终股价的预期现值，第二项 $Xe^{-r_{RF}t}[N(d_2)]$ 可以被认为是行权价格的现值。然而，相较于弄懂每一个等式的含义，代入一些具体数值以查看数值的变化如何影响期权的价值可能更为有效。

19.5.2　OPM 示例

当前股价（P）、行权价格（X）和到期期限（t）可以从诸如《华尔街日报》或领先的金融网站（如 Yahoo! Finance，Google Finance 和 MSN Money）那里获取。无风险利率 r_{RF} 是国库券的收益率，期限等于期权截止日期。股票收益的年化方差 σ^2 可以通过将过去一年每日股票价格变化百分比的方差乘以 365 天来估计。假设已获得以下信息：

⊖ 假设投资者（或投机者）不拥有任何 FB 股票。如果投资者预计股票价格上涨，并因此购买 FB 股票，他就是 FB 股票的多头。而如果投资者认为 FB 的股价可能下跌，他可能会售出股票，或卖空。因为卖方没有 FB 股票，他必须借用从经纪商那里卖出的股票。如果股票价格下跌，空头可以在公开市场上买入股票，并偿还从经纪人处借来的股票。卖方的利润，不考虑税费和佣金，将是卖空的价格和以后购买股票的价格之间的差额。

⊖ 程序化交易，即买入股票和卖出期权（反之亦然），是股票和期权之间套利的一个例子。

P=21 美元

X=21 美元

t=0.36 年

r_{RF}=5%=0.05

σ^2= 0.09

注意，此时 σ =0.3。

给定这些信息，我们现在可以通过求解式（19-2）、式（19-3）和式（19-4）来使用 OPM 模型，因为求解式（19-2）和式（19-3）必须已知 d_1 和 d_2，所以我们首先如下处理式（19-3）和式（19-4）：

$$d_1 = \frac{\ln(21/21)+\left[0.05+(0.09/2)\right](0.36)}{0.3\times0.6}$$

$$= \frac{0+0.0342}{0.18}=0.19$$

$$d_2 = d_1 - 0.3\sqrt{0.36} = 0.19 - 0.18 = 0.01$$

注意，$N(d_1)$ =$N(0.19)$，$N(d_2)$ =$N(0.01)$ 表示标准正态分布曲线下的面积。d_1 =0.19 意味着 0.075 3+0.500 0=0.573 5 的概率，所以 $N(d_1)$=0.575 3。类似地，$N(d_2)$ =0.504。我们可以用这些值来求解式（19-2）：

$$V = 21\,N(d_1)-21e^{-0.05\times0.36}N(d_2)$$

$$= 21\,N(0.19)-21\times0.982\,16\,N(0.01)$$

$$= 21\times0.575\,3-20.625\times0.504$$

$$= 12.081-10.395=1.686（美元）$$

利用波动性指数来衡量投资者恐慌

在对布莱克－斯科尔斯期权定价模型的讨论中，我们已经看出，股票价格的方差是期权估值的重要决定因素。在此基础上，分析师往往采用逆向思维。换句话说，给定期权的市场价格，我们可以倒推出基本股票的隐含方差或标准差（通常称为"波动性"）。

在 1993 年，Robert Whaley 教授使用了类似的方法考察 CBOE 市场波动指数，通过使用标准普尔 500 指数期权的信息来估计整体股市的波动性。这个指数被称为 VIX，而计算 VIX 的具体技术也随着时间有所变化，投资者现在可以买卖跟踪 VIX 指数表现的证券。下图显示了 VIX 如何随时间变化。

当市场参与者对于市场波动性越来紧张时，VIX 趋于上升。因此，VIX 有时被称为"恐惧指数"。从下图中我们可以看到 VIX 在 2008 年金融危机期间飙升到历史最高水平。几年后，2011 年 8 月和 9 月期间，VIX 出现了大幅上涨，是因为当时欧洲持续的担忧和美国政府债务下降加剧了投资者的恐惧。2020 年，在新冠疫情和相应的经济不确定性的影响下，VIX 再次大幅飙升。

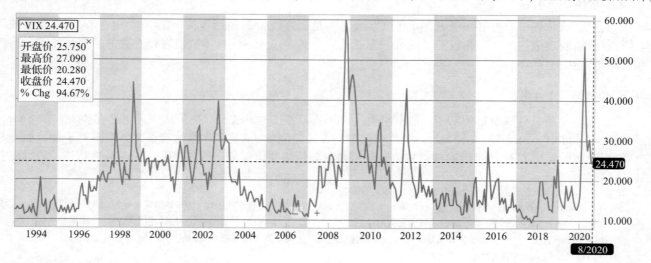

资料来源：finance.yahoo.com, August 27, 2020.

因此，在这些假设条件下，期权的价值是 1.686 美元。假设实际期权价格为 2.25 美元。套利者可以同时卖出期权，购买标的股票，赚取无风险利润。这种交易将一直发生，直到期权的价格下降到 1.686 美元。如果期权售出少于 1.686 美元，则会发生相反的情况。投资者不愿意支付超过 1.686 美元的价格，他们也不能以低于 1.686 美元的价格买到该期权，所以 1.686 美元是期权的均衡价值。

表 19-2 显示了 OPM 模型中的 5 个因素如何影响期权的价值。顶行显示之前用于说明 OPM 模型和推导出的期权价值的案例数值，即 V=1.686 美元。在之后的各行中，粗体字的系数增加，而其他 4 个保持恒定。期权价值的变化结果显示在最后一列。为了更好地研究表 19-2，现在让我们看看各项因素的改变对期权价值的影响。

（1）当前股价。如果当前股价从 21 美元增长至 25 美元，期权价值将会从 1.686 美元上升至 4.672 美元。因此，期权的价值随着股票价格的上升而增加，但是小于股票价格的增长幅度，期权价值增长了 2.986

表 19-2　OPM 模型中的因素对看涨期权价值的影响

案例	输入变量					结果
	P	X	t	r_{RF}	σ^2	V
基础案例	21	21	0.36	5%	0.09	1.686
P 上涨了 4 美元	**25**	21	0.36	5%	0.09	4.672
X 上涨了 4 美元	21	**25**	0.36	5%	0.09	0.434
t 上涨至 0.5	21	21	**0.50**	5%	0.09	2.023
r_{RF} 上涨至 8%	21	21	0.36	**8%**	0.09	1.802
σ^2 上涨至 0.16	21	21	0.36	5%	**0.16**	2.181

© Cengage Learning®

美元而股价增长了 4.00 美元。但请注意，期权价值增长百分比（4.672−1.686）/1.686=177%，远远超过股价增长百分比（25−21）/21=19%。

（2）行权价格。如果行权价格从 21 美元上涨到 25 美元，则期权的价值下降。期权价值下降的幅度小于行权价格上涨的幅度，但期权价值变化的百分比（0.434−1.686）/1.686= −74% 远超过行权价格变化百分比（25−21）/21=19%。

（3）期权的期限。到期时间从 t=0.36 年增加到 t=0.50 年，期权的价值从 1.686 美元增加到 2.023 美元。这是因为期权的价值取决于股票价格潜在增长的机会，期权的期限越长，股票价格越有可能上升。

（4）无风险利率。无风险利率从 5% 上升至 8%，期权价值略有上升，从 1.686 美元上升至 1.802 美元。等式（19-2）、式（19-3）和式（19-4）表明 r_{RF} 增加的主要影响是降低行权价格的现值 $Xe^{-r_{RF}t}$，因此增加了期权的当前价值。[一]无风险利率在确定正态分布函数 $N(d_1)$ 和 $N(d_2)$ 的值时也起到了重要作用，但这种影响相对来说是次要的。事实上，期权价格一般不会对利率变化非常敏感，至少不会在通常遇到的范围内发生变化。

（5）方差。随着方差从 0.09 增加到 0.16，期权的价值从 1.686 美元增加到 2.181 美元。因此，标的证券的风险性越高，期权就越有价值，这是符合逻辑的。如果你为了以行权价格获得股票而购买了期权，但该股票的 σ^2=0，这意味着股票价格将上升的概率为零，因此在期权上赚钱的概率为零。但是如果你买了一个高方差股票的期权，股票价格将会有相当高的可能性增加，因此，你将会在期权上获得很大的利润。当然，高方差股票价格可能大幅下降，但作为期权持有者，你的损失将限制在购买期权而支付的价格之内——仅计算股票概率分布的右侧。也就是说，股票价格上涨给期权持有者带来的收益将大于其下跌时带来的损失。这就使得以方差大高风险股票为标的资产的期权比以方差小低风险股票为标的资产的期权更有价值。

迈伦·斯科尔斯和罗伯特·默顿 1997 年被授予诺贝尔经济学奖，如果费希尔·布莱克还活着的话，他也会被授予该奖。[二]他们的成果不仅可以用于期权定价，其所提供的研究工具和方法还被广泛地用于解决各种类型的财务问题。事实上，整个现代风险管理领域是建立在他们的贡献之上的。

自我测验

1. 布莱克 – 斯科尔斯期权定价模型的主要目的是什么？
2. 什么是"无风险对冲"？ OPM 模型是怎样运用无风险对冲的？

[一] 你可能想知道为什么式（19-2）中的 $P[N(d_1)]$ 不用折现，事实上它已经被折现了。因为当前股价 P 代表了到期时预期股价的现值。换句话说，P 已经是现值了，并且市场中用于确定当前股票价格的折现率包括无风险利率。因此，式（19-2）可以被认为是股票价格和行权价格之间期末价差的现值，根据股票价格高于行权价格的概率进行调整。

[二] 参见 Robert C. Merton, "Theory of Rational Option Pricing," *Bell Journal of Economics and Management Science*, vol.4 (1973), pp. 141–183.

3. 阐述下列 5 个因素变动对期权价值的影响：

（1）股价。（2）行权价格。（3）期权期限。（4）无风险利率。（5）股价方差（即股票风险）。

通过下列数据，计算出期权的价值。$P=25$ 美元，$X=25$ 美元，$r_{RF}=8\%$，$t=0.5$（6 个月），$\sigma^2=0.09$，$N(d_1)=0.615\,86$，$N(d_2)=0.523\,87$。（2.60 美元。）

19.6　远期合约和期货合约

远期合约（forward contract）是指一方同意在未来特定日期以特定价格购买商品且另一方同意出售该商品的协议。在远期合约下，货物是需要实际交易的。除非合约双方都有着雄厚的经济实力，否则其中一方就有毁约的风险，特别是在商品价格在合约达成后发生了巨大的变动的情况下。

期货合约（future contract）类似于远期合约，但有 3 个主要区别：①期货合约每天都需"盯市"，这就意味着收益和损失都需要被记录，并且必须支付金钱以弥补损失。这样就大大降低了在远期合约中所存在的违约风险。②期货合约不会进行相关资产的实物交割，双方只需要到期日用现金结算合同价格与实际价格之间的差额。③期货合约通常是在交易所交易的标准化工具。而远期合约通常是由双方协商定制的，且远期合约签订后不能再进行交易。

期货合约和远期合约最初用于小麦等商品，农民将远期合约卖给面粉厂，双方锁定价格，从而降低双方所面临的风险。现如今，商品期货和远期合约仍然十分重要，但市场上更多被交易的是汇率和利率期货。为了说明如何使用外汇合同，假设通用电气打算从德国制造商那里购买电动机，条件是通用电气在 180 天后支付 100 万欧元。通用电气不想放弃这次免费的商业信贷，但如果欧元在未来 6 个月内对美元升值，那么 100 万欧元的美元成本将会上升。通用电气可以通过购买远期合约来进行对冲交易，根据该合约，通用电气可以在 180 天后以固定的汇率购买 100 万欧元。这样的交易将锁定电机的美元成本。这笔交易可能是通过货币中心或者银行进行的，货币中心或者银行将找到一个在未来 6 个月需要美元的德国公司（"交易对手"）。或者，通用电气可以在交易所买到期货合约。

利率期货是另一个巨大且不断成长的市场。例如，假设 Simonset 公司决定建一个成本为 2 000 万美元的工厂。它计划发行 10 年期债券为该项目融资，如果今天发行，该债券将承担 8% 的利率。但是 Simonset 公司大概有 7 个月不需要这笔钱。Simonset 公司可以现在就售出 10 年期的债权，将利率锁定在 8%，但是因为这笔钱现在并不需要，所以公司不得不将这笔钱投资于收益率低于 8% 的短期证券。如果 Simonset 公司 7 个月后再发行这笔债券，利率可能会在未来期间上涨，这就意味着公司需要为这笔债券支付更多的利息，这样的话甚至可能会导致这个新工厂无法盈利。

解决 Simonset 公司所面临问题的一个方法是进行美国 10 年期国库券利率期货交易，这个期货是基于假定的 10 年期的半年期票息为 6% 的国库券。如果利率上升，那么政府债券的价值将下降，反之亦然。在我们的例子中，Simonset 公司担心利率上升。如果利率上升，则长期政府债券的价值就会下降。因此，Simonset 公司可以卖出 10 年期的政府债券期货，在 7 个月内交割，以对冲其所面临的利率上升风险。如果利率上升，Simonset 公司将支付更多的利息。然而，它将在所持期货头寸中获利，因为它已经按照高于它必须用来弥补（回购）债券的价格预售了债券。当然，如果利率下降，Simonset 公司将在期货头寸上有所损失，但损失将被它发行债券时支付较低利率所抵消。

期货合约分为两类，即商品期货和金融期货。商品期货（commodity futures）涵盖石油、各种谷物、油籽、牲畜、肉类、纤维、金属和木材，在 19 世纪中叶首次在美国交易。首次在 1975 年交易的金融期货（financial futures）包括国库券、票据、债券、存单、欧元美元存款、外币和股票指数。

为了说明期货合约如何运作，我们考虑一下 CBOT 在美国 10 年期国库券的合同。基本合同是 10 万美元，利率为 6%，半年期付款 10 年到期的国库券。表 19-3 显示了 2020 年 8 月 28 日发布在《华尔街日报》网站上的国库券期货的交易记录。

第 1 列给出了交割月份，接下来的 3 列给出了特定时间的开盘价、最高价和最低价。接下来的两列给出了结算价（或最后交易价）以及当天收盘价较前一天的变化。最后一列显示的是"未平仓量"，即未完成合约的数量。此处显示的表格为 2020 年 8 月 27 日交易日收盘时的数据。表 19-3 所示 2020 年 12 月期货的结算价为

138-265，即 138 加上 10 万美元合约价值的 $\frac{26.5}{32}$%，因此其价格为面值的 138.828 125 0%。

表 19-3 利率期货报价，2020 年 8 月 27 日

交割月份	开盘价	最高价	最低价	结算价	收盘价较前一天的变化	未平仓量
9 月	139-105	139-200	138-285	138-310	−11.0	950 559
12 月	139-055	139-160	138-240	138-265	−11.0	2 626 682

资料来源："Futures Contracts Section: Interest Rate Futures，" *The Wall Street Journal*, August 28, 2020, p. B8.

为了解释，我们关注 2020 年 9 月交割的 10 年期票据，显示的最后成交价格是 138-310，即 138 加上 10 万美元合约价值的 $\frac{31}{32}$%。因此，人们可以 138 968.75 美元的价格购买 2020 年 9 月交割，面值为 10 万美元，利率为 6% 的国库券。合同价格相较于上次报价下跌了 $\frac{11}{32}$%，即下跌了 343.75 美元。所以，如果你以前一个价格买了这份合约，你将损失 343.75 美元。流通在外的合约共有 950 559 份，总值约为 1 320.98 亿美元。

在这一天，合约价格下降了 $\frac{11}{32}$%。为什么 10 年期国库券期货合约的价值会下跌？因为那天利率上升，导致债券价格下跌。此外，我们可以计算期货合约隐含利率。期货合约是建立在一个 10 年期，利率为 6%，半年付息的国库券基础上的。期货合约价值是面值的 138.968 75%，使用财务计算器，运用下列公式我们可以解出 r_d：

$$\sum_{t=1}^{20} \frac{30}{(1+r_d/2)^t} + \frac{1\,000}{(1+r_d/2)^{20}} = 1\,389.687\,5$$

解出 6 个月利率为 0.868 924 8%，相当于名义年利率为 1.737 849 5%，约为 1.74%。因为在那天债券的价格下跌了 $\frac{11}{32}$%，所以我们可以得出期货合约下跌前的价值，进而计算出它隐含利率是 1.71%。因此，利率上升了 3 个基点，使得合同价值降低了 343.75 美元。

因此，2020 年 9 月的期货合约交割这份 10 年期票据，面值为 10 万美元，售出价为 138 968.75 美元，这意味着年化收益率约为 1.74%。这个收益率反映了投资者对 2020 年 9 月利率水平的预期。10 年期票据的现货收益率在 2020 年 8 月末约为 1.40%，因此期货市场的边际交易者预测下个月的收益率将增加 34 个基点。这种预测当然可能是错误的。

现在假设下个月，期货市场的利率从 1.74% 下降到 1.6%。下降的利率意味着债券价格上涨，我们可以计算出 9 月的债券价值约为 140 511.23 美元。因此合约的价值增长了 140 511.23−138 968.75=1 542.48 美元。

当购买期货合约时，买方不必支付全部的购买价，只需要支付初始保证金，对于 10 年期票据的期货合约来说，每 10 万美元支付 1 500 美元的保证金。⊖ 然而，投资者需要在保证金账户中将保证金维持在一个水平，称为维持保证金。CBT 10 年期美国国库券合约的维持保证金为每 10 万美元 1 000 美元。如果合同价值下降，则可能要求所有者向保证金账户添加额外资金，合同价值越低，需要增加的保证金就越多。在每个工作日结束时计算合同的价值，并在此时进行保证金账户调整，这被称为"盯市"。如果投资者在 2020 年 8 月 27 日以 138 968.75 美元的价格购买了我们的期货合约，一个月后以 142 785.80 美元的价格卖出，他将在 1 500 美元的投资中获得 3 817.05 美元的利润，1 个月内获得超过 154% 的回报。很明显，期货合约提供了相当大的杠杆效应。当然，如果利率上升，合约的价值会下降，投资者很可能损失 1 500 美元或更多。期货合约不是通过交付有关证券结算，而是通过逆转交易完成，这等于将合同卖回原始卖方。⊜ 合同实际损益在期货合约关闭时实现。

我们的例子表明远期合约和期货可以用于对冲或减少风险。在第 19.8 节，我们将更详细地描述期货如何用

⊖ 期货合约的保证金要求随时间和产品而变化。该例子只是为了说明情况。

⊜ 大多数金融期货合约的买卖双方实际上并不相互交易——每个交易商的合约义务是与期货交易所交易。此功能有助于确保交易的完整性。顺便说一下，在交易所交易的商品期货结算与金融期货相同；但在商品方面，许多合同是在农民和厂商之间作为远期合约进行的，在这种情况下发生实物交割。

于对冲各种类型的风险。据估计，超过95%的期货交易被用于套期保值，银行和期货交易商作为套期保值交易的中间人。利率和汇率期货当然可以用于投机和套期目的。我们可以花1 500美元购买10年期票据的期货合约，在这种情况下利率微小的变动都将导致巨大的损失或收益。然而，绝大多数这些交易的主要动机是对冲风险，而不是从中套利。

期货合约和期权有相似之处，所以人们经常混淆两者。因此，有必要将期货与期权这两种工具做比较。期货合约是一方在某一特定日期以特定价格购买东西的明确协议，另一方同意以相同条款出售。无论价格多低或多高，双方都必须以约定的价格履行合同。期权是给予某人购买或卖出资产的权利，但期权持有人不必完成交易。还要注意的是，期权标的资产可以是单个股票，也可以是"捆绑"的股票，例如标准普尔和价值线指数，但一般不是商品。而期货则可用于商品、债务证券和股票指数。

自我测验

1. 什么是远期合约？

2. 什么是期货合约？期货合约与远期合约最主要的区别是什么？

3. 期货合约与期权最主要的区别是什么？

4. 期货合约的初始保证金与维持保证金之间有什么区别？

5. 假设你买了一个10年期，半年付息，利率为6%的票据的期货合约，今日的结算价是125-060。此交易的初始保证金为每10万美元合同需要1 500美元的保证金。那么，这个结算价格隐含的到期年利率为多少？如果利率降至2.4%，那么此份期货合同将给你带来多少收益？如果利率上升至3.2%，那么此份期货合同将给你带来多少收益？（3.06%，343.31%，−192.45%。）

19.7 其他衍生产品

期权、远期合约和期货合约是最重要的衍生产品种类。还有其他类型的衍生产品，包括互换合约、结构性票据、反向浮动利率票据和其他"外来"合约。

信用工具带来的风险和机会

虽然市场参与者可以使用衍生工具来对冲利率风险和汇率风险，但他们仍然经常面临信用风险。市场已经演变出一种新的衍生产品，以帮助市场参与者管理这种信用风险。信用衍生产品的一个例子是信用互换合约（有时称为信用违约互换合约）。最简单的信用互换合约形式是，一方同意承担另一方的信用风险，以换取持续的付款。例如，假设Z公司同意向A银行出售信用互换，A银行最近向L公司贷款。根据协议条款，A银行同意定期向Z公司付款。作为回报，如果L公司违约，Z公司同意补偿A银行。实际上，互换的卖方通过同意承担全部或部分贷款的信用风险向甲银行提供一种保险形式。信用衍生产品可以在提高市场流动性并帮助金融机构管理风险方面提供价值。而这些价值可以在短时间内急剧变化。此外，人们担心突然地损失可能导致链式反应。例如，对冲基金在其信用衍生工具头寸上失去巨额资金，可能会对向对冲基金贷款的银行产生负面影响。一位华尔街的老将在《商业周刊》上将信用衍生产品比喻成化肥："它可以帮助你的花园成长，也可以制成炸弹。"

资料来源：Mara Der Hovanesian, Chester Dawson, and Kerry Capell, "Taking Risk to Extremes: Will Derivatives Cause a Major Blowup in the World's Credit Markets?," *BusinessWeek*, May 23, 2005, p.96.

19.7.1 互换合约

互换合约（swap），如名称所示，即双方同意交换某些东西，一般是指现金支付责任的交换。如今，大多数互换合约涉及利息支付或货币支付。为了说明利率互换合约，假设S公司有1亿美元20年浮动利率的未偿债券，而F公司有1亿美元20年固定利率的未偿债券。因此，两个公司都有义务支付利息，但是F公司的利息流是固定的，而 S 公司的利息流随着未来利率的变化而变化。

现在假设 S 公司有稳定的现金流，它想锁定其债务成本。F 公司的现金流随经济波动，经济强劲时上升，而当经济疲软时下降。由于利率也随着经济波动而上下浮动，F 公司因此得出结论认为可变利率债券会更好。如果公司交换了付款义务，将发生利率互换合约。S 公司现在进行固定利息支付，这与其稳定的现金流入一致；F 公司将有一个浮动现金流，对它来说这是较低风险的做法。

请注意，互换合约可能涉及单方付款。例如，如果自 F 公司发行债券以来利率大幅下降，其原先的付款义务将相对较高，F 公司必须进行单边支付使得 S 公司同意交换。同样，如果一家公司的信用风险高于另一方，较强的公司将关注其"对手方"的付款能力。这也会导致单边付款。

货币互换合约与利率互换合约类似。假设美国 A 公司在美国发行了 1 亿美元的以美元计价的债券，以支持其在德国的投资，同时，德国 G 公司在德国发行了价值 1 亿美元的欧元债券，以在美国进行投资。A 公司将在投资中获得欧元，但是要支付美元。G 公司将在投资中获得美元，但需要支付欧元。在这样的情况下，两家公司都将面临汇率变动的风险。如果它们进行利息义务的互换合约，则两家公司的风险都可以被消除。与利率互换合约类似，如果存在利率上或者信用风险上的差异，则需要进行单边支付。

最初，由货币中心银行在公司之间安排互换合约，匹配交易对手。这种匹配仍然存在，但今天大多数互换合约是发生在公司和银行之间的，然后银行采取措施，以确保自己的风险被对冲。例如，花旗可能与 A 公司进行交换，A 公司将同意支付花旗一笔特定的欧元付款，而花旗将代替 A 公司进行美元支付。花旗将对该互换合约产品收取费用，这些费用反映了 A 公司的信誉。花旗银行将找到一个需要进行美元支付的德国公司进行交易或通过使用货币期货来保护自己免受汇率波动的影响。

19.7.2　结构化票据

结构化票据（structured note）一般表示由另一项债务引起的一项债务责任。例如，20 世纪 80 年代初期，投资银行购买了大量 30 年期不可赎回国库券。然后把它们分割成大量零息债券，最短到期的零息债券由国库券的首期利息支付，第二短的零息债券由下一次利息支付，等等，30 年零息债券，由最后一笔利息支付加上国库券的到期价值来支付。通过拆分政府债券形成的零息债券是结构化票据的一种类型。

另一种重要类型的结构化票据由抵押贷款的利息和本金支付。在 20 世纪 70 年代，华尔街的公司开始购买大量由联邦机构支持的抵押贷款，并通过信托公司把这些抵押贷款纳入"投资库"。之后，信托公司以持有的抵押贷款资产池为支持，发行一种被称为抵押贷款债券凭证（CMO）的债券，出售给养老基金，用于 IRA 账户的个人，和其他愿意投资于 CMO 但不会购买个人抵押贷款的投资者。这种抵押贷款证券化为购房者提供了数十亿美元的新资本。

出于以下几个原因，CMO 比直接债券更难评估。首先，相关的抵押贷款可能在任何时候被提前偿付，当发生这种情况时，预先支付用于退还部分 CMO 债务。其次，CMO 的持有人从来不知道他的债券什么时候会被偿还。当利率下降而债券价格上升时，情况会更加复杂。最后，利率下降也导致抵押贷款的提前支付，这使得 CMO 被加速偿还。

值得注意的是，我们可以建立一系列结构化票据，如现金流可以准确预测的票据和支付现金流高度不确定的票据。投资银行可以（事实上也的确这样做了）建立称为 IOs（仅有利息）的票据，这种票据从抵押贷款分期支付的利息中获得偿付现金；也可以建立称为 POs（仅有本金）的票据，这种票据从本金偿还中获得偿付现金。在各种情况下，票据的价值就是预期支付现金流的现值，但是这个现金流的大小和时限都是不确定的。例如，假设你有一份预期可以提供 10 年、每年支付 100 美元的 IOs（预期 10 年后重新筹集抵押贷款资金，那时对你的支付也停止）。假设你把预期支付系列按照 10% 进行折现，算出其价值为 614.46 美元。你投资 614.46 美元，购买这份 IOs，预期产生 10% 的收益。

假设现在利率下降，折现率随之下降，意味着 IOs 的价值增加。但是如果利率显著下降，将导致大量的抵押贷款的再筹资，利息支付停止（或大幅度下降），IOs 价值也随之下降。相反，利率的显著提高将减少再投资，从而延长你的期望支付流，可能提高 IOs 价值。

投资银行可以把抵押贷款投资池拆分成一系列结构化票据，从可以准确预测现金流的"普通票据"到风险很大且大部分难以计算的"奇异票据"。

通过 CMO 实现的证券化抵押贷款在经济中发挥了很重要的作用——其为养老金投资者和其他有资金进行投资的人提供了一条投资途径，并且使国内投资者有了更多的成本合理的资金。同时，一些投资者想进行相对稳健的投资，而另一些愿意承担更高的风险从而获得高回报，结构化票据可以满足不同投资者的风险偏好。尽管如此，这其中也存在着危险。有些缺乏经验的官员为当地政府，比如加利福尼亚州奥兰治县管理资金，他们本应该仅仅持有安全的证券，却经常购买风险高的"奇异票据"。

最近，华尔街的公司已经创建了一套类似的工具，称为抵押债务证券（CDO）。CDO 类似于 CMO，但是不是组合抵押贷款组合，而是发行公司对债务工具进行组合。其总体风险划分为几类。如果你持有高级类别，你将首先接收投资组合中的现金流；因此，你的风险可能不是那么大。此外，如果你购买一个具有较低优先级的风险级别的该类型票据，你可以期望更高的回报，但要承担更多的风险。

19.7.3　反向利率浮动债券

浮动利率票据的利率随着某个利率指标而上升或下降。例如 100 000 美元票据的利率为基准利率加上 1%。当基准利率是 3.25% 时，该票据利率为 4.25%，并且票据利率随着基准利率的上升和下降浮动。由于与票据相关的现金流和用于估值的现金流一同上升和下降，所以票据的市场价值相对稳定。

对于**反向利率浮动债券**（inverse floater）来说，票据的支付利率与市场反向变动。因此，如果经济利率上升，反向利率浮动债券支付的利率将下降，降低了其现金利息支付。同时，用于估计反浮动现金流的折现率将随着其他利率上升。低现金流和高折现率的综合效应将导致反向利率浮动债券价值非常大程度的下降。因此，反向浮动利率特别容易受利率上升的影响。当然，如果利率下降，反向利率浮动债券的价值将飙升。

我们已经讨论了几种最重要类型的衍生证券，但没有涉及所有类型。然而，这个讨论应该给你提供了一个关于如何和为什么创造衍生产品以及如何使用的思路，以及衍生产品被滥用的情况。

自我测验

简要介绍以下几种衍生产品。

（1）互换合约。

（2）结构化票据。

（3）反向利率浮动债券。

19.8　利用衍生产品来降低风险

公司面临着与利率、股票价格和金融市场汇率波动相关的众多风险。对于投资者来说，减少风险最有效的方式是广泛分散地投资各种股票、债券，包括国际证券和不同期限的债务。然而，衍生工具也可用于减少与金融和商品市场相关的风险。⊖

19.8.1　证券价格风险

公司会由于所持有的证券投资组合中的证券价格变化而遭受损失，而公司在发行证券时也可能由于价格的变动面临损失。此外，如果企业使用浮动利率债券为产生固定收入流的项目融资，企业就会面临风险。这些风险通常可以通过使用衍生产品来降低。正如我们前面讨论的，衍生产品的价值源于其他资产证券的价值。因此，期权和期货合约作为衍生产品，它们的价值取决于标的资产的价格。在接下来的章节中，我们将进一步探讨使用两种类型的衍生产品，期货合约和互换合约，以管理某些类型的风险。

19.8.2　期货合约

期货合约可以用于投机和对冲风险。**投机**（speculation）是指对未来价格变动进行投注，由于合同中固有的

⊖　在第 18 章中，我们讨论了持有外币的风险和降低这些风险的程序。

杠杆率而对期货进行投机。**对冲**（hedging）是由公司或个人进行的，以防止会对利润产生负面影响的价格变化发生。例如，利率上升、原材料价格上升和货币汇率波动可能减少利润。如果双方有相对的风险，他们可以进行一项消除风险的交易，而非转移。这就叫作自然对冲。当然，期货合约可以一方是投机者，另一方是套期保值者。所以在一定程度上，投机者扩大了市场并使对冲交易可能实现，其有助于降低那些套期保值者寻求规避的风险。

对冲有两种基本类型：①**多头对冲**（long hedges），是指公司或个人在预期（或防范）价格上涨时买入期货合约；②**空头对冲**（short hedges），是指公司或个人出售期货合约以防止价格下跌。前面提及过，利率上升，债券价格降低，从而降低债券期货合约的价值。因此，如果一个公司或个人需要防止利率上升，他们需要一个在利率上升时可以赚钱的期货合约。这意味着他们需要卖出或卖空期货合约。举例来说，假设在 9 月末，Carson Foods 计划在 12 月发行 1 000 万美元的 10 年期债券，以为资本支出计划融资。如果今天发行债券，半年付息，利率为 6%，那么该项目净现值将会大于零。然而，利率在未来 4 个月可能会上升，当债券发行出售时，利率可能会大大超过 6%，这将使得该项目难以盈利。Carson 公司可以在期货市场进行交易来规避利率上升风险。

在这种情况下，利率上升会给 Carson 公司带来损害，所以它会使用空头对冲。它将选择最安全的期货合约，在这种情况下，Carson 公司可能会对冲美国 10 年期的国债期货。因为它计划发行 1 000 万美元的债券，它将在 12 月出售 10 000 000/100 000 = 100 份国库券期货合约。同时 Carson 需要缴纳 100 × 1 500 = 150 000 美元的保证金并且支付经纪佣金。我们使用表 19-3 中的数据进行说明。我们可以看到，12 月份每份期权合约的价值为 138 美元加上 26.5/32%，所以这 100 份期货合约的总价值为 13 882 812.50 美元。现在假设在接下来的 4 个月中投资者对通货膨胀的担忧推动 Carson 公司的债务利率上升了 100 个基点，至 7%。如果 Carson 公司发行了利率为 6% 的半年期票息债券，每张债券只会给 Carson 公司带来 928.94 美元，因为投资者现在需要 7% 的收益率。因此 Carson 将会由于延迟发行债券而每份债券损失 71.06 美元，总共损失 710 600 美元。然而，利率的上升也将使得 Carson 公司在期货市场的空头头寸的价值发生变化。利率上升，因此期货合约的价值会下降；如果期货合约的利率上升 1 个百分点，从 1.75% 增加到 2.75%，合约价值将下降至 12 824 586.90 美元。Carson 公司将通过回购 12 824 586.90 美元的合约，收回其在期货市场的空头，该合约早前以 13 882 812.50 美元的价格卖空，从而获得了 1 058 225.60 美元的利润，并支付少量佣金。

因此，如果我们忽视佣金和保证金的机会成本，Carson 的空头对冲将抵消债券发行的损失。事实上，在我们的例子中，Carson 公司不仅能够抵消亏损，还会额外盈利 347 625.60 美元。

当然，如果利率下降，Carson 公司将因为期货头寸遭受损失，但这种损失将被 Carson 公司现在售出较低利率债券的收益所抵消。

如果期货合约建立在 Carson 公司自己的债务之上，而且利率在现货和期货市场中的变动相同，则公司可以构建**完美的对冲**（perfect hedge），即期货合约的收益将完全抵消债券的损失。在现实中，不可能建立完美的对冲，因为在大多数情况下，相关资产与期货资产不相同，即使相关资产与期货标的资产相同，价格（和利率）也可能不会在现货和期货市场呈现出完全相同的变化。

还要注意，如果 Carson 公司计划发行股票，当它的股票趋向于与某个股票指数并相当接近时，公司可能通过卖空期货来对冲股价下跌的风险。如果 Carson 公司股票的期权在期权市场交易，它可以使用期权而非期货来对冲股票价格下跌风险，这样效果会更好。

为了避免做出决定时与交易完成时一些相关因素发生变化，期货和期权市场交易时间灵活，这样可以在一定程度上保护公司的利益。然而，这种保护是有成本的，公司必须支付佣金。建立这种对冲是否值得付出这种成本，是公司必须要考虑的问题。是否进行对冲还取决于管理层的风险厌恶情况以及公司的实力和承担相关风险的能力。理论上，套期交易导致的风险降低的价值应该等于进行套期保值所付出的成本。因此，企业应该对对冲持中立态度，然而，还是有很多公司认为进行对冲活动是有意义的。得克萨斯州大型房地产开发商 Trammell Crow 使用国库券期货来锁定浮动利率贷款的利息成本，卡夫食品则使用欧元期货来保护其有价证券投资的价值，摩根士丹利和其他投资银行公司也在期货和期权市场进行套期保值，以保护自己所从事的主要承销业务。

19.8.3 互换合约

互换合约是减少金融风险的另一种方法。如前所述，互换合约是一种交换。[⊖]在金融领域，它是现金支付义务的交换，其中交换的参与方都偏好于另一方的支付类型或模式。换句话说，互换合约发生是因为交易双方更偏好于对方债务合同的条款，互换合约使双方能够获得自己偏好的付款义务。通常情况下，一方有固定利率义务，另一方有浮动利率义务；或一方有以一种货币计值的义务，另一方的义务是以另一种货币计值。

互换合约市场随着时间推移，发生了很多重要变化。首先，为最常见的互换合约类型制定了标准化合同，这产生了两个效应：①标准化合同降低了安排互换合约交易所需的时间和精力，从而降低了交易成本；②标准化合同的发展促进了互换合约的二级市场的产生，提高了互换合约市场的流动性和效率。其次，许多国际银行现在正在进军互换市场，并提供了几种标准类型的报价。最后，如前所述，由于银行在互换交易中持有交易对手头寸，因此在完成互换交易之前没有必要寻找另一家有同样需求的公司。之后，银行会为互换合约寻找最终的交易对手，因此其定位有助于提高互换市场的运营效率。

为了进一步说明互换交易，请思考下面这个案例。电力公司目前有一个与最基础利率挂钩的 5 年期浮动利率票据。期间利率可能大幅上升，因此该利率具有很高的风险。然而，公用事业公司可能与交易对手（如花旗）进行互换合约，电力公司将在 5 年期间向花旗支付固定的一系列利息支付，花旗将支付该公司浮动利率票据的利息支出。因此，电力公司将把浮动利率贷款转换为固定利率贷款，利率上升的风险将从该公司转移到花旗。这种交易可以降低双方的风险，因为银行的收入会随着利率上升而上升，如果花旗有着浮动利率的利息支付义务，它的风险会更低。

市场中也存在长期互换合约交易。几年前，花旗进行了一次为期 17 年的电力项目融资。该项目的赞助商无法以合理的条件获得固定利率融资，他们担心利率会上升，导致项目无利可图。然而，项目的赞助商能够以浮动利率从当地银行借款，然后与花旗进行固定利率债务的互换合约交易。

19.8.4 商品价格风险

如前所述，商品期货市场在期货被用于金融工具之前很早就已经建立。我们看一下 Porter Electronics 公司的例子，它使用大量的铜以及几种贵金属来进行商品对冲。假设在 2020 年 8 月末，该公司预计在 2021 年 5 月需要 10 万磅[⊖]的铜以完成其固定价格合同，向美国政府供应太阳能电池。公司的经理们担心智利铜矿工人将发生罢工，这可能会提高世界市场铜价，并改变太阳能电池的预期利润，使得这笔交易亏损。

Porter 公司当然可以购买其履行合同所需要的铜矿，但这样做将会带来大量持有成本。作为替代方案，公司在期货市场中进行交易，对冲铜价上涨的风险。芝加哥商品交易所每年交易 25 000 磅的标准铜期货合约。因此，Porter 公司可以在 2020 年 8 月末购买 4 份合约（长期交货）。这些合约规定在 8 月末以每磅 3.082 0 美元的价格交易，该日的现货价格为每磅 3.041 0 美元。如果铜价在接下来的 9 个月内继续大幅上涨，Porter 公司在铜期货中的多头头寸的价值将会上升，从而抵消了商品价格上涨带来的损失。当然，如果铜价下跌，Porter 公司将在其期货合约上亏损。但该公司将以更便宜的价格在现货市场上购买铜，因此其销售太阳能电池的利润将高于预期。铜期货市场中的套期保值锁定了原材料的成本，并消除了公司面临的一些风险。许多其他制造商，如美铝公司与铝供应商、阿彻丹尼尔斯米德兰公司与谷物供应商，也经常使用期货市场，以减少与原料价格波动相关的风险。

19.8.5 衍生产品的使用和误用

大多数关于衍生产品的新闻都与金融灾难有关。人们对衍生产品的好处了解不多。然而，由于这些好处，超过 90% 的大型美国公司经常使用衍生产品。在当今的市场，投资者和分析师要求企业使用衍生产品来对冲某些风险。所以，如果一家公司能够安全且低成本地对冲风险，那么它就应该这样做。

⊖ 关于互换合约的更多细节问题，参见 Clifford W. Smith, Jr., Charles W. Smithson, and Lee MacDonald Wakeman, "The Evolving Market for Swaps," *Midland Corporate Finance Journal*, Winter 1986, pp. 20–32; and Mary E. Ruth and Steve R. Vinson, "Managing Interest Rate Uncertainty Amidst Change," *Public Utilities Fortnightly*, December 22, 1988, pp. 28–31.

⊖ 1 磅 = 0.453 592 4 千克。

然而，使用衍生产品可能有不利之处。有关当局认为对冲是衍生产品的正确运用，而用衍生产品进行投机往往被称为"错误"使用。一些人和组织可以负担投机衍生产品所涉及的风险，但另一些人对于他们正在涉及的风险知之甚少。大多数人都同意，普通公司应该仅仅使用衍生产品来对冲风险，而不是通过投机增加利润。回忆一下本章开篇，在宝洁年度报告中显示它使用衍生产品来对冲其各种风险并且特别强调，它没有使用衍生产品进行投机。对冲使得经理们能够专注于核心业务的运营，而不必担心利率、货币和商品价格的波动。然而，当对冲使用不当或企业财务主管急于报告一个较高的利润所以使用衍生产品进行投机时，问题可能很快就会出现。

自我测验

1. 说明一家公司如何使用期货市场来对冲利率上升。
2. 什么是互换合约？ 描述固定利率互换合约和浮动利率互换合约的机制。
3. 解释一家公司如何使用期货市场来对冲上升的原材料价格。
4. 衍生产品应如何用于风险管理？ 可能发生什么问题？

19.9 风险管理

随着业务变得越来越复杂，CEO 和董事们越来越难以预测将会面临什么问题。因此，公司需要有人系统地寻找潜在的问题，并设计安全措施，以尽量减少潜在的损害。因此，大多数大公司指定"风险管理人"向首席财务官（CFO）报告，而小公司的首席财务官亲自承担风险管理责任。无论怎样，风险管理（risk management）变得越来越重要，这是财务专业的学生应该知道的事。因此，在本章的剩余部分，我们将讨论风险管理的基础知识，并特别强调如何使用衍生产品来对冲财务风险。

首先，我们来定义一些描述风险的常用术语。其中有些风险可以被降低，有些可以被管理。这就是风险管理的全部。

（1）**纯粹风险**（pure risks）只会带来预期的损失。例如，工厂将被火灾毁灭的风险，或产品责任诉讼将导致公司的败诉。

（2）**投机风险**（speculative risks）带来获利的机会，但也可能导致损失。因此，对新项目和有价证券的投资涉及投机风险。

（3）**需求风险**（demand risks）与公司产品或服务的需求相关。因为销售对所有企业都是必不可少的，需求风险是企业面临的最重要的风险之一。

（4）**投入风险**（input risks）与投入成本相关，包括劳动力和材料。因此，在其制造过程中使用铜作为原材料的公司面临铜的成本将增加的风险，并且其不能将这种成本增加传递给其客户。

（5）**金融风险**（financial risks）来自金融交易。正如我们所看到的，如果一个公司计划发行新债券，它面临的风险是，在债券可以上市之前利率可能会上升。同样，如果公司与外国客户或供应商签订合同，汇率波动将导致意外损失的风险。

（6）**财产风险**（property risks）与生产性资产的破坏有关。因此，火灾、洪水和骚乱等威胁会给企业带来财产风险。

（7）**员工风险**（personnel risks）是员工行为的结果。包括与员工欺诈或贪污有关的风险，以及关于年龄或性别歧视的指控。

（8）**环境风险**（environmental risks）包括与污染环境相关的风险。近年来，公众意识增强，加上环境清理的巨大成本，提高了这种风险的重要性。

（9）**责任风险**（liability risks）与产品、服务或员工行动有关。包括对石棉制造商和一些医疗保健提供商进行评估得出重要判断，以及由于员工不当行为导致的成本，例如员工以不正确的方式驾驶公司车辆。

（10）**可保风险**（insurable risks）可以由保险承保。一般来说，财产、员工、环境和责任风险可以通过购买保险转移到保险公司。但是，可保风险并不一定意味着该风险应该投保。事实上，风险管理的主要功能包括评估管理特定风险的所有可能方案，包括自我保险，然后选择最佳替代方案。

这些只是大致的分类，不同行业常常会有不同的风险分类方式。然而，这里所列出的各种风险的确是公司有可能面对的。

风险管理的方法

公司经常使用以下过程来管理风险。

（1）识别企业面临的风险。在这一步，风险管理者需要识别出公司所面临的潜在风险。

（2）衡量每种风险的潜在影响。有些风险很小且无关紧要，而有些风险有可能使公司破产。所以，需要通过衡量潜在效应对风险进行分类，然后关注最严重的威胁。

（3）决定如何处理每个相关风险。在大多数情况下，可以通过以下方法之一降低风险。

a.将风险转移给保险公司。通常，对风险进行保险（因此转移）是十分有利的。然而，可保险性并不一定意味着风险应该被保险。在许多情况下，公司可能能够很好地自我保险，这意味着这些风险需要由公司自己直接承担，而不是支付保金让另一方承担。

b.将产生风险的部分转移给第三方。例如，家具制造商拥有将产品从其制造工厂转移到全国各地的卡车队所引起的潜在责任风险。消除这种风险的一个方法是与卡车公司签订合同让卡车公司负责运输，从而将风险传递给第三方。

c.购买衍生产品合约以降低风险。如前所述，企业使用衍生工具来对冲风险。商品期货可用来降低投入风险。例如，谷物公司可以使用玉米或小麦期货来对冲谷物价格上涨带来的风险。同样，金融衍生产品可用于降低因利率和汇率变化而产生的风险。

d.降低有害事件的发生概率。任何风险产生的预期损失都是发生概率和不利事件发生带来的损失的函数。在一些情况下，可以降低有害事件将发生的可能性。例如，通过建立防火程序，替换旧的电线，以及在具有最大火势的区域中使用耐火材料，可以减少火灾发生的可能性。

e.减少与有害事件相关的损失的大小。例如，与火灾相关的成本可以通过诸如安装喷水灭火系统、设计具有自足防火区的设施以及靠近消防站来降低。

f.完全避免引起风险的活动。例如，公司可能会停止产品或服务项目，因为该项目风险超过了收益，如道康宁公司决定停止其硅胶乳房植入物的制造。

PWC 评估和管理风险指南

PWC 在 2008 年的报告中，提供了有关公司如何审慎评估和管理组织内部风险的见解。他们的报告提供了公司经常执行的风险评估类型的列表。此列表包括：

● 战略风险评估。与组织任务和战略目标相关的风险评估，通常由高级管理团队在战略规划会议上进行，具有不同程度的正式性。

● 操作风险评估。评估出于内部流程、员工和系统不足或失败以及外部事件导致的损失风险（包括财务业绩和财务状况风险）。在某些行业，监管机构要求公司定期识别和量化这些风险。尽管管理风险的责任在于公司，但独立机构通常以提供咨询的方式来帮助公司评估这些风险。

● 合规风险评估。评估与组织的合规义务相关的风险因素，考虑相关的法律法规、政策和程序，道德和商业行为标准，合同以及组织承诺的战略自愿标准和最优的方式。这种类型的评估通

常由该业务领域的部门来执行。

● 内部审计风险评估。评估与组织价值驱动因素相关的风险，涵盖战略、财务、运营和合规目标。评估考虑了风险对股东价值的影响，并将其视为定义审计计划和监控关键风险的基础。这种自上而下的方法使得内部审计活动的覆盖范围能够受到直接影响股东和客户价值的因素的驱动，与组织的战略驱动力有着清晰明确的联系。

● 财务报表风险评估。通过来自各方（如控制系统、内部审计和操作）的投入，评估与组织财务报表重大错报有关的风险。这种评估通常由财务部门执行，考虑财务报告要素的特征（例如，基本账户的重要性和易感性、交易，或是对重大错报的相关支持）和关键控制的有效性（例如，控制可能无法按预期操作，及其产生的影响）。

● 欺诈风险评估。评估可能影响组织的道德和合

规标准、业务实践要求、财务报告完整性和其他目标的潜在欺诈行为。这通常作为《萨班斯－奥克斯利法案》的一部分或在更广泛的组织范围风险评估期间执行，通常由可能发生欺诈的关键业务职能专家（如采购、会计和销售）以及法医专家执行。

- 市场风险评估。评估可能影响组织绩效或风险敞口的市场变动，考虑利率风险、货币风险、期权风险和商品风险。这通常由市场风险专家执行。
- 信用风险评估。评估借款人或交易对手无法按照商定条件履行其义务的潜在可能性。这考虑了整个投资组合固有的信用风险以及个人信用或交易中的风险，通常由信用风险专家执行。
- 客户风险评估。评估可能影响组织声誉和财务状况的客户的风险状况。此评估衡量客户的目的、信用、子公司和其他相关因素，通常由客户经理使用一组通用的标准和评估数据来执行。
- 供应链风险评估。评估与识别支持生产产品和服务所需的投入和物流相关的风险，包括供应商的选择和管理（例如，对供应商进行前期尽职调查，以及持续的质量保证审查，以评估任何可能影响组织的业务目标的实现变更）。⊖
- 产品风险评估。从设计和开发到制造、分销、使用和处置评估与组织产品相关的风险因素。此评估不仅旨在了解收入或成本的影响，而且需了解对品牌的影响，与其他产品的相互关系，对第三方的依赖性和其他相关因素。这种类型的评估通常由产品管理组执行。

- 安全风险评估。评估组织的实物资产，以及信息保护和安全中的潜在违约。此评估需要考虑基础设施、应用程序、操作和人员，并且通常由组织的信息安全部门执行。
- 信息技术风险评估。评估技术系统发生故障的可能性和组织的信息技术投资回报。这种评估将考虑诸如处理能力、访问控制、数据保护和网络犯罪等因素。这通常由组织信息技术风险和治理专家执行。
- 项目风险评估。与项目交付或实施相关的风险因素的评估，考虑利益相关者、依赖性、时间表、成本和其他关键因素。这通常由项目管理团队执行。

在报告中，PWC 还概述了一个公司可以用来有效地管理其总体风险暴露的过程和一套原则。

这些原则在许多方面反映了第 19.9.1 节讨论的想法。最后，值得强调的是，这些原则提供了重要的指导方针，因为企业一直在努力应对围绕新冠疫情的各种影响，包括经济和政治的不确定性增加、供应链中断，以及如何在保持社交距离的同时管理员工。2020 年沃顿知识在线的帖子提供了更多信息，对这些各种中断的影响进行了出色总结，并提供了一些管理相应风险的策略。⊖

资料来源：Excerpt from " A Practical Guide to Risk Assessment," PriceWaterhouseCoopers (pwc.com), December 2008; and " Why Your Board Should Refocus on Key Risks," Governance Insights Center at PriceWaterhouseCoopers LLP, May 2017.

请注意，风险管理决策（如所有公司决策）应基于每个可行替代方案的成本 / 效益分析。例如，假设每年花费 5 万美元，为高风险工厂的所有员工进行全面的消防安全培训。这个计划可能会降低未来火灾的预期损失。培训方案的一个替代办法是每年拨出 5 万美元用于未来火灾损失的储备金。这两种方案都涉及预期的现金流，从经济角度来看，应根据未来成本的最低现值进行选择。因此，适用于公司其他决策的相同财务管理技术也可以应用于风险管理决策。但是如果发生火灾并且有人伤亡，防火和预期损失之间的权衡可能不适合用这种方法。这样的分析同样适用于产品责任，如福特、通用汽车、三菱、惠氏、默克、强生和其他公司也都这样做。

自我测验

1. 名词解释
a. 纯粹风险
b. 投机风险

⊖ 要了解有关供应链风险评估的更多信息，请参阅普华永道白皮书 *From Vulnerable to Valuable: How Integrity Can Transform a Supply Chain* (December 2008).

⊖ 参见 "Coping with Coronavirus: Five Strategies to Mitigate Business Risks," *Knowledge@Wharton*, March 17, 2020.

c. 需求风险

d. 投入风险

e. 金融风险

f. 财产风险

g. 员工风险

h. 环境风险

i. 责任风险

j. 可保风险

k. 自我保险

2. 企业应该对其所面临的所有可保风险进行投保吗？解释为什么。

本章小结

公司每天都面临着各种各样的风险，因为公司需要利用各种机会进行尝试，否则难以成功。在第 8 章中，我们讨论了公司在风险和收益之间进行的权衡。一些行为可以降低风险，而不会很大地减少收益，则这种行为可以提高价值。本章继续讨论了风险和收益并描述了公司面临的各种类型的风险和企业风险管理的基本原则。管理风险的一个重要工具是衍生产品市场，本章在此基础上介绍了衍生产品。

自测题

ST-1 关键术语

定义下列术语：

a. 衍生产品、自然对冲

b. 期权、看涨期权、看跌期权

c. 长期股权预期证券（LEAPS）

d. 行权价值、行权价格

e. 二项期权定价模型、布莱克－斯科尔斯期权定价模型

f. 期货合约、远期合约

g. 商品期货、金融期货

h. 互换合约、结构性票据

i. 反向利率浮动债券

j. 风险管理

k. 投机

l. 对冲、多头对冲、空头对冲

ST-2 二项期权定价模型

股票的当前价格是 32 美元。在 1 年后，价格将是 30 美元或 55 美元。年无风险利率为 4.50%，股票看涨期权的行权价格为 35 美元，期限为 1 年。使用二项期权定价模型，求出此看涨期权的价格。

ST-3 布莱克－斯科尔斯期权定价模型

分析师使用布莱克－斯科尔斯期权定价模型来估计 Ledbetter 公司股票的看涨期权并积累了以下信息。

- 股价为 33 美元。
- 行权价格为 33 美元。
- 期权 6 个月后到期（$t=0.5$）。
- 股票收益的标准差为 0.30，方差为 0.09。
- 无风险利率为 10%。

在这些信息的基础上，分析师还计算出了布莱克－斯科尔斯期权定价模型的一些其他必要信息。

- $d_1 = 0.341\,77$
- $d_2 = 0.129\,64$
- $N(d_1) = 0.633\,69$
- $N(d_2) = 0.551\,55$

$N(d_1)$ 和 $N(d_2)$ 表示标准正态分布曲线下的面积。使用布莱克－斯科尔斯期权定价模型，计算出看涨期权的价值。

简答题

19-1 列出进行风险管理可能会增加公司价值的 7 个原因。

19-2 为什么通常情况下期权的售出价格比行权价值高？

19-3 说出几种可以减少风险敞口的技术。

19-4 解释怎样运用期货市场降低利率风险与投入风险。

19-5 怎样运用互换合约交易降低与债务合同相关的风险。

19-6 给出股东可能对拥有具有不稳定现金流的公司的股票和具有稳定现金流的公司的股票无偏好差异的两个原因。

问答题

（19-1 ~ 19-3 为简单题）

19-1 期权　Rosenstein 公司股票看涨期权的市场价格为 7 美元。股票每股售价为 31 美元，期权行权价格为每股 25 美元。

a. 该看涨期权的行权价值为多少？

b. 该期权的时间溢价为多少？

19-2 期权　Flanagan 公司的看涨期权的行权价格为 14 美元，其行权价值为 20 美元，时间溢价为 5 美元。期权的市场价值和股票的当前价格是多少？

19-3 期权　以下哪些事件可能增加普通股的看涨期权的市场价值？为什么？

a. 股价上涨。

b. 股价的波动性变大。

c. 无风险利率上升。

d. 期权期限缩短。

（19-4 ~ 19-5 为中等难度题）

19-4 布莱克 – 斯科尔斯期权定价模型　假设你已获得 Fiore Industries 的以下信息：

当前股价 =16 美元　　　期权行权价格 =16 美元

期权期限 =6 个月　　　无风险利率 =8%

股价方差 =0.12　　　$d_1 = 0.285\,77$

$d_2 = 0.040\,82$　　　$N(d_1) = 0.612\,47$

$N(d_2) = 0.516\,28$

　　运用布莱克 – 斯科尔斯期权定价模型计算期权的价值。

19-5 期货　以 103-060 签订的 10 年期美国国库券（100 000 美元）期货合约的隐含名义利率为多少？如果利率增加 3%，合同的新价值是多少？

（19-6 ~ 19-9 为具有挑战性的难题）

19-6 对冲　Zinn 公司计划在 2021 年 3 月发行 2 000 万美元的 10 年期债券，用于资助新的研发实验室。假设 2021 年 3 月到期的利率期货价格为 125-145。现在是 2020 年 6 月初，目前高风险生物技术公司的债务资本成本是 11%。然而，该公司的财务经理担心利率在未来几个月将升高。

a. 建立对冲利率上升的套期保值组合。

b. 假设利率增加了 200 个基点。你的对冲效果如何？

c. 什么是完美对冲？现实中大多数对冲是完美对冲吗？为什么？

19-7 期权　Rachel 正在考虑对 Yonan Communications 进行投资，Yona 股票目前的价格为 65 美元。Yonan 股票的看跌期权，行权价格为 60 美元，市场价值为 2.90 美元。同时，股票的看涨期权与看跌期权具有相同的行权价格和到期期限，市场价值为 9.13 美元。市场认为，期权到期时，股票价格将为 55 美元或 75 美元，两种价格出现的概率相等。

a. 看涨期权与看跌期权的时间溢价分别为多少？

b. 如果 Yonan 的股价上涨到 75 美元，持有一股股票的投资者收益为多少？如果投资者购买了一份看涨期权，他的收益为多少？如果持有者购买了一份看跌期权，他的收益为多少？

c. 如果 Yonan 的股价下跌至 55 美元，持有一股股票的投资者收益为多少？如果投资者购买了一份看涨期权，他的收益为多少？如果持有者购买了一份看跌期权，他的收益为多少？

d. 如果 Rachel 购买 0.5 股 Yonan 股票，并在股票上卖出一个看涨期权，她是否创建了无风险对冲投资？每种情况下她的投资组合的总价值是多少？

e. 如果 Rachel 购买 0.75 股 Yonan 的股票，并在股票上卖出一个看涨期权，她是否创建了无风险对冲投资？每种情况下她的投资组合的总价值是多少？

19-8 二项期权定价模型　Misuraca Enterprise 目前股价为每股 45 美元。该股票的看涨期权允许持有人以每股 50 美元的价格购买。这些期权将在 1 年后的年底到期，届时 Misuraca 的股票将以两种价格（35 美元或 55 美元）之一出售。无风险利率为 5.5%。作为公司财务经理的助理，你被要求执行以下任务来获得公司的看涨期权的价值。

a. 找出期末股价和期权在 1 年期满时的看涨期权的价值范围。

b. 使股票和期权的收益范围相同。

c. 创建无风险对冲投资。1 年后投资组合的价值是多少？

d. 无风险投资组合中的股票的成本是多少？

e. 无风险投资组合的现值是多少？

f. 从问题 d 和问题 e 得出该公司的看涨期权价值为多少？

19-9 二项期权定价模型　股票的当前价格是 55 美元。1 年后，价格将是 50 美元或 65 美元。年无风险利率为 5.5%。该股票的行权价格为 60 美元，并在 1 年后到期。

a. 找出结束股价和期权在 1 年期满时的看涨期权的价值范围。

b. 使股票和期权的收益范围相同。

c. 创建无风险对冲投资。1 年后投资组合的价值是多少？

d. 无风险投资组合中的股票的成本是多少？

e. 无风险投资组合的现值是多少？

f. 从问题 d 和问题 e 得出该公司的看涨期权价值为多少？

综合 / 电子表格问题

期权定价模型

a. 使用电子表格模型重新计算 19-4。

b. 构建此期权的内在价值和布莱克 – 斯科尔斯期权定价模型行权价值的数据表，并绘制两者的关系图（包括 30 美元的股价范围）。

c. 假设此看涨期权是今天购买的。在到期时绘制此期权头寸的利润图。

d. 在 6 个月结束时，该公司的股票价值为 20 美元或 40 美元。给定以下信息，创建无风险对冲以确定公司的看涨期权的价值。信息如下：

当前股价 = 25 美元　　　　行权价格 = 30 美元
期权期限 = 6 个月　　　　无风险利率 = 5%

e. 问题 d 中公司的看涨期权价值为多少？

综合案例

Tropical Sweets 公司

衍生产品与公司风险管理

假设你刚刚被 Tropical Sweets 公司聘为财务分析师，这是一家中型的加利福尼亚州公司，专门以热带水果，如芒果、番木瓜等为原料制造糖果。该公司的 CEO George Yamaguchi 最近从旧金山举行的一个行业企业高管会议上回来，他参加的一个会议的主题是小公司制订公司风险管理计划的必要性。由于公司没有人熟悉衍生产品和企业风险管理的基本知识，Yamaguchi 要求你准备一个简短的报告，让公司的高管对该主题有一个粗略的理解。

你收集了一些关于衍生产品和企业风险管理的外部材料，并使用这些材料来起草需要回答的相关问题列表。事实上，你可能使用了问答格式。现在，问题已经起草，你必须写出答案。

a. 为什么股东对于企业是否降低其现金流的波动性不感兴趣？

b. 风险管理可能提高公司价值的 7 个原因是什么？

c. 什么是期权？期权的最重要的特征是什么？

d. 期权有一系列专业术语，请对下列名词进行解释。

1. 看涨期权。
2. 看跌期权。
3. 行权价格。
4. 期权价格。
5. 到期日。
6. 行权价值。
7. 担保期权。
8. 无保护期权。
9. 价内看涨期权。
10. 价外看涨期权。
11. 长期股权预期证券。

e. 考虑该公司 25 美元行权价格的看涨期权。下表包含不同股价期权价格的历史值。

股票价格 / 美元	看涨期权价格 / 美元
25	3.00
30	7.50
35	12.00
40	16.50
45	21.00
50	25.50

1. 创建一个表格，列出股票价格、行权价格、行权价值、期权价格，以及期权价格时间溢价。

2. 随着股票价格上涨，期权价格高于行权价格的时间溢价会怎样变化？为什么？

f. 1973 年，费希尔·布莱克和迈伦·斯科尔斯提出了布莱克 – 斯科尔斯期权定价模型。

1. 这个模型的假设基础是什么？
2. 写出这个模型所包含的 3 个等式。
3. 根据这个模型得出以下看涨期权的价值是多少？
   股价 =27 美元　行权价格 =25 美元　期限 =6 个月　无风险利率 =6.0%　股票收益率方差 =0.11

g. 忽略 f 部分中的信息。通过二项期权定价模型和建立无风险套期确定公司的看涨期权的价值。公司目前的股票价格为每股 15 美元。存在行权价格为 15 美元的看涨期权。这些期权在 6 个月内到期，届时公司的股票将以两种价格（10 美元或 20 美元）之一出售。无风险利率为 6%。这家公司的看涨期权的价值是多少？

h. 下列因素的变动会对看涨期权的价值产生怎样的影响？

1. 当前股价。
2. 行权价格。
3. 期限的长短。
4. 无风险利率。
5. 股票价格的方差。

i. 远期合约和期货合约有什么区别？

j. 简要介绍互换合约怎样进行。

k. 简要解释一家公司如何使用期货和互换合约来对冲风险。

l. 什么是企业风险管理？为什么它对所有公司都很重要？

深入探讨

使用网上的信息来处理本章的问题。请注意，网站信息随时间而变化，这些变化可能会给你的作答带来一定的限制。

Facebook：看涨期权和看跌期权定价以及利率期货

本章讨论了衍生产品在风险管理中的应用。衍生产品是一种证券，其价值由某些其他资产的市场价格决定。在讨论中我们涉及了期权和利率期货等不同类型的衍生产品。要回答有关 Facebook (FB) 期权和美国国库券期货合约的相关问题，我们可以借助以下网站：Bloomberg, Yahoo! Finance, Google Finance, MSN Money, Chicago Mercantile Exchange's website。

a. 选择一个 FB 3 个月内不会到期的看涨期权。

　1. FB 当前股价为多少？

　2. 此看涨期权的行权价格是多少？

　3. 此看涨期权是价外期权还是价内期权？

　4. 假设你将购买一份期权合约，你需要支付多少？

　5. 如果股票价格从当前价格上涨 20 美元，那么你的利润是多少（不包括佣金）？

b. 你觉得 FB 的股票价格太高，它将在未来 6 个月下降。选择一个你可能购买的看跌期权。

　1. 该看跌期权的行权价格是多少？

　2. 购买此看跌期权需要支付多少钱（假设你将只购买一份看跌期权合约）？

　3. 如果股票价格下跌 20 美元，低于看跌期权行权价格，你的利润是多少（不包括佣金）？

c. 选择一个 3 个月内不会交割的 10 年期美国国债票据期货合约（在芝加哥商品交易所集团网站）。

　1. 该合约在哪个月份交割？

　2. 一份 10 万美元的合约的价格是多少（以美元计）？

　3. 合约价格比以前的报价变化了多少（以美元计）？

　4. 本合约的隐含利率是多少？

　5. 市场预期利率会从目前水平上升还是下降？

　6. 如果利率从你计算出的隐含利率下降 1%，那么合约现在值多少？

　7. 你的合约利润 / 损失是多少？

附录 19A　看跌期权估价

看跌期权赋予其所有者出售股票份额的权利。如果股票不支付股利，期权只能在到期日行使，其价值是多少？考虑表 19A-1 中所示的到期日 T 的两个投资组合的收益。第一个投资组合包括看跌期权和股票份额，第二个包括看涨期权（具有与看跌期权相同的行权价格和到期日）和一些现金。现金金额等于行权价格的现值，以连续复利无风险利率折现，即 $Xe^{-r_{RF}t}$。到期时，该现金的价值等于行权价格 X。

如果到期日股票价格 P_T 小于行权价格 X，当期权到期时，看跌期权的价值为 $X-P_T$。因此，包含了看跌期权和股票的组合 1 的价格等于 $X-P_T$ 加上 P_T（即 X）。对于投资组合 2，在到期时，看涨期权的价值为零（因为看涨期权行权价格超过了股票的价格），现金的价值为 X，总价值为 X。注意，两个投资组合当股价小于行权价格时，具有相同的收益。

表　19A-1		
	$P_T < X$	$P_T \geq X$
看跌期权	$X-P_T$	0
股票	P_T	P_T
组合 1	X	P_T
看涨期权	0	$P_T - X$
现金	X	X
组合 2	X	P_T

如果股票价格在到期时大于行权价格，情况又会怎样？在这种情况下，看跌期权是没有价值的，因此投资组合 1 的收益等于到期时的股票价格 P_T。看涨期权价值为 P_T-X，现金价值为 X，所以投资组合 2 的收益是 P_T。因此，无论到期时，股价是否高于行权价格，两个投资组合的收益都是相等的。如果两个投资组合具有相同的收益，则它们必须具有相同的价值。这被称为看涨期权与看跌期权平价定理：

看涨期权价值 + 股票价值 = 看跌期权价值 + 行权价格现值

如果 V 是通过布莱克 – 斯科尔斯期权定价模型得出来的看涨期权的价值，那么看跌期权的价值则为：

看跌期权价值 $= V-P+ Xe^{-r_{RF}t}$

举例来说，考虑在第 19.5.2 节讨论的看跌期权。如果看跌期权具有与看涨期权相同的行权价格和到期日，则其价格如下：

$$看跌期权价格 = 1.69-21+21e^{-0.05 \times 0.36}$$
$$= 1.69-21+20.62 = 1.31（美元）$$

简答题

什么是看涨期权与看跌期权平价定理？

问答题

19A-1 看涨期权与看跌期权平价定理　Ellis Enterprises（EE）公司股票的看跌期权行权价格为 30 美元，还有 9 个月到期。无风险利率为 5%。该公司的看涨期权和看跌期权有着相同的行权价格和到期期限。EE 的股票价格现在为 45 美元。如果看涨期权价格为 18.99 美元，那么看跌期权的价格应该为多少？

19A-2 看涨期权与看跌期权平价定理　当前股票价格为 50 美元，年无风险利率为 5.5%，行权价格为 46 美元。还有 6 个月到期的看涨期权当前价格为 9.59 美元。那么与该看涨期权行权价格相同、到期期限相同的看跌期权价值为多少？

第 20 章

混合融资：优先股、租赁、认股权证和可转换债券

特斯拉的投资者偏爱可转换债券

尽管大多数公司主要依靠传统的债务和股权进行融资，但还有相当多的公司会利用那些不完全是债务或股权的混合融资。混合融资的例子之一，即可转换债券——通常指那些可以转换成发行公司普通股的债券或优先股。

2020 年 7 月，公开市场上有超过 2 500 亿美元的可转换债券交易。此外，市场对可转换债券的兴趣依旧浓厚。[一]最近的报告表明，可转换债券的发行数量是十多年来最高的，而且在新冠疫情导致的经济衰退期间，许多公司用可转换债券进行融资。[二]

为什么公司如此广泛地使用可转换债券？为了回答这个问题，应该认识到可转换债券的票面利率通常比纯债券、不可转换债券或优先股的票面利率低。因此，如果一家公司通过可转换债券融资 5 亿美元的资金，它的利息费用将低于通过不可转换债券融资所需要的利息费用。但是，对投资者而言，考虑到可转换债券的利息支付较低，投资者为什么还愿意去购买可转换债券？答案在于其可转换功能。一旦发行人的股票价格上涨，可转换债券持有人就可以将可转换债券转换成普通股，从而实现资本利得。所以可转换债券是通过向投资者提供获取资本利得的机会来降低融资成本。

在 2014 年，当特斯拉汽车公司成功发行 20 亿美元可转换债券时引起了很多人的兴趣，公司计划用这些钱帮助支付其号称"千兆工厂"的超级电池工厂项目的 50 亿美元的成本。这些债券非常受市场欢迎，事实上，这次发行规模确实比最初公司的预期高了 25%。2017 年，特斯拉成功发行了另一轮可转换债券，用来优化资本结构和为生产 Model 3 提供资金。2019 年 5 月，特斯拉又发行了 18 亿美元的可转换债券。

特斯拉第一批可转换债券于 2019 年到期，另外两期债券在 2020 年仍未发行，不出所料，随着特斯拉股价的大幅上涨，这些债券的价值一路飙升。事实上，在 2020 年 7 月中旬，这两种债券的交易价格大约是最初发行价格的 5 倍！

可转换债券只是混合融资的一个例子。本章中，我们将讨论 4 种特殊的混合融资方式：优先股、租赁、认股权证及可转换债券。每一种类型都有其各自有趣的特征。我们将对每一种混合融资方式进行概述，然后着重讨论每一种混合融资方式为发行人及投资者提供的机会。

资料来源：Kate Duguid, "Tesla Seen Finding Ample Appetite for Its Newest Convertible Bond," *Reuters* (reuters.com), May 2, 2019; Steven Russolillo, "Tesla's Convertible Bonds: A Positive Economic Indicator?," *The Wall Street Journal* (wsj.com), March 5, 2014; and "Tesla Announces Offerings of Common Stock and Convertible Senior Notes," *MarketWatch* (marketwatch.com), March 15, 2017.

[一] 参见 "U.S. Convertible Market Snapshot," *Calamos Investments* (calamos.com/globalassets/media/documents/product-literature/investmentprofessional/us-convertible-market-snapshot.pdf), July 31, 2020.

[二] 参见 Elizabeth Howcroft and Abhinav Ramnarayan,"Convertible Bond Issues Surge in Coronavirus-Hit Market," *Reuters* (reuters.com), July 3, 2020.

厘清头绪

在前面的章节中，我们探讨了普通股和不同类型的长期债务。本章中，我们将考察 4 种其他类型的长期资本：①优先股，是一种介于债券和普通股之间的混合证券；②租赁，是财务经理对固定资产进行融资的另一种手段；③认股权证，这是公司发行的衍生证券，目的是辅助公司其他类型证券的发行；④可转换债券，是一种将债券（或优先股）和认股权证的特征相结合的证券。我们将讨论如何利用这些融资工具以相对较低的成本高效率地融集资金，以及投资者如何评价这些资金的使用情况。

学完本章后，你应该能够完成下列目标。
- 掌握优先股的基本特征，并理解其优点和缺点。
- 区分不同类型的租赁，讨论租赁对财务报表的影响，并对租赁进行评价。
- 理解什么是认股权证以及如何使用，分析公司认股权证的成本。
- 理解什么是可转换债券以及如何使用，分析公司可转换债券的成本。

20.1 优先股

优先股（preferred stock）是一种混合证券——在某些方面类似于债券，而在其他方面类似于普通股。会计人员将优先股视为权益，因此，它作为权益账户列示于资产负债表中。然而，从财务学的角度看，优先股介于债券和普通股之间，它是一项固定费用，因此它增强了公司的财务杠杆。而且，不支付优先股股利不会导致公司陷入破产。下面我们将首先描述优先股的基本特征，然后讨论不同类型的优先股以及它们各自的优点和缺点。

20.1.1 基本特征

优先股有票面价值（或清算价值），通常是 25 美元或 100 美元。优先股股利表示为每股票面价值的一定百分比，或每股多少美元，或同时采用这两种方式。例如，几年前 Klondike Paper 公司发行了 15 万股每股面值 100 美元的永久性优先股，总面值为 1 500 万美元。该优先股每年分配的股利为每股 12 美元，所以当时该优先股股利收益率为 12%。当优先股发行时股利就已确定，在未来也不会发生改变。因此，如果优先股的必要收益率 r_p 在发行日之后低于或高于 12%，那么，优先股的市场价格将会上升或下降。目前，Klondike Paper 公司优先股的必要收益率 r_p 为 9%，优先股的价格已经从 100（=12/0.12）美元变为 133.33（=12/0.09）美元。

如果公司没有足够的现金支付优先股股利，公司则不需要支付。然而，大多数优先股具有累计（cumulative）特征，这意味着所有未支付优先股的股利必须在支付普通股股利之前支付。未支付的优先股股利称为**应付股利**（arrearage）。应付股利没有利息收入，因此，应付股利不会因为利息而增加，只会因未付的优先股股利而增加。同时，许多优先股只计算有限年数（3 年）内的应付股利，这意味着 3 年后停止累计特性。然而，应付股利继续有效，直到股利被支付为止。

优先股通常没有投票权。然而，很多优先股发行时规定，如果优先股股利未支付，优先股股东可以选举少数董事会成员（例如，10 个中选 3 个）。Jersey Central Power & Light 公司是 TMI 核电站的股东之一，公司拥有发行在外的优先股，如果优先股股利连续 4 个季度都未支付，那么，优先股股东可以选举少数董事会成员。Jersey Central Power & Light 公司一直坚持支付优先股股利，即使在 TMI 事故发生后的黑暗日子里。如果优先股股东没有被授予推选少数董事会成员的权利，那么，公司可能不会支付优先股股利。

尽管不支付优先股股利不会使公司破产，但是，公司发行优先股时会做出支付股利的计划，虽然不支付股利不会导致优先股股东控制公司，但是不支付优先股股利会妨碍普通股股利的支付。除此之外，不支付优先股股利会使通过发行债券来融资变得困难，更不可能通过发行优先股或普通股获得资金。然而，拥有发行在外的优先股给公司一个战胜困难的机会——如果用债券来代替优先股，Jersey Central Power & Light 公司很可能在它有机会解决问题之前已被迫破产，那么从公司角度来看，优先股比债券风险要小。

然而，对于投资者而言，优先股比债券风险大：①在破产清算发生时，优先股股东求偿权在债权人之后；②在公司面临困难的时候，债权人比优先股股东更有可能继续获得收入。因此，投资者对公司优先股股票所要求的税后收益率比债券税后收益率更高。然而，由于 50% 的优先股股利是免税的，因此，优先股对投资者还是有吸引力的。平均而言，与信用等级高的债券相比，信用等级高的优先股的税前收益率更低。税收待遇的不同解释了这个差别。⊖传统上，大部分公司（以及其他机构）拥有发行在外的优先股，他们可以利用 50% 股利避税来获得比债券收益率更高的优先股税后收益率。

一些优先股类似于永续债券，因为它们没有到期日，但现在新发行的大多数优先股都有特定的到期日。例如，很多优先股附有偿债基金条款，要求每年有 2% 的优先股到期，意味着最多发行 50 年就要到期。而且，很多优先股是可以被发行公司提前赎回的，这也限制了优先股的到期日。⊖

对发行方而言，优先股相对于债券来说有一个税收上的缺点，即优先股股利不能抵税，而债券利息支出可以。而且，税率低的公司有发行优先股的动机，这些优先股可以被高税率公司的投资者购买，以此获得 50% 优先股股利可以免税的好处。如果发行公司具有比潜在投资者更低的税率，那么，公司发行优先股比举债更有利。这里的关键是，高税率的公司的税收优势大于低税率发行方的税收劣势。假定债券与优先股之间的风险差异要求新发行债券的利息率定为 10%，而新发行优先股股利率在不征税时为 12%。然而，当考虑税收时，一个所得税为 25% 的公司购买者很可能愿意去购买优先股，如果优先股税前收益率为 8.75%，那么，优先股税后收益率为 7.656 25%，而债券为 7.50%。如果发行方适用一个较低的税率（假定 10%），它的债券税后成本将为 9%，优先股为 8.75%。那么，对发行方而言优先股的风险更小，成本更低。这种情况下使得优先股成为一种合理的融资选择。请注意，随着《减税与就业法案》的通过，现在公司税和股利排除率较低，因此购买优先股的公司的税收优势不再像以前那么重要。

优先股：对个人投资者而言究竟有无意义

本书前面提到过，很多优先股由机构投资者持有，机构投资者可以利用 50% 股利免税的优势。然而，对于一些个人投资者来说，优先股仍然是一项具有吸引力的投资——尤其当股利税率较低时。然而，很多分析师建议个人投资者投资优先股时要谨慎。税收处理是复杂而多变的，合同的附属细则可能会非常复杂。

最近几年，很多投资者选择交易型开放式指数基金（ETF）作为投资优先股的相对简单的方法，例如，Jason Zweig 在 2011 年的《华尔街日报》的专栏中强调了投资者对标准普尔美国优先股指数基金等产品的强烈兴趣。

该文章随后指出，尽管有这样的业绩，但投资于优先股还是有很大的风险，包括与税收不确定有关的风险、优先股赎回风险，以及发行方业绩相关的潜在风险，而且，尽管比持有一种优先股更安全，但这些基金也并不是完全多元化。的确，在 2011 年年初，标准普尔美国优先股指数基金持有的 80% 的资产是由金融公司发行的优先股，这个结果使美国富国银行的分析师 Mariana Bush 得出结论：如果你在金融部门工作，你绝对不应该购买优先股。作为对这一担忧的回应，Jason Zweig 同意："你的职业取决于金融行业的健康运行，你不应该把钱都投资于金融行业。"

自本文发表以来的 9 年间，交易型开放式指数基金（ETF）市值一直在反弹。受 2020 年大盘走势的影响，ETF 市值有巨幅波动。事实上，2020 年 3 月股市因新冠疫情对美国经济的影响而第一次暴跌，ETF 市值随之暴跌。此后，随着整体股市的好转，ETF 市值在接下来的几个月里大幅上涨。尽管如此，2020 年 7 月，它的交易价格仍低于年初价格。最后，首选市场仍然主要受财务问题影响。因此，尤其要铭记谚语"买方小心"的忠告。

资料来源：Jason Zweig, "Preferred Stock: Are Those Juicy Yields Worth the Extra Risk?," *The Wall Street Journal* (wsj.com), February 5, 2011.

20.1.2 浮动利率优先股

除了普通型优先股外，几种其他类型的优先股也被使用。其中之一就是**浮动利率优先股**（adjustable-rate

⊖ 请注意，税法禁止公司发行债券后用募集的资金再购买其他公司的优先股或普通股。如果发行债券募集的资金用于购买股票，50% 的股利可以免税将被取消。这个条款是为了阻止公司参与"税收套利"，即利用抵税的债券去购买大部分都免税的优先股。

⊖ 20 世纪 70 年代末之前，几乎所有的优先股都是永久性的，并且都没有偿债基金和可赎回条款。由于担心利率上升而使公司持有优先股遭受未实现的损失，因此保险公司做出规定，要求保险公司只能购买有限期限的优先股。从那时起，实际上没有新的优先股是永久性的。这个例子说明证券方式的改变是经济环境变化所导致的结果。

preferred stock），它的股利分配与美国国债利率挂钩，或在某些情况下，与定期标售利率相关。不幸的是，2008 年，标售利率证券市场冻结，许多企业都无法动用自己的钱来支付账单。这些企业还没有意识到它们投资这些证券承担的风险。2011 年，由于对这类证券的不当营销和销售，导致很多金融机构都被罚款和处理了。

最近一些年，大约一半已发行的"传统的固定利率"的优先股已经被转换为发行公司的普通股，详见第20.4 节，详细讨论了有关转换的问题。

20.1.3 优先股的利弊

利用优先股融资有优点，也有缺点。站在发行方的角度，其主要的优点有以下几点。

（1）不支付优先股股利不会导致公司陷入破产，而不支付债券利息可能导致公司破产。

（2）通过发行优先股，公司避免了由于出售普通股而导致的公司控制权的稀释。

（3）由于优先股大都没有到期日，优先股偿债基金的支付通常有较长的时间跨度，优先股发行可以降低本金偿还对公司现金流的压力。

优先股的两个主要缺点。

（1）对于发行方而言，优先股股利是不能抵税的，因此，优先股税后成本通常比债务税后成本要高。然而，公司购买优先股的税收优势降低了它的税后成本及公司的实际成本。

（2）尽管优先股股利可以到期不支付，但是，投资者希望得到支付，并且如果条件允许，公司也愿意支付股利。因此，优先股被视为固定成本，就像债务那样，增大了公司的财务风险，且提高了公司普通股的成本。

· · · · · · · · · · · ·

自我测验

1. 优先股应该被视为权益还是债务？请说明理由。
2. "传统"优先股的主要购买者是谁？税收因素如何影响这些购买者？
3. 从发行方角度说明优先股的优点及缺点。

· · · · · · · · · · · ·

20.2 租赁

公司通常拥有固定资产并在资产负债表中进行报告；建筑物及机器设备的重要性在于它们的用途，而不是它们的所有权问题；获得资产用途的一种方式是购买，还有一种方式是租赁。租赁有两个当事人：①**承租人**（lessee）是指使用租赁财产的一方；②**出租人**（lessor）是指租赁财产的所有者。⊖租赁最初与不动产相关——土地和建筑物。然而，现在几乎可以租赁任何类型的固定资产。

接下来，我们将首先简要描述购买与租赁的选择如何影响财务报表。然后，我们将说明承租人在决定购买或租赁资产是否合理时必须考虑的因素。

20.2.1 对财务报表的影响

在许多方面，购买或租赁资产的经济影响非常相似，但两者的会计处理方式却大不相同。例如，B 公司选择借钱购买一台设备来生产未来 5 年的产品，而 L 公司选择租赁同样的设备 5 年。在两种情况下，公司都可以使用相同的设备，而且它们也各自承担了长期的固定义务。对于 B 公司来说，固定债务为其债务的年度利息支付，而对于 L 公司来说，固定债务为其年度租赁付款额。

从会计角度看，购买设备会导致 B 公司固定资产净值增加，负债也会相应地增加。因此，以债务融资购买该资产会增加 B 公司的债务比率。在利润表中，B 公司的利息支出也较高。从历史角度看，支付的租金作为公司的营业成本在利润表中列示，但是在一定条件下，租赁合同中涉及的租赁资产和负债都不会出现在资产负债

⊖ 承租人的发音是"less-ee"，而不是"lease-ee"；出租人的发音是"less-or"。

表中。[一]出于这个原因，租赁通常称为**表外融资**（off-balance-sheet financing）。

因此，在我们的示例中，L 公司会报告更高的营业成本（类似于 B 公司产生的更高的利息费用），但其资产负债表和债务比率通常保持不变。许多批评者认为，这种区别对待是不恰当的，因为两家公司的财务风险相似，但观察到的债务风险和债务比率却大不相同。事实上，从财务安全性的角度看，L 公司因租赁产生债务的风险可能等于甚至高于 B 公司的利息支付风险，但只要租赁不出现在资产负债表中，L 公司的债务比率会比 B 公司低。

为了解决这个问题，FASB 于 2018 年 12 月实施了 ASC 842 指南。该新指南取消了表外融资，但付款期限为 1 年或 1 年以下的经营租赁除外。因此，付款期限为 1 年或 1 年以下的经营租赁将不会在资产负债表上显示资产或负债；租赁费用将在利润表中显示为营业成本。所有其他租赁都将被"资本化"并在公司的资产负债表上报告。更具体地说，承租人公司将在其资产负债表上报告"使用权"资产和负债，其数额等于租赁付款额的现值。在计算租赁付款额的现值时，承租人应当采用租赁内含利率作为折现率；无法确定租赁内含利率的，应当采用承租人增量借款利率作为折现率。

新指南的目的是提高透明度，并将长期租赁视为"债务等价物"。因此，根据新指南，B 公司和 L 公司的债务比率相差不大。值得注意的是，报告变更并未追溯影响历史财务报表。因此，如果某公司有大量的租赁活动，分析师要谨慎地评估其在新指南公布前后的变化。例如，新指南实施后，公司的债务比率可能会大幅上升；然而，重要的是要认识到这种转变很可能是由于报告准则的变化，并不一定反映公司政策的转变或公司真正潜在财务风险的增加。[二]

新租赁准则：ASC 842

美国财务会计准则委员会（FASB）于 2016 年 2 月下旬发布了新租赁准则。对于上市公司，新准则将在 2018 年 12 月 15 日开始及以后会计年度中生效实施。2020 年 4 月，FASB 召开会议，并宣布：私营公司和某些非营利公司可推迟到 2021 年 12 月 15 日开始及以后会计年度中实施新准则。

新指南将租赁分类为融资租赁和经营租赁。符合以下 5 个条件之一的租赁为融资租赁。

1. 在租赁期届满时，租赁资产的所有权转移给承租人。

2. 承租人有购买租赁资产的选择权，且可以合理确定承租人将行使该选择权。

3. 租赁期占租赁资产使用寿命的大部分。

4. 租赁付款额与未反映在租赁付款额中的由承租人担保的所有残值的现值之和几乎等于或超过资产的公允价值。

5. 租赁资产性质特殊，如果不做较大改造，只有承租人才能使用。

如果租赁不符合这些标准中的任何一项，则该租赁被归类为经营租赁。

ASC 842 取消了表外融资，但付款期限为 1 年或 1 年以下的经营租赁除外。因此，这些短期经营租赁不会在资产负债表上显示资产或负债；但是，租赁费用将在利润表中显示为营业成本。

所有其他租赁将被"资本化"并在公司的资产负债表上报告。承租人公司将在其资产负债表上报告"使用权"资产和负债，其数额等于租赁付款额的现值。在计算租赁付款额的现值时，承租人应当采用租赁内含利率作为折现率；无法确定租赁内含利率的，应当采用承租人增量借款利率作为折现率。经营租赁付款期超过 1 年的承租人应在利润表中将年度租赁付款额报告为租赁费用（营业成本）。此外，融资租赁的承租人将在利润表中报告利息和摊销费用。摊销费用将被视为营业成本（类似于折旧的处理），而利息费用是融资费用，并在利润表中的营业收入下方显示。基于这种处理方式，融资租赁的承租人报告的息税折旧摊销前利润（EBITDA）将高于经营租赁承租人报告的息税折旧摊销前利润。

新租赁指南的目的是考虑租赁交易的实质而不是其形式。报告变更不会影响美国联邦税法对租赁的处理方式。然而，公司适用新指南后，租赁会计政策、租赁条款和条件的变化可能会影响递延所得税会计、

[一] 仅这一点就说明了为什么 FASB 会发布新会计准则（ASU 2016-02），完成其对租赁准则（ASC 842）的修订工作。

[二] 报告变更不会影响美国联邦税法对租赁的处理方式。然而，公司适用新指南后，租赁会计政策、租赁条款和条件的变化可能会影响递延所得税会计、州税等。

州税等。本指南实施后，投资者应该拥有更好（更透明）的信息来比较不同的公司，并能够利用这些信息做出更好的投资决策。

资料来源："ASC Topic 842: Lease Accounting, The FASB's New Guidelines and Their Effects on Leasing Arrangements," *MossAdams* (mossadams.com), November 2018; Daniel Smith, "Tax Impacts of the New Lease Accounting Standard ASC 842," *Marcum Accountants & Advisors* (marcumllp.com/insights/tax-impacts-of-the-new-lease-accounting-standard-asc-842), August 22, 2019; and "FASB Votes to Defer the Effective Date of ASC 842," *BDO* (bdo.com), April 8, 2020.

20.2.2　承租人的评价

任何可能的租赁都应由承租人和出租人进行评估。承租人必须确定租赁一项资产是否比购买一项资产的成本更低，出租人必须确定租赁是否会得到一个合理的收益率。因为本书研究的焦点主要是财务管理而不是投资，所以我们的分析限定在承租人的视角上。[⊖]

在通常的情况下，租赁安排的后续情况如下所述。大量现有文献是关于评估租赁还是购买决策的正确方式以及有助于分析的一些非常复杂的决策模型。然而，在我们遇到的任何情形下，这里的分析都有助于做出正确的决策。

（1）公司决定购买特定的建筑物或设备。这种决定是以定期资本预算程序为基础的，购买资产的决定在租赁分析前已成事实。换句话说，资产具有正的净现值。因此，在租赁分析中，我们仅仅关心是通过租赁还是贷款来取得这项设备。

（2）一旦公司决定购买资产，下面的问题就是如何为其进行融资。运营良好的企业没有多余的闲置资金，因此新资产所需的资金必须通过某种方式进行融资。

（3）购买资产可以通过借款、留存收益，或者发行新的股票来实现。作为一种替代方式，资产也可以租赁，由于 ASC 842 对租赁资本化及信息披露的要求，因此租赁对资本结构的影响和借款对资本结构的影响相同。

正如前面指出的，租赁类似于借款是因为公司必须支付一系列特定的租金，而且不能支付可能会导致公司破产。那么，把租赁的成本与债务融资的成本做比较是非常合适的。[⊜]下面以米切尔电子公司的数据为例，对租赁与借款购买进行分析，同时我们做出如下假定。

（1）米切尔电子公司计划购买使用寿命为 5 年，成本为 1 000 万美元的设备，交付并已安装。该设备有资格获得 100% 的额外折旧，因此在购买时将完全折旧。米切尔电子公司的有效联邦加州税率为 25%。所以设备的税后成本是 750 万美元。

（2）米切尔电子公司可以借入利率为 10%，借款期限为 5 年，本金为 750 万美元的长期借款。

（3）另外，米切尔电子公司可以租赁这个设备，租金每年年末支付 270 万美元。[⊜]租赁期满时，出租人获得该项资产，租金支付计划由潜在的出租人制订，米切尔电子公司可以接受，可以拒绝或者协商其他方案。

（4）该设备可以使用 5 年，5 年后的净残值为 71.6 万美元，米切尔电子公司 5 年后将不再使用该设备。因此，如果公司购买该设备，它将获得设备在第 5 年出售时的税前收益 71.6 万美元，这也是该资产的残值。

（5）租赁合同规定出租人保留设备的所有权。然而，如果米切尔电子公司借款购买设备，它就将承担维修保养成本。这项服务将由设备制造商提供，需在每年年末支付 50 万美元的固定成本。

净现值分析

表 20-1 列示了两种融资计划下所产生的每年的现金流。表中设置了两条现金流的时间线，第 51 行显示的是购买设备的时间线，第 57 行显示的是租赁设备的时间线。所有的现金流均发生在年末。

表的上面部分（第 38 行至第 41 行）显示了分析中所需要的数据输入，第 43 行显示的是每年需要分期偿还

[⊖] 出租方会向承租方提出一系列租赁条款，出租人通常是一家银行或财务公司，例如，GE Commercial Finance（美国最大的出租人），或其他一些贷款机构。承租方可以接受或拒绝租赁条款或选择一个更好的。本章中，我们根据分析的需要制定一些租赁条款。参见 Chapter 19, "Lease Financing," of Eugene F.Brigham and Phillip R. Daves, *Intermediate Financial Management*, 14th edition (Mason, OH: Cengage Learning, 2022)，讨论站在出租人角度分析租赁，包括潜在承租人如何更好地利用这些分析制定更好的条款。

[⊜] 无论资产是如何融资的，我们都应该分析比较租赁成本与债务融资成本。如果不采用租赁，就需要用可支配的现金流去购买资产；由于租赁是债务融资的替代方法，因此，对两者的比较仍然是合适的。

[⊜] 租金支付可能发生在年初或年末。在这个例子中，我们假定租金在年末支付。

的贷款本息，该贷款的利率为 10%，本金为 750 万美元。利用财务计算器，输入 $N=5$，$I/YR=10$，$PV=-7\,500$，以及 $FV=0$，根据年金函数求得每年支付贷款额为 197.848 万美元，或者通过 Excel 表格计算。

接下来，第 46～52 行显示的是购置成本的分析，代表了公司借款购买设备的情况。第 46~50 行显示的是每年的现金流项目，第 51 行是公司如果采用借款融资设备资金的每年现金流的时间线。由于设备符合 100% 的额外折旧条件，因此没有年度折旧费用，第 49 行显示的折旧节税为零。由于公司没有计划在 5 年后继续使用该设备，因此它将会收到一个设备税后净残值的现金流入。残值为 716 000 美元——请记住，设备在购买时已完全折旧，因此其账面价值为零，导致米切尔电子公司支付了 179 000 美元的税款。因此，它将收到 537 000 美元的现金流入，在第 50 行列示。这些现金流的现值可以在单元格 C52 中找到，这个数字代表购置成本的现值（注意，我们可以用财务计算器做同样的分析。输入第 51 行所示的现金流作为现金流储存，输入利率，$I/YR=7.5$，按住 NPV 键得到购买设备成本的现值）。

第 55～58 行，我们计算了租赁成本的现值。每年租金支付为 270 万美元。这笔付款在本例中（但并非在所有情况下）包括维修费用，由潜在出租人制定，然后提供给米切尔电子公司。如果公司接受这份租约，所有的租金支付将是一个可扣除的费用，因此税收节约额将是税率 × 租金支付 =67.5（0.25×270）万美元。这些金额显示在第 55 行和第 56 行。第 57 行显示的是与租赁相关的每年现金流，单元格 C58 显示了租赁成本的现值〔之前购买成本的分析中，使用财务计算器，我们输入第 57 行显示的现金流作为现金流储存，输入利率（$I/YR=7.5$），按住 NPV 键得到租赁设备成本的现值〕。⊖

用来计算现金流的折现率是一个关键问题。我们知道产生现金流的风险越大，用来计算现值的折现率就越高。这个原理也被用于租赁分析中。但是这些现金流的风险有多大？大部分是相对确定的，至少与资本预算决策时估算的现金流比较是如此。例如，租金支付及维修支出是由合同规定的，折旧费用是由法律规定的，不太可能改变。因为税率会发生变化，所以税收节约额有时是不确定的，但税率也不是经常变动。残值是最不确定的现金流，但这里估计的 71.6 万美元也是基于历史经验。

在租赁和借款购买选择中产生的现金流是相对确定的，它们应该有较低的折现率，多数分析师建议公司利用债务资本成本作为折现率，这一折现率是相对合理的。另外，由于所有的现金流是基于税后考虑，因此我们采用税后债务资本成本。在表 20-1 中，利用 7.5% 的折现率计算现值，我们应该选择成本现值较低的融资方式，在本例中，租赁比借款购买更具优势：租赁成本现值比购买成本的现值要低 45 万美元，因此米切尔电子公司应该选择租赁设备。

在表 20-1（第 67～77 行）分析的最后一部分中，电子表格用于使用 Excel 的 Goal Seek 功能计算"盈亏平衡"的租金支付额。"盈亏平衡"租金支付是使决策者在购买资产或租赁资产之间无差异的租金支付，即其中租赁的净优势（NAL）为零。使用 Excel 的 Goal Seek 功能，通过更改单元格 G41（年度租金支付额）将单元格 D63（NAL）设置为零。在此示例中，如果租金支付额设置为 284.8 万美元，则对米切尔电子公司来说借款购买和租赁是一样的。

表 20-1 租赁与借款购买分析对比 （单位：千美元）

37	投入							
38	新设备税后成本		7 500		所得税税率		25%	
39	使用期限		5		贷款利率		10%	
40	残值		$716		税后成本率		7.50%=G39*(1-G38)	
41	年维修费用		$500		年租金支付额		2 700	
42								
43	贷款		1 978.48=PMT(G39.C39.-C38)					
44								
45	购置成本	年 =	0	1	2	3	4	5

⊖ 如果米切尔电子公司计划使用超过 5 年的设备，租约允许米切尔电子公司按残值购买设备，则在第 50 行有关自有资产成本分析中，不进行任何记载，该公司将使设备贬值 1 年。但是，在租赁成本的分析中，第 5 年购买设备的价格将增加现金流出。此外，米切尔电子公司将基于购买价格基础上的折旧超过基于使用年限计算的折旧而带来的现金流包括在内。参考 Brigham and Daves, *Intermediate Financial Management,* 14th edition (Mason, OH: Cengage Learning, 2022) 第 19 章对于这部分的分析。

（续）

46	设备税后成本	7 500				
47	维修费用		(500)	(500)	(500)	(500)	(500)
48	维修费用节税额 = 维修费用 × 所得税税率		125	125	125	125	125
49	折旧节税		0	0	0	0	0
50	税后残值						$537
51	现金流	7500	(375.00)	(375.00)	(375.00)	(375.00)	162.00
52	购置成本现值（折现率 7.5%）	8643					
53							
54	租赁成本						
55	租金支付额		(2 700)	(2 701)	(2 702)	(2 703)	(2 704)
56	税收节约额 = 租赁付款额 × 所得税税率		675	675	675	675	675
57	现金流	0	(2 025)	(2 026)	(2 027)	(2 028)	(2 029)
58	租赁成本现值（折现率 7.5%）	8193					
59							
60	成本比较						
61	购置成本现值（折现率 7.5%）	8 643					
62	租赁成本现值（折现率 7.5%）	8 193					
63	租赁净优势（NAL）	450 租赁成本更少，所以应该选择租赁设备。					
64							
65	* 由于设备符合 100% 的额外折旧条件，因此没有年度折旧费用。						
66							
67	问题：在 NAL 变为负值之前，租金支付额最大值是多少？						
68	答案：使用 Goal Seek. 通过更改 Cell G41（年度租赁付款额）将 Cell D63（NAL）设置为零。						
69							
70		租金支付额最大值 2 848					

Goal Seek   ?   ✕

Set cell: D63

To value: 0

By changing cell: G41

OK   Cancel

20.2.3　影响租赁决策的其他因素

表 20-1 中提出的基本分析原理足以处理大多数情况。然而，还有两个额外因素要加以考虑。

1. 估计残值

值得注意的是，出租人在租赁期满后将获得财产所有权。租赁期结束时的财产估计值被称为**残值**（residual value）。表面上，预期残值越高，购买设备比租赁越具优势。然而，如果预期的残值较大——某些类型的设备及不动产可能处于通货膨胀状态，那么，租赁公司之间的竞争将迫使租费率下降，从而使潜在的残值完全体现在租赁合同规定的费用中。因此，大量设备残值的存在不太可能改变有关的租赁决策。

2. 增加可用信贷

正如我们所说的，租赁对于寻求财务杠杆最大化的公司有利。由于一些租赁活动在资产负债表中不披露，租赁融资可以在浅层信贷分析中给公司营造一个良好的表象，使得租赁可以获得更多的杠杆效应。对于小公司而言是适用的，但是大公司被要求实施租赁资本化并且在资产负债表中进行披露，因此上述观点就值得怀疑了。[注]ASC 842 取消了表外融资，但短期经营租赁除外。

自我测验

1. 借款购买资产和租赁资产的经济影响是否相似？请解释说明。
2. ASC 842 如何纠正表外融资问题？
3. ASC 842 中新指南的意图是什么？
4. 请列举承租人在达成租赁协议后所涉及的后续事件。
5. 为什么将租赁融资成本与债务融资成本做比较是合适的？

20.3　认股权证

认股权证（warrant）是指公司发行的一种长期股票买入选择权，它赋予持有者在特定时间内以特定的价格购买一定数量的公司股票的权利。通常，认股权证与债券一起发放，它被用来吸引投资者以较低的票面利率购买公司的长期债券。例如，Infomatics 公司是一家快速成长的高科技企业，2021 年，公司准备发行 5 000 万美元的 20 年的长期债券，投资银行家告知公司财务副总，债券很难卖出，而且市场要求 10% 的票面利率。然而，作为一种替代方案，银行家认为投资者将愿意购买票面利率为 8% 的债券，如果公司对每 1 000 美元债券提供 20 份认股权证，每份认股权证授予持有者在未来 10 年中的任何时间以每股 22 美元的价格购买普通股的权利，债券发行时股票每股售价为 20 美元，如果持有者没有提前行使，认股权证将在 2031 年到期。

在市场利率为 10% 的情况下，投资者为什么愿意购买 Infomatics 公司票面利率仅为 8% 的债券？原因在于购买债券时可以获得一定数量的认股权证。认股权证是长期看涨期权而且拥有价值，持有者可以按照行权价格购买公司的普通股而不管股票市价上涨多高。这种选择权抵消了债券的低利率所造成的损失，从而使由认股权证和低收益债券组成的投资组合对投资者产生吸引力（关于期权的更完整的讨论，请参见第 19 章）。

20.3.1　附认股权证债券的发行定价

Infomatics 公司的债券，如果以纯债券形式发行，票面利率为 10%。然而，在附认股权证的情况下，债券将以 8% 的利率发行，某人以 1 000 美元首次公开发行价格购买债券，他将获得票面利率为 8%、期限为 20 年的债券与 20 份认股权证的组合。由于与 Infomatics 公司债券风险相当的公司债券的现行票面利率为 10%（假定这是年票面利率），我们可以计算债券的纯债务价值，如下图所示：

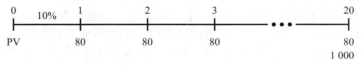

PV = 829.73美元 ≈ 830美元

利用财务计算器，输入 $N=20$，$I/YR=10$，$PMT=80$，以及 $FV=1\,000$。然后按住 PV 键得到债券现值为 829.73 美元，接近 830 美元。因此，投资者最初在承销商那里购买债券要支付 1 000 美元，获得价值为 830 美元的纯债务和 20 份认股权证，这 20 份认股权证的价格大约为 170（= 1 000 - 830）美元。

$$附认股权证债券的价格 = 债券的纯债务价格 + 认股权证的价格$$

$$1\,000 = 830 + 170 \tag{20-1}$$

因为每份债券投资者可获得 20 份认股权证，所以，每份认股权证的价格是 8.50（=170/20）美元。

这 20 份认股权证是典型的**可拆分认股权证**（detachable warrants），即可以与债券分离，并在市场上单独交易的认股权证。如果债券和认股权证能够被准确定价，债券在二级市场上的销售价格为 830 美元，每份认股权

[注]　2000 年，广为人知的安然公司财务欺诈案被揭露出来，公司在其会计师事务所安德森的帮助下，使用非法租赁来隐藏债务。安然公司和安德森会计师事务所都被勒令停业，一些高管受到长期监禁和巨额罚款。

证的销售价格将是 8.5 美元，组合将以 1 000 美元的均衡价格出售。

　　然而银行家很难准确地制定发行价格，他们可以准确地估计纯债务的价值，但是准确地估计认股权证的价值是很难的。如果银行家估计的认股权证的价格太低，他们可能认为每份认股权证的出售价格是 6 美元，每份债券将附带 28.333 3（=170/6）份认股权证。然后，当公开发行时，价格将从 1 000 美元上升到 1 070.83 美元：

$$债券市场价格 = 830 + 8.5 \times 28.333\ 3 = 1\ 070.83（美元）$$

　　因此，公司就会将本该以 1 070.83 美元销售的债券以 1 000 美元进行销售，就会有更多的发行在外的认股权证；当这些认股权证被行使时，将会产生更多的股权稀释效应。相反，如果银行家高估了认股权证的价格（也许评估的是 10 美元，真实价值只有 8.5 美元），发行将会失败，将不能以 1 000 美元的发行价格发行，公司就不会获得其所需的资金。因此，正确估计认股权证的价格是非常重要的。

　　我们在第 19 章中讨论的布莱克 – 斯科尔斯期权定价模型（OPM），可以用来计算看涨期权的价值。因为看涨期权与认股权证在很多方面类似，都给了投资者一个在期满之前以特定价格购买公司普通股的权利。然而，看涨期权与认股权证之间也存在着重要差异。当看涨期权被行使时，提供给期权持有者的股票来自于二级市场，但是当认股权证行使时，提供的股票是新发行的。结果，认股权证的执行会稀释公司原始股东的价值，这可能导致认股权证的价值不同于类似的看涨期权的价值。因此，投资银行家不能利用布莱克 – 斯科尔斯期权定价模型来确定认股权证的价值。

　　尽管布莱克 – 斯科尔斯期权定价模型不能用来确定认股权证的价值，但投资银行家可以向潜在的购买者询价，也可以将新的认股权证与其他成功的认股权证进行比较，从而估计它们的价值。询价将在路演期间进行，路演是指公司的高管与投资银行家在全国走动，与潜在投资者会谈。公司高管提供公司及发行的实际情况，回答问题，从潜在投资者那里获得关于他们购买不同条款下（例如，票面利率、认股权证数量、认股权证期限，等等）股票（或债券）数量的想法。银行家做记录，记下潜在客户的名称及价格。因为在向投资者发行债券时，这些信息会被用到，潜在投资者说出了他们的真实意愿。不管怎样，好的投资银行家可以制定一个与均衡价格相接近的发行价格。

20.3.2　利用认股权证进行融资

　　认股权证通常被快速增长的小公司利用，当它们发行债券或发行优先股时将其作为"诱饵"。这些公司经常被投资者视为是高风险的，所以它们只能出售票面利率高并且有非常严格的偿还契约条款的债券。为避免这种情况，像 Infomatics 这样的公司通常提供附认股权证的债券。附认股权证的债券能够使投资者在公司成长中分享利益（假设公司是繁荣发展的），他们就愿意接受较低的票面利率和更少的限制性契约条款。附认股权证的债券既有债券的特点，又有股权的特点。因此这是一种混合证券，提供了财务经理发展公司混合性证券的契机，从而也能够吸引更多的投资者。

　　目前几乎所有的认股权证都是可拆分的。因此，在附认股权证的债券发售后，认股权证可以拆分并单独交易。此外，即使在认股权证行使后，债券（具有较低票面利率）仍然可能未被偿付。

　　认股权证行权价通常设定在超过债券发行日期股票市场价格的 15% ~ 30%，如果公司发展良好且其股票价格上升超过了购买股票时的行权价格，认股权证的持有者可以行使认股权并按照规定的价格购买股票。然而，因为我们看到是关于纯粹的期权，没有看到有关激励其行权的机制，认股权证在到期前永远不会被行权，它们的市场价值至少将会等于也可能大于其行权价值。所以，持有者将出售认股权证而不是行使认股权证。3个条件鼓励持有者行使认股权证。①如果认股权证即将到期，并且股票的市场价格高于行权价格，认股权证持有者将行权并购买股票。②如果公司提高足够多数量普通股的股利，认股权证持有人会主动行权。认股权证没有股利，因此它不能带来本期收益。然而，如果给普通股支付一个较高的股利，它会提供一个有吸引力的股利收益，由于较少的收益被留存，过多的股利分配将限制未来的股票价格增长。这导致认股权证持有者行权购买股票。③认股权证有时候规定有递增行权价格，**递增行权价格**（stepped-up exercise price）是指如果认股权证在一定日期后被行权，行权价格将会上升，从而会迫使认股权证的持有者尽快执行认股权证。例如，威廉森科学公司有发行在外的认股权证，其行权价格为 25 美元，有效期到 2022 年 12 月 31 日。而到这一时间，行权价格将上升到 30 美元。如果在 2022 年 12 月 31 日之前，公司普通股股票的价格超过 25 美元，许多认股权证的持有者会执行他们的期权，以避免行权价格的抬升，造成认股权证的价值下降。

认股权证的另一个好处是当需要资金的时候，它们就会逐渐地提供资金。如果公司处于增长阶段，它很可能需要新的权益资本。与此同时，增长将引起公司股票价格上升，从而促使认股权证的行权，因此，公司获得的现金将增加。如果经营不成功，公司就无法提高新增资金的收益，股票的价格也就不可能有较大幅度的上升，从而不会促使认股权证的行权。

20.3.3　附认股权证债券的成本构成

当 Infomatics 公司发行附认股权证的债券时，公司会收到共 5 000 万美元的资金，每张面值 1 000 美元。与此同时，公司也负有在未来的 20 年中，每年为每张债券支付 80 美元利息，并在 20 年到期时支付每张 1 000 美元本金的债务。如果不附有认股权证，这一资金的税前成本将为 10%，但 Infomatics 公司的每张债券附有 20 份认股权证，而每份认股权证的持有者都可以按照每股 22 美元的价格购买 Infomatics 公司的股票，那么这 5 000 万美元的资金成本是多少？正如我们将要看到的，这一票面利率为 8% 的债券，资金成本远超过 8%。

正如前面所说明的，当认股权证 10 年后到期时，公司股票价格的期望值为 51.87 美元。若给定 20 美元的初始价格和 10% 的预期增长率：

$$P_{10} = 20 \times 1.10^{10} = 51.87（美元）$$

因此，投资者可以行使其认股权证并获得一股股票，每份认股权证的价值是 51.87 美元。债券的购买者如果一直持有发行的债券，他将在第 10 年实现利润 29.87（= 51.87−22）美元。由于每张债券附有 20 张认股权证，在第 10 年年末，每张债券的持有者将获得 597.40（= 20×29.87）美元的收益。以下是投资者现金流的时间线（单位：美元）。

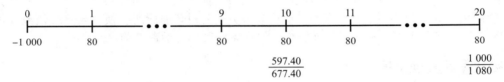

这一系列现金流的内部收益率为 10.66%，这是投资者所获得的税前收益率，比纯债券的收益率高 66 个基点。对投资者来说，这种债券的风险比纯债券的风险更大，因为部分的收益是以股票价格上涨的形式实现的，而这一部分收益的风险相对较高。投资者获得的税前收益率与该公司的税前资本成本相同——对于普通股股票、纯债券以及优先股都是如此，附认股权证的债券也同样如此。

20.3.4　认股权证发行中存在的问题

尽管投资者在购买附认股权证的债券时，预期从中获得各种证券风险的补偿，但是最终的结果并非总是与预期相符。例如，在 1989 年，索尼公司为一家美国电影制造商——哥伦比亚电影公司支付了 34 亿美元的资金。为获得这笔交易的资金，在 1990 年，索尼公司出售了 4.7 亿美元的 4 年期附认股权证的债券，票面利率出奇低，仅为 0.3%。票面利率之所以会这样低，是因为相应的认股权证，其距离到期日也为 4 年，允许投资者按照每股 7 670 日元的价格购买索尼公司的股票，而与债券发行时索尼公司的股票价格相比，这一价格仅高出 2.5%。

投资者对这次债券的发行表现出极大的热情，许多的认股权证与债券拆分开来，在公开市场上单独交易。显然，认股权证的购买者相信，索尼公司的股票价格将会上升并远远超过其行权价格。从索尼公司的观点来看，附认股权证的债券的发行提供了非常低的"过桥贷款"（债券），当 4 年后到期时，认股权证会得到行权并变为相应的权益资本。有这种低成本资金的支持，日本公司到处收购国外公司，大量投资新工厂和新设备。

然而，当日本的股票市场总体下滑 40% 时，这些购买日本公司认股权证的投资者的美好愿望受到沉重的打击。到 1994 年，当这些认股权证到期时，索尼公司的股票价格仅为 5 950 日元，远低于 7 670 日元的行权价格，因此，所有的认股权证都不能行权。这样，索尼公司设想的获得权益资本的计划也没有实现，公司还必须为 4 年到期的债务进行再融资，并重新支付高得多的利息。

在这场交易中，索尼公司及其投资者都惨遭失败。投资者失败，是因为他们没有获得原来所预期的收益；而索尼公司失败，是因为它不得不改变原来的融资计划，因为所发行的认股权证没有得到行权。尽管公司和投资者原本都有理想的计划，但是这种附有认股权证的债券的发行，正如经常出现的情况一样，并没有发挥预想的作用。

自我测验

1. 什么是认股权证？
2. 请说明如何评估附认股权证的债券的价值。
3. 在公司融资中如何使用认股权证？
4. 采用认股权证可以降低债券的票面利率，这是否意味着发行附认股权证的债券可以比直接发行债券的融资成本低？请给予解释。
5. 一家公司最近发行了附有认股权证的债券。附有认股权证的债券以每张 1 000 美元的面值发行，期限为 10 年，年利率为 6%。公司还有 10 年期的纯债券（没有附认股权证），纯债券的到期收益率为 8%。每张纯债券的价值是多少？每张附认股权证的债券价值是多少？（865.80 美元，134.20 美元。）

20.4　可转换债券

可转换债券（convertible securities）是指在特定条件和状况下，持有者可以将其转换成公司普通股的债券或优先股。与认股权证不同，认股权证的行权能够给公司带来额外资金，可转换债券转换时不会为公司提供额外的资金：在资产负债表上只不过表现为债券（或优先股）被公司普通股所替换。当然，债务或优先股的减少会改善公司财务状况，使公司更容易获得额外资金，但这需要另外的融资安排。

20.4.1　转换比率和转换价格

可转换债券最重要的条款之一是转换比率。**转换比率**（conversion ratio, CR）是指持有者在债券转换时可以得到的股票数量。与转换比率有关的是转换价格，**转换价格**（conversion price, P_c）是指投资者进行转换时为获得公司普通股所实际支付的价格。我们可以通过硅谷微软公司的例子来说明转换比率与转换价格之间的关系。2021 年 9 月，微软公司按照每张 1 000 美元的价格发行可转换债券，在 2041 年 9 月 15 日到期前的任何时间内，持有者可以将一张债券转换成 20 股普通股，因此，转换比率为 20。债券发行前，每张债券的购买成本为 1 000 美元，等于其面值。用 1 000 美元的面值除以收到的 20 股股票，可以得到转换价格为每股 50 美元。

$$转换价格 = P_c = \frac{债券面值}{收到的股数} = \frac{1000}{20} = 50（美元） \tag{20-2}$$

我们可以将 1 000 美元的面值除以每股 50 美元的转换价格得到转换比率。

$$转换比率 = CR = \frac{债券面值}{转换价格} = \frac{1000}{P_c} = \frac{1000}{50} = 20 \tag{20-3}$$

一旦转换比率确定，转换价格也就确定，反之亦然。

就像认股权证的行权价格一样，转换价格通常高出可转换债券发行时公司普通股市场价格的 15%～30%。在研究公司使用可转换债券的原因后，可以更好地理解转换价格是如何准确确定的。

通常，转换价格和转换比率在债券存续期内是固定的，尽管有时需要使用加速转换价格。例如，Breedon Industries 公司 2021 年发行的可转换债券在 2031 年前每张债券可转换为 12.5 股股票，2032—2041 年变为 11.76 股，2042—2051 年到期变为 11.11 股。转换价格也从 80 美元开始上涨到 85 美元，然后又上涨到 90 美元。Breedon Industries 公司的可转换债券，像大多数公司可转换债券一样，有 10 年的提前赎回期。

另一个可能引起转换价格与转换比率发生变化的因素是几乎所有可转换债券都有的一项标准特征——保护性条款，即避免因股票分割、股票股利所带来的股权稀释，以及引起普通股的出售价格低于转换价格的情形。保护性条款规定，如果普通股售价低于转换价格，转换价格必须降低到新股票发行的价格，同时转换比率也相应提高。此外，如果公司进行股票分割或宣布发放股票股利，转换价格必须按照股票分割比率、股利或股票股利发放比率下调。例如，如果在可转换债券寿命期的前 10 年中，Breedon Industries 公司实行了 1 股分割为 2 股的股票分割方案，那么，转换比率将自动从 12.5 调整至 25，转换价格由 80 美元调低至 40 美元。如果这种保护条款不包含在合同中，公司完全可以通过使用股票分割和股票股利来阻止转换。认股权证也会采用类似的措施来避免稀释问题。

然而，避免由于新股售价低于转换价格引起的稀释而采取的保护性条款也可能会使公司陷入麻烦。例如，假设在可转换债券发行时，Breedon Industries 公司的股票每股售价 65 美元。另外，假设市场大幅度下跌，Breedon Industries 公司的股价下跌到每股 50 美元。如果 Breedon Industries 公司需要新股本支持公司经营，新的普通股销售将要求公司将可转股债券的转换价由 80 美元调低至 50 美元。这将提高可转债的价值，实际上是将现任股东财富转移到可转换债券持有者手中。公司考虑使用可转换债券或附认股权证的债券时，应该注意诸如此类的潜在问题。

20.4.2　可转换债券成本的构成

2021 年春季，硅谷软件公司正在评估前面讨论的可转换债券的使用情况。这次发行将包括 20 年的可转换债券，每张债券的销售价格是 1 000 美元，这也是债券的面值（到期价值）。该债券将每年支付 10% 的票面利息，即每年 100 美元的利息。每张债券可以转换成 20 股股票，所以转换价格为 50（= 1 000/20）美元。该股票预计在下一年支付 2.80 美元的股利，目前每股售价为 35 美元。此外，股价预期以每年 8% 的固定增长率增长。因此，$r_s = \hat{r}_s = \dfrac{D_1}{P_0} + g = \dfrac{2.80}{35} + 8\% = 8\% + 8\% = 16\%$。如果债券不是可转换债券，考虑到债券风险和平均市场风险，公司提供 13% 的收益率。可转换债券 10 年内不能赎回，10 年之后它们可以以 1 050 美元的价格提前赎回，此后每年价格下降 5 美元。10 年之后，转换价格超过赎回价格至少 20%，管理层可能提前赎回债券。

图 20-1 表明了普通投资者和公司的预期。[⊖]请注意以下关于图 20-1 的观察。

（1）$M = 1\,000$ 美元处的水平线表示面值（到期价值）。此外，1 000 美元是债券最初提供给公众的价格。

（2）债券提前赎回保护期为 10 年。最初赎回价格是 1 050 美元，之后赎回价格每年下降 5 美元。因此，赎回价格由直线 V_0M'' 中实线部分表示。

（3）因为可转换债券的年票面利率为 10%，具有类似风险的不可转换债券利率为 13%，预期可转换的"纯债券"部分价值（B_t）必然小于面值。在债券发行时，B_0 为 789 美元，计算如下：

$$\text{债券发行时"纯债券"部分价值} = B_0 = \sum_{t=1}^{N} \frac{\text{票面利息}}{(1+r_d)^t} + \frac{\text{面值}}{(1+r_d)^N} = \sum_{t=1}^{20} \frac{100}{1.13^t} + \frac{1000}{1.13^{20}} = 789（\text{美元}） \qquad (20\text{-}4)$$

然而，请注意纯债券部分价值在临近到期日时必定为 1 000 美元，因此，纯债券部分价值随时间推移而上升，在图中位于 B_0M''。

（4）债券的**初始转换价值**（conversion value, C_t）是指转换一种可转换债券所获得的普通股股票的价值，或债券在 $t = 0$ 时被转换，投资者获得的股票价值。债券转换价值为 $P_t \cdot CR$，因此在 $t = 0$ 时，转换价值 = $P_0 \cdot CR = 35 \times 20 = 700$ 美元。由于股价预计将以 8% 的速度增长，因此，转换价值也随时间以相同的速率上升。例如，在第 5 年，转换价值 $P_5 \cdot CR = 35 \times 1.08^5 \times 20 = 1\,029$ 美元。预期转换值随时间的变化由图 20-1 中的线 C_t 给出。

（5）债券的实际市场价格不能低于纯债券部分的最高价值或其转换价值。如果市场价格跌破了纯债券部分的价值，那些想购买债券的人发现了好处，并购买可转换债券作为债券。同样，如果市场价格下跌低于转换价值，人们会购买可转换债券，并进行转换以获得股票，然后卖出股票获取收益。因此，图中的纯债券部分的价值和转换价值两者中较高的那个可以代表可转换债券价格下限。在图 20-1 中，用较粗的阴影线 B_0XC_t 表示价格下限。

（6）债券的市场价值通常会超过其价值下限。它会超过纯债券部分的价值，是因为转换的期权是有价值的——票面利率为 10% 的可转换债券的价值可能要超过票面利率为 10% 的不可转换债券的价值。可转换债券的价格也将超过其转换价值，因为持有可转换债券相当于持有看涨期权，在到期日之前，看涨期权的真实价值高于其到期价值（转换价值）。我们不能确切地说市场价值线将在哪里，但我们知道它将处于或高于纯债券部分

⊖ 有关如何确定可转换债券发行条件的更加全面的讨论，参见 M. Wayne Marr and G. Rodney Thompson, "The Pricing of New Convertible Bond Issues," *Financial Management*, Summer 1984, pp. 31–37.

的价值和转换价值决定的价值下限。

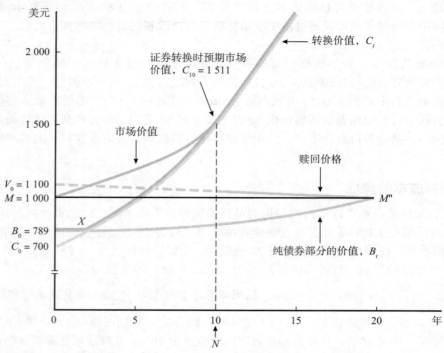

图 20-1 硅谷软件公司：可转换债券模型

年份	纯债券价值 /美元 B_t	转换价值 /美元 C_t	到期价值 /美元 M	市场价值 /美元	价值下限 /美元	溢价 /美元
0	789	700	1 000	1 000	789	211
1	792	756	1 000	1 023	792	231
2	795	816	1 000	1 071	816	255
3	798	882	1 000	1 147	882	265
4	802	952	1 000	1 192	952	240
5	806	1 029	1 000	1 241	1 029	212
6	811	1 111	1 000	1 293	1 111	182
7	816	1 200	1 000	1 344	1 200	144
8	822	1 296	1 000	1 398	1 296	102
9	829	1 399	1 000	1 453	1 399	54
10	837	1 511	1 000	1 511	1 511	0
11	846	1 632	1 000	1 632	1 632	0
…	…	…	…	…	…	…
20	1 000	3 263	1 000	3 263	3 263	0

© Cengage Learning®

（7）在某些时点，市场价值线与可转换债券价值线可能会相交，下面两个原因会导致相交的情形。第一，随着时间的推移，股票需要支付更高的股利，但是，可转换债券支付的利息是固定的。例如，硅谷软件公司每年需要支付的利息是 100 美元，而对可转换债券进行转换所得的 20 股的股利最初是 56（= 20 × 2.80）美元，然而，当股利以 8% 的速度增长，10 年之后的股利将会上升到 120.90 美元，而可转换债券的利息仍是 100 美元。因此，在某些时点，股利上升会对固定的利息支付形成冲击，导致溢价消失，使得投资者自愿对可转换债券进行转换。第二，一旦债券提前赎回，它的市场价值不可能超过可转换债券的价值和投资者未面临赎回风险的赎回价值中的较高者。例如，假设债券发行 10 年后（当债券是可提前赎回的），债券的市场价值是 1 600 美元，可转换债券的价值是 1 500 美元，赎回价格是 1 050 美元。如果在你支付 1.6 万美元购买 10 张债券后，公司准备提前赎回债券，你将被迫仅以 1.5 万美元的价格将其转换成股票，因此，一天之内你将承受每张 100 美元的损失，总计 1 000 美元的损失。认识到这种危险后，你和其他投资者就不会轻易支付超过赎回价格和转换价值两者之中较高价格的溢价。因此，在图 20-1 中，我们假定市场价值线与转换价值线在第 10 年相交，此时，债券可以被赎回。

（8）用 N 代表投资者预计可转换债券转换的年份，转换可能是由于股利上升导致的，也可能是公司为了用股权资本代替债务资本来改善资产负债表状况而提前赎回债券所导致的。在我们的例子中，我们假定 $N=10$，也是第一个赎回日。

（9）由于 $N=10$，在第 10 年预期的市场价值为 $35 \times 1.08^{10} \times 20 = 1\ 511$ 美元。投资者通过计算下面现金流的内部收益率来计算可转换债券的期望收益率（r_c）：

结果是 $r_c = \text{IRR} = 12.8\%$。

（10）可转换债券的预期收益一部分来自利息收入，另一部分来自资本利得。在这个例子中，12.8% 的期望收益率中，10% 来自利息收入，2.8% 代表预期资本利得。利息部分相对确定，资本利得的风险较高。因此，可转换债券预期收益的风险比纯债券预期收益的风险要高。这使我们得出结论，r_c 应该比纯债券的成本（r_d）大。那么，很显然，硅谷软件公司可转换债券的期望收益率 r_c 应该位于其纯债券成本（$r_d = 13\%$）及其普通股成本（$r_s = 16\%$）之间。

（11）投资银行家利用这里所介绍的模型以及有关的市场知识来确定可转换债券的条款（转换比率、票面利率，以及提前赎回保护的年限），从而，债券在以每张 1 000 美元的价格发行时可以实现"市场出清"。在我们的例子中，所要求的条件没有达到——计算出来的可转换债券收益率仅为 12.8%，低于纯债券利息率 13%。因此，所制定的有关可转换债券的条款必须更具有吸引力。硅谷软件公司必须将可转换债券的票面利率提升到 10%，提高转换比率到 20 以上（从而将转换价格从 50 美元降到接近公司目前股票市场价格的 35 美元），或延长提前赎回期，或者综合运用这些条款，从而使可转换债券的期望收益率处于 13% 和 16% 之间。[注]

20.4.3　利用可转换债券融资

从发行人的角度看，可转换债券有两个重要的优点：①可转换债券就像认股权证一样，以未来公司成功发展所带来的收益为代价，换取以较低利率发行债券的机会；②在某种意义上，可转换债券提供了一种以高于目前的市场价格发行公司普通股股票的方法。有些公司希望发行普通股，而不是债券，但是它们认为股票价格暂时被低估了。例如，管理层可能知道与新项目相关的启动成本会使公司收益下降，但他们预计在下一年左右收益会大幅上升，从而推高股价。因此，如果公司现在出售股票，就会为了获得一定数量的资本而出让更多的股份。然而，如果制定的可转换债券的价格高于目前股票市场价值的 15% ～ 30%，可转换债券转换时所放弃的股份比目前直接出售股票要少 15% ～ 30%。然而，请注意，管理层希望公司股票价格上升到转换价格以上，从而使可转换债券更具吸引力。如果收益不能上升以致推动股价（因此，转换就不会发生），公司将面临在低收益的情况下承担债务，这对公司而言将是一个灾难。

如果股票价格上升超过了转换价格，公司如何确保转换会发生？通常，可转换债券包含提前赎回条款迫使持有者进行转换。假设转换价格是 50 美元，转换比率是 20，普通股的市场价格上升至 60 美元，可转换债券的提前赎回价格为 1 050 美元。如果公司提前赎回债券，债券持有者可以将债券转换为普通股，其中，普通股市场价值为 1 200（＝ 20 × 60）美元，或允许公司以 1 050 美元赎回债券。当然，债券持有者愿意选择 1 200 美元，因此会发生转换。如果股票市场价格高于转换价格，公司就可以利用赎回条款迫使债券持有者进行转换。但请注意，大多数可转换债券具有相当长的提前赎回保护期，通常为 10 年。因此，如果公司希望迫使持有者尽早地进行转换，它必须设置较短的提前赎回期。这反过来又要求公司设置更高的可转换债券的票面利率或更低的

　⊖　在这一节的讨论中，我们忽略了资本利得所具有的优势。在某些情形下，税收效应会导致 r_c 小于 r_d。

转换价格。

从发行人的角度看，可转换债券有三个重要的缺点：①尽管使用可转换债券可能给予公司以高于目前股票售价的价格卖出股票的机会，但是，如果股票价格大幅上涨，公司可能会发现，发行纯债券（尽管其成本较高），然后再出售普通股并用募集的资金偿还债券对公司更有利；②可转换债券通常具有较低的票面利率，当转换发生时，将会丧失这个较低成本的优势；③如果公司真的想筹集权益资本，且在债券发行后股票价格没有充分上涨，公司将陷入这种债务资本中。

20.4.4　可转换债券可以减少代理成本

资产替代问题是债券持有者和股东之间潜在的代理问题。"与股票期权相关"的激励机制使股东愿意进行具有较高上升潜力的项目，即使这些项目增加了企业的风险。采取这种行动的时候，公司财富可能从债券持有者手中转移到股东那里。然而，在发行可转换债券时，增加公司风险的同时也可能增加可转换债券的价值。因此，一些与承担高风险项目相关的收益会在股东和可转换债券持有者之间分享。这种利益共享降低了代理成本。这种逻辑关系同样适用于可转换优先股和附认股权证的债券。

自我测验

1. 什么是转换比率？什么是转换价格？什么是纯债券价值？

2. 什么是可转换债券的价格下限？

3. 对于发行人来说，可转换债券发行的优点和缺点分别是什么？对于投资者来说，可转换债券的优点和缺点分别是什么？

4. 可转换债券如何降低代理成本？

5. 可转换债券面值为 1 000 美元，转换价格为 40 美元，目前股票交易价格每股 30 美元，那么，在 $t = 0$ 时，转换比率和转换价格分别是多少？[$CR = 25$，$P_0 \cdot CR = 30 \times 25 = 750$（美元）。]

20.5　认股权证和可转换债券的详细比较

可转换债券可以被认为是纯债券与不可拆分认股权证的结合。因此，乍一看，可能会觉得附认股权证债券与可转换债券可以相互转换。仔细考察这两大证券的一个主要区别和若干次要区别。[注]

首先，如前面所述，认股权证的行权给公司带来新的权益资本，而可转换债券的转换导致公司资产负债表中权益代替债券的结果。

其次，关于灵活性。很多可转换债券的发行都包含提前赎回条款，该条款在转换价格高于赎回价格时迫使持有者进行转换。然而，大多数认股权证是不可赎回的，所以公司通常必须等到认股权证到期时才能产生新的权益资本。并且，认股权证与可转换债券的到期日也有所不同——认股权证到期日通常要比可转换债券的到期日短，认股权证通常在相应的债券到期之前到期。而且，认股权证未来所提供的普通股股数往往少于可转换债券，因为可转换债券转换时，所有的债券都转换成股票，而当认股权证行权时，债券仍处于未清偿状态。所有这些因素都表明附认股权证债券的发行人更有兴趣出售债券，而不是出售公司股权。认股权证主要是吸引投资者购买公司的债券。

一般来说，与发行可转换债券的公司相比，发行认股权证的公司规模较小，风险较高。使用附认股权证债券，特别是小企业使用它的一个可能的原因是，投资者难以评估小公司的风险。如果一家新创立公司为一个未经测试的新产品寻求债务融资，潜在的贷款人判断风险是非常困难的，因此，难以设置一个合理的利率。在这种情况下，许多潜在的投资者不愿意投资，这就有必要设定很高的利率来吸引债务资本。然而，这么高的利率

⊖　有关认股权证与可转换债券更为详细的比较，参见 Michael S. Long and Stephen F.Sefcik," Participation Financing: A Comparison of the Characteristics of Convertible Debt and Straight Bonds Issued in Conjunction with Warrants," *Financial Management*, Autumn 1990, pp. 23–34.

可能会使一家试图开发和销售一种新产品的公司破产。通过发行附认股权证的债券，投资者获得一个潜在的增长收益以弥补风险的损失。

最后，附认股权证的债券和可转换债券的发行成本之间存在显著差异。有担保附认股权证的债券通常比可转换债券要求更高的浮动成本。一般来说，附认股权证债券融资的承销费用基本上等于债务融资和权益融资承销费用的加权平均值，而可转换债券的承销费用要低得多。

自我测验

1. 附认股权证的债券与可转换债券之间有哪些区别？
2. 请解释附认股权证的债券如何帮助规模小、风险高的公司出售债券。

20.6　未偿付认股权证和可转换债券收益的报告

如果公司有发行在外的认股权证和可转换债券，理论上公司可以通过以下两种方式之一对每股收益进行披露。

（1）**基本每股收益**（basic EPS），等于可分配给普通股股东的收益除以当期发行在外的普通股平均股数。基本每股收益的计算不考虑期权、认股权证和可转换证券。

（2）**稀释每股收益**（diluted EPS），它与基本每股收益类似，除了在计算稀释每股收益时，我们假定所有认股权证被行权或可转换债券被转换，而不管行权和转换的可能性有多大。

根据美国证券交易委员会（SEC）的规则，公司需要披露基本每股收益和稀释每股收益。对于拥有大量发行在外的附认股权证的证券的公司，基本每股收益和稀释每股收益之间有实质性的差异。从编制财务报表的角度考虑，直到 1997 年，公司都披露稀释每股收益，1997 年财务会计准则委员会（FASB）对基本每股收益进行了修订。根据财务会计准则委员会的观点，这次修订是为了让投资者简单了解公司的基本业绩。此外，这次修订也使投资者更容易将美国公司业绩与倾向于使用基本每股收益的国外同类公司的业绩进行比较。

自我测验

1. 当公司拥有发行在外的认股权证和可转换债券时，披露每股收益的两种方法分别是什么？
2. 实践中最常用的方法是哪一种？
3. 投资者为什么应该关注公司发行在外的认股权证和可转换债券？

本章小结

尽管普通股和长期负债为公司提供了大部分资金来源，但公司也可以使用各种形式的"混合融资"来获得资金。混合融资主要包括优先股、租赁、可转换债券和认股权证，每一种混合融资方式都具有某些债务特征和某些股权特征。我们站在发行者和投资者的角度讨论了混合融资的优点和缺点，分析当公司需要使用时如何进行决策，以及影响它们价值的因素。这些证券的基本原理，以及它们的估值方法以前面章节介绍的估值概念为基础。

自测题

ST-1 关键术语
定义下列术语：
a. 浮动利率优先股
b. 应付股利
c. 承租人、出租人
d. 资产负债表表外融资、ASC 842
e. 残值
f. 认股权证、可拆分认股权证、递增行权价格

g. 可转换债券、转换比率、转换价格、转换价值

h. 基本每股收益、稀释每股收益

ST-2 租赁分析 奥尔森公司决定购买一辆新的卡车。一个选择是按照 4 年合同租赁卡车，每年支付租金 9 748 美元，并在每年年初付款，租赁合同中包含维修服务。另一个选择是，奥尔森公司可以直接购买卡车，卡车购买价格是 2.7 万美元，需要利用银行借款来对购买行为进行融资，并在 4 年内分期偿还，借款年利率为 10%，每年年末支付。借款购买安排中，奥尔森公司维修卡车的费用为每年 0.1 万美元，在年底支付。卡车残值为 3 600 美元，这也是 4 年后的预期市场价值。4 年后，无论该公司是租赁卡车还是购买，该公司都准备更换卡车。奥尔森公司适用的联邦和州所得税税率为 25%。

a. 该公司租赁成本的现值是多少？

b. 该公司借款购买成本的现值是多少？公司应该选择租赁还是借款购买？

c. 在该公司决策的分析中，合适的折现率是公司的税后债务资本成本。为什么？

d. 残值是最不易确定的现金流。分析中，该公司应如何处理这种风险较高的现金流？

简答题

20-1 为了衡量公司的财务杠杆，应将优先股归类为债务还是权益？这个分类是否该由公司的管理层、债权人或股权投资者做出？

20-2 你被告知，一家公司刚刚发行了 1 亿美元的优先股，另一家公司购买了 1 亿美元的优先股作为投资。你还被告知两家公司适用的有效税率分别为 10% 和 25%。哪个公司更有可能购买优先股股票？说明理由。

20-3 人们经常发现，公司债券的收益率高于其优先股，即使投资者认为债券的风险低于优先股。造成这种收益率差异的原因是什么？

20-4 为什么一家公司愿意发行浮动利率优先股而不是固定利率优先股？

20-5 在过去，租赁的优势是将负债保留在资产负债表之外，从而使公司有可能获得比其他方式更多的杠杆作用。这就提出了租赁义务和所涉及的资产是否应该资本化并在资产负债表上报告的问题。ASC 842 目前对租赁资本化的指南是什么？

20-6 解释短期租赁（租赁期限为 12 个月或更短）与长期经营租赁的区别。长期经营租赁和融资租赁的会计处理是否有区别？考虑资产负债表和利润表。

20-7 设想美国国会对税法做了以下变动：①允许机器设备在更短的时间内计提折旧；②更低的公司所得税；③恢复投资抵免税收。讨论以上每一个变化将如何影响美国公司对租赁和传统债务的使用？

20-8 一家公司股票价格（发行后）的预期增长率对公司通过可转换债券和认股权证筹集额外资金的能力有何影响？

20-9 a. 如果一家公司决定提高收益中的股利支付率，会对下列各项产生怎样的影响？

1. 长期认股权证的价值。

2. 可转换债券被转换的可能性。

3. 公司认股权证被行权的可能性。

b. 如果你拥有一家公司的认股权证或可转换债券，公司的股利支付率从 20% 上升到 80%，你对此会感到高兴还是沮丧？为什么？

20-10 评价下面的说法：通过发行可转换债券，一家公司可以以高于现行市价的价格出售普通股。

20-11 假设一家公司同时发行票面利率为 9% 的 5 000 万美元的可转换债券和年利息率为 12% 的 5 000 万美元的不可转换债券。两种债券具有相同的到期日。因为可转换债券票面利率较低，因此你是否认同其风险低于不可转换债券？你是否认为可转换债券的资本成本低于不可转换债券？说明理由。（提示：虽然乍一看可转换债券的资本成本较低，但实际情况并非如此，因为可转换债券的票面利率低估了其真实成本，请考虑这一点。）

问答题

（20-1 ~ 20-3 为简单题）

20-1 租赁 Hancock Construction 公司需要一件设备，可以选择租赁或购买。该公司进行了购买与租赁分析，并确定购买成本的现值为 25 750 美元，租赁的成本现值为 23 550 美元。租赁的净优势是什么？公司应该购买设备还是租赁设备？说明理由。

20-2 认股权证 Rubash 公司最近发行了两种类型的债券。第一种是期限为 20 年的纯债券（不附认股权证），债券年利率为 9%。第二种是期限为 20 年的附认股权证债券，票面利率为 6%。两种债券的发行价格均为 1 000 美元。第二种债券附加的认股权证的价值是多少？

20-3 可转换债券 最近 Whiston 公司按照每张面值

1 000 美元的价格发行了可转换债券。债券的转换价格为每股 20 美元。那么，债券的转换比率是多少？

（20-4 ～ 20-6 为中等难度题）

20-4 租赁与购买　Sullivan-Swift 矿业公司必须在其内华达州煤矿安装 150 万美元的新设备。它可以获得所需金额的 100% 的银行贷款。或者，内华达投资银行认为公司可以安排一项租赁融资计划。假设目前的情况如下。

a. 机器的税后成本为 90 万美元，这将是银行贷款的金额。

b. 估计每年维修费用为 8 万美元。

c. Sullivan-Swift 矿业公司适用的联邦和州所得税税率为 25%。

d. 如果借款，银行贷款的年利率为 13%，在 4 年内分期偿还，每年年末支付。

e. 租赁合同要求，租赁期 4 年内每年年底支付租金 30 万美元。

f. 根据拟议的租赁条款，承租人必须支付保险、财产税和维修保养费用。

g. 设备的残值为 30 万美元，这也是预期 4 年后的市场价值，4 年后 Sullivan-Swift 矿业公司计划更换设备，不管该公司是租赁还是购买。对公允市场价值的最佳估计价值是 30 万美元，但在某些情况下可能会更高或更低。（请注意，设备在购买时已全部折旧，因此设备的账面价值为零。）

　　为了帮助管理层做出正确的租赁或购买决策，你需要回答下列问题。

1. 假设租赁计划可以安排，Sullivan-Swift 矿业公司是租赁还是贷款购买设备？说明理由。

2. 考虑估计的 30 万美元的残值。折现时采用与其他现金流相同的折现率是否合适？其他的现金流是否具有同样的风险？说明理由。

20-5 认股权证　Potter 工业公司有发行在外的认股权证，并允许其持有者每份认股权证可以按 18 美元的价格购买 1 股股票。（对于问题 a，b 和 c，请参考第 19 章的内容。）

a. 如果普通股分别按照 18 美元、21 美元、25 美元和 70 美元卖出，请计算 Potter 公司相应的认股权证的行权价值。

b. 你认为问题 a 中的各情形下，出售认股权证的近似价格是多少？你的价格中含有多少溢价？答案可以是估计值，但得出的价格和溢价之间应该具有合理的关系。

c. 下列因素会对问题 b 中认股权证价格和溢价的估计产生什么影响？

1. 认股权证期限延长。

2. 股票价格的预期波动 σ_p 下降。

3. 普通股每股收益预期增长率上升。

4. 公司宣布下列股利政策变动：公司过去一直不支付股利，现在公司所有收益将用来支付股利。

d. 假设 Potter 公司股票现在每股售价为 18 美元。公司想发行期限为 20 年，每年支付利息，面值为 1 000 美元的债券。每张债券将附有 50 份认股权证，每份认股权证持有者有权以 21 美元的价格购买 1 股股票。Potter 公司纯债券的利息率为 10%。忽略问题 b 的答案，假设当股票以 18 美元出售时，认股权证的市场价值为 1.75 美元。为了实现市场出清，公司设定的附认股权证债券的票面利率是多少？四舍五入到最接近的价格或百分点。

20-6 可转换债券　2021 年的夏天，Gallatin 公司计划利用可转换债券进行融资与扩张。它考虑发行可转换债券，但担心如果普通股价格不能上涨到足以吸引可转换债券进行转换的话，就会带来固定利息费用的负担。该公司决定发行可转换的优先股，每股股利为 1.07 美元。

　　当时，普通股的出售价格是每股 21 美元。管理层预测 2021 年的每股收益为 1.40 美元，预计 2022 年开始未来每年的增长率为 12%。投资银行家和管理层认为普通股将继续以目前市盈率的 15 倍的价格卖出。

a. 发行人应该设定的转换价格是多少？转换比率为 1.0，也就是说，每股可转换债券可转换为 1 股普通股。因此，可转换债券的面值（以及发行价格）将等于转换价格，这将比普通股股票当前市场价格高出 1%。你的答案可以是一个估计值，但应该是合理的。

b. 优先股股票是否应当包含可赎回条款？为什么？

（20-7 ～ 20-9 为具有挑战性的难题）

20-7 租赁分析　作为 Tanner-Woods 纺织厂实现其整体工厂现代化和成本降低计划的一部分，Tanner-Woods 纺织厂的管理层决定安装一个新的自动化织布机。在设备的资本预算分析中，项目的内部收益率为 20%，而项目的必要收益率为 12%。织布机的账面价格为 18.75 万美元，包括运费和安装费用。所需资金可以通过从银行借入期限为 4 年，年利率为 10%，每年年末分期偿还的长期借款获得。如果公司购买织布机，制造商将负责维修和服务，公司需每年年末支付 2 万美元的费用。Tanner-Woods 纺织厂适用的联邦和州所得税税率为 25%。

　　织布机的制造商是联合自动化公司，提出可以将织布机租赁给 Tanner-Woods 纺织厂，交付和安装（$t=0$ 时）时需支付约 6.5 万美元租金，另外 4 年，每年年末支付 6.5 万美元的租金（注意，实际上是 5 年租赁期的合同）。租赁协议包括维修和服务。其实，织布机的预期寿命为 10 年，寿命期结束时预计残值为零。然而，4 年后其市场价值预计将等于其账面价值 5 万美元。Tanner-Woods 纺织厂计划在 4 年内建立一个全新的工厂，因此，公司 4 年后没有兴趣继续租赁或持有这台织布机。

a. 公司应该租赁还是购买该织布机？

b. 残值显然是分析中最不确定的现金流。假设适当的残值税前折现率为 15%。残值风险调整的效应会对决策有什么影响？

c. 我们在最初的分析中假设 Tanner-Woods 公司 4 年后不需要织布机。现在，我们假设公司将在租赁期满后继续使用织布机。因此，如果租赁，Tanner-Woods 公司将不得不在 4 年后按照当时的市场价值（假定等于账面价值）去购买该资产。这个要求对基本分析有什么影响（不需要进行数学计算，只需要用语言描述）？

20-8 可供选择的融资方式 Howe 计算机公司在过去 5 年中迅速成长。最近，其商业银行敦促公司考虑增加永久融资。其在信用额度下的银行贷款已增至 15 万美元，年利率为 10%，而 Howe 公司对供货商的支付已延迟了 30～60 天。

公司与投资银行家讨论决定筹集 25 万美元。投资银行家向 Howe 公司保证以下选择是可行的（忽略发行成本）。

● 备选方案 1：以每股 10 美元发行普通股。

● 备选方案 2：以 10% 的票面利率发行可转换债券，每 1 000 美元债券可转换为 80 股普通股（即转换价格为每股 12.50 美元）。

● 备选方案 3：以 10% 票面利率发行附认股权证的债券，每 1 000 美元债券附有 80 份认股权证，并可以以 12.50 美元购入 1 股普通股。

总裁 Keith Howe 拥有发行在外普通股股票 5 万股，拥有 Howe 公司 80% 的普通股股票，并希望维持对公司的控制权。以下是 Howe 公司最新的财务简报（单位：美元）。

资产负债表 （单位：美元）

	流动负债	200 000
	普通股股票（面值为 1 美元）	50 000
	留存收益	25 000
资产合计 275 000	负债和所有者权益合计	275 000

利润表 （单位：美元）

销售收入	550 000
总成本（不包括利息）	495 000
息税前利润	55 000
利息	15 000

（续）

税前利润	40 000
税收（税率为 25%）	10 000
净利润	30 000
流通在外的股票数量 / 股	50 000
每股收益	0.60
市盈率 / 倍	14.4
股票的市场价格	8.64

a. 给出每个备选项下新的资产负债表。对于备选方案 2，给出可转换债券转换后的资产负债表，对于备选方案 3，给出认股权证行权后的资产负债表。假设筹集的 15 万美元资金首先用于偿还银行贷款，剩余的款项用于增加总资产。

b. 考虑 Keith Howe 在每个备选方案下的控制权状况，假设他不再购买额外股份。

c. 假设息税前利润占总资产的 20%。那么，每个备选方案对每股收益有什么影响？

d. 每种备选方案下的资产负债率是多少？

e. 你会推荐给 Keith Howe 3 个选项中的哪一个？为什么？

20-9 可转换债券 O'Brien 计算机公司需要筹集 3 500 万美元用于生产一种新的微型计算机。O'Brien 的不可转换债券票面利率为 12%。其股票每股售价为 38 美元，最近一次每股股利是 2.46 美元，预期增长率为 8%。投资银行家暂时建议通过发行可转换债券的方式筹集资金，这些可转换债券的面值为 1 000 美元，年利率为 10%，期限为 20 年，每张债券可转换为 20 股股票。这些债券在 5 年内不可赎回，5 年后可以按照 1 075 美元的价格赎回，从第 6 年开始赎回价格每年下降 5 美元。管理层在过去曾经提前赎回过可转换债券（在未来可能会再次赎回），一旦符合赎回条件，只要转换价值比面值（不是赎回价格）高出大约 20%，公司就可能提前赎回可转换债券。

a. 参照图 20-1，代表了上述问题的预期。

b. 假设以前规划的项目按计划进行了 2 年，但之后 O'Brien 遭受了来自日本企业的极强烈的竞争。结果，O'Brien 的预期增长率从 8% 下降到零。假设当时的股利是 2.87 美元。公司的信用状况没有受损，其 r_s 值也不变。请问：① 股票价格会发生什么变化？② 可转换债券的价格发生什么变化？尽可能精确回答。

综合 / 电子表格问题

20-1 租赁分析 请运用电子表格模型重新回答问答题 20-7 中的问题 a 和问题 b。然后，回答下列问题：

c. 假设公司所有的现金流都按照加权平均资本成本折现，那么，当资本成本是多少时，购买设备和租赁是一样的？

20-2 认股权证 Storm Software 希望筹集 1 亿美元的资金来为新的投资机会提供资金。如果 Storm 公司利用期限为 20 年的纯债务筹集该资本，那么，Storm 必须提供 12% 的票面利率。然而，Storm Software 公司的顾问建议发行 20 年的附认股权证的债券。根据顾问的建议，Storm Software 公司可以发行票面利率为 9%，每张面值为 1 000 美元，每张债券附有 20 份认股权证的债券。Storm Software 公司拥有 1 000 万股股票，现行市价为 25 美元。认股权证可在 10 年后（2031 年 12 月 31 日）以 30 美元的价格行权。每份认股权证授予持有人购买 1 股 Storm Software 股票的权利。发行附认股权证的债券后，Storm 预计每年营运和投资收入的增长率固定为 11.4%。

a. 如果投资者为每张债券支付 1 000 美元，那么附加的每份认股权证的价值是多少？
b. 这些附认股权证的债券成本是多少？与认股权证相关的溢价是多少？

综合案例

Fish & Chips 公司，第一部分

20-1 租赁分析　Fish & Chips 公司的财务经理 Martha Millon 被要求对一项关于新计算机系统的租赁与购买项目进行决策。计算机系统成本为 97.5 万美元，如果购买的话，公司可以获得全额的定期贷款，年利率为 10%，贷款会在未来 4 年内于每年年末分期偿还。如果购买计算机，必须签订维修合同，在每年年初支付 2.5 万美元的维修费用。

　　4 年后，计算机将被出售。公司对其残值的最佳估计是 12.5 万美元。然而，由于科学技术迅速变化，因此残值是很难确定的。

　　作为备选方案，国家租赁公司愿意与公司签订 4 年期的计算机租赁合同，要求在每年年初支付租金 35.5 万美元，包括维护费用。公司适用的联邦和州所得税税率是 25%。通过回答以下问题来帮助 Martha Millon 进行决策。

a. 1. 为什么租赁有时被称为资产负债表表外融资？
　 2. 租赁对企业资本结构有什么影响？
b. 1. Fish & Chips 公司购买计算机系统成本的现值是多少（提示：画出一条时间序列轴，即时间 $t=0$ 到 $t=4$ 的现金流的时间线。然后找到这些净现金流的现值，或购买计算机成本的现值）？
　 2. 解释你用于计算现值的折现率的合理性。
c. 1. Fish & Chips 公司租赁计算机系统成本的现值是多少（提示：再次构造时间序列轴）？
　 2. 租赁的优势是什么？你的分析表明公司应该购买还是租赁？说明理由。
d. 现假设 Millon 认为计算机系统的残值可以低至 0 美元或高于 25 万美元，但她以 12.5 万美元作为预期残值。她认为残值风险比分析中所涉及的其他现金流风险更大，她希望将这种风险差异纳入她的分析中。请描述如何实现这一点。它会对租赁决策产生什么影响？
e. Millon 知道公司一直在考虑将其总部搬到一个新的地方，她担心这些计划可能在租赁期满之前就实现。如果总部的确在租赁合同到期前进行搬迁，那么，公司将购置新的计算机系统。因此，Millon 希望在租赁合同中加入一个可撤销条款。可撤销条款对租赁风险有什么影响？

Fish & Chips 公司，第二部分

20-2 优先股、认股权证和可转换债券　Fish & Chips 公司的财务经理 Martha Millon 正面临一个两难的选择。该公司成立于 5 年前，目的是开发一个新的快餐概念；虽然公司做得很好，但是该公司的创始人和董事长认为这个行业即将面临严峻的形势，为了在竞争中生存下去，公司现在必须占领市场份额，这就需要注入大量新的资本。

　　由于股票价格可能迅速上升，因此 Millon 不想发行新的普通股。此外，按历史标准，目前利率非常高，而且公司处于 B 级信用评级，如果公司销售下滑，公司将难以承担新债务带来的利息费用。因此，Millon 缩小了她的选择，将融资方案限定为附认股权证的债券或可转换债券。通过回答以下问题帮助她进行分析决策。

a. 优先股与普通股和债券有什么不同？
b. 什么是浮动利率优先股？
c. 有关看涨期权的知识如何帮助一个人理解认股权证与可转换债券？
d. Millon 的备选方案之一是发行附认股权证的债券。Fish & Chips 公司当前的股价是 10 美元，而投资银行家估计该公司发行的 20 年期的不附认股权证的债券票面利率为 12%。银行家建议每张债券附 50 份认股权证，每份认股权证行权价为 12.50 美元。据估计，当每份认股权证与债券分开单独交易时，每份认股权证的价值是 1.50 美元。
　 1. 如果附认股权证的债券以 1 000 美元的价格发行，那么该债券的票面利率应该定为多少？

2. 假设债券发行后，认股权证立即以每股 2.50 美元交易。这对发行条款有什么影响？公司是"受益"了还是"损失"了？

3. 你预计认股权证什么时候可以被行权？

4. 行权时认股权证是否会带来额外的资本？如果是，会带来多少及什么类型的资本？

5. 因为认股权证降低了债券部分的成本，所以债券发行时都该附认股权证？如果认股权证预期在 5 年内行权，那么附认股权证的债券预期成本是多少？

如果预计 5 年后 Fish & Chips 公司的股票价格为 17.50 美元，附认股权证的债券预期成本是多少？与纯债券的成本相比，你会如何估计附认股权证的债券的成本？与普通股成本相比，你又会如何估计附认股权证的债券的成本？

e. 作为附认股权证的债券的备选方案，Millon 正在考虑发行可转换债券。公司的投资银行家估计 Fish & Chips 公司可以发行期限为 20 年，票面利率为 10%，每张面值为 1 000 美元的可提前赎回的可转换债券，然而如果发行纯债券，其票面利率为 12%。Fish & Chips 公司目前的股票价格是 10 美元，最近一期支付的股利是每股 0.74 美元，股利预计以 8% 的固定增长率增长。该可转换债券持有者可以选择将每张债券转换为 Fish & Chips 公司 80 股股票。

1. 包含在可转换债券条款中的转换价格是多少？

2. 可转换债券的债券部分的价值是多少？可转换特征的隐含价值是多少？

3. 计算任何一年可转换债券转换价值的公式是什么？在第 0 年的价值是多少？在第 10 年的价值是多少？

4. 可转换债券的最低价值是什么意思？在第 0 年，可转换债券的预期最低价值是多少？在第 10 年，可转换债券的预期最低价值是多少？

5. 假设 Fish & Chips 公司打算在转换价值高于其面值的 20% 时，或在价值为 1 200（= 1.2×1 000）美元时，通过赎回债券对其进行强制转换。预计债券什么时候被赎回？回答请精确到年。

6. Fish & Chips 公司可转换的预期成本是多少？这个成本与债券的风险是否一致（假设债券在第 5 年进行转换，且转换价值为 1 200 美元）？

f. Millon 认为附认股权证债券的成本和可转换券的成本基本上相等，所以她的决定必须基于其他因素。当她在两个证券之间做出选择时，她应该考虑哪些其他的因素？

深入探讨

使用在线资源来解决本章的问题。请注意网站信息随时变化，这些变化可能影响你对这些问题的回答。

利用互联网来追踪混合证券

本章讨论了另一种长期资本的替代类型即混合融资，混合融资同时具有债务和股权的特点。我们将考察这些不同的混合证券。为了回答这些问题，您会发现以下网站是有用的：Yahoo! Finance，MSN Money（msn.com/en-us/money/markets）和 the FINRA Bond Center page（finra-markets.morningstar.com/BondCenter/）。

a. 查询富国银行持有的 7.5% 永久非累计 A 类可转换优先股。您将在 Yahoo! Finance 中找到此信息（WFC-PL）或在 MSN Money 上找到（WFC PR L）。

1. 优先股的现行市价是多少？

2. 优先股的收益率是多少？

b. 查询富国银行在 2033 年 8 月 26 日到期，固定利率为 4% 的债券。你会发现这个信息在 FINRA 债券中心网站上。通过选择"搜索"进行快速搜索，在"发行人名称"对话框中输入"富国银行"，然后选择"显示结果"。现在回答以下问题。

1. 债券的到期收益率是多少？

2. 两种证券的收益率有什么区别？哪种证券的收益率更高？请解释这种情形？

3. 如果一个最高边际税率为 25% 的公司投资了富国银行的永久非累计 A 类可转换优先股，优先股利率为 7.5%，那么该公司税后收益将是多少？

4. 如果一个最高边际税率为 25% 的公司投资了富国银行于 2033 年 8 月 26 日到期，固定票面利率为 4% 的债券，那么该公司税后收益将是多少？

c. 通过 FINRA 债券中心查询特斯拉汽车发行的可转换债券。请回答以下问题：

1. 显示特斯拉汽车已发行的债券有多少？

2. 2025 年 8 月 15 日到期的债券价格、票面利率、信用评级以及到期收益率分别是多少？

请注意，你可以在该站点进行更高级的搜索，以寻找不同评级的不可转换公司债券等信息。你可能想练习如何使用更高级的搜索选项，看看它是如何工作的。

d. 在雅虎财经上查询 iShares U.S. 优先股指数基金（PFF）的报价。

1. 优先股的现行市价是多少？

2. 基金中净资产金额是多少？

3. 优先股的到期收益率是多少？

4. 优先股在过去 3 个月的平均交易量是多少？

第 21 章

并 购

迪士尼扩张其媒体帝国

2019 年 3 月，迪士尼完成了对 21 世纪福克斯的并购。在这笔交易之前，21 世纪福克斯将其包括福克斯新闻频道、福克斯广播和福克斯电视台在内的许多广播资产分拆成一家新成立的独立公司（福克斯公司）。迪士尼并购了剩余的娱乐资产，包括著名的 21 世纪福克斯工作室、FX 频道，以及 Hulu 30% 的股权。目前，迪士尼正在重塑品牌并将这些资产整合到其现有的投资组合中，其中包括迪士尼工作室、迪士尼主题公园、ABC 和 ESPN。迪士尼的最终出价超过了康卡斯特、威瑞森和索尼，从而达成了此次交易。此次并购很可能会极大地改变娱乐业。

迪士尼与 21 世纪福克斯的交易是在最近的其他并购之后发生的，这些并购在过去的 10 年中重塑了公司格局，包括亚马逊并购 Whole Foods、T-Mobile 并购 Sprint、Just Eat Takeaway 与 Grubhub 的交易、微软并购 LinkedIn 和 Skype Global、谷歌并购 Nest 和摩托罗拉的手机业务、Facebook 并购 WhatsApp 以及苹果收购 Beats Music 和 Beats Entertainment。在这些案例中，并购不仅使拥有不同技术的公司整合在一起，而且还存在一些风险。

除这些交易外，还有一系列大型并购重塑了企业的格局，包括 1998 年埃克森和美孚之间 850 亿美元的合并；2005 年，宝洁公司以 550 亿美元并购吉列；2008 年，英博以 520 亿美元收购安海斯，以及发生于 2000 年，美国在线和时代华纳之间臭名昭著的 1 600 亿美元交易。

2013 年，Verizon 以 1 290 亿美元的价格并购了沃达丰在 Verizon Wireless 中 45% 的股份。2016 年 10 月，Charter Communications 以 600 亿美元的价格完成了对时代华纳有线电视的并购，美国电话电报公司于 2018 年完成了对时代华纳公司的并购。

见证并购交易的过程很有趣，但是如果只有目标企业的股东从中受益，而交易结果表明并购方股东无所裨益，那这种并购就变得毫无意义。在宝洁–吉列宣布交易后不久，在一篇刊登于《华尔街日报》的文章中，大卫·哈丁和山姆·罗维特讨论了大规模并购的潜在陷阱。他们估计，近年来的 10 起大型并购案中只有 3 起为并购方股东创造了收益。哈丁和罗维特（贝恩公司合伙人以及《兼并之道：决定公司并购成败的四个关键决策》的合著者）认为决定企业并购能否成功的主要因素有以下几点。

（1）并购交易在管理上是成功的吗？有经验的并购方往往比很少进行并购的公司做得更好。

（2）并购是否会增强并购方的核心能力？当并购方并购其熟悉行业的目标企业时，并购通常会取得较好的成效。

（3）管理层是否进行了充分的前期准备？成功的并购方会花时间做必要的尽职调查。

（4）企业能够处理好随之而来的并购整合事项吗？由于没有明确的计划来处理并购后两个管理团队将如何进行整合，因此并购通常会不了了之。

（5）管理团队是否对意想不到的事项做好了准备？历史告诉我们，没有事情会完全按照计划的方式进行。成功的并购方常常预见到会有意外情况出现，并且有能力来适应不断变化的环境。

资料来源：Brooks Barnes, "Disney Moves from Behemoth to Colossus with Closing of Fox Deal," *The New York Times* (nytimes. com), March 20, 2019; Anne Steele and John D. McKinnon, "Charter Communications Completes Acquisition of Time Warner Cable," *The Wall Street Journal* (wsj.com), May 18, 2016; Cecilia Kang and Michael J. de la Merced, "AT&T's Blockbuster Deal for Time Warner Hangs in Limbo," *The New York Times* (nytimes.com), July 9, 2017;

Cecilia Kang and Jia Lynn Yang, "Microsoft-Skype Deal to Boost the Online Free-Calling Service," *The Washington Post*, May 11, 2011, p. A10; Shayndi Raice, "When Google Met Moto," *The Wall Street Journal*, August 17, 2011, pp. B1-B2; David Harding and Sam Rovit, "Five Ways to Spot a Good Deal," *The Wall Street Journal*, March 29, 2005, p. B2; and David Harding and Sam Rovit, *Mastering the Merger: Four Critical Decisions That Make or Break the Deal* (Boston: Bain and Company, Inc., 2004).

厘清头绪

当一个企业的现有分部通过正常的资本预算活动来实现增长时，那么这个企业主要是通过内部扩张来实现增长。然而，企业并购却是最为引人注目的增长例子，并且往往会最大幅度地提高公司的股票价格。在本章中，我们将描述关于企业并购的各个方面。

学完本章后，你应该能够完成下列目标。

- 识别不同类型的并购及其原理。
- 简单地分析评估目标公司的潜在价值，并且讨论影响并购报价的各种因素。
- 解释典型的并购是否能为参与的股东创造价值。
- 讨论其他交易方式的价值，例如杠杆收购、企业联盟，以及剥离。

21.1　公司并购的动机

对于很多高水平的美国并购活动，财务经理和学者已经提出了许多解释。本节将介绍企业并购背后的主要动机。⊖

21.1.1　协同效应

大多数企业并购的主要动机是为了增加整合后的企业价值。如果 A 公司和 B 公司合并组成 C 公司，且 C 公司的价值超过了 A 公司和 B 公司独立价值之和，则说明存在**协同效应**（synergy）。该并购有利于 A 公司和 B 公司的股东。⊜协同效应来源于 4 个方面：①经营方面，这是出于管理、营销、生产或分销的规模经济；②财务方面，包括降低交易成本和提高证券分析师报道质量；③效率差异，这意味着其中一个公司的管理更高效，在并购后可以提高低效率企业的产出效率；④市场实力增加，因为并购之后市场竞争相对减少。经营和财务方面的节省是受到普遍欢迎的，正如提高了管理效率的并购那样，但是那些为减少竞争的并购是不受社会欢迎的，而且往往属于违法经营。⊜

21.1.2　节税目的

节税因素导致了大量的并购产生。例如，一个缴纳最高税率的盈利企业会并购一家有大量累计亏损的企

⊖ 并购指通过某种结合，从原来的两家或多家公司变成一个经济实体的情况。从法律的角度考虑，这种结合可以有各种不同的方式，而我们在此只注重考虑并购的财务和经济方面。

⊜ 如果存在协同效应，那么整体的价值就会超过各部分价值之和。协同效应也称"2 加 2 等于 5 效应"。并购后协同效应的收益在 A 公司和 B 公司股东之间如何分配将由双方公司谈判决定。有关这一点，本章后面还将进一步讨论。

⊜ 在 19 世纪 80 年代和 90 年代，美国发生过许多的并购事件，而其中许多并购的目的是追求市场实力，而不是提高经营效率。从而其结果是，国会通过了一系列的法案，以确保并购不被作为减少市场竞争的一种方法。主要的法案包括《Sherman Act》（1980）、《Clayton Act》（1914），以及《Celler Act》（1950）。根据这些法案，如果公司间的结合会造成市场竞争的减弱，那么这种结合将是非法的。这些法案由司法部反托拉斯部门和联邦贸易委员会联合监督实施。例如，AT&T 计划收购 T-Mobile 遭到司法部的反对，因为拟议中的并购将减少美国无线通信服务业的竞争，AT&T 后来放弃了此并购。

业。然后，这些损失可以直接抵消应税所得，而不是向后累计留到将来抵减所得税。[一]在其他情况下，跨境并购会充分利用各国不同的税率这一优势。[二]类似地，在处理剩余现金的时候，并购可以作为一种减少税收的方法。例如，如果一个企业有充沛的自由现金流，却没有较好的内部投资机会，它可以：①额外支付股利；②投资于市场看好的证券；③回购自己的股票；④并购另一个公司。如果企业支付额外股息，那么股东必须立即缴纳相对应的税收。投资于证券往往可以为现金提供一个不错的避风港，但是通常它们所获得的收益无法满足股东的要求。股票回购会使现有股东产生资本利得。然而，使用现金盈余并购另一家企业可以避免所有这些问题，因此就促使许多并购的发生。

21.1.3　以低于重置成本的价格购买资产

有时一家企业之所以会被列入并购候选名单，是因为重置资产的成本会高于其市场价值。例如，在 20 世纪 80 年代初，通过购买其他石油公司而不是采用自行钻探的方式，石油公司可以以更低的成本来获得油气储备。因此，雪佛龙公司会通过并购海湾石油公司的方式来增加油气储备。同样，在 20 世纪 80 年代初，一些钢铁企业的高管认为相比于建立一个新的工厂，并购现有的钢铁公司成本更低。例如，LTV（当时的第四大钢铁公司）通过收购公共钢铁公司（当时的第六大钢铁公司），从而成为该领域的第二大企业。

21.1.4　风险分散

管理人员往往将经营多元化作为并购的理由之一。他们认为，经营多元化有利于公司收益的稳定，从而会使公司的股东获益。公司收益的稳定性当然对员工、供应商和客户有利，但是从股东的角度来看，其价值就没有那么确定了。在股东可以同时购买 A 公司和 B 公司股票的情况下，还有什么必要由 A 公司并购 B 公司来获得收益的稳定性呢？确实，对美国公司的研究表明，在许多案例中，经营多元化并不能提高公司的价值。相反，许多研究表明，与并购前公司的价值总和相比，经营多元化公司的价值反而明显地下降了。[三]

21.1.5　管理者的个人激励

财务经济学家往往认为，公司的决策仅仅是依据经济因素的考虑做出的，尤其是要追求公司价值的最大化。但是，许多公司的决策更大程度上取决于管理者的个人动因，而不是经济分析。公司领导喜欢权力，而与经营一个小公司相比，经营一个大公司可以获得更大的权力。显而易见，没有管理者愿意承认其个人意志是并购背后的根本原因，但这种自我意志在许多并购之中的确起到了很大的作用。

人们还可以发现，执行官的工资水平往往与所经营的公司规模有关——公司越大，高层管理者的工资水平越高。这同样也是许多并购背后的重要原因。

个人利益的考虑是导致并购的因素，同样也是阻止并购的因素。在大多数并购过程完成之后，一些被并购公司的管理层就会失去工作，或者至少失去部分裁量权。因此，如果拥有并购后公司股权的不到 51%，公司的管理者就会尽量避免被并购。并购就是这样一种手段。比如，多年以前 Paramount 公司向时代公司发出了一个并购要约。但时代公司的管理层拒绝 Paramount 公司的并购，而在保留自己管理权力的前提下，选择与高负债的华纳兄弟公司合并，他们因此受到许多批评。这样的防御性合并很难用经济上的合理性加以解释。管理者总是不断地为自己申辩，强调并购是因为协同效应而不是想保住自己的职位。但是，观察人士对许多并购持怀疑态度，认为并购更多是出于管理者利益的考虑，而不是为股东利益做出的决策。

21.1.6　财产分离价值

公司的价值可以用账面价值、经济价值或者重置价值来计量。最近，并购专家开始认识到，分离价值可以

[一]　单纯利用累积的亏损抵减所得税的并购将受到美国国税局的质疑。近年来，美国国会采取了相应的措施，使公司通过并购实现税收节约的难度越来越大。

[二]　参见 "The Rush of Firms Fleeing America for Tax Reasons Is Set to Continue," *The Economist* (www.economist.com), June 21, 2014.

[三]　参见 Philip Berger and Eli Ofek, "Diversification's Effect on Firm Value," *Journal of Financial Economics*, vol. 37 (1995), pp. 37–65; and Larry Lang and Rene Stulz, "Tobin's Q, Corporate Diversification, and Firm Performance," *Journal of Political Economy*, vol. 102 (1994), pp. 1248–1280.

作为另一个计量公司价值的方法。分析人员可以估计一家公司的分离价值，所谓分离价值就是一家公司被分成几个部分分别出售，每个单独部分的价值之和。如果这些单独价值之和比该公司现有的市场价格高，那么并购专家就可以按照市场价格甚至以比市场价格更高的价格并购该公司，然后将这家公司拆成几个部分分别出售，从而获得差额利润。

自我测验

1. 请阐述协同效应的定义。协同效应是不是并购的有效理由？描述几种协同效应可能创造收益的情况。
2. 举两个例子说明税收因素如何能促进并购。
3. 假设你的公司可以按照重置成本一半的价格购买一家公司。这是否能成为一次并购的充分理由？
4. 讨论经营多元化作为并购原因被赞同与反对的理由。
5. 什么是分离价值？

21.2　并购的类型

经济学家将并购分成 4 种类型：①横向并购；②纵向并购；③同类并购；④混合并购。**横向并购**（horizontal merger）是指一家公司与另一家经营业务相同公司的并购——Sirius Satellite Radio 和 XM Satellite Radio 的并购就是横向并购的例子。**纵向并购**（vertical merger）的案例诸如一家钢铁生产企业并购其一家供应商——一家铁矿或者煤矿企业；一家石油生产企业并购另一家以石油为原料的化工企业。**同类并购**（congeneric merger）通常发生在存在某种联系的公司之间，但它们不生产同种产品，也不具有生产商—供应商的关系。美国银行和（美）全国金融公司的并购就是一个例子。**混合并购**（conglomerate merger）是指不相关企业之间的并购。即使具有协同效应，混合并购也产出甚少，因而近年来越来越不受欢迎。

经营成本节省（以及竞争程度降低）的效果，至少部分地取决于并购的类型。纵向并购和横向并购通常可以提供最大的经营协同效应优势，但是由于它们可以减少市场竞争，所以也最容易引起法律部门的反对。在分析每一次并购的时候，这些经济学上的分类是有意义的。

自我测验

经济学上的 4 种并购类型是什么？

21.3　并购活动的活跃程度

美国发生过 5 次重要的并购浪潮。第 1 次是在 19 世纪末期，在石油、钢铁、烟草和其他基础产业中发生了大规模的并购。第 2 次是在 20 世纪 20 年代，股票市场的蓬勃发展使得财务倡导者在许多产业中大举并购公司，其中包括基础设施、通信和汽车工业。第 3 次则发生在 20 世纪 60 年代，混合并购开始大规模地发展起来。第 4 次发生在 20 世纪 80 年代，当时 LBO 和其他公司开始将垃圾债券用于并购。第 5 次并购浪潮以组成战略联盟为特点，旨在增强公司在全球市场中的竞争力，这次浪潮延续至今。目前（2020 年 9 月），由于新冠疫情导致美国经济正处于衰退之中。2020 年第二季度的并购交易数量比上一年下降了 29%，交易额下降了 79%。这是自 2001 年互联网经济衰退以来，并购交易同比下降幅度最大的一次。然而，有迹象表明市场开始反弹，2020 年 5 月和 6 月的交易活动高于 4 月，并且 7 月中旬有一些大型交易。⊖

表 21-1 中列举了一些发生于 20 世纪 90 年代的大型并购事件。整体上，这些并购与 20 世纪 80 年代的并购相

⊖ 参见 "Deals Industry Insights," *PWC* (pwc.com/us/en/services/deals/industry-insights.html), July 2020.

比存在显著不同。[⊖]大多数 20 世纪 80 年代的并购是一种财务型的交易，买家寻找那些因缺乏竞争力或者管理不善造成售价低于其实际价值的公司，并把它购买下来。如果并购后目标公司的经营可以改善，多余的资产可以出售，或者经营和管理成本可以缩减，那么其利润和股票价格就会上涨。现在大多数的并购出于战略上的考虑——取得规模经济效应或者使自己在全球市场上更具有竞争力。确实，最近许多的并购案例涉及金融公司、航空企业、军工企业、传媒公司、计算机公司、电信公司和健康机构等，所有的这些都体现了结构上的调整和竞争力的增强。

表 21-1　自 20 世纪 90 年代后期以来公告的大型并购案例

并购方	目标公司	公告日期	金额（10 亿美元）
沃达丰	曼内斯曼	1999.11.14	180.9
美国在线	时代华纳	2000.1.10	165.0
必和必拓公司	力拓集团	2007.5.11	145.3
威瑞森通信公司	威瑞森无线公司	2013.9.1	129.0
联合技术公司	雷神公司	2019.6.9	121.0
百威英博	南非米勒啤酒公司	2015.11.11	100.0
苏格兰皇家银行、富通银行、西班牙国际银行有限公司	荷兰银行控股公司	2007.7.16	98.0
辉瑞制药有限公司	华纳-兰伯特	1999.11.4	89.0
美国电话电报公司	贝尔南方公司	2006.3.6	86.0
美国电话电报公司	时代华纳	2016.10.22	85.4
埃克森美孚公司	美孚石油公司	1998.12.1	85.2
贝尔大西洋公司	GTE	1998.7.28	85.0
西南贝尔电信公司	美瑞泰克科技	1998.5.11	80.6
葛兰素威康公司	史克必成	2000.1.18	76.0
沃达丰公司	Air Touch 通信公司	1999.1.18	74.4
荷兰皇家石油公司	壳牌运输贸易公司	2004.10.28	74.3
美国百时美施贵宝公司	新基医药公司	2019.1.3	74.0
华特迪士尼公司	二十一世纪福克斯公司	2017.12.14	71.3
旅行者集团	花旗集团	1998.4.6	70.0
荷兰皇家壳牌石油公司	英国天然气集团	2015.4.8	69.8
沙特阿拉伯国家石油公司	沙特基础工业公司	2018.8.22	69.1
辉瑞制药有限公司	惠氏公司	2009.1.26	68.4
信诺保险公司	美国快捷药方公司	2018.3.8	67.0
美国 BB&T 公司	太阳信托银行	2019.2.7	66.0
戴尔公司	美国易安信公司	2015.10.12	66.0
艾伯维制药公司	艾尔建公司	2019.6.25	63.0
拜耳集团	孟山都公司	2016.9.14	63.0
美国国民银行	美洲银行	1998.4.13	62.0
英国石油公司	阿莫科石油公司	1998.8.11	61.7
美国电话电报公司	德国慕尼黑公司	1999.5.6	61.0
赛诺菲圣德拉堡集团	安万特集团	2004.1.26	60.2
特许通信公司	时代华纳有线公司	2015.5.26	60.0
辉瑞制药有限公司	法玛西亚公司	2002.7.15	60.0
摩根大通	美一银行	2004.1.14	58.8
英美烟草集团	雷诺兹烟草公司	2016.10.21	58.0

⊖ 有关 20 世纪 80 年代并购浪潮的详细描述，参见 Andrei Shleifer and Robert W. Vishny, "The Takeover Wave of the 1980s," *Journal of Applied Corporate Finance*, Fall 1991, pp. 49–56; Edmund Faltermayer, "The Deal Decade: Verdict on the '80s," *Fortune*, August 26, 1991, pp. 58–70; and "The Best and Worst Deals of the '80s: What We Learned from All Those Mergers, Acquisitions, and Takeovers," *BusinessWeek*, January 15, 1990, pp. 52–57.

（续）

并购方	目标公司	公告日期	金额（10 亿美元）
西方石油公司	阿纳达科石油集团	2019.5.9	55.0
宝洁公司	吉列公司	2005.1.28	55.0
英博公司	安海斯 – 布希公司	2008.6.11	52.0
美国电话电报公司	美国直播电视集团	2014.5.18	49.0
康卡斯特公司	AT&T 宽带公司	2001.7.8	47.0
罗氏控股	美国基因泰克公司	2008.7.21	46.8

资料来源：Adapted from recent "Year-End Review" articles from *The Wall Street Journal*; Samuel Stebbins, "Biggest Mergers of the Year," *24/7 Wall St.* (247wallst.com/special-report/2018/12/03/biggest-mergers-of-the-year-3/), December 3, 2018; and Douglas A. McIntyre, "20 Corporate Mega-Mergers of 2019," *24/7 Wall St.* (247wallst.com /special-report/2019/12/23/20-corporate-mega-mergers-of-2019/), December 23, 2019.

最近，跨国并购的事件也有所上升。许多跨国并购是在世界主导通货发生价值变化的情况下发生的。举例来说，美元的贬值帮助了 InBev 竞标 Anheuser-Busch。

自我测验

1. 发生在美国的第 5 次并购浪潮是什么？
2. 现在正在进行中的并购浪潮发生的原因是什么？

21.4　善意并购与敌意并购

大多数并购的情况是，一家公司（通常是两家公司中比较大的那个）决定要购买另一家公司后，就与目标公司的管理层谈判商定价格，然后再收购目标公司。偶尔，被并购的目标公司会主动寻求并购，但更为常见的情况是，主动并购公司寻找被并购的公司。[⊖]下面，我们称寻找并购对象的公司为并购公司，被并购的公司为目标公司。

一旦一家并购公司锁定一个可能的目标，它必须：①估计一个合适的价格，或者估计一个合适的价格范围；②初步确定支付方式——是用现金支付，还是用自己公司的普通股股票、债权，再或者是三者的组合支付？接下来，并购公司的管理层必须决定如何与目标公司的管理层取得联系。如果一家并购公司有理由相信目标公司将同意这次并购，那么它只需提出并购建议，然后尝试制定合适的条款。如果达成协议，两家公司的管理层就将发表声明，向各自的股东说明两者的并购，目标公司的管理层还要对他们的股东提供建议，使他们同意并购。通常，股东可以按照要求把他们的股票以及相应的股票交易律师代理签字权移交给一个指定的金融机构。目标公司股东则获得相应的对价支付，可能是并购公司的普通股股票（这样目标公司的股东就成了并购公司的股东）、现金、债权，或者是现金与证券的组合，这就是**善意并购**（friendly merger）。

然而，目标公司的管理层通常会抵触并购。可能是因为他们认为对方报价太低，也可能是因为他们想保住自己的工作。在这两种情况下，并购公司的收购行为都属于敌意的，而并购公司必须直接向目标公司的股东提出恳求。在**敌意并购**（hostile merger）中，并购公司会提出一个**要约并购**（tender offer），同时请求目标公司的股东接受报价，出让手中的股票。尽管如此，此时目标公司的管理层仍会劝说自己的股东不要出让股票，通常会说对方开价（包括现金、债券以及并购公司的股票等）太低。

虽然大多数的并购是善意的，但是最近出现了一些有趣的案例，一些著名公司企图敌意并购。例如，华纳—兰伯特公司就曾经努力反击辉瑞公司的并购，然而，这项并购仍然在 2000 年完成。美国以外也有敌意并

⊖ 然而，如果公司处于财务困难时期，或者公司的经理人员年纪较大又一时没有理想的接班人，又或者公司需要其他大公司的支持（经常是资金方面的支持），那么就可能希望被并购。因此，当得克萨斯州、俄亥俄州和马里兰州的数家公司在 20 世纪 80 年代遇到困难时，它们就进行请愿，希望州立法委员会通过立法，使得它们更容易被其他公司并购。州外的银行随后进入这些州，帮助解决了这些问题，使得损失降到最低。

购的情况，Olivetti 公司最近成功地实施了对意大利电信公司的敌意并购，在另一个电信产业的并购案例中，英国沃达丰通信公司也对其德国对手曼内斯曼公司开出了敌意并购的价格，最终成功实施了这项敌意并购。2020年，施乐放弃了对惠普的敌意并购。

自我测验

敌意并购和善意并购的区别是什么？

21.5　并购分析

在理论上，并购分析是很简单的。并购公司只需分析目标公司的价值，然后分析能不能够用这个价格把目标公司并购过来，当然更好的是，用更低的价格并购。而对目标公司来说，如果这个价格比公司继续独立地运营下去或者比其他公司报出的价格都要高，就可以考虑接受并购公司的报价。然而，在理论之外，并购事务中还有一些比较困难的事情。在这一节中，我们将首先讨论如何评估目标公司的价值，这是并购分析的第一步。然后从下一节开始我们将讨论如何制定一个并购价格和如何进行并购后的控制。

21.5.1　对目标公司估价

评估目标公司的价值有很多种方法，但是为简化讨论，我们将只讨论其中比较常见的两种：①折现现金流法；②市场乘数法。然而，无论哪种方法，我们都必须注意到关键的两点：其一，目标公司被并购后，将不再作为一个独立的经济实体运作，而成为并购公司整体资产的一部分。因此，经营方面的转变将会影响到公司价值，这点必须包括在分析中。其二，评估的目标是目标公司的权益价值，因为你是从一家公司的所有人手中买到这家公司的，而不是从该公司的债权人手中收购。所以，尽管我们使用"评估公司价值"这样的字眼，但是我们将着重评估公司的权益价值，而不是公司的总价值。

1. 折现现金流法

折现现金流法是使用资本预算方法来评估公司价值的一种方法，适用于对公司整体而不是某个单独项目的评估。使用这种方法，必须得到以下两方面内容：①预测的因并购而产生的预期自由现金流的增量表；②适用于相应预测现金流的折现率，或者资本成本。

预期增量现金流量表　准确预测并购后现金流是使用现金流折现法至关重要的一步。在一个纯粹的财务并购中，不会考虑协同效应问题，并购后的增量现金流，就仅为目标公司的预期现金流。在一个经营并购中，并购以后两家公司的经营和业务可以得到整合，预测未来的现金流就更为困难。

表 21-2 中是 Apex 公司的预期现金流，这家公司是高科公司并购的目标。这些数据是对并购后情况的预计，其中已经包括了所有的协同效应。在 Apex 公司现在的资本结构中，债务占 50%。如果并购成功，高科公司将保持 Apex 公司的债务比率水平。高科公司和 Apex 公司的所得税税率均为 25%。

表 21-2　并购后 Apex 分公司预期 12 月 31 日的现金流量表　（单位：百万美元）

	2021	2022	2023	2024	2025
1. 销售净额	105.0	126.0	151.0	174.0	191.0
2. 产品销售成本	75.0	89.0	106.0	122.0	133.7
3. 销售、管理费用	10.0	12.0	13.0	15.0	18.0
4. 折旧	8.0	8.0	9.2	9.2	12.1
5. 息税前利润	12.0	17.0	22.8	27.8	27.2
6. 利息[①]	8.0	9.0	10.0	11.0	12.4
7. 税前利润	4.0	8.0	12.8	16.8	14.8
8. 所得税（25%）[②]	1.0	2.0	3.2	4.2	3.7
9. 净利润	3.0	6.0	9.6	12.6	11.1

（续）

	2021	2022	2023	2024	2025
10. 加：折旧	8.0	8.0	9.2	9.2	12.1
11. 现金流	11.0	14.0	18.8	21.8	23.2
12. 减：Apex 分公司留存收益③	4.6	5.2	9.0	11.6	12.0
13. 加：持续增长价值④	—	—	—	—	127.8
14. 流向高科公司的现金流⑤	6.4	8.8	9.8	10.2	139.0

© Cengage Learning®

① 利息支付额先按照 Apex 公司现有债务规模计算，然后加上支持增长所需追加债务的利息。

② 并购后高科公司将编制合并的应税所得表。因此，这里的税额是由于 Apex 公司的业务引起的所得税税额，而从 Apex 公司转移到高科公司的任何现金流都不需再缴纳所得税。

③ 并购后，Apex 分公司创造的现金流必须保留一部分，以支持资产的更新和业务的增长，而另一部分转移给高科公司，用于支付股票股利，或用于公司内部资金周转。这些留存的收益已经扣除了债务成本，可以用于支持公司的增长。

④ 2025 年后，Apex 公司可以动用的现金流预期会按照每年 10% 稳定增长。根据稳定增长模型，在 2025 年 12 月 31 日，所有 2025 年后的现金流的总价值估计为 12 780 万美元：

$$V_{2025} = \frac{CF\,2026}{(r_s - g)} = \frac{23.2 - 12.0 \times 1.05}{0.142 - 0.05} = 127.8 \text{（百万美元）}$$

⑤ 高科公司将从这次并购中获益，每年可以获得正的净现金流。这些现金流可以用于支付高科公司的股票股利，或用于高科公司内其他部门或分公司的资产扩张等。

表中第 1 ～ 4 行表明了并购之后高科公司对 Apex 分公司的预期经营信息，第 5 行是每年的息税前利润。与典型的资本预算分析不同，并购分析在预期现金流时常常把利息纳入考虑，正如在第 6 行中所表现出来的一样。这样做主要有 3 个原因：①并购公司往往承担目标公司的债务，所以目标公司不同利率的旧债务必须考虑；②并购活动所需资金往往部分通过举债获得；③如果子公司在未来会有增长，为了支持这样的扩张就必须考虑举借新债的情况。因此，与并购相关的债务往往比普通资本计划中举借的债务更为复杂，而考虑这种并购中债务的最简单的方法，就是在预测每年现金流时单独考虑债务利息。这样，我们就使用了**权益剩余法**（equity residual method）来估计目标公司的价值。这里预计的净现金流是一个完全属于并购公司股东的剩余现金流。因此，它们应按照权益成本折现。这与第 9 章中公司价值模型不同，在第 9 章的模型中，自由现金流（属于所有投资者而非属于股东）是按照 WACC 折现的。无论哪种方法，对权益价值的估计结果都相同。

第 7 行是税前利润，第 8 行是按照 25% 的税率计算的高科公司的所得税。第 9 行得出了每年的净利润，第 10 行是折旧额，然后在第 11 行得出每年的现金流。由于 Apex 公司的一部分资产将报废或者由于过时而被淘汰，同时如果高科公司收购成功的话，将扩展附属的 Apex 公司的业务，因而必须筹集一些权益资本用于扩大再投资。这些留存收益列示在第 12 行中，将不转移给高科公司。最后，我们预测了 5 年的现金流，但是高科公司希望在更长的时间内经营 Apex 公司——从理论上说，是永远经营这家公司。所以我们在 2025 年运用了稳定增长模型，以估计 2025 年年末的预期价值，列示在第 13 行中。

第 14 行中的净现金流属于高科公司的股东得到的部分，它将成为评估的基础。⊖当然，并购后的现金流很难准确估计。如同完整的资本预算分析一样，在完整的并购评估中，也应该进行敏感性分析、情景分析和蒙特卡罗模拟分析。实际上，在一个善意并购中，并购公司往往派出一个由会计师、工程师和其他人组成的小组进入目标公司。他们将查看目标公司的账本，估计并购支出，估计各种资产的价值，比如不动产和石油储备以及其他资产等。这种研究调查，常被称为"尽职调查"，是每一个并购分析中的重要部分。

估计折现率　在表中第 14 行中的净现金流是减掉了利息支出和所得税费用之后的数据，所以它们代表归属于公司股东的现金流。它们应该以权益资本成本而非所有资本的平均成本折现。更进一步说，我们使用的折现率应该反映表中现金流的风险程度。最为接近的折现率应该是 Apex 公司的权益资本成本，而不是高科公司

⊖ 我们故意假定相对简单的现金流，以便有助于专注考虑关键的问题。在实际的并购价值评估中，考虑的现金流要复杂得多，但通常包括并购公司需要追加投入的资金、可以向前追溯调整的所得税损失、工厂和设备价值评估调整对所得税的影响，以及从销售子公司中获得的现金流。

或者并购后的新公司的权益资本成本。

虽然我们在这里没有具体展示，但是高科公司一定会对表 21-2 的现金流做风险分析，就如同在每一次资本预算分析中所做的一样。敏感性分析、情景分析和蒙特卡罗模拟都可以增进高科公司管理层对并购风险的认识。Apex 公司是一家上市公司，所以我们可以直接得到其市场风险数据。在并购前，Apex 公司由市场决定的 β 值是 1.63。由于并购并不改变该公司的资本结构和所得税税率，因此其并购后的 β 值仍将保持在 1.63。但是，如果 Apex 公司的资本结构发生了变化，则可以使用哈马达方程（在第 14 章中讨论过）来确定公司与其资本结构变化相对应的新 β 系数。

我们使用证券市场线估计 Apex 公司并购后的权益资本成本。如果无风险利率是 6%，市场风险溢价是 5%，那么在与高科公司并购之后，Apex 公司的权益成本 r_s 大约是 14.2%。

$$r_s = r_{rf} + RP_M \beta = 6\% + 5\% \times 1.63 = 14.15\% \approx 14.2\%^{\ominus}$$

评估现金流的价值　对于高科公司来说，Apex 公司股票的当前价值是在按照 14.2% 的折现率折现的情况下，预期从 Apex 公司得到的现金流的总现值（单位：百万美元）。

$$V_{12/31/20} = 6.4/1.142^1 + 8.8/1.142^2 + 9.8/1.142^3 + 10.2/1.142^4 + 139/1.142^5 = 96.5$$

因此对高科公司来说，Apex 公司股票的价值是 9 650 万美元。

请注意，在并购分析中，目标公司的价值包括目标公司并购前的价值加上并购后经营或财务协同效应带来的价值。在本例中，我们假设目标公司的资本结构和所得税税率都不改变。所以，唯一的协同效应是经营协同效应，在未来现金流的估计中，已经考虑了这个协同效应的影响。如果公司并购后还有财务协同效应，分析中就必须反映其所带来的附加价值。比如说，如果 Apex 公司原来资本结构中只有 30% 的债务，而高科公司可以将债务比重提高到 50%，从而降低 Apex 公司的总资本成本，那么，Apex 公司的并购价值就比上面计算的 9 650 万美元要高。

2. 市场乘数法

第二种估计目标公司价值的方法是市场乘数法，这种方法将使用一个由市场决定的乘数评估目标公司价值，这种市场乘数可能是针对净利润、每股收益、销售收入、账面价值，或者对于像有线电视和移动电话这类产业的公司而言的用户数量。折现现金流法是通过预测期望的现金流，得出对公司价值的精确估计，相比之下，市场乘数法更具有判断性。下面借用 Apex 公司的例子予以说明。已知 Apex 公司在 2021 年的净利润估计为 300 万美元，到 2025 年这个数字将升到 1 110 万美元，在未来 5 年中的平均数值为 846 万美元。与 Apex 公司类似的上市公司的平均市盈率是 11.38。

利用市场市盈率乘数法来估计 Apex 公司的价值，只需将其未来的 846 万美元的净利润乘以市盈率 11.38，从而得到该公司的价值为 9 627 万美元。这是该公司权益的价值，或者说该公司股权的价值。请注意，为估计该公司的股权价值，我们使用的是该公司未来 5 年中的平均净利润。市场市盈率乘数 11.38 是根据可比公司的现有年收益情况得出的。但是，Apex 公司的现有收益并没有反映协同效应或管理变更带来的变化。我们试图通过对未来净利润进行平均，反映高科公司的加入给 Apex 公司带来的价值增值。

请注意，除了净利润以外，其他指标也可以应用于市场乘数法。例如，另一个常用指标是息税折旧摊销前利润（EBITDA）。具体评估方法与刚才描述过的方法完全相同，所不同的是市场乘数是股票价格除以每股 EBITDA，而不是除以每股收益，这个乘数与 Apex 公司的 EBITDA 相乘，就可以得出 Apex 的价值。

正如上面所指，在某些行业，比如有线电视和移动电话这样的行业，评估公司价值的一个十分重要的因素是该公司拥有的用户数量。获得一个新用户需要多少成本，每个用户可以带来多少现金流，并购公司都要心中有数。在并购中，一些服务型公司也可以应用同样的逻辑，比如 HMO 公司，就可以依据投保的用户数量进行评估。

$\ominus$　在这个例子中，我们采用了资本资产定价模型来估计 Apex 公司的权益资本成本，因此，我们假定投资者只对市场风险溢价有要求。我们同样也可以进行公司的风险分析，在这种情况下，Apex 公司的相关风险等于其现金流对并购后公司总风险的贡献。

　　在现实中，大公司在进行并购时，几乎总是会请投资银行来帮助进行评估。例如，当通用电气收购 Utah 国际公司时，通用电气就聘请了摩根士丹利公司来确定 Utah 公司的价值。我们与摩根士丹利公司的分管价值评估的分析人员讨论了价值评估的过程，分析人员证实，他们采用了本章所探讨的所有标准的方法。尽管如此，请注意，正如对其他所有复杂问题的分析一样，并购的分析也需要各种主观判断，而人们的主观判断会相互不同，比如，人们的判断对于赋予不同方法多少权重是不同的。

21.5.2 确定投标价格

运用折现现金流法可以得出，9 650 万美元是高科公司为 Apex 公司支付的价格上限——因为如果支付的更多，高科公司本身的价值就会受损。而如果高科公司可以为 Apex 公司报价，它会提出一个比 9 650 万美元低的价格。

图 21-1 的曲线表明了并购的情况。9 650 万美元表示为水平轴上的一点，这是高科公司所能为此次并购支付的最高价格。如果高科公司支付的金额比较少，比如说是 8 650 万美元，那么该公司股东可以从并购活动中得到 1 000 万美元的好处，但当高科公司必须支付的金额高于 9 650 万美元时，该公司的股东就会遭受损失。我们可以得到一条夹角为 45 度的线，它与 X 轴相交于 9 650 万美元那一点。这条线表明了在不同并购价格水平上，高科公司的股东将获利或亏损的金额。

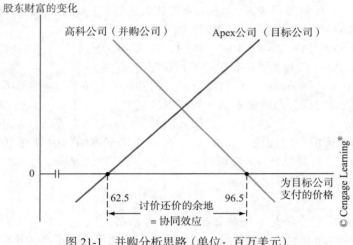

图 21-1 并购分析思路（单位：百万美元）

现在来考虑目标公司——Apex 公司。该公司拥有 1 000 万股股票，每股售价为 6.25 美元，所以其独立经营时的公司价值可以估算为 6 250 万美元（该结论基于两个假设：①其现有的管理层会尽可能经营好该公司；②除了其现有经营现金流的现值以外，每股市场价格 6.25 美元中并不包括"投机性并购溢价"）。如果 Apex 公司以一个高于 6 250 万美元的价格被并购，该公司的股东将因此获利，如果并购价格低于这个数字，该公司的股东就会蒙受损失。所以，我们就可以画出另一条夹角为 45 度的线，这条线表明随并购价格升降，Apex 公司的股东所受到的影响。

6 250 万美元和 9 650 万美元之间的差距是 3 400 万美元，代表了并购预期能获得的协同效应的价值。以下是需要注意的几点。

（1）如果并购活动没有产生协同效应，最高的报价就应该与目标公司现有的价格相等。协同效应越大，目标公司现有价格与并购公司所能支付的最高报价之间的差距就越大。

（2）协同效应越大，并购成功的可能性就越大。

（3）如何分配协同效应带来的好处是十分关键和重要的。显而易见，两边的公司都希望自己能获得协同效应带来的更多好处。在我们的例子中，如果 Apex 公司的管理层知道高科公司可支付的最高价格，他们就会尽量地要求并购价格接近 9 650 万美元。同样，高科公司会尽力使并购价格更为接近 Apex 公司的现有价格 6 250 万美元。

（4）在 6 250 万美元与 9 650 万美元之间，到底应该选择哪个价格报价呢？对这个问题的回答取决于几个因素，包括高科公司是通过现金支付还是证券支付、两家公司的管理层的谈判水平，此外最重要的是，由两家公司基本经济情况决定的双方谈判地位。为了更好地说明最后一个因素，我们可以假设有许多类似 Apex 公司的公司可以成为高科公司并购的考虑对象，但是除了高科公司之外，没有公司可以通过并购 Apex 公司获得协同效应。这样的话，高科公司就有可能报出一个相对较低的价格，并向对方说明要么接受，要么它将不考虑并购这家公司；而 Apex 公司很可能接受这个报价，因为这总比什么都没有要好。而如果 Apex 公司拥有一些独一无二的技术或者资产，而这些又是许多公司渴望拥有的，那么一旦高科公司宣布了其并购意向，其他公司可能会进行竞争性报价。结果并购价格很可能接近 9 650 万美元，甚至高出这个价格。高出 9 650 万美元的价格可能是由另一个可以通过并购 Apex 公司获得更大协同效应的公司提出的，也有可能是该公司的管理层对并购 Apex 公司之后的增量现金流更为乐观。在图 21-1 中，这种情况的公司可以用一条由高科公司直线平行右移的直线来表示。

（5）高科公司当然想对其最高报价保密，它会仔细计划其并购战略，并使得整个战略与不断发生变化的实际情况相适应。如果该公司认为其他竞争公司会出现，或者 Apex 公司的管理层为了保住他们的职位而拒绝其报价，它就可能报出一个"先发制人"的价格，从而使其他竞争公司知难而退，也使得 Apex 公司的管理层容易接受。如果情况相反，高科公司可能开出一个相对低的价格，企图以较小的代价就得到 Apex 公司。

在下一节中我们将进一步讨论上述内容，在阅读本章余下的部分时，你应该熟记图 21-1。

跳出财务报表分析

当公司采取并购行动的时候，往往不仅仅要考虑财务上的问题，还要将许多问题综合考虑。并购使两个具有不同历史和文化背景的公司合并在了一起。对于表面上看起来很不错的交易，如果公司的个人无法或者不愿意很好地合作，从而难以产生理想的协同效应，那么这个交易最终将归于失败。所以，在分析一个可能的并购活动时，我们必须考虑这两家公司是否兼容。

许多并购交易半途而废，是因为在"尽职调查"阶段，并购公司派出的小组发现协同效应比原来预计的要小，所以几乎没有进行并购的经济依据。也有一些是在谈判阶段，在被并购公司股票的支付价格上，两家公司难以达成一致。麦肯锡公司建议，在分析并购时，并购公司的管理层需要采取更广阔的视野来识别和量化协同效应，以找到创造价值的机会。这样做分析师将发现未被考虑的额外价值。此外，并购归于失败还有可能是由于"社会问题"，包括公司业务及人员的相融性，也包括诸如"新公司的名字是什么""公司总部设在哪里"等基本问题，以及"谁来经营并购

后的公司"这样的关键问题。

投资银行家、律师和其他专业人士认为，如果有一个针对并购的清晰而详尽的计划，其中说明了将来由谁运营这家公司等关键问题，那么这个并购成功的可能性会大大增加。对于那些具有明显主导地位、主动去并购其他公司的公司而言，"谁来运营新的公司"这个问题的答案是显而易见的。但是，在"同等实力并购"的案例中，这个问题就变得比较模糊了。但如果双方公司中有一方的主要管理人员接近退休年龄了，这个问题就会比较容易解决。

一些分析人士相信，社会问题往往扮演十分重要的角色，甚至导致本来应该进行的并购以失败告终。另外，在其他并购案中，由于考虑社会问题，管理层不能实施某些必要的变革举措，比如辞退多余的职员，尽管这将有利于股东的利益。

资料来源："In Many Merger Deals, Ego and Pride Play Big Roles in Which Way Talks Go," *The Wall Street Journal*, August 22, 1996, p. C1.

21.5.3 并购的后期控制

聘用 / 控制状况往往是并购分析中至关重要的部分。首先，我们来考虑一个规模比较小的公司被一个大的企业集团公司并购之后的情况，这家小公司的所有者就是该公司的管理者。小公司原来的所有者（即管理者）往往希望为自己保留一个比较高的职位，但他也许已经同公司员工建立良好的同事情谊，因此，他也会关心并购之后公司员工的去留问题。鉴于这种情况，在谈判时就要强调这些问题。⊖当一家上市公司被另一家上市公

⊖ 并购公司也许会担心这一点，特别是当目标公司的管理层很好时。的确，并购的条件之一可能是让管理层在并购之后的 5 年时间中继续留任。在这种情况下，支付的价格可能会与被并购公司并购后的业绩挂钩。例如，当国际控股公司并购沃尔克产品公司时，当时立即用来支付的部分是国际控股公司的 10 万股股票，每股价值为 63 美元，再加上在随后 3 年中每年支付 30 000 股股票，前提条件是沃尔克产品公司在此期间每年至少应该获得 100 万美元的收益。由于沃尔克产品公司的管理者持有相应的股票，并将收到良好业绩的奖励，他们就很愿意留任，并有动力帮助公司达到其经营目标。

最终，如果目标公司的管理者有很强的专业胜任能力，但是不希望在并购之后继续留任，并购公司也许会与目标公司管理者协商，在并购合同中加入同业竞争规避条款。典型的情况是，目标公司的高级经理们必须同意，在公司售出后一定时间之内，比如说 5 年之内，不加入业务上与目标公司业务具有竞争的公司。这种协议条款对于服务型公司来说尤其重要。

司并购时，目标公司的管理者并不是所有者，就会对并购以后自己的职位担心。如果并购公司同意在并购以后接受原有的管理层，那么目标公司的管理层就有可能支持并购，并向股东游说。如果原有的管理层被辞退，那么他们将有可能对这次并购活动持反对态度。⊖

自我测验

1. 经营并购和财务并购有什么不同？
2. 说明在折现现金流法中对并购后的现金流估计。
3. 在折现现金流法中，什么是折现率确定的基础？说明如何估算这个折现率。
4. 说明市场乘数法。
5. 并购公司在报价的时候，往往会考虑哪些因素？
6. 并购后的控制问题将对并购产生什么样的影响？
7. 请基于以下条件，计算 XYZ 公司对 JKL 公司的并购价值。XYZ 公司在合并后 1 ～ 3 年的现金流估计为 700 万美元、1 000 万美元和 1 200 万美元。此外，其在第 3 年后的持续经营价值为 3.18 亿美元。公司的权益资本成本为 10%，其增长率为 6%。（2.625 6 亿美元。）

21.6　投资银行的作用

投资银行通过以下几种方式参与到并购活动中来：①帮助安排并购；②帮助目标公司采取防御战略；③帮助评估目标公司的价值；④为并购提供融资帮助；⑤投资于潜在的并购目标公司。这些与并购相关的活动能带来丰厚的利润。例如，2019 年，美国银行、花旗、高盛、摩根大通和摩根士丹利获得了 102.8 亿美元的咨询费，比 2018 年下降了 5%。⊖难怪投资银行机构能够为财务 / 金融专业的毕业生提供高薪。表 21-3 提供了截至 2020 年 9 月最佳并购顾问名单。

表 21-3　2020 年 9 月全球最佳并购顾问名单

		截至 2020			截至 2019	
						（金额单位：10 亿美元）
排名	公司	金额	交易数量	排名	金额	交易数量
1	高盛	530.2	212	1	1 053.8	269
2	摩根士丹利	485.1	179	3	808.9	218
3	摩根大通	379.8	187	2	922.7	267
4	美国银行证券公司	305.0	160	5	584.8	167
5	花旗	189.6	131	4	619.4	174
6	瑞银集团	185.1	90	17	138.0	111
7	瑞士信贷	184.2	96	7	321.4	155
8	拉扎德公司	159.3	125	12	164.0	185
9	Evercore Inc	153.8	109	6	530.0	125
10	巴克莱	144.2	91	8	246.1	157

资料来源："Investment Banking Scorecard," *WSJ MoneyBeat* (graphics.wsj.com /investment-banking-scorecard/), September 21, 2020.

21.6.1　并购安排

主要的投资银行在其公司财务部门内部设有合并和并购小组（财务部门为公司提供并购建议，而不是证券

⊖ 那些具有吸引力的并购目标公司管理层经常为自己设置金色降落伞。金色降落伞将在发生并购的情况下被激活，它是一种特别有利于管理者的退休金计划。因此，当 Bendix 被联合公司收购时，Bendix 公司的主席比尔·阿吉（Bill Agee）"就拉开了他的金色降落伞"，揣着 400 万美元离开了公司。如果金色降落伞金额足够大，它可能产生毒丸作用。例如，如果价值 1 000 万美元的企业的管理者在并购后索要 800 万美元，这就将有效地阻止并购的发生。公司的股东越来越强烈反对这种安排，但是现实中仍然存在。

⊖ 参见 Eric Platt, "Wall Street M&A Fees Drop by More Than \$500m in 2019," *Financial Times* (ft.com), January 17, 2020.

的承销和经纪业务）。小组成员关注和寻找拥有剩余资金和并购意图的公司、愿意被并购的公司，以及由于某些原因对其他公司有吸引力的公司。此外，如果一个石油公司基于某种考虑，想扩张到煤炭开采领域，那么这家公司就会向投资银行寻求帮助，帮助它并购一个煤炭企业。在经营不善的公司中，对管理层持相左意见的股东，也会通过与投资银行合作，帮助投资银行安排并购活动，从而更换该公司原有的管理层。投资银行可以为有并购意图的公司提供一系列金融服务方案，其中包括设计在要约并购中所使用的证券，列出有可能会并购目标公司股票的其他公司和个人名单，以及最终支付方案确定后对目标公司的报价。

投资银行在并购活动中偶尔存在非法行为。例如，投资银行拥有寄存的股票——在签订一个保证回购协议后，为并购公司购买股票——帮助并购公司在无须公开披露的情况下，在事实上获得目标公司 5% 以上的股票。这样做是有可能坐牢的。

21.6.2　制定防御战略

不愿被并购的目标公司通常会寻找投资银行的帮助，一般同时也会寻求一个专注并购业务的律师事务所的帮助。可以采取的防御战略包括：①修改公司章程，使得每年只选举 1/3 的新董事，或者要求 75%（绝对多数）而不是简单多数才可以通过被并购的决议；②使目标公司的股东相信，并购公司的报价太低；③提出反托拉斯问题，从而希望引起法律部门关注，干涉并购活动；④在公开市场上回购公司股票，从而使公司股票价格上升，超过潜在并购公司的报价；⑤寻找一家目标公司管理层可以接受的白衣骑士（white knight），与潜在并购公司竞争；⑥寻找另一个与目标公司现有管理层比较友好的白衣卫士（white squire），收购足够的目标公司股票，从而阻碍潜在并购公司的并购行动；⑦采取毒丸计划，这在下面将进行说明。

毒丸计划（poison pills）相当于目标公司采取经济上的自杀行为来阻止目标公司被并购，包括以下战略：借入带有附加条件的贷款，一旦公司被并购，必须马上偿还这些贷款；把该公司具有吸引力的资产廉价卖出；授予该公司管理者金色降落伞，如果该公司被并购，就要支付给管理者一大笔钱，这些项目所导致的现金流出使并购变得不可行，以及进行防御性并购，给公司留下问题资产和沉重的债务负担。比较普遍的毒丸计划是公司给予其股东以"股票购买权"，这个权利允许股东在该公司被并购时，以半价购买公司的股票。由于公司董事普遍意识到，过多地使用毒丸计划有可能会导致股东在不久的将来依据进一步限制毒丸计划的法律直接起诉支持使用这种计划的董事个人，因此毒丸计划的过度滥用已经得到一定程度控制。但是，投资银行和反并购的律师仍然致力于寻找新的毒丸计划，而其他的投资银行和支持并购的律师则致力于寻找毒丸计划的解药。[⊖]

其他正在使用的防御措施是员工持股计划（ESOP）。ESOP 让底层员工拥有公司的股票，现有的税法鼓励公司采取员工持股计划，并用公司的普通股股票为这一计划提供基金。

21.6.3　确定公允价值

如果两家公司的管理层正致力于达成一个善意并购，确定两家公司所达成的价格是一个公平的价格就显得十分重要了，否则每家公司的股东都会反对这次并购交易。因此，在大多数的并购交易中，双方公司都会各自聘用一家投资银行，对目标公司进行估价，为确定一个公平的价格提供帮助。最近的一项关于公平价格的研究表明：为并购公司工作的顾问倾向于产生过度乐观的目标公司的估值，而为目标公司工作的顾问做出更准确的目标价值估计。这项研究也表明，市场可以从目标公司的顾问提供的公平意见中得到有用的信息。[⊜]

21.6.4　并购融资

许多并购公司使用剩余现金进行并购活动。但是，如果并购公司没有剩余现金，就需要其他资金的来源。例如，亚马逊在 2017 年 8 月筹集了 160 亿美元的债务，以资助其并购全食超市。[⊜]20 世纪 80 年代的并购浪潮

⊖ 如果公司想购买"董事会的保险"，来保护董事会免受股东的这种起诉，那将非常困难，价钱也非常昂贵。即便存在这种险种，对出于董事会没有正确判断形势或没有采取谨慎措施所造成的损失，保险公司也不会理赔。这种风险暴露使得公司的董事会特别不愿意采取那些有可能会引起股东起诉的行动。

⊜ Matthew D. Cain, "The Information Content of Fairness Opinions in Negotiated Mergers," 2007 PhD dissertation, Purdue University.

⊜ 参见 Evelyn Cheng, "Amazon Raises $16 Billion to Fund Whole Foods Acquisition with Debt That Includes 40-Year Bond," *CNBC* (cnbc.com), August 15, 2017.

中最为重要的因素，就是垃圾债券在并购活动中的广泛使用。

　　Drexel Burnham Lambert 公司是垃圾债券的开创者之一，这种风险债券的级别在投资级（BBB/Baa）以下。在此之前，公司通过出售低级别的债券来获得资本几乎是不可能的。于是 Drexel Burnham Lambert 公司开创了一种方法，该方法可以对目标公司进行仔细评估，并且编制现金流量预测表（与表 21-2 十分相似，只是更为详细）。

　　为了在并购活动中获得成功，投资银行必须能够为客户提供一系列的金融服务，不论它们是需要资本进行并购的公司，还是想为实施股票回购计划或其他防御并购措施而寻求融资的目标公司。Drexel Burnham Lambert 公司是 20 世纪 80 年代的并购融资活动中的领导者，但在 Drexel Burnham Lambert 公司破产以后，摩根士丹利、高盛、摩根大通、美林银行、德意志银行、瑞士信贷陆续成了这个市场的领头羊。

21.6.5　套利操作

　　套利（arbitrage）通常意味着同时在两个不同的市场上以不同的价格买进和卖出同样的商品或证券，从而获得一个无风险的收益。但是，大的经纪公司和一些资本充裕的个人投资者从事于另一种类型的套利，叫作**风险套利**（risk arbitrage）。套利者投机于那些可能成为并购目标公司的股票。为降低投机风险，需要投资于大量的股票，从而就需要大量的资本，这样可以降低风险，同时也减少利润空间。但是，大型投资银行具有必要的资金来进行这项游戏。为了成功，套利者必须对可能的目标具有敏锐的嗅觉，合理估计获得收益的可能性，并且能以较低的交易成本迅速地进入和退出市场。

自我测验

1. 目标公司可以用来抵御敌意并购活动的战略有哪几种？
2. 垃圾债券在 20 世纪 80 年代的并购浪潮中扮演了什么样的角色？
3. 纯套利活动与风险套利活动的区别是什么？

21.7　公司并购能创造价值吗？ 实证数据分析

　　所有的并购活动向人们提出了两个问题：①公司并购能创造价值吗？②如果公司并购创造了价值，这个价值在并购各方中将如何分配？大多数研究者都一致认为，并购可以增加目标公司股东的财富，如果不是这样的话，他们不会同意并购。但是，在并购是否对并购公司股东有利的问题上，大家就存在争议了。在特定情况下，并购公司的管理层产生并购的动机，可能不是使并购公司股东财富最大化，而是出于其他因素的考虑。比如，进行并购仅仅是因为想扩大他们所管理的公司的规模，因为公司规模的扩大通常会给管理人员带来工资的增加和工作稳定性的加强，以及职位补贴、权力和声誉的提高。

　　我们可以通过对宣布合并或并购前后股票价格的变化来检验关于哪一方将于并购活动中获利的不同观点。并购公司和目标公司股票价格的变化反映了市场对并购所创造的价值，以及所创造价值应该如何在目标公司和并购公司股东之间分配的预期和估计。所以，通过对大量股票价格变化的观察，可以知道究竟谁可以从并购中获利。

　　同时，我们不能仅仅简单地考察并购信息宣布日的股票价格，因为股票价格还受其他因素的影响。比如，如果并购消息宣布那天，整个市场都有所上升，目标公司股票价格的上升就不能作为并购将产生价值的充分证据。因此，还应研究与并购消息宣布相关的异常收益，这里的**异常收益**（abnormal returns）指的是股票价格变化中，不是由股票市场普遍因素引起的那部分变化。

　　许多学者研究了并购公司和目标公司的股票价格对合并和要约并购的反应。[⊖]整体上，这些研究涵盖了从 20 世纪 60 年代早期到现在几乎所有的公开交易的并购活动，而研究的结果惊人地相似：平均来说，在敌意并购中，目标公司的股票价格上升了 30%；而在善意并购中，目标公司股票价格平均上升了 20%。但是，无论敌

　　⊖ 关于并购影响公司价值的总结，参见 Michael C. Jensen and Richard S. Ruback, " The Market for Corporate Control: The Scientific Evidence," *Journal of Financial Economics*, April 1983, pp. 5–50.

意并购还是善意并购，平均来说，并购公司的股票价格没有什么改变。然而，正如下文标题为"创纪录的大并购"的专栏所暗示的，并购之间的异常收益差异很大，并购公司在宣布合并时股价下跌并不罕见。因此，这些证据表明了：并购活动的确产生价值，但是目标公司股东最终获得了几乎所有的好处。

事后来看，这样的结果其实一点也不奇怪。首先，目标公司的股东可以对并购说"不"，因此他们处于主导地位。其次，并购是一个竞争性的游戏，所以如果一个并购公司没有按目标公司的全部价值报价，那么另一家公司就可以按照更高的报价参与并购竞争。最后，并购公司的管理层可能会愿意放弃所有由并购所创造的价值，因为并购可以加强并购公司经理的个人地位，而不损害并购公司股东的利益。

也有人提出，并购也许会以牺牲债券持有者利益为代价来增加公司股东的财富——尤其是，人们担心杠杆收购会稀释债券持有者的求偿权。我们可以找到特定的例子，证明在并购活动中，作为并购的一个直接结果，债券被降级，债权人承受了损失，有时这样的损失还相当大。但是，绝大多数研究并没有找到有力的证据来证明，平均来说，在并购活动中债权人会受到损失。

自我测验

1. 解释研究人员如何研究并购对股东财富的影响。
2. 并购会创造价值吗？如果创造了价值，谁会从中获益？
3. 在本节中讨论的研究结果符合逻辑吗？请解释你的观点。

创纪录的大并购

众所周知，目标股东往往做得很好，但并购公司经常发现，当他们宣布合并时，股价仍会下跌。市场对并购的态度由来已久。例如，20世纪90年代，并购公司管理者仍然对此缺乏明显认识，导致出现一桩接一桩糟糕的并购交易。

《商业周刊》从1995年到2001年发布了302个大型并购的分析，它发现，61%的并购导致并购公司股东的损失。事实上，进行过并购的公司在合并后的第1年股东收益比同行业内其他公司的收益低25个百分点。所有合并公司（赢家和输家）的平均收益率低于行业平均水平4.3%，低于标准普尔500指数的平均收益水平9.2%。文章列举了4个常见错误。

（1）并购公司往往支付过高的对价。一般来说，并购公司应将从并购中获得的协同效应全部转移给目标公司的股东。

（2）管理层高估了合并后产生的协同效应（成本节约和收入增长）。

（3）管理层要花费很长时间来整合并购的公司，这会导致客户和员工不满，并购收益延迟实现。

（4）一些公司削减成本的力度太大，导致难以维持当前销售和生产的能力。

尽管如此，有一些证据表明，随着时间的推移，企业管理者已经慢慢吸取了教训，平均而言，投标人近年来可能在选择目标、定价交易和整合运营方面做得更好。⊖请记住，同样重要的是，虽然合并并不总是对并购公司有利，但如果考虑到目标公司股东的典型收益，大多数并购确实会创造价值。芝加哥大学的史蒂夫·卡普兰教授在总结如何思考并购价值方面做得很好：

"公平地说，这在很大程度上取决于提出的问题。如果我们对并购公司的管理层是否应该完成交易感兴趣，我们会主要关心投标人会发生什么。如果我们更关心合并是否对经济或整个社会有利，那么正确的焦点应该是并购创造或破坏的综合价值。"

资料来源：David Henry, "Mergers: Why Most Big Deals Don't Pay Off," *BusinessWeek*, October 14, 2002, pp. 60–70; Andre Annema, "M & A in 2012: Picking Up the Pace," *McKinsey on Finance*, McKinsey & Company, Spring 2013, pp. 20–22; and Steve Kaplan, "Forget What You've Read: Most Mergers Create Value," *Chicago Booth Review* (review.chicagobooth.edu), May 21, 2016.

⊖ 参见 Andre Annema, "M & A in 2012; Picking Up the Pace," *McKinsey on Finance*, McKinsey & Company, Spring 2013, pp. 20–22.

21.8 企业联盟

并购只是两家企业联合的一种方式，有些企业通过企业联盟（或战略联盟）来达到合作的目的。**企业联盟（或战略联盟）**（corporate, or strategic alliances）需要的时间比并购短得多。并购通常整合与两家企业相关的所有资产、双方的股权和管理技术，而企业联盟允许企业只针对能创造最大的协同效应的业务部门进行整合。这些联盟包括从简单的市场协议到跨国公司的股权联合等多种类型。一些成功的战略联盟的例子包括巴诺书店和星巴克、迪士尼和惠普，以及 Apple Pay 和万事达。

企业联盟的一种形式是合资企业，就是不同企业的相关部分为达到特定的目标而进行联合，组成有限责任的实体。⊖这样的合资企业往往由代表各个组成企业的管理团队进行控制和管理。这种联合形式经常被美国、日本、欧洲的企业所使用，以共享技术和市场方面的优势。比如，惠而浦公司宣布与荷兰的电子巨人——飞利浦公司进行合资生产，在五个欧洲国家中推出使用飞利浦品牌的产品。⊖通过与国外竞争对手的联盟，美国企业可以在欧洲获得更稳定的立足点。虽然企业联盟对一些企业而言还比较陌生，但是对于其他许多的企业而言，企业联盟已经逐渐成为公司经营中的常规做法。事实上，康宁公司在 20 世纪 30 年代就开始通过合资公司的方式与其他公司建立合作关系。2020 年 1 月，华纳兄弟和环球影业宣布了一项为期 10 年的家庭娱乐部门合资协议，旨在削减 DVD、蓝光和包装媒体分销的间接成本。

自我测验

1. 并购和企业联盟有什么不同？
2. 什么是合资企业？为什么合资这样的企业联盟方式会给联盟的企业带来好处？请给出几个原因。

21.9 私募股权投资

并不是所有的目标公司都被上市公司并购。近年来，越来越多的公司，包括加州比萨厨房、边境、Outback Steakhouse 和 Neiman Marcus 已被私募股权并购。私募股权公司从富有的个人募集资金并寻找机会进行有利可图的投资。主要的私募股权公司包括 TPG 资本、高盛资本投资、凯雷集团、Kohlberg Kravis Roberts（KKR）和贝莱德集团。在许多情况下，这些公司从事**杠杆收购**（leveraged buyout, LBO）。杠杆收购中的投资者的团体，通常是现有的管理层，几乎全部利用举债获得的资金来并购一家公司。债务由目标公司在经营中产生的资金来偿付，通常这种资金也可以通过出售公司的资产来获得。有时，并购团体计划在一定的年限中经营目标公司，增加它的销售收入和利润，然后让它以一个更强大的形象回到公开市场。另外一种情况则是，LBO 公司计划把业务部门出售给另一个可以获得协同效应的公司。在这两种情况下，并购公司往往都会从杠杆收购中获得大量的利润。其内在风险在很大程度上源于对财务杠杆的过度利用。

自我测验

1. 什么是杠杆收购？
2. 对于在杠杆收购中形成的巨额债务负担，公司一般采取什么典型的措施？

21.10 剥离

虽然公司通常更多地买进而不是卖出生产设备，但是出售的情况的确是存在的。在这一节中，我们将首先

⊖ 交叉许可、国际财团、联合报价和特许经营也是公司联合资源的方法。更多的信息参见 Sanford V. Berg, Jerome Duncan, and Phillip Friedman, *Joint Venture Strategies and Corporate Innovation* (Cambridge, MA: Oelgeschlager, Gunn and Hain, 1982).
⊖ 惠而浦和飞利浦的合资企业始于 1988 年，惠而浦拥有该公司 53% 的股权。1991 年，惠而浦通过并购飞利浦的股份成为惠而浦国际的全部拥有者。

简短地讨论资产剥离的主要类型，然后，我们将列举一些最近的例子，分析剥离的基本原理。

21.10.1 剥离的种类

剥离有 4 种主要的类型：①将一个经营单位出售给另一家公司；②建立一个准备被剥离独立的公司，然后将这家公司分立给公司的股东；③基本与第 2 种独立的做法一样，但是只卖出该公司的部分股票；④直接将该公司资产出售变现。

出售给另一家公司通常涉及整个部门或单位的出售，通常以现金支付，有时以并购公司的股票支付。在分立的情况下，公司现有股东获得代表被分立公司独立所有权的新股票。被分立公司成立自己的董事会和拥有自己的管理人员，成为一个独立的公司。股东最后拥有两家公司的股票，而不是一家公司的股票，但其间没有现金的转移。在第 3 种资产剥离的情况下，只将子公司的一小部分股权卖给新的股东，所以母公司在获得新的股权融资的同时仍保留对子公司的控制地位。最后，在清算中，被剥离公司的各种资产是按照单项出售，而不是作为一个经营实体出售。为了更好地说明不同的资产剥离类型，我们在下面的部分予以案例说明。

21.10.2 剥离示例

在过去几十年里，出现了一些高调的剥离。表 21-4 汇总了自 2005 年以来最大的分立。

表 21-4 自 2005 年以来选定的大型分立交易

年份	母体	分立	市场价值 /10 亿美元
2008	Altria Group	Philip Morris Int'l	106.6
2013	Abbott Labs	AbbVie	64.0
2019	DowDuPont	Dow	52.4
2015	eBay	PayPal	47.0
2007	Altria Group	Kraft Foods	46.2
2019	Naspers	Prosus	34.5
2006	Viacom①	Viacom	32.2
2019	Novartis	Alcon	31.4
2012	Kraft Foods②	Kraft Foods Group	26.9
2015	Hewlett Packard	Hewlett Packard Enterprise	26.0
2009	Time Warner	Time Warner Cable	22.5
2007	Tyco Int'l	Covidien	21.5
2007	Duke Energy	Spectra Energy	20.8
2012	ConocoPhillips	Phillips 66	20.7

① 更名为 CBS Corporation

② 更名为 Mondelez International

如果往前回顾更长一点，可以发现有些非常著名的交易，甚至改变了企业的发展格局，例如：

（1）百事公司最近分立出了其快餐食品业务，其中包括必胜客、塔可钟和肯德基炸鸡快餐。被分立的公司，现在由 Tricon 全球饮食集团管理。百事公司原来进入这个产业，主要是想增加其软饮料的分销渠道。但是，随着时间的推移，百事公司开始认识到，软饮料市场与快餐市场具有太多的差异，二者之间的协同效应并没有预期的那样大。分立出快餐食品业务，是百事公司重新专注于其核心业务的手段之一。百事公司尝试维持这些分销渠道，通过签订长期合同，保证仅有百事的产品可以在这 3 个连锁快餐食品中出售。

（2）联合航空公司最近将旗下的希尔顿国际酒店业务，以 11 亿美元的价格出售给英国的 Ladbroke 集团公司，同时出售的还有 Hertz 汽车租赁业务和西部酒店业务。这次出售使得联合航空建立全程服务的旅行王国的计划寿终正寝。这个失败的计划也导致了联合航空公司的主席——理查德·费里斯辞职。

（3）通用汽车分立了其电子数据系统（EDS）公司。EDS 公司是一个由罗斯·佩罗特在 1962 年建立的计算机服务公司。作为一个独立的公司，它一直蓬勃发展，直到 1984 年被通用汽车并购。并购的初衷是，EDS 的专业技术可以帮助通用汽车在信息时代更好地经营，并以领先时代的计算机技术制造汽车。但是，台式计算机的增加和公司裁减内部计算机部门职员的运动，使得 EDS 公司中与通用汽车无关的业务量猛增。通用汽车的控制权限制了 EDS 公司发展的能力，在一定程度上，也限制了 EDS 公司进入相关行业的能力。EDS 公司最好的经营方式是作为一个独立的公司经营，因此，EDS 公司最后分立出了通用汽车。

（4）由于 20 世纪 70 年代美国司法部的反托拉斯诉讼，导致 AT&T 公司在 1983 年被拆分。⊖这次拆分的用意在于提高市场竞争程度，加快非自然垄断电信产业业务的技术进步。具有讽刺意味的是，起源于贝尔电话公司的 SBC 通信公司在 2005 年 11 月以 160 亿美元并购了 AT&T 公司。"新"的 AT&T 公司是一家全球性的电信公司。

2020 年 10 月，IBM 宣布计划将拥有价值 190 亿美元业务的 IT 基础架构管理服务分拆出来成立一家新的独立上市公司。这一举措受到了投资者和分析师的好评，公告发布后股价上涨了 6%。分拆旨在帮助 IBM 重新关注其增长领域。⊜通过上述案例的阐述，我们可以发现剥离的原因十分广泛。有时当公司坚持致力于主营业务时，股票分析师和投资者可能感觉到更为合适，百事可乐公司和联合航空的例子都说明了这一点。当公司为支持主营业务的扩张或为降低债务负担而需要资金时，也可以通过剥离获得相应的资金。剥离同时也说明了经营一家公司是一个动态的过程——随着外界条件的变化，公司需要调整战略，对变化做出反应，相应地，公司要改变其资产组合，因而会选择并购或者剥离。

自我测验

简要说明 4 种剥离的类型。

本章小结

在本章中，我们讨论了并购、剥离和杠杆收购等概念，其中大部分篇幅讨论的还是并购。我们探讨了并购的合理性、并购的不同类型、并购活动的水平和并购的分析，给出了确定目标公司价值的两种方法：折现现金流法和市场乘数法，也解释了并购公司如何设计报价，以及投资银行在并购安排和并购融资方面的作用。此外，我们还讨论了在不进行并购情况下的合作安排：企业联盟（或战略联盟）、建立合资公司。

自测题

ST-1 关键术语
定义下列术语：
a. 协同效应、并购
b. 横向并购、纵向并购、同类并购、混合并购
c. 善意并购、敌意并购、防御型合并、要约并购、目标公司、分离价值、并购公司
d. 经营并购、财务并购、权益剩余法、市场乘数法
e. 白衣骑士、白衣卫士、毒丸计划、金色降落伞
f. 套利
g. 合资（公司）、企业联盟（或战略联盟）
h. 剥离、分立、杠杆收购、分拆、清算

ST-2 并购价值
Pizza Place 是一家全国性的比萨连锁店，正在考虑并购另一家较小的连锁店西山比萨店。Pizza Place 公司的分析师预计，并购能在第 1 年带来 150 万美元的现金流，第 2 年的现金流为 200 万美元，第 3 年的现金流为 300 万美元，第 4 年的现金流为 500 万美元。在第 4 年以后，西山比萨店的现金流预期每年增加 50%。假设所有的现金流都在年末发生，并购与否的决定需要马上做出。西山比萨店并购后的 β 系数估计为 1.5，而它并购后的所得税税率是 25%。无风险利率是 6%，市场风险溢价是 4%。请问 Pizza Place 比萨店并购西山比萨店的价格应该是多少？

⊖ 另一起被迫剥离业务涉及杜邦公司和通用汽车公司。在 1921 年，通用汽车遇到了严重的财务困难，杜邦公司为其提供了资本支持，并以此换取通用汽车公司 23% 的股票。在 20 世纪 50 年代，美国司法部起诉并提出杜邦公司应该分立通用汽车公司的股票，最终司法部胜诉。

⊜ 参见 Asa Fitch, "IBM Split Doesn't Guarantee a Speedy Recovery, History Suggests," *The Wall Street Journal* (wsj.com), October 10, 2020.

简答题

21-1 并购的 4 种不同类型包括横向并购、纵向并购、同类并购、混合并购。请解释在下面问题的并购分析中，以上类型划分的重要意义：(a) 政府干涉并购的可能性大小；(b) 产生经营协同效应的可能性。

21-2 A 公司希望并购 B 公司。B 公司的管理层认为并购是个好的建议。在这种情况下，并购公司是否应该使用要约收购？为什么？

21-3 指出经营并购和财务并购的不同之处。

21-4 在 1984 年春天，迪士尼公司的每股售价为 3.125 美元（这里的价格已经根据该公司 1986 年和 1992 年的 1：4 股票分割进行了调整）。一家纽约的财务公司 Saul Steinberg 公司开始收购迪士尼公司的股票，在取得了 12% 的迪士尼股票之后，它对其他 37% 的迪士尼公司股票以每股 4.22 美元发起了要约收购，这可能将使它拥有 49% 的迪士尼股票。随后，迪士尼公司的管理层宣布计划并购 Gibson 贺卡公司和 Arvida 公司，以迪士尼公司股票支付。同时据 Saul Steinberg 公司说，迪士尼公司也提高了银行信用额度，准备借债 20 亿美元，利用这笔款项回购本公司股票，回购价格比 Saul Steinberg 公司的报价更高。迪士尼公司所有的这些举动，都是为了避免被 Saul Steinberg 公司并购。到 6 月，迪士尼公司同意以每股 4.84 美元的价格收购 Saul Steinberg 公司手中的迪士尼股票，这样，Saul Steinberg 公司在两个月的时间内，利用 2 650 万美元作为投资资本，取得了大约 6 000 万美元的收益。

当迪士尼公司宣布回购 Saul Steinberg 手中的股票时，股票价格迅速从每股 4.25 美元跌落到 2.875 美元。许多迪士尼公司的股东十分愤怒，他们尝试阻止这次回购。迪士尼公司事件使美国国会立法委员会认为讨论以下立法问题的听证会尤为重要：①禁止在没有对余下的股票提出要约收购的情况下，收购一家公司超过 10% 以上的股票；②禁止使用"迪士尼公司的管理层在阻止 Saul Steinberg 公司并购时所采用的毒丸计划"阻止并购；③除非得到公司股东多数表决通过，禁止公司回购已经出售给 Saul Steinberg 公司的股票；④禁止或大量减少对金色降落伞方法的使用（迪士尼公司的管理层没有使用这个方法）。

请提出支持和反对这类立法的理由。如果支持该类立法，请说明相应的立法中应该包含哪些条款。查寻迪士尼公司现在的股票价格，判断迪士尼公司的股东要求是否合理。注意：在 1998 年 7 月迪士尼公司进行了 1:3 的股票分割，在 2007 年 6 月进行了 1000：1014 的股票分割。

21-5 两个大型的上市公司准备并购，预计不会获得经营协同效应。但是，由于两家公司的收益并不是完全正相关，并购后公司收益的波动水平会降低。一部分咨询顾问认为，风险的降低足够成为并购的理由。另一部分咨询顾问则认为，这部分风险降低其实是不相关的，因为股东只要持有两家公司股票，就可以获得风险降低的好处，而不需要耗费时间、精力和费用来组织并购。你认为哪个观点更为可取？请解释说明。

问答题

（21-1 ~ 21-3 为简单题）

请根据以下信息解答问答题 21-1 ~ 21-3。

Harrison 公司有意并购 Van Buren 公司。假设无风险利率是 4%，市场风险溢价是 5%。

21-1 价值评估 Visscher 公司最近准备支付每股 1.99 美元的年终股利（D_1=1.99 美元）。Visscher 公司的股利预计每年以 5% 的速度持续增长，β 系数为 0.8。Visscher 公司现在的股票价格为多少？

21-2 并购价值评估 Harrison 公司估计，如果它并购 Visscher 公司，年终股利会保持在 1.99 美元，出于协同效应，股利会保持每年 7% 的增长速度（而不是目前的 5%）。Harrison 公司同时也提高了 Visscher 公司的债务比率，这将使 Visscher 公司的 β 系数上升到 1.05。对于 Harrison 公司来说，Visscher 公司目前的

每股价值为多少？

21-3 并购报价 请在 21-1 和 21-2 基础上回答，如果 Harrison 公司要并购 Visscher 公司，它能提供的并购 Visscher 公司每股普通股股票的可能的价格范围是多少？

（21-4 和 21-5 为中等难度题）

21-4 并购分析 Aubey 家电公司正在考虑并购 Velmore 吸尘器公司。Velmore 吸尘器公司是一家上市公司，它现有的 β 系数是 1.30。Velmore 吸尘器公司盈利不多，因此在过去几年中，它平均的所得税税率是 20%。该公司的资本结构中债务较少，债务比率只有 25%。

如果决定并购，Aubey 家电公司将使 Velmore 吸尘器公司成为一个独立经营的子公司。Aubey 家电公司将按照并购的收益支付所得税，从而所得税税率会上升至 25%。同时，Aubey 家电公司还会将 Velmore

吸尘器公司的债务比率提高到 40%，这也将促使该公司的 β 系数上升到 1.54。Aubey 家电公司负责并购的部门估计，如果并购了 Velmore 吸尘器公司，会为 Aubey 家电公司的股东创造以下现金流（单位：百万美元）：

年份	现金流
1	1.25
2	1.45
3	1.65
4	1.85
5 年以后	持续增长比率为 6%

这里给出的现金流考虑了并购产生的所有影响。Aubey 家电公司的权益资本成本为 14%，该公司的 β 系数为 1.0，债务资本成本是 10%。无风险利率为 9%。

a. 折现所估计的现金流的时候该采用的折现率为多少？（提示：利用 Aubey 家电公司的 r_s 去估计市场风险溢价。）

b. 对于 Aubey 家电公司来说，Velmore 吸尘器公司的价值是多少？

c. Velmore 吸尘器公司有 150 万股流通在外的普通股股票。Aubey 家电公司能支付给 Velmore 吸尘器公司的每股价格最高是多少？如果这个价格被接受，Aubey 家电公司的股票价格会受到什么影响？

21-5 资本预算分析 Staton 文具经销公司有意以 45 万美元并购 Carlysle 卡片公司。Staton 文具经销公司预计，这次并购可以在持续十年的时间内每年带来大约 70 000 美元的利润增长额。Carol Staton 计算出这次投资的边际资本成本为 8%。请为 Staton 文具经销公司做一个资本预算分析，以此决定是否应该并购 Carlysle 卡片公司。

（21-6 为具有挑战性的难题）

21-6 并购分析 TransWorld 通信公司是一家大型的电信公司，正在评估并购 Georgia 有线电视公司的可能性，Georgia 有线电视公司是一个地区性的有线电视公司。TransWorld 通信公司的分析师预计并购后 Georgia 有线电视公司的有关数据如下所示（单位：千美元）。

		2021	2022	2023	2024
销售收入净额		450	518	555	600
销售和管理费用		45	53	60	68
利息		18	21	24	27
并购后所得税率	25%				
销售成本占销售收入的比例	65%				
并购后的 β 系数	1.50				
无风险利率	8%				
市场风险溢价	4%				
TransWorld 公司现金流持续增长率	7%				

如果达成并购协议，将在 2021 年 1 月 1 日执行。假设利润表中的所有现金流都在每年年末发生。Georgia 有线电视公司现有债务比率是 40%，但如果并购成功的话，TransWorld 通信公司决定将债务比率提升为 50%。Georgia 有线电视公司作为一个独立公司的时候，所得税税率是 20%；但如果并购，公司所得税税率将上升至 25%。Georgia 有线电视公司现在的 β 系数是 1.40，该公司的投资银行认为，如果并购后债务比率上升到 50%，那么该公司的 β 系数也会随之上升到 1.60。销售成本预计占销售收入的 65%，但这个比例有可能会变动。折旧产生的资金是用于更新老化的生产设备的，因此不是 TransWorld 通信公司的股东可以得到的部分。无风险利率是 8%，市场风险溢价是 4%。

a. 在评估此次并购价值的时候，合适的折现率是多少？

b. 持续增长价值是多少？

c. 对于 TransWorld 通信公司来说，Georgia 有线电视公司的价值是多少？

综合 / 电子表格问题

并购分析 利用电子表格模型重新解答问答题 21-6，然后回答以下问题：

假设 Georgia 有线电视公司有 12 万股流通在外的股票，TransWorld 通信公司提供给 Georgia 有线电视公司的最高每股价格为多少？

综合案例

Smitty 家庭维修用品公司

并购分析 Smitty 家庭维修用品公司是一个区域性的五金器具连锁公司，专业制造家庭自助维修材料和提供设备租赁服务，由于连续几年业务发展良好，拥有丰裕的现金，因此计划使用这笔额外资金进行并购活动。假设你的上司 Linda Wade 是 Smitty 公司的财务经理，要对一个潜在的目标——Hill 五金器具公司进行评估，Linda Wade 现在要求你协助她开展评估工作。

财务经理 Linda Wade 利用表格 IC 21-1，列出了在并购成功后，Hill 五金器具公司在 Smitty 公司的管理下，潜在盈利情况的预测值（单位：百万美元）。这里列出的利息费用包括：① Hill 五金器具公司现有债务的利息支出；② Smitty 公司为成功并购而举债的新债务的利息支出；③ 为实现新的"H 分部"（这是给目标公司 Hill 五金器具公司的代号）的经营扩张而发行的新债务的利息支出。留存部分则是指重新投资到 H 分部从而促进其增长的那部分收益。

表 IC　21-1

	2021	2022	2023	2024
净销售收入	60.0	90.0	112.5	127.5
销售成本（60%）	36.0	54.0	67.5	76.5
销售 / 管理费用	4.5	6.0	7.5	9.0
利息费用	3.0	4.5	4.5	6.0
必要的留存收益	0.0	7.5	6.0	4.5

　　Hill 五金器具公司现在的债务比率是 40%，适用的所得税税率为 20%。证券分析师认为该公司的 β 系数为 1.25。如果并购最后成功，Smitty 公司会将 Hill 五金器具公司的债务比率提升为 50%，这样就会使该公司的 β 系数上升为 1.43，而且 Smitty 公司盈利水平比较高，并购后公司的所得税税率为 25%。Wade 认识到 Hill 五金器具公司同时也会产生折旧的现金流，但是她认为，这些基金必须重新投资到这个分部门中去，以更新那些过期的设备。

　　Linda Wade 估计无风险利率为 9%，市场风险溢价为 4%。她还估计 2024 年以后的现金流将以每年 6% 的速度持续增长。对于 Smitty 公司的管理层来说，并购还是一个比较陌生的名词，所以 Wade 要回答几个关于并购的基本问题，同时还要对这次并购进行分析。为了更好地完成这次并购分析，Wade 列出了下列几个问题，需要你来组织答案，然后在 Smitty 的董事会上进行答辩。

a. 常见的说明并购合理性的原因包括：① 所得税考虑；② 降低风险；③ 公司控制；④ 以低于重置成本的价格购买资产；⑤ 协同效应。从经济的角度考虑，哪些原因是有道理的？哪些原因是没有道理的？哪些原因适合目前公司的状况？请给出解释。

b. 简短地说明一下善意并购和敌意并购的区别。

c. 利用表格中给出的数据，编制 H 分部从 2021 年到 2024 年可能的现金流量表。为什么利息支出在并购现金流量分析中被扣除，而在资本预算分析中，这一部分支出则通常不能被扣除？为什么在现金流量表中，留存收益也被扣除了？

d. 从概念上说，在 c 中给出的现金流可适用的折现率大约是多少？你对这个折现率的估计是多少？

e. 请估计并购的持续增长价值是多少，即请估计 H 分部在 2024 年以后的现金流的价值是多少。对于 Smitty 公司而言，Hill 五金器具公司的价值是多少？假设有另一家公司也将 Hill 五金器具公司作为潜在的并购对象，并对其进行评估。这家公司会和 Smitty 公司得出一样的估价吗？请给出你的解释。

f. 假设 Hill 五金器具公司有 1 000 万股流通在外的股票。这些股票的交易不是很活跃，最近的一次交易，大概在几个星期以前，是以每股 12.50 美元的价格成交的。Smitty 公司是否应对 Hill 五金器具公司提出报价？如果应该，Smitty 公司应该报出的每股价格是多少？

g. 投资银行会采取哪些并购行动？